朱锦清 著

公司法学

修订本

清华大学出版社

北 京

图书在版编目（CIP）数据

公司法学 / 朱锦清著. — 修订本. — 北京：清华大学出版
社，2019（2024.5重印）
  ISBN 978-7-302-52709-1

  Ⅰ.①公…　Ⅱ.①朱…　Ⅲ.①公司法—法的理论—中国—
教材　Ⅳ.①D922.291.911

  中国版本图书馆CIP数据核字（2019）第063144号

责任编辑：刘　晶
封面设计：汉风唐韵
责任校对：宋玉莲
责任印制：沈　露

出版发行：清华大学出版社
　　　　网　　　址：https://www.tup.com.cn，https://www.wqxuetang.com
　　　　地　　　址：北京清华大学学研大厦A座　　邮　编：100084
　　　　社 总 机：010-83470000　　　　邮　购：010-62786544
　　　　投稿与读者服务：010-62776969，c-service@tup.tsinghua.edu.cn
　　　　质量反馈：010-62772015，zhiliang@tup.tsinghua.edu.cn
印 刷 者：三河市铭诚印务有限公司
装 订 者：三河市启晨纸制品加工有限公司
经　　销：全国新华书店
开　　本：185mm×260mm　印　张：59.5　　　字　数：1300千字
版　　次：2017年9月第1版　2019年5月第2版　印　次：2024年5月第10次印刷
定　　价：198.00元

产品编号：082079-01

第一版序言

中国法学的落后集中反映在教材上。[①] 内容空洞无物、语言枯燥乏味的法学教材耽误了一代又一代的莘莘学子，浪费了他们的时间和精力，扼杀了他们的兴趣和热情。本来，教材的编写要以现有的科研成果为基础，从中系统地吸收养料。可是学风浮夸，制度低效，法学界尤甚。发表出来的所谓成果和论文大都是无用的学术垃圾。教材的编写者们即使是巧妇也难为无米之炊。教材上不去，年轻一代的基础打不扎实，科研就没有后劲，反过来又制约教材质量的提高。要突破这个恶性循环的局面，写出与国际接轨的教材来，必须跳出学术界，[②] 向两个方面寻求素材：第一是实践部门，主要是我国法院的判例以及工商、税务等部门的实务；第二是国外的判例、规则和学术讨论。除此之外别无他路。本书正是在这两个方向上努力的，希望做出一个样子，供以后写教材的人模仿和借鉴。

我在近两年的教学过程中阅读了大量国内案例，对比现行的教材，感觉我们的法院已经远远地走在了学术界和高校法学教材的前头。很多学术界争论不清的问题，法官们在审判实践中其实早已经给出了明确的答案。如果我们的教材能够系统地吸收国内诸多判例所反映的审判规则，我国的法学教育必定能够向前迈进一大步。这是一条多快好省的捷径，因为它没有外语和外国法知识的限制。

当然，更进一步的工作还要向国外学习，汲取法制发达国家的成功经验。本书引用的国外资料以美国为主。美国是当今世界头号经济强国，也是公司法最发达的国家。它的法制十分稳定：很多规则数十年甚至上百年不变。翻开美国法学院的教科书可以发现，几十年前的判例比比皆是，因为它们至今仍然是有效的法律。这种情况与我国规则多变的现实截然不同。我们的多变有两个原因。第一是改革的需要，经济发展了，社会进步了，客观情况改变了，规则当然也要改变。第二，恐怕也是更为重要的，是无知和不成熟，不知道规则应该怎样写、怎样改，摸着石头过河，走一步看一步，一会儿这样，一会儿又那样。这种情况在公司法、证券法等技术性较强的领域内尤为突出。

稳定的法制使得美国能够在一两百年的时间内不断地积累和完善解决各种问题的法律规则。一代又一代优秀法官写下了大量具有里程碑意义的判例，其中所蕴含的智慧并不专属于一个国家，而是人类共同的精神财富。它们在公平处理商事纠纷、提高经济效率的实践中摸索出来的经验是普遍适用的。我在阅读美国判例时经常感到，它

[①] 就目前形势判断，如果我们能够在二三十个常用单行法领域内各写出一本达到或者接近国际先进水平的法学教材来，中国法学整体上与国际接轨便指日可待。可惜我们举倾国之力也还做不到这一点，尽管我们有那么多的长江学者、杰出人才、领军人才、百千万人才、每隔三四年评一批的十大中青年法学家等。因为虽然光环耀眼、名号显赫，可是有几个人能够在他自己的领域内写出一本像样的教材来呢？

[②] 如果把中国法律人分为三组：律师、政府实务部门（包括立法、司法、执法）和学术界，则律师最强，政府部门次之，学术界稍弱。

们所确立的很多规则和对争议的处理方法，几乎可以不经改造而直接为我们所用。大凡在商事法律领域内，各国之间的共性和相同点居多，受特殊国情和文化的影响而产生的差异很小。商品经济具有共同的规律。做生意都要赚钱、都要赢利。商人之间、公司内部各利益主体之间的关系和矛盾都是一样的，并不会因为国情的差异而不同。发达国家在经济发展过程中遇到的问题，我们也会遇到；在他们那里出现的种种现象，在我们这里也会出现。二者经常呈现出惊人的相似，好像我们的商人熟知他们的历史，在刻意模仿他们似的。[①]

我 1998 年秋首次执教公司法，使用的是江平主编的《新编公司法教程》[②]；以后又读到赵旭东主编的《公司法学》，感觉它在内容上比江编教材充实了许多，不过那时候我早已不教商法[③]课了。2011 年冬教研室安排我从次年春起再教商法，我决定改用公司法教材，花了一个多月的时间挑选，最终选定了施天涛的《公司法论》。我觉得无论从内容还是体例上看，它都是当时国内最好的公司法教材，尽管书中有些问题讲得不够清楚和透彻。

由于使用施天涛的书能够讲课，加上我个性懒散，在当今的体制下写作积极性又不高，所以本来并没有出书的计划。但是每一届我教过的学生都希望我能够将讲课的材料出版成书；2013 年夏清华大学出版社的刘晶编辑又打来电话约稿，认为国内现在还没有一本真正与国际接轨的公司法教材，希望我做这项工作，言辞十分恳切。我最终答应了她的请求。

本书通过浅显的文字说明，配以具体案例，对董事的注意义务和忠诚义务、派生诉讼、征集投票代理权等国内的难点问题和制度空白作了清楚的讲解，对刺穿公司面纱的具体标准进行了深入的研究，对有限责任公司和上市公司的不同特点作了比较，诸如此类的内容在国内应该都是全新的。书中对公司财务的概括和讲解不但比国内同类书籍充实和具体，而且比美国的法学教材也要清晰系统得多。[④]所以我期望本书成为一本与国际先进水平全面接轨的公司法教材，也期望通过本书的出版将我国公司法的教学、研究和审判水平普遍地提高一个档次。

作为大学本科的公司法教材，本书内容较多，教师在教学过程中可以选择部分章节和案例让学生精读，而将其余内容当作课外泛读材料，不作硬性要求。

本书得以在今天出版，除了学生的推动和刘晶编辑的约稿之外，首先要感谢我的两个妹妹朱秀婉、朱萍和妹夫张补中。他们替我照顾年迈的父母，使我有较多的时间花在学术上。其次要感谢我的妻子周燕敏律师。像对我之前的两本书一样，她一如既往地替

---

① 我的《证券法学》第一章在"其他证券"一节中举了一些这样的例子，可供参考。该节在第 1 ~ 3 版中排序第五节，在第 4 版中排序第七节。北京大学出版社 2004 年 3 月第 1 版；2019 年 6 月第 4 版。

② 那时候，我还为开设证券法课程选过教材，阅读了当时已经出版的五六本证券法书。相比之下，感觉这本公司法教材在内容上经过适当调整和补充之后还勉强能用，而那些证券法教材则不能用。这就是我之所以马上动手写作证券法教材，而将公司法教材一直拖了下来的原因。

③ 我们学校从 2000 年开始就将公司法作为商法课程的一部分来讲解，不再单独开设公司法课程。这是不合理的。

④ 我曾在北京大学专修过"工业企业会计"，又在耶鲁大学修了"公司财务报告和评估"。

我校阅了全部书稿，提出了很多中肯的意见。最后还要感谢浙江工商大学法学院知识产权专业 2012 级和 2013 级这两个班的本科学生，他们以考试作业的形式为我收集了很多有用的案例；他们的班长孙静和学习委员邢璐、丁绮三位同学，在我部分书稿的试用过程中做了大量的配合工作。

最后，欢迎各位读者对书中的缺点和错误提出批评和纠正的意见。我的通信地址是杭州市文二路 162 号一单元 402 室，邮编 310012。

朱锦清

2016 年 12 月于浙江工商大学

修 订 版 序

本书平装本自 2017 年 9 月出版以来，受到市场尤其是执业律师和青年学生的热烈欢迎。① 清华大学出版社应读者要求，决定出此精装本，并要我对全书进行修订。

修订内容包括：（1）将 2018 年全国人大常委会对《公司法》的修改以及 2017 年和 2019 年最高人民法院对公司法所做的第四次和第五次解释融入书中；（2）增补了近 30 个 2016—2018 年的国内案例和 1 个国外案例；（3）纠正了书中存在的一些错误和错字。总共改写或增补了 5 万多字，涉及书中大约 70 个页面上的 90 多处内容。

刘晨、汪卓然等读者对本次修订提出过具体的改正意见。这些意见已经全部采纳并且融进了这个修订本。我借此对这些读者表示由衷的感谢，并欢迎大家提出更多的意见。

朱锦清

2019 年 4 月 29 日于杭州

---

① 在本书出版之前，浙江大学出版社曾于 2014 年 3 月出版过我的《公司法前沿问题研究》一书，随即售罄。许多读者至今还在求索该书。其实，那只是一本过渡性教材，内容体系也不齐全；而本书作为大学本科的正式教材已经囊括该书全部内容。特此说明。

目录 ▶▶▶

第一章

公司与公司法

公司法是调整和规范公司的法律；公司是公司法规范的对象。要学习公司法，首先要对公司和公司法有一个基本的了解。

第一节　什么是公司

一、公司简介

公司是企业的一种组织形式，具有法人资格。所谓企业，自然是做生意的，为了赚钱。[①] 传统的分类大致将企业分为个人独资、合伙、公司三大类。作为企业，它们都以营利为目的。但是公司具有法人资格，其他两类企业都没有法人资格。[②] 所谓法人资格，是指公司是法律拟制的人，具有不同于其组成成员的独立的民事主体资格，具体表现在两个方面：一方面，它可以像一个自然人那样用自己的名义去开设银行账户，去订立合同做生意，去起诉和应诉；另一方面，当它资不抵债而破产倒闭的时候，它以自身的财产独立地承担责任，而不累及它的组成成员——股东。股东除了失去自己对公司的投资之外，不必对公司的债务负责。因为公司与股东个人属于不同的民事主体，公司归公司，个人归个人。这就是所谓的有限责任。这里的有限，具体指股东对公司债务的责任仅限于他对公司的投资，而不累及他的其他财产，所以是有限的而不是无限的。而在其他两类企业中，个人独资企业的投资者和合伙企业的合伙人都对企业债务负无限责任，即当企业财产不足以清偿债务时，还要拿个体投资者或者合伙人家里的财产去偿债。

发起创立公司的人叫**发起人**。发起人一般都出钱出物对公司进行投资。凡是出资创建公司的人都是公司的**初始股东**。公司就是由股东组成的，只有股东才是公司的成员，雇员（包括高级管理人员）不是公司的成员。**股东**以入股方式向公司投资，是公司的所

[①] 我国习惯上称组织为单位，并将单位分为事业单位和企业单位两大类。事业单位是非营利性的；企业单位是营利性的。

[②] 法人的本义是指法律拟制的人，与自然人相对而言。从这个意义上去说，凡是法律承认具有民事主体资格的组织都是法人。所以在德国民法典上，不但有限公司，而且无限公司、两合公司等都是法人。同理，我国的合伙、个体工商户、农户等也都可以被看作法人。法人与有限责任是两个不同的概念；有限责任仅仅加强了法人的独立性，即使之更加独立于其组成成员。但是，我国《民法通则》和《民法总则》都没有采用法人的本义，而是规定法人的成员必定承担有限责任。这么一来，我国法学界就逐渐地将法人和有限责任这两个概念混同使用，即法人必定是有限责任，有限责任也必定是法人。正文此处所说的法人资格，也是在这种混同的意义上使用的。

有权人。初始股东一般按照对公司投入多少分别占有公司所有权的不同份额。为了计算方便，公司的所有权常常被分成等额股份，**股份**是公司所有权份额的最小单位。一个公司的股份多少根据实际需要来决定，几股、几十股、几百股乃至几亿股都可以。例如，将一个公司的所有权分为 8 股，那么拥有 1 股的人就占了公司所有权的 1/8；拥有 2 股的人则占了 1/4。如果将公司所有权分为 1 亿股，那么拥有 1 股的人仅占了公司所有权的一亿分之一；拥有 200 万股的人则占了 2%。可见每个股东所占公司所有权的份额都可以用股份来计算，但是这个份额的大小则不光取决于股东所持股份的多少（正比例关系：股份越多份额越大），而且取决于公司已发行股份总数的多少（反比例关系：总数越大份额越小）。

当场练习： 股东投入 100 万元人民币创立一个公司，并将公司所有权分为 1 万股，每股价值为几元？投入 1 万元的人会拥有几股？他的股份占公司所有权的百分之几呢？①

为了证明股东拥有股份，公司一般都向股东颁发股票。颁发股票也称**发行**股票，等于是公司将股票卖给投资者。**股票**是证明股东身份和持股数量的实物凭证。传统的股票都取纸面形式，随着信息化时代的到来，都进行电子化操作，将股票的信息存储在电脑里，股东通过持卡、设置密码等手段持有股份。不过，纸面形式依然广泛存在于那些股份尚未上市流通的公司里。股票的票面上除了公司盖章和公司负责人代表公司签名之外，还会写明股份的数量。数量的多少取决于股东对公司投资的多少。股票的票面上可以写上股东的姓名，也可以不写。写了股东姓名的股票叫作**记名股票**；不写股东姓名的股票叫作**无记名股票**。

股份可以流通，即可以转手买卖。② 传统的买卖方式是一手交钱，一手交货（股票）。无记名股票在出售或赠与时直接交付即可，像人民币一样，谁拿了就是谁的；记名股票的转让则需要背书加交付，即股东在交付给买方之前先在股票的背面书写并署名以表示转让的意思。第三人通过受让公司已发行的股份可以成为公司新的股东。公司除了成立时的初次发行之外，成立之后在经营的过程中还可以再次发行股份。第三人通过购买这些新发行的股份也可以成为新的股东。不过，由于公司具有独立于其组成成员的主体资格，所以股东的变动甚至死亡都不影响公司的存在。③ 从理论上说，公司可以永久存在。

股东按持有股份的多少行使权利，每股股份的权利平等，不分新旧或先后。由于一个公司可以有许多股东，每个股东可能只拥有公司的一小部分股份，单个股东不能代替全体股东说话，所以股东只能一起开会通过投票表决做决定。**股东会**是股东行使权利的机构。股东在股东会上投票时不是一人一票，而是一股一票，按照持有股份的数量投票。

---

① 100 万元/1 万股＝100 元/股。1 万元/100 元/股＝100 股。100 股/1 万股＝1%。
② 证券交易所就是买卖上市公司股份的固定场所，像农贸市场是购买蔬菜水果等农产品的固定场所一样。
③ 除非全体股东死亡而又没有继承人，但是这种情形实际上不大有。

这条规则叫作**资本多数决**。

公司是由**董事会**管理的。董事会由董事组成，董事人数从三五个到十几个不等，^①由公司根据自己的需要确定。像股东会一样，董事会通过开会投票做决定。董事投票一人一票，与股东按所持股份的多少投票不同。董事由股东会选举产生。不同的股东可能因为利害关系的不同而选举不同的董事。一般说来，董事由哪个股东选举，就会在董事会上代表那个股东说话。因为股东是按照持有股份的多少投票的，所以一个股东持有的股份越多，他的投票权就越大，能选举的董事也就越多。如果一个股东持有的股份数额足够多，能够选举董事会半数以上的董事，他就是**控股股东**。控股股东通过他所选举的多数董事对公司事务形成控制权。

董事会开会由董事长召集。董事长往往是公司的法定代表人。虽然董事会开会一人一票，但是在我国的实践中，董事长的权力和影响往往很大，远远超过其他董事。

既然公司是股东的，股东为什么要选举董事去管理公司，通过董事来控制公司，而不是自己直接去控制和掌管公司呢？这是因为股东有钱投资，却不一定有能力经营管理公司；董事有能力经营管理公司，却不一定有钱。当股东没有经商的能力或者不愿意亲自经商的时候，就需要选举董事去管理公司。由于这种情形的广泛存在，所以公司采用了股东会和董事会并存的组织结构：由股东会选举董事，由董事会管理公司。股东选董事，除了信得过之外，主要就是看董事的经营管理能力。股东会和董事会并存的组织结构一方面将社会财富和经商能力有效地组合到了一起，形成新的生产力；另一方面也造成了公司所有权和经营权分离的局面，产生了监督董事的需要和监督成本。当然，如果股东自己会经营管理也愿意管理，就可以选自己为董事，甚至担任董事长，亲自控制和管理公司。这时候，公司的所有权和经营权是合一的而不是分离的。不过，能够这样做的股东只能是拥有控股地位的大股东。对于非控股的小股东来说，由于他无力控制公司，因而所有权和经营权永远是分离的。

由于在公司这种企业形式中所有权可以与经营权分离，那些有经营管理才能的人即使自己没有资本也可以经营管理大企业（只要股东雇用他们），这在客观上造就了一大批专业性的企业管理人才，形成了一个独立的管理阶层。在美国，这种管理者阶层已经形成，有经理市场。一个经理当得好，别的公司的董事会就会想方设法地将他挖过去，经理们跳槽是常有的事；经理当得不好，企业破产了，他的劳动力价值就会贬值。在中国，这样的阶层也正在形成。职业经理层的出现使企业管理越来越成为专门的科学。商学院里的 MBA（Master of Business Administration）就是在这样的背景下形成的专门研究企业管理的专业学科。

股东除了选举董事之外还通过制定公司章程来体现自己的意志、规范公司的运作、约束董事的行为。**章程**在公司的自治文件中具有最高的效力。公司内部任何违背章程的决议或规定都是无效的。最初的章程很像初始股东（特别是发起人）之间的合同。因为

---

① 我国《公司法》规定有限责任公司的董事会有 3~13 人（第 44 条，参见第 50 条），股份有限公司的董事会有 5~19 人（第 108 条）。

股东之间可能会有利害冲突，这些冲突如何协调和解决就会写在章程里。作为一个股东之间的多边合同，它对全体股东有约束力。但是章程并非仅仅约束股东的行为，股东制定章程也决非仅仅为了协调相互之间的利害冲突。作为股东集体意志的体现，章程还约束董事和其他高级管理人员以及普通雇员的行为，使公司按照股东的意志规范运作。从这个意义上说，章程是公司的组织法，就像宪法是国家的组织法一样。

除了章程之外，公司还可以制定内部管理的规章制度，称为公司**规章**。规章不得违反章程或与章程有抵触，效力也低于章程。章程在工商局①登记，对外公开，一般写得简洁。规章是公司的内部文件，往往写得十分详尽。

董事会可以自己经营公司，也可以根据需要在下面设置经理负责公司的日常事务。随着公司规模的扩大，在总经理下面还可以再设置部门经理。要不要设经理，设多少个经理，每个经理的权限范围和他们之间的相互关系都由董事会划定。公司的其他重要职务如会计师、财务主管等也都由董事会聘任或者解聘。总之，公司内部设置什么样的组织机构都是由董事会决定的。董事会也可以授权经理决定某些职位较低的机构的设置。

根据《中华人民共和国公司法》（以下简称《公司法》）的规定，公司除了股东会和董事会之外，还有**监事会**。监事会由监事组成。监事大多也是股东会选举出来的，少数由职工代表大会选举（第51条、117条）。监事会的职责是监督董事会。②

公司赚了钱，有了利润，可以分配给股东，叫作**分红**。分给股东的钱物叫作**红利**（dividends）。红利一般取现金形式，但是也有其他形式，例如，股份③、购股权④、实物等。实物分红的情形极少。国外还有用有价证券分红的，称为红券（scrip dividends），主要是本票，这实质上是推迟了的现金红利。分红与否、分红多少的决定都由董事会做出。

公司也可以不分红而将利润留在公司里继续发展，称为**留利**。留利会使股票增值。例如，股东初始投资1 000万元，换取100万股，每股10元；运作一年后赢利300万元，100万元分红，200万元留利，每股股份除了得到1元的红利之外，其价格还从10元上升到12元，有2元的增值。⑤

---

① 全称"工商行政管理局"。按照中共十八大提出的大部制要求，以后工商局将并入市场监督管理局。从2014年开始，全国各省市纷纷试点成立市场监督管理局，负责处理违反工商行政管理、质量技术监督、知识产权保护、食品安全监管、价格监督检查法律、法规、规章的行为。最终，国家工商总局、国家质检总局、食品药品监管局食品监管部分、国务院食品安全办公室、商务部市场秩序管理、反垄断职能都会合并组建到国家市场监督管理总局。与此同时，要撤销工商总局、质检总局、国务院食品安全办公室。但是由于这项改革还处在试点阶段，目前还没有确切的完成时间表，所以本书中对于公司的登记机关仍然沿用工商局的称呼。

② 20世纪90年代，公司法颁布伊始，公司制度建立之初，我国学界和民间都曾流行"新三会""老三会"的说法。前者指新的公司制度下的股东会、董事会、监事会；后者指原先的国有企业中的党委会、职代会、工会。

③ 就是公司再发行一些股份赠送给股东，称为红股。由于红股是按现有股东的持股比例发放的，所以实际上等于没有分红，因为它不改变股东所持股份的总价值。1997年湖北兴化发放红股后，国家税务总局对此征收了900万元个人所得税。作者曾经专门撰文《送红股不应当征税》进行批评，见《经济与法》，2000（3），35页。

④ 购股权是在一定期限内以一定的价格购买公司股份的权利，详见下一章的介绍。有的公司把这样的权利送给股东作为红利。

⑤ 实际的股票价格受供求关系等多种因素的影响，并不局限于留利一个因素，但是留利无疑是一个重要的因素。

二、定义讨论

公司的定义有很多。大陆法系的传统定义是：以营利为目的的社团法人（11字），或者营利性社团法人（7字）。这个定义的特点是简明扼要，指出了公司的三个特征：①营利性；②社团性，即其组成成员为两人以上；③依法拟制而具有民事主体资格。但是现代法律允许一个人设立公司，从而否定了传统的社团性。既然如此，公司的定义就应该是：以营利为目的的法人（9字）。可是，在以德国民法为代表的大陆法传统定义中，法人仅指主体资格，不包含有限责任，无限公司和两合公司都含无限责任，也都是法人。这与《中华人民共和国民法通则》（以下简称《民法通则》）将法人定义为有限责任是不同的。为了澄清这些含糊之处，人们便试图对公司的定义进行修正。江平认为："我国规范化的公司应是指依照法律规定、以营利为目的，由股东投资而设立的企业法人。"①（36字）这个定义既照顾到了一人公司的存在，又明确了是"我国"的法人，自然与《民法通则》一致，是有限责任了。赵旭东认为：公司是指"股东依照公司法的规定，以出资方式设立，股东以其认缴的出资额或认购的股份为限对公司承担责任，公司以其全部独立法人财产对公司债务承担责任的企业法人。"②（68字）这个定义强调了有限责任，把股东、公司和公司债权人的关系说得很清楚。还有许多其他学者给公司下的定义，在此不一一列举。所有这些定义都对传统的公司定义做了不同程度的修正，从而使定义更加精确、全面。但是事物总是一分为二的，定义精确了，字句就变得冗长了，学习记忆也就困难了。

其实，传统的经典定义并没有什么不好，纵然说"社团"一词在现代已经不准确了，也依然是正确的，因为绝大多数公司是社团性的，一人公司少得可以忽略不计。前者是一般，后者是例外。作为定义，照顾一般也就可以了。有限责任也不是绝对的，因为现代法律中出现了刺穿公司面纱（否认公司法人人格）的情形。要将所有这些一般之外的例外情况在定义中表述清楚是很困难的，可能会导致定义长得难以容忍。这就反过来说明传统定义的长处——简明而基本正确。

有鉴于上述各定义的优缺点，本章开头将公司定义为"企业的一种组织形式，具有法人资格"，强调两点：一是公司的商事特征——企业的一种组织形式，暗指企业还有其他组织形式，而企业总是营利的；二是公司的法律特征——具有法人资格。社团性是绝大多数公司的特征，但是由于一人公司的存在，我们可以在定义中回避这一点，只意会而不言传。这样的定义虽然比传统定义长了一点（15字），但是通俗简明，便于理解和记忆。

况且，过分地纠缠公司的定义只能陷入咬文嚼字、闭门造车的死胡同，使教和学都变得死板，殊无必要。我国公司法制的落后不在于概念的不清，而在于具体制度的设计不周与缺乏可操作性。公司法教程的重点应当放在公司内外各主体之间的利害关系和调整这些关系的具体制度上。

---

① 江平主编，方流芳副主编：《新编公司法教程》，25页，北京，法律出版社，1994。该书是新中国第一部《公司法》于1993年底颁布之后出版的第一本公司法教材。

② 赵旭东主编：《公司法学（第二版）》，2页，北京，高等教育出版社，2006。

第二节　公司的起源 [①]

　　公司作为一种商事组织形式产生于欧洲，但是它的具体起源却众说纷纭。今天的公司所具有的一些显著特征如国家认可的法人资格、有限责任、永久存续、集中管理的机关（董事会、经理）、股份的可转让性等等，历史上在不同的实体身上分散地出现过，有人根据这些特征搜索到古罗马甚至古希腊，但是那时候的实体仅仅具有与现代公司相似的某些特征，并不是现代的公司。这些相似的特征各自究竟对现代公司的形成起了什么样的作用，它们最后又是怎样组合到一起形成了现代意义上的公司，并不清楚。不过，如果按照历史发展的顺序考察商事组织的进化过程，还是可以看出公司起源的大致端倪。

　　我们试从古罗马看起，因为古罗马文化是西方社会发展史中的一块里程碑，特别是它那发达的法律制度，以繁荣的经济为基础，最终成为大陆法系的始祖。古罗马的主要经济组织是家庭和家庭子企业。与今天的家庭相比，古罗马的家庭要大得多，因为它是从男系家族中最年长的男主人（the pater familias）往下，包括他的儿子、孙子、重孙子、儿子媳妇、孙子媳妇、重孙子媳妇等等，还有奴隶。不难想象，在四世同堂的情况下，一个家庭的人数很容易达到数十人。一个富足的罗马家庭的财产足够支撑一个普通的商事企业，不需要与别人合伙。男主人对家庭其他成员有生杀予夺的权力，并拥有家庭的全部财产，不管这些财产是他获得的还是其他家庭成员获得的。

　　中国古代重农轻商，古罗马人虽然不见得重农，却一样地轻商。贸易被认为是不光彩的事情。作为当时的军事强国，罗马从每次战争中抓获大量的奴隶，事后分配给各家各户，所以很多家庭都拥有奴隶。于是主人就让奴隶去经商。奴隶们经常表现出经商的天赋，因为他们中的很多人都是罗马在与希腊等地发生殖民战争时抓来的俘虏，那里不轻商，上流社会也有人经商，而很多俘虏原本就是那里的商人。除了奴隶之外，主人有时候还会让他的儿子去经商。

　　罗马人经常将自己的一组特定的资产，称为批库里木（peculium），交给他的奴隶或者儿子去经营。批库里木连同它所产生的利润依然是主人的财产。据说，最早的批库里木是主人奖赏给家属的财产，所以中文一般将"peculium"翻译为"特有产"。但是多数时候特有产的设置目的不是奖赏而是投资做生意，其实它是一个家庭子企业。负责经营该企业的儿子或者奴隶有权代表企业对外交易订约。当企业不能清偿债务时，只要家长本人没有参与企业的经营管理，他的责任限于其投入企业的财产和企业上缴给他的

[①] 本节资料主要来源于 Henry Hansmann、Reinier Kraakman、Richard Squire 三人于 2006 年 3 月发表的长文 LAW AND THE RISE OF THE FIRM，见 *Harvard Law Review* 第 119 期第 1333–1403 页，和 Margaret M. Blair 在 2003 年 12 月发表的长文 LOCKING IN CAPITAL：WHAT CORPORATE LAW ACHIEVED FOR BUSINESS ORGANIZERS IN THE NINETEENTH CENTURY，见 *UCLA Law Review* 第 51 期第 387–455 页。由于作者阅读的是电子稿，分页很困难，所以不能一一注明页码。本节中凡是应注明而未注明出处的信息资料，都来自这两篇论文。另外，Solomon, Schwartz, and Bauman, *Corporations*, *Law and Policy*, *Materials and Problems*, 2d ed., West Publishing Co., 1988（该书第 1–7 页上讲了公司发展的历史）是一个次要的资料来源。

财产。这多少有点像今天的有限责任。①

罗马的绝大多数商事企业都是小规模的，工业生产如陶瓷灯、铁器、铅管、珠宝、衣服的制作都在小作坊或者小手工艺者的家里进行，所以家庭子企业足以完成作业。但是对于某些较大规模的生产如制砖、青铜冶炼、铜器生产、吹玻璃等，一个家庭的批库里木可能不够，需要与别的家庭联合。这种联合的组织叫索西艾塔斯（societas）。

索西艾塔斯是几个公民②以协议为基础共同经营、共享收益、共担风险，所以现在一般将它翻译为"合伙"。但是索西艾塔斯与现代合伙并不相同。它的成员之间没有代理权，每个成员都必须在协议上签名才受协议的束缚；他们各自对自己签署的合同负责，不因别人的行为承担连带责任。当大家共同签署债务合同的时候，只要合同没有特别的规定，最终就按比例分摊债务。索西艾塔斯不是一个独立的实体，它的财产是成员个人财产的简单集合，分属于成员个人而不是索西艾塔斯，义务也一样。可见罗马法不认为索西艾塔斯有什么财产和义务。而现代合伙却有其相对独立的财产和义务。虽然合伙人对合伙债务承担无限连带责任，但是相对于合伙人个人的债权人，合伙债权人对于合伙财产享有优先受偿的权利；索西艾塔斯的债权人没有这种优先权。③当索西艾塔斯的成员抽回投资或者不履行承诺的时候，法律不是责令履行，而是允许其他成员请求金钱赔偿，并执行其个人财产。与后代充满活力的合伙形式相比，罗马式的合伙处于不发达状态。商事活动的主角是家庭和家庭子企业，索西艾塔斯所占的份额很小。

公元前 3 世纪，罗马还出现了少量叫作公共索西艾塔斯（societas publicanorum）④的大型合伙企业。这些企业以承包政府工程为目的，其主要投资者往往将自己的土地抵押给政府以保证工程的完成，其他投资者或者作为普通合伙人参与企业的经营管理并对债务承担全部责任，或者作为有限合伙人不参与企业的经营管理而承担有限责任。发展到公元前 1 世纪，那些最大的公共索西艾塔斯在规模与结构上都很像现代的公众公司。一个企业的有限合伙人可以达到数百个，在类似现代证券交易所的市场上自由地买卖企业的份额。

但是我们不能说现代公司就是从古罗马发展而来的。因为古罗马的各种商事组织形式随着罗马帝国的崩溃而一起消失了。之后的中世纪⑤被称为黑暗的年代。公元 5 世纪和 6 世纪南欧发生的几次流行病极大地减少了那里的人口，气候的变化和土壤肥力的过度损耗使农业减产，自然也抑制了商事活动。在中世纪前期长达数百年的时期内，经济发展极其缓慢，没有催生出多人合作的经济组织，更没有继承古罗马的企业组织形式。新的经济组织是数百年之后，特别是在文艺复兴（14—16 世纪）时期，在全新的环境

① 不过反过来，主人的债权人对于企业财产享有与企业债权人同等的请求权。可见，企业债权人相对于主人的债权人处于不利的地位。

② 指男主人（the pater familias）。因为一个男主人代表一个家庭，实际等于几个家庭。

③ 具体的优先次序见后面第四段中与康帕尼的比较。

④ 国内翻译为田赋合伙或田赋征收团，见周枏《罗马法原论》，732 页，北京：商务印书馆，1994。但是实际上只有一部分 societas publicanorum 在征税（包括田赋），其他的 societas publicanorum 有提供武器装备的、承包公共工程的等等，都与田赋的征收没有关系，所以国内通行的翻译不妥。

⑤ 史学界一般认为中世纪的分期是从 476 年西罗马帝国灭亡起到 1453 年东罗马帝国灭亡止。

下重新萌生的。

　　直到 10 世纪末，经济最发达的南欧地区的农业生产和人口才开始缓慢地复苏。由于罗马时期修建的道路已经损坏，长途贸易都转入了地中海，政治和经济的重心也由罗马外移到了意大利的各大港口，如比萨、热那亚、威尼斯等等。这些港口城市在政治上互相独立，每个城市就是一个国家，所以称为城市国家。与古罗马不同，从事贸易的家族统治着这些城市国家，随后又将统治范围扩展到了内陆城市如佛罗伦萨、锡耶那等，这些内陆城市在公元 13 世纪开始繁荣。今天属于意大利的整个区域就是由许多这样的城市国家构成的。商事组织仍像古罗马那样以家庭为主。但与古罗马不同，家长不再对家庭成员有生杀予夺的大权，儿子像父亲一样可以代表家庭经商并使家庭财产受到束缚；如果儿子不参与家庭的生意，也可以自立门户自行经商。所以中世纪的意大利家庭比古罗马家庭更像现代的合伙。

　　随着经济的发展，生意越做越大，家庭人手不够了，就需要吸引外人进来一起经营。这就是中世纪最早的合伙组织康帕尼（compagnia）。与古罗马的索西艾塔斯不同，康帕尼成员的财产责任一开始便是无限连带的而不是按比例分摊的。发展到后来，由于生意规模的扩大，合伙人之间还有了相互代理权，使经商活动更加便利。此外，中世纪的康帕尼还形成了这样的规则：合伙债权人对于合伙的财产相对于合伙人个人的债权人有优先受偿的权利，而反过来合伙人个人的债权人对于合伙人个人财产却只与合伙债权人享有平等的受偿权。这与古罗马的家庭子企业刚好相反：主人个人的债权人相对于子企业债权人对主人的家庭财产有优先受偿的权利，而反过来子企业的债权人对于子企业财产却只与主人个人的债权人享有平等的受偿权。可见，古罗马侧重于家庭和家主，中世纪侧重于企业和贸易。

　　康帕尼应该是现代合伙的雏形。与现代合伙不同的是，早期的康帕尼期限比较短，不到 5 年，而且规模也比较小。发展到后来，规模逐渐扩大，期限也逐渐延长。到 13 世纪下半叶，大的康帕尼成员可达 20 人之多，雇员数百人。家族模式逐渐被打破，例如，在 1312 年，佛罗伦萨的 Peruzzi 康帕尼的 17 个合伙人中有 8 个来自 Peruzzi 家族；到了 1331 年，该家族已经是企业中的少数派了。

　　从 10 世纪和 11 世纪起，在航海贸易中开始出现一种叫作康孟达（commenda）的有限合伙。最典型的康孟达只有两个合伙人：一个只出资本的消极投资者和一个航海贸易的商人。后者往往是船长，负责航海和贸易的具体事务。康孟达的期限很短，只存在海船的一个来回。海船贸易回来，船上的货物被合伙人卖掉，利润按照预先约定的比例由积极和消极两位合伙人瓜分。航海贸易中的康孟达组织结构为陆地上的长途贩运所借鉴，发展到 15 世纪，进化出了一种叫作阿康孟地塔（accomandita）的组织，是更为常见的陆上有限合伙。阿康孟地塔里的消极合伙人只要不将自己的名字写在合伙名称里，也不参与企业的经营管理，就享有有限责任。像康孟达一样，阿康孟地塔的期限也很短，只存在于一次长途贩运，回来之后就将获得的货物和利润按协议分掉，下次需要贩运时再重新组织。

　　有限合伙之所以首先出现在长途贸易中，是由这种商事活动的特殊性决定的。有限合伙人以放弃控制权为代价换来有限责任。无论是普通合伙人还是合伙债权人都相信他放弃控制权的事实，因为船只在外，企业的全部资产都在海上或者外国港口，他想控制也不行。另一方面，有限合伙人也相信普通合伙人不会贪污，因为他在航行中贪污的任何东西最终还得跟随船只一起回来。一旦回来，有限合伙人就会看到，就可以按预先的约定参与分配。这样的客观条件强化了双方的信任，减少了猜疑，降低了合作中的交易成本。陆地上的长途贩运也是同样的道理。对于其他类型的商事活动，尤其是容易转移资产的行业，人们对有限责任还普遍不太信任，只有个人责任才能让债权人放心。这从下面的例子可见一斑。当时是欧洲银行业中心的锡耶那（Siena）在 1310 年通过了一部法律，规定康帕尼内的合伙人对企业债务按比例承担责任，取代了之前的无限连带责任。结果锡耶那的银行纷纷撤离，或者不愿意放贷给那里的企业。企业在吸引信贷方面处于不利的竞争地位，使锡耶那的经济地位迅速下降。佛罗伦萨很快取代了锡耶那而成为欧洲的银行业中心。1342 年锡耶那被迫修改法律，恢复了无限连带责任，但是为时已晚。锡耶那再也赶不上佛罗伦萨了。如果按比例的个人责任不足以吸引贷款，有限责任就更不能了。

14 世纪意大利的热那亚人为了开发盐矿，进口珊瑚、明矾、水银，以及从事其他各种商业冒险活动，创立了最早的联合股份公司，但是规模比较小，而且其股份的转让必须得到每一位股东的同意。这与新的合伙人入伙必须得到每个合伙人的同意是一个道理。股东的同意与企业人数少、规模小的实际情形互为因果，因为只有股东人数少，才容易取得每个人的同意。在财产责任上，这时候的公司仍然是合伙性质的。

中世纪的英国还远远落在意大利的后面。经济一潭死水，工业几乎没有，国际贸易主要出口羊毛等原材料，而且连这也控制在外国商人的手里。1492 年哥伦布发现新大陆。在 16 世纪和 17 世纪，大西洋逐渐取代地中海的地位而成为主要的航海通道，欧洲的经济中心开始从意大利北移，先到荷兰低地，再往英国。到 17 世纪末，英国已经成为商事活动的领头羊。天然丰富的煤矿资源帮助它在 18 世纪率先完成了工业革命。尽管保守的传统阻碍了英国法律与商事活动的携手共进，经济的发展还是给法律的进步带来了足够的推动力，最终在 19 世纪产生了有用的实体形式。与意大利在家庭、康帕尼、康孟达、阿康孟地塔等多种组织形式的基础上逐步萌生出联合股份公司的情形不同，英国在现代化初期一开始就以联合股份公司为主要的商事组织形式，显示出它的后发优势。

穿越大西洋的贸易需要深水船只组成的舰队和海外落脚点，这就要求资本的聚集达到史无前例的规模，要求有合适的企业组织形式来容纳如此巨量的资本。资助美洲新大陆和世界其他地方的殖民与贸易在当时有两种模式：一种是葡萄牙和西班牙模式[①]，由政府支持跨洋贸易；另一种是荷兰和英国模式，学习热那亚的榜样由私人投资，由国家特许垄断经营权。实践证明后者的发展远优于前者。荷兰和英国的商人行会从各自的政府获得了在世界各地经商的特许状。然后几个商人将各自的物资凑到一起，成立一个联合股份公司，租一条船航海出去从事贸易，赚了钱回来，这几个商人便将赚得的钱和货物

---

① 哥伦布发现新大陆就是在西班牙政府的资助下完成的。

分光，然后"公司"解散。下次又要出去贸易了，就再组建新的公司。但是后来发现这种频繁的清算对于持续经商来说既麻烦又低效，因为分了再集资还不如不分，将钱留下来继续干。这一客观需要促使荷兰在1623年给予它的东印度公司以永久存续权。股东们不能够再在每次航行回来时要求瓜分财物，但是可以出卖他们在企业内的"份额"。新的规则两全其美，既照顾了公司对固定资本的需要，又满足了股东变现的要求，实践效果很好。英国和欧洲大陆一些由国王或者国会特许的联合股份公司纷纷仿效。

典型的例子是英国的东印度公司。1600年得到国王特许状后，公司最初每次航行都分开集资，获得的利润也在航海归来后全部分光。从1614年开始，股份的认购以一定的年限为准，而不是以每次航海为准，但是年限到了仍然全部分光。从1650年起学习荷兰的榜样认购永久性股份。股东不能再瓜分公司的财产和货物，但是可以卖掉手中的股份。公司有一本股份转换册，专门记载转让事项。股份的自由转让意味着公司财产已经与股东财产分离。因为如果没有分离，股东个人债务的增加会危及公司财产，公司和控制公司的其他股东就会对新股东的身份精挑细选，股份的转让必定会受到各种限制，又怎么可能自由转让呢？

到1692年，英国有三家大规模的联合股份公司：东印度公司[①]（East India Company）、皇家非洲公司（Royal African Company）、哈得孙湾公司（Hudson Bay Company）。这些公司除了商务之外，还都被看成是政府的海外分支机构，执行当地的政务，负责制定贸易规则，并享有贸易垄断权。也是在1692年，公司成员的私人贸易被禁止，做了股东就不得与公司竞争。

对于联合股份公司来说，一个股东的死亡或离去，并不影响企业的存续；而一个合伙人的死亡或离去，会使合伙解散。这就保证了公司资产的稳定。有限责任还不完全，因为特许状里会规定在什么样的情况下股东必须追加投资。但这不影响股份的自由转让。可见当时的股份都是记名股份，否则公司需要追加投资时会找不到股东。总的说来，荷兰和英国的这些经过特许的联合股份公司已经具备了现代公司的基本特征：企业资产稳定（股东不得抽回）、股份自由转让和不完整的股东有限责任。

由于联合股份公司的形式受到欢迎，很多商人都来申请特许。可是英国国会表现得十分矜持和吝啬，18世纪上半叶只颁发了很少量的特许状，后来逐渐多了一些，直到19世纪中叶，英国的企业才普遍获得设立公司的自由。普通公司法之所以姗姗来迟，除了垄断公司的游说之外，主要是因为国会的谨慎，想保护债权人和小股东的利益，防止公司控制人滥用权利。所以当时的特许状都颁发给运河、铁路等带有公益性质而又不容易转移资产的企业，而与工业革命紧密相连的制造业的申请往往被拒绝。

由于得不到政府的特许，商人们就自想办法，模仿已经获得特许的企业组建联合股份公司。具体办法是将合伙与信托结合起来，合伙人将自己的财产委托给由他们选举出来的受托人经营，合伙人作为信托的受益人，其权益（份额）可以自由地流通。当时英

---

① 东印度公司是当时世界上实力最为雄厚的公司。1709年，公司借了一大笔钱给英国政府。由此可见其政治和经济的影响力。

国的信托法已经规定，受益人和受益人的债权人都不得变卖信托财产，债权人只能就信托定期分配给受益人的财产受偿；受托人破产时，他的债权人也不得就信托财产受偿，尽管这些财产都挂在他的名下。到 17 世纪后期，信托财产已经相当稳固。这种安排与公司十分相似：受益人类似股东，受托人类似公司经理和董事会，信托份额类似现代公司的股份。

信托形式的另一个好处是便利诉讼。根据当时的法律规定，未经特许的联合股份公司属于合伙性质，而合伙在起诉和应诉时，必须在诉状上写上每个合伙人的姓名。但是股份在流通，合伙人的名单也跟着在变动，因而诉状上的姓名就需要不断地改动，非常不方便。而信托在诉讼时是以受托人的名义进行的，受益人的变动不影响诉讼的进行，所以很方便。这样，信托又反过来促进了股份的流通。

17 世纪英国这类未经特许的企业的股份像特许企业的股份一样，交易相当频繁和活跃。这些企业由受托人集中管理，持续经营，加上其股份（信托份额）的自由流转。有些学者认为这些不经过特许的组织才是现代公司的真正前身，而不是那些获得特许状的行会性的商事组织。这种看法是有道理的。应该说，这些企业加上那些获得特许的联合股份公司（如东印度公司等）一同构成现代公司的前身。行会当然不是，它只是一个保护垄断的组织，其成员是相互独立的主体，各自承担自己的责任。

由于那些没有获得特许的联合股份公司仍然是合伙性质，合伙人得不到有限责任的保护。即使是已经获得特许的企业，有限责任也不完整。如上所述，特许状里经常规定在必要时追加资本。于是许多未注册公司开始通过合同寻求有限责任。股东与企业、与债权人的合同中会有有限责任的条款，合伙合同和企业的信笺抬头上会有有限责任的规定，还有企业的名称会出现"有限"的字样。但是直到 19 世纪中叶，法院还没有明确承认这些意思表示。所以在未经特许的联合股份公司盛行的年代，这些企业的股东的有限责任始终处于不确定状态。在意思表示不明确或者得不到法院承认的情况下，股东仍然需要承担无限责任。

进入 18 世纪，股份的买卖和投机越来越繁荣，包括经过特许注册的和不经特许擅自经营的两类公司。当时影响特别大的事件是南海公司购买英国发行的全部国债，具体办法有二：一是用现金从投资者手中直接购买；二是发行自己的股份换取这些债券。这类发行和购买的活动进一步促进了股份的投机。1720 年，在投机买卖达到高潮之际，英国国会通过"泡沫法案"，试图限制投机性的集资方式，禁止未经特许的公司股份的买卖，禁止已经特许的公司出卖其特许状，并且禁止个人未经特许而以公司的名义经商。法案限制了公司的发展。但是企业家很快就找到了规避的途径——通过合伙加信托的方法依然可以组建联合股份公司。未经特许的公司继续增加，到 19 世纪初，英国大约有一千家这样的公司在营业，有的股东／合伙人达到数千人。这使泡沫法案的支持者十分尴尬，同时推动了现代公司立法。到 1825 年泡沫法案被正式废止时，制定一般性的公司组织法已经势在必行。经过商人们一百多年的呼吁和请求，国会终于在 1844 年通过了第一部公司法，使组建公司成为一种普通的权利而不需要国家的特许。该法规定合伙的人数超过 25 人或者它的股份在流通，就必须登记为公众公司并公开其信息；该法还规定了最低资本限额，以防止股东抽逃资本损害债权人利益。公司不得回购自己的股份。没有全体债权人的同意或者全额清偿持反对意见的债权人的债权，公司不得减少资本。该法没有确认有限责任。不过 1855 年对该法做了修改，规定当事人可以选择有限责任。

不过，在之后的半个世纪里，合伙依然是商事组织的主要形式。直到 20 世纪，公司形式才在英国普遍起来。

美国最初是英国的殖民地，模仿英国通过特许设立公司。因为美国没有国王，所以就由立法机关特许。像英国一样，美国各州最初特许的也都是运河、桥梁、道路等公共工程。1800 年有 335 家公司。但是各州的立法机构没有英国国会那么吝啬，所以 19 世纪美国公司的数量呈几何级数激增，立法机构忙不过来，特许状也格式化了。

由于公司特许状是一种有价值的特权，只有立法机关可以颁布特许状，腐败就产生了。议员与企业家串通牟利，权力寻租时有发生。于是商界批评日增，并认为公司的成立应当是普通权利，而不是特权；机会应当均等，不应是少数有门路人的特权。于是，美国的公司法就在民众的一片叫骂声中一个个诞生了。纽约州在 1811 年率先立法，其他州纷纷跟进。所以美国的公司法诞生得比英国早一些。公司法规定只要符合法定条件，任何人都可以组建公司并得到国家认可，而不需要经过什么人的特许或批准。[1]

19 世纪是美国公司发展最快的时期。特别是铁路的修筑需要大量的资金，个人财产根本满足不了。于是，各种金融手段被设计出来筹集资金。公司显然是一个有用而方便的集资形式。而一个开放的证券市场又是公司筹集资金的最佳途径。许多金融大亨和证券投机家就在这样的背景下冒了出来。总之，我们今天所熟悉的公司形式是在 19 世纪出现的。这显然与一般公司法的制定有着密切的联系。没有一般公司法的颁布，就不会有 19 世纪的公司大发展。

于是就产生了一个问题：到底是公司促成了法律，还是法律促成了公司？换句话说，谁是第一性的，公司还是法律？这个问题困扰了许多西方法学家，引起了关于公司性质的长期争论。公司到底是什么？仅仅是法律的拟制？完全依赖于法律或者政府的特许，是法律或者特许的产物？还是像 Otto Von Gierke 在他的四卷本专著中所说的，像公司这样的集体具有独立于政府意志的真实的存在，最终会迫使法律不得不承认它们是独立的有能力的实体，无论政府是否明确给予它们这样的地位。前一种观点在英美法系长期占据统治地位。在著名的萨顿医院案中，[2] 英国的科克大法官说："公司本身仅仅是对法律意图和设想的一种概括，并且只存在于这种意图和设想中。"美国的马歇尔大法官 在 Trustees of Dartmouth College v. Woodward，17 U.S.（4 Wheat.）518，634，4 L.Ed. 629，659（1819）中说："公司是人造的实体，看不见，摸不着，只存在于法律概念中。作为法律的产物，它仅仅具有创制它的宪章给予它的那些权力……"

信奉历史唯物主义的人一定会同意 Otto Von Gierke 的看法：先有公司这类经济实体，

---

① 开始的时候还不是很规范，有些特殊的限制在今天看来简直莫名其妙，例如，1811 年的纽约公司法规定，在某些制造行业内，如果资本少于 10 万美元，公司存续期限不超过 20 年的，才可以自行成立公司。

② Sutton's Hospital Case，10 Co. Rep. 23 a（1613）.

后有规范公司的法律。法律作为上层建筑是为经济基础服务的，它不可能凭空创造出一个经济实体来。必定是经济的发展需要这样一种实体，需要这种实体具有民事主体资格，然后法律才会去承认和规定这样的资格。从上述公司起源的介绍中也可以看出这一点。在还没有公司法的时候，商人们就创造出了类似现代公司的联合股份公司。他们在经商需要的推动下经过一百多年的奔走呼吁，才打破了特许的垄断，迫使英国国会制定了一般公司法。即使在现代公司法诞生之后，它依然因为客观经济需要的发展而在不断地发展。例如，由于公司中经理权力的滥用和对中小股东的侵夺，在 19 世纪五六十年代发生了股东派生诉讼（shareholders' suit）并为法律所接受和规范。又因为垄断带来的低效，在 1890 年制定了第一部反托拉斯法。在正常情形下，总是先有客观需要，后有法律。因此，先有公司这样的经济实体和造就这种实体的客观经济需要，后有公司法；是公司（经济现实）决定法律，而不是法律决定公司（经济现实）。这一点应该是清楚的。

但这并不是说法律对于公司是处处被动的，完全受制于公司需要的。恰恰相反，法律在规范公司行为方面经常具有决定性的作用。当公司过度追逐利润，损害了社会公众利益的时候，法律应当进行主动的规范和调整，使公司的行为有利于社会而不是不利于社会。今天的公司都是按照法律的规定成立的。从这个意义上说，公司也确实是法律的拟制或产物。法律可以改变公司的运作方式，规定公司的交易规则。在一个法治社会中，公司必须听命于法律，任何活动都不得违反法律的规定。不过，这些都不能改变公司第一性、法律第二性的事实。法律对公司的调整受到客观经济规律的制约。它应当从社会经济的长远发展出发，服务于公司的经营，而不是凭空给公司制造麻烦。法律为公司服务得好，符合客观经济规律，公司的经营效率就会高，社会经济的发展就顺畅；服务得不好，违反了客观经济规律，社会经济的发展就会受到阻碍。

第三节　公司的分类

公司的种类很多，看起来令人眼花缭乱，其实无非是从不同的角度对公司所做的分类，有法律上的、学理上的、不同国家不同时期的，等等。了解这些分类，熟悉表达各种类型的名词术语，可以方便公司法的学习。

（一）按财产责任分，公司分为**有限**、**无限**和**两合**三大类。这是最重要的公司分类。有限公司的股东以其出资额为限对公司或公司债务负有限责任；无限公司的股东对公司债务负无限责任；两合公司部分股东负有限责任，部分股东负无限责任。

我国现行公司法只规定有限公司，没有规定无限公司和两合公司。该法规定"公司是企业法人，有独立的法人财产，享有法人财产权。公司以其全部财产对公司的债务承担责任"（第 3 条第 1 款）。可见，在我国公司法之下的公司全部都是有限公司。有限公司又进一步分为有限责任公司和股份有限公司（第 2 条）。"有限责任公司的股东以其认缴的出资额为限对公司承担责任；股份有限公司的股东以其认购的股份为限对公司承担责任"（第 3 条第 2 款）。有人据此将有限责任公司和股份有限公司的差别定义为前者的出资不分为等额股份，后者的出资划分为等额股份。其实，有限责任公司的投资额同样可以而且经常划分为等额股份，因为分为股份后计算比较方便。用是否分为股份来区分有限责任公司和股份有限公司是肤浅的和不正确的。

我国公司法还将股份有限公司分为发起设立的和募集设立的两个小类（第77条）。发起设立，是指由发起人认购公司应发行的全部股份而设立公司。募集设立，是指由发起人认购公司应发行股份的一部分，其余股份向社会公开募集或者向特定对象募集而设立公司。所以，我国公司法对公司所作的分类如图1-1所示。

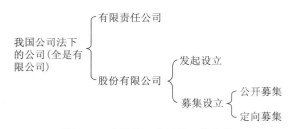

图1-1　我国公司法对公司的分类

无限公司也叫无限责任公司，其全体股东承担无限连带责任，本质上与合伙相同；差别是非本质性的，例如，法律要求登记注册，对注册资本也有要求，因而相对于合伙更具有法定性，等等。

两合公司继无限公司之后出现，是部分股东对公司债务负无限责任，其他股东负有限责任的公司。一般说来，负有限责任的股东都是消极投资者，不参与公司的经营管理；凡是积极参与公司经营、对公司经营有决策权的股东都要负无限责任。两合公司与有限合伙或隐名合伙基本相同，现在已经被有限合伙取代。因此，两合公司基本上是一个历史现象。

在两合公司流行的时期，还出现了股份两合公司。它属于两合公司的一个分支，因而在本质上与一般的两合公司是完全相同的，只有一些非本质性的差异，如规模大一些，股份的划分清楚些、规范些，且更具流通性，法律对其注册资本的要求有所不同，等等。

（二）按有无公开义务分，有**公公司**（public company）和**私公司**（private company），这主要是英国的叫法，在美国，一般称**公众公司**（public corporation）和**封闭公司**（close corporation）。[1] 这虽然只是英美法上的分法，但是影响很大，遍及全球。公众公司向社会公众公开发行它的证券，因而法律要求它公开财务和经营方面的重要信息及各种风险因素；封闭公司不向社会公众公开集资，所以没有公开公司信息的义务。一般说来，公众公司的规模较大，封闭公司的规模较小。[2]

公众公司在公开发行证券之后一般都会申请让其证券在证券交易所挂牌交易。如果申请获得批准，公司就成为上市公司。市是市场的意思，具体指证券交易所的交易大厅，

---

　① 显然，英美两国对于 public company 的称呼是相同的。之所以将同一个英文名称翻译为不同的中文名称，是考虑到音节的协调，公与私对应，公众与封闭对应。公众公司也叫开放公司。

　② 理解这个大小的说法要打点折扣，不能绝对化，因为有的封闭公司规模也很大，超过许多开放公司。

在那里挂牌就是上市了。在我国，所有公开发行证券的公司都会上市。

以公开义务为标准的分类比较客观严谨。相比之下，我国对有限责任公司和股份有限公司的划分就不够严谨，尤其是发起设立的股份有限公司，本来应当属于有限责任公司，其与有限责任公司的区分完全是人为的，比如注册资本大小不同，^① 设立须经政府批准的要求不同，^② 股东投资是否分为等额股份，^③ 等等。^④ 此外，定向募集设立的股份有限公司其实与有限责任公司也差不多，无非是有些公司的股东人数较多而已。如图 1-2 所示，按照公开义务对我国公司法规定的公司重新分类如下，以供比较。

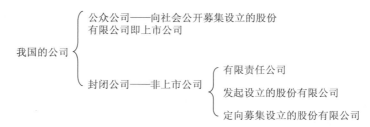

图 1-2　按照公开义务对我国公司的分类

（三）按内部管理分，有**总公司**与**分公司**。一个公司生意做大之后，往往在许多地方有业务，需要在那些地方设立分支机构，这些分支机构就是分公司，相应地公司自身就成为总公司。分公司作为总公司的分支机构，并不是独立的法人，也没有董事会，只有总公司任命的经理。不过分公司也需要在当地工商局登记注册，而后才能以自己的名义对外订立合同、起诉和应诉。《公司法》第 14 条第 1 款规定："设立分公司，应当向公司登记机关申请登记，领取营业执照。分公司不具有法人资格，其民事责任由公司承担。"这所说的公司，指的就是总公司。

（四）按控股关系分，有**母公司**与**子公司**。母公司是子公司的股东，持有子公司的多数股份，对子公司拥有控股权；控股权意味着控制权，即控制子公司各种重大决策的权力，其中最关键、最核心的是选举或者任命子公司多数董事的权利。

英国人对母子公司关系的认定做过探索。该国 1985 年《公司法》原先只认持股 50% 以上的为母子公司。结果，一个没有控制权的公司因为持股 50% 以上就被认定为

---

　　① 以前公司法规定了公司注册资本的最低限额。但是以此来分类却没有道理，因为差别纯属人为，而非公司的自然属性。事实上，有些有限责任公司的注册资本远远超过法定的股份有限公司注册资本最低限额。2013 年底，我国修改《公司法》，取消了注册资本最低限额的要求，这一人为的差别自然消失，学者们即不能以此作为分类标准了。

　　② 1993 年公司法规定设立股份有限公司须经省级人民政府批准，设立有限责任公司不需要这样的批准。2005 年公司法修改时废除了设立股份有限公司须经省级人民政府批准的要求。

　　③ 有人机械地从公司法的字面规定进行推敲，认为股份有限公司的出资分为等额股份，股东按持有股份的多少投票；有限责任公司的出资不分股份，股东按出资比例投票。以此作为区分两类公司的一个标志。其实，有限责任公司的投资同样可以划分为等额股份，而且在事实上很多有限责任公司的资本也确实是分为等额股份的，划分的原因是计算方便，1 000 股是个常用数。

　　④ 上述三点区分曾经在我国公司法学界流行一时，反映出当时整体学术水平的低下。

母公司，而一个有控制权的公司却因为持股不到 50% 而被认为不是母公司，从而逃脱了相应的责任。之所以出现这种情形，是因为公司发行了多类普通股，各类股票的投票权不同，所以 50% 的持股份额并不必定有 50% 的投票权，而持股少于 50% 的有时候投票权却大于 50%。1989 年公司法对 1985 年《公司法》第 736 条做了修改，把投票权作为认定母子公司关系存在与否的标准：（1）母公司持有它的多数投票权；（2）母公司是它的一个股东并且有权任命或撤换它的董事会的大部分成员；（3）母公司是它的股东并且能够单独或者与其他股东联合起来控制它的多数投票权；则可以认定该公司为子公司。

由于我国还没有出现一个公司发行多类普通股的现象，所以控股关系相对简单，主要取决于持股份额。如果持股超过 50%，就必定有控股权。但这并不意味着持股不到 50% 的就一定没有控股权。因为在股份十分分散的情况下，持股 20%~30% 就显得相对集中，就可能取得控股权。基于这样的现实，我国《公司法》第 216 条第 2 项将控股关系分为绝对控股与相对控股两种情形。持股超过 50% 的为绝对控股；持股不到 50% 但"表决权足以对股东大会的决议产生重大影响"的为相对控股。这里所说的对股东大会产生重大影响，主要指能够选举半数以上的董事。

由此可见，一个公司持有另一个公司的股份并不自然成为该另一个公司的母公司。只有持股达到控股地位的时候才能成为母公司。

子公司虽然受母公司控制，但是享有独立的主体资格，是法人。这是子公司与分公司的最大区别。总公司可以对分公司直接下命令；母公司对子公司的控制却只能通过它所选举的董事去实现，而不能由它的行政系统直接向子公司下达命令。

母子公司关系的由来，有的是由一个公司收购另一个公司的股份达到多数而形成的，更多的则是在设立时就形成的。《公司法》第 14 条第 2 款说："公司可以设立子公司，子公司具有法人资格，依法独立承担民事责任。"公司作为法人，像自然人一样具有独立的民事主体资格。自然人可以设立公司，公司也可以设立公司。公司设立的公司是子公司，两者之间自然形成母子公司关系。这时母公司往往持有子公司的全部股份。母公司持有全部股份的子公司叫作全资子公司。

一个公司可以设立多家子公司，子公司与子公司之间是姐妹关系。子公司也可以再设立子公司，从而出现孙公司、重孙公司，等等。由此可以形成一个**公司集团**。公司集团也叫**集团公司**，本身不是一个独立的公司，没有法人资格。但是在集团公司的内部，总有一家公司处于统治和支配的地位。一般地，这家处于支配地位的公司就是最初设立子公司的母公司，就像一个家族最老的祖宗一样。经常，集团公司内部还会出现交叉持股、循环持股等现象，使持股关系变得十分复杂，比如爷爷公司持有孙公司的股份，重孙公司持有叔叔公司的股份等等。这时候最重要的还是要看控股关系，即谁在起主导作用。

（五）**关联公司**。集团公司是由一个核心母公司持有一个或多个子公司以及孙子公司等形成的集团。集团公司内部各公司之间都具有关联关系。具有关联关系的公司叫作关联公司。但是除了这种集团内部具有"血缘"关系的关联公司之外，具有密切而稳定的业务联系的公司，如长期的原材料供应商等，也都称为关联公司。此外，持有较多股份，但是还没有达到控股地步的公司与被持股公司之间也有关联关系。可见，关联公司强调的是公司之间长期、稳定、密切的联系，其含义相对广泛和含糊。①

当代公司制度发达，公司与公司之间的各种关联关系也变得越来越复杂，成为许多专家学者的研究对象，也引起了立法机构的重视。我国《公司法》第 217 条第 4 项专门对关联关系下了如下定义："关联关系，是指公司控股股东、实际控制人、董事、监事、高级管理人员与其直接或者间接控制的企业之间的关系，以及可能导致公司利益转移的其他关系。但是，国家控股的企业之间不仅仅因为同受国家控股而具有关联关系。"②

（六）按信用基础分，有**人合公司**与**资合公司**的说法。信用一词的含义很广泛，但是在生意场上，主要指借钱，别人肯不肯借钱给你。无限公司是典型的人合公司，因为无限公司的股东对公司债务负无限连带责任，别人发放贷款时除了考虑公司本身的经营状况之外，更主要是看股东个人的富裕程度和财产可靠程度。因为公司信用依赖于股东个人的信用，所以称为人合。上市公司是典型的资合公司，因为股东对公司债务负有限责任，债权人只看公司的资本是否雄厚，不看公司股东是否富有。

不过人合和资合也不绝对。公司都具有资合性。即使是无限公司，债权人首先看的也是公司的财力而不是股东个人的财力。公司一旦破产，债权人也是首先瓜分公司的资产，瓜分完了还不够才向股东索要债权余额。有限责任公司的股东对公司债务负有限责任，但是债权人在放债时往往要求股东个人提供担保，这时的公司就依赖于股东个人的信用了。所以有限责任公司的人合性明显强于上市公司。

除了描述公司的对外信用之外，"人合""资合"两词还可以形容股东之间的合作关系。合伙人之间、小公司的股东之间往往是互相信任的朋友关系，互相依赖，以此为基础的企业或公司是人合性质的；上市公司的股东之间互不相识，仅因为投资于同一家公司才共为股东，那就完全是资合关系。

人合、资合的说法是纯学理性的，立法上并没有这样的分法。

（七）按法源分，有**一般法上的公司**和**特别法上的公司**。这里的一般法指《公司法》，特别法指《公司法》以外的能创制公司的组织法，如《保险法》《银行法》以及《证券法》第六章对证券公司的规定等等。凡是按照《公司法》成立的公司都是一般法上的公司；按照某一特别法成立的公司是特别法上的公司。特别法上的公司在特别法没有具体规定的时候依然适用公司法。

（八）按国籍分，有**本国公司**、**外国公司**和**跨国公司**。认定国籍的标准各国不尽相同，住所、登记国、设立人、实际控制等皆可成为认定标准。我国采取的是"住所 + 登记"标准：凡是按照我国法律在我国境内登记设立的公司都是中国公司。因此，三资企业（中外合资、中外合作、外资）都是中国公司，对中国来说都是本国公司。

---

① 因为孤立使用含义模糊，所以当立法用到该词时，立法者会对它在该部法律中的特定含义作专门的解释。例如，美国 1940 年《投资企业法》定义"关联企业"为直接或间接持有其 5% 以上有投票权的股份的企业。我国《公司法》没有使用关联公司一词，只用了"关联关系"一词，所以只对关联关系在该法中的含义作了解释。见正文下段。可见，关联一词在不同的法律中使用时含义会有所不同。

② 这个定义还是比较狭义的，因为它既没有包括诸如原材料供应商等非持股关系，也没有包括非控股持有。当然，如果考虑它的兜底规定"可能导致公司利益转移的其他关系"，那就很广义了。《企业会计准则第 36 号——关联方披露》从会计计账的角度对企业之间的关联关系作了详细的规定。

这样，外国公司就只能指境外的公司在我国境内设立的分公司。因为分公司没有主体资格，是外国公司在我国境内的分支机构，所以我们称它们为外国公司。如果是外国公司在我国境内设立的子公司（三资企业中的外资企业），那就不是外国公司，而是中国公司了。

跨国公司的含义比较松散。如果一个公司在本国营业的同时，又在其他国家设立分公司，那是名副其实的跨国公司，因为同一个公司在多个国家做生意。但是更多的时候，是一个公司在其他国家设立子公司。从法律上看，它们都是互相独立的实体，各为所在国的本国公司；但是从经济现实上看，它们属于同一个公司集团。习惯上，人们把这样的公司集团也叫作跨国公司。

（九）按所有制分，有**国有公司**和**民营公司**。国有公司是由国家控股的公司，民营公司则是由私人控股的公司。我国自 1956 年完成对资本主义工商业的社会主义改造到 20 世纪 80 年代的经济改革之前没有公司制度，只有工商企业，分为国家所有制、集体所有制、个人所有制。国家所有制企业叫作国营企业；个人所有制企业叫作个体工商户。个体工商户数量很少，规模很小，主要是一些手工作坊，只收一两个学徒，没有雇工。国营企业无论在数量上还是规模上都在国民经济中占据绝对的统治地位。后来由于改革的需要，国营企业改称国有企业，意思是所有制不变，但是经营管理权可以下放，国有的不一定国营。1994 年中央决定对国有企业进行公司制改造，很多国有企业被改制成国有公司。1999 年中央又决定对部分国有企业进行所有制改革，允许私人和其他法人参股到原来纯国有的公司中，形成了所有权的多元化。现在，国有公司中有的是国家独有的，有的是多方持股但国家控股的。另一方面，民营公司中也可能有地方政府的股份。因此，以前清一色按所有制划分的意义正在弱化。

（十）按股东数量分，有**一人公司**，即只有一个股东。一人公司是在西方发达的市场经济条件下，个人为了利用有限责任保护其家庭财产而设立的。典型例子如纽约的出租车司机成立的一人公司，用以保护其个人财产。[①] 我国在 2005 年通过公司法的修改首次承认了一人公司。[②]

对于一人公司，人们首先想到的是只有一个自然人股东。但是在母子公司关系中，全资子公司其实也是一人公司，因为它的股东只有一个。只是该股东不是自然人，而是法人。宽泛地说，国有独资公司也是一人公司，因为股东只有一个——国家。但是按照我国公司法的体例，国有独资公司不算作一人公司，而单称国有独资公司。

第四节　公司法概述

一、公司法的定义

公司法是规定公司组织的法律。这是最简明的定义。一个组织，像一个自然人从出

---

① 见本书第六章第三节第二小节。
② 见《公司法》第 57~63 条。

生到死亡一样，总要经过成立、运行、解散的过程。所以，详细一点说，公司法是规定公司的设立、运行和解散的法律。我国公司法，尤其是 1993 年颁布的新中国第一部公司法，主要地就是一部规定公司的设立、运行和解散的法律。这些规定大都是手续性、程式性的规定，解决现实生活中的矛盾冲突的规定很少。但"法律是在问题的焦点上划刀子"（彭真语），也就是说，法律是要解决矛盾冲突的，尤其是利害冲突。所以比较准确的定义应该是：**公司法规定公司的设立、运行、变更和解散以及在这些过程中公司及公司内部各利益主体之间在矛盾冲突中的权利和义务**。这里所说的利益主体主要指股东、董事、监事和其他公司官员。公司是由股东组成的，股东是当然的利益主体；董事、监事和其他公司官员虽然不一定是股东，但是他们的职位决定了他们在公司中有切身的利害关系，这种切身的利害关系有时候可能会与公司或公司中的其他利益主体发生冲突，由此可见他们同样是公司内部的利益主体。此外，当长期债权人的利益因公司官员的某些行为而受到威胁时，他们也可以成为这里所说的利益主体。

二、公司法的内容

从上述定义可以看出，我国现行公司法的内容大致可以归结为两大方面。第一大方面是关于公司的设立、运行、解散方面的手续性、程式性规定。在公司设立方面，公司法主要规定了一些实体条件和机构设置，设立的申请程序、申请文件和具体的登记手续都规定在《公司登记管理条例》中。在公司运行方面，公司法主要规定了公司内部各机构，包括股东会、董事会、监事会、经理的权限范围以及开会方式、股票、债券的发行和转让，公司合并和分立以及公司财务会计方面的一些特殊要求。在公司解散方面，公司法主要规定了解散的原因和解散后的清算程序。这些粗略的组织和程序框架都是必要的，但是对于实际情况来说往往是不够的。比如在一些大公司中，除了董事会之外，还需要在董事会之下设置几个专门委员会，如执行委员会、薪酬委员会、财务委员会等等。

在公司的设立、运行和解散三个阶段中，设立和解散时间比较短促，法条内容相对较少；运行的时间长，一般几年到几百年不等，理论上说可以永恒，这期间会发生各种各样的矛盾冲突，所以法条内容就比较多。

第二大方面是关于公司和公司内部各利益主体在矛盾冲突中的权利和义务，主要包括控股股东对中小股东的诚信义务、董事、监事、经理对公司及公司股东的注意义务和忠诚义务等。这些义务可以引发大量的股东派生诉讼与直接诉讼。现行公司法专门设第六章规定"公司董事、监事、高级管理人员的资格和义务"。此外，在公司证券的发行和转让中，在公司的合并或分立中，都存在着各种利益主体的矛盾和冲突。现行公司法在 2005 年对 1993 年公司法做了大的修改，增加了很多解决实际矛盾冲突的法条，表现出比 1993 年公司法的进步。但是从总体上说，这些规定还太笼统、抽象、缺乏可操作性，因而不成熟。尤其是关于董事的忠诚义务和注意义务、控股股东对于小股东的诚信义务、股东派生诉讼等，我们的规定还是初步的，还处在向先进国家学习的阶段。这方面的具体问题，我们将在以后的章节中逐步探讨。

我国法学界在讨论一个法律部门时经常会说到该部门法的实质意义和形式意义，或者广义和狭义。拿公司法来说，1993 年颁布、2005 年修改的现行《公司法》就是形式上的、狭义的公司法；而实质或广义的公司法则是包含了形式公司法和其他一切调整公司的法律。于是，宪法、刑法、民法通则、反垄断法、合同法等许多法律法规中涉及公司的规定便都包含在实质意义上的公司法中了。这种定义的方法也适用于别的法律部门，如刑法。刑法典是形式上的和狭义的刑法；环境保护法中的刑事罚则、证券法中的刑事罚则等都可以归入实质意义上的或者广义的刑法。

不过，对公司法来说，除了关注广义的公司法之外，更为重要的是关注公司的组织文件——公司章程和公司规章。因为这些文件不但有法律效力，而且写得具体，对于解决实际问题经常比法律条文更加有用。从这个意义上说，我们不妨将这些文件也归入公司法甚至是狭义公司法的范畴。[①] 此外，最高人民法院的历次司法解释和《公司登记管理条例》都是根据《公司法》制定的，属于《公司法》的一部分，即形式上的公司法。这样，关于公司的组织文件，我们就在狭义公司法范围内获得了四个层次：最高的是《公司法》；其次是司法解释和《公司登记管理条例》；然后是公司章程，即公司的宪法，其基本条款由《公司法》规定或要求，但是当事人可以增加其他内容的条文；最后是公司规章，主要涉及公司的内部管理，一般要比章程长得多。

三、公司法的性质和归类

就像对不同的公司可以从不同的角度进行分类一样，在法学理论上，对一个法律部门也可以从不同的角度进行分类，例如，从内容上分为组织法和行为法、[②] 从法律主体的地位上分为公法和私法、从法律的来源上分为成文法和判例法、从法律效力所及的范围上分为国内法和国际法，等等。

公司法是典型的组织法。所谓组织法，就是规定某一类组织在法律上的主体地位，所以组织法又叫主体法。除了公司法之外，银行法、中外合资企业法、中外合作企业法、外资企业法、乡镇企业法等等，都是组织法。合伙法也应算作组织法。组织法重内，即内部的组织结构、机构设置、权力分配（领导与被领导）、责任分担等。与组织法相对的是行为法。行为法重外，即不管你的内部结构，只把你看作一个整体（行为主体），看你的行为对他人产生什么样的影响或后果。合同法、票据法等都是典型的行为法。当然，正如很多学者所指出的那样，公司法也有一些行为法的内容，如证券的发行和转让等。不过，这些行为也都与公司的组织特点有关。至于那些与公司组织特点无关的行为如公司买卖货物、签订合同等，都受合同法调整，与公司法无关。

私法与公法是从当事人的主体地位及其相互关系上去区分的。公法关系的一方当事

---

① 这是一种务实的说法，因为在具体案件中它们具有法律效力，就像合同条款之于合同纠纷那样。如果死抠概念，它们自然不是法律。因为法律是普遍适用的，而它们只适用于一个具体的企业；每个企业的章程和规章都会有所不同。这里之所以如此强调，把他们提到法律的高度，是因为这些文件往往为公司法的教学所忽略。

② 也可以叫作主体法和行为法。组织法属于主体法。唯一的差别是民法关于公民个人，也即自然人的规定属于主体法，但不是组织法，因为单个自然人不成为一个组织。所以主体法的范围比组织法稍广一点。除此之外，二者可以画等号。

人是代表国家政权的政府机关，该机关与对方当事人的关系是管理与被管理的关系。国家一方处于强势地位，作为另一方的个人或法人处于弱势地位，因而双方地位是不平等的。私法调整平等主体之间的关系。在私法关系中，各主体的地位是平等的。这些主体一般为个人或法人，政府有时候也可以充当私法关系的主体，比如在政府采购中，这时它与交易对方是平等关系。行政法、刑法、税法等都是公法；而民法、票据法、合同法等都是私法。公司法所管辖的公司与公司内部的各利益主体都是私人而不是国家机关，他们之间的关系是平等主体之间的关系，所以公司法属于私法。但是关于公司的设立登记、变更登记、注销登记等都需要与工商局打交道，这种关系是公法关系，这方面的规定都属于公法的范畴。因此《公司登记管理条例》是公法。可见，公司法是私法与公法的结合，但是以私法为主。

　　既然公司法是私法，或者说，主要是私法，按照私法自治的原则，它的任意性规定应当多于强制性规定，因为强制性是公法的特点。可是，有的学者却发现我国公司法的强制性规定多于任意性规定。这说明我国公司法像其他许多法律部门一样，受传统计划经济的影响，具有政府过度干预民间的倾向。不过，和 1993 年公司法相比，2005 年修改之后的公司法已经删除了大量的强制性规定，增加了很多任意性的规定，以后还需要进一步这样做。①

　　当今世界各国都对公司进行立法，有专门的公司法典，所以公司法是成文法而不是判例法。但是在判例法国家，除了成文的公司法典之外，还有大量的判例相补充，而且成文的规定往往是从判例中提炼出来的，二者并行，相辅相成。② 我国没有判例法，只有成文法，所以我国公司法是成文法。

　　公司法都是国内的，没有国际公司法。美国甚至只有州法，没有联邦公司法。但是公司法又都具有一定的国际性，比如我国公司法内有专门的一章规定外国公司在我国的分支机构，就是国际性的。美国各州的公司法也都有关于外州和外国公司的规定。在当今世界上，几乎所有法律部门都带点国际性，刑法中有国际性犯罪、婚姻家庭法中有与外国人通婚的问题、环境保护会涉及外资公司和全球性的问题，等等。

　　总之，公司法是组织法、私法、成文法和国内法。了解这样的归类，可以帮助我们熟悉国内流行的各种学术表述。但是这种归类对于公司法本身的内容来说毕竟是极其边缘性的知识，因而对公司法的学习用处并不大。只是因为国内的公司法教材几乎无一例外地做这种介绍，所以本书在此从众。

---

　　① 不是说不要强制性的规定，而是说强制性的规定要恰当，主要是为了兼顾社会利益，平衡利害冲突。这类强制性规定恐怕还不够。但是现行法律中的很多强制性规定都是没有必要的。

　　② 在判例法国家，如果判例法与成文法发生冲突，则成文法的效力高于判例法。

第二章

公 司 证 券

办企业都需要钱，用来购买原料、机器设备、获得经营场地等。没有钱的投入，生意就无法开张。大到富可敌国的跨国公司，小到街头的摊贩，无不如此。公司也一样，需要资金。那么，公司做生意的钱是从哪里来的呢？你一定会说：是股东投资的。不错，这一点前面已经讲过了。但是股东投资之后，要从公司获得股票，以证明他对公司拥有股份。这也是等价交换。股东并没有白白地将钱送给公司，公司也没有白拿股东的钱。公司将股票卖给股东，用股票换取股东的投资。① 股票是证券的一种。证券的种类很多，除了股票之外，还有债券、衍生证券等。每一种证券内部又可以分出许多种类。一般地说，公司就是通过出卖证券来筹集资金的。

公司出卖证券的行为叫作**发行**。发行证券的公司被称为**发行人**。除了第一次将股票发行给它的初始股东之外，公司在以后的经营中可能还会发行股票给原有的股东或者新来的投资者，以获取更多的资金。公司的资金并不仅仅来自股东的投资，还来自借款。事实上，其营业所需资金相当大的部分是借来的，也就是发行债券。此外，公司还可以发行衍生证券。具体发行哪一种证券，要根据公司经营的需要来确定。总之，公司通过发行证券来满足自己对资金的需求。

从权利性质上看，公司证券可以分为两大类：股权证券和债权证券。股权证券叫股票；债权证券叫债券。② **股票表示所有权关系**，即股东对公司拥有所有权。由于公司的股东有多人，每个人持有股份的数量可能多少不同。**债券表示债权债务关系**。每个债券持有人所持有的债权数额也是大小不等的。该数额写在债券的券面上。发行债券的公司是债务人，也称债券发行人；购买债券的投资者是债权人，又叫债券持有人。

债权相对于股权具有优先清偿的权利。比较债权与股权，可以看到如下的差别：

首先是债权刚而股权柔，具体表现在两个方面：第一，债券的利息和本金到期必须支付。利息一般半年支付一次，到期不付就构成违约。一旦发行人违约，债权人可以按照合同规定要求发行人提前清偿全部债务（包括全部本金和已到期利息），要求得不到满足的可以向法院起诉，申请强制执行或者强制破产，拍卖公司资产以清偿债务。而股东的红利则可以分也可以不分，全凭董事会根据公司生意的需要酌情而定，因为股权是一种剩余利益，即公司资产在清偿了债权之后剩余下来的部分才属于股东。第二，债券

---

① 虽然说公司是股东的，股东对公司拥有所有权，但是不要忘了公司具有法人资格，是一个独立于股东的民事主体。因此，公司与股东也是平等交易伙伴，实行等价交换。

② 衍生证券是从股票和债券这两大类基本证券，特别是股票中衍生出来的。

的利息和本金数额固定，因而其价格的波动受公司经营状况的影响较小；股票的价值不固定，主要取决于公司的经营情况。公司经营得好，股票的价格可能会大涨，其增值没有上限；经营得不好则股票会大跌。

其次，债券的风险小，安全度高；股票的风险大，安全度低；股权投资是保护债权投资的缓冲垫。也正因为有股权投资为债权投资垫底，债权人才能放心地将钱借给公司。因此，对于股权与债权的比例，债权人向来十分敏感。例如，股东投资 2 000 万元，公司再向外借款 1 000 万元，总共有资产 3 000 万元，资产与负债的比例为 3∶1，即用 3 元的资产去保护 1 元的债权，应该是比较安全的，所以债权人愿意借。但是如果公司凭借 2 000 万元的股东投资要向外借 3 000 万元，即用 5 000 万元的资产去保护 3 000 万元的债务，资产与负债的比例将达到 5∶3，债权人可能就不愿意借了，因为风险太大。可见，股东和债权人都在投资，但是因为风险取向的不同，分别做了不同的投资选择：股东用较大的风险换取较大的增值潜力；债权人则以收益的有限换取相对的安全。

第一节　股　　票

股票是对公司所有权份额的凭证，具体地说是股东拥有股份的凭证。有了股份就成为股东，拥有股权，也即股东权。股票、股份、股权可谓三位一体，密不可分。股权的内容主要有两个方面：收益权和投票权。[①] 收益权属于经济权利，投票权则有点像政治权利。

收益权包括三个方面：分红、升值和剩余财产分配。分红指公司将其经营产生的利润按照持股比例分配给股东。升值指股票价格的上涨。从理论上说，分红与升值是互为消长的关系。在别的因素给定的前提下，公司分红越多，股票升值越少；分红越少，股票升值越多。分红与否，不影响股东的总体权益。例如，一个发行了 1 000 万股股票、市价为 1 亿元的公司，在赢利之后升值到了 1 亿 5 千万元，每股的价格也会从 10 元升到 15 元。如果这时公司决定拿出 2 000 万元来分红，每股 2 元。分红之后公司的市价将降为 1 亿 3 千万元，每股的价格为 13 元。可见，分红多了，升值就会减少。不分红，每股 15 元；分红 2 元，每股 13 元，加起来还是 15 元。总量不变，就像化学中的物质不灭定律一样。[②] 剩余财产的分配是指在公司清算的情况下，公司财产如果在清偿了公司的全部债务之后尚有剩余，股东有权凭其所持的股份，参与对该剩余财产的分配。

投票权是参与公司决策的权利。股东有很多，单个股东只拥有公司股份的一部分，甚至很少的一部分。股东之间的意见也不尽相同，所以只能通过投票表决。股东会是股东共同行使决策权和否决权的权力机构。会议每年至少召开一次，公司必须将开会的时间和地点通知股东，每个股东都有参加会议的权利，在会上有权就其所拥有的股份投票

---

① 我国《公司法》第 4 条规定："公司股东依法享有资产收益、参与重大决策和选择管理者等权利。"该条规定中，顿号的前面是收益权，后面是投票权。

② 这里讲的只是基本知识。由于市价与会计账面值的不一致、市场对前景的预测等多种因素，使实际的情况复杂得多，但已经不属于本课程学习的范围，所以不必在这里讨论。

表决。根据我国公司法的规定，股东会议有权决定公司的经营方针和投资计划，选举和更换董事、监事，审议批准董事会的报告、监事会的报告、公司的年度财务预算方案和决算方案、利润分配方案，对公司的合并、分立、解散和清算作出决议，等等（见《公司法》第 37 条、第 99 条）。在所有这些权利中，最重要的是选举董事的权利。谁有权选举多数董事，谁就有了对公司的控制权。

同时具有收益权和投票权的股份叫作**普通股**。一个公司可以根据需要发行多类普通股。在每一类内部，每一股的权利义务都是相同的，即所谓同股同利，同股同权。不同类的普通股拥有不同的权利，包括收益权和投票权。当公司发行多类普通股时，某几类普通股可以享有较少的投票权甚至没有投票权，但是至少必须有一类普通股有投票权。投票权是普通股最本质的特征，优先股和债券都没有投票权。

根据我国现阶段的公司实践和现行公司法的规定，一个公司只能发行权利义务相同的一类普通股，尚未出现一个公司发行多类普通股的现象。但是随着我国公司实践和市场经济的发展，多类股票的出现将是不可避免的。[①]

至于我国公司目前发行的人民币特种股票，则不属于这里所说的多类普通股。特种股票是与普通股票相对而言的。**人民币特种股票**是国家为了吸引外资而以人民币标明面值，折合成外币，便于境外投资者购买的一种股票[②]，其权利义务与人民币普通股票是一样的[③]。如果公司只面向国内的投资者，那就只发行一种股票，称为该公司的股票，用人民币购买，无所谓普通与特种。如果公司要同时面向国内和国外的投资者，那就需要发行人民币普通股票和人民币特种股票两种。普通股票叫 A 股；特种股票有 B 股、H 股、N 股等。B 股在我国境内发行，各种外币均可购买；H 股在中国香港发行，以港币购买；N 股在美国发行（N 是纽约的首字母），以美元购买。可见，人民币特种股票与普通股票的区别主要在于购买股票所用的货币不同。由于它们的权利义务是相同的，所以是同一类普通股，不是上面所说的多类普通股。因为所谓多类普通股，是指权利义务不同的股票，尤其在投票权方面。

与普通股相对应的是优先股。**优先股**的收益权优先于普通股，但是一般没有投票权。收益权的优先，表现在两个方面：第一，分红优先。公司有剩余的利润可供分红，必须

---

① 《公司法》第 131 条规定："国务院可以对公司发行本法规定以外的其他种类的股份，另行作出规定。"说明多类普通股的出现已经为期不远了，但目前国务院还没有规定。不过，2004 年 12 月 7 日中国证监会发布的《关于加强社会公众股股东权益保护的若干规定》要求公司发行新股、重大资产重组、境外上市及其他对社会公众股股东利益有重大影响的事项，除了经全体股东大会表决通过之外，还须经参加表决的社会公众股股东所持表决权的半数以上通过，方可申请实施。这就已经有点多类普通股的味道了，因为当时非流通股占绝对多数，流通的社会公众股占少数。股权分置改革中流通股股东对改革方案的否决权与此类似。

② 原来专供外国人买。2001 年 2 月 19 日，中国证监会发布决定，允许境内公民用外币购买 B 股。21 日，证监会《关于境内居民个人投资境内上市外资股若干问题的通知》第二条规定：2001 年 6 月 1 日前只允许使用 2001 年 2 月 19 日前已经存入境内商业银行的现汇存款和外币现钞存款，6 月 1 日以后再允许使用 2 月 19 日以后存入的外汇（相关内容见《中国证券监督管理委员会公告》2001 年第 2 期，第 6 页）。

③ 严格说来，是权利相同而义务相异，因为价格比 A 股便宜。这与税收上曾给予"三资企业"以超国民待遇是一个道理。但这毕竟是不正常现象，属于我国股市初级发展阶段上的产物，以后应当逐步实现两种股票的同价。

先分给优先股，再分给普通股。凡是优先股的股东没有得到足额分红的，普通股一律不得分红。第二，剩余财产分配优先。在公司清算中，在清偿债务之后如果尚有剩余财产，优先股有权以其初始的出资额为限优先于普通股参与剩余财产的分配。凡是优先股的股东没有得到足额分配的，普通股一律不得分配。

作为股票，优先股像普通股一样是永久性的，公司只需付息（分红），无须还本。在这点上它与债券不同。但是优先股的分红权与普通股不同。普通股是没有限制的，分红可多可少，由公司酌情而定。优先股却有固定的红利率，因而它的分红是有上限的。假定优先股的红利率为7%，那么一张面值100元的优先股股票最多只能分到7元钱，不可能是7.01元。优先股也没有普通股所具有的增值潜力。其市场价格的确定，与债券相似，可以因银行利率的提高而下降，因银行利率的降低而上升。[①] 优先股的股利一般高于债券的利息。但是在分配顺序上要排在债券的后面。债券到期的本或息未清偿之前，优先股不得分红。此外，债券的利息只要合同有规定，就必须逐年偿付，而优先股的固定红利却可以不付。只要公司当年没有对普通股分红，就可以不对优先股分红。不过，在不分红的情况下，优先股的未分配红利是逐年累积的。仍以7%为例，如果前两年都没有分红，今年就必须先给每百元优先股分红21元（简明起见，不计复利），否则普通股一分钱也不得分。由此可见，优先股是介于普通股和债券之间的一种证券，它的出现是客观经济需要多样性的结果。

上面介绍的是优先股的一般特征。公司可以根据自己的经营需要对某些一般性的特征进行调整，形成各种变种。例如，规定优先股的红利不累积；在公司发生结构性变化影响到优先股股东利益的时候就该变化给予优先股以投票决策或否决的权利；尤其在公司连续数年不给优先股分红的情况下，允许优先股股东选举一定比例的董事；除了固定红利之外再给予优先股在普通股分红时的平等分红权，即所谓参与性优先股；允许优先股在一定的期限内按照一定的比例转换成普通股；规定公司在一定的期限内可以按照一定的价格买回优先股；或者干脆像债券那样给优先股确定偿还的期限；等等。这些变种取决于客观需要，应有尽有，不胜枚举。其中最常见的是可转换优先股和可赎回优先股。

可转换优先股是持有人可以在一定的期限内按照一定的比例转换成普通股的优先股。这里所说的期限和比例都是发行人在发行优先股的时候就规定清楚的，并且按照习惯都写在股票的票面上。例如，假定公司普通股的市场现价为每股8元，发行每股面值为100元的优先股时可以规定这样转换：自本优先股发行之日起5年内的任何时候，每一股本优先股可以转换成10股普通股。显然，只有当普通股的价格上涨到每股10元以上时，兑换才有意义。不过，即使涨到了10元以上，优先股的股东也不会马上就去兑换，因为5年之内随时可换，期限未到，他不用着急。持股观望有好处，万一普通股价格暴跌，他可以不换，因为一旦兑换，就不能反过来再从普通股换成优先股了。

可赎回优先股是发行人可以在一定的期限内按照一定的价格买回的优先股。公司之所以要发行可赎回的优先股，是因为它预测到赎回期内市场利率可能会下降，继续按照

---

① 其背后的原理见下一节讲解。

优先股的红利率分红不合算，或者估计在该时期内公司可能会积存较多的暂时不用的现金，用来回购优先股可以减少定期的红利支出。赎回优先股的期限和价格是在发行之初就规定清楚的。价格的确定包括初始投资额，一般为面值，另外加上适当的溢价，譬如面值的 5%，作为对投资者失去较高红利收入的一种补偿。届时如有已经到期的或累积的红利，也须一并付清。

应当注意，发行人对优先股的某些一般性特征所做的这些调整和改变因为影响到公司与优先股股东的相对权利义务关系，所以都会在价格上反映出来。例如，给予优先股以部分投票权，或者允许其转换成普通股，就意味着优先股的股东得到了一般情况下没有的好处，于是股票的价格就得适当地提高，或者红利率将适当地降低。反过来，如果规定其红利不累积，或者公司可以赎回，这就意味着优先股的股东失去了一般情况下应有的权利，于是价格就得适当地降低，或者红利率将适当地提高。这大概就是所谓没有免费的午餐吧。

公司发行什么样的优先股，具备哪些权利和义务，一般都需要在章程中规定清楚。章程的修改需要得到 2/3 以上股份的批准（见《公司法》第 43 条、第 103 条）。这个过程很麻烦、很冗长。证券市场瞬息万变，需要根据市场行情和公司需要及时拟订优先股的红利率及各种权利义务特征。为了适应市场变化，提高发行效率，有的公司章程会授权董事会决定优先股的发行并确定其权利义务特征。这样的优先股叫作**空白支票优先股**。国际上多数大公司的章程里都有这样的规定。

我国《证券法》和《公司法》还没有对优先股作出规定，说明我国在这方面的经验还不甚成熟。但是在我国的公司实践中优先股已经出现，例如，2012 年 5 月 21 日阿里巴巴集团宣布将发行不超过 8 亿美元的优先股，用来换回美国雅虎公司持有的阿里巴巴集团的部分普通股。[①] 随着这方面实践经验的进一步积累，我国法律必将对优先股作出具体的规定。

不管是普通股还是优先股，都有记名与无记名之分。我国《公司法》第 129 条、第 130 条分别对记名股票和无记名股票作了规定。不过，股票的实体权利义务并不因记名或不记名而有所差别，二者的区别仅在于转让方式的不同。记名股票的转让必须先经所记名的股东背书，然后再交付给受让人（见《公司法》第 139 条、第 140 条）。受让人再次转让时，必须再次背书。多次转让将形成一条背书链条，该链条上的每个环节是否前后衔接是检验股票的持有是否合法的主要依据。无记名股票的转让则直接交付即可。比较起来，记名股票要安全一些，失窃或遗失了可以挂失，窃得或拾得股票的人并不能成为股东，因为上面没有失主的背书；而无记名股票的丢失就像人民币丢失了一样，无法挂失，因为是交付转让。但在另一方面，无记名股票在发行和转让方面相对简便一些，

---

① 2012 年 5 月 22 日《钱江晚报》B1 版《马云攥紧阿里控制权》一文，报道美国的雅虎公司在 2010 年 10 月已经持有阿里巴巴集团 39% 的投票权。2012 年 5 月 21 日，阿里巴巴集团与雅虎宣布签署协议，用 63 亿美元的现金加上不超过 8 亿美元的新增阿里巴巴集团优先股回购雅虎持有的阿里巴巴集团 20% 的普通股股份；阿里巴巴集团如在 2015 年 12 月之前上市，将按首次公开招股价回购雅虎手中剩余股份的 1/2。2014 年 9 月 20 日，阿里巴巴在美国纽约证券交易所挂牌上市。

由于交付即可转让，流通性能更好一些。这叫一分为二，有利又有弊。

第二节 债 券

这里说的债券，主要指公司的中长期债，同时也包括一些具有债券形式的短期债，如短期本票等。从这个意义上说，债与债券两个词基本上可以通用，即不但按照证券法的规定向社会公众公开发行的公司债券叫作债券，[①] 公司私下里向金融机构或者别的企业 [②] 借得的长期贷款也是债券，因为它们在本质上都是借贷合同，都是债权债务关系。

在国际上的公司实践中，中长期债务一般从十几年到三四十年不等。一笔债务尚未到期，公司又会发行另一批债券。中长期债实际上是公司资本的重要组成部分，其持有人与公司的长远发展有着切身的利害关系。[③] 由于债权人在公司事务中没有投票权，其权利主要由合同规定。

规范发行人与债券持有人之间的权利义务关系的借贷合同叫作**债券合同**。每一批债券的发行都有一份债券合同。债券合同的条款相当精细，不过本质上无非是对本、息、还款期限这三个要素的规定。长期债券的利息一般半年支付一次。此外，如果有抵押担保，合同也会对抵押的具体条件做出详细的规定。合同中往往要求公司必须做某些事情和不做某些事情。例如，如果公司的清偿能力没有达到某一具体的标准，就不得分红，等等。合同中的这些具体要求往往比法律的限制严厉得多。

有的债券合同还有沉淀基金（sinking fund）[④] 条款，规定公司每年从赢利中拨出一定数额的现金赎回部分债券，这样可以稳定公司的现金流，避免本金到期时一次性支付的压力。有的沉淀基金条款还与公司的赢利状况捆绑起来，规定只有当赢利达到一定水平的时候才向沉淀基金支付。

如前所述，和股票相比，债券具有风险小，增值潜力小，因而价格波动小的特点。不过，债券的**价格**也可以有大的波动，主要受两方面因素的影响：一是市场的**利率**；二是公司的**资信**。市场利率以银行定期存款利率为准，是影响债券价格波动的首要因素。市场利率上升，债券的价格下降；市场利率下降，债券的价格上升。例如，在市场利率为5%的时候发行了一批利率为7%的债券。债券的利率总要高于银行存款的利率，因为它的风险也要高于银行存款，高出的这2%就是对较高风险的补偿。假定这时债券可以平价发行，面值1 000元的债券可以卖1 000元。过了一年，银行利率下降到4%，债券利率依然是7%，如果说高出2%的利率就足以补偿债券相对于银行存款较高的风险的话，

---

① 公开发行证券（包括债券）的程序和要求属于证券法课程的内容，所以不在公司法课程内讲解。

② 中国人民银行1996年颁发的《贷款通则》第61条禁止企业之间相互借贷，这是违背市场经济发展方向的。2015年《最高人民法院关于审理民间借贷案件适用法律若干问题的规定》第11条承认了"法人之间、其他组织之间以及它们相互之间为生产、经营需要订立的民间借贷合同"并且开始受理由这些合同引发的民事纠纷案件，意味着《贷款通则》第61条的禁令已经松动。

③ 我国银行放贷期限一般较短，长期贷款的期限为5~10年，相当于国外期限较短的中期债券。详细内容可参见中国人民银行颁发的《贷款通则》（1996年8月1日起施行）。

④ 又可译为偿债基金。

那么，另外的 1% 就是净高于银行利率的收入了。所以，这时面值 1 000 元，利率为 7% 的债券或许能卖到 1 100 元，因为即使按这样的高价计算，实际利率依然有 6.36%，[①] 高过市场利率两个多百分点。又过了三年，银行的利率上涨到 8%。按照同样的道理，这时同一张债券大概只值 700 元了，因为按 700 元的价格计算，实际利率为 10%，[②] 这勉强高过市场利率两个百分点。可见，债券价格的变化直接受市场利率的影响，其与公司经营状况的联系却远没有股票的价格那么紧密。

但是这不等于债券的价格与发行人的经营状况没有联系。如果公司破产了，不但股票将一文不值，债券的价值也会大打折扣。这就关系到公司的偿债能力了。这种偿债能力可以用公司的资信等级来表示。美国有两家著名的金融分析研究机构，穆迪氏（Moody's）和标准普尔（Standard & Poor's），专门为公司发行的债券确定等级。穆迪氏用 Aaa、Aa、A、Baa、Ba 等表示，资信逐级下降。标准普尔用大写字母 AAA、AA、A、BBB、BB 等表示。当公司的偿债能力因经营状况的变化而变化的时候，债券的资信等级也会被上调或下调。如果一张债券的资信等级高，例如 AAA，这就意味着它的风险相对较小，它的利率就可以比较接近银行存款利率，例如 6%，略高于银行存款利率。反过来，如果一张债券的资信等级较低，这就意味着它的风险相对较大，它的利率就必须高过银行存款利率好多，例如 10%。较高的利率是对较高风险的补偿。债券的资信等级越高，质量也就越好，价格也就越高，因而利率就会较低；资信等级越低，质量也就越差，价格也就越低，因而利率就会较高。当一批原来被确定为 A 等级的债券以 8% 的利率平价发行以后，因公司偿债能力的变化其资信等级被下调为 B，在市场利率等条件不变的情况下，它的市场价格也会下降，实际利率会相应地提高。例如，一张面值为 1 000 元的债券原来可以卖 1 000 元，现在资信等级被调低之后就只能卖 800 元，而利息依然按面值 1 000 元，利率 8% 支付，每年 80 元。于是，它的实际利率就从票面上的 8% 上升到了 10%。

债券主要有以下一些重要的分类。

根据清偿顺序的先后，债券有**低级**（subordinated）与**高级**（senior）之分。高级债券的本息未曾全额清偿，低级债券不得清偿。一个公司发行了一批债券之后，再次发行债券时会给第一批债券持有者增加风险。例如，股东投资 1 000 万元创办公司，而后发行了第一批总额为 1 000 万元的债券，这时，公司的总资产为 2 000 万元。这 2 000 万元都是担保那 1 000 万元债务的，资产与负债的比例为 2∶1，也就是说，2 元钱的资产担保 1 元钱的债务。这对债券投资者来说，还是比较安全的，所以他们才买了这批债券。第一批债券发行之后，如果公司因资金短缺又发行了第二批债券，总额同样为 1 000 万元，那么，公司的总资产便为 3 000 万元。用 3 000 万元的资产担保 2 000 万元的债务，资产负债率为 1.5∶1，也就是说，现在是 1.5 元的资产担保 1 元钱的债务。这对第一批债券购买人来说，保险系数显然降低了，与他们当初购买债券时的期望是不相符合的。

---

① 投资 1 100 元得到 70 元的利息，所以利率是 6.36%，即 1 000 × 7% ÷ 1 100 ≈ 6.36%。
② 投资 700 元得到 70 元的利息，所以利率是 10%，即 1 000 × 7% ÷ 700=10%。

因此，在第一次发行债券时的债券合同中往往会对公司再次发行债券作出限制，规定以后只能发行级别低于本批债券的债券。在上例中，如果第二批债券的级别低于第一批，那么对第一批债券持有人来说就是一件有利的事情，因为现在不是 1.5 元资产担保 1 元债务，也不是 2 元资产担保 1 元债务，而是 3 元资产担保 1 元债务了。

可能有人要问，这样的话，第一批债券持有人固然高兴，可是第二批债券的风险就太大了，怎么还会有人去购买呢？是的，会有人购买的，因为债券的利率可以根据风险的增大而提高，只要公司不破产，购买第二批债券的人最终会获得比第一批债券更高的利息收入。用较高的收益来补偿较大的风险，这是生意场上通用的规则。

低级债券由于风险较大，在美国常被人们称为"破烂债券"或"垃圾债券"（junk bonds）。在 20 世纪 80 年代后期，美国有许多这样的低级债券。当时通货膨胀，债券持有人非常恐慌，生怕公司出现坏账。在这样的氛围下，低级债券的价格很便宜。但是，后来事实的发展证明这些债券绝大部分都能够如期付款，它们的持有人获得了丰厚的回报。因为再低级、再垃圾的债券，也比股票（包括优先股）优先。

现在返回去进一步解释高低级债券的关系。前面说过，高级债券的本息在获得全额清偿之前，低级债券不得清偿。这是否意味着高级债券的期限届满之前低级债券不会付息呢？不是的。债券的期限很长，10 年、20 年、30 年的都有。如果在 30 年中公司不能再发行别的债券，或者发行了也不能够付息，这显然不利于公司的正常运作，也不利于社会经济的发展。这就需要找到一种既能保障第一批债券持有人的利益，又能使第二批债券的购买者同样能够按期领到利息的办法。实践中，公司法律师们的智慧已经解决了这个问题，那就是在前后两个债券合同中作出明确的规定，并相互衔接。例如，某公司于 1990 年 1 月 1 日发行了一批 10 年期的高级债券，按年付息。1992 年 1 月 10 日发行了一批 15 年期的低级债券，同样按年付息。到 1993 年 1 月 10 日第二批债券的初次付息日，第一批债券还有 7 年的利息和本钱尚未清偿。为了使第二批债券能够按期付息，第一批债券的合同中会有这样的规定：后次债券的付息必须得到前次债券持有人或其代表人[①]的同意，发行人在对后次债券付息时必须提取一定数额的资金建立对前次债券的付息基金，或者发行人必须向前次债券持有人或其代表人出示令他信服的具有充足的还款实力的证据，等等。这类规定并不是因为事后需要才添加上去的，而是律师在起草第一次债券合同的当初就已经替公司预见到了这种需要，并且在合同中写清楚了的，因而第一批债券的购买人在购买时已经知情。第二批债券在付息时只要满足了第一批债券的合同中规定的这类条件，便可以按期付息。同时，第二批债券的合同也会对前次债券合同中这类有关的条文作出呼应，与之衔接。

目前我国的公司债券发行还处于初级阶段，因而尚未出现高低级债券的区别。不过，中国证监会曾于 2005 年 12 月 13 日下发过《关于证券公司借入次级债务有关问题的通知》。所谓次级，就是低级。次级债务虽然未必以债券的形式发行，但其性质与低级债

[①] 我国还没有设立代表债券持有人共同利益、与债券发行人相对的代表人。在美国，这个代表人称为债券托管人。按照美国现行的 1939 年债券法，债券托管人必须代表债券持有人的利益，监督发行人的行为，保证债券如期付息还本。债券托管人并不持有债券。

券是相同的。① 随着我国公司实践和市场经济的不断发展，普通公司发行的低级债券会很快出现。

从国际上的公司实践来看，中长期债券主要分为抵押担保债券（bond，镑得）和普通的无担保债券（debenture，底本契）。镑得的期限在 30 年左右，一般由公司不动产抵押担保；底本契则由公司的一般信用担保，期限在 10~20 年。从清偿顺序来说，镑得因为有抵押担保，自然更优先于底本契。

有人按照期限的长短将债券分为长期债券、中期债券、短期债券。但是在长期与中期、中期与短期之间并没有确定的界限，长、中、短期都是一些相对的，甚至是模糊的概念，且因各国习惯的不同而大相径庭。例如，在我国，1 年算短期；1~5 年为中期；5~10 年为长期。② 而在美国，5 年只能算短期，长期应该在 20 年以上，10 年左右的算中期。由于期限的长短并无明确的标准，这种划分只依习惯而定，不尽科学。

像优先股一样，债券也有可以转换和可以赎回之分。凡是债券持有人可以在约定的期限内按照约定的比例和方法转换成股票的债券就是**可转换债券**。可转换债券可以转换为优先股，也可以转换为普通股，但以转换为普通股的居多。至于具体转换成什么股，怎么转换，包括转换的比例、期限及具体方法等，都必须在发行之初的债券合同中规定清楚。转换与否的选择权在债权人，即债券持有人。因为可转换债券比普通债券多了一项转换选择权，所以其价格要比普通的不可转换的债券贵一些，也就是说，其利率相对低一些。此外，因为可以换成股票，所以可转换债券一旦进入行权区间，③ 它的价格在受市场利率影响的同时，也受股票价格的影响。我国《公司法》第 161 条、第 162 条规定上市公司可以发行可转换债券。

可赎回债券是发行人可以在债券期限届满之前的一定期限内，按照合同规定的价格和方法向债券持有人赎回的债券。说得通俗一点，就是债务人在债务期限届满之前提前清偿。凡是含有沉淀基金条款的债务都是可赎回的。可赎回债券发行之后，决定赎回与否的权利在发行人。赎回的价格、期限、具体方法都是在发行之初的债券合同中规定清楚的。在合同规定的期限内的不同时间点上，赎回的价格是不一样的。例如，一批 10 年期的债券在合同中规定可以在第 7、8、9 三年中每年的 5 月下旬赎回，价格按每百元面值计算分别为 109 元、107 元和 106 元。决定价格的主要依据是至该时点已经产生的半年期利息，联系预先估算的市场利率行情适当加上一点对债权人失去后阶段利息的补偿，再加上本钱，三者综合起来考虑确定。因为可赎回债券比普通债券少了一项权利，

---

① 《上海证券报》2004 年 8 月 27 日 A10 版报道了《次级债券踏上上市之旅——中国银行首期次级债券获准将于近日在银行间市场挂牌交易》一文，只不过这是由银行发行，只在银行间市场交易的低级债券。

② 根据中国人民银行颁发、1996 年 8 月 1 日起施行的《贷款通则》第 8 条将企业贷款分长、中、短三类。短期 1 年或 1 年以内；中期 1~5 年；长期 5 年以上。自营贷款一般不超过 10 年，超过了必须报人民银行批准。作者曾于 2012 年 10 月 23 日电话问询银行方面，该《贷款通则》仍在执行中。

③ 进入行权区间是指市价涨到了行权价之上，因而行权变得对持有人有利。详见后面对衍生证券的讲解。可转换债券发行之初，行权对持有人是不利的。例如，股票的市场价格为每股 10 元，一张 1 000 的债券可以转换成 80 股，这时行权不合算。但是行权期很长，过了两年，如果股票的价格涨到 12.5 元以上，行权就变得合算起来了。

或者说债务人相应地多了一项权利，所以其价格要比普通债券低一些，也就是说，其利率相对高一些。我国《公司法》没有对可赎回债券作出规定。这是因为我国公司实践尚不发达的缘故。

不过，2006 年 5 月 6 日中国证监会发布的《上市公司证券发行管理办法》（2006 年 5 月 8 日起施行）在"发行可转换公司债券"一节中规定债券可以按照约定条件赎回或者回售，弥补了《公司法》规定的不足。① 所谓回售，是指债券的持有人将所持债券卖还给发行人，选择权在持有人。发行可回售债券的情况极少。

和股票一样，债券也有记名与无记名之分（见《公司法》第 156 条）。它们的差别也仅仅在于转让方式的不同：**记名债券**转让时需要背书加交付方可生效；**无记名债券**转让时只需交付便可生效（见《公司法》第 160 条）。所以，记名债券遗失或失窃时可以挂失，无记名债券则缺乏同样的安全保障。但是二者的实体权利义务是一样的，并不因为记名或不记名而有所不同。

第三节　股票衍生物

股票衍生物也叫**衍生证券**（derivatives），是由作为**基本证券**（underlying security）的股票派生出来或者说衍生出来的证券。因此，衍生证券的发行，必须以基本证券为后盾。没有基本证券，也就没有衍生证券。虽然如此，衍生证券依然是一种独立的证券，可以离开基本证券而单独流通。②

衍生证券有很多种类，最典型的是期权（options）。期权是一种买卖选择权，即在约定的期限内以约定的价格买入或者卖出某种股票的权利，具体分为点叫权（calls）和投放权（puts）。③ **点叫权**是权利人在约定的期限内按照约定的价格向义务人购买某种股票的权利。**投放权**是权利人在约定的期限内按照约定的价格向义务人出售某种股票的权利。例如，在丙公司股票的市价为每股 10.5 元的情况下，甲以每股 1 元的价格，卖给乙在六个月之内以每股 11 元的价格向甲购买丙公司股票的权利，总数一万股；或者甲以每股 1 元的价格，卖给乙在六个月之内以每股 10 元的价格卖给甲丙公司股票的权利，总数一万股。如果乙买的是点叫权或者投放权，总价格是 1 万元。如果点叫权和投放权都买了，总价格就是 2 万元，这样的期权叫作**双向期权**。

在这个例子中，甲出售或发行期权，取得了价金，所以是期权的义务人；乙买入或接受了期权，是期权的权利人。双方约定的交易价格叫作**行权价**。点叫权的行权价总是高于发行时的市价，本例中为 11 元；投放权的行权价总是低于市价，本例中为

---

① 同样的规定也见《中国证券监督管理委员会公告》2001 年第 4 期第 17 页登载的中国证监会 2001 年 4 月 26 日发布的《上市公司发行可转换公司债券实施办法》第 37~40 条。

② 如果坚持将证券按权利性质分为两大类，则衍生物属于股权性质。

③ 我国证券业界习惯于把"点叫权"译成"看涨期权"，"投放权"译成"看跌期权"。按照严复先生"信、达、雅"的翻译标准，这样翻译既不信，又不达，雅一般。所以我原先将它们分别译为"买权"和"卖权"，因为这样简明易懂，既信且达。后来考虑再三，觉得"点叫权"和"投放权"的译法更佳。

10 元。权利人按照行权价实施交易的行为叫作**行权**。约定的期限叫作**行权期**，本例中为六个月。

假如六个月之内丙公司的股票升至每股 12 元，乙便可以每股 11 元的行权价格向甲购买一万股丙公司的股票。这时甲可能手中没有丙公司的股票。所以他必须以每股12 元的价格在市场上购买一万股，再以每股 11 元的价格卖给乙，亏损一万元，刚刚抵过他出售点叫权所取得的价金。乙在购得这些股票之后可以每股 12 元的价格在市场上卖掉，赚取一万元，也刚好抵过他购买点叫权所支付的价金。这种刚好抵过的情况属于偶然现象。一般情况下，总是有赚有赔。比如说，丙公司的股票升到了每股 12.5 元，乙就可以赚取 1.5 万元，赢利 5 千元；或者反过来，如果丙公司股票的价格不涨反跌，或者虽然涨了，但是没有涨到每股 11 元的行权价以上，例如 10.7 元，那么乙就不会行权，净亏掉他所支付的点叫权的价金。这时点叫权的价值为零。也就是说，**对于点叫权来说，只有当市价高于行权价的时候，行权才有意义**，否则权利人就不会行权。

在实际操作中，行权时权利人与义务人双方往往作出更为简易的安排。在前述每股市价 12 元的例子中，可以由甲直接支付乙一万元了事。这一万元是市价减去行权价之后的差，再乘以期权股数所得的积，即（12 元 – 11 元）×10 000。如果在这六个月之内丙公司的股票涨到每股 13 元，乙便可以向甲收取（13 元 – 11 元）×10 000 = 20 000（元），抵过了 1 万元的点叫权价金之后净赚 1 万元，而甲则净亏了 1 万元。

投放权的情况刚好相反。假如六个月之内丙公司的股票跌至每股 9 元，乙便可以按照这个价格从市场上购买 1 万股，然后以每股 10 元的行权价格卖给甲，甲再以每股9 元的价格在市场上卖掉。乙赢利 1 万元，甲亏损 1 万元，刚刚抵过当初乙支付给甲的投放权价金。当然，甲乙双方也会采取更加简便的办法，由甲直接支付乙 1 万元了事。这 1 万元是行权价减去市价之后的差，再乘以期权股数所得的积，即（10 元 –9 元）×10 000。如果在这六个月之内丙公司的股票跌到每股 7 元，甲就必须向乙支付（10 元 –7元）×10 000 = 30 000（元），乙在扣除了 1 万元的投放权价金之后净赚 2 万元，而甲则净亏了 2 万元。反过来，如果在这六个月之内丙公司股票的价格不跌而涨了，或者虽然跌了，但是没有跌到每股 10 元的行权价以下，例如 10 元 1 角，那么乙就不会行权，净亏掉他所支付的投放权的价金。也就是说，**对于投放权来说，只有当市价低于行权价的时候，行权才有意义**。

可见，期权的价值首先取决于行权价与市场价的比较，当市价高于行权价时，投放权的价值为零，点叫权有价值；当市价低于行权价时，点叫权的价值为零，投放权有价值。其次，期权的价值又取决于行权价与市场价之间的差距，差距越大，期权的价值越高；差距越小，期权的价值越低。[①] 此外，期权还有期限性，权利人不在约定的期限内行权，他的期权便过期作废。

期权都是由活跃在证券交易所里的投机商发行的，数量小——每次几千股、几万股，

---

① 准确地计算期权的价值是一件复杂而困难的事情。美国芝加哥大学的 Fischer Black 和 Myron Scholes 两位教授完成了这项工作，创立了 Black–Scholes 模型，并因此获得了诺贝尔奖。

期限标准化——有三个月、六个月和九个月的，最长不超过一年。公司为了集资的目的，不会去发行这种小数额、标准化的期权。除了股票和债券这两大类证券之外，公司还可以发行购股权、配售权等衍生证券进行集资。这些衍生证券的发行量大，动辄几百万、几千万股甚至几亿股；行权期限较长，一般在三五年。

购股权（warrants）和**配售权**（rights）在本质上属于点叫权，由公司或者大股东面向社会公众发行。例如，在公司股票为每股 8 元的时候以每股 1 元的价格发行购股权，约定在未来的 5 年时间内，权利人随时都可以以每股 10 元的价格向发行人购买 1 股公司股票。显然，如果在今后的 5 年内公司股票价格涨到了 10 元以上，购股权就有价值了；涨到 11 元以上权利人便可以盈利（10 元的行权价加上 1 元的购股权成本共 11 元）；涨得越高，盈利越多。配售权是公司按照持股比例发行给股东的购股权。

此外，不少公司还搞**期权计划**（rights plans 或 stock option plans），[①] 将购买公司股票的权利（也叫期权）赠送[②] 给本公司雇员，尤其是高级雇员，旨在刺激雇员的工作积极性和负责精神。这种期权与前面所说的由证券交易所里的投机商发行的小额标准化期权不同，是长期的（三五年不等），数量也比较大，根据雇员对公司的重要程度和贡献大小进行分配。

可见，购股权、配售权、期权计划在本质上都是相同的，差别在于发行人和发行对象。购股权除了公司之外，持股较多的股东，如某些投资机构，也可以发行；配售权和期权的发行人则限于公司。发行购股权面向社会公众；而配售权的发行则面向公司股东，而且严格按照持股比例；期权的发行对象是公司的雇员，尤其关键性的雇员，并且往往是赠送的。

有时候，公司发行债券或者优先股时附加了购股权。例如，每购买一张 1 000 元的债券，免费赠送购买三股普通股的购股权票，行权价每股 50 元（现市价每股 45 元），期限 5 年。公司附带赠送购股权的目的是以较高的价格将自己的债券及时地发行出去，募集到需要的资金。投资者购买了债券之后，既可以持有购股权，也可以将购股权另行抛售，因为它们是一种独立的证券，可以单独流通。

可转换优先股或可转换债券的转换权本质上也是一种购股权。这种购股权有时候可以分离出来，单独流通。这种情况与上段所说的发行债券附带赠送购股权的情况是十分相似的，只不过行权时不必用现金，而是用所持的债券或者优先股。2006 年 5 月 6 日，中国证监会发布的《上市公司证券发行管理办法》第 27 条规定："上市公司可以公开发行认股权和债券分离交易的可转换公司债券（简称分离交易的可转换债券）。"所谓分离交易的可转换债券，就是可转换债券含有的购股权从债券分离出来，单独流通的情形，只不过该办法用了一个不同的名称"认股权"[③] 而已。

在我国，衍生证券的出现较晚，但是发展很快。最早的衍生证券是在股权分置改

---

① 2005 年 12 月 31 日，中国证监会发布《上市公司股权激励管理办法（试行）》，允许上市公司设立期权计划对其董事、监事、高级管理人员及其他员工进行长期性激励。

② 其实是雇员报酬的一个组成部分，赠送只是表象。

③ 认股权的说法很别扭，比下面讨论的认购权还要不好，参见后面第二个注解。

革①中发行上市的，通称**权证**，分为认购权和认沽权。②**认购权**就是购股权；相应地，**认沽权**在本质上就是投放权。2005 年 7 月 18 日，上海和深圳两家证券交易所各自颁布了内容相同的《权证管理暂行办法》。该办法第二条给权证下了这样的定义："标的证券发行人或其以外的第三人（以下简称发行人）发行的，约定持有人在规定期间内或特定到期日，有权按约定价格向发行人购买或出售标的证券，或以现金结算方式收取结算差价的有价证券。"这个定义与本节给期权下的定义及相关讨论都是一致的。权证存续期限在 6 个月以上，2 年以下。③2005 年 8 月 22 日，第一批衍生证券宝钢认购权证在上海证券交易所上市；11 月 23 日，武钢认购、认沽权证各 4.74 亿份在那里上市；另外 5 家权证也在 11 月底上市。④这些都是由发行人发行的权证。11 月 22 日，上海证券交易所发出《关于证券公司创设武钢权证有关事项的通知》，自 11 月 28 日起施行。⑤紧接着，10 家证券公司创设武钢认沽权证 11.27 亿份，定于 11 月 28 日抛向市场。⑥这是由第三人发行的权证。

权证在本质上属于期权，或点叫权，或投放权，不同之处在于权证的发行量大，期限一般在一年到两年之间。目前在我国两大证券交易所流通的衍生证券只有权证，还没有证券投机商发行的小额、标准化期权。

---

① 股权分置改革是指将 A 股市场上的不流通股逐步变成流通股的改革，时间大致上从 2005 年到 2007 年共 3 年左右。详见本书作者所著《证券法学》北京大学出版社 2004 年 3 月第一版；2011 年 8 月第三版，2016 年 12 月第 5 次印刷，第 65~68 页。

② 这两个词选得都不好，属于翻译败笔。首先，"认"字是多余的，简单称"购权"和"沽权"，或者"买权"和"卖权"都要确切得多。认购是订购的意思，含有要约的成分，不光是权利，更多的是义务，认购人非买不可，例如，发起人认购股份就是如此，这显然不合点叫权的本义。而认购权从字面上看，是指认购或订购的权利，不是购买的权利，这也不合点叫权的本义。其次，"沽"字有歧义，作者第一次看到认沽权这个词时就不知所云，直到后来在别的地方看到认购权，两者对比才估摸出意思来，因为"沽"既有买的意思，也有卖的意思，以买的意思居多，如成语"沽名钓誉"便是。《水浒传》里"林教头风雪山神庙"一章说林冲雪夜去市井"沽些酒来吃"，无意中躲避了火烧草料场的灾祸，那"沽"字也是买的意思。不过，名称约定俗成，叫的人多了，也就习惯成自然了。

③ 见上海证券交易所《权证管理暂行办法》第 10 条第 4 项。

④ 见《上海证券报》2005 年 11 月 17 日头版，该报记者叶展的报道《未来一月权证市场扩容超 10 倍》。

⑤ 见《上海证券报》2005 年 11 月 22 日 A2 版。

⑥ 见《上海证券报》2005 年 11 月 26 日头版头条报道《10 家券商昨创设武钢认沽权证》。

第三章

公 司 会 计

公司法律师要想了解公司和公司的经营状况,就必须具备财务会计方面的基础知识,掌握最基本的会计概念和会计术语。

第一节　财 会 报 表

资产负债平衡表(简称资产负债表或者平衡表)、损益表(也叫收支表或收入支出表)、现金流量表（也叫财务状况变动表）是三张最基本的财会报表,包含了基本的会计概念和术语。这些表格一般都含有 2 年以上的数据,以便对历年的情况进行对比,通过对比可以看出企业在一段时期内财务状况的变化。

下面以样品公司为例对这三张表格（本章内之后的表格也都指样品公司）进行详细解说和探究,然后以此为基础进行综合分析。简明起见,表格内数字一律四舍五入取整数。

一、资产负债表

资产负债表反映企业在某一天的财务状况。

表 3-1　资产负债表　　　　　　　　　　　　万元

日期 年份 科目	12 月 31 日			
	第一年	第二年	第三年	第四年
现金	10	14	8	12
应收账款（净）	26	36	46	76
存货	14	30	46	83
总流动资产	50	80	100	171
土地	20	30	60	60
建筑物	150	150	150	190
设备	70	192	276	313
累计折旧	（40）	（52）	（66）	（84）
总固定资产	200	320	420	479
总资产	**250**	**400**	**520**	**650**

续表

科目 \ 日期 年份	12 月 31 日			
	第一年	第二年	第三年	第四年
应付账款	25	30	35	50
应付工资	10	13	15	20
应纳所得税	5	7	10	20
总流动负债	40	50	60	90
应付债券	50	50	100	150
总债务	90	100	160	240
普通股股本（10 元 / 股）	100	150	160	160
资本公积	20	100	120	120
盈余公积	40	50	80	130
股东权益	160	300	360	410
总负债和所有者权益	**250**	**400**	**520**	**650**

资产负债表内隐含着一个会计等式。表格分成并列的两栏，左边一栏列资产，右边一栏列债务和所有者权益[①]（对公司来说就是股东权益）。这两边永远是平衡的。资产栏目列出企业所拥有的所有的资产，包括现金、货物和对别人的债权；负债栏目列出企业所欠的全部债务，包括流动债务和长期债务；股东权益栏目列出能够分配给股东的数额，即假定企业在报表日停止经营进行清算，资产完全按照平衡表内所列的数字卖出（在现实生活中这种可能性不大），在还清了债务之后的剩余部分就是分配给股东的数额。所以股东权益又叫股东剩余，所有者权益也叫所有者剩余。[②]根据企业组织形式的不同，表示所有者权益可以使用不同的词语，公司叫股东权益、个体工商户叫业主权益、合伙叫合伙人资本或者合伙人利益，或者简单地统一使用所有者权益一词也可以。

不管企业的组织形式如何，资产负债的平衡公式永远是：资产 = 负债 + 所有者权益。这个公式隐含于平衡表内，是平衡表的基础。

让我们系统地检查一下样品公司平衡表上的各大部分：资产、负债、股东权益。先从资产开始。资产分为流动资产和固定资产两个类别。有时候还要加上第三个类别，即其他资产。不过样品公司没有其他资产。

（一）资产

1. 流动资产

现金和其他在一个营运周期内可以变现的资产叫作流动资产。**营运周期**也叫生产周

---

① 这里为打字排版的方便和页面篇幅的限制，将本应左右并列的两大栏排成了上下的位置。

② 例如，样品公司在第 4 年年末的股东权益是 410 万元，就是从公司总资产 650 万元中扣除 240 万元的债务之后的剩余。

期，指企业将现金转变为可卖的货物或者服务、将货物或者服务卖给客户、客户支付现金给企业这一从现金到现金（从货物到货物或者应收账款到应收账款都一样）的过程所需要的时间。这样的周期一般在一年之内。由于不同行业的营运周期不一，会计学上将一年之内能否变现作为判别流动资产的标准。流动资产主要包括现金、流通证券、应收账款、存货、待摊费用，等等。

（1）**现金**，不言而喻，现金指法定货币，在我国为人民币。公司的现金一部分放在出纳掌握的保险柜内或者锁在他的办公桌抽屉内，一部分存在银行里。样品公司在第 4 年年末的现金余额是 12 万元。

（2）**应收账款**是货物已经卖出去或者服务已经提供但是价款还没有收回来的数额。企业一般给予客户 30 天、60 天或者 90 天的付款宽限期。平衡表上的应收账款是客户的总欠款，企业另外还有每个客户欠款情况的明细账。样品公司在第 4 年末的应收账款余额是 76 万元。经验告诉我们，有的客户由于资金短缺、财务困难或者天灾人祸等原因最终不能支付。为了使应收账款数字更加准确地反映现实，有时候需要减去一定的百分比作为呆坏账。样品公司的应收账款数字已经扣除了可能的呆坏账，所以旁边的括号内有"净"字。

（3）**存货**。制造业企业的存货主要有 3 类：原材料、半成品、产成品。此外，还有工业辅料存货、办公用品存货、商店用品存货等。样品公司平衡表上的数字是总数。会计对存货的记账规则是取成本价或者市场价中低的一个，实际一般都取成本价，因为成本价一般低于或等于市场价，除非因为产品变质、过时、降价或者其他原因，其市场价格降到了成本价之下。对于半成品和产成品来说，其成本价除了材料的成本之外，还要加上生产、管理和其他费用的分摊。

从仓库提取和使用存货时有两种记账方法：先进先出法和后进先出法。先进先出法假定先入库的存货先卖掉或者先用掉。这样，库存的物品就是最新购买价的总和。后进先出法刚好相反，假定最后入库的货物先卖掉或者先用掉。这样，库存的物品就是最先购买或者生产这些物品的价格的总和。在通货膨胀的年代，按后进先出法记账，存货的真实价值可能要远高于账面价值。

存货数额的重要意义在于它会直接影响公司的利润和纳税。营业利润是从营业收入中减去货物成本、销售费用和管理费用之后的余额。货物成本等于年内购买的货物加上年初的存货再减去年末的存货。年末的存货越低，已销售产品的成本就越高。而成本越高，利润就越低，纳税就越少。所以存货的两种记账方法各有利弊：后进先出法对存货的保守定价方法会部分地抵消通货膨胀和存货成本上涨的影响，抵消因为通货膨胀带来的虚增利润，但是不能反映存货的真实价值；先进先出法能够更现实地反映存货的真实价值，但是会显示不现实的、虚增的利润。

从营运周期去考察，流动资产之被称为流动资产是名副其实的，因为它们的形态处在不断地转换中。存货卖了就变成应收账款；应收账款收了就变成现金；现金用来支付到期债务和营业开支，购买原材料等；原材料被生产成产成品；产成品卖了又有应收账款，如此循环往复。

2. 固定资产

固定资产是与流动资产相对而言的。流动资产是在一个营运周期之内变换形态的资产，或者说是在一年内可以变现的资产；固定资产的形态固定不变，在数年中的很多个营运周期内被反复使用。这类资产包括土地、房屋、附着物、机器设备、家具，等等。因为可以使用多年，所以它们的成本费用是逐年摊销的，这就是折旧。折旧的目的是粗略地计算资产因时间的流逝而发生的贬值。这种贬值可能由正常使用的磨损、自然界的风吹雨打日晒或者技术淘汰等因素引起。按照会计记账的方法，固定资产按它们原来的成本减去折旧。具体计算按其正常的使用寿命从几个常用的公式（直线法、加速折旧法等）中选用一个。这样，资产的成本经过几年或者几十年之后就可以"回收"。例如，一辆运输用的卡车花费 20 万元，可以使用 5 年，用直线法计算折旧就是每年 4 万元。

平衡表上的资产栏目内在第一年的年末将会显示：

卡车（成本）	200 000 元
折旧	40 000 元
净值	160 000 元

平衡表上在第二年的年末将会显示：

卡车（成本）	200 000 元
折旧	80 000 元
净值	120 000 元

以此类推，直到第 5 年年末卡车的成本全部回收为止。

折旧有两项功能。一是回收资产成本；二是每年的折旧费用按支出对待，减少了利润，也减少了纳税。这第二项功能经常是企业选用折旧公式（方法）的主要考虑因素。

样品公司的固定资产有 3 项：土地、房屋、机器设备。

（1）**土地**用以建造建筑物或者进行生产经营活动。

（2）**建筑物**包括厂房、店铺、仓库、车库等。

（3）**设备**包括车床、机器、电脑、吊车、车辆、办公家具等。

样品公司的平衡表上也有一项折旧的累积。这是除了土地之外的所有固定资产折旧之和。土地不能折旧，所以所列的价值每年都不会变化。样品公司从第 1 年到第 3 年不断地添置土地，所以该项价值不断地增加。固定资产扣除折旧之后的余额是净固定资产。净固定资产是平衡表上对固定资产的评估值。由于通货膨胀的因素，固定资产的价格在上涨。但是折旧只能在资产原成本的基础上扣除。无论是扣除的折旧还是资产的余额都可能远低于该资产现在的市场价格或者重置成本，用平衡表的术语来说，这是对企业资产的"保守"估计。传统的观点认为这种保守的估计比较可靠，比那种不太客观但能较准确地反映资产真实价值的方法要好一些。

（二）负债

1. 流动负债

流动负债是指在一个营运周期内必须支付的债务。会计学上将是否在一年之内到期作为流动负债的判别标准。流动负债大都是欠给货物供应商、雇员、政府机构的钱，还有在一年之内到期的欠给银行或其他企业的债务（包括债券）。从某种意义上说，流动资产与流动负债相伴，因为企业用流动资产来支付流动债务。我们很快就会看到，这两个数字之间的关系很能说明企业财务的健康状况。

（1）**应付账款**是企业向它的日常交易伙伴赊购商品之后的欠款，一般宽限期为30天、60天或90天。一个企业的应付账款必定是另一个企业的应收账款。样品公司在第4年年末的应付账款是50万元。

（2）**应付工资**是已经发生但还没有付给本企业职工的工资。因为公司都是按月发放的，所以必须在一个月内付清。样品公司在第4年年末的应付工资是20万元。

（3）**应纳所得税**是指从本会计年度开年起到平衡表制作日收入已经发生，但是相应的所得税还没有支付的累积数字。样品公司在第4年年末的应纳所得税是20万元。

2. 长期负债

流动负债指从平衡表制作之日起一年之内到期的债务；长期负债指不在一年之内到期的债务。样品公司在第4年年末的应付债券是150万元。

（三）股东权益

股东权益也叫剩余，因为它是一种剩余利益，即公司资产在满足了债权人的债权之后剩余的部分。会计学上对于股东权益一般区分为股东投资的部分和公司赢利的累积，分别叫作贡献资本和企业留利。贡献资本（股东投资）分为股本和资本公积。企业留利在会计账面上叫作盈余公积。

（1）**股本**是已发行股票票面额的加总，或者说是每股面额与已发行在外的股份数量的乘积。由于股东投资在具体操作时表现为股东向公司购买股票，[①]所以股东的投资额等于股东购买股票的价额。股票分为优先股和普通股两大类。如果一个公司既发行普通股，又发行优先股，那么在股本栏内就会有两项。样品公司没有发行优先股，所以只有普通股股本一项。如表3–1所示，公司在第1年年末已发行10万股，第2年发行了5万股，第3年发行了1万股，每股面额都是10元。第4年没有发行。

（2）**资本公积**是股票发行的溢价款。股票可以溢价发行，即价格高于面额，高出的部分就是溢价款。[②]面额记作股本，溢价款记作资本公积。如果股票平价发行，那就没

---

① 由于我国公司法将公司分为股份有限公司和有限责任公司，有些学者将股东投资是否分为等额股份以及是否发行股票作为区分股份有限公司和有限责任公司的标准。这是一种误解。有限责任公司因为操作方便的原因也经常发行股份，其资本同样分为等额股份。即使不分为股份而以百分比计算，道理也是相通的。参见第一章第三节第一小节和第四章第一节第三自然段。

② 我们以后看到，与平价发行相比，溢价发行会给公司带来一些财务上的灵活性。

有溢价款，股东权益栏内的股东投资部分就只有股本一项了。溢价发行的主要是普通股，优先股很少有溢价发行的情况。样品公司在第 1 年年末有 20 万元资本公积金，说明它的股份是溢价发行的，或者至少有一部分是溢价发行的。如果是全部一次性发行的，因为一共发行了 10 万股，每股的票面额是 10 元，所以发行价就是 12 元，2 元溢价。

> **当场练习：** 假如分两次发行，第一次 2 万股平价发行，那么第二次发行多少股？每股价格多少？溢价多少？总的溢价款是多少？①

第 2 年发行的 5 万股产生了 80 万元的溢价款，说明的每股溢价 16 元，发行价 26 元；以此类推，第 3 年的发行价为 30 元，溢价 20 元。

（3）**盈余公积**是企业留利的累积，更具体地说，是在企业赢利之后没有分红而留在企业里的利润的累积。分红还是留利本来是任意的，由董事会根据经营需要决定。但是我国《公司法》第 166 条规定公司当年的利润在弥补了往年的亏损之后尚有盈余的，必须按其总额的 10% 提取法定公积金，剩余的 90% 才可以由董事会自由决定分红还是留利。由董事会自由决定的留利叫作任意公积金，以区别于法定公积金。这样盈余公积又分为法定公积和任意公积。

公司刚开始营业的时候是没有盈利的。样品公司显然已经经营多年，所以平衡表上第 1 年年末有 40 万元的留利。公司没有细分法定公积金和任意公积金，而是将两项合并在一起，统称为盈余公积。这样做的前提条件是法定公积金必须足额留存。样品公司满足这个条件。以第 2 年为例，从后面的损益表可知，净利润为 16 万元，10% 的法定公积金只有 1.6 万元，而公司实际留了 10 万元，其中任意公积金 8.4 万元。它在第 3 年留了 30 万元，第 4 年留了 50 万元，都远远超过法定公积金限额。

总之，股东权益由股东投资和企业留利两大块组成，具体又细分为股本、资本公积、法定公积、任意公积四个部分，这四个部分加总起来就是全体股东在公司中的利益总额。于是会计学上计算股东权益便有了两种方法：一是用会计等式做减法，即资产减负债等于股东权益；二是直接将这四个部分加起来得出股东权益。两种方法的计算结果是一样的。

二、损益表

损益表反映企业在一个阶段内的经营成果。

损益表也叫收支表，它主要由两部分组成：收与支。收入－支出＝利润。

（1）**销售收入**是企业最重要的收入来源，总列在损益表的第一项。如果公司经营铁路或者公益事业，这项可以叫作经营收入。有的表格上叫净销售，"净"字是指已将退货、折扣或其他减免扣除。事实上，退货、折扣等总是要扣除的，有没有"净"字都一样。"净"字容易产生误导，给人净收入或净利润的感觉。其实，销售收入是毛收入，扣除了退货、

---

① 第二次发行 8 万股，每股 12.5 元，溢价 2.5 元，总的溢价款仍是 20 万元。

表 3-2 损 益 表 万元

日期 年份 科目	截至本年度 12 月 31 日		
	第二年	第三年	第四年
销售收入	210	310	475
销售货物成本	119	179	280
销售费用	36	42	53
管理费用	15	17	22
折旧	12	14	18
利息费用	5	10	16
总支出	187	262	389
税前净收益	23	48	86
所得税	7	14	26
净收益	16	34	60

折扣或其他减免之后依然是毛收入，因为还没有减去成本。毛收入还有另一个名称，叫作总收入。比较起来，销售收入或经营收入的表达最为具体，总收入则相对笼统，如果公司除了正常的营业收入之外还接受了别人的赠与，这赠与的财产可以算在总收入内，但不能算在销售收入内。还有，假如五金公司卖掉了一块土地，卖土地的收入也会算在总收入内。但是像赠与、出卖不动产这种特殊情况毕竟是极少数。一般情况下，公司的总收入就是毛收入，也就是销售收入，三个词是同义的。

（2）**销售货物成本**。商业企业低价进高价出，从中赚取差价。货物并不改变形态。其成本就是进价。但是对一个制造业的企业来说，所售货物成本包括原材料和直接投入的劳动力的成本。原材料在生产过程中改变了形态，被制作成产成品；劳动力的成本也同时物化在产品中。

（3）**销售费用**包括广告费、销售人员的工资和佣金、宣传材料的费用，等等。

（4）**管理费用**包括行政性、支持性的费用，如经理的工资、律师费、会计师费、数据处理费以及其他不直接投在产品的生产上的成本。

（5）**折旧**是固定资产因为贬值而发生的成本，这在讲平衡表时已经解释过了。

上述（2）~（5）四项加起来就是企业在不借债的情况下产生销售收入所需要的成本。从销售收入中减去这个成本，就得到毛利润。这个数字在分析企业的赢利能力时很有用，以它为基数在扣除了所得税之后与总资产的比就是资产回报率，表明 1 元钱的资产创造了多少利润，是企业赢利能力的总指标。[1]

（6）**利息**。由于企业是负债的，不是无债的，所以还要支付利息，一般都是长期债产生的属于本年度的利息。

---

① 见后面两节，尤其是下一节，对三张表格的综合分析。

将（2）到（6）五项加起来就是产生销售收入的总成本，或者叫总支出。从销售收入中减去这个总支出就得到税前净利润。

（7）**所得税按 30% 征收**。[①]

（8）从税前利润中扣除所得税就得到**净收益**，也叫净利润。净收益属于股东，具体有两个去向：一是留在企业里；二是分配给股东。留在企业里的部分是留利；分给股东的部分是红利。分红多少，留利多少，都要根据企业经营的需要来决定，属于董事会的商事决策。不过，按照我国现行《公司法》第 166 条的规定，公司在分红之前必须先提取 10% 作为法定公积金。之后，在有优先股的情况下，优先股的红利需要优先发放，然后才能给普通股分红。样品公司没有优先股，所以在提取了法定公积金之后直接给普通股分红。分红的数据不在损益表内。[②]

损益表有两种不同的制作方法。多数公司，特别是大公司的损益表一般总想努力地将某一阶段的销售收入和这一阶段为了生产产品或者提供服务所花费的成本配对，不管在实际上有没有现金支付。样品公司的损益表就是如此。这在会计学上叫作**权责发生制**。有些小公司则采用**收付实现制**，即只记录每一阶段内的现金收支，而不刻意将成本和销售收入配对。这两种不同方法制作的损益表能够反映不同的细节，但是归根结底它们都是为了如实反映公司在该阶段内挣了多少钱。

三、现金流量表

现金流量表反映企业的投资、筹资和经营活动对现金流量的影响，是企业财务健康与否的重要标志。

表 3-3　现金流量表　　　　　　　　　　　万元

科目 \ 年份	第二年	第三年	第四年
截至本年度 12 月 31 日			
营业			
净收益	16	34	60
增加：折旧费用	12	14	18
新增应付账款	5	5	15
新增应付工资	3	2	5
新增应纳所得税	2	3	10
扣除			
新增应收账款	（10）	（10）	（30）

[①] 我国企业的所得税税率变动过多次，目前的公司所得税税率为 25%，见第五章第一节第一小节的介绍。这里为计算方便取 30%。

[②] 下面的现金流量表内有分红数据。不过，即使没有现金流量表，分红数据也可以结合资产负债表来推算：已知第二年净收益为 16 万元，平衡表内显示年末盈余公积为 50 万元，比上年多了 10 万元，说明净收益只有 10 万元留在公司里，还有 6 万元分掉了。所以分红数字为 6 万元。

续表

科目 ＼ 年份 ＼ 日期	截至本年度 12 月 31 日		
	第二年	第三年	第四年
新增存货	（16）	（16）	（37）
投资			
营业所得现金	12	32	41
土地的购置	（10）	（30）	
建筑物的购置			（40）
设备的购置	（122）	（84）	（37）
集资			
投资所用现金	（132）	（114）	（77）
债券发行		50	50
普通股发行	130	30	
红利	（6）	（4）	（10）
集资所得现金	124	76	40
现金净差额	4	（6）	4

（1）**营业**。企业在营业中销售货物或者服务是产生现金最重要的途径。通过连续数年的现金流的分析和比较，可以看出企业在多大的程度上从营业中赚取的现金大于花费的现金。多余的部分可以用来分红、购买设备、支付长期债的利息以及从事其他的投资和筹资活动。

（2）**投资**。购买和更新固定资产，包括土地、厂房和设备，是企业现金最经常和最主要的用途。固定资产在磨损，需要更新；还要购置更多的固定资产以扩大再生产。部分资金可能来自某些固定资产的出售，但是对于购买新固定资产的花费来说是永远不够的。

（3）**筹资**。企业通过发行股票、短期或长期借款获得现金，但也因分红、回购股份、还债而使用现金。从这些筹资活动所产生的现金流是现金流量表的第三大组成部分。

要理解营业、投资、筹资中的每笔交易对企业现金流的影响，可以从以下会计等式中推理：

资产 ＝ 负债 + 所有者权益

因为要分析现金资产，所以我们需要把资产分为现金资产和非现金资产（流通证券和其他现金等价物[①] 应算作现金资产），用 C 表示现金资产、NCA 表示非现金资产、L 表示负债、SE 表示所有者权益[②]、Δ 表示某一项的变化（包括增加和减少），则会计等式可以重新写成：

$C+NCA=L+SE$

---

① 例如，定期存款。

② 如果你对这些缩写字母的来源有兴趣，则可知：C 为 cash 的缩写；NCA 为 non-cash assets 的缩写；L 为 loans 的缩写；SE 为 shareholders' equity 的缩写。

因为这一等式对于所报告阶段之初和之末都成立，所以下列等式也成立：

$$\Delta C + \Delta NCA = \Delta L + \Delta SE$$

移项得

$$\Delta C = \Delta L + \Delta SE - \Delta NCA$$

等式左边表示现金的变化，也即本阶段的现金流量；右边表示各非现金账目的变化。从等式中可以看出各非现金账目与现金资产的关系：负债增加现金增加，所有者权益增加现金增加，非现金资产增加现金减少。于是，一个企业现金流量的变化就可以从各非现金账目的变化中计算出来。这是包含于现金流量表内的基本关系。下面以样品公司的现金流量表（表 3-3）为例进行解说（表内带括号的数字表示减少，不带括号的数字表示增加）。

净收益也叫净利润，属于所有者权益，其增加意味着现金的增加。净利润有税前和税后两种情形。本书中凡是不加说明的均指税后，税前净利润会专门标明"税前"二字。

折旧费用在资产负债表里属于债务或者负资产，负负得正，所以它的增加导致现金的增加。换句话说，折旧后资产（非现金固定资产）减少了，所以现金就增加了。从实际情形去思考也能理解：折旧是固定资产因为磨损或者过时而发生的价值的减损，这种减损是生意成本的一部分，所以必须从收入中扣除相应的数额支付这部分成本。可是支付给谁了呢？支付给了公司自己。当然这只是会计账面概念，实际上并没有自己付给自己的行为。可是这部分现金却是实实在在地留出来了，公司可以把它存在银行里，每年都存，积累到一定的时候就可以置换原来的固定资产。公司也可以将这笔钱挪作他用。所以折旧增加现金。再换一个角度看，如果不折旧，企业利润增加了，所有者权益增加，也会使现金增加。[①]

应付账款是企业买了货物却还没有付钱。所以应付账款的增加意味着现金的增加。应付工资和应纳所得税也是同样的道理。

相反地，应收账款是产品卖出去了但是钱还没有收回来。所以应收账款的增加意味着现金的减少。

存货要用现金购买。新增存货就要占用更多的资金，所以现金减少。

综合上述各账目，从表 3-3 中可看出，样品公司第二、三、四年度由营业产生的现金分别是 12 万元、32 万元、41 万元。

投资活动对企业现金流的影响比较直观。购买固定资产或证券花费现金，出售这些资产则回收现金。样品公司只添置新的固定资产（土地、建筑物或者设备），没有出售旧的固定资产，也没有购买别的企业的证券，所以第二、三、四年度分别花费现金 132 万元、114 万元、77 万元。

在筹资活动中，发行证券取得现金，分红和赎回证券则花去现金。样品公司发

[①] 由于折旧与利润之间此消彼长的关系，所以折旧只影响利润，不影响现金的数额。当然这只是简化的说法，没有考虑所得税的因素。如果将所得税考虑进去，还是会影响现金数额的。

行普通股在第二年度获得 130 万元、第三年度获得 30 万元；[①] 发行债券在第三年度获得 50 万元、第四年度也是 50 万元；分红第二、三、四年度分别花去 6 万元、4 万元、10 万元。

　　将营业、投资、筹资三个方面的现金流量综合起来，第二年度营业所得现金 12 万元，投资花费现金 132 万元，筹资所得 124 万元（发行普通股所得 130 万元减去分红所花的 6 万元），余额 4 万元；第三年度营业所得现金 32 万元，投资花费现金 114 万元，筹资所得 76 万元（发行普通股和债券所得 80 万元减去分红所花的 4 万元），欠缺 6 万元，用年初的现金余额抵补；第四年度营业所得现金 41 万元，投资花费现金 77 万元，筹资所得 40 万元（发行债券所得 50 万元减去分红所花的 10 万元），余额 4 万元。这个结果也可以从平衡表中看到。第一年年末现金余额 10 万元，因为第二年度的现金余额为 4 万元，所以年末的现金余额就是 14 万元；又因为第三年度的现金余额为负 6 万元，所以年末的现金余额就是 8 万元；第四年度又有 4 万元的余额，于是年末的现金余额为 12 万元。

　　资产负债平衡表、损益表、现金流量表这三张表格给我们提供了大量的数据。可是这些数字单独地说明不了多少问题。例如，光从损益表上的利润数字很难看出一个企业的赢利能力。只有当利润与企业的资产规模和资本规模相比较的时候才有意义。不同数据之间的这种关系通过比率的形式反映出来。有些比率使用损益表内的数据，有些使用平衡表内的数据，有些则使用一张以上的表格内的数据。比率是有用的分析工具，因为它们使表格内的数据变得有意义，变得容易理解、容易比较。通过这些比率，我们可以对企业的赢利能力和风险因素进行深入的分析，因为企业的好坏就看它的赢利能力和承担的风险大小。

第二节　赢 利 分 析

　　反映赢利能力最重要的指标是资产回报率；其次是普通股回报率。

一、资产回报率

　　资产回报率（利润 / 资产）表明公司运用资产产生利润的效率和能力，与资金来源（借来的还是股东投资的）无关。通俗地说，它表示在不借债因而不付利息的情况下，1 元钱的资产能够创造出多少税后利润。

$$\frac{净利润+利息支出-省税部分}{平均资产}$$

　　所谓省税部分是指因支付利息而少交的所得税。资产回报率（利润 ÷ 资产）中的利润是税后利润，而利息是在税前扣除的。为了还原为无债状态下的税后利润，在加上

在平衡表上也可以看到，第二年度发行 5 万股筹资 130 万元；第三年度发行了 1 万股筹资 30 万元。见前面对平衡表的解说。

了全部利息支出之后，必须从中减去对利息收入的应税部分，即公式中所说的省税部分，因为如果不付利息，这笔钱是要作为所得税上缴给国家的。换句话说，加到净利润上的利息必须是除去了所得税效应之后的利息。以样品公司第四年度的数据为例（见表 3-1、表 3-2）。净利润为 60 万元，利息为 16 万元，税率为 30%，那么省税部分便是（16×30%）万元。平均资产是指年初和年末资产的平均值，年初总资产为 520 万元，年末总资产为 650 万元，所以：

$$\frac{60+16\times(1-30\%)}{\frac{1}{2}\times(520+650)}=12.2\%$$

这就是说，每 1 元钱的资产，公司经过这一年的努力赢得了 0.122 元的利润。如果你对公式中"利息支出—省税部分"的含义感到费解，那么也可以换一个公式来表达：

$$\frac{(税前净收益+利息支出)\times(1-税率)}{平均资产}$$

代入数字得：

$$\frac{(86+16)\times(1-30\%)}{\frac{1}{2}\times(520+650)}=12.2\%$$

其计算结果是一样的。[①]

资产回报率是企业赢利能力的集中反映。对股东来说，只有当它高于利率成本时，借钱才合算，风险才小；而对债权人来说，也只有当它高于利率成本时，债权才有充分的保障。

资产回报率笼统地显示企业资产的创利能力，但是不能更深入具体地揭示为什么会有这种能力，哪些因素在起作用。为了了解这些深层次的原因，必须对资产回报率进行分解：

$$资产回报率 = 边际收益率 \times 总资产周转率 = \frac{净利润+利息-省税}{毛收入} \times \frac{毛收入}{平均资产}$$

要提高资产回报率，就要提高边际收益率或资产周转率或二者。表 3-4 列出了样品公司在第二、三、四年度的资产回报率分解为边际收益率和总资产周转率之后的具体情形。从第二年到第三年资产回报率的提高主要是因为边际收益率从 9.3% 增加到了 13.2%；而第三年到第四年资产回报率的提高则主要因为总资产周转率从 0.67 增加到了 0.81。我们需要对边际收益率和总资产周转率的提高做进一步的分析，才能弄清楚这三年中企业赢利能力提高的原因。

---

① 由于表格中四舍五入取整数，所以计算结果可能会稍有差异。但是如果取精确的小数或分数，计算结果就会完全一样。

表 3-4　第二年、第三年和第四年的资产收益率的分解

	$\dfrac{净收益+利息-所得税所省额}{平均总资产}$	$=$	$\dfrac{净收益+利息-所得税所省额}{收入}$	$\times$	$\dfrac{收入}{平均总资产}$
第二年	$\dfrac{16+5-1.5}{\frac{1}{2}(250+400)}$	$=$	$\dfrac{16+5-1.5}{210}$	$\times$	$\dfrac{210}{\frac{1}{2}\times(250+400)}$
	6.0%	=	9.3%	×	0.65
第三年	$\dfrac{34+10-3}{\frac{1}{2}(400+520)}$	$=$	$\dfrac{34+10-3}{310}$	$\times$	$\dfrac{310}{\frac{1}{2}\times(400+520)}$
	8.9%	=	13.2%	×	0.67
第四年	$\dfrac{60+16-4.8}{\frac{1}{2}(520+650)}$	$=$	$\dfrac{60+16-4.8}{475}$	$\times$	$\dfrac{475}{\frac{1}{2}\times(520+650)}$
	12.2%	=	15.0%	×	0.81

1. 边际收益率分析

　　边际收益率又叫边际利润率，它表示每 1 元钱的销售收入中包含了多少利润，另一方面看也就是多少成本（所以用边际成本率也一样）。因为利润就是从总收入中减去各项成本开支后剩余的部分。开支少了，利润就高了。可见，边际收益率可以测量公司控制支出与增加收入的能力，或者说控制支出占总收入的比例的能力。在总收入相同的情况下只要能减少支出，就可以增加赢利。要找出边际收益率变化的原因，就必须检查产生收入的各项成本费用。

　　表 3-5 将每一项成本以及净收入与销售收入进行对比分析，从中可以看到，样品公司在这三年中销售成本基本稳定，稍有增加，其边际收益率改进的主要原因是销售（广告）、管理（行政）和折旧的费用在减少，从而引起了边际收益率的提高。行政管理费用的减少是好事。但是广告的减少有可能会影响到将来的销售规模，也有可能是由于固定的投入因销售规模的扩大而分散了相对的支出，比如在一定的广告覆盖区域内增加了销售；折旧的减少有可能意味着在生产与销售扩大时厂房和设备没有扩大，因而会邻近厂房和设备承受的极限，也有可能是因为规模经济的效应，即原有的厂房本来就允许有扩大规模的生产。具体什么原因需要实地调查清楚，因为这些原因在会计账面上是反映不出来的。账面上的数字只提供入门的向导，入了门就要弄清真实的情况。此外，所售货物的成本逐年增加，可能是因为增加销售而降价所致，也可能是原材料涨价而产品不相应涨价所致，还可能因存货的增加和积压毁坏引起。具体原因也需要调查清楚。

表 3-5　第二年、第三年和第四年的净收益和费用在收入中所占比率　　　　%

科目	日期 年份	截至本年度 12 月 31 日		
		第二年	第三年	第四年
销售收入		100.0	100.0	100.0

续表

日期 年份 科目	截至本年度 12 月 31 日		
	第二年	第三年	第四年
减：营业费用			
销售货物成本	56.7	57.7	58.9
销售费用	17.1	13.6	11.2
管理费用	7.1	5.5	4.6
折旧	5.7	4.5	3.8
合 计	86.6	81.3	78.5
支付所得税与利息前的收入	13.4	18.7	21.5
上项税率为 30% 的所得税	4.1[1]	5.5	6.5
支付利息前的收入除去相关所得税的效应	9.3	13.2	15.0
除去所得税效应的利息费用	1.7	2.2	2.4
净收益	7.6	11.0	12.6

2. 总资产周转率分析

总资产周转率测量企业在一定的资产投资规模上创造收入的能力，换句话说，测量企业在一定收入水平上控制投资规模的能力。它取决于分资产周转率，包括应收账款周转率、存货（库存）周转率和固定资产周转率。表 3-6 列出了样品公司第二、三、四年度的总资产周转率及各分资产周转率。

表 3-6　第二年、第三年和第四年的资产周转率

	第二年	第三年	第四年
总资产周转率	0.65	0.67	0.81
应收账款周转率	6.8	7.6	7.8
存货周转率	5.4	4.7	4.3
固定资产周转率	0.8	0.8	1.1

（1）应收账款周转率分析。

应收账款周转率 = 总销售额 ÷ 平均应收账款

该等式反映了应收账款转变为现金的速度。不妨假设全部账面销售，即赊账销售（有部分现金销售也一样，因为现金销售无非是加速了应收账款的周转）。仍以样品公司第

---

① 第二年税前息前的毛收入为 23+5=28（万元）。所以无债状态下的所得税占比 28÷210=4%；或者 13.4%×30%=4.02%。0.1% 是使用约数产生的误差。之所以如此排列是为了彰显 13.4% 这税前息前毛收入占比的具体构成，或者说利息、所得税各自在毛收入中所占的份额。

四年为例，$475 \div \frac{1}{2}$（46+76）=7.8 倍，这就是说，应收账款在一年内周转了 7.8 次。通常用应收款项存在的平均天数来表示周转率，365 天 $\div$ 7.8=46.8 天，也就是说，平均每笔销售在售出之后 1.5 月收到现金。接着，我们就要看销售合同规定的条件，如果规定 45 天付款，说明情况不错，顾客信誉良好。如果是 30 天付款，那就说明收款不及时，应该检查公司的讨债努力及顾客的信誉程度。

（2）存货周转率分析。

存货周转率 = 所售货物成本 ÷ 平均存货

以第四年为例，$280 \div \frac{1}{2} \times$（46+83）= 4.3 倍，即存货在一年中周转了 4.3 次，说明货物在销售之前的平均库存时间是 84.9 天（365 $\div$ 4.3）。存货周转率是公司经营效率的一个重要指标。对它的审计要考虑两方面的因素：一方面，对公司来说，总是货物销售得越多越好，存货的积压越少越好，所以存货周转率的提高意味着存货投资的减少和存货资产的有效利用。另一方面，公司也不希望出现存货短缺的情形，因为这时候存货周转率的提高意味着失掉客户。公司应该有多少存货？这取决于很多因素。行业的种类和一年中的季节都与此有关。如中秋节前夕食品店储存了大量的月饼是好事，但是如果在中秋节之后还有这么多的月饼储存就不好了。端午节的粽子也一样。所以应根据行业特点和企业自身的特点保持适度的存货水平，而不能一味地追求周转率的提高。

有时候，存货周转率也可用"销售额 $\div$ 平均存货"来表示，只要销售与其货物成本之间的比例稳定，就不影响分析，只是销售额不能反映货物的平均库存时间。

（3）固定资产周转率分析。

固定资产周转率 = 总销售额 ÷ 平均固定资产

该等式反映了销售收入与土地、厂房、设备这些固定资产的投资规模之间的关系，或者说一定规模的固定资产能够支持多少销售收入。仍以样品公司第四年为例，固定资产周转率 = $475 \div \frac{1}{2}$（420+479）=1.1 倍，即固定资产在一年内周转了 1.1 次，表示每 1 元钱的固定资产投入产生（支持）了 1.1 元的销售收入。

对固定资产周转率的审计必须十分小心。因为固定资产的投资常在投产前几年就发生了，因此，周转率低可能是由于公司在扩张，为将来的发展奠定基础。反过来，如果公司产品近期并不看好的话，也可能减少对固定资产的投资，从而提高固定资产周转率。具体什么情形需要调查清楚。

表 3–6 显示:样品公司的总资产周转率在第二、三年度比较稳定，第四年迅速提高。其中应收账款周转率在三年中稳步提高，这一定是由于对客户的信誉作了更为小心的筛选，或者催款工作做得更好了。存货周转率不断下降，这与所售货物成本的微妙上升结合起来说明了存货积压或过期的可能。第四年总资产周转率的大幅度提高主要是由于固定资产周转率的提高。现金流量表显示对固定资产的投资在这三年中逐年下降，这可能是固定资产周转率上升的主要原因。对固定资产投资下降的原因应当调查清楚。

二、普通股回报率

普通股回报率反映对普通股投资的回报，是股东最关心的数据。它等于净利润除以平均普通股总值。普通股总值＝面额（股本）＋资本公积＋盈余公积；平均指年末与年初的平均。

$$\frac{\text{样品公司第四年度的}}{\text{普通股回报率}} = \frac{\text{净利润}-\text{优先股红利}}{\text{平均普通股总值}} = \frac{60-0}{\frac{1}{2}\times(360+410)} = 15.6\%$$

这就是说，股东投资 1 元钱，经过公司 1 年的经营，在年末获得了 1 角 5 分 6 厘的利润。

像资产回报率一样，普通股回报率同样测量企业的赢利能力。但与资产回报率不同，普通股回报率将资产的来源，特别是股东的投资考虑了进去，这样就将营业、投资、筹资三方面的活动结合了起来。按照上述公式计算，样品公司第二、三、四年的普通股回报率分别为 7%、10.3%、15.6%。比较同时期的资产回报率 6%、8.9%、12.2% 可以看出，虽然两个率在这三年中都在迅速增长，但是普通股回报率的增长速度明显快于资产回报率。这是什么原因呢？两者之间究竟存在着什么样的关系？下面重点探究**资产回报率与普通股回报率的关系**。

资产回报率反映的赢利是在向任何一个资本提供者支付报酬之前的。赢利必须在不同的资本提供者之间分配：债权人获得合同规定的利息；优先股股东（如果有的话，样品公司没有优先股）获得票面上规定的优先股红利；剩余的部分属于普通股股东。

普通股回报率之所以高于资产回报率，是因为资产回报率大于税后实际利率 [利息 ×（1- 税率）÷ 年平均债务]。前面说过，资产回报率与资金来源无关，股东投资形成的资产每元钱创造了这么多利润，负债形成的资产每元钱也创造这么多利润。如果借来的钱创造的利润高于实际利息支出（即资产回报率大于税后实际利率），高出来的部分归普通股股东所有，[①] 就将普通股回报率推到了资产回报率之上。以样品公司第四年度为例，资产回报率为 12.2%，而负债的税后利息费用仅为 5.6%，其计算为：16 ×（1-0.3）÷（160+240）÷ 2。二者相差 6.6%。该差额归属于普通股股东，拔高了普通股回报率。

普通股股东承担了较高的投资风险，其获得较高的回报有其合理性。借债的利息到期必须支付；而普通股股东不但请求权排在最后，而且公司对他们没有确定的支付义务。这种用较高的风险换取潜在的较高的回报的现象叫作**金融杠杆**。

金融杠杆也叫利用剩余利益赚钱，就是通过举债和发行优先股来提高对普通股股东剩余利益的回报。只要借来资本的产出高于它的成本，普通股股东获得的回报就会增加。但是如果利息成本高于资产的回报，普通股回报率就会降到无债水平之下，也即资产回报率之下。为了说明金融杠杆的这种双刃剑作用，表 3-7 列举比较了两个公司：负债公司 A 和无债公司 B。两公司各有资产 10 万元，没有发行优先股；但是 A 借债 4 万元，

---

① 作为对他们所承担的较大风险的回报，因为股东的风险大于债权人。

利率 10%；B 不借债，全部资产由股东投资；所得税税率都是 30%。

表 3-7 杠杆率对普通股回报率的影响（税前收入的所得税税率为 30%）

年份	公司类型	长期权益		税后利前利润/元	税后利息费用/元	净利润/元	总资产回报率/%	普通股回报率/%	税前利前利润分别为/元
		年利率10%的长期借款/元	所有者权益/元						
利好年份	负债公司	40 000	60 000	10 000	2 800	7 200	10.0	12.0	14 286
	无债公司		100 000	10 000		10 000	10.0	10.0	
一般年份	负债公司	40 000	60 000	7 000	2 800	4 200	7.0	7.0	10 000
	无债公司		100 000	7 000		7 000	7.0	7.0	
萧条年份	负债公司	40 000	60 000	4 000	2 800	1 200	4.0	2.0	5 714
	无债公司		100 000	4 000		4 000	4.0	4.0	

在利好年份，两个公司在税前和付利息前的毛利润都是 14 286 元，B 无债，按 30% 的税率交税后净利润是 1 万元，资产回报率 10%。A 在去除了所得税效应后的资产回报率也是 10%（见前面关于资产回报率的计算公式）。但是普通股回报率则不同：B 因为无债，资产回报率等于普通股回报率等于 10%；A 借了 4 万元要付 4 千元利息，而利息支出是成本，可以从税前利润中扣除，剩下 10 286 元税前利润，按 30% 税掉 3 086 元，剩 7 200 元，普通股回报率是 $\frac{7.2}{60}$ =12%。金融杠杆增加了对股东的回报，因为长期债权人贡献的资本的资产回报率是 10%，而税后的实际利息费用是 7%，其公式为：（1-30% 所得税率）× 10% 利率。两者相抵后，借来的资本创造了 3% 的净利润。净利润归股东所有，于是就拔高了普通股回报率。

可见在利好年份中，只要资产回报率大于借款利息的税后成本，就可以通过举债来提高普通股回报率。债务比例越高，普通股回报率也越高。这么说大家都要借债了，或者干脆不要自己掏钱，完全举债经营。这当然是行不通的，因为随着负债的比例越来越高，债权人的风险也越来越大，就会要求更高的利率，最后会达到一个平衡点。在上述例子中，如果负债的比例增加到一半，即 5 万元的话，普通股回报率会达 13%。但是增加的这 1 万元债是否利率还是 10% 可能会是一个问题。假如债权人要求 14% 的利率，那么即使在利好年份，杠杆率的正面作用也不明显了。一般说来，大公司的负债比率都在 30%~60% 之间。

表 3-7 还列出一般年份和萧条年份的情形。在一般年份中，由于去除所得税效应后的利率等于资产回报率，所以举债与不举债持平，普通股回报率都是 7%；而在萧条年份，由于去除所得税效应后的利率（7%）高于资产回报率（4%），即举债的成本高于其产出，所以普通股回报率下降到 2%，低于资产回报率。可见，金融杠杆是一柄双刃剑。它可

以在利好年份提高所有者的回报率，也可以在萧条年份里降低所有者回报率。[1] 因此股东在利用金融杠杆赚钱的同时也承担了相应的风险。

像资产回报率一样，普通股回报率还可以进一步分解为：

$$\text{净边际收益率} \times \text{总资产周转率} \times \text{杠杆率}$$

$$= \frac{\text{净利}}{\text{总收入}} \times \frac{\text{总收入}}{\text{年平均总资产}} \times \frac{\text{年平均总资产}}{\text{年平均普通股总值}}$$

总收入指即销售收入，也就是毛收入。净边际收益率表示毛收入在扣除了所有的营业成本、债务利息、所得税、优先股红利之后剩余的部分占毛收入的百分比。对该率的分析可参照前面对边际收益率的分析（二者只差利息因素）。总资产的周转，如前所述，是指每1元的资产所产生的收入。决定总资产周转率的各分资产周转率前面已经分析过了。杠杆率表示普通股股东提供了多少资本（在总资产中）。该率越高，普通股股东提供的资本就越少，债权人和优先股股东提供的份额就越大。所以杠杆率高表示杠杆的使用强度大。

表3-8列出了样品公司第二、三、四年度的普通股回报率、净边际收益率、总资产周转率和杠杆率。

表 3-8　普通股回报率的分解

	普通股回报率 = 净边际收益率 × 总资产周转率 × 杠杆率
第二年	7.0%=7.6% × 0.65 × 1.4
第三年	10.3%=11.0% × 0.67 × 1.4
第四年	15.6%=12.6% × 0.81 × 1.5

从表3-8可以看出，普通股回报率的提高主要来自于净边际收益率的提高和第四年中资产周转率的提高。杠杆率大致稳定。

三、普通股每股赢利

比普通股回报率更常用更通俗的是**普通股每股赢利**。它等于净利润除以年平均股数。它同样反映对普通股投资的回报，并且直接影响股票的市场价格，所以中小股东对此十分关心。样品公司第四年度的普通股每股赢利为：

$$\frac{\text{净利-优先股红利}}{\text{年平均股数}} = \frac{60-0}{16} = 3.75 \text{（元/股）}$$

---

[1] 举一个简单的例子就可以说明金融杠杆的放大作用。假定一个企业借了1 000万元债，毛利润是44万元，在支付了40万元的利息之后还有4万元留给普通股。但是如果它的赢利能力增长10%，即有48.4万元毛利润，就会有8.4万元留给普通股，比4万元长了110%。反过来，如果赢利降低了10%，普通股不但什么也得不到，而且赢利还不够支付利息，需要使用历年的留利。这是高债率股票的潜在风险，谨慎的投资者一般都会远离这样的股票。

如果公司发行了购股权、可转换债券或者可转换优先股，就应考虑冲淡因素。购股权是普通股的等价物，应视作已经行使而计入总股份数。可转换债券和可转换优先股应视具体情况做具体分析。如果它们的收益率与不可转换的同类证券相比低很多，这就说明它们的主要价值在于转换权，应该把它们视为普通股等价物，算入股份总数。否则就说明转换的可能性不大，不算入股份总数。这时要计算两个率：一个是首要率，即不冲淡率；另一个是冲淡率，即把所有可以转换成普通股的证券全部算作已经转换，在此基础上计算每股赢利。样品公司没有可转换证券，所以只有一个率。

每股赢利有两个毛病：一是忽略了资产的数量。两个比率相同利润相同的公司，效益不一定相同，因为如果一个公司比另一个公司大一倍的话，则大的公司显然低效。二是股份多少不一定。两个资产规模和结构、赢利能力完全相同的公司，如果一个公司发行的股份数是另一个公司的两倍，则每股赢利就会低一半。相比之下，普通股回报率就没有这些缺陷。

每股赢利经常被用来与每股价格比较，于是就有了**市盈率**。市盈率的确切叫法是价格和赢利之比（P/E ratio）：市价 / 股 ÷ 赢利 / 股；或者总市价 ÷ 年总赢利，行话是"该股票卖赢利的 x 倍"。两个式子的计算结果是一样的。样品公司第四年末在证券交易所的流通价格是每股 40 元，所以市盈率为 10.67 倍$\left(\frac{40}{3.75}\right)$。

审计市盈率时应注意的问题是赢利是否来自正常的营业，有没有营业外的非常收入或损失，因为这些非常收入和损失容易扭曲正常的市盈率。此外，有的企业在亏损年份按照长远的预期市盈率递交报告。对此，应调查盈利有没有实际发生。

四、总结

资产回报率和普通股回报率将企业的赢利与产生该赢利所需要的资本联系起来，能够比较客观地反映企业的赢利能力。如图 3-1 所示，分三个层次总结了对企业赢利能力

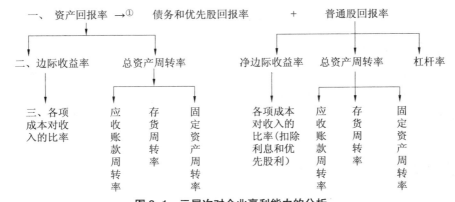

图 3-1 三层次对企业赢利能力的分析

---

① "→"表示资产回报率与利率、优先股回报率、普通股回报率之间存在着包含关系，因为对全部资产的回报最终是在债权人、优先股股东、普通股股东之间分配的。但是又不能画等号，所以就用"→"表示。

的分析。在第一个最普通的层次上，是企业笼统的赢利能力和杠杆效果；在第二个层次上，笼统的赢利能力测量标准被分解成边际收益率、总资产周转率和杠杆率几个组成要素；在第三个层次上，边际收益率和总资产周转率又被进一步分解，以便对企业赢利变化的原因获得更深入的了解。在实际案子中，还需要以账面分析为引导，对引起赢利变化的具体因素进行实地调查和观察，才能弄清原委，在深层次上掌握企业的真实情况。

第三节　风　险　分　析

企业的风险是多方面的，国民经济范围内的因素如通货膨胀、利率变化、失业率、经济萧条等，行业范围内的因素如竞争的加剧、原材料的匮乏、技术的进步、政府的反垄断等，企业自身的因素如罢工、自然灾害引起设备和设施的毁坏、管理团队中的关键性人物的健康状况或者流失等，无论是天灾还是人祸都可以给企业造成巨大的损失。

会计上的风险主要是债务风险。一般说来，债的比例太高是危险的，因为债的利息到期必须支付，而股票的红利则可以不分。负债率越高，风险越大，如果公司不能按期支付利息和到期本金，就会破产。

企业的偿债能力取决于它的变现能力。当潜在的损失变成现实时，现金和类似现金的资产使企业具有弹性，是企业用以应付各种困难局面的可靠资源。同时，现金也是联结企业营业、投资、筹资活动的纽带，使企业的经营活动得以顺利有效地进行。

在企业变现能力的评估中，时间因素特别重要。请考虑以下三个问题：企业有没有足够的现金来支付明天到期的债务？企业有没有足够的现金来支付半年到期的债务？企业有没有足够的现金来支付 5 年到期的债务？回答第一个问题主要看企业手头和银行活期账户上有没有足够的现金。回答第二个问题就要考虑企业在今后的 6 个月中能从营业中产生多少现金，能否应付在这 6 个月中逐渐到期的债务。回答第三个问题则需要考虑企业在较长时期内通过营业产生现金的能力，结合同时期内到期的长期债务综合考虑。会计学上将企业风险分为两类：短期风险和长期风险。

一、短期风险

测量短期风险——公司即期付款（还债）的能力——的数据主要有营运资本、流动比率、速动比率、经营产生的现金与流动债务的比率、营运资本周转率。

营运资本是流动资产与流动负债之差。

> **当场练习：**请问样品公司第四年年末的营运资本是多少？ ①

营运资本有多个不同的名称，如净流动资产、净营运资本、工作资本等，但是指的

---

① 是 81 万元（171 万元 –90 万元）。

都是同一个概念。因为流动资产是支付流动负债的源泉，企业必须在两者之间保持让人放心的差额。充足的营运资本对于企业的扩展和及时抓住各种商机都是不可缺少的。

流动比率等于流动资产除以流动负债，可以显示营运资本的充足程度。

$$流动比率=\frac{流动资产(速动资产+存货)}{流动负债}$$

与营运资本相比，流动比率更能反映企业的短期偿债能力与短期风险大小。营运资本作为一个孤立的数字是不能反映企业的风险的，例如，101 万元 –100 万元 =1 万元、2 万元 –1 万元 =1 万元，同样是 1 万元的营运资本，背后的风险却大不相同。流动比率没有这个缺陷。

样品公司第四年年末的流动比率是 1.9（171 ÷ 90）。分析师们一般的说法是流动资产至少要等于流动负债的两倍。不过企业情形各异，要求的比率也各不相同。有的企业存货少，应收账款周转快而呆坏账少；有的企业存货多，赊销期长。前者的流动比率可以低得多而依然安全地运行。如果连续几年相比，流动比率逐年上升，那是财务健康的标志。但是过犹不及，如果比率太高，达到四五倍，也可能反映企业萎缩、流动资产利用率不高。

速动比率是指速动资产与流动负债的比率（速动资产 / 流动负债），也叫酸碱度测试。[①]速动资产是可以应付紧急情况的资产，一般指现金、流通证券和其他可以迅速变现的资产（如应收账款），也就是流动资产减去存货。速动比率其实是流动比率的变种，但比流动比率更加精确，因为如果一个公司的存货占了流动资产的过高比率，虽然它的流动比率很高，但是可能依然不能如期偿债，因为存货的变现性能不强。不过也要具体情况具体分析，某些行业中的存货变现能力比另一些行业中的应收账款还要好，这时存货也是速动资产。有时候，应收账款也不能作为速动资产。表 3–9 列出了样品公司从第一年至第四年的流动比率和速动比率。从中可以看出，虽然流动比率逐年提高，速动比率大致稳定。流动比率的提高主要是因为存货的增加。

表 3–9　样品公司第一年至第四年度的流动比率和速动比率

	流动比率= $\dfrac{流动资产}{流动负债}$	速动比率= $\dfrac{现金+有价证券+应收账款}{流动负债}$
第一年 12 月 31 日	$1.25=\dfrac{50}{40}$	$0.9=\dfrac{36}{40}$
第二年 12 月 31 日	$1.60=\dfrac{80}{50}$	$1=\dfrac{50}{50}$
第三年 12 月 31 日	$1.67=\dfrac{100}{60}$	$0.84=\dfrac{54}{64}$
第四年 12 月 31 日	$1.90=\dfrac{171}{90}$	$0.98=\dfrac{88}{90}$

---

① "Acid test"，又译 "硝酸试金法"。因为原意是用酸碱度测量打比方，所以直译为酸碱度测试。

流动比率和速动比率有一个共同的缺点，它们只表示一年中的某一时点上的比率，容易做手脚。例如，当速动比率小于 1 的时候，借入一些现金，使分子分母同时增大，可以提高速动比率；当流动比率大于 1 的时候，还掉一些短期债务，使分子分母同时减少，又可以提高流动比率。以全年经营产生的现金作分子，就没有这个缺点了。

经营产生的现金与流动债务的比率。见表 3–10，会计学认为 40% 是个比较正常的比率，样品公司在第二、三、四年度的比率分别为 26.7%、58.2%、54.7%。在第二年至第三年间大幅改进，主要得益于净收益的提高；第三年至第四年间稍有下降，那是由于流动负债的大幅增加引起的，这和存货的增加有关。

表 3–10　第二年、第三年、第四年的营业所得现金对流动负债比率与营运资本周转率

	营业所得现金对流动负债比率 = $\dfrac{\text{营业所得现金}}{\text{平均流动负债}}$	营运资本周转率 = $\dfrac{\text{年销售额}}{\text{平均营运资本}}$	
第二年	$26.7\% = \dfrac{12}{\frac{1}{2}\times(40+50)}$	$10.5\text{倍} = \dfrac{210}{\frac{1}{2}\times(10+30)}$	34.8
第三年	$58.2\% = \dfrac{32}{\frac{1}{2}\times(50+60)}$	$8.9\text{倍} = \dfrac{310}{\frac{1}{2}\times(30+40)}$	41.0　天
第四年	$54.7\% = \dfrac{41}{\frac{1}{2}\times(60+90)}$	$7.9\text{倍} = \dfrac{475}{\frac{1}{2}\times(40+81)}$	46.2

营运资本周转率测量营业周期的长度，其公式为：销售收入 ÷ 年平均营运资本。[1] 此率常转换成天数：365 天 ÷ 率，使周期长度更加直观。营业周期是指：（1）原材料等买进（应付账款）；（2）存货产品卖出（应收账款）；（3）收账；（4）付账。这个过程周而复始。周期越长，资金就被绑在应收账款和存货中越长，这时期利息、工资等各项开支照付，于是就会影响赢利，同时也使公司的变现能力减弱。周期越短，变现越快。周期长短因行业而异。杂货店 30 天为正常，而建筑商则要一年以上。审计时要注意该行业的行情和特点。

样品公司第二、三、四年度的营运资本周转率见表 3–10。表中显示营运资本周转率逐年下降，周期逐年延长，大概因为存货积压过多，超过了销售收入的增加速度。尤其在第四年度，存货数量几乎翻倍。不过，从公司以往两年中的发展速度（大约增长了 50%）来看，或许存货的增加也有合理的原因。究竟什么原因需要调查清楚。

总的说来，样品公司的流动比率和速动比率都维持在比较合理的水平上。营业中产生的现金对流动负债的比率在第三年有显著的改善，第四年虽然比例有所下降，但是还看不出任何严重的短期变现问题。只是营运资本周转率逐年下降，其中可能有问题，需要对存货状况进行调查，已如上述。

---

[1] 营运周期 = 存货周转期 + 应收账款周转期 – 应付账款周转期。可以粗略地假定流动资产只由应收账款和存货组成，流动负债只有应付账款，则营运资本周转率与营运周期相当。

二、长期风险

测量长期风险的数据主要有负债率、营业产生的现金对总债务的比率、毛利对利息的比率。这些数据反映企业支付长期债的利息、本金以及类似义务的能力。

负债率有不同的变种。常用的有长期负债比率，简称长期债率，主要用来测量企业清偿长期债务的能力，其公式如下：

$$长期负债率 = \frac{长期债}{长期负债 + 股值}$$

为保险起见，无形资产应当看作无价值而从资产中扣除，流动负债应看作全部清偿而从资产总额中扣除。样品公司没有无形资产。

将长期债和短期债综合起来的是总负债率，即总负债对总资产的比例，俗称**资产负债率**，准确地说应该是负债资产率，其公式如下：

$$总负债率 = \frac{短期债 + 长期债}{总资产}$$

$$或 \quad \frac{总负债}{总资产}$$

表 3-11 列出了样品公司的负债率，包括长期债率和负债资产率。样品公司的长期债率四年中比较稳定，分别为 24%、14%、22%、27%。第四年最高，为 27%，即用 1 元的资产保护 0.27 元的债务，看来还是比较安全的。换个角度看，总资产 650 万元减去流动负债 90 万元后剩余 560 万元，对付 150 万元长期债券，就是用 3.73 元资产来支撑或者保护 1 元的长期债务。

表 3-11　负 债 比 率

	长期负债比率 = $\frac{总长期负债}{总长期负债 + 所有者权益}$	总负债率 = $\frac{总负债}{总负债 + 所有者权益}$
第一年 12 月 31 日	$24\% = \frac{50}{210}$	$36\% = \frac{90}{250}$
第二年 12 月 31 日	$14\% = \frac{50}{350}$	$25\% = \frac{100}{400}$
第三年 12 月 31 日	$22\% = \frac{100}{460}$	$31\% = \frac{160}{520}$
第四年 12 月 31 日	$27\% = \frac{150}{560}$	$37\% = \frac{240}{650}$

公司的总负债率分别为 36%、25%、31%、37%。根据经验，这些率对于一般的工业企业来说是正常的。具体什么样的率合适，要和赢利结合起来看，如果赢利稳

定，债率可以较高，否则就要低一些，对于公用事业公司，因为收入非常稳定，所以 60%~70% 也是可接受的，对其他行业则不行。

营业产生的现金对总债务的比率。在短期风险评估中讲到营业产生的现金对流动负债的比率，这里是将营业产生的现金与总债务比，因而分母是总债务而不光是流动债务。表 3-12 将样品公司四年中的这个比率列了出来。经验告诉我们，20% 属于正常。

毛利对利息的比率测量对债券持有人的保护或其风险，也就是公司破产的可能性，其公式如下：

$$毛利对利息的比率 = \frac{利、税前的利润}{应付利息}$$

如果债的本金是分期还的，那么所还部分的本金也应包括在分母中。分母可以叫作固定支付。此率的缺陷是用利润而不是现金作分子。在比率较低的时候，例如，2~3 倍，可用现金作分子。表 3-12 将样品公司四年中的这个比率列了出来。

表 3-12　第二年、第三年、第四年的营业所得现金对负债比率与毛利对利息的倍数

	营业所得现金对负债比率 $= \dfrac{营业所得现金}{平均总负债}$	毛利对利息的倍数 $= \dfrac{支付所得税及利息前净收益}{利息费用}$
第二年	$12.6\% = \dfrac{12}{\frac{1}{2} \times (90+100)}$	$5.6倍 = \dfrac{16+5+7}{5}$
第三年	$24.6\% = \dfrac{32}{\frac{1}{2} \times (100+160)}$	$5.8倍 = \dfrac{34+10+14}{10}$
第四年	$20.5\% = \dfrac{41}{\frac{1}{2} \times (160+240)}$	$6.4倍 = \dfrac{60+16+26}{16}$

三、总结

上面通过各种比率的分析揭示了财会报表中各项数据之间的内在联系，从中我们可以初步了解企业经营的好坏和可能存在的各种问题。不过，数字的分析仅仅提供了一种线索，往往一个数字本身不足以说明好坏，一个比率的变化背后可能有不同的原因。所以我们只能把财会报表的分析当作入门的向导和调查的起点，由此出发去了解实际情况。只有同实际结合，数字才真正有意义。当然反过来，如果光看实际情况而不懂得财会数据的分析，就看不到事实之间的内在联系，只看到一堆分散的事实。这两个方面的学习与调查结合起来，就叫作理论联系实际。

表 3-13 将上面讲述过的各种比率放在一起列表展出，以便查阅。

表 3-13　财务报表比率一览

比率	分子	分母
收益率		
资产回报率	净收益＋利息费用（去掉了所得税效应）[①]	平均资产总额
边际收益率（付息前）	净收益＋利息费用（去除了所得税效应）	毛收入
各项费用率	各项费用	毛收入
总资产周转率	毛收入	平均资产总额
应收账款周转率	总销售额[②]	平均应收账款
存货周转率	销售货物成本	平均存货
厂房设备资产周转率	毛收入	平均厂房设备资产总额
普通股回报率	净收益－优先股红利	平均普通股东总值
净边际收益率（付息及分配优先股红利后）	净收益－优先股红利	毛收入
杠杆率	平均总资产	平均普通股东总值
普通股每股赢利	净收益－优先股红利	本期末已发行的普通股加权平均数
短期流动率		
流动比率	流动资产	流动负债
速动比率	速动资产（现金、有价证券、应收账款）	流动负债
营业所得现金对流动负债比率	营业所得现金	平均流动负债
营运资本周转率	毛收入	本期平均营运资本
长期变现率		
长期负债率	总长期负债	总长期负债＋所有者权益
债务－资产比率	总负债	总资产（总负债＋所有者权益）
营业所得现金对总负债比率	营业所得现金	本期平均总负债
赢利对利息费用的倍数	支付所得税及利息前净收益	利息费用

①　请注意，这里表达方式不同，意思与前面第二节中的资产回报率公式是一样的。所谓除去了所得税效应的利息费用，就是"利息－省税部分"。

②　这里指销售收入，本例中与毛收入同义。

第四章

公司资本研究

第一节　取消最低资本限额

世界上有些国家的公司法在给予股东有限责任的同时，为了保护债权人的利益，要求股东在成立公司时投入的资本达到一定的数额。这个由公司法规定的、必须达到的数额称为最低资本限额。投资者的实际投资可以等于或者高于这个数额，但是不得低于这个数额。我国从 1993 年颁布新中国第一部公司法直到 2013 年，始终都有这样的规定。先是对有限责任公司分别不同类型要求 50 万元、30 万元或者 10 万元，股份有限公司 1 000 万元；2005 年修改公司法降低限额，有限责任公司变成 3 万元，股份有限公司变成 500 万元。[①] 2013 年底修改公司法彻底废除了这些要求。[②] 那么，我国公司法以前为什么要求最低资本限额，后来为什么又要废除，个中的道理是什么呢？

要求注册资本最低限额的出发点是为了保护债权人的利益，可是实际保护债权人的是股东权益整体，不是注册资本一项。在前一章中我们已经说过，在我国现行的公司会计制度下，股东权益是由四个部分组成的：注册资本、资本公积、法定公积、任意公积。注册资本是股本，也即股票的票面总额，其公式为：每股股票面额 × 已发行股份总数。

资本公积是股票发行的溢价款，也即发行价格超出票面额的部分。具体说来，资本公积是各次发行溢价款的加总。每次发行的溢价款＝每股溢价 × 所发行的股份数。[③] 股票可以溢价发行。《公司法》第 167 条规定："股份有限公司以超过股票票面金额的发行价格发行股份所得的溢价款以及国务院财政部门规定列入资本公积金的其他收入，应

---

① 详见 1993 年《公司法》第 23 条、第 78 条，2005 年《公司法》第 26 条、第 59 条、第 81 条。

② 第十二届全国人大常委会第六次会议审议通过公司法修正案草案，2013 年 12 月 28 日公布，2014 年 3 月 1 日起施行。更深一步说，这是中共十八届三中全会全面推进市场化改革的一部分，减少行政干预，尊重市场自主选择。此事最早还是由国务院开头的。2013 年 10 月 25 日国务院总理李克强主持召开国务院常务会议，部署推进公司注册资本登记制度改革，除法律、法规有特别要求外，一般情况下取消公司资本最低限额的要求："除法律、法规另有规定外，取消有限责任公司最低注册资本 3 万元、一人有限责任公司最低注册资本 10 万元、股份有限公司最低注册资本 500 万元的限制；不再限制公司设立时股东（发起人）的首次出资比例和缴足出资的期限。公司实收资本不再作为工商登记事项。""推进注册资本由实缴登记制改为认缴登记制，降低开办公司成本。在抓紧完善相关法律法规的基础上，实行由公司股东（发起人）自主约定认缴出资额、出资方式、出资期限等，并对缴纳出资情况真实性、合法性负责的制度。"但是国务院只能制定法规，无权修改法律。所以，两个月后人大常委会对《公司法》进行修改。

③ 注意：不是已发行股份总数，因为溢价款与股本不同。股票面额是不变的，而溢价数额是可变的。每次发行的溢价往往不同。所以资本公积是各次发行溢价总额的加总。参见第三章第一节的资产负债表中样品公司从第一年到第三年度资本公积的变化。

当列为公司资本公积金。"这就是说，票面额将在工商局登记为注册资本，发行价中超过票面额的部分不必登记注册，但是在会计记账的时候应当记为资本公积金。这是对股份有限公司所作的规定，但是同样适用于有限责任公司，因为有限责任公司的股东也可以在注册资本之外追加投资，例如，注册资本为 3 万元，但是实际投资为 10 万元。其中超过 3 万元注册资本的 7 万元投资与溢价发行中的溢价款性质是一样的，在会计记账时要记为资本公积金。在实践中，有的有限责任公司不将投资额分为等额股份，而是按比例计算各投资方对公司所有权的份额；有的则像股份有限公司那样将投资额分为等额股份，1 000 股是一个很常用的数字，这样计算起来方便一些。这些股票的面额和溢价款从形式到内容都与前述股份有限公司的情形相同：它们的票面额反映注册资本，超过票面额的出资是溢价款。而没有分为等额股份的投资，虽然在形式上看起来不同，但是在实质上是相同的，在会计处理上也是一样的。

组成股东权益的第三个部分是法定公积金，那是公司开始经营产生利润之后的事。《公司法》第 166 条第 1 款规定："公司分配当年税后利润时，应当提取利润的百分之十列入公司法定公积金。"该条第 3 款规定："公司从税后利润中提取法定公积金后，经股东会或者股东大会决议，还可以从税后利润中提取任意公积金。"这任意公积金是组成股东权益的第四个部分。法定公积金和任意公积金都是公司的留利，会计记账时统称为盈余公积，这一点已在前面第三章讲过。

既然实际保护债权人的是上述四项而不是一项，那么聪明的债权人在放贷的时候就不会只看注册资本，而要看全部四项；或者不看注册资本，只看股东权益。

举一个具体的例子可以把问题说得更加清楚。假定股东投资 10 万元设立一个公司，公司向股东发行 1 万股，第一种情况下平价发行，面额每股 10 元，股本 = 面额 × 已发行股份数 =10 元 × 1 万 =10 万元。于是工商局登记的注册资本为 10 万元，在会计账面上就有：

现金	股本
100 000 元	100 000 元

现在假定第二种情况，股东仍然投资 10 万元设立一个公司，公司向股东发行 1 万股，面额每股 5 元，股本 = 面额 × 已发行股份数 =5 元 × 1 万股 =5 万元，尽管股东实际上每股支付了 10 元，一共投资了 10 万元。这是溢价发行。于是工商局登记的注册资本为 5 万元，在会计账面上就有：

现金	股本
100 000 元	50 000 元
	资本公积金
	50 000 元

在这第二种情况下，虽然注册资本少了一半，但是股东投资相同，所有者权益相同，公司的实际运作相同，对债权人的保护也相同。因为对一个聪明的债权人来说，当公司向他借钱的时候，他不会因为第一种情况的注册资本是第二种情况的两倍而借给更多的钱，而是会同等地对待这两种情况。

再假定第三种情况：将每股面额定为 1 分钱，股本 =0.01 × 10 000=100 元，资本公积金 99 900 元。结果也是一样的。这种面额极小，只占股票价格的一个极小比例的股票叫作**名义面额股**。从逻辑上说，既然名义面额股可以有，无面额股应该也可以有了。不过，由于注册资本依然是公司章程和设立登记中的必要事项，所以我国公司法的现有框架还不允许发行无面额股，至多只能发行名义面额股。不管怎样，注册资本的多少带有相当大的主观随意性，并没有多大的意义。

股东在成立公司的时候可以自由地选择要不要溢价发行股份。如在上例中，可以选择平价发行，也可以选择溢价发行；可以溢价 5 元，也可以溢价 9.99 元。但是在经营了一段时间之后如果有赢利，那么再次发行的时候就只能溢价，不可能平价了。可见，溢价发行具有必然性。[①] 例如在上面的例子中，我们可以在前述第一种情况（即平价发行）的基础上进一步假设，公司经过一段时期的经营，利润不断留存和积累，包括 2 万元法定公积金和 13 万元任意公积金，这样所有者权益总共增长了 15 万元，于是在会计账面上就有：

资产		所有者权益	
流动资产		股本	
……			100 000 元
固定资产		资本公积金	
……			0 元
		法定公积金	
			20 000 元
		任意公积金	
			130 000 元
合计	250 000 元	合计	250 000 元

这时公司需要集资 20 万元以扩大再生产。由于当初股东花 10 元钱买来的 1 股股票现在值 25 元了，[②] 所以现在也只能按每股 25 元的价格发行。但是因为当初的票面额是 10 元，现在也只能写 10 元，否则，这次 25 元，下次 28 元，公司的股票就会一片混乱。既然面额固定为 10 元，价格却要 25 元，那就只能溢价发行。具体操作是将需要筹集的 20 万元除以每股价格 25 元，得到发行数量 8 000 股，每股面额 10 元，溢价 15 元，发行之后会计账面上就有：

---

① 有的书上把溢价看成例外情形，是不对的。

② 这里为简便起见，按净资产计算每股价格。现实交易中自然不会这样，再次发行的价格取决于多种因素，一般远高于每股净资产值。参见后面资产评估中讲述的《老人和苹果树》的故事。

资　产		所有者权益	
流动资产		股本	
现金			180 000 元
	200 000 元	资本公积金	
……			120 000 元
……		法定公积金	
固定资产			20 000 元
……		任意公积金	
……			130 000 元
合计	450 000 元	合计	450 000 元

在 45 万元净资产中，注册资本只占了 18 万元，不到一半。如果按前面第三种情况假设，即面额 3 元，则注册资本只有 5 万 4 000 元，占 12%。以后随着公司业务的发展，留利不断增加，净资产会越来越大，注册资本不变，其在净资产中所占的比例也越来越小。

可见，注册资本并不能反映公司的真实价值。即使在公司成立时股票平价发行，注册资本也仅仅在成立之初的那一刻反映了公司的价值。一旦公司开始经营，随着赢利或者亏损的不断发生，公司的价值也在不断地变化，[①] 注册资本作为一个不变的数字就与公司的真实价值渐行渐远，最后只剩下一个没有多少意义的空洞数字。

上面假定公司在成立之初选择了平价发行股份，可是精明的生意人往往会选择溢价发行，因为溢价发行至少有两大好处。第一是少交登记费。注册设立公司需要缴纳登记费，而登记费是按照注册资本的一定百分比收取的。通过溢价发行减少了注册资本，自然也就减少了需要缴纳的登记费。2016 年 2 月，国务院决定取消登记费的要求，自 3 月 1 日起实施。这个问题倒是不存在了。

第二大好处是集资更有灵活性。上面讨论了赢利的情况，没有讨论亏损。如果股东投资 10 万元下去之后第一年亏损了 5 万元，这时如果资金不足，需要向外集资，就只能按每股 5 元的价格发行，因为现在股东手中的 1 万股股票只代表了 5 万元的净资产，而不是起初的 10 万元。在第一种情况下因为首次发行是平价的，票面额每股 10 元。法律一般禁止折价发行，无法操作。[②] 所以只能通过修改章程、变更登记来减少注册资本，

---

① 犹如河水在不停地流动，世界上不会有人能两次走进同一条河流。想用注册资本来反映公司的价值既是不现实的，也是违反辩证法的。

② 美国 19 世纪末有判例允许折价发行，例如 Handley v. Stutz, 139 U.S. 417, 11 S.Ct. 530（1891）。但是现代各国及美国各州法律一般都不允许公司折价发行，我国《公司法》第 127 条规定股票发行价格不得低于面额。不过，《公司法》对有限责任公司未设这样的限制。所以，在我国现行公司法框架下倒是可以操作。例如，承接正文中的例子，假如有人愿意投资 15 万元占四分之三的股权，双方可以签订股权转让投资协议，原股东将四分之三股权转让给新股东，作为对价，新股东支付 15 万元给公司（注意：一定是给公司而不是原股东个人，否则达不到合理的效果），使得公司的净资产增加到 20 万元，然后两位股东凭此协议到工商局申请股权变更登记。如果不是这样操作，那就只有按照正文所说先进行减资，而后按照每股 5 元的价格向新股东发行 3 万股，总共 15 万元。

手续很麻烦，而且可能会引发新的法律问题，例如债权人指控违约等。而在第二、三两种情况下就很容易操作，可以直接发行，不需要变更登记。

当人们普遍地明白了上述道理并且使用低面值股来溢价发行的时候，法定最低资本限额就变成一条僵死的、机械的规定，没有任何实质意义了，因为它并不能有效地保护债权人，债权人也不看重它。反过来，它的负面作用倒不小，因为它不利于商人们灵活地设立公司和有效地利用资金。客观情况纷繁复杂，各行各业对企业初始资本的要求各不相同。"一刀切"地规定一个最低限额，对有些生意来说不够，规定没有意义；对另一些生意来说又太多，形成资金的积压和闲置，造成浪费。无论是 3 万元还是 30 万元，甚至是 500 万元，都会出现这种情况。

正是基于上述考虑，我国才最终决定取消资本最低限额，放弃了长期坚持的法定资本制度。① 这是我国公司资本制度的巨大进步。不但设立公司的条件放宽，自由度增大，而且因为注册资本由实缴改为认缴，当事人再也不需要借钱成立公司后再抽逃资金还钱了。② 因为凡是自愿认缴的资本，事后就不大会抽逃。因此，我国公司的资本真实性将大大提高，抽逃资金的现象将会消失。

下面请读者欣赏一下当年在法定资本制下我国法学界对企业家们抽逃资金的不同看法。

案例讨论

个体户 A 计划设立一家资本金为 1 000 万元的股份公司。A 作为发起人决定用自己的现有不动产和两台进口设备（时价 1 500 万元）作价出资，但听说用不动产和实物出资要缴纳资产收益所得税（capital gain）。为了回避征税，A 将上述不动产和设备作为担保从 B 银行贷款 1 000 万元，又将这笔贷款存入指定的代收股款的 C 银行。C 银行在不知情的情况下向 A 出具了收款单据，并向工商管理机关出具了收款证明。2000 年 3 月，A 同妻子、长子及其他两个好友（名义股东）一起作为股东注册成立了股份公司。A 担任董事长，董事会由 A、妻子、长子组成。同年 5 月 A 以董事会决议为由，从 C 银行取出全部贷款返还给 B 银行，解除了担保。并将现有不动产作为车间，用两台进口设备投入了生产。③

对这个案例，有学者经过认真分析之后得出结论："应依法追究 A 本人及新成立公

① 法定资本制在下一节介绍。

② 抽逃注册资本是长期以来我国公司企业界的普遍做法。对此，我国刑法专门设立了抽逃资金罪予以处罚。但这是恶法。商人有了商机就要抓住，想创办公司。但是很多人没有足够的资金满足法定的最低资本限额，于是不得不采用借钱成立公司，事后抽逃资金还钱的办法来规避法律。他们中的大多数人最后生意做成了，成了企业家、社会名流，抽逃资金的事也就过去了。个别人运气不好被抓住，就判刑了。这是极大的不公正，人为地制造了不少社会矛盾。抽逃资金与超越经营范围订立合同的情形很相似，详见本书第七章第一节对超越经营范围的合同的讨论。随着公司法的修改，抽逃资金罪已经从刑法中删除了。这是我国法律和社会进步的表现。

③ 姜一春，方阿荣著：《公司法案例教程（第二版）》，54 页，北京：北京大学出版社，2010。

司的民事、行政甚至刑事责任。"① 这个观点应该能够代表当年我国法学界的主流观点和绝大多数人的意见。但是笔者的看法却全然不同。下面是作者当年的分析和评论原文实录，供读者比较和鉴赏。

本案的情形很有典型意义。它反映了我国长期坚持的法定资本制——要求资本最低限额的严重缺陷。出于各种不同的现实原因，我国的很多公司恐怕都是这样通过虚假出资或者事后抽逃资金的办法成立的。其中很多公司生意越做越红火，发展成为实力雄厚的大公司甚至大的跨国公司。本案中的公司成立采取的就是事后抽逃资金的手段。在授权资本制② 下，公司的成立非常容易，根本不需要虚假出资或者抽逃资金，也就不存在任何违法行为了。因为我国法律规定了注册资本制度和最低资本限额，发起人为了规避这些规定，才不得不采用虚假出资、抽逃资金等手段，招了麻烦还违法。从一个角度看，当然是当事人在违法；而从另一个角度看，造成违法的原因在法律本身，因为如果法律不这样规定，如果采用授权资本制，本案中的行为就不违法了。

本案的典型意义不仅在于其成立过程，而且在于其经营过程。从案情来看，并没有纠纷发生。如果公司生意做得顺利、做得好，很可能会有大的发展，从而给社会做出大的贡献，几年以后发展成几亿元甚至几十亿元净资产的大公司也未可知。据说，根据现行法律，"应依法追究 A 本人及新成立公司的民事、行政甚至刑事责任。"没有纠纷哪来的民事责任？这种情形至多只能由工商管理局依法对其进行行政处罚，或者检察院依法对其刑事起诉。可是，在公司正常经营的情况下，如果这些执法机构这样做了，那么，虽然法律的尊严得到了维护，但是社会经济的发展却受到了负面的影响。法律应当服务于经济的发展而不是阻碍经济的发展。如果一条法律规定的执行在客观上对经济发展所起的作用是破坏性的而非建设性的，那么这就是一条恶法，必须修改。

诚然，本案中如果发生民事纠纷，比如债权人信赖了 1 000 万元的注册资本而借给了公司一笔款项，事后公司无力偿还，那就可以认定公司设立无效③ 而追究 A 个人的全额还款责任。④

只要没有纠纷，A 也没有实施欺诈债权人的行为，那么在执法上就不必对 A 过分严厉。再说，A 也向公司投入了不动产和两台价值 1 500 万元的设备，只是没有办理所有权的转移手续，等于是借给公司免费使用。因此，工商执法时可以采取比较温和的处理办法，如敦促他办理设备所有权的转移手续，或者将 1 000 万元资金退回来，等等，不应该对其进行严厉的处罚，更不应该追究其抽逃资金的刑事责任。

当然，最好的办法还是修改法律，放宽放松对注册资本的要求，从而一劳永逸地解决这类问题。

---

① 姜一春，方阿荣著：《公司法案例教程（第二版）》，63 页，北京：北京大学出版社，2010。
② 授权资本制的概念见下一节解释。
③ 注册资本不足经常是公司被认定设立无效的理由。
④ 从理论上说，公司也可以向 A 追缴那 1 000 万元的出资（再由债权人向公司要），但是实际上公司处在 A 的控制之下，不可能向 A 追缴出资，所以只能由债权人直接向 A 追缴。

这是笔者当年的课堂讲义原稿（包括其中的脚注）。没有想到的是，之后不久，国家便取消了最低资本限额。

第二节　不同资本制度的比较

当今世界各国公司法对公司初始资本的要求大致上分为三大类：法定资本制、授权资本制、折衷资本制。法定资本制要求最低资本限额，股东设立公司时投入的资本必须大于或等于这个限额，不得小于。小了公司就不能成立。此外，法律还要求股东实际投入的这个等于或者大于最低限额的具体资本数额必须注册登记，称为注册资本。注册之后这个数额不得随意变动，变动时必须遵循法定的程序，并且再次登记。授权资本制不要求最低资本限额，[1] 只要求在章程中写明公司可以发行的股份数量并登记注册，这个数量的多少由公司设立人根据实际经营的需要自由确定，法律不加限制；确定数量之后也不需要一次全部发行，而是可以根据生意的需要分次发行，具体发行多少股、每股的价格多少都由董事会酌情而定，只要在登记的股份数量之内就行。例如，章程规定可以发行 1 亿股，而公司成立之初只发行了 1 000 万股，以后公司董事会根据需要随时可以在剩余 9 000 万股总数之内决定增发股份，每股的价格随行就市，依照市场供求关系等多种因素确定。折衷资本制则是在这两个极端之间进行折衷，情形多样，不一而足。总之，最低资本限额是不同资本制度的区分标志：法定资本制要求最低资本限额；授权资本制不要求最低限额；折衷资本制在两个极端之间进行调和。

我国在新中国成立以后逐步实行了计划经济。在计划经济下没有真正的公司，因而没有也不需要公司法。1984 年，党中央决定开展城市经济体制改革。从 1985 年开始各种公司如雨后春笋般涌现，其中很多都是资本不足的皮包公司。一旦出现纠纷需要赔偿，这些公司往往没有偿债能力，结果交易对方的损失得不到补偿。当时大家经商经验不足，这样的情况不在少数。[2] 这些实际情况使立法者感到有必要规定严格的注册资本制度。以此为背景，1993 年我国出台的《公司法》规定股份有限公司的注册资本最低限额 1 000 万元；有限责任公司分别为生产性的和商业批发型的 50 万元，商业零售型的 30 万元，科技开发、咨询、服务性的 10 万元。当时物价还比较低，一般人的工资水平每个月二三百元，数十万元的注册资本是个不小的数目。这是典型的、严格的法定资本制。学术界对此有所谓资本确定、资本维持、资本不变的说法，即所谓的法定资本三原则。资本确定，就是法律规定了注册资本的最低限额，设立公司时股东必须缴足这个数额，一分钱也不能少，少了不得设立公司。资本维持，是指在公司成立之后必须维持这个资本数额，不能减少，以保证交易的安全。我国公司法规定发起人及股东的出资不得抽回，每年的利润必须先提取公积金之后才能分红，股票的发行价格不得低于股票面额，公司一般不得收购本公司的

---

① 也有形式主义地要求一个最低限额的，例如 1 000 美元，甚至更低。

② 当然，皮包公司做成生意的也很多，并不是家家违法、坑蒙拐骗。但是不违法、没有纠纷的公司，媒体不会去报道，报道出来干了违法勾当的又都是皮包公司，所以"皮包公司"就成为一个贬义词，名声很臭。

股份，非货币出资必须保证足额等等，都具有资本维持的功效。资本不变，与资本维持是一个意思，主要指不能减少，增加大概没有问题，但从字面意义上说，增加也不行，也要重新履行登记手续。

从实际实行的效果来看，法定资本制对于一个规则不健全、秩序混乱的社会环境来说，能够在初级阶段上（例如我国在 1985 年的情形）限制皮包公司，减少坑蒙拐骗，有利于交易的安全。但仅仅适用在初级阶段上，因为人们很快就学会了"上有政策，下有对策"。你要资本确定吗？行，我照办，没有钱可以向别人借，设立时一分钱也不少。但是公司设立之后我就把钱取出来还人了。当然，这是抽逃资金，在当年属于违法行为。可是你管得了吗？哪个政府机关有精力整天在后面盯着呢？只要不出问题，我的空壳公司或者皮包公司生意照做，就像公司当年超越经营范围订立合同一样。只要不出问题，没人管你。资本确定制度形同虚设。至于资本维持，那就更空了。如果我生意做得好，维持当然没有问题，但是如果我做亏了呢，难道我一定要补充资本吗？没有一条法律有这样的要求啊！维持得了吗？资本不变更加荒唐，直接违反辩证法。辩证法认为世间一切事物都是在发展变化的，公司经营中在不断地产生利润或者亏损，怎么可能不变呢？可以说，从公司成立后开始经营的那一刻起，公司的资本就开始变化了。这是辩证法，怎么可能不变呢？[①]

实践证明，注册资本不能反映公司的真实价值（误导作用倒有一点），法定最低资本限额也不能保护债权人，反过来倒是给投资者创办公司设置了障碍，引起了许多不必要的摩擦。

因此，现代很多采用法定资本制的国家都向授权资本制学习，采取了所谓的折衷资本制，即在规定注册资本的同时，允许股东分期缴纳。法律规定了首次缴款的比例和以后分期缴款的年限，在此年限内由董事会酌情而定。我国 2005 年对《公司法》进行大修改时就采纳了这种办法，具体分两个方面：一是降低最低资本限额：将之前对有限责任公司要求的数十万元降低到 3 万元；一人公司高一些，为 10 万元；股份有限公司从之前的 1 000 万元降低到 500 万元。[②] 二是允许分期缴纳：2005 年《公司法》第 26 条规定："有限责任公司的注册资本为在公司登记机关登记的全体股东认缴的出资额。公司全体股东的首次出资额不得低于注册资本的百分之二十，也不得低于法定的注册资本最低限额，其余部分由股东自公司成立之日起两年内缴足；其中，投资公司可以在五年内缴足。"该法第 81 条规定："股份有限公司采取发起设立方式设立的，注册资本为在公司登记机关登记的全体发起人认购的股本总额。公司全体发起人的首次出资额不得低于注册资本的百分之二十，其余部分由发起人自公司成立之日起两年内缴足；其中，投资公司可以在五年内缴足。在缴足前，不得向他人募集股份。股份有限公司采取募集方式设立的，注册资本为在公司登记机关登记的实收股本总额。"这样的规定给予了股东出资和公司筹资一点点灵活性，有助

---

① 当然，不变也可以理解为登记注册的数字不变。但是这个数字实在没有什么意义，因为它不能反映公司的实际资本或资产数额。

② 考虑到物价上涨的因素，这个降幅是很大的，因为 2005 年之后的 3 万元实际购买力不到 1993 年的 1 万元。

于避免资金积压，使资金能够得到较为有效的运用，但是与授权资本制下的没有年限相比，依然显得死板。于是便有了 2013 年的改革，将最低资本限额彻底废除。上述规定自然也从公司法中删除了。

那么，经过国务院改革之后的我国公司资本制度又属于哪一类呢？法定的、授权的还是折衷的？好像都不是，大概只能叫作自主认缴制。不过究其本质，它与授权资本制比较接近，因为二者的出资多少都由发起人自由决定，唯一的不同在于授权资本有一个授权的股份数，我们因为在股份的问题上对有限责任公司作了不同的处理，[①] 所以没有这个要求。新制度强调信息的公开，要求公开真实，这些都符合市场经济的改革方向。进一步的发展应当允许公司发行无面额股。

第三节　股东出资的形式

一、法定出资形式

我国《公司法》第 27 条第 1 款规定："股东可以用货币出资，也可以用实物、知识产权、土地使用权等可以用货币估价并可以依法转让的非货币财产作价出资；但是，法律、行政法规规定不得作为出资的财产除外。"由此可知，公司法明文列举的出资形式有货币、实物、知识产权、土地使用权四种。下面分别讨论。

1. 货币

货币是最常见、最普通的出资形式，也是唯一不会引起争议的出资形式，因为它有确定的金额，不需要对资产价值进行评估。货币也往往是最受欢迎的出资形式，因为有了钱，什么都可以买到。但是货币对很多当事人来说，又是最紧缺的资源。我国大多数上市公司都是由国有企业改制而成的。国有企业虽然规模巨大，但是往往缺乏资金。它们出资设立子公司时货币所占的比例很小，让子公司上市也是为了摆脱资金困境。往往是一些小型的公司，货币出资所占的比例反而比较大。[②]

2. 土地使用权

公司生产经营需要一定的场所，而场所必定在土地上。对绝大多数公司来说，土地都是最重要的资产。从 20 世纪 90 年代末到 21 世纪 10 年代初这十几年的时间里，由于我国经济的迅猛发展，我国城市及城市周边地区的土地价格上涨了数十倍甚至上百倍。因此土地的价值更加突显。由于我国坚持公有土地制度，所以只有国家和农村集体有土地所有权，个人没有土地所有权。不过所谓的国家土地所有权其实大都掌握在县和县以上地方政府的手里，国家的土地出资具体表现为地方政府的出资。又由于我国不允许土地所有权的买卖，只允许土地使用权的转让。所以国家或集体在用土地出资时也只能以土地使用权出资，并非所有权的转让。使用权是有年限的，不是永久性的。目前我国土

---

② 赵旭东主编：《公司法学（第二版）》，273 页，北京：高等教育出版社，2006。

地使用权的一次性审批使用年限最长为70年，到期还可以通过审批延续。① 下面是土地使用权出资的一个案例。

【案例 4-1】

鞍山市人民政府与大连大锻锻造有限公司 ②

辽宁省高级人民法院 2010 年 4 月 6 日

大连大锻锻造有限公司（简称大锻公司）与鞍山第一工程机械股份有限公司（以下简称鞍山一工）存在多年的加工关系，大锻公司根据鞍山一工提供的链条规格及数量，为鞍山一工加工制作大型施工机械的履带链条。截至 2005 年 9 月，鞍山一工尚欠大锻公司加工费 269 万余元。大锻公司多次催要，但鞍山一工一直未付。

鞍山一工是 1992 年经鞍山市和辽宁省经济体制改革委员会批准的定向募集股份有限公司。企业总股本 16 500 万股，每股 1 元。鞍山市政府作为国家股股东在鞍山一工的股份为 6 688.6 万股，所占比例 31.11%，其中包含鞍山一工所占土地 570 620 平方米（约 855.5 亩）土地使用权作价 1 710 万元在内，使用期限 10 年。1992 年 3 月 5 日至 2002 年 3 月 5 日土地使用期届满后，企业鞍山一工申请续办了土地使用权手续。2002 年 3 月 6 日至同年 6 月 27 日，国家审计署驻沈阳特派员办事处对鞍山市 2000 年至 2001 年间土地使用和土地资金管理情况审计时，发现"2001 年 10 月，鞍山一工向鞍山市土地管理局申请续期，由于鞍山一工在未缴纳土地出让金情况下，鞍山市土地管理局为其办理了土地使用证，并向北京中天华正会计师事务所和北京市大连律师事务所出具土地出让证明，确认鞍山一工已按合同规定缴纳土地出让金。上述行为与国务院（2001）15 号文件《关于加强国家土地资源管理的通知》第四条不符。"2003 年 8 月 29 日，市政府据此作出整改决定："鞍山市原土地管理局在向鞍山一工出让土地中弄虚作假，并违反发放《国有土地使用证》和向有关部门作出虚假土地出让证明，违反了国家《土地法》第 55 条和国务院规定。市政府决定：鉴于鞍山一工已经退市，短期内不能实现资产重组，且近期无法缴纳出让金，因此，终止土地出让合同，注销土地登记，收回土地使用证。"同年 9 月 1 日，鞍山市规划和国土资源局下发文件，中止了鞍山一工土地使用权出让合

---

① 多种资料来源，特别是网上的许多文章，都说用于出资的土地使用权只能是国有的土地使用权，不能是集体的土地使用权。如果用集体的土地使用权出资，必须先由国家征用集体的土地，再从国家手里买回使用权，用来出资。哪怕是拥有土地所有权的集体自身出资，也必须走上述程序。但是没有一处资料指明具体依据的是哪一条法律或者法规。它们从《物权法》《城市房地产管理法》《城市房地产转让管理规定》《土地登记规则》等大量的法律和行政规章中引用了大量的条文，但是没有一条有明确的规定。而从这些不明确的规定中，这些资料也没有说明如何能够推断出上述集体土地使用权不能出资的结论。赵旭东主编的《公司法学》（第二版）第 276 页也有同样的说法，但是也没有注明依据的是哪个法律法规的哪一条规定。事实上，我国《土地管理法》第 43 条明确规定："任何单位和个人进行建设，需要使用土地的，必须依法申请使用国有土地；但是，兴办乡镇企业和村民建设住宅经依法批准使用本集体经济组织农民集体所有的土地的，或者乡（镇）村公共设施和公益事业建设经依法批准使用农民集体所有的土地的除外。"可见，举办乡镇企业可以直接使用集体所有的土地，不必走先征用，再买回的烦琐程序。实践中，乡镇政府用集体土地出资，与外商合作的情形客观存在，说明实际情形并不像这些资料所说。因此，本书没有采纳集体土地使用权不能出资的说法。

② （2006）辽民二终字第 314 号。原判词较长。为了节省篇幅，突出重点，精简内容，本书作者作了改编。

同，鞍山一工应到有关部门办理注销土地登记，交回土地使用证。事后鞍山一工按规定办理了上述手续。

大锻公司起诉，除要求鞍山一工支付加工费之外，还指责鞍山市政府收回土地的行为为抽逃出资，要求市政府在 1 710 万元范围内对鞍山一工拖欠的加工费承担给付责任。

大连市中级人民法院一审认同原告的要求。①鞍山市政府不服，向辽宁省高级人民法院上诉。该院起初在内部讨论时认同一审判决，但是后来经过向最高人民法院民二庭请示，根据后者的复函 [（2009）民二他字第 5 号函]，判决：鞍山市政府收回土地行为合法，不应承担任何赔偿责任，因而撤销了大连市中级人民法院民事判决第二项。关于判决的理由，该院解释如下："大锻公司为鞍山一工加工链条……鞍山一工应予承担偿还所欠加工费用及相关利息的义务，原判正确。对于市政府是否在抽逃注册资金范围内承担相应民事责任一节，因作为股东的市政府在公司即鞍山一工设立时投入的 570 620 平方米土地使用权作价 1 710 万元所对应的具体年限确定为 10 年，市政府虽然收回了土地使用权，但该土地使用权在投入的 10 年期限内的价值已经为公司所享有和使用，且该部分价值也已经凝结为公司财产，市政府事实上无法抽回。收回土地使用权，并不是抽逃注册资金，是 10 年使用期满后正常的收回行为，并不违法，也无须履行公示程序。故市政府不应在 1 710 万元范围内对鞍山一工给付欠款不足部分承担给付义务。"

土地使用权是有年限的，其入股只是规定年限内的使用权。570 620 平方米土地使用 10 年的价值是 1 710 万元，年限届满后如果鞍山一工要继续使用这块土地，必须重新计算新时期内的使用权价值并办理市政府的增资入股手续，否则作为股东的土地所有人可以收回。本案中，一、二审法院起初显然对此有误解，最高院有关使用权的价值已经凝结为公司财产的解释是正确的，确实高出下级法院一筹。

3. 实物

实物也是重要的出资形式，实践中相当普遍。实物的出资人以发起人居多。公司营业不光需要土地和资金，还需要具体的实物资产。有了实物出资，节省了购买这些实物的货币，也等于是货币出资。用于出资的实物一般应该是公司经营所需要的。如果是用不着的实物，那就只有拍卖价值。出资实物的价值需要评估，具体由出资股东之间协商确定（初始出资）或者由出资股东与公司董事会协商确定（后续出资）。实物出资中的一个重要问题是当实物是一个企业而不是单件资产的时候，是将企业包含的厂房、机器设备、原材料、库存品逐一单项评估加总，还是将它作为一个运行中的企业进行整体评估。如果是一个赢利的企业，后者得出的价值往往远高于前者。这个问题比较专业，涉及的又是出资的量而不是出资的质，所以我们在后面设专节详细讨论。

① （2006）大民合初字第 17 号。

4. 知识产权

1993 年公司法只规定工业产权 [①]（包括专利权和商标权；其中专利又包括发明、实用新型、外观设计），2005 年改为知识产权，就是将著作权也包含进去了。著作权除了专著、论文等，还包含了计算机软件。这样，法律明确允许的出资形式在范围上比以前扩大了。

知识产权属于无形财产。无形财产除了知识产权之外还包括非专利技术、秘方及其制作方法、商业机密、商誉、合同权利。非专利技术在 1993 年公司法中是与工业产权一起明文列举的，2005 年公司立法时考虑到它的实际应用不太广泛而没有列举，但其作为出资形式是没有问题的；秘方及其制作方法与非专利技术相似，只要通过协商谈判能够用货币估价并且有效转让，估计也可以作为出资形式，应该没有法律障碍。商业机密、商誉、合同权利在后面讨论。

5. 其他非货币财产

《公司法》第 27 条第 1 款除了具体列举上述 4 类资产之外，还以这 4 类为例子笼统地囊括了其他一切 "可以用货币估价并可以依法转让的非货币财产"。可见，非货币财产必须具备两个条件才能用作出资：可以用货币估价；可以依法转让。

2011 年 6 月 21 日，最高人民法院判决了 "深圳市启迪信息技术有限公司诉郑州国华投资有限公司等股权确认纠纷案" [②]。该案中，北京师范大学珠海分校（以下简称珠海分校）的一个项目组作为甲方，投资方作为乙方，于 2006 年 9 月 18 日签订协议，合作成立珠海市科美教育咨询有限公司（以下简称科美公司），协议规定甲方以教育资本占科美公司 70% 的股份；乙方以 7 000 万元的资金占 30% 的股份。10 月 26 日，甲乙双方再次签订协议，规定科美公司注册资本 1 000 万元，具体操作是由乙方向甲方指定的豫信公司和启迪公司汇款 700 万元，再由这两家公司用这 700 万元向科美公司注资；乙方则通过自己的国华公司直接向科美公司注资 300 万元。后来双方在协作过程中产生争议，国华公司起诉要求确认其对科美公司拥有 100% 的股权。河南省开封市中级人民法院初审认定 "9·18 协议" 无效，因为甲方的非货币出资既不能以货币估价，也不能依法转让；"10·26 协议" 将教育资源出资改变为现金出资，具有规避法律的性质。上诉后河南省高级人民法院维持原判。最高人民法院提审此案，撤销原判，改判启迪公司胜诉。最高院认为即使 "9·18 协议" 无效，"10·26 协议" 也是有效的。现金资本虽然重要，"但公司的有效经营有时还需要其他条件或资源"。这其他条件或资源显然指甲方赖以出资的教育资源。教育资源或许可以用货币估价，但是不能依法转让。最高院的判决规避了 "9·18 协议" 的效力，但是其论述又为该协议辩护，是否意味着对出资形式的进一步放松，更加尊重当事人的意思自治，不必拘泥于《公司法》第 27 条要求的货币估价和依法转让两个条件，还需要继续观察。

---

① 工业产权出资是以其所有权出资还是以使用权出资？从法理上讲两种出资都可以。但是从公司法要求办理财产所有权的转移手续的明文规定来看，应该是所有权出资，即把工业产权整体转让给公司，原权利人失去使用权。参见赵旭东主编：《公司法学（第二版）》，282~283 页，北京：高等教育出版社，2006。

② （2011）民提字第 6 号。

从字面上看，"可以用货币估价并可以依法转让的非货币财产"显然是兜底条款性质。对它的覆盖范围的理解应当结合《公司登记管理条例》第 14 条规定"股东不得以劳务、信用、自然人姓名、商誉、特许经营权或者设定担保的财产等作价出资。"这是对《公司法》第 27 条兜底规定的限制。"劳务、信用、自然人姓名、商誉、特许经营权或者设定担保的财产"，即使符合可以用货币估价和可以依法转让两个条件，也不得用来出资。那么在排除了条例第 14 条列举的内容之后，《公司法》第 27 条的兜底规定包括哪些资产呢？

一般认为，该兜底规定应该包括用益物权[①]、股权、债权和非专利技术[②]。非专利技术已如上述。用益物权包括土地使用权、地役权、采矿权、承包租赁权等。虽然《公司法》只列举了土地使用权，但是实践中用其他用益物权出资的也不少见，不过像土地使用权一样，都需要办理好权利转移的具体手续。

所谓股权出资是指股东将自己对其他公司的股权转让给公司，让公司替代他充当股东。据说，在我国企业改制、资产重组和上市公司组建的过程中，股权出资相当普遍。[③]最高人民法院的司法解释对此作了具体的规定："出资人以其他公司股权出资，符合下列条件的，人民法院应当认定出资人已履行出资义务：（一）出资的股权由出资人合法持有并依法可以转让；（二）出资的股权无权利瑕疵或者权利负担；（三）出资人已履行关于股权转让的法定手续；（四）出资的股权已依法进行了价值评估。股权出资不符合前款第（一）（二）（三）项的规定，公司、其他股东或者公司债权人请求认定出资人未履行出资义务的，人民法院应当责令该出资人在指定的合理期间内采取补正措施，以符合上述条件；逾期未补正的，人民法院应当认定其未依法全面履行出资义务。股权出资不符合本条第一款第（四）项的规定，公司、其他股东或者公司债权人请求认定出资人未履行出资义务的，人民法院应当按照本规定第九条的规定处理。"[④]

债权出资是指股东将自己对第三人的债权转让给公司，由公司充当第三人的债权人。在由国有企业改制组建的上市公司中，有的国有企业就是以原有的债权作为出资的。可见，债权出资也已经被我国的公司实践中所接受。[⑤]债权出资的问题主要在于它的风险性和不确定性，因为如果债务人到期不能清偿，公司就不能获得预期的资本。抽象地说，只要股权能用作出资，债权更加可以，因为债权比股权风险小，价值更加稳定可靠。但是这种抽象的一概而论于事无补，且具误导性，因为一个历史悠久、信誉良好的企业的股份远比对一个风雨飘摇中的企业的债权可靠得多，风险也小得多。所以应该具体情况

---

① 吴庆宝主编：《最高人民法院司法政策与指导案例》，46~48 页，北京：法律出版社，2011。

② 赵旭东主编：《公司法学（第二版）》，277 页，北京：高等教育出版社，2006。

③ 赵旭东主编：《公司法学（第二版）》，277 页，北京：高等教育出版社，2006。

④《公司法司法解释（三）》第 11 条，2010 年 12 月 6 日由最高人民法院审判委员会第 1504 次会议通过，2011 年 2 月 16 日起施行。第 9 条规定："出资人以非货币财产出资，未依法评估作价，公司、其他股东或者公司债权人请求认定出资人未履行出资义务的，人民法院应当委托具有合法资格的评估机构对该财产评估作价。评估确定的价额显著低于公司章程所定价额的，人民法院应当认定出资人未依法全面履行出资义务。"

⑤ 司法实践中一些地方的法院还不允许债权出资，认为普通债权不具有始存性、普遍性和可变现性，不符合资本确定和资本充实原则。（吴庆宝主编：《最高人民法院司法政策与指导案例》，60 页，北京：法律出版社，2011。）

具体分析，由利害关系人通过现实的商事谈判和评估来确定具体的股权和债权的价值。这里所说的利害关系人在公司成立的过程中（初始出资）是指与出资人相对的其他发起人，在公司成立之后（后续出资）是指公司董事会或者得到董事会或章程授权的公司法定代表人。这与前述对实物出资的评估是一样的。一旦双方议定资产价格并完成出资，即使最终风险变成现实，这些股权或债权不能实现，也应当认定出资真实、有效。也就是说，判断出资有效性的时间标准应当是出资当时，而不是情势变迁之后。

美国各州的公司法曾经禁止本票出资，自然也不允许债权出资。① 现在这些禁令都已经取消。这至少说明允许债权出资是利大于弊的。我国公司法并没有明确规定债权能否出资。但是实践走在理论的前面，也走在法律的前面。在法律没有明文禁止的情况下，实践中普遍采用债权出资的结果必然导致法律上的承认。

说到债权出资，应该提一下债转股。我国自 1999 年 9 月中共十五届四中全会作出《关于国有企业改革和发展若干重大问题的决定》起，在之后的几年内在全国范围内掀起过一场债转股经济运动。当时一大半国有企业因为落后的经济制度加上经营管理不善而陷入困境，负债累累，资不抵债；债权人都是国有银行，它们对企业的贷款成了呆坏账，无法收回；计划中的金融改革也无法进行。于是，根据党中央的指示精神，国家成立了华融、长城、信达、东方四家国有资产管理公司，通过财政拨款，专门收购工商银行、农业银行、建设银行、中国银行四大国有银行的呆坏账。结果，资产管理公司代替银行成了国有企业的债权人。随后，除了一些无可救药的企业实施破产清算之外，对那些尚可救治的企业实行债转股，即将资产管理公司的债权转化成股权，资产管理公司由企业的债权人变成股东。债转股的实质是对国有企业所欠国有银行的债务进行豁免，或者说一笔勾销，使本应破产的企业再获得一次成活的机会。例如，企业的总资产为 1 000 万元，所欠银行债务 3 亿元。资产管理公司将这 3 亿元债权从银行手里买过来，转变成股权，最终拥有了企业 100% 的所有权（全部股份）。而这所有权的价值就是 1 000 万元。② 债转股是我国在特定的历史时期内通过财政买单对国有经济从宏观和微观两个方面进行的一次大调整，与普通的债权出资不可同日而语。但是因为其表现形式是债权转股权，似乎与债权出资有某些相似之处，所以在这里介绍提及。③

二、对禁止的讨论

《公司登记管理条例》第 14 条之所以禁止用"劳务、信用、自然人姓名、商誉、特

---

① 加州规定有担保的本票，担保物足价是可以出资的。Eastern Oklahoma Television Co. Inc. v. Ameco，Inc.，437 F.2d 138（10th Cir. 1971）认为有保证的本票也可以。也见 Citizens Bank of Windso v. Landers，570 S.W.2d 756（Mo. Ct.App. 1978）。不过，对以下三类出资形式美国已经没有争议，各州通用：现金、有形或无形财产、已经为公司提供的服务。无形财产包括专利技术、商誉、合同权利和计算机软件。

② 这里只讲原理，因为在公司已经不抵债的情况下应该是 100% 的。但是在现实操作中，资产管理公司并没有成为 100% 的股东，原来的企业或其主管部门依然保留部分股份，企业的经营班子也是原来的。资产管理公司仅仅是一个大股东。

③ 读者如果对我国的债转股改革有兴趣，可以详见本书作者所著的另一本书《国有企业改革的法律调整》第三章第五节第三小节，清华大学出版社 2013 年版。

许经营权或者设定担保的财产"出资，是因为这些资产的价值不确定，不能用来清偿债务，保护债权人的利益。但是这样的担忧和禁止都是值得商榷的。

首先说劳务。劳务分为已经提供的劳务和将来提供的劳务。对于已经提供的劳务，其价值已经转让给公司，货币金额也已经确定，不需要评估，所以应该可以用作出资。再说，即使法律不允许，劳务的提供者在领取了劳务的报酬之后也可以用这些报酬来购买公司的股份，还是达到了投资的目的，殊途同归，等于在规避法律。可见，条例笼统的禁止没有道理。英美普通法历来允许已经提供的劳务作为出资，美国50个州个个允许，从来没有在这个问题上发生过争议。[①] 我国在司法实践中也接受已经提供的劳务用作出资。[②] 因此，条例的禁止实属悖时。

至于将来提供的劳务，因为现在无法转让给公司，所以条例的禁止符合《公司法》第27条和第28条的规定。[③] 英美普通法早期也这样禁止过，[④] 美国的得克萨斯州还专门将禁令写进了宪法。但是后来考虑到当一个技术人员的技术对公司非常有用时，公司在现金短缺的情况下可能很想发行股票以换取他的技术服务。假如一位电影明星同意参加一部电影的制作，换取电影20%的利益；因为他的参与，银行可能愿意贷出数百万美元的款项支持新公司制作电影，但是法律却不允许公司发行股份给他，这显然不利于有益的商事活动。有时候，为了吸引有特殊技术的人过来工作，公司可以提前支付薪水给他，薪水可以很高；必要时公司还可以先付他奖金。[⑤] 如果该雇员可以用这些薪水或者奖金去购买公司的股票，那么为什么不可以走捷径，由公司直接发行股票给他，以换取他对将来服务的承诺呢？事实上，这就是派却欣诉西莫地金融公司[⑥] 一案中法院所使用的逻辑。今天，美国大多数州都已经在出资形式上放开，不但包括将来的劳务和服务，还包括本票、债的豁免、请求权的放弃——任何对公司的好处。美国《公司法范本》[⑦] 6.21

---

① 这里所说的"没有争议"，是指在公司成立之后提供的劳务。对于公司成立过程中提供的劳务，例如，发起人的劳务和律师提供的服务能否作为出资，还是有过不少争议的。争议的原因不是价值的不确定或者转让的困难，而是纯概念性的，认为在劳务发生的时候，公司还没有诞生，无法接受这些劳务，所以不能作为出资。现在大多数的成文法和判例法都已经趋向一致，认为可以作为出资。例如，纽约州《公司法》第504（a）明确规定为成立公司提供的服务可以通过发行股份来偿付。

② 吴庆宝主编：《最高人民法院司法政策与指导案例》，47页，北京：法律出版社，2011。

③ 第27条要求用于出资的非货币财产必须能够转让，第28条要求办理好这些财产所有权的转让手续。

④ 何谓子教授认为，对将来服务作为出资形式的传统担忧是这些服务只对一个运营中的企业有用，一旦企业清算，无论对股东还是对债权人来说它们的价值都将无法实现。而且这些服务的价值也没有任何客观的标准可以衡量。更为糟糕的是这些服务大都是企业控制人转让的，他们自己决定自己出资的价值。另外，比起拿出现金，公司发起人更愿意发行股票。Herwitz, Allocation of Stock Services and Capital in the Organization of a Close Corporation, 75 Harv.L.Rev. 1105-6（1962）.

⑤ 这种情形很多。本书作者1994年接受了华尔街律师事务所Sullivan & Cromwell的工作要约之后，马上收到了该所寄来的1.5万美元的奖金。美国各大律师事务所普遍采用高薪加这类启动奖金的办法来吸引优秀人才前去工作。

⑥ Pentrishen v. Westmoreland Finance Corp., 394 Pa. 552, 147 A.2d 392（1959）.

⑦ Model Business Corporation Act, 是由美国法学会编纂的、民间性质的公司法样本。它本身没有法律效力。但是因为写得好，水平高，所以影响很大，为美国大多数州所采纳。一经采纳便成为该州的公司法。不过各州在采纳时往往根据自己的具体情况和偏好对样本的内容进行适当的调整。国内一般翻译为《美国标准公司法》，本书中通俗地称为公司法范本或者简称范本。所指均相同。

的表述是"有形或无形的财产或者对公司的好处",有些州干脆说"对公司有形或无形的好处"。

其次是信用。这里的信用是指借款或者赊购的能力。例如,股东甲拥有银行信用,可以向银行贷款 500 万元。A 公司新建没有信用,因为甲的加盟而获得信用向银行贷到了 500 万元,或者由于甲的担保而获得了 500 万元的贷款,作为报答,公司向甲"赠送"发行了一定数量的股份。同理,在公司成立的过程中,如果甲作为发起人之一以其银行信用作为出资获取了一定数量的股份,公司成立之后依赖甲的信用向银行贷到了款项。甲的股份就是以信用作为对价的,属于信用出资。如果甲凭借自己的银行信用自己向银行借 500 万元投入公司,那就是货币出资,而不是信用出资。因为这里是甲自己充当债务人,而信用出资的结果是公司充当债务人。赊购的情形与此相同,如果甲具有商业信用,能从某原材料供应商处赊购原材料,赊账期两个月,甲以这种赊购能力入股公司获得股份,也属于信用出资。由于信用的价值不容易评估,而且一旦公司经营失败,信用资产显得虚无,不能像货币和实物资本那样能够对债权人的保护起到较好的缓冲垫作用,所以条例的禁止有一定的道理。

但是办公司出资是市场行为,属于私法调整范围,应当以当事人的意思自治为准,由当事人自行议定,法律不必用强制性的规定强加干涉。像股权、债权、将来的劳务等相对不确定的东西一样,一项具体的信用究竟有多少价值,也必须具体情况具体分析,当事人心里最清楚。当事人应当有自主权。至于保护债权人,应当主要依靠债权人自己,而不是法律的强制性规定。法律可以促使登记机关提供查阅的方便和信息的公开。只要没有欺诈,债权人是知情的,他完全可以通过拒绝交易、提高利率或者要求担保来保护自己。强制性的干涉多了,只会降低经济运行的效率。

客观地说,公司经营中是需要信用的。良好的信用有时候比雄厚的资本更为重要。有人研究过颇具我国特色的企业挂靠关系。挂靠企业利用被挂靠企业的信用开展经营活动,其中就有信用的作用及其能否充当股权出资的问题。有的企业初始投资微不足道,不过几万元或者几十万元,有的甚至通过虚假出资或者虚报资本取得注册,在短短的几年中,从一个小型企业迅速成长为资产规模数千万元甚至数亿元的大型企业,其中被挂靠企业的信用和商誉起了决定性的作用。按照传统的"谁投资,谁所有"的产权界定原则,这种企业几乎找不到严格意义上的投资者。在这种情形下,被挂靠企业除了收取管理费之外,主张一定的股权份额似乎也很合理。当然挂靠关系很复杂,难以一概而论。有的企业由于历史的原因和国家政策的障碍不得不挂靠,企业纯粹由私人投资,完全依靠私人的经营管理发展壮大,被挂靠企业除了帮助克服政策障碍之外并没有提供其他的信用便利。这样的企业应当确定为私人性质。[1] 说到底,这仍然是一个自由市场上的问题。信用能否出资,应该由市场主体自主决定。

商誉是有价值的资产,禁止商誉出资没有道理。在美国,对商誉出资是没有争论的。一般自然人的姓名并无商业价值。但是如果有,为什么不可以出资呢? 我国法律往往把

---

① 赵旭东主编:《公司法学(第二版)》,281 页,北京:高等教育出版社,2006。

市场主体看作未成年的小孩子，试图把他们都保护起来，结果却事与愿违，不但保护对象得不到保护，而且限制了有益的经济活动。禁止商誉和自然人姓名用作出资的初衷大概是保护债权人。但是现实中的债权人恐怕不需要这样的保护，他们通过自己的商事判断和合同谈判进行自我保护的效果要比法律的禁止好得多。

禁止担保物作价出资的理由显而易见，一旦主债务到期不能清偿，担保权人按照担保合同行使权利，担保物的出资会被镂空。但是利害关系方难道就不知道这点而会接受？例如，甲以担保物向公司出资，公司董事会就会接受？或者甲作为发起人之一用担保物出资，其他发起人就会接受？而如果他们接受，就必定有接受的道理。当然，如果控股股东或者其他控制人向公司出资，有自我交易之嫌，可以适用忠诚义务标准进行审查。那是另一个问题，我们将在以后讨论。法律人笼统的禁止只能扼杀商事活动所必需的灵活性，不利于担保物的充分利用，不利于社会经济的顺利发展。

特许经营权，比如矿产开发权、桥梁或高速公路的投资经营权，等等，都是很有价值的财产权利，完全可以用作出资。在国外，这样的权利是可以有偿转让的。在我国，政府在给予特许经营权之前往往要对申请人的资质能力进行审查，申请人在申请过程中需要支付各种费用，一旦获得特许经营权，自然可以和别人合作共同开发，以刚刚获得的特许经营权入股是顺理成章的事。与信用、商誉等在公司破产时难以变卖的无形资产不同的是，特许经营权即使在公司破产的时候也是可以作价变卖的，[①] 所以是一项比较确定的财产权利。

事实上，"在我国现实生活中超出公司法列举范围的出资现象比比皆是"，[②] 上述各种被禁止的出资形式在实践中都程度不同地存在着。看起来是当事人违反了法律，实际上是法律太滞后，其规定不适应经济发展的需要，因而实践中不得不予以突破。

美国早期的法律也对一些无形财产的出资有过争议，进行过限制。有的判例认为生意计划不能作为出资，因为它不能出卖或者转让，没有商业价值，所以不是任何意义上的财产。又有的判例认为商业机密可以用作出资，Durand v. Brown, 236 F. 609（6th Cir. 1916）；Kunkle v. Soule, 68 Colo. 524, 190 P. 536（1920）。也有判例认为无论是生意计划还是商业机密都不能作为出资，因为它们的价值太不确定，O'Bear-Nester Glass Co. v. Antiexplo Co., 101 Tex. 431, 108 S.W. 967（1908）。可是如果股票发行了，雇员提供了服务或者转让了有实际价值的商业机密，公司可能难以再否定当初的发行。在 Vineland Grape Juice Co. v. Chandler, 80 N.J.Eq. 437, 85 A. 213（1912）一案中，法院说要想否定股票的发行，公司至少要把服务的价值还给对方。反过来，如果服务最终没有提供，或者商业机密没有价值，公司也可以指控股东违约，或者注销股票。

就目前现状来看，美国已经放开了对出资形式的各种限制。1984 年的美国《公司法范本》6.21（b）规定合格财产包括"任何有形或无形的财产或公司获得的好处，包括现金、本票、已履行服务、服务合同、或公司的其他证券"。它们认识到传统的规则

---

① 不过在我国，由政府特许的经营权在转让时仍然需要得到政府的批准。

② 这是我国常年在审判第一线的法官于 2003 年说过的话。（吴庆宝主编：《最高人民法院司法政策与指导案例》，46 页，北京：法律出版社，2011。）

经常引出不利于经济发展的结果，因为在商事活动中，公司有时候确实需要用自己的股份去换取合同权利、无形财产或其他好处。美国公司法发展的总体趋向是更加宽松和开放，尽量依赖市场主体的自主决策。在出资形式上，则依赖董事会的商事决策，认为董事会的决定是结论性的，只要董事会认为出资（例如，本票、将来服务的合同）有价值就可以。[①] 如果将来得不到这些服务或好处，或者本票拒付，怎么办呢？很简单，股份有效发行，公司可以根据合同追缴有关的服务、好处和款项。如果公司不喜欢那样做，那么根据《公司法范本》6.21（e）也可以采用股份留存的办法，等到获得了好处再给他；如果没有获得好处就撤销这些股份。

商事活动具有共通性，不大受国情差异的影响。美国公司法在出资形式上从限制走向开放的历史反映出市场经济发展的普遍需要。对于他们从失败的经验教训中提炼出来的这些规则，我们应当充分地利用和借鉴。因此，我国《公司登记管理条例》第14条的限制弊大于利，应当废除。

第四节　出资不足的补足责任

上一节讨论出资的质，这一节讨论出资的量。公司资本制度的一个基本考虑是股东用出资换取了有限责任，有限责任将投资风险从股东转嫁到债权人身上，作为对债权人承担风险的补偿，就用股东的投资来充当债权的风险缓冲垫。但是股东必须足额出资，不足额就保护不了债权人。所以各国法律都要求股东足额出资。[②] 那么，如果不足额又怎么办呢？不足额包括哪些情形？如何确定出资数额的足与不足呢？

一、简单不足

我国《公司法》第28条、第83条和第93条规定：在公司成立的过程中发起人应当按期缴足各自认缴又由章程规定的出资额，不足额的应向公司补足，并向其他发起人承担违约责任。[③] 不过，这些规定只针对公司成立时的首次出资，不针对公司成立之后在营业过程中的追加投资，即新加入的股份。事实上，公司成立之后的追加投资同样存在着不足额的情形，需要统筹考虑。也就是说，无论是公司成立过程中的出资不足，还

---

① 个别州仍然坚持老规则，例如亚利桑那，虽然采纳了《公司法范本》的表述，却明文禁止用本票和将来的服务出资。

② 注意：要求足额出资与最低资本限额不是一回事。即使在国务院废除了最低资本限额之后，我们仍然会要求股东足额出资。因为出资多少是由股东自由选择的，选定了这个数额并经过工商局登记之后，股东就承担了出资义务，就必须足额出资。

③ 我国《公司法》第28条规定："股东应当按期足额缴纳公司章程中规定的各自所认缴的出资额……股东不按照前款规定缴纳出资的，除应当向公司足额缴纳外，还应当向已按期足额缴纳出资的股东承担违约责任。"

第83条规定："以发起设立方式设立股份有限公司的，发起人应当书面认足公司章程规定其认购的股份，并按照公司章程规定缴纳出资……发起人不依照前款规定缴纳出资的，应当按照发起人协议承担违约责任。"

第93条规定："股份有限公司成立后，发起人未按照公司章程的规定缴足出资的，应当补缴；其他发起人承担连带责任。"

是成立之后新股发行中的出资不足，都需要补足。

出资不足额而获得的股权和股份在普通法上被称为掺水股。[1]掺水股包括3类股份：奖励股、折扣股、掺水股。奖励股是赠送的，没有对价；[2]折扣股是现金对价在面值以下的股份，也可以叫作贴现股；掺水股是实物对价在面值以下的股份。现在很少有人作这么具体的区分，大多数人都习惯性地将这3类股份统称为掺水股。既然掺了水分，就应当再支付一些对价将水分挤干，这和我们要求补足差额的理念是一样的。

例如，甲公司发行1万股给张三，面额3元，但是只收取了2.6万元。根据面额规则，公司应当收取3万元，所以就有4 000元水分。公司应该起诉追回这4 000元。或者如果公司破产了，债权人可以起诉追回这4 000元。

向谁追索呢？根据我国《公司法》第28条、第83条和第93条的规定，首先当然要向张三追索。面额是写在章程里，又印在股票的票面上的，股东没有开脱的理由。他被推定为接到了面额的通知。其次，根据我国《公司法》第30条和第93条[3]的规定，在非货币出资[4]的实际价额显著低于章程所定价额时，有限责任公司设立时的其他股东或者股份有限公司的其他发起人应当承担连带责任。[5]最后，批准发行的董事和高管应当承担连带责任。这一点《公司法》没有规定，但是最高人民法院的司法解释有规定："股东在公司增资时未履行或者未全面履行出资义务，依照本条……第2款提起诉讼的原告，请求未尽《公司法》第147条第1款规定的义务而使出资未缴足的董事、高级管理人员

---

[1] 掺水股的说法让人想起古代在出卖牲口的时候让牲口喝很多的水，然后再去称重量。

[2] 比如在股东足额支付了某一类股份之后赠送给他另一类股份，见下面的Hospes浩斯皮斯一案。

[3] 我国《公司法》第30条规定："有限责任公司成立后，发现作为设立公司出资的非货币财产的实际价额显著低于公司章程所定价额的，应当由交付该出资的股东补足其差额；公司设立时的其他股东承担连带责任。"第93条第2款规定："股份有限公司成立后，发现作为设立公司出资的非货币财产的实际价额显著低于公司章程所定价额的，应当由交付该出资的发起人补足其差额；其他发起人承担连带责任。"

[4] 将连带责任限于非货币出资是没有道理的。有人认为：法律之所以作这样的限制，是因为货币出资只要银行开具资金证明，其他股东和发起人难以知情，无法监督。而实物出资是交付给公司的，看得见，摸得着，对其价值容易知情，也容易监督。法律规定对实物出资不足的连带责任，可以防止股东串通一气故意将实物的价值高估。我们不同意这种看法，因为有限公司人合性强，股东或发起人通过公司的资产状况很容易了解到注册资本有没有到位，监督不难。所以对现金出资不足应当与对实物出资不足同等对待。（吴庆宝主编：《最高人民法院司法政策与指导案例》，53页，北京：法律出版社，2011。）

[5] 我国《公司法》第30条规定的连带补足责任是建立在有限责任公司的全体初始股东都是发起人的假定之上的。但在实践中发起人可能只占全体初始股东的一部分，让那些没有积极参与发起设立公司的工作、完全是消极被动的初始股东承担连带补足的责任是不公平的。立法者在这里考虑不周。同理，连带补足责任只及于初始股东，不及于公司成立之后新加入的股东，这一点倒是没有问题，因为现行法在规定补足责任时只考虑了设立时的情形，没有考虑后续出资。另外，结合前面引用过的第28条，三个条文在连带补足责任的问题上对有限公司和股份公司的表述也有差异。第93条第1款规定股份公司成立后，未缴足出资的发起人应当补足，其他发起人连带；第2款规定如果发现非货币财产实际价值低于所定价值，应由出资人补足，其他发起人连带。显然，第1款指货币出资不足，或者非货币出资即使估价合理并已按规定移交给公司，也还不足，因为没有达到认购协议或者章程所规定的数额；而第2款则指非货币财产的价值被高估的情形。对比相应的第30条，对有限公司只规定了非货币出资被高估时的补足责任和连带责任，没有与第93条第1款相对应的规定。第28条规定了有限公司责任人的补足责任，没有规定其他人的连带责任。这样的差异，只能理解为立法者的笔误，或者立法技术上的问题。有限公司和发起设立的股份公司本质上没有区别，应该做相同的规定，两个条文也应该合二为一。我们对这两类公司的发起人的连带补足责任也应该做相同的理解。

承担相应责任的,人民法院应予支持……"① 董事和高管的这种补偿责任在英美法上也是清楚的和没有争议的,因为不足额出资却领取了股票,等于是公司在折价发行。法律不允许股票折价发行,董事和高管批准折价发行的行为违法,所以应该负责。

由谁来行使追索权呢? 首先当然是公司。这一点《公司法》规定得很明确。其次是其他股东或发起人。最后也是最重要的是债权人。说起来,股东与债权人之间并没有合同关系,也没有直接打过交道。债权人告股东似乎没有道理,因为股东出资不足是欠公司的钱,并没有欠债权人的钱。而债权人是贷款给公司的,并没有贷款给股东。所以只有公司有权向股东要钱;债权人只能向公司讨债,不能向股东要钱。这大概也是《公司法》没有规定债权人的起诉资格的原因吧。可是如此推理忽略了客观现实的经济关系,太肤浅、太机械。我国法院在审判实践中认识到了其中存在的问题,从现实的利害关系出发承认了债权人的追索权。请看下面的案例。

【案例 4-2】

三明市金融服务公司清算小组诉福建省龙岩龙驰企业(集团)有限公司等②

福建省厦门市中级人民法院 2007 年 6 月 9 日

1998 年 1 月 23 日,三明市金融服务公司(以下简称金融公司)与福建省龙岩龙驰企业(集团)有限公司(以下简称龙驰公司)签订协议,将三明市梅列区人民法院执行给金融公司的厦门市湖里区禾山镇县后村 6 000 平方米厂房 35 年的使用权转让给龙驰公司,价格 360 万元。协议订立后金融公司交付了厂房,但是龙驰公司仅付了 10 万元,余款 350 万元始终未付。1999 年 12 月 27 日金融公司被注销,中国人民银行三明市中心支行负责清理其债权债务,成立了三明市金融服务公司清算小组(以下简称三明金融清算小组)。诉讼即以三明金融清算小组的名义提起,不但要求龙驰公司偿付剩余的 350 万元,而且要求龙驰公司的股东在出资不足的范围内承担补充清偿责任。

龙驰公司于 1996 年成立,注册资本 2 060 万元,发起股东为吴林炎,出资 496 万元,实缴 86 万元;福建省龙岩市新罗区小池水泥厂(以下简称小池水泥厂)出资 1 084 万元,实缴 1 140 万元;福建省龙岩市小池龙华水泥厂(以下简称龙华水泥厂)出资 480 万元,实缴 481 万元。可见,在上述三个股东中,只有发起股东吴林炎出资不足。2001 年龙驰公司被龙岩市工商行政管理局吊销企业营业执照。

吴林炎辩称他欠的是公司的钱,没有欠公司债权人的钱,公司法也没有直接规定公司债权人可以直接向股东追偿,因此原告的请求没有法律依据。

法院判决:龙驰公司应于本判决生效之日起一个月内支付给三明金融清算小组 350 万元及逾期付款违约金(至 2002 年 12 月 30 日为 1 397 670 元,2002 年 12 月 31 日至判决确定还款之日的违约金按中国人民银行同期同类贷款利率计算);吴林炎应在其注册资金不足的 410 万元的范围内对龙驰公司承担连带付款责任。

---

①《公司法司法解释(三)》第 13 条第 4 款,2010 年 12 月 6 日由最高人民法院审判委员会第 1 504 次会议通过,2011 年 2 月 16 日起施行。

② 原判词较长。为了节省篇幅,突出重点,精简内容,本书作者对该案例作了改编。

在龙驰公司的这个判决中，法院允许债权人三明金融清算小组直接向出资不足的股东在出资不足的范围内追究其补充清偿责任。这一做法最早源于最高人民法院1994年发布的《关于企业开办的企业被撤销或者歇业后民事责任承担问题的批复》。该批复认为，企业开办的企业被撤销或者歇业，如果该企业已经领取了法人营业执照，其实际投入的自由资金与注册资金不符，但达到了《中华人民共和国企业法人登记管理条例实施细则》第14条第（7）项或其他法规规定的数额，并且具备了企业法人的其他条件，应当认定其具有法人资格。当其财产不足以清偿债务时，开办企业应当在其实际投入资金与注册资金的差额范围内承担民事责任。否则（不认定企业具备法人资格），开办企业应当作为合伙人承担无限连带责任。

在我国的公司实践中，这类出资不足的情形更多地表现为抽逃出资，即在公司成立之初的出资额是足的，但是那笔出资是股东向别人借来的，公司成立之后就替股东把那笔钱还掉了，这就是股东抽逃出资。在"上海浦东伸钢机械有限公司（以下简称伸钢公司）与成都天鑫元实业有限公司（以下简称天鑫元公司）、梁国庆、梁国英、王光荣等买卖合同纠纷案"中，天鑫元公司成立时工商登记了100万元的注册资本，包括从成都合力天元贸易有限责任公司借来的10万元现金和4位股东以公司名义购买的90万元实物，成立之后就将7万元现金通过转账方式还给了合力天元贸易公司。后来天鑫元公司在经营过程中欠了伸钢公司货款本金179 700元不能归还，伸钢公司起诉要求天鑫元公司及其4位股东梁国庆、梁国英、邓光明、王光荣共同承担连带责任，成都市成华区人民法院（2005）成华民初字第1270号民事判决书判决4位股东在抽逃出资7万元范围内按照各自的出资比例对公司债务承担连带责任，分别为梁国庆45 500元、梁国英10 500元、王光荣7 000元、邓光明7 000元。[①]

在上述这类判决的基础上，后来形成了最高人民法院对《公司法》所做的《公司法司法解释（三）》第13条第1、2款："股东未履行或者未全面履行出资义务，公司或者其他股东请求其向公司依法全面履行出资义务的，人民法院应予支持。公司债权人请求未履行或者未全面履行出资义务的股东在未出资本息范围内对公司债务不能清偿的部分承担补充赔偿责任的，人民法院应予支持。"这条规定不但适用于公司设立时的初始出资，而且也适用于公司成立之后的增资。实践中股东抽逃出资的现象很多，法院判决抽逃者在抽逃范围内补足的判例也不少。[②] 此外，司法解释还规定协助抽逃的董事、高管和其他股东承担连带责任。[③]

---

① （2006）成民终字第1358号。伸钢公司不服一审判决，向成都市中级人民法院上诉，认为除了7万元现金出资不实之外，那90万元实物出资也有问题，因为有两张发票的编号与开票日期不一致，即编号小的发票开票日期在后，编号大的发票开票日期在前，不合常理。但是法院认为不能排除编号在后的发票先使用而编号在前的发票后使用的可能，故不能仅凭开票日期与发票编号的顺序相反而认定两张发票必定是虚假发票，判决维持原判。

② 如（2014）绍新商初字第21号，浙江省新昌县人民法院2014年8月26日（控股股东抽逃出资49.5万元，应当在此范围内向公司债权人承担补充清偿责任）。

③ 最高人民法院对《公司法》所做的《公司法司法解释（三）》第14条第1、2款。

在现实商事生活中，提起这类诉讼的大都是债权人。① 因为公司在股东的控制之下一般不会起诉股东要求补足出资。

那么允许公司债权人直接向瑕疵出资的股东就其出资不足的部分进行追偿的理论依据是什么？从宏观的方面说，公司资本制度的设计就是让股份替债权垫底，用股资保护债权。股东出资不足直接影响了债权人的利益。如果债权得以实现也就罢了，如果公司不能偿还，债权人当然可以追究股东出资不足的责任。不过在法律上，光有这样的宏观论证是不够的，主要原因在债权人与股东之间没有直接的交易关系（如同上述案例中的被告吴林炎所辩护的那样），所以还需要更加微观地论证。国内法学界有一种观点，认为是债权人的代位权，即在公司没有清偿能力而又怠于请求股东补足出资的时候，将公司与股东列为共同被告，代公司向股东请求补足差额并支付银行同期贷款利息。普通法上大致提出过两种理论，可供我们参考：信托基金理论和展示理论。"信托基金"理论认为，公司的注册资本是专为债权人的利益建立的信托基金，如果股份不足价，债权人随时可以起诉要求补足。"展示"理论认为，公司用注册资本向债权人展示了它的缓冲垫有多厚实，债权人在放债时信赖了公司的展示，当事后发现这一展示虚假时就可以起诉。按照"展示"理论，在不足价的股份发行之前的债权人和发行之后但知情的债权人不能要求股东就掺水股增加支付。

在浩斯皮斯诉西北生产公司一案② 中，发起人股东将价值 2 265 000 美元的实物资产交给了公司，得到同等面额的优先股，但同时又得到了面额为 150 万美元的普通股。这些股份和数额都是在州政府登记注册的。因为发起人得到的普通股具有奖励股的性质，后来有一位债权人提起诉讼，要求发起人股东补足这 150 万美元。原告没有说他在借钱给公司的时候不知道这些是奖励股（即以为是足价股），受了蒙蔽，所以才同意放贷，而是说公司的注册资本是为债权人设置的一笔"信托基金"（保护债权人的一张缓冲垫）。在这之前，这种说法是有判例支持的。但是这一次法院却不同意原告的说法，认为信托基金的理论纯属想象，因为公司资本没有任何的信托要素。法院说，只有当债权人受到注册资本的蒙蔽时才有权利要求股东补足；本案中债权人一开始就知道这些奖励性股份的存在，并没有受到欺骗，所以应该自负风险，无权要求股东补足资本。显然，法院适用的是"展示"理论。③

有人对浩斯皮斯案表示过不同的意见，认为资本作为公司信用的基础（为债权垫底），不是因为债权人在放贷时信赖了资本的具体数额，而是因为股东凭此投资换取了有限责任。也就是说，不是因为股东在投入多少资本的问题上蒙蔽了债权人，而是因为法律规定了股东想要成为股东并享受有限责任就必须投入规定的金额。因此这样的投资义务应

① 美国《公司法范本》也规定补足的接收人是公司，但是如果公司资不抵债，则债权人可以接收。
② Hospes v. Northwestern Manufacturing Co., 48 Minn. 174, 50 N.W. 1117（1892）.
③ 假如适用我国《公司法》第30条和第93条，此案应该怎么判决？显然，本案中的股东应该补足这1 500 000美元。可是《公司法》只规定公司可以追索，没有规定债权人可以提起诉讼。而公司在发起人股东的控制之下恐怕不会去追索。所以只能适用最高院的《公司法司法解释（三）》第13条第2款。

当对所有的债权人开放，不管他是不是知情。[①] 这种说法与信托基金理论殊途同归，或者说是从一个新的角度论证了信托基金理论。

因此，美国目前大多数州都通过成文法规定：全体债权人都是掺水股补足责任的受益人，也即任何债权人，不管是在不足价股份发行之前的债权人还是之后的债权人，也不管债权人是否知情，都可以提起诉讼要求补足，不需要信赖因素。这实际上是将传统普通法上的信托基金理论用成文法的形式固定了下来，扩大了对债权人的保护范围。[②]

美国公司法的这些经验对我们更好地理解我国《公司法》的不足之处和最高人民法院的司法解释都是有用的。因为从公司资本保护债权人的角度看，我们的《公司法》第28条、第83条、第93条只规定了公司可以要求补足，其他发起人可以追究违约责任，没有规定在公司资不抵债时债权人也可以追究，要求补足。如果出资不足的发起人是实际控制人，公司成立之后在他的控制之下就不可能追究他本人出资不足的补足责任。最高人民法院允许债权人直接起诉未尽出资义务的股东，弥补了法律规定的不足。[③]

案例讨论

A公司与B公司共同成立C公司，双方制订的C公司的章程中记载A公司以现金出资100万元；B公司以其拥有专用权的两个注册商标出资，作价80万元。A公司在C公司成立后发现，B公司转让给C公司的注册商标没有知名度，商业价值极低，根本不值80万元。[④]

这是一个简单题目。我国《公司法》第31条和第94条都规定，公司成立之后"发现作为设立公司出资的非货币财产的实际价额显著低于公司章程所定价额的，应当由交付该出资的股东（发起人）补足其差额"。所以本案中B公司应当补足差额。

本案在实际诉讼中的困难不在于法律条文的适用，而在于举证。A公司必须成功地证明B公司的两个注册商标确实不值80万元，才可以追究B公司的补足责任。而要证明这一点不是一件容易的事，因为双方都会出示专家的证言，证明该商标值或不值80万元。如果不能证明，那么只要合同的签订中没有欺诈的情形存在，A公司、B公司双方的协议就是有效的，80万元的价格也应当被认为是合理的。

二、溢价发行中的不足

我国公司资本制度有一个假设的前提，那就是注册资本与协议认购资本一致，实缴

---

① Ballantine, Stockholders' Liability in Minnisota, 7 Minn.L.Rev. 79, 90（1922）.

② 另一种可供公司选择的救济办法是注销这些股份，前提是公司财务健康，运行正常。但是如果所有其他的股东默认这些股份的发行并且接受了对价，公司就很难反悔，注销不了股份。

③ 从实体上看，最高人民法院的司法解释无疑是正确的和英明的，但是从程序上看却有问题。因为最高人民法院只有司法解释权，没有立法权。而这条司法解释显然已经超越了司法解释的范围，因为它不是在对有歧义的法律文字进行解释，而是在制定法律。

④ 姜一春，方阿荣著：《公司法案例教程（第二版）》，53页，北京：北京大学出版社，2010。

资本可能小于注册资本，但不会大于注册资本。例如，《公司法》第 26 条规定："有限责任公司的注册资本为在公司登记机关登记的全体股东认缴的出资额。"第 80 条规定："股份有限公司采取发起设立方式设立的，注册资本为在公司登记机关登记的全体发起人认购的股本总额。"法律并没有充分考虑到溢价发行的情况。因为在溢价发行的情况下，只有其中的票面额是需要在工商局登记的注册资本（每股面额 × 已发行股份数）。溢价部分不是注册资本，而是资本公积金，因而不需要在工商局登记。这时候，股东在认购协议中认购的出资额与登记机关登记的注册资本是不一致的。

在溢价发行的情况下，如果出资资产的实际价值低于面额，更低于发行价，应该补足与面额的差价还是与发行价的差价，始终是一个有争议的问题。例如，5 位发起股东设立公司，计划总投资 10 万元，发行 1 万股，每股价格 10 元，其中票面额 5 元，溢价 5 元。发起人协议规定每人出资 2 万元，换取 2 千股。但是实际上每人只拿出了 6 千元，总共出资 3 万元；而注册资本为 5 万元。公司合法成立之后因为经营不善，很快就破产了。债权人起诉要求股东承担个人责任。请问股东有没有补足责任？如果有，应该补足那剩余的 2 万元注册资本还是按发起人协议中的股份认购条款补足剩余的 7 万元？如果没有补足责任，则 5 个股东仅损失已经出资的 3 万元了结；如果要补足剩余的 2 万元注册资本，每人还需出资 4 000 元；如果要按协议规定补足剩余的 7 万元，每人还需出资 1.4 万元。按我国现行法律的要求，无疑只需补足剩余的 2 万元注册资本。[①] 况且发起人协议只约束发起人。从发起人自身的利害关系看，最好是废除每人出资 2 万元的条款，改为每人出资 6 000 元；其次是每人再出 4 000 元，补足剩余的 2 万元注册资本；最不愿意就是按协议每人再出 1.4 万元。

美国《公司法范本》6.22（a）规定股东在购买了股票之后对公司或者债权人的责任限于"所授权发行的股份的对价"或者他与公司在认购协议中约定的对价。可见，股东的付款责任是发行价而不是面额，也即协议规定的出资数额而不是注册资本。在这个问题上，我国公司法的深度还是不够的。

三、不足价股份的转让后果

股东将不足价的股份转让给他人，受让人明知或应知该股份出资不足的，应与原股东承担连带责任；[②] 当然，善意受让人没有责任，即使股份是赠与给他的，他也没有责任，只要他是善意的。

---

① 根据最高人民法院 1994 年发布的《关于企业开办的企业被撤销或者歇业后民事责任承担问题的批复》，每位股东只需要在注册资本不实的范围内补足即可。

② 2010 年 12 月 6 日由最高人民法院审判委员会第 1 504 次会议通过、2011 年 2 月 16 日起施行的《公司法司法解释（三）》第 19 条规定："有限责任公司的股东未履行或者未全面履行出资义务即转让股权，受让人对此知道或者应当知道，公司请求该股东履行出资义务、受让人对此承担连带责任的，人民法院应予支持；公司债权人依照本规定第十三条第二款向该股东提起诉讼，同时请求前述受让人对此承担连带责任的，人民法院应予支持。受让人根据前款规定承担责任后，向该未履行或者未全面履行出资义务的股东追偿的，人民法院应予支持。但是，当事人另有约定的除外。"

【案例 4-3】

贵州益佰制药股份有限公司诉北京双鹤药业股份有限公司、湖北恒康双鹤
医药股份有限公司、湖北省医药有限公司

最高人民法院 2008 年 ①

　　湖北省医药有限公司（下称湖北医药公司）持有湖北恒康药业股份有限公司（下称湖北恒康公司）2 700 万股国有股，占湖北恒康公司全部已发行股份的 67.5%。但其实际出资并非现金，而是三块土地的使用权。由于湖北医药公司随后向工商银行贷了款，在这三块土地上设置了工商银行的抵押权，所以不能过户到湖北恒康公司名下。

　　2002 年 12 月 24 日，湖北医药公司与北京双鹤药业股份有限公司（下称北京双鹤公司）签订《股份转让协议》，将其所持 2 700 万股湖北恒康公司股份以每股 0.893 元的价格转让给了北京双鹤公司。湖北恒康公司在办理完股东变更手续的同时将自己的名称更换为湖北恒康双鹤医药股份有限公司（下称湖北双鹤公司）。湖北医药公司保证在协议约定的股份转让完成时，将那三块土地的使用权过户到湖北恒康公司名下。为此目的，2003 年 4 月 22 日，北京双鹤公司、湖北医药公司与工商银行三方签订《协议书》，约定工商银行在不放弃上述三块土地抵押权的前提下，同意该土地过户给湖北双鹤公司，如湖北医药公司届时不能偿还借款本金 1 000 万元，则由北京双鹤公司予以偿还。但工商银行事后即申请法院强制执行，法院遂依据其申请查封了这些土地。

　　北京双鹤公司在敦促湖北医药公司办理土地过户登记手续未果后，于 2006 年向北京市第二中级人民法院提起诉讼，诉请解除其与湖北医药公司签订的《股份转让协议》。北京市第二中级人民法院认为，北京双鹤公司与湖北医药公司签订股份转让协议的目的是获得湖北恒康公司的股权，而非三块土地的使用权，因此，上述三块土地的使用权未能过户至湖北双鹤公司名下，并不导致股份转让协议的目的不能实现；并且在北京双鹤公司受让湖北医药公司的股权之前，上述三块土地的使用权一直未办理过户手续，湖北恒康公司的经营并未因此受到影响，判决驳回了北京双鹤公司要求解除《股份转让协议》的诉讼请求。

　　2004 年，湖北双鹤公司与贵州益佰制药股份有限公司（下称益佰公司）签约向益佰公司购买 500 万元的药品，双方对产品种类、价格、付款方式等进行了约定。协议签订后，湖北双鹤公司即开始从益佰公司进货。经双方于 2004 年 11 月 8 日对账核实，截止到 2004 年 11 月 5 日湖北双鹤公司尚欠益佰公司货款 5 413 697.11 元。之后，湖北双鹤公司未能通过 2003 年、2004 年年检，公司处于歇业状态。益佰公司多次向湖北双鹤公司催收货款未果，遂向贵阳市中级人民法院起诉，请求如下判令：（1）湖北双鹤公司支付货款 5 413 697.11 元；（2）北京双鹤公司、湖北医药公司对上述货款承担连带清偿责任；（3）诉讼费用由三被告承担。

　　贵阳市中级人民法院于 2007 年 8 月 17 日作出一审判决：药品买卖合同合法有效；

---

　　① 实际审判日期无从获得，2008 年为其受理日期。原判词较长。为了节省篇幅，突出重点，精简内容，本书作者对该案例作了改编。

湖北双鹤公司在判决生效后 15 日内支付货款 5 413 697.11 元给益佰公司；湖北医药公司对上述债务承担连带清偿责任。[1] 该院认为北京双鹤公司股权转让价款到位，还对湖北双鹤公司增加注资，并没有滥用公司独立地位，因而不该承担连带清偿责任。

益佰公司不服，向贵州省高级人民法院上诉。该院于 2007 年 12 月 12 日判决：将一审判决中湖北医药公司的连带清偿责任改为在 2 700 万元出资不到位的范围内的补充清偿责任，并判令北京双鹤公司对这出资不到位的部分承担连带责任。[2]

北京双鹤公司不服二审判决，向检察机关提出申诉。2008 年 7 月 23 日，最高人民检察院向最高人民法院提出抗诉。[3] 2008 年 9 月 22 日，最高院决定提审本案。[4]

最高院认为，股权的本质是股东和公司之间的法律关系，既包括股东对公司享有的权利，也包括股东对公司的出资义务，因此，股权的转让导致股东权利义务的概括转移，受让人在受让股东资格权利的同时，也受让了股东的出资义务。湖北医药公司与北京双鹤公司在股权转让协议中约定以每股 0.893 元的价格，受让湖北医药公司所持有的湖北恒康公司的 2 700 万国有股，北京双鹤公司向湖北医药公司支付的 2 411.1 万元是股权的对价，而不是北京双鹤公司完成了对湖北双鹤公司 2 700 万元的出资义务。当出资瑕疵的股东将其股权转让给其他民事主体后，便产生了该瑕疵股权出资责任的承担主体问题。在处理上要遵循股权转让双方当事人的真实意思表示和过错责任相当的基本原则。就股权转让的受让人而言，核实转让股权是否存在瑕疵出资是受让人应尽的基本义务，如果其明知或应当知道受让的股权存在瑕疵而仍接受转让的，应当推定其知道该股权转让的法律后果，即受让人明知其可能会因受让瑕疵股权而承担相应的民事责任，但其愿意承受，这并不超出其可预见的范围。北京双鹤公司明知湖北医药公司用于向湖北恒康公司出资的土地未过户到湖北恒康公司名下，但仍然自愿受让湖北医药公司的股权并成为湖北恒康公司的股东。故北京双鹤公司通过受让的方式享有湖北双鹤公司瑕疵股权 2 700 万股，应负有承担出资瑕疵责任的义务。虽然北京双鹤公司通过增资扩股向湖北双鹤公司增加出资 2 599.9 万元，但北京双鹤公司和湖北医药公司始终未补足原股东湖北医药公司应向湖北双鹤公司的出资 2 700 万元，不能因其对湖北双鹤公司增资扩股而免除其应出资的义务。对湖北双鹤公司的债务，北京双鹤公司、湖北医药公司均应在未足额出资总额 2 700 万元的范围内承担补充清偿责任。因此，将原审判决中北京双鹤公司的连带清偿责任改为补充清偿责任，其余部分维持原判。

本案确立的规则不久后表述为《公司法司法解释（三）》第 13 条第 2 款："公司债权人请求未履行或者未全面履行出资义务的股东在未出资本息范围内对公司债务不能清偿的部分承担补充赔偿责任的，人民法院应予支持。"第 18 条："有限责任公司的股东未履行或者未全面履行出资义务即转让股权，受让人对此知道或者应当知道，公司请求

---

[1]（2006）筑民二初字第 202 号。
[2]（2007）黔高民二终字第 96 号。
[3] 高检民抗（2008）第 65 号。
[4]（2008）民抗字第 59 号。

该股东履行出资义务、受让人对此承担连带责任的，人民法院应予支持；公司债权人依照本规定第十三条第二款向该股东提起诉讼，同时请求前述受让人对此承担连带责任的，人民法院应予支持。"

【案例4-4】

北京首都国际投资管理有限责任公司诉安达新世纪巨鹰投资发展有限责任公司[①]

最高人民法院 2007 年 9 月 19 日

2003 年，天津海泰控股集团有限公司（以下简称海泰集团公司）、北京首都国际投资管理有限责任公司（以下简称首都国际公司）、天津新技术产业园区新纪元风险投资有限公司（以下简称新纪元公司）签订发起人协议，约定分别出资 1.3 亿元、1.3 亿元和 0.4 亿元，共同设立天津海泰生物科技发展有限公司（以下简称海泰生物公司），发起人如未按协议规定按期、按量出资，每逾期一天，违约方应向履约方支付应出资额的万分之三的违约金，由履约方按出资比例分配。5 月 9—13 日，协议三方分别向海泰生物公司的账户汇入了约定的出资额。14 日，会计师事务所出具验资报告，表示海泰生物公司一共收到三方投入的注册资本 3 亿元。16 日，海泰集团公司和新纪元公司又将刚刚投入的 1.3 亿元和 0.3 亿元从海泰生物公司账户转出。

2004 年 1 月 15 日，海泰集团公司将其持有的 1.2 亿股海泰生物公司股份转让给北京协和医药科技开发总公司（以下简称协和医药公司），首都国际公司将其持有的 0.2 亿股海泰生物公司股份转让给陕西东盛药业股份有限公司（以下简称东盛药业公司），新纪元公司将其持有的 0.3 亿股海泰生物公司股份转让给东盛药业公司。3 月 7 日，海泰生物公司董事会决议：协和医药公司应在 2005 年 3 月 30 日前注入资产 1.2 亿元，海泰集团公司应在 2004 年 4 月 30 日前注入土地资产 0.1 亿元，东盛药业公司应在海泰生物公司完成工商变更登记后 7 日内注入现金 0.5 亿元。2004 年 4 月，海泰生物公司更名为协和健康公司。

2005 年初，东盛药业公司将其持有的 0.5 亿股协和健康公司股份作价 0.5 亿元转让给安达新世纪巨鹰投资发展有限公司（以下简称巨鹰公司），鉴于这批股份出资不到位，巨鹰公司只须履行相应出资义务，不必付钱给东盛药业公司。4 月 5 日，协和医药公司也将其持有的 1.05 亿股协和健康公司股份作价 1.05 亿元转让给巨鹰公司；7 月 11 日，协和医药公司、巨鹰公司、协和健康公司签订三方协议，约定由巨鹰公司顶替协和医药公司所欠协和健康公司的 1.2 亿元投资款，以此抵消巨鹰公司欠协和医药公司的股价款。

同年 4 月 7 日，海泰集团公司将其持有的 0.1 亿股协和健康公司股份作价 0.1 亿元转让给巨鹰公司；7 月 25 日，海泰集团公司、巨鹰公司、协和健康公司签订三方协议，约定由巨鹰公司将股价款 0.07 亿元直接付给协和健康公司，冲抵海泰集团公司欠协和

① (2007)民二终字第 93 号。最高人民法院民事审判第二庭编：《最高人民法院商事审判指导案例（公司卷）》，北京：中国法制出版社，2011。

健康公司的土地款。

截至 2005 年 7 月，巨鹰公司分别从协和医药公司、东盛药业公司、海泰集团公司购得协和健康公司股份共 1.65 亿股。工商登记的协和健康公司章程第 10 条显示巨鹰公司以货币出资，持有 1.65 亿股，占公司注册资本的 55%；第 11 条规定任何一方出资人未按章程规定足额出资，应向已经足额出资的人承担违约责任。9 月 26 日，巨鹰公司与协和健康公司签订协议，约定巨鹰公司从协和医药公司、东盛药业公司、海泰集团公司购买的 1.65 亿股协和健康公司股份不必向 3 家卖方支付价款，只须承接这 3 家公司所欠协和健康公司的 1.65 亿元债务，两年内还清。9 月 28 日，首都国际公司因欠巨鹰公司债务承接了其中的 2 770.52 万元，巨鹰公司只须在 2 年内还清余额即可。

至此，协和健康公司实际收到首都国际公司的出资 1.1 亿元和新纪元公司的出资 0.1 亿元。①

2006 年 5 月 16 日，浙江省宁波市中级人民法院通知首都国际公司，巨鹰公司拖欠浙江巨鹰投资管理有限公司（以下简称浙江巨鹰）的 4 005.328 924 万元已经进入强制执行程序，巨鹰公司与浙江巨鹰达成和解协议，巨鹰公司以其持有的 1.65 亿股协和健康公司的股份折价 0.35 亿元一次性抵偿给浙江巨鹰，要求首都国际公司在 20 日内答复是否行使优先购买权。

首都国际公司起诉巨鹰公司，要求被告立即履行对协和健康公司的出资义务，在此之前不得享有 1.65 亿股的股权，同时向原告支付违约金并承担全部诉讼费用。被告答辩称出资义务已经由它的持股前手履行，它所负的是债务而不是出资义务。

黑龙江省高级人民法院一审认为股东的出资义务是法定的，不能因股东之间或股东与公司之间的协议免除或者变更，在出资不到位时其股东权利的行使应当受到限制，并应向已经履行出资义务的股东赔偿违约损失。违约金从巨鹰公司正式登记为股东的 2005 年 7 月 20 日起算，每日按 1.65 亿元的万分之三计算，原告则按其出资比例从中获得赔偿。被告不服，向最高人民法院提起上诉。

最高人民法院二审认为，巨鹰公司在受让股权时知道前手出资不实，股东资格有瑕疵，应当履行出资义务。出资不到位并不影响其股东资格的取得，但是不应享有相应的股东权利。权利与义务统一，利益与风险一致。因为被告没有履行出资义务，其股东权的行使应当受到限制。这种限制应根据具体的权利性质确定。与出资义务相对应的股东权利只能按照出资比例来行使。《公司法》和协和健康公司的章程都规定不履行出资义务的人向已经履行出资义务的人承担违约责任。巨鹰公司对其持有的 1.65 亿股股份还没有缴纳任何出资，理应立即出资并向原告支付违约金。

---

① 本案例编撰有问题。从现有网络资料和出版物中所编辑的本案案情介绍来看，首都国际公司出资 1.3 亿元，并无抽回投资的记载（http://www.fsou.com/html/text/fnl/1177705/117770530_1.html，最后访问日期：2019 年 2 月 22 日；刘言浩主编：《法院审理公司案件观点集成》，50~52 页，北京：中国法制出版社，2013），因而其转让给东盛药业的 0.2 亿股应当是足价的。但是从案情内容介绍进行推理，这 0.2 亿股显然是不足价的。因为 2004 年 3 月 7 日，海泰生物公司董事会决议，要求东盛药业公司在海泰生物公司完成工商变更登记后 7 日内注入现金 0.5 亿元，其中明显包含了从首都国际公司受让的 0.2 亿股。也就是说，首都国际公司一定在某个时候抽回了 0.2 亿元，所以此处才说它实际出资了 1.1 亿元。而这个重要事实在各处案例编辑中都没有记载，是一个重大的疏忽。

这个判决确立了如下的规则：

第一，股东出资不实，已经足额出资的股东有权请求其足额出资。《公司法》第28条第2款只规定已经足额出资的股东可以向未足额出资的股东追究违约责任，并没有规定他们也有权要求未足额出资的股东补足出资。因为足额出资是股东对公司的义务，只有公司才有权要求出资不足的股东补足出资。但是这样理解过于机械和死板。公司是一个抽象的实体，必须有人去具体行使权利，才能使公司的权利得到保障。这个判决明确了已足额出资的股东有权要求未足额出资的股东补足出资。以此为基础，2010年年底形成了《公司法司法解释（三）》第13条："股东未履行或者未全面履行出资义务，公司或者其他股东请求其向公司依法全面履行出资义务的，人民法院应予支持。"

第二，股权受让人如果知道出让人出资不实，应承担足额出资的连带责任。一般说来，股权受让人出于对工商登记的信任，无须对前手的出资不实负责，但是如果他知道或者应当知道前手出资不实，则应与前手就出资义务承担连带责任。这个意思后来体现在《公司法司法解释（三）》第19条："有限责任公司的股东未履行或者未全面履行出资义务即转让股权，受让人对此知道或者应当知道，公司请求该股东履行出资义务、受让人对此承担连带责任的，人民法院应予支持……受让人根据前款规定承担责任后，向该未履行或者未全面履行出资义务的股东追偿的，人民法院应予支持。但是，当事人另有约定的除外。"

第三，出资不实不影响股东资格的取得，但是相应的股东权利应当受到限制。股东资格因签署协议等意思表示而取得，不能简单地认为没有出资就不是股东。从反面看，如果否定了未出资股东的股东资格，也就失去了向其索要出资款的依据；另一方面，股东没有尽到出资义务就不能享有相应的权利。这个意思后来体现在《公司法司法解释（三）》第17条："股东未履行或者未全面履行出资义务或者抽逃出资，公司根据公司章程或者股东会决议对其利润分配请求权、新股优先认购权、剩余财产分配请求权等股东权利作出相应的合理限制，该股东请求认定该限制无效的，人民法院不予支持。"

第五节　资产评估中的问题

股东出资是否足额？有没有掺水？这类争议只发生在非货币出资上。货币出资数额确定，足就是足，不足就是不足，不会发生足与不足的争议。

对非货币出资的价值需要进行评估。谁来评估？在没有争议的情况下，如公司成立之初，相关当事人可以自行评估①，也可以聘请专业的会计师事务所或者资产评估机构来评估。但是一旦对资产价值发生争议，那就只能请专业机构来评估。

评估有一定的行规和习惯。财政部2009年发布的《关于加强以非货币财产出资的

---

① 在法律有最低资本限额要求的情况下，公司设立时一般需要聘请专业机构评估。财政部在2009年3月30日联合国家工商总局发布《关于加强以非货币财产出资的评估管理若干问题的通知》财企〔2009〕46号，规定"以非货币财产出资评估，投资人应当委托依法设立的资产评估机构进行"。现在取消了最低资本要求，当事人应当可以自行评估。

评估管理若干问题的通知》要求"资产评估机构从事以非货币财产出资评估业务时，应当严格遵循有关的资产评估准则和规范"。这里所说的评估准则和规范，就是指行规和习惯。只是目前这些规矩和习惯还不太定型。此外，法律法规也有所规定，如关于土地使用权曾经有《股份制试点企业土地资产管理暂行规定》、关于国有资产有《国有资产评估办法》等等。但是总的说来，我国对非货币资产的评估还没有形成一套行之有效、客观公正的方法。具体评估的方法和角度往往因为不同的人所处的利害关系的不同而不同，带有较大的主观随意性。

一般地，单件资产的价值评估比较简单，无论是有形实物还是无形资产。特别是那些可替代物，有市场价格可以参照，很容易确定价值。复杂的是企业出资，即当用来出资的实物不是单件的资产，而是一个企业时，是按照企业的整体价值评估还是将各单件资产的价值进行加总，将会得到截然不同的评估结果。请看下面老人和苹果树的故事。

有一个老人花 10 元钱买了一棵苹果树，种下去之后每年施肥管理加上土地使用权的成本投入为 20 元，每年长出苹果 50 斤，按批发价每斤 2 元计算，每年的产出为 100 元。请问这棵苹果树值多少钱？如果按单件资产计算是 10 元。但是它每年产出 100 元，减去成本之后净利润 80 元，假定市场利率[①]为 5%，则按现值算今年有 80 元，明年有 80÷（1+5%）≈ 76（元），后年有 80÷（1+5%）（1+5%）≈ 73（元），以此类推，直至 80÷（1+5%）的（$n-1$）次方，当 n 接近于无穷大时，按照等比数列的求和公式，便有

$$总和\ S = \frac{a_1 \times (1-q^n)}{1-q} = \frac{80 \times \left[1-\left(\frac{1}{1.05}\right)^n\right]}{1-\frac{1}{1.05}} = 1\,680$$

公式中的 a 表示数列的项，q 表示公比。

显然，这样的计算结果与简单地按照资产的购置成本或者会计账面净值计算是大相径庭的。即使考虑到苹果树的生命有限，仅按两年的收入现值就有 80+76=156（元），与 10 元的成本价仍然大相径庭。再看下面的案例。

【案例 4-5】

Jones v. Harris
63 Wash.2d 559，388 P.2d 539（1964）

1953 年，原被告合资成立了两个公司来购买一个广播台和一个电视台。原告出资 10% 并负责经营企业；被告出资 90%。双方签订合同规定任何一方都可以在年底之前 60 天通知对方终止合作。如果原告被按这样的方式终止，则必须按其 10% 股份的账面价值卖给被告，被告必须购买。考虑到加速折旧的因素，折旧应当在成本价的基础上按账面实际折旧的 80% 计算。到 1958 年原告离开公司的时候，公司的价值已经升值到 250 万美元以上，被告实际卖了 322.5 万美元。而按账面价值计算，原告的 10% 权益只值 2.6 万（25 936）美元。原告起诉要求评估，基层法院支持，但是华盛顿州的最高法院否决，

---

① 一般以银行定期存款利率为准。

认为在合同订立的时候 2 万多美元反映了公司的合理价值，合同写得很清楚，没有歧义，必须执行，所以原告只能得到 25 936 美元。

本案中，这是因为合同明确规定了评估方法：按账面净资产值计算并考虑固定资产加速折旧的因素予以调整（因为加速折旧减少了净资产值，所以适当增加，即增加实际折旧的 20% ）。所以法院不允许按照企业现有的市场价值重新评估。这是完全按照会计账面净值计算股份价值的极端例子。

在希诉海盆哈么一案 [1] 中，几位发起人购买了 39 家稻草造纸厂，并将它们组合成一家企业，试图垄断该行业。他们一共支付了 2 250 000 美元，从新的公司得到了 100 万美元的长期债券，面值 100 万美元的优先股和面值 300 万美元的普通股。也就是说，他们付了 225 万美元，却获得了 500 万美元的证券。但这不是没有道理的。因为获得了行业垄断，公司的利润将大幅度提高。诸发起人按企业每年创造的利润现金流计算，这 500 万美元的估价仍然是保守的。不幸的是，造纸行业出现技术革新，使得用稻草造纸成为淘汰的对象，该垄断企业的结局自然十分悲惨。债权人起诉公司和发起人，要求他们补足股票对价的差额。问题是几位发起人的实物出资值不值 500 万美元。如果值，那么股东无须补足，受有限责任的保护。法院认为发起人的估价方法不当，尽管他们真诚地相信这些企业值 500 万美元。因为他们预测的收益太不确定了。结论是只能按单件资产的重置成本之和（225 万美元）计算出资，股东必须补足差额。

但是 9 年以后，同一家法院对另一事件却做出了不同的判决。在铁路审查诉哥老夫钻头和机床公司 [2] 一案中，法院认为按照正在运行的企业的现金流加总计算企业的价值是恰当的方法，而不是按照单件资产的购置成本计算。这样做并没有高估资产的价值。法院将此案与希案区分开来，认为希案预测的是将来的收益，因为资产已经转让，成为一家新的企业，该企业还没有运行；而本案中是依据过去和现在的收入来预测将来的收入，要可靠得多。这个区分颇为牵强，因为希案中购买的 39 家企业都是早已经在运行的老企业，它们同样有过去的和现在的收入可以参照。

除了企业现金流和会计账面净资产值之外，企业的资产重置价值与清算拍卖价值也是评估的重要标准。有的企业虽然经营不善，不景气，但是光其占有的地皮就很值钱，还有房产。这些资产可能是几十年之前购置的，会计按照当时的成本价记账，因而其现在的市场价值不能在会计账面净值中反映出来。如果停止经营，将这些资产卖掉，所得价值可能远远超出按照其他方法评估计算出来的价值。这时可以按照资产的清算价值进行评估。

对于上市公司来说，最简单的评估就是看现在的市场价格。不过，由于股票的市场价格波动极大，往往受市场行情、供求关系、银行利率、国家宏观金融政策等多种因素的影响。所以某一特定时期的股市价格只能作为评估中的一个参考因素。

---

① See v. Heppenheimer, 69 N.J.Equity 36, 61 A. 843（1905）.

② Railway Review v. Groff Drill & Machine Tools Co., 84 N.J.Eq. 321, 91 A. 1021（1914）.

其他企业，尤其是同行业内的其他企业，在整体出售时的估价方法和估价结果也可以拿来比较，看看有没有超出市价的溢价，溢价多少，等等。

此外，企业所处行业的发展前景、历年的分红情况和盈利前景等其他一切与企业价值有关信息和因素，都应当在评估中予以考虑。诸种评估方法也可以综合起来进行加权平均，这时关键在于恰当确定每种方法的权重（比例）。

更为重要的是，除了上述种种客观因素之外，非货币财产的定价更多的是主观谈判的结果。股东出资说到底是一种商事交易行为，需要双方当事人（出资人与公司董事会）讨价还价。正确的定价并不是一个点，而是一个区间。在这个区间内的任何一个点都是有效的和正确的。

从我国现行公司法对股东出资足额与否的规定上看，仅仅针对公司成立时的情形。《公司法》第 28 条、第 83 条、第 93 条中虽然有"公司成立后"的字样，但都是指成立时的出资不足额在成立后被发现，而不是指公司成立之后的追加投资。追加出资不足额怎么办，我们没有规定。相比之下，美国更注重成立后的投资足额与否。在这个问题上，他们现在一般以董事会的估价为准，可以使用固定价、底价、公式计算价，或者任何其他的定价方法。董事会的决定可以一锤定音。只要董事会对股东转让的财产做出了真诚（善意）的评估，该评估价就是合理的，除非存在欺诈情形。[①] 由于这样的规定，即使原来的股东起诉（有利害关系的股东回避），也只有在证明了近乎欺骗的意图之后才能推翻董事会的决定。在这样的规则下，董事一般不会因为自己的商事决策而招致赔偿责任。

例如，甲公司董事会对张三拥有的一块土地进行了评估，认为它值 2 万元。于是甲公司向张三发行了 1 万股，面额 2 元，并且换得了他的土地。事后发现这块土地其实只值 1.6 万元。只要董事会是善意的，其 2 万元的评估值就是定论。但是如果董事会明知这块土地只值 1.6 万元而故意高估为 2 万元，就要承担掺水股责任。美国《公司法范本》6.21（c）就是这样规定的。不但如此，该条不要求董事会确定资产价值的具体金额，只要求其确认这些资产在价值上"足以"换取公司发行给他们的股份就可以了。一旦董事会批准了股份按确定的价格发行，那就意味着董事会认为这些出资是足额的。例如，如果董事会批准发行 1 万股换取土地，批准的决定就意味着董事会认为这块土地是所发行股份的足额对价。董事会的这一判断对于所发行股份和所付对价的充足性都具有决定性的意义，说明这些股份已经有效发行、足价支付、股东以后没有补足责任。见美国《公司法范本》6.21（c）。

到这里问题还没有结束，至少在理论上还可以做进一步的推敲：欺诈是指董事会为了欺骗债权人而故意高估财产价值，还是不需要这么严重就可以确定欺诈的存在？"真诚（善意）"指什么？是指董事会做出了某个具体的行为证明其估价是正确的还是光有一颗好心就可以了？对这些问题，至今还没有明确的答案。不过，在美国这样的诉讼已

[①] 美国旧《公司法范本》第 20 条规定"只要没有欺骗"，董事会所定的对价就是决定性的。当然董事会的估价不能低于面值。如果低于面值，股东仍然必须补足他的实际支付与面值之间的差额。但是在溢价发行的情况下，面值一般很低，往往是名义面值，所以股东的支付不太可能低于面值，问题也就不会发生。

经没有了，因为现行的、以董事会的商事判断为准的评估方法大大地减少了股东因资产出资承担补足差额责任的可能性。因此，补足财产的威胁现在对股东来说已经是微乎其微了。据统计，美国最后一场针对掺水股的官司是在 1956 年打的，[①] 之后就再也没有过这样的官司。当然，这仅指公司成立之后新加入公司的股东所转让的实物财产，因为这时新股东与公司之间在财产估价上是利益对立的交易双方，互相必然要讨价还价，董事会代表公司通过谈判确定的估价可以作为定论。

但是如果在成立之时发起人股东以非货币财产出资，情形就不同了。尤其是当一个初始的非公司企业登记为公司的时候，初始企业的财产必定要经过整体评估之后转让给公司，企业的所有人则从公司取得股票从而转变为公司的所有人，因为他是原企业和新公司的实际控制人，定价属于自我交易，往往过高。假定在形式上该价格也是由公司董事会评估的，该价格有没有效？债权人能否质疑？根据前面引过的最高人民法院的司法解释，答案应当是肯定的。[②] 如果公司不能清偿到期债务，债权人有权起诉要求出资人就不足额部分补足差额，在出资人控制之下的董事会的决议不能算数。

第六节　资本结构中债与股的关系

上面讲了股东出资，探究了出资不足的补足责任。可是公司资本不光来自股东的投资，还来自债权人的贷款。[③] 债和股是公司资本的两大主要来源。此外，公司经营产生的利润也是公司资本的重要来源。但是公司在发展壮大时期的各种投资活动需要大量的资金，光靠经营产生的利润是不够的。这时公司仍然需要通过招股或者借债来满足其对资金的需求。从公司的角度看，借债是出卖债券（债权），发行股份是出卖股票（公司所有权）。从投资者的角度看，无论是购买股份还是购买债券，都是在投资，都希望有盈利，能赚钱。可是债权投资和股权投资却有着很大的差别。购买了债权（借钱给公司）的人是公司的债权人，购买了所有权的人是公司的股东。

股东是公司的主人，有权参与企业的盈利分配。如果公司经营得好，他就可以按持有股份的比例享有全部成果；但是如果企业经营失败，他的投资会血本无归。债权人不是公司的所有人。他只能向公司索取本息，无权参与公司的盈利分配。不过在分配次序上，债权优先于股权。如果公司经营失败，资产不足以清偿全部债务了，那就只有债权人有权凭其持有的债权数额按比例参与公司剩余财产的分配，股东的投资将付诸东流，血本无收。反过来，如果公司经营得好，在付清了债务本息之后，剩下来的就全部是股东的。

---

① Bing Crosby Minute Maid Corp. v. Eaton，46 Cal.2d 484，279 P.2d 5（1956）.

② 2010 年 12 月 6 日由最高人民法院审判委员会第 1 504 次会议通过、2011 年 2 月 16 日起施行的《公司法司法解释（三）》第 13 条第 2 款："公司债权人请求未履行或者未全面履行出资义务的股东在未出资本息范围内对公司债务不能清偿的部分承担补充赔偿责任的，人民法院应予支持。"

③ 资本在这里取广义，等同于资产。在国际上，人们一般把债，特别是长期债，看作公司资本的一部分。狭义地讲，资本光指股东的投资。

当场练习： 假设你的朋友甲需要 10 万元成立一家公司，自己只有 5 万元，邀请你也投入 5 万元。你愿意投资，是入股呢还是借给他？

如果你决定借给他，你就成为债权人，借款合同规定你将在一年之后索还 5 万元的本金和利息。如果企业办得不顺利，损失很大，将会对你产生什么影响？如果企业办得很成功，甲在一年后将企业转手卖掉，卖了 100 万元，又会对你产生什么影响？

如果你决定入股，你就成为企业 50% 的所有人。当企业经营失败，花光了两人投入的 10 万元而一无所获，会对你产生什么影响？如果企业经营得很成功，一年之后转手卖了 100 万元，又会对你产生什么影响？①

大多数企业既有股权投资，又有债权投资，两者混合，形成一个恰当的比例。至于一个具体的企业股与债究竟形成什么样的比例才合适，那是一个相当复杂的商事决策，还是留给生意人去考虑吧。但是作为公司法律师，我们需要清楚最基本的法律规则和后果。

首先是债与股的利弊。对企业来说，举债的风险较大，因为必须到期偿还。但在另一方面，如果企业经营得好，所得赢利也不需要与债权人分享。从投资者的角度看，债权投资的风险较小，股权投资的风险较大，因为股权容易亏光。那么企业为什么不总通过出卖股权来集资呢？一是股权集资较难，对一个新办的企业来说，人们更愿意借钱给它，而不愿意直接投资入股；二是因为股权集资会稀释原有的股权，原股东为了保持对企业的控制权，也不愿意发行新的股份。

其次从税收的角度看，举债对企业较为有利。债的利息可以从税前收入中扣除，红利则不行。沿用前面的例子。假如 10 万元全部是股权投资，年底毛利润为 1 万元。假定税率为 30%。企业需要缴纳 3 000 元税款，税后净利润为 7 000 元。假如 10 万元中只有 5 万元是股权投资，另外 5 万元是债，又假定利率为 5%，则年底先从 1 万元毛利润中提取 2 500 元支付利息，剩余 7 500 元，按 30% 税率缴纳 2 250 元税款，税后净利润为 5 250 元。与全部股权投资相比，少交了 750 元税款。

与此相关联，又产生了举债相对于股权集资的杠杆效应，即用借来的钱提高自己的投资回报率。仍用上段的例子。如果全部股权投资，投资 10 万元纳税之后赢利 7 000 元，普通股回报率为 7 000 元 ÷ 10 万元 =7%。如果股债各半，则投资 5 万元赢利 5 250 元，普通股回报率为 5 250 元 ÷ 5 万元 =10.5%，比不借债提高了 3.5%。这些道理，我们在公司会计一章中已经讲过了。

这么说来，似乎债与股的比例越高越好。倒也不是。杠杆效应有一定的限度，随着债股比例的提高，借债会越来越困难，后面的债权人随着风险的增大会提高利率，从而使杠杆效应越来越小，最终达到一个平衡点。这一点，我们在公司会计一章中也讲过。

---

① 答案：当债权人时，企业经营失败，你大概仍然可以要回你的本钱和利息；企业经营得好，你依然只得到 5 万元和利息，而甲则独得 100 万元（减去你的 5 万元和利息）。如果当股东，企业破产，你将失去 5 万元的投资，不能要求甲偿还；企业经营好，卖了 100 万元，你就可以享有一半的成果，得到 50 万元。

更为重要的是，债股比例太高会给公司带来一系列的风险。首先，债务到期必须归还，举债过多会对企业的现金流产生巨大的压力。债有长期和短期之分。短期债务到期必须本息一起偿还。长期债务必须按期支付利息。如果到期利息不能支付，就构成违约，债权人有权请求支付全部本息。不管是哪一种情形，到期债务不能清偿都可以直接导致企业破产，尽管企业还在赢利。可见，债多了会增大企业破产的风险。只有债股比例恰当，才能使企业在健康安全的运行中获得较高的盈利。其次，即使不发生到期债务不能清偿的情形，也存在着刺穿公司面纱、股东债权降级等多种可能。[①] 债股比例高的公司被称为稀薄公司，稀薄在这里指的是公司的自有资金很少。在公司侵权的时候，稀薄公司的面纱很容易被刺穿，在刺穿公司面纱的"3+1"情形中，资本不足是独立的理由。而稀薄公司的资本往往不足。如果股东同时又是稀薄公司的债权人，在公司破产的时候，他的债权很可能会被按照深石原则降级。[②] 最后，税务局也有可能对稀薄公司的资本结构提出质疑，甚至不允许利息减税，即把股东借给公司的债看成是股权投资。这样的案子在美国屡屡发生。我国的税法还处在初级阶段，暂时还没有这样的执法力度，不过以后就难说了。

什么样的资本才是充足而不稀薄的？这是一个复杂的问题。必须具体案情具体分析，并无简单的定规。这方面的内容，请读者参见后面第六章中对刺穿公司面纱特殊情形——股东债权降级和深石规则的介绍。

第七节　先买权与份额稀释

先买权指股东的优先购买权。它有两层含义：第一是指当一位股东出售其股份时，其他股东有以相同的价格和条件优先购买的权利；第二是指公司发行新的股份时，原有的股东有按持股比例优先购买的权利。我国《公司法》第71条和第72条规定了前者，第34条规定了后者。

稀释又叫冲淡，也有两层含义：经济利益的稀释和投票权的稀释。经济利益的稀释是指新发行的股份价格过低，冲淡了原股份的价值。例如，股东投资3万元成立公司，公司发行了1 000股普通股给股东，每股净值30元；经营数年之后净资产达到10万元，那么每股的账面净值就是100元。但是因为公司的赢利能力和发展前景都十分看好，每股股份的市场价格可以卖到200元。这时如果按照每股100元的价格发行新股给新的股东，原股东的权益就被冲淡了。但是如果按照每股200元的市场价格发行，只要新筹集的资金得到有效的使用，原股东的权益就不会被冲淡。如果发行价格超过200元的话，原股东的股份还会升值。也就是说，只要新股的发行价格能够恰当地反映股份的市场价值，而公司又能够很好地运用这些新筹集的资金，使其投资回报率不低于原来的资金，那么原股东的权益是不会被冲淡的。原股东真正应当担忧的冲淡是低于股份的市场价格

---

① 这些内容将在后面第六章中讲解。

② 参见第六章第七节。

甚至账面净值发行新股，那才是实实在在的冲淡。

> **当场练习：** 1. 甲乙公司需要 10 万元开张起步，甲、乙两人约定各自投资 5 万元，持股 50%。董事会向他们各发 1 股，每股 5 万元；或者各发 10 股，每股 5 000 元；或者各发 100 股，每股 500 元；或者各发 1 000 股，每股 50 元。不管哪一种情形，甲、乙两人各自都持有公司 50% 的股份，公司将收到 10 万元——每个投资者 5 万元。请问在这几种情形中，甲、乙两人在不在意哪一种情形对他更为有利？
>
> 　　2. 假定甲、乙两人各自得了 100 股，每股 500 元。再假定公司需要更多的资金来扩大生产，甲、乙两人对新的发行价在意吗？假设公司在与丙的谈判中失利，谈定的价格为每股 50 元，向丙发行了 100 股，一共 5 000 元。这对甲、乙意味着什么？[①]

在练习中，第二个问题所假设的情形看起来荒唐，但却程度不同地经常发生。究其原因有二：一是对公司的股份价值评估有误差；二是实物出资时对实物价值的评估有误差。每一位投资者都会面临这类风险。这个问题其实是股东出资足额与否的问题，参见前面第二节中的讨论。如前所述，董事会在确定对价时有极大的自由裁量权。在上述练习第二种情形下，如果由甲、乙控制的董事会真的决定以每股 50 元的价格向丙发行 100 股，这样的决定是有效的，丙支付的 5 000 元价款（无论是货币还是实物）将被认为是足价的（丙以后不再有补足责任），尽管实际上甲、乙的权益被冲淡了。

但是如果冲淡发行构成对少数派的压迫，公司经理层就走得太远了。压迫的认定经常取决于那个捉摸不定的"主观意图"。在 Byelick v. Vivadelli, 79 F.Supp.2d 610（E.D. Va. 1999）一案中，公司有三个股东，原告和被告夫妇俩。原告持有 10% 的股份，被告夫妇持有剩余的 90%。只有被告夫妇是公司的董事。两边关系恶化。被告就让公司对他们发行了更多的股份，但是只发行给他们而不发行给原告。结果，原告 10% 的股份被冲淡到 1%。法院否决了被告不审而判的请求，认为公司经理层对少数派股东负有信托义务，他们不可以让公司采取行动以牺牲少数派股东的利益为代价使自己获利，而这个冲淡交易就是这样的行动。[②]

以上是针对经济权益的冲淡所做的讨论。但是在更多的情形下，冲淡是指投票权的冲淡。股东在公司中的持股比例决定了他在公司中的相对地位，具体表现在其投票权的大小，也就是发言权的大小上。当公司向别的投资者发行新股的时候，原来股东的持股比例就会减少，这种情形就是投票权的冲淡或者稀释。在上述甲乙公司的例子中，甲、乙原来各持有公司股份的 50%，丙加进来之后，成了 1/3 的股东，甲、乙每人的持股比

---

　　① 答案。（1）不会在意，只要他们相同的投资得到同样数量的股份就行了。（2）当然在意。丙就拥有了公司 1/3 的股权，与甲、乙平起平坐。但是他只付了 5 000 元，是甲、乙所付的 1/10。这就是冲淡，甲、乙两人的权益被大大地冲淡了。

　　② 关于"压迫"的内容，参见第十一章第一节"公司内部的压迫与排挤"。

例就从 1/2 下降到了 1/3。先买权所保护的正是原股东的投票权，而不是股东在经济意义上的权益。后者只能靠谈判和正确的估价来保护，不能靠先买权来保护。

我国法院处理过不少先买权争议，关于《公司法》第 34 条规定的新增出资先买权，请看下面三个案例。

【案例 4-6】

贵州捷安投资有限公司诉贵阳黔峰生物制品有限责任公司、重庆大林生物有限公司等①

最高人民法院 2009 年 5 月 13 日

贵阳黔峰生物制品有限责任公司（以下简称黔峰公司）成立于 1997 年。经过一系列的股权转让行为，原始股东逐步出局，到 2007 年，其股权结构为：重庆大林生物有限公司（以下简称大林公司）占 54%、贵州益康制药有限公司（以下简称益康公司）占 19%、深圳亿工盛达科技有限公司（以下简称盛达公司）占 18%、贵州捷安投资有限公司（以下简称捷安公司）占 9%。

2007 年 4 月 18 日和 4 月 20 日，黔峰公司两次召开股东会，就增资扩股、改制上市等事宜进行协商，但是未能达成一致意见。5 月 28 日，公司召开临时股东会，讨论引入战略投资者，以每股 2.8 元溢价私募 2 000 万股，各原股东按比例减持股份份额。大林公司、益康公司、盛达公司赞成，捷安公司反对。于是各方同意捷安公司不减持，仍按其持股比例购买新增 2 000 万股中的 9%，即 180 万股，其余新增股份卖给战略投资者。但是捷安公司不同意引入外人，在其他股东放弃优先认缴权的情况下提出由其按 2.8 元的价格购买全部 2 000 万股，但是其他股东不同意，坚持要卖给战略投资者。捷安公司于 6 月 6 日在贵阳市中级人民法院状告黔峰公司及其他 3 个股东，后因标的过大，案件被移送到贵州省高级人民法院。

本案的问题是股东对其他股东主动放弃的优先认缴公司增资额有没有优先购买权。一审法院将 2004 年《公司法》第 33 条笼统规定股东有优先认缴新增出资的权利与 2005 修订后的《公司法》第 35 条（现行第 34 条）强调按实缴资本比例享有优先认缴权进行比较，认为立法者有意限制了股东的优先认缴权，由此推定《公司法》第 35 条（现行第 34 条）规定的股东对增资的优先认缴权与第 72 条（现行第 71 条）规定的股权对外转让时的优先购买权有所不同。后者往往是被动的股权转让，所以更需要保护公司的人合性；而前者调整的增资扩股行为往往涉及公司的长远发展。当公司发展与公司人合性发生冲突时，应当优先保护公司发展的机会，如果在多数股东不同意的情况下赋予某一股东优先购买权，可能会削弱其他股东特别是控股股东对公司的控制力，影响公司的发展，所以判决驳回原告购买其他股东放弃的份额的请求。②

原告向最高人民法院上诉。二审认同一审的观点，认为黔峰公司 2007 年 5 月 28 日

---

① （2009）民二终字第 3 号。原判词较长。为了节省篇幅，突出重点，精简内容，本书作者作了改编。
② （2007）黔高民二初字 28 号。

临时股东会的决议赞成票达到 2/3 以上，符合公司章程的规定，是有效的。《公司法》第 35 条（现行第 34 条）规定的股东对增资的优先认缴权以"实缴的出资比例"为限，原告不得依据与增资扩股不同的股权转让制度行使《公司法》第 72 条（现行第 71 条）规定的优先购买权。维持原判。原告不服请最高院再审，再审仍然维持原判。[1]

这个判决所确立的规则是：有限责任公司新增资本时，除非章程另有规定或者股东会另有决议，原股东的优先认缴权只限于其实缴的出资比例，而不能延伸到其他股东放弃认缴的增资份额。这样判决的结果是限制了先买权的范围，扩大了多数派股东的经营管理权，同时又保护了少数派异议股东的持股比例不被稀释，从而在多数派与少数派的权力冲突中达成了一种适度的平衡。

不过，《公司法》第 34 条与第 71 条都规定了先买权，涉及股东持股比例的可能变化，在立法精神上应该是一致的。有学者指出：本案中捷安公司的主张并非无稽之谈，因为从结果来看，其他三家股东将先买权让渡给新来的战略投资者，与它们行使先买权之后再将股权按原价出让给战略投资者完全相同。如果这样，捷安公司就有权依据第 71 条行使先买权。类似的情形、相同的逻辑结果，却适用不同的规则，引出不同的结果，是不是立法的漏洞？如果类推适用第 71 条，赋予捷安公司先买权，是否更加公平？[2] 一审法院认为两个条文分别针对被动转让和主动发展两种不同的情形，如此区分在法律逻辑上是否有点牵强附会？或许，在立法者考虑不周之处，法院只能如此勉为其难。事实上，类似的"法律漏洞"美国也有。如"哈立顿诉阿寇电子公司"一案[3] 表明，对同一个案子适用合并法还是资产出售法将引出截然相反的结果。关键要看是否有利于公司实践和经济发展的需要。从本案案情来看，黔峰公司引入战略投资者是为了改制上市，而捷安公司又不符合战略投资者的要求。所以，本案判决的结论和理由都是正确的。

【案例 4-7】

聂梅英诉天津信息港电子商务有限公司、天津信息港发展有限公司、天津市银翔经济发展中心、天津市朗德信息服务有限公司公司决议侵害股东权纠纷案[4]

天津市高级人民法院 2007 年 2 月 8 日

原告聂梅英及被告天津信息港发展有限公司（以下简称信息港）、被告天津市银翔经济发展中心（以下简称银翔中心）系被告天津信息港电子商务有限公司（以下简称电子商务公司或公司）的股东。被告电子商务公司成立于 2000 年 3 月，注册资本 620 万元，其中聂梅英和银翔中心各出资 200 万元占 32.26%；信息港出资 220 万元占 35.48%。电子

---

① （2010）民审字第 1275 号。

② 王军：《中国公司法（第 2 版）》，331 页，北京，高等教育出版社，2017。

③ 此案引在本书第十三章第一节第七小节"合并中异议股东权利的保护"中，见下册第 19—20 页。

④ (2006) 津高民二终字第 0076 号民事判决书。原判词 1 万多字。为节省篇幅，本书作者做了改编。天津市第一中级人民法院一审 2006 年 6 月 19 日审结，（2005）一中民二初字第 304 号民事判决书。

商务公司为了申办电子认证服务①许可，需要将注册资本增加到 3 000 万元。2005 年 8 月 7 日，公司召开第二届第三次股东会（临时）会议讨论增资问题，同意新增的注册资本按原出资比例认缴，即信息港发展公司认缴 845 万元，银翔中心和原告各认缴 767.5 万元。但三方股东在认缴**增资**的方式上产生严重分歧，信息港和银翔中心坚持在股东自身资金不够或者不愿意出资时可以引入新股东，而原告反对任何新股东的加入，提出如果其他两家股东不出资，她愿意出资，无论是部分还是全部。这些意见都反映在 8 月 20 日召开的第四次股东会临时会议纪要中。9 月 20 日，公司召开第五次股东会，以三分之二以上表决权同意与朗德公司合并。朗德公司是由信息港、案外人智能公司和某互联网公司于 2005 年 9 月专门为了电子商务公司的增资目的而临时设立的，注册资本 2 380 万元，与电子商务公司合并之后，后者注册资本刚好达到 3 000 万元。合并采用吸收合并的方式，合并之后朗德公司将消失。3 家股东在朗德公司中的股权将按 1∶1 的比例直接转变为电子商务公司的股权；原告的持股比例将由原来的 32.26% 下降到 6.67%。

原告起诉，请求法院认定：公司第五次股东会作出的合并决议无效；第三次股东会允许引入新股东的决议条款无效；原告除了按原先的持股比例享有对新增资本的先买权之外，还享有对信息港和银翔中心放弃认缴的增资的先买权。天津市第一中级人民法院认为电子商务公司的几次股东会程序合法，决议有效，驳回了原告的诉讼请求。原告上诉，天津市高级人民法院否决下级判决，支持原告的诉求。理由如下：

首先，股东会决议内容是否合法应以法律的规定为依据。法律规定有限公司增资时，股东享有优先认缴出资的权利。

其次，有限公司的人合性是有限公司与股份有限公司之间最根本的区别。法律规定有限公司增资时，原股东对增资有优先认缴的权利，也是基于有限公司的人合属性。有限责任公司股东之间是否合作，同谁合作，以及共同出资组建公司是以股东之间的相互信任为基础的。基于股东之间的相互信任，公司得以成立。也基于股东之间的相互信任，公司的经营能够正常开展。因此，法律规定了在公司新增资本时，各股东有优先于其他人认缴增资份额的权利。对于其他股东不能按持股比例认缴的部分，股东是否可以较股东之外的人优先认缴的问题，我国公司法的规定并不明确。但是，对此可以从公司法对有限公司股权转让的有关规定去分析和判断。《公司法》规定，股东之间可以转让股权，但向股东之外的他人转让股权应当经其他股东过半数同意，经股东同意转让的出资，在同等条件下，其他股东对该出资有优先购买权。法律这样规定的目的，就是要维护有限公司的人合属性。使公司股份维持在原股东之间，不轻易向外扩散。公司股份是一个整体，由各股东按比例分享。他人想取得公司的股份，只能来自于公司原有股东的让与。如果允许股东以外的他人向公司增资，无疑是公司的原股东向增资人转让股权。在公司增资的情形下，如果由股东之外的人向公司增资，公司原有股东的股份比例必定下降，也就是这部分下降的比例由公司的原有股东让与了新股东。在此情形下，如果公司的原有股

---

① 电子认证是以核心电子书（又称数字证书）为核心技术的加密技术，它以 PKI(Public Key Infrastructure) 技术为基础，对网络上传输的信息进行加密、解密、数字签名和数字验证。电子认证是电子政务和电子商务中的核心环节，可以确保网上传递信息的保密性、完整性和不可否认性，确保网络应用的安全。

东愿意自己出资购买这部分股份，其应比他人有优先购买的权利。只有公司原股东均不能认缴增资，才可以由股东之外的人向公司增资。因此，认定公司原股东对其他股东不能认缴的增资享有优先于他人认缴的权利，是符合公司法的立法本意和基本精神的。当原有股东能够满足公司的增资需要时，就不能由股东之外的人认缴这部分增资。否则，就违反了我国公司法关于股东对转让的股权有优先购买权的规定。

从本案的实际情况看，上诉人聂梅英明确表示其对公司的增资有权优先认缴，且不同意新股东加入公司，在其有能力增缴公司需要增资的注册资本的情况下，应当允许其向公司进行增资。在聂梅英可以向公司增资的情形下，公司引入新股东的决议侵害了聂梅英对公司增资的优先认缴权，违反了法律规定，应属无效，各股东应按原出资比例在约定的期限内向公司增资。

本案涉及的公司目的是增资。与其他公司合并是解决增资问题的途径之一。如果原公司股东可以投入公司需要的注册资本，公司的合并就失去了必要。本案中与朗德公司的合并将直接侵害聂梅英对新增资本的先买权，应属无效。

本案确立的规则是：有限公司增资时，公司原有股东不但可以按出资比例认缴新增资本，还有权对其他股东放弃认缴的增资部分行使优先于外人的先买权。

这条规则与前面捷安案所确立的规则截然相反。本案中被告原先的意思正是捷安案中法院判决的意思：少数派股东按原出资比例认缴新增资本，以保持原持股比例；多数派股东愿意通过稀释自身的持股比例引入外来投资者。本案是天津市高院 2007 年判决；前案是最高院 2009 年判决。这是否意味着应当以最高院的判决所确立的规则为准？两案在事实情节上还有一点差别：前案中引入战略投资者为公司上市所必需；本案中为了取得电子认证服务许可，只要增资，使注册资本达到 3 000 万元即可，并无引入外人的必要。而且天津市高院的论述合情合理，颇有说服力。应该说，这同样是一个正确的判决。

看来，股东先买权的范围，特别是对于其他股东放弃认缴的新增资本有没有先买权，还难以简单地一概而论，而需要看引入外来投资者是否为公司经营和发展所必需。公司实践的发展和更多纠纷情节的出现会进一步丰富有关先买权范围的具体规则。

【案例 4-8】
绵阳市红日实业有限公司、蒋洋诉科创公司股东会决议效力及公司增资案①
最高人民法院 2010 年 11 月 8 日

科创公司成立于 2001 年。其章程规定公司增加或减少资本应由股东会决议；召开股东会应至少提前 15 日通知，以书面形式发送，载明会议的时间、地点、内容；增加资本时，股东有优先认缴出资的权利。

2003 年 1 月，公司取得了绵阳市招商区 325 亩住宅项目用地，但缺乏资金。3 月份，公司与林大业、陈木高等人签订合作协议，约定由科创公司负责支付 325 亩地价款，

---

① （2010）民提字第 48 号。原判词较长。为了节省篇幅，突出重点，精简内容，本书作者对该案例作了改编。

由陈木高负责项目开发资金与建设。9月，公司董事长由蒋洋变更为李红，注册资本增加到475.37万元，其中蒋洋占14.22%，为第一大股东，红日公司占5.81%。12月5日，科创公司通知11天后召开股东会。16日，股东会召开，讨论通过了吸纳陈木高为新股东的提案，蒋洋和红日公司投了反对票，赞成和反对的比例为75.49%：20.03%，另有4.48%弃权。18日，科创公司与陈木高签订入股协议，由陈木高出资800万元，以每股1.3元^①的价格购买615.38万股科创股票，科创公司的总股本扩大到1 090.75万股。4天后，陈木高向科创支付了800万元购股款。红日公司则向科创公司提交报告，要求在同等条件下由蒋洋和红日公司优先认缴新增资本800万元。25日，科创公司变更法定代表人为陈木高，注册资本变为1 090.75万元，陈木高占56.4%，科创的原股东占43.6%。红日公司则向工商局递交了请求不对科创公司的股东和注册资本作变更登记的报告。

2005年2月，科创公司召开股东会，同意陈木高将1万股科创股票赠送给固生公司，红日公司和蒋洋在会上投了弃权票。3月1日，陈木高将剩余的614.38万股一并赠与固生公司。随后陈木高又以每股1.2元的价格逐步收购科创的一些自然人股东的股份，截至2006年11月，一共收购了315.71万股。

2005年12月12日，蒋洋和红日公司提起诉讼，要求法院宣告2003年12月16日召开的科创股东会和2天后签署的陈木高入股协议无效。理由是：召开股东会按照公司法和公司章程的规定应该提前15天通知，而实际只提前了11天，而且通知书上也没有写明增资扩股的内容，股东会上突然袭击进行表决，程序违法；章程规定股东对公司的新增资本有优先认购权，股东会的决议和入股协议都侵犯了原告的优先购买权。

绵阳市中级人民法院一审认为，股东会决议的效力并不取决于通知的时间和内容，而是取决于会上的投票表决情况。原告参加了会议的讨论和投票表决，赞成票达到了法律要求的2/3以上，决议有效。原告在主张优先购买权不果之后没有采取进一步的法律措施，而是等了将近两年才提起诉讼，超出了合理的期限。而且在这两年内又发生了一系列的交易，为保障交易安全，原告主张不能成立。^②

原告上诉。四川省高级人民法院二审认为，原告在2003年12月16日的股东会上投了反对票并书面提醒公司考虑原股东的优先购买权，但是科创公司没有给予原告优先认缴出资的合理机会，在18日就与陈木高签订了入股协议，并在之后实施工商变更登记等一系列相关行为，侵犯了原告的优先认缴权，违反了法律和章程的规定。根据《民法通则》第58条第1款第5项"违反法律……的民事行为无效"的规定，股东会决议中吸收陈木高为新股东及随后的入股协议都是无效的，故判由蒋洋和红日公司购买现为固生公司持有的615.38万股。^③关于诉讼时效，法院认为既然公司法没有特别规定，就适用民法通则，普通诉讼时效为2年。原告在2003年12月22日正式书面主张行使优先认缴权未果，到2005年12月12日提起诉讼，未过2年时效。

科创公司、陈木高、固生公司不服二审判决，请求最高人民法院再审。最高人民法

---

① 股本价格每股1元。0.3元为溢价款，计入资本公积金。
②（2006）绵民初字第6号。
③（2006）川民终字第515号。

院同意提审，具体讨论了两个问题：一是 2003 年股东会决议和入股协议的效力；二是原告的优先认购权。1999 年修订的《公司法》第 33 条规定："公司新增资本时，股东可以优先认缴出资。"而 2005 年修订的《公司法》第 35 条则规定股东的优先认缴权限于其实缴的出资比例。最高院在 2006 年发布的《公司法司法解释（一）》规定凡当时法律没有明确规定的，可以参照适用现行公司法。于是最高院适用 2005 年《公司法》第 35 条的规定，认为股东会决议吸纳陈木高 800 万元出资中涉及蒋洋 14.22% 和红日公司 5.81% 的部分无效，其他 79.97% 部分因其他股东的同意或弃权而有效。关于入股协议的效力，陈木高作为外部人没有审查科创公司内部意思形成过程的义务，也缺乏他与公司恶意串通损害他人利益的证据，不存在《合同法》第 52 条规定的情形，应属有效。

　　关于原告的优先认缴权，最高院认为虽然科创股东会决议当时侵犯了原告的合法权利，但是股东对新增出资的优先认缴权属于形成权[①]，由于权利行使的商事性质，行权期间的确定应当比一般民事行为更加严格。两年中争议股权的价值已经发生较大变化，此时允许行使优先认缴权将导致已趋稳定的法律关系遭到破坏，容易产生显失公平的后果，为维护交易安全和稳定经济秩序，不能适用两年诉讼时效的规定，所以认定原告行使权利超出了合理的期限，不予支持。

　　这个判决确立的规则是：股东必须在合理的期限内行使对公司新增出资的优先认缴权，超出合理期限就不得行使。所以，商人应当及时行使权利。抽象地说，这是对的，但是具体到本案的判决，却有以下几点值得商榷：

　　（1）最高院认定股东对新增出资的优先认缴权属于形成权。形成权通过权利人单方面的意思表示行使，在意思表示到达相对人时发生效力。原告在 2003 年 12 月就向科创公司提交了报告，要求在同等条件下优先购买新增资本 800 万元，其行使形成权显然在合理的期限内。这时原告对新增资本的购买已经生效。但是科创公司对原告的报告不予理睬，属于侵权行为。接下来原告需要请求科创公司停止侵权并协助办理股权的转让和登记手续。这是一种请求权。因为根据定义，请求权是请求相对人为或者不为一定的行为，需要相对人的配合；而形成权则仅凭权利人单方面的意思表示即可生效。所以，本案中四川省高级法院适用两年的请求权时效是正确的。

　　（2）科创公司与陈木高签订的入股协议明显违反公司章程和当时的公司法规定，这是没有争议的。

　　（3）说陈木高签订入股协议时没有与科创方面恶意串通，违背常识。该协议在股东会开会之前就在起草、酝酿、谈判，会上原告投反对票时又就优先认缴权明确提醒公司，公司方面怎么可能不与陈木高谈及此事？这些当地人原先就互相熟悉，陈木高在会后 9 天就担任科创公司的法定代表人，这些人事变动显然是事先商量好了的，对于协议侵犯原告权利一事陈木高不可能事先不知情，这完全可以根据常识推理，不必强求具体的证据。无论是科创公司还是陈木高都显然在故意侵犯原告的优先认购权。所以还是二审判

　　[①] 由权利人单方意志就可以引起法律关系的变化，因而对相对方的权利影响较大。

决比较有道理。

（4）股东会和入股协议都在2003年，当时有效的是1999年《公司法》第33条，根据该条规定原告可以认缴全部新增出资。起诉时间是2005年12月，2005年修改后的公司法是在2006年1月1日开始生效实施的，最高院适用修改后的公司法和2006年的司法解释，似乎没有道理。

（5）至于交易安全和经济稳定，二审判决是在2006年，最高院判决是在2010年，4年之中由于二审判决作为终审判决已经执行，最高院的判决其实是再一次打乱了已趋稳定的法律关系和经济秩序，不利于交易的安全。特别是将陈木高的800万元出资分为有效和无效两个部分，更是打乱了现实的经济关系。

上述三个案例表明，我国法院对新增出资的先买权还没有形成一套明确、统一的规则。因此，最高人民法院2017年8月发布的《关于适用〈中华人民共和国公司法〉若干问题的规定（四）》（以下简称《公司法司法解释（四）》）第16~22条总共7个条文只解释《公司法》第71条（针对已有股权的转让）规定的先买权，不解释《公司法》第34条（针对新增出资）规定的先买权。

与第34条的简单规定相比，《公司法》第71条对已有股权转让时的先买权规定得要详细得多。请看下面几个案例。

【案例4-9】
甘肃兰驼集团有限责任公司、常柴银川柴油机有限公司股权转让纠纷案[①]
最高人民法院 2016 年 12 月 16 日

1997年1月20日，甘肃省人民政府下发甘政发〔1997〕9号《甘肃省人民政府关于组建兰驼等三个集团有限责任公司有关问题的批复》。甘肃兰驼集团有限责任公司（以下简称兰驼公司）及其他两个集团有限公司就此成立，甘肃机械集团公司被指定为它们的投资主体。兰驼公司长期与常柴股份公司控股子公司常柴银川柴油机有限公司（以下简称常柴银川公司）有业务往来，兰驼公司最终累计欠常柴银川公司货款5700万元。2000年4月7日，常柴股份公司与兰驼公司签订《关于合资组建"兰州常柴西北车辆股份有限公司"的意向协议书》，拟用以股抵债的办法清偿5700万元债务，双方的上级主管单位常柴集团有限公司与甘肃机械集团公司同时在协议书上盖章确认。合作方除了兰驼公司之外还有兰驼公司的职工及西北六省区十二家农机经销商，它们以土地、设备、资金等多种形式共同出资，成立兰州常柴西北车辆股份有限公司（以下简称西北车辆公司）。经评估，各方入股资产共1亿元，其中货币资金1400万元，实物资产2500万元，土地使用权6100万元。兰驼公司占股86%。

2000年9月25日，兰驼公司与常柴银川公司经双方的主管部门批准签订协议，将兰驼持有的西北车辆公司57%的股权以5700万元的价格转让给常柴银川公司，以冲抵其所欠5700万元债务，公司其他股东表示放弃优先购买权。至此，常柴银川公司成为西北车

---

① （2016）最高法民终295号。

辆有限公司的第一大股东，兰驼公司位居第二，占股29%。常柴银川公司取得西北车辆公司股权后，在财务账目上核减了兰驼公司的相应债务，不再向兰驼公司主张债权。

由于兰驼公司事后反悔，对办理工商变更登记不予配合，常柴银川公司起诉，宁夏回族自治区高级人民法院于2005年判决强制执行，将西北车辆公司57%的股权变更登记到常柴银川公司的名下。

2009年10月22日，常柴银川公司与兰州万通房地产经营开发有限公司（以下简称万通公司）签订了一份《借款质押合同》，约定万通公司给常柴银川公司提供短期借款5 700万元，常柴银川公司以其持有的西北车辆公司57%的股权作为质押，并约定常柴银川公司届时不能还款，万通公司有权申请强制执行。2009年11月5日，双方就该《借款质押合同》在银川市国信公证处办理了具有强制执行效力的公证书。2009年11月11日，常柴银川公司通知万通公司其无法按期归还借款，万通公司遂向宁夏回族自治区高级人民法院申请强制执行。2010年10月10日，双方在执行中达成和解协议，常柴银川公司将持有的西北车辆公司0.5%的股权作价50万元转让给万通公司抵偿债务并在工商局办理了股权变更登记手续；常柴银川公司将其持有的西北车辆公司56.5%的股权作价5650万元抵偿给万通公司，清偿剩余债务。① 法院根据和解协议将常柴银川公司持有的西北车辆公司56.5%的股权执行给了万通公司。

兰驼公司主张先买权，并对万通公司与常柴银川公司之间是否存在真实借款关系提出质疑，申请法院对涉及借款的相关凭证进行调查取证及司法鉴定。但是鉴定结论并不明确，无助于推进诉讼。甘肃省高级人民法院一审认为兰驼公司当初将57%的股权转让给常柴银川公司合法有效，之后常柴银川公司怎么处理它的股权是它自己的事，与兰驼公司无关，且其在西北车辆公司57%的股权已经有生效的司法判决执行到万通公司的名下，所以驳回了兰驼公司行使先买权的诉讼请求。

最高人民法院改判，认定常柴银川公司对万通公司的股权转让侵犯了西北车辆公司其他股东的先买权，应为无效，责令万通公司将该57%的股权还给常柴银川公司以保障其他股东的先买权。

兰驼公司因为反悔57%的股权转让，在2000—2005年期间已经与常柴银川公司结下梁子，这是争议的起因。

但本案的争议焦点是：常柴银川公司转让股权给万通公司是否侵犯了兰驼公司及其他股东的先买权？答案是肯定的。兰驼公司对万通公司与常柴银川公司之间是否存在真实借款关系提出质疑是有道理的。2009年10月22日签订《借款质押合同》，11月5日对该合同进行公证使其具有强制执行效力，6天之后常柴银川公司便通知万通公司无法按期归还借款，万通公司起诉申请强制执行，双方随后达成和解协议同意强制执行。这一系列的活动，怎么都给人一种双方串通一气演戏的感觉。但是这无关紧要，即使演戏

---

① 之所以要分两步走，是为了先让受让方取得股东资格，这时有先买权的问题需要解决。有了股东资格之后再受让，就没有先买权的问题，不需要其他股东的同意了。

也是白演的，双方其实不必在这个问题上过于纠缠。因为问题的关键不是借款关系是否真实，而是股权转让有没有得到其他股东的同意。股权是你常柴银川公司自己的，你想卖就卖，不必演戏，但是作为有限公司的股东，你在对外转让股权时必须尊重其他股东的先买权。最高人民法院的判决抓住了问题的要害。

本案的案情不算复杂，之所以一审就在省级高院而不是地区法院也不是中级法院，二审便到了最高人民法院，是因为诉讼标的较高的缘故。[①]

【案例 4-10】

钟家全、杨秀淮股权转让纠纷案[②]
成都市中级人民法院 2018 年 9 月 20 日

一、基本事实

成都同昭实业有限公司（以下简称同昭公司）成立于 2012 年 5 月 22 日，注册资本 5 000 万元。2016 年 9 月 16 日，股东变更为杨秀淮（持股 60%）、钟家全（持股 34%）、陈红兵（持股 6%），其中钟家全认缴出资 1700 万元，认缴期限为 2044 年 4 月 8 日，已经实缴出资 272 万元。

2017 年 1 月 18 日，钟家全以手机短信的方式分别向杨秀淮、陈红兵发出通知，表示拟对外转让 22% 的同昭公司股权，询问二人是否有意行使先买权，两天后又通过公证的方式向杨秀淮、陈红兵的户籍地址邮寄通知，通知内容与短信内容相同。

2017 年 2 月 27 日，钟家全和陈恳签订了《成都同昭实业有限公司股权转让协议》，转让 0.1% 的股权，价格及付款方式双方另行约定，但当事人可以先办理股权交割。2017 年 3 月 13 日，钟家全分别与陈恳等人签订《股权转让补充协议》，将其持有的同昭公司 34% 的股权全部转让出去。其中陈恳受让 0.1% 的股权，价格 5 万元，实付 0.8 万元，剩余的 4.2 万元认缴款按照同昭公司《章程》的规定在 2044 年 4 月 8 日前向公司缴纳。同日，钟家全向陈恳出具《收条》，载明已收到陈恳支付的股权转让款现金 0.8 万元。

2017 年 4 月 14 日，钟家全、陈恳通知杨秀淮及同昭公司，请求办理股权转让工商登记。

2017 年 8 月 18 日，钟家全与陈恳签订了《股权转让补充协议》载明，陈恳除了已经支付的股本金 0.8 万元之外，还需向钟家全支付溢价款如下：在完成工商登记之日支付 4 万元，在同昭公司所建"同昭大厦"经建设行政主管部门验收合格之日支付 4 万元，在"同昭大厦"取得房屋产权证之日支付 1.6 万元，总共 9.6 万元。

杨秀淮起诉，请求按 0.8 万元的价格购买转让给陈恳的那 0.1% 的股权，愿意按章程规定在 2044 年以前补足剩余的 4.2 万元认缴款，但是不愿意按照钟家全与陈恳在 8 月 18 日签订的补充协议另行支付 9.6 万元。

二、分析讨论

杨秀淮作为持股 60% 的大股东，显然控制着公司。钟家全出于种种原因，大概希

---

① （2016）最高法民终 295 号。

② （2016）最高法民终 295 号。

望将股份转让给别人而不是杨秀淮，所以才发生本案中的争议。

《公司法》第71条第2款规定："股东向股东以外的人转让股权，应当经其他股东过半数同意。股东应就其股权转让事项书面通知其他股东征求同意，其他股东自接到书面通知之日起满三十日未答复的，视为同意转让。"钟家全要对外转让股权，必须通知其他股东。他在2017年1月份发出的短信和快递履行了本款规定的通知义务；杨秀淮不作答复，可以视为同意转让。钟家全2月份与陈恩签订股权转让协议，并在3月份的补充协议中确定价格，两份协议构成一份完整的合同。

但是《公司法》第71条第3款还有进一步的规定："经股东同意转让的股权，在同等条件下，其他股东有优先购买权。"也就是说，钟家全在正式的转让协议签订之后还有再次通知的义务，因为1月份通知的时候，价格等条件还没有确定。现在确定下来了，老股东享有"同等条件"下的先买权，必须将同等条件告知他们，给他们行使先买权的机会。钟家全将公司法的要求理解为仅仅笼统地问一下有没有购买的意向，所以1月份询问之后就不再询问，是不妥当的。《公司法司法解释（四）》第17条第2款规定："经股东同意转让的股权，其他股东主张转让股东应当向其以书面或者其他能够确认收悉的合理方式通知转让股权的同等条件的，人民法院应当予以支持。"所谓同等条件，该司法解释第18条说，是指"转让股权的数量、价格、支付方式及期限等"。钟家全没有这样做，在3月份签完合同之后于4月份通知杨秀淮和同昭公司办理股权转让和工商登记，而不是告知股权转让的同等条件（尽管该通知附上了2、3月份签订的两份协议文本），所以没有履行司法解释规定的通知义务，侵犯了《公司法》第71条第3款规定的其他股东在已经同意转让的情况下依然享有的先买权。

此外，8月份的补充协议是在3月份协议之后5个多月才签订的，加价数额为原价0.8万元的12倍，法院认为不正常。《公司法司法解释（四）》第21条第1款规定："有限责任公司的股东向股东以外的人转让股权，未就其股权转让事项征求其他股东意见，或者以欺诈、恶意串通等手段，损害其他股东优先购买权，其他股东主张按照同等条件购买该转让股权的，人民法院应当予以支持，但其他股东自知道或者应当知道行使优先购买权的同等条件之日起三十日内没有主张，或者自股权变更登记之日起超过一年的除外。"钟家全在3月份签完协议之后"未就其股权转让事项征求其他股东意见"，其8月份的补充协议显然是用超常的高价阻挠杨秀淮行使先买权，是恶意串通的结果，因而属于司法解释所说的"以欺诈、恶意串通等手段，损害其他股东优先购买权"。因此，法院判8月份的协议无效，钟家全将0.1%的股权按照0.8万元的价格转让给杨秀淮。

钟家全提出他已经于本案诉讼期间的2018年1月19日与陈恩签订协议书，约定解除2017年2月、3月和8月签订的三份协议，陈恩也于2018年6月22日向钟家全出具了收到退回股权转让款0.8万元的收条，且其与其他案外诸人签订的股权转让协议均已全部解除。《公司法司法解释（四）》第20条规定："有限责任公司的转让股东，在其他股东主张优先购买后又不同意转让股权的，对其他股东优先购买的主张，人民法院不予支持"，也就是说，他有反悔权。对此，法院指出，如果真的不卖倒也罢了，但是钟家全在上诉状上附了《通知书》，告知杨秀淮，如杨秀淮在2018年2月底之前不履行约定的交付等义务，钟家全仍要以股本金 15 倍的价款转让股份。这说明他没有反悔的意愿，所以法院判决强制钟家全将 0.1% 的股权卖给杨秀淮。

《公司法司法解释（四）》一共有 7 个条文（第 16~22 条）解释先买权，本案用上了其中的 4 个。

本案中有一个情节值得注意，就是钟家全 2017 年 4 月份的通知，请求杨秀淮和同昭公司办理股权变更手续，将 0.1% 的同昭公司股权从他的名下变更到陈恳的名下。该通知有两个附件——他和陈恳在 2 月份和 3 月份签订的股权转让协议和补充协议，那里含有法律要求通知的全部"同等条件"。如果他的通知不是纯粹地要求变更股权登记，而是请杨秀淮选择是否行使先买权，并请杨秀淮在不买的情况下协助变更登记，那就完全符合公司法和司法解释规定的程序了。

还有一个要点似乎被忽略了。司法解释第 21 条规定："有限责任公司的股东向股东以外的人转让股权，未就其股权转让事项征求其他股东意见，……其他股东主张按照同等条件购买该转让股权的，人民法院应当予以支持，*但其他股东自知道或者应当知道行使优先购买权的同等条件之日起三十日内没有主张……的除外*。"标为斜体的部分是一个但书从句。从钟家全 4 月份通知杨秀淮办理股权变更登记并附上了 2、3 月份的协议文本起，杨秀淮实际已经知道了"行使优先购买权的同等条件"，如果他在 30 天内没有主张先买权，就应视为弃权，法院不应该再支持他的行权主张。这一点，钟家全和陈恳的律师都没有提出来，不能不说是一个重大的疏忽。而法院的判词也没有说明从 4 月份的通知到 8 月份的超常协议，期间实际发生了什么。如果什么也没有发生，那么上述但书从句就起作用了，杨秀淮不得主张先买权，本案的判决结论就要颠倒过来。

从但书从句规定的 30 日期限来看，8 月份的超常协议纯属累赘，多此一举，除非在 4 月份的通知之后，杨秀淮在 30 日的期限内做出行使先买权的意思表示，钟家全和陈恳才需要用这样的超常协议进行阻挠。法院的判词没有解释说明这个事实要点，也是一种疏漏。

【案例 4-11】
雷蕴奇诉厦门产权交易中心等要求确认拍卖股权行为无效案①
福建省厦门市中级人民法院 2006 年 12 月 30 日

厦门恒深智能软件系统公司（简称恒深公司）由原告雷蕴奇、被告厦门软件产业投资发展有限公司（简称软投公司）、杨晨晖和厦门广角网络集成有限公司（下称广角公司）等 14 位自然人和法人组成。其中软投公司系国有公司，持有恒深公司 59.26% 的股份。

2005 年 6 月 26 日，恒深公司召开关于转让软投公司 59.26% 股份内容的股东会。参

---

① （2006）厦民终字第 2151 号。原判词较长。为了节省篇幅，突出重点，精简内容，本书作者对该案例作了改编。

加该次股东会的股东包括雷蕴奇在内共持有恒深公司 95.948％股权，一致同意软投公司按国家相关法律法规及《公司法》有关规定转让其拥有的 59.26％股权。2006 年 2 月 28 日，厦门产权交易中心（简称交易中心）在《厦门商报》发布以竞价方式出让恒深公司 59.26％股份的产权交易信息公告。

2006 年 3 月 11 日，恒深公司再次召开股东会，雷蕴奇同意软投公司转让出资按国有产权转让的相关规定通过交易中心公开挂牌转让，但雷蕴奇及恒深公司的部分股东认为他们对公司其他股东出让股权有优先购买权，所以不太愿意按照交易中心的规定通过办理意向登记手续并参加竞价会的方式行使购买权。

2006 年 3 月 24 日，雷蕴奇还是按照交易中心的规定填写了《产权买受初步意向登记表》，自愿以不低于人民币 29.9 万元的价格购买恒深公司 59.26％的股份，同时向交易中心交纳保证金 10 万元。2006 年 4 月 21 日，交易中心发布（06）厦产公字第 16 号《厦门市某智能软件系统有限公司 59.26％股权竞价公告》，通知意向买受人于 2006 年 4 月 26 日参加竞价会。雷蕴奇虽办理了参加竞价会的相应手续，但未于 2006 年 4 月 26 日到会参加股份拍卖竞价，没有获得被转让股份。2006 年 4 月 30 日，交易中心出具《厦门产权交易中心鉴证书》[（06）厦产鉴字第 19 号]，鉴证杨晨晖和广角公司于 2006 年 4 月 26 日在交易中心举行的竞价会以 31 万元的价格成为恒深公司 59.26％股权的买受人。

于是雷蕴奇向福建省厦门市思明区人民法院起诉，请求确认交易中心拍卖软投公司持有恒深公司 59.26％的股份无效。

思明区人民法院经审理认为：雷蕴奇按照交易中心的规定填写《产权买受初步意向登记表》并交付保证金的行为应视为其放弃股份购买优先权。拍卖是指以公开竞价的方式，将特定物品或者财产权利转让给最高应价者的买卖方式。优先购买权则赋予权利人在同等条件下优先买受权。雷蕴奇系恒深公司的股东，其依法享有软投公司转让恒深公司股份的优先购买权。鉴于软投公司系国有公司，其转让持有的恒深公司股份，必须按照国有产权转让的相关规定办理股份转让。软投公司通过交易中心公开挂牌转让其持有的恒深公司股份，公开挂牌转让的方式导致股份优先购买权的行使与拍卖产生矛盾。雷蕴奇已同意软投公司通过交易中心公开挂牌转让恒深公司股份，其虽不同意按照交易中心的规定以办理意向登记手续并参加竞价会的方式行使优先购买权，但后来却按照交易中心的规定填写了《产权买受初步意向登记表》，自愿以不低于 29.9 万元的价格购买恒深公司 59.26％的股份，同时还向交易中心交纳了保证金 10 万元。雷蕴奇前后意思表示不一致，应以其最后的意思表示为准。因此，雷蕴奇填写《产权买受初步意向登记表》并交纳保证金的行为可视为其放弃了其所享有的股份购买优先权，其实际上已同意采用竞价式购买软投公司转让的恒深公司股份。雷蕴奇未参加竞价会应视为其自动放弃竞价购买恒深公司股份。雷蕴奇未能获得软投公司转让的恒深公司股份，主要原因是雷蕴奇未参加 2006 年 4 月 26 日的恒深公司股份转让竞价会。雷蕴奇虽办理了参加竞价会的相应手续，但未于 2006 年 4 月 26 日到会参加股份拍卖竞价，其主张交易中心拒绝其委托人参加竞价会，证据不足，不予采信。因此，交易中心和软投公司的行为并未侵犯雷蕴奇对恒深公司股份的优先购买权，软投公司和交易中心的行为不构成侵权。雷蕴奇请求确认交易中心拍卖软投公司持有恒深公司 59.26% 的股份无效，不符合法律规定，不予支持。

原告雷蕴奇不服上诉，认为原判决认定事实不清，适用法律错误。具体理由如下：

（1）恒深公司的股东是由 14 位自然人和法人组成。2005 年 6 月 26 日恒深公司的股东会到会股东只有 5 人，没有过半数，该股东会决议无效。软投公司的转让价格直到 2006 年 2 月底才确定，其没有按《公司法》的规定将其所持股份的转让条件和价格等转让事项依法书面通知全体股东。交易中心明知该决议无效，即于 2006 年 2 月 28 日在报纸发布《产权交易信息公告》是违法的。2006 年 3 月 11 日恒深公司没有通知全体股东参加会议，参加会议的股东也没有形成一致的结论意见，该股东会会议纪要是无效的，交易中心以无效的《股东会会议纪要》作为拍卖依据，拍卖结果也是没有法律效力的。

（2）杨晨晖、广角公司、雷蕴奇均填写《产权买卖初步意向登记表》，因此，填写该表格不能作为雷蕴奇放弃优先购买权的依据。软投公司转让的股权最终由杨晨晖和广角公司"一分为二"买受，与竞拍前公司公布的股份转让条件和价格是不一样的，软投公司并没有将该情况通知雷蕴奇和其他股东，违反了《公司法》的规定。

（3）雷蕴奇在 2006 年 4 月 26 日委托胡鲲交纳了 10 万元竞价保证金，并参与竞拍，但交易中心以《授权委托书》需要公证为借口，不让胡鲲参加竞拍，由于交易中心的侵权行为，导致雷蕴奇无法参与竞价。请求二审法院：撤销原判，改判确认拍卖无效。

福建省厦门市中级人民法院认同一审判决依据的事实和理由，认为：《公司法》确认的股东优先购买权，仅指股东向股东以外的人转让其股权时，其他老股东在购买价款和其他股权转让条件相同的前提下，可以优先于第三人受让股权。该条款纯为保护老股东既得利益免受陌生人加入公司而带来的不便或者不利，强化公司的人合性而设。但是《公司法》并没有具体规定公司、转让股东、其他股东各方在股权转让过程中如何保证股东的优先购买权的行使，通过何种程序来行使。实践中，股东优先购买权的行使应当与股东转让权相兼顾，既可以表现为一锤定音的一次行为，也可能表现为历经多次角逐的动态过程，在这过程中既要体现其他股东与第三人的意思自治，又应当符合转让股东的利益最大化原则，只要符合征得"多数股东同意"及"同等条件下，其他股东有优先购买权"的条件就应当认定转让合法有效。因此，本案审查的应是交易中心接受委托拍卖依据的合法性及拍卖程序合法性的问题。2005 年 6 月 26 日代表股权 95.948% 的股东同意构成"多数股东同意"。雷蕴奇填写《产权买受初步意向登记表》并交纳竞买保证金的行为表明他同意通过在交易中心竞价的方式行使股东优先购买权。

雷蕴奇主张交易中心以授权委托书未经公证为由，拒绝让其代理人胡鲲入场竞拍，但其提交的证据不足以证明上述事实的存在，且即使存在上述事实，亦是交易中心对雷蕴奇参与竞拍的权利进行侵害产生的侵权问题，交易中心应承担的是由于雷蕴奇不能参与竞拍产生的损害赔偿责任，与拍卖行为的法律效力并没有关联性，除非买受人参与该侵权行为，否则善意买受人通过合法的拍卖程序竞得的股权应当受到法律保护。由于案外人杨晨晖和广角公司已通过合法的拍卖程序买受软投公司拥有的恒深公司 59.26% 的股份，即使交易中心的行为构成对雷蕴奇侵权，并不导致拍卖行为无效，否则将影响交易秩序的稳定。因此，雷蕴奇以交易中心侵权为由要求确认拍卖无效理由不能成立。综上所述，上诉人雷蕴奇的上诉理由没有事实和法律依据，其上诉请求应予驳回。原判决认定事实清楚，适用法律正确，应予维持。

2003年国务院国有资产监督管理委员会和财政部联合发布的《企业国有产权转让管理暂行办法》[①]第4条要求"企业国有产权转让应当在依法设立的产权交易机构中公开进行"。本案中的标的股权是国有的，所以其转让必须经过产权交易所的公开挂牌拍卖程序。[②]这就和公司法规定的股东先买权产生矛盾，因为在产权交易所竞拍成功的人不一定是享有先买权的股东。如果不是，谁有权最终取得股权？这在本案判决当时还没有答案。

在本案中，竞拍成功的杨晨晖和广角公司都是老股东，不是外人。在老股东之间是可以自由转让的，不存在先买权。这一巧合按理说可以解决本案中公司法的一般性规定和国有产权转让的特殊规定之间的矛盾，因为假如出让方软投公司表示只想卖给杨晨晖和广角公司，不想卖给雷蕴奇，雷蕴奇是无话可说的。但是一、二审两家法院都没有从这个角度展开论述[③]，因为假如软投公司没有选择偏向，只想转让给出价最高的人，那么雷蕴奇至少有按出资比例与杨晨晖和广角公司分取软投公司出售的这59.26%的恒深公司股份的权利。

一审法院认为，雷蕴奇填写《产权买受初步意向登记表》并交纳保证金，属于放弃法定先买权的意思表示。这显然不符合事实。雷蕴奇从来没有表示要放弃先买权。他委托胡鲲交了保证金，又委托胡鲲参加竞拍。但是交易所允许胡鲲进去交保证金，却不允许他进去参加竞拍，因为雷蕴奇的授权委托书没有经过公证。对此事实，二审法院认为证据不足，还说即使这一事实得到证明，雷蕴奇也只能向产权交易所主张赔偿，不得影响作为善意买受人的杨晨晖和广角公司。这些判决理由都很牵强。

反过来，雷蕴奇的三点上诉依据都很有道理。首先，雷蕴奇提出只有5人出席的股东会不能做出有效的决议。这个说法看似幼稚，其实有理。因为虽然股东会作决议取决于持股比例而不是股东人数，而95.948%的股权同意足可通过任何决议，但是对股东转让股份，《公司法》第71条并没有要求股东会做出决议，只要求"其他股东过半数同意"。这个"过半数"是计人头还是算股份？并不清楚。已有案例对此理解为点人头，即按股东人数算，而不是按持股比例算。如果这样的理解正确，那么雷蕴奇的说法就很有道理了，14个股东中只有5人出席的会议是无权同意或不同意转让的。这是本案判决存在的又一个问题。

其次，雷蕴奇提出软投公司因竞拍结果而变动价格时有通知其他股东的义务。因为没有通知，所以违反了公司法的规定。这一指控完全正确。

---

① （2016）最高法民终295号。

② 21世纪初，在一波国有企业私有化的浪潮中，曾经有大量的国有资产以廉价出让的形式流失。建立产权交易所，让国有资产在那里挂牌拍卖，是防止廉价出让的有力措施。

③ 一审法院根本没有提到；二审法院提到了但是没有展开论述。

最后，雷蕴奇摆出了他的代理人被挡在交易所门外无法进去参加竞拍的事实，但是二审法院没有接受，已如上述。

正是在这类案例的基础上，最高人民法院总结出了解决矛盾的办法，表述在 2017 年《公司法司法解释（四）》第 22 条中：

> 通过拍卖向股东以外的人转让有限责任公司股权的，适用公司法第七十一条第二款、第三款或者第七十二条规定的"书面通知""通知""同等条件"时，根据相关法律、司法解释确定。
>
> 在依法设立的产权交易场所转让有限责任公司国有股权的，适用公司法第七十一条第二款、第三款或者第七十二条规定的"书面通知""通知""同等条件"时，可以参照产权交易场所的交易规则。

可见，雷蕴奇在上诉中提出的软投公司在拍卖结束后因为没有就转让股权的同等条件通知其他股东而违法的批评是合理合法的。结合该司法解释第 17 条可知，本案中的股权转让如果在今天审判，那么软投公司在拍卖结束之后依然必须就同等条件"以书面或者其他能够确认收悉的合理方式通知"① 其他股东，雷蕴奇依然有行使先买权，与竞拍成功的两家老股东分享标的股权的机会。

需要注意的是，本案中因为竞拍成功者是老股东，所以雷蕴奇至多只能与他们分享股权。但是如果受让人是外部第三人，则公司其他老股东享有先买权。如果他人不买，雷蕴奇可以独买。在"中静实业（集团）有限公司诉上海电力实业有限公司等"② 一案中，中静公司和电力公司都是新能源公司的股东。电力公司通过在产权交易所挂牌拍卖将其在新能源公司中的股份转让给了水利公司，中静公司提出异议，请求行使先买权。法院支持了中静公司的请求，并指出：产权交易所认为中静公司不进场交易就是放弃先买权，是没有法律根据的。电力公司上诉后，二审维持原判。

【案例 4-12】
程毅等与余钦股权转让纠纷案 ③
北京市第一中级人民法院 2018 年 4 月 2 日

北京晓程科技股份有限公司（以下简称晓程公司）成立于 2000 年 11 月，原先有 5 家股东，程毅是其中之一。后经股权变更，至 2009 年 6 月，晓程公司股东增至包括周劲松在内的 30 人。其中程毅占股 38.32%，为第二大股东，并自 2011 年 5 月至今任晓程公司法定代表人。

---

① 见《公司法司法解释（四）》第 17 条第 2 款。

② 中静实业（集团）有限公司诉上海电力实业有限公司等，上海市第二中级人民法院（2014）沪二中民四（商）终字第 1566 号。《最高人民法院公报》2016 年第 5 期。这个判决虽然在《公司法司法解释（四）》出台之前，但是与司法解释的规定完全一致。

③ （2018）京 01 民终 792 号。

2009 年 2 月,晓程公司股东会决议向证监会申请上市。同年 7 月底,证监会受理申请。8 月,程毅违反晓程公司章程中的先买权规定,秘密签订《股权转让协议》,将其所持 1575 万股中的 100 万股按每股 4.5 元的价格转让给外部人余钦。余钦支付了 450 万元价款。协议约定这 100 万股仍然挂在程毅的名下。

次年 11 月,晓程公司在创业板上市。招股说明书记载的价格为每股 62.5 元。由于公积金转股等原因,《股权转让协议》约定的 100 万股到诉讼发生时已经转变成 500 万股。程毅拒绝转让股份,并于 2014 年汇了 200 万元给余钦。诉讼中程毅称这是退还 450 万元价款的一部分,余钦称这是程毅支付和解金的一部分。

2018 年 1 月,余钦在北京市海淀区人民法院起诉,请求程毅履行 2009 年签订的股权转让协议。

程毅声称余钦曾以时任国家电网副总经理陈某某的名义向程毅索要现金利益,以陈某某在电力行业的地位和权力可以给晓程公司未来发展带来不利影响相要挟,迫使程毅与其签订《股权转让协议》。在晓程公司作出上市的决定后,余钦找到程毅,称陈某某要求程毅向其转让一部分股权,如果同意转让,陈某某可以给公司提供一部分业务。晓程公司当时研发的产品是电表中需要用到的芯片,高度依赖电力行业,后来国家出台政策,要求该芯片必须由国家电网统一采购。程毅系出于公司业务受不利影响的担忧签订的上述协议。但是法院最终认定程毅所出示的手机短信等证据不足以证明签订股权转让协议系胁迫所致,故判协议有效。虽然程毅违反章程规定的先买权秘密与外人签订协议转让股权,但是章程不能约束外部人余钦,除非余钦明知章程规定而与程毅串通一气损害其他股东的先买权。为了保障余钦的合法权益,协议应当执行。

诉讼期间,股东周劲松作为有独立请求权的第三人加入,请求按协议签订时的章程规定行使先买权。对此,法院认为,在协议签订当时,周劲松作为股东确实有先买权,但是"股东优先购买权制度的立法宗旨,在于维护公司股东的人合性利益,而非保障其他股东取得转让股权。"现在公司已经上市,人合性已无保护的必要,章程中的先买权条款早已被删除,所以周劲松的先买权已经消失。"《股权转让协议》于 2009 年 8 月 25 日签署多年以后,周劲松于 2017 年 6 月提出依据 2009 年的公司章程以《股权转让协议》签订当时的价格行使优先购买权的法理基础及客观条件均不复存在,且事隔多年以后,股权转让的同等条件及涉及优先购买权的股东范围等亦难以确定。"

法院判程毅将所持 78 750 万股中的 500 万股转到余钦名下。程毅上诉,但是周劲松没有上诉。二审维持原判。

从先买权的角度去看,本案的意义主要在于法院对先买权制度的宗旨的探讨:维护人合性而非购股权。如果人合性丧失,先买权即不能成立。公司上市,人合性消失,所以周劲松不得主张先买权。所谓"行使优先购买权的法理基础及客观条件均不复存在,"说的也是这个意思。如此论证颇有新意。

不过,作为富有生活经验的法官,除了逻辑的推论之外恐怕还有现实的考虑。首先,从 2009 年程毅和余钦签订股权转让协议到 2017 年周劲松开始主张先买权,已经过去 8

年，期间程毅和余钦争议不断，周劲松真的从来不知道吗？其次，协议转让价是每股 4.5 元，而招股说明书记载的发行价格是每股 62.5 元 ①，巨大的价差所带来的巨额利益是争议的动因。如果允许周劲松行使先买权，那他等于发了一笔横财。但是这样的话不好直接讲，所以法院另找理由说："且事隔多年以后，股权转让的同等条件及涉及优先购买权的股东范围等亦难以确定。"这句话有点像借口，因为同等条件有协议文本在，很容易确定。股东范围也不难确定，协议签订时的 30 家股东及其持股比例都记载在册。现在有的股东可能离开了，有的股东的持股比例可能变化了，但是确定并不难。

打官司主要打证据。程毅所称陈某某通过余钦进行权力寻租之事有可能真实，但是证据不足，法院难以认定，导致其在与余钦的诉讼中败北。或许，法院也不想使问题复杂化。因为一旦认定程毅所说属实，马上会引起刑事诉讼，公安、检察院甚至纪委都会介入。所以，在这类问题上，民事法庭会格外地慎重。

通过先买权来保护股东的投票权不被稀释主要对有限责任公司有效，因为那里的股东人数较少，各人的持股比例很有意义，股东对此也很敏感。但是对一个发行了数千万、数亿股的上市公司来说，持有几百或几千股的人只拥有数十万分之一的投票权，这个投票权再被冲淡 20% 或者 50% 对股东来说都无关紧要。再说，上市公司的股份在证券交易所公开交易，任何一个不想被冲淡的股东都可以买到更多的股份来保护自己的投票权。由此可见，先买权只对有限责任公司有意义，对上市公司意义不大。这就是为什么公司法规定有限责任公司的股东有先买权，而没有规定股份有限公司的股东有先买权的原因，同时也是《程毅等与余钦股权转让纠纷案》中法院不给周劲松先买权的原因。

不过，一个公司要不要设置先买权完全是由当事人自由选择的。法律不会强加干涉。即使公司法规定了，有限责任公司也可以在章程中排除先买权；即使公司法没有规定，股份有限公司也可以在章程或者规章中设置先买权。

配售权是实现先买权的常用手段。如果上市公司有先买权。它就必须发行配售权给股东，比如 10 配 1，即持有 10 股股份的人可以在指定的日期之前按照低于市场价格的某个指定的价位购买一股股份。如一个拥有 11 115 股的人就获得 11 115 份配售权，可以购买 1 111.5 股新股。但是发行只能以股为单位，没有 0.5 股。对此，他有两个办法解决问题：一是再去购买 5 份配售权，加上原有的 11 115 份，总共 11 120 份，那么他就可以购买 1 112 股新股；二是卖掉 5 份配售权。买卖配售权的价格是每份配售权等于市价与购买价的差价的 1/10。这样的配售权可以上市，在上海证券交易所称为认购权，是权证的一种。只要发行人办理了这批配售权的上市手续，买卖配售权应该是不困难的。

美国实行授权资本制。对于授权而未发行的股份，一般认为先买权不适用，因为这些股份的发行所产生的冲淡效果是在设立条款中预期到了的 [Dunlay v. Avenue M. Garage & Repair Co., Inc., 253 N.Y. 274, 170 N.E. 917（1930）]。但是也有不同的观点，尤其

---

① 从新浪财经网上查得，晓程公司在 2018 年 12 月份的股价在 7~10 元之间徘徊，2018 年 7 月曾经飙升到 14.61 元。公司上市是在 2011 年，那时 1 股已经变成 5 股。之后直到 2018 年的 7 年中有没有再次发生 1 股变多股的情形，不得而知。

是当初次发行后等了好几年再发行，先买权可能适用 [N. Lattin，Corporations 495（2d ed. 1971）]。当公司用股份购买特殊资产时，先买权一般不适用，因为如果适用，公司就买不成急需的资产了 [Thom v. Baltimore Trust Co.，158 Md. 352，148 A. 234（1930）]。但是如果公司可以先付钱购买资产，再发行新股筹集资金补充购买资产所用掉的钱的话，先买权仍然应该得到保护。也就是说，除非万不得已，不得排除先买权。此外，当公司按雇员报酬计划发行新股时，先买权也可能不适用。因为这些股份的发行是以某些雇员的特殊服务为对价的，适用先买权会使报酬计划破产。

【案例 4-13】

Hyman v. Velsicol Corp.，342 Ill.App. 489，97 N.E.2d 122（1951）[①]

原告 Hyman 是一位发明家。他和两个资助人创立了一个封闭公司。发明家用他的专利权入股，持有公司 20% 的股份，两位资助人分别持有 40%。公司办得很红火。发明家试图拥有更多的股份，否则不愿意把新获得的专利转让给公司。资助人不同意。发明家辞职，另行开张生产他的新产品。公司起诉并胜诉，迫使发明家将新产品转让给公司。

公司董事会随后通过了注资决议。已发行的 200 股分裂成 2 000 股，面值也从 100 元降到 10 元。董事会还决议新授权 10 万股，并按 10 元 1 股发行 6.8 万股。先买权存在，两位资助人利用先前对公司的债权购买了自己的份额，而且公司的银行一直在劝告公司将股东的债权转换成股权以改善其资本结构。

发明家反对这一新的集资计划，起诉禁止这一计划的实施，而不是支付 13.6 万元来维持自己的份额。按照该计划，原告必须在 12 天内完成购买。基层法院认为计划的目的是"压迫和欺诈"原告，不公平。上诉审法院否决，认为计划"合法，并无不公。"原告指出股份的实际价值很高，10 元的面值与之相比显得微不足道。法院认为原告的这种说法没有道理，因为"董事们不必按照等于'真实价值'的价格来推荐股票""只要计划合法公道，被告对原告和计划效果的主观意图就无关紧要"。法院接着说："我们觉得本案中通过发行给他因股份分裂而产生的新的股份，又发行给他购买权，原告对于按照新面额发行的新股所拥有的比例权利已经得到了尊重……通过发行给原告新的股份和先买权，他已经获得了保护他在公司里的比例权益的机会。至于他没有足够的经费来利用先买权，被告不能对此负责……"

可是公司在 1940 年之后每年的盈利都在 35 万美元之上。即使按照 25% 的市场利率，交易发生时的股票市值也应该有 150 万美元左右，[②] 按照 2 000 股计算，每股达到 700 美元，10 美元的价格只占实际价值的 1/70。对于原告 Hyman 来说，尽管价格便宜，但是要在 12 天之内筹集 13.6 万美元也是困难的。被告却可以按照实际价值 1/70 的价格购买新股。而法院却坚持说只要给予了他先买权就可以了，不必考虑交易的公平性。或许这是在惩罚原告自己不十分体面的行为（违约自己开张）吧。

① 判词原文较长，作者作了概括归纳和重新编写。
② 如果利率降低，市值会更高。参见本章第五节中引用的等比数列公式。

有关价格公平的问题，Katzowitz v. Sidler，24 N.Y.2d 512，301 N.Y.2d 470，249 N.E.2d 359（1969）的判决与 Hyman 案截然不同。该案中，被告为了消灭原告的权益，股份按每股 100 元的面额发行，但是其市场价值为每股 1 300 元。价格与价值之比为 1 : 13。法院评论说："这个价格不是谈判的结果，而是一种策略。董事们在有意无意地将 Katzowitz 置于屈从的境地。"（249 N.W.2d at 365）法院认为，以低于公平市价的价格发行股份，迫使股东投入更多的资金以避免其权益的冲淡，对股东造成了伤害，构成压迫。[①]

从理论上说，投资者也可以卖掉他的配售权。但是封闭公司的股票没有市场，配售权卖不掉。

在另一个案子中，Schwartz v. Marien，37 N.Y.2d 487，373 N.Y.S.2d 122，335 N.E.2d 334（1975），公司发行库存股，按照纽约州公司法规定先买权不适用。董事会只发行了 3 股给一个拥有公司半数股份的家族，2 股给一些老雇员。另一个拥有公司半数股份的家族的一个成员请求董事会另行发行 5 股给他们的家族，遭到拒绝后起诉。法院认为即使设立条款废除了先买权，股东在股份发行的问题上依然受到信托义务的保护。有诚信的商事目的允许不同等对待股东，但是举证责任在董事。在封闭公司内尤其如此，"不但要证明公司的目的是有诚信的、独立的、商事的，而且要证明在不影响效率的前提下无法通过其他不冲淡股东权益份额的途径来达到目的。"（335 N.E.2d at 338）原告不需要证明欺诈或者合谋的存在。"相反，原告只要证明董事们违反对他作为股东的信托义务就可以请求赔偿。"同上。这个判决的结果是在没有先买权的地方维护了先买权的精神，或者说通过信托义务的适用达到了与先买权同样的效果，可谓殊途同归——归于公平的目的。

从上述几个判例可以看出，先买权的设置目的是公平地处理公司内部多数派与少数派、掌权派与非掌权派之间的关系，防止掌握权力的一方利用手中的权力排挤和剥削他人，为自己谋取不当的利益和权力。因此，有关先买权的争议经常会涉及董事会和控股股东对中小股东的诚信（信托）义务。而这已经超越公司资本的研究范围了。[②]

---

① 关于有限责任公司中多数派压迫少数派的内容，请参见第十一章第一节"压迫与排挤"。

② 关于多数派与少数派的关系，请参阅第十一章第一节"公司内部的压迫与排挤"；关于控股股东的信托义务，请参阅第十六章。

第五章

设 立 公 司

第一节　企业形式的选择

在创办企业之前首先要考虑的是成立什么样的企业。企业的组织形式主要有个体户、合伙和公司三种。有的人动辄成立公司，那是欠缺考虑的，因为很多情形下公司的组织形式并不适合你想要成立的企业，应该根据企业的具体情况来选择合适的企业组织形式。100 年前，合伙不但在中国，而且在西方国家，都是企业最常用的组织形式呢。下面根据我国现行法律的规定对三种企业组织形式的利弊得失进行对比。

为了使对比有意义，我们假定投资者人数相同，资本及其他各种条件都相同。个人独资的可以比较个体工商户和一人公司，数人合资的可以比较合伙和有限责任公司。它们的差别主要在税收待遇和财产责任。个体户和合伙的投资者对企业债务承担无限连带责任，但是企业的收入不需要纳税，该收入或者亏损加到企业主个人的其他收入中，一起计算缴纳个人所得税。[①] 公司股东负有限责任，但是公司的收入必须缴纳所得税，税后利润分红给股东时又要缴纳个人所得税，即两层缴税。除了纳税和财产责任之外，还有其他一些相对次要的差别，如转让的自由、设立的费用、手续的麻烦程度，等等，也逐一比较。

一、税收待遇比较

如前所述，公司具有法人资格，是一个独立于其组成成员的民事主体。因此，公司也有纳税的义务，是一个税法上的纳税主体；而合伙没有法人资格，不是一个独立的民事主体，[②] 因而也不需要纳税；同理，个体工商户也不是独立的民事主体，也不需要纳税。这样规定也便于与国际接轨，西方发达国家大都是这样做的。

目前，我国对拥有法人资格的企业统一按 25% 的固定税率[③] 征收所得税，而对个人则按多级超额累进税率征收所得税，而且个人的薪酬收入和个体工商户的经营收入又有

---

① 我国原先的企业不论是何种组织形式都要就其收入缴纳所得税，个人收入另行缴纳所得税。但是从 2000 年 1 月 1 日开始，个体工商户和合伙企业不再在企业层次上纳税，企业的收入归入个人收入，由个人缴纳个人所得税。见国发〔2000〕16 号《国务院关于个人独资企业和合伙企业征收所得税问题的通知》、财政部和财税〔2000〕91 号《国家税务总局关于印发〈关于个人独资企业和合伙企业投资者征收个人所得税的规定〉的通知》。

② 在商事交易和民商事诉讼中，一般都承认合伙和个体工商户的主体资格。正文仅从税法意义上说它们不是独立的民事主体。

③ 相关内容见《企业所得税法》第 4 条。

不同的税收标准，[1] 其中工资、薪金适用 3%~45% 七级超额累进税率，个体工商户的生产、经营所得和对企事业单位的承包经营、承租经营所得适用 5%~35% 五级超额累进税率，所以税收因素相当复杂，应当对不同情形的收入做分析比较，才能确定哪一种形式的企业在税收方面比较有利。

实践中在做这样的比较之前，先要做好两步工作。第一，考虑税会差异，将会计账面上的税前净利润数字调整为应纳税所得额。本来，税前净利润就是应纳税所得额，二者相等。但是，我国对企业的某些成本扣除有限额。比如职工福利费、工会经费、职工教育经费分别不得超过企业工资总额的 14%、2%、8%。企业会计在记账时这些经费都计入当年成本，然后从利润中扣除。例如。企业毛利润为 100 万元，三项经费总额为 20 万元，那么净利润就是 80 万元。可是，如果这 20 万元的经费总额超过了国家规定的按工资总额一定比例计算的上限，则超过的部分必须作为利润缴纳所得税。比如超过了 5 万元，那么应纳税所得额就是 85 万元，企业必须按照 85 万元的所得额计算和缴纳所得税，尽管实际利润只有 80 万元。同理，国家对企业的业务招待费、广告费和业务宣传费等，都规定了具体的上限，超过了这些限度，超过的部分都应计入应纳税所得额缴纳所得税。一般地，根据税会差异调整后的应纳税所得额会高于会计账面上的税前净利润。

第二，注意国家对小微企业的特殊优惠政策。这些政策几乎每年都在变动，需要执业律师随时予以关注。就工业企业而言，在 2018 年 1 月 1 日到 2020 年 12 月 31 日三年期间，小微企业的认定标准曾经规定为：资产总规模不超过 3000 万元、年度应纳税所得额不超过 50 万元、从业人员不超过 100 人。还没等这个三年期结束，从 2019 年 1 月 1 日开始，上述标准又分别调整为 5000 万元、300 万元、300 人。除了工业之外，农林牧渔、建筑、批发、零售、交通运输、仓储、邮政、住宿、餐饮、信息传输等不同行业的企业都有各自不同的认定标准。符合小微标准的企业所得税比不符合条件的普通企业要低得多。

上述两个方面的内容都属于我国特殊的政策性规定，变动频繁，且不符合国际标准。执业律师在处理实际问题时必须注意。但从学生学习公司法的角度去看，这些内容应当忽略不计。为了与国际接轨，也为了避免问题的复杂化，方便读者理解，本小节后面的讲解仍然采用税前利润的概念，不考虑税会差异及小微企业的繁杂标准。下面假定一个企业每年的税前净利润分别为 3 万元、9 万元、30 万元、50 万元、60 万元、70 万元、100 万元，[2] 让我们比较一下它采取个体工商户形式与一人公司形式所应缴纳的所得税额：[3]

---

① 见《个人所得税法》第 3 条（一）（二）和该法末尾所附的两张税率表。

② 简明起见，这里采用较小的数字，并且假定其不符合小微企业的标准，尽管它很可能符合。

③ 根据现行法律规定，个体或合伙企业按个人所得缴纳个人所得税，采用五级超额累进税率，分别为 30 000 元及以下部分 5%、超过 30 000 元至 90 000 元的部分 10%、超过 90 000 元至 300 000 元的部分 20%、超过 300 000 元至 500 000 元的部分 30%、超过 500 000 元的部分 35%；公司的所得按 25% 的比例税率统一征收。

表 5-1 个体工商户与一人公司所得税税负比较

企业形式 税前利润 / 万元	个体工商户 / 元	一人公司 / 元
3	1 500	7 500
9	7 500	22 500
30	49 500	75 000
50	109 500	125 000
60	144 500	150 000
70	179 500	175 000
100	284 500	250 000

由表 5-1 可知，企业税前利润在 60 万元以下的，个体工商户明显地比一人公司少交所得税，尤其是考虑到公司是两层征税，在缴纳了公司层次上的所得税之后，在公司给股东分红的时候还要对股东按红利收入再征收所得税，税负的差别会更大。从表中还可以看出，当企业的税前利润超过 70 万元之后，一人公司所交的所得税少于个体户。如果加入两层征税的因素，到底采取哪一种企业组织形式可以少交税？那就需要具体地计算和设计了。

如果公司给股东分红，根据我国《个人所得税法》第 3 条第 5 项的规定，红利的税率为 20%。[①]这就是两层交税，在公司交了企业所得税之后股东个人还要再交个人所得税。两项相加差不多要交 45% 的所得税，这就远远高于个体户的税率了。但是在实际操作中还有其他的变通办法。

假定企业每年的税前利润为 70 万元，投资者选择一人公司形式，可以给自己发月薪 3 万元。根据个人所得税法，工资收入在减去每月 5 000 元也即全年 6 万元的免征额之后的余额为应纳税所得额，按 7 级超额累进税率征税。应纳税所得额 36 000 元及以下部分 3%、超过 36 000 元至 144 000 元的部分 10%、超过 144 000 元至 300 000 元的部分 20%、超过 300 000 元至 420 000 元的部分 25%、超过 420 000 元至 660 000 元的部分 30%、超过 660 000 元至 960 000 元的部分 35%、超过 960 000 元的部分 45%。70 万元的税前利润扣除 3×12=36 万元的个人工资剩余 34 万元，按 25% 的税率缴纳 8.5 万元企业所得税；个人 36 万元的年薪扣除 6 万元的免征额后剩余 30 万元，按上述 7 级超额累进税率计算，应缴纳 36 000×3%+（144 000−36 000）10%+（300 000−144 000）20%=43 080（元）的工资所得税。加上 8.5 万元的企业所得

---

① 财政部 2012 年 11 月 16 日发布的《关于实施上市公司股息红利差别化个人所得税政策有关问题的通知》，从 2013 年 1 月 1 日起，"个人从公开发行和转让市场取得的上市公司股票，持股期限在 1 个月以内（含 1 个月）的，其股息红利所得全额计入应纳税所得额；持股期限在 1 个月以上至 1 年（含 1 年）的，暂减按 50% 计入应纳税所得额；持股期限超过 1 年的，暂减按 25% 计入应纳税所得额。上述所得统一适用 20% 的税率计征个人所得税"。也就是说，实际税率根据持股期限的长短分别为 20%、10%、5%。但是这一规定仅适用于上市公司的股东，不适用于非上市公司的股东。

税，一共 128 080 元。而个体工商户自己的工资是不能从成本中扣除的，只能作为企业的收入，所以个体户的税前利润仍然是 70 万元，需要交 179 500 元的所得税，比 128 080 元多了 5 万多元。只要公司经营者的月薪在 6 万元以下，他的税率都不超过 30%，低于个体户的最高税率 35%。只有当他的月薪超过 8.5 万元的时候，他的税率才会高于个体户的税率。可见，由于个体工商户发给业主的工资不能打入企业的成本，而公司可以这样做，所以用对投资者发较高工资的办法，只要设计得好，采取一人公司的形式可以少交税，而且也避免了两层交税税负的增加。

数人合资创办企业时，需要在公司与合伙之间选择企业的组织形式。在税收方面，有限责任公司与合伙的差别和上述一人公司与个体工商户的差别是一样的：对有限责任公司两层征税，而合伙企业的收入或亏损都是分配到每个合伙人头上，由该合伙人缴纳个人所得税，对合伙本身不征税。从上表比较一人公司与个体工商户的税负差别可知，企业税前利润的临界点在 60~70 万元之间，65 万元左右。65 万元之下一人公司交得多，65 万元之上个体户交得多。由于合伙人的个人所得税税率与个体工商户的业主是一样的，所以当企业利润按投资者人数平分在 65 万元之下时，有限责任公司交得多，65 万元之上时合伙人交得多。假定有 5 个投资者合资，那么企业税前利润的临界点就是 5×65=325 万元（依然假定合伙利润是平分的），因为 325 万元的企业利润分摊到 5 个合伙人头上，每人刚好 65 万元。企业的税前利润高于 325 万元，合伙人交的税就比公司多，低于 325 万元则比公司少。投资者人数大于或者小于 5 人的，都可以按每人 65 万元类推。不过像个体工商户的业主一样，合伙人的工资也不能打入企业的成本，而有限责任公司的股东如果充当公司雇员，其工资是可以打入企业成本的。所以如果有限公司不分红而采取工资的形式向参与经营的投资者发放，也可以减少企业利润，从而在企业层次上不交或少交税。只不过这样做有一定的限度。因为在美国，过高的工资会引起税务局的质疑，认为是变相分红。但是我国税法还处在初级发展阶段上，估计税务局暂时还不会提出这样的质疑。

总的来说，这方面的设计没有固定的成规，税法也在不断地修改中，优秀的律师应因事制宜进行规划和设计，并在守法的前提下维护当事人的利益。

二、有限责任比较

除了税收之外，一人公司与个体户最大的不同是有限责任。不过，就合同债务特别是信用借贷来说，二者的差别其实不大，因为债权人不会轻易地借钱给一人公司，而是要考察它的还款能力。在能力相同的情况下，如果个体户企业信用不足，债权人还愿意放贷是因为企业主承担的是无限责任，他的个人财产也都搭在里面，那么一人公司的放贷人也会要求股东个人担保，否则不肯放贷。结果都是无限责任。可见，虽然法律规则不同，经济结果却相同；是经济决定法律，而不是法律决定经济。其他如货物买卖的欠款等情形也都是一样的。只要是合同关系，一人股东的有限责任意义都不是很大，因为对方在需要的时候总是可以通过合同的规定使你承担无限责任。我国银行在贷款给小公司时普遍要求公司老板个人担保或者提供房产抵押等，就说明了这个道理。

　　在侵权案子中，如果公司资本明显不足，或者个人财产与公司财产混同，公司面纱很容易被刺穿，结果也都是无限责任。而且《公司法》第63条规定财产混同的举证责任在股东，股东不能证明财产独立的就要负无限责任。但是如果公司资本初始充足，后来由于经营不善或者市场衰落等原因发生亏损，导致资本不足，公司面纱就不会被刺穿。① 一人公司的股东受有限责任的保护，会比个体工商户处于相对有利的地位。由此看来，一人公司享受有限责任的保护是有限的。企业形式的选择应该更多地考虑税收因素。

　　在比较了个体户与一人公司之后，我们仍将合伙与有限责任公司进行比较。与一人公司不同，普通有限责任公司的股东对于财产独立不负初始的举证责任。除此之外，小公司股东们享受的有限责任虽然在法律上有别于合伙人，但是实际效果却也差不多，至少在合同关系中是这样。因为如上所述，债权人在借钱之前会要求股东个人担保，否则不借。当然，如果债权人不够精明，又不懂法律，不要求股东担保，一旦公司无力偿还，股东可以享受有限责任的保护，债权人却遭受损失。但是这种情形毕竟是少数，因为在一个日趋成熟的市场经济中，这种情形会越来越少。对于侵权债权人，在公司面纱不被刺穿时，股东固然享受有限责任，从而优于普通合伙人。

　　不过，合伙除了普通合伙之外还有有限合伙。有限合伙人像公司股东一样享受有限责任，条件是他不参加企业的经营管理。只要他不参加经营管理，他的有限责任就是可靠的。② 后面我们会学到，刺穿公司面纱令股东承担公司债务的一个前提条件是该股东积极地参与了公司的经营管理。如果没有参加，对于他的公司面纱就永远不会被刺穿。在这个问题上，有限合伙人与股东是完全一样。

　　可见，有限责任的好处对于股东人数较少、实力不那么雄厚的有限责任公司来说，是很有限的。

三、转让自由比较

　　在股东的投资决策中，投资份额的流通性能是一个重要的考虑因素。流通性能越好，投资的价值也就相对较高。公司的股份容易流通，是因为股东承担有限责任，所以一股东转让给另一股东对其他股东没有影响。如果是无限责任，一个富有的股东持股令别的股东放心；但是如果他转让给另一个喜欢冒险而又很穷的股东，出了事情却要别人一起承担无限连带责任，别的股东肯定不干，于是股份的转让就会受到限制。可见有限责任是股份自由流通的前提。对上市公司来说，其股份在交易所挂牌，自由流通自然不成问题。那么，对小的有限责任公司来说是不是也是这样呢？《公司法》第71条规定，有限责任公司的股东之间可以相互转让其全部或者部分股权；股东向股东以外的人转让股权，应当经其他股东过半数同意；但是在同等条件下，其他股东有优先购买权；半数以

---

　　① 关于刺穿公司面纱的问题，我们将在下一章详细讨论。

　　② 但是在实践中，分清有没有参与经营是一个很复杂的问题。例如，有限合伙人可以根据合伙合同的规定参与选举经理，即合伙事务的执行人。这算参与吗？有限合伙人还可以参与企业某些重大决策的投票表决，这又算不算参与呢？这些问题，有待我国的法院在以后的司法实践中去解决。

上不同意的，不同意的股东应当购买该转让的股权；不购买的，视为同意转让。可见，在有限责任公司内，除了已有的股东之间可以自由转让外，对外的转让要比在上市公司内麻烦得多。首先是股份没有市场，需要自己寻找买方。其次是即使找到了买家，还会受到原有股东的各种掣肘。当然，最终还是可以转让的。

那么，合伙份额的转让是否自由呢？我国《合伙法》第43条、第45条、第47条规定，新合伙人入伙，除合伙协议另有约定外，应当经全体合伙人的一致同意；合伙人退伙，也应经全体合伙人的一致同意，或者由合伙协议约定；[①] 未约定的在不给合伙企业事务执行造成不利影响的情况下才可以退伙，但应当提前30日通知其他合伙人；违反本法这些规则强行退伙的，应当赔偿由此给合伙企业造成的损失。可见，合伙份额的转让主要取决于合伙合同。合同可以禁止转让或允许转让。只是在合同没有规定的情况下，退伙需要得到全体合伙人的同意，否则就要赔偿合伙企业因退伙而引起的损失；新入伙的人也要得到全体合伙人的同意。相比之下，有限责任公司的股份对外转让只要得到半数以上股东的同意即可，不需要全体的一致同意。可是在现实生活中，如果股份的转让会对公司造成损害，那半数股东会同意吗？答案应该是否定的。而在没有损害的情况下，合伙人的退伙也是自由的，而且还可以强行退伙。况且，股东转让股份的权利虽然法定，但是如果股东之间的协议规定必须得到全体一致的同意，这样的规定应当有效。而有限责任公司的股东经常订有这样的协议。可见，有限责任公司的股份转让在很大程度上也是一个合同问题。其自由程度与合伙份额的转让差别不大。

有限合伙的份额转让完全取决于合同的规定。《合伙法》第73条对于有限合伙份额的转让仅要求提前30天通知其他合伙人，没有任何别的限制，把这个问题完全留给合伙合同去规定。由于有限合伙人不参加企业的经营管理，有限份额的转让应该比有限责任公司的股份更加自由一些。

四、设立费用与手续麻烦比较

除了有限责任和转让自由之外，企业的成立、存续、筹资、分配等也应当考虑和比较。长期以来，我国都按不同企业的类型分别收取不同的设立登记费。[②] 自2012年1月1日起，我国首先取消了小型微型企业的设立登记费和其他一些收费。[③] 2014年12月23日，财政部又发布财税〔2014〕101号文件，决定从2015年1月1日起停止收取企业登记费。而年检费早已随同年检制度的废除而一同取消。

---

① 当一个合伙人将他的份额转让给一个外人的时候，这一转让行为同时引发了两个问题：一个是原合伙人的退伙；另一个是新合伙人的入伙。所以法律作了分别的规定。如果未经其他合伙人同意而私自将自己的份额转让给了外人，该外人可以获取该份额的收益，但是不得参与合伙事务，因为合伙人合伙是基于相互的信任，不可以将一个不受欢迎的新人强加给其他合伙人。

② 2016年2月19日，国务院发布第666号令，删除了《公司登记管理条例》第55条。该条规定了各种登记费的收取。但是在实际工作中，这些登记费自2015年起都已经停止收取。个体户早先收取过20元的登记费，后来取消，不再收取。合伙企业登记每户收取300元，与出资额无关。年检费对公司和合伙每户收取50元，个体户不收。所有这些收费，现在已经全部取消。

③ 见财政部财综〔2011〕104号文件。

从手续的繁简程度上看，个体工商户的登记手续最简单，只要不涉及前置许可，只要4样材料：身份证复印件、1英寸照片、房产证复印件和租赁合同。① 其次，合伙也比较简单。有限公司的材料相对较多。

西方国家合伙企业和个体企业的设立一般都不需要正式手续，既不要求书面合同，也不需要登记注册（有限合伙除外）；而公司必须要登记注册。所以合伙和个体企业的成立成本要低于公司。但是在我国，做生意的人都要在工商局登记注册，不管是合伙、个体户还是公司。而且，公司登记的手续也远比西方国家麻烦，效率太低。对此，我国政府花大力气进行改革。

对设立公司的申请大都是当场受理。以前只是申请营业执照，以取得法人资格。按照《公司登记管理条例》的规定自申请受理之日起15日内作出是否准予登记的决定，但是实际操作要快一些，一般从受理到领取营业执照为5个工作日，快的2个工作日，理论上最快当天可以领取。但是实际操作中窗口受理人员受理之后，准许权在领导，当场准予的很少。一般快的当天准予，但营业执照要隔天才能打印。

2015年3月，李克强总理在政府工作报告中提出三证合一，即工商营业执照、税务登记证和质检组织机构代码证② 合成一张证书，具体办法是在营业执照上打上工商、税务、质检的三个号码。因为以前，企业在设立登记、领取了营业执照之后还需要分别办理其他两张证。三证合一可以减少企业的许多麻烦，大大提高经济运行的效率。

2015年7月1日，浙江省率先试行五证合一，即在三证合一基础上，进一步整合企业缴纳社会保险时办理的社会保险登记证、接受统计调查时办理的统计登记证，由工商（市场监管）部门核发加载有统一社会信用代码的营业执照。

2016年6月30日，国务院办公厅发布《关于加快五证合一、一照一码登记制度改革的通知》，同年10月1日起在全国实施。③ 据说，以前办理这些证照至少需要20多天，现在只要两天。

可见，从设立费用和手续的麻烦程度上看，各类企业已经差不多了。

五、企业存续、筹资、利润分配等方面的便利比较

理论上，公司可以永久存续，除了一人公司之外，不因个别股东的死亡或者离去而终止解散，而合伙则因合伙人的死亡或者离去而自动终止解散。不过合伙合同可以做出相反的规定，使合伙企业不因合伙人的退伙或者死亡而解散。此外，有限合伙人的离去或死亡不会引起企业的解散。我国合伙法对这个问题作了特别的规定，即个别合伙人的退伙或死亡都不导致企业的解散（见《合伙法》第45、48条），从而否定了传统理论上关于合伙企业的存续规则。这样，我国的合伙企业可以像公司一样，也可

---

① 这是从上海市工商局了解到的消息。各地可能稍有差别，但即使有，也是大同小异。

② 质检组织机构代码证等于是企业的身份证。

③ 总的来说，由于计划经济的传统，我国政府机关对经济活动的干预还是太多，服务不够，与西方发达国家相比差距很大。多年来，国务院不断地取消和简化各种行政审批手续，都是为了减少干预、加强服务。三证合一与五证合一都是其中的重要举措。

以永久存续。

公司筹资比合伙灵便，因为有许多公认的筹资办法可以利用，例如，发行股份或者债券等。合伙通过创立新的合伙份额来吸引新的风险投资者要比公司麻烦；如果像公司那样借入资本，会使合伙人承担更多的风险。这种风险对公司股东是不存在的，除非债权人要求他们担保债务。不过如前所述，对小公司来说，债权人很可能要求股东这样做。可见，是企业的实际状况而不是它的法律形式决定其借款能力以及要不要承担个人责任。另外，有限合伙筹资比普通合伙方便，可以像公司那样发行新的有限份额来筹资。所以大的合伙企业经常采取有限合伙的形式。

与筹资相联系的是利润分配。合伙人可以随意划分各自对合伙利润或者亏损的份额，不需要与他们的出资形成比例关系。每个合伙人的控制权和分配权也可以不成比例。而公司一般实行同股同权、同股同利的规则，给予同样的股份以同样的控制权和利润分享权。也就是说，合伙对合伙人分配利润要比公司方便，因为公司必须遵守有关分红的限制。不过，如果合伙在向合伙人分配时损害了合伙债权人的利益，也应受到欺诈性转让规定的限制。我国合伙法还没有这样的规定，但是发达国家都有这类规定。

通过上面的比较可以看出，对于股东人数较少的有限责任公司来说，它与合伙有着许多相同和相通的地方，可以说，它是介于股份有限公司与合伙之间的一种企业组织形式。另外，有限合伙又是介于公司与合伙之间的一种企业组织形式。合伙企业相对于公司的主要好处有两点：一是不用交税；二是比较灵活。从交税的角度看，普通合伙和有限合伙都优于公司；从灵活的角度看，普通合伙最优，有限合伙合次之，有限责任公司再次之，股份有限公司最后。

第二节　设立公司的实体条件

我国《公司法》第 23 条规定了设立有限责任公司的 5 个条件：股东人数、注册资本、章程、名称和组织机构、住所。第 76 条规定的设立股份有限公司的条件与此基本相同。下面分别讲解。

一、股东符合法定人数

《公司法》第 23 条第 1 项规定设立有限责任公司的第一个条件是"股东符合法定人数"；第 76 条第 1 项对设立股份有限公司要求"发起人符合法定人数"，说的是同一个意思。这个条件最容易满足，一般说来 2 人以上即可。传统上将公司看作社团法人，也就是具有 2 个或 2 个以上的股东。这种看法因为一人公司的出现而受到挑战。但是一人公司毕竟是极少数，属于特殊情形。所以我国公司法对一人公司设专节规定，其设立条件与普通的公司稍有不同。除了一人公司之外，其他的公司都是 2 人以上。《公司法》第 24 条要求"有限责任公司由五十个以下股东出资设立"，其实就是 2 人以上 50 人以下的意思，之所以没有说"2 人以上"，是因为有一人公司的存在；《公司法》第 78 条则明确要求"设立股份有限公司，应当有二人以上二百人以下为发起人"。

因为发起人也是股东，[①] 所以股份有限公司同样有 2 人以上的要求。[②]

有的国家历史上曾经对公司的股东人数提出过较高的要求，例如，1862 年英国公司法要求 7 人以上，但是现在一般都放宽到了 2 人以上（包括本数）。我国 1993 年公司法也要求股份有限公司股东人数在 5 人以上，但是 2005 年对公司法作了修改，也将 5 人的要求放宽到了 2 人。

关于股东人数的要求之所以容易满足还不仅在于人数要求低，对股东资格的要求也很低，即不要求有完全的民事行为能力，未成年的小孩都可以凑数，只要作为发起人的那个股东具有完全民事行为能力就可以了。[③] 著名的萨勒门诉萨勒门案[④] 就是一个典型的例子。该案中的公司是根据 1862 年英国公司法成立的英国公司。该法要求 7 个股东，萨勒门先生让他的老婆孩子都来凑数，给他们每人一股股份。人家上法院告他说那些股东都是挂名的假股东，真实的股东只有萨勒门先生一个人，因而萨勒门公司在股东人数上不符合公司法的要求，不应当认定为公司。但是法院最终判决萨勒门可以这样做，因为法律没有规定股东不可以挂名。

除了自然人之外，法人也可以充当股东，这是没有疑问的。在母子公司关系中，母公司是子公司的股东，而且是控股股东。在非控股关系中，一个公司持有另一个公司的股份，从而成为该另一个公司的股东，是常有的现象。

不过，我国现行法律为了防止官商结合，禁止某些特定的人成为公司股东，如国家公务员，包括法官、检察官等，都不可以做股东。[⑤]

上面讨论的是法定人数的低限——两个以上。这个要求很容易满足。我们再来看法定人数的高限。股份有限公司的发起人在 200 人以下，这个没有问题，实践中设立公司的发起人不需要这么多，几个人就够了。但是有限责任公司的股东不得超过 50 人，这个高限在绝大多数情况下足够了，因为有限责任公司的股东一般只有两三个或者五六个的样子，超过 20 个的很少。但是在个别情形下，也有超过 50 个的，主要是在国有企业和集体企业改制的过程中，有的企业采用了让全体职工参股的办法。当一个企业的职工人数超过 50 人时，自然就会发生股东超过 50 人的情况。为了满足公司法关于股东人数在 50 人以下的要求，很多企业成立了职工持股会或者共有资产管理委员会，将许多职工的股份挂在持股会或者管理委员会的名下。请看下面的案例。

---

① 发起人一般都会充当股东，而且是控股股东。有没有人发起设立公司而不当股东的？我们没有这方面的实证数据，但是从理论上说也可以有。让我们假设一个有经营管理才能的人，与有钱投资的股东约定由他发起设立公司、担任公司法定代表人并经营管理公司，领取薪水，但是不持有股份。这就是不当股东的发起人。实际情形丰富多彩，应有尽有。发起人不当股东的情形肯定是存在的。当然，有一点可以肯定，即使有，这种情形也是极个别的。

② 实践中设立公司时，发起人少的一两个，多的五六个，不需要 200 人，连 100 个或者 50 个都不需要。所以公司法 200 人的规定显得多余。

③ 所以股份有限公司 2 人以上 200 人以下的发起人都必须具有完全的民事行为能力。

④ Salomon v. A Salomon Ltd [1897] AC22。

⑤ 这是对有限责任公司和发起设立的股份有限公司中的股东而言。上市公司中的小股东应该没有问题。这些公务员在证券交易所购买股票是不违法的。

【案例 5-1】

袁丽杰与北京八达岭金宸建筑有限公司股东会或股东大会、
董事会决议撤销纠纷案 ①

北京八达岭金宸建筑有限公司（以下简称金宸公司）系由北京市延庆县建筑安装公司（以下简称建安公司）改制而来。建安公司成立于 1983 年，为集体所有制企业，从 2000 年起建安公司根据企业改制有关规定开始改制，2001 年 4 月 9 日，延庆县人民政府批复同意公司改革方案，企业性质界定为城镇集体企业，产权归企业所有。2001 年 12 月 26 日，延庆县财政局延财国字〔2001〕47 号批复确认建安公司 10 379 万元净资产归本公司全体劳动者共同所有。公司 200 多名国家正式职工经过股权量化，均在公司享有股权。但是在进行工商登记注册时，遇到了股东人数超出法律规定人数限制的问题，为了解决这个矛盾，经请示北京市工商局，采取了变通的办法，即由 49 个自然人加上共同共有资产管理委员会（以下简称管委会），一共 50 人为股东。2002 年 1 月 24 日，金宸公司经北京市工商行政管理局登记注册成立。

2008 年 4 月 11 日，金宸公司召开股东大会选举了董事、监事和管委会理事。股东袁丽杰认为该大会的召集程序、决议内容、表决方式违反了公司法及公司章程的相关规定，侵害了原告的合法权益，故于 6 月 2 日向北京市延庆县人民法院提起诉讼，请求撤销 4 月 11 日股东大会作出的选举董事、监事、理事的决议。理由是该股东大会实际上是全体员工大会，部分股东并未到场，被告只是依据没有表决权的被告员工和部分股东的表决通过了董事、监事和管委会理事的任免。

被告辩称：因为全体员工都是股东，所以召开的是股东大会而不是员工大会。虽然实到人数两百多，但在股东数上并没有超过工商登记的 50 个。49 个自然人股东之外的与会者都是管委会的代表。管委会是多个持股人的集合体，可以派主任一人参加，也可以派若干个代表参加。股东会是按照公司股东持有的股权数进行投票，并没有超出所代表的出资比例，不会损害原告的合法权益。

法院查明，金宸公司于 2008 年 3 月 24 日前通知 49 个自然人股东和 190 个共同共有资产委员会持股人参加会议，同时向每个被通知人发送金宸公司董事选票一张、金宸公司监事选票一张、金宸公司理事（管委会）选票一张。2008 年 4 月 11 日，金宸公司正式召开全体股东大会，包括自然人股东和挂在管委会名下的职工持股人共计 203 人参加投票，之后金宸公司根据选票汇总情况，作出京建企宸〔2008〕第 1 号、第 2 号和第 3 号决议，分别选出了董事会、监事会和管委会理事会。2008 年，袁丽杰以金宸公司股东大会的召集程序、决议内容、表决方式违反公司法及公司章程相关规定为由诉至法院，请求法院判令撤销金宸公司 2008 年 4 月 11 日股东大会作出的选举董事、监事、理事的决议。

法院认为：本案具有企业改制的特殊历史背景，虽然依据金宸公司的章程规定，公司股东为 49 个自然人和共同共有资产管理委员会，共同共有资产管理委员会在行使该

---

① （2009）一中民终字第 3331 号。原判词较长。为了节省篇幅，突出重点，精简内容，本书作者作了改编。

股权时，应当先由共同共有人在内部形成一个统一的意思，然后依据共同共有管理委员会章程，由共同共有管理委员会主任将这一统一意思表示于外部，但是为了提高企业决策效率，金宸公司通知所有持股职工参加股东会，然后根据选票按股东持有的股权数分别计票选出董事和监事，虽然召集程序和表决方式上存在一定瑕疵，参加股东会的实际股东人数符合公司法的有关规定，选举结果并不违反公司法的立法精神，也不影响每个股东和持股人的实际权利，所以应当认定本次股东会作出的选举董事和监事的决议有效。
一审判决：驳回袁丽杰的诉讼请求。[①]

原告不服一审判决，提出上诉。认为金宸公司有权参加股东大会的股东只能是公司章程确认的49名自然人和共同共有资产管理委员会的主任（或选举的代表1人）。然而金宸公司2008年3月24日却发了200多张选票，2008年4月11日到会参加选举投票的人达203人。即使参会的203人中除了49名自然人股东外其余的154人都是职工持股人，这些人也不能直接参加股东大会行使自己权利的。职工持股人只能参加所有人代表大会行使自己的权利，不能直接参加股东代表大会行使表决权。因此，职工持股人直接参加股东大会违反了公司法、《公司章程》和《管委会章程》的规定，故形成的决议依法应予撤销。

被告答辩称：公司法有50个股东的规定，并没有50人参加股东会的规定。管委会股东可以派主任一人（经授权代表未量化部分）参加选举，也可以派若干个代表（股东代表个人所持股权）参加选举，这并不违背公司法和公司章程的规定。这样安排得到管委会成员的赞同，是从公司的历史和现实出发，有利于公司发扬民主，维护公司的和谐和稳定。

北京市第一中级人民法院二审认为：金宸公司系由集体企业改制而成立的有限责任公司，虽然在工商局登记的股东为49个自然人和管委会，但是管委会实际由职工持股人组成。该部分经过量化后的职工持股人虽不是金宸公司登记备案的股东，但相对于金宸公司内部而言，其实际持有金宸公司的股权，考虑到金宸公司改制的历史背景，应认定该部分职工持股人具有股东身份并享有股东的权利。其参加股东会并未违反法律规定。金宸公司通知所有持股人参加股东会选举公司董事、监事，并未侵害袁丽杰及其他股东的权益。一审法院从提高企业决策效率的角度出发，认定本案所涉选举董事、监事的决议有效，并无不当。

虽金宸公司在召开股东会的过程中，一并由参会人员填写了理事选票，选举了管委会的理事，并作出京建企宸〔2008〕第3号决议，但管委会的权力机构所有人大会的组成人员，与全体持股人并无本质上的区别，选举理事亦是通过参会人员单独填写选票的方式进行的，尽管上述京建企宸〔2008〕第3号决议在表述上确有不当之处，该选举理事的行为在召集程序上亦有瑕疵，但由于选举管委会理事的意思表示明确，且选举理事并非股东会的职权，因此，上述决议应视为共同共有人选举理事所作决议，不应作为股东会决议看待。一审法院关于共同共有人选举理事系合法行使权利，与股东会无关，袁丽杰无权要求撤销的认定，并无不当。

维持原判。

---

① （2008）延民初字第01901号。

本案中，如果死抠字面意义，原告显然正确，被告似乎在狡辩，因为参加股东大会的人数确实超过 50 人了，不符合工商登记和公司法的规定。但是被告这样做既方便、高效，又不损害任何人。原告声称自己的合法权益受到损害，但是没有指出具体什么权益受到了损害。在没有具体利害关系和实用价值的情况下，原告的起诉本身就有点奇怪，好像纯粹为了维护法律的严肃性，或许是因为原告没有被选上董事等职位的关系。不管怎样，判词中没有任何有关起诉动机的透露。

法院的判决十分务实，既尊重历史现实，又尊重当事人的自主选择，尽量地减少对经济的干预。为了这个大方向而对法律条文做出灵活的理解和解释，是正确的判案思路。

二、注册资本

我国《公司法》第 23 条第 2 项对设立公司规定的第二个实体条件是"有符合章程规定的全体股东认缴的出资额"（第 76 条第 2 项与此类似）。其实，这就是注册资本，因为第 26 条明确规定："有限责任公司的注册资本为在公司登记机关登记的全体股东认缴的出资额。"

2014 年以前，《公司法》第 23 条第 2 项的规定是"达到法定资本最低限额"。当时的公司法要求"有限责任公司注册资本的最低限额为人民币三万元"（当时第 26 条第 2款规定），"股份有限公司注册资本的最低限额为人民币五百万元"（当时第 81 条第 3 款）。2013 年 12 月 28 日我国颁布对公司法的修改，取消了对注册资本最低限额，2014 年 3月 1 日起施行。[①] 通俗地说，现在 1 元钱甚至 1 分钱都可以成立公司了。注册资本的具体数额由股东自由认缴并由公司章程规定，可以是 1 分钱，也可以是几百元、几千万元或者更多，任股东自由选择和认缴。认缴之后也不一定实际到位，只要公司生意能做，政府不再干预。这就意味着验资手续也不必要了。2013 年及以前，股东的现金出资必须经过银行验资并出具验资证明；实物出资必须经过资产评估机构的评估并出具验资证明。这些服务都是要收费的，既加重了股东的负担，增加设立公司的费用，又降低了经济运行的效率。《公司法》的这一修改确实是我国公司资本制度的巨大进步。

但是股东出资作为公司资本依然需要注册。无论是 1 分钱还是几百元、几千万元，都必须登记。登记之后股东便有足额出资的法律义务。如果公司生意做得顺利，那不成问题；但是一旦公司资不抵债，到期债务不能清偿，债权人有权要求股东足额出资，即当初登记的注册资本必须实际到位，否则就需要补足差额。这样的法律后果是每个公司法律师都应当清楚的。

当然，如果注册资本为 1 分钱，就不会有补足出资差额的问题。但是这样的注册资本数额在面子上似乎不太好看，企业家一般不会做这样的选择。具体注册多少资本，是一个商事决策，但是注册了就有足额出资的义务。

---

① 2013 年 10 月，国务院常务会议决定将注册资本由实缴登记制改为认缴登记制，取消对有限责任公司（包括一人公司）和股份有限公司最低注册资本的要求，不再限制公司设立时股东或发起人的首次出资比例和缴足出资的期限。公司实收资本也不再列为工商登记事项。但是国务院只能制定法规，无权修改法律。所以两个月后，十二届全国人大常委会第六次会议审议通过公司法修正案草案，彻底废除最低注册资本限额，只是补齐了法律手续而已。

三、制定公司章程

《公司法》第 23 条第 3 项规定设立有限责任公司的第三个条件是"股东共同制定公司章程"。《公司法》第 76 条第 4 项也规定"发起人制订公司章程，采用募集方式设立的经创立大会通过"。章程是由发起人[①]按照公司法的要求制订的、约束公司及其全体参与者的基本组织和行为规则。通俗地说，它是公司的基本组织法。[②]

1. 发起人制定

《公司法》规定发起人制定股份有限公司的章程（第 76 条第 4 项），股东制定有限责任公司的章程（第 23 条第 3 项）。其实，有限责任公司的章程也是发起人制定的。发起人可以是全体初始股东，也可以是部分初始股东。发起人往往订有发起人协议。发起人协议中的很多内容如公司名称、注册资本、各人出资、经营范围等都会被章程吸收，所以二者在内容上有不少相同之处。

2. 内容包括组织和行为

《公司法》第 25 条对有限责任公司章程的基本内容做了规定：（一）公司名称和住所；（二）公司经营范围；（三）公司注册资本；（四）股东的姓名或者名称；（五）股东的出资方式、出资额和出资时间；（六）公司的机构及其产生办法、职权、议事规则；（七）公司法定代表人；（八）股东会会议认为需要规定的其他事项。

从这些内容上看，大部分是关于公司组织的，如（一）为公司的名称和地址，（三）（五）涉及公司的资本结构，（四）是公司的组成成员，（六）（七）是公司的领导机构；小部分是关于行为的，如（二）框定了公司的活动范围，（五）涉及股东的出资行为。

《公司法》第 81 条规定了股份有限公司章程的基本内容：（一）公司名称和住所；（二）公司经营范围；（三）公司设立方式；（四）公司股份总数、每股金额和注册资本；（五）发起人的姓名或者名称、认购的股份数、出资方式和出资时间；（六）董事会的组成、职权、任期和议事规则；（七）公司法定代表人；（八）监事会的组成、职权、任期和议事规则；（九）公司利润分配办法；（十）公司的解散事由与清算办法；（十一）公司的通知和公告办法；（十二）股东大会会议认为需要规定的其他事项。其中（二）（九）（十一）规范公司行为，（三）（五）涉及发起人行为，其余内容全是规定公

---

① 按照公司法的措辞，有限责任公司由股东制定章程（见《公司法》第 23 条第 3 项有限责任公司、第 60 条一人公司、第 65 条国有独资公司），股份有限公司由发起人制定章程（见《公司法》第 76 条第 4 项）。但是制订有限责任公司章程的那些股东也是发起人，所以这里统称发起人。

② 国内学界争议章程是合同还是自治规则。其实两种说法都有道理。有人提出章程内容法定，具有国家干预特点，以此来证明它不是合同，因为合同的内容是由当事人自由决定的。可是合同也有内容法定的情形，例如，《合同法》第 12 条建议了一般合同的条款，第 177 条规定了供电合同的内容，第 197 条规定了借款合同的内容，等等。其实，所谓的内容法定，只是指法律要求了必须具备哪方面的内容，至于具体填写什么样的内容，依然是由当事人决定的。例如《公司法》要求章程规定经营范围，但是具体什么范围依然是由当事人选择决定的；要求指定法定代表人，但是具体由谁来担任法定代表人依然是由当事人选举的。合同的条款也一样。所以内容法定这点不能说明章程是自治规则而不是合同。不过，如果把章程看作合同，那就是多边合同。多边合同的修改必须经全体缔约方一致同意，不能采用多数决，而章程按《公司法》规定可以通过超多数决修改，见下面关于章程修改的介绍。从这一点看，章程似乎与合同有别。

司组织的。而且即使那些行为性规范，也都与组织有关。

上述两个条文在末尾都有一个兜底条款：股东会规定的其他事项。说明除了法律要求必须规定的基本内容之外，发起人或公司股东还可以补充规定其他内容。在学术上，法律要求必须规定的内容称为必要记载事项，由发起人或者股东自主决定的内容称为任意记载事项。必要记载事项的缺少会使章程无效，从而导致设立无效；任意记载事项按照股东的意愿写入，少一项多一项都不会使章程无效。不过，一旦写入章程，无论是必要记载还是任意记载，都是章程的内容，都具有最高的效力。

对于公司法有明文规定的必要记载事项，当事人能否作出调整？例如董事会的议事规则，《公司法》第40条已经规定清楚，章程能否作出不同的规定？根据私法自治的原则，只要不损害社会公共利益，且与法律的精神不相抵触，答案是肯定的。

【案例 5-2】

河南林都实业有限公司、河南鄢陵花木交易中心有限公司再审民事判决书 [①]
河南省高级人民法院 2017 年 11 月 2 日

河南鄢陵花木交易中心有限公司（以下简称花木公司）有两家股东，注册资金 1 亿元。河南中远投资有限公司（以下简称中远公司）出资 7 200 万元，占 72%；河南林都实业有限公司（以下简称林都公司）出资 2 800 万元，占 28%。花木公司的董事为姚秋平、袁发义、牛泳，监事为李成龙。

2014 年，中远公司发起召集临时股东会选举新的董事和监事，免去原董事和监事的职务。而后新的董事会产生新的董事长。花木公司的章程第 17 条规定："股东会会议由董事长召集和主持；董事长不能履行职务或者不履行职务的，由监事召集和主持；监事不召集和主持的，代表十分之一表决权的股东可以自行召集和主持。"林都公司根据该条规定认为股东会应由董事长召集，中远公司擅自召集股东会的程序违法，请求法院撤销该次临时股东会决议并宣告随后的董事会决议无效。

《公司法》第 40 条规定："有限责任公司设立董事会的，股东会会议由董事会召集，董事长主持；董事长不能履行职务或者不履行职务的，由副董事长主持；副董事长不能履行职务或者不履行职务的，由半数以上董事共同推举一名董事主持。有限责任公司不设董事会的，股东会会议由执行董事召集和主持。董事会或者执行董事不能履行或者不履行召集股东会会议职责的，由监事会或者不设监事会的公司监事召集和主持；监事会或者监事不召集和主持的，代表十分之一以上表决权的股东可以自行召集和主持。"一审法院认为花木公司章程第 17 条规定的内容与公司法不一致，因为公司法规定召集权在董事会，董事长只是会议主持人，而章程却将召集权交给了董事长。董事长不等于董事会。公司法的规定是效力强制性的，花木公司章程第 17 条与其矛盾，应为无效。中远公司作为股东符合公司法要求的持股 10% 的条件，所以临时股东会决议有效，因而随后的董事会决议也有效。

---

① (2017) 豫民再 226 号。

林都公司不服，向许昌市中级人民法院上诉。二审同意一审的观点，维持原判。

林都公司仍然不服，向检察机关申诉。河南省人民检察院提起抗诉。河南省高级人民法院同意再审。省检察院认为，《公司法》第40条第1款不属于效力性强制性规定。花木公司章程第17条虽然与《公司法》第40条第1款规定不一致，但不违反效力性强制性规定，不应认定为无效条款。林都公司申诉认为，《公司法》第40条是管理性规范，不属于效力性规范。

河南省高院比较了《公司法》和花木公司章程规定的内容：前者规定的股东会会议召集人依次为董事会或者执行董事、监事会或者监事、代表十分之一以上表决权的股东，主持人依次为董事长、副董事长、半数以上董事共同推荐的一名董事、监事会或者监事、代表十分之一以上表决权的股东；后者规定的股东会会议召集和主持人依次为董事长、监事、代表十分之一表决权的股东。"比较两者，花木公司章程与《中华人民共和国公司法》的相关规定尽管不一致，但并未构成实质性冲突，故花木公司章程及相关条款并不因此而无效。公司章程及其有关条款的效力判断，应以是否违反法律、行政法规的强制性规定为依据。原判认定花木公司章程第17条无效错误，本院依法予以纠正。"

"花木公司章程第十七条规定了临时股东会议的召集程序及主持人，且明确在董事长、监事不履行召集和主持股东会会议职务的情况下，代表十分之一表决权的股东可以自行召集和主持股东会会议。本案中，中远公司召集并主持花木公司2014年第一次临时股东会议，并未提供证据证明花木公司董事长不履行召集和主持股东会的职责，或者在董事长不履行上述职责后公司监事亦不履行职责的情形，故其召集和主持临时股东会议的程序违反了公司章程规定，亦与《中华人民共和国公司法》的相关规定不符。"林都公司根据《公司法》第22条第2款在法定期限内向法院起诉请求撤销花木公司2014年临时股东会决议，"于法有据，本院依法予以支持。"

于是，河南省高院撤销了二审判决，并判决花木公司2014年临时股东会决议和随后的董事会决议无效。①

本案认定《公司法》第40条的效力是管理性的而非强制性的，因而公司章程可以将股东会召集权交给董事长。由此可见，《公司法》中的许多规定是缺省性质的，当事人可以根据自身的需要通过章程或合同予以改变。

但是由于我国的市场经济和公司实践都还不够发达，商事法律水平普遍低下，所以对公司法的理解往往比较死板，倾向于将大部分规定理解为效力强制性，本案中的一审法院就是如此。

在实际操作中，各地工商局都根据公司法对章程内容的规定制定了格式章程，挂在他们的网站上，供人在申请登记公司时下载使用。这本来是为了方便申请人而提供的一种服务。申请人有自主决定用与不用的权利。但是有的工商局很死板，要求申请人严格

---

① 请注意，花木公司及其大股东中远公司败诉完全是程序性的，不是实体性的。它们在败诉之后仍然可以再走章程规定的程序去达到撤换董事会和董事长的目的：先请董事长姚秋平召集；如果遭到拒绝就请监事李成龙召集；如果再遭到拒绝，那就可以自己去召集。如果姚秋平或者李成龙同意召集，那么在股东会上中远公司凭借自己的绝对多数股份仍然可以撤换董事。

按照格式填写，不允许改变格式条款的内容。究其原因，就是将那些公司法已有具体规定的条文都理解成效力强制性的了。由于权威机关对公司法条文的性质是管理性还是强制性还没有一一澄清，各人理解不尽相同，所以各地工商部门对于申请人改变章程格式条款的宽容度也有所不同。申请人在申请公司登记时如果要改变格式条款，还需要与工商办事人员协商沟通方可通过。

3. 生效时间

章程自公司成立即营业执照颁发之日起生效。因为只有有了公司，才有章程；否则，它就还不是章程。但是有人认为有限责任公司和发起设立的股份有限公司的章程从股东签名、盖章时起生效，募集设立的股份有限公司的章程从创立大会通过时起生效。[①] 也有人认为根据章程的具体内容，有的部分从签名、盖章时起生效，有的部分从公司成立时起生效。[②] 这些说法都各有道理。不过，在公司成立之前，章程至多只是一份多边合同，它的效力是合同性质的，还不是凌驾于其他一切文件之上的基本组织法。另外，还要看发起人之间有没有订立发起人协议。如果有这样的协议，那么在公司成立之前，应当以协议为准，章程只对协议内容起辅助性的补充和证明作用。如果没有发起人协议而只有章程，那么章程在公司成立之前就代替了发起人协议，其中属于发起人协议的内容自然应当从签名、盖章时起生效。重要的是看实践中在这个问题上出现了什么样的纠纷，如何按照公平理念去处理纠纷。在公司法对这个问题还没有明确规定的情况下，只能具体情况具体分析，从实际判例中去探讨章程在公司成立之前究竟应该具有什么样的效力。

4. 最高效力

作为公司的基本组织法，章程之于公司犹如宪法之于国家、合伙合同之于合伙。在公司制定的各种规章制度、起草的各种文件议案、通过的各种决定决议中，章程居于最高的地位，具有最高的效力。一切与章程抵触的文件内容都是无效的，一切不符合章程规定的行为都是违规的。章程不但约束公司，而且约束参与公司事务的每一个个人和机构，包括股东、公司雇员，尤其包括公司的董事、监事和其他管理人员，还包括公司的最高权力机构股东会、执行机构董事会和监督机构监事会。所有这些个人和机构都必须在章程规定的范围内活动，不得违反。当然，所谓最高效力，是就公司起草的文件而言的。与法律、法规相比，章程的效力自然较低。因此，从比较的角度看，章程对于公司是仅次于法律、法规的基本组织和行为规范。

5. 对抗效力

最高效力是对内的；对抗效力是对外的。根据我国《民法总则》第 61 条第 3 款的规定："法人章程或者法人权力机构对法定代表人代表权的限制，不得对抗善意相对人。"可见，章程没有对抗善意第三人的效力。

不过这个问题曾经引起过很多争论。主要是章程对法定代表人的权力做了限制性规

---

① 施天涛著：《公司法论（第二版）》，124 页，北京：法律出版社，2006。

② 赵旭东主编：《公司法学（第二版）》，184 页，北京：高等教育出版社，2006。

定，事后该代表人超越章程认可的权力范围代表公司与第三人签订了合同，公司董事会能不能以章程有规定，章程是公开文件，第三人应当知道代表人越权为理由，请求法院宣告合同无效？应该说，章程没有对抗第三人的效力。因为虽然它是登记公示的文件，但是习惯上人们在签订合同时不会去查阅对方的章程。商事活动讲究效率原则，查阅登记文件既麻烦，又不太现实。这一点，我国公司法学界一般也都是承认的。

但是在法律对章程规定有明文提示的地方，有学者认为，章程的规定可以对抗第三人。例如，《公司法》第16条规定公司为他人担保时要按章程规定办理，章程对担保数额有限制的，不得超过限额。在这种情况下，第三人在接受担保时应该有审查章程的义务，因为任何人都可以被推定为知道法律规定。[①] 这种说法似乎很有道理。但是我国法院在审判实践中为了保护交易安全，却确定了完全相反的规则：[②] 即使在这法律明文提示的地方，章程的规定也不能对抗第三人，第三人没有审查章程的义务。可见，无论法律有没有明文提示，公司都不得以自己的章程为由对抗善意第三人。2017年颁发和实施的《民法总则》中对章程对抗效力的规定确认了这条审判规则。[③]

6. 超多数决修改

章程由股东会修改。股东会通过决议一般采取简单多数决（即半数以上）规则。但是由于章程的重要性，公司法要求修改章程实行超多数决。超多数决是指超过某个大于半数的数字，一般为三分之二、四分之三、90%，等等。有限责任公司须经代表三分之二以上表决权的股东通过，股份有限公司须经出席会议股东所持表决权的三分之二以上通过。[④]

但是超多数决修改也有个别例外。在"李淑萍、郑州伏尔斯新能源科技有限公司公司决议纠纷再审案"[⑤] 中，公司章程规定公司不设董事会，只设执行董事，执行董事任期3年，连选可以连任，修改章程须经三分之二以上有表决权的股东同意。该章程第21条特别规定："执行董事为公司的法定代表人。选举李淑萍为公司法定代表人。"当李淑萍任期届满时，公司股东会以60%的股权同意通过撤换执行董事和法定代表人的决议。由于李淑萍的名字写进了公司章程，在她任期届满时选举别人会引起章程的改动，是否需要三分之二以上的超多数决，便是一个问题。河南省高级人民法院认为："具体指名由何人担任公司法定代表人，不属于公司章程的必备事项，且公司章程将李淑萍担任公司法定代表人列入章程的同时也规定了执行董事的任期。因此，执行董事任期届满，选举何人担任新的执行董事，作为法定代表人，不属于修改公司章程的事项，不需要代表

---

① 赵旭东主编：《公司法学（第二版）》，201页，北京：高等教育出版社，2006。
② 见第七章第一节第二小节"隐含权力与明文限制"第三部分"对担保的限制"中引自2011年2月10日中华人民共和国最高人民法院公报〔2011〕第2期的案例"中建材集团进出口公司诉北京大地恒通经贸有限公司、北京天元盛唐投资有限公司、天宝盛世科技发展（北京）有限公司、江苏银大科技有限公司、四川宜宾俄欧工程发展有限公司进出口代理合同纠纷案"。
③ 当然，民法是一般法，公司法作为特别法依然可以作出不同于一般法的特殊规定。不过在担保问题上，《民法总则》的这条规定非常适合我国的公司实践，公司法没有改变的必要。
④ 见《公司法》第43条（有限责任公司）和第103条（股份有限公司）。
⑤ （2018）豫民再655号，2018年9月18日。

三分之二以上表决权的股东通过。"也就是说，简单多数即可通过，决议有效。按照河南省高院的解释，因为由何人担任法定代表人不是章程的必要记载事项，所以调换章程中法定代表人的姓名不算修改章程。

7. 章程与规章的关系——现行规定尚可改进

除了作为基本组织法的章程之外，公司还有许多内部的管理制度。《公司法》第46条第10项赋予董事会以"制定公司的基本管理制度"的权力。这些内部的管理制度，统称为公司规章，其效力低于章程。可见，股东制定章程；董事会制定规章。将章程与规章两相比较，章程是公开文件，因为它是在工商局登记公示的，任何人都可以去查阅；而规章则是对内管理上用的。[①] 从这个角度去看，上述《公司法》第25条和第81条两个条文规定的章程内容，如机构的产生与任期、通知办法、公司利润分配办法等，都属于内部管理的性质，可以不公开，如果由公司规章去规定，或许更加合理一些。尤其是公司的解散事由与清算办法，公司法已经有详细的规定，却作为必要记载事项要求章程重复，似乎不太必要。因此，从立法技术上看，这两个条文所规定的章程必要记载事项很有精简的必要。

当然，由于章程效力较高，又难修改，所以股东在制定或修改章程的时候，对于内部管理中的一些重要内容，如果不希望轻易改动，也可以选择写入章程。一旦写入，董事会就无权改动，其在制定管理制度时就只能遵从，不得违背。

8. 美国经验比较

美国的公司也有对外对内两个文件。对外公开、内容法定、在政府机关登记的文件叫设立条款（articles of incorporation），相当于我们的章程；只对内、自主制定、不需要登记的文件叫规章（by-laws）。相比之下，他们的设立条款很短、很简单，只含有公司最基本的信息。[②] 最简单的设立条款短得连一张明信片也填不满，只有3项内容，即公司名称、授权股份数、公司的登记地址和代理人姓名。根据各个公司的具体情况，有的设立条款会比这长一些。例如，如果公司有多类普通股，就需要注明每类股份的名称、权利和优惠条件、选举董事的数量和初始董事的姓名及地址；如果有分批发行的优先股，就要注明每批批名或批号，并说明各批在相对权利、优先程度及限制上有何不同，或注明授权给董事会确定，等等。[③] 总之，他们的股权结构比我们复杂，但是登记文件却比我们简单。这自然有利于简化设立公司的手续，提高工作效率。不过，他们的内部规章往往很长，有好几页纸，写得很详细，凡是内部管理和公司运作方面的规定都写在规章里。规章像一本操作手册，含有日常交易的所有的基本规则，董事和官员们对规章一般都比较熟悉，在处理公司事务时常常把它当作一张核对单。[④] 而我们的章程经常是摆设，

---

① 国家工商局是这样规定的，但是地方工商局往往有很多土政策，将企业的登记材料分为内档和外档。外档任何人都可以自由查阅，而内档的查阅受到种种限制，比如需要得到企业的允许、出示立案材料、律师证，甚至要看营业执照原件等。章程属于内档。

② 美国商事公司法范本要求章程至少含有以下内容：（1）名称；（2）准予（授权）发行的股份数；（3）（住所）注册的办公室地址和该处的代理人姓名；（4）每个发起人的姓名和地址。

③ 如纽约州公司法。

④ 此外，公司可能选择把某些内部管理的规定写在设立条款里以使它们更加长久，更难修改。

没有人去注意它、用它。[①]

此外，他们的法律规定和对设立条款的要求都比我们灵活。根据多数人的需求，公司法作出可供选择的规定。比如以前的法律[②]曾经要求设立条款写明公司的目的（经营范围）和存续期间，现在考虑到几乎所有的公司都选择永久存续、从事一切合法的经营活动，于是公司法直接规定所有公司均具有这两个特征，除非设立条款写明有限的期限和目的。这样的规定叫"选出去"条款，即法律赋予了你永久存续和泛目的经营权利，但你可以自我限制，选择不要这些权利。又如新发股份的优先购买权和累积投票权，美国商事公司法范本[③]规定股东没有这些权利，除非设立条款规定有。[④]这样的规定叫作"选进去"条款，即你选了才有这些权利，不选就没有。还有很多州公司法规定半数以上股份组成股东会会议有效人数，但是设立条款可以选择减少该数。这些可选择权利的规定，既赋予了公司极大的自主权，又方便了设立条款的起草，缩短了篇幅，简化了设立手续，提高了工作效率，体现出法律为经济服务的功能，值得我们学习和借鉴。现实中，我们的立法和执法都比较死板，没给当事人提供更多的选择余地，更有甚者，有的工商局还要求你按照他们的格式章程填写，不得改动，改了不能登记。[⑤]

四、有公司名称和组织机构

《公司法》第 23 条第 4 项规定设立有限责任公司的第四个条件是"有公司名称，建立符合有限责任公司要求的组织机构"；相应地，《公司法》第 76 条第 5 项对设立股份有限公司要求"有公司名称，建立符合股份有限公司要求的组织机构"，语言完全相同。自然人有自己的名字，以便于别人称呼；公司有自己的名称，以便于称呼和辨认。公司名称是公司成立的必要条件，也是公司的营业执照和公司章程的必要记载事项。任何与公司有关的文件上，都会有公司名称。

1. 名称的组成

与商标可以使用记号、符号或图形不同，公司名称必须用文字表示，使人们可以称呼。根据《企业名称登记管理规定》[⑥]和《企业名称登记管理实施办法》[⑦]的规定，我国企业的名称由四个部分组成：行政区划、字号、行业、组织形式。行政区划是注册机关的行政级别和行政管辖范围。例如，在国家工商局注册——"中国""中华"；在省工商局注册——

---

① 时建中对此有同样的看法，见他写的《公司章程》。赵旭东主编：《公司法学（第二版）》，183 页、189 页，北京：高等教育出版社，2006。

② 1969 年美国商事公司法范本。

③ 美国商事公司法范本（Model Business Corporation Act）最初是由美国律师协会于 1950 年起草编纂的，经过 1969 年、1984 年两次较大的修改，最近一次修改是在 2002 年。它是从美国 50 个州的公司法和法院判例中提炼出来的公司法模板，属于民间性质的学术文件，但是已经被美国 24 个州的议会所采纳，成为这些州的公司法。它们在采纳的时候可能根据各自的需要做一些小修小补。对于那些没有采纳的州，它们的法院在判案时也经常引用公司法范本的规定。从总体上说，公司法范本反映了美国大多数州的公司法现状，所以相当权威。

④ 1984 年美国商事公司法范本 6.30 条和 7.28（b）条。

⑤ 赵旭东主编：《公司法学（第二版）》，189 页，北京：高等教育出版社，2006。

⑥ 国家工商行政管理局 1991 年 5 月 21 日第 7 号令发布，7 月 1 日起施行。见该规定第七条。

⑦ 1999 年 12 月 8 日国家工商行政管理总局颁布，2004 年 6 月 14 日修订。见该办法第九条。

"××省"；依此类推。但外商投资企业，"历史悠久，字号驰名的企业"不受这一规定的限制。字号也叫商号，由当事人自选，须由两个以上汉字或少数民族文字组成。行业以企业的主营业务为准，如钢铁、服装、五金等。组织形式按照《公司法》第 8 条的规定，有限责任公司必须标明"有限责任公司"或者"有限公司"字样，股份有限公司必须标明"股份有限公司"或者"股份公司"字样。例如，公司名称"浙江省嘉兴市天马服装有限责任公司"，其中"浙江省嘉兴市"是行政区划，"天马"是字号，"服装"是行业性质，"有限责任公司"是组织形式。在企业名称的这四个组成部分中，字号最重要。为了简便，平时人们称呼一个企业的时候往往不用全称而用字号，除非在正规的文件中。例如，人们不会称呼"浙江省嘉兴市天马服装有限责任公司"，而会称呼"天马"。

各国法律对企业名称的要求有所不同，分为真实主义、自由主义、折衷主义。真实主义要求企业名称尽可能地反映客观现实；自由主义没有这样的要求；折衷主义在企业设立时要求客观真实，但是允许以后因经营范围的改变或者名称的转让而出现名实不符的情况。从我国对企业名称中的行政区划和行业性质的要求来看，显然采取了真实原则。

《企业名称登记管理规定》及其《实施办法》还罗列了企业名称中禁止出现的内容和限制出现的内容，如不得使用国家名称、政党名称等，区域性的公司不得使用全国、中华等，有兴趣的读者可以参阅这些规定。

国外设立企业在名称的选择上自由度比我国大，限制比我国少，但是也有限制。例如，英国有一家企业经营妓院，在登记名称的时候先用"妓女有限"，被登记机关拒绝；又用"诱惑有限"，也被拒绝；再用"法国经历有限"（浪漫体验）等名称，都被拒绝；最后采用"琳娣·圣可莱（个性服务）有限"才勉强被接受。[①]

2. 名称的保护

名称是公司特定的人格标记，公司借此区别于其他民事主体。因此，公司名称具有唯一性和排他性。唯一性是指一个公司只能有一个名称，在其登记机关的辖区内只有这一个名称。排他性是指公司将自身的名称登记之后，便有权禁止同类业务的公司使用相同或类似的名称。"类似"指两个公司的名称差异不易辨认，易于对公众产生误导作用，例如，"稻香村"与"稻杏村"，"大方"与"太方"等。[②]

不过，根据《企业名称登记管理规定》，我国企业名称的排他性极其有限。因为该规定仅仅要求在同一登记机关辖区内，同行业的企业不能有相同或类似的名称。这意味着在两个登记机关的辖区内，或者在同一辖区内的不同行业之间，可以出现相同或类似的名称。《企业名称登记管理规定》是在 1991 年颁发的，企业名称地域保护范围的狭小反映了当时我国商品经济不够发达，企业规模小、活动范围小的客观现实。今天，我国

---

① 见 R v. Registrar of Companies ex parte Attorney General [1991] BCLC 476。该企业设立之后，英国皇家以经营宗旨有违公共利益为由提出异议，最终该企业仍被除名。

② 江平主编，方流芳副主编：《新编公司法教程》，59 页，北京：法律出版社，1994；赵旭东主编：《公司法学（第二版）》，157 页，北京：高等教育出版社，2006。

此外，商标中也有类似的混同情况，可以请求司法救济，如 M&M 是美国的糖果名牌，在我国也有生产和销售。宁波一家糖果企业申请了 W&W 的商标。两种糖果形状类似，极易混淆，所以外商起诉，初审败诉后又上诉。后来按照上面领导的指示，外商最终胜诉。

经济的发达程度和企业的规模都有了很大的提高，这种狭小的保护范围已经不够了。[①]
相比之下，《保护工业产权巴黎公约》规定的地域保护范围就很广："厂商名称得在本同
盟成员国内受到法律保护，不必申请注册，也不论其是否为商标的组成部分。"可见，
企业名称是工业产权的保护对象之一。

当名称权受到侵犯时，公司除了排他即禁止他人使用之外，还可以要求侵犯人就已
经使用的部分赔偿损失。《企业名称登记管理规定》第 27 条规定："擅自使用他人已经
登记注册的企业名称或者有其他侵犯他人企业名称专用权行为的，被侵权人可以向侵权
人所在地登记主管机关要求处理。登记主管机关有权责令侵权人停止侵权行为，赔偿被
侵权人因该侵权行为所遭受的损失，没收非法所得并处以五千元以上五万元以下罚款。
对侵犯他人企业名称专用权的，被侵权人也可以直接向人民法院起诉。"

3. 名称的价值

公司名称凝聚商誉，是一种无形财产，具有商业价值。这种价值在名称转让时尤其
明显。当一个企业收购另一个企业，或者两个企业合并的时候，往往会对企业的商誉做
出评估。该商誉的价值就是企业名称的价值。

至于《公司法》第 23 条第 4 项和第 76 条第 5 项所说的建立符合公司要求的组织机构，
那是指股东会、董事会、监事会三个机构，一般公司都应建立，但是一人公司和国有独
资公司情况特殊，法律设专节规定，在机构的设置上可以有所变通，详见相关的条文。

> **当场练习：** 甲公司登记为乙公司，但仍兼用甲公司的名称，并以此签订了担保合同。
> 当要它承担担保责任时，它却说我是乙公司，不是合同上写的甲公司。如果你是
> 法官，你怎么判决这个案件？[②]

五、有公司住所

《公司法》第 23 条第 5 项规定设立有限责任公司的第五个条件是"有公司住所"；
相应地，《公司法》第 76 条第 6 项对设立股份有限公司也要求"有公司住所"，语言完
全相同。

根据 2013 年 10 月 25 日国务院常务会议的决定，对住所的登记条件将按照方便注
册和规范有序的原则予以放宽，由地方政府具体规定。据此，上海市规定企业可以登记
在任何地址，比如股东自己的家庭住址。这对于一些不需要什么场所的小企业，特别是

---

① 实际操作中的保护范围有所扩大。例如，在杭州市西湖区设立一家小公司，应在西湖区工商局登记并
在西湖区范围禁止同名重复。但是因为现在整个杭州市都联网了，所以西湖区工商局在初步查询发现没有问题
之后还要上报到市局，让市局在整个杭州市的范围内查过之后方可通过。但是整个浙江省的工商局还没有联网，
所以省内就无法避免同名重复了（2013 年 11 月 8 日从杭州市工商局了解此情况）。

② 乙公司当然不能逃脱责任。理由如下：（1）甲公司即乙公司。甲公司是旧名称，在商事活动中依然使
用，在本案中可以认定为有效。（2）乙公司具有欺诈的故意，对方为善意第三人，应当受到法律的保护。

利用网络提供服务的企业来说是一大便利，免得专门租用场地支付租金。另一方面，这样的规定使得公司的实际营业地可以和住所完全脱节。实践中比较多的是使用律师事务所的地址作为公司住所。于是，数十家，甚至数百家公司可以登记在同一个地址。这种情况在美国是习以为常的，如公司的营业地在西海岸的加州，注册地却在东海岸的特拉华州，并且与其他数百家公司使用同一个住所地址。随着经济的发展，估计以后全国各地都会学上海市的做法。

1. 住所的法律意义

自然人有住所，公司也有。住所是法律上确认的公司所在地。它在实际诉讼和行政管理中具有以下多方面的用处。

（1）在民事诉讼中，住所是确定法院管辖权与诉讼文件送达地的标准。民事诉讼的一般惯例是原告就被告，即在被告所在地法院起诉。被告所在地就是根据被告的住所确定的。住所还是法律文件的送达地。根据《民事诉讼法》第79条的规定，在文件接收人拒绝接受文件的时候，送达人可以将文件留在接收人住所，视为送达。

（2）在行政管理中，据以确定工商管理机关、税务机关等。

（3）在合同纠纷中，当合同对履行地规定得不明确时，通过住所确定合同履行地。《民法通则》第88条第2款第3项规定："履行地点不明确，给付货币的，在接受给付一方的所在地履行，其他标的在履行义务一方的所在地履行。"

（4）在涉外民事关系中，住所是认定适用何种法律的依据之一。

如果公司的住所发生变更，应该在工商局做变更登记。不作登记变更的，不得对抗第三人，即对方可以选择在公司原住所地起诉，也可以选择在公司的新住所地起诉，公司都将不得不应诉。

2. 住所的确定

对住所的确定，各国规定有所不同，有的以登记的管理机关所在地为住所，称为管理中心主义；有的以主要营业地为住所，称为营业中心主义；还有的通过公司章程指定，比如像上海市现在的做法，大概只能称为自由主义了。我国以前在这方面比较死板，都以在工商局登记的住所为住所，且住所只能有一个。美国采取营业中心主义，即以主要营业地为公司住所，但同时也以登记的公司地址为住所。所以美国的公司可以有多个住所。我国采用上海市的做法之后，必然会出现像美国那样一个公司有两个或两个以上的住所的现象。《公司法》第10条规定："公司以其主要办事机构所在地为住所。"当公司的主要办事机构在注册登记的住所地之外的时候，主要办事机构所在地是住所；而登记的住所无疑也是住所。这就有了两个住所。此外，对法条所指的"公司主要办事机构"还可以有两种理解：一是指公司的中枢机关所在地；二是指公司主要经营活动所在地。[①]在多数情况下，设立公司的时候公司的管理机关和它的主要经营活动往往在同一个地方。但是随着公司业务的发展，也会出现指挥中枢与主要营业地相分离的情形。一家全国性

---

① 例如，在2013年10月25日国务院常务会议的决定中，就有"住所（经营场所）"的字样。显然国务院将住所理解为经营场所，即经营活动所在地。

的公司，中枢机构在杭州，主要营业地在南京，登记的住所及登记机关国家工商总局都在北京，哪个地方是住所？恐怕这三个地方都是住所。当然，权威的结论还有待于司法解释或者判例的进一步澄清。

需要说明的是，《中华人民共和国公司登记管理条例》（以下简称《公司登记管理条例》）第 12 条规定："经公司登记机关登记的公司的住所只能有一个。公司的住所应当在其公司登记机关辖区内。"这个条文以后肯定会修改。就目前的解释而言，登记的住所只有一个不等于住所只有一个，因为可能还有不登记的住所。

第三节　设立公司的具体手续

成立公司，应当按照《公司登记管理条例》办理。根据该条例的规定，成立公司一律在工商行政管理局（简称工商局）[①] 登记。工商局分为国家、省（自治区）、县（区）三级。按公司的活动范围应当选择在其中的一级登记。

在确定了申请登记的工商局之后，具体的法律手续主要有两大步骤：第一是申请名称预先核准；第二是申请设立登记。申请人可以亲自到公司登记机关提交申请，也可以通过信函、电报、电传、传真、电子数据交换和电子邮件等方式提出申请。

一、申请名称预先核准

预先核准名称的目的，显然是防止企业名称重复，侵犯他人已有的名称权。

公司名称必须符合《企业名称登记管理规定》和《企业名称登记管理实施办法》的规定，具体由四个部分组成，已如前述。选定了公司的名称之后，就可以向工商局申请名称预先核准。

设立有限责任公司，由全体股东指定的代表或者共同委托的代理人办理；设立股份有限公司，由全体发起人指定的代表或者共同委托的代理人办理。办理时需要向工商局提交：（一）公司名称预先核准申请书，按条例规定，申请有限责任公司的需要全体股东在申请书上签署，申请股份有限公司的需要全体发起人在申请书上签署，实际操作中工商局一般要求全体投资人签署，自然人投资由本人签字，企业或单位投资人加盖公章；（二）申请人的身份证明，证明申请人是由全体投资人推选指定或者委托代理的，实际操作中需要两份材料：一份是由全体投资人签署的《指定代表或者共同委托代理人的证明》，另一份是该代表或代理人自己的身份证件复印件；（三）国家工商行政管理总局规定要求提交的其他文件，实际上总局并没有要求提交其他文件，所以符合（一）（二）两项就够了。

《企业名称预先核准申请书》和《指定代表或者共同委托代理人的证明》都有标准格式，可以通过国家工商行政管理总局中国企业登记网（http://qyj.saic.gov.cn）下载或

---

① 工商局现已并入市场监督管理局，该局下设的企业登记管理处将行使工商登记管理职能。但是由于长期以来形成的称呼习惯，本书中对于公司的登记机关仍然沿用工商局的称呼。

者到工商行政管理机关领取。不去下载由自己起草理论上说也是可以的，就看当地工商局受理不受理了。

名称核准程序比较简单，时间也比较快。最快的当场就可以核定，慢的则要三五天。[①]工商局在核准之后会发给申请人《企业名称预先核准通知书》。

二、申请设立公司

收到工商局的《企业名称预先核准通知书》之后，就可以申请设立公司了。设立登记需要提交9个（实际8个）文件。有限责任公司的申请登记文件按《公司登记管理条例》第20条提交，包括：

（1）公司法定代表人签署的设立登记申请书。这就意味着全体股东已经开会选举出董事会。按理说，公司尚未成立，哪来的法定代表人？所以在美国，选举董事和董事会都是登记之后的事情。我国公司法尚处于初级发展阶段，不必细究这些细节问题。

（2）全体股东指定代表或者共同委托代理人的证明。这是一个身份性的文件，表明办理申请的那个人有代表权或代理权，在申请名称预先核准时已经用过。

（3）公司章程。前一节已经对章程的起草和具体内容做过详细的介绍。章程定稿之后，一般按照工商局的要求必须由全体股东签署。

（4）股东的主体资格证明或者自然人身份证明。这些都是身份证明，一般复印件即可：自然人为身份证，企业为营业执照，事业法人为事业法人登记证书，社团法人为社团法人登记证。

（5）载明公司董事、监事、经理的姓名、住所的文件，以及有关委派、选举或者聘用的证明。

（6）公司法定代表人任职文件和身份证明。这（5）（6）两项都必须提交股东会的任命决议、董事会任命决议或其他相关材料。股东会决议由股东签署，董事会决议由董事签字。

（7）企业名称预先核准通知书。

（8）公司住所证明。提供房契或租赁合同的复印件。

（9）国家工商行政管理总局规定要求提交的其他文件。事实上，国家工商行政管理总局没有要求提交其他文件。但是地方工商局根据特殊企业的经营性质有时候可能会要求提交进一步的证明文件，例如，对生产型的企业在开业登记时要求提供环保部门出具的环评意见，对房地产企业要求提供建委的证明，等等。[②]如果没有这类特殊的要求，则申请人只要提交这里所列的前8份文件即可。

工商局一般要求申请材料使用A4纸。

---

① 以杭州市为例，如果在市工商局登记，申请人亲自到市局申请名称预先核准的，当场就可以核准。申请人不亲自去而通过网络申请要稍微慢一点。但是如果在西湖区登记，则区局先在区范围内核准，再报市局在市范围内核准，市局核准之后批给区局，这样一个来回就要三五天了（2013年11月向杭州市工商局询问了解的情况）。

② 这是笔者2013年年初向杭州市工商局询问所得的答复。

股份有限公司的申请登记文件按照《公司登记管理条例》第 21 条与有限责任公司类似，也是 8 个。这也是 2005 年法律大修改中的一大进步。因为法律越先进，手续越简明。以前两类公司申请设立时提交的文件差异较大，那是落后的表现。①

时间上，如果申请人亲自到工商局提交申请，只要申请文件和内容齐全，符合法定形式的，工商局会当场予以受理，当场准予登记，在 10 日内便可以领取营业执照，这是最快的。实际操作中一般不到 10 日，例如，杭州市工商局一般在材料齐全之后 5 个工作日颁发营业执照。② 如果申请文件齐全，但是工商局认为其中的某些文件需要核实的，它会受理，同时告知申请人需要核实的事项、理由以及时间，并在 15 日内作出是否准予登记的决定。如果申请文件和材料不齐全或者不符合法定形式，工商局会当场或者在 5 日内一次性告知申请人需要补正的全部内容。如果通过信函、电报、电传、传真、电子数据交换和电子邮件等方式提出申请，则工商局在收到申请文件、材料之日起 5 日内作出是否受理的决定，受理之后在 15 日内登记，而后 10 日内领取营业执照。这就比较慢，往往长达一两个月之久。③

上面说的是普通行业的公司设立步骤，一共两步：名称预先核准、设立登记。如果是特殊行业的公司，则应在名称获得核准之后报该有关部门审批，等批准之后再申请设立登记。那样就变成了三个步骤：名称预先核准、政府批准、设立登记。④ 相应地，在申请设立的文件中就应该增加一个：政府有关部门的批准书。具体哪些特殊行业需要政府专门审批，由专门的法律、法规规定，如银行法、保险法、证券法，等等。

第四节　成立公司的政策取向和其他问题

各国对商事组织的态度大致经过了自由主义、特许主义、核准主义和准则主义四个发展阶段。⑤ 最早的自由主义，是指国家对民间的商事组织放任自流，一概不管。那时候还没有公司这种组织形式，商事组织都承担无限责任。后来由于政治和经济的需要，一些商事组织获得了国王或者国会的特许，通过特许成立公司，便是所谓的特许主义。特许主义手续麻烦，低效，而且权力寻租，产生了大量的腐败，人民不满。最后在强大的舆论压力下，政府被迫通过立法将成立公司的权利赋予全体国民。这就是现代公司法诞生的背景。公司法将成立公司的条件规定得很清楚、很简单，符合条件的人都可以设立公司，这就是所谓的准则主义。西方国家很多都是从特许主义一跃而到准则主义的，

---

① 现行规定中的 9 个文件仍有些许小差别。第二项申请人在有限公司由全体股东指定，在股份公司由董事会指定。这点差别以后也应当取消，改成发起人，即申请人由发起人指定。这样，条例中的两个条文就可以合并成一条了。

② 这是笔者 2013 年年初向杭州市工商局询问所得的答复。

③ 本段内容的依据参见《公司登记管理条例》第 51~54 条。按照以前的规定，工商局在接到申请后 30 日内作出批准与否的决定，决定后 15 日内通知申请人，总共 45 个工作日，等于 9 周。相比之下，按现行规定效率高多了。可是，美国人成立公司只要几个小时，最多一天。和这样的效率相比，我国依然有很大的差距。

④ 参见《公司登记管理条例》第 17 条第 2 款。

⑤ 江平主编，方流芳副主编：《新编公司法教程》，79~80 页，北京：法律出版社，1994。

并没有经过所谓的核准主义阶段。但是有些国家，尤其是专制主义政治传统比较浓厚的东方国家，即使有了公司法，在许可成立公司方面也还没有完全达到准则主义的程度，因为法律对公司成立的条件规定得不那么简明，给政府机关留开了一部分审核批准的权力，这就是所谓的核准主义。

我国 1993 年公司法对有限责任公司基本上采取准则主义；而对股份有限公司则采取核准主义的态度，需要经过国务院授权的部门或者省级人民政府批准才能成立。2005 年公司法修改后对股份有限公司也采取了准则主义的态度。现行《公司法》第 6 条规定设立公司应当登记，符合本法规定条件的准予登记，不符合条件的不得登记。第 23 条和第 76 条分别规定了设立有限责任公司和股份有限公司的实体条件，已如前述。可见，普通行业设立公司，无论是有限责任公司还是股份有限公司，都实行准则主义。特殊行业如银行、保险、证券、军火等则根据《中华人民共和国银行法》（以下简称《银行法》）《中华人民共和国保险法》（以下简称《保险法》）等专门性法律仍然需要经过有关部门审查批准后才能设立公司，属于特许或核准主义。

根据我国公司法的规定，股份有限公司的设立方式有两种：发起设立和募集设立。发起设立公司，由发起人购买公司的全部股份；募集设立公司，由发起人购买不少于 35% 的公司股份，其余股份向社会募集。[1] 按照这样的分法，有限责任公司的设立也应该属于发起设立，尽管公司法对此没有做出明确的规定。

许多教科书上都区分成立和设立的概念，认为设立是以成立为目的的一系列活动，是一整个过程，而成立则是设立的最终结果。这种说法有一定的道理。但是在更多的情况下，设立、成立、筹建、组建，这几个词都是可以通用的，比如说公司正在设立的过程中，也可以说是在成立的过程中；说公司已经设立，也可以说已经成立。而公司法上讨论公司的成立，不是要纠缠概念，而是要研究在公司成立过程中的各种矛盾和纠纷。因此，本书中对这些词不做严格的区分，可以通用。

成立公司主要涉及过程和结果两大方面的问题。过程方面的问题主要包括发起人协议、股份认购协议、发起人对第三人的合同责任以及发起人为公司签订的合同对成立后的公司的约束力等。结果方面的问题分为两类：一是公司成立之后发现登记文件有瑕疵，[2] 因而从严格法律意义上讲公司还没有成立，那么在此期间以公司名义发生的债务由谁负责，公司还是个人？二是公司因实体条件不具备或者发起人弄虚作假等原因设立无效，由此导致的各种财产责任。

第五节　发起人之间的协议

发起人是创立和组合公司的人，可以是一人，也可以是几个人。他们一般都是富有进取精神的企业家，他们善于捕捉商机，有了具体的构想就付诸行动，试图创设一个盈

---

[1] 相关内容见《公司法》第 77 条、第 84 条。

[2] 在国外还有公司发起人以为登记了但实际上还没有登记的情况。但是这种情况在我国不可能发生，因为我们是以营业执照的颁发为准的。

利的企业。在公司成立的过程中，发起人大致有三方面工作要做：第一，筹集资本。他们可以个人投资、向银行贷款；如果从亲戚朋友处筹资，就需要一个一个地找潜在的投资者洽谈并确定对方愿意认购多少股份，然后签订认购合同以保证在公司需要的时候，这些资本能够到位。第二，用筹来的资本购买必要的生产要素，使公司运行起来。这包括土地使用权的取得、建造或者租赁必需的房屋、购买必要的机器设备、雇用必要的人员，等等。第三，安排成立公司。那就是像上一节所说的，按照《公司登记管理条例》第20条或第21条的要求备齐8个文件并向工商局申请登记。

我国《公司法》第79条规定："发起人应当签订发起人协议，明确各自在公司设立过程中的权利和义务。"但是该规定仅适用于股份有限公司；对有限责任公司，《公司法》没有作同样的规定。在该法第二章、第三章两章对有限责任公司的规定中没有出现"发起人"的字样。其实有限责任公司的成立同样需要有人发起。发起人可以是有限责任公司的全部初始股东，也可以只是部分初始股东。在这个问题上，现行公司法考虑不周。

如果发起人是一个人，那就不存在发起人之间的协议。但如果不是一个人而是几个人，他们之间就需要达成协议以协调内部关系。发起人协议又称成立公司的协议，在有限责任公司，有时候称股东协议或者股东之间的设立协议，性质上属于合伙合同，以成立公司为目的。每个发起人的出资和他即将得到的股份是协议的重要方面。如果部分出资要向其他人募集，也会在协议中写明。这样的协议是一份有效的合同，可以强制执行。

实践中发起人协议的形式多种多样。有取口头形式的，只要公司最终能够成立就无大碍。在发起人人数较少的情况下，经常是这样的。不过，口头的协议多半是君子协议，需要大家讲信誉；一旦有人赖皮，由于口说无凭，难以强制执行。也有取书面形式的，且详简不一。有罗列口头协议要点的备忘录；也有详细记录各方意图的正式文件，里面可以包含股东间协议的各个方面，如对于雇用、资本、投票权、股份转让等方面的理解，有没有具体的限制，等等。如果对协议内容发生争议，公司章程和会议记录复印件都可以附上作为书面证据。

为了避免可能发生的纠纷，发起人之间的协议最好取书面形式，由熟悉公司业务的律师起草，并将主要条款写进公司章程。

发起人协议与公司章程的关系十分密切，内容上高度一致。协议的基本内容通常都为章程所吸收。在协议取书面形式且较规范时，它的条文经常原封不动地为章程所搬用。不过如果有不一致或者矛盾的地方，在设立公司的过程中因为章程还没有生效，一般应以发起人协议为准，设立之后则应以章程为准。

当发起人协议采取正规书面形式时，有几个问题需要讨论：公司成立是否意味着协议的履行完毕？抑或协议的某些条文将继续有效并对各方当事人有约束力？这取决于当事人在合同中的意思表示。如果有些条文不因公司的成立而过时，而且当事人的意思在合同中表示得很清楚，希望这些条文长期有效，那就没有理由不允许。只是这样的条文不得与公司章程发生冲突，否则应视章程为对合同的有效修改。

例题 5-1

A 公司与 B 公司签订了成立 C 公司的协议，约定各出资 30 万元。A 与 B 共同起草了 C 公司的章程，其中规定 C 公司的注册资本为 60 万元，A、B 各出资 30 万元。后因 B 迟迟不缴纳出资，A 向法院提起诉讼，要求 B 承担违约责任。[①]

本案中你认为 A 应该要求 B 承担什么样的违约责任，是出资责任还是赔偿责任？A 能否胜诉？它的事实依据应当是发起人协议还是公司章程？

例题 5-1 分析和讨论

除非 A 十分缺钱而各方面的条件又十分有利，A 不应该要求 B 出资，而应该选择请求赔偿。[②] 因为由两个股东组成的有限责任公司，股份各占 50%，具有人合性质，需要互相信任和合作，才能把公司办好。既然已经撕破脸皮对簿公堂，就难以继续合作，所以不应该设立 C 公司。所谓各方面条件都十分有利，包括：（1）客观上能够强制 B 公司出资，比如 B 的银行账户上有足够的现金可以冻结等；（2）A 在诉讼前已经获得了代表登记设立的资格和 B 签署的各种登记申请文件；（3）C 公司成立后马上可以大量盈利。即使这样，A 也应该在适当时候将 B 赎买出来，否则 C 公司的长远发展前景不妙。

发起人协议是有效的合同，B 违约，A 可以胜诉。

例题 5-1 中发起人有书面协议，A 起诉的事实依据只能是协议，不能是章程。公司还没有成立，章程不具备章程效力。不过，在协议条文有歧义时，章程可以作为补充证据澄清歧义。如果协议是口头的，未生效的章程可以作为协议存在的证据。

例题 5-2

2003 年 7 月 2 日，某房地产开发有限责任公司与某绿色饮食有限责任公司（以下简称绿色饮食）共同发起设立红塔饮料有限责任公司。双方发起人订立协议，约定公司的筹备与注册登记由房地产公司负责。同年 8 月 15 日，绿色饮食依约将 105 万元投资款汇入房地产公司的账户。双方随后制定了公司章程，设置了董事会并召开了会议。但是房地产公司一直没有进行公司登记，到 2006 年 10 月，已经超过约定的注册时间近两年，公司业务因此无法开展。此时恰逢绿色饮食因业务变化，要求抽回出资。

如果你是房地产公司的法律顾问。公司领导依然想按协议成立公司，向你咨询可不可以拒绝绿色饮食的请求，马上申请登记注册。

例题 5-2 分析和讨论

本例中双方当事人签订的发起人协议是有效的合同。房地产方面超过约定的时间两

[①] 姜一春，方阿荣著：《公司法案例教程（第二版）》，42 页，北京：北京大学出版社，2010。
[②] 如果协议有违约金条款，请求赔偿比较方便。如果没有，原告就必须证明自己因对方的违约而遭受的损失。如果没有损失的证据，是无法获得赔偿的。

年没有申请注册登记，已经违约；绿色饮食有权要求终止合同，抽回投资款，还可以要求房地产方面支付利息并赔偿其他可能发生的损失。现在绿色饮食只要求抽回投资款，不提其他要求，属于了结纠纷最优惠的条件，应当马上答应，不能拒绝对方的合理要求。至于《公司法》中禁止股东抽逃出资的规定，那是指公司已经成立，与本案无关。

第六节　股份的认购

我国《公司法》第 24 条规定："有限责任公司由五十个以下股东出资设立。"《公司法》第 77 条规定："发起设立，是指由发起人认购公司应发行的全部股份而设立公司。"言下之意有二：

（1）有限责任公司是由全体股东共同设立的，因此全体股东都是发起人；

（2）有限责任公司和发起设立的股份有限公司都是由全体发起人认购全部股份而不再对外筹集资金的，只有募集设立的股份有限公司才在发起人之外还要对外筹资。这样的假设前提并不完全符合客观情况。因为虽然这两点假设的情形都客观存在，实践中为数不少，但是发起人自身的资金不够，因而在公司成立的过程中对外筹资的情况不管在有限责任公司还是发起设立的股份有限公司都是存在的。

如果像《公司法》所假设的那样由发起人认购全部股份，那么，股份的认购会包括在发起人之间的协议中，不需要再另行签订认购协议了。

如果在发起人之外还需要对外筹资，则发起人与外部投资者之间就需要签订股份认购协议。在现实生活中，当一个企业的组织者或者发起人有了一个创业计划，他就会一个一个地去找有钱投资的人协商，试图说服他们入股投资。如果他的想法有足够的吸引力，这些有钱人就会同意购买股份，并且签订认购协议。协议规定只要有足够的股份数量被认购，公司又按照发起人的计划如期成立，他作为认购人，就会按公司董事会的通知，投入公司指定数额的金钱或者其他资产，以换取指定数量的新公司的股份。

这种协议的性质应该讨论。从一个角度去看，这无非是认购人向未成立的公司发出的要约，因为公司还没有成立，无法承诺，所以认购人随时可以撤回要约。也就是说，这样的认购合同其实不是合同。以前英美判例法就是这么看的。但是这样会使公司资本得不到保障：公司成立后如果发生部分认购人撤回要约，资本不足，无法开张，发起人设立公司就白忙乎了。美国公司法范本和许多州法现在规定股份的认购在 6 个月内不可撤销，说明认购的性质仍然是要约，只是不可撤销，那就意味着公司在成立之后可以不接受认购，因为公司对别人的要约没有承诺的义务。这对认购者的权利保护又显得不足——我把资金准备好等着购买你的股份，或许还放弃了其他的商机，结果公司成立之后通知我说你们钱够了，不要我的投资了。所以，把认购协议看成是认购人与发起人之间的合同比较妥当。在协议中，双方都可以对自己的义务附加一定的条件，例如，集资达到一定的数额、某个贷款的获得、某个租赁的取得等，以此来保护自己。

如果公司设立不成，发起人应当返还认股人已缴纳的股款并加算银行同期存款利息。全体发起人对此承担连带责任。这是《公司法》第 94 条的规定。这一规定也隐含着在发起人之外还有别的初始投资者，因为他在发起人之外又提到了别的认股人。[①]

第七节　发起人对外签订的合同

　　如果公司按照一些学者的想象先成立，然后才开始营业的话，各种合同纠纷就会大大减少，因为随后的每个步骤都将以公司的名义进行，不会引起公司责任与发起人个人责任的混淆。许多教科书也是按照这样的想象来编写的。但是现实生活往往要复杂得多。发起人首先对设想企业的盈利情况做可行性调查，发现前景不错，就立刻开始商事谈判，筹集资本，置备资产，签订合同。如前所述，公司的成立需要一段时间，最快2天，慢的可能要一两个月。在这段时期内，可能会出现各种商机。一旦发起人发现某笔交易有利可图，他是不会坐等公司成立，而让商机流失的。企业家们考虑的首先是生意，其次才是法律。是法律为生意服务，不是生意为法律服务。公司的成立往往是诸多步骤中的最后一步。因此，在公司成立的过程中，往往会有一些交易为设立中的公司而进行。发起人在签订这些合同时自然期望公司成立之后会接过合同，他个人的责任也随之解脱。而第三人既然与发起人签订了合同，自然希望有人承担责任，或者成立后的公司，或者发起人自己。

　　如果公司随后成立，经营良好，接过并履行了合同，当然皆大欢喜。多数情况应该就是这样的。但是如果公司没有成立或者成立之后却不能履行合同义务，第三人就会告代表公司签订合同的发起人。由此引发的发起人合同纠纷要比普通的合同纠纷更为复杂。因为在交易当时还没有公司，所以事后的纠纷会产生这样几个问题：之后成立的公司受不受合同的束缚？如果受，理论依据何在？如果公司最终没有成立，签署合同的发起人要不要承担个人责任？如果公司成立了但是又倒闭了呢？如果公司成立之后采纳了合同，是否意味着发起人可以解脱个人责任呢？

　　关于公司受不受合同束缚的问题，学界首先有追认（ratification）说，即公司成立之后对成立之前由发起人签订的合同予以追认，那意味着发起人是公司的代理人，代理的时候没有得到被代理人的授权，但是事后被代理人可以对越权代理的行为予以追认。1866年，英国法院在 Kelner v. Baxter, L.R. 2 P.C. 174（1866）一案中否决了这样的说法。因为根据代理规则，追认的条件是民事行为发生时被代理人已经存在。本案中合同签订的时候公司还不存在，所以事后不能追认。法院认为发起人在公司成立前签署的合同只能约束发起人，公司成立之后不能成为合同的当事人。即使公司成立后获得了合同的利益，它也仅仅对所获得的利益承担责任，并不因为利益的获得而追认合同或者承担合同责任。美国早期的判例法继承了这一理论，例如，Abbot v. Hapgood, 150 Mass. 248, 22 N.E.

---

　　① 从这个意义上说，《公司法》第94条与本节开头引述的第24条、第77条之间的言下之意是矛盾的。不过，有的学者认为这仅限于募集设立的股份有限公司。（施天涛著：《公司法论（第二版）》，92页，北京：法律出版社，2006）但是这种看法只是纯概念推理。在实际操作中，证监会的行政规章不允许募集设立公司（下位法和上位法的规定并不一致）。因此，我国没有募集设立的股份有限公司。（朱锦清著：《证券法学（第三版）》，86~87页，北京：北京大学出版社，2011。）

907，908（1889），但是后来摒弃了它，因为人们普遍认为公司在成立之后可以接受一个之前的合同并承担合同责任。可是理论依据何在呢？

依据采纳（adoption）说——公司成立之后可以通过意思表示对成立之前由发起人签订的合同予以采纳。在 McArther v. Times Printing Co., 48 Minn. 319, 51 N.W. 216（1892）里，公司董事会通过决议采纳了一个在它成立之前签订的合同，在随后发生的纠纷中，法院对公司强制执行了该合同。

我国最高人民法院对公司采纳合同所做的司法解释大致相同："发起人为设立公司以自己名义对外签订合同，……公司成立后对前款规定的合同予以确认，或者已经实际享有合同权利或者履行合同义务，合同相对人请求公司承担合同责任的，人民法院应予支持。"①《民法总则》第 75 条进一步规定："设立人为设立法人从事的民事活动，其法律后果由法人承受；法人未成立的，其法律后果由设立人承受，设立人为二人以上的，享有连带债权，承担连带债务。"不过这些规定覆盖的范围要窄一些，因为仅限于发起人"为设立公司"或者"设立人为设立法人"签订的合同，不是为设立后的公司正常经营而在设立前或设立过程中对外签订的合同。

采纳有 3 个构成要件：一是公司成立；二是公司知情（知道合同的存在）；三是公司作采纳的意思表示。就知情而言，发起人的知情不等于公司的知情。② 但是如果发起人成为公司董事会的成员，那就可以争辩说他知道合同等于公司知道合同。采纳的意思表示并不局限于董事会的正式决议，事后公司在知道合同的情况下做出的行为也可以被认定为采纳。③ 例如，发起人订合同为公司雇了第三人，如果公司允许该第三人为自己工作，接受了发起人合同所带来的好处，那就可以推定公司已经接受了雇用合同，于是在合同期限内公司就不得无故解雇该雇员。又如发起人签订了办公楼租赁合同，公司成立之后搬进了那幢办公楼，就可以认定公司接受了租赁合同。正常情况下，公司的接受问题不大，因为发起人往往控制着公司，他们自然会让公司采纳合同。一般来说，公司的意思表示越不明确、隐含的采纳越隐晦，就越容易发生纠纷。

采纳说解决了公司受合同约束的问题，但是并不意味着第三人一定接受合同的主体替换（novation）——由公司替代发起人。如果公司最终不能履行合同，第三人依然要告发起人，请求发起人承担个人责任。

假定发起人在公司成立之前为即将开张的企业签订了一份购买机器设备的合同，事后公司不能履行合同，他是否需要对合同对方承担个人责任？回答这个问题，至少要考虑以下 3 种不同的情形。

（一）以发起人自己的名义签署的合同。如果合同没有提及公司，发起人只想事后

---

① 《公司法司法解释（三）》第 2 条，2010 年 12 月 6 日由最高人民法院审判委员会第 1504 次会议通过，2011 年 2 月 16 日起施行。

② 例如，发起人签订了为期一年的雇用合同，月薪 5 000 元，同时私下里约定年终奖金 6 000 元。新公司董事会接受了雇用合同，但是并不知道发起人的私下约定。则公司对 6 000 元年终奖金不负责任。（施天涛著：《公司法论（第二版）》，115 页，北京：法律出版社，2006）这个例子的问题是即使合同主体没有替换，口头的约定恐怕也难以作为书面合同的一部分。如果两者都取书面形式，那就应该在一个文件里，分开似乎不合常理。

③ Peters Grazing Association v. Legerski, 544 P.2d 449（Wyo. 1975）.

将合同移交给公司，那么，他的个人责任显然存在。① 事后的合同转移并不能解除个人责任，除非得到对方当事人的同意。

（二）发起人以公司的名义签署合同，交易对方不知道公司还没有成立。这时发起人也应承担个人责任，对方依据欺诈或者代理的理论均可起诉。欺诈很明显：发起人既然代表公司签订了合同，那就意味着向对方保证公司已经存在，他有权代表公司签署，对方信赖了这虚假的、隐含的保证，招致了损失，欺诈成立。代理是说发起人代理了一个实际上不存在的被代理人从事交易，自然要由他自己承担责任。前者依据侵权法，后者依据合同法。理论依据不同，结果却是一样的。

即使公司成立并接过了合同，只要公司最终不能履行，发起人恐怕也还是要承担责任。发起人当然可以争辩：（1）合同上签的是公司的名，说明对方的真实意思是以公司为当事人；（2）公司对合同的采纳应当解脱发起人的个人责任。但是除非公司在采纳合同时另行与对方签署了采纳合同，从而修正了原先的合同，或者对方在公司采纳合同时明确同意发起人解脱责任，否则发起人因为隐瞒了公司未成立的事实，总是难以逃避责任。

（三）发起人以公司的名义签署合同，交易对方知道公司还没有成立。这时没有欺诈、没有隐瞒，应当根据合同文字所表达的当事人的意思表示来决定。合同可以规定一旦公司成立并接受合同，发起人即告解脱；合同也可以规定发起人将成立公司并尽量使公司接受合同，不接受时由发起人自己承担责任；合同甚至可以规定其本身仅仅是给予公司的一个可撤销要约，任何一方都可撤销，只有当公司成立并在要约被撤销之前予以接受，才成为真正的合同；等等。总之，一切的一切，都取决于"当事人的意思表示"。

可是，这个"意思表示"并不总是那么清楚，经常捉摸不定。因为如果是有经验的律师起草合同，他很容易把双方的意愿写得准确而清楚，不存在任何的歧义或误解，例如，发起人承担个人责任直到公司成立并接受合同，而后发起人即告解脱。合同做了这样的规定就不会引发事后的争议。诉讼的发生都是由于当事人的意愿没有在合同中写清楚。合同可能是由双方当事人自己谈判的，没有律师的参与，而合同的语言在这个具体问题上又显得模棱两可。在这种情况下，当事人的意愿很难确定，而法院又必须判决这边或者那边。

例如，合同这样签署："张三，代表即将成立的桥梁公司"，② 法院将怎样解释呢？显然，这样的签署明显告知对方公司还没有成立。但是发起人能否解脱个人责任，仍然要看合同正文的具体条款。在条文内容模糊不清的情况下可以有这样几种解释：（1）双方当事人期望张三尽最大的努力成立公司并由公司接受合同，而不期望张三个人承担责任；（2）当事人期望先由张三承担个人责任，等到公司成立之后再将合同接受过去；（3）当事人期望即使公司接受了合同，张三仍然要承担个人责任。按照解释（1），张三不负个人责任；按照解释（3），张三不能解脱个人责任；但是按照解释（2），张三的责任就不那么清楚了。

---

① 见前面引用的最高人民法院《公司法司法解释（三）》第2条："发起人为设立公司以自己名义对外签订合同，合同相对人请求该发起人承担合同责任的，人民法院应予支持。"不过最高院表达的意思范围要窄一些，因为仅限于发起人为设立公司签订的合同，不是为设立后的公司正常经营而签订的合同。

② 在 O'Rorke v. Geary，207 Pa. 240，56 A. 541（1903）一案中，发起人就是这样签署的。

在公司法发达的国家，如美国，法院的判例在解释（2）的情况下也是两种观点，并没有一个确定的结论。一种观点认为，即使发起人在开始时应该负责，但是当公司成立并接受合同后，发起人就应当解脱。这种观点有不少判例支持，例如，在著名的花苗案 Quaker Hill, Inc. v. Parr, 148 Colo. 45, 363 P.2d 1056（1961）中，甲将一些花苗卖给乙，乙按照甲的建议将花苗买卖合同中的买方署名为一个尚未成立的公司。乙后来确实也成立了那个公司。但是公司不景气，生意做不起来，也无力偿付花苗的价钱。花苗都死了。甲于是起诉乙，要求偿付花苗的价款。法院认为：合同表明甲从来不打算让发起人履行合同，其真实意思是只以公司为债务人，所以发起人不必负责。被告乙胜诉。

另一种观点认为，仅仅从双方都知道公司还没有成立的事实不足以推论出解脱发起人的意图，举证责任在发起人。同样有不少判例支持这种观点。例如，在 RKO–Stanley Warner Theatres, Inc. v. Graziano, 467 Pa. 220, 355 A.2d 830（1976）一案中，被告组建公司向原告购买一个电影院，买卖合同这样规定："双方一致明白买方将成立公司。一旦公司成立，这里包含的所有协议、同意书、保证等都将被理解为在卖方和新组建的公司之间签订。"法院说这个条款仅仅规定了公司将对合同义务负责，并没有规定发起人个人将会解脱责任，所以发起人仍然要承担个人责任。

《代理重述》[1]第二版表述了这样的代理规则：一个人以代理人身份与第三人交易，如果双方都知道被代理人不存在或无能为力，该人就是合同当事人。按照这条规定，即使公司成立并接受了合同，发起人也仍然要承担个人责任。总的说来，这是一个不确定的领域，尽管在很多情况下第三人确实打算由公司来履行合同。发起人可以争辩说双方的意思是一旦正在酝酿中的公司成立，他就会解脱责任，而由公司取代。如果合同明确地做了这样的规定，那当然没有问题。如果没有这样的主体替换规定，发起人就只能说他的义务仅限于创设一个可以承继他作为合同当事人的公司并使它有机会履行合同义务，但却不能证明公司成立并采纳合同意味着他个人的解脱，因为已有判例认为光有公司的成立和采纳合同是不够的，还必须加上合同对方当事人的同意，主体才能替换。争议仍然在合同当事人的主观意图上。在 O'Rorke v. Geary, 207 Pa. 240, 56 A. 541（1903）一案中，法院从发起人在公司成立之前的部分履行推断出发起人愿意承担个人责任的结论。[2]下面的判例中也适用了同样的发起人合同解释规则。

【案例 5–3】

豪与同伴公司诉鲍斯[3]

原告豪与同伴是一家建筑设计公司。被告鲍斯想在明尼苏达州的一个叫艾迪讷的地方建造一家便车旅馆，就与原告签订了一份建筑设计合同，设计费用为 38 250 美元。

---

① 《法律重述》是系统阐述美国法律的权威性系列论著，由美国法学会编著，分为《合同重述》《侵权重述》《代理重述》，等等。

② White & Bollard, Inc. v. Goddeman, 58 Wn.2d 180, 361 P.2d 571（1961）.

③ Stanley J. How & Associates, Inc. v. Boss, 222 F.Supp. 936（S.D. Iowa 1963）. 本案的原判词较长，为了简明，方便读者阅读和理解，本书作者对判词作了归纳、总结和改写。

原告按合同要求递交了详细的设计图纸和说明，但是只收到 14 500 美元，因为被告后来没有在艾迪讷建造便车旅馆，原告便要求被告支付设计费的余额。

当初在签订合同的时候，原告先在一张格式合同上填写，格式合同的第一页规定合同的当事人为原告和鲍斯旅馆，末尾的署名与此相同。被告在同他的手下商量之后，将鲍斯旅馆改成了"一家将要成为合同义务人的即将成立的明尼苏达公司的代理人鲍斯"，问原告能否接受这样的改动，原告表示接受。基于这一改动的文字，被告主张原告是以即将成立的公司为合同对方的，不能要求由被告个人对合同债务负责。

事实上，被告与他的同伴们在合同签订之后成立了一家艾奥瓦公司，没有成立明尼苏达公司。支付给原告的 14 500 元用了艾奥瓦公司的支票。但在诉讼当时该公司已经没有任何资产了。被告在辩护中并没有提出主体替换，只强调原告在合同中的意思表示是面向即将成立的公司而非被告个人。

法院分析说，对发起人合同存在三种看法：第一，认为它仅仅是向未成立公司发出的要约或者给予未成立公司一个选择权，只有当公司在成立之后接受了要约才有合同成立；第二，认为合同自签订时起便有效成立，发起人必须对合同负责，但是他的义务在公司成立并接受合同时终止；第三，认为合同自签订时起便有效成立，即使在公司成立并接受合同之后，发起人仍然必须对合同负责，或者是主要责任人，或者是公司的担保人。究竟取哪一种说法取决于合同中的意思表示，在本案中就是对"一家将要成为合同义务人的即将成立的明尼苏达公司的代理人鲍斯"的理解。该文字仅仅表达了将来的合同义务人，却没有说到现在的合同义务人。到底有没有现在的义务人是有歧义的。

为了解决这一歧义，法院举出了解释合同的两条规则和专门适用于发起人合同解释的一条规则。解释合同的第一条规则是让合同全文都有意义，除非有合同条款自相矛盾到了无法让全文都有意义的地步。合同规定设计费按月支付，到递交设计图纸和说明时应该付清全额的 3/4。这就说明现在的义务人是存在的。原告的理解与支付条款一致；被告的理解与支付条款矛盾。解释合同的第二条规则应当尽量做对合同起草人不利的解释。所涉文字是由被告起草的，应当做对被告不利的解释。尤其重要的是那条专门适用于发起人合同的解释规则：如果合同需要在公司成立前至少部分地履行，这表示发起人同意承担个人责任。本案中原告在公司成立之前就履行了全部的合同义务，被告则履行了部分义务。因此，法院认为即使原告同意让新公司来承担责任，被告依然不能解脱，因为他是主要的发起人，也是他决定放弃艾迪讷的旅馆建造项目。被告必须支付原告设计费余额 23 750 美元及利息和费用。

说到底，本案还是一个合同的起草问题。既然当事人的意思表示是问题的核心，那么只要合同写清楚了，法院就没有理由不支持。怎样写才能确保主体成功替换呢？发起人应该在合同中写入以下事项：（1）注明公司还没有成立；（2）以代表名义而不是个人名义签名；（3）规定公司一旦成立，便会受合同约束；（4）明确规定一旦公司成立，发起人即告解脱。这样的规定可以使发起人与第三人之间不发生纠纷，剩下来的事情就是确保公司在成立之后会采纳合同。对发起人来说，这一般不难。可惜在现实生活中，永远会有糊涂的当事人和没有写清楚的合同，弄得法院不得不绞尽脑汁去解释合同。

下面运用上面讲述的道理来分析两个国内的发起人合同案例。

例题 5-3

Y 股份公司的发起人 A，以公司成立为条件与土地所有者 X 签订了购买土地的合同。之后不久，Y 公司经过登记成立，但是很快该区域土地价格下跌，A 觉得按照合同约定价格损失过大，以 Y 公司章程没有记载购买土地事项为由，提出该购买土地合同无效。[①]

例题 5-3 分析和讨论

这是一个简单的案例题。因为 A 是以自己的名义与 X 订立的合同，所以 A 毫无疑问要受合同的约束，条件是 Y 公司诞生。至于 Y 公司的章程记载了什么内容，与合同的效力无关。所以 A 以章程没有记载购买土地事项为由提出该购买土地合同无效是没有道理的。合同有效，A 必须履行合同。

可是如果 A 不是以自己的名义，而是以即将成立的 Y 公司的名义签订的合同，X 也知道 Y 公司还没有成立，那么情况就会复杂得多。请看下一个案例。

例题 5-4

A 作为股份公司的发起人，在公司成立前，事实上已经开始了营业活动。A 以 Y 股份公司董事长身份，代表设立中的公司与 X 签订了建筑材料购买合同，以用于公司厂房的建筑。双方约定，A 先付一部分定金，Y 公司成立后即付货款。X 依照合同全部交货，但公司成立后该项货款迟迟未交付给 X。对此，X 向法院提起诉讼，请求 Y 公司交付货款。Y 公司答辩称，发起人 A 的合同行为并不代表成立后的公司，况且 Y 公司章程中也未记载这一建筑材料供货事项，在 Y 公司股东大会上没有被认可。因此合同应属无效。[②]

例题 5-4 分析和讨论

先看 A 的合同责任。如果 Y 公司在成立之后拒绝合同，[③] A 自然要对合同负全部责任。假定 Y 公司采纳了合同，但是不能全部履行，A 的责任取决于合同的文字表达，即合同当时的真实意思表示。在意思表示不清楚的情况下是个疑难问题。从美国判例来看，两种倾向——判 A 负责和判 A 不负责的先例都有，中国法院只能根据公平理念、我国的司法传统和具体的案情进行判决，摸索出自己的道路来。

---

① 姜一春，方阿荣著：《公司法案例教程》，10 页，北京：北京大学出版社，2010。该书第 19 页上对本案的分析认为，A 是 Y 公司的代理人，应由 Y 公司对 A 的行为负责。我们不同意这样的分析，因为 A 订立合同时公司还没有诞生，所以代理关系不能成立。

② 资料来源同上，第 11 页。该书第 19 页上对本案的分析认为，A 以 Y 公司董事长的身份签订合同，可视为 Y 公司的意思表示机关。我们不采纳这样的观点。公司还没有成立，哪来的意思表示机关？不过，我们在分析本案后得出的结论与该书基本一致，只是理由不同。

③ 一般来说，发起人会控制成立后的公司，所以公司拒绝合同的情形不多。但是如果发起人有两个以上、股东之间有矛盾或者存在其他特殊情形，公司拒绝合同的事还是会发生的。

再看 Y 的合同责任。首先，Y 无疑有权拒绝合同。但是拒绝合同必须一开始就明确拒绝，并且拒绝接收合同带来的利益。其次，也正是本案中的问题：在本案的具体情形下，Y 能否拒绝合同？答案是不能。因为 Y 已经接受了 X 交付的货物。该接受行为表明 Y 已经采纳了合同，所以不能再以 A 的行为不代表公司为由拒绝。至于章程没有记载，与合同是否有效无关。股东大会不认可也不成为理由。股东大会既不是公司的意思表示机关，也没有代表公司对外作任何的意思表示，仅仅在内部决议不认可合同。这类内部的决议不能约束外部的善意第三人——本案中的合同对方。不管怎样，本案中 Y 不能在接受了货物之后再拒绝合同。

我国学界有设立中公司的概念并对此展开了讨论，但相对而言，本书中本节对相关内容的分析更加全面、深入和清晰。此外，这个问题还和下面第八节第一部分的讨论有关。

第八节　发起人与公司

如果公司成立，发起人与公司之间会有多方面的关系需要处理。第七节专门讨论了发起人对外签订的合同，[①] 其中谈到了公司采纳这样的合同，但这只是发起人与公司关系的一个方面。下面从三个方面陈述发起人与公司的关系中存在的各种问题。

一、发起人对外签订的合同

如上节所述，公司成立之后并不自动地接受发起人为它签订的合同。发起人不是公司的代理人，因为在发起人签订合同的时候公司还没有诞生。公司接受发起人签订的合同必须以某种形式做出具体的意思表示，该意思表示可以明示也可以在具体情形下暗示，比如公司在知道合同存在的情况下做出的某种行为可以被认定为接受合同。因为公司接受合同以公司的同意为条件，所以合同条款对公司来说从同意时生效。

不过，我国目前的司法实践倾向于由公司自动接受发起人为它签订的合同。最高人民法院的司法解释说："发起人以设立中公司名义对外签订合同，公司成立后合同相对人请求公司承担合同责任的，人民法院应予支持。公司成立后有证据证明发起人利用设立中公司的名义为自己的利益与相对人签订合同，公司以此为由主张不承担合同责任的，人民法院应予支持，但相对人为善意的除外。"[②] 也就是说，公司可以拒绝合同的情形限于发起人为自己牟利，否则公司不得拒绝。而且即使是发起人为自己牟利的情形，如果相对人是善意的，公司也不能拒绝合同。这样的规定对公司相对苛刻一些。不但如此，"发起人因履行公司设立职责造成他人损害，公司成立后受害人请求公司承担侵权赔偿责任

---

① 上节的重点在发起人与合同对方的关系，而不是发起人与公司的关系。难点在签订合同的时候双方都清楚公司还没有成立，发起人是代表将要成立的公司签订合同的，公司成立之后又采纳了合同，但是由于种种原因最终不能履行，在这种情况下发起人要不要承担合同责任？答案是：取决于合同中的意思表示。在意思表示不清楚的情况下是一个两难的选择，有的法院这样判，有的法院那样判。但无论怎样判，都是在推断和寻找那个捉摸不定的意思表示。

② 《公司法司法解释（三）》第 3 条，2010 年 12 月 6 日由最高人民法院审判委员会第 1504 次会议通过，2011 年 2 月 16 日起施行。

的，人民法院应予支持；……公司或者无过错的发起人承担赔偿责任后，可以向有过错的发起人追偿。"[①]

支持公司自动接受发起人为它签订的合同的理论认为，设立中的公司虽然没有法律上的主体资格，但是实际上与成立后的公司属于同一体，就像在人出生之前的胎儿那样，因此，应当承认它的实体存在，赋予它有限程度的主体资格。[②]这种理论认识显然影响了上述司法解释的规定。公司对合同的自动接受一般意味着发起人的免责。[③]这种理论的缺点有两点：第一，立法上没有依据（因为《公司法》并没有设立中公司的提法，更不会承认其实体地位）；第二，逻辑上存在矛盾，既承认法律上没有主体资格，又坚持其实体存在，认为它与成立后的公司属于同一体，等于有主体资格。当然，理论的好坏最终还是要由实践来检验。同一体的理论也有待于我国司法实践的进一步检验。[④]

同一体的理论还将发起人设立公司的行为区分为必要行为和非必要行为，该理论主要适用于必要行为，具体包括为取得公司的经营场所签订建设工程承包合同建造房屋或者签订租赁合同租赁房屋，为建造房屋征用土地以取得土地使用权、接受股东投资及注册资本的投入、开立账户、委托验资，等等。[⑤]而本书所讨论的发起人合同主要指发起人及时抓住有利商机替成立之后的公司签订的合同，属于公司的经营活动，按照同一体的理论划分属于非必要行为。必要行为发生的费用我们称之为设立费用，讲述如下。

二、设立费用

如果公司设立不成，发起人当然要对全部费用承担个人责任。《公司法》第94条第1项就是这样规定的。《民法总则》第75条对设立不成和设立成功两种情形都作了规定：前者由设立人（发起人）负责，后者由公司负责。不过在法理上，对于公司成立之后，发起人在设立公司的过程中发生的费用[⑥]是否当然地转嫁于成立后的公司，依然可以讨论。一方面，由于这些费用是在公司成立之前发生的，所以它们的性质与发起人在公司成立过程中为公司签订的合同是相同的，公司是否愿意承担应该由公司在成立并具备意思表示能力之后做出独立的意思表示。另一方面，费用已经发生（与合同尚需履行的情况不同），公司成立的事实本身就是公司对费用所带来的利益的享受，而公司对费用利益的享受又意味着它同意支付这些费用。但是这也只能在一个合理的范围内。如果费用

---

① 《公司法司法解释（三）》第5条。

② 吴庆宝主编：《最高人民法院司法政策与指导案例》，36~42页，北京：法律出版社，2011。该书转载的江苏省高级人民法院民二庭所写的《公司设立中的民事责任若干问题》，载《中国民商审判》，法律出版社2002年第2集（总第2集）。

③ 我们不同意这样的看法。如前所述，公司必须通过意思表示来接受合同，而不是自动接受；公司接受合同也不当然解脱发起人。

④ 除此之外，还有无权利能力社团说和修正的同一体说。（赵旭东主编：《公司法学（第二版）》，134~135页，北京：高等教育出版社，2006。）

⑤ 可见，该理论的适用范围有限，没有包括发起人对外签订的全部合同。不过，正文前面第二段引述的最高人民法院的《公司法司法解释（三）》第3条的措辞中又看不到这样的限制。

⑥ 例如，为设立公司、签订合同所花的律师费。公司成立，律师的服务终结，费用已经由发起人如数支付。

大得出奇，公司仍然可以提出异议。当然，根据具体情形公司至少应该支付合理的费用，而不能完全不认账。具体的度还得在具体的案子中根据具体情况来确定和掌握。这类纠纷不多。

三、发起人自身对公司的投资

这些投资的条件和估价都可能对发起人有利而有损于公司的利益。《公司法》第30条和第93条都规定：公司成立后，发现作为设立公司出资的非货币财产的实际价额显著低于公司章程所定价额的，应当由交付该出资的发起人补足其差额；其他发起人承担连带责任。出资不足的补足责任我们在前一章第四节中已经讨论过了。但是那里着重出资的量，由谁去质疑出资不足并追究补足责任的问题只是简单提及，这里着重展开这个问题。因为所谓公司发现后要求补足，是一种很含糊的说法。公司本身是一个很抽象的概念，它必须依赖具体的人去行动。那么，具体哪些人会在利害关系的推动下提出这样的质疑呢？大致有如下几类。

一是别的发起人在公司成立之后发现问题提出质疑。发起人之间一般订有发起人协议，每个发起人的出资是该协议的一个重要组成部分，对于非货币的出资一般在协议订立时要经过评估，只要出资人没有欺骗和隐瞒，即使估价偏高，别的发起人也不可以事后不认账。但是如果有所隐瞒，该披露的信息没有披露，别的发起人就有理由要求重新评估。

二是初始股东除了发起人之外还有别的投资者，因而发起人与这些投资者订有股份认购合同。这些初始的非发起人股东发现问题后可能会提出质疑。这里的问题也在于发起人在订立认购合同时有没有欺骗和隐瞒的情形，如果没有，那就意味着这些股东是接受现实的，事后也不太好反悔。如果存在欺骗和隐瞒的情形，他们当然可以要求发起人补足差额。问题是公司法只规定了公司提出诉求的资格，没有规定股东的诉求资格。而公司处在发起人的控制之下，不可能提出诉求。有鉴于此，最高人民法院的司法解释作了补充："股东未履行或者未全面履行出资义务，公司或者其他股东请求其向公司依法全面履行出资义务的，人民法院应予支持。"[1]

三是后来的股东可能提出质疑。起初公司在发起人的绝对控制之下，不会发生异议。但是后来随着新人入股，控股权发生变化，新的控股股东就可能会提出质疑，认为某些初始投资和服务估价太高，或者发起人的报酬太高，等等。这同样是一个披露问题。只要他们是知情的，他们完全可以要求降低他们所购买的股份的价格以反映发起人交易对企业价值的减少，以此来保护自己。当时不提要求，事后不太好反悔。只有当披露不充分时，质疑才有理。

四是当公司支付不能，债权人的利益得不到保障的时候，债权人可能会提出质疑。因为公司法没有规定债权人的这一诉权，所以最高人民法院的司法解释作了补充："公司债权人请求未履行或者未全面履行出资义务的股东在未出资本息范围内对公司债务不

---

[1]《公司法司法解释（三）》第13条第1款。

能清偿的部分承担补充赔偿责任的，人民法院应予支持。"[1] 不过，这仍然是一个合同谈判中的披露问题。只要披露是充分的，债权人可以通过拒绝交易来保护自己。当时不拒绝，事后反悔就没有道理。

综上，发起人的非货币投资作价是否合理，主要是一个合同谈判中的披露问题。但是合同双方作为谈判对手，各自在多大程度上负有向对方主动披露的义务，并不是一个十分清楚的问题。如果没有主动披露的义务，那对方只有依靠在谈判中主动的提问和调查来保护自己。如果提出了中肯的问题而得到了虚假的回答，那就构成欺骗。这些问题，目前公司法还没有规定，有待于立法的进一步澄清，法院也可以在判决中积极探索。此外，非货币财产的合理价格往往并不是一个确定的点，而是有着相当大的伸缩幅度。在这个幅度内取哪一点最终都要由谈判来决定。在没有欺骗的情况下，谈判所确定的价格应当被认为是合理的价格。

《公司法》第30条和第93条把质疑的主体定为公司，而不是上述前3类中的任何一类，可操作性不强。因为在多数情况下，发起人控制着公司，有代表公司的权力，所以公司不会去质疑他的投资是否足价。只有当受质疑的发起人失去控制权，质疑人取得控制权的时候，公司才会去质疑。至于第4类情形中的债权人，对公司自然是没有控制权的。公司破产时，债权人对债务的追索依照破产法而非公司法进行。公司出现其他支付不能的情形时，债权人才可以以自己的名义而非公司的名义直接向发起人追索。可见，《公司法》第30条和第93条将追索主体规定为公司而不是利害关系人会引起实际操作上的困难，最高人民法院的司法解释将质疑主体改成相关的利害关系人，比《公司法》进步。

另外，我们也应该看到，发起人的工作具有开拓和创新的性质，发起人冒的风险也比别人大，所以他们有理由得到比别的投资者更高的报酬。这种较高的报酬需要一种具体的形式。在发起人和别的初始投资者之间，发起人非货币出资的偏高作价可以是报酬的一种形式，领取较高工资是另一种形式。在发起人与后来的投资者之间，也可以通过股价的差别来取得报酬。发起人可以成立一个只有一点名义资本的公司，然后寻找外界的财力支持并使生意成功。后来的投资者一般都要支付较高的价格（发起人的股份价格往往很低）来购买公司的股份。从某种意义上说，这是对发起人开拓性劳动的一种补偿。所有这些问题都可以通过发起人与后来的投资者谈判解决，但是发起人应当依法如实披露，不应当隐瞒欺骗。

最后，合理的质疑只解决如何划分蛋糕，最佳的解决途径还是把蛋糕做大，即把公司的生意做好，这样才皆大欢喜。

第九节 事实公司与禁反公司

如果公司成立，工商局颁发了营业执照，而后又发现申请文件有问题，要求补充或者更正，或者干脆撤回营业执照重新审核，那么从颁发执照到提出更正或者撤回执照之

---

[1]《公司法司法解释（三）》第13条第2款。

间，发起人代表公司对外签订的合同是否需要由发起人承担个人责任？第三人能否以公司没有合法成立为由从合同中解脱？[①]普通法上有"事实公司"（de facto corporation）和"禁止反悔公司"（corporation by estoppel）（以下简称禁反公司）[②]的理论可资我们借鉴，分别针对设立瑕疵和设立受挫两种情形。

事实公司是指当事人真诚地完成了设立登记，相信公司已经成立，并开始以公司的名义营业，但是登记文件存在瑕疵，因而从严格法律意义上说公司尚未成立，只是对于某笔具体交易来说视为公司已经成立。理由是公司的各个实体条件都已经具备，既不影响交易的进行，也不会对任何一方当事人造成不公，因而从实质上看，这样的公司和法律上没有瑕疵的公司差不多好，除了政府之外谁也不能否认它是公司。事实公司的道理和以前婚姻法上的事实婚姻类似。虽然没有登记结婚，但是男女双方共同生活，已经具备了婚姻的一切实质要件，因而在财产纠纷和子女抚养上应当视为夫妻关系合法成立，即与经过合法登记的夫妻一样来对待。[③]提出这样的理论，一是为了保护发起人的有限责任；二是针对交易第三方的。第三方在签订合同时主观上是在和公司交易，但是后来情况发生了变化，比如因为物价的涨跌，希望从合同中解脱出来，这时正好发现公司在严格法律意义上还没有成立，于是提出当初的合同因主体不存在而无效，或者不想从合同中解脱而要求发起人或其他相关的公司官员承担个人责任。事实公司的理论告诉他："不行，公司虽然在法律上有瑕疵，但是在事实上已经存在，叫作事实公司。"

禁反公司不要求登记，只要经济意义上的公司实体已经具备，交易双方都相信公司已经合法成立就行。与事实公司的理论稍有不同，禁反公司的理由是：既然你在签订合同时承认对方是一个公司，事后就不得改变当初真实的意思表示而要求发起人个人负责，或者因为合同变得对自己不利而以公司在法律上还没有成立为由逃避合同义务。所谓禁止反悔，也就是从这个意义上去说的。当事实公司的理论不能适用（比如公司根本就没有登记），而公平理念又要求承认公司的主体资格时，法院往往采用禁反公司的概念。但是说到底，这两个概念及其背后的理由都是相通的，所以法院也经常混同使用，并不严格区分哪个是哪个。

事实公司和禁反公司都是普通法上的规则。它们也有副作用，那就是损害了公司登记的严肃性。所以美国也有人提倡以立法形式废除这两条规则，严格按照公司是否有效成立来确定它是否存在。现在的法律大致上是两种倾向的调和。事实公司和禁反公司的规则没有被完全废除，但是它们的适用范围却受到了种种限制。

[①] 作者曾向杭州市工商局和上海市工商局内部的工作人员了解情况，他们介绍说像这类登记的瑕疵在实践中极少，几乎没有。但是国内有的学者则认为这类瑕疵大量存在，参见：李克武著：《公司登记法律制度研究》，198~204 页，北京：中国社会科学出版社，2006。或许是因为中国之大，各地情况不同吧。不过，在美国的实践中，这类案子确实不少。

[②] 作者曾经将其译为行为弃权公司、阻挡生公司等。后来看到别人使用禁止反言的提法，觉得也可以。但是"反言"不是规范的汉语词汇，还是用"反悔"比较通俗，而且又符合原意。不管怎么说，这些西方概念对于我国公司法来说都是全新的。我们需要约定俗成，创造和形成一些新的词汇，赋予其确定的含义。

[③] 不过，现在我国《婚姻法》已经修改，不再承认事实婚姻，而将这种情形作为普通的同居关系处理。

【案例5-4】

克兰森上诉国际商务机器公司 [1]

1961年4月，有人邀请克兰森投资到一家即将成立的不动产服务公司里去。克兰森与其他利害关系人及一位律师见面洽谈后同意购买股份并成为公司的董事兼官员。后来，律师告诉他公司已经按马里兰州的法律设立，他便支付了投资款并领取了股份证书，他还看到了公司的印章和会议记录本。公司的运作看起来一切正常，有专门的银行账户、有审计师替公司做账、租赁了办公室。克兰森被选举为总裁。他以公司官员的名义为公司进行了一系列的交易，包括与IBM的那笔引发诉讼的交易。由于律师的疏忽，公司的设立证书在1961年5月1日之前签发，却到1961年11月24日才登记。[2]这个情况克兰森并不知道。在5月17日到11月8日这段时间里，公司先后向IBM购买了8台电子打字机，价款已经部分支付，但是尚余4 333.4美元未付。后来公司生意做得不好，无力支付，IBM告克兰森个人，要他支付余额，理由是交易时公司还没有登记，既不是事实公司也不是法律公司，既然公司还没有成立，克兰森就应该作为合伙人负连带责任。基层法院支持了这一诉求，IBM胜诉。克兰森以事实公司为由上诉。

马里兰州最高法院以禁反理论认定，IBM在交易时是把对方看作公司，依赖公司的信用而不是克兰森个人的信用实施的交易，现在不能因为事后发现对方支付不能就声称在交易时公司实体不存在，所以克兰森不承担连带责任，IBM败诉。

【案例5-5】

罗伯森诉莱卫 [3]

莱卫和罗伯森签订了一份合同，规定莱卫设立一家公司来购买罗伯森的企业。莱卫登记了设立条款。[4] 6天后罗伯森将企业转让给了莱卫的公司。公司给罗伯森开了一张借条。这期间设立条款因为存在瑕疵而被退了回来，经过修改之后重新登记，但是公司的设立证书却是在开出借条9天之后才颁发的。该公司后来经营失败了。罗伯森就要莱卫支付借条，上面有莱卫以公司总裁的名义签的名。特区采纳了美国商事公司法范本，当时该范本第56条和第146条两个条文被理解为废除事实公司和禁反公司规则。因而法院认为公司的存在始于设立证书的颁发；在此之前以公司名义活动的个人一概为他们的行为承担连带责任。

本案中莱卫的公司是一个事实公司。罗伯森确实在交易时是把对方看作公司，依赖公司的信用而不是莱卫个人的信用而接受了借条，但是在公司支付不能的情况下仍然可

---

① Cranson v. International Business Machines Corp., 234 Md. 477, 200 A.2d 33（1964）. 原判词较长，本书作者作了归纳、总结和改写。

② 设立证书 certificate of incorporation 是由发起人签发的，签发后交给律师去登记。——译者注

③ Robertson v. Levy, 197 A.2d 443（D.C.App. 1964）. 原判词较长，本书作者作了归纳、总结和改写。

④ 设立条款（articles of incorporation），同设立证书。美国各州对同一样东西叫法不一。——译者注

以向莱卫个人请求而不被先前对公司的承认所禁反。[①] 这样的判决和我国目前的法律倾向是一致的。

【案例 5-6】

汤普森与格林机械公司诉音乐城木材公司 [②]

约瑟夫·沃克是音乐城锯木公司的总裁，他代表锯木公司于 1982 年 1 月 27 日购买了一架轮子安装机，但是锯木公司实际上在 1982 年 1 月 28 日才登记成立。同年 8 月 27 日，锯木公司将安装机还给了原告。原告将机器卖了 15 303.83 美元，抵销了锯木公司所欠的部分价款后还缺 17 925.81 美元，于是起诉锯木公司（后来改称木材公司）和沃克本人，要求沃克承担连带支付责任，因为在他购买安装机时公司还没有成立。被告沃克辩称：原告在买卖当初是在与公司打交道，并不期望沃克承担个人责任；既然如此，现在就不得否认公司实体的存在。显然这是禁反公司理论。

法院回顾了田纳西早期的判例，州最高法院早在 1915 年就承认了禁反公司理论 Ingle System Co. v. Norris & Hall, 178 S.W. 1113。但是现行州成文法的规定已经取消了事实公司和禁反公司这两条规则。法院引用了俄勒冈的相似成文法和俄勒冈法院在 Timberline Equipment Company, Inc. v. Davenport, 267 Ore. 64, 514 P.2d 1109（1973）中对成文法的解释，认为事实公司的规则已经不再存在。接着，法院又引用了罗伯森诉莱卫一案，该案中地区法院原先适用了禁反公司规则，但是上诉审法院否决，明确废除了事实公司和禁反公司的理论。于是法院对田纳西的规定做了相同的解释，宣告禁反公司规则在田纳西也已经死亡。原告胜诉。

在上例法院引用的俄勒冈判例（Timberline Equipment Company, Inc. v. Davenport）中，俄勒冈最高法院解释说在公司登记注册存在瑕疵因而公司没有成立的情况下，只有那些积极参与公司经营管理的投资者才负个人责任，消极不参与的投资者无须承担个人责任。

就在汤普森案判决的当年，即 1984 年，美国商事公司法范本的作者们又修改了对事实公司和禁反公司两条规则的彻底废除，MBCA § 2.04 规定只有当"明知公司还没有成立而以公司名义或代表公司活动"的人才负连带责任。这样，那些不知情的个人就可以解脱。该条的权威评论说："本条不排除这样的可能：那些明知公司还没有申请登记而力劝被告用公司的名义签订合同的人可以被禁反而不许其追究被告的个人责任。当人们不愿意或者很犹豫用自己的名义承担义务的时候，却有人力劝他们用尚不存在的公司的名义签订合同，然后又去追究签署人个人的责任。以此不公平为基础，禁反成立。"

[①] 课堂上学生曾经争论这个案子到底是事实公司还是禁反公司。从登记瑕疵来看，似乎是事实公司。但是讨论所用的逻辑则是禁反公司的。实际上，事实公司与禁反公司的理论有共通之处，因为二者都有禁止反悔的成分。不过，在本案中，这两条普通法上的规则都被废除了。

[②] Thompson & Green Machinery Co. v. Music City Lumber Co., 683 S.W.2d 340（Tenn. Ct. App. 1984）.原判词较长，本书作者作了归纳、总结和改写。

【案例 5-7】

衣奎托公司诉牙莫斯 [①]

1990 年，J & R 室内公司（以下简称室内公司）成立。吉利·牙莫斯是它唯一的股东、董事兼官员；它的登记代理人是律师托马斯·法罗，登记的住所是法罗的事务所办公室。1991 年的某一天，州文书书面通知室内公司支付许可费和报送年报的日期将到。这时法罗的事务所已经搬家，通知邮寄到了法罗的办公室旧址，最后因为无法投递而转回了州政府。因此，牙莫斯没有为公司支付年费，也没有报送年报。1991 年 8 月 19 日，州文书行政性解散了室内公司，而牙莫斯却像往常一样继续经营公司，如同什么都没有发生。

1992 年秋，室内公司向衣奎托公司购买了一条工作长板凳，有 2 万美元的价款于 1992 年 12 月 20 日到期，但是室内公司到期无力支付，所以衣奎托公司在 1994 年 2 月起诉牙莫斯，要求他个人负责。牙莫斯于次月答辩称原告的诉由只能针对公司，不能针对个人。原告出示了州文书 1991 年解散室内公司的认证书复印件。

另一场官司 Draper Shade & Screen Co. v. Yarmouth 的情形与此相同，也是室内公司在 1992 年 10 月到 1993 年 12 月期间向纱影与屏幕公司购买了货物却不能支付，所以纱影与屏幕公司起诉牙莫斯个人要求清偿。

基层法院不审而判原告胜诉。上诉审法院维持原判，认为牙莫斯是公司的代理人。但是代理关系成立的前提是被代理人的存在；既然被代理人不存在，代理人自然应该负责。关于牙莫斯是否知道公司已经被行政性解散的问题，上诉审法院认为他应当知道。被告请求华盛顿州最高法院审查。

法院回顾了该州公司立法跟随美国商事公司法范本修改的情况，陈述了州法关于行政性解散的规定。公司成立之后每年须交 50 元许可费并登记年报，否则将被州文书行政性解散。解散后的两年内公司可以通过补交许可费和年报恢复状态，一旦恢复则有效期从解散之日起计算，如同没有被解散过一样。本案中室内公司的两年时效从 1991 年 8 月 19 日起算，到 1993 年 8 月 18 日就已经到期。当牙莫斯想在 1994 年恢复时，州文书告诉他只能重新设立。

法院类比适用美国商事公司法范本第 2.04 条"公司的成立"，指出："首先，我们在适用这个条款上不局限于成立前情形。虽然条文的标题是'公司的成立'，但是标题不是法律，条文的文字才是法律。"第 2.04 条是这样规定的：明知公司还没有成立而以公司名义或代表公司活动的所有的人都要对由此产生的债务负无限连带责任，除非交易对方也知道公司还没有成立。法院认为，个人责任按成文法包含 3 个方面：第一是以公司名义或代表公司活动，这点符合，因为牙莫斯在购买货物时就是这样做的；第三是对由此活动引起的债务承担无限连带责任，这也可以适用于牙莫斯；第二个方面最困难，就是"明知公司还没有成立"，这显然指发起人在公司成立之前以公司名义活动，但是

---

① Equipto Division Aurora Equip. Co. v. Yarmouth，134 Wash. 2d 356，359–73，950 P.2d 451（1998）。原判词较长，本书作者作了归纳、总结和改写。

对公司解散后的情形同样适用，所谓类比适用也就在这一点上。

问题是所谓的明知是指实际知道，还是像上诉审法院说的那样"应当知道"。法院引用了大量的判例，都认为必须是实际知道，所以就决定适用实际知道标准，看牙莫斯1994年前在以公司名义做生意的时候是不是实际知道公司已经被行政性解散。这是一个事实问题。从他一知道解散之后马上实施恢复来看，似乎是不知道的，但是到底有没有收到任何通知，证据很缺乏，必须发回基层法院就此问题重审。

如果基层法院认定牙莫斯个人不该负责，那么被上诉人只能向新的室内公司求偿，而不得追究牙莫斯个人的责任。

综上所述，事实公司是当事人已经履行了公司登记的手续，但之后发现设立有瑕疵；禁反公司则不要求登记，属于设立受挫。二者的共同点是交易当事人都以为公司已经成立。因此，发起人或股东的主观"以为"十分重要，如果明知成立文件有问题，则应以发起人合同对待，从合同文字中寻找当事人的真实意思表示。这也是1984年美国商事公司法范本的意思，可供我们参考。

在我国过去的公司实践中还出现过设立无效的情形。设立无效是指公司在形式上已经成立，领取了营业执照，手续上并无瑕疵，但是由于在实体上并不符合公司法规定的实体条件而由法院认定设立无效。如果和上一节所说的设立瑕疵和设立受挫相比，那里是实体条件具备而形式手续不完备，而这里是形式手续完备而实体条件缺乏。我国实践中导致设立无效的主要原因是注册资本不到位，一般都伴有发起人抽逃资金、弄虚作假的行为。纠纷的产生与发起人合同的情形相同，即发起人以公司的名义对外交易，在交易中与第三人发生纠纷，第三人要求否认公司的人格，由发起人承担个人责任。取消最低注册资本限额之后，这类纠纷应该会消失，所以也就没有必要在这里做进一步的讨论了。

在国外，公司的目的违法或者违背社会公共利益也可以导致设立无效。在 R v. Registrar of Companies ex parte Attorney General [1991] BCLC 476 案中，企业经营妓院，先是登记机关拒绝登记"妓女有限""诱惑有限""法国经历有限"（浪漫体验）等名称，最后勉强接受了"琳娣·圣可莱（个性服务）有限"的名称。[①] 但是在企业获得登记之后，英国皇家又提出异议，认为其经营的宗旨有违公共利益，法院判决登记机关颁发营业执照错误，于是将公司从登记册上除名。

但是除名意味着公司的主体资格自始至终不存在，这就产生了一个不良的后果，就是公司可以逃避已经负担的债务，这对于债权人显然是不利的。另一种办法是按照公平原则对公司进行清算，并给债权人一个声张权利的机会。目前欧洲共同体的法律规定主体资格的无效不影响它已经承担的义务和它的清算，这样处理比较完善。

---

① Prostitute Ltd, Hookers Ltd, French Lessons Ltd, Lindi St Clair（Personal Services）。之所以可以将 French Lessons Ltd 翻译为浪漫经历，是因为参考 Webster's 字典：French letter 是避孕套的意思。

第六章

有限责任与刺穿公司面纱

有限责任是现代公司制度的基本特征。本章在简要介绍了有限责任的确立（第一节）及其优越性和局限性（第二节）之后，重点探讨其反面，即在什么样的情况下需要否定有限责任——刺穿公司面纱。这就需要确立标准。第三、第四两节通过对大量英美案例的研究，提出了"3+1"标准，即三个基本条件（必要条件）加上一个案情条件，作为刺穿的标准。第五节是第三、第四两节的延伸。第六节收集了国内的一些刺穿案例，并结合"3+1"标准进行分析和比较，期望对我国法院判决此类案子有所启发，以便在今后的审判实践中进一步澄清标准。第七、第八两节介绍刺穿面纱的特殊情形。第九节对刺穿面纱作一般的政策性讨论。

第一节　有限责任的确立

大公司的独立人格早就得到公认。但是小公司，特别是本质上的一人公司，则长期处于不确定的状态。下面的英国判例最终确立了小公司的独立人格。

【案例 6-1】

Salomon v. A Salomon Ltd [1897] AC22[①]

萨勒门是英国人，原来是从事皮革生意的个体户，做得不错。英国《1862年公司法》出台之后，他便去办理了登记，成立了萨勒门有限。公司的7个成员是萨勒门先生自己、他的妻子和他们的5个孩子。公司以3.9万英镑的价格购买了萨勒门先生原先的企业。萨勒门先生得到2万股每股1英镑的股票和面值1万英镑的担保债券，剩余的价格用现金支付；公司的其他成员每人持有1股价值为1英镑的股份。可是，萨勒门有限成立之后的境况并不好，萨勒门先生不得不把他那1万英镑的担保债券以5千英镑的价格折价卖给了布洛德先生，并将这5千英镑充入公司经营。但公司毫无起色；甚至无法按时支付布洛德先生的债券利息。布洛德便要求拍卖公司。清算人在足价清偿了布洛德的有担保本息之后，又代表其他尚未得到清偿的普通债权人向萨勒门先生个人提出清偿请求。（Broderip v. Salomon [1895] 2 Ch 323）初审同意该请求。初审法官认为萨勒门有限只不过是萨勒门先生的代理人，因为公司仅仅是其创立人萨勒门先生的别名或化名，

---

① Stephen Griffin, Company Law Fundamental Principles, 3ʳᵈ edition, at 8, Longman, Pearson Education（1990）. 本书作者根据原文翻译和改编。

其实际的组成并不符合 1862 年公司法的精神。法官认为，1862 年公司法要求的 7 个人，应当是真正真诚地参加经营的人，而不是像此案中这样，实际上只是一个一人公司。

上诉审（中级）法院维持原判。但是理由稍异。法官认为是一种信托关系。公司受托为萨勒门的利益而经营。所以，债权人可以通过公司对萨勒门本人提出清偿的要求。该院比下级法院进步的地方在于承认了公司是一个独立的主体。但是该院也同意下级法院的观点：1862 年公司法要求的 7 个人，应当是参加经营的人，而不是仅仅在公司中有一份表面上的利益。其中一位法官个人意见认为该公司是为了一个非法的目的而成立的，是"一种欺诈债权人的机制"。另一位法官则认为该公司的非法性在于它实际上是个一人公司。"如果我们承认它的独立人格，我们就是在允许人们践踏《联营股份公司法》，就是在鼓励弄虚作假……我们的准许将成为笑柄。" [1]

上院否决了中级法院的判决，更不同意下级法院的意见，即公司不能由一个占统治地位的主要人物与其他一些并不拥有相当数量的份额或任何实质性的利益的人共同组成。上院认为只要是 7 个人就行，不管是不是每一个人都对公司的经营作出了什么贡献。下级法院没有给予公司的独立人格以充分的考虑，这种独立性在本案中是绝对的。法院的意见说："或许这个公司不是立法机关在通过法案的时候所想象的那种；就现行法案的语言来看，如果他们预见到了那种可能，他们必定会对最低的持股数量或份额作出规定；把 7 个人中的每一个人都必须在公司中拥有足量的利益作为一个先决条件。但是，我们只能解释法律，而不能制定法律；请记住：除非自己愿意，任何人都不需要信任一个有限责任公司，而在他这样做之前，他完全可以核查这个公司的资本数量和状况。"（第 46 页）法院还说："公司是一个与其备忘录上的订购者相独立的主体；尽管登记成立之后，它依然是原先那个企业，还是原来的经理，同样的人手在收取利润，公司在法律上也不是订购者们的代理人或者受托人。那些订购者作为公司的成员，除了法律规定的之外，也不需要以任何形式承担责任。"

此案对小公司股东的有限责任一锤定音，成为公司法领域内的一块里程碑。直到今天，它依然是英国有效的法律。它所包含的规则已经为世界其他国家所采纳。从此以后，对小公司的独立人格不再有争议，特别是股东的资格，明确了不需要什么条件，有没有行为能力都无所谓，大人小孩都可以持股，只要是人就可以。

第二节　有限责任的优点

什么是有限责任？我们在介绍公司的时候已经解释过了，《公司法》第 3 条也说得很明白，是指股东对公司债务的责任仅限于他对公司的投资；公司的债权人只能就公司的财产请求偿还，不得向公司的股东 [2] 请求偿付，不管是合同债务还是侵权债务；即

---

[1] 见 Stephen Griffin, Company Law Fundamental Principles, 3rd edition, at 8, Longman, Pearson Education（1990）第 341 页。本书作者根据原文翻译。

[2] 股东可以是自然人，也可以是法人。

使公司破产，公司的资产全部赔光仍然不足以清偿全部的债务，股东也不用对剩余未清偿的债务负责。这实际上是把很大一部分办公司的风险从股东转移到了债权人身上。法律是调整和规范一定的社会关系的，是服务于一定的经济和政治现实的。法律规则的制定必须对社会有利而不是不利。学习和研究法律，要经常想一想具体规则背后的社会现实以及这样规定的好处和弊端。那么，有限责任这条规则——将风险从股东转嫁给债权人——又有什么具体的好处呢？

（1）能够吸引个人投资者，聚集大量社会闲置资本，形成生产力，从而推动社会经济的发展。试想如果是像合伙人那样的无限责任，一个合伙人做了事会引发其他合伙人承担无限连带责任，谁敢把几个小钱投入公司？哪一天没准招来横祸，要你赔个几百万！

（2）便于股东将经营管理权交给懂经营善管理的专业人才，从而形成一个职业经理阶层和职业经理市场，促进了社会的专业化分工。如果是无限责任，股东不放心，就要亲自参与管理，企业经营的专业化就会受到阻碍。所以有限责任的赋予实际上是一种交换，换取股东放弃控制权。[①]

（3）从社会整体来看，减少了监督成本。如果是无限责任，股东要么亲自经营，要么在放弃控制权之后加强监督，两只眼睛死死地盯着公司管理层，生怕他们出错而给自己带来无限责任。这样的监督必定带来许多摩擦，降低管理效率，尽管对股东来说是必要的，但却是高成本的。有了有限责任，股东就会适当地放松监督甚至不监督。从社会角度来看，监督成本减少了，经济效率提高了。

（4）促进了股份流通和股票市场的形成。有限责任使每一股股份所内含的风险相同（无限责任则因各人财产状况的不同而不同），股份成为种类物，互相具有可替代性，价格可以标准化，流通起来就方便了。

（5）便利投资者投资多样化。投资多样化可以分散风险，中和损失与收益，为众多投资者所喜爱。但是在无限责任下，投资者不敢多样化，只能集中在一处，因为那样赔偿风险最小。投资的地方越多，赔偿可能就越多。只有在有限责任下，投资多样化才成为可能。

（6）尤其重要的是鼓励商业冒险和企业家精神。当一项投资成功的概率大于失败，盈利的可能大于亏损的时候，就值得冒险。如果是无限责任，公司出于对股东负责的态度会回避许多高风险项目，使社会经济少了一些发展动力。有限责任使社会经济增加了这份活力。

但是对于一个封闭公司（较小的有限责任公司）来说，有限责任的许多优越性不能体现，因而赋予它有限责任的说服力就不那么强。因为公司小，只有很少几个投资者，所以他们都自己参加经营管理。[②] 在这样的公司里，减少监督成本的优越性就不存在。由于公司股份没有市场，所以通过有限责任来促进股份流通也谈不上。特别是有限责任

---

① 当然，换取股东放弃控制权的对价并非有限责任一项，还有股份的流通。因为如果股份不能转让，公司又长期不分红，那就等于将钱送给公司了。纵然是有限责任，股东也不会把钱拿出来投资。

② 虽然不是全部情形，但大多数是这样的。

将鼓励这些企业冒险，因为公司决策者通过将风险转嫁给债权人，将比公众公司的经理层获得更多的个人利益。这种损人利己的冒险，与上面说的对股东负责的冒险不是一回事。这就意味着与公众公司相比，法院更愿意刺穿封闭公司的面纱，因为有限责任对于封闭公司没有那么多的优点。

第三节　有限责任的否定——刺穿公司面纱及其"3+1"标准

股东的有限责任是现代公司制度的基石。它将股东的可能损失限制在他所认缴的投资额的范围内，把进一步亏损的风险从股东身上转移到了债权人身上。这对吸引投资者、筹集社会零散资金、发展社会经济起到了巨大的作用。但是物极必反，过犹不及，任何事情绝对了都容易走向它的反面。有限责任也是一样。它在保护股东利益的同时，也可能被用来恶意损害债权人或潜在债权人的利益。为了防止有限责任制度的滥用，维护社会公正，法律在某些情况下就要否定有限责任，允许公司债权人直接向股东追偿，让股东承担无限责任。大陆法系把这叫作"否认公司人格"，英美法系的说法比较形象，叫作"刺穿公司面纱"（piercing the corporate veil）。此外，还有揭开面纱的说法。但是比较起来，刺穿的说法更准确些。揭开意味着整个儿地掀开，与否认公司的独立人格是一个意思；而刺穿则意味着只在某一个特定案件中允许某一个特定的债权人穿透，而在一般情况下依然承认公司的面纱或者独立人格。所以细究起来，刺穿比揭开和否认人格的提法更加准确。因此，我们选择刺穿的提法。

刺穿公司面纱的实践首创于美国和英国的判例，而后扩展影响到了世界各发达国家。我国《公司法》第 20 条规定："公司股东滥用公司法人独立地位和股东有限责任，逃避债务，严重损害公司债权人利益的，应当对公司债务承担连带责任。"[1] 这是对国际先进经验的引进，并不是源于我们自己的实践和创造。

具体情形是这样的：公司已经资不抵债，但是公司的股东还有钱，债权人为了要到钱，就告有钱的股东，摆出某种理由，要求刺穿公司面纱。[2] 损失已经发生，总得有人承担。这时法院必须决定由谁来承担损失，债权人还是股东？如果盲目地坚持公司是一个独立实体的概念，那就意味着债权人永远遭受损失。这样的结果在大多数情况下是合理的，但也有少数不合理的时候。诚如美国的一家法院所说，"当法律实体的概念被用来挫败公共利益、美化错误、保护欺诈、为犯罪辩护的时候，法律将把公司看作是个人的聚集"，[3] 责成这些个人直接承担责任。

可是客观情况错综复杂。什么样的情况下应该刺穿公司面纱？刺穿面纱应该具备哪

---

① 据说，立法过程中对这个条文争议很大。反对意见有两种：一是发达国家的成文法都没有规定否认法人人格；二是法院有了自由裁量权，容易发生权力的滥用。参见赵旭东主编：《新公司法讲义》，104 页，北京：人民法院出版社，2005。

② 债权人也可能告董事和官员，这将在以后讨论。

③ United States v. Milwaukee Refrigerator Transit Co.，142 F 247，255（C.C.E.D. Wis. 1905）。引文是本书作者根据英文原文翻译的。

些条件？却很难一概而论。法制发达的国家如美国，也至今没有概括出一套简明、系统、实用的规则来。1986 年，西弗吉尼亚最高上诉法院仔细搜罗了以往所有的判例，总结归纳，列出了各家法院在刺穿公司面纱时考虑过的 19 个因素："（1）公司资产和股东个人资产混合；（2）将公司的资金或资产挪作公司外之用（股东个人之用）；（3）在公司股票的发行或认购上不遵循诸如董事会批准等规范的手续；（4）股东个人向公司外的人声明他或她将对公司的债务或其他义务承担个人责任；（5）没有保存公司会议记录或其他重大事件的记录；（6）两个实体的所有者相同；（7）经营管理两个实体的董事和官员相同（一个合伙或个体企业与一个公司的管理人相同）；（8）相对于公司生意所包含的合理风险，所投资本不足；（9）公司没有独立的资产；（10）将公司用作一个壳或通道去经营个人或者另一个公司的某个项目或者某一方面的生意；（11）一个人或一家人拥有全部股份；（12）股东个人和公司共用一个办公室或者经营场所；（13）股东个人和公司雇用相同的雇员或律师；（14）对公司所有者、管理层和利益相关方的身份进行隐瞒或者虚假陈述，隐瞒股东个人的商事活动（股东不公开自己与公司的联系，在没有充分担保的情况下向公司借债）；（15）在关联实体之间不能保持对等关系，缺乏正规的法律手续；（16）将公司实体用作一个通道，为另一个人或实体取得劳力、服务和货物；（17）股东或其他人或实体以牺牲公司债权人的利益为代价将公司资产挪作他用或己用，在不同实体之间调拨资产与负债，使得资产集中于这个公司而负债集中于另一个公司；（18）公司与另一人签订合同，目的是利用公司实体规避不履行合同的风险；或者利用公司实体来遮盖非法交易；（19）成立并利用公司来承担另一个人或实体的债务。"① 显然，一个刺穿案中不会同时具备这 19 个因素，具备了这 19 个因素中的某些因素也不一定就会刺穿。因此，这样的罗列只有参考价值，对具体的判决并没有现实的指导意义。

英美国家的法院在判决中经常使用形象的比喻来说明公司与股东的关系，例如，把公司比作股东的代理人、化名、化身、重复、木偶、工具等。但是这些比喻对于在具体案子里决定要不要刺穿公司面纱用处不大。正如卡多佐大法官所说："母子公司关系的整个问题还被包裹在比喻之雾中。法律要警惕比喻，因为它们起初被用来解放思想，结果却总是束缚思想。"②

本节通过对大量英美个案的分析、比较和研究，总结归纳出了三个必要条件和两类案情。三个必要条件是：债权人是不自愿的；股东是积极的；公司是封闭的。两类案情是资本不足和主体混同。如果符合了三个必要条件，又具备了两类案情中的一类，面纱就应当刺穿。我们把这叫作"刺穿公司面纱的'3+1'标准"。在侵权案子中经常出现"3+1"刺穿的情形，即债权人不自愿、股东积极、公司封闭加上两类案情中的任何一类。合同案子中如果刺穿面纱，一般也存在"3+1"的情形。三个必要条件比较简明，先分述如下。

---

① Laya v. Erin Homes, Inc., 352 S.E.2d 93, at 98–99（W. Va. 1986）. 引文由本书作者根据英文原文翻译。

② Berkey v. Third Avenue Railway Co., 244 N.Y. 84, 94, 155 N.E. 58, 66（1926）. 引自 Soloman, Schwartz & Bauman, Corporations, Law and Policy, Materials and Problems, at 241, West Publishing Co. 2d ed. 1988. 引文由本书作者根据英文原文翻译。

一、刺穿公司面纱的三个必要条件

1. 债权人自愿还是不自愿——合同与侵权

如果债权人是自愿与公司交易的，说明他主动承担了风险，一般不刺穿；如果债权人是不自愿的，是被迫充当的，则容易刺穿。一般说来，合同债权人是自愿的；侵权债权人是被迫的。因为在合同的谈判过程中，对方有机会调查公司的资产情况，发现资产不足，可以要求支付现金或者提供担保。如果这一要求遭到拒绝，他可以放弃交易。如果他不放弃，那就表明他主动地承担了风险，至少在没有欺骗的情况下可以这样推断。如果他不做调查，也不要求担保，愣头青一样地一头扎进合同里，那也是自动承担风险。所以在合同案子中，一般都将风险放在对方当事人身上，不必刺穿公司面纱。后面的保龄球馆案（案例 6-8）是个典型例子。在侵权案中，不存在自愿的交易。企业主们是否可以通过公司形式将损失或者受伤的风险转嫁给社会公众？答案往往取决于公司有没有足够的资本来支付所在行业中可以合理预见的风险。如果资本金不充足，那么转移风险给社会公众就是不对的，就需要刺穿面纱。

2. 股东是积极的还是消极的

刺穿面纱只针对积极投资者，不针对消极投资者。这里的所谓积极，是指参与公司的经营和管理，有管理权；消极则指没有管理权，不参与公司经营，光等着分红或者股份升值。利用公司形式损害债权人利益的必定是积极股东，他们对公司债务在主观上负有责任，刺穿面纱比较合理；消极的股东无法利用公司去损害债权人利益，对公司债务没有主观过错，刺穿面纱对他们不公道。

3. 公司是封闭的还是公众的

由第 2 点可知，既然刺穿只针对积极股东，不针对消极股东，那就意味着只有封闭公司的面纱会被刺穿，公众公司的面纱不会被刺穿，因为公众公司的投资者一般不参加经营管理，只有封闭公司的投资者才直接参加经营管理。再说，公众公司的实力雄厚，一般具有足够的偿债能力，也不需要刺穿面纱。从社会的角度看，如前所述，有限责任的优越性主要体现在公众公司中，对于封闭公司而言社会效益较低。所以刺穿面纱只适用于封闭公司，而且还是较小的封闭公司。据考证，在被刺穿面纱的公司中，还没有一个公司的股东超过 9 人。[1] 不过在母子公司的情形下，子公司的面纱也经常被刺穿。但是这时候被刺穿面纱的子公司也往往是封闭公司而不是公众公司。

作为判断标准，这三个必要条件简明、易行、实用，可以称为归类标准。符合这 3 条标准——不自愿的债权人、积极股东、封闭公司——是刺穿公司面纱的大前提。但是光有大前提，还不能推出刺穿的结论，还必须具备小前提。[2] 这个小前提就是符合两类案情中的一类：资本不足或者主体混同，可以称为案情标准。大前提中的全部 3 点加上

---

[1] R.W. Hamilton & R.D. Freer，The Law of Corporations in a Nutshell，Thomson Reuters 6th ed. at 210（2011）.

[2] 仅仅是词汇借用。与形式逻辑中的大小前提之间的关系并不一致。准确地说，归类标准是必要条件，加上案情标准才形成充分条件。但是这样说数学逻辑的气味太浓，不够通俗，所以借用大前提、小前提的说法，通俗一些。

小前提中的任何一点，形成一种"3+1"的格局，是刺穿公司面纱的典型案情。案情标准的判断和适用比较复杂，分别举例阐述如下。

二、刺穿公司面纱的两类案情

1. 资本不足

早在 1946 年，就有权威评论指出："作为立法政策，人们越来越认识到股东创业应当诚实地投入足以应付生意损失和风险的充足资本。如果这些资本对于所做的生意和可能的损失只是象征性的和微不足道的，那就构成否认企业独立的主体资格的理由。"[①] 现在法院一般认为资本不足是刺穿公司面纱的充分理由。因为不管是在公司设立时还是在它的持续经营中，如果股东投入的资本不足以应付生意中固有的一般性风险，那么，当公司资产不够清偿由此产生的债务时，他们就应当承担个人责任。

资本不足是侵权案件中最常见的刺穿理由。资本不足有法律上的不足与经济上的不足。法律上的不足是指低于法律规定的某个限额，如最低资本限额、最低保险金限额，等等。刺穿案中的不足不是指这个法定的限额，而是指经济上的不足，即从公司所从事的行业性质和该行业容易发生的风险事件的性质来看资本额是否足以支付风险损失。这个资本额不必满足一切可以想象的债务，但应能支付风险性质所决定的合理的数额。下面的游泳池案（案例 6-2）即是明证。可见，资本是否充足是由公司所在行业的性质所决定的事实问题。这里，如果风险可投保，则保险金额应当计算为资本，因为对于侵权受害人来说保险金与公司资本是一样的。后面的纽约出租车案（案例 6-3）是个例子。

资本充足应以公司开始营业时为准，而不是以事件发生时为准。如果公司的初始资本充足，后来由于生意亏了，资本变得不足了，那么，即使在侵权发生时资本不足，仍不能以资本不足为由判股东对公司的债务承担责任。与此相关，最高人民法院的司法解释也规定："出资人以符合法定条件的非货币财产出资后，因市场变化或者其他客观因素导致出资财产贬值，公司、其他股东或者公司债权人请求该出资人承担补足出资责任的，人民法院不予支持。"[②]

如果公司的资产本来可以购买保险或者留在公司里给债权人垫底，现在却通过分红、薪水或类似的支付被分配掉了，由此引起资本不足，面纱就可以刺穿。[③] 不过，这里的界限不太清楚。所以在纽约出租车案中，法院明确拒绝以此为由来判决。但它仍是该案中的一个重要的考虑因素，尤其当过度的分配与公司初始资本较少的事实连在一起时，法院就很愿意刺穿。反过来，如果初始资本充足，公司已经尽了最大的努力，那么即使在侵权案中，面纱也不应该被刺穿。

---

① H. Ballantine，Corporations，at 303（rev. ed. 1946）. 引文是本书作者根据英文原文翻译的。

②《公司法司法解释（三）》第 16 条，2010 年 12 月 6 日由最高人民法院审判委员会第 1504 次会议通过，2011 年 2 月 16 日起施行。不过，这条规定说的足与不足，应该指法定的最低资本限额，而不是我们所说的经济标准。

③ 例如，在 Dewitt Truck Brokers, Inc. v. W. Ray Flemming Fruit Co., 540 F.2d 681（4th Cir. 1976）中就有这种情况。

　　总的说来，刺穿公司面纱是一条衡平法则，[①] 基于公平理念。由于它否认了公司的有限责任，而有限责任又是公司制度的一块基石，所以刺穿是例外而非一般。只有当不刺穿对债权人明显不公平的时候才能刺穿。因此，有的法院将这作为刺穿的一个必要条件。问题是公平理念虽然为人们普遍认同，但是也不乏因人而异的主观随意性。同样的案情，不同的法官按照自己对公平的理解在权衡了刺穿对原被告双方的影响之后可能会得出不同的结论。反过来，如果具备了"3+1"的条件，尤其是在资本不足的情形下，对于无辜的侵权受害人而言，不刺穿总是不公平的。迄今为止还找不出一个相反的例子。因此，"3+1"规则具有包容性，即已将公平理念包含于其中，而且适用起来简明可行。只有在个别疑难案子中，才需要引进公平理念来辅助案情标准的认定。

【案例 6-2】

游 泳 池 案 [②]

　　塞米诺温泉公司组建于 1954 年 3 月 8 日，经营一家租用的游泳池。同年 6 月 24 日，原告的女儿因为泳池的安全措施不周溺死在里面。起诉后，法院判决公司赔偿 1 万美元。但是公司没有财产赔偿。

　　1957 年 1 月 30 日，原告提起本次诉讼，要求公司的股东之一凯福尼先生个人承担 1 万美元的赔偿责任。1958 年 5 月 28 日，凯福尼去世。他的遗孀兼遗产执行人替代进来当被告，继续诉讼。基层法院判决原告胜诉，被告上诉。

　　原告举证：凯福尼是公司的董事并兼任秘书和财务主管。在 1954 年 11 月 15 日，原告女儿淹死约 5 个月之后，公司董事会秘书凯福尼和公司总裁克拉夫特申请发行 3 股塞米诺公司的股票，一股给克拉夫特、一股给威曲克、一股给凯福尼。但是州政府的公司长官要求提供进一步的信息，否则不准发行。随后公司放弃了申请。有一段时期，公司用凯福尼的办公室存放文件并接收邮件。凯福尼死前回答过书面提问，说"就我所知，公司没有任何资产。"

　　被告举证说他只是一名律师，是克拉夫特和威曲克找他成立公司，于是他就成为公司的律师。他在书面回答中还提到：他担任的秘书、财务主管、董事都是临时性的，是为客户服务的。

　　法院罗列了刺穿公司面纱的三种情形：（1）公司的实际所有人把公司的财产当作他们自己的，公司缺钱时他们投入，有钱时又随意调出来花；（2）他们在交易时声称个人将对此负责；（3）公司的初始投资不足，他们又积极地参与了公司的经营和管理。

---

　　① 衡平法（equity）是与普通法相对的。英国原来只有普通法（法院判例），没有衡平法。普通法以损害赔偿为救济手段。但是后来发现有些时候赔钱解决不了问题，必须实际履行才行。所以英国另设法院专门受理这类案件，救济手段以实际履行为标志，目的是达到公平。这类法院的判例形成的规则被称为衡平法。所以衡平法是以实际履行为特征的。后来衡平法院的受理范围逐渐扩大，有些案件中的救济手段同样是损害赔偿，比如刺穿公司面纱就是。因为衡平法的根本目的是弥补普通法的不足，以达成公平的结果，所以后来人们往往将衡平法理解为公平法，实际履行这一救济手段的主要特征反而被模糊了。

　　② Minton v. Cavaney，56 Cal.2d 576，15 Cal.Rptr. 641，364 P.2d 473（1961）. 本书作者根据判词原文翻译和改编，案名为本书作者所拟。

在本案中，公司从来没有任何像样的资产，其初始投资不足，资产与所做生意的风险相比显得微不足道，这些都是没有争议的。公司租用了一个游泳池，但是由于付不起租金，不久就被收回。凯福尼不但是公司的秘书和财务主管，而且还是董事。由他要取得公司 1/3 的股份这一事实可以推断出他是公司的股东；由公司文件曾经存放在他的办公室内这一事实可以推断出他积极地参与了公司的经营管理。基层法院可以不相信被告所说的他的职务的临时性。公司法规定公司由董事会控制。至于他是否仅仅为了给客户提供服务而临时性地担任了董事，实际上并不行使董事的权力，这无关紧要。他只要在这个位置上，就应承担该位置的责任。被告争辩说第二自我①理论只适用于合同债务而不是侵权债务，还说原告最初告的是公司而不是他个人，根据一案不再理原则，本次诉讼不得允许。这些说法毫无道理。

但是由于这是侵权官司，需要证明公司的过失和原告的损害数额。原告在本案中没有出示这方面的证据，而仅仅依赖第一个判决。那个判决针对公司，被告不是该案的当事人，没有能够就公司的过失要件进行争辩，因而不受该判决的拘束。被告争辩说凯福尼或者他的遗产②至少应当得到一个就这一要件重新诉讼的机会，这是对的。因此，上诉审法院否决了基层法院的判决，被告胜诉。

本案中原告败诉是因为诉讼技术上和程序上的原因，公司面纱还是被刺破了。刺破的理由就是公司的初始投资不足，股东又积极地参与了公司事务的经营管理。这里所说的投资不足，是由经营性质所决定的公司可能承担的赔偿责任去看的，与我国以前规定的法定注册资本最低限额不是同一个概念。本案符合全部 3 条归类标准，又加上资本不足，构成"3+1"情形，所以公司面纱被刺穿。

不过由于资本不足这点双方没有争议（侵权性质和封闭公司是简单事实，更不会发生争议），所以辩论的焦点在股东有没有积极参与公司事务。从本案的证据可以看出，尽管凯福尼所说的他的职务的临时性未必可信，但是公司显然是由另外两个股东经营的，是他们把他拉了进来，给了他 1/3 的股份，让他参与公司事务。凯福尼大概参与了公司的管理和决策，但平时都以律师工作为主，不能从事公司的日常经营。可见，把凯福尼认定为积极股东多少有些勉强。那么，法院为什么要这样做呢？

让我们离开积极消极的具体争议，将镜头拉远，看看整幅画面。事故已经发生，原告的女儿因为公司安全措施不周全而溺死在水中，需要得到补偿。因为公司有过错，所以最理想的解决办法是由公司来赔，可是公司已经破产。其次，本案应由直接控制并经营公司的股东克拉夫特和威曲克赔偿，但是他们没有足够的家产来支付 1 万美元。原告之所以直到最后才告凯福尼，是因为他没有参与日常经营；而之所以最后仍然要告他，是因为只有当律师的他才有支付这 1 万美元的能力。至此只剩两种选择：要么让已经失去女儿、可怜巴巴的原告承担全部的伤痛和损失，要么让凯福尼承担损失。任何一个稍

---

① 化身的同义词。

② 在英美法中，人死之后，他的遗产可以充当诉讼主体。以财产而不是人为主体的概念有点类似大陆法系的财团法人。

微有点同情心的人都会说，与其让原告承担，毋宁让凯福尼承担。美国法官恐怕也是这样想的吧。这种普遍的同情心大概是促使法院认定凯福尼为积极参与股东的一个重要动因。当然，从事实证据来看，这样认定也勉强说得过去。否则，再同情也没有用。这是情理与法律的统一。

【案例 6-3】

纽约出租车案 [①]

纽约的出租车公司都很小，每个公司只有一辆或两辆出租车。即使你拥有一个庞大的车队，你也不愿意组建成一家公司，而是要分割成许多家小公司，由一个人持有。因为出租车是一个高风险行业，很容易撞人发生巨额赔款。利用公司的有限责任组建成一两辆车的小公司，即使赔光了也就这一两辆车。为了最大限度地减少赔偿损失，车主在购买车子时往往只出车价的一小部分，大部分价款向银行贷款，而以车子作为抵押物。公司组建之后，出租车的经营收入被车主（股东）个人随时取走。这样，公司的全部资产就是车子本身及其经营牌照，[②] 而车子身上还有抵押负担。本案中，以卡尔顿为首的几个股东拥有十家这样的小公司，每个公司只有两辆车子，其中一家公司的车撞伤了原告，伤得很重。原告起诉卡尔顿和所有他控股的十家小公司。

起诉状声称：卡尔顿"组建、经营、统治、控制"着这十家小公司，统一供应和安排它们的资金、材料、修理、司机和车库，就像它们是同一家公司；虽然每家公司的每辆车子都购买了法律要求的最低伤害保险，但是保险金（1万美元）和该公司的财产加起来也不够赔偿原告的损害；这些小公司资本不足，相互之间资产混用，实际上都不独立。原告认为这种故意拆散成分立的小公司的做法是对可能受伤害的社会公众的欺诈，请求刺穿公司面纱，将十家公司看作一家来承担赔偿责任，卡尔顿个人承担连带赔偿责任。

法院多数派意见认为：一家原本较大的出租车公司被拆散为许多家小公司，小公司之间资产混用，所以刺穿姐妹公司之间的面纱，把它们作为同一家公司对待，这是没有问题的。本案中的问题是对于个人被告卡尔顿要不要刺穿公司面纱。法院解释说，仅仅因为股东"组建、经营、统治、控制"了这些公司，就要他承担无限连带责任，是不合适的；也不能仅仅因为公司的资产加上所买的意外伤害保险金不足以补偿原告的伤害就刺穿公司面纱。如果一个司机只拥有一辆车子而成立公司，只购买了法律要求的最低伤害保险，这是合法的，并不构成欺诈。成千上万的出租车司机都根据纽约州商事公司法组建了这样的公司。从政策上说，或许应该要求这样的小公司购买足以补偿潜在受害人

---

① Walkovszky v. Carlton, 18 N.Y.2d 414, 276 N.Y.S.2d 585, 223 N.E.2d 6 (1966). 本书作者根据判词原文翻译和改编，案名为本书作者所拟。

② 背景：20世纪60年代，纽约的出租车很紧张。但是在20世纪二三十年代时，出租车过剩，拥挤在街道上，互相压价，驾驶员只能勉强度日，车主也买不起保险。那时，一块出租车招牌只值10美元。为了使这个行业有足够的客户，从1937年开始，纽约市政府冻结了车的数量，并且确立了招牌批准制度，已有招牌的有效期可以永久性更新延续。由于不再进入，车的数量从13 500辆下降到11 787辆。"二战"结束之后，车牌的价值开始上升，到20世纪80年代，每块招牌约值8万美元，比车子本身贵得多，成为一辆出租车最值钱的部分。出租车行业成立了强大的游说团游说立法机构，保持行业垄断。很多车主把车牌看作他们的养老金。

的保险金额，但是这样的规定只能由立法机构去做，法院不可以越俎代庖。只有当股东个人的资产与公司的资产混同，资金调出调进而无正规的手续，全视个人的便利行事，实际上是股东个人在做生意，公司只是一个幌子的时候，才能确定公司形式被滥用了，可以刺穿面纱追究股东个人的责任；但是起诉状并没有这样说。[①] 因此，就起诉状的指控而言，被告卡尔顿的个人责任不能成立。

少数派的反对意见则认为：这些小公司从成立之日起，资本供应就人为不足，目的就是要在撞人之后能够逃避责任，因为如此庞大的车队一天 24 小时在大街上招人载客，撞人的事故是必然要发生的。在公司存续期间，它们的收入被不断地取走，目的也是为了减少赔偿责任。这里有一个方针政策的选择问题。我们是否可以让生意人如此利用公司的形式来获得有限责任的庇护？答案是否定的。从本案的具体情形来看，个人被告应当对原告负赔偿责任。如果一家公司的资本不足，资产不足以支付债务，股东组建它就是不地道的。在资本不足以对债权人承担责任的基础上试图成立公司做生意本身就是对公司形式的滥用。应当确认这样的立法方针：股东必须诚实地将足以支付可预见债务的完好资本投入他所从事的风险事业中；如果与所从事的生意及其包含的风险相比，投入的资本显得微不足道，那就应该否定独立实体的特权（即有限责任）。

从立法者的角度看，他们只要求 1 万美元的最低的保险金，是考虑到那些无法筹集足够的资金来应对因疏忽大意撞人而引发的赔偿责任的个人和公司，要求即使是这样的人也要给予受害人以最起码的保障。他们并没有预见到在公司有钱购买更多的保险的情况下，有人会故意钻法律的空子来逃避应当承担的责任。他们相信只要公司有较多的资产，就会买更多的保险来防止这些资产的流失。从住院和治疗的费用以及伤害的性质来看，我们没有任何理由认为立法者相信这样的最低保险就足以保护那些被车撞伤的无辜的受害人。因此，对涉及公益的公司的股东，当公司资金不足以清偿那些在其营业过程中必然要出现的赔偿责任的时候，就可以责成直接参与经营管理的股东个人承担责任。只有对那些收入微薄不足以购买超过法定最低要求的保险金额的公司，或者起初资本金充足但是后来经营亏损的公司，才应当给予其股东以有限责任的保护。这样的判决不会阻碍经济的健康发展，它只阻挠本案中的这类以牺牲公众利益为代价滥用有限责任的公司的成立。

此案在原告上诉后，上诉审法院发回重审。基层法院在重审过程中允许原告修改了诉讼状，声称被告实际上是自己在做生意，公司只是卡尔顿的代理人。法院支持了这一诉状。

案中有反对意见。多数派意见是法院意见。你认为哪家意见更正确？

像游泳池案一样，本案属于"3+1"情形：侵权性质决定了债权人不自愿、积极股东、封闭公司，加上资本不足。按照反对意见，这就够了，可以刺穿了。这样判，与游泳池

---

① 这段论述很有意思，法院实际上是在示意原告如何措辞，表现出法官对原告的同情。这种情形在判词中极为少见。

案是一致的。但是多数派认为这样判会直接威胁到成千上万的小出租车公司的生存，牵动面太大，不想做这个恶人，于是在资本不足的认定上偷梁换柱，选择了法律上的标准而不是经济上的标准。多数派的顾虑是：卡尔顿动机有问题，是个富人，刺穿可以；但是如果一个穷司机只有一辆车子，也成立了一个公司，怎么办？也说他动机不良？也刺穿？人家可是按成文法的要求买足了法定最低保险金额的。这样的公司非常多。多数派不是不知道反对意见对资本不足的认定有道理，但是出于政治上的考虑，最后把皮球踢给了立法机关，说"或许1万美元保险金太低了一点，但那是立法机关的事情，要改变标准提高金额也只能由他们去改，我们法院不能越俎代庖替他们立法"。事实上，判例法国家的法院通过判案制定新的规则，经常在立法。可以说，多数派在这里耍了个滑头。但是在这样做的时候，他们清楚地看到：本案同时符合另一个"3+1"标准——不自愿、积极、封闭加上资产混同，[1] 因而公司面纱是可以刺穿的。[2] 于是他们就在判词中提示原告："你因为在起诉状中没有说被告个人的资产与公司的资产混同，资金调出调进而无正规的手续，公司只是一个幌子，所以我们才判你输；如果你这样说了，我们就会判你赢的。"法院提示当事人！有这样判案的吗？简直绝无仅有！原告自然是心领神会，在上诉审法院发回重审后修改了起诉状，赢了这场官司。

反对派与多数派在大多数问题上的立场观点都是一致的，共同点多于分歧点：都认为应该将卡尔顿的十家公司并到一起赔偿；都很正直，同情穷人；都认为公司面纱应该刺穿，卡尔顿应该负个人责任。他们的唯一分歧就在资本不足的认定上。而就这一点而言，反对意见因为遵循了先例，即按经济标准而不是法律标准判定资本不足，在法理上是占了上风的。

尤其重要的是，反对意见在这里提出了一个根本性的政策问题：有限责任规则在一个具体案件中的合理性。国内学公司法的人一提到公司或者法人，马上就会想到投资者的有限责任，往往不会进一步去思考隐含在其中的公共政策问题。有限责任制度的目的是什么？作为一种法律赋予的特权，是否有必要从社会利益的角度对它加以一定的限制或者规定某些条件？一般认为，之所以要给予有限责任的保护，是为了吸引投资，使投资者有安全感。那么，在不影响吸引投资的情况下，对有限责任作出某些例外的规定，以达成公平的目的，就是一桩两全其美的好事了。在本案中，反对意见认为有限责任只应该保护那些没有不良动机的公司创立人，而本案中的被告卡尔顿从一开始就怀有不良的动机，即明知他的汽车迟早要撞人，所以分散资产，成立了很多小公司来逃避对受害人的赔偿责任。对这样的人剥夺有限责任的保护，只会阻挠人们成立这种动机不良的公司，而不会阻碍经济的发展。只有对那些诚实的生意人，例如初始投资充足，但是后来生意做亏了，所以产生资金不足的现象，才应当给予有限责任的保护，因为这样的保护不会造成对特权的滥用。

不过细究起来，反对意见也有些问题。首先就是多数派所担心的打击面太大。如果

---

① 这在下一个案情类型——主体混同里将会讲到。资产混同属于主体混同的一种情形。

② 大概正因为这样转个弯仍可以刺穿，所以才没有采纳反对意见的吧。

按照资本不足的标准一以贯之，所有小出租车公司都会在实际上失去有限责任的保护。其次是该标准贯彻得也不够彻底，因为少数派在论述中一方面认为在资本不足以对债权人承担责任的时候成立公司做生意本身就是对公司形式的滥用；另一方面在分析立法意图时说要求 1 万美元的最低的保险金额是考虑到那些无法筹集足够的资金来应对因疏忽大意撞人而引发的赔偿责任的个人和公司，似乎对这样的公司予以认同。[①] 二者是矛盾的。这也反映出少数派和多数派一样地同情广大的贫苦司机，认为一个穷司机可以以他唯一的一辆车子和营业牌照注册公司，而像卡尔顿这样的大车队则不可以通过拆分成许多小公司转嫁风险。但是要达成这样的结果，用资本不足来衡量就会发生矛盾：穷人在筹集不到足够的资金应付可预见风险时可以注册公司，富人为什么就不能以同样的资本注册？对此，多数派的回答是：都可以，都有权，但是公司必须保持独立，其资产不得与股东个人的财产混同。这样的要求相对温和，容易为穷司机们所接受。在这一点上，多数派稳健，不自相矛盾；少数派的逻辑有瑕疵，逊了一筹。

总的来说，多数派保守些，政治考量比较全面，但有点圆滑。反对意见激进些，有深度，很耿直，在法理上也占上风，但是因为同情穷人而使逻辑不够彻底。

2. 主体混同

主体混同是指公司与股东混为同一个主体，违背了公司作为一个独立主体的法律期望，于是公司的债务当然应该由股东连带。其实，所谓的主体混同不会从内容到形式百分之百地混同，那样股东就不会去设立公司了。实际情形往往是公司已经成立，但是公司与股东，或者母公司与子公司之间的界限划得不清楚，具体表现在股东不遵守公司程式或者母公司对子公司的控制过分。公司程式[②]是指表明公司是一个独立于其股东的单独主体的种种形式和手续，大致包含两个方面：一是组织形式方面，如按时召开股东会、董事会并保留会议纪要，按照法定程序选举董事、经理，这些官员各自在其权限范围内做决定，越权行为事后应及时经有权机构追认；二是交易手续方面，如与第三方订立合同必须以公司名义签署，与股东或者姐妹公司的关联交易也必须办理正规的交易手续如会计记录、合同文本等。控制过分是指母公司对子公司的控制已经达到了使子公司失去独立的意志和人格的地步，沦为母公司的分支机构（分公司）。主体混同的情形很复杂，因为无论是不守程式还是过度控制都是一个程度问题，并不是任何不守程式或者控制的行为都会导致刺穿。具体不守或者控制到什么程度，往往还需要结合被告的主观意图，原告所受的误导等多个因素来考虑。有时候，不守程式和控制混合存在，互相印证；有时候，资本不足也作为主体混同的一个标志被结合进来考虑。客观情形错综复杂，不同的法官对分寸的掌握又不一致。法制发达如美国，在这个问题上也还相当混乱，处在摸索的过程中。

---

① 这样的言下之意很明显，尽管没有明说，只是对立法意图的解释和猜测。

② 英语中的 corporate formalities 一词在汉语中其实没有一个确切的对应词，笔者原先翻译为"公司形式手续"，有时候又翻译为"程式手续"，有时候也翻译为"公司程式"，都不太满意。后来看到施天涛用的是"公司程式"（见他所著《公司法论》第二版 38 页，法律出版社，2010 年 7 月第 4 次印刷），感觉"程式"一词除了意思接近之外，还有字数少、比较简洁的优点，所以就跟着用。希望约定俗成，赋予该词以确定的含义，使之成为我国公司法学中的一个新的术语，见正文对"公司程式"的解释。

不守公司程式作为一条刺穿的理由，对封闭公司中那些粗心的股东来说是个陷阱。小公司中的股东全身心经营企业，会议之类的形式性事务总被推到后面甚至忽略不顾，因为事实上所有的股东和利益相关方都一致同意应该做什么和由谁去做。演戏似的开会、选举等对于一家小公司中的生意人来说是多此一举。如果律师要求他们走程序形式，他们会怀疑律师想赚取律师费。但是一旦发生诉讼，法院首先检查的便是公司有没有遵守程式。

许多小公司往往在完成组建之前或股份还没有颁发、相应的款项还没有收到就开业；应该由股东会或董事会做的决定却没有开会，由控股股东个人拍板决定，连董事集体同意的同意书也没有签署；交易时让对方感觉是在与个人而不是公司交易；公司没有完整的财会记录和账册；等等。这些情形单独一项可能不足以刺穿，但是数项加起来综合考虑，就可能让法院感到个人与公司已经混为一体，应当刺穿公司面纱。尤其是当股东的个人财产与公司财产没有清楚的区分，公司的钱用来为个人支付，个人的钱用来为公司支付，而且没有规范的会计记录的时候，面纱很容易被刺穿，因为这时公司与个人的混同已经不是在程序、手续等形式上，而是在财产这一实体内容上，企业在实质上已经不是公司，而是承担无限责任的个体企业了。与此相联系，人员混用和办公室合用也可以往资产混同方面解释。总之，无论在侵权还是合同案子中，股东不守公司程式都是其对公司债务承担个人责任的一条理由。法院会说公司实际上是股东的"化身"，是股东手里的"工具"等。

因股东对公司的控制过度而刺穿面纱较多地发生在母子公司之间。这时刺穿公司面纱还有另一个称谓，叫作企业整体责任规则，即把整个企业集团看作一家公司，追究整体的责任而不是单独一家问题公司的责任。这个问题将在后面设专节讨论。

【案例 6-4】

雇用歧视案 [①]

西迪克西公司是在佛罗里达注册的。从 1993 年起，该公司开始承包电力行业项目。帕里塞立太太是公司总裁和唯一的股东，她的丈夫帕里塞立先生负责公司的日常经营。有时候，帕里塞立先生个人借款给公司，用他个人的信用卡为公司订购材料和设备。帕里塞立夫妇经常从他们两人共有的支票账户上开支票支付工人的工资，帕里塞立太太还让工人使用她的汽车替公司办事。有 6 个月的时间，公司替帕里塞立先生支付了房租。

全国劳动关系委员会发现在 1994 年 7 月、8 月、9 月三个月内，西迪克西公司拒绝雇用工会成员，对已雇用的工会成员进行监视和歧视，威胁要把他们安排到不利的工作岗位上去。对其他雇员，公司除了查问他们与工会的关系之外，还禁止他们谈论工会的事情。对此，国际电力兄弟工会于 1994 年 10 月 31 日对西迪克西公司提出不公平雇用的指控。

---

① National Labor Relations Board v. West Dixie Enterprises, Inc., 190 F.3d 1191（11th Cir. 1999）. 本书作者根据判词原文翻译和改编，案名为本书作者所拟。

由于没有按照佛罗里达法律登记年度报告，西迪克西公司于 1994 年 8 月 26 日行政性解散。但是帕里塞立夫妇继续以西迪克西公司的名义经营，一直到 1995 年 10 月在行政手续上重新恢复为公司为止。而在那以后公司反而不再营业了。

全国劳动关系委员会经过调查，于 1995 年 2 月 28 日起诉西迪克西公司，之后又修改起诉状将帕里塞立夫妇加为被告。1996 年 10 月，一位行政法官经过听证之后断定帕里塞立夫妇是公司的化身，应当对其违法行为（侵犯工会成员的合法权利）负责。1997 年 11 月，全国劳动关系委员会最后判定维持行政法官的结论。

西迪克西公司和帕里塞立夫妇上诉，质疑化身的说法。他们争辩说因为是佛罗里达公司，所以应该适用佛罗里达法律。佛罗里达成文法规定了刺穿公司面纱的条件。根据这些规定，他们个人不能为公司的错误行为承担赔偿责任。但是法院认为，根据全国劳动关系法认定的不公平雇用属于联邦法律问题，必须适用联邦法律。第十上诉审法院采纳过一条二叉标准，用以决定所有者或经营者是否要对公司的不公平雇用负责：若（1）利益一体，股东不尊重公司的独立性到了这样的程度，以致公司的人格和股东个人的人格、公司的财产与股东个人的财产混同得界限模糊不清；（2）维持有限责任意味着赞同欺诈、促进不公或者鼓励对法律义务的规避，则公司面纱可以刺穿。

按照上述二叉标准中的第一叉，法院应该考虑两点：一是表明公司的独立性有关手续是否得到履行和维持；二是在资金、资产、事务方面公司与个人的混合程度。本案中的证据能够满足这叉标准，因为帕里塞立夫妇经常使用个人支票和信用卡为公司购买材料、支付工资；公司也为帕里塞立先生支付了 6 个月的房租。帕里塞立夫妇没有任何证据证明这些支付是真正的借款或者还款，或者他们与公司是各自独立的主体。按照第二叉，不刺穿公司面纱将意味着赞同欺诈、促进不公或者鼓励对法律义务的规避，法院承认本案中的绝大多数支付都是所有者和经营者个人给公司，而不是公司给个人，但是公司替帕里塞立先生支付了 6 个月的房租，这使公司用于赔偿侵权的款项减少。

此外，帕里塞立夫妇在 1994 年 8 月 26 日公司根据佛罗里达法律行政性解散之后继续经营到 1995 年 10 月 25 日公司行政性恢复。这同时符合上述二叉：不但表明公司的独立手续没有遵循，独立实体没有维护，而且影响到了公司因不公平雇用而支付赔偿款的能力。

基于上述理由法院维持全国劳动关系委员会的判决，帕里塞立夫妇必须承担个人责任。

本案也是"3+1"情形。其中的"1"是主体混同（资产混同）而不是资本不足。主体混同的证据显得单薄，因为个人替公司支付较多，公司替个人支付只有一次。前者是有利于公司的，后者才不利于公司。案中法院仅凭公司的一次支付就判主体混同，有些牵强。

既然认定了主体混同，那就可以刺穿了，到此为止。但是法院在主体混同之外，又增加了欺诈的要求，形成了所谓的二叉标准。这样做有点画蛇添足。因为首先从逻辑上说，既然股东和公司混为一体，自然应该对公司的侵权后果承担连带责任。其次就本案的事实而言，至少在公司行政性解散之前，二叉标准中的第二叉是不符合的。在个人大量向公司支付的情况下，仅仅凭公司替个人付了 6 个月的房租，就判定存在欺诈、不公或者对法律义务的规避，实在太过牵强，不合常理。如果不用二叉标准，仅适用主体混同这一叉，论证会简洁得多，且不至于牵强。

问题是还有后面 1 年零 2 个月（被行政性解散时期）的不规范操作，加在一起，法院认为可以刺穿公司面纱了。法院还认为仅凭后面的不规范操作就符合二叉标准。[1] 其实严格地说，后面的不规范操作不是符合二叉标准，而是可以视作个体企业而加以无限责任，说到底也是个主体混同的问题。而所诉的侵权事件从时间上看有 1/3 以上在这段时间内。

一般地，公司雇员在工作范围内侵权引起公司赔偿责任时，雇员自己也应承担个人责任。例如，雇员替公司运载货物过程中撞伤了人，除了公司之外，雇员本人也应赔偿。[2] 本案中实际歧视工会的不是西迪克西公司，而是帕里塞立夫妇，他们有主观故意。公司固然应该负责，但是帕里塞立夫妇作为侵权行为的实施者，也应该对侵权受害人承担个人责任。若如此，本案就是一个普通的雇用歧视侵权案件，不必刺穿公司面纱。不知道为什么原告不以此为由起诉。[3]

大概也正因为两位个人被告的主观恶性较大（游泳池案和纽约出租车案中都是过失侵权，这里是故意侵权），法院才在关于二叉标准的客观证据相当单薄的情况下依然判定符合标准而刺穿面纱。

【案例 6-5】

醉酒驾驶撞人案 [4]

1982 年的一天下午，凯尼·巴兹和佩吉·巴兹同骑一辆摩托车正常行驶在苏福尔斯市的大街上，麦克·布拉德酒后驾驶冲过中线将他们撞伤。麦克·布拉德既没有买保险也没有钱。

巴兹家声称在事故发生前一刻，飞箭酒吧（简称箭吧）在麦克·布拉德已经喝醉了的情况下依然招待他喝了酒，所以应该赔偿他们所受的伤害。他们于 1984 年提起诉讼，称箭吧在提供酒料上的疏忽是造成事故并引起他们伤害的一个因素。作为证据，他们提

---

[1] 一般来说，行政性解散之后，一旦公司缴纳了该交的费用或者补办了该办的手续而恢复，就视为自始有效，即和没有解散过一样。本案中，西迪克西公司在 1994 年 8 月行政性解散，1995 年 10 月重新恢复，应视为自始没有解散。但是法院显然因为被告的主观恶性较大而一定要判他们赔偿。

[2] 美国侵权法如此。我国在 2009 年 12 月 26 日通过、2010 年 7 月 1 日施行的《中华人民共和国侵权责任法》（以下简称《侵权责任法》）规定不同。该法规定只有雇主对受害人承担责任，雇员不对受害人负责。之前有司法解释规定雇员有过错的也要承担责任，没有过错的不承担个人责任，只由雇主赔偿。

[3] 美国劳动法上可以有这样的个人被告。是否其工会法上的被告只能是公司，不能是个人？

本案中的股东故意违法干坏事，应该受到惩罚。有了这样的结论，接下来就是找个理由甚至是借口的事了。当然美国法律很严密，理由上也必须过得去，不能像狼吃小羊那样找借口。但是这种先凭法官的感觉定下结论，再进行论证的情况，肯定是有的。本案是否属于这种情况，可以讨论。

[4] Baatz v. Arrow Bar，452 N.W.2d 138（S.Ct. of S.D.1989）. 本书作者根据判词原文翻译和改编，案名为本书作者所拟。

供了吉米·拉森的证词，拉森那天下午在事故发生前看到麦克·布拉德在箭吧喝酒，当时他已经喝醉，但是酒吧还给他上酒。

爱德梦·纽洛斯和拉菲勒·纽洛斯于1980年5月设立箭吧公司，6月以15.5万美元的价格向别人购买了酒吧的生意，先付了5千美元的押金，然后两人又以个人信誉担保开给对方一张15万美元的本票。之后的两年内，他们根据与公司之间的股份认购合同向公司投入了5万美元。1983年，公司从银行贷款14.5万美元支付了酒吧购买合同之下剩余的15万美元价款。这笔贷款也是由爱德梦和拉菲勒个人担保的。爱德梦是公司总裁，嘉盖特·纽洛斯是公司总经理。公司在凯尼和佩吉受伤时没有购买酒吧责任保险。

1987年，一审法院不审而判定被告胜诉，巴兹一家上诉后，终审法院否决了一审法院的判决并发回重审。在一审法院再次开庭审判前夕，三位个人被告爱德梦、拉菲勒、嘉盖特赢得不审而判，从诉讼中解脱。巴兹一家再上诉，终审法院维持原判。

巴兹认为，即使提供酒料的是公司而不是股东个人，公司的面纱也应该刺穿，由三位个人被告赔偿。可是，只要没有充分的理由，公司实体的独立性就不能动摇。只有当承认这种独立性会引发不公平或非正义的时候，法院才能刺穿面纱。具体情形包括：（1）公司董事的欺骗性陈述；（2）资本不足；（3）不守公司程序；（4）没有公司档案和记录；（5）公司替个人付账；（6）利用公司形式实施欺诈、非正义或者非法的活动。

巴兹提出了刺穿面纱的理由，但是拿不出事实来支持这些理由，或者是错误地理解了事实。首先，巴兹说因为爱德梦和拉菲勒个人担保了公司的债务，他们也就应当对巴兹负责。但是个人对公司贷款的担保只是一份合同，不能将它扩大到侵权责任。而且，个人担保设定了个人对公司债务的支付责任，与上述第5条标准刚好相反。因此，它只能加强而不是减弱公司独立实体的地位。

其次，巴兹提出公司只是纽洛斯家的化身，所以应当刺穿面纱。巴兹对法律的阐述是正确的，但是举不出证据来支持适用这样的法律。当个人将公司当作一个工具来做他自己的生意时，法院可以否认其实体资格。但是巴兹没有证明纽洛斯在利用公司来做他们自己的生意。相反，证据恰恰显示纽洛斯一家将公司视为独立于他们个人事务的实体。

巴兹还争辩说公司的资本不充足。股东应当根据公司生意的性质向公司投入合理数额的资本。巴兹指出公司开始营业时只有借来的5 000美元，但是没有解释为什么这一数额是不够的。另外，巴兹也没有考虑股东个人对公司在购买酒吧时所欠的15万美元的担保，还认购了5万美元的股份。不管公司的资本有多少，都没有任何证据证明哪一个具体的数额是不够的。

最后，巴兹说箭吧没有遵循公司程序，因为其招牌和广告都没有表示这是一家公司。巴兹引用成文法的规定：公司的名称中应含有"公司""已组建"或者"有限"等字样或者该字样的缩写。可是，箭吧的名称"箭吧有限"（Arrow Bar, Inc.）中恰恰含有"有限"一词的缩写。况且，单是偶尔不遵循某些法定的公司程序还不足以刺穿公司面纱。即使公司的名称使用不当，光凭这点也是不能刺穿面纱的。尤其是在本案中，所称的缺陷与发生的伤害没有任何关系。

此外，案卷中也没有任何别的事实能够证明上述刺穿公司面纱的 6 条标准中的第 1 条、第 4 条、第 6 条。既没有证据显示纽洛斯家人在事故当天给麦克布拉德端过酒，也没有证据证明他们经营公司的方式会产生不公平的结果。事实上，出示的证据都指向了相反的方向。所以终审法院维持了初审的判决。

本案也是"3+1"类型：侵权性质、积极股东、封闭公司加上资本不足或者主体混同。

原告的实质性证据太缺乏了。说资本不足却连 5 000 美元为什么不足都讲不清楚，说化身但是没有资产混同的证据，指出个人担保却在证明公司独立，说缺乏必要的程式（招牌名称不标明公司）但人家明明含有缩写的字样。

本案有没有先有结论后有论证的问题？或许有。原告以被告的公司名称不清楚为由指责被告主体混同，法院除了认定名称是清楚的之外，还说即使名称使用不当，这一缺陷也与发生的伤害没有任何关系。被告没有主观恶意，是他们的店员提供的酒料。雇员在工作中的错误产生雇主责任，只能由公司负责，不能由股东个人负责。而且本案中雇员提供酒料与原告受伤之间的因果关系也相当遥远，很难预见。尽管如此，公司（酒吧）的责任还是追究了，如果再刺穿公司面纱，追究股东个人的责任，显然有失公允。当然，原告败诉的主要原因还是证据不足。

本案与游泳池案的不同是因果关系太遥远；与雇用歧视案的不同是被告没有主观故意，恐怕连过失都没有。因此，从公平的角度看，本案的判决也是正确的。

【案例 6-6】

情人海滩溺水案 [①]

1995 年，莉莎·噶德莫尔和她的丈夫约翰·噶德莫尔到墨西哥加利福尼亚半岛的圣·卢卡斯市去参加一次医学研讨会。会议在威斯汀胜景宾馆（简称胜景宾馆）举行，与会成员也都在那里下榻。胜景宾馆是由威斯汀宾馆公司（简称威斯汀宾馆）的子公司墨西哥威斯汀公司经营管理的。在医学研讨会期间，噶德莫尔夫妇和其他一些客人要玩通气管潜水，宾馆的前台服务员就指点他们去情人海滩。情人海滩以巨浪拍岸和暗流湍急著称。但是他们远道而来，都不知道这一情形，服务员在指点时也没有向他们说明。就在他们攀登怪石嶙峋的崎岖海岸时，一个巨浪扑来，将他们中的 5 人卷进太平洋，而后又甩回到岩石上，造成二人溺水死亡，其中一人便是莉莎·噶德莫尔的丈夫约翰。

作为丈夫遗产的管理人，莉莎·噶德莫尔在美国得克萨斯州依据州法律起诉威斯汀宾馆和它的子公司墨西哥威斯汀，声称由于胜景宾馆的前台服务员疏忽大意，在指点该组游人的时候没有提醒他们有关情人海滩的危险情形，所以她的丈夫才溺水而死。威斯汀宾馆请求不审而判，辩称虽然它是墨西哥威斯汀的母公司，但两者都是独立的实体，母公司不该对子公司的行为负责。地区法院同意了被告的请求，原告上诉。

[①] Gardemal v. Westin Hotel Co., 186 F.3d 588（5th Cir. 1999）. 本书作者根据判词原文翻译和改编，案名为本书作者所拟。

　　莉莎提出了两点诉由：第一，墨西哥威斯汀只是威斯汀宾馆的化身，所以应该刺穿其面纱而责成威斯汀宾馆一起负责；第二，墨西哥威斯汀只是整个威斯汀集团的一部分，所以应该适用企业整体责任规则由母公司一起负责。

　　根据得克萨斯法律，在侵权案件中，化身说允许法院在涉案公司仅仅被用作工具或者生意通道的时候，责成另一个公司对它的行为负责。所谓工具或通道，是指母子之间的隔离已经不存在，实际上是同一个实体，如果光由子公司赔偿就会引起不公平。一个重要的考虑因素是子公司的资本是否不足。如果是，那工具或者通道的一个重要标志。

　　莉莎声称以下事实可以证明墨西哥威斯汀只是威斯汀宾馆的化身。第一，后者持有前者的多数股份；第二，它们有共同的官员，包括共同董事等；第三，母公司要求子公司使用统一的经营手册以控制质量；第四，母公司通过两个不同的合同监督管理子公司的广告宣传和营销活动；第五，墨西哥威斯汀的资本严重不足。上诉人尤其强调最后这个因素，认为光这一项就足以证明子公司是母公司的化身。我们不相信这些说法。

　　但有一点莉莎说得对，就是资本不足是认定化身的一个关键因素，尤其在一个像本案这样的侵权案件中。但是上诉人只是声称，并没有充分的证据证明墨西哥威斯汀的资本不足或者没有购买足够的保险，也没有证据显示上诉人不能够通过直接状告墨西哥威斯汀获得补偿。至于她说的其他事实，那都是母子公司关系的正常现象。确实，这两家公司通过拥有股份、共同官员、资金安排等途径紧密相连。但是仅有这些还不能建立起化身关系，控制必须彻底，就像我们在 Jon-T. Chemicals, Inc., 768 F.2d 686（5th Cir. 1985）中曾经说过的那样："所需要的控制……并不仅仅是多数或者完全控股，而是对融资、方针、操作的控制已经使子公司失去了独立的意志或存在，从而成了母公司的生意通道。"因此，"全资控股和共同的董事和官员，即使二者加在一起，也还不足以构成适用化身理论刺穿公司面纱的基础。"在本案中，档案中的证据不足以表明威斯汀宾馆对墨西哥威斯汀的统治已经达到了这样的程度，以至于后者在实际上已经失去了独立的存在。相反的证据倒有，那就是墨西哥威斯汀是一个自治的商事实体，例如，它在墨西哥开立了独立的银行账户，将它所经营的 6 家宾馆的收入存在那个账户里。威斯汀宾馆是在特拉华设立的；而墨西哥威斯汀则是在墨西哥设立并且严格地遵循了公司的各种程式。最后墨西哥威斯汀有它自己的员工、自己的资产，甚至购买了它自己的保险。

　　上诉人还请求适用企业整体责任规则。根据该规则，不同的公司在实际经营中已经不再分开，而是为了相同的生意目标统筹经营，这时整个公司集团都要对任何一个公司在经营过程中产生的债务负责。就像化身规则一样，企业整体责任规则也是一种衡平救济手段，只有在公司形式被滥用以达到不公平目的的时候才能采用。上诉人指出，墨西哥威斯汀的商标上印着"威斯汀宾馆与胜地"，那家肇事的宾馆使用的也是威斯汀宾馆的经营手册，母公司还允许墨西哥威斯汀使用它的客房预订系统。我们认为这些事实仅仅证明母子公司之间正常的工作关系。上诉人莉莎没有证据证明两家公司的经营已经融合得难分难解，或者它们的资源已经整合到成为一家企业的地步，也没有证明如果承认这两家公司相互独立会给她带来什么伤害或不公平。

　　因此，化身和同一企业指控都不能成立，法院维持原判。

此案也属于"3+1"类型。即侵权性质、积极股东、封闭公司加上资本不足或者主体混同。其中的大前提，即三条归类标准都是符合的，双方也没有争议，只是积极股东是公司而不是个人，原告试图刺穿子公司的面纱，责成母公司赔偿。

争议集中在小前提，即案情标准上。原告也声称资本不足，但是由于没有任何证据，所以争执焦点集中在实体是否混同。此案的价值在于提供了一个具体的案情，使我们通过比较，可以更好地把握资产混同和经营管理混同需要达到什么样的程度才算主体混同。共同董事和官员、母公司统一监督管理、子公司按照母公司要求使用同一本经营手册、公司名称混用，这些事实中除了名称混用之外，都算不上不守程式，只能作为主体混同的辅助证据，所以加起来还不够主体混同的认定。在纽约出租车案中，资金、材料、修理和雇员都统一调配，法院认为足以构成主体混同。二者最大的差别是本案中子公司大概还有独立的意志，而在纽约出租车案中各个子公司都没有独立的意志，一切听由股东的统一调度。犹如本案中的引文所描述的，"所需要的控制……并不仅仅是多数或者完全控股，而是对融资、方针、操作的控制已经使子公司失去了独立的意志或存在，从而成了母公司的生意通道"。母子公司之间经常强调经营管理的混同，重点是控制的程度是否已经到了使子公司失去独立意志的地步。此外，出租车公司资本不足，而墨西哥威斯汀不存在这个问题。

原告不在墨西哥打官司，大概因为那里的法律规定比较偏向商人，而美国的法律比较有利于受害人吧。

本案中原告使用了"化身"一词，法院则使用了生意"通道"，有的判例中称"工具"。这些名称都没有确定的含义，因案而异，所以没有多少意义。重要的还是看案情本身。

【案例 6-7】

雇员石棉中毒案 [1]

开普是一家英国公司，制造石棉。它在南非和美国都有子公司。在美国的子公司叫 NAAC，是个全资子公司。NAAC 的职工因为石棉中毒而起诉公司，美国法院判决 NAAC 赔偿 520 万美元。这笔钱实际是由开普支付的。为了避免以后还有类似的诉讼，开普对 NAAC 作了清算，另行成立了一家新的公司 CPC 接管 NAAC 的生意。成立 CPC 的资金主要来自开普，CPC 依然用 NAAC 原来的地皮，连总经理也还是原来的。但是在组织形式上，CPC 不是开普的子公司，它的总经理拥有它的大部分股份。开普与 CPC 之间的业务联系通过一个中间人 AMC 来完成。AMC 是列支敦士登的公司，为开普充当美国市场的代理人。之后不久，NAAC 原先的雇员又在美国开始了第二次诉讼，即本案。英国的上诉审法院被请求决定针对开普的美国判决能否在英国执行。

开普为自己作了两点辩护：第一，不管是 NAAC 还是 CPC，都是独立的法人，它们的责任只能由它们自负，不应当由开普来承担；第二，NAAC 已经不存在了，针对它的诉讼根本无从进行。原告则声称 NAAC 和 CPC 其实是一家，都隶属于开普集团，

---

[1] Adams v. Cape Industries [1990] Ch 433. 本书作者根据判词原文翻译和改编，案名为本书作者所拟。

所以开普还在美国做生意。上诉审法院同意被告关于独立法人的说法，拒绝刺穿公司面纱。法院认为虽然开普控制着 NAAC 的经营方针，包括支出和筹资，但是 NAAC 依然具有一定程度的独立性，比如签订合同、雇用职员、租用仓库、购买石棉、自己盈利并且缴纳美国的税金等日常经营事务。这就是说，要刺破公司面纱，母公司对子公司的控制必须是绝对的控制，即不但控制子公司的经营方针，而且控制它的日常经营。法院举了两个例子：一是开普与 AMC 的代理关系，后者完全是为了执行开普的指示而设立的，这点帮不了原告，因为 AMC 没有石棉工厂，而且也不在美国；二是像 Jones v. Lipman[1] 案那样，为了逃避合同的责任而设立公司，这也帮不了原告的忙，因为本案是侵权诉讼，没有合同。

此案确立的规则是：母公司对子公司经营方针的控制本身不足以刺穿公司面纱。[2]

但是，数年以后，在 Lubbe v. Cape plc（unreported, July 30 1998）[3] 案中，开普在南非的子公司中的职工也因为石棉中毒而起诉母公司开普，得到英国法院的允许和支持。上诉审法院虽然坚持认为刺破公司面纱的条件是原告能够证明被告母公司控制着子公司的经营活动，但是对控制的解释比在上面的美国案子中要宽得多。原告只要能够证明母公司的董事和高级管理人员作出的决定导致子公司如此经营并指令它的员工，就够了；而不需要证明母公司控制着子公司执行其政策和指令的日常经营活动。这实际上已经否决了亚当司案（即前一个石棉中毒案）的判决规则，因为这样的标准不要求母公司控制子公司的日常事务，而只是确定其经营的大政方针。

股东对公司的控制使公司失去了独立的意志是主体混同的一种重要类型。控制情形主要发生在母子公司之间。[4] 本案仅是一例。与控制概念相联系，法院经常使用代理和工具这样的标签。代理指公司已经成了股东的代理人，[5] 所以公司的行为自然应当由股东负责；工具指公司只是股东手中玩弄的工具，为了达到股东个人的目的而存在，没有独立的人格。两种说法实质相同。问题在于控制达到何种程度才算使公司失去独立的意志和人格。任何公司都有控股股东和控股现象。如果对公司的任何控制都会导致有限责任的丧失，那就等于否认了整个公司制度。上述英国法院的两个判例反映了这方面的困难。

在情人海滩溺水案中也提到了母公司对子公司的控制应当达到何种程度才能刺穿："所

---

① 该案将在下面论及。

② 有趣的是，本案的起因是请求英国法院确定针对开普的美国判决能否在英国执行，是一个程序问题。而法院却深入案情内容讨论要不要刺穿公司面纱的实体问题。其中是否有民族保护主义的因素，也令读者疑惑不已。

③ Stephen Griffin, Company Law Fundamental Principles, 3rd edition, p.28, Longman, Pearson Education.

④ 之所以只在母子公司之间而不在个人控股股东及其公司之间讨论，是因为封闭公司中的个人控股股东肯定全面控制着公司，不但控制其大政方针，而且控制其日常经营。公司的意志就是股东的意志。如果因此而刺穿面纱，那将危及现代公司法的核心精神：鼓励个人通过公司的形式进行投资和经商。

⑤ 在 Smith Stone & Knight Ltd v. Birmingham Corp [1939] 1 All ER 116 中，法院判定了代理关系，因为子公司完全是为母公司的利益服务的一个工具而已。而在 Kodak v. Clarke [1902] 2 KB 450 中，虽然英国的母公司持有其海外子公司 98% 的股份，但是母公司从来不去干涉子公司的经营，所以法院认为并没有代理关系。可见，关键在于控制，而不在持股的多少。一个全资子公司并不当然是母公司的代理人；而一个非全资子公司也并非当然不是母公司的代理人。

需要的控制……并不仅仅是多数或者完全控股，而是对融资、方针、操作的控制已经使子公司失去了独立的意志或存在，从而成了母公司的生意通道。"因此，"全资控股和共同的董事和官员，即使二者加在一起，也还不足以构成适用化身理论刺穿公司面纱的基础。"

在另一个英国判例 Creasey v. Breachwood Motors Ltd [1992] BCC 639 中，原告科里西被他的雇主威尔温公司解雇了。他原先是公司的总经理。威尔温在毕汽沃德马达有限公司的地皮上经商。毕汽沃德的两个董事同时也拥有其全部的股份。他们两人同时又是威尔温的仅有的董事和股东。可见，虽然没有母子公司关系，但是两个公司的控制人却是相同的。科里西为被解雇一事起诉威尔温。但是在诉讼开始之前，毕汽沃德兼并了威尔温，并清偿了威尔温的全部债务，科里西的赔偿请求除外。原威尔温公司的生意没有变化，地皮还是老地皮，只是换了个名称而已。被告的律师声称被告作为一个实体已经不复存在，因而也不需要答辩。接着，按照《1985 年公司法》第 625 条的规定，威尔温公司因为不再营业而被登记机关从公司登记册上除名了。这标志着其法律人格的终止。原告成功地请求法院将毕汽沃德作为被告替代已经除名的威尔温。毕汽沃德上诉，理由是毕汽沃德与威尔温是两个各自独立的实体，一个公司不应当对另一个公司的债务负责。法院刺穿了公司面纱，认为两家公司其实是一家。法院先考虑威尔温公司的成立是不是只是一种表象或面具，发现不是。然后就决定为公正的原因而刺穿面纱。不过法院还是给予了毕汽沃德以实体上为自己辩护的机会，即解雇行为是否错误。

在这个案例中，法院混淆了刺穿公司面纱与公司合并中的债务承继两个不同的概念。毕汽沃德在兼并了它的姐妹公司威尔温之后，应当接过威尔温的全部债权债务，包括科里西的诉讼请求。它不可以通过注销威尔温公司来消灭科里西的诉求。本案不是刺穿公司面纱问题，却当作刺穿面纱来讨论。所以，无论是主体混同还是资本不足，都没有展开充分的讨论。法院最后的判决是正确的，即责成毕汽沃德替代威尔温继续诉讼，但是所做的讨论包括判决的理由都是离题的。[①]

总的来说，主体混同的情形相当复杂，特别是在公司集团内部的关联企业之间，目前还没有形成清晰而明确的标准，英美国家的法院也还在不断地探索中。当证据两分，判决结论可上可下的时候，不妨撇开具体的法律标准，本着道德良知，从公平理念出发作独立判断：是让被告赔偿比较公平还是不让被告赔偿公平？得出结论之后再反推回去，从具体的法律标准上进行论证，因为刺穿面纱作为一条衡平法则，其根本目的就是要达成公平。美国的不少案件其实就是这样判决的。

第四节　合同案子中刺穿公司面纱

前一节讨论的都是侵权案子。如前所述，侵权债权人因为都是被迫的，所以比较容易刺穿公司面纱。相对而言，合同债权人因为有谈判和退出的机会，其成为债权人是自愿的，应当自担风险，所以按照"3+1"的标准，合同案子一般不符合刺穿的条件。但是

---

① 5 年之后，另一个判例 The Tjaskemolen [1997] CLC 521 还遵循了这个判例。

合同债权人也有不自愿的，例如，当他受到误导、隐瞒或者欺骗的时候，在不知情的基础上签订了合同，就不能说是自愿的。[①] 所以在合同案子中刺穿公司面纱，法院往往要比在侵权案子中刺穿多加一个条件：欺骗、隐瞒或者误导。其实，这正好弥补了普通合同案子按"3+1"标准衡量时的不足——债权人自愿。现在因为公司方面的欺骗、隐瞒、误导或者其他不诚实的行为，债权人的交易实际上是不自愿的了，于是就符合"3+1"标准了。

下面的案子涉及的是一个无资产公司。如果是侵权案子，仅凭无资产这一点，就可以形成"3+1"格局刺穿面纱。但因为是合同案子，债权人自愿，情况就不同了。

【案例 6-8】
无资产建筑公司案 [②]

瓦克斯门父子在 1960 年 8 月成立了无资产的建筑公司，专门用来在购买设备时做名义主体签名并承担责任。父子俩通过 5 个独立的合伙企业经营 5 家保龄球馆。建筑公司专门向外购买保龄球的球道、棒椎放置机等设备，然后将设备交给这五个球馆经营。球馆将收入存入各自的银行账户，而后又转移到一个瓦克斯门企业的中心账户，由这个账户负责支付球馆日常的开支，同时也将一部分资金转入建筑公司的账户以便支付所购设备的价款。建筑公司除了签订合同和付款之外没有别的功能。它既不开董事会或股东会，也不签发股票，连具体规章也没有制定。它接受从中心账户转来的款项，没有对价；它将买来的设备交给 5 个合伙，不收价款。它没有任何利润，仅仅是一个保护股东规避风险的工具。由于 20 世纪 60 年代初保龄球行业的普遍不景气，建筑公司最后不能支付设备供应商的价款，从而引起了这场诉讼。原告布兰思威克公司是一个主要的设备供应商，建筑公司的欠款已达一百多万美元，布兰思威克请求瓦克斯门父子偿付，因为他们分别作为公司的总裁和秘书在所有的合同上签了名。原告声称瓦克斯门父子实际上作为个人在经营这些买来的设备，根本不顾公司的存在，因而不该受有限责任的保护。

针对公司是一个购物和付款的工具，完全处在瓦克斯门的控制之下这一事实，法院首先检查了代理说。但是法院觉得代理说主要用在侵权案件中，合同纠纷中适用代理说必须有代理的明确授权或者被代理人的事先声明，否则将动摇公司制度的根基——有限责任制度。法院接着检查了工具说。运用工具说揭开公司面纱需要三个条件：（1）被告对公司的控制和统治已经严密到使公司完全失去独立意志的地步；（2）被告利用这种控制和统治的地位实施了欺诈的、错误的或其他不诚实的或不公正的行为；（3）原告因此而遭受了伤害或损失。本案中瓦克斯门父子对建筑公司的控制无疑已经到了条件一所说的那种程度。但

[①] 波斯纳注意到："说谎是法院在决定要不要刺穿公司面纱时考虑的主要因素。尽管它们经常将刺穿的标准说成公司仅仅是股东的代理人、化身或者工具，但是在适用标准时，法院总是要问股东有没有从事某种行为使债权人误认为公司有比实际更多的钱财或者股东自己在充当债务人。有些法院则在刺穿公司面纱时明确采用说谎标准。"引自 Lewis D. Solomom, Donald E. Schwartz & Jeffrey D. Bauman, *Corporations Law and Policy Materials and Problems*, 2nd ed. at 266-267, West Publishing Co. 1988；R. Posner, *An Economic Analysis of Law*, 3rd ed., 1986. § 14.5 Piercing the Coporate Veil，中文为本书作者的翻译。

[②] Brunswick Corp. v. Waxman 459 F.Supp. 1222（E.D.N.Y. 1978），Aff'd 599 F.2d 34（2d Cir. 1979）. 本书作者根据判词原文翻译和改编，案名为本书作者所拟。

是第 2 个条件就不符合了，因为被告并没有任何欺诈或不诚实的行为。作为个人，他们并没有使用不正当的手段从公司转移资金，蛀空公司。因此，工具说不适合本案。

最后法院重点论述公司无资产的问题。在不动产交易中这类公司很多，是合法的。特别是原告当初与建筑公司交易的时候，就已经知道保龄球馆将开设在瓦克斯门父子所拥有的土地和建筑物上，知道建筑公司是一个无资产公司。该公司并没有给予原告任何表见代理的印象。虽然在某些情况下，资金不足的事实意味着公司的形式正被用来欺骗和引诱债权人，因而需要刺穿，但是在本案中，原告并没有受到欺诈或引诱，因为他们是在清楚交易对方无资金的前提下进行交易的。所以，现在原告无权声称因为公司资金不足，被告就应当承担个人责任。

最后，法院判决被告胜诉。

原告上诉后，上诉审法院维持原判，但是对下级法院的判决理由表示了不同的意见，认为纽约州的法律在刺穿公司面纱这个问题上还很不清楚，"撇开控制、工具、代理、公司实体这些华丽的辞藻，归根结底，就是为了公平而责令个人承担责任"。

本案中二审法院的这段评论表达了对代理、工具等标签的厌烦，希望能够抓住问题的本质：公平目的。但是有用的标签可以简化表达。在刺穿公司面纱的问题上，确实需要总结出一套有效的方法和规则。下级法院正是在做这种努力。撇开工具、代理等名称不论，应该说，就合同案中刺穿面纱的案情标准而言，确实需要在主体混同之外加上债务人欺诈或者有其他不诚实的行为这样一个要求，并在欺诈与原告的合同损失之间建立起因果关系。如果是在侵权案子中，有判词中所说的第一和第三两个条件就够了，即被告对公司的控制已经使其失去了独立的意志——主体混同，原告因公司侵权而遭受了损害。但是在合同案中，因为对方知道公司只是股东的化身这一事实，接受了这一事实，自愿与公司签约并承担由此产生的风险，所以事后就不可以反悔。只要公司及其股东没有欺诈或其他不诚实的行为，合同债权人不得刺穿公司面纱向股东索偿。

但是合同债权人并不永远是自愿的，因为自愿的前提是知情，如果在合同谈判过程中因为公司的隐瞒、欺骗、误导致使对方在不明真相的情况下签订了合同，就不能说是自愿的。下面的商场租赁合同案就是这样的一个例子。虽然是合同，但是由于母公司伯里姆披故意制造假象，误导了商场的主人，所以还是要刺穿子公司的面纱，因为在这种情况下的合同债权人其实是不自愿的。

【案例 6-9】

商场租赁案 [①]

原告 OTR 伙伴（以下简称 OTR）是一个有限合伙。它在新泽西的爱地森市拥有一家商场，并于 1985 年将里面的一块地盘租赁给一家叫作萨米尔那 Samyrna 公司的伯

---

① OTR Associates v. IBC Services, Inc., 801 A.2d 407(N.J. App. Div. 2002).本书作者根据判词原文翻译和改编，案名为本书作者所拟。

里姆披（Blimpie）连锁店。萨米尔那公司的所有者是山姆·伊斯康德和他的妻子。连锁合同采取许可合同的形式，是由萨米尔那与它的母公司在 1984 年签订的。该母公司当时叫作国际伯里姆披公司，1985 年改称阿斯托饭店集团公司，1991 年、1992 年之际又改称伯里姆披国际公司。因此，这三个名称在不同的时期指的是同一家公司，以下简称伯里姆披。伯里姆披有一个全资子公司叫作 IBC 服务公司（以下简称 IBC），该子公司唯一的经营项目是替获得伯里姆披许可的店家租赁场地。所以，1985 年 7 月，正是 IBC 与 OTR 签订了租赁合同，然后经业主 OTR 同意转租给了萨米尔那。但是租户在租了之后却不断地拖欠房租，越欠越多，直到 1996 年被法院的驱逐令和执行令赶走。1998 年，OTR 起诉，状告伯里姆披及其子公司 IBC 外加花园州伯里姆披公司（简称花园伯里姆披），要求支付拖欠的 15 万美元租金。花园伯里姆披也是伯里姆披的全资子公司，1991 年 IBC 在不告知 OTR 的情况下将租赁合同转给了花园伯里姆披。该转租行为违反了原租赁合同关于转租必须通知业主的规定。2000 年地区法院判决原告胜诉，由被告和它的两个只剩空壳的子公司赔偿拖欠的租金加利息总共 20.8 万美元。伯里姆披上诉。

刺穿公司面纱的先决条件是母公司对子公司的统治达到了使后者失去独立存在而沦为母公司的生意通道的地步。除此之外，还必须认定母公司利用子公司实施了欺诈、不公平或者其他规避法律的行为，从而滥用了子公司的面纱。滥用的标志是子公司没有自己独立的生意，而完全是为母公司提供某种服务。尤其重要的是，子公司资本不足，根本无法承担任何民事责任。

伯里姆披承认它组建 IBC 的唯一目的就是替获得许可的连锁店租赁场地。很清楚，IBC 除了租赁合同之外没有任何资产，而租赁合同其实不是资产而是负债，因为它没有单独处置其中的利益的权利，而是完全受制于伯里姆披。它没有自己的经营场所，而是合用伯里姆披在纽约的地址。除了连锁店支付的租金之外，它没有别的收入。而该收入似乎又是直接支付给业主的。它也没有自己的雇员或办公人员。伯里姆披不但保留了批准连锁店占有租赁来的场地的权力——尽管形式上是由 IBC 在与连锁店签署合同——而且在位于佐治亚的总部里直接经管着由子公司持有而由连锁店占据场地的全部租赁合同。

伯里姆披对 IBC 的统治和控制是明显而无可争辩的。剩下来的问题是伯里姆披是否利用 IBC 实施了欺诈、非正义或者其他的不当行为，以致构成对公司形式的滥用。答案是肯定的。曾经与 IBC 交易的原告合伙人作证说他们相信是在与伯里姆披交易，一家资信良好的全国性连锁品牌商。他们从来没有发现原来 IBC 是与伯里姆披分开的不同的公司，直到他们被赶走。尽管 IBC 从来不声称自己就是伯里姆披，但是它从来不解释说明它与伯里姆披的关系至少在形式上是独立的，恰恰相反，它精心策划，有意识地引导 OTR 相信它就是伯里姆披。例如，当 OTR 在商场里预约出租场地的时候，过来两个男人穿着伯里姆披的制服声称他们想开一家伯里姆披三明治店，其中一人便是连锁店主伊斯康德，另一人至今无法确定，但是估计也是与伯里姆披有关系的人。尽管租赁合同的租户是 IBC 服务公司，但是在合同第一段就写着："IBC 服务公司，地址在纽约州纽约市美洲大道 1414 号，国际伯里姆披公司转呈。"任何人都能合理地推理 IBC 是在代表伯里姆披租赁场地。

除了租赁关系开始阶段的这些情形之外，租赁关系存续的数年期间原告与它所认为的租户之间的通信也证明原告认为实际租户是伯里姆披是有道理的。伯里姆披写给原告的信笺上都有伯里姆披的抬头，信中提到二手租户萨米尔那时总是称"我们的连锁店"，没有任何地方表示还有其他实体站在品牌商与连锁店之间。

初审法官推断，伯里姆披也差不多承认，IBC 作为一个无资产公司是专门用来在连锁店付不起租金的情况下保护伯里姆披不受连累的，而这一目的，根据初审法官的认定，被伯里姆披通过在租赁期间制造它和 IBC 是一家的假象故意隐瞒了。

伯里姆披在上诉中争辩说它应该享受有限责任的保护，因为 IBC 遵循了所有的公司程式：它有自己的董事和官员（尽管与母公司重叠），登记年度报告，保留会议记录，按时开会，还有独立的银行账号。

但是伯里姆披这一辩论回避了问题的实质。伯里姆披设立的用来逃避责任的空壳可能在形式上无懈可击，但是在实际操作中，子公司并没有独立的身份。而且，它还不是用来帮助母公司逃避子公司的债务，而是帮助母公司逃避它自己的债务。这样的目的是不正当的和欺诈性的。因此公司面纱必须刺穿。法院维持原判。

本来在合同关系中，公司形式的不健全是可以的，并不会导致面纱被刺穿。问题是本案中存在欺诈或故意的误导，合同的一方（场地所有人）不知情，所以其最终成为债权人是不自愿的。仅仅在这一点上本案与前一个案子不同，因此就导致不同的判决结果。

不过，在合同案子中刺穿公司面纱究竟要不要被告有欺诈或其他不诚实的行为，目前仍有争议。多数学者认为要，但是也有少数学者认为不要。在下面的判例中，无资产建筑公司案中基层法院提出的三叉标准变成了二叉，少了欺诈的要求，判决结果就大相径庭了。

【案例 6-10】

基尼公司诉坡伦案 [①]

勤劳公司欠下基尼公司转租债务无力偿付，基尼公司试图刺穿勤劳公司的面纱，由其个人股东坡伦承担转租债务。法院认为，刺穿公司面纱是为了达成公平。必须具体案子具体分析，综合考虑案中的具体事实来确定是否刺穿。西弗吉尼亚最高上诉法院已经在雷亚案 [②] 中确立了一个在违约案件中刺穿公司面纱的二叉标准：第一，公司与个人在利益和产权上混同；第二，不刺穿是否会引发不公平。

本案中勤劳公司没有充足的资本。坡伦既没有购买公司的股份，也没有投入任何资本。公司也不遵循规范的程式。公司没有选举官员，更谈不上任何会议记录。坡伦显然是要通过勤劳公司挂起一幅纸帘幕以避免他个人和坡伦工业公司的无限责任。而勤劳公

---

① Kinney Shoe Corporation v. Polan，939 F.2d 209（4th Cir. 1991）. 本书作者根据判词原文翻译和改编。

② 即本章第三节中提到的搜罗以往判例并总结归纳出刺穿面纱的 19 个考虑因素的 Laya v. Erin Homes, Inc.，352 S.E.2d 93，at 98–99（W. Va. 1986）一案。基尼案是联邦第四上诉审法院判决的，因为适用州法律，所以要依据当地州法院的判例。

司的全部资产就是一张设立证书。资本严重不足又不遵循公司程序，因而缺乏起码的公平，就足以刺穿公司面纱，责成积极参与公司事务的股东因公司违约而向签约的对方承担个人责任。法院认为本案具备了所有这些事实要件，呈现出刺穿面纱、揪住责任人个人、达成公平目的的经典案情。因此，雷亚案中的二叉标准符合，地区法院没有判错。

本案与无资产建筑公司案案情相同而判决不同。两个案子都是合同违约，涉及的都是一个无资产公司。该公司不但没有资产，而且不守任何程式。债权人都知道这一切，没有受到蒙蔽，但是法院的判决却相反。一个强调债权人知情和自愿接受；一个强调公司不规范运作的事实和股东规避责任的动机。

法院没有解释在没有隐瞒或欺诈，原告完全知情的情况下签订了合同，原告为什么就不应该承担风险的问题。刺穿公司面纱是否让原告占了便宜？公平何在？应该说，在侵权案子中，这样判决是正确的；但是合同案子中，这样的判决值得商榷。如果原告完全知情，判决就是错误的。如果原告不知情，那么这个不知情是谁的责任？法律应该如何分配这种责任。如果责任在原告，即原告应该自己去调查真相，然后在知情的基础上签字，那就不应该刺穿；如果责任在被告，即被告应该主动披露，那么被告的不披露就构成隐瞒，就应该刺穿。这些要害问题，法院在判词中都没有说清楚。

除了在签订合同时的隐瞒和误导之外，由于双方谈判力量的悬殊而明显地不公平，尽管还没有完全一边倒，这也不能说是自愿的，也有可能刺穿。当然，如果完全一边倒，甚至发展到胁迫、强迫等情形，那就不需要刺穿，合同法上另有独立的理由否决合同。

此外，签订合同的时候虽然是自愿的，但是在合同签订、债权发生之后，如果企业设法损害债权人利益，面纱也要刺穿。典型情形是股东分配过分，掏空了公司，或者股东将公司的资产转移和藏匿，目的就是逃避债务，这种情况下的债权人自然算不得自愿。

第五节　企业整体责任规则

如前所述，企业整体责任规则（business enterprise liability doctrine）无非是刺穿公司面纱的另一个称谓。它的特殊性在于专门针对由两个或者两个以上公司组成的企业集团，而不是自然人股东，把整个企业集团看作一个公司，以其全部资产承担责任。具体情形有两类：一是一家公司或自然人股东拥有许多家子公司或公司，这些子公司或公司之间是兄弟姐妹关系；二是一家公司拥有另一家公司，形成母子关系。在前者，原告认为那些兄弟姐妹公司的财产可能比问题公司以及它们共同股东的财产多得多，试图得到它们；在后者，原告只是想刺穿问题公司的面纱以获取资本充足的母公司的资产。在纽约出租车案中，法院便适用了企业整体责任规则，将卡尔顿拥有的十家公司的资产合在一起赔偿原告的损失。[①] 追究企业整体责任的条件与普通刺穿案是一样的，也是"3+1"标准，即三条归类标准加上资本不足或者主体混同。其中有合同案子，也有侵权案子。

---

① 在这点上法院多数派和反对派的意见完全一致。双方的分歧在于要不要追究卡尔顿个人的责任。

事实上，前面的案例，如情人海滩溺水案、雇员石棉中毒案、商场租赁案与后面的（案例6-12）电力公司诉喜洋洋等都是企业整体责任案件，只是法院没有在每一个判词中都使用企业整体责任这一术语。可以说，如果不是一些喜欢标新立异的法官发明了企业整体责任规则这个新名词，使用刺穿公司面纱一词本来也够了。但是因为他们在一些完全相同的案子中使用了这一术语，产生了影响，所以我们才不得不在这里做专门的讨论。

追究企业整体责任的典型情形是一个合伙或者中心公司拥有一家或一家以上的子公司，但在实际商事活动中却没有把子公司当作独立的主体，而是像自己的分支机构那样对待。如果子公司侵权引发赔偿责任，可以假定整个集团为同一实体，让被告反驳。被告必须出示证据证明将这些不同的实体的资产放在同一家公司经营在商事上是不利的，或者债权人在贷款时信赖的就是那家子公司的资产和实力。

从社会经济效益上看，母公司的有限责任对于社会性集资并没有帮助，不给它有限责任的保护也不会影响其个人股东的投资积极性，因为他们的责任依然是有限的，而公司自身的责任本来就是无限的。只有当公司试图涉足一个新的风险领域的时候，有限责任才会起到鼓励投资的作用，因为如果没有有限责任的保护，公司可能会望而却步。不过，这些都属于宏观的讨论，在具体的案子中确定是否刺穿面纱仍然要从公平理念出发，并按"3+1"标准判断。

【案例6-11】

展品被烧案 [①]

一场大火烧毁了位于芝加哥的一个叫作玛考米克之地的展览大厅，原告的展品被烧掉，便起诉展览大厅的主人菲胥巴克电力公司及其母公司菲胥巴克公司，声称由于电力公司的疏忽而导致了火灾。母公司请求不审而判。母子公司之间的关系是这样的：

在火灾发生的时候，子公司一共有4位董事和8位官员。他们同时也是母公司的董事和官员。但是母子公司有不同的办公室，分别召开董事会。子公司的经营活动由子公司单独记账。子公司有自己的银行账户，独自对外贷款，不过这些贷款由母公司审核和担保。偶尔子公司会向母公司借款，按银行最优惠利率付息，并以票据为证。

母子公司分别报税，但是母公司和所有的子公司的财务报表却是合并的。子公司自付工资，自定工资级别，但是这些级别由母公司审查，必须得到母公司的同意。母子公司之间没有买卖过货物或者服务。它们各自对外采购，各自处理自己与工会的关系。

子公司投标或者获得合同都会通知母公司，但是母公司对这些投标和合同、合同的履行方式、材料的使用都不审查。对于超过500万美元的合同，较高利润的获取要在同母公司商量之后才能决定。每隔3个月，子公司向母公司递送一次新获项目和已有合同的表格；对于重大的购买、评估、工资变化和财务数据，则报告得更勤快一些。

有一次，子公司想让母公司审查一个它已经谈好的租赁合同，租赁更多的场地来存

---

① American Trading & Production Corp. v. Fischback & Moore, Inc., 311 F.Supp. 412（N.D.Ill. 1970）. 本书作者根据判词原文翻译和改编，并对案情做了介绍，案名为本书作者所拟。

放设备。还有几次，母公司决定由哪一个子公司去投标哪一个项目。证据证明母公司的经理层认为母公司和它所有的子公司都是一家。在公司的年报和登在《财富》杂志上的广告都是这样说的，母公司声称这些项目都是它的功劳，但实际上项目是由子公司做的（包括玛考米克之地）。

账面财务数据显示子公司的净值为：1966 年是 511 503 美元，1967 年是 684 574 美元。它在 1966 年分红 100 000 美元，1967 年分红 369 000 美元，这些大致上就是它的全部税后利润。相应地，这两年的毛收入分别是 6 128 000 美元和 12 798 000 美元，占整个公司集团总毛收入的 4.42% 和 8.07%。母公司近两年内自身的毛收入，在别除了子公司的毛收入之后，大约为 7 700 万美元。

责任保险是集团一起购买的，不过子公司支付了属于它自己的那一份，在玛考米克土地上的火灾保险金为 1 500 万美元。

本案中法院这样分析以上事实：（1）母公司对全资子公司行使一定程度的监督管理权并不使子公司成为"工具"；（2）子公司严格遵守了公司程序，这很有意义；（3）母公司认为所有的子公司都是同一家庭的成员这一事实不足以破坏每个成员的独立性；（4）没有不公平的成分存在，没有任何人在与子公司签订合同时相信他是在和母公司打交道。[①] 最后法院判决被告胜诉。

按照"3+1"标准，大前提具备：债权人不自愿、积极股东、封闭公司。争议在案情标准。本案中原告没有指控资本不足，从子公司的全部利润都分红给母公司来看，似乎可以做这样的指控。这或者是律师的疏忽，或者是资本不足显然不成立。如果是后者，那就说明火灾不是可预见的风险，与纽约出租车案中的撞人事件不同。因为如果是可预见的，那就要求子公司有充分的资本应对这类事件，或者购买足够的保险。争议集中在母公司对子公司的控制程度上——有没有达到使子公司失去独立人格的程度，法院认为没有达到。

本案中存在不少主体混同的辅助证据，但是两个公司的财产是分开的，账目也是分开的。子公司基本上自主决策投资活动，事后向母公司报告一下。尤其重要的是，玛考米克之地的展览是由子公司自己独立去做的，母公司不加干涉。在这样的情况下，再考虑到已经有 1 500 万美元的火灾保险，还要母公司对子公司的疏忽大意负赔偿责任似乎有失公允。在主体混同难以确定时，结合公平理念考虑是有用的。

在爱德华兹公司诉首字母图案工业公司[②]一案中，莫诺桥尼克司公司（以下简称子公司）欠了爱德华兹公司（以下简称爱德华兹）352 000 美元的合同债务还不了，爱德华兹便告它的母公司——首字母图案工业公司（以下简称母公司）。地区法院认定：子公司 100% 为母公司所有；子公司存在的唯一原因是当母公司的合伙人；子公司所有的董事和官员都是母公司的董事和官员；子公司没有自己的工资单、电话或者办公室，统统用母公司的；子公司由母公司记账，日常经营和具体事务都由母公司的雇员操作；母

---

① 311 F.Supp. at 415.

② Edwards Co., Inc. v. Monogram Industries, Inc., 730 F.2d 977（5th Cir. 1984）（en banc）. 本书作者根据判词原文翻译和改编。

子公司汇总一起报税。但是地区法院拒绝刺穿公司面纱。

爱德华兹上诉后，第五上诉审法院维持原判。该院认为，子公司的合同债权人必须证明欺诈或者不公正，才能刺穿公司面纱，追究其母公司的责任。本案中没有证据证明子公司的设立动机不良，母公司也没有做任何欺诈或不公的事情使债权人处于不利的境地，子公司也并不仅仅是档案柜子里的一张纸，而是具有独立人格的，因为它被投入了1 800 万美元的资金，有单独的董事会做自己的决议，有自己的会计记录，比如关联借贷就在双方的账簿里有清楚的记录，经营子公司的那些人独立地决定总经理的聘用和解聘。法院承认子公司最终是受母公司控制的，但是认为"对全资子公司来说总是这样的。这并不意味着子公司没有独立的存在"①。

本案中主体混同似乎存在，但因为是合同案子，需要证明债权人不自愿，所以二审法院要求证明欺诈或不公。有欺诈或不公才能说明债权人不自愿。

在曼根诉终点运输系统公司②一案中，被告是一家控股公司，下设 4 家运营公司，其中一家的出租车撞伤了原告。被告争辩说 4 家运营公司各自雇用、处罚、解雇它们自己的司机，自己收钱存在自己的银行账户里，等等。但是法院指出这 4 家运营公司都由同一家控股公司持有，每家公司的 3 个董事中有 2 个是共同的，每家运营公司都与被告签订了同样的合同。运营公司的所有董事都是由控股公司选定的。

被告指示各运营公司每天跑哪些终点，并派出监察员在终点和街道上检查。被告在其总部办公室里替各运营公司记账并保管会计账簿，帮它们用支票领钱以支付工资。被告为各运营公司统一提供法律服务，统一提供部件、汽油、润滑油、轮胎等材料，统一雇用维修人员并维持中心车库。被告统一审查和调查应聘的司机，统一制定规章制度。运营公司雇用司机需要得到被告的同意并按被告的指示解雇司机。法院判决所有 4 家运营公司和控股公司一起承担赔偿责任。"如果被告通过合同明确保留了雇用、解雇和控制司机的权利，它还能因为那辆出租车属于运营公司而逃避赔偿责任吗？"

此案与纽约出租车案十分相似。但是纽约出租车案中详细讨论了资本是否充足的问题，而在本案中则集中在主体混同上，即母公司对子公司的全方位控制已经使子公司失去了独立的人格。

通过上述案例的讨论可以看出，企业整体责任规则的适用无论在侵权案子还是合同案子中都与普通的刺穿公司面纱案子没有什么两样。唯一的不同是它只针对公司集团。

第六节　我国司法实践中的刺穿面纱案例

我国公司法原先没有关于刺穿面纱的规定，但是法院在审判实践中却已经判过这样的案子。下面由厦门市中级人民法院判决后又上诉到福建省高级人民法院的案子便是其中的一例。

---

① 引文由本书作者翻译，原文见 730 F.2d 977，986。

② Mangan v. Terminal Transportation System，Inc.，157 Misc. 627，284 N.Y.S. 183（Sup. Ct. 1935），aff'd，per curiam 247 App. Div. 853，286 N.Y.S. 666（3d Dept. 1936）。

【案例6-12】

电力公司诉喜洋洋①

2002年4月，原告电力公司签约向被告喜洋洋食品有限公司（以下简称喜洋洋）购买果冻条，但是喜洋洋不久即停止生产，无力偿还各种到期债务，也拖欠了电力公司货款25万元。电力公司起诉请求刺穿喜洋洋的面纱责成其股东谢得财清偿债务，同时也刺穿姐妹公司的面纱，由喜洋洋的姐妹公司永昌荣公司（以下简称永昌荣）清偿债务。

喜洋洋和永昌荣都是台商独资企业，股东是台商谢得财。喜洋洋成立于1991年，注册资金21万美元；永昌荣成立于1993年，注册资金81万美元。两家公司的地址、电话号码及从业人员均相同。永昌荣设立之后没有开展过任何生产经营活动，其名下的土地、厂房及两部汽车均由喜洋洋无偿使用，日常费用则由喜洋洋支付。两家公司的账目是分开的，但均由喜洋洋的会计人员负责制作，永昌荣不发工资。1998年永昌荣向银行贷款100万元，部分由喜洋洋使用，至2002年才由喜洋洋代为还清全部贷款；喜洋洋在2002年从其账户转出433 400元到永昌荣的账户，用于偿还永昌荣的银行贷款本息。2002年年底，喜洋洋用永昌荣名下的土地、厂房做抵押担保，再向银行贷款100万元。

1999年6月，谢得财因与赖国栋、赖陈绿绮合伙发生退伙纠纷，经法院调解后达成协议，由谢得财向对方支付台币554万元及利息54万元。这些款项最终都由喜洋洋和永昌荣支付。2002年，谢得财又向喜洋洋借款72万元，付其法院诉讼费68万元和交通事故赔款4万元。

2003年10月，谢得财将永昌荣的全部股份转让给了陈秋泉，同年11月变更登记后，公司即在陈秋泉的主持下委托拍卖其名下的土地和厂房。原告电力公司申请诉前保全，冻结永昌荣所得拍卖款中的27万元。

厦门市中级人民法院初审认为，喜洋洋和永昌荣都是一人公司，股东谢得财无视喜洋洋的独立人格，挪用公司巨额款项用于清偿个人债务，构成公司和股东之间的财产混同。喜洋洋停业，无力偿还到期债务，虽然可能有谢得财用人不当、管理不善和外部竞争激烈等原因；但其将公司财产视同个人财产，并挪用巨额资金清偿个人债务，导致公司资金周转困难，则是无可置疑的原因之一。谢得财的行为与公司债权人无法实现债权之间存在确定的因果关系。在个人独资企业的场合，股东更应切实执行分离原则，不得与公司之间有债权债务关系。因此，应认定谢得财与喜洋洋之间存在人格混同，原告作为不知情的、善意的公司相对人，可以主张否定公司人格，直接要求控制股东谢得财对公司债务承担连带责任。

关于刺穿姐妹公司的面纱，法院认为：首先，永昌荣与喜洋洋一样，均为谢得财个人设立的具有法人资格的独资企业，查明的事实表明，谢得财同样存在将永昌荣的财产用于清偿个人债务的行为（以两家公司的款项代偿个人诉讼债务达150多万元），因此，

---

① 材料选自福建省高级人民法院民事判决书（2004）闽民终字第615号。判决书有近1万字，本书作者在不改变原意的前提下重新编写。

应认定谢得财与永昌荣之间也存在人格混同，理由如前所述。其次，从查明的事实看，作为关联企业的两家公司之间，投资者、经营地址、电话号码及管理从业人员完全相同，实为一套人马、两块牌子，必然导致两家公司缺乏各自独立意志而共同听从于谢得财的结果。永昌荣基建款项的不足部分由喜洋洋垫付，日常费用由喜洋洋承担，而土地、厂房及两部汽车均由喜洋洋无偿使用；两家公司的财务账目均由喜洋洋的会计人员负责制作，银行贷款的使用和偿还也未做明确区分，两家公司财产和财务的持续混同显而易见。更有甚者，永昌荣自设立至今，本身从未开展业务活动，其设立公司的目的无从知晓。因此，有确凿的事实和理由认定两家公司之间存在人格混同。最后，现喜洋洋徒具空壳，无力偿还数额巨大的众多到期债务；而永昌荣还有数百万元的资产，足以推定谢得财操纵并利用关联公司之间的财产转移来逃避合同义务和法律责任。谢得财在公司经营难以维系、涉讼频繁的情况下，将其持有的永昌荣的所有股份转让给他人；而在股权变更登记办理完毕后，永昌荣的资产即被委托拍卖，其股权转让的真实性、正当性、合理性，均令人产生怀疑。综上，永昌荣不具有独立的意志和法人人格，其财产、财务与喜洋洋持续混同，共同受制于控制股东谢得财，三被告之间存在人格混同；本案讼争业务及债权发生在永昌荣股权转让之前，被告不得以股权转让对抗原告的主张。因此，三被告应对本案债务承担连带责任。

被告永昌荣上诉，除了从事实上指出公司财产独立的证据之外，还提出在我国现有法律中，不存在类似公司法人人格否认的规定，即便是最高人民法院《关于审理公司纠纷案件若干问题的规定（一）（征求意见稿）》也仅仅规定了控制股东与公司间的人格混同，没有规定姐妹公司间的人格混同，所以原审判决没有法律依据。

福建省高级人民法院审理后认为，原审对谢得财及其设立的两家独资公司间存在人格及财产混同的事实认定正确，但以法人人格否认法理进行论述并据此作出判定并不恰当。因为司法活动必须以国家立法机关制定的法律为依据，而法人人格否认却至今未在我国法律文件中有所表述。对现实中存在的股东违背诚实信用原则，滥用公司形态逃避债务侵害债权人的行为，《民法通则》在第一章基本原则部分已作出原则性规定，可以援用。本案的法律事实及特征，并不十分符合适用法人人格否定的场合。法人人格否定法理，更妥切应表述为无视或漠视法人人格存在的法理，其适用的结果，不是对公司人格彻底、全面、永久的否认，而是要排除对股东有限责任的保护，直接追究公司股东的责任，原审对此先判令被无视（否定）人格的公司承担义务，再判令股东承担连带责任，似与该法理不合，同时，原审对该法理能否适用于两关联公司间，从而判令该关联公司也对被无视（否定）人格的公司债务承担连带责任，亦无依据及先例可循。因此，本案应以股东滥用控制权，利用人格及财产混同来逃避债务，以致相对人无法分清其相互间的人格和财产，违反诚实信用和公平原则，判令控制股东及相关联的两家公司三者共同对债务承担连带清偿责任为宜。

最后，福建省高级人民法院判决喜洋洋、永昌荣、谢得财3被告在10日内一次性连带偿还电力公司25万元货款及利息，二审案件受理费6 307元由上诉人永昌荣承担，一审案件受理费的负担按原判执行。

福建省高级人民法院（以下简称省高院）的判决结果与厦门市中级人民法院（以下简称中院）是完全一样的，只是判决理由（适用法律）稍有不同罢了。

本案中有两个争议焦点：一是股东个人要不要承担连带赔偿责任；二是姐妹公司永昌荣要不要承担连带赔偿责任。在前一个问题上，财产混同的证据很充分，谢得财的个人债务（欠赖国栋、赖陈绿绮的债务）是由公司偿还的。[①] 另外，谢得财还借用公司的钱偿付他个人的交通肇事费 4 万元（暂且假定那 68 万元是支付给赖国栋、赖陈绿绮的）。所以，在这个问题上，被告没有上诉。

后一个问题属于企业整体责任规则。永昌荣占用喜洋洋资产的证据不够清楚。多数证据是喜洋洋占用永昌荣的资产，如喜洋洋无偿使用永昌荣名下的土地、厂房及两部汽车；2002 年年底喜洋洋用永昌荣的土地、厂房作为抵押担保，向银行贷款 100 万元等。这些都有利于加强而不是削弱喜洋洋的独立主体地位。反过来，喜洋洋曾在 2002 年从其账户转给永昌荣 433 400 元，用于偿还永昌荣的银行贷款本息。但是该笔贷款是 1998 年永昌荣向银行贷的 100 万元，其中部分由喜洋洋使用，所以这 43 万多元可以理解为归还由喜洋洋花掉的贷款部分。不过，事实部分说到这 100 万元的贷款"至 2002 年才由喜洋洋代为还清全部贷款"。怎么还清的，是用那 433 400 元吗？不清楚。如果喜洋洋只用了 100 万元中的一部分，但是却代永昌荣偿还了全部 100 万元债务，那是财产混同的确凿证据。但是法院没有说清楚。[②] 唯一清楚的是喜洋洋的会计替永昌荣做账而永昌荣没有支付报酬。但是这和喜洋洋无偿使用永昌荣的土地、厂房和汽车相比，实在微不足道。还有就是法院没有在事实部分交代，但是在后面分析时提到"永昌荣公司基建款项的不足部分由喜洋洋公司垫付"。可是"垫付"的含义是什么？如果事后由永昌荣还清了，那就是借款，不能成为财产混同的证据。这都需要说清楚。

在一定的程度上，法院的判决建立在推理和猜想之上："现喜洋洋公司徒具空壳，无力偿还数额巨大的众多到期债务；而永昌荣公司还有数百万元的资产，足以推定谢得财操纵并利用关联公司之间的财产转移来逃避合同义务和法律责任。谢得财在公司经营难以维系、涉讼频繁的情况下，将其持有的永昌荣公司的所有股份转让给他人；而在股权变更登记办理完毕后，永昌荣公司的资产即被委托拍卖，其股权转让的真实性、正当性、合理性，均令人产生怀疑。"法院这一推理和猜想是有道理的，很可能实际情况正如法院所说的那样，但是用证据说话却显得不够。从有利于被告的角度质疑，永昌荣的注册资本有 81 万美元，本身就有人民币数百万元，不能以此推论这数百万元就是从喜洋洋转过来的。至于"两公司之间，投资者、经营地址、电话号码及管理从业人员完全相同，实为一套人马、两块牌子"，这些固然都是可疑的证据，但是仅此还不能认定主体混同。

法院的有些说法不妥。中院说一人公司的股东不得与公司有债权债务关系，这太绝对。只要账目做清了，可以互借。省高院批评中院在判了公司的责任之后又追究股东的

---

① 当然，在合伙争议案中，如果他的个人财产是与喜洋洋财产完全独立的，那么法院冻结喜洋洋财产的做法就是有问题的。但那是另一个问题。

② 而且，既然代永昌荣偿还了全部 100 万元债务，那又何必转 433 400 元到永昌荣的账户去呢？二者之间有没有关系呢？都不清楚。

责任以及追究关联公司的责任不符合否认人格的规则和先例。这个批评也不对，中院在刺穿面纱问题上的造诣显然远超过省高院。

作为公司法律师，我们从中应当吸取的教训是：关联公司之间的账目一定要清楚，比如喜洋洋使用永昌荣的土地、厂房及两部汽车，应当签订租赁合同并支付租金；如果替永昌荣支付了日常费用，也应当有明确的账目。不过在一人公司的情况下，往往不注意这些看起来是不必要的麻烦手续，而疏忽这样的手续正是刺穿面纱中的一个陷阱。

按"3+1"标准衡量。案情标准主体混同成立。三条归类标准中，公司是封闭的，股东是积极的，只有债权人自愿与否可以讨论。这是合同案子，交易双方都是自愿的。在交易发生的时候，债务人喜洋洋方面并没有欺骗或者隐瞒什么。但是后来随着情况的变化，喜洋洋将资产转移到永昌荣而使自身成为空壳（根据法院的推定），这一行为属于对债权人的欺诈，由此可以认定债权人不自愿。法院在判词中也指出（或者推定）了喜洋洋的欺诈行为，然后认定债权人为"不知情的、善意的"相对人，这在实际上已经表明了债权人是不自愿的。

2005 年《公司法》修改时增加了第 20 条，首次规定了当股东滥用有限责任损害债权人利益时应当对债权人承担赔偿责任。之后，我国法院判决刺穿公司面纱的案子逐渐增多。下面选取数例供大家鉴赏。

【案例 6-13】

曹国学与辛集市恒润工贸有限公司、何清水、冯英华买卖合同纠纷案 ①

河北省辛集市人民法院 2007 年 5 月 28 日

辛集市恒润工贸有限公司（以下简称恒润公司）注册资本 200 万元，何清水占股 90%，孟志豪占 10%。2005 年，恒润公司多次向曹国学购买毛领，欠下货款 1 388 980 元未还。2006 年 8 月 16 日，何清水个人立下保证书，愿以人格担保陆续还清债款。2006 年 9 月 7 日，曹国学与何清水就所欠毛领款签订协议，约定恒润公司自愿将其厂房、机器设备所有权转移给曹国学，抵顶 80 万元欠款，剩余欠款 55.8 万元将尽快偿还。曹国学随后占有、使用了这些厂房和机器设备。

由于恒润公司已停止经营，曹国学就 55.8 万元欠款起诉该公司的同时，请求刺穿公司面纱，由何清水个人负连带清偿责任。

证据反映：2006 年 5 月 26 日，被告何清水作为另案原告起诉张民，称其自 2004 年 8 月到 2005 年 3 月欠下服装购买款 42 万余元未还。法院最终判令张民偿还何清水 220 671 元。但是 2004 年度恒润公司年检报告中的资产负债表反映应收账款为 0。说明实际应收账款大于账面数字，公司财产与个人财产不分。2006 年 11 月 29 日，王子亮因恒润公司赊购缝纫机设备欠款 176 927 元起诉何清水，法院判决何清水偿还该欠款。该判决已发生法律效力。2006 年 7 月 30 日，被告何清水为马树良打下欠条，欠兔皮褥款 70 100 元，后偿还 2 000 元，尚欠的 68 100 元经法院主持调解，被告何清水自愿于 2007

①（2007）辛民初字第 20004 号。原判词较长。为了节省篇幅，突出重点，本书作者做了精简和改编。

年 1 月 1 日前一次性还清马树良欠款。可见，对于恒润公司的债权债务，被告何清水都以个人名义起诉、应诉。

本案诉讼期间，应原告请求，法院数次通知何清水提交恒润公司财务账簿，何清水均以公司财务账簿较乱，自己不懂财务为由没有提交。

法院认为，何清水对公司债权债务以个人名义起诉、应诉；恒润公司资产负债表中应收应支部分与实际情况不一致，财务混乱、账目不清；何清水无正当理由不肯提交会计账簿供查。这些都说明公司财产与个人财产混同，不加区分。"公司人格否认规则在诉讼程序上明确规定，控股股东对自己未滥用公司法人人格应当进行举证，如无法证明，应承担举证不能的责任。因此，何清水应对公司债务承担民事法律侵权的连带责任。"[①]至于何清水的个人保证书，因"不具备保证合同基本要件，只是道德范畴内作出的还款承诺，不应作为要求何清水对公司债务承担连带责任的证据"。

根据我国《公司法》第 20 条的规定，法院判决何清水对公司债务承担连带责任。

财产混同是主体混同的核心证据，而公司没有会计账簿或者账目混乱不清又是财产混同的重要证据。光凭后面这一点，就可以推定财产混同和主体混同，除非被告出示充分的证据证明财产不混同。再加上何清水以个人名义起诉应诉等辅助性证据，进一步说明在他心中，公司即我，我即公司。所以法院判决正确。

但是法院的原话中有一句很有趣："公司人格否认规则在诉讼程序上明确规定，控股股东对自己未滥用公司法人人格应当进行举证，如无法证明，应承担举证不能的责任。"一般来说，在刺穿公司面纱的诉讼中，举证责任在原告。我国公司法对一人公司的股东在这个问题上责成被告举证，那是特殊情况。可是法院在这里就一般情况将举证责任分给被告，还说诉讼程序上有明确规定，不知依据何在，这个规定又在哪里可以找到。

【案例 6-14】
中国信达资产管理公司成都办事处与四川泰来装饰工程有限公司、
四川泰来房屋开发有限公司、四川泰来娱乐有限责任公司借款担保
合同纠纷案[②]

最高人民法院 2008 年 9 月 3 日

1992 年，沈氏兄弟投资（中国香港）有限公司（以下简称沈氏公司）投资成立港商独资企业四川泰来房屋开发有限公司（以下简称房屋公司），注册资本 300 万元。1993 年，沈氏公司投资成立港商独资企业四川泰来装饰工程有限公司（以下简称装饰公司），注册资本 1 032 万元。1995 年，房屋公司和装饰公司共同投资成立四川泰来娱乐有限责任公司（以下简称娱乐公司），注册资本 50 万元。2004 年，装饰公司经工商登记变更为中外合资经营企业，股东为娱乐公司和沈氏公司。装饰公司、房屋公司、娱

---

① 本文中的引文均摘自法院判词原文。

② （2008）民二终字第 55 号。原判词较长。为了节省篇幅，突出重点，本书作者做了精简和改编。

乐公司的法定代表人均为沈华源，三家公司的办公地址、电话号码相同，财务管理人员在同一时期内存在相同的情况。

装饰公司成立之后曾向中国银行贷款 2 200 万元。1999 年 10 月 18 日，三家关联公司与中国银行成都市蜀都大道支行（以下简称中行蜀都支行）签订《债务重组协议》，约定以装饰公司为主债务人，三家公司共同承诺用娱乐公司在中国酒城内开发的"西南名商会所"项目形成的各种资产和权益作为抵押物，并向中行蜀都支行出具《还本付息计划书》，承诺以它们的经营收入和其他资金来源履行还款义务。同年 11 月，装饰公司与中行蜀都支行重新签订《借款合同》和《最高额抵押合同》提供担保。18 日，装饰公司、房屋公司与中行蜀都支行签订《最高额抵押合同》和《最高额抵押合同补充合同》（以下简称《补充合同》），抵押财产为前述娱乐公司"西南名商会所"项目的固定资产"流金岁月"西餐厅和"茵梦湖"城市温泉商务套房的改扩建装饰工程及设备的价值。后来，装饰公司履行了部分还款义务。截至 2004 年 5 月 17 日装饰公司尚欠借款本金 1 991 万元，利息 14 173 340.44 元。装饰公司签收予以确认，娱乐公司和房屋公司签章承诺继续为上述借款承担连带保证责任。

据法院查实，沈氏公司旗下的公司号称泰来集团。截至 2000 年 11 月，泰来集团共有资产 2.23 亿元中，娱乐公司资产为 1.43 亿元，房屋公司资产为 7 600 万元，装饰公司资产为 200 万元。[①] 泰来集团共有贷款 1.71 亿元中，娱乐公司贷款为 50 万元，房屋公司贷款为 5 175 万元，装饰公司贷款为 1.04 亿元。

2004 年 6 月 25 日，中行蜀都支行与中国信达资产管理公司成都办事处（以下简称信达成都办）签订《债权转让协议》，将涉案债权全部转让给了信达成都办，转让清单记载截至 2004 年 5 月 31 日装饰公司尚欠借款本金 1 986 万元。2004 年 8 月 19 日，中行蜀都支行向装饰公司送达《债权转让通知》和《担保权利转让通知》，告知三家公司向信达成都办履行还款义务和担保义务。2006 年 6 月 17 日，信达成都办登报发布了《债权催收公告》。

2007 年 1 月 22 日，信达成都办向四川省高级人民法院起诉，要求装饰公司还款，房屋公司与娱乐公司承担保证责任，并行使相关抵押合同所规定的抵押权。诉讼中原被告争议的要点有三个：一是抵押合同的效力以及债务时效等问题；二是房屋公司与娱乐公司的保证责任；三是装饰公司、房屋公司、娱乐公司的人格是否混同。

有关人格混同的证据，除了三家公司的财务管理人员相同、地址相同和电话相同之外，法院还查明了以下事实。

装饰公司的借款大部分投向其他公司，少部分代集团内公司筹款。其 2000 年的收入都用于中国酒城项目的修建、装修、装饰。从公司 2001—2005 年度审计报告及会计报表附注看，装饰公司对外有长期投资，2003—2005 年度装饰公司对娱乐公司的投资有 2 795 万元，另有 3 597 万元投资款去向不明。

---

① 三家公司的资产合计为：1.43+0.76+0.02=2.21（亿元），与前述 2.23 亿元有 0.02 亿元的误差；贷款总额与分项之和也有误差。估计是集团内还有其他公司，不会是法院的笔误。

娱乐公司的审计报告的会计报表附注表明：公司 1998 年度资产总额为 1.09 亿元，净资产为 8 315 万元，其中有装饰公司的欠款 7 392 万元和房屋公司的欠款 1 086 万元以负债转投资的方式形成的资本公积金 8 478 万元。该年度公司的银行存款账户中有两个账户在支付装饰公司和房屋公司贷款利息。中国酒城项目的经营收益被用于支付泰来集团的房租、水电费、员工工资等。

房屋公司的资本中含有 1999 年 6 月 3 日沈氏公司在香港代付的中国酒城项目设计费 87 万美元（沈氏公司以此款作为对房屋公司的投入资本）。

装饰公司和房屋公司在《最高额抵押合同》承诺对登记在娱乐公司名下中国酒城内"流金岁月"及"茵梦湖"项目的资产享有所有权和处分权。装饰公司声称其支付贷款利息力度下降系因为开发中国酒城项目所致。娱乐公司和房屋公司都承诺收益将优先支付装饰公司的借款本息。

针对原被告在诉讼中争议的前述三个要点，四川省高级人民法院在第一个问题上认定抵押合同有效且时效未过；在第二个问题上判房屋公司承担保证责任而娱乐公司不用承担保证责任；在第三个问题上认定三家公司的人格混同，所以娱乐公司和房屋公司对装饰公司的债务承担连带清偿责任，原告可以在 2 200 万元的最高限额内行使对"西南名商会所"项目中"流金岁月"西餐厅和"茵梦湖"城市温泉商务套房的全部设备的抵押权，在其拍卖、变卖后的价款中优先受偿。①

房屋公司、装饰公司、娱乐公司不服一审判决，向最高人民法院提起上诉。其中就人格混同问题，三被告一致辩称，三家公司虽由沈氏公司投资设立，但是各自在工商局注册为独立的企业法人，各有各的经营范围，独立从事各自经营范围内的合法业务。三家公司财务制度健全、账目独立，各公司之间的债权、债务明确，产权界限清晰，每年各自进行独立的审计。因而三家公司之间不存在人格混同的情形。

最高人民法院（以下简称最高院）维持了一审原判。有关人格混同问题，最高院表述如下："根据原审查明的本案事实，装饰公司、房屋公司、娱乐公司股权关系交叉，均为关联公司，实际均为沈氏公司出资设立，沈华源作为公司的董事长，同时身兼三公司的法定代表人，其利用对三公司的控制权，将装饰公司贷款大量投入娱乐公司中国酒城项目；在未办理工商变更登记的情况下，将娱乐公司对装饰公司欠款 7 392 万元和对房屋公司欠款 1 086 万元转为两公司对娱乐公司的投资款，且 2003 年以后装饰公司对娱乐公司的投资只有 2 795 万元，装饰公司的 3 597 万元投资款去向不明；并将中国酒城项目的经营收益用于支付所谓泰来集团名下所有公司的房租、水电费、员工工资；将沈氏公司对房屋公司的投资用于支付中国酒城项目设计费；装饰公司、房屋公司、娱乐公司还共同为装饰公司贷款还本付息，装饰公司、房屋公司、娱乐公司均认为对'流金岁月'及'茵梦湖'项目的资产享有处分权，以并不存在的泰来集团名义向贷款人出具函件，致使贷款人也无法区分三者间的人员及财产。装饰公司、房屋公司、娱乐公司还存在同一地址办公、联系电话相同、财务管理人员在一段时期内相同的情况。上述事实

---

① （2007）川民初字第 17 号。

表明，装饰公司、房屋公司、娱乐公司表面上是彼此独立的公司，但各公司之间已实际构成了人格混同。其行为，违背了法人制度设立的宗旨，违反了诚实信用和公平原则，损害了债权人利益。因此，原审法院判令装饰公司的债务应由娱乐公司和房屋公司承担连带清偿责任并无不当，本院予以维持。"

本案关于人格混同的证据比较充分。装饰公司将对娱乐公司的 7 392 万元债权转成股权，自然减少了自身的还款能力，损害了原告债权人的利益，可惜判词没有说明事件发生的时间，是在涉案债权发生之前还是之后。如果是之前，那就说明原告方面在贷款之时知道这一情形并予以接受，事后不得以此指责对方。反过来，娱乐公司也替装饰公司和房屋公司支付贷款利息，并以中国酒城的收益替整个泰来集团（包括装饰公司在内）支付房租、工资和水电费。这是财产混同的确凿证据。装饰公司 3 597 万元投资款去向不明，这显然有抽逃资金的嫌疑，可以推测该资金直接流向了沈氏集团公司内部的其他企业，直接损害了债权人的利益。此外，装饰公司、房屋公司、娱乐公司还同为装饰公司贷款还本付息；中国酒城内的"西南名商会所"项目（包括"流金岁月"西餐厅和"茵梦湖"城市温泉商务套房）本是娱乐公司开发，但是装饰公司、房屋公司、娱乐公司均认为对这些资产享有处分权；三公司均以泰来集团名义向贷款人出具函件，致使贷款人也无法区分三者间的人员及财产。这些事实向债权人发出了一个明确的信号——它们是同一家公司。无论是在债权发生之前还是之后，它们都具有误导的性质，从而使债权的发生或者延续变得不自愿。但是法院只顾寻找罗列人格混同的证据，没有注意到债权人自愿与否这个重要因素，自然也不会去分析债权人是否应当自担风险，让谁承担风险更符合效率原则和公平理念。最后，辅助性的证据也很充分：装饰公司与娱乐公司交叉持股，三家公司同属于沈华源麾下的沈氏集团、办公地址和联系电话相同、法定代表人相同、一段时期内财会管理人员相同。

【案例 6-15】

海南省日发实业发展总公司与海南圣泰嘉园实业有限公司
借款合同纠纷再审案[①]

最高人民法院 2007 年

1994 年 8 月 19 日至 12 月 16 日，海南日发房地产开发公司（以下简称日发房地产公司）与中国建设银行海南省分行（以下简称建行）签订借款合同四份，约定由日发房地产公司向建行信用卡部借款 1 486 万元。期间建行就其中 536 万元的借款额与日发房地产公司、海南省日发实业发展总公司（以下简称日发实业公司）签订抵押协议，约定由日发房地产公司以位于海南省琼山市（现琼山区）石山镇石山管区北铺村荣烈山的736 130.37 平方米土地使用权作为抵押物，由日发实业公司以其位于海南省海口市海秀大道 54 号第六层的房屋作为抵押物；如果贷款期满未还，抵押权人可按协议处理抵押物，

---

① （2007）民二抗字第 6 号。原判词较长。为了节省篇幅，突出重点，本书作者做了精简和改编。

在所得价款或保险机构的赔偿金中优先受偿。但是抵押协议签订之后并没有办理登记手续。日发房地产公司逾期未能归还借款。1997 年 12 月 15 日，建行向海南省海口市秀英区人民法院提起诉讼，请求判令日发房地产公司偿还本金 1 486 万元及利息，日发实业公司承担连带责任。

诉讼期间，建行将本案债权转让给了中国信达资产管理公司（以下简称信达公司），信达公司又转让给了海南圣泰嘉园实业有限公司（以下简称圣泰嘉园公司）。本案诉讼主体相应变更。

法院查明，日发实业公司由中国粮油进出口公司山东分公司临沂支公司于 1992 年 10 月 30 日投资设立。1992 年 11 月 8 日，临沂支公司行文作出《关于土地房屋调拨通知》，指令日发实业公司将公司位于海南省琼山县现琼山区石山管理区内所购土地 1 000 亩，龙昆下新村所购楼房一幢 1 500 平方米调拨给拟建的日发房地产公司。1993 年 3 月 10 日，日发房地产公司成立，是日发实业公司的全资子公司。母子二公司的住所均为海口市龙昆北下新村 55 号，法定代表人均为张效荣。涉讼借款的约定用途为修建石山大道工程建设指挥部、指挥部（石山工程）和石山日发大道、建设海口石山"神仙世界和泰山文化旅游城"，但是实际全部用于修建琼山市石山大道。所有这些项目均属日发实业公司，因而贷款的实际使用人是日发实业公司。2001 年 8 月 20 日，日发房地产公司因逾期未参加年检被海南省工商行政管理局吊销企业法人营业执照。从行文内容看，调拨是一种无对价的占有，也证明了日发实业公司与日发房地产公司之间的资产管理及流动缺乏独立性。

一审认为，借款合同与资产抵押协议有效，日发房地产公司承担违约责任，日发实业公司在其担保的责任范围内承担连带清偿责任。[①] 当事人没有上诉，判决生效。

但是日发房地产公司、日发实业公司不服已经生效的一审判决，向海南省人民检察院提出申诉。2002 年 2 月 4 日，海南省人民检察院以琼检民行抗字（2002）第 8 号抗诉书提出抗诉。海南省高级人民法院再审认为，一审认定抵押协议有效是正确的，未办理抵押登记手续仅导致该抵押权不具有对抗其他债权人的效力，因而维持一审判决。[②]

日发实业公司不服海南省高级人民法院上述再审判决，继续向检察机关申诉。最高人民检察院提起抗诉，认为抵押协议未进行登记，应认定为未生效。日发实业公司不该对日发房地产公司的 400 万元债务承担连带责任。

最高人民法院认为，本案的焦点问题为：（1）日发房地产公司、日发实业公司与建行签订的资产抵押协议的效力；（2）日发实业公司应否对日发房地产公司的 400 万元债务承担连带责任。

（1）关于资产抵押协议书的效力，最高院认同再审法院的意见，未办理抵押登记不具有对抗第三人的效力，但是在当事人之间是有效的。

（2）关于日发实业公司应否对日发房地产公司的 400 万元债务承担连带责任。日发实业公司与日发房地产公司具有相同的主管部门中国粮油进出口公司山东分公司临沂支

---

① （1998）秀经初字第 3 号。
② （2002）琼民抗字第 10 号。

公司；两公司的法定代表人同属一人，均为张效荣，并具有相同的法人管理机构。从企业登记性质讲，两公司均属全民所有制企业，日发房地产公司的投资方为日发实业公司，且受日发实业公司领导。事实上，作为借款人的日发房地产公司将全部借款用于日发实业公司名下的建设项目，也就是说，本案借款的实际使用人与受益人是日发实业公司。因此，就建行信用卡部与日发房地产公司之间的借款法律关系而言，应当认定日发房地产公司与日发实业公司法人人格混同。日发实业公司就日发房地产公司的 400 万元借款承担连带清偿责任并无不当。

于是，最高人民法院判决维持海南省高级人民法院的判决。

本案的判决结论是正确的，但是适用人格混同的判决理由却有问题。按照"3+1"标准，本案不符合刺穿的前提条件，因为是合同案子，债权人是自愿的，不存在被告通过欺骗或误导使原告认为被告母子公司为同一实体的情形。唯一称得上欺骗的是借款的实际用途与所称用途不一致，但这与债权人是否自愿无关。事实上，本案属于普通的合同纠纷，判决的依据应当是抵押协议，所以还是海南省高级法院的论证简明扼要，最高院的分析节外生枝，殊无必要。

【案例 6-16】
沈阳惠天热电股份有限公司与沈阳市第二市政建设工程有限公司建筑工程施工合同纠纷上诉案 [①]
辽宁省沈阳市中级人民法院 2010 年

2003 年 7 月 1 日，沈阳市第二市政建设工程有限公司（以下简称市二建公司）与沈阳惠天热电股份有限公司（以下简称惠天公司）签订建筑工程施工合同，价款 50 万元，发包人惠天公司方由代理人文军签字并加盖公司印章，承包人市二建公司方也有单位盖章及其法定代表人的签字。8 月 18 日，双方又签订了上述合同的附属合同——建筑安装工程安全合同，仍由双方的法人代表签字并加盖各自的公司印章。

之后，双方又签订了开工日期为 2004 年 3 月 20 日的建筑工程施工合同，合同中没有注明签订时间，但工程名称、工程地点、工程内容、承包范围等内容与双方在 2003 年 7 月 1 日签订的合同内容一致；合同约定的价款为 200 万元；该合同发包人处签字仍为惠天公司委托代理人文军，发包人住所地为惠天公司住所地即沈阳市沈河区热闹路 47 号，但是盖章却为沈阳新东方供热有限责任公司（以下简称新东方公司），市二建公司的盖章及签字均与原来相同。新东方公司成立于 2003 年 12 月 4 日，为惠天公司的子公司，惠天公司拥有其 51% 的股份。

2004 年 4 月与 2004 年 8 月，市二建公司又与惠天公司签订了两份发包工程安全生产合同。此外，庭审中查明，2007 年 8 月 7 日惠天公司在建行用电汇的方式给市二建公司汇款 60 万元，2008 年 1 月 23 日惠天公司给付市二建公司排水、道路两笔工程款，

---

① （2010）沈民二终字第 264 号。原判词较长。为了节省篇幅，突出重点，本书作者做了精简和改编。

金额分别为 150 万元、50 万元。同时，市二建公司在开具工程发票时付款人名称亦为惠天公司。此后，新东方公司给市二建公司发过两次往来征询函，往来征询函中表明截至 2009 年 6 月 30 日，新东方公司欠市二建公司工程款 1 400 221.70 元。该往来询征函中有新东方公司盖章。

　　原告市二建公司认为，合同是与惠天公司签的，新东方公司也确认了对原告的欠款，所以它们应该共同承担 1 400 221.70 元的付款义务。被告惠天公司认为，合同是在新东方公司成立之前由惠天公司代其签订的，新东方公司成立之后已经接过了合同，所以惠天公司的责任应当解脱。被告新东方公司认为，合同是原告与惠天公司签的，与新东方公司无关，新东方公司不应承担任何责任。

　　辽宁省沈阳市沈北新区人民法院一审认为：本案所涉几个合同签订的双方都是市二建公司和惠天公司，惠天公司也履行了部分合同义务，至起诉时上述合同并未解除，所以惠天公司应向市二建公司履行给付工程款的义务。2004 年 3 月，新东方公司已经成立，在开工时间为 2004 年 3 月 20 日的合同上盖了章（尽管合同的书写名头为惠天公司，签名也是惠天公司的代理人文军），应视为受该合同条款约束，且新东方公司为该工程实际受益人，此后又向市二建公司发来往来征询函，认可欠市二建公司工程款数额的事实。因此，惠天公司、新东方公司应共同承担给付市二建公司工程款 1 400 221.70 元的义务。①惠天公司不服，提起上诉。

　　辽宁省沈阳市中级人民法院二审同意一审的观点，认为惠天公司应当承担给付所欠工程款的责任，其所称代新东方公司签订合同，在新东方公司成立后上述合同的权利义务已经转移的证据不足。关于新东方公司的连带责任，二审适用了法人人格否认规则，认为惠天公司持有新东方公司 51% 的股份，二者在人员、业务管理、资金方面存在人格混同情形，具体表现在：新东方公司董事长杨兆生同时又是惠天公司的董事，就涉诉工程对外发包时无论是在新东方公司成立之前或成立之后，惠天公司代理人文军均在合同发包方处署名，表明在人员、业务管理方面，惠天公司与新东方公司已无法区分；在合同履行方面，无论新东方公司成立前或成立后，惠天公司均存在支付工程款的事实（自惠天公司与市二建公司订立合同最初时间 2003 年 7 月至惠天公司最后一笔付款时间 2008 年 1 月，前后长达 4 年之久），而且对于市二建公司以惠天公司为付款人所开具的发票及收据，惠天公司照收不误，未提出任何异议。上述事实表明，惠天公司与新东方公司较长时间内在经营与资金方面难分彼此。由此可以推定，本案在合同的订立、履行以及结算方面，反映不出新东方公司的独立意思表示，该公司的经营活动已处于一种不正常状态，其与惠天公司之间出现人员、经营管理、资金方面的混同，说明新东方公司法人格已形骸化，实际是惠天公司的另一个自我。公司法人独立地位和有限责任是现代公司两大基石，若存在股东滥用法人格和股东有限责任，导致股东与公司人格混同的，则令滥用独立人格的股东对公司债务承担民事责任，此为《公司法》第 20 条所明确规定。由于存在股东与公司间人格混同，股东须对公司债务承担责任，自不待言，而公司也须

---

　　① (2009) 北新民初字第 2256 号。

为股东债务承担责任,也应是《公司法》第 20 条有关法人格否认规定的应有之义。另外,新东方公司通过询证函形式业已确认上述债务。结合本案事实,新东方公司应对其股东惠天公司的债务承担连带责任。当然,公司法人格否认规则仅适用于本案,其效力不得扩张适用于未参加诉讼的债权人或公司股东。

综上,二审维持一审原判,驳回上诉。

从惠天公司在诉讼过程中的争辩①来看,本案适用有关发起人对外签订的合同的理论更为恰当。由于惠天公司在签署合同时用的是它自己的名称,所以自然应当承担合同责任。新东方公司在成立之后接受了合同带来的好处,并且也承认了它欠原告的款项,所以当然应该承担合同责任。惠天公司申辩说它是代新东方公司签名,法院反驳说证据不足。其实,这个证据无关紧要,因为即使代签名得到充分的证明,也不能免除惠天公司的责任。惠天公司要免除责任,还需要两个条件:一是市二建公司知道新东方公司还没有成立和惠天公司代签名的事实;二是合同条款表明一旦新东方公司接受合同,惠天公司即告解脱的意思。且不论市二建公司是否知道,第二个条件显然是不具备的。所以惠天公司无法解脱。可是,从案情事实来看,新东方公司成立于 2003 年 12 月 4 日,第二份合同规定的开工时间是 2004 年 3 月 20 日,虽然其签订时间没有注明,但是有可能是在新东方公司成立之后,只有 2003 年 7 月签订的那份价值 50 万元的合同是在新东方公司成立之前签订的。

法院适用《公司法》第 20 条认定二被告人格混同。但是按照"3+1"标准,合同案子中需要有被告的隐瞒、欺骗或者误导,使得债权人成为不自愿,才能刺穿公司面纱或者适用企业整体责任规则。我国法院对刺穿公司面纱的规则的认识还处于初级阶段,还在不断摸索的过程中,还比较混乱,没有形成比较清晰和明确的标准与规则。从判决之后法院内部的法官所写的判决评语来看,他们是在有意识地学习和模仿美国的判例,只是他们对美国判例的研究还不够系统和深入。

【案例 6-17】
徐工机械诉川交工贸等买卖合同纠纷案②
江苏省高级人民法院 2011 年 10 月 19 日

成都川交工程机械有限责任公司(以下简称川交机械)成立于 1999 年,四川瑞路建设工程有限公司(以下简称瑞路公司)成立于 2004 年,两家公司的现股东都是王永礼和倪刚。成都川交工贸有限责任公司(以下简称川交工贸)成立于 2005 年,股东为吴帆、张家蓉等 9 人,2008 年变更为张家蓉(90%)和吴帆(10%)二人。张家蓉系王永礼之妻。

---

① "合同是在新东方公司成立之前由惠天公司代其签订的,新东方公司成立之后已经接过了合同,所以惠天公司的责任应当解脱"。

② (2011)苏商终字第 0107 号。原判词较长。为了节省篇幅,突出重点,本书作者做了精简和改编。初审(2009)徐民二初字第 0065 号。

2005—2007 年，上述三家公司为徐工集团工程机械股份有限公司（以下简称徐工机械）经销由后者生产的部分车辆和机器设备，双方签订了多份买卖合同。2008 年 12 月，川交工贸因经营困难，无法按期向徐工机械支付货款。截至 2009 年 7 月，共拖欠货款10 511 710.71 元。

2009 年 8 月 18 日，徐工机械向江苏省徐州市中级人民法院提起诉讼，状告上述三家公司及王永礼等股东个人，称三家公司人格混同，实际控制人王永礼等公司股东的个人资产与公司资产混同，请求法院刺穿川交工贸的面纱，责成其股东王永礼等人对上述货款承担连带清偿责任，同时也刺穿关联公司的面纱，由川交机械和瑞路公司对债务承担连带清偿责任。

被告则辩称三家公司虽有关联，但是相互独立，并不混同，川交机械和瑞路公司不应对川交工贸的债务负责，股东个人也不应对公司的债务负责。

法院查明原告所称的人格混同事实主要包括以下三个方面。

第一，在人事方面，王永礼夫妇为三家公司的控股股东，财务支出由王永礼一人审批签字。三家公司的重要管理人员相同：经理均为王永礼，财务负责人均为凌欣，出纳会计均为卢鑫，工商手续经办人均为张梦，与徐工机械签订买卖合同的经办人均是杜旭辉。

第二，在财务方面，三家公司在对外开展销售业务时，共用卢鑫、凌欣、汤维明、过胜利 4 人的个人银行账户进行结算，其中凌欣的个人账户资金往来达 1 300 余万元，卢鑫的个人账户资金往来高达 8 800 余万元。这些销售款如何在三家公司之间分配是不明确的。例如，卢鑫的银行卡内曾转入瑞路公司 63.2 万元，原审法院要求瑞路公司针对该 63.2 万元提供银行进账单、会计凭证等证据，瑞路公司未提供。卢鑫作为三家公司共同的出纳会计，对于其银行卡中收到的 8 800 余万元款项如何分配给三家公司，不能说清楚。所有款项都凭王永礼一个人的签字分配和支付。法院要求川交工贸对卢鑫、凌欣等人卡内大额款项存入和支出情况提供财务明细账、会计凭证等证据，川交工贸仅提供 73 笔共计 717 万元，其余均未提供。法院问三家公司是否同意进行财务审计，三家公司均未答复。由此证明，共同账户中的资金是三家公司混用的。

徐工机械对于购买其产品的客户以及时付款为条件实行经销优惠结算政策，优惠的幅度从价款的 1.5%~2.5% 不等。据瑞路公司说，为了获得较高的返利，三家公司于 2005 年 8 月向徐工机械出具《说明》，要求将所有债权债务和销售量均算在川交工贸名下；2006 年 12 月，川交工贸和瑞路公司以统一核算为由再次书面请求徐工机械将 2006 年度的业绩均算到川交工贸名下。最终，2006 年有返利款 841 200 元挂到了川交工贸名下，至于这笔钱在三家公司之间如何分配却没有约定。2007—2008 年的货款未结清，没有返利。

第三，在对外宣传和交往中三家公司给人的印象是一个不分彼此的统一整体。通过因特网查询川交工贸的相关信息时，瑞路公司的企业资料信息会一并出现。川交工贸的招聘信息中，有的部分是对瑞路公司的介绍。在招聘员工的信息资料上两公司对外预留的电话号码、传真号码是一样的。川交工贸、瑞路公司的招聘信息中包含大量关于川交机械的发展历程、主营业务、企业精神的宣传内容，并称瑞路公司、川交工贸均由川交机械出资注册。川交工贸和川交机械工商登记住所地是同一个。川交机械与原告签订的《二级经销协议》上盖章的是川交工贸。

2006年，川交工贸售出的车辆曾由瑞路公司向客户出具收据。两家公司共用统一格式的《销售部业务手册》，封面载有两家公司的名称，手册中载明两家公司的结算开票资料，其中结算账户为卢鑫的个人银行账户，而手册中的《徐工样机发货申请单》表明该手册用于徐工机械的产品销售。可见，川交工贸和瑞路公司在销售徐工机械的产品时对以谁的名义进行销售是不加区分或者视为等同的。

根据以上事实，法院认定三家公司构成人格混同，因而支持了原告的这一主张，判决瑞路公司和川交机械对川交工贸的10 511 710.71元债务承担连带清偿责任。

关于股东王永利等人的个人责任，法院认为原告没有证据证明王永礼、张家蓉作为控股股东将应当归属公司的资产据为己有，也无证据证明其个人资产与公司资产混同，所以不应对公司债务承担个人责任。其他个人更不应该负责。

被告川交机械、瑞路公司不服一审判决，提起上诉。

二审法院认为，三家公司在人员、财务、对外形象等方面高度混同，各自财产无法区分，构成人格混同，故驳回上诉，维持原判。

本案属于合同案件中的刺穿公司面纱，适用的是企业整体责任规则，即刺穿关联公司面纱，由川交机械和瑞路公司对川交工贸的债务承担连带清偿责任。下面用"3+1"标准来衡量。

先看三条归类标准：公司是封闭的，股东是积极的，但是债权人自愿与否却需要讨论。这是合同案子，原告徐工机械是自愿与三家公司被告交易的，也知道三家公司账目混同的情况。按理说，这种情况不能刺穿。可是在本案中，川交工贸所欠的债务并非该公司一家，而是包含了其他两家，因为它们的债权债务都挂在川交工贸的名下。而且这些债权债务又不能做明确的区分，弄不清楚哪些债务是谁的，因而只能由三被告共同承担。此外，三被告曾向原告书面说明、书面请求将所有销售业绩、债权债务都记在川交工贸的名下，这等于向原告承诺共同承担债务。因为东西是卖给另外两家的，账却记在第三家名下，徐工机械当然不愿意只让川交工贸一家承担债务，除非有相反的、明确的意思表示。因此，被告的书面说明和请求可以看作是对合同的修改和补充，明确承诺在三家公司各自的债权债务不能厘清的情况下共同承担债务。从这个意义上说，本案是个简单的合同官司，无须适用公司法，光凭合同法就可以判决。

如果一定要按"3+1"标准判决刺穿，那就只能说三家公司的账记在一起、公开信息相互掺杂、出具票据相互盖章、通信联系方式同一等事实对徐工机械产生误导，使之以为三家公司是一家，因而就是不自愿的。但是这样的说法多少有些牵强，因为原告明明是知情的，也没有证据表明被告向原告隐瞒什么或者想故意误导原告。所以此案还是按合同法判决比较合适。

可是，法院却将本案作为刺穿公司面纱的案子处理了。目前中国法院判决刺穿案子有如下特点：第一，都是合同债务，还没有看到侵权案子；第二，都是主体混同案，还没有看到资产不足案；第三，混同到什么程度才算混同还没有相对明确的标准；第四，法院只罗列主体混同的证据，即我们所说的小前提或案情标准，不大考虑我们所说的大前提，即三条归类标准，尤其对债权人的自愿与否缺乏分析，这与法官的市场经济理论修养薄弱有关。

从主体混同的角度去看，本案是比较极端的例子。三家公司的财务（资产）高度混同，仅凭这一点就足以认定主体混同。加上人员混同、对外公开的信息混同、公章混用等辅助性的证据，主体混同就更加明显了。

请注意，如果只有人员混同，财务是严格分开的，那很可能是为了节省费用的合理之举，不能因此认定主体混同。对外公开的资料中的混同现象主要看有没有对交易对方产生误导，使其误认为三家公司是一体或者将共同承担责任。如果有这种误导效果就要刺穿公司面纱；否则，不应该刺穿。

【案例 6-18】

段本强与仪征业之峰装饰工程有限公司、王国平等装饰装修合同纠纷 [①]
江苏省仪征市人民法院 2014 年 8 月 12 日

仪征业之峰装饰工程有限公司（以下简称业之峰公司）成立于 2008 年 12 月 5 日，注册资本 10 万元，原股东和发起人为李爱文、李为民。李为民为法定代表人兼执行董事、总经理，李爱文为监事。公司章程规定：执行董事决定公司的经营计划和投资方案，制订公司的年度财务方案、决算方案，制订公司的利润分配方案和弥补亏损方案；监事检查公司财务，对执行董事、高级管理人员执行公司职务的行为进行监督。

业之峰公司成立 7 日后，又设立了扬州分公司，负责人为李为民。扬州分公司在扬州市多个小区承接家装工程，并将其中 8 户转包给段本强施工，欠段本强装修款、保修金、押金合计 58 446.92 元未还。

2011 年 5 月 25 日，业之峰公司的股东变更为被告李爱文、王国平，法定代表人变更为王国平。两日后，扬州分公司被注销，其未了债权债务由总公司承担。之后，王国平曾两次起诉，要求解散业之峰公司。2012 年 3 月 31 日，业之峰公司被吊销营业执照，但未进行清算。2013 年 7 月 18 日，法院判决：准许业之峰公司解散。

原扬州未来远景装饰工程有限公司成立于 2005 年 12 月 5 日，控股股东和法定代表人均为被告李为民，2010 年 5 月 19 日变更为江苏远景装饰工程有限公司（以下简称远景公司）。

2013 年，段本强就剩余工程款起诉业之峰公司，并请求刺穿公司面纱，责成股东李爱文、李为民、王国平对这 58 446.92 元欠款承担连带清偿责任。

法院在另案强制执行业之峰公司财产时发现其已无财产可供执行，公司财务账册不知去向，银行对账单上没有 2010—2011 年间公司营业收入进出的记载，2009 年 6 月和

---

① （2013）仪民初字第 1677 号。原判词较长。为了节省篇幅，突出重点，本书作者做了精简和改编。

2010 年 6 月业之峰公司向工商行政管理部门提供的经营情况表中全年营业收入、利润总额和纳税总额均为零。

证人证言表明，业之峰公司扬州分公司从 2009 年 4 月到 2011 年 4 月始终正常营业，至少承接了 30 多户装饰工程，都签有合同。客户付现金由李爱文收取，刷卡则存到远景公司账户。涉及段本强的 8 户业主所交现金也是李爱文收走的。每隔一个月，李爱文通知代账会计做总账，做好的账册交由李爱文保管。公司需要支付时，李爱文会将现金交有关负责人具体支付。

2010 年 10 月 25 日，李爱文代表业之峰公司扬州分公司与钱忠美签订家装合同一份，指派傅利民为工地代表，并指定户名为李荣的中国农业银行账户为收款账户。钱忠美于 2010 年 10 月 27 日向该账户电汇 25 万元工程款，后又向傅利民交付现金累计 185 220 元。根据公司要求，傅利民直接用这 185 220 元购买建材和支付工人工资，没有缴入公司账户。

法院认为，李为民、李爱文在 2009—2011 年作为业之峰公司股东和高管期间，承接了大量装饰工程业务，产生了大量营业收入，但是总公司及扬州分公司的账户上却没有相应的营业收入入账记载，业之峰公司向工商局提供的财务报表中营业收入为零。依公司章程，时任公司执行董事兼总经理的"李为民应当提供公司业务记录、会计账簿等证据说明同期公司的经营状况、收支盈亏情况，并解释上述不符合公司财务、会计制度现象的合理性和正当性"。李爱文名为监事及股东，实际积极参与了业之峰公司扬州分公司经营业务及营业收入的管理，因而"同样负有提供证据说明同期公司的经营状况、收支盈亏情况的义务"。二人无正当理由拒不提供公司业务记录、会计账簿等证据，说明公司的营业收入没有入账。此外，2009—2011 年间，业之峰公司违反《公司法》《会计法》《现金管理暂行条例》等有关公司财务、会计制度的规定，以个人账户存储公司营业收入，当日现金收入未于当日送存开户银行而是交由股东个人，资金账外循环，"使得业之峰公司丧失了对外偿债的物质基础，造成公司人格形骸化，严重损害公司债权人利益"。控制股东李为民、李爱文的滥用业之峰公司人格的行为与原告债权无法实现存在因果关系，故李为民、李爱文应当依法对业之峰公司所欠原告的债务承担连带责任。王国平成为股东并参与公司事务较晚，对上述行为不必负责。

最后，江苏省仪征市人民法院判决：被告业之峰公司偿付原告段本强 58 446.92 元及相应利息，被告李为民、李爱文对此承担连带责任。

本案中账目如此混乱本身就足以刺穿公司面纱。如果有账册而不肯提供，可以推定其没有账册，没有账册的公司财产无法独立，只能看成合伙，股东承担公司债务理所当然。

按照"3+1"标准分析。公司是封闭的；股东李为民、李爱文都是积极的；债权人虽然订了合同，但是债务人欺诈存在，因为公司账目如此混乱，个人与公司财产不能分清的情况在签订合同时无法预料，因而债权人是不自愿的，或者说起初自愿，后来变成不自愿的了。最后主体是混同，就凭账目混乱、公司资金账外循环、存放个人账户等事实就足以推定业之峰公司人格形骸化。

【案例 6-19】

唐山市丰南区增洲钢管有限公司与北京正大通力钢管销售有限公司、济宁 正大通用钢管有限公司、济宁亿通冷弯型钢有限公司买卖合同纠纷 [①]

河北省唐山市中级人民法院 2015 年 5 月 21 日

被告北京正大通力钢管销售有限公司（以下简称北京正大）于 2001 年注册成立，成立之初注册资金 50 万元，其中张华廷出资 25 万元，张正岩出资 15 万元，张俊鹏出资 10 万元，法定代表人为张华廷。公司经营范围：销售金属材料、建筑材料、装饰材料、木材、针纺织品、五金交电、仪器仪表、化工产品、经济信息咨询服务、劳务服务、货物进出口、代理进出口、技术进出口。2012 年 7 月，公司注册资本增加至 4 000 万元，其中张华廷出资 2 000 万元，张俊鹏出资 800 万元，张正岩出资 1 200 万元并转让给了张音，法定代表人仍为张华廷。

被告济宁正大通用钢管有限公司（以下简称济宁正大）于 1999 年注册成立，成立之初注册资本 50 万元，张华廷出资 25 万元，张正岩出资 15 万元，张红霞出资 10 万元，法定代表人为张华廷。公司经营范围：钢管、金属材料、建材、五金交电、仪器仪表、通用零部件的批发零售。2007 年 6 月，公司股东变更为张正岩出资 690 万元，张华廷出资 420 万元，张红霞出资 350 万元，徐强出资 50 万元。2009 年 6 月公司注册地址变更为：济宁市高新区机电工业园李营园区机电二路（亿通公司院内）。2014 年 3 月法定代表人变更为张正岩。

被告济宁亿通冷弯型钢有限公司（以下简称济宁亿通）于 2003 年申请注册成立，济宁正大出资 200 万元，张正岩出资 220 万元，李大臣出资 100 万元，徐强出资 30 万元，陈圣春出资 30 万元，张爱云出资 30 万元，总共 610 万元，法定代表人张正岩。公司注册地址：济宁市高新区机电工业园李营园区机电二路。经营范围：生产加工钢管、H 型钢、C 型钢、U 型钢、彩涂钢板；钢管、管材、型材、建材、板材、通用标准零部件钢材的批发零售。该公司股东及法定代表人经过数次变更，其中：2011 年 7 月，公司股东变更为李开、张华廷，李开为法定代表人；2012 年 11 月 26 日，公司股东变更为张华廷、张音，张华廷为法定代表人；2014 年 6 月 16 日，公司股东变更为赵敏、于秀平，经股东会决议，免去张华廷法定代表人、执行董事兼总经理职务，选举赵敏为公司执行董事兼总经理、法定代表人；2014 年 7 月 31 日，公司法定代表人又变更为乔芳。

以上三被告的股东及法定代表人之间系亲属关系。张华廷系张正岩、张红霞、张俊鹏母亲，张音系张正岩之子，李大臣系张红霞丈夫，李开系李大臣与张红霞之子。

原告唐山市丰南区增洲钢管有限公司（以下简称丰南增洲）与被告北京正大自 2005 年开始发生钢管买卖业务，2013 年 1 月 1 日签订买卖合同，原告为供方，北京正大为需方。合同约定：原告向北京正大供应 4 分 -8 寸焊管，数量 90 000 吨，单价 3 600 元，合同金额 3.24 亿元。截至 2014 年 6 月 16 日北京正大欠原告货款 21 824 951.56 元。后北京正大委托中国物资储运总公司向丰南增洲公司付款 12 255 551 元，故北京正大尚

---

① （2015）唐民四终字第 527 号。原判词较长。为了节省篇幅，突出重点，本书作者做了精简和改编。

欠丰南增洲公司货款 9 569 400.56 元。丰南增洲诉至河北省唐山市丰南区人民法院，请求北京正大偿还欠款，济宁正大和济宁亿通承担连带清偿责任。

原告与北京正大之间的债权、债务关系明确，北京正大应当偿还所欠原告货款。这是没有疑问的。但是原告还请求追究企业整体责任，刺穿公司面纱。因此，本案的争议焦点是济宁正大和济宁亿通应否对北京正大的债务承担连带责任。

除了以上事实之外，一审法院还查明并认定："北京正大公司与济宁正大公司、济宁亿通公司属于关联公司。一是三家公司法定代表人、股东为同一家族成员。在原告与北京正大公司发生业务期间，张华廷同时担任北京正大公司、济宁亿通公司的法定代表人，且为济宁正大公司股东，济宁正大公司法定代表人张正岩，北京正大公司股东张俊鹏、张音，济宁正大公司股东张红霞，均为张华廷直系亲属，张音也是济宁亿通公司股东，亲属间重复在三家公司担任法定代表人并交叉任职和持股。2009 年 6 月之后济宁正大公司注册地址与济宁亿通公司为同一地址，济宁正大公司与济宁亿通公司工商手续经办人均相同，且济宁亿通公司高级管理人员为济宁正大公司委派。二是北京正大公司、济宁正大公司对外业务混同。两家公司虽然登记为独立法人，但对外经营业务混同。北京正大公司、济宁正大公司的经营范围基本一致，依据原告提供的北京正大公司向其出具的承诺函，北京正大公司、济宁正大公司及其他关联公司的对外业务，实际由北京正大公司掌控，另外，依据原告提供的北京正大公司与唐山友发钢管制造有限公司、济宁亿通公司、张俊鹏、张正岩、张音等签订的担保合同，三被告的股东以及济宁亿通公司等作为担保人，以其财产对北京正大公司的经营债务向该公司债权人提供连带责任担保，以上经营行为已经否认了三被告的法人独立责任以及股东有限责任。三是三家公司财产混同。济宁亿通公司注册登记于 2003 年，公司自始无经营记录，该公司申请巨额贷款后转入济宁正大公司账户，并多次接受北京正大公司背书转让银行承兑汇票或向济宁正大公司背书转让银行承兑汇票，且该公司账户多次接受济宁正大公司资金转账，显然不属于本公司业务需要，三家公司对以上资金转移行为不能提供合法依据，而且不能提供证据证明北京正大公司有独立的法人财产可对外承担债务，济宁亿通公司至 2012 年公司注册资本仍为 610 万元，无增资记录，但登记在该公司名下的土地、房产等资产，远超出其注册资本金额，其财产来源与北京正大公司、济宁正大公司转移的财产不能区分，各自丧失独立人格，构成人格混同。"①

法院认为三被告之间财产划分不清、转移资产行为致债务人北京正大丧失偿债能力，损害了公司债权人利益。根据《公司法》第 20 条第 3 款规定，法院判原告胜诉，被告济宁正大和济宁亿通承担连带偿还责任。

济宁正大和济宁亿通两被告不服，向河北省唐山市中级人民法院上诉。二审法院总结两被告的上诉理由（部分摘录）如下：

"济宁正大公司的主要上诉理由为：1.……上诉人财务独立，在经营过程中因资金需要难免与其他公司存在借款、融资等事项。但发生的资金往来均系各自所有、独立使

---

① 此文中的所有引文均摘自二审法院的判词原文。

用、独立承担民事责任……2. 被上诉人持有的北京正大公司出具的'承诺函'……系北京正大公司单方出具，对上诉人不具有约束力。该函仅能证明按照该函提货指令提取货物的欠款，北京正大公司承担还款责任。上诉人不是北京正大公司的下属企业，没有依据该提货通知单提取货物，也没有受托提取过货物……"

"济宁亿通公司的主要上诉理由为：……3. 上诉人、张俊鹏、何艳芹、张音、张正岩等为北京正大公司在其与唐山友发钢管制造有限公司的购销合同中提供履约担保，该担保行为系正当的商业经营担保行为，符合法律规定，且实际上各担保人也没有承担担保责任……"

二审法院确认一审法院查明的主要事实，特别指出："济宁亿通公司高级管理人员为济宁正大公司委派……济宁亿通公司在一、二审诉讼中未能提交其在税务部门开具发票的证据，该公司自 2003 年注册登记起自始无经营记录，但该公司账户多次接受济宁正大公司资金转账，且未能作出合理解释，相互之间构成财产混同。"最终，法院驳回上诉、维持原判。

根据"3+1"标准，本案中的股东是积极的，因为三被告公司均处于张氏家族的控制之下；公司是封闭的；但是债权人是否自愿以及主体的混同却值得讨论。

一般来说，由于签约自由，债权人在合同签订之初都是自愿的，但是如果在签约时债务人有欺骗或隐瞒的情形，债权人就是不自愿的。此外，在合同签订之后债务人方面诸如本案中的承诺书之类言行，如果对债权人产生误导，也可以使其变得不自愿。这需要结合主体混同的具体案情进行分析。

本案中三被告主体混同的嫌疑确实很大。但是原告方面和法院的一些说法也有问题。例如，一审法院在其第二点认定中依据三点具体事实认定被告业务混同：第一，经营范围基本一致。第二，北京正大向原告出具的承诺书罗列了旗下的 9 家分公司，并告知"我公司及以上下属分公司在贵单位提货，提货时必须有我总公司的提货通知单，请按提货通知单上的公司名称及数量发货，请统一核我们在贵单位的余款和欠款。各分公司若有欠款，由我公司承担"。[①] 第三，在北京正大与唐山友发钢管制造有限公司的交易中，济宁亿通、张俊鹏、张正岩、张音等为北京正大充当担保人。法院推定"以上经营行为已经否认了三被告的法人独立责任以及股东有限责任"，这个结论未免武断。经营范围的雷同不等于财产不独立。承诺书是北京正大出具的，没有得到所列 9 家公司的承认。事实上，济宁正大明确否认自己是其下属分公司。而且济宁亿通还没有被列在 9 家之中。充当担保是在与唐山友发的交易中，不是在与原告的交易中，正如被告所说，这是正常的商业行为，而且最终也没有承担支付责任（大概是主债务人付清了款项吧）。仅凭这么三点事实就断定"否认了三被告的法人独立责任以及股东有限责任"，难以令人信服。

主体混同的核心证据是财产混同。本案中，"三公司……不能提供证据证明北京正

---

① 引文摘自法院判词中引用的承诺书原文。

大公司有独立的法人财产可对外承担债务，济宁亿通公司至 2012 年公司注册资本仍为 610 万元，无增资记录，但登记在该公司名下的土地、房产等资产，远超出其注册资本金额，其财产来源与北京正大公司、济宁正大公司转移的财产不能区分"。对法院的这些事实认定，被告自始至终没有给出合理的解释。此外，"济宁亿通公司在一、二审诉讼中未能提交其在税务部门开具发票的证据，该公司自 2003 年注册登记起自始无经营记录，但该公司账户多次接受济宁正大公司资金转账，且未能作出合理解释"。什么叫"无经营记录"？如果是在税务局没有记录，那么这仅仅是偷税漏税行为，与刺穿公司面纱无关。但如果是公司内部没有记录，那就是会计账簿残缺不全，仅凭这一点就足以刺穿公司面纱，否认其独立的法人人格。因此，法院的判决还是正确的。

相比财产混同，人员混同和业务雷同只能作为辅助性的证据。如果财产划分清楚，账目清楚，丁是丁，卯是卯，那么人员再混同，业务再雷同也不能刺穿。后两者相比，人员混同更重要。人员混同的核心是控制人相同，因为那是主体混同的起因和向导，人们往往是在看到了人员混同之后，才怀疑财产混同，顺藤摸瓜地找到财产混同的证据。

本案中的原告在合同签订之初当然不能合理预见到三家公司财产混同的情况，从这个意义上看是不自愿的债权人。本案的弱点是没有找出北京正大输出资产给济宁正大和济宁亿通，从而使其财产减少、偿债能力降低的证据。不过，只要有如上所述的三家公司财产混同证据，加上它们受同一家族控制的事实，应该也足以认定主体混同。

第七节　倒　刺　穿

刺穿公司面纱是要拿股东的财产去支付公司债务；而倒刺穿则是要拿公司的财产去支付股东的债务，或者填补股东的财产。当股东将个人财产藏匿于公司以逃避个人债务的时候，就需要倒刺穿。以下判例是科罗拉多州最高法院因科罗拉多联邦地区法院请求认证科罗拉多州法律是否承认公司面纱的倒刺穿而做出的答复。因为仅仅回答法律问题，所以对具体案情介绍不多，大都是抽象的议论。不过从这些议论中，我们不但能够了解到刺穿的确切含义，而且可以看出，主体混同、不守公司程式也是倒刺穿的理由。

【案例 6-20】

科罗拉多法律认证案 [①]

我们之前还没有考虑过根据科罗拉多州的法律倒刺穿是否合适。不过，在非常情形之下，科罗拉多是承认公司面纱的传统刺穿的。

倒刺穿有两种情形：内部诉求和外部诉求。内部诉求是指内部的控制人试图否认自家公司实体以取得公司对外部第三人的诉求，或者保护公司资产不受第三人诉求的影响。外部诉求是指外部人在状告内部人时试图否认公司实体以便将公司资产置于自己的诉求

---

① Phillips v. Englewood Post No. 322 Veterans of Foreign Wars of the United States, Inc., 139 P.3d 639（Col. S. Ct. 2006）.本书作者根据判词原文翻译。案名为本书作者所拟。

之下，或者对内部人有诉求的外部人试图直接状告公司。实质上，外部倒刺穿就是外部人要求公司为控股股东或者公司其他内部人的债务承担责任。本案就属于这种外部倒刺穿的情形。

倒刺穿与传统刺穿对公司利益的影响有所不同。传统刺穿影响股东个人的利益；而倒刺穿影响公司的利益。但是两者针对的情形相同：控股股东或者内部人利用公司的实体形式欺诈或者挫败别人的合理诉求；达到的目的也相同：公平正义。事实上，当公司控制人利用公司实体隐匿资产或者秘密做生意以逃避债务时，将化身理论倒过来适用就特别合适。

我们认为科罗拉多法律在需要达成公平目的的时候允许外部倒刺穿，即在公司的控股股东或者其他内部人将公司当作自己的化身实施欺诈或者利用公司实体去挫败一个合理诉求的时候责成公司以其资产为该股东或内部人的债务承担责任。与此同时，我们也要警惕倒刺穿的副作用，因为它可能会损害不知情股东和债权人的利益。不过，由于我们要求倒刺穿必须达成公平的目的，所以这一顾虑并不严重。

外部刺穿需要满足 3 个条件，即原告必须清楚地证明以下 3 点：（1）内部控制人和公司互为化身；（2）公平理念要求客观关系的实质内容重于形式，因为公司形式正被利用来实施欺诈或挫败一个正当的诉求；（3）通过刺穿能够达成公平。

就第一个条件而言，债务人对菲尔萨克斯公司（Philsax, Inc.）的控制是相关的。债务人不经董事会的批准就撤换董事，用公司财产的销售款支付自己的个人开支。公司的另一位股东马格丽（Margaret M. Phillips）不能解释她在公司中的作用。公司资产混同，没有银行账户，不像一个独立实体在经营。公司不遵循起码的程序：没有书面的规章、不通知股东或董事开会、没有任何书面的财务报告。本案中与第二个条件有关的是公司有没有为了挫败第三人对债务人已经获得的判决而转移资产。

关于第三个条件，如前所述，在外部倒刺穿时还应当考虑其他的公平问题。当倒刺穿会损害其他善意股东和债权人利益的时候，就不能达成公平。因此，科罗拉多法律要求在倒刺穿之前这些善意股东和债权人的利益必须得到充分保护。本案中因为债务人个人的债权人和公司的债权人是同一个，所以债权人没有问题。但是如果善意股东的利益受到侵犯，就不能倒刺穿。此外，由于刺穿公司面纱属于非常手段，所以当不那么剧烈而又能充分地达成目的的其他手段存在时，就不应该倒刺穿。这类可供选择的其他手段包括将事件作为不当占有、欺骗性转移资产、公司对雇员侵权的责任或者代理关系来处理。

总之，只要诉求人证明了公司与内部控制人互为化身，公平正义要求将这种关系的实质内容置于形式之上以达成公平的目的，那么就可以将公司的面纱倒刺穿。如果倒刺穿损害了善意股东或债权人的利益，公平目的就没有达到。此外，只要有能充分达成公平目的的其他救济手段存在，法院就不应该倒刺穿。有了这些限制，除了那些只有一个或者很少几个股东的封闭公司中的极少数公司之外，绝大多数公司都不会受本决定的影响。

在 Gilford Motor Co. v. Horne [1933] Ch 935 中，霍恩先生与基尔佛公司缔约，规定霍

恩如果离开公司的话，他不得引诱公司的客户。霍恩离开公司之后，让人成立了一家公司去拉基尔佛的客户，试图通过公司形式来逃避不得引诱客户的合同限制。法院认为这家公司是虚假的，实际上是霍恩的别名或化名。原先合同中的限制性条款对霍恩和他新成立的公司都有效。新公司的面纱被倒刺破，为了追究霍恩个人的责任而追究了新公司的责任。

在 Jones v Lipman [1962] 1WLR 832 中，李朴曼签约出卖了自己的一块土地。签约之后土地迅速涨价增值。李朴曼觉得自己卖亏了，想毁约。当时土地还没有交付，于是他便成立了一家新公司并将自己的土地转让给公司，试图以此逃避合同规定的出售土地的责任。法院认为新公司的设立只是一个表象，实质是为了逃避出售土地的合同责任。因此，李朴曼和新公司都有责任转让这块土地给原先合同的买方。新公司的面纱被倒刺破，以执行原先的土地买卖合同。

大多数倒刺穿案例都是外部诉求，即股东的债权人因为股东财产不足而试图获取公司的资产以实现债权。但有时候会倒过来，股东自己要求否认公司实体，即上述科罗拉多最高法院的判例中所说的内部诉求。在 Cargill Inc. v. Hedge，375 N.W.2d 477（Minn. 1985）一案中，一位农场主设立了一家公司来拥有土地和房屋，主要是他家的农场。当他发生财务困难时，一个债权人赢得了一个针对公司的判决，试图执行公司的土地。明尼苏达的法律规定农场主个人拥有的农场有一定的豁免权。为使他们的农场不被卖掉，农场主一家争辩说公司实体应当被否认，这样他们就有权享受豁免。从明尼苏达保护农场主的土地不被执行拍卖的公共政策出发，明尼苏达法院适用倒刺穿原则保护了该家族，但是法院同时指出这样的原则仅仅适用于"小心限制了的情形"。

从上述案例可以看出，至少在外部诉求倒刺穿时，"3+1"标准也是适用的。首先，上述三个外部诉求案涉及的都是"只有一个或者很少几个股东的封闭公司"。其次，债权人都是不自愿的，这从后两个案例看特别清楚：Gilford 中的债权人是霍恩先生离开前的公司，Jones 中的债权人是原先合同的买方，他们显然都不愿意对方违约，所以都是不自愿的债权人。最后，股东都是积极股东，这不但在后两个案例中清楚，在科罗拉多州法律认证案中也可以看出，因为"外部人要求公司为控股股东或者公司其他内部人的债务承担责任"。这里的控股股东或其他内部人显然都积极地参与了公司的经营管理。这样，三个大前提，或者说三条归类标准，都符合了。

至于案情标准，三个案例都属于主体混同的情形。科罗拉多州法律认证案中提到"公司与内部控制人互为化身"，正是主体混同时法院常用的语言。后两个案例中的股东都把公司用作达到不正当目的的工具或者通道，这是显而易见的。而"工具"和"通道"也都是主体混同时法院常用的比喻。可见，案情标准也是合拍的。

倒刺穿的情形在我国的公司实践中也早已出现，最高人民法院在其司法解释中还专门对此做了具体的规定。① 下面的案例便涉及倒刺穿及相关司法解释的适用问题。

---

① 见 2002 年 12 月 3 日《最高人民法院关于审理与企业改制相关的民事纠纷案件若干问题的规定》（2003 年 2 月 1 日起施行）第六条、第七条。

【案例 6-21】

中国工商银行股份有限公司抚顺分行与抚顺铝业有限公司、抚顺铝厂、抚顺新抚钢有限责任公司借款合同纠纷上诉案①

2004 年 1 月 8 日，中国工商银行股份有限公司抚顺分行（以下简称抚顺工行）与抚顺铝厂共签订了 5 份借款合同，借款本金共计人民币 8 510 万元，同时与保证人抚顺新抚钢有限责任公司（以下简称新抚钢）签订相应保证合同。抚顺工行按合同的约定履行了划款义务，而抚顺铝厂对借款未予偿还，新抚钢也未履行担保义务。

2005 年 12 月 31 日抚顺市国资委批复同意抚顺铝厂出资设立抚顺铝业有限公司（以下简称铝业公司）。2006 年 1 月 13 日抚顺铝厂就设立铝业公司一事向抚顺市工商局申请登记，注册资本为人民币 1 亿元。同日，经抚顺市国资委批复同意，抚顺铝厂与铝业公司签订《资产收购协议》，由抚顺铝厂向铝业公司转让部分资产和商标使用权，价款计人民币 705 359 354.69 元，已经实际支付。3 日后，抚顺市国资委批复同意抚顺铝厂向中国铝业股份有限公司（以下简称中铝）以协议方式转让铝业公司的全部产权。次日，辽宁省国资委同意该转让。2 月 4 日，抚顺铝厂对铝业公司增资 4 亿元。3 月 30 日，抚顺铝厂与中铝股份公司签约，将铝业公司以 5 亿元的价格转让给中铝。不过中铝支付的 5 亿元价款因另案债务纠纷，经抚顺中院强制执行，直接支付给了抚顺铝厂的债权人抚顺铝厂工会委员会和抚顺市商业银行北站支行。6 月 6 日，铝业公司的工商档案记载，企业管理部门为中铝股份公司。

抚顺工行向辽宁高院提起诉讼，请求判令抚顺铝厂偿还借款本金 8 510 万元及相应利息，新抚钢承担相应连带保证责任。在诉讼中，抚顺工行根据《最高院关于审理与企业改制相关的民事纠纷案件若干问题的规定》（以下简称《企业改制规定》）第七条，申请追加铝业公司为被告，请求判令铝业公司对上述债务承担连带偿还责任。

一审法院判决：（1）抚顺铝厂向抚顺工行支付本金和利息；（2）新抚钢负担保责任；（3）铝业公司无须负责。

抚顺工行不服，上诉请求撤销第三项判决，改判铝业公司承担连带清偿责任，并称：（1）一审判决认定事实错误。抚顺铝厂设立铝业公司及将铝业公司的全部股权出售给中铝股份公司的行为，实质上应认定为国有企业改制和借企业改制逃废抚顺工行等银行债务。抚顺铝厂全部资产约为 20 亿元人民币，而在铝业公司设立时及设立后出资及购买抚顺铝厂的总资产近 14 亿元人民币，净资产 5 亿余元人民币，接收抚顺铝厂部分职工。且辽宁省国资委关于同意转让抚顺铝厂所持铝业公司全部国有产权的函件中，明确写明"为加快国企改革，促进企业发展"这一目的，但铝业公司设立仅短短几天即将全部产权（股权）转让给中铝股份公司。最重要的是，抚顺铝厂应收取的中铝股份公司的股权转让价款及应收取的铝业公司资产转让价款，分文未付给工行、交行等最大债权人。因此，抚顺铝厂以其优质资产出资设立铝业公司，其目的并非是以营利为目的的扩大及优化

---

① 资料来源：吴庆宝主编：《权威点评最高法院公司法指导案例》，197~208 页，北京：中国法制出版社，2010。从案情推测，此案判决的时间应该在 2007 年。该案例原文较长。为了节省篇幅，突出重点，本书作者做了精简和改编。

其生产和经营，进而妥善解决其对外负债问题，而是将铝业公司的全部股权转让给中铝股份公司，基本丧失了生产经营能力和对外偿债能力，造成抚顺工行等银行债权在根本上不能实现。（2）一审判决适用法律错误。由上述事实可认定抚顺铝厂出资设立铝业公司系企业改制行为和借企业改制逃废抚顺工行等银行债务，铝业公司应按《企业改制规定》的相关规定承担相应连带清偿责任，且抚顺铝厂转让铝业公司的全部股权行为已不是简单的企业资产出售，而是完全的公司并购行为，一审判决认定抚顺铝厂将铝业公司的全部股权出售给中铝股份公司的行为适用《最高人民法院关于企业资产出售合同效力民事责任承担问题的答复》的规定是错误的。

最高人民法院驳回上诉，维持原判，因为本案争议主要有三个方面，均因事实认定的差异而导致法律适用的不一致。兹陈述如下：

1. 抚顺铝厂出资5亿元设立铝业公司，铝业公司是否要对抚顺铝厂的债务承担连带责任。《企业改制规定》第七条规定："企业以其优质财产与他人组建新公司，而将债务留在原企业，债权人以新设公司和原企业作为共同被告提起诉讼主张债权的，新设公司应当在所接收的财产范围内与原企业共同承担连带责任。"反向刺穿，要求新设公司与原企业承担连带责任的前提是当事人恶意逃债。如有证据证明当事人是借公司制改革逃废债务，就可以适用这一条。但这条规定并不限制企业正常投资。本案中，抚顺铝厂享有铝业公司100%的股权，其责任财产并未减少，只是资产形态发生了变化。抚顺铝厂用作对外债务担保的财产并没有减少，其偿债能力没有降低。作为独立的企业法人，抚顺铝厂应以其全部财产对自身债务承担责任，这些财产既包括留在抚顺铝厂的财产，也包括抚顺铝厂的债权和对外投资所形成的股东权益。因此，《企业改制规定》第七条不适用于新设的铝业公司；铝业公司不必对抚顺铝厂的债务承担连带责任。

2. 抚顺铝厂与铝业公司之间存在价值约7亿元的资产转让行为，铝业公司是否因此对抚顺铝厂的债务承担连带责任。该资产转让行为内容、形式均合法，且转让价款已经实际支付。根据法律法规，应认定为企业出售资产行为，不适用《企业改制规定》，企业出售其资产后应自行承担其原对外债务，铝业公司不应因这一资产买卖行为而对抚顺铝厂债务承担连带责任。

3. 抚顺铝厂将其持有的铝业公司100%股权，经评估作价5亿元人民币以协议形式转让给中铝，中铝将股权转让价款直接支付给抚顺铝厂的另案债权人抚顺铝厂工会委员会和抚顺市商业银行北站支行，铝业公司是否因此对抚顺铝厂的债务承担连带责任。该股权转让行为内容、形式均合法，且价款已经实际支付。股权转让行为只是企业的资产形态发生了变化，不会使抚顺铝厂的责任资产减少。抚顺铝厂得到12亿元现金后，确实没有清偿抚顺工行的债务而是偿还了其他的债权人。但普通债权不具有优先性，法律赋予债权人在获得权利实现时以法人所有财产平等受偿的权利，除享有优先受偿权的债权人外，任何人不享有特权。在企业没有进入破产的情况下，不能限制企业的债务清偿顺序或者要求其对所有的债权人按照比例清偿。在铝业公司按照合同约定已经支付了全部价款的情况下，如果再要求铝业公司为抚顺铝厂债务承担责任，不但没有法律依据，而且对铝业公司本身的债权人和现有的股东不公平。

有关倒刺穿的分析都在上述第 1 点中。倒刺穿是让公司替股东偿债，或者子公司替母公司偿债。本案中的铝业公司原先是抚顺铝厂的全资子公司，原告要它替抚顺铝厂偿债，所以是倒刺穿性质。原告引用的《企业改制规定》第七条讲的就是倒刺穿的情形。最高院谨慎适用这条规定，认为本案属于正常的投资和企业改制行为，不是恶意逃避债务，所以不适用有关倒刺穿的规定。这是正确的。法院的论述和《企业改制规定》第七条规定中所使用的语言虽然与美国法院的表述不同，但是基本精神和用意却是相同的，所要达成的公平目的——保护债权人合法权益——也是相同的。

本案第 2、第 3 两点的讨论内容虽然合法，但是却有两个问题值得指出：第一，关于 7 亿元资产的转让问题。实践中有的企业主欠了一屁股债，将企业的全部或者主要资产卖掉后卷款潜逃，使所有的债权人都无法获得任何清偿。本案当然不是这种情形。但是我国还没有应对这种情形的法律，是我国法制的一个漏洞。美国有大宗资产转让法，规定在企业转让全部或者几乎全部资产时，必须先清偿全部债务或者征得全体债权人的同意，对潜在的或者不知下落的债权人要通过媒体公告进行通知。如果不走这些程序，事后资产购买方要对出售方的债权人承担赔偿责任。因此，实践中购买方都会强制出售方走完这些程序。本案中，原告声称抚顺铝厂将全部资产 20 亿元中的 14 亿元以投资或者出售的方式转让给铝业公司。试想，如果我国法制健全，有大宗货物转让法存在的话，本案中的 7 亿元资产还能不经全体债权人的同意就这么转让吗？恐怕不但不能，就连铝业公司的转让也值得质疑。

第二，工行之所以要倒刺穿，让铝业公司替抚顺铝厂偿债，显然是因为抚顺铝厂没有偿还能力，已经资不抵债，濒临破产边缘。这就涉及破产法的适用问题。最高院在第 3 点讨论中指出抚顺铝厂还没有进入破产程序，显然也是意识到了这一点。我国现行《破产法》规定，法院受理破产申请前 6 个月内，如果债务人已经资不抵债，不能清偿到期债务而对个别债权人进行清偿的，管理人有权请求人民法院予以撤销；法院受理破产申请前一年内债务人对未到期的债务提前清偿的，破产管理人有权请求人民法院予以撤销。[1] 这样规定的目的是要公平对待所有的债权人。试想，如果工行按照破产法规定起诉抚顺铝厂，及时提起其破产申请，这 12 亿元的价款还能由着抚顺铝厂想还给谁就还给谁吗？从这个意义上说，工行的败诉或许是由于其律师的疏忽。无论如何，一个资不抵债的债务人在偿债时厚此薄彼是显失公平的，也是法律不应当允许的。从这个角度看，最高院所谓"在企业没有进入破产的情况下，不能限制企业的债务清偿顺序或者要求其对所有的债权人按照比例清偿"的说法，多少有些问题。

第八节　刺穿面纱的特殊情形：股东债权降级——深石规则

在破产案子中，普通债权人往往会请求法院按照公平原则将股东对公司的优先或普通债权降级到普通债权甚至优先股股东的请求以下，让债权人优先于股东受偿。从表面

---

① 见我国现行《破产法》第 31 条、第 32 条。

上看，这样做只是改变了分配的顺序，并没有否认股东的债权。但是在实际上，破产财产一般总不足以清偿全部债务，所以顺序排后的结果是股东有可能一分钱也得不到。美国 1978 年联邦《破产法》第 501（c）条规定："经过通知与听证，法院可以……根据公平降级原则，将某些已经准许的债权降到其他已经准许的债权之下。"这条规则叫作深石规则。[①] 深石规则通常适用于子公司资本不足，母公司作为控股股东借钱给子公司，而后子公司破产的情形。母公司借钱给子公司或者个人股东借钱给他的公司都不是降级的理由，债权人是公司的董事或官员也不是降级的理由，但是子公司资本不足却是理由，也为债权人引用得最多。不过，什么样的初始资本才是充足的？这是一个复杂的问题。Mobile Steel Co. 563 F.2d 692（5th Cir. 1977）中的公司是为了并购一家钢材厂的资产而成立的。股东投入了 50 万美元，其中 25 万美元作为资本，25 万美元作为债权。公司又以其不动产为担保向银行借了 65 万美元，以应收账款为担保向一家打折兑现商借了 80 万美元。最后公司破产了。法院说：

> 资本不足的概念从来没有被严格地定义过。确定的尺度，像从公司的资产负债表和其他财会报表中引来的净资产数据一样没有用处，因为这些数据的意义取决于行业的性质和其他情形。经营最终失败的事实也不能作为衡量的标准。否则就意味着一个积极参与公司经营的投资者必须提供事后才发现的公司为了存活所需要的全部资金。我们认为，在决定股东或者公司组织者所持有的对破产财产的债权是否需要以资本不足为由降级时，充足资本的数量是"了解该行业的一般情形和风险的合理而谨慎的人们，根据现在失败了的公司在成立时的具体情形，认为是合理的资本数量"[N. Lattin, The Law of Corporations §§ 15, 77（2d ed. 1971）]。这个抽象定义是有用的，因为它强调了股东组织者的过错责任，将评估建立在更加具体的标准上，而不是一个漫无边际的数量问题。这个抽象说法所隐含的首要标准如下：（1）如果在一个熟练的金融分析师眼里，从破产企业在成立筹资时的情形来看，对于这样性质和规模的企业，这样的资本投入肯定不足以支持企业的经营，那么资本就是不足的；（2）如果在公司借钱时它不能够向一个外部知情的来源借到同样的款项，那么资本就是不足的。

如果公司的初始投资是充足的，但是后来用完了，那又怎样呢？这里是深石规则与普通刺穿案不同的地方。因为在普通的刺穿中，当问题涉及资本是否充足的时候，主要看公司在成立的时候按照经济标准是否充足。如果在成立的时候是充足的，那么即使后来因为经营亏损而变得不足了，也不能刺穿面纱；但是深石规则却可能适用。因为深石规则只涉及股东对公司的债权，没有让股东对公司债务承担无限连带责任。如果说那是刺穿，也只是有限的刺穿，股东的责任依然是有限的。具体地说来，在公司需要资金的时候，股东不是追加注资而是借钱给公司。但是公司最终仍然破产了。法院需要确定股

---

① 深石规则起源于美国联邦最高法院的判例 Taylor v. Standard Gas & Electric Co., 306 U.S 307（1939）。"深石"的名称来自该案中的子公司的名称"深石石油公司"（Deep Rock Oil Corp）。

东借给公司的钱实际上是不是注资性质。如果是，那就要将债权降级为股权；如果不是，就不能降级。这取决于在借钱当时公司的资本是否充足。不足的是注资；充足的是债权。法院在确定资本是否充足时经常采用合理人标准，即看一个知情的外部人肯不肯在这种情形下借钱给公司。In re Trimble Co., 479 F.2d 103, 116（3d Cir. 1973）案中的法院认为："本案中，公司在开始时资本是充足的，但是在 1958—1961 年遭受了压倒性的亏损。在这样的情形下，决定主人对公司的投资是新的资本注入还是债权的标准是看在当时银行或者其他普通的商业机构愿不愿意借给它资金。"如果一家不相关的银行或金融机构会因为公司的危险境地拒绝贷款，而母公司却贷款给了子公司，就可以认定子公司的资本不足。

资本不足是降级的理由，但仅此一项还不能构成充分条件。除了资本不足之外，在降级的案子中都有公司董事、官员或参与股东在借钱时的某种可疑行为。在 Costello v. Fazio，256 F.2d 903（9th Cir. 1958）案中，控股股东在公司已经严重亏损、流动资产已经少于流动负债的情况下，仍将公司 88% 的注册资本抽走。法院认为这很可疑，最后决定将其所持有的公司本票降级。在 In re Branding Iron Steak House，536 F.2d 299，301-2（9th Cir. 1976）案中，法院引用了 Costello 并将该案与 Costello 进行了比较。

【案例 6-22】
"资本不足"两案例不同判决的比较 ①

一项债权不能仅仅因为债权人是破产公司的官员、董事或者控股股东就降级到其他债权人之下。然而，当让一个债权人与其他债权人平等地分享显得不公平的时候，破产法官可以将他的债权降级 [Costello v. Fazio，256 F.2d 903（9th Cir. 1958）]。

在 Costello 中，三个人合伙经营一家管道公司。合伙资本一共 51 620.78 美元，三人所出份额不等。经营 4 年之后，企业陷入严重的财务困境，合伙人决定成立公司。之前一年，企业一共亏损了 22 521.34 美元。考虑到公司即将成立，所有的合伙资本除了6 000 美元之外，都被抽走并转化成债权，具体体现为开给两个合伙人的本票。一位专家作证说从最近遭受的挫折来看，企业成功的希望十分渺茫。公司成立，接受了合伙的债务，包括开给原合伙人的两张本票。两年后，公司自愿申请破产。两位以前的合伙人按本票提出索求。破产管理人拒绝降级，认定公司成立之初资本充足，两位债权人没有为自己的利益损害公司。地区法院维持原判，但是本院否决，判破产管理人的两项关键性事实认定明显错误。

在本案中，破产法官认为应该遵循 Costello。从我们的判决结果看，不妨假定破产法官所下的饭店资本不足的结论正确。然而即使有了这样的假定，资本不足也只是本案和 Costello 唯一共有的、有意义的事实。

在 Costello 中，债权人争辩说仅仅资本不足这一事实本身还不足以将他们的债权降级。我们回答说实际证据比这"多得多"，并不限于资本不足（256 F.2d at 910）。从

---

① 以下为相关内容的原文译文，题目为本书作者所拟。

Costello 的案情来看，几乎无可否认，投资者在遭遇了连续的经营亏损之后，算计操纵，试图通过牺牲其他债权人的利益来减少自己的风险。Costello 法院认为合伙人"在运行资本为负数、经营出现巨额亏损的情况下依然将 88% 的注册资本抽走"这一事实十分重要（256 F.2d at 910）。

相比之下，本案中的破产人直到公司成立数年之后才开始出现亏损。因此，里奇蒙和亚历山大两个人没有在生意困境中表现出向其他债权人转移风险的明显意图。事实上也没有任何的饭店资本被抽走。里奇蒙因为借了钱给饭店一开始就持有饭店的本票。从未有过任何饭店资本被抽出来转变为债权。

况且，里奇蒙没有积极地参与企业的经营管理。在将破产公司的股东、董事或者官员的合法债权降级到其他债权之下之前，不但这个人必须有控制公司的能力和意图，而且他事实上必须行使了控制权，达到了对其他债权人不利的结果……档案中没有任何里奇蒙行使这种控制的证据。

我们认为，单独资本不足一项，不足以将破产公司的股东、董事或者官员的合法债权降级到其他债权之下。我们承认即使在没有欺诈或者管理不善的情形下也可以将一项债权降级……然而，破产法院是衡平法院，降级除了最初的资本不足之外，还需要有可疑的、不公平的行为。

在 In re Fett Roofing & Sheet Metal Co.，438 F.Supp 726（E.D. Va. 1977）案中，原告以不到 5 000 美元的现金和实物换取了公司 100% 的股权。几年之后，又借给公司 77 500 美元。在公司资不抵债之后，他又为这 77 500 美元债权在公司资产上设立抵押，[①]并且将该抵押文书的日期推前到与借款同时。考虑到公司的资产负债比例为 1∶80、股东控制着公司的日常事务、抵押日期的推前以及抵押贷款过程中没有遵循规范的程式，法院认为这笔借款可疑，于是将债权降级，判为股东的注资。

其他像领取过多的工资、不顾诚实准则操纵公司事务或者卖给公司资产价格过高等都属于可疑的不公正行为。

我国正处在引进深石规则的初级阶段。请看下面的案例。

【案例 6-23】
沙港公司诉开天公司执行分配方案异议案 [②]

2010 年 6 月，在一起买卖合同纠纷中，松江法院判决茸城公司向沙港公司支付货款及相应利息损失。[③] 后因找不到茸城公司可供执行的财产，经沙港公司申请，法院追加了茸城公司的股东开天公司及其他 7 名自然人股东为被执行人，责成他们在各自出

---

① 英文原句：He recorded deeds of trust to secure his promisory notes with the company's assets and backdated the deeds to the original date。这里的 deeds of trust 等于 mortgage。

② 此案是从最高人民法院网站上下载改编的。网址：http://www.court.gov.cn/zixun-xiangqing-14000.html（2017-01-20）.

③（2010）松民二（商）初字第 275 号。原文较长。为了节省篇幅，突出重点，本书作者做了改编。

资不足的范围内向沙港公司承担责任，并且扣划到 696 505.68 元，其中包括开天公司出资不足的 45 万元。

2012 年 7 月，开天公司起诉茸城公司追讨债款，并请求茸城公司的 8 个股东（其中包括开天公司自身）在各自出资不实范围内对开天公司承担连带清偿责任。法院同意了开天公司的诉求，判其胜诉。

于是，对已经扣划到的 696 505.68 元，法院执行局决定在沙港公司和开天公司之间在扣除费用之后按比例分配，今后继续执行到款项再进一步分配。沙港公司对此提出异议，认为开天公司不能就其因出资不到位而被扣划的款项参与分配，而开天公司则要求按原定方案分配，由此引发本案诉讼。

法院认为这是一起执行分配方案异议之诉，争议焦点在开天公司对其出资不实而被法院扣划的 45 万元能否以对公司也享有债权为由与沙港公司共同分配。依据我国公司法规定，"有限责任公司的股东以其认缴的出资额为限对公司承担责任，开天公司因出资不实而被扣划的 45 万元应首先补足茸城公司责任资产向作为公司外部债权人的沙港公司进行清偿，开天公司以其对茸城公司也享有债权要求参与其自身被扣划款项的分配，对公司外部债权人是不公平的，也与公司股东以其出资对公司承担责任的法律原则相悖。696 505.68 元执行款中的 45 万元应先由沙港公司受偿，余款再按比例进行分配"[①]。

2015 年 3 月 31 日，最高人民法院在其官方网站上发布了四起人民法院典型案例，此案居首，并受到网络媒体的广泛报道，认为"最高院接受了美国判例法中的深石原则"。最高院在总结该案的意义时，认为此案的处理借鉴了"美国历史上深石案所确立的衡平居次原则……否定了出资不实股东进行同等顺位受偿的主张，社会效果较好，对同类案件的处理也有较好的借鉴意义"[②]。

本案的判决和最高人民法院对深石案的理解都有问题。

首先，从案情来看，在扣划到 69 万余元之后，显然还不够，还有进一步扣款的必要。问题是从开天公司扣划了 45 万元够不够？开天公司的出资是否已足？如果不足，那就需要进一步补足，开天公司当然无权参与这 45 万元的分配，根本不需要借鉴深石规则。

其次，假定在扣划 45 万元之后开天公司对茸城公司的投资已经足额，那就产生了第二个问题：其他股东的"出资不实"是货币不实还是实物不实。如果是实物出资的实际价额显著低于名义价额，则不但该股东应该补足，而且开天公司也要承担连带责任（见《公司法》第 30 条），所以也不能参与对 45 万元的分配，也不需要深石规则。

最后，如果上述两种情形都不存在，开天公司作为股东在 45 万元扣划之后已经没有任何出资义务，那就发生了它是否有权参与平等分配的问题，也就是它作为股东对公司的债权要不要降级的问题。最高院的评论使用了"衡平居次"一词，似乎股东的债权清偿顺序都在外部债权人之后，这是不对的。适用深石规则对股东债权降级是有条件的，

---

① 引文摘自最高人民法院官方网站原文。

② 引文摘自最高人民法院官方网站原文。

那就是该债权在发生的时候，本质上不是借款，而是股东为了拯救公司而不得不对公司进行增资。没有这样的条件，股东的债权应当与外部债权平等受偿。本案中没有此条件的任何证据，因而其判决显得简单粗糙，而最高院却给予高度的肯定，将其列于公布的4个典型案例之首，实在不妥。

第九节　刺穿公司面纱的利与弊讨论

一般地说，刺穿公司面纱自然会增加股东的风险，抑制投资的积极性。例如，如果甲先生要投资开发矿产，但是目前他的主要资产都投资在一个全资电台公司里。如果他成立新的矿产公司，刺穿公司面纱时法院会按企业整体责任规则将关联企业的资产汇总起来赔偿给其中某一个企业的债权人，那么甲先生就会因为开发矿产而使他包括电台在内的全部投资受到威胁。在这种情况下，他可能会放弃开发矿产的念头。这么说，刺穿面纱会抑制股东的投资积极性和冒险精神。但是，如果开发矿产是高危行业，甲先生明知事故必然会发生而却没有准备好为应付事故所需要的充足的资金，刺穿面纱是应该的。反过来，如果不是高危行业，甲先生无法预见可能发生的事故，那么，公司面纱就不会被刺穿。他是安全的。这么说来，刺穿面纱仅仅抑制了不负责任的冒险，却没有阻碍正常的投资。诚如纽约出租车案中的反对意见所说的："对涉及公益的公司的股东，当公司资金不足以清偿那些在其营业过程中必然要出现的赔偿责任的时候，就可以责成直接参与经营管理的股东个人承担责任。只有对那些收入微薄不足以购买超过法定最低要求的保险金额的公司，或者起初资金充足但是后来经营亏损的公司，才应当给予其股东以有限责任的保护。这样的判决不会阻碍经济的健康发展，它只阻挠本案中的这类以牺牲公众利益为代价滥用有限责任的公司的成立。"也就是说，只要在适用刺穿公司面纱时掌握好分寸，就不会影响正常的投资积极性，而只会抑制那些带有恶意的投资。

社会在发展，情势有变迁。现代股东滥用公司人格已经不限于像出租车案这样的个人，更多的是从事高危行业开发的一些大公司。大公司喜欢通过设立子公司将风险推给外部世界，让小的、资本不足的小公司去做污染严重的"肮脏"生意。这时刺穿子公司的面纱，让母公司及其属下的其他公司去承担清除污染和赔偿损失的责任，是十分恰当的。并且在这种情形下，刺穿公司面纱对于母公司的个人股东影响并不大。虽然他们承担的风险比子公司有面纱保护时要大一些，但是也仅限于他们对母公司的投资。也就是说，他们所承担的依然是有限责任。况且，如果他们分散投资，这种风险会进一步缩小。

但是有人质疑刺穿公司面纱，认为刺穿会使经济低效。波斯纳[1]指出了这样一种情形：如果在一个产品的生产中有几个阶段，公司分别设立几个子公司令每个子公司负责一个阶段。出于规模效益等考虑，母公司对他们进行统一的指挥和资源调度，结果提高了生产效率。不过一旦发生问题，子公司的面纱可能被刺穿，整个集团公司的财产可能

---

[1] R. Posner, *An Economic Analysis of Law*, 3rd ed. 1986, §14.5 Piecing the Corporate Veil; Solomon, Schwartz and Bauman, *Corporations, Law and Policy*, Materials and Problems, 2nd ed., at 266-268, West Publishing Co., 1988.

被合并起来进行赔偿。可是如果这些子公司没有共同的母公司,并为不同的所有者拥有,因而没有统一的指挥,没有因统筹兼顾而产生的规模效益。在发生问题的时候,它们各自独立,不会合并财产进行赔偿。于是,刺穿公司面纱的结果是惩罚了高效率,保护了低效率。还有,如果在这种集团公司内部各子公司的生意紧密相连(如上例中生产同一个产品)的情形下需要刺穿面纱,那么在子公司的生意没有联系的情况下要不要刺穿呢?

波斯纳进一步指出,在没有误导的情况下,限制关联企业的有限责任不但不能有效地保护债权人,还会增加他们的信息成本。例如,尽管 A 公司的债权人知道如果 A 公司支付不能,他还可以向 B 公司索偿,但也知道如果 B 公司支付不能,B 公司的债权人也会想向 A 公司索偿。这样,A、B 两家公司的债权人在放债前评估风险、决定收取多高的利率时都必须调查 A 和 B 两家公司的财务状况。交易费用增加了。况且,A 和 B 的行业可能完全不同,使调查费用更高。

兰德司教授不同意波斯纳的观点,他认为把一个复杂的企业分成好几个公司无非是组建者为了自己的方便,并认为这样会使利润最大化。对他们来说,利润来自哪一个公司、资金混用、财产界限的模糊都不要紧,要紧的是整个企业集团的总利润。所以兰德司认为应当责成关联企业集体承担责任。至于波斯纳所说的债权人的调查成本,兰德司认为那只针对合同的情形,忽略了侵权受害人是被迫交易的。[①]

斯通教授则提出了另一种观点,他认为有限责任的副作用一般发生在资本不足的公司身上。值得担忧的不是支付不能的出租车公司,而是高危行业内危险产品的生产者。刺穿公司面纱可以对这些人保持法律应有的威慑力,否则他们在计划投资时除了企业的支付能力之外就不需要担忧受到任何的惩罚了。当企业对刑事罚金、惩罚性罚款或者民事赔偿支付不能的时候,股东应当充当保证人,不是像合伙人那样的无限连带责任,而是按照他的投资份额按份负担。[②]

我们国人学法往往更注重法律规则的含义,而较少思考规则背后的现实原因以及适用规则所引发的经济、政治、社会乃至文化的后果,较少质疑规则本身的合理性。而这些地方正是发达国家的法学先进于我们的一个重要方面。上述波斯纳等人对刺穿规则的经济效益、社会效益的争论可以启发我们的思路,拓宽我们的视野。

从经济效益的角度看,波斯纳的假设前提尚可商榷。他认为全功能企业可以产生规模效益。但是全功能也会影响专业化分工。现代工业的发展趋势是分工越来越细,一件产品往往是由许多家企业生产的部件组装而成的。大而全、小而全的企业一般都缺乏竞争力。我国在经济发展过程中对此有深切的体会,用增值税代替产品税就是一个明证。当年产品税按销售额征税,鼓励了大而全、小而全的全能企业;增值税按增值额征税,有利于专业化分工。例如,假定一个产品的生产需要经过三个阶段或者流程,由甲、乙、丙三家专业化程度很高的企业分别完成。甲企业完成第一阶段,每件产品的成本为 100 元,加工之后以 130 元的价格卖给乙,乙加工之后以 170 元的价格卖给丙,丙加工之后

① Jonathan Landers,*Another Word on Parents*,*Subsidiaries and Affiliates in Bankruptcy*,43 U.Chi.L.Rev. 527(1976),at 529.

② Christopher Stone,*The Place of Enterprise Liability in the Control of Corporate Conduct*,90 Yale L.J. 1,68(1980).

以 200 元的价格卖给消费者。另有一家全能厂囊括了全部三个阶段，即生产产品的成本是 100 元，加工完毕后卖给消费者的产成品的价格是 200 元。如果征收增值税，就只对甲增值的 30 元、乙增值的 40 元和丙增值的 30 元征税，课税对象为 100 元（30+40+30）。这和对全能厂增值的 100 元所征收的税是一样。但是如果换成产品税按销售价格征税，则同样一件最终产品，对甲、乙、丙三家专业化的企业按 500 元（130+170+200）的销售收入课税（实际上对最初的 100 元原料成本三次重复征税），对全能厂却按 200 元的销售收入课税，造成税负不公。如果甲、乙、丙三家企业合并成一家，可税收入又变成了 200 元。这种不公平的税负客观上鼓励了"大而全""小而全"的企业结构，不利于专业化协作。所以改革税制时将产品税改成了增值税，目的之一就是鼓励分工和专业化。由此看来，刺穿公司面纱（企业整体责任规则）也有鼓励专业化分工的作用。究竟是全能厂产生的规模效益好处大还是促进专业化分工产生的好处大是一个可以争论的问题，还有待于经济学上的实证数据的证明。波斯纳只论其一，不论其二，似乎也有失偏颇。

如果说刺穿面纱在某些场合可能会产生弊端的话，那么有没有更好的选择或者替代办法呢？要求公司特别是从事高危行业的公司购买高额的保险怎么样？或者像以前那样实行法定资本制，规定较高的注册资本额？要不要强制维持资本？不同行业的情况多种多样，就像不同的企业对资本的需求各不相同，划一的规定会不会产生在有些行业内对受害人的保护过度而在另一些行业内又保护不足的现象？强制性的注册资本要求产生种种弊端，已如前述。强制性的保险要求会不会产生类似的弊端？此外，在实际操作中，公司购买的保险可能仍然不够，保险公司可能因为各种原因拒绝支付或者无力支付（例如破产），某类侵权行为可能没有包括在保险合同中，等等。各种问题都会发生。如果成立一个调查、监督并适时修改这一保险要求的专门委员会，又可能是高成本低效率的。如果找不到更好的、可供选择的替代办法，那只能说明刺穿面纱是最佳的选择。

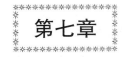

第七章

经 营 范 围

第一节 经营范围和权力限制

一、经营范围紧箍咒

按照我国公司法的规定,经营范围是公司章程的必要记载事项,也是公司设立时必须登记公示的内容。此外,公司的营业执照里也记载着经营范围。公司要改变经营范围,就要修改章程并变更登记,同时还要换发营业执照。这样做说起来也很有道理:既然你要申请开公司做生意,你当然应该说清楚做什么生意,经营范围就是标明做什么生意。但问题是一旦标明做什么生意,一个自然的推论就是你只能做这样的生意而不能做别的生意,除非你重新申请修改或者扩大你的经营范围。未经登记而超越了经营范围进行交易就意味着违法,否则要登记经营范围干什么呢?这一逻辑推论长期以来都是真实的法律。在大多数情况下,这条法律不发生问题,因为公司的主要经营活动总是在经营范围之内的。可是现实生活并不永远按照单纯的逻辑推论进行。商场紧张而忙碌,商机转瞬即逝,有道是:机不可失,时不再来。面对各种机会,商人必须反应敏捷、行动果断、当机立断。如果商机来临时却跟对方说"等一等,此事超越了我的经营范围,让我申请修改一下经营范围,再来和你签合同",对方会立马走人,去找有经营权的人签合同,何必要等你呢?于是,现实生活与法律规定之间就有了矛盾。请看下面三个超越经营范围的案例。

【案例 7-1】

裕华 vs. 金坪 [①]

1988 年 3 月 12 日,裕华签合同,向金坪购买避孕套 33mm 180 万只和 35mm 180 万只,货价 34.9 万元。在此之前,2 月 2 日,金坪已经与华力达订了合同。尔后华力达又与上海乳胶厂订了合同。

1988 年 3 月 16 日,裕华签合同,卖给深圳蛇口公司同样数量的避孕套,货价 39.6 万元。

这样通过四个合同,形成了一条上海乳胶厂→华力达→金坪→裕华→蛇口公司的购买线。履约期间出了两个问题:一是金坪未能按期交货,致使蛇口公司未能按期取货,

---

[①] 三个案例的资料来源:林准主编:《公司法案例选编》,1~22 页,北京:法律出版社,1996。三个案例的原文较长,为了使内容更加简明,逻辑更加清晰,本书作者做了大量的删减,并重新编写。

发生运费纠纷。接着发现规格不符，360万只避孕套全部是33mm的，没有35mm的。于是，蛇口公司起诉裕华，通过缺席仲裁和强制执行，获得53万元赔偿。然后裕华诉金坪。

但是这一次法院首先检查购销合同是否有效，这取决于有没有超越经营范围。金坪可以经营化工产品。裕华可以经营中西成药，又经江西省工商局批准允许一次性经营避孕套。

江西省工商局认为避孕套属于计划生育药具，江西医药部门则认为避孕套属于中西成药，这两家都认为是药品。据此，一、二审法院（南昌市中级人民法院和江西省高级法院）认为避孕套是药品，不是化工产品，因此金坪不能经营。

一、二审判决之后，当事人又向江西省高级法院提出申诉。法院对双方的经营范围做了重新审查和认定，同时向最高人民法院请示。

最高院认为，避孕套的产品归类是合同是否有效的关键。避孕套是乳胶制品。查国家工商局发布的产品归类表：乳胶制品属于橡胶制品，橡胶制品属于化工产品。我国七家生产避孕套的主要厂家全归化学工业部归口管理，而不属卫生部或其他医药部门管理。由此得出结论，避孕套属于化工产品，金坪可以经营。另一方面，计划生育是一项基本国策，除卫生部门免费发放外，亦鼓励商家推销，从政策层面上考虑，应该对中西成药做扩大解释，可包括避孕套，况且江西工商局也已经批准裕华一次性经营避孕套，所以裕华也可以经营。既然双方都是合法经营，合同有效。

本案本来是合同纠纷，金坪违约显而易见，但是结果却在经营范围上纠缠。一条不切合实际的法律规定导致无谓的争论，浪费了大量的人力、物力和司法资源，始终在隔靴搔痒，最终也没有解决实际纠纷——金坪的违约问题。

【案例 7-2】

医药公司 vs. 唐都药厂

唐都药厂签订购销合同卖钛白粉给医药公司，因逾期不交货，引起诉讼。唐都药厂并无钛白粉，需要从洛阳一家化工商店买进，再卖给医药公司。在此过程中唐都药厂首先与该化工商店发生纠纷，诉至洛阳市政府部门。因为买卖钛白粉不在唐都药厂的经营范围内，唐都药厂没有钛白粉的经营权，所以就与医药公司串通签订联营假协议，医药公司出具了虚假的"委托认购书"等，并将时间倒签数月。

问题是购销合同是否有效，这取决于经营范围。唐都药厂显然无经营权，医药公司可以经营药品但不是化学品。一、二审判决合同无效，并对当事人予以制裁。当事人不服，向最高人民法院申请复议。

最高人民法院认定钛白粉属化学产品，原被告双方均超越了经营范围，购销合同无效。但是考虑到交易目的是创汇，而不是牟取非法暴利，也没有损害国家和社会的利益，故不予制裁。

本案明明是一起合同纠纷，被告违约了，应当承担违约责任。但是因为其超越经营范围，结果却按合同无效处理。

【案例 7-3】

广东开发 vs. 南通木材

1990 年 6 月 2 日缔约，南通木材供给广东开发新加坡产进口重油 2 万吨，615 元 / 吨。6 月 20 日，广东开发与高明县（现高明区）发电厂缔约出卖 2 万吨重油。

2 万吨重油于 7 月 27 日到港，由于天气原因，使合同没有履行，广东开发诉南通木材于广州市中级人民法院，请求退还货款。

法院查明：南通木材自身无权经营，只是曾经申请并得到南通市计委和工商局同意与通宁石油化工联合开发公司联合经营，但是南通木材却单独与广东开发签约，没有与通宁石油联合；广东开发的营业执照上注明汽油、柴油 & 润滑油，不包括重油。

据此，一、二审法院均认为双方均超越了经营范围，判合同无效，财产返还。二审还因此制裁双方，各罚 2 万元。

南通木材就制裁罚款申请复议。最高人民法院查明：通宁公司同意南通木材直接对外签约，开票结算；南通市工商局也表示同意，所以不但经营范围合法，经营方式（单方签约）也合法。撤销制裁。

上述 3 个案件尽管由于最高人民法院的宽大处理，没有对当事人进行处罚，但是当年对经营范围的认真与严格可见一斑。绝大多数合同纠纷案子并没有诉至最高人民法院。20 世纪八九十年代，大量原本合法的合同都因超越经营范围而被宣告无效，当事人甚至还受到各种处罚。这样的结果只出现在合同发生纠纷而诉讼到法院的时候。如果没有纠纷，生意做成了，就没有人宣告他们的交易无效了。但是一旦发生纠纷告到法院，法院就不得不认真对待。一认真起来，首先不是判断谁是谁非，而是查一查这笔生意是否在当事人的经营范围之内。如果超越了经营范围，就认定非法，宣告无效并酌情处罚。这样判的结果既阻碍了经济的发展，即本来合法的和有益的交易仅仅因为超越了经营范围而被宣告无效，又造成了两大不公正：第一，合同纠纷得不到公正处理，违约的一方不用承担违约责任；第二，来打官司的就被抓住，抓住的就宣告无效，不来打官司的就抓不到，抓不到的生意做成，钱赚到，皆大欢喜。

我国 1993 年《公司法》第 11 条第 3 款继承了以往的法律传统，明确规定："公司应当在登记的经营范围内从事经营活动。"之后，更多的合同因超越经营范围被判无效。这一状况一直持续到 1999 年 12 月 1 日最高人民法院对刚刚通过的合同法所做的司法解释："当事人超越经营范围订立合同，人民法院不因此认定合同无效。但违反国家限制经营、特许经营以及法律、行政法规禁止经营规定的除外。"[①] 这条司法解释极大地缓和了对经营范围的死板恪守，维护了有益的经济活动，因而被广泛运用，十分重要。不过，它仅仅保护了商人之间在平等基础上签订的合同，不能阻止作为行政执法机关的工商局对超越经营范围的交易进行处罚。2004 年 4 月 16 日上海市第一中级人民法院对下面案

[①] 最高人民法院审判委员会第 1090 次会议通过的《最高人民法院关于适用〈中华人民共和国合同法〉若干问题的解释（一）》第 10 条。

子的判决颇能说明问题。

【案例 7-4】

超越经营范围行政处罚案 [①]

（2004）沪一中行终字第 40 号

上诉人上海叠港经贸有限公司（以下简称叠港公司）因行政处罚决定一案，不服上海市徐汇区人民法院（2003）徐行初字第 109 号行政判决，向本院提起上诉……本案现已审理终结。

原审认定，叠港公司于 2002 年 10 月 21 日经市工商局核准登记取得了《企业法人营业执照》，核准的经营范围为化工原料（除危险品）、金属材料、五金交电、电器机械及器材、通信设备、橡塑制品、建筑材料、装潢材料、印刷机械、文化办公用品、汽车配件、摩托车配件、百货、针纺织品、工艺美术品（除金）、包装材料及制品、劳防用品（除特种）销售，经济信息咨询（涉及许可经营的凭许可证经营）。

……

2003 年 2 月 5 日叠港公司向山东潍坊江盐盐化有限公司订购 200 吨工业盐。同年 2 月 14 日山东潍坊江盐盐化有限公司通过铁路托运 120 吨工业盐抵达上海铁路局桃浦站……因叠港公司拒绝将其营业执照复印件交铁路部门留档，桃浦站按照规定暂不发货。

2003 年 1 月至 2 月，叠港公司从上海捷昶工贸有限公司购进 10 吨氯化钠，而后转手销售给上海京日温泉沐浴品有限公司。上海市工商行政管理局检查总队（以下简称市工商检查总队）在进行检查时发现叠港公司超出经营范围擅自从事盐产品经营，遂立案调查……5 月 27 日……作出……处罚决定，……认定……叠港公司的行为违反了《中华人民共和国公司法》第十一条第三款的规定，构成公司超出经营范围从事经营活动的行为。市工商检查总队决定对叠港公司作出责令改正和罚款人民币 2 万元的行政处罚。叠港公司不服处罚，向市工商局申请复议。市工商局复议维持市工商检查总队的行政处罚决定。叠港公司仍不服，遂诉至法院。

原审认为，根据国务院《盐业管理条例》[②]《上海市盐业管理若干规定》[③] 以及《公司法》的有关规定，批发、销售工业盐除取得盐业管理部门的许可外，还必须取得工商部门经营范围的许可……叠港公司在未取得盐业管理部门许可也未具工业盐经营范围的情况下，擅自经营工业盐计 130 吨，法院做出如下判决：（1）维持市工商检查总队 2003 年 5 月 27 日作出的……行政处罚决定；（2）驳回叠港公司的行政赔偿诉讼请求。判决后，叠港公司不服，上诉于本院。

上诉人叠港公司诉称，上诉人并没有超越经营范围从事经营活动，上诉人经营的是

[①] 因为判词很长，为了节省篇幅，突出重点，本书作者做了大量的删减，删减处均用省略号标出。

[②]《中华人民共和国盐业管理条例》1990 年 2 月 9 日国务院第 54 次常务会议通过，同年 3 月 2 日发布，自发布之日起施行。1996 年 5 月 27 日，国务院发布《食盐专营办法》，第 7 条规定 "国家对食盐生产实行指令性计划管理"。不过，工业盐不是食盐。

[③] 2001 年 3 月 26 日上海市人民政府发布；2010 年 12 月 20 日修正并重新发布。

工业盐，根据《企业经营范围用语规范》和《尼斯协定》等规定工业盐属于化工原料范畴，而上诉人的营业执照中有化工原料（除危险品）的经营范围，系争行政处罚决定认定上诉人超越经营范围有误。

被上诉人市工商局辩称，上诉人公司登记的经营范围中不包括盐产品，不能认为上诉人登记的化工原料中包括工业盐的经营范围，经营范围必须明确，被上诉人向原审法院提供的七家公司的企业登记信息，可以证明在上诉人公司登记前，从事工业盐经营的企业在其经营范围中除写明化工原料外，还明确写明了工业盐。以此为依据请求二审法院维持原判。

本院认为，上诉人公司登记的经营范围中并无盐产品或工业盐，根据被上诉人向原审法院提供的上海丸敏实业有限公司等七家公司的企业登记信息记载，可以证明，在上诉人公司登记前，本市从事工业盐经营的企业在其登记的经营范围中均已明确单独写明了工业盐，且上述公司登记的经营范围中工业盐与化工原料是并列存在的。故上诉人认为其公司登记化工原料经营范围即自然包括工业盐的经营范围缺乏依据。驳回上诉，维持原判。本判决为终审判决。

仔细研读本案可以发现，这个判决是有问题的。原告已经指出了《企业经营范围用语规范》和《尼斯协定》等规范文件证明工业盐属于化工原料范畴；而被告工商局依据的是它自己的办事习惯，是土规矩——上海丸敏实业有限公司等七家公司的企业登记信息表明本市从事工业盐经营的企业在其登记的经营范围中均需另行单独写明工业盐，即工业盐与化工原料并列。在最高人民法院已有司法解释认为超越经营范围的合同并不因此无效的情况下，从保护交易安全的角度出发，理应按照规范性文件对经营范围做扩大性的解释，即化工原料包括工业盐，而不是按土规矩限制性地理解为不包括工业盐。

当然，超越经营范围受工商局处罚的例子很少。在多数情况下，工商局既得不到信息，也没有足够的动力去调查了解。这种状况造成了法律的不严肃性和行政机关极大的自由裁量权。

2005年公司法大修改，从以前的《公司法》第11条中删除了"公司应当在登记的经营范围内从事经营活动"这一句话，上述案例中工商局就是因为叠港公司违反了这句话而予以处罚的。但是，修改后的公司法并没有明确规定公司可以从事所登记的经营范围之外的合法交易，而是说"公司可以修改公司章程，改变经营范围，但是应当办理变更登记"。如前所述，这对于偶遇的商机来说是不中用的。生意场上讲究的是效率。面对着稍纵即逝的交易机会，无论是否超越经营范围，商人都需要即刻拍板成交，不可能先回去修改自己的章程，再完成登记手续，最后才去签订合同。现行公司法的规定虽然删除了公司必须在经营范围内活动的要求，但是从剩余文字字面上看，依然期望公司在所登记的经营范围内活动。结合最高人民法院"当事人超越经营范围订立合同，人民法院不因此认定合同无效"的司法解释，公司能否超越经营范围交易这个问题目前处于一种不确定状态。这样的状态不能适应商事活动的客观需要。

二、隐含权力与明文限制

为了顺利地开展登记范围内的经营活动，公司需要一系列的权力去从事具体的交易活动。比如生产型的企业需要有购买原材料的权力、销售产品的权力和为着这些目的而签订买卖合同的权力。它还需要购置土地、建造厂房、购置设备的权力，起诉和应诉的权力等。所有这些权力，都是隐含在经营范围内的，没有人会否认。我国公司法没有从正面——罗列出为了实现经营目的所需要的各种权力，而是从反面限制公司的权力，规定公司不得拥有某些权力，没有限制的可以推定为公司有权力。这些反面的限制主要包括：（1）禁止公司充当合伙人；（2）限制公司借出资金；（3）限制公司为他人担保；（4）限制公司回购自己的股份。

1. 不得充当合伙人 [①]

我国《公司法》第15条规定："公司可以向其他企业投资；但是，除法律另有规定外，不得成为对所投资企业的债务承担连带责任的出资人。" [②] 我国目前只有合伙人是"对所投资企业的债务承担连带责任的出资人"。所以根据第15条规定，公司可以向其他公司或者法人企业投资，也可以充当有限合伙人，但是不得充当普通合伙人。 [③]

为什么不允许公司充当普通合伙人呢？首先，害怕公司的资产受到无限责任的威胁。但是公司在经营活动中向来就是承担无限责任的，《公司法》第3条第1款规定"公司以其全部财产对公司的债务承担责任"，说的就是这个意思。比如公司与第三人签订合同，如果违约了需要赔偿对方的损失，它承担的就是无限责任。再比如开设一家分公司，总公司对分公司的债务就是承担无限责任的。参与合伙与开设分公司多少有些相似，作为一种商事决策，与其他普通的商事决策没有什么两样。因此，对无限责任的忧虑没有道理。其次，担心股东的利益受到损害。可是股东承担的是有限责任，并不因为公司当了合伙人而承担无限责任。公司对合伙债务承担无限责任，但是公司的股东对公司或公司债务的责任依然以其出资额为限，依然是有限责任。公司参与合伙像公司从事其他活动一样，并没有使股东承担更大的风险。只要能够赚钱，就能使股东利益增值。所以这第二种担忧也没有道理。最后，参与合伙会使公司资产因其他合伙人的行为而承担风险，不再受

---

① 许多书上都说《公司法》第15条规定是对转投资的限制。其实这是一条授权性的规定，允许转投资，该规定的后半句无非是从转投资的整体权力中挖掉了一小块，即不得充当普通合伙人。所以，从限制公司权利能力的角度看，与其笼统地说限制转投资，毋宁具体地说禁止充当合伙人。

② 1993年《公司法》第12条规定，公司转投资不得超过自身净资产的50%。现行《公司法》第15条取消了50%的限额，已经扩大了公司转投资的权力。这一改变的原因是实践的推动。1993年《公司法》颁布后，很多公司在实践中对第12条的禁止并不买账，对外投资超过50%的情形大量存在，有关部门并没有进行阻止或限制，工商局在登记和年检中也予以默认，客观上形成了禁而不止的局面。详见：赵旭东主编：《公司法学（第二版）》，195页，北京：高等教育出版社，2006。法律规定脱离现实，不符合经济发展的规律，经常是这个结果。既然如此，现行规定又怎么能够阻止公司充当合伙人呢？

③《民法通则》第52条规定："企业之间或者企业、事业单位之间联营，共同经营、不具备法人条件的，由联营各方按照出资比例或者协议的约定，以各自所有的或者经营管理的财产承担民事责任。依照法律的规定或者协议的约定负连带责任的，承担连带责任。"显然，该条规定允许法人充当合伙人。但公司法是民法的特别法，效力优于民法。所以，按《公司法》第15条规定，公司不得充当合伙人。

公司董事会的控制。这是西方发达国家早就考虑过的理由，他们现在已经消除了这种顾虑，因为参与合伙的决策是董事会做出的，董事会也可以决定抽回投资，所以说到底转投资还是受董事会控制的。①

西方发达国家在 19 世纪也禁止公司参与合伙，进入 20 世纪后就允许了。我们在立法的时候大概只注意了它们以前的禁止，不知道它们现在的允许，更没有弄清楚禁止和允许背后的理由，盲目地予以禁止。相比西方，我们在这个问题上落后了 100 年。

《公司法》第 16 条第 1 款还规定，公司章程对转投资有限额的，不得超过该限额。这当然没有错。章程是发起人拟定的，代表了股东的意志。股东是公司的主人，可以随时修改章程，当然也可以限制公司转投资。可是章程是公司的组织法。章程中的任何规定都是不能违反的，第 16 条所谓"不得超过"的强调显得多余。

2. 对借贷资金的限制

首先是禁止公司借钱给公司官员。《公司法》第 115 条规定："公司不得直接或者通过子公司向董事、监事、高级管理人员提供借款。"这条禁令的合理性显而易见。公司官员掌握着公司的金库，如果允许他们向公司借钱，很容易形成恣意挪用公司资金的情形。西方国家法制发达，在加上了一定的限制条件之后允许公司借钱给它的官员，但是依据我国的国情，还是像《公司法》第 115 条那样简单禁止为好。

其次也是更为重要的，是公司之间能否互相借贷？企业之间的互相借贷是企业生产经营的需要，而且经常发生，因而是包括公司在内的任何企业所必须具备的重要权利。但是《公司法》却没有对这项极其重要的权利做出明确的规定。②该法第 148 条第 1 款第 3 项规定董事和高级管理人员不得违反公司章程的规定，未经股东会或者董事会的同意而将公司资金借贷给他人。这似乎意味着在章程没有禁止的情况下，经过股东会或者董事会的同意可以借钱给他人。之所以出现这样模棱两可的含混规定，是因为在计划经济传统的影响下，我国的金融管制非常严厉，市场化改革还没有到位。

作为我国中央银行的中国人民银行长期禁止企业之间的互相借贷，将其定性为非法。企业为了互相借钱融资，不得不躲猫猫，采取各种规避办法。1990 年 11 月 12 日《最高人民法院关于审理联营合同纠纷案件若干问题的解答》第四条第二项针对的就是企业的规避行为："企业法人、事业法人作为联营一方向联营体投资，但不参加共同经营，也不承担联营的风险责任，不论盈亏均按期收回本息，或者按期收取固定利润的，是明为联营，实为借贷，违反了有关金融法规，应当确认合同无效。除本金可以返还外，对出资方已经取得或者约定取得的利息应予收缴，对另一方则应处以相当于银行利息的罚款。"

1996 年 6 月，央行发布《贷款通则》（同年 8 月 1 日起施行），继之前的一贯做法，该通则第 61 条明令禁止企业之间互相借贷。③与此相配套，1996 年 9 月 23 日《最高人

---

① 转投资还可以引发虚增资本，可以被公司董事会用来巩固自己对公司的控制权。详见：施天涛著：《公司法论（第二版）》，131 页，北京：法律出版社，2006。但这显然不是《公司法》禁止公司充当合伙人的原因。

② 比较美国公司法样本第 3.02 条：公司有权"借入或者贷出资金"。

③《贷款通则》第 61 条："企事业单位……不得经营贷款等金融业务。企业之间不得违反国家规定办理借款或者变相借贷融资业务。"

民法院关于对企业借贷合同借款方逾期不归还借款的应如何处理的批复》对企业之间的借贷行为作了具体规定："企业借贷合同违反有关金融法规，属无效合同。对于合同期限届满后，借款方逾期不归还本金，当事人起诉到人民法院的，人民法院除应按照最高人民法院法（经）发〔1990〕27号《关于审理联营合同纠纷案件若干问题的解答》第四条第二项的有关规定判决外，对自双方当事人约定的还款期满之日起，至法院判决确定借款人返还本金期满期间内的利息，应当收缴，该利息按借贷双方原约定的利率计算，如果双方当事人对借款利息未约定，按同期银行贷款利率计算。借款人未按判决确定的期限归还本金的，应当依照《中华人民共和国民事诉讼法》第二百三十二条的规定加倍支付迟延履行期间的利息。"简单地说，就是对出贷方没收利息所得，而对借入方除要求其支付约定的利息之外还要科以同期银行贷款利息。

可是这样的处罚仅限于借款到期不还诉至法院的，如果按期还本付息，没有纠纷，那就皆大欢喜。实践中公司之间资金相互融通的现象相当普遍。由于风险大，所以利率高。20世纪80年代初，随着民营经济的发展及其融资需求的增大，高利贷在民营经济相对发达的浙江、福建、广东、江苏等地不断滋长。根据中央财经大学课题组的研究估算，尽管有中央银行的明令禁止，2003年全国民间借贷总规模仍达7405亿~8164亿元。随后，民间借贷规模继续扩张。西南财经大学公布的报告显示，在2013年，全国民间借贷的规模已经高达5万亿元，高息借贷的资金规模超过7500亿元，年利率平均为36.2%，约有166万户家庭对外高息放贷，户均借出款约为45万元。在这些民间借贷中，有很大一部分是企业之间的借贷。[①] 随着借贷规模不断扩大，借贷种类也在不断增加，大致包括民营银行、小额贷款、第三方理财、民间借贷连锁、担保、金融集团、民资管理公司、民间借贷登记中心等。从技术手段上看，因为网络的日益普及，P2P网贷平台也很常见。[②]

民间借贷之所以发达，除了企业的融资需要之外，还因为我国的银行，尤其是工商、建设、农业、中国四大国有银行只贷款给国有企业和大的、上市的私有企业，不肯借贷给普通中小企业，[③] 致使普通中小企业融资十分困难，不得不向民间融资，甚至不惜吃高利贷。

时至2011年年底，最高人民法院依然坚持企业之间借贷非法的立场。在该年12月20日发布的《关于认定企业间借贷合同无效法律依据的答复》中，最高院说："关于企业间借贷合同的效力问题，在国家政策未作调整并且最高人民法院未作出新的规定之前，各级人民法院应严格执行最高人民法院《关于对企业借贷合同借款方逾期不归还借款的应如何处理问题的批复》（法复〔1996〕15号）的精神，认定'企业借贷合同违反了有关金融法规，属无效合同'。关于上述认定的法律依据，除了中国人民银行制订的《贷

---

① 有意思的是企业可以向个人借款。1999年2月13日起施行的《最高人民法院关于如何确认公民与企业之间借贷行为效力问题的批复》规定："公民与非金融企业（以下简称企业）之间的借贷属于民间借贷。只要双方当事人意思表示真实即可认定有效。"所以按照当时的规定，民间借贷部分合法，部分非法。

② 本段数据来源见《第一财经日报》2017年4月27日发布的《高利贷的软硬界限在哪？利滚利复息计算为主要特征之一》一文，http://finance.sina.com.cn/money/lczx/2017-04-27/details-ifyetwsm0526913.shtml。

③ 2018年，在中美贸易战和我国经济下滑的大背景下，中央开始出台政策放款限制，并且鼓励银行向中小微企业贷款，具体效果还有待观察。

款通则》第六十一条明确规定'企业之间不得违反国家规定办理借贷或者变相借贷融资业务'之外，该行在《关于对企业间借贷问题的答复》中（银条法〔1998〕13 号）指出，根据《中华人民共和国银行管理暂行条例》第四条的规定，禁止非金融机构经营金融业务。借贷属于金融业务，因此非金融机构的企业之间不得相互借贷。企业间的借贷活动，不仅不能繁荣我国的市场经济，相反会扰乱正常的金融秩序，干扰国家信贷政策、计划的贯彻执行，削弱国家对投资规模的监控，造成经济秩序的紊乱。因此，企业间订立的所谓借贷合同（或借款合同）是违反国家法律和政策的，应认定无效。因此，最高人民法院在法复〔1996〕15 号批复中认定企业借贷合同属无效合同，有法律依据，符合《中华人民共和国合同法》第五十二条规定。"

实际上，我国民间借贷的兴起是面对央行和最高院的严格禁令"顶风作案"，因为企业要生存、要发展，不得不如此。我国长期以来实施的金融管制，不但没有促进经济的发展，而且不断地压制和破坏着经济的发展。这再一次印证了美国革命家潘恩的名言："那个管事最少的政府是最好的政府。"

央行的禁令无疑是恶法，是计划经济的残余和金融垄断的产物。在客观经济需要的推动下，2015 年《最高人民法院关于审理民间借贷案件适用法律若干问题的规定》第11 条终于承认"法人之间、其他组织之间以及它们相互之间为生产、经营需要订立的民间借贷合同"合法有效。之后，我国法院开始正常受理因企业之间相互借贷引起的纠纷，不再宣告这类合同无效。央行 1996 年的《贷款通则》至今有效，但是它的第 61 条规定的禁令，实际上已经废止。这是客观经济需要冲破恶法禁令的又一个实例，就像之前冲破旧公司法对转投资的限制、工商登记对经营范围的限制一样。

至此，我国公司终于获得了相互借贷的权利。

3. 对担保的限制

《公司法》第 16 条第 1 款规定："公司向其他企业投资或者为他人提供担保，按照公司章程的规定由董事会或者股东会、股东大会决议；公司章程对投资或者担保的总额及单项投资或者担保的数额有限额规定的，不得超过规定的限额。"担保不是公司章程的必要记载事项。如果章程没有规定，公司能否担保？对此可以有两种理解：第一，除非章程有规定，否则不得担保；即使章程有了规定，也不得超过规定的限额，而且还要遵守本款规定的程序，[①] 经董事会或者股东会的集体决议，具体由董事会还是股东会批准也必须由章程规定清楚。第二，即使章程没有规定，公司依然可以经董事会或者股东会决议后为他人担保。1993 年《公司法》第 60 条第 3 款严厉禁止公司为他人担保，第214 条第 3 款还规定了相应的赔偿责任。现行《公司法》第 16 条第 1 款已经扩大了公司的权力。但是究竟扩大到什么程度？上述理解第一种还是第二种？公司法并没有规定清楚。下面试从不同的角度进行推测。

---

① 参见北京市高级人民法院 2008 年 4 月 21 日下发的《关于审理公司纠纷案件若干问题的指导意见》第 6 条："公司提供担保未履行《公司法》第 16 条规定的公司内部决议程序，或者违反公司章程规定的，应认定担保合同未生效，由公司承担缔约过失责任。担保权人不能证明其尽到充分注意义务的，应承担相应的缔约过失责任。"转引：吴庆宝主编：《最高人民法院司法政策与指导案例》，101 页，北京：法律出版社，2011。

首先，与转投资的比较。本条对转投资和担保同时规定，使用了同样的语言。但是转投资除了本条之外还有第 15 条的明确授权，似乎意味着即使没有章程的规定，公司也可以转投资，而且只要章程没有具体规定，就不必遵守本条规定的程序，可以由公司总裁或者法定代表人决策。但是担保只有本条的规定，没有其他条款的专门授权。这样看来，似乎第一种理解正确。

其次，从法律修改所体现的发展趋势上去推断，2005 年（修改之后的《公司法》）从各个方面明显地扩大了公司的权力，说明发展的总趋势是公司的权力越来越大，限制越来越少。从这样的趋势去看，似乎第二种理解更加合理。但是即使按第一种理解，公司的权力与 1993 年的《公司法》规定相比，也已经扩大了，所以第一种理解也说得通。可见从法律修改上推断无助于歧义的澄清。

最后，从现代法律的发展趋向和与别国的比较，当然应该取第二种理解。因为借款也好，担保也好，都是公司极普通的商事决策，法律完全没有必要加以这样或者那样的限制，包括程序性的限制。限制多了，除了降低经济运行的效率，引发不必要的纠纷和麻烦之外不会有别的结果。而且如果借款只禁止给公司官员，不禁止给他人，担保却要禁止，于理不通。

无论如何，我国《公司法》第 16 条第 1 款的表述所包含的歧义公司法并没有澄清，给司法审判留下了不便。不过，法院在实际审判中并没有死抠条文，而是做了灵活的变通。下面的判例就是一个很好的典范。

【案例 7-5】
常州柯尼马电动车有限公司与卜邦干担保责任纠纷上诉案 [①]
江苏省常州市中级人民法院 2009 年

卜邦干原系常州柯尼马电动车有限公司（以下简称柯尼马公司）独资股东，同时任该公司法定代表人。2008 年 4 月 15 日，卜邦干与谢贤初在协商一致的基础上达成了一份股权转让合同书，由卜邦干将其拥有的柯尼马公司 100% 的股权以人民币 50 万元转让给谢贤初。合同签订后，谢贤初支付了首期的 15 万元股权转让金，卜邦干于合同签订后配合谢贤初到溧阳市工商行政管理局办理了柯尼马公司的工商变更手续。之后，谢贤初先后分两次以现金、实物抵款的方式支付了 20 万元股权转让金给卜邦干。2008 年 9 月 9 日，谢贤初向卜邦干出具欠条一张，承诺欠卜邦干股权转让金 15 万元，柯尼马公司在"此欠款由常州柯尼马电动车有限公司担保"的意见上加盖了公章，此后谢贤初和柯尼马公司一直未予支付。出具欠条时，柯尼马公司系自然人独资有限公司，谢贤初系股东。公司章程规定公司不设股东会和董事会，仅设执行董事一人，执行董事为公司法定代表人，但是章程对公司担保没有规定。本案所涉的担保事项亦未按《公司法》规定以书面形式由股东签名后置备于公司。2008 年 12 月 30 日，卜邦干提起诉讼，法院判决谢贤初于判决生效之日起 7 日内履行债务 15 万元并承担诉讼费 1 650 元。后卜邦

---

① （2009）常民二终字第 0451 号。原判词较长，为了节省篇幅，突出重点，本书作者做了精简和改编。

干又向法院申请诉讼保全，支出保全费 1 020 元。因谢贤初未履行上述债务，卜邦干遂起诉柯尼马公司，要求柯尼马公司对谢贤初应清偿的债务 152 670 元承担连带清偿责任，并承担本案诉讼费。

江苏省溧阳市人民法院一审认为，柯尼马公司在谢贤初出具给卜邦干的欠条上明确表示担保。虽然股东谢贤初没有按照《公司法》第 62 条的规定，作出书面材料置备于公司，但卜邦干并无过错，也不存在《担保法》规定的担保无效情形，故卜邦干与柯尼马公司间保证合同关系应属合法、有效，故判决柯尼马公司对卜邦干的债务人谢贤初对卜邦干应承担的债务 152 670 元承担连带清偿责任。

柯尼马公司不服一审判决，提起上诉，指出《公司法》第 16 条规定，公司为股东或实际控制人提供担保的，必须经股东会或者股东大会决议，因上诉人为股东谢贤初担保未经该程序，应属无效。

江苏省常州市中级人民法院二审认为，《公司法》第 16 条规定了特殊担保下股东会的决策权和股东回避表决的程序，其立法本意旨在防止大股东（利害关系股东）滥用股东权利，保护公司和小股东（无利害关系股东）免遭公司作保的风险，确保公司更加客观、公正地决定是否为其股东进行担保，而并非禁止或限制该类特殊担保。实践中，一人公司不存在大股东与小股东之别，也不存在利害关系股东与无利害关系股东之分，唯一的股东同意提供担保不仅体现了股东意志，也体现了公司意志，在没有其他利害关系股东存在的情形下，也就谈不上损害其他股东的利益，因此一人公司的股东可以自行作出由一人公司为自己债务提供担保的决定。况且一人公司因仅有一个股东，自然无法成立股东会并形成股东会决议，只要公司章程不禁止，股东个人同意后公司对外担保的能力就具备了。而股东个人同意，法律上倡导的是采取书面形式置备于公司，但实践中一人公司的操作并不如此规范和明确，股东个人同意的意思表示往往是在担保合同中加以体现，也就是说担保合同上加盖了公司的公章就意味着股东作出了同意担保的意思表示，更何况是特殊担保即为该股东的债务进行担保。因此，本案中柯尼马公司为其股东谢贤初提供担保，在章程未作特别约定的前提下，基于卜邦干没有过错，对担保的合理期待应当受到保护，故应认定该担保有效。二审法院判决维持原判。

江苏省常州市中级人民法院二审时对《公司法》第 16 条所作的变通和解释显然是正确的，只要章程不禁止，一人公司的股东可以代表公司对外担保，不必强求《公司法》第 61 条（股东行使《公司法》第 37 条第 1 款规定的股东会职权）要求的书面形式。

实践中，公司在担保问题上会我行我素，就像当年许多超越经营范围的合同一样，发生纠纷后再让法院去解释，不发生纠纷也就通过了。如此情形久而久之，法律最后会彻底开放，明确允许公司为他人提供担保。

相比立法的死板和不切实际，我们的法院在审判实践中更加贴近现实，法官们对《公司法》第 16 条所作的灵活解释在很大程度上弥补了该条规定的不足，保护了交易的自由。

【案例 7-6 】

中建材集团进出口公司诉北京大地恒通经贸有限公司、北京天元盛唐投资有限公司、天宝盛世科技发展（北京）有限公司、江苏银大科技有限公司、四川宜宾俄欧工程发展有限公司进出口代理合同纠纷案 ①

北京市高级人民法院 2009 年 9 月 22 日

原告中建材集团进出口公司（以下简称中建材公司）曾在 2005 年代理被告北京大地恒通经贸有限公司（以下简称恒通公司）进口工业计算机系统和其他物品，并代垫有关费用，但是恒通公司在中建材公司按照双方约定履行完进口代理义务后，一直拖欠部分货款及各项费用。

2006 年 10 月 19 日、2008 年 6 月 4 日、2008 年 6 月 6 日，北京天元盛唐投资有限公司（以下简称天元公司）、天宝盛世科技发展（北京）有限公司（以下简称天宝公司）、江苏银大科技有限公司（以下简称银大公司）、四川宜宾俄欧工程发展有限公司（以下简称俄欧公司）分别向中建材公司出具《承诺书》，承诺为恒通公司对中建材公司全部应偿还债务（包括但不限于本金及违约金、利息、追索债权费用）提供连带责任保证。但恒通公司仍不能全部偿还本金，各保证人亦未能清偿全部货款和各项费用。因此原告中建材公司起诉请求判令恒通公司向中建材公司支付欠款本金人民币 15 532 175.94 元以及自 2006 年 10 月 10 日起至全部债务清偿之日止按照日万分之五利率计算的逾期付款利息（违约金）；判令天元公司、天宝公司、银大公司、俄欧公司对上述欠款及逾期付款违约金承担连带清偿责任。

被告恒通公司、天元公司、天宝公司、俄欧公司认可原告主张的欠款本金数额，仅对原告主张的利息数额及起息日期有异议。

但是被告银大公司辩称其不应承担连带保证责任，因为其法定代表人何寿山无权代表银大公司对外签署担保合同，未经董事会同意，擅自对外提供的担保无效；原告中建材公司在签署《承诺书》过程中存在过失，没有审查涉案担保是否经银大公司董事会同意；《承诺书》的签署时间是 2006 年 10 月 19 日，而在 2005 年 5 月，银大公司已变更公司名称，《承诺书》的主文是银大公司，但落款加盖的公章是银大公司的原名称江苏广兴达银大科技有限公司，形式上存在重大瑕疵。因此，中建材公司与银大公司之间的担保合同无效，银大公司不应承担保证责任。

北京市第二中级人民法院一审认为，2006 年 10 月 19 日的《承诺书》出具时，何寿山系被告银大公司法定代表人，其在加盖有银大公司印鉴的《承诺书》复印件上签字的行为，表示其对该《承诺书》复印件真实性予以认可。江苏广兴达银大科技有限公司与银大公司仅系公司名称变更的关系，两个名称所指向的为同一公司。银大公司主张何寿山无权签署《承诺书》，但未能提交有效证据证明银大公司在内部权限划分上，对法定代表人对外担保、订立担保合同进行了明确限制。故本案现有证据不能证明何寿山系

---

① 载 2011 年 2 月 10 日《中华人民共和国最高人民法院公报》第 2 期。原判词较长，为了节省篇幅，突出重点，本书作者做了精简和改编。

超越权限签署《承诺书》，因此《承诺书》对银大公司有效，银大公司应对被告恒通公司的债务本息向原告中建材公司承担连带清偿责任。[①]

银大公司不服一审判决，向北京市高级人民法院提起上诉，认为一审法院关于何寿山有权代表公司对外提供担保的认定有误。上诉人从以下两个方面论证其观点：

第一，《公司法》第 16 条规定："公司向其他企业投资或者为他人提供担保，依照公司章程的规定，由董事会或者股东会、股东大会决议；公司章程对投资或者担保的总额及单项投资或者担保的数额有限额规定的，不得超过规定的限额。公司为公司股东或者实际控制人提供担保的，必须经股东会或者股东大会决议。前款规定的股东或者受前款规定的实际控制人支配的股东，不得参加前款规定事项的表决。该项表决由出席会议的其他股东所持表决权的过半数通过。"一方面，该规定明确使用了"不得"这样的措辞，是典型的禁止性规定。该规定事实上是法律对公司民事权利能力的限制，公司及其组成人员必须遵守，公司股东无权以自己的意思表示予以改变。公司股东违反该条禁止性规定的行为是无效的。另一方面，虽然公司的章程不能约束公司以外的第三人，但是公司法对于民事行为是否合法的规定，涉及股东、公司、第三人的权利义务关系，对公司以外的第三人应当产生法律效力，公司以外的第三人与公司签订相应合同时，也应当受《公司法》的约束。2006 年银大公司的章程明确载明，鉴于 2005 年修订的《公司法》于 2006 年 1 月 1 日正式实施，特修订银大公司章程。该章程第 34 条规定："董事、高级管理人员不得有下列行为……违反公司章程的约定，未经股东会、股东大会或者董事会同意，将公司资金借贷给他人或者以公司资产为他人提供担保。"银大公司法定代表人何寿山对外提供担保，并没有经过股东会、股东大会或者董事会同意，其擅自对外担保因违反公司章程和《公司法》第 16 条的强制性法律规定，应为无效担保。因此，一审判决适用法律错误。

第二，中建材公司未能尽到对涉案《承诺书》的审慎审查义务，担保承诺书签署之时，修订后的《公司法》已经实施，公司担保所涉及的各方当事人均"知道或应当知道"修订后的《公司法》第 16 条的规定，应当按照法律规定进行审查。即使何寿山在涉案《承诺书》复印件上签字时仍担任银大公司法定代表人，中建材公司在订立合同时也存在重大瑕疵。因为法定代表人仅仅是法人的代表机关而非意思机关，股东会、股东大会才是法人意思机关，虽然对于法人的绝大多数事务，法定代表人可以直接以法人名义对外代表法人进行民事活动，但是基于《公司法》第 16 条的明文规定，法定代表人的对外担保行为是否属于法人的真实意思表示，法定代表人的对外担保行为是否属于有权处分，中建材公司均应当按照法律规定对股东会决议予以审查。中建材公司没有提供关于审查银大公司股东会决议的任何证据，其认为股东会决议属于公司内部程序的理由没有法律依据。因此，中建材公司不能作为善意第三人要求银大公司承担保证责任。

北京市高级人民法院二审认为，2005 年修订的《公司法》第 16 条规定："公司向其他企业投资或者为他人提供担保，按照公司章程的规定由董事会或者股东会、股东大会决议；公司章程对投资或者担保的总额及单项投资或者担保的数额有限额规定的，不

---

① 一审判决日期 2008 年 11 月 11 日。

得超过规定的限额。公司为公司股东或者实际控制人提供担保的，必须经股东会或者股东大会决议。"第一，该条款并未明确规定公司违反上述规定对外提供担保导致担保合同无效；第二，公司内部决议程序，不得约束第三人；第三，该条款并非效力性强制性[①]的规定；第四，依据该条款认定担保合同无效，不利于维护合同的稳定和交易的安全……对于公司法定代表人越权对外提供担保的情形，公司对外仍应对善意第三人承担民事责任，故本案银大公司的担保责任不能免除。

被上诉人中建材公司应为善意第三人。有限责任公司的公司章程不具有对世效力，有限责任公司的公司章程作为公司内部决议的书面载体，它的公开行为不构成第三人应当知道的证据。强加给第三人对公司章程的审查义务不具有可操作性和合理性，第三人对公司章程不负有审查义务。第三人的善意是由法律所推定的，第三人无须举证自己善意；如果公司主张第三人恶意，应对此负举证责任。因此，不能仅凭公司章程的记载和备案就认定第三人应当知道公司的法定代表人超越权限，进而断定第三人恶意。故在上诉人银大公司不能举证证明中建材公司存在恶意的情形下，应当认定中建材公司为善意第三人，中建材公司已经尽到合理的审查义务。

综上，北京市高级人民法院于 2009 年 9 月 22 日判决：驳回上诉，维持原判。

这是一个重要的判决，当事人的辩护也十分到位，明确辩称《公司法》第 16 条的规定应该是禁止性的，因为以前学术界总有这样的说法：章程虽然是公开登记的文件，但是因为查阅不便，仍然不能约束交易相对方；但是法律规定是交易各方都应该知道的，因而可以约束交易相对方。可是本案中法院的解释十分明确：《公司法》第 16 条"并非效力性强制性的规定；依据该条款认定担保合同无效，不利于维护合同的稳定和交易的安全"。北京市高院的这个解释限制了《公司法》第 16 条的适用范围，有利于保护交易安全和交易自由。

五年之后，最高人民法院同样表明了《公司法》第 16 条属于内部管理性强制性规定，而非效力性强制性规定，因而不能约束外部第三人的观点。

【案例 7-7】

招商银行股份有限公司大连东港支行诉大连振邦氟涂料股份有限公司等借款合同纠纷案[②]

2006 年 4 月 30 日，招商银行股份有限公司大连东港支行（以下简称招行支行）与

---

① 判决原文对此有如下的说明：关于公司违反这一规定对外提供担保的合同效力问题，根据最高人民法院《关于适用〈中华人民共和国合同法〉若干问题的解释（一）》第 4 条关于合同法实施以后，人民法院确认合同无效，应当以全国人大及其常委会制定的法律和国务院制定的行政法规为依据，不得以地方性法规、行政规章为依据，以及最高人民法院《关于适用〈中华人民共和国合同法〉若干问题的解释（二）》第 14 条关于"《合同法》第 52 条第（五）项规定的'强制性规定'，是指效力性强制性规定"的规定，在《合同法》的基础上进一步明确缩小了合同因违反法律、行政法规的强制性规定而无效的情形。因此，2005 年修订的《公司法》第 16 条的规定并非效力性强制性的规定。在 2005 年修订的《公司法》没有明确规定公司违反 2005 年修订的《公司法》第 16 条对外提供担保无效的情形下，对公司对外担保的效力应予确认。

② 根据最高人民法院 (2012) 民提字第 156 号民事判决书改编。

大连振邦集团有限公司（以下简称振邦集团）签订借款合同，由招行支行贷款给振邦集团人民币 1 496.5 万元，借款期限自 2006 年 4 月 30 日至 2006 年 6 月 30 日，借款用途为债权转化（借新还旧），贷款利率为年利率 6.435%。同日，大连振邦氟涂料股份有限公司（以下简称振邦股份）以其所拥有的国有土地使用权和 2 万多平方米房产为上述贷款提供抵押担保，与招行支行签订了两份《抵押合同》，担保范围包括但不限于借款本金、利息、罚息、违约金、损害赔偿金及实现债权的费用，并在有关政府机构办理了抵押登记。2006 年 6 月 8 日，振邦股份又进一步出具《不可撤销担保书》，承诺对上述贷款承担连带保证责任，保证期间为自本保证书生效之日起至借款合同履行期限届满另加两年。同时，振邦股份还向招行支行出具《股东会担保决议》与签字及印章样本，经核对二者一致，表明上述担保已经公司股东会同意。

2006 年 6 月 8 日，招行支行按照合同约定将 1 496.5 万元贷款如数转入振邦集团账户内。贷款到期后，振邦集团未能偿还借款本息，振邦股份也没有履行担保义务。

2008 年 6 月 18 日，招行支行以振邦集团和振邦股份为被告，向大连市中级人民法院提起诉讼，请求判令：振邦集团偿还贷款本金、利息和其他费用；振邦股份对上述债务承担连带责任。由于振邦集团已经无力偿还，所以争议焦点在担保人要不要履行担保义务。具体地说，根据《公司法》第 16 条的规定，振邦股份为其控股股东振邦集团提供的担保是否有效？

振邦股份作为非上市股份有限公司共有 8 个股东，振邦集团为其中的控股股东，占比 61.5%。有两家股东没有在《股东会担保决议》上签字盖章，其余 6 家中有 5 家在担保决议上盖章，除了振邦集团之外的其余 4 枚印章都不真实，其中一枚的公司名称中只有"责任公司"字样，少了"有限"二字。经查，振邦股份所出具的《股东会担保决议》是其法定代表人周建良超越权限制作，抵押合同及不可撤销担保书也都是周建良订立和制作的。实际上振邦股份并没有为此召开过股东大会，公司《章程》也没有关于担保的特别授权。

振邦股份拒绝清偿，称担保无效，因为那是其法定代表人越权所为。

大连市中级人民法院一审认为原告招行支行对于周建良的越权行为知道或者应当知道。首先，《公司法》第 16 条第 2 款规定："公司为公司股东或者实际控制人提供担保的，必须经股东会或者股东大会决议。"原告对《股东会担保决议》中存在的一些明显瑕疵未尽到合理的形式审查义务，例如没有发现有限责任公司的印章上没有有限二字。其次，《公司法》第 16 条第 3 款规定："前款规定的股东或者受前款规定的实际控制人支配的股东，不得参加前款规定事项的表决。"振邦集团作为接受担保的股东和实际控制人，依然参与表决并在《股东会担保决议》上盖章，明显违法。原告可以不知道对方章程的规定，但是应当知道法律的规定。上述明显的瑕疵都很容易审查出来但却没有审查出来，故可以确定原告没有尽到应尽的审查义务，由此推定其知道或应当知道周建良越权。根据最高人民法院《关于适用〈中华人民共和国担保法〉若干问题的解释》（以下简称《担保法解释》）第 11 条和第 7 条的规定，认定抵押合同及不可撤销担保书无效。在担保合同无效的情况下，如果债权人无过错，担保人仍应承担连带赔偿责任；如果债权人、担保人都有过错，担保人的赔偿责任不应超过债务人不能清偿部分的二分之一。

2009 年 12 月 3 日，大连市中院判决振邦股份应当对振邦集团不能清偿部分的债务承担二分之一的赔偿责任。

招行支行不服一审判决，向辽宁省高级人民法院上诉称：第一，担保人出具的不可撤销担保书和抵押合同上均有公司印章和法定代表人签字，并已在政府部门登记，说明担保人振邦股份已明知自己的义务及法律责任，担保合同系其真实意思表示，因而是有效的。第二，原告对担保人《股东会担保决议》的真实性无审查义务。根据《公司法》总则第 1 条，该法的制定目的是"规范公司的组织和行为"，第 16 条的规定应是对公司内部行为的强制规范，并未规定公司以外第三人有查实股东会决议的义务与责任。一审法院认为其有核实股东会决议的义务，有悖逻辑，更违背《公司法》总则的规定。公司为股东担保必须经股东大会决议，但公司审议、决议都是公司内部事务，尤其是有限责任公司，债权人难以实现审查控股股东以及实际控制人的工作。振邦股份之股东涉嫌印章造假的行为后果，不应由招行支行承担。

振邦股份辩称：原告提供的《股东会担保决议》上有被担保的股东振邦集团的盖章，违反了《公司法》第 16 条第 3 款被担保股东必须表决回避的强制性规定；其他 4 个股东单位的盖章，两枚经过司法鉴定是伪造的，另外两枚印章的名称与实际名称不符，也是伪造的，事后这 4 家股东都对《股东会担保决议》的内容不予追认。所以《股东会担保决议》是无效的。招行支行对《股东会担保决议》负有形式审查义务，其没有尽到该义务，存在过错，因而必须对担保无效承担责任。

辽宁省高级人民法院在审核了一审的判决之后认为并无不当，所以维持原判。①

招行支行不服辽宁省高级人民法院的判决，向最高人民法院申请再审称：第一，振邦股份的股东会决议是否有效属于其公司内部管理问题，其形式要件及内容是否真实不应对抗外部第三人已经取得的担保物权。作为善意第三人，招行支行对《股东会担保决议》的真实性没有审查的义务和能力，因为招行支行不可能知道振邦股份的保证和抵押合同是其内部管理人员违反《公司法》，未经过股东会决议越权签订。至于振邦股份因此而遭受的损失，应由公司内部相关责任人来承担赔偿责任。第二，招行支行作为金融机构，在发放贷款时一定要借款人提供担保并先进行抵押登记。本案中振邦股份以土地使用权做担保设定抵押，招行支行势必要先与其签订抵押合同并经登记。对于振邦股份欲设定担保的文件的形式审查义务，应当由抵押登记部门来承担。招行支行基于对抵押登记部门公信力的信任，在先进行了抵押登记之后，向借款人放款并无任何不当之处。

最高人民法院认为，本案各方争议的焦点是担保人振邦股份承担责任的界定。案涉《抵押合同》及《不可撤销担保书》系担保人振邦股份为其股东振邦集团之负债向债权人招行支行作出的担保行为。《合同法》第 52 条规定"违反法律、行政法规的强制性规定"的合同无效。这里的"强制性"按照最高人民法院《关于适用〈中华人民共和国合同法〉若干问题的解释（二）》第 14 条，当指"效力性强制性规定"。凡是违反效力性强制性规定的合同都是无效的。《公司法》第 16 条第 2 款的"立法本意在于限制公司主体行为，

---

① 辽宁省高级人民法院（2010）辽民二终字第 15 号民事判决。

防止公司的实际控制人或者高级管理人员损害公司、小股东或其他债权人的利益，故其实质是内部控制程序，不能以此约束交易相对人"。故此上述规定宜理解为管理性强制性规范。对违反该规范的，原则上不宜认定合同无效。另外，如作为效力性规范认定将会降低交易效率和损害交易安全。譬如股东会何时召开，以什么样的形式召开，何人能够代表股东表达真实的意志，均超出交易相对人的判断和控制能力范围，如以违反股东决议程序而判令合同无效，必将降低交易效率，同时也给公司动辄以违反股东决议主张合同无效的不诚信行为留下了制度缺口，最终危害交易安全，不仅有违商事行为的诚信规则，更有违公平正义。故本案一、二审法院以案涉《股东会担保决议》的决议事项并未经过振邦股份股东会的同意，振邦股份也未就此事召开过股东大会为由，根据《公司法》第 16 条规定："作出案涉不可撤销担保书及抵押合同无效的认定，属于适用法律错误，本院予以纠正。"

最高院的判词还说："《股东会担保决议》中存在的相关瑕疵必须经过鉴定机关的鉴定方能识别，必须经过查询公司工商登记才能知晓、必须谙熟《公司法》相关规范才能避免因担保公司内部管理不善导致的风险，如若将此全部归属于担保债权人的审查义务范围，未免过于严苛……担保债权人基于对担保人法定代表人身份、公司法人印章真实性的信赖，基于担保人提供的股东会担保决议盖有担保人公司真实印章的事实，完全有理由相信该《股东会担保决议》的真实性，无须也不可能进一步鉴别担保人提供的《股东会担保决议》的真伪。因此，招行支行在接受作为非上市公司的振邦股份为其股东提供担保过程中，已尽到合理的审查义务，主观上构成善意。本案周建良的行为构成表见代表，振邦股份对案涉保证合同应承担担保责任。"

据此，最高院于 2014 年 4 月 22 日撤销辽宁省高级人民法院的判决，判振邦股份对振邦集团上述债务承担连带担保责任。

可见，《公司法》第 16 条的效力是对内的而不是对外的，不能约束公司以外的第三人。最高人民法院认为它的性质是内部"管理性强制性"。条文本身规定，公司经章程授权可以向他人提供担保，经股东会无利害关系股份过半数同意也可以为股东或实际控制人提供担保。可见，即使对内部管理，该条也没有从实体上禁止担保，而只是规定了一个必经的程序。因此，内部的强制性也是程序性而非实体性的。这样解释的最终结果除了保护交易安全之外，还扩大了公司的经营权力。

从便利和保护交易的角度去看，对担保的限制是毫无必要的。公司之间的担保就像借贷一样，在平等有偿的基础上互通有无、礼尚往来，是常有的事。法律不必强加干涉。如果要加限制，我们不妨借鉴美国的经验，加一条"直接益处"标准，即公司为他人担保必须对自己有直接的好处。在 Woods Lumber Co. v. Moore，191 P. 905，907（Cal. 1920）一案中，一个服装公司为一家电影戏剧公司所欠木材公司的债务提供了担保。法院认为担保对服装公司的生意有直接的好处，因为一旦电影戏剧公司使用木材搭建舞台，服装公司就可以向电影戏剧公司提供戏装。这一推理将三个几乎风马牛不相及，至少也是关系十分遥远的行业——服装、木材、电影戏剧牵扯到一起，认为服装公司为戏剧公司担保对自己有好处。可见，法律对公司担保的限制是很宽松的，因为那是公司自己的商事决策，公司知道该怎么处置自己的资产。事实上，公司在对自己没有好处的情况下是不会为他人提供担保的。

利害冲突往往发生在集团公司内部关联企业之间的担保中。母公司向银行借不到款项，就拿子公司的资产去抵押，或者让财务状况良好的子公司直接担保。这种情形在我国许多上市子公司及其母公司之间屡见不鲜。子公司为母公司担保称为**向上担保**，反过来母公司为子公司担保就是**向下担保**，而兄弟姐妹公司之间的担保就是**交叉担保**。

关联企业之间的担保发生频率较高，关系也比较复杂。全资子公司向上担保是没有问题的，因为子公司的资产归根结底也是母公司的资产。但是如果不是全资的，即子公司除了控股的母公司之外还有别的少数派股东，这些少数派股东的利益就会受到影响。因为他们只在子公司里有股份，在母公司里没有股份，或者即使有股份也是不同的比例，所以他们就有权要求子公司的资产只用来为子公司的利益（而不是母公司的利益）服务。《公司法》第 16 条第 2 款、第 3 款两款针对的就是这种情况："公司为公司股东或者实际控制人提供担保的，必须经股东会或者股东大会决议。前款规定的股东或者受前款规定的实际控制人支配的股东，不得参加前款规定事项的表决。该项表决由出席会议的其他股东所持表决权的过半数通过。"这是说公司也可以为它的股东或者实际控制人提供担保，但是必须经过无利害关系股份过半数通过。这一规定是合理的。不过从条文字面上看，似乎仅仅覆盖了向上担保，没有覆盖向下和交叉担保。

在 Real Estate Capital Corp. v. Thunder Corp., 31 Ohio Misc. 169, 287 N.E.2d 838（1972）一案中，被告公司用自己的不动产为一家建筑公司欠给房地产公司的 10.5 万美元设置了第二抵押。被告与建筑公司没有关系，但是被告的控股股东科恩拥有建筑公司的全部股份和被告的 80% 股份，勃门拥有被告剩余的 20% 股份，如图 7-1 所示。

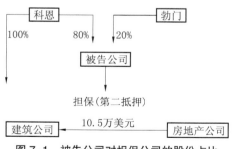

图 7-1　被告公司对担保公司的股份占比

当主债务到期不还，房地产公司试图按第二抵押向被告索偿的时候，勃门站出来反对。法院认为反对成立，因为抵押没有得到勃门的同意，所以该担保无效。显然，这是一种交叉担保，因为担保人被告与被担保人建筑公司是姐妹关系。科恩同时拥有担保人和被担保人的控股股份，担保是为了他的利益，但是却损害了勃门的利益。按照我国《公司法》第 16 条规定的限制条件，结果应该和美国法院的判决一样，即担保无效，因为没有得到无利害关系的股东勃门同意。但是《公司法》第 16 条第 2 款、第 3 款两款的覆盖范围能否包括交叉担保，却是一个问题，因为被担保的建筑公司既不是被告的股东，也不是被告的实际控制人，而是被告的姐妹公司。我国法院在实际判决时能否将担保的终极受益人科恩解释成直接受益人，从而纳入第 16 条规定的"股东或者实际控制人"的范畴，还有待观察。如果不能，第 16 条就有修改补充的必要，以增加向下和交叉担保的情形。

4. 限制回购公司自己的股份

《公司法》第 142 条规定：除了该条允许的几种情形之外，[①] 公司不得收购本公司股份。公司收购自己的股份不但会减少资本，而且有操纵股价之嫌，所以限制合理。

总的说来，我国公司法对经营范围的规定和对公司权力的某些限制，特别是对合伙的禁止和对担保的某些规定，都不尽合理。法律应当服务于经济的发展而不是限制和阻碍经济的发展。围绕着经营范围的这一系列规定将会阻碍一些有益的交易，因而不太适应经济发展的需要。

例题 7-1 ：

A 从 B 处买取了 X 公司股份后，又将该股份卖给了 C，但是，C 买取该股份资金是由 X 公司全额提供的。事后不久，X 公司用当年利润对该股份资金进行了弥补。A 得知后，以公司不得收购本公司的股票为由，主张 C 将买取的股份返还。这个主张是否成立？[②]

例题 7-1 分析和讨论 ：

从形式上看，X 公司并没有购买自己的股份，是 C 购买了 X 公司的股份，成了 X 公司的股东。X 提供给 C 的资金可以看成是借款。[③] 这样就没有违反公司法关于公司不得购买自己的股份的禁止性规定。但是由于 C 购买股份的资金是由 X 全额提供的，这就产生了 X 公司是否在规避法律，变相地购买自己的股份的问题。这需要联系立法宗旨考察具体案情。法律之所以要禁止公司购买自己的股份，大致上有以下三方面的考虑：

第一，防止经理层形成实际控股而架空股东，因为经理层用公司的钱不断地购买自己的股份达到控股的比例时，他们就可以控制股东大会，选举自己担任董事和经理，从而使自己的地位永久化，这与现代公司制度下股东监督董事会和经理层的设计是直接抵触的。但是现代各国公司法都规定库存股不得被用来投票。公司购买了自己的股份，这些股份就成为库存股。所以如果是公司自己购买的股份，数量再多也不能控股。因此这第一种嫌疑是没有的。可是现在是公司以外的主体 C 购买了公司的股份，C 可以用这些

---

① 这些情形包括 ：（1）减少公司注册资本 ；（2）与持有本公司股份的其他公司合并 ；（3）将股份用于员工持股计划或者股权激励 ；（4）股东因对股东大会作出的公司合并、分立持异议，要求公司收购其股份的 ；（5）将股份用于转换上市公司发行的可转换为股票的公司债券 ；或者（6）上市公司为维护公司价值及股东权益所必须。

② 姜一春，方阿荣著 ：《公司法案例教程（第二版）》，142 页，北京 ：北京大学出版社，2010。该书对本案的分析见该书第 149 页 ；本书分析与该书不同。

③ 题设用词有问题。提供是指借款还是赠与应当写清楚。弥补的说法更加不妥。如果是赠与，那就直接减少利润，借款则不影响利润。无论是哪一种情形，都不应该说成是弥补。这些都是编写中的失误。

股份投票。所以这第一种嫌疑就存在了。这一点可以从所购买股份的数量以及 C 有没有成为公司董事和经理们巩固自己地位的工具去考察。如果 C 所持数量不多，在投票中也没有起到什么重要的作用，或者根本就没有参加投票。那就没有这第一种嫌疑。

第二，法律禁止公司购买自己股份的第二个目的是防止公司操纵股份的价格。公司大量收购自己的股份会抬高股份的价格，大量抛售又会降低价格。公司持有有关自己的全部内幕信息，如果允许它自由地买卖自己的股份，必然会对普通投资者造成损害。但是这主要是对上市公司而言的。对非上市公司不存在操纵价格的嫌疑。题设中没有说明 X 是不是上市公司。如果是，就可以从 C 的购买有没有操纵价格的因素方面去考察。如果没有这样的效果和目的，那就没有这第二种嫌疑。

第三，法律禁止公司回购股份的第三个原因是防止公司资本的流失，保护债权人的利益。回购股份等于将股东的投资重新退还给股东，与股东主动地抽逃资金在减少公司资金这一效果上是相同的，有可能会损害债权人的利益。这也要从提供资金购买股份这一行为所产生的客观效果上去考察。如果公司实力雄厚，资金充裕，提供资金对债权人影响微乎其微，那也就不存在这方面的问题。

如果上述三个方面的问题都不存在，那就可以认定提供资金只是一般的借贷行为，不属于回购股份的情形。否则就可以认定为形式上的借款而实质上的回购股份。

例题 7-2：

原告 A 公司、B 公司和被告 C 公司，都是 D 公司的股东。在 D 公司 8 000 万元的股本金中，C 公司持有 4 400 万元的股份，为 D 公司的控股股东。1998 年 8 月 20 日，被告 C 公司和 D 公司签订了一份《债权债务处理协议书》，确认至 1998 年 6 月 30 日，C 公司欠 D 公司 3 971 万元。C 公司以其房产作价 40 352 784 元给 D 公司冲抵债务，房产与债务冲抵后的余额 642 784 元，作为房产过户费用。协议签订后，被告 C 公司将房产过户给 D 公司。1999 年 5 月 6 日，D 公司董事会决议：责成经营班子对 C 公司抵债的房产组织评估，评估后如价值缩水，以 C 公司的股权冲抵。经房地产中介评估被告 C 公司给 D 公司抵债的房产，实际价值远远低于其欠 D 公司的 3 971 万元债务，给 D 公司造成 2 851.26 万元的损失。法院判决被告 C 公司给付 D 公司 2 851.26 万元及利息。一审判决生效后，被告 C 公司没有自觉履行判决所确定的给付义务。2000 年 11 月 10 日，原告 A 公司、B 公司和 D 公司向法院申请执行。法院委托拍卖行拍卖查封的 C 公司持有的 4 000 万股 D 公司股份，但是拍卖未成交，该股份也无法变卖。

问：如果 D 公司欲收购本公司的 4 000 万股股份需经什么程序，能否成功？①

例题 7-2 分析和讨论：

首先，对 C 公司的房产的评估是由 D 公司组织的，所以 C 公司可以对评估结论提出异议并组织重新评估。但是既然法院已经按照 D 公司的评估结果判决由 C 公司补偿，

---

① 姜一春，方阿荣著：《公司法案例教程（第二版）》，142~143 页，北京：北京大学出版社，2010。

说明法院认可了该评估结果。现在的情形是 C 公司作为第一大股东对 D 公司拥有股权；D 公司又反过来对其股东 C 公司拥有债权，想让 C 公司用股权冲抵债务。题设中没有说 C 公司是否同意这样做？大概是不同意的，否则就用不着到法院打官司了。一般说来，公司董事会（至少其大部分成员）是由控股股东选举出来的，所以控股股东通过董事会控制着公司。但是也有公司经理层脱离控制而与控股股东发生矛盾的事例，本案就是一例。

其次，公司董事会或者经理层有没有权力强制股东这样做？答案是否定的。也就是说，D 公司在还没有法院判决的情况下决定以 C 公司的股权冲抵房产价值的不足是不符合法律规定的。债务归债务，股权归股权。公司无权强令它的股东用股权冲抵该股东欠公司的债务。不过，公司在请求偿付胜诉的情况下可以申请法院对债务人的财产强制执行，包括债务人的股权。在有了法院判决的情况下，可以对债务人的股权进行拍卖。本案中的情形就是这样。由于拍卖没有成交，所以接下来的问题是公司能不能自己买下来。这就牵涉到《公司法》第 142 条禁止公司收购自己股份的规定了。

本来，在法院主持拍卖的情形下，公司可以参加竞拍。可是因为有《公司法》第 142 条的禁令，公司不能这样做。但是根据《公司法》第 142 条所列举的 6 种例外情形，公司可以为减少注册资本而收购自己的股份。所以，本案中 D 公司可以收购这 4 000 万股股份，条件是收购完毕之后按该条规定在 10 日内到工商局变更登记，注销这些股份。①

第二节　英美经验借鉴——公司的目的和权力

西方国家在发展的早期遇到过与我国同样的问题。英美公司法中将经营范围称作公司目的，也就是经营目的的意思，另外还从正面罗列应当赋予公司的权力。在早期的法律中，公司从事的交易超越了公司的目的或权力就构成越权，会导致交易无效。这与我国以前因为超越经营范围而判交易无效的情形是一样的。

西方早期的公司都通过国王或国会的特许成立，而成立的目的总是特许状中的一个主要条款。后来的公司立法继承了这一传统，要求公司在设立文件中说清楚成立公司的目的。公司只能在这个目的范围内活动，超越了这个范围就是越权，越权的交易无效。为了禁止公司越权，政府可以提起诉讼以取缔特许，私人也可以起诉请求法院宣告公司的行为越权和无效。在 19 世纪，越权纠纷的判决占据了公司判例相当大的一个部分。在极端的例子中，公司还可以利用越权学说来逃避合同义务，说自己的行为越权了，应该无效。在著名的英国判例 Ashbury Railway Carriage & Iron Co. v. Riche，33 N.S.Law Times Rep. 450（1875）中，英国一家公司与一个叫里奇的人签订了在比利时建设和经

---

① 本例中的公司是有限公司，不是上市公司。如果是上市公司，也可以引用 6 种例外情形中的另一种"为维护公司价值及股东权益所必需"。不过，法条对这两种例外都设了限制。减少注册资本必须经股东会决议，这个法条判决应该可以代替，否则股东会在 C 的控制之下通不过决议，除非有利害关系的 C 不得参加投票表决。如果为维护公司价值及股东权益而收购，公司持股不得超过已发行股份总数的 10%，本例中的情形显然会超过 10%。

营铁路的合同，但是在里奇做了一些先期投入之后，公司反悔违约。里奇到伦敦起诉。英国上院查阅公司特许状中的目的条款："销售和出借各种铁路设备，从事机械工程和一般承包等"，认为建设和经营铁路线不在这个目的范围之内，因此判决公司越权，合同无效，双方均不受合同约束，驳回里奇的诉讼。显然，越权理论在这个案子中成了公司逃避合同义务的借口。更有甚者，因为公司无权侵权，所以当它的职员在工作中侵权的时候，人们还认为公司不能对此负责，因为侵权行为超越了公司的目的范围。这样，公司便可以逃避因雇员侵权而引起的雇主责任。

对于这些极端的情形，人们很早就意识到了它的弊端，并开始对越权理论进行限制和修正。首先，越权交易不再当然无效，而是可撤销的，如果事后得到全体股东一致追认，那就是有效的。追认可以明确，也可以隐含，比如接受了交易的好处就隐含了追认。其次，如果一方已经完全履行，另一方不得引用越权理论为自己的不履行开脱，如同上述 Ashbury 一案中那样。同理，如果双方都已经履行，越权说就不能适用，即任何一方都不得引用越权之说来反悔，试图撤销交易。只有当合同是在将来履行的，任何一方都没有履行的时候，才可以引用越权理论来撤销合同。此外，如果合同已经部分履行，但是还不足以禁止对方反悔，则已经部分履行的一方可以向对方要回已经给予的好处。最后，雇员在工作中侵权，公司不得引用越权理论为自己开脱，声称侵权是越权行为，不在公司目的之内，所以公司不能对此负责。这些规则在一定程度上缓解了越权理论所带来的麻烦。但是对于未履行合同及其他一些情况，它依然在挫败人们的合理期望，所以需要进一步限制，大方向是彻底废除。

首先是现代公司法允许公司发起人自定公司目的。发起人只要充分地发挥想象力，把可以想到的目的都写在章程里，就可以轻而易举地规避越权学说的限制。于是目的条款就变得十分冗长，常常有好几页，试图把所有的经营项目都写进去，而实际上只有第一项才是发起人想从事的行业。针对这一情况，今天美国各州的公司法都允许公司采用泛目的条款，规定公司可以声明其目的是从事任何合法的行为或活动（如特拉华州《公司法》第 102（a）（3）、第 101（b））。通过这样的声明，所有的合法行为都包括在公司的目的之内，不需要再罗列长长的一串目的了。此外，公司法还会将一切想象得出的权力罗列成长长的一串，赋予公司，所以公司章程不必再另行罗列。并且，公司法的罗列是授权性的，不是排他性的。公司成立之后自动取得这些权力，但是不限于这些权力。[①]

除了用许可性的方法赋予公司以包罗万象的权力之外，现代公司法还通过具体的规定来限制越权理论的适用，最重要的是禁止公司以此为由为自己的义务开脱（见美国1984 年公司法样本第 3.04 条）。因此，越权理论在今天差不多已经寿终正寝了。

不过，美国极少数州在 3 种情形下还受越权学说的影响。第一，普通法上一般禁止公司成为合伙人，因为那样会使公司资产因其他合伙人的行为而承担风险，不再受董事

[①] 目的和权力经常很难区分，人们时常会在公司的目的条款中列出严格说来是权力的内容。例如，许多格式条款中经常含有取得不动产或从事不动产交易的目的。对大多数公司来说，在经营活动中取得不动产不是目的而是权力。但是对房地产公司来说，从事不动产交易又是它的目的。由此可以看出区分的困难。

会的控制。见 Wittenton Mills v. Upton，76 Mass.（10 Gray）852（1858）。美国的亚利桑那州今天还保留着这一要求，但是绝大多数州的公司法都明确授权公司充当合伙人。即使成文法没有这样的授权，公司也能够在设立条款中自行设定，从而获得合伙的权力。第二，以前公司不得替别人担保，认为这样的担保对股东不利。见 Brinson v. Mill Supply Co.，Inc.，219 N.C. 498，14 S.E.2d 505（1941）。现在由于判例法的进化和成文法的规定，这一限制已经基本消失。第三，慈善或政治性捐款以前被认为是在公司目的之外，是公司资产的浪费。矛盾起源于股东不喜欢这样的捐款，认为公司经理层借花献佛，用原本属于股东的钱来做好事。经理层则自辩说捐款是为了给公司营造友善良好的社会环境，有利于公司的长远发展。现在对慈善性捐款大都予以放行，只是与公司的资产和收入相比，数额不能太大，例如，不超过最高减税额。法院一般从两方面论证慈善捐款的合理性：一是公司的社会责任；二是商事判断规则，公司经理层作为做生意的专家，其商事决策应当受到法院的尊重。只有在极端情形下，慈善捐款才会构成越权。对政治性捐款的限制大一些。[1]

以前普通法还严格限制公司转投资的权力，认为转投资具有规避目的的倾向。例如，一家服装公司如果购买了一家五金公司的股权，那就等于从事了五金生意；尤其是当它获得了五金公司的控股权的时候，那它就实实在在地在经营五金生意了。现代成文法明确赋予公司转投资的权力。

公司之间相互借贷向来是自由的，但是公司借钱给公司董事等官员却有限制。美国1969 年的公司法样本曾明文禁止公司借钱给自己的官员。[2] 大多数州法也禁止，同时禁止公司官员在向公司借款时用公司股份做担保，因为对公司来说，这等于没有担保。有的在禁止上加了例外，例如借款得到无利害关系的多数股份的批准，或者被用来购买公司股票等，就允许借款。今天的公司法在这个问题上也开始松动。1984 年公司法样本第 8.32 条允许公司借钱给公司官员，但要具备以下条件之一：（1）借款得到无利害关系的多数股份的同意；（2）董事会认定该借款有利于公司而同意；（3）董事会批准了一个有利于公司的计划，借款是该计划的一部分并且得到了董事会的批准。1988 年，起草和修改公司法样本的公司法委员会采纳了一条系统地调整利害冲突的条款，认为借款给公司官员只是利害冲突的一例，已经由该条款包含，所以就删除了第 8.32 条。今天，大多数州法规定只要董事会有合理的理由认为借款对公司有利就可以，否则就构成越权。例如，公司可以借钱给它的官员用以支付官员的教育费用，只要董事会认为这样的教育将使这位官员工作做得更好。

从以上介绍可以看出，在公司经营目的问题上，西方国家曾经因为严禁越权而支付过代价，经历过曲折。现在他们已经形成了成熟的经验，那就是废除对目的范围的限制，

---

[1] 许多州的法律都将直接的政治性捐款作为犯罪予以禁止。1978 年联邦最高法院从表达自由的角度判决限制公司参与政治活动的麻州法律违宪，不过法院又说这样的法律经过适当的修正之后还是可以成立的。见 First National Bank of Boston v. Bellotti，435 U.S. 765，98 S.Ct. 1407，55 L.Ed.2d 707（1978）。显然，法院关心的不是公司的权利，而是言论自由和公众获得信息的权利。

[2] 比较我国《公司法》第 115 条的禁令。

容许公司从事一切合法的经营活动。我国作为后起的国家，本应充分地利用自己的后发优势，借鉴人家的经验和教训，避免人家走过的弯路。可是大概由于信息的闭塞和知识的局限，我们的企业立法在经营范围问题上重蹈了人家的覆辙，至今没有完全醒悟，不能不说是一大败笔。

实践走在理论的前头，也走在法律规定的前头。我国公司实践中当事人已经自发地采用类似英美国家的那种泛目的条款来填写自己的经营范围。例如，2004 年年底在厦门市设立的欲望都市（厦门）餐饮有限公司，其经营范围就是"酒吧＋法律、法规未禁止或未规定需经审批的项目，自主选择经营项目，开展经营活动"。[①]

我国公司法应当明确废除经营范围的限制，规定公司可以从事经营范围内外的一切合法活动。经营范围可以登记，但是登记的性质应当是授权性的而不是限制性的，即可以这样做，但并不意味着不可以那样做。登记的意义仅在于便于政府管理，便于公司宣传自己的主营业务，便于社会及交易第三方知情。不应当再用经营范围的登记来限制公司的活动范围。

例题 7-3：

A 股份公司（资本金 3.5 亿元）的董事长 Y 代表 A 公司向 B 残疾人协会捐献了 100 万元后，又向公司所在地的希望工程捐献 50 万元。Y 的行为赢得了当地政府的好评，并为公司带来了良好的声誉，因此 Y 也被选为当地政协委员。A 公司股东 X 认为，Y 的行为是用公司资本为自己捞取政治资本，给股东利益分配和债权人带来了负面影响，造成了一定的损失。最后，以 Y 的行为违反公司章程，超越股东大会通过的投资计划范围为由，向法院提起诉讼。要求 Y 向 A 公司承担损害赔偿责任。

Y 答辩称，他代表公司的捐献行为属于为公司形象包装，塑造公司精神文明内涵，为公司长远良性成长发展助力，完全是现代公司制度中的正常行为。此外，随着公司所处的社会环境和市场条件变化，公司行为也在变化，因此，公司章程和投资计划不可能预见所有公司应有的行为，并将它列入计划内，捐献行为是否有效，不能一概局限于章程和投资计划内。[②]

例题 7-3 分析和讨论：

X 提起的诉讼属于派生诉讼，因为原告是在替公司打官司，如果胜诉，赢来的钱归公司。我国《公司法》第 151 条对派生诉讼做了规定，但是现实中还没有听说过有哪一位股东根据该条规定提起过派生诉讼。这与我国公司实践的不够发达有关。这个案例估计不是来自我国的司法实践，而是参照美国的判例虚拟的。

公司以赢利为目的，这是不可动摇的。美国在一百多年前的判例就明确了这一点，

---

① 见（2006）厦民终字第 2288 号判决书。该案资料见本书第十九章第一节第三小节。
② 姜一春，方阿荣著：《公司法案例教程（第二版）》，28~29 页，北京：北京大学出版社，2010。本书对本案的分析与该书的分析大不相同。该书主要讨论捐赠行为是否有效，本书认为本案的要点是 Y 是否应当赔偿。捐赠的有效并不影响他的赔偿责任；无效（把钱要回来）反而可以解脱他的赔偿责任。

世界各国的公司法也都公认这一点。本案中 Y 的行为确实损害了公司股东甚至债权人的利益。尤其是 Y 因此而当上了政协委员，确实有借花献佛，个人牟利——捞取政治资本的嫌疑。但是由于捐款行为给公司带来了良好的声誉，也可以将它看成是公司的一个商事决策；而且所捐款项都用于慈善教育事业，从社会公共政策上看应当予以鼓励。所以这是一个两难的判决。

美国现代判例的发展趋势是越来越容忍这样的捐款。他们的法律将公司的经营管理权交给了董事会。董事会在与董事个人没有利害关系的前提下有权自由地进行商事决策，受到商事判断规则的保护。也就是说，捐款行为只要是为了公司的长远发展，替公司购买名声，创造一个良好的经营环境，那就是合理的商事决策，是合法有效的。而在本案中，Y 也是按照这个思路答辩的，说是为了改善公司的形象，为了公司长远良性成长发展。这样的辩护是非常有力的。反过来，如果他秀崇高，说是为了社会、为了人民，公司应当无私地奉献等，那就必定输掉官司，因为不顾公司利益的无私奉献超越了公司的目的范围。

判决的困难在于董事长个人从捐款中得到了一定的好处，其捐款的动机究竟是为了公司的利益还是他自己的利益很难证明。如果证据确凿，容易证明，案子就很好判：为个人利益，由其赔偿；为了公司利益，不必赔偿。这方面的证据要看董事长其人平时的表现。如果他的主要兴趣在从政，经商只是临时的权宜之计，时间也还不长，个人并不专心，公司经营得也不好，种种迹象表明这次捐款只是为了给他自己而不是公司购买名声，那就可以认定是为了个人利益。反过来，如果董事长长期从事这个行业，对从政没有什么兴趣，这次当选政协委员也只是捐款产生的一个副产品，他本人的注意力都集中在生意上，那就应当认定捐款是为了公司。

在动机难以证明的情况下，美国的判例现在一般都参照税法规定一个与公司年度利润的比例。在比例额度之内的认定为商事决策。联邦税法规定慈善性捐款的扣税额度是收入的 5%。所以有的法院就在税前利润 5% 的额度内允许捐款。这个额度又因州而异，因为公司法在美国属于州法范畴。如新泽西州的法律规定的额度为公司净资产的 1% 以内。如果按照这个标准，本案中的捐款是在这个额度之内的，因为公司的资本金有 3.5 亿元，而捐款只有 150 万元，不到 0.5%。

除了商事判断商事决策的辩护理由之外，现代判例还越来越重视公司的社会责任。但是商事判断是个安全港，在此范围之内是绝对安全的。社会责任则不然，需要与股东的利益进行平衡，在对股东利益损害不大的情况下可以适当地为社会提供服务。规定与公司的利润或者净资产成一定比例的案子都是从这个角度去分析的。[①] 社会责任作为一条辩护理由意味着虽然股东利益依然至上，但已经不是唯一。这是现代公司法的一个新课题，它的边界依然处在变动中，是模糊的和不清楚的。我国的司法实践应当根据自己的国情摸索出自己的标准来。

---

① 有条件的读者可以参见：Theodora Holding Corp. v. Henderson，257 A.2d 398（Del. Ch. 1969）、Union Pacific Railroad Co. v. Trustees，Inc.，8 Utah 2d 101，329 P.2d 398（1959）、A. P. Smith Mfg. Co. v. Barlow.，13 N.J. 145，98 A.2d 581（1953），appeal dismissed，346 U.S. 861，74 S.Ct. 107，98 L.Ed. 373（1953）等判例。

第三节　概念小议——经营范围、能力、目的和权力

我国公司法称经营范围，民法称权利能力和行为能力，英美公司法称目的和权力。这三者之间是什么关系？

权利能力和行为能力是民法上的说法，《公司法》内只有"经营范围"一词，没有出现"权利能力和行为能力"的字样。但是因为民法是一般法，公司法是特别法，所以从民法定义法人权利能力和行为能力的角度去讨论公司的权利能力和行为能力也是可以的。

按照民法理论，权利能力是享有权利和承担义务的资格；行为能力是实施行为的资格。由于公司的权利能力和行为能力完全一致，同时产生，同时消灭，有同样的范围内容，[①] 所以为了比较时表达的简洁，这里权且将权利能力和行为能力统称为能力。

一般说来，公司的能力主要由经营范围确定，即公司能力约等于经营范围。不过细究起来，权利能力还是大于经营范围的。因为公司作为法人，由法律拟制的人，其能力是比照自然人拟定的。[②] 凡是自然人所有的权利，除了那些专属于自然人人身的权利，如生命、婚姻、个人隐私、人身自由等之外，公司都可以享有。[③] 比如公司像自然人一样可以接受遗赠，而接受遗赠不会包括在经营范围之内。此外，公司还有侵权和犯罪的能力。即使将来经过改革废除了对经营范围的限制，经营范围从所登记的主业扩大到了一切合法的经营活动，它也不会将非法的侵权和犯罪包括在内。不过到了那时，以下的等式可以成立：

能力 = 经营范围 + 侵权和犯罪

与英美公司法相比，首先，我们的经营范围等于他们的目的。所不同的是，他们的法律允许或者直接规定泛目的条款，我们还不允许泛范围条款。[④] 这一实体规定上的差别是先进与落后的差别。我们应该在以后的法律修改中废除那些不必要的限制，缩小或者消灭与英美法在目的范围上的差别。其次，为了达到经营目的所需要的各种权力，英美公司是明列出来的，长长的一串，并且申明列举是授权性的而非排他性的。[⑤] 这些权力在我国是按照常识隐含在经营范围中的，比如为了开展经营活动而购买原材料、销售产品、购置设备和土地、建造厂房、起诉和应诉等。有了经营范围，没有人会否认这些

---

① 权利能力和行为能力一致的说法可能会产生这样的问题：自然人和法人都有侵权、犯罪的行为能力，难道他们也有相应的权利能力？否则两者怎么一致呢？回答是肯定的。权利能力不仅指享有权利的资格，而且还指承担义务的资格。人们虽然没有侵权和犯罪的权利或权力，但是却有侵权和犯罪的权利能力——承担行为后果（民事和刑事责任）的资格。这样理解，权利能力和行为能力就一致了。

② 民法上的民事主体首先是自然人。权利能力和行为能力首先也是从自然人的角度去说的。用自然人比拟法人的目的是要说明法人可以像自然人一样拥有广泛的权利、承担相应的义务，像自然人一样实施各种法律行为。

③ 包括物权、债权、知识产权等财产权利和商业声誉之类的名誉权利。而且，公司还拥有普通自然人所没有的权利——经商，因为在我国经商需要登记注册，普通公民不经过登记不得经商。

④ 不过，法律并没有明文禁止这样的条款。因此，实践中当事人应当积极尝试，写上泛范围条款：××业务和其他一切合法的经营活动。只要工商局不阻拦，以后就看法院在审判中是否接受了。

⑤ 往往会在罗列之初加上"包括但不限于"的字样，以表明授权性而非排他性的意思。

权力。对于某些不希望公司拥有的权力，法律做明文限制，例如，前面所述的合伙、担保、回购股份等。可见，英美国家对公司权力做正面的肯定；我们则做反面的否定和限制，没有限制的可以推定为允许。这是表述方法的不同。实体内容上的差别主要是他们的公司权力极其宽泛，我们的公司权力依然受诸多不必要的限制，这部分地是由经营范围的宽窄所决定的。

从能力的角度去区分，似乎目的（经营范围）更接近权利能力，权力（明列或隐含）更接近行为能力。但是细究起来，无论是目的还是权力都既含权利能力又含行为能力。例如，一家制衣厂，经营范围（目的）是制衣。制衣作为一种经营权利，当然是权利能力，但是制衣同时又是一种行为，从事这种行为的资格是行为能力。又如这家制衣厂购买布料，那是一种民事行为，制衣厂有购买布料的行为能力，但是买了之后拥有布料，是一种权利能力。所以，目的、权力、权利能力、行为能力，四者是一种相互交叉的关系。结合上段所说的经营范围，如图 7-2 所示。

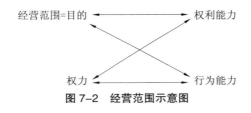

图 7-2　经营范围示意图

国内以往的公司法教科书，总是设置专门的章节来讨论公司的权利能力和行为能力，总是将公司法对公司权力的具体限制（如禁止充当合伙人、限制担保等）放在权利能力中讨论，而将侵权和犯罪放在行为能力中讨论。[1] 其实被限制的那些权力，都是从属于经营目的的权力。首先属于行为能力；然后由行为产生的后果才是权利，才有权利能力。

第四节　公司的行为能力与侵权犯罪能力

关于公司有没有行为能力的问题，以前学术界是有争论的。行为能力主要指意思表示能力。曾经有所谓的法人拟制说和法人实在说的争论。前者认为公司没有意思表示能力，也即没有行为能力，董事或董事长是公司的代理人，在章程授权的范围内的行为是代理行为。后者认为公司具有团体意思，通过其机关向第三人为意思表示。董事会或董事是机关，而不是代理人，其职务行为是公司自身的行为，不是代理行为。我国《民法通则》采取了法人实在说，该通则第 36 条规定法人有权利能力和行为能力。对这个问题，我们将在第八章中做进一步的讨论。

公司的意思表示机关是它的法定代表人。《公司法》第 13 条规定公司的法定代表人为董事长、执行董事或者经理，具体由章程指定，并经登记。董事会也可以代表公司为

---

① 最早这样写而又影响较大的教科书大概是江平主编，方流芳副主编的《新编公司法教程》，内容详见该书的第三章第四节"公司的权利能力和行为能力"。后来的很多作者对此不加思考甄别，沿袭了下来。

意思表示。但董事会是一个集体，其意思表示必须以决议的形式进行。当公司与第三人交易时，以董事会集体向对方做意思表示殊为不便；而法定代表人是一个个人，代表公司为意思表示很方便。所以实践中公司在交易中的对外意思表示都由法定代表人做出。

由此也产生了一个问题，就是当法定代表人超越了他的权限范围代表公司所做的意思表示是否有效，公司能否以代表越权为由拒绝交易。对这个问题，我们在第五章第二节的第三小节中谈到章程的"对抗效力"时已经讲得很明确，公司章程不得对抗第三人，除非第三人恶意，即明知限制存在、代表越权，而仍与之交易。我国《合同法》第50条也对此做了概括性规定："法人或其他组织的法定代表人、负责人超越权限订立合同，除相对人知道或者应当知道其超越权限的以外，该代表行为有效。"

不过，当公司侵权或者犯罪的时候，代表公司为意思表示的人就不限于公司的法定代表人，普通雇员也可以。公司雇员的职务行为是公司的行为，构成侵权的，是公司的侵权行为。产品责任、环境污染等都是公司的侵权行为甚至犯罪行为。

关于公司有侵权的权利能力和行为能力这一点，《民法通则》第106条规定得很清楚："法人由于过错侵害国家的、集体的财产，侵害他人财产、人身的，应当承担民事责任。"《侵权责任法》（2009年12月颁发，2010年7月1日起施行）第34条规定："用人单位的工作人员因执行工作任务造成他人损害的，由用人单位承担侵权责任。"最高人民法院《关于审理人身损害赔偿案件适用法律若干问题的解释》（2003年12月颁发，2004年5月1日生效）第8条规定："法人或者其他组织的法定代表人、负责人及其工作人员在执行职务中致人损害的，依照民法通则第121条的规定，由该法人或者其他组织承担民事责任。"第9条规定："雇员在从事雇佣活动中致人损害的，雇主应当承担赔偿责任，雇员因故意或者重大过失致人损害的，应当与雇主承担连带赔偿责任。雇主承担连带赔偿责任的，可以向雇员追偿。前款所称从事雇佣活动，是指从事雇主授权或者指示范围内的生产经营活动或者其他劳务活动。雇员的行为超出授权范围，但其表现形式是履行职务或者与履行职务有内在联系的，应当认定为从事雇佣活动。"[①]

公司也具有犯罪的能力。《公司法》第215条规定："违反本法规定，构成犯罪的，依法追究刑事责任。"说明公司具有犯罪能力。我国刑法有大量关于公司、企业犯罪的规定。海关法、商标法、消费者权益保护法、产品质量责任法等也都含有相关的条文。公司犯罪属于犯罪学中的白领犯罪专题。这里只从权利能力和行为能力的角度说明公司有犯罪的能力。

可见，在考虑了侵权和犯罪的能力之后，公司能力在外延上要比我们平时说的经营范围大，也比英美公司法中的目的和权力大。

---

① 因雇员的职务行为侵权而由公司（雇主）承担责任在侵权法上称为雇主责任。雇主责任是一个比较复杂的问题。比如，公司的驾驶员为公司运送货物，按惯例应该走直线，但是他却因为要买午饭或者看望朋友而走了一条弯路，在弯路上疏忽大意撞伤了人，公司要不要对此负责？如果雇员买午饭恐怕还是要负责，但看望朋友就难说了，还有其他许多因素需要考虑，比如弯路弯到什么程度等。这些问题就留给侵权法的专业人士去研究吧。

第八章

公司组织机构与经营管理权的分配

公司的事务是由它的组织机构经营和管理的，公司权力[①]也是在这些机构之间分配的。现在人们常说的法人治理结构，或者公司治理结构，指的就是这些机构以及公司权力在不同机构之间的分配。从公司法规定的公司组织机构来看，我国公司的经管模型里有四个角色：股东会、董事会、监事会、法定代表人（经理）。不管股东有多少人，公司销售或赢利的数额多大，这个模型不变；只有在特殊情况下（包括一人公司、国有独资公司和股东人数少的小公司），这个模型才有所调整。

四个组织机构之间的相互关系按照法律的规定和传统的理解是股东会选举董事和监事、董事会任命法定代表人和其他公司官员，[②]所以必定是董事会和监事会听命于股东会，公司官员听命于董事会。所以我们在习惯上称股东会为公司的权力机构，董事会为执行机构，监事会为监督机构，法定代表人则是执行机构指定的具体执行者。但是在现实生活中，情况远不是这么简单，"尾大不掉"的情形比比皆是。往往是法定代表人权力最大，无论他是董事长、总经理，[③]还是模仿国外的时髦说法称总裁，因为公司的日常事务是由他和他手下的一批公司官员经管的，他们享有信息上的绝对优势。我国很多公司的法定代表人都是大股东兼任董事长和总经理，一把手说了算，董事会和监事会全成了他的傀儡。当然具体情形也不尽相同，机构分权，互相制衡的情形也存在。有的公司中董事长是大股东，他在把经营权力委托给总经理，让总经理当法定代表人，同时又密切关注着总经理的一举一动，随时可以撤换总经理。这种情形与人们一般理解的传统模型比较接近。[④]

不过，无论权力怎么分配，这四个机构的根本目标是一致的，那就是把公司经营好，能够为投资者赢取尽可能多的利润。在一般情况下，它们各自运用自己的权力，履行自己的职责，互相协作配合，共同经营好公司，并不互相冲突。但是矛盾是普遍存在的，有些时候，这些机构在共同的赢利目标和利益基本一致的基础上仍然会发生各种矛盾和冲突。当法律的规定、当事人的理解和现实生活中的权力分配不一致的时候，矛盾更容

---

① 有人认为只有公权力，没有私权力。所以《公司法》中都用"职权"，不用"权力"。本书不想如此咬文嚼字，也不同意这种说法。本书认为职权就是权力。

② 我国公司法规定董事会决定机构设置并直接任命经理，不过经理往下的高级官员如副经理、财务主管等，应根据经理的提名来任命。

③《公司法》第 13 条规定："公司法定代表人依照公司章程的规定，由董事长、执行董事或者经理担任，并依法登记。"

④ 还有的公司里董事长是由已经退休或者半退休的前法定代表人或者外部董事担任的荣誉称号，其作用至多就是在形式上主持一下会议而已，并没有什么实权。实权掌握在作为法定代表人的总经理手中。

易发生。这些矛盾和冲突具体表现为权力的冲突，特别是对某项事务的决定权的争夺或认定。这就需要明确每个机构的权限范围。

我国《公司法》第 37 条、第 46 条、第 53 条、第 49 条分别规定了股东会、董事会、监事会、经理的职权，但是没有任何条文规定法定代表人的职权。第 13 条规定了法定代表人的产生办法，但是没有提到他的职权范围。而实践中运用得最多、引起的争议也最多的恰恰是法定代表人的权限。

法律之所以不规定法定代表人的职权，是因为法定代表人是由董事长、执行董事或者经理担任的，而法律已经规定了董事会、董事长和经理的职权。也就是说，在立法者的眼里，法定代表人无非是代表公司签署文件而已，并没有任何实权。无论是董事长、执行董事还是经理担任法定代表人，他们的权力都来自董事长、执行董事或者经理的职务，而不是因为他是法定代表人。但是实际情形完全不是这样。法定代表人有权对外代表公司签订合同，对内管理公司的生产经营活动。当了法定代表人的经理和不当法定代表人的经理实际的权限范围是大不相同的。同样，当了法定代表人的董事长和不当法定代表人的董事长实权大小也不同。

因此，我们首先讨论法定代表人的权限范围。

第一节　法定代表人

在法学理论上存在着法人拟制说和法人实在说的争论。前者认为法人是法律拟制的实体，本身没有意思表示的能力，只能通过代理人做意思表示；后者认为法人通过它的机关作意思表示，机关的意思即法人的意思，机关不是代理人。这个对外做意思表示的法人机关对公司来说就是法定代表人。我国学界多数采纳法人实在说。

问题是法定代表人作为公司机关代表公司做意思表示的权力是不是与公司自身的权力范围一样大，有没有范围上的限制？应该说，是有限制的，机关的权力范围要小于公司的权力范围。否则，机关对外所作的任何意思表示都对公司有约束力，他胡作非为将公司资产卖光了卷款潜逃人家还不知道呢。至少，公司法明文规定属于股东会的职权法定代表人是不能行使的。他要在这些权力范围内对外做意思表示就必须得到股东会的授权。没有这样的授权，即使他对外做了意思表示，也不能约束公司。也就是说，交易第三人不得以此向公司主张权利。[①] 比如说，法定代表人与第三人签订合同，以一笔巨款为对价将公司的主要资产，包括机器设备、土地使用权等，一并出售。显然，不经董事会和股东会的决议通过，法定代表人没有这样的权力，第三人应当知道。

既然机关的权力是有范围限制的,那么,法定代表权和法定代理权又有什么差别呢?

[①] 这里有两种对立的观点：一是强调商事效率和保护善意第三人，认为如果商事习惯已经形成，就应当保护交易安全，认定法定代表人的签字有效，交易有效。因为交易对方一般不去查阅和探究法律规定，而是信任法定代表人的陈述和签字。二是认为在公司法有明文规定的情况下，第三人被推定为知道法律的规定。即使他主观上不知道法定代表人无权代表，客观上也应推定他知道，因而就不是善意的。

应该说二者没有差别。法定代表人的代表权在本质上就是一种代理权。[①] 但是和一般的民事代理权不同，法定代表人的权限范围是法定的，在此范围内代理不需要被代理人的具体授权，所以是一种法定代理权。[②]

现实而急迫的问题是这项权力究竟有多大？它的外延边界在哪里？因为只有知道了法定代表人的权限范围，我们才能在他对外代表公司签订的某个合同遭到质疑的时候确定他有没有越权，才能有效地保护善意第三人。按照《公司法》第 13 条规定，法定代表人可以是董事长、执行董事或者经理。

如果经理担任法定代表人，则经理的职权根据《公司法》第 49 条第 1 款包括："（一）主持公司的生产经营管理工作，组织实施董事会决议；（二）组织实施公司年度经营计划和投资方案；（三）拟订公司内部管理机构设置方案；（四）拟订公司的基本管理制度；（五）制定公司的具体规章；（六）提请聘任或者解聘公司副经理、财务负责人；（七）决定聘任或者解聘除应由董事会决定聘任或者解聘以外的负责管理人员；（八）董事会授予的其他职权。"[③] 一般说来，经理的职权是董事会赋予的，是从董事会的职权中分离或者派生出来的，其具体内容可以由公司章程规定。我国公司法根据这个道理对经理的权限做了明确的列举，主要是为了在市场经济的初级阶段上方便人们参照，当事人随时可以通过章程的规定改变经理的权限范围。从第 49 条所列的内容来看，都是对内管理的权力；法定代表人顾名思义首先拥有对外代表公司的权力，特别是代表公司对外签订合同的权力。因此，法定代表人的权限范围是经理权加上对外代表公司签署各种文件（特别是合同）的权力。

如果是董事长当法定代表人，他的权力有多大呢？公司法对董事长职权仅限于召集和主持董事会并在会上像其他董事一样投票表决，并没有其他实质性的权力，当了法定代表人之后再加上代表公司对外签署文件的权力。可是按照《公司法》第 49 条第 1 款的规定，管理公司内部生产经营的权力归经理。这就产生了一个问题，因为在公司的实际运作中，对外签订合同总是出于公司生产经营的需要，是与公司的生产经营和投资活动紧密相连的。如果由经理主持生产经营，却要由董事长对外签订合同，操作起来殊为不便。现实中，当了法定代表人的董事长往往不但代表公司对外签订合同，而且对内主持公司的生产经营管理工作，也就是把《公司法》第 49 条第 1 款规定的经理权力全都揽了过来。

---

① 法人拟制（代理）说和法人实在（机关）说在此殊途同归。不过细究起来，两种说法仍有差别。代理说承认法定代表人是独立的主体；机关说不承认他为独立的主体。可是在事实上，无论是法定代表人还是其他董事或监事，在他担任职务时都具有独立的个人利益，是一个独立的利益主体。他在公司中的利益不但包括他的工资收入和各种物质奖励，而且包括因其职权所带来的权力、地位、荣耀等各种非物质利益。这些利益随时都可能与公司的利益发生冲突。我们必须正视这种现实的矛盾冲突并且恰当地调整它，而不是想当然地把法定代表人仅仅看成公司的机关，没有独立的个人意志和利益，似乎他自然而然地会为公司的利益奉献自己的全部智慧和精力。

② 法律是为经济服务的。从客观的经济需要来看，设置法定代表权或者法定代理权无非是为了便利交易，省去每次交易都需要特别授权的麻烦。它是一种一般性的、长时间的授权，本质上仍然与代理权同质。

③《公司法》第 49 条规定的是有限责任公司经理的权限，但是第 113 条规定股份有限公司经理的权限与此相同。

这是不是越权？理论上说也可以不越权，因为董事长可以兼任总经理。即使总经理另有其人，也还有《公司法》第 49 条第 2 款的授权："公司章程对经理职权另有规定的，从其规定。"章程可以把对内管理权都交给董事长。但是如果章程没有规定呢？那从表面上看，董事长的行为似乎越权了。但这是公司内部管理的事，内部会协调好，不会有纠纷的。只要没有纠纷，根据私法自治的原则，越不越权都没有关系，法律不必深究。

由此我们可以断定，在我国，**公司法定代表人的法定权限大致上就是经理权加上对外文件签署权**。在此权限范围内行事不需要公司的特别授权，超越了这个范围就需要有董事会甚至股东会的特别授权。这是一般情形。

执行董事是特殊情形。《公司法》第 50 条第 1 款规定："股东人数较少或者规模较小的有限责任公司，可以设一名执行董事，不设董事会。执行董事可以兼任公司经理。"对于这类小公司来说，既然连董事会都不需要，只要设一个执行董事就够了。那么这个执行董事必然兼任经理和法定代表人，集董事会、经理的权力于一身，对外代表公司签署合同和其他文件。可见，在公司用执行董事代替董事会的情况下，**执行董事必定是法定代表人，其权限范围大致等于董事会的职权加上经理的职权再加上对外文件签署权**。不过，《公司法》第 50 条第 2 款还规定："执行董事的职权由公司章程规定。"可见，具体案子中的执行董事的权限范围还要看其公司章程的具体规定。只有在章程没有规定的情况下，我们才能推定其权限范围如上述。

法律和公司内部都可以对法定代表人的权限做出进一步的限制。公司内部的限制包括章程、规章和决议。例如，有的公司的章程规定如果对外交易达到一定的金额，法定代表人必须在征得董事会的同意之后方可签署成交，否则由其个人承担责任。规章和董事会、股东会的决议也可以做出类似的限制。但是规章和决议属于公司内部规定，外人无从知悉，所以不得对抗善意第三人。这一点是没有争议的。章程限制的效力有过争议，因为章程是对外公开的文件，在工商局登记存档，理论上外人也可以查阅，所以有人认为其中的规定可以对抗善意第三人。可是在实际上，外人查阅章程受到很多限制。[1] 而且即使可以自由查阅，在商事交易中要求对方查阅公司章程会大大降低办事效率，客观上也是行不通的。因此，多数人认为章程的限制不能约束善意第三人。据说欧盟和德国的公司法都是这样规定的。[2] 这不等于法定代表人违反内部规定就没

---

[1] 按照国家工商局的规定，企业的登记资料分为机读档案和书式档案，章程属于机读档案，任何人都可以自由查阅。见工商企字〔1997〕298 号《企业登记档案资料查询办法》第 5 条。可是地方工商局在具体执行时完全不是这样，他们将登记材料分为外档和内档，外档只含有企业的名称地址、经营范围等简单信息，任何人都可以自由查阅。章程属于内档，一般人必须凭盖有被查企业公章的介绍信和营业执照原件才能查阅。可是查阅人往往与被查企业处于利益对立地位，企业又怎么会给你开介绍信呢？这类地方性限制相当普遍，如杭州就是这样做的（窗口咨询），武汉也是这样做的（见武工商法〔2005〕6 号《企业登记档案资料查询办法（试行）》第 7 条）。

[2] 欧盟第 1 号《公司法指令》第二节第 9 条第 2 款规定："公司章程或者有决策权的公司机关对于公司机关权力的限制，不得被公司利用对抗第三人，即使这些限制已经公告也是如此。"德国《股份有限公司法》第 82 条和《有限责任公司法》第 31 条规定：对董事代表权所加章程限制，不得对抗第三人。转引：赵旭东主编：《公司法学（第二版）》，204~205 页，北京：高等教育出版社，2006。

有责任，公司内部依然可以依据内部规定追究法定代表人的越权责任，只是不得影响善意第三人的利益。

至于法律的限制，迄今为止我国公司法学界都认为可以对抗第三人，因为法律是公开的，交易第三人被推定为知道这些限制。一些学者特别举出《公司法》第16条规定公司对外担保要按章程规定办，章程对担保数额有限制的，不得超过限额的例子，来说明不但法律的规定可以对抗，在法律有明文提示的地方，章程的规定也可以对抗第三人。但是在"中建材集团进出口公司诉北京大地恒通经贸有限公司、……进出口代理合同纠纷案"[1]等判例中，北京市高级人民法院明确否决了依据这种观点所做的争辩，认为《公司法》第16条不是效力性强制性规定，不得对抗善意第三人。[2]可见，即使是法律的明文规定，也不见得都能对抗善意第三人。必须具体条文具体分析，在不清楚的地方，需要权威机构的权威解释，特别是法院的司法解释。这就更增加了法定代表人权限范围的不确定性。

法定代表人对外代表公司签订合同的权力，经常引发有权无权的争议——有权签订则合同有效，无权签订则合同无效。[3]一般说来，正常的、重复性的生产经营活动中发生的交易法定代表人都可以代表公司为意思表示，只有那些非常的合同才需要董事会甚至股东会的批准。但是什么是正常的？什么是非常的？这个界限却很难界定。首先，正常的范围肯定大于法定的经理权限，因为法定代表人至少还有对外代表公司签约的权力。其次，非常的范围也肯定大于《公司法》第37条和第46条规定的股东会和董事会的权力范围，否则，法定代表人除了这两条规定的事项之外的事都可以代表公司实施，公司会面临相当不确定的风险。也就是说，在法定的股东会权和董事会权与经理权（借用为法定代表人权）之间还有很多事情，有些属于正常范围，有些属于非常范围。给我们界定法定代表人的权限带来困难。

英美法上有一条"正常生意规则"（ordinary business rule），即属于公司一般日常生意的事情法定代表人都有权签署合同，超出了这个范围属于非正常生意，法定代表人无权签署。这样的说法和大陆法系对这个问题的理解是完全一致的。问题在于什么是正常生意，什么是非正常生意。正是在这个具体而关键的问题上，他们探讨得比我们深入。而这些探讨，对于我们具体确定法定代表人的权限范围是十分有益的。兹简要介绍如下：

首先是一个程序性的问题应当明确：在法定代表人权限范围的争议中，证明他没有代表权的举证责任在公司。1916年美国就有判例说："几乎所有的大企业和相当一部分小企业都采取了公司的形式。如果对于那些明显属于公司业务范围的事情，法律规定与公司总裁交易的人只能直接与公司交易，要求总裁在签字前出示公司的授权文件，那不

---

[1] 载2011年2月10日《中华人民共和国最高人民法院公报》第2期。

[2] 这种情况的出现，与我国公司法的不成熟有关。《公司法》第16条对担保的限制，如同对合伙的限制一样，属于恶法，所以法院对它做了限制性的解释。

[3] 现代公司实践的发展趋向是执行权力越来越集中于法定代表人，董事会参与公司经营越来越少。为了交易的便捷，法定代表人一般可以签发流通票据、借债、缔结短期雇用合同等。

但对公司，而且对与公司交易的人来说都是十分不便的。……在本案中，如果总裁真的没有他所声称的权力，由公司来证明并不困难，而要原告收集证据证明他有这个权力则十分困难和昂贵。"[1]

英美普通法一般认为，公司总裁无权签订终身雇用合同，除非得到董事会的授权或批准。因为终身雇用合同意味着只要该雇员不犯罪也没有其他重大的过错，公司就永远不能解雇他，这会给公司的经营管理带来不便。另外从合同的角度看，雇员答应为公司工作这一对价似乎也不充分，除非还有其他对价，例如，这个人对公司特别重要，或者他为了这份工作而放弃了其他重要的利益。此外，政治性的、非商务性的决策也属于非常的范围。见下节董事会部分介绍的 Village of Brown Deer v. Milwaukee，16 Wis.2d 206，114 N.W.2D 493，cert. denied 371 U.S. 902，83 S. Ct. 205（1962）一案。

养老金合同也带有终身的性质，算正常还是非常呢？下面的案例讨论了这个问题。

【案例 8-1】
李诉金肯司 [2]

李状告金肯司兄弟公司，声称根据他在 1920 年与公司总裁亚德利订立的口头合同，公司应当向他支付退休金。地区法院以合同是否存在证据不足、公司总裁无权订立终身养老金合同为由驳回了原告的诉讼请求；上诉审法院因为合同是否存在证据不足而维持原判。不过对于公司总裁无权订立终身养老金合同的说法，上诉审法院却不同意地区法院的意见。为了纠正地区法院的观点，Medina 法官代表上诉法院表述相关的法律规则如下：

本案在这方面的问题可以归结如下：亚德利作为公司总裁和董事长、大股东以及主要股东的女婿和财产受托人，当着最有利害关系的副总裁之面，有没有权力为了替公司获取急需的关键性人才，向当地一位经验丰富的公司行政人员许诺在 30 年之后当他达到 60 岁时给予终身养老金，即使李当时还没有为公司工作，而且养老金每年至多不超过 1 500 美元？

查阅法律可以发现，在公司官员的权限问题上并没有一致的说法。多数时候法院倾向于限制公司官员的权限，但是有些时候又对这种做法不满，具体表现在追认、禁反和自我禁反等众多的例外中。见论文 57 Colum. L. Rev. 868（1957）。总的说来，人们对表见授权的讨论相当有限，大概以为如果权力不能从官员与公司的互动中隐含，那就不可能表见于第三人。

这种想法没有道理。因为在官员与公司的互动中可以隐含授权，但是官员与公司的关系和第三人与公司关系是两个不同的概念，与这两种关系相关的事实和情形也是完全不同的，尽管在某个具体的案子中在两者的证明上可能会有较多的证据重叠。

---

[1] Moyse Real Estate Co. v. First National Bank of Commerce，110 Miss. 620，70 So. 821（1916）.

[2] Lee v. Jenkins Brothers，268 F.2d 357（2d Cir. 1959），cert. denied 361 U.S. 913，80 S. Ct. 257，4 L.2d.2d 183.

引用得最多的规则是总裁仅仅在一般性的日常生意中的所为才能约束公司，但是不能签订非常的合同。这条规则的关键在于"非常"一词，因为它可以有不同的理解。

作为企业的一种组织形式，公司的各种潜能是在19世纪晚期和20世纪早期逐步实现的。这条规则就是在这个过程中产生和发展起来的。当公司作为企业比较常用的形式时，人们越来越清楚地看到，许多公司，特别是小的封闭公司，并不按人们想象的程式运作。虽然董事会名义上控制着公司事务，但是实际上日常的事情都是官员和经理们在做，董事会基本上没有监督。这一情形的自然结果是第三人在与公司的各种交易中都相信官员有权交易。现代生意的节奏太快，如果要求董事会批准每一笔"不寻常"的交易，就不能适应这种快节奏。

法院对这些变化的承认也是参差不齐。不管叫"表见授权"或者"阻挡"公司否认授权，许多法院都注意到了如果允许公司在一般情形下通过它们的官员做事，发现合同对其不利时又以官员无权签约为由不认账，那将导致巨大的不公。也有些法院则继续过去的旧规则，不去讨论表见授权的理论和实际发生的不公正的结果。这种限制性的做法遭到了评论家们的谴责。

总结正反两方面的判决，对于什么是或者不是"非常"的合同，即便不是矛盾的，至少也是不确定的……但是对雇用合同的说法倒是比较一致。

人们公认总裁作为公司的正常生意中的一部分有权雇用和解雇雇员并确定他们的报酬。他可以答应雇用他们若干年，只要这个期限是合理的。但是终身或者永久性的雇用，如果唯一的对价就是雇员答应期间为公司工作，则被认为是"非常"的，不在总裁的权限范围之内。金肯司要我们将本案中的养老金合同与这些受到指责的终身雇用合同相类比，因为它的期限很长，又不确定，因而公司的支付责任也不确定。

终身雇用合同受到法院抵制是不奇怪的，因为这些合同经常是口头的、没有旁证的、在许多重要的细节上模糊不清的、很可能是虚假的。

不过有时候，当具体情形显示出原告证词的可靠性时，这些合同也被强制执行，例如，当原告在工作过程中受了伤，又同意就他对公司的过失指控进行和解，以换取公司终身雇用他的承诺时，一般都否定各种反对意见而判官员有权力。另外，当有额外的对价时，例如，雇员离开了别的工作、放弃了竞争性的生意或者他的服务对公司"特别重要"，有的法院执行合同，有的法院拒绝执行。

有趣的是许多法院在否认官员签订终身雇用合同的权力时没有提炼出任何指导性的规则。它们往往只说合同是"非常"的，然后引几个判例，那些判例也只说了同样的话，也没有具体的理由。

但是也有判例在判决终身雇用合同"非常"，因而官员没有权力签订时给出了理由。认真研究这些理由，对于探讨类似的养老金合同是有用的。这些判例认为：终身雇用合同在经营方针上过分地限制了股东和将来的董事会的权力；它们使公司承担了过大的责任；它们的期限长而不确定。这些理由中唯一适用于养老金合同的是期限长而不确定。所谓的相似之处到此为止。将来的董事会或者股东的控制不会受到限制；责任的数额并不过大；合同本身既非不合理，而且对公司也是必要的和有利的；况且，养老金合同经常是雇用合同中的附带好处。还有，与终身雇用合同不同，法院经常额外地①认定养老金合同条件确定，可以约束公司，尽管雇主说它是白送②的。其中给予雇员的对价也是确定的，并非取决于利润或者销售额，也与董事会的自由裁量权等变量无关。

表见授权主要是个事实问题。它不但取决于所涉合同的性质，而且包括洽谈的官员、公司做生意的正常方式、公司的规模和股东人数、引发签约的客观情形、合同的合理性、所涉的数额、第三人是谁等相关因素。这里列举的只是部分而非全部因素。在某些情况下，某个合同可能对公司特别重要，外面的人自然会认为只有董事会（或者甚至股东）才能处理。正是从这个角度看，"正常生意"规则才有意义。在那些"非常"行为的背后，有没有表见授权都是一个事实问题。

因此，我们断定，假如能够充分地证明养老金合同确实订立了，在本案的具体情形下，康州极有可能会认为一个正常的人对于亚德利有没有表见权力签订这份合同会有分歧，因而初审法院将这作为一个法律问题来判决就犯错了。我们既不相信康州会认为养老金合同和终身雇用合同属于同类，也不相信康州会基于同类的说法采纳明确而严格的规则来否定公司官员签订养老金合同的表见权力。

法院在这里讨论的焦点是亚德利作为公司总裁有没有签订这份养老金合同的表见权力。原告说有而被告说没有。被告说没有的理由是养老金合同像终身雇用合同一样，期限长而不确定。而终身雇用合同一般都被认为是非常合同而非正常合同，所以总裁无权擅自签订。法院不愿意将终身雇用合同和养老金合同等同起来。为了说明理由，法官从以往的判例中总结归纳了不允许总裁签订终身雇用合同的原因：这类合同在经营方针上过分地限制了股东和将来的董事会的权力；使公司承担了过大的责任；期限长而不确定。本案中的养老金合同与此相比只有期限长而不确定这点是相同的，其他两点都不存在。而且，本案中的雇用合同对公司来说是必要的和有利的，因而是合理的，而养老金合同经常附属于雇用合同，是雇用合同中的福利条款，也叫附带好处。与终身雇用合同不同，法院在判决中经常认定养老金合同条件确定，可以约束公司。其中给予雇员的对价也是确定的而不是可变的。所以养老金合同不能与终身雇用合同等同。

不过，即使是终身雇用合同，只要有特殊对价，总裁也有权签订，例如，雇员放弃了其他的工作或者生意等。

在最后的两段中，法院从一般规则出发讨论总裁的表见权力。一般规则是：属于"正常生意"的合同总裁有权签订；属于非常生意的合同总裁无权签订。这条规则被称为"正常生意规则"。如果一个合同对公司特别重要，那就属于非常，第三人自然会认为签订这样的合同应当得到公司董事会的同意。否则就属于正常，不需要董事会的同意。到底是非常还是正常是一个事实问题，必须具体情况具体分析，难以一概而论。本案中的养

---

① "额外"在这里有离题的意思，指当事人没有就此展开辩论，法院却在判词中自由发挥，认定合同条件确定，有约束力。

② 在英美合同法中，白送（没有对价）的承诺是没有合同约束力的，赠送方在送出去之前随时可以收回承诺，当然东西送出去之后就收不回来了。

老金合同属于正常生意还是非常生意也是一个事实问题。在英美法的诉讼程序中，事实问题是与法律问题相对而言的。法律问题法院可以直接判，事实问题在诉讼双方有争议的情况下不能直接判决，必须经过举证和质疑，最终由陪审团决定。由于初审法院将养老金合同作为一个法律问题来判决，所以上诉审法院认为初审法院犯错了。

事实上，在很多时候，法定代表人的权限还要根据具体情况进行推断。例如，在交易第三方确定法定代表人有没有表见权的时候，要看一个理性人在与公司交易时会不会合理地认为法定代表人应该有这样的权力；在确定隐含授权时，如果以前类似的交易中董事会从来不去质疑法定代表人的这一权力，就可以推定董事会隐含地授予了他这样的权力。

法律从保护交易的安全和确定的角度保护善意第三人，但是不保护知情的人。在确定对方是否知情时，也要具体情况具体分析。如果法定代表人说自己"可能没有权力"，能否认定交易对方知情呢？下面的判例讨论了这个问题。

【案例 8-2】
科学持股有限公司诉普来司有限公司 [①]

科学持股有限公司（科学）是一家伊利诺公司，承继了国际科学有限公司（ISL）。后者是巴巴多斯公司，生产计算机组件。当时 ISL 遇到了严重的财务困难，所以在 1970 年 2 月 4 日签订合同将它的全部资产和生意出售给普来司有限公司（一家很大的英国公司）在特拉华的子公司普来司公司（普来司）。合同中有一个条款，规定普来司最后成交的义务以 ISL 的陈述真实为条件，即它在 1969 年 12 月 31 日之后的经营损失每月不超过 2 万美元。此外，部分购买价的支付还有一个条件，那就是从成交之后的那个月的第一天算起，一年之内，ISL 的资产必须能够产生利润。如果从该年的第三个月开始每月利润达到 1.5 万美元，则 ISL 的原经营班子将在该年内留任。否则普来司将接管经营。

约定成交的日子是 1970 年 3 月 2 日。那天发现，ISL 在 1 月和 2 月的亏损都超过了 2 万美元。普来司于是拒绝成交，除非修改合同，将原先规定的接管经营的时间从第三个月提前到第二个月，即如果在成交后的第二个月 ISL 的平均利润达不到 1.5 万美元的话，普来司就可以马上接管经营。

在最后成交的仪式上，ISL 方面出席的代表是它的总裁和首席执行官克发。ISL 董事会批准出售的决议说："本公司有关官员有权遵旨对协议做在董事会看来是必要的和恰当的改动……"克发在最后成交时说他可能无权同意普来司要求的改动，不过他最终还是签署了改动后的协议。

到 1970 年 5 月底，ISL 没有达到 1.5 万美元的利润指标，普来司在 6 月 9 日写信通知 ISL 它将接管经营。不久以后，一年的测定期到了。转让的资产仍然没有产生任何利润，普来司按合同规定没有支付以此为条件的那部分价款。科学作为 ISL 的继承人，起

[①] Scientific Holding Co., Ltd. v. Plessey Inc., 510 F.2d 15（2d Cir. 1974）。以下宋体字部分为本书作者的概括，楷体字部分均为判词原文，由本书作者翻译。

诉普来司要求支付。理由之一是最后成交时对协议的修改是无效的，因为克发无权批准该修改，所以原条款继续有效。而按照原来的规定，普来司的接管过早，导致 ISL 不能按照合同的规定在成交后的一年内产生利润并得到那部分价款。

福任得力法官代表法院写道：

在两个早期的判词中，纽约上诉审法院认为凡是公司董事会可以授权或者追认的合同，总裁或者其他统管的官员在做生意时都有为公司签订的职权，证明没有授权的责任在试图否定合同效力的人身上。见 Patterson v. Robinson，116 N.Y. 193，22 N.E. 372（1889）（总裁）；Hastings v. Brooklyn Life Ins. Co.，138 N.Y. 473，34 N.E. 289（1893）（董事会秘书、统一管理层成员）。不过，纽约后来的几个案例却选择了更为限制的立场，认为总裁已获授权的假定只延及公司生意的一般性交易。

1934 年，亨德法官在 Schwartz v. United Merchant & Manufacturers，Inc. 72 F.2d 256（2d Cir. 1934）案中试图弄清楚确切的纽约"规则"。在总结了纽约的判例之后，亨德法官认定"纽约没有一条绝对的规则说对公司总裁可能签订的任何合同，无论多么不一般，都要求公司来证明他没有得到授权。诚然，我们可以假定生意中的一般性权力他是有的，但是假定到此为止……"纽约后续的大多数案子以及适用纽约州法的联邦案子都采纳了"一般性生意规则"。

根据纽约商事《公司法》第 909（a）（3）条规定，从授权出卖资产的股东会决议来看，似乎董事会可以授权做 3 月 2 日那些修改。如果 Patterson-Hastings 规则 [1] 是纽约现行的法律，事情就了结了，因为当公司派遣它的总裁前去缔结一个已经授权的合同时，对于那些在最后成交时需要做的非核心但却重要的修改，他不仅有同意的表见权，而且有同意的实权。但如果像我们所认为的，纽约州法实际是像亨德法官说的那个样子，结论就变得难下了。考虑到克发在成交时对普来司的代表说的那些话，对自己修改合同的权力表示怀疑，那就更难定论了，因为这样的话可以消除普来司的代表以为这位 ISL 的总裁、首席执行官和合同主要谈判人一定有修改权的误会。一条普遍接受的代理法规则是当一个人知道或者应当知道代理人越权的时候，是不能约束被代理人的。不过，克发的话还不足以构成像 Ernst Iron Works，Inc. v. Duralith Corp.，270 N.Y. 165，200 N.E. 683（1936）中的"知道"他无权，因为在当时的场合他表达的疑问也可以被普来司的代表合理地理解为工于心计的托词，试图赢得更多的时间来考虑他们的要求或者换取一些有利的条件。然而，结合考虑大多数公司授权总裁在最后签署时修改非常合同的具体情形，克发所表达的疑问或许也足以让普来司方面承担事后向 ISL 董事会询问克发到底有没有权力的义务，如果得不到满意的答复，那就不能认为他有权。而这个问题律师在辩论时却没有注意到。

关键在于即使假定 3 月 2 日的修改无效，假定陪审团接受了克发和律师路易司 [2] 的

---

[1] 即第一段所引的两个判例确立的规则，以两个案名的第一个单词命名。

[2] 路易司是 ISL 方面的律师，陪同克发出席了成交签署仪式。

证词,指示结论①也仍然是恰当的,因为科学直到7月中旬才因克发缺乏授权而否定修改,它不能拖这么长的时间。

如果克发和路易司对克发同意修改的权力有"很深的疑问",我们很难相信他们认识不到事后必须尽快告知被代理人。即使像他们说的,他们并没有履行这一告知义务,也可以将他们知悉修改看作公司知悉。在 Hurley v. John Hancock Mutual Life Ins. Co., 247 App.Div. 547,288 N.Y.S. 199,202(4th Dept. 1936)中,法院说:"已成定论的代理规则是:在代理权限范围内的各种事务中,被代理人均受代理人所获通知或信息的约束,尽管事实上信息从来没有传递给他。"

即使克发无权修改合同,出席最后成交也肯定在他的"代理权限范围内"——按照这个词组在上段引文中的上下文去理解,所以他所知道的信息也就被认为是公司知道的信息。再说,《代理法重述》第2版第272条也认为:"如果代理人在代理权限范围内行动以约束被代理人,或者有义务告知被代理人,那么,他对某事的知悉就会影响被代理人的责任。"

为此,法院维持原判。

本案中因为总裁在签字时说了他可能无权做这样的修改,所以也可以认定交易对方是知情的。但是因为 ISL 方面时间拖得太久了——3月2日签署合同,直到7月中旬才出来否认克发的代表权,所以可以推定即使他当时真的无权(越权代理),事后也已经得到了公司的默认(追认),所以交易对方知不知情就变得无关紧要了。

当交易对方确实知情而事后又不存在公司方面的追认或默认的情况下,合同无效。Behrstock v. Ace Hose & Rubber Co.,114 Ill App.3d 1070,70 Ill Dec. 607,449 N.E.2d 954(1983)中,约金代表公司跟他的儿子签订的雇用合同就是如此。该案涉及阿尔福利德和约金两兄弟之间的矛盾。兄弟俩30年来创建了5个封闭公司,并且同为公司的官员、董事和50%股东。约金作为公司总裁雇用了他的儿子布鲁司担任财务总监。布鲁司升迁得很快,先作为总裁助理,而后又当总经理,负责公司日常的经营决策。约金和布鲁司向阿尔福利德建议签订一份书面的雇用合同,写上布鲁司的工作和报酬。阿尔福利德口头上同意布鲁司分享公司利润,但是数次拒绝签署书面合同。约金然后就径直与布鲁司签订了合同,规定给予布鲁司公司利润的一个百分比作为他的报酬。阿尔福利德起诉要求宣判合同无效。

上诉审法院宣告合同无效。法院解释说,合同属于非常性质,因为它要公司将净利润的一个百分比分配给指定的雇员,这样的合同需要董事会的授权,虽然这条规则也有一个例外,就是"公司允许它的总裁全面掌管其事务。这时可以说行使控制权的官员拥有从面上看起来让公司受合同约束的权力。……此例外的自然推论是这项权力的假定可

---

① 陪审团需要得出事实结论,法官对此做出指示,说满足了什么条件就必须得出什么样的结论。陪审团根据这类指示得出的事实结论叫作指示结论(directed verdict)。法官有时候做这类指示,有时候不做,视案情而定。在做与不做,做什么样的指示上面,经常会引起诉讼双方的争议。

以用事实无权进行反驳"①。法院断定即使证据显示约金拥有对公司的"全面控制权"，"由此产生的使公司受合同约束的表见权力也明显被证据驳倒了"。②因为布鲁司不是一个信赖了总裁表见权的不知情的雇员，尔后要求执行这份非常合同，而是清楚地知道阿尔福利德激烈地反对书面合同。

法定代表人有没有权力代表公司实施赠与行为，例如，慈善性捐款、救助灾区等？应该说，一般情况下，公司以赢利为目的，无论是董事会还是法定代表人都没有这样的权力。赠与需要得到股东会的授权，因为钱是股东的。但是如果赠与与公司生意有关，是为了改善公司的社会形象，扩大影响，提高公司的商业信誉，表面上无偿，但是实际上具有无形的收益，类似于广告，这样的赠与是可以的，但是一般应当得到董事会的批准。这个问题我们在前一章的公司目的和权力一节中谈到慈善和政治性捐款时也有所介绍，以后如有机会讨论公司的社会责任，还会做进一步的探讨。

在多数情况下，交易属于一般性质，法定代表人的代表权是没有疑义的，只要手续完备，如以公司的名义实施交易并作为公司代表签名，或者还加盖了公司的印章，交易都是有效的。但是从上面的讨论中也可以看出，在一般与特殊、正常与非常之间存在着一大片灰色地带，在这个领域内法定代表人的权限是不明确的。

讨论至此，有必要对英美法在法定代表人权限问题上的探索做一个总结和说明。前面说过，证明法定代表人没有代表权的责任在公司，③还有判例说举证责任在否定合同效力的人身上，④这两种说法表达的是同一个意思，因为总是公司想否认合同的效力。但同样是在科学持股有限公司诉普来司有限公司一案中，福任得力法官所引的亨德法官的话却说："纽约没有一条绝对的规则说对公司总裁可能签订的任何合同，无论多么不一般，都要求公司来证明他没有得到授权。"一边说举证责任在公司，一边说举证责任不一定在公司，这两种说法是不是互相矛盾呢？其实不矛盾，因为它们都在以"正常生意"规则为前提探讨正常与非常的界限。在正常生意范围内，法定代表人有权代表，公司要说他无权，就得负责举证；在非常范围内，法定代表人无权代表，第三人要说他有权，就得举证；在正常与非常之间的灰色地带，有权无权不确定，举证责任也不确定，这就是亨德法官所说的没有绝对的规则要求公司举证。事实上，在说举证责任在公司的时候，法院特地强调了"那些明显属于公司业务范围的事情"；⑤而亨德法官在说举证责任不一定在公司的时候，接着马上补充说明："诚然，我们可以假定生意中的一般性权力他是有的，但是假定到此为止"；也就是说，对于生意中的一般性权力，亨德法官也认为如

---

① 449 N.E.2d at 958。引文由本书作者翻译。

② 449 N.E.2d at 959。引文由本书作者翻译。

③ 见本节开头对法定代表人权限范围做一般性讨论提到的程序性规则及所引的1916年判例 Moyse Real Estate Co. v. First National Bank of Commerce，110 Miss. 620，70 So. 821（1916）。

④ 见科学持股有限公司诉普来司有限公司一案中福任得力法官在该段判词开头引用两个早期的判例 Patterson v. Robinson，116 N.Y. 193，22 N.E. 372（1889）和 Hastings v. Brooklyn Life Ins. Co.，138 N.Y. 473，34 N.E. 289（1893）所表述的规则。

⑤ 见前面翻译的从1916年判例 Moyse Real Estate Co. v. First National Bank of Commerce，110 Miss. 620，70 So. 821（1916）中引来的一段话。

果公司说他无权，就要负责举证。可见举证责任取决于一个事实问题：这笔生意属于正常、非常还是不确定的中间地带？

事实问题与法律问题的区分是英美法特色。法定代表人的权限范围取决于事情本身属于正常还是非常。正常范围内他有权签约，非常范围内他无权签约，这些都是法律问题；在正常与非常之间的灰色地带，他有权还是无权不确定，要判断事情究竟属于正常还是非常就是一个事实问题。例如，一般性的合同他有权签署，终身雇用合同在没有特殊对价的情况下他无权签署，这些都是法律问题。但是养老金合同他有权签订吗？不确定。因为这样的合同到底属于正常生意范围还是非常范围还不确定，取决于商事习惯，所以认定其正常还是非常就是一个事实问题。有朝一日大家达成了一致的意见，认定它属于正常，或者认定它属于非常，那么有权无权的问题也确定了，它就是一个法律问题了。这就是为什么终身雇用合同是一个法律问题，而类似的养老金合同却是一个事实问题的原因。[①]可见事实问题可以转化为法律问题。事实问题由陪审团决定，法律问题由法院决定。对于一个具体的合同，法定代表人有没有权力签署是一个事实问题还是法律问题，归根结底仍然取决于：这笔生意明显地属于正常或者非常范围还是属于不确定的中间地带？

关于正常生意规则，我国法律还没有规定，但是法学界的学术讨论中一般也是承认的。只是国内的讨论往往限于一般规则的表述，限于泛泛而论，对于正常与非常的边界还没有细究。美国公司法学的先进之处在于已经从具体问题入手探索正常与非常的边界。这些探索对我国公司法的理论和实践都是有参考价值的。

作为公司法律师，当你代理客户与公司交易的时候，出于谨慎可以要求对方出示有权代表的充分证据。什么样的证据才算充分呢？如果事项在董事会的权限之内，董事会授权的决议文本是充分的证据，必要时还可以加上会议的正式记录；股东会权限范围内的事项也一样。对于决议文本的真实性，简单的办法是让公司的有关人员认证签字并加盖公司印章。在一笔大的交易成交的时候，谨慎的律师还可能要求查看公司的章程和规章，确保这些文件中不存在漏洞，比如章程中可能要求非常的程式或者含有某个条款限制了董事会的权力，从而使其对法定代表人的事先授权或事后批准产生问题。不过，对权力的调查必须适度，过度了就会降低交易的效率，也会引起对方的不快。

下面运用以上介绍的知识来分析和讨论两个案例题。

例题 8-1[②]

Y 股份公司有 3 名董事，其中股东会议同意董事 A、B 有权对外代表 Y 公司。董事 C 只有在 A、B 认同的情况下，才可以以董事长身份对外进行业务活动。

---

① 像李诉金肯司这样的案子，上级法院认为下级法院将一个事实问题当作法律问题来判决是错误的。乍一看似乎下级法院确实存在问题，怎么连事实和法律都部分不清楚。其实无非是两级法院在养老金合同属于正常生意范围、非常生意范围还是中间地带的认定不同。下级法院认为它像终身雇用合同一样属于非正常范围，所以就当作法律问题来判决；而上级法院则倾向于认为它属于正常生意范围，至少也是不确定的中间地带，所以就不同意下级法院的看法。

② 姜一春，方阿荣著：《公司法案例教程（第二版）》，198 页，北京：北京大学出版社，2010。

（1）C 在没有得到 A、B 认可的情况下，以"Y 股份公司董事长"之名，向 X 开出了期票（到期须支付的票据）。X 过去经常接受 C 以同样名义提交的期票，一直没有发生过不交付的问题，因此对 C 的身份信以为真，并没有进行确认，之后，Y 公司以 C 无权出具期票为理由，在期限届满时拒绝了 X 的期票全额支付的请求。Y 公司的理由是否合法？

（2）如果 X 知道 C 不是公司董事长，并且过去他代表 Y 公司同其他公司交易时其董事长身份就曾经发生过争议，但是 X 却不去核实确认 C 的真实身份，那么，Y 公司提出拒绝支付的理由是否合法？

例题 8-1 分析和讨论：

按照我国《公司法》规定，本案中有两点应当指出。第一，对于董事 A 和 B 都能对外代表公司，应当理解为他们仅仅被授权代表公司对外签约，并非两个都是法定代表人。实际很可能一个是而另一个不是，因为在工商局只能登记一个法定代表人。如果两个都是，那就与《公司法》第 13 条的规定不一致了。这将涉及《公司法》第 13 条是否属于强制性规定等问题。第二，股东会决议限制 C 作为公司官员的权限范围是否合法？我国《公司法》规定股东会选举和撤换董事、修改章程；董事会决定机构设置、制定内部管理制度。确定公司官员的权限范围到底是股东会的权力还是董事会的权力在此可以争议。一般说来，官员的权限范围应当由其设置机构董事会确定，而不是由股东会确定。不过，由于 C 是董事，股东选举和撤换董事，所以也勉强可以理解为股东有权力确定董事的权限范围。由于这两个问题都没有引起争议，所以就不细究了。就题设所提问题而言，这是一个简单题。

（1）Y 公司内部股东会决议：C 对外代表公司交易必须得到 A、B 的认可。在对决议效力没有争议的情况下，这个决议在公司内部是有效的，对 C 有约束力。可是如前所述，这类内部的限制不能对抗外部的善意第三人。只有在董事长签订非正常合同的时候，交易对方才可以被推定为知情，即知道董事长在没有董事会或者股东会授权的情况下无权签约。但是本案中的交易显然不是非正常交易，而是公司生意范围内的、经常性的交易，因为题设中明确说明"X 过去经常接受 C 以同样名义提交的期票"。为了保护交易安全和善意第三人的利益，应当认定 C 具有表见代理权，Y 公司的拒付理由不能成立，必须全额付款。当然付款之后可以在公司内部追究 C 的越权责任，但那是另一回事了。

（2）如果 X 知道 C 不是公司董事长或者知道过去 C 的董事长身份曾经引起过争议，那就是知情的了，就不是善意的了。因此，表见代理不能成立，Y 公司有权拒绝付款。

第二节　董　事　会

一、组成

根据我国公司法的规定，有限责任公司的董事会由 3~13 人组成，股份有限公司的董事会由 5~19 人组成。[①] 股东人数少或者规模小的有限责任公司，可以不设立董事会，只设一名执行董事。[②] 董事会设董事长一人，可以设副董事长，也可以不设副董事长。董事由股东选举产生。但是董事长、副董事长的产生办法由公司章程规定。[③] 一般不外乎两种办法：一是由股东选举；二是由全体董事选举或推举。

对于上市公司，中国证监会还要求有一定比例的独立董事。独立董事是指在公司外部任职而不在公司工作，并且与公司没有经济联系的董事，也称外部董事。这样，上市公司的董事就有内部与外部之分。内部董事是指公司高层雇员担任的董事，或者虽然不在公司工作但是与公司有较多的经济联系因而受经理层的影响较大董事，例如公司存款的大银行里的一个银行家、公司外部法律服务主要来源的律师事务所里的一位合伙人、公司供应商内的行政官员，等等。也有把董事分为 3 类的：内部董事——公司雇员；关联外部董事——与公司有密切经济联系的外部董事；不关联外部董事——与公司没有经济联系的外部董事。我们在概念上把关联外部董事算作内部董事。

我国设立独立董事的目的是要加强对董事会和经理层的监督，保护股东的利益。但是实践中独立董事一般由公司董事会聘请，并且发给比较丰厚的薪水，这种利益格局决定了独立董事不独立，要他来监督董事会几乎是不可能的。虽然法律要求董事由股东选举，但是那仅仅是个形式，董事会选好了人之后报股东会通过便是，一般不大有股东会否定董事会提名的人选的事情。造成独立董事不独立的主要原因是市场压力没有形成。我国还没有股东追究董事违反注意义务和忠诚义务的诉讼，因为国人，特别是我们的法院，对这两个从国外引进的义务概念还不太熟悉、不太习惯。次要原因是公司选人的标准有问题。国外的公司选外部董事主要是为了做生意，往往挑选那些具有独特经历和独到见解的人，其对公司决策所发表的意见能够启发内部董事的思路，所以是任人唯贤；而我国公司的选择标准主要是做广告，所以都选择名人，发给高薪，用他们的名声来为公司打牌子，叫作任人唯名。所以任命独立董事与上电视做广告没有什么两样。而对独立董事来说，拿人钱财，替人消灾，拿了公司的钱就替公司说话，实际上就是替董事会和经理层说话。这样的利害关系、这样的董事，是难以真正独立的。[④]

董事的任期由公司章程规定，最长不得超过三年，但是连选可以连任。[⑤] 董事在任期之内也可以由股东会撤换。撤换分为有因撤换和无因撤换。我国 1993 年《公司法》

---

① 根据《公司法》第 146 条的规定，犯罪释放后不满 5 年、经营企业致其破产、经营过的企业被吊销营业执照或者个人负债累累到期未能清偿的人，都不能担任公司董事。

② 见《公司法》第 50 条。

③ 见《公司法》第 44 条、第 108 条和第 109 条。

④ 美国有观察家在考察了很多由外部董事组成的董事会下设的特别委员会之后认识到：独立董事受投资银行和律师的影响很大。该观察家认为，一个重要的原因是这些董事并不清楚自己的法律义务是什么："我当然知道腐败的存在。但是我认为，在大的上市公司里，当特别委员会中的外部董事使我们失望时，很可能是因为他们不知道我们期望他们做什么。董事必须首先知道什么是对的，然后法院才能期望他们做得对。"他认为律师应当负责解释，使外部董事知道他们的义务。William T. Allen, Independent Directors in MBO Transactions：Are They Fact or Fantasy? 45 Bus. Law. 2055-63（1990）.

⑤ 见《公司法》第 45 条。

规定股份有限公司的董事任期之内股东大会不得无故解除其职务，就是有因撤换。有因的因是指董事有重大失误，特别是违反忠诚义务的行为。所以有因撤换董事一般比较困难。2005 年修改的《公司法》删除了有因的要求，实际上相对地扩大了股东会的权力，使之可以随时撤换董事。不过，具体的撤换程序、有因无因等，还得由公司章程去规定。

【案例 8-3】
李建军诉上海佳动力环保科技有限公司公司决议撤销纠纷案 [①]
上海市第二中级人民法院 2010 年 6 月 4 日

原告李建军系被告佳动力公司的股东，并担任总经理。佳动力公司股权结构为：葛永乐持股 40%，李建军持股 46%，王泰胜持股 14%。三位股东共同组成董事会，由葛永乐担任董事长，另两人为董事。公司章程规定：董事会行使包括聘任或者解聘公司经理等职权；董事会须由 2/3 以上的董事出席方才有效；董事会对所议事项作出的决定应由占全体董事 2/3 以上的董事表决通过方才有效。2009 年 7 月 18 日，董事长葛永乐召集董事会，三位董事均出席，会议形成了"鉴于总经理李建军不经董事会同意私自动用公司资金在二级市场炒股，造成巨大损失，现免去其总经理职务，即日生效"的决议。该决议由葛永乐、王泰胜及监事签名，李建军未在该决议上签名。

李建军认为董事会决议依据的事实错误，程序违法，向法院起诉，请求法院撤销该决议。

上海市黄浦区人民法院一审查明，原告李建军在案外人国信证券公司买卖股票 800 万元之事，从账户的开立、资金的投入到交易的实施，均系经董事长葛永乐同意后委托李建军代表公司所为。鉴于董事会的决议显失公允，法院于 2010 年 2 月 5 日判决撤销。 [②]

被告佳动力公司不服，提出上诉。上海市第二中级人民法院撤销了黄浦区法院的判决，驳回原告李建军的诉讼请求。理由是：根据《公司法》第 22 条第 2 款的规定，董事会决议可撤销的事由包括：一、召集程序违反法律、行政法规或公司章程；二、表决方式违反法律、行政法规或公司章程；三、决议内容违反公司章程。本案中佳动力公司 2009 年 7 月 18 日董事会的召集程序、表决方式和决议内容都没有违反法律或公司章程的规定。决议内容中"总经理李建军不经董事会同意私自动用公司资金在二级市场炒股，造成巨大损失"的陈述，仅是董事会解聘李建军总经理职务的原因，而佳动力公司的章程中未对董事会解聘公司经理的职权作出限制，并未规定董事会解聘公司经理必须要有一定原因，因此，即使没有原因或者原因错误，佳动力公司董事会都可以行使公司章程赋予的解聘公司经理的权力。公司法尊重公司自治，公司内部法律关系原则上由公司自治机制调整，司法机关一般不应介入公司内部事务。

本案中撤换的虽然是总经理而不是董事，但是二者在有因撤换与无因撤换这点上的道理是相通的。二审法院强调尊重公司自治，也是正确的。本案中佳动力公司的章程实

---

① （2010）沪二中民四（商）终字第 436 号。此案经最高人民法院审判委员会讨论通过，于 2012 年 9 月 18 日作为指导案例发布。原文较长，为了节省篇幅，突出重点，本书作者做了精简和改编。

② （2009）黄民二（商）初字第 4569 号。

际上规定了董事会可以无因撤换总经理，所以撤换的原因是否公正法院在所不问。但是如果章程规定了有因撤换，法院就会审查撤换的具体原因了。

2019 年 4 月 28 日，最高人民法院发布《关于适用〈中华人民共和国公司法〉若干问题的规定（五）》[1][以下简称《公司法司法解释（五）》]。其中第 3 条第 1 款规定："董事任期届满前被股东会或者股东大会有效决议解除职务，其主张解除不发生法律效力的，人民法院不予支持。"这条规定没有提及撤换董事的有因与无因，只强调股东会决议的有效，令人疑惑。如果章程明确规定了董事必须有因撤换，那么只要董事没有重大过错，股东会就无权撤换，除非股东会先通过决议修改章程。换句话说，这时董事主张解除不发生法律效力，是合理合法的，也是有效的，法院必须支持。因此最高院的这条规定是有问题的。[2]

二、权限

董事会是公司的决策机构。根据《公司法》第 46 条的规定，董事会有直接决定权的主要是两个方面：一是生产经营方面有权决定生产经营和投资的计划；二是人事方面有权决定机构设置、聘任和解聘经理并决定经理的报酬。不过经理往下包括副经理、财务主管等的聘任和解聘需要根据经理的提名来决定。也就是说，董事会不能直接任命或指定某人为副经理。这是一种分权制衡的安排。除了生产经营和人事方面的直接决定权之外，董事会还有权制订预算和决算、利润分配、增资减资、合并分立等方面的方案，但是需要股东会批准。因为法律规定董事会对股东会负责，执行股东会的决议。这也是一种分权制。

凡是法律明确规定属于董事会权限范围内的事，法定代表人必须得到董事会的授权才可以做，否则他的行为无效。但是如果成文法的规定不明确，或者没有规定到，那就需要法院在判决中解释和澄清。在 Village of Brown Deer v. Milwaukee，16 Wis.2d 206，114 N.W.2D 493，cert. denied 371 U.S. 902，83 S.Ct. 205（1962）中，公司总裁持有公司的多数股份，同时又是董事会 11 个成员中的一员。他平时独自处理公司事务而很少召集董事会开会。后来这位总裁代表公司签署了一份请求市政府吞并土地的文件。法院说这是一个"政治行为"而非一般性的商事决策，所以不在总裁的代表权限之内，需要得到董事会的批准。威斯康星州成文法允许公司董事会在全体董事签名的情形下不开会而行动。但是总裁没有得到全体董事的签名，也就是没有得到董事会的批准，所以无权代表公司实施这样的行为。

三、开会做决议

董事会习惯上通过开会投票作决议。有定期会议，也有临时会议。每个董事一票；原则上不能委托代理[3]。要求董事们聚到一起开会的原因大致有两层：第一是"三个臭皮

---

① 自 2019 年 4 月 29 日起施行。

② 该条第 2 款规定了董事被撤职之后补偿纠纷的处理，与这里的讨论无关。

③ 但是《上市公司章程指引》（2017 年修订）第 121 条规定："董事因故不能出席，可以书面委托其他董事代为出席。"

匠顶一个诸葛亮"，通过集思广益，群策群力，会有更多的想法和观点得到考虑，不同的知识结构和人生经历又可以互补，最终得出比各个董事分散行动较好的结论；第二是纯概念性的：董事的权力来自公司和股东，而这一权力是授予董事会作为一个机构的整体的，而不是单个董事的简单相加。

不过从务实的角度看，过分机械地要求董事们聚到一起开会会带来很多不便。生意的急需、人的懒散、法律顾问的不称职、加上许多公司老总及其手下都看不起那些形式主义的手续，非正式的会议在实践中相当普遍。特别是在股东人数较少的有限责任公司中，就那么几个管理人员，说一声就行了，一般不会形式主义地开会。对于那些需要董事会批准的重大协议，如果法律严格要求开会，不开会做出的决议无效，公司就可能利用这条规则来逃避合同责任，使无辜的第三人承担难以预测的风险。历史上曾经有过这样严格的要求，[①] 但是法院很快发现了这条传统规则带来的不公正，因为公司在需要的时候可以引用它以逃避合同义务。于是，法院找了很多理由来判决协议有效，公司应受协议约束，尽管没有正式的公司董事会会议去批准协议。

所有这些原因都导致了对传统形式要件的不遵守。为了保护交易中的善意第三人，也为了给公司实践提供方便，提高效率，法律应当承认某些非正式董事会的效力。当全体董事一致同意时，可以不开会，事前或事后由各位董事在决议中签字即可。遇到紧急情况，董事会需要马上决定以避免大的损失或者抓住有利的商机，但又无法将全体董事及时地召集到会议上来，部分能联系到的董事的意见可以作为董事会的意见。此外，电话会议（包括通过视频的可视电话会议）应当视同正式会议，尽管每个董事不在同一个房间内。

我国《公司法》在这个问题上也采取了灵活的态度，根据私法自治的原则，将董事会的议事方式和表决程序留给了公司章程去规定（第 48 条）。[②]

四、通知和会议有效人数

我国公司法规定了董事会由谁召集和主持（第 47 条），但是没有规定通知要求和会议有效人数，把这些都留给公司章程去规定（第 48 条）。

一般说来，除非有不可抗力等紧急情况使通知无法送达，董事会开会前必须将会议的时间、地点和议项通知到每一个成员。如果有哪一个董事没有被通知到，则会议做出的任何决定都是无效的。通知要求的现实目的是使每个人能够亲自参加会议。定期会议的通知要求不如特别会议严格。如果定期会议根据以往习惯都不通知，届时在同一地点准时召开，议项大致相同，就可以不通知。但是特别会议必须提前两天以上通知。[③]

---

① 美国一家法院的判词 Baldwin v. Canfield，26 Minn. 43，1 N.W. 261（1879）很有代表性："公司的经营和管理交给了董事会。其法律效力不是别的，而是将公司的经营管理交给了作为一个机构的董事会。根据普遍适用的规则，公司的管理机构是公司的代理人，但必须是机构整体而不是个人。因此，他们除了集中开会便无权行动。组成这个机构的个人的单独行为并不是拥有公司权力的机构整体的行为。"

②《公司法》第 48 条："董事会的议事方式和表决程序，除本法有规定的外，由公司章程规定。"

③ 两天的期限参照美国公司法样本 8.22（b）。

【案例 8-4】

淄博市临淄区公有资产经营公司诉山东齐鲁乙烯化工股份有限公司等股东请求撤销董事会决议纠纷案

山东省淄博市中级人民法院 2007 年 2 月 26 日 ①

山东齐鲁乙烯化工股份有限公司（以下简称齐鲁乙烯）的董事会由 7 人组成：马福祥、蒋晋辉、蒋华明、盛学军、罗敏、王建、杨滨川。马福祥为董事长。2006 年 6 月 5 日，蒋华明、罗敏、盛学军提议，因齐鲁乙烯经营管理混乱，近期召开董事会。同月 9 日，蒋华明、蒋晋辉、罗敏、盛学军以齐鲁乙烯经营管理混乱，董事长马福祥长期不能履行职责为由，推举盛学军召集并主持临时董事会会议。

6 月 12 日，会议通知传真至杨滨川处，称，鉴于齐鲁乙烯目前管理混乱，2005 年审计机构无法进场实施年度审计等现状，董事罗敏、盛学军、蒋华明提议于近期召开公司临时董事会，有关情况如下：一、会议召开时间：2006 年 6 月 14 日。二、会议召开地点：重庆渝北区紫荆路佳华世纪新城 D 区 6 栋重庆国际实业投资股份有限公司会议室。三、会议议题：规范公司管理，改善公司现状。请各位董事届时莅临。杨滨川于次日回函，称，因此次临时董事会议通知上无董事长签字、也未说明三人召开董事会的权利来源、本人亦未接到董事长的任何通知或说明、公司经理于汉信也未接到与会通知、在公司所在地召开董事会更符合实际等原因，拒绝参加本次临时董事会。该函于当日传真至盛学军处，并于当日寄出，后盛学军收悉。

6 月 14 日，齐鲁乙烯临时董事会召开，由盛学军主持，罗敏参加，蒋晋辉、蒋华明委托盛学军代为参加临时董事会决议，并行使表决权。会议通过了临时董事会决议，决定成立齐鲁乙烯清产核资工作小组，并改选盛学军为董事长，马福祥不再担任董事长。

原告淄博市临淄区公有资产经营公司（以下简称公有资产公司）是齐鲁乙烯的股东，在获知上述临时董事会决议后以临时董事会召集程序违法为由，要求撤销该决议。

被告则认为原告起诉已超过期限，临时董事会召集程序合法。

山东省淄博市临淄区人民法院一审认为，关于起诉期限，临时董事会作出决议的时间为 2006 年 6 月 14 日，原告在 8 月 11 日向法院递交起诉状，法院审查后于 8 月 17 日决定立案。起诉的日期 8 月 11 日而非 8 月 17 日，所以没有超过《公司法》第 22 条规定的 60 日期限。

关于临时董事会的召集程序是否合法合规，法院指出了以下几点：第一，齐鲁乙烯的章程规定董事会会议通知应包括"事由及议题"，而本次临时董事会会议通知中，仅列明会议议题为"规范公司管理，改善公司现状"，用语模糊，内容空泛，接到通知的董事无法掌握具体议题，更无法作出准备。第二，《公司法》及齐鲁乙烯章程中均规定"经理列席董事会会议"，齐鲁乙烯章程中还规定"监事列席董事会会议"。召开本次临时董事会的事由是公司目前管理混乱，经理和监事因职责关系，对公司的现状更为清楚，他们参加为解决公司管理问题而召开的临时董事会就更为必要。但是会议通知没有发给他

① （2007）淄民四终字第 33 号。原判词较长，为了节省篇幅，突出重点，本书作者做了精简和改编。

们，违反了《公司法》与齐鲁乙烯章程的规定。第三，董事会的召集程序还应该根据诚实信用的原则，充分保障董事能充分表达意见，行使表决权。蒋晋辉、罗敏、盛学军、蒋华明共同推举盛学军为临时董事会召集人，在决定召开临时董事会时，并未将推举情况告知杨滨川，使杨滨川知道盛学军有权召集本次临时董事会，在杨滨川以召集程序违反章程规定，从而表示拒绝参加时，也未给予解释，而是置之不理，径行召开。况且，会议通知于6月12日传真至杨滨川处（在山东，公司也在山东），6月14日即在重庆召开临时董事会，而重庆远距临淄两千余公里，杨滨川即使愿意参加该次会议，一是在如此短的时间内赶到重庆确有很大困难；二又不知具体的会议议题，无法有针对地进行准备，从而不能充分地表达意见，有效地行使董事的权利。因此，本次临时董事会议召集也违反了诚实信用原则。综上，法院撤销了2006年6月14日齐鲁乙烯临时董事会决议。[①]

被告盛学军、罗敏不服一审判决，提起上诉。山东省淄博市中级人民法院二审维持原判，驳回上诉。

本案背后各方当事人之间的争执和矛盾冲突一定十分激烈。但是我们法院写判决书一般不涉及这些背景材料，使我们阅读判例的人少得了很多有用的信息。现实利害冲突、背景情况，对于理解案件十分重要，当事人在诉讼中也必定会谈到，但是法院大概认为这些缺乏确凿证据的内容不便写在判词中，所以大多数判决都不会写到，这应该是中国法制建设在初级阶段上的一个缺陷。

从案例材料上看，公司内部显然分为两派。一派以董事长马福祥为首；另一派以董事盛学军为首。后者在董事会内占据了多数，所以就想通过开会投票表决撤换马福祥的董事长职务。而马福祥一边也明知对方的用意，所以不理睬对方的开会提议，拖着迟迟不肯召集会议。所以盛学军一边只好推举临时召集人召集临时董事会。从案情事实看，这样的临时董事会一定是符合章程规定的，否则原告在诉讼中必定会指出来，用不着吹毛求疵去找一些边缘性的瑕疵来说事。可见，实际情形是开会程序基本合规，只发生了一些边缘性的程序瑕疵：没有按章程要求通知经理和监事，也没有向杨滨川解释召集人的合规性。但是经理和监事即使通知了、来了，也只能列席，没有投票表决权，所以对董事会最后通过的决议是没有影响的。[②]这种边缘性的瑕疵其实也可以谅解。至于没有向杨滨川解释召集人的合规性，责任不完全在被告，杨滨川也有责任。作为董事，他难道就不知道章程的相关规定，难道就不能推断盛学军既然召集，必定有人根据章程规定推举了他？当他指责会议通知上没有董事长的签名时，难道他就不是在明知故问，故意装傻和挑刺吗？当然，被告拒不解释的傲慢态度也确实有问题。万一杨滨川真的不知情呢？你解释清楚不就没事了吗？程序上最大的问题还是法院所指出的远隔两千多公里召集会议，却只提前了两天。或许这样做没有违反章程规定，但是确实有失诚信。把所有这些细小的瑕疵加总起来，法院撤销被告作出的决议也没有错。

---

① （2006）临民初字第3352号。判决时间2006年9月29日。

② 在正常情况下，经理的工作汇报可能会改变董事的看法，影响董事的投票。可是在两派利益激烈冲突、利害关系鲜明的氛围中，每位董事的投票偏向已定，不会受经理意见的影响。

由此我们可以看到遵守程序、遵守规则的重要性。如果本案中的被告董事严格按照章程规定通知了经理和监事，向杨滨川解释清楚了盛学军作为召集人的合法性，并且提前一两周通知开会，原告可能就抓不住什么把柄，被告完全可以从容地夺权，不会输掉一场官司。

当然，这四位董事在输掉了这场官司之后还可以再次召集会议，只要严格遵守了程序，他们依然可以达到目的，最后的胜利可能还是他们的。

《公司法》第 22 条第 2 款规定："股东会或者股东大会、董事会的会议召集程序、表决方式违反法律、行政法规或者公司章程，或者决议内容违反公司章程的，股东可以自决议作出之日起六十日内，请求人民法院撤销。"对于超过 60 天提起的诉讼，公司法没有规定。但是《公司法司法解释（一）》第 3 条已经明确规定人民法院不予受理。这样做有利于维护交易安全，节约司法成本。[①]

2017 年 8 月，《公司法司法解释（四）》发布，其中第 4 条规定："股东请求撤销股东会或者股东大会、董事会决议，符合公司法第二十二条第二款规定的，人民法院应当予以支持，但会议召集程序或者表决方式仅有轻微瑕疵，且对决议未产生实质影响的，人民法院不予支持。"本案中董事会召集程序上的瑕疵算不算轻微，是可以讨论的。从最终结果上看，如果最后的赢家终归是盛学军一派，那么认定轻微也可以，可以节省资源；但是从他们的做法缺乏诚信来说，法院认定其无效，惩罚一下，使他们长点记性，日后养成遵守规矩的习惯，也有好处。反正轻微与否是有伸缩性的，法院说了算。

因为通知要求是为了董事的权利，所以没有接到通知的董事可以在会前或者会后签署弃权声明，或者在获知消息的情况下径直参加会议而不提抗议。不提抗议参加会议视为对本次通知的弃权，以后不得主张会议无效。董事也可以因为没有接到通知，专门为了抗议而参加会议，这样的参加不构成弃权。

一般说来，董事会开会必须有足够数量的董事出席方为有效。会议有效人数的规定是为了董事会具有比较广泛的代表性，防止少数人决定多数人的事。会议有效数由公司章程或者规章规定。习惯上为超过半数，但是也可以更高，如 2/3 或者 3/4 以上。

五、召集和主持

公司法规定董事会会议由董事长召集和主持；董事长不能或不履行职务的，由副董事长召集和主持；副董事长不能或不履行职务的，由半数以上董事共同推举一名董事召集和主持。[②]

由于董事会决议的表决实行一人一票，所以董事长虽然负责召集和主持会议，但是他的表决权也只有一票，在这一点上他与其他董事是平等的。不过，由于我国特殊的文化传统，公司中董事长一人说了算，其他董事形同虚设的情形相当普遍。这种现象随着市场经济的发展、法制的逐步完备和董事责任的加重，会逐渐地向着董事地位平等的方向转变。

---

① 关于 60 天期限的性质，学界认为它既不是诉讼时效，也不是除斥期间。究竟是什么性质，还难以定论。
② 见《公司法》第 47 条。

六、会议记录

董事会的会议记录是公司决策过程的权威记载，是公司最重要的文件档案。根据权和责一致的原则，董事会的权力很大，但是每个董事都对公司及其股东负有注意义务和忠诚义务，这个责任也很大。违反了这些义务给公司及其股东造成损失的，董事个人应当承担赔偿责任。而董事会的会议记录就是每个董事有没有履行这些义务的最好证据。所以，公司法要求董事会对所议事项的决定做成会议记录，出席会议的董事必须在会议记录上签名。① 如果一项违反上述义务的决定给公司造成损失，需要董事赔偿，会议记录中那些持反对或者保留意见的董事可以免除责任。

七、董事会委员会

在现代公司特别是大的上市公司里，董事会很难作为一个整体来有效地履行它的职责。近年出现的增加外部独立董事的趋向使这个问题变得更加严峻。上市公司的独立董事不是本公司的雇员，在外部任职，除了每年一两次定期会议之外，临时会议很难随叫随到。应对这一困难的办法之一是在董事会之下设置各种专门委员会，每个委员会都由部分董事组成，其成员由董事会任命，然后将董事会的各种职能授予这些下设的委员会，委员会在董事会授权的范围内行使董事会的权力。

最常见的委员会要数执行委员会。它可以被授权履行董事会的绝大部分职能，只有少数非常的职能除外。当董事会正式会议不常开，董事会很大，董事会面临的重要事务太多而无法召集整个董事会开会，公司日常管理中不那么重要的事务因为技术原因又需要董事会处理的时候，执行委员会提供了灵活而便利的解决办法。

上市公司中另一个相当重要的委员会是审计委员会。它的作用大致包括选择公司的审计员、确定审计范围、审查审计结果、监督内部的记账程序等。如果审计委员会完全由独立董事组成，会对公司管理层形成相当大的压力，促使他们更加准确地披露信息。现在世界各大交易所都要求在那里上市的公司设立审计委员会。

其他相对常见的委员会包括财务（一般负责资产结构、证券发行、投资管理方面提出咨询意见）、提名（负责董事和官员候选人的提名）和薪酬（负责确定执行官员的薪水和其他报酬）委员会。一些富有创意的董事会还可能会设立其他的专门委员会。

委员会可以是永久性的或者临时的。它的功能可以是积极的，比如当委员会被授权代表董事会行动时；或者被动的，比如委员会从事研究并将背景材料提供给董事会，而它自己却不做任何决定。

委员会的设置扩大了董事会的控制面和监督面。当责任分给了董事小组的时候，每个小组都会在这个方面积累专门的知识，董事会作为一个整体就会因为它的成员的专业知识而得到更好的信息。与董事的注意义务有关，一个不在委员会里的董事在他合理地相信委员会值得信赖的范围内有权信赖该委员会呈交给董事会的意见和结论。

---

① 见《公司法》第 48 条第 2 款。

第三节　监　事　会

一、组成

根据我国公司法的规定，公司监事会的成员不得少于三人，但是股东人数较少或者规模较小的有限责任公司，可以设一至二名监事而不设立监事会。监事大部分由股东选举产生，小部分为公司的职工代表，后者比例不得小于1/3，具体由公司章程规定。监事会中的职工代表由公司职工通过职工代表大会、职工大会或者其他形式民主选举产生。不过，像政治上的民主选举一样，公司内部的这类民主规定都流于形式，实践中监事都由董事会和法定代表人指定，连开会选举的形式都没有。如果能够装模作样地开一个职工代表大会，在会上通过一下监事名单，那表现已经属于比较好的了。像董事一样，监事任期由公司章程规定，但是最长不超过三年；监事连选可以连任。董事、高级管理人员不得兼任监事。①

监事会设主席一人，由全体监事过半数选举产生。

二、召集和开会

监事会主席召集和主持监事会会议；监事会主席不能或不履行职务的，由半数以上监事共同推举一名监事召集和主持监事会会议。②

有限责任公司的监事会每年度至少召开一次会议，股份有限公司的监事会每半年至少召开一次。监事可以提议召开临时监事会会议。监事会决议应当经半数以上监事通过。监事会应当对所议事项的决定作成会议记录，出席会议的监事应当在会议记录上签名。③

三、权限

按照我国公司法的设计，监事会的权力主要是监督董事会。为此目的可以检查公司财务、列席董事会会议、提议召开临时股东会、向股东会提出议案，等等。④

【案例 8-5】
黄健诉广州力衡临床营养品有限公司股东知情权纠纷案⑤
广东省广州市中级人民法院 2009 年 5 月 4 日

黄健是广州力衡临床营养品有限公司（以下简称力衡公司）的监事。2007年9月28日，他致函公司法定代表人肖更生及董事会，要求他们对公司财务进行全面的审计，遭到拒

---

① 见《公司法》第 51 条、第 52 条和第 117 条。
② 见《公司法》第 51 条第 3 款和第 117 条第 3 款。
③ 见《公司法》第 55 条和第 119 条。
④ 见《公司法》第 53 条。
⑤ 原判词较长，为了节省篇幅，突出重点，本书作者做了精简和改编。

绝。纠纷升级，黄健在广州市天河区人民法院提起诉讼，称公司经营异常，请求判令公司出示自 2005 年年初到 2007 年年底的财务会计资料进行审计，费用由公司负担。公司方面则否认存在任何经营异常的情况，拒绝审计。

《公司法》第 55 条（现行第 54 条）第 2 款规定："监事会、不设监事会的公司的监事发现公司经营情况异常，可以进行调查；必要时，可以聘请会计师事务所等协助其工作，费用由公司承担。"

一审认为，根据法庭调查，被告没有经营异常的情况。即使存在这样的情况，原告的调查范围也应当限于经营异常的部分，而不能要求对公司 3 年的财务进行全面的审计。[①] 原告败诉后上诉。

二审认为，《公司法》第 55 条（现行第 54 条）规定的监事调查权属于公司内部的经营管理，不是诉权。监事发现经营异常，可以提议召开股东会，向股东会汇报，不能通过司法途径去获得知情权。

这个判决确立的规则是：监事无权为调查公司状况而提起知情权诉讼。《公司法》第 33 条规定了股东的知情权和相关诉权；第 54 条只规定监事对异常情况的调查权，但是没有规定诉权，所以监事没有这样的诉权。

一审、二审法院的判决结论虽然相同，但是判决理由不同。一审实际上承认监事在《公司法》第 54 条之下有诉权，但是限于公司经营出现异常的情况；二审认为监事没有该条下的诉权。细读第 54 条，感觉一审的理解比较合理。因为公司在董事会和经理的控制之下，依靠内部管理不能解决冲突。如果监事没有诉权，其法定调查权会被彻底架空。

【案例 8-6】
胡光书与北京中产连管理技术有限公司监事请求权案[②]
北京市第二中级人民法院 2009 年 9 月 16 日

2003 年 4 月 10 日，刘洁、丁汝峰、胡光书、赵毅共同出资成立中产连有限责任公司（以下简称中产连公司），经营范围为企业管理咨询、技术培训、组织文化艺术交流活动、展览服务、会议服务。四位股东中，刘洁任执行董事、法定代表人，丁汝峰任公司经理，胡光书任公司监事。

2008 年 11 月 28 日，中产连公司修改章程，规定：监事有权检查公司财务；除非经股东会批准，中产连公司的股东、董事、监事及高级管理人员，不得利用在中产连公司现有或曾有的职务之便从事任何与本公司的业务相竞争或可能竞争的业务，不得自营或者为他人经营与本公司同类的业务，不得利用经确认属于中产连公司的经营模式、经营资源、客户渠道、技术资料、商业信息等为自己或者他人谋取属于公司的商业机会和商业利益。

---

① （2008）天法民二初字第 193 号。
② （2009）二中民终字第 12717 号。原判词较长，为了节省篇幅，突出重点，本书作者做了精简和改编。

2008 年 12 月 24 日，胡光书向中产连公司发出通知，称作为中产连公司监事，要求检查中产连公司财务及经营情况。26 日，中产连公司复函胡光书，表示拒绝。胡光书遂向北京市朝阳区人民法院提起诉讼。

一审庭审时，胡光书提交胡光书与丁汝峰、赵毅于 2008 年 8 月 27 日的谈话录音，以证明丁汝峰承认中产连公司存在违规经营、财务造假、设置体外账户、偷逃税款、非法转移外汇等行为。中产连公司则提交了北京尚和德信管理咨询有限公司和北京信和尚德管理咨询有限公司的工商登记信息，两公司注册地址相同，经营范围均为企业管理咨询、计算机技术培训、组织文化艺术交流活动、承办展览展示、会议服务。尚和德信公司成立于 2008 年 7 月 3 日，法定代表人为胡光书，同年 12 月 16 日注销；信和尚德公司成立于 2008 年 10 月 9 日，法定代表人为胡松涛。

一审法院认为，虽然《公司法》和中产连公司章程均规定监事有权检查公司财务，但是胡光书经营与中产连公司业务类似的尚和德信公司，违反了公司章程中的竞业禁止义务。现在尚和德信公司虽已注销，但与尚和德信公司相关联的信和尚德公司仍在经营与中产连公司相类似的业务。因此，中产连公司有合理根据认为胡光书要求检查公司财务和经营情况有不正当目的，可能损害中产连公司合法利益，可以拒绝提供查阅。法院根据《公司法》第 34 条（现行第 33 条）第 2 款的规定判决：驳回胡光书的诉讼请求。

胡光书不服一审判决，向北京市第二中级人民法院提起上诉。二审法院维持原判，理由与一审法院完全相同。

《公司法》第 33 条规定了股东的查阅权，而胡光书主张的是监事权力。法院套用对股东查阅权的正当目的要求来审查胡光书行使监事权的行为，实际上是将监事行使职权类比于股东行使自益权，但是却没有对此做出明确的说明，只指出他既是监事又是股东。言下之意是你既然是股东，我也可以按照法律对股东的要求来衡量你。其实，直言类比适用可能更好更清楚。

此案可以同第十章第一节中的张章生诉宁波中缝公司股东知情权纠纷案比较。两个判决有一个共同特点，就是法院在查阅权问题上似乎对同业竞争很敏感，有同业竞争嫌疑的就不让查阅。

胡光书称中产连公司存在违规经营、财务造假、设置体外账户、偷逃税款、非法转移外汇等行为，法院抓住本案要害，不为所动。因为公司违法你可以到公安局、税务局、检察院等地方去报案。民事官司中法院只管解决纠纷，而本案纠纷是可不可以查账。

从总体上看，我国公司中的监事会几乎从来不行使监督权。大多数公司国有股"一股独大"，大股东既控制了董事会，也控制了监事会。因此，董事会和监事会一起成了大股东的代言人。往往是工会主席、党委副书记或者纪委书记担任监事会主席，他们的工资也是由董事会确定的，基本上听命于董事会。在这样的情况下，要监事会去监督董事会，是很不现实的。所以实际上我国的公司监事会制度形同虚设。

第四节　股　东　会

一、权限

《公司法》第 37 条规定了股东会的权限，其中最重要的是选举和更换董事、监事并决定他们的报酬的权力，因为这是人事权，控制了人事权，也就控制了整个公司。[①] 董事会任命经理并根据经理的提名任命公司的其他主要官员。有了多数董事的选举权，就等于有了公司领导班子的任命权。其次是修改章程的权力，因为章程规定公司的基本制度，在公司内部的制度建设中具有奠基石的作用。除了这两项最重要的权力之外，股东会还有审议批准董事会报上来的预算和决算、利润分配、增资减资、合并分立等方案的权力。不过在这些问题上，由于股东已经将经营管理权委托给了董事会，股东会的批准在多数情况下只是走走形式，一般情况下都会批准的。

二、开会

虽然股东是公司的所有权人，但是一个公司往往有许多股东，一个股东只拥有公司所有权的一小部分，所以股东只能通过开会表决来行使其对公司的所有权。作为所有权人，股东会是公司的权力机构。股东会与董事会之间的权力分割，体现了所有权与经营权的分离。像董事会和监事会一样，股东会议也分为定期会议和临时会议（《公司法》第 39 条第 1 款）。定期会议一般一年一次，叫作年度会议。年度会议的召开按照公司章程的规定进行（《公司法》第 39 条第 2 款）。章程一般会指定年度股东会的日期。临时会议是在年度会议之外的时间为某个具体的目的而召集的特别会议。

年度股东会上最重大的事情是选举董事。其次是审计师的任命和管理层报酬计划的批准。临时会议的召开需要有人提议发起。"代表十分之一以上表决权的股东，三分之一以上的董事，监事会或者不设监事会的公司的监事提议召开临时会议的，应当召开临时会议。"（《公司法》第 39 条第 2 款）。

股东可以变动，特别是上市公司的股东处在不断地变化中，因为每天都有人在卖出或者买进它的股票。为了会议的顺利举行，股东身份的确定必须有一个截止日期。只有在会议之前的某一天记录在册的股东有权投票。该日期[②] 一般由董事会确定，除非规章或者法律另有规定。[③] 不过我国《公司法》第 139 条第 2 款对股份有限公司规定："股东大会召开前二十日内或者公司决定分配股利的基准日前五日内，不得进行前款规定的股东名册的变更登记。"所以记录日一般定在开会前的 20 天之内。

---

① 公司收购的核心就是夺取董事选举权。

② 有的书籍和刊物将这一天称为除权日。除了开股东会需要有此截止日期外，分红时也需要截止日期。

③ 于是就会出现这样的情况：有的股东在记录日后开会之前把股份卖掉了，但是依然有投票权，而买了股份的人却没有投票权。从开会那一天看尤其有趣：非股东有投票权；股东没有投票权。分红也一样，存在着有股票却分不到红利，没有股票的人反而分到了红利的情况。

考虑到绝大多数股东人数较少的有限责任公司都不走形式，现代公司法一般都允许股东会通过非正式的方式投票表决，例如，不正式开会而签名表决。美国公司法样本要求采取这种形式必须全体股东一致同意。我国《公司法》第 37 条第 1 款规定了股东会的职权范围之后，第 37 条第 2 款接着规定："对前款所列事项股东以书面形式一致表示同意的，可以不召开股东会会议，直接作出决定，并由全体股东在决定文件上签名、盖章。"这款规定是在 2005 年修改时增加的，显然是吸收了国外的经验。

股东能否不开会做决议以及是否要求全体一致同意，这些看起来纯程序性的问题有时候关系重大。当美国本底克斯公司（Bendix Corporation）发出交售要约收购马丁·马里塔公司（Martin–Marietta Corporation）时，后者以牙还牙，也发出交售要约收购对方，先后相差仅 5 天。这种以进攻来防御的手段后来被称为派克人防御。[1] 在两家公司各自收购了对方 50% 以上的股份之后，最终结果却是本底克斯被白衣骑士收购，马丁·马里塔保持独立，继续存在。本底克斯开始收购早了 5 天，要约有效期不得少于 20 个工作日，本底克斯先于马丁·马里塔取得控股权，完全可以先行撤换马丁·马里塔的董事会，终止其交售要约，马丁·马里塔又是怎么赢的呢？问题出在州法规定的股东会决议程序上。

本底克斯是特拉华公司。根据特拉华《公司法》第 228 条的规定，多数股东可以不开会而通过书面同意做出决议。所以马丁·马里塔一取得多数股份后马上可以改选本底克斯的董事会，不需要事先通知。公司章程可以否定第 228 条赋予的这项权力，[2] 但是本底克斯的章程里恰恰没有这样的否定性条款，所以第 228 条适用。[3]

马丁·马里塔是马里兰公司。该州公司法规定不开会做决议必须得到全体股东一致同意；多数股东只能通过开会做决议，提前 10 天通知。所以，尽管本底克斯早了 5 天，马里兰公司法规定的股东会开会程序使它不能及时采取行动，所以就输了。

在股东不开会做决定的问题上美国各州法律规定有所不同。范本第 7.04 条代表多数立场，要求不开会做决定必须全体一致同意。可是，有的州，像特拉华，允许多数派股东这样做，至少在某些问题上。加利福尼亚、新泽西、内华达、佐治亚、路易斯安那、密歇根要求股东不开会选举董事必须全体一致同意；康州、宾州、罗德岛对选举董事和合并都有这样的要求；佛罗里达和伊利诺伊则像特拉华一样，允许多数派股东不开会而对各种属于股东权力范围内的事做出决议，只要章程不反对就行。特拉华只有一个例外，就是公司与利益股东合并必须开会做决议。

用股东书面同意代替开会。设置这一程序的目的是简化手续，提高效率，而不是干扰或限制经理层。如果股东多数意见一致，结果已成定论，用书面同意代替开会是多快好省的办法。特拉华于 1967 年通过的《公司法》第 228 条被认为是吸引许多公司去特

---

① 有关公司收购，详见本书下册第十八章争夺上市公司控制权。

② 由于书面同意程序可以被用来撤换经理层，所以在章程中禁止该程序的采用属于鲨鱼驱逐剂。鲨鱼驱逐剂是公司收购术语，解释见本书下册第十六章第二节第三小节交售要约词汇第 31 条和该章第三节要约收购第二小节防御措施小议第（三）部分公司内部制度中的其他驱鲨剂。

③ 特拉华《公司法》第 160（c）条规定：子公司持有母公司的股份没有投票权。由于本底克斯应该先于马丁·马里塔取得对方的多数股份，该条可以适用。本底克斯也确实引用了该条，特拉华衡平法院发出禁令禁止马丁·马里塔用它取得的本底克斯股份投票。马丁·马里塔上诉，但是特拉华最高法院还没有做出终审判决，双方就和解了。

拉华注册的重要原因。

书面同意所需要的赞成票数一般高于开会。开会做决议，只要出席会议的股份数达到会议有效数，赞成票占出席股份数的多数即可。但是书面同意的多数必须占公司全部已发行股份的多数。书面同意程序虽然事先不需要通知，但是事后必须提供类似投票代理权征集书①的信息说明。当然，因为是事后的说明，所以反对的股东来不及向法院申请禁令。此外，如果经理层手头票数不够，需要征集投票代理权的话，那就要遵守有关投票代理权征集的相关规则。

本底克斯案中敌意收购人可以购买多数股份而后马上将目标经理层扫地出门的情况，在特拉华采纳《公司法》第228条时是没有想到的。书面同意程序扩大了股东的权力，使一个新的多数派股东能够绕过对股东召集特别会议权力的限制，独立而迅速地做出决议。当外部人取得多数地位时，董事会阻止夺取的权力被削弱。敌意收购人可以用这个程序修改规章，撤销鲨鱼驱逐剂，②规定股东可以选举官员从而将原先的经理层换掉。不过，对于滞后董事会或者由累积投票选举的董事，一般都需要有因撤换，因而股东书面同意程序不能适用。

曾经有人试图挫败股东书面同意程序，但是法院不允许，认为这是权力的不公平使用。在 Datapoint Corp. v. Plaza Securities Co.，496 A.2d 1031（Del. 1985）案中，董事会修改规章，使得股东通过书面同意程序做出的决定推迟生效，从而使经理层赢得时间从事投票代理权的争夺。特拉华最高法院认定这些修改不合理。根据特拉华《公司法》第228条，只有章程规定可以对股东书面同意程序进行限制。

不过在 Frantz Manufacturing Company v. EAC Industries，501 A.2d 401（Del. 1985）案中，公司规章要求在会议有效数、投票表决和选举新董事的问题上必须全体董事一致同意。特拉华最高法院认定规章规定合法有效。因此，老董事会在没有新董事参加的情况下通过决议发行新股给新设立的职工信托，试图限制书面同意程序，该决议因新董事的缺席而无效。

在公司法规定了书面同意程序的州内，如特拉华、佛罗里达、伊利诺伊、加利福尼亚、新泽西和内华达，只要章程不做相反规定，该程序就适用；在其余的州内，由于公司法没有规定，所以只有当章程专门规定了这样的程序时，该程序才能适用。

我国目前严格执行不开会做出的决议必须得到全体股东一致同意的规则。如果没有得到全体股东的一致同意，那就必须开会。否则，即使部分股东享有公司绝对多数的表决权，也不能通过简单签署的方式形成股东会决议。

【案例 8-7】

张艳娟诉江苏万华工贸发展有限公司、万华、吴亮亮、毛建伟

南京市玄武区人民法院 2007 年 4 月 2 日 ③

原告张艳娟诉称：被告江苏万华工贸发展有限公司（以下简称万华工贸公司）成

---

① 关于投票代理权征集书，见第十二章第二节投票代理与股东民主。

② 本段中的敌意收购人、鲨鱼驱逐剂、滞后董事会都是公司收购中的词汇，详见本书下册第十八章第二节、第三节。累积投票见本节末尾部分。

③ 原判词较长，本书作者做了删减。

立于 1995 年，注册资本为 106 万元，发起人为被告万华（原告的丈夫）、原告张艳娟及另外两名股东朱玉前、沈龙。其中万华出资 100 万元，张艳娟等三名股东各出资 2 万元。2006 年 6 月，原告因故查询工商登记时发现万华工贸公司的股东、法定代表人均已于 2004 年 4 月发生了变更，原告及朱玉前、沈龙都已不再是该公司股东，原告的股权已经转让给了被告毛建伟，万华也将其 100 万元出资中的 80 万元所对应的公司股权转让给了被告吴亮亮，公司法定代表人由万华变更为吴亮亮。万华工贸公司做出上述变更的依据是 2004 年 4 月 6 日召开的万华工贸公司股东会会议决议，但原告作为该公司股东，从未被通知参加该次股东会，从未转让自己的股权，也未见到过该次会议的决议。该次股东会议决议以及出资转让协议中原告的签名并非原告本人书写。因此，原告认为该次股东会议实际并未召开，会议决议及出资转让协议均属虚假无效，侵犯了原告的合法股东权益。万华系原告的丈夫，却与吴亮亮同居，二人间的股权转让实为转移夫妻共同财产，并无真实的交易。万华与吴亮亮之间的股权转让行为也违反了万华工贸公司章程中关于"股东不得向股东之外的人转让股权"的规定，并且未依照万华工贸公司章程告知其他股东，未征得其他股东的同意。故原告请求法院确认所谓的 2004 年 4 月 6 日万华工贸公司股东会决议无效，确认原告与毛建伟之间的股权转让协议无效，确认万华与吴亮亮之间的股权转让协议无效，或者撤销上述股东会议决议和股权转让协议。

被告万华工贸公司辩称：万华工贸公司于 2004 年 4 月 6 日通过的股东会决议内容并无违反法律之处，万华工贸公司原股东朱玉前、沈龙均知道该次股东会决议内容及股权转让的事实，因而该决议是合法有效的。原告张艳娟认为其本人未收到会议通知，没有参加该次股东会，即便其主张成立，也只能说明 2004 年 4 月 6 日的万华工贸公司股东会会议程序不符合法律和该公司章程的规定。《公司法》第 22 条规定，股东会或者股东大会、董事会的会议召集程序、表决方式违反法律、行政法规或者公司章程，或者决议内容违反公司章程的，股东可以自决议做出之日起六十日内，请求人民法院撤销。原告起诉时已超过申请撤销决议的 60 天法定期限，故 2004 年 4 月 6 日的万华工贸公司股东会决议已然生效。原告无权否定该次股东会决议的效力。此外，原告不是本案的适格原告，因为 2004 年 4 月 6 日原告的全部股权已转让给了被告毛建伟，原告已不再具有股东资格，故无权提起本案诉讼。请求法院驳回原告的诉讼请求。

被告万华辩称：万华工贸公司于 2004 年 4 月 6 日召开的股东大会是合法的，本人享有万华工贸公司的全部表决权，经本人表决同意的股东会决议应为有效。本人将 80 万元个人出资对应的公司股权转让给被告吴亮亮，征得了公司所有股东的同意，该转让行为也是有效的。原告张艳娟诉称其未参加股东会，也未在相应文件中签字属实，但因本人与原告系夫妻关系，财产是混同的，且双方曾约定公司股权归本人所有，因此本人代原告参加股东会并在股东会决议和股权转让协议中代为签字，均是合法有效的。自 2004 年 4 月 6 日起原告已不再是万华工贸公司股东，其无权提起本案诉讼。

被告吴亮亮辩称：本人作为股权的受让方不应当成为本案的被告，其受让股权的程序是合法的。原告张艳娟与被告万华系夫妻关系，本人有理由相信万华可以代表原告作出放弃对于万华股权的优先购买权的表示。即便原告没有授权万华表达放弃优先购买权的意思，本人作为善意购买人，其合法权益亦应受到保护。原告与万华之间的夫妻矛盾应依据婚姻法进行处理，与本人无关。万华工贸公司2004年4月6日股东会决议和出资转让协议均应认定为有效。本人受让股权并被选任为万华工贸公司董事长已经两年多，该公司经营正常，在此期间原告从未提出过股东会决议违法或侵权等主张。2004年4月6日本人以80万元对价购买了万华在万华工贸公司的部分股权，现原告或万华如以同样的价格受让，本人同意将股权再转让给原告或万华。

被告毛建伟辩称：被告万华工贸公司曾借用过本人的身份证，但本人根本不知道自己已经受让了原告张艳娟等人在万华工贸公司的股权，从未参加过2004年4月6日的万华工贸公司股东会，也不认识该公司股东沈龙、朱玉前等人。万华工贸公司章程、2004年4月6日的股东会决议及股权转让协议中的毛建伟签名也非本人所签。

法院查明：原告张艳娟与被告万华于1988年结婚，现为夫妻。被告万华工贸公司成立于1995年12月21日，发起人和股东的组成、出资比例均如原告所称。1995年11月23日，四位发起人股东万华、朱玉前、沈龙、张艳娟签订了万华工贸公司章程，该章程规定：公司股东不得向股东以外的人转让其股权，只能在股东内部相互转让，但必须经全体股东同意；股东有权优先购买其他股东转让的股权。被告万华工贸公司成立后，由被告万华负责公司的经营管理。

2004年4月12日，被告万华工贸公司向公司登记机关申请变更登记，具体事项为：（1）将公司名称变更为江苏办公伙伴贸易发展有限公司（以下简称伙伴贸易公司）；（2）法定代表人变更为被告吴亮亮，股东变更为被告万华、吴亮亮、毛建伟及股东邢小英四人；（3）变更了公司章程的部分内容。

本案的争议焦点问题有两个：（1）被告万华工贸公司于2004年4月6日作出的股东会决议以及涉案股权转让协议是否有效；（2）原告张艳娟对上述股东会决议和股权转让协议申请确认无效或者申请撤销，应否支持。

法院先对以下证据及原被告争议的事实进行了分析和认定：一是原告张艳娟与被告万华的离婚协议，鉴于二人并未实际办理离婚，故该离婚协议中有关离婚后财产分割的内容不发生效力。[①] 万华依据该离婚协议，主张其享有夫妻二人在被告万华工贸公司的全部权利，证据不足，法院不予采信。二是1995年11月朱玉前、沈龙及原告张艳娟向被告万华出具的两份委托书，鉴于委托事项均特定而具体，可以证明朱玉前、沈龙、张艳娟曾以书面形式委托万华办理部分公司事务，但不能证明张艳娟委托万华转让其在万华工贸公司的股权，在没有其他证据印证的情况下，万华关于其有权代张艳娟转让股权的主张不能成立。三是朱玉前和沈龙有没有出席2004年4月6日的万华工贸公司股东会并在该次股东会会议决议和股权转让协议上签字的问题。被告方除该次股东会决议和

---

① 这样的认定与4年后最高人民法院《婚姻法司法解释（三）》第14条是一致的，即离婚协议在双方办理离婚手续之前没有约束力，任何一方都可以反悔。在该司法解释出台之前，对于离婚协议的效力有争议，各地的看法不一致，特别是深圳和江苏的看法不同，江苏的看法与《婚姻法解释（三）》的精神一致，深圳则认为协议有效。本案正好是江苏的，其判决自然体现出江苏省高级人民法院的意见。

股权转让协议外，未能提供其他证据，而朱玉前和沈龙的证言与被告毛建伟的陈述一致且均与被告方的主张矛盾。根据本案现有证据，不能认定万华工贸公司曾通知沈龙、朱玉前及原告张艳娟出席了 2004 年 4 月 6 日的万华工贸公司股东会，也不能认定万华工贸公司于 2004 年 4 月 6 日召开过由万华、张艳娟、沈龙、朱玉前共同参加的股东会。万华工贸公司、万华、吴亮亮亦未能提供证据证明 2004 年 4 月 6 日形成过由万华、沈龙、朱玉前、张艳娟共同签字认可的股东会决议，以及沈龙、朱玉前、张艳娟与邢小英、被告毛建伟共同签署过 2004 年 4 月 6 日的股权转让协议。

基于以上事实认定，法院认为，有限责任公司的股东会议，应当由符合法律规定的召集人依照法律或公司章程规定的程序，召集全体股东出席，并由符合法律规定的主持人主持会议。股东会议需要对相关事项作出决议时，应由股东依照法律、公司章程规定的议事方式、表决程序进行议决，达到法律、公司章程规定的表决权比例时方可形成股东会决议。有限责任公司通过股东会对变更公司章程内容、决定股权转让等事项作出决议，其实质是公司股东通过参加股东会议行使股东权利、决定变更其自身与公司的民事法律关系的过程，因此公司股东实际参与股东会议并作出真实意思表示，是股东会议及其决议有效的必要条件。本案中，虽然被告万华享有被告万华工贸公司的绝对多数的表决权，但并不意味着万华个人利用控制公司的便利作出的个人决策过程就等同于召开了公司股东会议，也不意味着万华个人的意志即可代替股东会决议的效力。根据本案事实，不能认定 2004 年 4 月 6 日万华工贸公司实际召开了股东会，更不能认定就该次会议形成了真实有效的股东会决议。万华工贸公司据以决定办理公司变更登记、股权转让等事项的所谓"股东会决议"，是当时该公司的控制人万华所虚构，实际上并不存在，因而当然不能产生法律效力。

被告万华工贸公司、万华、吴亮亮主张原告张艳娟的起诉超过了《公司法》第 22 条规定的申请撤销股东会决议的期限，故其诉讼请求不应支持。法院认为，《公司法》第 22 条规定的股东会召集程序违法，"股东可以自决议作出之日起六十日内，请求人民法院撤销"，是针对实际召开的公司股东会议及其作出的会议决议，而本案中，2004 年 4 月 6 日的万华工贸公司股东会及其决议实际上并不存在，只要原告在知道或者应当知道自己的股东权利被侵犯后，在法律规定的诉讼时效内提起诉讼，人民法院即应依法受理，不受《公司法》第 22 条关于股东申请撤销股东会决议的 60 日期限的规定限制。

股东向其他股东或股东之外的其他人转让其股权，系股东（股权转让方）与股权受让方协商一致的民事合同行为，该合同成立的前提之一是合同双方具有转让、受让股权的真实意思表示。本案中，不能认定原告张艳娟与被告毛建伟之间实际签署了股权转让协议，亦不能认定被告万华有权代理张艳娟转让股权，毛建伟既未实际支付受让张艳娟股权的对价，也没有受让张艳娟股权的意愿，甚至根本不知道自己已受让了张艳娟等人的股权，诉讼中也明确表示对此事实不予追认，因此该股权转让协议依法不能成立。据此，被告万华工贸公司、万华、吴亮亮关于张艳娟已非万华工贸公司股东，不能提起本案诉讼的主张不能成立，依法不予支持。

关于被告万华与吴亮亮签订的股权转让协议，根据《公司法》及万华工贸公司章程的相关规定，股东向股东以外的人转让股权的，须经全体股东过半数同意。本案中，万华向吴亮亮转让股权既未通知其他股东，更未经过全体股东过半数同意，因此该股权转让行为无效。

综上，法院判决：（一）2004年4月6日的被告万华工贸公司股东会决议不成立。（二）2004年4月6日原告张艳娟与被告毛建伟的股权转让协议不成立。（三）2004年4月6日被告万华与被告吴亮亮签订的股权转让协议无效。

一审宣判后，各方当事人在法定期间内均未提出上诉，判决生效。

本判例确立的规则是：《公司法》第22条规定的60天期限只适用于实际召开的股东会，不适用于虚构的股东会。对于后者适用法律规定的诉讼时效，从股东知道或者应当知道自己的股东权利被侵犯时起算。但是所谓"法律规定的诉讼时效"，是指普通的两年时效、一年时效、还是60天？判决没有说清楚。

本案判决确立的另一条规则是：股东会必须按规定召开，不开会而由实际控制公司的股东虚构会议和会议决议的，即使该股东拥有绝对多数的表决权，也不能以其个人意志代替股东会决议。该虚构的决议不能成立。其他股东请求确认该决议无效的，法院应当支持。10年以后，最高人民法院将这类判决规则提炼为《公司法司法解释（四）》第5条第1项："股东会或者股东大会、董事会决议存在下列情形之一，当事人主张决议不成立的，人民法院应当予以支持：（一）公司未召开会议的。"

本案中的万华创办了公司，经营着公司。注册资本中他投资了100万元，其他三位股东每人2万元，加起来也才6万元，在投票权上是无法和万华抗衡的。之所以有这三位小股东，很可能是因为当时的公司法不承认一人公司，要求有限责任公司的股东必须两个以上。从沈龙和朱玉前自己的股份被转让掉却没有与张艳娟一起起诉这一事实推测，他们很可能只是挂名股东，在其中没有真实的利害关系。再从他们在1995年11月出具两份委托书委托万华办理公司事务来看，三位小股东平时不参与公司事务。公司的事是万华一个人说了算。在这样的情况下，万华在股权转让问题上也越过了那些必办的手续，为所欲为，虚构股东会决议，代人签名。我国有不少企业家缺乏法制观念，都会这么干。

万华擅自将张艳娟的股权转让给毛建伟也事出有因。他们的离婚协议中规定公司股权归万华所有，作为对价，张艳娟一定分得了其他财产。张艳娟对公司对股权显然没有太大的兴趣。其之所以起诉，最大的可能是出于感情的纠葛——不让老公万华和他的小三吴亮亮太爽，让他们也难受一把。于是，万华不遵守公司法有关股权转让的基本规则就全都浮出了水面。虚构股东会、冒名代签转让股份，所有这些行为都是违规的，没有一项能够站得住脚，所以一告一个准。

假如万华在离婚协议签订后即刻办理与张艳娟的股权转让手续，她不会不同意，那就不会有本次讼争了。至于朱玉前和沈龙，他们本来就没有异议。

当然，万华输了程序输了官司不等于输了公司。公司还是他的，只是张艳娟短时间内可能不愿意退出公司，以后在形成股东会决议方面要比一个人说了算麻烦一些。这也是对万华不重视法律规则的一个教训。时间长了，张艳娟的气出完了，长期待在公司当这个小股东也没啥意思，最后还是会离开，只要万华有足够的耐心。

与前面的齐鲁乙烯案中盛学军等人因为遵守规则不到位和本案中万华因为不守规则而使本来可以办成的事情办砸了相比，下面的案子中故意违约的股东却因为严格遵守了股东会的开会程序而获得了本来不该获得的分红。

【案例 8-8 】
叶思源诉厦门华龙兴业房地产开发有限公司公司盈余分配权纠纷案 ①
厦门市中级人民法院 2007 年 9 月 20 日

1999 年 9 月 9 日，原告叶思源与厦门市上豪实业发展有限公司（以下简称上豪公司）签订了一份关于明月花园商品房项目开发的《股东合作协议》，双方约定："原告负责重新申请成立厦门华龙兴业房地产公司（以下简称华龙公司），负责解决该项目的楼面地价问题，在法定时间内提供用地红线图，负责现场三通一平工作及费用，负责该项目的前期审批工作，费用承担至用地规划许可证为止；上豪公司负担设计及取得建设许可证费用、报建及建安费用、配套设施费用；原告和上豪公司为股东，注册资金比例为52：48，在工程开工手续办成后，注册资金比例改为48：52；项目建成后，按原告48%、上豪公司 52% 的比例分取实物。"

1999 年 9 月 30 日，原告与上豪公司的法定代表人陈雅辉（本案第三人）确认了华龙公司的章程，主要内容为：

1. 原告为股东，出资额为 416 万元，占注册资本的 52%，其中第一期到位 157 万元；第三人为股东，出资额为 384 万元，占注册资本的 48%，其中第一期到位 143 万元。股东有权按照出资比例分取红利。

2. 股东会行使以下职权：审议批准公司的利润方案和弥补亏损方案。

3. 股东会会议分定期会议和临时会议，定期会议原则上定为每年 1 月份召开一次，代表 1/4 以上表决权的股东可以提议召开临时会议；召开股东会会议，应当于会议召开15 日以前将会议日期、地点和内容通知全体股东，股东会应当对所议事项的决定做成会议记录，出席会议的股东应在会议记录上签名。

4. 股东会会议由执行董事主持召开，执行董事因特殊原因不能履行职责时，由执行董事指定的其他股东代表主持。

5. 除法律、法规、章程有明确规定外，股东会作出的决议，必须经 1/2 以上表决权的股东通过。

6. 在每一会计年度终了 10 天内，应将财务会计报告送交各股东。

7. 公司分配当年税后利润时，应当提取利润的 10% 列入公司法定公积金，并提取利润的 5% ~10% 列入公司法定公益金。法定公积金不足弥补上年度公司亏损的，在提

---

① （2007）厦民终字第 2330 号。原判词较长，本书作者做了删减和改编。

取法定公积金和法定公益金之前应当先用当年利润弥补亏损。弥补亏损和提取法定公积金、法定公益金后所余利润，按照股东的出资比例进行分配。

1999年10月12日，华龙公司注册成立，第三人陈雅辉为其法人代表。

2000年3月7日，原告与第三人签订了《补充协议之一》，双方约定，项目分成条件变更为按建筑总面积分配，原告为46%，第三人为54%。2001年1月，原告与第三人签订了《补充协议之二》，双方约定，项目分成条件变更为按建筑总面积分配，原告为45%，第三人为55%。

2001年11月5日，原告与第三人签订了《补充协议之三》，双方约定，如果原告（被上诉人）未在该协议签订之日起9个月内偿还第三人一半的履约保证金165万元，项目的分成条件应变更为原告43.5%，第三人为56.5%。如果原告（被上诉人）未在该协议签订之日起1年4个月内偿还第三人全部履约保证金（含借款），项目的分成条件应变更为原告（被上诉人）为42%，第三人为58%。

2006年2月14日，原告（被上诉人）与第三人签订了《补充协议之五》，双方约定，对双方合作的明月花园项目原告所应得部分进行大概决算，决算如下：

1. 住宅已全部完成销售，销售总收入资金双方可以核对，原告按比例所得份额（暂定为37.5%），作为支付原告（被上诉人）在该合作项目的债务。

2. 沿街店面及地上、地下停车位进行实物分配，原告可得店面6个，地上车位4个，地下车位7个。

3. 第三人认定明月花园项目总资产的分配比例问题：按照《补充协议之三》，原告以所持有的明月花园项目总资产比例暂按37.5%进行决算。

4. 原告针对第三条款对双方所持比例认定6%有异议，可以围绕该内容进行诉讼。

2006年4月19日，原告与第三人签订了《补充协议之六》，双方约定，第三人配合原告办理产权登记手续，双方应当诚信。协议签订后，原告已办理了五间店面的产权登记手续。

被告2003年度工商年检情况为：原告持有52%的股份，第三人持有48%的股份，被告亏损额为1 246 696元。被告2004年度工商年检情况为：原告（被上诉人）占52%的股份，被告（上诉人）占48%的股份，被告（上诉人）税后利润为873万元。

2006年12月5日，原告邮寄一份关于召开被告股东会临时会议的通知给第三人，第三人于次日收件。通知的主要内容为："于2006年12月22日上午9时在厦门市鹭江公证处会议室召开股东会临时会议，主要议程为审议批准2004年度的利润分配方案和弥补亏损方案。具体情况为2004年度的利润分配方案为：原告可得利润为3 307 600元，第三人可得利润为3 053 200元。"2006年12月22日，原告召集并主持召开了股东会，第三人未到场开会，原告作出了一份题为《关于厦门华龙兴业房地产开发有限公司2004年度的利润分配方案和弥补亏损方案》的股东会决议。股东会决议的主要内容为："1.根据被告提供给厦门工商局2003年度、2004年度的财务报表，被告2003年度亏损1 246 696元，2004年度税后利润873万元。2.依据公司章程和《公司法》的规定，被告分配2004年度税后利润，先弥补上年度的亏损1 246 696元，再提取10%法定公积金、5%法定公益金，可分配利润为 6 360 800 元，按照股东出资比例分配，2004 年度的利润分配方案为：原告可得利润为可分配利润的 52%，即 3 307 600 元，第三人可得利润为可分配利润的 48%，即 3 053 200 元，被告应自决议形成后 5 天内向各股东支付代扣完所得税之后的利润款项。"当日，原告邮寄了一份股东会决议给第三人，第三人于次日收件。2006 年 12 月 28 日，原告邮寄一份律师函给被告及第三人，要求被告支付 2 646 080 元。被告拒绝支付。原告起诉，请求法院判令被告支付原告 2004 年利润 2 646 080 元。

　　厦门市湖里区人民法院一审认为：原告、第三人均为被告的股东，享有股东的权利。被告章程的内容，系原告与第三人真实意思表示，章程内容没有违反法律、行政法规的强制性规定，应认定有效。原告的主张符合被告章程的内容，其要求被告支付 2004 年度利润 2 646 080 元的诉讼请求，应予支持。原告胜诉。[①]

　　被告上诉后，厦门市中级人民法院二审认为：（1）叶思源于 2006 年 12 月 22 日召集并主持召开的股东会会议的召开程序及会议内容均与法不悖，所作出的《〈关于厦门华龙兴业房地产开发有限公司 2004 年度的利润分配方案和弥补亏损方案〉的股东会决议》（以下简称《股东会决议》）有效。华龙公司未设董事会，原审第三人陈雅辉担任公司执行董事，因此，陈雅辉应当在其任职期间承担召集和主持股东会会议义务。在审理过程中，上诉人华龙公司并未举证证明在 2006 年 12 月 22 日之前，已由担任公司执行董事的陈雅辉依法召集并主持召开了华龙公司"2004 年度的利润分配方案和弥补亏损方案"的股东会会议，也没有证明华龙公司的监事在执行董事不能履行或不履行召集股东会会议职责时，履行了召集和主持义务，故叶思源作为华龙公司代表 1/10 表决权的股东，有权自行召集和主持股东会。（2）叶思源于 2006 年 12 月 22 日主持召开的股东会会议有效，会议形成的《股东会决议》内容合法有效。《股东会决议》是华龙公司的股东依照《公司法》和公司章程的规定召开股东会议形成的决议，华龙公司必须依照公司章程的规定予以执行。而《股东合作协议》系华龙公司两股东规定彼此合作期间各自权利义务的合同，仅对合同相对人叶思源和陈雅辉存在拘束力。因此，《股东合作协议》及其补充协议对华龙公司不具有约束力。华龙公司的股东叶思源、陈雅辉就明月花园项目达成《股东合作协议》及其补充协议后，应当召开股东会议对公司章程中有关股东利润分成的规定进行修改。在未对公司章程作出修改之前，如果上诉人华龙公司两股东达成的《股东合作协议》及其补充协议中对公司利润分成存在与《股东会决议》内容不一致的约定，华龙公司应该执行《股东会决议》。

　　为此，二审法院维持原判：上诉人华龙公司应支付利润 2 646 096 元给叶思源。

　　原告叶思源起诉要求华龙公司按 52% 的比例向其分配 2004 年利润的行为是明目张胆的违约，不守诚信，因为早在 2001 年 11 月其与陈雅辉签订的《补充协议之三》中就已经明确约定，原告的分成比例只有 43.5%（偿还了 165 万元保证金）或者 42%（未能

[①] 判决时间：2007 年 8 月 7 日。（2007）湖民初字第 736 号民事判决书。

偿还保证金）。① 所以上豪公司在输掉了这场官司之后依然能够告叶思源违约。

所谓的华龙公司 2006 年 12 月 22 日股东会其实只有叶思源一个人参加，一个人写股东会决议，因为公司股东只有两个人，另一个股东陈雅辉没有来。来了也没有用，因为根据章程规定，1/2 以上表决权通过即可，叶思源的持股比例为 52%。但是一、二审法院却没有判错，因为当股东之间的协议与公司章程不一致的时候，应当以章程为准；公司只受章程和股东会决议的束缚，不受股东之间的协议的束缚，协议只约束当事人股东。②这就给陈雅辉一类的股东敲响了警钟：协议签订后应该及时修改章程。二审法院正是这样提醒的："华龙公司的股东叶思源、陈雅辉就明月花园项目达成《股东合作协议》及其补充协议后，应当召开股东会会议对公司章程中有关股东利润分成的规定进行修改。"

10 年以后，最高人民法院发布的《公司法司法解释（四）》第 14 条规定："股东提交载明具体分配方案的股东会或者股东大会的有效决议，请求公司分配利润，公司拒绝分配利润且其关于无法执行决议的抗辩理由不成立的，人民法院应当判决公司按照决议载明的具体分配方案向股东分配利润。"这里的关键是公司及陈雅辉提出的抗辩理由是否成立。按照本案的判决，显然不能成立，所以原告胜诉。③

当然，叶思源的违约行为是明显的，事后被告仍然可以告他违约。不过，从实务的角度看，对华龙公司和陈雅辉最有利的应对办法是紧跟着叶思源的起诉，马上起诉他违约，虽然两个案子会分别立案，但是法院为了提高效率，会安排同一个法官对两个关联案子在同一天审理。叶思源赢了公司盈余分配案之后必定会输掉违约案，法院在执行中会将两个案子结合起来，叶思源可能就拿不到钱了。如果等前一个案子执行完毕再起诉，即使官司打赢了，公司付出去的钱也不一定能够收回来。

无论如何，作为公司法律师，一定要吸取上述案例中的教训，劝告客户及时地办理必要的法律手续，尊重法律规则，不要怕麻烦、图方便、我行我素。

三、召集

我国《公司法》第 38 条规定："首次股东会会议由出资最多的股东召集和主持，依照本法规定行使职权"，之后的股东会由董事会召集，董事长主持。董事长不能或者不主持的由副董事长主持，副董事长不主持的由半数以上董事推举一名董事主持。董事会不召集的由监事会召集和主持。代表 1/10 以上表决权的股东可以自行召集和主持。

股东会的召集和主持能否请人代理？现有判例给出的回答是肯定的。在"张恒与深圳市融广企业管理顾问有限公司公司决议撤销纠纷案"④ 中，公司章程规定不设董事会，只设

---

① 在 2001 年的补充协议三与 2006 年 2 月的补充协议五之间显然还有补充协议四，但是法院大概觉得不重要而没有述及。

② 又：《公司法》第 34 条规定："股东按照实缴的出资比例分取红利……但是，全体股东约定不按照出资比例分取红利……的除外。"本案中的约定显然是全体股东的约定。这样的约定与章程之间的关系如何？法律所说的约定是仅指章程中的约定，还是包括本案中的协议约定？这些问题都需要探讨。如果包括本案中的协议约定，那么即使按照股东会决议分红，叶思源也只能按 42%（或 43.5%）而不是 52% 的比例分得红利。

③ 2019 年的《公司法司法解释（五）》第 4 条还对执行股东会决议分配利润的时间做了具体规定，可参见。

④ 深圳市福田区人民法院 2017 年 11 月 3 日判决，（2017）粤 0304 民初 18787 号。

执行董事，股东会由执行董事召集和主持。执行董事人在外地时，委托一位股东召集和主持临时股东会并作出决议。另一位股东以股东会未由执行董事本人召集和主持为由起诉请求撤销股东会决议，被法院驳回。法院认为执行董事可以委托别人召集和主持股东会。

此外，出资最多或者代表十分之一以上表决权的股东也可以请人代理召集和主持股东会。在"张式春与白山市家园物业服务有限公司、祝金梅股东会决议效力纠纷案"[①]中，股东委托律师代为召集和主持股东会并在股东会上代为投票，白山市浑江区人民法院予以认可，判决股东会合法，其决议有效。

四、通知

《公司法》第 41 条规定：召开股东会会议，应当提前十五日通知，除非公司章程另有规定或者全体股东另有约定。如果通知没有遵守相关的规定，如会议由非召集权人召集、未通知部分股东或通知时间与方法不合法、通知内容不齐全，等等，就构成程序瑕疵。按照美国法律，程序瑕疵可以导致会议通过的决议无效；我国法院有的判决议无效，有的判决议可撤销，也有的判决议不成立，结果大同小异。[②]

在湖北省孝感市中级人民法院 2018 年 7 月 25 日判决的"湖北省詹坝斌鑫生态农业发展有限公司、詹明辉"一案[③]中，因为有一位股东没有接到通知，法院认为"该股东会决议无效"，因为决议"不是全体股东的真实意思表示"，违反了《公司法》第 4 条和第 41 条第 1 款的规定，属于《公司法》第 22 条第 1 款所说的决议内容违法。

在北京市第二中级人民法院 2018 年 7 月 31 日判决的"范力与北京一得阁墨业有限责任公司公司决议纠纷案"[④]中，第一次股东会有一位股东没有通知到，法院撤销了该次会议的决议。第二次股东会还是没有通知到他，但是他从别的股东那里看到通知后出席了会议，法院认为虽然开会通知有瑕疵，但是对该位股东的权益无实质性影响，因而决议有效。

在"王强与安徽民发创业投资股份有限公司公司决议纠纷案"[⑤]中，开股东会没有通知到部分股东，安庆市大观区人民法院应股东请求撤销了股东会决议。

在"陈在洋与南充市桓荣冷食品有限公司公司决议效力确认纠纷案"[⑥]中，公司于 2011 年 10 月 28 日、2011 年 11 月 2 日、2012 年 5 月 25 日开了 3 次股东会，都没有通知股东陈在洋，法院判 3 次会议通过的决议都不成立。对于陈在洋在股东会数年之后起诉，远远超出《公司法》第 22 条第 2 款规定的 60 日期限，法院说："陈在洋提起的公司决议效力之诉为程序性请求权，公司决议无效系自始绝对无效，不受诉讼时效期间的限制"，但是法院没有判决议无效，只判它们不成立，据说是为了"避免讼累"。法院没有解释无效与不成立的差别。

---

① （2018）吉 0602 民初 1182 号，2018 年 10 月 18 日。
②《公司法》第 22 条规定了无效和可撤销的情形，《公司法司法解释（四）》第 5 条规定了不成立的情形。
③ （2018）鄂 09 民终 587 号。
④ （2018）京 02 民终 6294 号。
⑤ （2018）皖 0803 民初 864 号，2018 年 9 月 12 日。
⑥ （2018）川 1302 民初 2617 号，南充市顺庆区人民法院 2018 年 8 月 2 日。

【案例 8-9】

刘庆兰等诉新沂市恒大机械有限公司决议纠纷案 ①

徐州市中级人民法院 2007 年 12 月 19 日

原告刘庆兰、陈春平、王德强都是被告新沂市恒大机械有限公司（以下简称恒大公司）的股东。2006 年 12 月，公司董事会、监事会任期届满，需要重选。董事会在其单位公告栏内张贴公告，通知召开股东大会，第一次张贴后因客观原因休会。2007 年 3 月 2 日，董事会再次张贴公告，决定于 2007 年 3 月 18 日召开股东大会。3 月 18 日，股东会如期召开，董事长林伟、监事会主席曹方宏，还有庄汉文等 12 人参加了股东会。他们的持股份额占到公司股份总额的 70% 以上。会议通过无记名投票的方式选取举出了新一届董事会、监事会成员，原董事会、监事会成员全部连任。

原告刘庆兰、陈春平、王德强认为，被告在未通知原告等多人的情况下召开股东会改选新的董事会和监事会成员，选举了新的董事长、监事会主席，从而侵犯了原告的知情权和表决权，因此要求法院撤销 2007 年 3 月 18 日股东大会所作出的董事会、监事会改选决议。

新沂市人民法院一审认为：恒大公司股东会的召集程序、表决方式及会议内容都合法有效，应予维持。理由是：《公司法》第 41 条、第 42 条规定："有限责任公司设立董事会的，股东会会议由董事会召集，董事长主持；召开股东会会议，应当于会议召开十五日以前通知全体股东；但是，公司章程另有规定或者全体股东另有约定的除外。"公司章程第 25 条规定："股东大会由董事会召集，并应提前通告股东，通告应载明召集事由。"因此，董事会以通告的方式召集股东会符合规定，程序合法。于是一审判决驳回原告的诉讼请求。②

原告不服一审判决，上诉。徐州市中级人民法院二审认为，从《公司法》的精神来看，设计股东会会议通知制度的目的在于成功地向股东通知开会事宜，股东会会议通知是股东得以参加股东会并行使其干预权的前提，尤其是在经营者和控股股东合二为一的情况下，股东会已成为少数股东要求大股东调整其政策并提出反对意见的唯一场所。不论采用何种通知形式，成功地通知股东始终是通知制度应实现的第一位目标，而提高通知效率、节约通知成本只能作为第二位的附属目标。本案中，恒大公司召开股东会，仅是在其单位的公告栏内张贴公告，并未通过多种途径去通知股东，不能使所有权利人都得到通知，因此，刘庆兰等股东获得通知的权利事实上被剥夺。因其通知的方式存在瑕疵，从而导致股东会会议召集程序违法，故恒大公司股东会作出的决议应予撤销。于是，二审撤销了一审的判决，也撤销了恒大公司 2007 年 3 月 18 日召开的股东大会所作出的董事会、监事会改选决议。

这是一个正确的判决。凡是公司知道或者能够较方便地获知股东的姓名和地址的，

---

① 原判词较长。为了节省篇幅，突出重点，本书作者做了精简和改编。
② 江苏省新沂市人民法院 2007 年 10 月 10 日判决，（2007）新民二初字第 279 号。

都应该采用直接书信通知的方式，只有在公司不知道或者难以知道股东住址，或者股东下落不明难以通知到的情况下，才可以用通告（通常是登报）的方式。本案中公司仅仅在公司内部的公告栏内张贴通告，通知股东前来开会，显然是不够的。

这个判决确立的规则是：公司因未经有效通知股东而召开股东大会所做出的决议，未接通知的股东有权请求人民法院予以撤销。①

微信通知已经得到法院认可。在"成都锦涛房地产开发有限公司、王中波公司决议纠纷案"中，公司采用快递和微信两种方式通知股东，股东声称没有收到快递，且收件人不是股东本人，所以法院对该快递通知不予认可。但是微信该股东一定会收到，尽管他声称没有看见，所以法院认定微信通知有效。

在这个案子中，股东会程序违法的原因是通知的方式不对。在更多的案子中，争议的焦点却在通知的时间，特别是没有按照规定提前 15 天通知，或者不按通知的时间开会等。

不过，通知是为了股东的利益，所以没有接到通知的股东可以放弃通知，从而使会议决议有效。此外，对于通知程序上的轻微瑕疵，有的法院予以宽容而判会议有效。

【案例 8-10】

陈献新诉上海国电实业有限公司等公司决议纠纷案 ②

上海市中级人民法院 2007 年

被告上海国电实业有限公司（以下简称国电公司）成立于 2004 年 9 月 21 日，注册资本 1 000 万元，股东为原告及 3 名第三人，原告为法定代表人。2005 年 1 月 10 日，国电公司形成股东会决议，确认公司注册资本增加至 3 000 万元。同年 2 月 3 日，原告与 3 名第三人共同形成股东会决议，确认：截至 2 月 3 日，公司实际投资增加到 5 183.8 万元，其中原告占 25.95%，第三人王永伟、支金芳、胡少华各占 36.23%、28.37%、9.45%。2006 年 1 月 8 日，第三人王永伟、支金芳、胡少华召开股东会并形成决议：撤销原告的执行董事和法定代表人职务，以 2005 年 2 月 3 日股东会决议为依据，确定公司注册资本额及各股东股份。原告缺席该股东会会议。公司变更后的注册资本由某会计师事务所验资到位，并明确各股东出资份额如上。

2006 年 11 月 22 日，第三人胡少华向原告发出提议于 12 月 20 日召开股东会临时会议的函，由原告本人于 11 月 24 日签收。2006 年 12 月 3 日，第三人胡少华因未收到原告召集股东会的通知，再行向原告发函，通知原告于 12 月 19 日参加公司临时股东会，该函件由原告之妻、被告公司职员叶娥瑛于 12 月 4 日签收。同年 12 月 19 日，第三人王永伟、支金芳、胡少华召开股东会，在原告缺席的情形下通过决议：（1）免去原告执

---

① 比较《公司法司法解释（四）》第 4 条："股东请求撤销股东会或者股东大会、董事会决议，符合公司法第二十二条第二款规定的，人民法院应当予以支持，但会议召集程序或者表决方式仅有轻微瑕疵，且对决议未产生实质影响的，人民法院不予支持。"按照本案的判决，通知上的这类瑕疵显然属于重大瑕疵。

② （2007）沪二中民三（商）终字第 443 号。《人民司法案例》2008 年第 12 期第 94 页。原文较长，为了节省篇幅，突出重点，本书作者做了精简和改编。

行董事和法定代表人职务；（2）推选第三人王永伟担任国电公司的法定代表人；（3）修改公司章程、注册资本及各股东的出资比例。

原告起诉，提出 2006 年 12 月 19 日的股东会未按照《公司法》规定提前 15 日通知股东，有违程序规定，应予撤销。国电公司和 3 名第三人则认为股东会议已合法通知原告。

上海市黄浦区人民法院经审理认为，原告陈献新之妻叶娥瑛于 12 月 4 日签收通知，从签收次日至股东会召开日仅 14 日，通知时限确与《公司法》的规定有所不符。但从《公司法》关于通知时限的本义分析，其目的是保障股东有足够的时间对股东会需审议事项进行相应准备，确保股东有效行使权利。本案中，对系争股东会审议的相关事项，公司其他股东于 2005 年 12 月开始即不断提出，在原告拒绝召集股东会的情况下，通过监事召集临时股东会议的方式进行审议。因此，陈献新对审议的事项应属明知，通知时限短少 1 日并不影响其对审议事项进行准备，也不影响其股东权利的实际行使。从公司治理的效率原则以及股东行使权利应遵循诚信原则出发，《公司法》规定的通知时限，不能成为股东拒绝参加股东会议的当然理由。如陈献新认为该通知时限过短，影响到其对审议事项的准备，应当向公司明示异议，并提出合理的理由。陈献新以收到通知距股东会召开之日不满 15 日为由，要求撤销股东会决议，不符合诚信原则。系争股东会的召集程序、表决方式及决议内容等并不违反公司章程及《公司法》的实质规定，原告主张撤销股东会决议的诉求缺乏依据，故判决驳回原告陈献新要求撤销第三人支金芳、王永伟、胡少华以被告上海国电实业有限公司名义于 2006 年 12 月 19 日形成的国电公司股东会决议的诉讼请求。①

原告不服上诉，上海市中级人民法院二审维持原判。

本案确立的规则是：股东会决议程序瑕疵显著轻微的可以不予撤销。但是轻微与否的标准法律没有规定。少一天算轻微，那二天算不算？三天呢？对此，法院从通知时限的目的出发进行分析，认为主要是让股东有时间为会议讨论做充分的准备，以使股东有效地行使权利。而本案中的原告在会议通知之前就已知道会议所要讨论的内容，短少的一天并不影响其权利的实质行使，因而其撤销请求不够诚信，且影响公司运行的效率，故予以驳回。这样的分析对于确定程序瑕疵是否轻微是有示范作用的。②

"大连东方汇赢股权投资企业与黑龙江天宏药业股份有限公司公司决议撤销纠纷案"的情形与本案类似，也是通知少了一天，法院认定为轻微瑕疵，所以临时股东会作出的决议有效。

请注意这类诉讼的提起方式：以公司为被告，以所告的个人股东为第三人。这一点已经为《公司法司法解释（四）》第 3 条所明确："原告请求确认股东会或者股东大会、董事会决议不成立、无效或者撤销决议的案件，应当列公司为被告。对决议涉及的其他利害关系人，可以依法列为第三人。"

---

① （2007）黄民二（商）初字第 1198 号。

② 《公司法解释（四）》第 4 条规定：程序瑕疵轻微的可以宽容。

通知期限可以宽容，但是《公司法》第 22 条规定的 60 天期限却不能宽容。无论对董事会的决议还是股东会的决议，凡是股东因为会议的程序违法或违反章程的规定以及决议内容违反章程性规定而请求法院撤销的。都必须在会议作出决议后的 60 天内起诉，超过 60 天期限法院就不会审理。这一点最高院的《公司法司法解释（一）》有明文规定，法院在审判实践中掌握得相当严格。超过期限的即使会议程序违法，法院也会驳回股东的请求而拒不审理。

【案例 8–11】

徐永华等诉东方建设集团有限公司股东权案 ①

浙江省高级人民法院 2007 年 12 月 11 日

原告徐永华、陈炬系被告东方公司的股东，出资额分别为 88 万元和 58 万元，分别占东方公司注册资本金的 1.56％和 1.03％。2006 年 7 月 14 日，被告通过邮政特快专递分别向原告徐永华、陈炬发函通知其于 2006 年 7 月 28 日召开股东大会。2006 年 7 月 17 日，被告在未通知两原告参加会议的情况下召开了临时股东会议，决议增加注册资本 2 888 万元，其中由股东郦国敏以货币出资增加投资 2 400 万元，股东祝桂华以货币出资增加投资 488 万元，除两原告外的其他股东放弃增加投资优先权，决议还明确了增资后的最新股本结构，并作出了公司章程修正案。2006 年 7 月 18 日，被告向工商部门申请办理变更登记并被核准。2006 年 7 月 25 日，两原告委托律师通过特快专递的形式向被告股东倪泽森发出了律师函，对被告通知其于 2006 年 7 月 28 日召开股东会一事发表了意见并表明宜迟延召开股东会。2007 年 1 月 16 日，两原告以被告召开股东会的程序违法且股东会决议侵犯了两原告的股东新股认购优先权为由向绍兴市中级人民法院起诉，要求确认该决议无效并判令两原告按比例认购新股。

绍兴市中级人民法院一审认为：原告徐永华、陈炬主张 2006 年 7 月 17 日股东会决议无效的事由有以下两方面：其一，东方公司未按《公司法》规定的程序通知两原告，侵害了法律规定的股东表决权；其二，被告股东会决议内容侵害了原告所享有的新股认购优先权。关于原告主张的第一个无效事由，法院认为，根据 2006 年 1 月 1 日起实施的修订后的《公司法》第 42 条的规定，公司召开股东会会议，应当于会议召开 15 日以前通知全体股东。被告在 2006 年 7 月 17 日召开股东大会时未按规定通知原告徐永华、陈炬，属于召开会议程序违法。根据《公司法》第 22 条第 2 款的规定，股东会的会议召集程序违反法律、行政法规或者决议内容违反公司章程的，股东可以自决议作出之日起 60 日内，请求人民法院撤销。因此，被告召开股东会时未按规定通知两原告可以作为撤销股东会决议的事由，但不能作为主张股东会无效的事由。且 2006 年 5 月 9 日起实施的司法解释（一）第 3 条规定："原告以《公司法》第 22 条第 2 款、第 75 条第 2 款规定事由，向人民法院提起诉讼时，超过《公司法》规定期限的，人民法院不予受理。"原告徐永华、陈炬于 2007 年 1 月 16 日向本院提起诉讼，对东

---

① （2007）浙民二终字第 287 号。原判词较长，为了节省篇幅，突出重点，本书作者做了精简和改编。

方公司 2006 年 7 月 17 日股东会决议的召集程序所提出的异议事由，超过了法律规定的期间，故对该事由依法不予审理。关于原告第二个主张无效的事由，本院认为，被告在 2006 年 7 月 17 日所作的股东会决议包含了两方面内容：一是确定公司增加注册资本 2 888 万元；二是新增的出资全部由股东郦国敏、祝桂华认缴。关于股东会作出的增加注册资本的决议，根据《公司法》第 104 条之规定，股东大会作出增加注册资本的决议必须经出席会议的股东所持表决权的 2/3 以上通过。虽然两原告并未出席股东会议，但公司其他出席会议股东所持的表决权已超过 2/3 以上，故被告股东会所作的关于增加注册资本 2 888 万元的决议符合法律规定，应属有效。关于股东会作出的新增出资全部由郦国敏、祝桂华认缴的决议，根据《公司法》第 35 条之规定，除全体股东另有约定外，公司新增资本时，股东有权优先按照实缴的出资比例认缴出资，故被告的股东会决议在未经两原告同意的情况下，确认将本应由两原告优先认缴的出资由郦国敏、祝桂华认缴，违反了《公司法》的规定，故股东会决议中侵犯了两原告优先认缴新增资本权利的部分应属无效。但除郦国敏、祝桂华及两原告外的其他三股东（倪泽森、石章伟、戚岳雷）在股东会决议中已承诺放弃优先认缴新增资本的权利，并同意由郦国敏及祝桂华来认缴，应视为对其权利的处分，故股东会决议中该部分内容未违反法律规定，应属有效。综上，被告于 2006 年 7 月 17 日召开的股东会，除了将本应由两原告优先认缴的新增资本决议由郦国敏、祝桂华认缴应属无效外，其他决议内容并未违反法律规定，应认定有效。

一审于 2007 年 7 月 17 日判决：被告东方建设集团有限公司于 2006 年 7 月 17 日所做的股东会决议中关于新增注册资本 2 888 万元中应由两原告认缴的资本（共计 747 992 元）由郦国敏、祝桂华认缴的内容无效；该新增注册资本 2 888 万元中的 450 528 元，由原告徐永华认缴，297 464 元由原告陈炬认缴；驳回原告的其他诉讼请求。[①]

原告不服一审判决，向浙江省高级人民法院上诉。

二审肯定一审法院对于东方公司股东会决议作出部分有效、部分无效的认定，不仅符合《公司法》的规定，也符合公司章程的规定。因此驳回上诉，维持原判。二审案件受理费 15 340 元，由上诉人徐永华、陈炬负担。

股东行使《公司法》第 22 条规定的撤销权的期限是 60 天，超过了就不得行使，十分严格。本案即是一例。股东会决议可以部分有效，部分无效。部分因违法而无效不影响其余部分的有效。

五、有效数

股东会是实现公司民主的主要途径。召开人民代表大会或者职工代表大会，都有会议有效数的规定，即出席代表必须达到多少比例，会议及会议作出的决议才有效。同样，股东会开会也必须有足够数量的股份出席才能使会议有效，这个数量就是**会议有效数**。

---

① （2007）绍中民二初字第 48 号。

无论是股东亲自出席还是代理出席，出席股份都必须达到这个数量，否则会议所做的任何决议都是无效的。但是有的公司股东人数众多，持股分散，开股东会时只有很少几个股东出席，他们所持的股份可能达不到会议有效数。鉴于这一现实情况，我国公司法没有对股东会的会议有效数作出具体的规定，形成了一个醒目的空白。回避这个关键性标准，把它完全留给公司章程去规定，即使贯彻了私法自治的原则，也是不正常的。因为公司章程可能会遗漏、疏忽，所以法律至少应当规定一个缺省值，在章程没有规定的时候采用。

其实，股东缺席股东会的情形在国外也一样，出席大公司股东会的股东可能很少，他们所持股份达不到会议有效数。他们是通过征集投票代理权来达到会议有效数的。[①]有人代理投票的股份视同出席。对大的上市公司来说，如果没有代理投票，就几乎不可能召开股东会。所以在美国公司法中，代理投票权的行使是一个大题目，也是公司每年召开股东大会前的一项大活动，因为征集不到足够数量的股份就无法召开股东会。其中涉及代理权征集书的内容和格式，围绕征集书所公开的内容是否真实这个问题的诉讼很多，特别在不同派别争夺对公司的控制权时，互相指责对方公开不真实。我国还处在市场经济的初级阶段，公司实践不够发达，征集投票代理权的制度还没有正式成形，所以公司法的规定十分简单，点到为止（见《公司法》第 106 条）。

不过，会议有效数还是应当规定，投票代理权的征集也应当用起来，确保每次会议都达到有效数。至于征集书的内容和格式，中国证监会可以制定，公开真实可以参照证券发行的披露制度予以要求，如此这般，在制度上逐步完善起来。在美国，有效数一般为已发行股份的多数，但是章程或者规章可以将有效数减少到 1/3。在分类投票的情况下，可以分别适用不同的有效数。对不同性质的议案也可以适用不同的有效数。所有这些都必须在章程中规定清楚。

六、投票

股东会的投票规则是一股一票而不是一人一票。[②]《公司法》规定股份有限公司"股东……所持每一股份有一表决权"（第 103 条第 1 款）；有限责任公司"股东按照出资比例行使表决权"（第 42 条）。按出资比例表决也是一股一票的意思。不过，公司章程可以对这一规则进行变通，比如规定优先股没有投票权，但是如果公司经过几个阶段不分红，则优先股可以选举一定数量的董事；又如在公司发行多类普通股的情况下规定某一类股份为数股一票而非一股一票，等等。

投票通过的标准或门槛分为相对多数决、多数决和超多数决。所谓**相对多数决**是指在不到半数的情况下取得票相对较多者。选举董事一般采用这个标准。在候选人较多的时候容易出现不到半数的情况。例如，选举 7 个董事，有 10 个候选人，只有 2 个得票超过半数，其他 8 个都不到半数，那就挑选得票相对较多的 5 个人，剔除得票最少的 3

---

① 详见第十二章第二节。

② Ratner, The Government of Business Corporations: Critical Reflections of the Rule of "One Share, One Vote," 56 Conell L.Rev. 1（1970）对这一规则的来龙去脉做了有趣的讨论。

个人。美国现在有的州要求选举董事多数决，即只有得票过半数的候选人才能当选为董事。有的公众公司的章程也如此规定。其中的风险是偶尔会选不出预定的董事数量。比如，原定选举 7 个，结果只选出 3 个。

所谓**多数决**，是指就某一事项有投票权的、亲自出席或代理出席会议的股份在达到有效数的情况下如果有过半数的股份投票赞成，就算通过。通过普通决议一般采用多数决。如果股份分了类，那就要求每一类股份的多数赞成。不过公司章程可以改变这条规则（见第 43 条），对某些事项要求更高的票数。

要求赞成票达到某个高于半数的比例才能通过的称为**超多数决**。常用的超多数决比例有 2/3、3/4 等，也有采用具体的百分比如 75%、80% 等。《公司法》第 43 条第 2 款规定：修改公司章程、增加或者减少注册资本、公司合并或者分立、公司解散或者变更形式的决议，必须经代表 2/3 以上表决权的股东通过。[①] 这就是超多数决要求。不过，由于我国公司法没有规定会议有效数，开会时到多少股份算多少股份——哪怕只有 5% 或者更少的已发行股份出席，会议照样有效——所以超多数决的要求其实意义不大。

股东可以亲自出席会议投票，也可以通过代理投票。代理投票是股东授权另一个出席会议的人代理他行使投票权。一般地，上市公司召开年度股东大会时，公司管理层会向股东们征集投票代理权，由股东委托管理层的人在会上代理他们投票。委托书可以授权代理人自由地投票，也可以要求他按指定的意思投票。《公司法》第 106 条规定："股东可以委托代理人出席股东大会会议，代理人应当向公司提交股东授权委托书，并在授权范围内行使表决权。"

如前所述，年度股东会上最重要的议程是选举董事。选举董事有两种主要的方法：直接投票法和累积投票法。**直接投票法**是选举每一个董事时都是一股一票。股东持有或者掌握几股，在选举一个董事时就可以投几票。也就是说，一个股东或者股东联盟如果掌握了 51% 的股份，就可以选举全部的董事。

累积投票法不是一股一票，而是公司要选几个董事，一股股份就有几票。例如，本次会议要选 5 个董事，每股出席会议的股份就有 5 票，一个持有 1 万股的股东就有 5 万票。他可以将这 5 万票投给同一个候选人或者在几个候选人之间任意分配。累积在这里的意思是股东所掌握的股份数量乘以所要选举的董事数量。《公司法》第 105 条第 2 款说的"累积投票制，是指股东大会选举董事或者监事时，每一股份拥有与应选董事或者监事人数相同的表决权，股东拥有的表决权可以集中使用"就是这个意思。累积投票制使少数派股东也有希望在董事会里占有一席之地。

在实际操作中，一个少数派股东究竟需要多少股份才能选举一个董事进入董事会呢？这取决于应选董事数和出席会议的股份数。应选董事数越多，他所需股份数越少；出席会议的股份数越多，他所需股份数也越多。如果用 X 表示所需股份数，S 表示出席会议的股份数，D 表示应选董事数，在累积投票制下选举 1 个董事需要的股份数为：

---

① 从字面上看，这是一条强制性规定。但是从道理上说，股东既然有处分自己财产的权利，在通过章程规定公司制度（包括股东会的投票规则）时也应该有自由选择的权利。章程完全可以降低本条所要求的 2/3 的比例。法律的强制性规定没有道理。

$$X=\frac{S}{D+1}（小数进位为1）$$

请注意公式后面括号里面的文字说明"小数进位为1"。这里不是四舍五入，而是无论什么小数统统进位为1。而且这个公式也仅仅适用于计算结果出现小数的情形，没有小数时需要加1股（详见下文说明）。假如会上要选出5个董事，知道将有1 000股股份出席投票。这时少数派股东如果想要选举一个董事进入董事会，就至少要掌握167股：

$$X=\frac{S}{D+1}=\frac{1\ 000}{5+1}\approx166.67=167$$

这是因为多数派有833股，各乘以5，少数派有835票，多数派有4 165票。少数派将835票全部投给一个人，就能确保他当选。因为多数派的4 165票如果平分给5个人，每个人只得833票，少于835票。所以少数派董事必定能够当选。

少数派股东一般只想选举一个董事进入董事会，不会奢望多个董事。但是如果想选举多个董事进入，那就需要乘以一个系数，即想选的董事数。如果用 d 表示想选董事数，那就是

$$X=\frac{S\times d}{D+1}（小数进位为1）$$

沿用上面的例子，如果想选两个董事，那就乘以系数2，即166.67×2=333.34=334。少数派股东必须有334股出席投票才能确保选举两个董事进入董事会。

上面的公式仅适用于计算结果出现小数的情形。如果分子除以分母的商为整数，就必须加1股，写成公式便是：

$$X=\frac{S\times d}{D+1}+1$$

仍然沿用上面的例子，如果会上要选出4个而不是5个董事，仍然有1 000股股份出席投票。这时少数派股东如果想要选举一个董事进入董事会，就至少要掌握201股，即

$$X=\frac{1\ 000\times1}{4+1}+1=201$$

这里的加1很要紧。因为如果不加1，少数派只掌握200股，多数派掌握800股。各乘以4，少数派得800票，多数派得3 200票。少数派将800票全部投给一个人，多数派将3 200票平分给4个候选人，结果会出现5个候选人每人得800票的情形。这5个人争夺4个董事席位，谁也不肯出局，就形成僵局。加上1股，少数派有了201股，804票，就能打破僵局，确保少数派董事当选了。可见加1的目的是避免僵局。但是如果除出来的商不是整数而带有小数（无论是否除净），那么小数进位为1就够了，不必再加1了。

《公司法》第105条第1款规定："股东大会选举董事、监事，可以根据公司章程的规定或者股东大会的决议，实行累积投票制。"可见公司可以通过章程规定或者股东会的决议自由选择是否采用累积投票，法律不作强制性要求。

现任管理层有时候会做手脚破坏累积投票的效力，以防止少数派股东的代表被选进

管理层，因为这样的代表常被他们看作"捣乱"或"分裂"因素。Coalition to Advance Public Utility Responsibility，Inc. v. Engles，364 F.Supp. 1202（D.Minn. 1973）便是其中的一例。北部州发电厂的规章规定董事会以累积投票选举，任期一年。原告 CAPUR 代表好几个公益组织，一直在批评北部州发电厂的某些经营方针，尤其是在环境保护和消费者权益方面。在 1972 年的年度会议上，原告对一个股东会决议掌握了 9% 的投票权。第二年，原告想在年度会议上选举 Alpha Smaby 女士为董事进入 14 人的董事会，因为那只需要 6.7% 的选票。管理层不愿意看到这样的结果。一封由董事长兼首席执行官 Engles 署名的致股东的信中说："我看如果这些组织能够得逞，将它们的社会和经济观点强加到工厂的经营上面，管理层就不能有效地处理工厂的事务。"董事会面对这一威胁的策略性反应是投票将董事会的人员数量降低到 12 名，将董事的任期延长到 3 年，并实行董事的分批选举，每年只选 4 个董事。这些变动的直接后果是将选举一个董事的股份数量提高到 20% 之上。管理层希望股东会批准这些变动并将它列为会议表决的第一项，但是没有说目的是不让 Alpha Smaby 女士选上。

原告为了阻止这些变动而起诉。根据 Schnell v. Cris-Craft Industries，Inc.，285 A.2d 437（Del.Supr. 1971）和 Condec Corp. v. Lunkenheimer Co.，230 A.2d 769（Del.Ch. 1967）两个判例，法院禁止被告在 1973 年的年度股东会上分批选举董事会，认为管理层的行为"从他们的信托义务上看无疑是有问题的"。他们不但试图"在游戏中间改变规则，而且在投票代理权的征集中也没有进行充分的披露"。

最后，选举只能按照旧的规则进行，但是 Alpha Smaby 女士却没有被选上。原被告双方进行了和解，工厂成功地修改了它的章程和规章，并开始适用于 1974 的年度会议。

七、决议无效、不成立或可撤销

《公司法》第 22 条规定，股东会、董事会决议内容违法的无效；如果决议内容不违法，但是会议的召集程序、表决方式违法或者决议内容违反公司章程的，股东可以自决议作出之日起的 60 日内请求法院撤销。《公司法司法解释（四）》第 5 条规定：股东会、董事会决议存在下列 5 种情形的，当事人可以请求法院确认决议不成立。

（一）公司未召开会议的，但依据《公司法》第三十七条第二款或者公司章程规定可以不召开股东会或者股东大会而直接作出决定，并由全体股东在决定文件上签名、盖章的除外；

（二）会议未对决议事项进行表决的；

（三）出席会议的人数或者股东所持表决权不符合公司法或者公司章程规定的；

（四）会议的表决结果未达到公司法或者公司章程规定的通过比例的。

（五）导致决议不成立的其他情形。

如前所述，对于撤销决议的请求，按照《公司法司法解释（一）》第 3 条的规定，法院在判案时都严格执行 60 日法定时限，超过 1 天也不行。但是对于请求法院确认决议无效或者不成立的诉讼，则不受 60 日的限制。

【案例 8-12】

赵本文、安徽下塘龙虾餐饮管理有限公司公司决议效力确认纠纷案 ①

合肥市中级人民法院 2018 年 8 月 13 日

2017 年 3 月，赵本文、赵继忠、孙波三人共出资 500 万元成立了下塘龙虾餐饮管理有限公司（以下简称餐饮公司），其中赵本文将在 10 年之内出资 150 万元，享有餐饮公司 30% 的股权，其子赵继忠是法定代表人兼执行董事及经理，孙波为监事。

同年 5 月，餐饮公司形成了股东会决议及章程修正案，将原股东赵氏父子及孙波三人出资修改为赵继忠、孙波、孙小平三人出资，将法定代表人变更为孙波，监事变更为孙小平。股东会决议及章程修正案上均有上述 4 人的签名和公司盖章。此外，4 人还签订了股权转让协议，赵本文将 10% 的股权转让给孙波、20% 的股权转让给孙小平。各方当事人签字后由公司加盖了公章。随后，长丰县市场监督管理局根据餐饮公司提供的股东会决议、章程修正案及股权转让协议完成变更登记，将法定代表人由赵继忠变更为孙波，原股东及出资比例由赵继忠 30%、赵本文 30%、孙波 40%，变更为赵继忠 20%、孙波 60%、孙小平 20%。

但是赵氏父子的字是别人代签的，赵本文声称并不知情也不同意，故起诉请求确认股东会决议无效。而孙波控制的餐饮公司则声称赵本文既知情且同意。第三人丁旭靖出庭作证说：他曾将股东及章程变更的详细内容电话告知赵继忠，赵继忠还给丁旭靖打电话予以确认并口头委托相关事宜；但赵本文没有到过场，是赵继忠将赵本文的身份证带来办理的相关手续。另查明，餐饮公司当初成立时，也是委托丁旭靖到管理机关办理的相关手续，赵本文也没有到场，其个人的相关资料也是由赵继忠交给丁旭靖办理的。这次变更登记所需材料均是餐饮公司委托丁旭靖制作，所需的资料原件是孙波交付的，办理变更登记前，赵继忠与丁旭靖就变更事宜进行了电话确认，但赵氏父子没有实际签字。现在，变更登记的档案已在管理机关归档，变更后的营业执照等都已颁发并生效使用。

一审法院认为，当数个证据对同一事实的证明有矛盾时，国家机关依职权制作的公文书证的证明力大于其他书证。长丰县市场监督管理局已于 2017 年 5 月 31 日根据争议的股东会决议、章程修正案及股权转让协议完成了变更登记手续，说明管理机关对争议的股东会决议、章程修正案及股权转让协议是按有效处理的，其出具的营业执照、登记档案等是有效的。从证据的证明力看，其证明力远大于赵本文提供的书证等证据，故判股东会决议有效，驳回赵本文的全部诉讼请求。

二审改判，认为赵本文是餐饮公司工商登记的原始股东，其对餐饮公司认缴出资的期限为 10 年，在未经法定程序剥夺其股东资格的情况下，公司以赵本文未出资到位，否定其股东资格及本案诉讼主体资格，与法无据。

"赵本文的诉讼请求是要求确认公司决议不成立、无效，此诉讼请求不受关于股东

---

① （2018）皖 01 民终 6125 号。原判词较长，为了缩减篇幅，突出重点，本书作者在不影响原意的基础上作了改编和精简。

申请撤销公司决议有关期限的限制。因此，餐饮公司以赵本文起诉超过 60 日法定期间的主张，于法无据，对此抗辩意见，本院不予支持。"

"工商行政机关对用于办理变更登记的公司决议仅进行形式审查，不进行实质审查。法院对公司决议的效力问题进行审查，应按公司法的相关规定进行，不受行政机关对公司决议效力认定的影响。一审法院以争议的股东会决议、章程修正案及股权转让协议经过国家机关登记备案，认为其证明力远大于赵本文提供的书证等证据，属适用法律不当。"

二审认定 2017 年 5 月 24 日的股东会属于《公司法司法解释（四）》第 5 条第 1 项所列"公司未召开会议"的情形，于是撤销一审判决，改判餐饮公司股东会决议不成立。

本案诉讼双方对股权转让及股东会决议是否得到赵家的同意这一关键事实有争议。证据显然有利于赵家而不利于孙家。如果实际情况如孙家所说，那么他们应当汲取办事不牢靠的教训。当初的股权转让协议和股东会决议不应该代为签名，而应该拿给赵家父子签字。如果实际情况如赵家所说，那么判决结果公平合理。

本案确立了一条重要的规则：请求确认公司决议不成立、无效之诉不受《公司法》第 22 条规定的 60 天除斥期间的限制。民法学理上一般认为，股东请求法院确认公司决议不成立或者无效的权利属于形成权，形成权适用除斥期间，与请求权适用诉讼时效相区别。《公司法》第 22 条规定的 60 日像是除斥期间。但是本案中法院明确说不受"60 日法定期间"的限制。也就是说，只有请求撤销决议才适用 60 日时限。那么主张决议无效或不成立的这类诉讼究竟有没有时限，多长时限呢？法院没有说。①

在《聊城市东昌第一汽车运输有限公司、林宏伟公司决议纠纷》②案中，公司股东会通过了两项决议，但是在呈交工商登记时经办人在公司领导的指使下又擅自添加了第 3 项决议。股东起诉时已经超过 60 天，但是法院说，60 天期限"是针对已实际召开的公司股东会议及其作出的会议决议作出的规定，即在此情况下股东必须在股东会决议作出之日起 60 日内请求人民法院撤销，逾期则不予支持。而本案中，双方争议的股东会决议第三项内容并非经召开股东会做出，只要被上诉人在知道或者应当知道自己的股东权利被侵犯后，在法律规定的诉讼时效内提起诉讼，人民法院即应依法受理，故本案不应适用《公司法》第 22 条关于股东申请撤销股东会决议的 60 日期限的规定。"

在"王博女、胡凤飞公司决议纠纷案"中，宣城市中级人民法院写道："一审法院认为……争议焦点之三是本案是否超过诉讼时效。本案系请求确认股东会决议无效之诉，并非撤销之诉，故不受《公司法》第 22 条规定中关于申请撤销决议的 60 日期限的限制。确认之诉属于形成权，不适用民事案件诉讼时效制度的有关规定。王博女关于胡凤飞提起本案诉讼已超过诉讼时效期间的答辩意见不成立，故不予采纳。"

---

① 本案明确的另一条规则是：工商登记只进行形式审查，不进行实质审查。股权的归属及股东的真实意思表示应当以公司和当事人提供的实际证据为准，而不能依赖工商登记。本书下一章有更多的案例体现这条规则。

② 聊城市中级人民法院 2018 年 10 月 17 日，（2018）鲁 15 民终 1865 号。

第五节　机构之间的权力冲突

前面介绍了公司的经营管理权在法定代表人、董事会、监事会和股东会之间的具体分配。这些抽象的法律规定看起来很清楚，但是碰到实际问题时却会发生各种争议。围绕着法定代表人、董事会和股东会的权限范围，对同样的文字从不同的利益角度出发就会有不同的理解，从而发生一个机构是否超越了它的法定权限范围而侵入了另一个机构的权限范围内的争议。前面介绍引用过的 Village of Brown Deer v. Milwaukee，16 Wis.2d 206，114 N.W.2D 493，cert. denied 371 U.S. 902，83 S.Ct. 205（1962）一案，就是法定代表人侵犯董事会权力（公司总裁没有董事会的同意而代表公司签署了一份请求市政府吞并土地的文件）的例子。下面再看一场董事会与股东会权力划分的争议。

西格纳尔 Signal 集团公司要卖掉它的石油煤气分支，遭到部分股东的反对，认为这样的事光有董事会的批准是不够的，还必须经过股东会的批准。成文法规定公司出售"所有或几乎所有的资产"需要股东会的批准，否则光董事会就有权决定。这就涉及对"所有或几乎所有的资产"这一词语的理解和解释：所卖掉的分支是否构成公司"所有或几乎所有的资产"？请注意："几乎所有"显然不要求 100%，判例显示大部分或者一个相当大的部分就可以构成"几乎所有"。于是就发生了本案的争执。

【案例 8-13】

艮贝尔诉西格纳尔公司 [①]

1973 年 12 月 21 日，西格纳尔集团公司（西格纳尔）董事会特别会议批准以 4.8 亿美元的价格出售其全资子公司西格纳尔煤气与石油公司（西格纳尔石油）给伯莫石油公司（伯莫）的方案。按照西格纳尔的账目，西格纳尔石油占整个集团公司 26% 的资产、41% 的净资产和 15% 的利润和收入。合同规定在 1974 年 1 月 15 日或者在取得了政府的同意后成交，以迟者为准，但是不能迟于 1974 年 2 月 15 日，除非双方另行协定。

1973 年 12 月 24 日，西格纳尔的一个股东起诉请求法院禁止这笔买卖。原告提出的数条理由之一是这样的交易光有董事会的批准是不够的，还必须有股东会的批准。

法官 Quellen 代表法院写道：

我首先查阅《特拉华法典》第 8 章第 271（a）条，该条要求特拉华公司在出售所有或者几乎所有的资产时必须得到多数股东的批准。如果不到全部或者几乎全部的资产，那就不受该条的限制。

首先要注意的是法律并没有因为公司出售的是一个重要而独立的分支而要求股东批准。原告引用了几个非特拉华的判例来支持这样的出售需要股东批准的说法。但是我们的法律没有这样说。同样，我们的法律也没有规定公司每一次重大的重组都需要股东的

---

① Gimbel v. Signal Companies，Inc.，316 A.2d 599（Del.Ch. 1974），aff'd per curium，316 A.2d 619（Del. Supr.）.本案例开头两段为本书作者对案情所做的概括，后面为判词原文，由作者翻译。

批准。本案不必脱离成文公司法。该法要求公司出售"所有或者几乎所有的"资产时需要股东批准。这是唯一的适用标准。诚然，这条标准在适用于每一个具体的案子时并没有数学的精确性，但是我们依然能够在一定程度上予以量化，尽管特拉华在这个问题上的先例十分有限。但是量化定义必须始于法律条文，终于法律条文。

在解释条文时，原告依据的判例是费城银行案 Philadelphia National Bank v. B.S.F. Co., 41 Del.Ch. 509, 199 A.2d 557（Ch. 1964），rev'd on other grounds, 42 Del.Ch. 106, 204 A.2d 746（Supr.Ct. 1964）。在该案中，B.S.F. 公司在另外两家公司内持有股份。它把其中一家公司的股份卖掉，保留了另一家公司的股份。法院认为卖掉的股份是 B.S.F. 公司能卖的主要资产，因为另一家公司的股票价格正在下跌。法院驳回了被告关于卖掉的股票只占总资产 47% 的争辩。根据所卖股份的实际价值，法院认定它们至少占总资产的 75%，所以其出售构成出售几乎所有的资产。

不过费城民族银行案有两点需要注意。第一，即使按第 271 条获得了股东的批准，争议的要点也不在第 271 条的规定中，而是在借款合同中。该合同为了保证债权人的财务安全而限制 B.S.F. 的活动。上诉之后，首席法官沃尔考特 Wolcott 说话很谨慎："我们认为这个问题不必引用关于公司资产出售的一般法律来回答。我们面对的问题仅仅是合同中的具体语言的意思，应该从当事人试图防范什么或者确保什么的角度去回答。"（42 Del.Ch. 111-2 页或 204 A.2d 750 页）

第二，费城民族银行案涉及的是出售公司唯一能产生较多收入的资产。

在费城民族银行案的判词中，关键性的语句是："一般认为，决定资产出售的性质的关键因素不是财产的数量，而是看该出售是非常的交易还是卖方正常的生意。"（41 Del.Ch. 515 页或 199 A.2d 561 页）Folk 教授就这一判词评论说："如果资产的出售在公司正常的经营范围之内，法律便不能适用。"

可是在这种情形下适用任何"一般性的正常生意"标准，目的都不是将董事会的权力限制于日常的经营活动。事实上，如果交易是正常的和一般性的，在这条成文法的适用上就不会产生争议。虽然正常的和一般性的交易不需要股东的批准，但是却不能反过来说非常的交易都需要股东的批准。只有当交易的非常性质影响到公司的存在和目的的时候才需要股东批准。正如 6A Fletcher, Cyclopedia Corporations（Perm. Ed. 1968 Rev.）2949.2 节 648 页上所说的："法律要求股东同意的目的是针对根本性的变动保护股东利益，或者更具体地，防止毁坏股东赖以实现公司目的的那些手段。"应当在这个意义上判断交易是否非常或者决定成文法是否适用。如果卖掉的资产在数量上为公司经营所必需，出售不正常，会影响到公司的存在和目的，那就超越了董事会的权力范围。有了上述指引，我再来分析西格纳尔和本案中的交易。

西格纳尔或其前身在 1922 年成立时做的是石油生意。但是从 1952 年开始，西格纳尔转向多种经营。那一年，西格纳尔购买了美国总统线路的大量股票。从 1957 年到 1962 年，西格纳尔全资拥有全国性的小吃连锁店 Laura Scudders。1964 年，西格纳尔买下了从事航空、航天及浓缩铀生意的 Garrett 公司。1967 年，西格纳尔又买下了从事卡车零部件制造和整件组装的 Mack Trucks, Inc.。1968 年，它的石油和煤气经营集中到了一个单独的分支，而后在 1970 年又转给了西格纳尔石油子公司。自 1967 年以来，西格纳尔兼并或者成立了很多家公司，却没有一家公司与石油和煤气有关。如前所述，石油和煤气生意现在是由西格纳尔石油经营的。正是这家子公司的股票出售引起了这场争议。

根据西格纳尔 1972 年的年度报告和最近的季度（1973 年 9 月 30 日）报告以及其他一些内部财会信息，我们得到如下的数据：

表 8-1　西格纳尔 1971—1973 年的毛收入财会信息　　　　百万美元

时间 经营行业	1973 年到 9 月 30 日为止 9 个月	1972 年 12 月 31 日	1971 年 12 月 31 日
卡车制造	655.9	712.7	552.5
航空航天	407.1	478.2	448.0
石油煤气	185.9	267.2	314.1
其他	16.4	14.4	14

表 8-2　西格纳尔 1971—1973 年的税前利润财会信息　　　　百万美元

时间 经营行业	1973 年到 9 月 30 日为止 9 个月	1972 年 12 月 31 日	1971 年 12 月 31 日
卡车制造	55.8	65.5	36.4
航空航天	20.7	21.5	19.5
石油煤气	10.1	12.8	9.9

表 8-3　西格纳尔 1971—1973 年的资产财会信息　　　　百万美元

时间 经营行业	1973 年到 9 月 30 日为止 9 个月	1972 年 12 月 31 日	1971 年 12 月 31 日
卡车制造	581.4	506.5	450.4
航空航天	365.2	351.1	331.5
石油煤气	376.2	368.3	369.9
其他	113.1	102.0	121.6

表 8-4　西格纳尔 1971—1973 年的净资产财会信息　　　　百万美元

时间 经营行业	1973 年到 9 月 30 日为止 9 个月	1972 年 12 月 31 日	1971 年 12 月 31 日
卡车制造	295.0	269.7	234.6
航空航天	163.5	152.2	139.6
石油煤气	280.5	273.2	254.4
其他	（55.7）	（42.1）	（2.0）

根据公司的这些数据，西格纳尔石油只占西格纳尔大约 26% 的资产。虽然它的净资产占到了 41%，但它只创造了 15% 收入和利润。

诚然，根据西格纳尔与伯莫交易的实际情况和本案案卷记载，西格纳尔石油要比账上显示的值钱得多，不过即使按原告在辩论词中说的，用原告的专家证人 Paul v. Keyser, Jr. 对西格纳尔石油的估价值 7.61 亿美元替代进去，石油和煤气分支的资产依然不到西格纳尔总资产的一半。① 因此，简单地从数量上看，我同意西格纳尔的说法，即向伯莫出售的资产不构成"所有或几乎所有的"西格纳尔资产。

此外，从交易性质上看，原告的说服力也不强。诚然，西格纳尔原先的经营范围是石油和煤气，而且石油和煤气至今在公司的注册认证书上依然被列为首位，但是事实是西格纳尔现在是一个联合集团公司，除了石油和煤气之外还从事航空航天生意、卡车及相关部件的制造与销售等其他生意。其生意的性质在事实上包含了收购或者出售企业的独立的分支。就其 1952 年以来的运作而言，可以说这样的买卖已经成为它一般性生意的一部分。石油和煤气生意在历史上做得最早以及在注册认证书上列在前面这些事实不能禁止其出售。正如董事 Harold M. Williams 作证时说的，生意的历史不能起"决定性的作用""许多企业因为想保留历史而衰落了"。

或许如原告所说，多行业公司的出现在某种意义上使第 271 条失去了效力，因为只要公司保留了其他行业，就可以将一个行业的生意全部卖掉而不需要股东批准。但是一个公司经过数年的进化而转为多行业经营，其运作包含了买卖某个行业分支；另一个单行业的公司通过一次颠覆性的交易将全部经营手段卖光，以换取金钱或者另一个企业。这是两种不同的情形。在前一种情形下，公司民主的程序有数年的机会进行制衡或者控制，股东有机会参与。西格纳尔的发展可以说明这种差别。例如，西格纳尔原先叫作西格纳尔石油和煤气公司，当它在 1968 年改名的时候，它宣称"需要一个适合多种经营的多行业混合企业的名称"。

我断定无论从量上还是从质上去衡量，西格纳尔出售西格纳尔石油的股份给伯莫的行为都不构成出售西格纳尔"所有的或者几乎所有的"资产。这一结论得到与本案最接近的、涉及特拉华法律的判例的支持：Wingate v. Bercut, 146 F.2d 725（9th Cir. 1944）。因此，就起诉状依据第 271（a）条的部分，我断定它没有最终获胜的可能性。

本案中争执焦点是对出售"所有或几乎所有的"资产这一词组的理解。法官根据当事人提供的数据从质和量两个方面审查了所出售的分支是否称得上公司所有或几乎所有的资产，最终得出了否定的结论。我国公司法规定公司的合并或分立由董事会制订计划，报股东会批准（《公司法》第 37 条和第 46 条）。像本案中这样出售一个分支算不算分立？算，就需要股东会的批准；不算，就不需要股东会的批准，光董事会决定就可以。算与不算，最终恐怕还是需要法院在判案时作出解释。

与出售公司"几乎所有的资产"时股东的批准权相关的还有 Katz v. Bregman, 431 A.2d

---

① 法官在这里犯了一个概念错误，因为企业的评估值与它的总资产是两个完全不同的概念，没有可比性。

1274（Del. Ch. 1981）。该案中公司出售 51% 以上的资产，该资产在前一年产生了 45% 的净销售收入，出售之后公司将从事与以前完全不同的生意，法院认为这构成出售几乎所有的公司资产。

DiEleuterio v. Cavaliers of Delaware, Inc., Civ. No. 8801, Del.Ch. 1987 一案涉及对"空缺"一词的理解和解释。股东签署书面意见同意扩大董事会，并增加了几名董事。公司规章规定当董事职务"因为死亡、辞职、不称职、撤职或其他原因发生空缺时"，应由剩余董事以多数票填补。公司（被告）争辩说这规定给了董事会填补新席位的排他性权力，所以股东的同意无效。法院不同意，说规章只规定空缺，没有规定新的席位。判例法和成文法都认识到空缺与新设席位的区别。

这些案件的纠纷从表面上看仅仅是对法律、章程或规章规定的理解分歧，而法院则通过案件的判决澄清了歧义，使机构之间的权力分配更加清晰，但是在实际上它们都是公司内部的派别之争，利益之争。法律只是他们为自己争取权力和利益的武器或工具。正因为这样，他们才会从自己的利益出发对相关规定作出完全不同的理解和解释，最后不得不请法官出来公断。作为公司法律师，在处理这类案件时务必深入实际，弄清各种利害关系，才能认清辩护的方向，有效地维护当事人的合法权益，而不能只停留在抽象的法律规定上。

下面的案例起源于前总裁与现总裁两派势力的争斗，但是却涉及股东会、董事会和法定代表人三者之间的权力分配。

【案例 8-14】

奥尔诉觉色尔 [①]

原告们持有 R. Hoe & Co., Inc. 公司 A 类股的多数，现在起诉请求强制公司总裁根据规章的规定召集特别 [②] 股东会，该规定说如果有多数股的持股人要求，就要召开这样的会议。章程规定了一个 11 人董事会，其中 9 人由 A 类股选举，另外 2 人由普通股选举。特别会议的目的是：

A. 对一份赞同公司前总裁约色夫·奥尔的管理并要求重新任命他的草案进行表决；

B. 修改章程和规章，规定因股东撤销董事而产生的董事会的缺额只能由股东选举填补；

C. 对有因撤换 4 名 A 类董事的指控进行商讨和表决，并选举他们的继任人；

D. 修改规章以减少董事会会议的有效人数。

可是总裁拒绝召集这样的会议，理由之一是这些目的不是 A 类股股东会的议题。

Desmond 法官代表法院写道：

原告们要求召集的会议的目的很清楚（除了赞同和重新任命前总裁奥尔之外）：

---

① Auer v. Dressel, 306 N.Y. 427, 118 N.E.2d 590（1954）。以下宋体字部分为本书作者对案情所做的概括，楷体字部分为判词原文，由本书作者翻译。

② 我国《公司法》称"临时"，"特别"在这里就是"临时"的意思。

听取对 4 名 A 类董事的指控，如果指控属实就撤掉他们；修改规章以便 A 类股股东选举继任董事；修改规章使董事会有效数不少于在任董事的半数，也不少于授权董事数的三分之一。没有任何理由可以阻止 A 类股股东对这些提议中的任何一项投票表决。

股东们通过对奥尔先生的行为表示赞同并要求重新任命他，没有权力直接任命他，但是他们的表达依然是有效的，因为他们给董事会送去了明确的信息，而董事们是要在年度股东会上选举的。至于 B 项的目的，即修改章程和规章，规定由股东选举填补因受指控而被撤掉或者辞职的 A 类股董事产生的空缺，这原本就是已成定论的法律规则——选举和有因撤换董事都是股东固有的权力。In re Koch，257 N.Y. 318，321，178 N.E. 545，546……当然，Koch 案要求指控必须送到，通知必须到位并给予充分的反驳机会，但是本案中并没有显示这些要素有哪一个缺少。既然这些原告有权选举 9 名董事，也有权在指控属实时撤掉他们，那么他们进一步行使权力修改规章以便选举在听证会上被撤掉或者自己辞职的董事的继任人也没有什么不妥。在这个问题上有关的判例是 Rogers v. Hill，289 U.S. 582，589，53 S.Ct. 731，734。该案中一方当事人认为股东将制定规章的权力交给董事会之后，自己就没有权力制定规章了。联邦最高法院对此不以为然。它引用一个新泽西判例 In re Griffing Iron Co.，63 N.J.L. 168，41 A. 931 并说："如果让公司财产的实际所有人听任他们的代理人的摆布，那将是荒唐透顶的，法律还没有这样做。"对规章的这种修改只涉及 A 类股董事，不影响普通股股东的投票权，该权利只与选举剩余的两名董事有关。诚然，章程授权董事会根据指控撤换任何董事，但是我们不认为这条规定表示股东放弃了他们固有的撤换董事的传统权力，它仅仅提供了另一条途径。要不是这样的话，那么当大多数董事被指控干了坏事，而他们自己显然不愿意撤换自己的时候，股东们就没有办法了。

在这份允许 A 类股股东填补 A 类股董事缺额的提案中，我们看不到任何破坏或者违反章程第 3 条第 h 段的规定。该规定说 A 类股股东"除了董事的选举之外"对所有的事务都有排他的投票权。里面的否定性语言不应当理解为 A 类股股东有选举 11 名董事中的 9 名的绝对权利，却无权修改规章以确保一项类似的、专属于 A 类股股东而不属于普通股股东的权利，即填补 A 类股董事空缺的权利。

董事如果遭到非法撤换，永远可以在法院寻求救济。People ex rel. Manice v. Powell，201 N.Y. 194，94 N.E. 634.

维持原判，连同费用。

Van Voorhis 法官反对，认为所引的目的都不是要求召开的股东会的恰当议题。A 项要求任命奥尔为总裁的提议只是"空表示"。[①] B 项不恰当，因为章程授权董事会填补空缺，修改会剥夺普通股股东通过他们在董事会里的两位代表在撤换董事中的发言权。这样的修改只能通过特别的投票程序去做。C 项要撤掉董事不妥，因为股东会"完全不适合履

---

① 这位法官的意思是反正股东无权任命总裁，光是提议没有什么意义。可是多数派并不这么看，认为这种提议或建议会对董事们在任命总裁时造成压力，因而是有意义的。

行带有司法裁决性质的义务"。因为大多数股东都是让别人代理自己投票的，他们自己的决定只能在会前做出，因而听不到会上对董事的指控和讨论。D 项如果没有前 3 项的行动就变得无关紧要。

本案中的公司 R. Hoe & Co., Inc. 发行了两类普通股：一类叫作 A 类股；另一类就叫作普通股。按照公司章程的规定，A 类股的股东可以选举董事会 11 个董事中的 9 个，而普通股股东只能选举剩余的两个。显然，A 类股的势力远大于普通股的势力。现在前总裁一派取得了 A 类股的多数，所以就要求召开临时股东会，并提出了 4 点具体的要求或提议供会上表决。现总裁当然知道这样的会议对他不利，所以就拒绝召集会议。召开要有召开的理由，拒绝也要有拒绝的理由。看起来是在争法律，其实是在争权力——对公司的控制权。但是争权力必须在法律允许的框架内进行，不得违法。法律规定了股东会和董事会的权力划分以及作为法定代表人的总裁的义务。但是遇到具体问题——总裁是否有义务应股东的要求召集这一会议，股东是否可以在会上提出这些议案——法律的规定并不清楚，于是需要法院解释和认定。

股东所提的第一点要求是赞同前总裁的管理并要求重新任命他。任命总裁是董事会的权力，如果股东会直接作出决议任命总裁，那是越权的，决议无效。但是股东会可以表示赞成或者反对并提出建议。这种表示会对董事在总裁任命时的投票表决产生重大影响，因为股东们会在年度会上选举董事。这些都是已经由以前的判例认定的规则。所以法官才在判词中说，股东无权任命他，但是表达意见是可以的。股东所提的第三点要求是听取和讨论对 4 名 A 类股董事的指控，如果属实就撤换他们。这 4 人显然是对立派阵营的。章程规定了有因撤换，所以撤换起来比较困难，需要董事有重大失误或者人品、忠诚等发生严重问题。所以股东要在会上提出具体的指控并且证明指控属实，因为只有这样才能撤换他们。撤换以后还要选举新的董事来填补他们留下的空缺。章程授权董事会根据指控有因撤换任何董事，自然董事会也有权填补因撤换产生的空缺。现总裁的人在董事会里占据了多数席位，所以如果由董事会选人填补空缺，那还会是现总裁的人。所以股东在要求撤换他们的同时还要求选举他们的继任人。第二点要求是与选举继任人的权利相关的，就是修改章程和规章，规定由股东撤换的董事缺额只能由股东填补，以此来排除董事会填补的可能性。

现总裁拒绝召集会议的理由显然不能成立。他说上述目的不是 A 类股股东会的议题，可是选举和撤换董事是股东固有的权力，不但成文法这样明文规定，判例法也是这样说的。所以法院说纵然章程授权董事会有因撤换董事，也不等于股东就无权撤换董事了。股东选举和撤换董事的权力是不能剥夺的，章程的规定无非是说股东会和董事会都有权这样做。法院还说股东要求修改章程和规章的目的无非是要确保选举和撤换 A 类股董事的权利。这些目的都是 A 类股股东会的恰当议题，所以总裁必须召集。

少数派法官的反对意见认为股东的第二点要求会剥夺两位普通股董事在撤换董事问题上的发言权。对此，法院多数派法官的意见是股东的要求只涉及 A 类股董事，所以不影响普通股股东的投票权，言下之意是在 A 类股董事的选举上，两位普通股董事不说也罢，因为那本来就是 A 类股股东和 A 类股董事的事情。

本案的复杂之处是存在两类普通股。一般说来像修改章程和规章之类的事情必须由两类股东分类投票表决，两边都通过了才算通过。但是由于本案中的问题只涉及 A 类股董事的选举，不影响普通股股东的权利。所以法院认为即使是章程的修改，也可以由 A 类股股东单独去做。

如果按照我国现行公司法的规定，本案中的问题倒是容易解决的，因为如果法定代表人和董事会不肯召集会议，代表 10% 以上股份的股东可以自行召集，按《公司法》第 41 条对会上所议事项的决定做成会议记录并由出席股东签名，即发生法律效力。

尽管我国的公司实践还不发达，但是矛盾普遍存在，公司内部的各种派别斗争并不比国外少。只要有内斗，一般都会涉及机构之间的权力分配。只是由于我们的理论落在实践的后头，这方面的资料收集工作和总结工作做得不够，所以我们才缺乏公司内斗的资料。2010 年发生在国美电器股份有限公司内的董事会与大股东的冲突是一个举国瞩目的实例。[①]

【案例 8-15】
国美电器案

国美电器是黄光裕在 1987 年创办的私营企业，零售家电。1999 年企业开始向全国扩张，通过直营连锁和加盟连锁的形式，店铺逐渐遍布全国。2004 年 6 月在香港借壳上市，黄光裕自任董事长和法人代表。到该年 12 月，国美电器直营门店已达 200 家。之后，黄光裕家族不断减持股份：2006 年 4 月，黄光裕向摩根·士丹利、摩根·大通等出售股份，套现 12.46 亿港元，持股比例下降至 68.26%；2006 年 7 月用换股方式收购永乐电器，黄光裕的持股比例被摊薄至 51.18%，同时永乐电器的董事长陈晓被任命为国美电器的总裁，位居董事长之下，算是一种双赢的局面；2007 年 9 月，黄光裕再度出售股份，套现 23.36 亿港元，持股比例下降至 42.84%；2008 年 2 月，公司高价回购黄光裕所持的部分股份，黄光裕持股比例下降至 39.48%。[②]

2008 年 1 月 23 日，黄光裕因涉嫌经济犯罪（股价操纵、洗钱、行贿、空壳上市、偷税、漏税等）被北京警方拘查，妻子杜鹃也同时被捕。两人被迫辞去了国美的董事职务。陈晓作为黄光裕唯一指定的国美事务最高代理人，被委任为董事会代理主席兼公司总裁。

受黄光裕被捕负面信息的影响，国美股价大跌、业绩下滑、利润减少。生产商开始催债，销售代理商不肯接单，最为致命的是银行收回贷款，让国美的现金流出现了困难。

为了解决资金紧缺问题，国美董事会按照章程规定的权限提出了一份增发 20% 普通股或可转换债券的计划，并与贝恩资本等多家机构投资者联系，最终在 2009 年 5 月选定贝恩投资。但是在大股东是否参与国美电器的配售和贝恩投资提名的非执行董事数

---

① 受新闻报道不充分影响，我们能够收集到的此案的信息资料很有限，有些重要的细节也不知情，只能根据已有的资料进行编辑和介绍。

② 公司回购控股股东的股份而不给其他中小股东以相同的机会是一种违法行为，但是我国投资者尚缺乏法制观念和权利意识，所以没有人起诉。不告不理，此事也就过去了。

量上，双方有分歧。经过谈判，互相让步，黄光裕允许贝恩任命 3 名非执行董事；[①] 贝恩则放弃控股的企图，同意黄光裕参加配售购买。6 月 22 日，国美对外公布了有贝恩资本参与的发行可转换债券与配售新股相结合的融资方案，获得 32 亿港元资金。[②] 方案实施后贝恩资本成为国美电器的第二大股东，获得了国美董事会 11 个席位中的 3 个非执行董事席位，还有首席财务官和法律顾问的提名权。

7 月 13 日，国美电器以每股 0.672 港元的价格配售 22.96 亿股股份。根据国美与贝恩达成的包销协议，原股东没有认购的股份将由贝恩全数买下。当时外界普遍认为黄光裕将无力参与配售，因而其所持股权将由 35.5% 摊薄至 27.2%。但出人意料的是，7 月 20 日，已身陷囹圄的黄光裕通过在二级市场上减持国美 2.35 亿股股权套取现金约 4 亿港元，然后耗资 5.49 亿港元参与国美此次配股认购。其所持有的股份在配股完成后仍然占到国美股份的 34.0%，只降低了一个半百分点，仍牢牢占据着国美电器第一大股东的位置。

2009 年 9 月 23 日，国美电器再度向机构投资者发债筹资 23.37 亿元，并在次日赎回了 13.26 亿元的 2014 年零息可转债。

通过这一系列的筹资活动，尤其是贝恩投资的入股，不仅让公司渡过了难关，而且也让投资者、供应商等恢复了对公司的信心。但是因为有些活动事先没有知会黄光裕，客观上又使黄光裕的持股比例摊薄，所以使黄光裕认为董事会在公司内实施"去黄化"策略，双方发生矛盾。基于对贝恩和陈晓掌控的国美电器董事会的不信任，黄光裕特地提名新增加了副总裁孙一丁为执行董事。但是后来因为国美电器的经营和财务状况迅速扭转，公司又提出了高管股权激励计划，使得大股东与董事会之间看似平衡的天平发生了扭转，被看作是黄光裕代理人的常务副总裁王俊洲、副总裁魏秋立和孙一丁转变立场，开始支持陈晓。

2010 年 5 月 11 日，国美电器召开年度股东大会。占有 62.5% 股份的股东出席，其中由黄光裕掌握的 31.6% 的股份出乎意料地对贝恩提名任命的 3 位董事投了反对票，致使股东大会没有通过对这 3 位董事的任命，因为按照国美电器的公司章程，董事续任需要股东大会半数以上的投票赞成。但是根据国美与贝恩签订的合同，如果发生特定事件或违约事件，贝恩有权提前赎回 2016 年可转股债并要求国美支付 24 亿元人民币的巨额罚金。所以当天晚上，国美董事会紧急开会决定重新任命贝恩投资提交的三位候选人为国美董事会的非执行董事，因为根据章程，公司董事会有权在不经股东大会同意的情况下任命公司非执行董事。王俊洲、魏秋立、孙一丁这三位执行董事都投了赞成票。这使黄光裕感觉已经彻底失去了对董事会的控制权，于是开始公开反对陈晓和孙一丁。

2010 年 8 月 4 日，黄光裕方面提请公司董事会召集临时股东大会[③] 审议撤销 5 月 11

---

① 非执行董事是香港人的说法，就是外部董事的意思。

② 这也意味着黄光裕的控制权将被稀释。陈晓也提出三点理由来暂缓黄光裕的猜疑：能满足国美资金需求，有零售业投资经验（贝恩投资的 300 余家公司，近 1/3 是零售业），"在改善公司的治理水平上获得益处"。

③ 根据我国《公司法》第 39 条第 2 款的规定，代表 10% 以上表决权的股东提议召开临时会议的，就必须召开。黄光裕持股超过 30%，所以有权迫使公司召开临时会议。不过，作为在中国香港上市的公司，可能适用香港法律，估计香港也会有类似规定。或者就是公司章程有具体规定。

日年度大会上授予公司董事会配发股份^①的权力。反过来，董事会则在次日代表公司宣布将对黄光裕在 2008 年 1 月及 2 月前后回购公司股份中的违法行为正式起诉，追回公司因此而遭受的损失。之后直到黄光裕要求的临时股东大会在 9 月 28 日召开，以陈晓为首的董事会和大股东黄光裕集团展开了公开而激烈的争斗。

8 月 10 日，黄光裕胞妹黄燕虹指责陈晓与贝恩签订条件苛刻的融资协议"有私心"，是在处心积虑地推动国美"去黄化"。接着黄光裕方面又利用国人的民族情绪打爱国牌，发表致全体员工公开信批判陈晓，指责他企图变"国美电器"为"美国电器"。

8 月 23 日，国美电器公布上半年业绩，利润同比增长超过 60%，这自然说明董事会特别是陈晓领导有方。可是黄光裕批评国美，认为这种领先优势很快就会丧失。反过来，陈晓则在业绩记者会上批评大股东黄光裕提出的数项建议不合理，呼吁全体股东在 9 月 28 日的临时股东大会上投反对票。

8 月 24 日，黄光裕家族开始在二手市场买进国美股票，以便将来贝恩债转股后的股权不被摊薄。接着，黄光裕亮出撒手锏，威胁如果临时股东大会上其提议未经通过，将分拆国美非上市与上市部分。

8 月 30 日，黄光裕二审维持 14 年有期徒刑的原判，妻子杜鹃则改判缓刑当庭释放，可以出席 9 月 28 日的国美电器临时股东大会。

9 月 5 日，黄光裕狱中再发公开信，重申罢免陈晓、重组董事会的原因和依据，并提出将黄光裕私人持有的国美电器 372 家非上市门店，注入上市公司的方案。几天后，黄光裕律师邹晓春表示将竞选国美董事会主席，像黄光裕之前说的一样，他也再次威胁如果大股东决议未获支持，就将国美一分为二。

9 月 15 日，贝恩宣布行权，将所持可转换债券转换为股份，并重申支持国美董事会和管理层。事实上，贝恩的行权行为本身就表示出对公司的信心。行权后贝恩将占国美已发行股份总量的 9.98%，成第二大股东，黄光裕家族的股份被摊薄至 32.47%。

9 月 16 日，国美管理层提出国美发展五年计划，至 2014 年年底，门店总数达 1 400 家。同日，黄光裕方面改变策略，对贝恩转股表示欢迎和尊重，并催促陈晓辞职。

9 月 18 日，邹晓春、陈晓接受中央电视台访问，各摊底牌、造舆论。

9 月 20 日，斗争双方均移师香港，会见机构投资者及股评人，尽最后努力拉票。

9 月 22 日，黄光裕阵营发文质疑陈晓言论，强调非上市门店贡献大。有湖南职业投资者购入 1 亿股（不到股份总数的 1%）国美股票，力挺黄光裕。

9 月 23 日，国美电器向香港证监会投诉黄家利诱投资者换取支持。

9 月 28 日，国美临时股东大会对以下 8 项议案投票表决，其中前 3 项是董事会的提议，后 5 项是黄光裕的提议。

1. 重选竺稼先生为本公司非执行董事；

① 国美电器增加发行股份的权力在股东会，但是股东会可以授权董事会进行增发。配发也称配售，就是按照原有股东的持股比例发行给他们。配发是增发的一种情形。增发的另一种情形是向不特定的社会公众发行。配发一般都是先买权引起的，即公司章程规定原股东对公司新发行的股份在同等条件下有优先购买的权利，所以公司在发行新股时只好按比例配售。

2. 重选 Ian Andrew Reynolds 先生为本公司非执行董事；

3. 重选王励弘女士为本公司非执行董事；

4. 撤销公司 2010 年 5 月 11 日年度股东大会上通过的对董事会发行、配发和买卖本公司股份的授权；

5. 撤销陈晓先生作为本公司执行董事兼董事会主席之职务；

6. 撤销孙一丁先生作为本公司执行董事之职务；

7. 委任邹晓春先生作为本公司的执行董事；

8. 委任黄燕虹女士作为本公司的执行董事。

表决结果是前 4 项议案得到通过，后 4 项议案没有通过。也就是说，除了董事会提出的 3 项议案全部通过之外，黄光裕方面提出的议案只有一项获得了通过，其余 4 项都没有通过。不过，据说黄家最希望通过的也就是这一项。因为取消了对国美董事会的 20% 增发权，[①] 即使陈晓仍在董事局，也无法威胁大股东的控股地位。而如果董事会有权增发不超过总股本 20% 的股票。一旦增发，只要黄光裕不增持，现在持有的 32.47% 股权就会被摊薄至约 27%。所以，增发被认为是陈晓手中最具杀伤力的一张王牌。

2011 年，在特别股东大会几个月之后，陈晓主动辞去了国美董事会主席的职务，孙一丁等人也都辞职。黄光裕另行起用原大中电器的创始人张大中为执行总裁，国美又重新回到黄光裕的控制之下。国美的内斗最终以大股东的胜利告终。[②]

在这场陈黄之争中，全面控制董事会的陈晓居然没有击败一个持股不到三分之一的大股东。相比之下，下面案例中的总裁沃格尔则要厉害得多。他在与公司最大的股东汤林森的斗争中，不光在股份上不占优势，而且在董事会内也不占优势的情况下，居然能够一步一步地排挤对手，最终赢得了对公司的全面控制。判词的讨论集中在总裁（法人代表）的权限范围上——他是否有权召集本次临时股东会，尤其考虑到所提议项有的比较反常；依据是公司规章的规定。

【案例 8-16】
堪贝尔诉罗氏公司 [③]

本案涉及罗氏公司内部两个派别的战争：一派以公司总裁沃格尔为首；另一派以汤林森为首。在 1957 年 2 月的股东会上，两派达成了妥协：每派推举 6 名董事，另加一

---

① 董事会 20% 的增发权是指在不超过公司已发行股份的 20% 的限额内董事会可以自行决定发行新的股份。20% 的限额是指每一次发行的限额，不是指总量（历次增发的总额）。也就是说每次增发都可以发行不超过已发行股份总数的 20%。

② 内斗自始至终都没有发展到上法院打官司的地步，是否说明国人的内斗级别还比较低、运用法律手段的艺术还不够高明呢？抑或说明我国的法律规定还太粗糙简陋呢？本案虽然涉及中国香港公司，大陆公司的内斗，也很少有诉诸法院的。

③ Campbell v. Loew's，Inc.，36 Del.Ch. 563，134 A.2d 852（1957）。由于判词原文很长，所以本书作者进行了简化和归纳，以突出重点，节省篇幅。其中楷体部分是判词原文，由本书作者翻译；宋体部分则是本书作者根据判词内容所作的归纳和总结。

名中立董事，构成 13 人的董事会。同年 7 月，沃格尔那派有两个董事，汤林森那派有一个董事，还有那位中立董事都辞职了。7 月 30 日开了一次董事会，仅由汤林森派的 5 位董事参加，试图填补两个空缺。但是选举被判无效，因为会议没有达到有效人数。见 Tomlinsen v. Loew's, Inc., 36 Del.Ch. 516, 134 A.2d 518（1957）aff'd, 37 Del.Ch. 8, 135 A.2d 136（Del. Supr. 1957）。与此同时，沃格尔作为总裁，于 7 月 29 日发出通知召集 9 月 12 日特别股东会讨论下列事项：

1. 填补董事空缺。

2. 修改规章，将董事会人数从 13 人增加到 19 人；将董事会会议有效数从 7 人增加到 10 人；选举 6 名新增的董事。

3. 撤掉汤林森和斯坦力·麦尔的董事职务并填补由此产生的空缺。

原告汤林森那一派起诉禁止这次临时股东会并寻求其他救济。

Seitz 法官的判词说：

原告认为在董事会尚未对方针政策定义清楚的情况下，总裁无权召集特别股东会对这些问题进行表决。而被告则认为规章对此有具体的授权。因此，首先要看有关的规章规定。第 1 条第 7 款规定："除了那些受法律直接规范的会议之外，任何目的的特别股东会总裁都可以召集……"第 4 条第 2 款规定："总裁……有权召集特别股东会……为任何目的……"

诚然，第 2 条第 8 款第 11 项也规定董事会可以为任何目的召集特别股东会。但是面对着上述规章的明确规定，本院能不能说总裁无权就所述目的召集会议？我觉得不能。虽然总裁召集会议的目的不是公司的正常生意，但是我认为股东既然允许上述规章存在，那就是授权总裁在召集时列出如此广泛的目的。另外应注意的是，至少还有一条规章（第 8 条第 2 款）规定总裁的某些行为要经过董事会的批准。但是关于会议的召集权却没有这样的限制，这部分地说明股东当初不想限制。

接下来法官逐条分析原告提出的各种理由。原告的第一点理由：法律规定公司的生意由董事会经营。如果让总裁召集这样的会议，就与法律规定相冲突了。法官说不会的，因为一般地，授权总裁提交给股东会讨论的事项只包含那些适合股东会表决的事项。原告对所提事项适合股东会表决这一点也没有异议。

原告的第二点理由：未经董事会批准，总裁无权提议修改规章增加董事会人数。法官认为提议的内容显然激烈，涉及控制权，但是既然说"任何"目的，自然也包括这样的目的。

原告的第三点理由：规章规定填补董事空缺的权力属于股东会和剩余董事，没有提到总裁，意味着总裁没有这样的召集权，否则会与董事会发生冲突。法官说股东可以发起召集不等于总裁就不能召集，"任何"两字包罗万象。至于可能的冲突，那在制定规章时就应当预见到。法院只对规章的效力进行判决，不去管它的智慧。

原告的第四点理由：规章规定特别股东会可以填补董事空缺，而空缺不包括新设的董事席位，这是有判例支撑的。所以总裁无权召集股东去做他们无权做的事情。法官承认空缺不包括新设的席位，但是认为选举董事是股东固有的权力，即使是在特别会议上，这也是有判例支撑的。

原告的第五点理由：成文法和规章都只规定了因执行官员被撤职而产生的空缺，没有规定对董事的撤换，这说明规章制定者的意图是股东不能撤换董事，哪怕是有因的。因此，总裁为此目的而召集会议就是无效的。法官承认法律和规章确实都没有规定，但是法院可以规定股东有权有因撤换董事，否则当董事像脱缰的野马那样干坏事时就无法被撤换了，比如泄露商业秘密给竞争对手、贪污公司资金等。

从第六点开始都是针对征集投票代理权过程中的一些程序性问题。

原告的第六点理由：对方没有将指控送达两位想撤换的董事，特别会议的通知中没有那些具体的指控，征集投票代理权的文件也没有告诉股东这些指控，更没有告诉他们被指控的人有权在投票之前进行反驳。因而程序有缺陷。我同意，如果在有因撤换董事的提议呈交给股东之前的程序显得合法，对董事的指控在表面上也显得合法，法院一般不予干涉。证据的充分性是后面程序中考虑的问题。但是如果所采用的有因撤换董事的程序在表面上看就是无效的，股东有权在会前提出异议。这样可以避免不必要的费用，使得内部的争执在可能的情况下能够最早得到解决。否则，把一个董事撤掉了，新的董事上任了，参与了董事会决议，然后法院再判撤换无效，在程序从表面上看就显然不合法的情况下，这样做是很不妥当的。

撤换董事，指控必须送达，通知必须到位并给予充分的反驳机会。……被撤换的董事有权获得听证并在其中为自己辩护。

股东会议事不必像法院程序那样正式。投票代理权的征集书特别点了两位要撤换的董事的姓名，理由在总裁的信中。而两位董事都收到了信的复印件。所以通知和指控都送达了。

原告的第七点理由：那些指控在法律上不构成撤换的理由。法官认为有两条指控确实是这样的：说两位董事不与总裁合作；还说他们想篡夺公司的领导权并控制公司。法官认为这些都是合法行为，是公司民主的一部分。但是骚扰指控，说他们在律师和会计师的陪伴下进入公司大楼查账，要来许多账本，有的是 20 年前的，态度又粗鲁，这些如果被证实，可以构成撤换的理由。当然，董事在履行职务中可以查账、提问等，但是如果他的行动超出了职务的要求，发展到故意捣乱，那就超越了临界点……对这些指控的真实性我没有发表任何意见。

法官最后考虑原告第六点理由中董事没有得到在会前为自己辩护的机会的问题。提交撤换董事材料的程序还没有先例。但是就代理投票而言，只有在被指控董事获得了面向股东为自己辩护的机会之后才可以征集代理权。这种辩护应当与投票代理权的征集材料一同寄送或者在之前寄送，并由公司付费。由于掌握公司资源的人只向股东呈交了他们的一面之词，程序违法，所征集的代理权不能投票。于是发布禁令禁止用征集来的代理票就撤换两位董事投票。

法官还分析了征集投票代理权中公司资源的使用问题，认为沃格尔一派掌握着权力，有权使用；但是法官没有说汤林森一派是否同样可以使用。原告还请求法院强制 4 名沃格尔派的董事参加会议以凑足有效数，法官拒绝发布这样的命令，认为在这种情形下，沃格尔派的董事联合抵制会议的举动并不违反信托义务。

本 案 背 景

Campbell 一案只是一场长期争夺公司控制权的尖锐斗争的一个侧面。公司不但拥有都市—金温—梅尔（MGM）电影制片厂，而且是一个 2.5 亿美元的工业帝国，拥有各种各样的有形和无形资产。争斗既是个人之间的，也涉及生意决策，主要是 MGM 制片厂的创始人之一——路易司·梅尔，在复仇和夺权。梅尔原来是 MGM 电影制片厂的首脑，但是在连续几年严重亏损之后被迫辞职。在罗氏公司总裁中途辞职，沃格尔接任之后，梅尔看到了机会。沃格尔是从接待员一步一步升到罗氏公司连锁剧院的首脑地位的。

因为梅尔是在绝对不利的情形下辞去 MGM 首脑职位的，所以他不敢公开争夺，而是通过斯坦力·麦尔为中介，又去找了约色夫·汤林森，罗氏公司最大的股东，由他们出头挑战。1957 年 2 月的会议之前，汤林森要求沃格尔辞去总裁职务，让梅尔回到 MGM 电影制片厂去，并且重组董事会。沃格尔害怕两家持有大量股份的银行会支持汤林森，同意妥协以避免争夺投票代理权。会上，董事会进行了重组，13 个董事由汤林森和沃格尔两派各出 6 个，另一个"中立的"由银行出。

在新董事会第一次会议上，汤林森建议撤掉沃格尔的总裁职务，以斯坦力·麦尔代之。虽然该建议没有通过，沃格尔却看到没有希望妥协。

汤林森要求公司给他一间办公室。他带了律师和会计师进来，要求公司马上送来大量的公司档案，包括合同、开支账本、内部通信、成本数据（有些是 20 年前的）。这些文件有些在仓库里，有些则是公司每天都用的，还有一些是保密的。汤林森的有些要求提得相当粗鲁，带有侮辱性。

接着是每天给沃格尔写信，并复印给其他董事。沃格尔的律师说："这些信从表面上看符合生意规则，很真诚，说话很有分寸，以事实为根据。给人的印象是写信的人完全出于善意，目的是防止沃格尔去做他想要做的灾难性的事情。它们的主要目的是对人们拉响经理层不称职或者恶意的警报，在公司资产因愚蠢或者一意孤行而流失之前先行警告。它们也给了董事们很大的压力……但是当我们（沃格尔一派，在调查信件中的指控时）请求我们的执行官员和会计师解释的时候，我们得到完美的回答。"

写信突然终止，就像它突然开始一样。同时，有关沃格尔经营不善的谣言开始流传，董事会会议因为派性争吵不欢而散，沃格尔已经谈妥的有利可图的交易因为汤林森一派的泄密而告吹。

下一次重大冲突发生在 1957 年 7 月 12 日，《财富》杂志将它描述为"卡尔拂市伏击"。那是安排在加州的一次特别董事会，目的是向董事会介绍 MGM 电影制片厂。有两个沃格尔的董事没来。会上，一家雇来调查公司效益的企业管理咨询机构做了一个报告，建议撤换沃格尔总裁。汤林森的董事马上请求对此建议投票表决。沃格尔拒绝了建议，指出董事会特别会议只能讨论那些列在议程上的事项，从而挡住了对手的进攻。

　　这次董事会被流产之后，沃格尔决心把汤林森派的各种蓄意阻挠的行为告诉广大股东，并试图在他召集的 9 月 12 日的特别股东会上撤掉汤林森和斯坦力·麦尔的董事职务。他还要将董事会扩大到 19 人，由他的人填充新的席位。咨询机构收回了原先的建议，表示如果他得到股东的支持，他们将支持他。面对着这样的斗争局面，两个沃格尔董事、一个汤林森董事和那个中立董事辞职，使汤林森派别在董事会里形成了 5 ∶ 4 的多数局面。于是，汤林森一派的董事在 7 月 30 日召集特别董事会，试图对沃格尔一派发起攻击。但是沃格尔一派的董事拒绝参加，使该次董事会的出席人数没有达到会议有效数。虽然如此，出席的董事依然投票让路易司·梅尔和他的一个朋友填补了两个空缺，从而新组成了有效数，继而又投票召集特别股东会，限制沃格尔的权力，以后签订合同须经董事会批准。这些会议经沃格尔一派起诉后被法院判决无效。就是在这样的背景下发生了这场诉讼，挑战沃格尔召集特别股东会的权力，试图禁止他用征集来的代理权投票。

　　最终，沃格尔在会上成功地扩大了董事会，新的董事除了一人之外都是他的人。在下一次年度会议上，沃格尔又进一步巩固了他的地位，汤林森一派有 4 个董事被撤换。汤林森本人是依靠累积投票才保住董事职位的。后来又有一位新的董事与汤林森联盟，并威胁重新争夺投票代理权。沃格尔成功地请求股东会取消了累积投票，将他们二人选出，从而在董事会内获得了全体一致的支持。

　　MGM 的故事并没有到此为止。到 20 世纪 60 年代又由新的演员两次重演。因为哪里有金钱，那里就有争斗。MGM 当时有 1 000 多部老电影，电视的胃口大，需要这些电影，使它们"每分钟都在升值"，福布斯杂志如是说。

第九章

我国公司实践中的股权纠纷

本来，股东投资，取得股票，从此享有股东的一切权利，那是再自然不过的事了。在法制发达国家，这方面很少发生问题。但是我国处在市场经济的初级阶段，各种不规范的操作比较多，比如有的股东自己出资之后却将股份挂在别人的名下，形成出资的没有名义，有名义的没有出资，"名不副实"的情形；有的人不但出资，而且参加了公司的经营管理，但是却没有被登记为股东；有的股东将股份转让之后又后悔，想要回来；有的在转让股份时请人代签，事后又不认账；还有的人通过冒名的手段窃取别人的股份之后卖掉。诸如此类，不一而足，产生出大量的股权纠纷。此外，公司法以外的法律法规的某些特殊规定也会对股份的转让和归属产生影响。从我国法院已经判决的大量股权纠纷案例中，我们大致可以总结归纳出以下几条处理这些纠纷的规则。

第一，**契约自由**。这是民法上的一般性原则，具体到公司法上的股权纠纷，就是保护有关股权转让和股权归属（如隐名）的各种协议；只要不违反禁止性规定或约定，这些协议就都是有效的。流通是股份的特征之一。保持股权流通渠道的畅通有利于社会资源的合理配置和经济的发展。

第二，**保护当事人意思自治**。这也是民法上的一般性原则，具体到公司法上的股权归属，由于出资者总希望拥有股权，所以可以归纳为谁出资，谁所有的规则。这主要适用于公司内部关系，尤其是股东之间和股东与公司之间关系的处理。法院一般重实质内容（经济现实）而轻形式（登记等法律手续），按照公平理念，结合形式证据和实质证据综合考察，找出实际出资人并确认其为股东。形式证据包括工商登记、股东名册记载、公司章程记载、股东会会议记录等；实质证据包括股东实际出资、出资协议书、出资证明书、签署章程、股权转让协议、股东参与公司经营管理的情况等。

第三，**保护善意第三人**。这主要适用于公司外部关系，尤其是公司股东与外部第三人之间关系的处理。公司内部的约定不得对抗善意第三人，这是常识。商法坚持外观主义和公示为准的原则，以保护交易的安全。这在法院处理股权纠纷时多有体现。

第一节　隐名股东与挂名股东

在我国的公司实践中，存在着大量隐名投资的情况，即实际出钱投资的人没有被记载为股东，他的股东名分由另外的人顶替，因而在公司章程、股东名册和工商登记中都将该别人记载为股东，实际投资人的姓名被隐去。习惯上，人们把这个实际出资人叫作

隐名股东，没有出资却被登记为股东的人叫作**名义股东**，也叫挂名股东或者显名股东。

隐名投资的原因纷繁复杂。有的是为了规避法律，其中又有非法的规避和合法的规避之分。前者如法律规定国家公务员不得投资入股，所以公务员在私下投资时就往往隐名，有的公务员甚至挪用或者贪污公款来投资，那就更不愿意公开身份，如后面的"方建华与杭州新亚达商贸有限公司股东身份确认纠纷案"中的骆正森。后者如公司法规定有限责任公司股东人数为 50 人以下，当实际股东人数超过 50 人时，一部分投资者就与某个显名股东签订隐名协议而成为隐名股东；又如公司法规定发起人持有的股份自公司成立之日起一年（以前规定三年）内不得转让，但是实际生活中依然有转让的情形，这时受让人必须隐名，以出让人为名义股东。而有的仅仅是不愿意公开个人信息，如在著名的薄熙来受贿案中，[①] 薄熙来的妻子谷开来设立一家加拿大公司在法国尼斯夏纳地区购买枫丹圣乔治别墅，就请尼尔·伍德和德某某代替她分别持有公司 50% 的股份。谷开来不是国家公务员，当股东并无法律障碍。但是她不想给薄熙来带来不良影响，所以就不愿意暴露薄家在海外有房产的事实。实践中当事人出于种种原因不愿意公开自己的经济状况因而使用名义股东的情况不在少数。有的是实际投资人不知情，以为自己已经被登记为股东，但是实际上却没有，形成不知情的隐名投资。[②]

隐名投资很容易引起股权纠纷。首先是名义股东试图谋财，想占有隐名股东的股份。这种情形在双方没有书面的隐名协议，仅仅是口头的君子协定，特别是在隐名股东为了规避法律，因而有把柄抓在名义股东手里的时候，更为多见。其次是隐名股东也容易怀疑名义股东有谋财的企图，从而引起种种矛盾和纠纷。例如，在上述薄熙来受贿案中，谷开来与两位名义股东（尼尔和德某某）只有君子协定而没有书面协议，后来就怀疑他们想谋财而责令他们将股份转让给姜某。其三是名义股东和隐名股东意见一致，都认为股权属于隐名股东，但是第三方介入，主张股权属于名义股东，从而引起纠纷。这个第三方有时是公司本身，如"润华集团股份有限公司诉华夏银行……案"；有时是外部第三人，如"申银万国证券股份有限公司诉上海国宏置业有限公司案"；有时是公司内部的另一个股东 [③]。最后是人的懒散和拖拉，例如，名义股东签署了将股

---

① 薄熙来，生于 1949 年，中共中央第 17 届政治局委员，曾任大连市市长、辽宁省省长、商务部部长、重庆市委书记，2013 年 9 月 22 日，济南市中级人民法院判其犯有贪污、受贿、滥用职权罪，处无期徒刑。

② 姜一春，方阿荣著：《公司法案例教程（第二版）》，108 页，北京：北京大学出版社，2010。该书介绍，还有因商事需要而隐名的情况，据说台商最初在大陆投资，因为不符合合作方对投资者的要求，只能依附于符合条件的名义股东，自己隐名出资。可惜该书没有举出具体的案例。

③ 在"上海百乐门经营服务公司诉上海宝城商业房产公司、上海对外服务有限公司股权确认纠纷"一案中，百乐门、宝城、外服共同投资建造静安商楼，百乐门对静安商楼的投资挂在宝城的名下，当其要求正名时，宝城同意，但是外服反对。上海市静安区人民法院一审 [（1999）静经初字第 734 号] 以外服公司明知百乐门隐名投资的情形并予以接受为理由判原告百乐门胜诉。外服上诉。上海市第二中级人民法院 [（2000）沪二中经终字第 350 号] 终审判决百乐门与宝城的隐名协议有效，但是 "'外服公司'参与投资时就要求只与静安区的一家单位合作，正基于此原因才在静安区政府协调下，'百乐门公司'采用隐名投资的方式。虽然'外服公司'在与'宝城公司'共同经营'静安商楼'过程中，知道'宝城公司'投资中部分是'百乐门公司'所出，及'宝城公司'推举'百乐门公司'毛申媚为董事，或者将利润再分配给'百乐门公司'，但也仅是明知'百乐门公司'隐名投资，不能视为认可'百乐门公司'股东地位"。最终，原告百乐门败诉。

份退还给隐名股东的承诺或者协议之后，公司迟迟不办理相关的更改登记手续，或者仅仅在公司的股东名册上更改，而没有到工商局变更登记，致使股东名册记载与工商登记不一致。

《公司法》对隐名投资没有作出具体的规定，但是由于我国司法实践中这类情形经常出现并引起纠纷，所以大量的法院判例已经为我们确立了处理隐名投资的一系列具体规则。

【案例 9-1】

徐州市住房保障和房产管理局与徐州市鑫磊房地产开发公司股东知情权纠纷 [①]

徐州市中级人民法院 2018 年 10 月 29 日

徐州市鑫磊房地产开发公司（以下简称徐州鑫磊公司）系 1992 年 5 月 14 日登记成立的集体所有制企业，主管部门（出资人）为徐州企业监理处，该处隶属于徐州市住房管理局。公司最初登记时的企业名称为徐州市房管建材商店，1993 年 5 月 17 日更名为徐州市广厦实业公司，1998 年 9 月 3 日才最终更名为徐州鑫磊公司。

2010 年 10 月 18 日，徐州企业监理处出具《情况说明》一份，主要内容为：徐州鑫磊公司 1992 年成立时为取得房地产开发资质而挂靠在我处名下，名义上是我处开办的第三产业，实际是由梁勇个人投资，我处没有投入任何资产。所以该公司是名为集体、实为个人投资的企业。该公司的所有资产属出资人梁勇个人所有，债权债务以及一切法律责任一并由梁勇个人承担，与我处没有任何关系。

之后，徐州企业监理处更名为徐州市住房保障和房产管理局房产登记交易中心，2017 年又因机构改革整合并入徐州市不动产登记交易服务中心。

2018 年 6 月 28 日，徐州住房管理局根据《公司法》第 33 条向徐州鑫磊公司发函请求查阅会计账簿，称：你公司原为我局下属单位徐州企业监理处于 1992 年 5 月 14 日出资设立的集体所有制企业徐州市房管建材商店，后因机构改革，你公司出资人已不存在，我局作为出资人主管单位对你公司行使出资人的权利。现为了解公司资产及实际经营状况，依据公司法有关规定，依法行使股东知情权。请提供自 1992 年 5 月 14 日至 2018 年 6 月 25 日期间的会计账簿、会计凭证、财务会计报告供我局查阅、复制。望你公司依法于收到本通知之日起的十五日内作出书面答复。

徐州鑫磊公司未按时提供上述资料，徐州住房管理局诉至法院。

一审认为，徐州住房管理局是否有查阅、复制徐州鑫磊公司会计资料的权利，首先应确定徐州住房管理局是否为徐州鑫磊公司的公司股东或者出资人。根据相关法律规定，公司股东是以货币或实物、知识产权等可以用货币估价并可以依法转让的非货币财产作价出资，履行出资义务、享受股东权利的主体。当事人之间对是否已履行出资义务发生争议，股东应当就其已履行出资义务承担举证责任。徐州住房管理局主张徐州鑫磊公司系其下属单位徐州企业监理处出资设立的企业，但是未能提供徐州企业监理处实际出资

---

① （2018）苏 03 民终 6903 号。

的证据。恰恰相反，徐州企业监理处出具的情况说明，证明该处未投入任何资产，徐州鑫磊公司实际是由梁勇个人投资，因而徐州住房管理局作为徐州企业监理处曾经的主管单位也不具有徐州鑫磊公司的出资人或公司股东的资格，无权查阅徐州鑫磊公司的相关会计资料。裁定：驳回徐州住房管理局的起诉。

徐州住房管理局不服一审裁定，向徐州市中级人民法院上诉。二审法院同样以上诉人未实际出资，因而不是公司股东为由，驳回上诉，维持原裁定。

本案体现的判决规则是：谁出资，谁所有。虽然徐州企业监理处在工商局登记为出资人，但是没有出资，实际出资人是梁勇个人，因而房管局作为监理处的上级单位就不是股东，不能享有公司法规定的任何股东权利。本案中的隐名股东梁勇与挂名股东监理处没有签订隐名协议，但是有监理处的书面证明，所以事实认定相对单纯。

【案例 9-2】

张建中诉杨照春 ①

上海市静安区人民法院 2010 年 1 月 18 日

2007 年 3 月 14 日，原告张建中与被告杨照春签订合作出资协议，约定双方共同出资 1 238 万元，以被告名义购买南京绿洲设备安装工程有限公司 61.75% 的股权，其中被告出资 877.501 万元，占 43.77%，原告出资 360.499 万元，占 17.98%；股份都将登记于被告名下，股东权利也由被告一并行使。同月 28 日，双方又签订补充协议确认被告代原告持股的期限为 3 年（2007 年 3 月 29 日—2010 年 3 月 27 日）；该协议中还确认被告已经收到原告支付的 360.499 万元。同年 4 月 15 日，被告出具收到原告360.499 万元的确认书。2008 年 11 月 25 日，被告又因原告的要求出具承诺书，同意于 2009 年 2 月底前将原告实际持有的绿洲公司 17.98% 的股权变更登记到原告名下。但是到 2009 年 5 月 15 日，被告仍然没有兑现诺言。于是原告起诉要求被告将股权转到原告名下。

法院从实体上作了两点认定。第一是隐名协议的效力。**隐名协议是合同的一种，如果不存在《合同法》第 52 条规定的情形，就是有效的。**本案中原被告双方在 2007 年 3 月 14 日签订的合作出资协议、同月 28 日签订的补充协议和 2008 年 11 月 25 日由被告出具的承诺书，都是当事人真实的意思表示，都是合法有效的，因此，原告作为实际出资人有权要求名义出资人转交股权。第二是隐名股东与公司其他股东的关系。**在其他股东对隐名协议不知情，因而还没有接受隐名股东的情况下，股权的转让形同股东向股东以外的人转让股权，根据《公司法》第 71 条第 2 款和第 3 款的规定，必须得到其他股东过半数同意。**因此，本案中的股权转让必须得到绿洲公司其他股东过半数同意。实际操作是由法院出面在绿洲公司张贴公告，并通知了绿洲公司部分股东，请他们在 2009

---

① 《中华人民共和国最高人民法院公报》，2011（5）。原文较长，本书作者作了删减和改编。

年 12 月 31 日之前回复。嗣后，有 8 位股东（过半数）同意股权变更登记。于是，法院判决股权变更登记到原告名下。

这个判决虽然是基层法院作出的，但是被收录在《中华人民共和国最高人民法院公报》里。它所确立的法律规则显然为最高人民法院认可，具体包括两条：第一，隐名协议如果不存在《合同法》第 52 条规定的情形，就是有效的合同，双方当事人应当遵守。《合同法》第 52 条列举了五种因为违法而无效的合同，包括"（1）一方以欺诈、胁迫的手段订立合同，损害国家利益；（2）恶意串通，损害国家、集体或者第三人利益；（3）以合法形式掩盖非法目的；（4）损害社会公共利益；（5）违反法律、行政法规的强制性规定"。一般的隐名协议是不大可能存在这些情形的，所以都是合法有效，本案中的两份协议和一份承诺书也是这样。隐名协议大都是实际投资人为保护自己的权益而与挂名股东作出的约定，一旦双方对股权归属发生争议，执行隐名协议的结果都是隐名股东取得股东资格，挂名股东失去股东资格，体现出以实际投资人为股东的规则。第二，隐名股东要取得真正的股东资格，在法律形式上形同原股东（名义股东）向股东以外的人（隐名股东）转让股权，在其他股东对隐名协议不知情，因而还没有接受隐名股东的情况下，根据《公司法》第 71 条第 2 款和第 3 款的规定，必须得到其他股东过半数同意。本案中法院通过公告加通知的方式取得了过半数股东的同意，所以直接判决股权变更登记到隐名股东的名下。

这里的过半数同意是指股东人数过半还是所持表决权过半？股东投票例行资本多数决规则，大都以所持股份数或者表决权计算赞成或者反对的比例。但是考虑到有限责任公司的人合性，在决定是否接受外人加入的问题上对**《公司法》第 71 条规定的过半数应当从人数上去理解**。本案判决时法院取得了 8 位股东的同意，已经过半数。法院没有指出他们的持股比例，所以大概是指人数而非表决权数。在"高乐与上海翼泰电子有限公司股东资格确认纠纷案"①中，上海市嘉定区人民法院判决原告高乐与第三人陈乙之间存在隐名投资协议，被告翼泰公司应当将挂在陈乙名下的 48.9% 的翼泰股权变更登记到原告名下；同时，法院论述了需要其他股东同意的问题："根据相关法律及司法解释规定，实际出资人请求办理工商登记将其股份登记的，应经其他股东半数以上同意。从工商登记的显名股东情况看，被告翼泰公司另一显名股东叶甲对将原告高乐的股权进行工商登记不持异议。从实际出资情况看，被告翼泰公司的四名实际出资人中，叶乙、郑某亦对将原告高乐的股权进行工商登记不持异议。综上，本院认为，原告高乐请求将其隐名股东身份在工商登记中显名，符合相关法律的规定，应予支持。"这里，法院在判断过半数时同样没有讨论叶甲、叶乙或郑某的持股比例，只是点出股东的姓名，说他们不持异议就可以让隐名股东显名，考虑的大概也是人数过半而非持股比例过半。

但是，如果其他股东知道隐名投资的真实情况，并且实际上已经承认实际投资人的

---

① 上海市嘉定区人民法院，（2014）嘉民二（商）初字第 467 号民事判决书，2014 年 7 月 25 日。案中第三人陈乙名下有 60% 的股份，反对高乐显名。

股东资格，那就不需要再征得他们的过半数同意，可以直接判决将实际投资人变更登记为股东。

【案例 9-3】

祁文杰诉北京市德利发加油站有限责任公司 [1]

北京市丰台区人民法院 2006 年 4 月 3 日

北京市德利发加油站是集体所有制企业，注册资本 30 万元，1998 年要改制成有限责任公司。它的上级单位南苑公司在同年 4 月 9 日决定成立新的德利发公司去收购德利发加油站的资产，价格为 109 万元。新成立的德利发公司的董事会在同月 28 日通过决议，以 109 万元的价格收购德利发加油站，价款一次性支付给南苑公司。该 109 万元来自南苑公司 7.59 万元，张炳来等 28 人每人出资 1 万元，祁文杰 20 万元，袁仲民和马惠洁 53.41 万元。祁文杰的 20 万元是通过南苑公司交给德利发公司的，南苑公司还向祁文杰出具了发票，德利发公司则向祁文杰出具了股金证明："收到您的 20 万元入股股金……占有 18% 股份。"但是 1998 年 6 月 1 日，在工商登记将加油站改制为公司的时候，股东却只写了两个人：南苑公司出资 113.939 1 万元，占 51%；马惠洁出资 109.470 9 万元，占 49%；注册资本总额为 223.41 万元。

从 1998 年到 2005 年，祁文杰作为德利发公司的董事参与了公司的经营，每年都收到由南苑公司转交的德利发公司的红利。其间发生过一些公司股权的转让，都没有在工商局登记。2004 年，因为公司的法定代表人发生变动，股东马惠洁去工商局查询登记档案，才发现登记情况与实际出资不符。祁文杰得知消息后要求德利发公司办理工商股权变更登记，确认其 18% 的股权。德利发公司表示，1998 年去工商局办理改制登记的是南苑公司，德利发公司董事会并不知情，同意办理股权变更登记。但是南苑公司作为第三人反对股权变更，认为祁文杰的出资至多只是通过马惠洁的借款，不是对德利发的股权投资。

法院认为，祁文杰向德利发公司投资 20 万元，证据确凿，应予确认。工商登记与实际出资不符时，应以实际出资为准。由于公司及公司其他股东都知道祁文杰是公司股东，每年向其分配红利，让其参与公司的经营管理，所以不需要按照《公司法》第 71 条规定的程序征得过半数股东的同意，应由德利发公司直接办理股权变更登记手续。南苑公司不服一审判决，提起上诉。北京市第二中级人民法院驳回上诉，维持原判。[2]

本案中祁文杰参加了公司的经营管理，其实际股东身份为公司和公司其他股东所明知并认可，所以不需要再按照《公司法》第 71 条规定的程序征得过半数股东的同意，可以直接办理工商变更登记。

---

[1]（2005）丰民初字第 19789 号。《人民法院案例选》2008 年第 1 辑（总第 63 辑）。原文较长，本书作者作了删减和改编。

[2]（2006）二中民终字第 09118 号。判决日期为 2006 年 8 月 16 日。

【案例 9-4】

何国庆等 13 人诉祁东县家合食品有限公司、王保生、邱松林、王新桥 [①]

祁东省祁东县人民法院 2015 年 7 月 15 日

何国庆、刘付生、周联喜、谭小军、刘先光、唐钢成、刘数佰、吕勤俭、张文、彭汉生、彭光明、周填清、刘刚（以下简称十三原告）和被告王保生、邱松林、王新桥原均系祁东县城内从事米粉生产加工的个体工商户。2012 年根据祁东县人民政府对米粉企业进行整治整合的要求，他们确定共同发起设立"祁东县家合食品有限公司"，并进行口头约定：共同作为发起人设立公司；按照各自出资额占有公司股份；由王保生、邱松林、王新桥负责公司发起筹建工作。2014 年 1 月 27 日，祁东县工商行政管理局向被告祁东县家合食品有限公司颁发了企业法人营业执照，法定代表人王保生，注册资本为200 万元，同时公司制订了章程进行备案，主要规定：王保生认缴出资 100 万元，持股50%，王新桥和邱松林各 50 万元，分别持股 25%，还包括其他对股东的权利义务、股权转让、利润分配等方面的规定。原告认为，被告此行为违反协议规定，构成违约，应当依法解除协议，要求返还十三人共同出资额 110.2 万元和相应的利息。被告辩称，原告在公司成立之后参与经营管理和决策，且向其出具过《出资说明书》，具备股东资格。要求返还集资款、股金的行为实际构成抽逃出资。

法院审理后查明：公司董事会成员包括原告 3 人，被告王保生和邱松林在内的 7 人。原告共出资 110.2 万元，公司成立时募集到的集资款为 248 万元，而公司的登记注册资本为 200 万元，原被告均持有公司不同数量的股份。公司成立后因经营亏损，各股东未分配利润。一审判决：十三原告和被告三人为设立公司认购出资并履行公司设立职责，应当认定为发起人；达成的口头协议是当事人真实意思表示，不违反法律的禁止性规定，合法有效；十三原告虽未在登记材料中被登记为股东，但是可以认为是隐名股东，被告已出具写明是股金的收款凭证，并将十三原告记载于公司的股东名册，原告具备股东资格；十三原告要求返还股金 110.2 万元实际上是抽逃出资；对于原告主张被告三人提交虚假材料取得登记，应当是行政责任。驳回原告的全部诉讼请求。

本案像祁文杰案一样，原告是被隐名的。因为他们明明投了钱，也希望被登记为股东，结果股份却登记在三名被告的名下。像祁文杰案一样，原告也在公司成立后实际参与了公司的经营管理。但是与祁文杰案不同的是，三名被告承认十三名原告都是公司的合法股东。如果一定要他们履行变更登记的手续，将十三名原告登记为股东，估计他们也会同意的。因此，本案属于实践中的不规范操作，较大的可能是图方便，将 16 名股东的份额全部挂在了三名被告的名下。当然也有贪心的可能，想通过工商登记非法占有别人的股份。不过从诉讼中的表现来看，好像并无非法占有的企图。

法院的判决是正确的，因为本案的实质是在公司经营亏损的情况下，十三原告想退出公司，取回投资款，而被告的不规范操作又刚好给了他们一个情面上合理的理由。被

[①]（2015）祁民一初字第 285 号。原判词较长，为了节省篇幅，突出重点，本书作者作了精简和改编。

告指责他们想抽逃出资，也是正确的，所以得到了法院的支持。当然，原告的抽逃出资与一般的抽逃出资情形不同。一般的抽逃出资，是股东在公司设立前早有预谋，为了凑足法律要求的注册资本，或者为了登记的资本数额好看一点，才临时将钱打入公司账户，待公司注册之后就把资金抽走了。而本案中的原告是事后起意,因为公司亏损才想抽逃的。

法院为了给自己的判决找理由，援引隐名投资关系进行类比，大概也是图方便吧。显然，原告不是一般的隐名股东，因为一般的隐名投资都是投资者自愿的，隐名人和显名人之间存在书面或者口头的隐名协议，而本案中的原告是像祁文杰案那样被隐名的。所以更好的说法还是直接指出被告的作法属于不规范操作，应当更改工商登记，但是被告的错误还不能构成原告退股的合法理由。

不过，从法院类比隐名投资的说法中可以看到与祁文杰案法院同样的观点：工商登记与实际出资不符时，应以实际出资为准。这一点在下面最高人民法院的判例中得到了进一步的验证。

【案例 9-5】

润华集团股份有限公司诉华夏银行股份有限公司、
联大集团有限公司股权确认纠纷案 ①

最高人民法院 2006 年 4 月 12 日

原华夏银行是经中国人民银行批准，由首钢总公司于 1992 年出资设立的商业银行。1995 年 11 月 18 日，经中国人民银行批准，由 40 余家企业法人共同投资入股发起成立华夏银行股份有限公司（以下简称华夏银行），其注册资金 25 亿元。其中联大集团有限公司（以下简称联大集团）持股份额 3 亿元，持股比例 12%。1997 年 8 月 15 日，山东省汽车销售（集团）股份有限公司（以下简称汽车销售公司）与华夏银行、联大集团签订《协议书》，约定：依据《华夏银行股份有限公司发起人合同书》以及中国人民银行银管（1996）13 号文件，联大集团投资入股 3 亿元人民币。其中 1.5 亿元已于 1995 年 11 月 15 日前划入华夏银行指定账户，余款依据本协议的约定方式入股；汽车销售公司与华夏银行就汽车销售公司所有的汽贸大厦转让事宜经协商后达成初步意向，华夏银行已于 1995 年 11 月 27 日向汽车销售公司支付预付款 1.5 亿元；经汽车销售公司与联大集团协商，汽车销售公司同意将上述华夏银行向其支付的 1.5 亿元预付款作为联大集团投资入股华夏银行的部分股金。同日，汽车销售公司与华夏银行签订一份房屋转让合同，并约定：汽车销售公司将其所属的位于济南市大纬二路 296 号（现为 138 号）、地号为 020618005 号地块的土地使用权及该土地之上的汽贸大厦房屋所有权等转让给华夏银行，转让总价款为 2.3 亿元；汽车销售公司须于 1997 年 9 月 30 日前，将本合同项下的房地产及其附属物过户到华夏银行名下；办妥过户手续后，华夏银行按总价款扣除已预付给汽车销售公司的 1.5 亿元后；将剩余的 8 000 万元在 15 日内划入汽车销售公司在华夏银行济南分行所立的账户。

---

① （2006）民二终字第 6 号。原判词较长，为了节省篇幅，突出重点，本书作者作了精简和改编。

1997年8月15日，联大集团与汽车销售公司、华夏银行达成如下协议：联大集团为华夏银行在册股东，共计有华夏银行3亿元股份，其中2亿元①股份实由汽车销售公司出资；在汽车销售公司成为华夏银行股东之前，就有关华夏银行派发股息、红利事宜，将遵守以下事项：（1）在分红派息中，华夏银行应将汽车销售公司挂在联大集团名下的股份应得红利直接划入汽车销售公司指定账户；（2）一旦条件允许②，即共同完成将汽车销售公司出资联大集团名下（的股份）独立划出的工作，使汽车销售公司正式成为华夏银行的股东。

上述协议及合同签订后，汽车销售公司依约将房地产及附属设施过户到华夏银行名下，其2亿元出资到位，华夏银行给联大集团退回5000万元的出资。至此，联大集团持有的华夏银行3亿元的股份中，包含了汽车销售公司2亿元的出资。1997年8月12日，汽车销售公司更名为润华集团股份有限公司（以下简称润华集团）。

1998年11月9日、1999年8月17日和2000年5月18日，华夏银行按照协议的约定，先后将联大集团名下的股份应分得的红利按当时汽车销售公司出资比例扣除，直接划入润华集团的账户。此后华夏银行未再按约向润华集团支付红利。2003年下半年、2004年，华夏银行未经润华集团同意，向联大集团支付了其名下股份的全部红利1 767 305.73元、3 600万元。华夏银行未经润华集团同意，即与联大集团协商，用于归还了联大集团欠给华夏银行的借款本息及由联大集团提供保证的借款合同项下的借款本息。

2003年年末，华夏银行将公司部分资本公积金转成股本，原股东按照每10股转增2股的比例增持。至此，联大集团所持股数量增至3.6亿股。

原告起诉请求被告遵守三方约定，将属于原告的股份红利支付给原告，并依照约定将股份过户到原告名下。被告联大集团对此没有异议，但是被告华夏银行反对，只认联大集团为股东，因为在工商局和华夏银行的股东名册中均有记载，认为原告不是华夏银行的股东，其与联大集团之间只是借贷关系。

山东省高级人民法院一审认为：本案三方当事人签订的协议及合同是当事人真实的意思表示，形式及内容不违反法律强制性规定，具有法律效力，各方均应恪守。根据联大集团和华夏银行及润华集团三方签订的协议，华夏银行负有按实际出资比例扣划红利直接支付给润华集团的合同义务，华夏银行未经润华集团同意，直接将2003年下半年和2004年度的红利全部支付给了联大集团，并用于偿还联大集团对其所欠的贷款及所担保的贷款，违反了三方协议约定和法律相关规定，损害了润华集团的民事权益。虽然润华集团并非华夏银行章程中记载的股东，也未登记于工商登记材料中，但工商登记材料并没有创设股东资格的效果，名义股东与隐名投资人之间发生股权确认纠纷，应当根据当事人之间的约定探究其真实意思表示。本案中，根据三方协议的约定，应该确认润华集团对华夏银行享有2.4亿股股份的权益。因华夏银行成立已超过3年，发起人持有的股份可以依法转让，即协议所指的"条件允许"已具备。法院判决：

---

① 上段说是1.5亿元，这里说是2亿元，矛盾。但原文如此。

② 所谓条件一指当时公司法规定的发起人股份3年内不得转让。协议签订时公司成立还不到3年。二指按银行法银行股份的持有或转让须经监管机构的批准。

一、华夏银行于该判决生效后十日内向润华集团支付红利 25 178 203.83 元；

二、华夏银行和联大集团于判决生效之日起三十日内，将联大集团持有的 3.6 亿股华夏银行股份中的 2.4 亿股，变更到润华集团名下。

华夏银行不服上诉。最高人民法院二审重述了一审的判决理由，维持原判。

联大集团因为不能凑足分配给它的 3 亿元出资额，其中的 1.5 亿元出资由汽车销售公司（后改名为润华集团）顶替。之所以仍然挂在联大集团的名下，是为了规避公司法的强制性规定。当时的公司法规定发起人持有的股份自公司成立时起 3 年内不得转让。但是三方协议明确规定了华夏银行直接向隐名股东华润集团分红。起初，华夏银行也确实将每年红利分配给了润华集团，后来之所以不愿意承认润华集团的股东资格是出于利害关系的推动。联大集团的贷款不能如期收回，只好用其分红抵扣，光是联大集团自身 1.5 亿元股权的红利还不够，于是便侵蚀到本应属于润华集团的红利份额。这样做也不是毫无依据，因为从形式上看润华集团不是股东，无论是公司的章程、股东名册还是工商登记，都只认联大集团为股东。可是润华集团有三方协议为证，华夏银行作为三方中的一方当事人，其行为的违约性质是显而易见的。

在发起人协议、公司章程、股东名册、工商登记中记载为股东，具有公示作用，在涉及公司债权人等外部关系时，应当保护善意第三人（或称遵守外观主义和公示主义原则，二者是一个意思）；但是在处理公司内部关系时，如果公示记载与实际投资不相一致，应当遵守契约自由和当事人意思自治原则。本案中，原告润华集团虽然不是华夏银行登记在册的股东，但是实际向华夏银行投资了 2 亿元，华夏银行明知这一事实，而且还有三方协议的约束，作为协议当事人理应守约。登记材料不是股东资格的创设依据，其公示性主要是对外的，对内不能否定协议的有效性。

【案例 9-6】

黄遇磊等诉赣州新盛稀土实业有限公司等股权纠纷案[①]
江西省赣州市中级人民法院 2007 年 3 月 25 日

2005 年 4 月 21 日，三原告李小成、黄遇磊、温家寿与被告饶洪德签订《合伙协议》，约定 4 人共同出资，从江西赣南新源稀土荧光材料厂（以下简称新源厂）手中购买赣州新盛稀土实业有限公司（以下简称新盛公司）16% 的股份，4 人均分，每人 4%。由于当时新盛公司正由第三方承包，出于承包经营的需要，只将饶洪德登记为股东，其余 3 人为隐名股东。协议还约定饶洪德为合伙事务执行人，但是转让或者处分合伙企业的财产权利必须经全体合伙人同意。之后，4 人向新源厂负责人廖贞尧支付了 160 万元股权转让款，经过签订股权转让协议，并经新盛公司同意，最终在 2006 年 4 月 10 日将饶洪德登记为新盛公司 16% 股东。

2006 年 10 月 26 日，横店集团东磁股份有限公司（以下简称东磁公司）与新盛公

---

① （2006）赣中民二初字第 60 号。

司的 3 位股东新源厂、张贤翰和饶洪德签订《股权转让协议》，以 612 万元的价格购买新盛公司 51% 的股权，其中有饶洪德出让的 8% 股权。10 月 30 日，东磁公司向新盛公司支付了 612 万元。11 月 2 日，新盛公司向各股东出具了股东出资证明书，其中东磁公司占 51%、新源厂 25%、张贤翰 16%、饶洪德 8%，并于 11 月 6 日置备于股东名册。

2006 年 11 月 8 日，被告饶洪德向东磁公司出具一份《承诺书》，内容是：本人在赣州新盛实业有限公司 16% 的股份是黄遇磊、李小成、温家寿共同持有，我们合伙人已转让 8% 的股份给贵公司。剩余部分合伙人要求分割到各人名下，现本人同意分割。东磁公司法定代表人何时全签署同意。

2006 年 11 月 16 日，三原告起诉饶洪德和新盛公司，称二被告未经他们的同意就出让他们共同持有的股份，请求法院确认三原告分别享有新盛公司 4% 股权，确认被告转让三原告部分股权无效。12 月 20 日，三原告变更诉讼请求为：（1）确认三原告享有被告新盛公司 8% 股权；（2）判令两被告支付三原告 4% 股权转让价款 48 万元。

法院认为，东磁公司购买新盛公司 51% 股权时并不知道三原告与被告饶洪德之间的隐名协议，所以其购买有效。之后，包括东磁公司在内的各新盛公司股东都先后知道饶洪德名下的股份是其与三原告共同持有的，所以法院同意了原告的第一项请求。对于第二项请求，由于《股权转让协议》中对于转让价款的分配另有约定，该约定有效，所以法院予以驳回。

本案中，这个判决认定三名原告与被告饶洪德之间的隐名协议有效。但是内部有效的协议不得对抗善意第三人。所以东磁公司善意受让股权同样合法有效。法院判决的结果是被告饶洪德出局，不再是新盛公司的股东，因为他不但卖掉了自己的 4% 股份，而且越权卖掉了属于三原告的 12% 股份中的 4%，使三原告每人的持股份额由 4% 降到 8/3%。饶洪德出卖 8% 股权给东磁公司所得 96 万元价款需要按照《股权转让协议》约定的办法分配，其中 48 万元属于饶洪德，另外 48 万元属于三原告，这是没有问题的。

以这类判决为基础，2010 年 12 月《最高人民法院关于适用〈中华人民共和国公司法〉若干问题的规定（三）》第 25 条第 1 款、第 2 款两款规定："有限责任公司的实际出资人与名义出资人订立合同，约定由实际出资人出资并享有投资权益，以名义出资人为名义股东，实际出资人与名义股东对该合同效力发生争议的，如无《合同法》第 52 条规定的情形，[①] 人民法院应当认定该合同有效。前款规定的实际出资人与名义股东因投资权益的归属发生争议，实际出资人以其实际履行了出资义务为由向名义股东主张权利的，人民法院应予支持。名义股东以公司股东名册记载、公司登记机关登记为由否认实际出资人权利的，人民法院不予支持。"[②] 这两款规定了名义股东与实际股东之间的权利

---

① 指因违法而使合同无效的情形。《合同法》第 52 条规定："有下列情形之一的，合同无效：（一）一方以欺诈、胁迫的手段订立合同，损害国家利益；（二）恶意串通，损害国家、集体或者第三人利益；（三）以合法形式掩盖非法目的；（四）损害社会公共利益；（五）违反法律、行政法规的强制性规定。"

②《公司法司法解释（三）》第 25 条，2010 年 12 月 6 日由最高人民法院审判委员会第 1504 次会议通过，2011 年 2 月 16 日起施行。

归属关系——实际股东可以向名义股东主张权利——但是没有规定实际股东与公司之间的关系，因为实际股东对于公司来说并不当然成为股东。所以该条司法解释第 3 款进一步规定："实际出资人未经公司其他股东半数以上同意，请求公司变更股东、签发出资证明书、记载于股东名册、记载于公司章程并办理公司登记机关登记的，人民法院不予支持。"有限责任公司人合性较强，股东办企业在很大程度上基于相互之间的信任。如果当初其他股东对于隐名投资的安排不知情，出于对名义股东的信任才接受他入股，不愿意接受实际出资入股，那么实际出资人自然就不能成为股东，只能通过其与名义股东之间的协议安排享受权利，公司仍然可以认名义股东为股东。前面张建中诉杨照春一案的判决也表达了这个意思。这第 3 款的规定正好与《公司法》第 71 条要求新人通过受让股份入股公司必须得到其他股东过半数同意的规定接轨。"半数以上"在这里应作"过半数"理解，不包括半数。

这条司法解释第 1 款所说的订立合同，大概指书面合同。如果只有口头协议，只要当事人能够证明的，也应当予以承认。不能证明的依据客观记载，如公司章程、股东名册、工商登记等。如果这些记载不一致，则具体情况具体分析，依据包含在司法解释上下文中的要义来确定实际出资人。如果没有充分的证据证明隐名的股东是实际出资人，而名义股东也坚持自己为真正的股东，不承认与隐名的股东之间订有书面的或者口头的隐名协议，那就只能驳回隐名股东要求变更登记为真正股东的请求，认名义股东为股东。请看下面的判例。

【案例 9–7】

衢州三成照明电器有限公司与徐惠梅、刘纪展股东权纠纷案 [①]

浙江省高级人民法院 2006 年 4 月 18 日

刘成功、刘成立、刘成洪系三兄弟。2001 年 11 月 15 日，三人签署三成公司章程，共同出资组建三成公司，注册资本 191 万元，其中刘成功以原材料、产成品及机器设备出资 141 万元；刘成洪、刘成立以现金各出资 25 万元。同月 28 日，刘成功的私营企业开化县三成电器厂划转 50 万元为刘成洪、刘成立验资。2003 年 8 月 4 日，三成公司经股东会议决定追加公司注册资本 110 万元。同日，股东刘成功、刘成立、刘成洪签订章程修正案一份，章程第九条修正为：公司各股东的出资方式和金额如下：刘成功以实物出资 141 万元；刘成洪以现金出资 80 万元；刘成立以现金出资 80 万元。7 日，三成公司从开化县城关农村信用合作社林山分社贷款 50 万元，以转账的方式分五次共计取款 50 万元。8 日，刘成洪除从其账上取款 50 万元外，还从中国工商银行开化县支行户名为"刘成功"的账户上取款 40 万元、230 849.53 元；在中国工商银行开化县支行存入 30 849.53 元。三兄弟出资和增资的事实均有开化钱江源会计师事务所向三成公司出具验资报告为证，并做了工商登记。公司还出具了股东身份证明，其中刘成洪的股东身份证明内容为："兹证明刘成洪是我公司股东，其在我公司的投资金额为 80 万元。"

---

① （2006）浙民二终字第 54 号。判决原文较长，这里根据论述主题对判决原文作了删减和改编。

2003 年 9 月 3 日，三成公司新厂房建设雇用民工开挖水井作业过程中发生中毒事故，刘成洪在施救过程中不幸中毒死亡。其后，三成公司的法律顾问以三成公司系刘成功个人出资为由向开化县工商行政管理局发函。2005 年 6 月 10 日，开化县工商行政管理局作出行政处罚决定书，认定三成公司在只有一人出资的情况下，将现金划到刘成洪、刘成立名下验资，骗取工商登记；当事人提交虚假证明文件出资设立有限公司的行为，违反了《中华人民共和国公司法》第 20 条第 1 款的规定，决定对三成公司处以责令改正及罚款一万元的处罚。

2005 年 8 月 1 日，刘成洪的遗孀徐惠梅携其 5 岁的儿子刘纪展共同向原审法院起诉。请求判令：确认徐惠梅、刘纪展继承刘成洪的股份，成为三成公司股东或受偿股份出资额，其中徐惠梅为 50 万元，刘纪展为 10 万元。①

三成公司和刘成立辩称三成公司系刘成功一人出资，为符合法定的有限责任公司的形式和保留海关自营出口条件，才将出资和追加的出资挂在刘成洪、刘成立名下。三兄弟的父母刘金龙、蒋翠菊也作为第三人参与诉讼，证明刘成洪的出资确实来源于刘成功，刘成洪只是挂名股东，刘成功才是实际出资人。

一审法院认为：三成公司的章程上载明在初始的 191 万元注册资本中有刘成洪的 25 万元现金出资；在增资后的 301 万元注册资本中，刘成洪有现金出资 80 万元。各股东在公司章程上签名，其投入公司的出资及所占出资额比例的内容，系当事人的真实意思表示。开化钱江源会计师事务所作了审核和确认，工商进行了登记。刘成洪具备作为三成公司股东资格的形式和实质要件。关于实际出资问题，刘成功主张其为三成公司的实际出资人，刘成洪未实际出资缺乏事实依据。根据婚姻法和继承法，确认两原告具有继承资格，确认具有三成公司股东资格。

被告不服，提出上诉。认为三成公司 301 万元注册资本，均由刘成功一人出资，刘成洪、刘成立分文未出，刘成洪、刘成立均为挂名股东。

二审法院对原审查明的事实予以确认，另查明：三成公司的章程对公司股东死亡后的股份的继承问题未作约定。刘成洪生前与刘成功之间没有关于刘成洪为三成公司名义股东的书面约定。据此，二审法院认为，从 2001 年三成公司成立时各股东签名的章程内容、验资报告、工商核准登记材料和 2003 年增资时的股东会决议、章程修正案、增资验资报告、股东身份证明、工商部门核准的公司变更登记材料等当事人均无异议的证据内容看，刘成洪生前无论在实质要件还是形式要件上均已取得三成公司的股东资格，要认定其为名义股东依据不足。刘成功提出刘成洪在三成公司的出资来自于其私营企业开化县三成照明厂或个人存款或三成公司的贷款，以此证明刘成洪的 80 万元出资均来自于刘成功个人。但是法院认为，股东的出资来源并不影响股东在公司的股东资格或身份的认定，股东出资来源与股东资格认定不属同一法律关系。

---

① 根据公司章程和工商登记的记载，刘成洪的出资为 80 万元，原告的诉求却只有 60 万元。法院的判决原文没有说明为什么不一致。读者吕卿认为，刘成洪的 80 万元出资是夫妻共同财产，其中 40 万属于他妻子。刘成洪死后，40 万元的遗产由 4 个第一顺序继承人妻子、儿子、刘的父母平分，刘妻及其儿子又分得 20 万元，所以一共是 60 万元。——编者注

故二审法院维持原判。

本案的实际情况很可能如被告所说，刘成功是实际出资人，刘成洪和刘成立都是挂名股东，但是因为既无书面协议，也无其他佐证，仅凭银行的转账凭证证明资金来源确实还不足以认定刘成洪为名义股东。如法院所说，资金来源并不影响股东在公司的股东资格。刘成功输在了证据上。

诚如法院所说，股东出资来源与股东资格认定不属同一法律关系。但是出资来源难道不能帮助证明谁是实际出资人和出资时的真实意思吗？或许刘成洪因为救人而中毒身亡，留下的孤儿寡母甚为可怜，法院部分地出自同情才如此判决。

无论如何，隐名投资，特别是在没有书面协议，只有口头的君子协议的情况下，是有风险的。一旦名义股东翻脸不认账，又没有充分证据证明有隐名协议存在，隐名的实际投资者就很可能失去他的股东身份。

如果说隐名股东的风险是失去投资，那么名义股东的风险就是承担股东抽逃出资的责任。

【案例 9-8】
方建华与杭州新亚达商贸有限公司股东身份确认纠纷案 ①
浙江省高级人民法院 2009 年 9 月 15 日

杭州新亚达商贸有限公司（以下简称新亚达）于 2003 年 4 月由骆正森、张铁华、商新娟 3 人投资设立。但是骆正森不愿出面担任股东，所以请他的妻子郭小全和本案原告方建华代为持有在新亚达的股份。工商登记显示注册资本 200 万元；郭小全出任公司董事长，出资 26%；张铁华出任公司经理，出资 25%；商新娟出资 25%；方建华出任公司监事，出资 24%。公司依法制订了章程，上述 4 位股东均在章程上签字。

2005 年，骆正森因挪用公款罪被起诉。杭州市上城区人民法院刑事判决挪用公款罪成立并查明"新亚达公司的 200 万元注册资金系被告人骆正森利用职务之便挪用浙江金宝典当有限公司（以下简称金宝典当）的公款，新亚达公司在工商部门登记的股东是骆正森之妻郭小全及张铁华、商新娟、方新建，而实际股东为被告人骆正森本人和张铁华、商新娟三人。"骆正森上诉，二审法院维持原判。

新亚达欠了杭州高得高贸易有限公司（以下简称高得高）的债务到期不能偿还，高得高起诉胜诉后得知新亚达股东存在抽逃出资的情形，于是申请追加新亚达股东郭小全、张铁华、商新娟和方建华为共同被执行人。杭州市拱墅区人民法院支持了这一请求。

2006 年 9 月，方建华以"虽被工商部门登记为新亚达公司股东，但……主观上没有成为股东的意思，客观上也没有出资、参与公司的经营管理、享受公司分红的事实，法院生效的裁判文书已认定方建华不是股东"等为由起诉至拱墅区人民法院，要求法院判决其不是新亚达公司的股东。

拱墅区人民法院一审认为，方建华在公司设立的过程中提供了身份证，在公司章程上签字，表明他知道自己成了新亚达公司的股东，也作出了相应的意思表示。我国公司

---

① （2009）浙民再字第 73 号。原判词较长，为了节省篇幅，突出重点，本书作者作了精简和改编。

法设定了股东退出公司的三条途径：股权转让、公司回购和减资程序。方建华不能直接依据刑事判决认定的事实请求确认自己的非股东身份，只能通过公司法上的程序将公司股东登记变更为实际股东后才能解除自身的股东资格。据此，法院于 2007 年 5 月 22 日驳回了原告方建华的诉讼请求。

方建华不服一审判决，向杭州市中级人民法院提起上诉。二审法院于 2007 年 9 月 27 日判决维持原判。①

方建华不服而向检察机关申诉。浙江省人民检察院于 2008 年 12 月 30 日提起抗诉认为：（一）有限责任公司的股东既具有实质特征（如签署公司章程、履行出资义务，享有资产收益、重大决策和选择管理者等权利），又具有形式特征（如在工商登记材料中被登记为股东，取得出资证明书，被载入公司股东名册等）。实质特征是对内的，用于确定股东间的权利义务；形式特征是对外的，用于解决与公司以外的第三人的争议。（二）就本案而言，方建华是以新亚达公司作为被告提起诉讼的，目的是解决其在公司内部实质上是否具有股东身份的问题，争议的法律关系属于股东与公司之间的内部法律关系，应当优先根据实质特征进行判断。

浙江省高级人民法院再审确认了一、二审查明的事实，同时也确认在设立新亚达公司时，方建华确实未曾实际出资，在新亚达公司实际经营中未参与具体的经营管理活动，也未享受公司分红。但是法院认为这些事实未经公示，不具备使第三人信赖的外部特征，第三人并没有法律上的义务去进行了解，在客观上也无法调查。因此，在本案讼争事项已涉及第三人利益的情况下，上述事项不应作为判断股东身份的依据。

为了保护善意第三人利益，维护交易秩序的稳定，公司法特别强调公示主义和外观主义的贯彻。公司应将交易上有关的重要事实、营业及财产状况以法定形式予以公开，使交易相关人周知，免受不测损害；而相关当事人的外观行为往往被推定为真实意思表示的行为，以行为的外观为准确定其行为所生效果。就本案而言，即便方建华不具有成为新亚达公司股东的真实意思，其作为股东被记载于公司章程、股东名册以及工商登记材料等却是客观事实。在外观上、形式上，方建华完全具备新亚达公司股东的特征，第三人对此有充分的理由予以信赖。

公司法律关系具有很强的涉外性，所谓的内部关系与外部关系相互影响、相互交织，难以明确区分。在公司经营过程中，其内部关系的任何变动都可能影响到外部关系，都可能涉及股东、公司以外的第三人。在新亚达公司已设立且第三人对其外观已有充分信赖的情况下，如果以方建华不具有成为股东的真实意思为由否定其股东资格，直接后果就是可能导致公司与第三人进行的交易将面临全面的检讨，这显然不利于维护交易安全和经济秩序的稳定，与公司法上的公示主义和外观主义原理相违背。

事实上，方建华恰恰是在被追加为被执行人之后，才提起了本案诉讼，其目的并不是检察机关抗诉中所称的"为解决其在公司内部实质上是否具有股东资格的问题"，而是为了否定一审法院追加其为共同被执行人的裁定，意欲免除其个人基于股东身份而产

① （2007）杭民二终字第 770 号。

生的债务，对此，方建华在再审庭审中并未否定。在此情况下，法院理应首先保护善意第三人对相关外观的信赖，如果以方建华不具有成为新亚达公司股东的真实意思为由否定其股东身份，那么一审法院追加其为共同被执行人就失去依据，高得高公司的相应信赖就会落空，这将损及交易安全和社会经济秩序的稳定。

骆正森挪用公款罪一案的生效刑事裁判虽然认定："新亚达公司在工商部门登记的股东是骆正森之妻郭小全及张铁华、商新娟、方建华，而实际股东为被告人骆正森本人和张铁华、商新娟三人。"但是股东身份的确认属于民事诉讼程序解决的事项，而不是刑事诉讼需要解决或所能解决的事项。上述刑事裁判主要解决骆正森是否实施了挪用公款的犯罪行为以及应当如何承担刑事责任的问题，而不解决新亚达公司股东资格与身份的问题，因此，其中与被告人骆正森犯罪事实及刑事责任无关的判断对本案民事诉讼并不具有拘束力。

再审维持原判。

方建华这个有名无实的挂名股东却要承担出资不足的补足责任，有点倒霉。但是法院的判决是正确的，充分体现了保护善意第三人，保护交易安全的精神。

【案例 9—9】
上海申汇精密陶瓷公司与上海市地质物资供应站、上海真大企业发展总公司股东权纠纷案[①]
上海市第一中级人民法院 2004 年 3 月 25 日

被告上海地质物资供应站（以下简称供应站）与上海真大企业发展总公司（以下简称真大公司）实为同一民事主体。1997 年 3 月 25 日，原告上海申汇精密陶瓷公司（以下简称申汇公司）与供应站、案外人北京海淀华庆所（以下简称华庆所）签订"合资经营黑马耐磨蚀装备有限公司合同"以及章程。章程约定，黑马公司的注册资金为200 万元，其中供应站出资 102 万元，申汇公司出资 78 万元，华庆所出资 20 万元。同年 4 月 10 日，供应站以借款名义，将 78 万元款项由真大公司账户注入申汇公司账户，再由申汇公司将上述款项注入验资账户，经会计师事务所认证之后作为黑马公司的注册资本。同月 28 日，黑马公司注册成立。同年 5 月 4 日，黑马公司将 98 万元划至供应站账户，用于代申汇公司偿还资本金 78 万元，代华庆所偿还资本金 20 万元。黑马公司成立前，申汇公司向黑马公司委派了董事、监事；黑马公司成立后，申汇公司参与了黑马公司的股东会、董事会。1999 年 7 月 15 日，申汇公司、供应站、黑马公司形成"资金往来说明"；内容为黑马公司第三次董事会决议生效后，原股东申汇公司（即申汇公司）的股金人民币 78 万元已全部退回，原入股凭证及与供应站的资金往来协议同时声明作废。

2001 年 5 月 25 日，案外人上海新兴公司因出资纠纷起诉供应站、黑马公司及申

---

① （2004）沪一中民三（商）终字第 58 号。原判词较长，为了节省篇幅，突出重点，本书作者作了精简和改编。

汇公司；原审法院作出（2001）浦经初字第 1423 号民事判决，认定在黑马公司的新股东（新兴公司）注资并变更登记之前，老股东申汇公司仍负有义务在黑马公司不能偿付债务时、在收回股本金的范围内向黑马公司的债权人承担民事责任，并判决申汇公司在收回资本金 78 万元的范围内，对黑马公司强制执行后仍不能返还新兴公司的部分负清偿责任。该判决生效后，申汇公司于执行阶段与新兴公司达成了执行和解协议。之后，申汇公司认为供应站系假借申汇公司名义设立黑马公司，申汇公司系挂名股东，不应当承担抽逃出资的责任，遂起诉要求确认供应站借用申汇公司名义虚假出资设立黑马公司的行为无效，供应站及真大公司共同赔偿因虚假注册行为给申汇公司造成的损失 78 万元。

上海市浦东新区人民法院一审认为，申汇公司称供应站假借申汇公司名义虚假出资设立黑马公司的主张不能成立，申汇公司是黑马公司的股东，对黑马公司负有出资义务。理由为：（1）申汇公司与供应站等签订了成立黑马公司的合同和公司章程，对申汇公司作为黑马公司股东的权利、义务作出了约定，申汇公司对于其出资成立黑马公司的意思表示是明确的；（2）申汇公司对于其向供应站借款 78 万元用于对黑马公司出资的事实是明知的；（3）在黑马公司成立的前后，申汇公司参与了黑马公司的股东会、董事会，黑马公司的工商登记亦反映出申汇公司是黑马公司的股东。依据公司法，股东在公司登记后，不得抽回出资。黑马公司成立后，申汇公司对于黑马公司向供应站划款 78 万元以归还申汇公司出资的事实是明知的，申汇公司抽逃注册资金的事实已为生效判决所认定，故申汇公司应对其抽逃出资行为承担相应的民事责任。遂判决对申汇公司的诉讼请求，不予支持。

申汇公司不服一审判决，向上海市第一中级人民法院上诉称，自己只是挂名股东，实际出资人是供应站，抽逃出资的也是供应站；（2001）浦经初字第 1423 号民事判决是在申汇公司缺席审理情况下作出的；在申汇公司承担了对案外人的责任之后，供应站应当补偿申汇公司的损失。二审法院审查了供应站当初出借 78 万元给申汇公司的性质，认为有两种可能：一是借款，申汇公司用借来的钱投资；二是供应站借用申汇公司的名义对黑马公司投资。法院认为，在供应站已经是黑马公司股东的情况下没有必要再借用申汇公司的名义，再加上其他一些因素如已经生效的（2001）浦经初字第 1423 号民事判决，申汇公司参与过黑马公司的经营管理等，认为第一种可能大于第二种可能，于是对申汇公司仅仅是名义股东的说法不予采信，维持原判。

本案中法院的这个判决多少有些问题。申汇公司已经于 1999 年 7 月 15 日退出了黑马公司，之后供应站和黑马公司应当办理申汇公司的股权注销手续，包括工商变更登记。2001 年黑马公司在与新兴公司的纠纷中产生的债务应当与申汇公司无关。（2001）浦经初字第 1423 号民事判决是在申汇公司缺席的情况下作出的，这里的判词原文没有解释申汇公司在那里为什么缺席，也没有复述该缺席判决的理由。在申汇公司承担了对新兴公司的赔偿责任之后，要求供应站予以补偿是合理的。因为实际情形是申汇公司已经退股。即使对外它应当承担对善意第三人的责任，在对内与供应站的关系上，显然供应站的过错责任更大。《公司法司法解释（三）》第 27 条规定："公司债权人以登记于公司登记机关的股东未履行出资义务为由，请求其对公司债务不能清偿的部分在未出资本息范围内承担补充赔偿责任，股东以其仅为名义股东而非实际出资人为由进行抗辩的，人民法院不予支持。名义股东根据前款规定承担赔偿责任后，向实际出资人追偿的，人民法院应予支持。"可是本案中的名义股东在承担赔偿责任后向实际出资人追偿，法院却没有支持。

　　法院在分析 78 万元的性质时最后认定是借款，认为供应站自己是股东，没有必要借用申汇公司的名义。但当时公司法还不允许设立一人公司，如果供应站对于自己能否设立全资子公司没有把握，或者不愿意设立全资子公司，借用申汇公司和华庆所的名义设立有两个以上股东的普通的有限责任公司是很自然的事。[①] 法院没有在判词中就此进行讨论。

　　不管怎样，充当名义股东是有风险的。本案中申汇公司即使胜诉了，能否得到充分的补偿也要看供应站的偿债能力。如果供应站自身已经资不抵债，申汇公司只能独担损失。

【案例 9-10】

申银万国证券股份有限公司诉上海国宏置业有限公司 [②]

上海市高级人民法院 2009 年 8 月 7 日

　　原告申银万国证券股份有限公司（以下简称申银万国）是上海九百股份有限公司（以下简称上海九百）前五大股东，拥有上海九百法人股（证券代码 600838）4 354 560 股。中国证监会 1996 年 6 月颁布的《证券经营机构股票承销业务管理办法》第十五条规定，证券经营机构持有企业 7% 以上股份，或者为其前五位股东之一的，不得成为该企业的主承销商或副主承销商。原告为了成为上海九百配股的主承销商，于 2000 年 10 月 10 日与被告上海国宏置业有限公司（以下简称国宏公司）签订法人股转让协议书一份，约定原告同意将所持上海九百法人股 400 万股（每股面值人民币 1 元）按每股人民币 1.60 元的价格转让给被告，转让金额合计人民币 640 万元；双方同意上述股票及其所有股东权益自中登公司 [③] 过户之日起归被告所有；被告在协议生效之日起十五日内，将上述转让款项划入原告指定账户。上海市静安区公证处就上述转让协议作了公证。同年 10 月 13 日，原、被告双方至中登公司办理了相关过户手续，中登公司出具的投资者记名证券持有变动记录载明，被告 B880149785 账户下证券代码为 600838 的上海九百法人股数量为 400 万股，过户类型为非交易变动。后来上海九百送配股，该 400 万股法人股增至 600 万股。

　　原告自 2000 年 3 月 1 日起成为上海九百 2000 年增资配股的承销商，于 2001 年 3 月 15 日完成配股事宜。为了避嫌，原告让其他公司代持股票，一般在承销工作完成一

---

　　① 当然，申汇公司还有 10 万元附条件的实际出资等情形，多少有点模棱两可、脚踩两只船的暧昧道道。案例改编过程中为了简明和节省篇幅，将这一事实删除了。

　　② 原判词较长，为了节省篇幅，突出重点，本书作者作了精简和改编。

　　③ 中登公司是中国证券登记结算有限公司的简称。

年后才将股票转回。2001 年 9 月 30 日，中国证监会发布了《关于加强对上市公司非流通股协议转让的通知》，规定对未按照证券交易所、证券登记结算公司有关业务规则进行上市公司非流通股协议转让的，证券交易所、证券登记结算公司一律不得办理股份转让、过户登记手续。因此，由被告持有的上述法人股一直无法转回到原告名下。

因被告未履行划款义务，原被告双方于 2002 年 1 月和 2005 年 7 月两次签订质押协议，被告确认对原告负有人民币 640 万元未履行的债务，并以其名下 600 万股上海九百法人股作为质押。双方还办理了公证和质押登记手续。

案外人上海宏远房地产经营有限公司、上海鑫久贸易有限公司分别向上海银行福民支行借款 810 万元、120 万元未能按期归还。2002 年被告国宏公司因担保关系被判对上述两笔借款的本金及相应利息承担连带还款责任。在判决的执行中，本案系争的 600 万股上海九百法人股被上海市黄浦区人民法院冻结。

2006 年 9 月 22 日，被告向原告出具承诺书，称将归还全部 600 万股上海九百法人股及相应的孳息。

2007 年 3 月 21 日，上海九百的股票上市流通。诉讼时，系争法人股的市值约 3 000 余万元，被告的负债额已超过 1 亿元。

可见，本案诉讼中的实际利害关系人是原告申国万银和第三人福民支行。被告没有多少利害关系，完全站在原告的立场上。所以被告同意原告的诉讼请求，承认只是替原告代持股份，并没有支付过对价，愿意归还股份给原告。原告的目的是拿回股份，否则这些股份将被用来替被告还债，所以声称股份是原告的，只是挂靠在被告的名下，由被告代持，还强调在挂靠期间，原告始终实际履行着股东的权利，包括参加股东大会，行使投票权等。第三人的目的是阻止原告取走股份，因为 3 000 万元的市值足够偿还不到 1 000 万元（810+120）的债务，所以强调原被告之间的股份转让真实有效，现在股份属于被告所有。

上海市第二中级人民法院一审认为，原告所称的挂靠或代持行为，也就是通常意义上的法人股隐名持有。根据现有证据，本案中原、被告之间的关系不同于一般的法人股隐名持有。法人股隐名持有存在实际出资人和挂名持有人，双方应签订相应的协议以确定双方的关系，从而限制挂名股东的股东权利。而本案中原告本来就是法人股的所有人，被告则是通过有偿受让的方式取得这些法人股的所有权。双方所签订的是法人股转让协议，协议中确定了转让对价以及所有权的转移问题。据此，原告是通过出售的方式将法人股的所有权转移到了被告名下，并且，双方已经在登记机关办理过户登记手续。因此，即使被告尚未支付对价，在双方转让协议效力不存在瑕疵的情况下，原告无权主张本案系争股权属其所有，只能根据相关转让协议要求被告支付转让价款。原、被告之间所签订的还款质押协议亦能印证原告认为被告系本案争议股权的真正权利人。故被告持有系争法人股并不是代持或挂靠行为，而是股权转让。原告称其一直行使上海九百股东的权利，并以此证明其对系争法人股享有所有权。从现已查明的事实看，原告仅向被告出让了部分系争法人股，其仍是上海九百的股东，故原告仍享有着相应的股东权利。根据原告提供的有关上海九百股东大会签到名册及授权委托书显示，相关授权委托书上仅表明代理人系受原告委托行使表决权，并未明确代理人行使的表决权也包括被告所持股份。鉴于原、被告之间存在着关联关系，原告代理人代表被告在签到名册上签名并不能排除其系受被告委托参加股东大会，故原告方代理人同时代表被告在股东大会签到名册上签名的行为，并不能对抗原、被告之间已就系争法人股所形成的所有权转移的法律关系。综上，原告主张系争法人股的所有权，缺乏事实和法律依据，难以支持。原告一审败诉。

原告上诉。上海市高级人民法院二审认为，一审认定事实和适用法律都是正确的，上诉人申国万银的主张不能成立。即使按上诉人所称其与一审被告国宏公司存在实际的代持股权关系，申银万国要求确认系争法人股归其所有的主张，依法亦不能予以支持。因为，申银万国与国宏公司签订股权转让协议后已在中登公司办理了股权转让的变更登记手续，故系争股权已移转于受让人国宏公司名下，即股权变动已发生法律效力。根据我国《公司法》和《证券法》的相关规定，公司股权转让应办理变更登记手续，以取得对外的公示效力，否则不得对抗第三人。该规定遵循的是商法的外观主义原则，立法目的在于维护商事交易安全。该种对抗性登记所具有的公示力是对第三人而言的，第三人有权信赖登记事项的真实性。同时，根据《证券法》公开、公平、公正的交易原则以及上市公司信息公开的有关规定，对上市公司信息披露的要求，关系到社会公众对上市公司的信赖以及证券市场的交易安全和秩序。因此，上海九百作为上市公司，其股东持有股权和变动的情况必须以具有公示效力的登记为据。申银万国称其为了规避证监会有关规定而通过关联企业国宏公司隐名持有股权，并要求确认已登记在国宏公司名下的股权实际为其所有，显然不符合上述相关法律规定，也有违《公司法》所规定的诚实信用原则。现国宏公司被法院执行的债务达亿元之多，而其名下系争股权市值仅 3 000 余万元，远不足以支付对外债务。故国宏公司的债权人基于中登公司登记而申请法院查封执行国宏公司名下系争股权的信赖利益，应依法予以保护。因此，即使如申银万国所称有实际的代持股权关系存在，系争股权也不能归申银万国所有。据此，上海市高级人民法院判决驳回上诉，维持原判。

一审法院不承认申银万国与国宏置业之间的隐名挂名关系，从形式上认定国宏置业为实际股东，判决是正确的。但是二审法院的论述比一审更加宏观一些，视野上更加开阔一些，因为它在维持原判的基础上又从承认隐名关系存在的角度指出即使如此申银万国也要输给善意第三人福民支行。所谓在商事纠纷中坚持外观主义原则，保护善意第三人，是指存在着这样的可能：福民支行在贷款时根据工商登记的或者上海九百公布的持股信息才接受了国宏公司作为债权担保人，这种合理信赖应当得到保护，除非有证据证明其恶意。"因此，即使如申银万国所称有实际的代持股权关系存在，系争股权也不能归申银万国所有。"这一论证所包含的规则是股权的隐名代持不得对抗善意第三人对工商登记和其他公开信息的合理信赖。

第二节　冒名、代签、代理

除了隐名股东和名义股东之外，我国公司实践中还有冒名股东的现象。严格意义上的冒名股东也叫虚拟股东，是指盗用他人的名义或者用死人或虚拟人的名义出资入股。这种冒名与隐名的相同点是实际出资的股东不愿意公开自己的身份，背后的原因也大致相同；不同点是隐名股东与名义股东之间有书面或口头的协议，但是冒名股东与被冒名者之间没有任何协议，后者往往全然不知情。在实际出资人严重违法的情形下，名义股东有可能因为与隐名股东协作而共同承担法律责任，而被冒名者则不需要承担任何法律责任，除非他在被冒名之后知情了而不声张因而构成默认。

对于这些问题，《公司法》没有规定，最高人民法院的司法解释规定得也比较简单："冒用他人名义出资并将该他人作为股东在公司登记机关登记的，冒名登记行为人应当承担相应责任；公司、其他股东或者公司债权人以未履行出资义务为由，请求被冒名登记为股东的承担补足出资责任或者对公司债务不能清偿部分的赔偿责任的，人民法院不予支持。"[①] 这里所谓"冒用他人名义出资"，显然指上述狭义的或严格意义上的冒名。这条司法解释的后半句无非是说被冒名者没有任何责任。前半句对冒名人的责任则规定得相当含糊，说是"相应责任"，没有具体指明什么责任。这是因为客观情形多种多样，必须本着公平理念对冒名股东的股东资格根据具体情况作具体的分析，不能一概而论。基本原则仍然是以实际出资人为准。如果有违法情形，则依法惩处。

但是现实生活中的冒名纠纷比这更加复杂多样。有的冒充股东（实际出资人）签名，在真实股东不知情的情况下将其股份卖掉，等于盗窃。有的实际上是代人签名，事后被代理人后悔，说代签没有得到授权，属于冒名，其所签署的文件无效，等等。因此，冒名与否经常与代理、代签纠结在一起。

【案例 9-11】

邰武淳诉北京中复电讯设备有限责任公司[②]

北京市第二中级人民法院 2007 年 10 月 28 日

1996 年 7 月，邰武淳和芦朝谊夫妇在将自己的私营企业改制登记为公司时虚拟了两位股东：王嶙和臧绍伍。王嶙是芦朝谊的母亲，臧绍伍是邰武淳的外婆。但是在工商局登记时所用的身份证却不是这两个人的，而是用几个人的身份证复印件经涂改、拼凑、再复印而成的。工商登记邰武淳和芦朝谊各占公司 49.5% 的股份，王嶙和臧绍伍各占 0.5%，并选举邰武淳、芦朝谊和王嶙为公司董事，臧绍伍为监事。2006 年邰武淳夫妻二人离婚，产生纠纷。双方为了争夺公司控制权，芦朝谊与其母亲王嶙召开公司董事会，罢免了邰武淳的董事长职务，选举芦朝谊为公司董事长。邰武淳就将他自己担任法

---

① 《公司法司法解释（三）》第 28 条。

② （2007）二中民终字第 12080 号。原判词较长，为了节省篇幅、突出重点，本书作者作了精简和改编。

定代表人的公司告上了法庭，声称王嶙是虚构的人，实际上根本不存在，公司董事会也不存在，请求法院撤销所谓的董事会决议。芦朝谊作为第三人参加诉讼，主张她母亲王嶙是真实的自然人，之前她和邰武淳都承认她为公司股东和董事会成员，只是登记时弄虚作假，信息错误，但不能因此而否定王嶙的存在。

一审认为，登记的信息与事实完全不符，会计师事务所出具的验资报告中称王嶙的出资已经到位，该王嶙是在工商局登记的王嶙，不是芦朝谊的母亲，芦朝谊也没有证据证明她母亲实际履行了出资义务，由此认定王嶙、臧绍伍均为虚拟股东，没有民事主体资格，不得享有股东资格，也不能担任董事、监事，因而判邰武淳胜诉。[①]芦朝谊不服，提起上诉。

二审认为，一审认定事实和适用法律都正确，维持原判。

本案中的冒名股东是虚拟的。目的是防止其他人介入公司的经营管理，这个目的并不违法。A、B 两个股东已经足以成立有限责任公司，不虚拟股东也能防止其他人介入。虚拟冒名可能是出于对法律的无知。对这样的行为，《公司登记管理条例》第 69 条关于提交虚假材料，隐瞒重要事实取得登记的，除责令更正外，处 5 万 ~50 万元罚款的规定。法院可以根据这条规定视情节的轻重适当予以罚款。因为违法性质并不严重，也可以批评教育责令改正而不处罚款。

这个判决确立的规则是：虚拟股东不具有民事主体资格，不得享有民事权利，即使经过工商登记也是如此。

一般说来，由于被冒名人不知情或者根本不存在，所以在冒名股东和被冒名人之间一般不会发生纠纷，但是如果被冒名者事后对冒名行为予以追认并声张股东权利，而冒名者只想盗用他人名义，不想真的给人权利，纠纷也会发生。这时需要本着公平理念对具体案情作具体分析。

【案例 9-12】
冒名注册案[②]

1994 年 11 月，纪根龙（案外人）购得金坛市金城镇东门大街底商 106 号营业房1 间，因其夫妇当时在外地工作，故将购房发票和本人身份证交给王斌，委托王斌为其办理上述房屋的所有权和该房的出租事宜。1995 年年初，王斌与江少华协商后提议办"三产"，嗣后王斌、江少华又分别征求王锁龙、俞文俊意见，大家共同表示合伙办一个水暖器材经营部。为此，江少华、俞文俊将其身份证交给王斌，委托王斌到有关部门办理登记手续。但王斌在办理登记的过程中，在未征得江少华、俞文俊同意的情况下，擅自将水暖器材经营部办成了金坛市烨丰物资有限责任公司（以下简称烨丰公司），且在对该公司的注册资金进行投入时，王斌又擅自将纪根龙的营业房作价人

---

① 北京市朝阳区人民法院，（2007）朝民初字第 00020 号。

② http://www.zwmscp.com/a/gedipanli/gedipanli/2010/0709/4165.html. 原文较长，为了节省篇幅，突出重点，本书作者作了精简和改编。

民币 22 万元以纪根龙的名义入股，而后王斌又将上述房产作为烨丰公司的固定资产连同一张价值人民币 28 万元的虚假债权发票作为该公司的注册资金，骗取了有关部门的验资证明，最后到工商行政管理部门办理了烨丰公司的登记。工商登记载明烨丰公司的股东有王锁龙、江少华、俞文俊、纪根龙。在该公司的章程中，股东俞文俊、江少华、纪根龙的签名均系王斌委托他人所签。

后来，烨丰公司在销售黄铜棒的交易中欠了第三人 40 多万元成为被告，法院审查后认为该公司因虚假出资而设立无效，责成王斌、王锁龙承担赔偿责任。纪根龙只是案外人，并没有与王斌发生任何争议，因此不需要承担任何责任。

假定事后公司在王斌的努力之下办得很红火，股份价值飙升，王斌与纪根龙就纪根龙的股权发生争执。法院不妨作对王斌不利的解释，类比越权代理中的被代理人事后追认，确认纪根龙的股权。因为是王斌不经纪根龙的同意冒用其名义擅自将其房屋入股，有错在先。纪根龙没有过错，在投资成功的情况下，他有权追认王斌的无权代理行为。

实践中冒名的情形多种多样，应有尽有。前面第一例中的冒名是虚拟的，没有侵犯任何人的权利；第二例中的冒名虽然侵犯了被冒名人权利，但是主要是侵犯其自主决断权，股权依然挂在纪根龙的名下，冒名人并没有窃取该财产的主观意图和客观行为。下例中的冒名则是冒用别人的名义将别人的股份转到了自己的名下，然后转手卖给第三人，这一行为和小偷偷了东西然后销赃的性质是一样的。

【案例 9-13】

崔海龙、俞成林与无锡市荣耀置业有限公司、燕飞、黄坤生、杜伟、李跃明、孙建源、王国强、蒋德斌、尤春伟、忻健股权转让纠纷案[①]

最高人民法院 2007 年 12 月 14 日

2002 年 7 月，荣耀公司取得无锡市荣华大厦房地产开发项目。为了共同开发该项目，2003 年 5 月 12 日，荣耀公司与崔海龙、俞成林依据三方协议共同出资成立了无锡市荣耀世纪房地产开发有限公司（以下简称世纪公司），注册资本为 500 万元。其中崔海龙出资 270 万元占 54% 股份，荣耀公司出资 200 万元占 40% 股份，俞成林出资 30 万元占 6% 股份。

2003 年 9 月 25 日，荣耀公司、燕飞等四人与崔海龙、俞成林分别签订一份《股东会决议》及五份《股权转让协议》，分别按 14%、10%、10%、10%、10% 的比例受让崔海龙在世纪公司 54% 的股权，荣耀公司同时还受让了俞成林 6% 的股权，并到江苏省无锡市工商行政管理局办理了相应的工商变更登记手续。后来查明，上述《股东会决议》和《股权转让协议》中崔海龙、俞成林的签名均非本人所为，而是由荣耀公司授意他人仿冒。

---

① （2006）民二终字第 1 号。原判词较长，为了节省篇幅，突出重点，本书作者作了精简和改编。

2003 年 12 月 17 日，荣耀公司、燕飞等四人与孙建源等五人分别签订了五份《股权转让协议》，约定荣耀公司、燕飞等四人将其在世纪公司的股份转让给孙建源等五人。同日，双方当事人与无锡市市政建设综合开发有限公司（以下简称市政公司）三方又共同签订一份《补充协议》，约定荣耀公司、燕飞等四人将世纪公司总计 80% 的股权分别转让给孙建源等五人（分别为孙建源占 40%、王国强占 10%、蒋德斌占 10%、尤春伟占 10%、忻健占 10%），转让款为 4 000 万元，付款义务由市政公司代为履行。在签订协议前，孙建源等人到工商管理部门核实，荣耀公司、燕飞等四人确实拥有世纪公司全部股份。同年 12 月 29 日，合同当事人办理了工商变更登记手续，变更后的世纪公司的股权组成为荣耀公司持有 20% 股份，孙建源等五人持有 80% 股份，由孙建源担任世纪公司的法定代表人。市政公司支付了股份转让的部分对价。

2004 年 4 月 20 日，世纪公司与市政公司签订一份《合作开发经营房地产合同》，约定荣华大厦项目由双方共同开发建设，世纪公司与市政公司的投资比例分别为 45%、55%，世纪公司将项目所有的证照过户或办理到市政公司名下，合同还约定了出资日期、出资额及其他事项。同年 5 月，市政公司按合同规定办理了项目证照的过户手续。

2004 年 9 月，崔海龙、俞成林向无锡市崇安区人民法院提起行政诉讼，要求撤销工商局变更登记的行政行为并且要求恢复原登记事项，该案尚在审理中。

2004 年 12 月，荣耀公司、燕飞等四人向江苏省高级人民法院提起诉讼，以其对出让股份没有处分权为由，要求确认其与孙建源等五人之间签订的《股权转让协议》及《补充协议》无效，恢复原股东崔海龙、俞成林的股东身份，并且确认世纪公司与市政公司签订的《合作开发经营房地产合同》无效，恢复世纪公司对荣华大厦项目的所有权，由孙建源等五人赔偿其损失 1 000 万元并承担本案诉讼费用。同时，还追加崔海龙、俞成林及世纪公司、市政公司为该案第三人。在该案诉讼过程中，崔海龙、俞成林申请作为该案有独立请求权的第三人参加诉讼，并向该院递交了诉状。该院同意崔海龙、俞成林的申请，将其列为该案有独立请求权第三人参加诉讼。此后，荣耀公司、燕飞等四人向该院申请撤诉，该院准许后，以崔海龙、俞成林为原告，以荣耀公司、燕飞等四人为被告，以孙建源等五人为第三人的案件继续审理，崔海龙、俞成林诉请法院确认他们与荣耀公司、燕飞等四人于 2003 年 9 月 25 日签署的《股权转让协议》和《股东会决议》不真实，无效；判决荣耀公司燕飞、黄坤生、杜伟、李跃明与孙建源、王国强、蒋德斌、尤春伟、忻健于 2003 年 12 月 17 日签署的《股权转让协议》无效；确认崔海龙、俞成林分别在世纪公司中享有 270 万元、30 万元股权；判令荣耀公司、燕飞等四人承担本案全部诉讼费用。

孙建源等五人则认为，原告将股权转让给荣耀公司、燕飞等四人是真实意思表示，而且也知道荣耀公司、燕飞等四人后来将股权转让给孙建源等五人的情况，现在全部协议已经履行完毕，请求法院认定协议有效。

江苏省高级人民法院一审认为，二原告没有恶意，其签名确系伪造，[①]因而荣耀公司、燕飞等人没有处分权；孙建源等五人受让股权属于善意取得，其与荣耀公司、燕飞等人签订的《股权转让协议》有效。理由是：第一，孙建源等五人受让荣耀公司、燕飞等四人的股权时并不明知转让的股权中有部分股权实际属于崔海龙和俞成林，而且在股权转让前，他们还到工商管理部门调查，尽到了谨慎注意义务。工商行政部门的登记具有公信力，公示性最强，从权利外观而言，五人有理由相信本案争议股权的所有人就是荣耀公司、燕飞等四人。另外，处理公司内部纠纷应按照实质约定来确定当事人的权利义务；对外则应遵循公示主义和外观主义的原则，侧重于保护交易安全和善意第三人，公司内部纠纷不得对抗善意第三人。第二，五人通过交换取得股权，支付了合理对价。第三，五人在工商部门办理了相关股权变更手续，此后又实际行使股东权利。在此过程中，世纪公司的经营情况已经发生了重大变化，即使五人返还股权，崔海龙、俞成林所获权益与其所受侵害亦不对等。因此，从保护善意第三人、鼓励交易、维护交易安全以及维持公司法律关系稳定性出发，该院认为应当保护孙建源等五人对受让股权的权利。原告所受损失应当由荣耀公司、燕飞等四人依法予以赔偿，原告在本案中没有提出这样的诉求，可以另行主张。原告败诉后上诉。

最高人民法院二审认为，一审判决认定事实清楚，适用法律正确，应予维持。故驳回上诉，维持原判。

本案中的冒名顶替情节恶劣，实属可恶。但是由于股权转让的形式要件一应俱全，善意受让人无辜，为了保护商事交易的安全，应当坚持商法的外观主义原则，按照物权法上的善意取得制度来确定股权的归属。法院的判决符合《物权法》第106条规定的善意取得制度："无处分权人将不动产或者动产转让给受让人的，所有权人有权追回；除法律另有规定外，符合下列情形的，受让人取得该不动产或者动产的所有权：（1）受让人受让该不动产或者动产时是善意的；（2）以合理的价格转让；（3）转让的不动产或者动产依照法律规定应当登记的已经登记，不需要登记的已经交付给受让人。"本案中的股份转让符合这三个条件，所以转让有效，受让人取得股权，原股东失去股权。三个条件少了任何一个，都不能构成善意取得。

本案中这类判决所隐含的规则后来提炼为《公司法司法解释（三）》第26条第1款规定："名义股东将登记于其名下的股权转让、质押或者以其他方式处分，实际出资人以其对于股权享有实际权利为由，请求认定处分股权行为无效的，人民法院可以参照《物

---

① 2007年8月3日，江苏省无锡市中级人民法院对江苏省无锡市人民检察院提起公诉的燕陵如（荣耀公司法定代表人）犯诈骗罪、伪造国家机关证件罪一案作出判决，认定事实如下：2003年9月间，荣耀公司副总经理杜伟、经理燕飞在燕陵如的授意下，指使本公司职员戴鲁军模仿了崔海龙、俞成林的笔迹，分别在燕陵如提供的世纪公司假《股东会决议》和假《股权转让协议》上签名。后燕陵如又谎称崔海龙、俞成林已同意股权转让，分别让李跃明、黄坤生及杜伟、燕飞在上述戴鲁军已冒名签字的假《股东会决议》、假《股权转让协议》上签字，将崔海龙、俞成林在世纪公司60%的股权分别转让给荣耀公司、燕飞等四人。后燕陵如又指使杜伟等人办理了世纪公司营业执照的遗失启事，骗取了工商部门的股东变更登记，并将世纪公司的法定代表人变更为燕陵如。上述判决已经生效。

权法》第 106 条的规定处理。名义股东处分股权造成实际出资人损失，实际出资人请求
名义股东承担赔偿责任的，人民法院应予支持。"股份不属于不动产，也不同于一般的
动产，而是一种抽象的财产。但是按照司法解释的规定，股份同样可以适用《物权法》
第 106 条规定的善意取得制度。这条司法解释对于股份的挂名和冒名两种情形都是适
用的。

【案例 9-14】

罗晓凤与被告黄河、操红洪、黄昌联、重庆中港国际
货运代理有限公司股东权纠纷 [①]
重庆市沙坪坝区人民法院 2007 年 2 月 6 日

2004 年 6 月，罗晓凤与黄河一起办公司，经营货运代理、企业营销策划、企业形
象策划。2005 年 3 月，公司名称变更为中港国际货运代理有限公司（以下简称中港公司），
经营范围增加国际货运代理，注册资本增加到 300 万元，罗、黄二人各享有 150 万元股
权。2005 年 6 月 1 日，黄河将其股权全部转让给黄昌联。

2006 年 6 月 29 日，黄河以罗晓凤的名义与操红洪签订《股份转让协议》，将罗晓
凤的股权转让给操红洪，价格 150 万元，约定操红洪在签订该协议之日起 30 日内以现
金方式支付给罗晓凤。接着，黄河还以罗晓凤的名义与黄昌联、操红洪共同签署《股东
会决议》《章程修正案》和《公司变更登记申请书》，7 月 3 日到工商局办理了变更登记。

2006 年 7 月 14 日，罗晓凤向重庆市公安局沙坪坝区分局刑事警察支队（以下简称
刑警支队）报案称："2006 年 7 月 14 日发现自己与黄河共同组建的并由自己担任法人
代表的重庆中港货运代理有限公司，在自己不知道的情况下被人更改了公司注册资料，
法人代表资格也被一名叫操红洪的人取代。"7 月 18 日，刑警支队对黄河进行了询问。
7 月 24 日，西南政法大学司法鉴定中心接受罗晓凤的委托，对中港公司的《股份转让
协议》《股东会决议》《章程修正案》《公司变更登记申请书》四份文书上"罗晓凤"的
签名字迹进行了鉴定，结论是四份文书上的签名字迹均不是罗晓凤本人书写。

7 月 25 日，罗晓凤作为乙方，黄河、操红洪作为甲方共同签订《协议书》约定："……
三、2006 年 6 月 30 日，在取得乙方同意的情况下，甲方将乙方在重庆中港国际贸易有
限公司的股权转给操红洪，转让金额为 150 万元，至此，乙方在公司不再有股权，同时
乙方同意将公司法定代表人变更为操红洪。现公司在工商行政部门办理了变更登记手续。
2006 年 6 月 30 日后公司债权、债务与乙方无关。2006 年 6 月 30 日以前债权债务与乙
方也无关，但乙方应协助处理。四、作为补偿，甲方及操红洪同意一次性对乙方补偿大
写人民币玖万元整。五、甲、乙双方曾为股权转让、法人代表变更发生纷争，乙方已向
沙区公安局报案，称甲方涉嫌犯罪。公安机关对此正在进行调查，由于甲、乙双方就本
协议一至四项内容达成了协议，故乙方决定向沙区公安局撤案。六、乙方将在 2006 年
7 月 26 日向沙区公安局撤案，与此同时，甲方向乙方支付（伍万壹仟贰佰捌拾陆元整）

---

① （2007）沙民初字第 379 号。原判词较长，为了节省篇幅，突出重点，本书作者作了精简和改编。

转账支票，余款在甲方收到公安机关不予立案或其他也不追究甲方刑事责任的法律文书后立即支付。乙方撤案过程中，若需甲方配合，甲方应予协助，如不能撤案，本协议无效……"但是操红洪未向罗晓凤支付股权转让款150万元，刑警支队对罗晓凤的报案未作立案处理，罗晓凤亦未到刑警支队撤销其报案。

2006年11月，罗晓凤起诉黄河、操红洪、黄昌联和中港公司，请求法院判其与黄河、操红洪于7月25日签订的《协议书》无效，认定被告冒其名义签署的《股份转让协议》《股东会决议》《章程修改案》和《公司变更登记申请书》等文件统统无效。

被告辩称：中港公司虽以罗晓凤和黄河二人名义设立，但实际上罗晓凤并未出资，只是一个雇员，黄河才是实际出资人和公司老板。黄河代罗晓凤转让股份是得到他本人同意的，他的身份证也是他的妻子黄燕交给黄河的，委托黄河代为办理公司法定代表人变更和股权转让事宜。

法院认定原被告签订的2006年7月25日《协议书》中的内容不是原告真实的意思表示，且内容违法："本案原告罗晓凤以被告黄河、操红洪有犯罪嫌疑为由向公安机关报案后，在公安机关尚未作出立案或不立案处理的情况下，即与被告黄河、操红洪达成《协议书》约定：'……乙方（罗晓凤）决定向沙区公安局撤案'……'本案该双方签字后即生效，双方均不得再追究对方的任何经济、刑事责任……'该约定违反法律规定"，因而是无效的。《股份转让协议》《股东会决议》《章程修改案》都是被告冒名签署的，所以都是无效的。这些文件被确认无效之后，中港公司应向工商局申请撤销其根据《股东会决议》作出的变更登记，被告操红洪名下的"150万元股权即自然恢复至罗晓凤享有"，操红洪在中港公司的"法定代表人资格、执行董事资格和经理等职务也自然恢复至原告罗晓凤享有"。[①]

本案中的一个争议点是被告代签还是冒签了《股份转让协议》。该协议在2006年6月29日签署，原告7月14日就去公安局报案。刚刚同意的事情怎么一下子就反悔？人际关系迅速变化，总有原因吧。可是黄河并没有举证说明半个月内二人关系急剧变化的原因。由此推断，应该是冒签。所以法院认定正确。

2006年7月25日的协议不是原告的真实意思吗？原告说是被迫的。一个大活人，敢于到法院打官司，却被迫签协议。怎么被迫的呢？是被告拿刀子逼的吗？显然没有。估计是原告受到9万元报酬的诱惑。协议中没有提及150万元股权怎么补偿，只说原告不再有此股权。大概是原告确实没有出资，白拿9万元，从2006年的物价来说，也算是不错的补偿了。

如果真是这样，法院判原告全胜，150万元股权重新归于原告名下，会不会导致不公平的结果呢？不会的。首先，被告黄河在罗晓凤没有实际出资的情况下，让他在名义上拥有一半股份，还给了他法定代表人、执行董事和经理的职务，应当承担由此可能产生的对自己不利的后果。招惹了后来这一系列的麻烦，也算是对其不规范操作的一种应

---

① 本段中的引文均摘自法院判词原文。

有的惩罚。其次，被告还有事后的补救办法：请求罗晓凤实缴出资 150 万元。如果中港公司经数次催告而罗晓凤拒不缴纳，可以通过股东会决议取消其股东资格。到了那个时候，再将股份转让给操红洪就没有问题了。

另一种可能是罗晓凤出资的钱是黄河借给他的，实际出资到位了。如果这样，法院判得就更对了。因为只要出资到位，其来源在所不论。黄河可以通过追讨借款来保护自己的权益。

在冒名法律关系中，被冒名人一般不负任何责任，这一点本节开头引述的《公司法司法解释（三）》第 28 条规定得很清楚。但是如果被冒名人事后知道了被冒名的事实却默不出声，那就构成默认，需要对由此产生的后果承担责任。

【案例 9-15】

崔学侠诉淮安市禾力机械制造有限公司①
江苏省淮安市中级人民法院 2009 年 5 月 9 日

2004 年 2 月 25 日，淮安市禾力机械制造有限公司（以下简称禾力公司）登记成立，注册资本 300 万元，马杰出资 220 万元，花建军出资 80 万元。后马杰、花建军的股份相继转让给崔学侠、薛玉兰，其中，马杰的出资 220 万元于 2006 年 4 月转让给原告崔学侠。4 月 10 日，股东会决议选举崔学侠为监事、薛玉兰为执行董事。

自 2006 年 7 月 4 日起，禾力公司的法定代表人由薛玉兰担任。公司变更登记的档案反映，2007 年 1 月 16 日，禾力公司法定代表人薛玉兰召集全体股东召开股东会并形成决议，由股东崔学侠、薛玉兰于 2007 年 1 月 19 日分别增资 530 万元、170 万元，增加公司注册资本至 1 000 万元。决议上的签名为薛玉兰和崔学侠。2007 年 1 月 22 日，会计师事务所出具的验资报告证实截至 2007 年 1 月 19 日，禾力公司已收到股东崔学侠、薛玉兰缴纳的新增注册资本 700 万元。2007 年 1 月 23 日，工商部门发给禾力公司营业执照，注册资本为 1 000 万元人民币。但上述决议以及相关文件中崔学侠的签名均是由薛玉兰伪造的。不过，在 2007 年 5 月淮安市淮阴区人民法院处理的（2007）淮民二初字第 135 号买卖合同货款纠纷一案中，崔学侠作为禾力公司的委托代理人（职务是总经理助理）参与诉讼，其提交的营业执照是增资后的营业执照，并加盖有禾力公司印章。

2008 年 1 月，对第三人王静与被告禾力公司借款合同纠纷淮安市仲裁委员会经仲裁，裁决禾力公司支付王静借款本金 310 万元及相应的违约金，马杰、薛玉兰、马骥程承担相应的连带责任。裁决书发生效力后，第三人王静于 2008 年 2 月 3 日向淮安市中级人民法院（以下简称市中院）申请执行。2008 年 4 月 18 日，市中院作出民事裁定书裁定追加崔学侠、薛玉兰为被执行人，分别在抽逃注册资本 530 万元和 170 万元范围内承担责任。裁定书送达后，原告崔学侠提出异议，要求撤销追加其为被执行人的裁定。2008 年 5 月 27 日，市中院认为，崔学侠系公司大股东，又是监事，称自己不知情有悖常理，

---

① （2009）淮中民二终字第 0083 号民事判决书。原判词较长，为了节省篇幅，突出重点，本书作者作了精简和改编。

且变更注册资本的决议非由其签名应是公司内部管理问题，不能对抗善意债权人，故裁定驳回崔学侠的执行异议，维持原裁定。2008 年 7 月 4 日，原告崔学侠向江苏省高级人民法院（以下简称省高院）申请复议。10 月 9 日，省高院作出裁定，驳回崔学侠的复议申请，维持市中院的裁定。

而后崔学侠向淮阴区人民法院提起诉讼，要求确认被告禾力公司在 2007 年 1 月 16 日作出的公司章程修正案和股东会决议无效。

江苏省淮安市淮阴区人民法院经审理认为，原告崔学侠作为禾力公司的股东，且为监事，实际参与公司的经营管理，在公司营业执照置备于公司经营场所的情况之下，应该知道营业执照已经变更的事实。原告作为被告公司的委托代理人在参与诉讼时，注明为该公司总经理助理，没有理由不了解公司营业执照的重大变更。且原告曾在淮安市淮阴区人民法院 2007 年 5 月受理的（2007）淮民二初字第 135 号买卖合同货款纠纷一案中，担任被告公司的诉讼代理人，所提交的公司营业执照为增资变更登记之后的营业执照，并加盖有被告禾力公司印章，应该认为至迟于 2007 年 5 月原告已经知道了公司营业执照变更的事实。原告明知营业执照已经变更，却长期不提异议，应视为对增资变更登记的认可。且股东伪造股东会决议属于公司内部管理问题，不能对抗公司的外部债权人，外部债权人依赖公司登记所做的行为应受保护。

另外，原告的诉讼请求也不符合《公司法》第 22 条的规定，根据该条规定，撤销公司决议之诉应在决议作出之日起 60 日内提起，确认决议无效应当证明决议的内容违法，但原告起诉时早已超过 60 日的期限，且决议内容为变更注册资本，也不属于法律禁止的内容，原告的诉求不能成立，予以驳回。[①]

原告不服一审判决，向江苏省淮安市中级人民法院上诉。二审认为，一审认定事实和适用法律都正确，维持原判，驳回上诉。

本案确立的规则是：（1）被冒名公司股东明知冒名伪造决议的内容，却长期默认，不提异议的，应视为对该决议的认可；（2）一旦默认成立，公司决议虽为冒名伪造，但是因为已经登记公示，第三人的合理信赖就应当受到保护，被冒名股东不得以决议伪造为由逃避对外部债权人的出资不足补足责任。

实践中，股东伪造股东会决议的情况时有发生，但由于我国公司法对此没有明确规定，所以对伪造决议的效力，就产生了"无效说""可撤销说""不成立说"三种不同观点的争论。"无效说"有利于保护善意股东的利益，但是不利于交易安全和保护善意第三人的合理信赖。当决议内容变得对公司不利时，伪造决议的股东可以要求确认决议无效，从而将损失转嫁给善意第三人。"可撤销说"有利于保护交易安全，也在一定程度上保护了善意股东的权益，但是因为撤销权的行使期限较短，对善意股东过于苛刻。有的决议并不需要向公司登记机关登记，且未曾有效公开，其他股东并不知晓或者很难知晓，如因 60 天期限的经过而使他们丧失撤销决议的诉权，必将严重危及善意股东的利益。

[①] 江苏省淮安市淮阴区人民法院 2009 年 3 月 13 日（2008）淮民二初字第 0361 号民事判决书。

相比之下,"不成立说"比较合理。伪造的决议尚未成立,但是公司全体股东可以事后追认,使决议生效。这样既尊重了公司自治,又兼顾了公司、善意股东、善意第三人三方利益。本案的判决采纳的就是"不成立说"。

在股权转让中经常由他人代签,有时候被代理人事后不认账,说是别人冒名的,自己不该承担责任,由此引发代理与冒名之争。这就需要法院深入调查,洞察现实的人际关系,从而做出正确的判断。

【案例 9-16】

彭丽静与梁喜平、王保山、河北金海岸房地产开发
有限公司股权转让侵权纠纷案 [①]

最高人民法院 2008 年 11 月 27 日

彭丽静与梁喜平是夫妻关系,双方共同出资设立了河北金海岸房地产开发有限公司(以下简称金海岸公司)。丈夫梁喜平占 80% 股份,妻子彭丽静占 20% 股份。夫妻二人经中间人尹广宗介绍认识了王保山。2005 年 11 月 7 日,原告彭丽静和被告梁喜平作为甲方,与作为乙方的被告王保山和王军师签订了一份合同书,就转让金海岸公司股权及其相关事宜达成协议。梁喜平将其持有的金海岸公司 80% 股份转让给王保山,彭丽静将其持有的金海岸公司 20% 股份转让给王军师。彭丽静参与了合同的谈判,但是没有在合同上签名,她的签名由梁喜平代签。在执行合同过程中的一系列文件上,包括召开股东会形成决议以及办理工商变更登记等,彭丽静的签名也都是由梁喜平代签的。当时金海岸公司中标从部队得到了几块军用土地,王保山已经在协议签订之前代金海岸公司向部队支付了 200 万元。协议签订后王保山又支付了 4 944 万元。

后来彭丽静起诉梁喜平、王保山、王军师,称三被告共同伪造了她的签字,股份转让协议应属无效,她仍应拥有金海岸公司 20% 的股权。被告梁喜平承认彭丽静所述属实。但是被告王保山认为彭丽静参与了合同的谈判过程,知道转让事宜,并未表示反对,也知道王保山已经先行替金海岸公司向部队支付了 200 万元,后来又向梁喜平、彭丽静夫妇支付了 4 944 万元;梁喜平代彭丽静签字是夫妻双方共同真实的意思表示,现在彭丽静反悔企图撕毁协议也是夫妻双方恶意串通的。

河北省高级人民法院一审判决梁喜平有表见代理权,股权转让协议有效, [②] 原告败诉后向最高院上诉。

最高院认为,上诉人彭丽静与被上诉人梁喜平系夫妻关系,金海岸公司是其夫妻二人共同开办的,丈夫梁喜平占 80% 的股份,妻子彭丽静占 20% 的股份。夫妻二人共同出资设立公司,应当以各自所有的财产作为注册资本,并各自承担相应的责任。因此,夫妻二人登记注册公司时应当提交财产分割证明。但是,本案当事人夫妻二人在设立公司时并未进行财产分割,应当认定是以夫妻共同共有财产出资设立公司。彭丽静和梁

---

① (2007) 民二终字第 219 号。载《中华人民共和国最高人民法院公报》2009 年第 5 期。原文较长,为了节省篇幅,突出重点,本书作者作了精简和改编。

② (2007) 冀民二初字第 18 号。

喜平用夫妻共同共有财产出资成立公司，在夫妻关系存续期间，丈夫或者妻子的公司股份是双方共同共有的财产，夫妻作为共同共有人，对共有财产享有平等的占有、使用、收益和处分的权利。根据本院《关于适用〈中华人民共和国婚姻法〉若干问题的解释（一）》第十七条第二款规定："夫或妻非因日常生活需要对夫妻共同财产作重要处理决定，夫妻双方应当平等协商，取得一致意见。他人有理由相信其为夫妻双方共同意思表示的，另一方不得以不同意或不知道为由对抗善意第三人。"彭丽静与梁喜平转让金海岸公司股权的行为属于对夫妻共同财产作重要处理，二人均应在股权转让合同、股东会决议、公司章程修正案上签名。但是，对于梁喜平代彭丽静订约、签名的效力问题应当综合本案事实，根据彭丽静对于股权转让是否明知、王保山是否为善意等因素予以分析认定。本案查明的事实是，彭丽静与梁喜平夫妻二人由中间人尹广宗介绍认识了王保山，共同协商股权转让事宜；王保山在签订股权转让协议前，通过上诉人夫妇提供的部队账户，以金海岸公司的名义向某部队支付土地出让金200万元；王保山持有金海岸公司的全部证照、印章、资料原件，金海岸公司的住所地进行变更；王保山已经支付了4944万元的股权转让款，变更了金海岸公司的股东手续，股权转让合同履行后实际控制了金海岸公司。上述事实证明上诉人彭丽静参与了股权转让的签订和履行，转让股权是夫妻二人的真实意思表示。王保山有理由相信梁喜平能够代表妻子彭丽静签订股权转让合同、股东会决议、公司章程修正案。梁喜平在诉讼过程中陈述彭丽静曾中途停止谈判，股权不再转让。但是，彭丽静不能举证证明其是否通知王保山终止股权转让。彭丽静知道股权转让的事实，并未提出异议和阻止其丈夫梁喜平转让其股份，应当视为同意转让，梁喜平代彭丽静订约、签名转让股权，对于彭丽静有约束力。彭丽静上诉主张股权转让合同的当事人梁喜平和王保山恶意串通，侵犯了其优先购买权，但是，彭丽静并没有提供证据证明王保山与梁喜平恶意串通构成侵权的事实。法院判决上诉人彭丽静败诉。

本来，根据最高院的司法解释，夫妻共同财产的处理必须由双方共同签字。本案中虽然妻子声称丈夫冒名代签，但是根据案情可以推断丈夫代妻子签名是得到其本人同意的，并非冒名，所以代签有效。

【案例 9-17】

徐锋、吴志祥、施百成与路小生、金学芳股权转让纠纷[①]

浙江省湖州市中级人民法院 2009 年

长兴金泰新型建材有限公司（以下简称称金泰公司）成立于1999年，注册资本50万元，其中徐锋出资25万元，占50%；吴志祥出资15万元，占30%；施百成出资10万元，占20%。2002年年底，三位股东决定委托会计师李炳炎卖掉金泰公司，为此而手书委托书一份给了李炳炎，但是委托书上徐锋的签名是由他父亲徐教奎代签的。2003年2月24日，李炳炎代表这三位股东将公司股份连同所有的固定资产（包括土地、厂

---

① （2008）湖民二终字第251号。原判词较长，为了节省篇幅，突出重点，本书作者作了精简和改编。

房和机电设备）以 125 万元的价格一起卖给了路小生与金学芳。但是事后两位买主在工商局办理股东与法定代表人变更登记手续的时候出示了打印的委托书一份，而且内容与手写的委托书不一致，股东签名也是复印件，不能提供原件与之核对。

三位原股东在卖掉公司之后反悔，起诉要求确认股权转让协议无效，被告路小生和金学芳返还金泰公司股权。理由是徐锋的签字不是他本人的，他对其他股东出售的股权有优先购买权；工商变更登记材料中的委托书是伪造的；李炳炎也无权代表三原告处置金泰公司的股权和资产。

浙江省长兴县人民法院一审认为，徐敫奎的签名构成表见代理，由此产生的法律后果应由徐锋承担。李炳炎与路小生、金学芳签订的股权转让协议没有超越代理权限，也不违反法律法规的强制性规定，所以是有效的。路小生与金学芳所办理的工商变更登记中的瑕疵不影响股权转让协议的效力。在全体股东同意将公司整体拍卖的前提下，不存在部分股权转让需要得到其他股东过半数同意的问题。原告败诉。①

原告上诉之后，湖州市中级人民法院认为一审认定事实清楚，适用法律正确，维持原判。

本案中虽然也有代签问题，但是因为冒名的可能性很小，多半是徐锋给予了真实的授权，所以法院简单地判决表见代理成立，签名有效。

第三节　多种多样的股权纠纷

隐名和冒名的案子占了我国股权纠纷案的相当大的一个部分，但还不是全部，实践中发生的股权纠纷多种多样，很难予以全面、系统的归类。以下判例可见一斑，因为它们既不存在隐名挂名之章，也没有冒名与被冒名的矛盾，但是同样发生股权纠纷。

【案例 9-18】
黄卫国、江翰林股东资格确认纠纷再审案②
湖北省高级人民法院 2017 年 12 月 8 日

2002 年 9 月，倪兴万与黄卫国、江翰林、郑刚共同以各自的车辆投资入股，成立长阳江南客运有限责任公司（以下简称客运公司），从事县域内村镇旅客运输营运，并制定了《长阳江南客运有限公司章程》，选任倪兴万为执行董事兼任经理、法定代表人，选任江翰林为监事。2002 年 10 月 1 日，客运公司在长阳土家族自治县工商行政管理局注册成立。4 人的出资比例分别为倪兴万 1 辆车入股折 5 万元，占 14.71%；黄卫国 2 辆车入股折 12 万元，占 35.29%；江翰林 1 辆车入股折 5 万元，占 14.71%；郑刚 2 辆车入股折 12 万元，占 35.29%。

客运公司的经营模式为各出资股东以各自出资的实物车辆自主经营，获取收益，并

---

① （2008）长商初字第 239 号。
② （2017）鄂民再 235 号。

向公司缴纳管理费。公司以收取的管理费维持运行。

在 2002 年 12 月到 2004 年 4 月期间，经公司同意，黄卫国、郑刚和江翰林 3 人各自将其入股车辆及相应股权转让给了别人，但是这些股权转让都没有在工商行政管理部门办理变更登记。至案发时，客运公司的实际股东是倪兴万、杨万国、张昌元、李猛和李云清。

客运公司自成立至今，始终由倪兴万独自负责公司经营管理，黄卫国、江翰林、郑刚从未介入。2010 年 9 月 28 日，倪兴万独自修订客运公司章程，并报工商行政管理部门备案。修订内容为将公司地址由长阳都镇湾变更为长阳龙舟坪镇龙舟大道 50-3-3010。

2015 年 5 月 21 日，由黄卫国通知召集，江翰林、郑刚参加，召开了客运公司股东大会，作出《长阳客运公司股东会议决议》："三、股东会议一致通过并决议如下：1. 因身体及年龄原因免去倪兴万公司执行董事及经理职务，选举黄卫国为公司执行董事，选举郑刚为公司经理。2. 根据公司章程规定，执行董事为公司法定代表人。3. 修改公司章程相关条款：第二十六条修改为设执行董事一人由黄卫国担任，原第二十八条修改为公司设经理一人由郑刚担任。4. 会议决定委托黄卫国办理公司变更登记事宜。"2015 年 5 月 24 日黄卫国、江翰林、郑刚将股东会议决议送达倪兴万。倪兴万认为黄卫国、江翰林、郑刚均丧失了股东资格，且召开股东大会违反公司法、公司章程和有关法律规定，双方引起讼争。倪兴万于 2015 年 6 月 1 日向法院起诉，请求判令撤销该股东会会议决议或宣告该股东会会议决议无效。庭审中，经法庭释明，倪兴万变更请求为宣告该股东会会议决议无效。后倪兴万向法院撤回起诉，并于 2015 年 9 月 8 日另行向法院起诉，请求依法确认黄卫国、江翰林、郑刚不是客运公司的股东。

一审法院认为，黄卫国、江翰林、郑刚虽然在工商局登记在册，但实际上早已不是客运公司的股东。"股东名册工商部门依法登记在册，是保护公平交易的公示行为……所针对是公司以外的外部法律关系，以形式论。而股东间的股东资格之争，系公司内部法律关系……以实质论。"因此，法院支持了倪兴万的诉讼请求，判决黄卫国、江翰林、郑刚没有股东资格，并敦促客运公司尽早去工商局做变更股东的登记。

黄、江、郑 3 人不服，上诉。二审认同一审判决，维持原判。

黄、江、郑 3 人申请再审，湖北省高级人民法院同意再审。

湖北省高院认为：本案是一股东请求确认其他股东不享有股东资格的消极之诉，不是股东请求确认自己为股东的积极确认之诉。这样的诉讼应当由股权受让人提起。倪兴万与这些股权转让无利害关系，没有起诉资格。"在股权受让人未主张其应当享有股东身份的情况下，人民法院不应贸然否认黄卫国、江翰林、郑刚的股东资格，否则可能使公司外部债权人、其他股东、其他投资人等利害关系人的权利受到侵害。即使黄卫国、江翰林、郑刚后来将其持有的股份转让给公司以外的其他人，也应是股份受让人主张确认公司股东身份。……《中华人民共和国民事诉讼法》第一百一十九条规定，起诉必须符合的条件之一为'原告是与本案有直接利害关系的公民、法人和其他组织'，黄卫国、江翰林、郑刚是否将股权转让给案外人，并不影响倪兴万在客运公司的股权比例或分红、表决等股东权益的行使，不能证明倪兴万与黄卫国、江翰林、郑刚向案外人转让股权存在法律上的利害关系。倪兴万的起诉不符合上述第一百一十九条之规定。"

因此，湖北省高院撤销了一、二审判决，驳回倪兴万的起诉。

本案貌似存在隐名挂名或者冒名与被冒的问题，其实不然，因为真假股东之间没有矛盾，双方团结一致对付第三人——倪兴万。所以本案不属于前两节所述情形。

黄卫国、江翰林、郑刚在卖掉车辆、与公司脱离关系十多年后又回到公司里来捣乱，看起来不合常理，所以一、二审法院都支持了倪兴万的请求。但是省高院的判决更有道理：要否定他们的股东资格很容易，让4位真实的股东杨万国、张昌元、李猛和李云清出来说话么，轮不到你倪兴万来掺和啊！可以想象，黄、江、郑3人一定得到了4位真实股东的默许，甚至可能是4位真实股东对倪兴万不满，怂恿或请求黄、江、郑3人出来折腾。

倪兴万吃了不规范运作的亏。判词虽然没有介绍，但是我们可以对实际情况进行想象和推测：公司没有置备股东名册，股东变更之后也从来不去工商局登记，十多年未开过一次股东会。车辆挂靠在公司，所以每个股东在卖掉车辆时需要跟倪兴万说一声，倪兴万同意就可以了，等于公司同意了，没有任何书面凭证。反正每辆车都是车主自己经营，只向公司交一点管理费，所以大家只顾各自做生意，从来不去考虑公司法和公司制度，直到打起官司来才碰到这些问题。

这场纠纷接下去会怎么样？黄、江、郑3人召集的股东会没有通知作为股东的倪兴万，事后也没有得到他的认可，所以是无效的。倪兴万应该做一些规范性的工作，找4位真实股东征求意见，或者召集股东会，先在内部确定股东身份，置备股东名册，并去工商局变更登记。在此过程中碰到矛盾逐个协调解决。实在不行，只有散伙，反正自己的车辆自己经营。

另外，从诉讼技术上看，倪兴万如果不以股东个人身份起诉，而以公司名义起诉请求确认黄、江、郑3人早已丧失股东资格，或许结果会不同。

【案例 9-19】
王立君诉深圳市永浩实业有限公司案 [①]

深圳市永浩实业有限公司（以下称永浩公司）成立于1997年12月12日，注册资本100万元。股东有两个，即本案原告王立君与被告朱旻，二人各占50%股权。朱旻担任董事长，王立君担任总经理。但在实际上，原被告双方均未出资。公司成立之后由朱旻实际进行经营管理，没有向王立君签发出资证明书，也未召开股东会让其参加公司的经营管理，更没有给她分过红。原告作为总经理，只负责过该公司的出纳工作。

2000年5月23日，原告向被告朱旻提出解散公司，并草拟了一份《结业善后协议书》，但未经朱旻签字同意。为此，原告以其股东地位根本得不到认可，其股东权益受到严重侵害为由，起诉朱旻和永浩公司，请求停止侵害并对公司进行清算。

---

① 根据顾功耘主编：《公司法学案例教程》，第183页内容改编。

被告永浩公司答辩认为，原告仅是名义股东，并非实际投资人，不应享有权益，原告要求对公司进行清算缺乏依据。被告朱某则认为其不是本案被告，其行为是公司行为。

法院经审理认为，本案争议的焦点在于：有限责任公司未出资股东是否会因未出资而丧失股东资格？原告作为永浩公司的股东地位已经由深圳市工商局的企业登记确认，虽然原告并未实际向该公司投资，但其股东资格并不因此而受到否定。根据《公司法》第28条的规定，有限责任公司的股东应当足额缴纳公司章程中规定的各自所认缴的出资额，没有缴足的股东应当向已足额缴纳的股东承担违约责任。但是该条并未因此而否定该股东作为有限责任公司股东的资格。因此，原告对该公司所享有的股东权益依法应得到确认和保障。

本判决确立的规则是未出资股东并不当然失去股东资格，其相关权利仍然得到承认和保障。当然，这些相关权利的行使都不得损害公司、股东或公司债权人的合法利益。而且，未出资股东仍然负有股东的义务。除了足额出资的义务之外，在公司资不抵债时，未出资股东负有在未出资范围内直接向公司债权人清偿债务的义务。否认其股东资格不利于对债权人的保护。此外，在我国实际经济生活中，大量存在公司股东未出资的现象，像本案这样全部股东均未出资的现象也并非少数。如果都以未出资为由简单地否定股东资格，可能会导致大量的公司不能有效合法地存续，给经济的发展带来不利影响。

另外，不否定未出资者的股东资格，不等于他的股东权益不受任何影响。现行司法解释明确规定："股东未履行或者未全面履行出资义务或者抽逃出资，公司（可以）根据公司章程或者股东会决议对其利润分配请求权、新股优先认购权、剩余财产分配请求权等股东权利作出相应的合理限制。"[1]

【案例9-20】

武某某等9人诉邓州市某某总公司 [2]

南阳市中级人民法院

1999年10月9日，原隶属邓州市某某机关的邓州市拍卖公司移交给被告邓州市某某总公司。随后被告邓州市某某总公司与原告武某某等9人商议成立了"某某拍卖有限责任公司"，《公司章程》规定，公司的注册资本105万元，其中法人股东邓州市某某总公司出资550 000元，占出资比例的52.38%；自然人股东武某某出资238 735.35元，占出资比例的21.38%；其余为其他8位自然人出资。2000年10月24日，被告邓州市某某总公司将资金550 000元转入待成立的拍卖公司在银行设立的账户上。2000年10月27日，邓州天正有限责任会计师事务所以邓会验字（2000）第68号《验资报告》，确认"截止2000年10月26日止，某某拍卖有限责任公司已收到其股东投入的资本人民币1 080 523.00元"，并在《验资报告》的附件《投入资本明细表》和《验

---

[1]《公司法司法解释（三）》第17条。括号内的"可以"是本书作者添加的，原文没有。

[2] 本案资料来自百度，其判决时间、案件编号和原被告真实姓名或名称都无法找到。从案情介绍推测，起诉时间应在2002年或之后，判决自然更在后面。

资事项说明》中，认定邓州市某某总公司投入货币资金 550 000 元，其他 9 位股东投入实物资产 530 523.00 元。

2000 年 10 月 27 日、28 日，被告邓州市某某总公司从待成立的拍卖公司抽回投资资金 550 000 元。2001 年 3 月 16 日，南阳市工商行政管理局根据股东的申请和会计师事务所的验资报告，对某某拍卖有限责任公司核准登记并颁发了《企业法人营业执照》。2001 年 12 月 10 日，拍卖公司的 9 名自然人股东召开会议修改了公司章程，规定"拍卖公司注册资本为人民币 105 万元，每 5 000 元为一股，共折 210 股，全部为个人股"。2001 年 12 月 25 日，9 名自然人股东又召开会议并通过《股东会决议》，决议内容为："某某拍卖有限责任公司原法人股东邓州市某某总公司以借为名，于 2000 年 10 月 28 日抽走股金 550 000 元，后经公司法定代表人多次催要，无力补齐。根据《公司法》和《公司章程》及有关法律规定，首先由内部股东自愿补齐，全体股东（除邓州市某某总公司外）一致通过由武某某一人以货币资金出资补齐。"2001 年 12 月 31 日，股东武某某交来投资款 550 000 元，全部为货币资金。2002 年 3 月 23 日，邓州天正有限责任会计师事务所以邓会验字（2002）第 018 号《验资报告》确认了武某某交款的事实。

原告武某某等 9 人向法院起诉请求确认被告公司在某某拍卖公司的 55 万元股份由原告武某某取得。被告答辩：武某某所出资 55 万元的行为是一种垫支（补齐）股金的行为而非是新增股金，按照《公司法》的规定，股东在公司成立后，抽逃其出资的责令改正，说明了抽逃行为只能由行政管理机关来作出行政处理。即使答辩人抽出了资金，那么也未必就丧失了股东资格。

经法院审理认为，股东应当足额缴纳所认缴的出资额，本案被告邓州市某某总公司虽然按公司章程认缴了出资 550 000 元，但是其早在验资机构验资后拍卖公司设立登记前就抽回了全部投资。在工商行政管理部门核准某某拍卖有限责任公司设立登记以后，被告邓州市某某总公司长期不能返还投资，其行为危及公司的生存和其他股东的利益，其公司股东身份理应否定。9 位原告修改公司章程，通过自然人股东武某某出资补齐被告抽走的投资 550 000 元的决议，正是武某某的出资才使公司避免了因注册资金不足被注销登记。因此，实际出资人武某某主张 550 000 元股权归其所得的理由成立，应予确认。据此判决：确认某某拍卖有限责任公司的 550 000 元股份的股权由原告武某某取得并享有。

本案中这个判决体现出"谁出资，谁所有"的原则，它所确立的具体规则是**股东出资不足或者抽逃出资，经公司多次催要未果的，公司经股东会决议可以在其出资不足的范围内取消其股东资格或者注销其股份**。本案中被告邓州市某某总公司在出资后不久便以借款形式抽回了投资。拍卖公司成立之后因需要资金曾向被告多次催要未果。其他股东开会决定由武某某补足。法院支持了原告的诉求，确认了武某某为该 55 万元股权的股东，否认了被告邓州市某某总公司的股东资格。这是正确的。

注意，邓州市某某总公司原先占 52.38% 的股权，有限责任公司修改章程一般需要全部已发行股份的 2/3 以上批准。从这个意义上说，2001 年 12 月 10 日 9 名自然人股东修改公司章程的行为是无效的。如果这样，公司就办不下去了。法院不拘泥于这一形式障碍，针对抽逃出资的具体情形灵活变通，根据实际出资情况确认章程的修改有效，充分体现了"谁出资，谁所有"的规则。

以这类判例为基础，后来形成了《公司法司法解释（三）》①第 17 条第 1 款："有限责任公司的股东未履行出资义务或者抽逃全部出资，经公司催告缴纳或者返还，其在合理期间内仍未缴纳或者返还出资，公司以股东会决议解除该股东的股东资格，该股东请求确认该解除行为无效的，人民法院不予支持。"与此相关的还有该解释第 6 条："股份有限公司的认股人未按期缴纳所认股份的股款，经公司发起人催缴后在合理期间内仍未缴纳，公司发起人对该股份另行募集的，人民法院应当认定该募集行为有效。认股人延期缴纳股款给公司造成损失，公司请求该认股人承担赔偿责任的，人民法院应予支持。"

上述被除名股东是否有投票表决权的问题在上海市第二中级人民法院 2014 年判决的案子中得到了进一步的澄清。

【案例 9-21】
宋余祥诉上海万禹国际贸易有限公司等公司决议效力确认纠纷案②
上海市第二中级人民法院 2014 年 11 月 19 日

上海万禹国际贸易有限公司（以下简称万禹公司）成立于 2009 年 3 月 11 日，注册资本人民币 100 万元，股东为宋余祥和高标。宋余祥占 60% 股权，担任执行董事；高标占 40% 股权，担任监事。

2012 年 8 月 28 日，万禹公司股东会决议：注册资本由 100 万元增至 1 亿元；吸收杭州豪旭贸易有限公司（以下简称豪旭公司）为新股东；增资后各股东的出资数额和占股比例为宋余祥 60 万元（0.6%）、高标 40 万元（0.4%）、豪旭公司 9 900 万元（99%）。

2012 年 9 月 14 日，豪旭公司将该 9 900 万元汇入万禹公司的银行账户内，并经会计师事务所验资确认。3 天后，豪旭公司又将这 9 900 万元从万禹公司账户中转出。宋余祥发觉后，多次要求豪旭公司补足出资。2013 年 12 月 27 日，万禹公司向豪旭公司邮寄《催告返还抽逃出资函》，催其尽快返还抽逃的出资，否则将取消其股东资格。但豪旭公司始终没有返还。

2014 年 3 月 25 日，万禹公司经适时通知程序后召开临时股东会。全体股东出席会议，并就解除豪旭公司股东资格事项进行表决。表决结果为同意 2 票，占总股数 1%；反对 1 票，占总股数 99%。各股东在会议记录尾部签字，但豪旭公司代理人在签字时注明不认可表决结果。在同日出具的解除豪旭公司股东资格的决议文书上，宋、高二人签字，豪旭公司的代理人拒绝签字。由于豪旭公司不认可该股东会决议，宋余祥作为股东诉至法院，请求确认该股东会决议有效。

---

① 《公司法司法解释（三）》，2010 年 12 月 6 日由最高人民法院审判委员会第 1504 次会议通过，2011 年 2 月 16 日起施行。

② （2014）沪二中民四（商）终字第 1261 号。原判词较长，为了节省篇幅、突出重点，本书作者作了精简和改编。

一审法院仔细比较了公司法和万禹公司章程的条文语言。《公司法》第 42 条和万禹公司章程第 12 条都规定股东按"出资比例"投票表决，而《公司法》第 34 条和万禹公司章程第 28 条都规定股东按"实缴的出资比例"分红。这一用词的差别说明股东的投票表决权应以认缴出资为准，不受实缴出资的影响。于是，一审判决驳回了原告的诉讼请求。① 宋余祥和万禹公司不服，向上海市第二中级人民法院提起上诉。

二审法院的判词指出："《公司法司法解释（三）》第 17 条第 1 款规定，有限责任公司的股东未履行出资义务或者抽逃全部出资，经公司催告缴纳或者返还，其在合理期间内仍未缴纳或者返还出资，公司以股东会决议解除该股东的股东资格，该股东请求确认该解除行为无效的，人民法院不予支持。根据本院审理查明的事实……万禹公司以股东会决议形式解除豪旭公司股东资格的核心要件均已具备，但在股东会决议就股东除名问题进行讨论和决议时，拟被除名股东是否应当回避，即是否应当将豪旭公司本身排除在外，各方对此意见不一。《公司法司法解释（三）》对此未作规定。本院认为，《公司法司法解释（三）》第 17 条中规定的股东除名权是公司为消除不履行义务的股东对公司和其他股东所产生不利影响而享有的一种法定权能，是不以征求被除名股东的意思为前提和基础的。在特定情形下，股东除名决议作出时，会涉及被除名股东可能操纵表决权的情形。故当某一股东与股东会讨论的决议事项有特别利害关系时，该股东不得就其持有的股权行使表决权。本案中，豪旭公司是持有万禹公司 99% 股权的大股东，万禹公司召开系争股东会会议前通知了豪旭公司参加会议，并由其委托的代理人在会议上进行了申辩和提出反对意见，已尽到了对拟被除名股东权利的保护。但如前所述，豪旭公司在系争决议表决时，其所持股权对应的表决权应被排除在外。本院认为，本案系争除名决议已获除豪旭公司以外的其他股东一致表决同意系争决议内容，即以 100% 表决权同意并通过，故万禹公司 2014 年 3 月 25 日作出的股东会决议应属有效。本院对原审判决予以改判。"于是二审判决：（1）撤销原判；（2）确认万禹公司于 2014 年 3 月 25 日作出的股东会决议有效。

本案中的判决进一步澄清了《公司法司法解释（三）》第 17 条的含义，确立了这样的规则：公司股东会因为某股东不履行出资义务而决定解除其股东资格时，该未出资股东没有投票表决权，即便他是控股股东。

【案例 9-22】

郭二妹等诉东莞市德峰电气安装有限公司要求继承股东资格案②

广东省东莞市中级人民法院 2007 年 1 月 18 日

广东省东莞市德峰电气安装有限公司（以下简称德峰公司）最初是由东莞市沙田供电公司（以下简称沙田公司）和东莞市东电发变电修试有限公司共同出资建立的。1999

① （2014）黄浦民二（商）初字第 589 号，上海市黄浦区人民法院 2014 年 8 月 18 日。

② 怀效锋主编：《中国最新公司法典型案例评析》，80~87 页，北京：法律出版社，2007。原文较长，这里有精简和改编。

年根据上级意见改制为股份制企业，由沙田公司职工及临时工共计 25 人共同出资设立，注册资金为人民币 300 万元。为了办理执照手续简便的需要，推举陈金顺、郭某、詹某等 5 人为代表在工商部门注册登记，股份挂在他们的名下。因此这 5 个人的实际出资与登记出资并不一致。其中陈金顺的实际出资为 134 529.10 元。他从 1999 年设立企业到 2002 年 9 月都是沙田公司的会计部主任，同时担任德峰公司的董事和财务会计。2002 年 10 月起其会计工作由宋某接任，不过直到 2004 年 9 月 18 日身故，他始终是沙田公司的会计部主任。当时，陈金顺每月从德峰公司分得的红利约为 1 万元。

陈金顺死后，德峰公司股东会在 2005 年 1 月 21 日做出"在职在股，退职退股"的决议。而后德峰公司在工商局变更登记，将陈金顺的股份转到了郭某的名下，并称陈金顺于 2005 年 2 月 25 日与郭某签订过一份股份转让合同，将其拥有的 20.83% 公司股份以 625 000 元的价格转让给了郭某，该合同已经被同日召开的公司股东大会批准。

由于德峰公司在陈金顺死后停止了对他的分红，他的遗孀郭二妹和长子陈广文于 2006 年起诉德峰公司，请求法院确认其对陈金顺生前所持 134 529.10 元股份的继承权，指出工商登记资料中显示的陈金顺与郭某之间的股份转让合同是被告伪造的。但是被告德峰公司答辩称公司一直存在"在职在股，退职退股"的惯例，并且已经成为股东会决议。因此对于陈金顺拥有的股份并不存在继承问题。原告指出该股东会决议是在陈金顺死后作出的，陈金顺生前并不知情。原告同意退股，但是提出公司应支付从陈金顺死亡到 2005 年 12 月 31 日的红利 28 万元，并按照陈金顺实际所持股份的现金价值而不是当初的投资额支付股份对价。

广东省东莞市人民法院一审认为，第一，德峰公司提出的证人证言都能够证明公司的股东具有十分明显的身份特征，即都是沙田公司的职员，职工身份实际是股东身份的基础，若不在沙田公司任职则股份自动退还被告公司，被告公司则退还原入股之股金。诚然，这种"在职在股，退职退股"的约定与《公司法》的相关规定并不一致。但是，《公司法》归根到底是私法，私法讲究的是意思自治，只要这种意思自治不违反法律法规的强制性、禁止性规定，无碍于交易安全、社会稳定，就应尊重公司独立决定自己的事务，尊重公司的意思表示自由和民事行为自由，承认公司自治的效力。第二，陈金顺生前作为被告公司的会计，退职、退休人员领取退股金属于其职务范围内接触的事情，故陈金顺对被告公司存在"在职在股，退职退股"惯例理应清楚，所以应该受到该惯例的约束。陈金顺的股份应在其身故之后按照惯例转归被告公司所有，不应当由其继承人继承或者继续享受分红。于是，法院判决被告将陈金顺的初始投资 134 529.10 元加上从其死亡之日起计的全部利息退还原告，驳回原告的其他诉求。

原告不服，上诉，指出不但股份转让合同是伪造的，而且被告方面的证人都是沙田公司的正式职工，与公司有利害关系，因而其证言的真实性值得怀疑。

东莞市中级人民法院二审认为，本案争议的主要焦点是：德峰公司是否一直存在"在职在股，退职退股"的惯例，陈金顺生前是否知晓这一惯例，其身故后在德峰公司的股份是否应遵循这一惯例办理？除一审的证人证言外，德峰公司二审中出示的证人证言亦证明：德峰公司是沙田公司为提高职工福利待遇而成立的第三产业，持有德峰公司股份和享受分红的权利与在沙田公司任职这一特殊的股东身份要求紧密相连。虽然这些证人与德峰公司、沙田公司之间存在着上诉人所说的利益或利害关系，但绝大部分证人曾作为或作为德峰公司股东，本身此前已经或日后将会受到其所证实的"在职在股，退职退股"惯例的约束，故其证言可信。"在职在股，退职退股"惯例是存在的。陈金顺是德峰公司的股东和董事会五名董事之一，曾任德峰公司会计，并且是沙田公司会计部主任，其生前实际发生过德峰公司股东包括登记股东离职、退休等情况，因此而产生的是否退股、是否变更工商登记、是否继续分红、退股金金额等问题，属于其职务范围内应当接触和参与决策的公司管理事务，故一审法院对于陈金顺生前知道此惯例的判断是正确的。最后，一审法院关于公司法是私法，"在职在股，退职退股"惯例属于公司自治范畴，应当尊重的论述也完全正确。

至于股东实际出资额与工商登记的不一致，那是德峰公司自成立时就存在的，自然应以实际出资为准。

综上，二审维持原判。

《公司法司法解释（四）》第 16 条规定："有限责任公司的自然人股东因继承发生变化时，其他股东主张依据公司法第七十一条第三款规定行使优先购买权的，人民法院不予支持，但公司章程另有规定或者全体股东另有约定的除外。"也就是说，股权的继承不受先买权的影响，但是章程另有规定或者全体股东另有约定的除外。本案中的"在职在股，退职退股"正是全体股东的约定，所以本案正好符合这条司法解释规定的例外情形。不过在本案判决时还没有这个司法解释，所以被告还不能引用，法院也只能依据当时的规定来判案。

本案中原告所提的要求是有水准的，说明律师有水平。第一，公司法明文规定股权可以继承；第二，股份的转让价格不应按初始投资额计算，而应按转让时的公司市场价值进行评估，这是常识。因此，原告所提的每一项诉求都有根有据，在一般情况下是可以胜诉的，只是因为本案的特殊案情才没有获得法院的支持。

法院的判决是正确的。判决确认的"在职在股，退职退股"惯例是真正的惯例，约定俗成，口头相传，没有任何书面凭证。被告大概想制造凭证，所以专门在 2005 年 1 月 21 日形成了一个股东会决议。可是那显然站不住脚，因为是在陈金顺死后，不能证明陈金顺知道，而法院也没有作为证据采纳。由于没有任何书面凭证，证明惯例的存在只有通过对以前其他股东的退职和死亡也都同样处理的举证来实现。证人证言证明的就是这一点。

问题还不限于惯例的证明，法院对惯例的尊重同样具有重要的意义。当今世界上最先进也为各国仿效学习的英美普通法，就是在尊重和吸收惯例的基础上发展起来的。

法院关于公司法是私法，在不违背强制性、禁止性规定的情况下应当尊重公司意思自治的论述十分精彩，也完全符合我国市场经济的改革方向。

本案中的惯例约定俗成，也可以看成是股东之间的一种口头协议。而有限责任公司内部的股东协议经常具有等同于章程的效力。这一点可以参见后面有关有限责任公司的专门讨论。当然，由于德峰公司是沙田公司为提高职工的福利待遇而成立的第三产业，其股东的构成与一般的公司有所不同，因而股东个人之间实际上并不能自由地签订协议。

应当指出，胜诉的被告自身确实存在许多不规范的操作，比如登记股份与实际股份的不一致、用虚假的股份转让协议和股东会决议来应付工商局以达到变更登记的目的，等等。正是这些不规范的操作招来了这场诉讼，引起了原本可以避免的不必要的麻烦。因此，为德峰公司利益考虑，惯例毕竟是惯例，证明困难，口说无凭，还是规范操作，事先在章程中作出规定，或者形成其他的书面文件为好。

相似的情形出现在陕西省高级人民法院 2015 年判决的"宋文军诉西安市大华餐饮有限责任公司股东资格确认纠纷案"[①] 中。宋文军离职，公司收回他的股份，引起讼争。公司章程规定"人走股留"，与本案中的"在职在股，退职退股"意思相同。法院判决章程中的这类规定有效，大华公司回购宋文军的股份合法。

现实生活中还有股权两次转让情形，即股东将股份转让给甲之后，还没有在公司股东名册和工商局变更登记，又转让或质押给乙。这当然是一种不守信用的行为，两次转让的股东应当在不能履约时承担赔偿对方损失的责任。但问题是在两个善意的受让方之间谁应该取得股权。对此，最高人民法院的司法解释规定："股权转让后尚未向公司登记机关办理变更登记，原股东将仍登记于其名下的股权转让、质押或者以其他方式处分，受让股东以其对于股权享有实际权利为由，请求认定处分股权行为无效的，人民法院可以参照《物权法》第 106 条的规定处理。"[②]《物权法》第 106 条规定：无处分权人处分财产，如果财产已经有效转移，受让人善意取得并且价格合理的，受让人取得物的所有权，原所有权人只能向无处分权人请求损害赔偿。在本例中，原股东既然已经将股份转让给了甲，他就失去了对股份的处分权。但是由于种种原因他手里依然握有股份凭证并将该股份转让给了乙。在这第二次转让中，如果乙是善意的并且转让价格合理，则乙将取得股权成为股东。[③] 前述崔海龙一案中孙建源等人的善意取得也与此相似。原股东作为无处分权人处分财产，应当向甲赔偿损失。这里的条件是第二次转让是"有效转移"。如果第一次转让已经生效，股份已经有效转移，那就无法再次转让。即使第二次又签订了股份转让协议，该协议也无法执行。这时候应认定第一次转让的受让人为股东，原股东应向第二次转让的受让人按违约责任赔偿损失。

不过在实践中，什么叫"有效转移"有时候难以确定，需要法院根据具体情况灵活机动地判决。

---

① （2014）陕民二申字第 00215 号，2015 年 3 月 15 日判决。2018 年 6 月 20 日，最高人民法院审判委员会讨论通过将此案例作为指导案例 96 号发布。

②《公司法司法解释（三）》第 28 条第 1 款，2010 年 12 月 6 日由最高人民法院审判委员会第 1504 次会议通过，2011 年 2 月 16 日起施行。

③ 对这种情形，浙江省高级人民法院民事审判第二庭在《关于公司法适用若干疑难问题的理解》中也曾指出："已经支付股权转让款但未办理股权转让手续的，股权转让行为只在转让人与受让人之间发生法律效力，而不产生对抗第三人的效力。"载自：《中国民商审判（第 2 卷）》，北京：法律出版社，2004。

【案例 9-23】

马鞍山纵横置业有限公司与马鞍山市兴海置业有限公司、储绍华
股权转让纠纷案 [①]

安徽省高级人民法院 2012 年

2005 年 7 月 20 日，马鞍山市兴海置业有限公司（以下简称马鞍山兴海）与当涂县博望镇人民政府（以下简称博望镇政府）签订《博望镇"教师新村"开发协议书》，约定马鞍山兴海支付 200 万元土地补偿款取得涉案土地使用权等事项。2007 年，马鞍山兴海独资设立当涂县兴海置业有限公司（以下简称当涂兴海），从事房地产开发。

2009 年 8 月 13 日，马鞍山兴海（甲方）与马鞍山纵横置业有限公司（以下简称纵横置业）（乙方）签订一份《转让协议书》（以下简称 8.13 协议），将甲方所持当涂兴海的全部股权连同当涂兴海在涉案土地上的前期开发投入一并以 800 万元的价格转让给乙方。签约 3 日内乙方应支付履约保证金 50 万元给甲方，而后代甲方在涉案土地上建造两个主楼并支付工程款 200 万元（不够部分由甲方负责），在涉案地块挂牌出让时 [②] 再支付 550 万元尾款给当涂兴海；当涂兴海摘牌 [③] 后，甲方以循环流转方式支付土地出让金，[④] 在取得全部土地出让金票据后协助乙方办理国有土地权证。若涉案土地开发项目不能按循环流转方式支付土地出让金则该协议无效，甲方无条件退还乙方已付款项并支付利息。如果乙方支付完 550 万元且转让协议继续有效，甲方将当涂兴海印章、执照以及涉案地块开发项目资料一并移交给乙方，以便乙方办理工商税务变更登记。该协议书由储绍华先生承担不可撤销的连带担保。同月 17 日，纵横置业向马鞍山兴海支付了 50 万元的履约保证金。27 日，当涂县国土资源局按规定发布公告将涉案地块进行拍卖，但因无人竞买而流拍。

2009 年 11 月，当涂县委发布《关于进一步做好建设用地置换工作的通知》，规定"实行县级土地置换专项资金制度"，从全县土地出让净收益中提取 20% 的资金，专项用于建设用地置换工作。

2009 年 12 月 7 日，马鞍山兴海又与胡玉兰签订一份《转让协议书》（以下简称 12.7 协议），转让标的与 8.13 协议相同，只是价款总额提高到 1 160 万元。胡玉兰分 4 次付清了全部 1 160 万元，外加项目契税 60 万元。2010 年 2 月 9 日，当涂县国土资源局对

---

① （2012）皖民二终字第 00201 号。原判词较长，为了节省篇幅，突出重点，本书作者作了精简和改编。

② 挂牌出让国有土地使用权，是指县、市政府发布挂牌公告，按公告规定的期限将拟出让地块的交易条件在指定的土地交易场所挂牌公布，接受竞买人的报价申请并更新挂牌价格，根据挂牌期限截止时的出价结果确定土地使用者的行为。

③ 土地摘牌是指土地拍卖成功，与土地挂牌相对应。

④ 在博望镇，土地的开发程序一般是先由开发企业与镇政府就土地的开发及费用签订协议，并依约支付；再由镇政府以此款完成土地征用、报批等相关手续后，通过土地部门将土地使用权按照国家规定进入招标、拍卖、挂牌程序。如果有人报价，开发企业必须以更高报价击败别的报价者，取胜之后再去摘牌。土地的买价上交给县政府。这样开发企业等于交了两笔钱，先交给镇政府协议价款，再交给县政府拍卖价款。但是实际执行的应该是协议价款，所以拍卖价款超过协议价款的溢价部分由县政府在扣除有关费用之后返还。所谓"以循环流转方式支付土地出让金"，就是指上交之后又退还的资金循环过程。这种先交后退的做法实际上挫败了招标、拍卖、挂牌的目的，因为别人报价再高也没有用，开发企业永远能以更高的报价击败别的报价者，反正最后县政府会将溢价款返还。法定的招、拍、挂程序流于形式，起不到应有的作用。

涉案地块再次发布使用权出让公告，竞买申请截止时间为 2010 年 3 月 2 日 16 时，届时如果竞买人不足 3 人，按挂牌方式出让，挂牌时间为 2010 年 3 月 3 日 9 时至 2010 年 3 月 12 日 15 时。①

2010 年 2 月 3 日，马鞍山兴海向纵横置业发出通知要求其于 2010 年 2 月 10 日前将 550 万元汇至当涂兴海。2010 年 3 月 5 日，纵横置业要求向马鞍山兴海支付 550 万元，马鞍山兴海以付款超过时间等多种理由拒绝接收。同年 3 月 12 日，当涂兴海通过挂牌方式竞得涉案地块的国有建设用地使用权，而后交纳了全部价款 1 030 万元。4 月 16 日，当涂兴海办理了涉案土地的建设用地规划许可证、土地使用权证等。同年 6 月 28 日和 9 月 13 日，当涂县博望镇人民政府从 1 030 万元土地出让金中扣除了 270.350 8 万元的政府基金后，将余款 759.649 2 万元分二次返还给了当涂兴海。

2010 年 6 月 10 日，马鞍山兴海退还纵横置业支付的 50 万元履约保证金。

2010 年 7 月 15 日，胡玉兰与马鞍山兴海签订一份《补充协议》，协议约定马鞍山兴海提前将当涂兴海的公章移交给胡玉兰，在此期间由胡玉兰以该公司名义对外签订合同，合同都由变更后的当涂兴海承担。对于当涂县政府扣除的 270 万元政府基金，双方协商决定由马鞍山兴海承担 200 万元，胡玉兰承担 70 万元。同年 7 月 26 日，当涂兴海确认了胡玉兰的出资、修改了公司章程、变更了股东名册。同日，胡玉兰召开股东会议，通过公司《章程修正案》、重新聘任了公司经理和副经理。此后，经理、副经理以当涂兴海名义对外签订建设工程委托监理合同、测绘合同、勘察测量合同、策划营销方案等，对涉案地块进行开发，截至案件审理时，已有六栋楼房施工至二到五层不等。当涂兴海在办理胡玉兰的股权变更登记时，因股权被法院冻结而未果。

2010 年 9 月，纵横置业向原审法院提起诉讼，请求判令马鞍山兴海继续履行 8.13 协议，储绍华对该协议的履行承担连带责任。2011 年 8 月，胡玉兰以其具有独立请求权为由，向原审法院申请参加本案诉讼，请求判令驳回纵横置业诉讼请求，并且判令马鞍山兴海办理将当涂兴海股权变更至胡玉兰名下的登记手续。

初审法院以三点理由判原告败诉。第一，8.13 协议虽然有效，但是附有解除条件：以循环流转方式缴纳土地出让金。协议签订当时，当涂县政府收取的费用只有公告、评估、测量、业务管理费 23.3 万元；国有土地收益资金、农业土地开发资金、城镇廉租住房保障资金 106.497 4 万元；合计 129.797 4 万元。但是 2009 年 11 月县政府出台新政策之后，又增收了 140.553 4 万元的县级土地置换专项资金，这就使得原先期望的溢价款不能全额返还，因而不能以循环流转方式缴纳土地出让金。解除条件成就，协议应当被解除。第二，原告纵横置业没有按时付款，属于违约。第三，《公司法司法解释（三）》第 28 条规定："股权转让后尚未向公司登记机关办理变更登记，原股东将仍登记于其名下的股权转让、质押或者以其他方式处分，受让股东以其对于股权享有实际权利为由，请求认定处分股权行为无效的，人民法院可以参照《物权法》第 106 条的规定处理。"由

---

① 法院按照国土资源部的规定将拍卖和挂牌理解为两种不同的出让方式。其实，拍卖也是挂牌的，说不上有什么不同。

于原告只交了保证金，未交其余款项，当涂兴海的股东名册上还没有记载原告为股东，所以原告还不能主张对于股权享有实际权利。而胡玉兰已经交齐款项并实际享有股东权利，应当作为善意受让人取得当涂兴海的股权。

原告纵横置业不服一审判决，向安徽省高级人民法院提起上诉。二审的争议焦点如下：（1）8.13协议、12.7协议是否合法有效；（2）纵横置业于2010年3月5日向马鞍山兴海支付550万元是否构成违约；（3）8.13协议中约定的合同解除条件是否成就，该协议是否失效；（4）储邵华是否应对8.13协议的履行承担连带担保责任；（5）胡玉兰主张马鞍山兴海办理工商变更登记的请求是否成立。

二审对这5个争议焦点分析认定如下：

（1）8.13协议合法有效已如前述。12.7协议签订时，当涂兴海的股权尚未转让，马鞍山兴海转让该股权给胡玉兰属有权处分；其二次转让股权虽然有违诚实信用原则，但并不导致转让协议必然无效。纵横置业未提供证据证明胡玉兰明知8.13协议存在，抑或与马鞍山兴海存在恶意串通，因而12.7协议同样合法有效。

（2）纵横置业依约应当在涉案地块挂牌出让时向当涂兴海支付550万元。当涂县国土资源局两次公告出让涉案地块，第一次挂牌出让的截止时间为2009年9月25日15时，纵横置业以不知情为由而未在此时间点前向当涂兴海支付550万元。作为当地从事房地产开发的企业，纵横置业应对出让国有土地使用权的相关公告尽足够注意之义务，所谓不知晓公告事项的理由过于牵强。但马鞍山兴海对此没有提出异议，还于2010年2月3日向纵横置业发出付款通知，要求其于2月10日前支付，这是单方面重新确定了550万元的付款时间。第二次挂牌的截止时间是2010年3月12日15时。纵横置业于2010年3月5日支付并不违约。

（3）8.13协议是否因为不能以循环流转方式缴纳土地出让金而无效。原被告双方对"以循环流转缴纳土地出让金"的解释不同。原告认为在扣除费用后返还即构成循环流转；而被告认为必须是全额返还才能流转。法院认为应当结合当涂县关于缴纳土地出让金的政策、8.13协议签订背景、协议双方约定该条款的目的等进行综合判定。首先，在协议签订的时候，双方对循环流转方式的认识应当是一致的，并对依据当时的政策可以返还多少土地出让金也是明知的，但该方式能否实现在合同签订时并不确定。其次，2009年11月后当涂县增设县级土地置换专项资金，增收土地出让费用，致使8.13协议签订时双方明知的缴纳土地出让金政策发生了变化，直接影响到"循环流转方式缴纳土地出让金"的实现。对此，都在从事房地产开发的8.13协议签订双方应当知晓，但双方并未因此作出终止协议履行的意思表示。相反，双方分别于2010年2月3日、3月1日发函对方，要求继续履行合同，并促成纵横置业于当年3月5日携550万元银行本票要求支付的事实。在此情形下，协议继续有效，不因解除条件的成就而无效。

（4）8.13协议中约定"该协议书由储绍华先生承担不可撤销的连带担保"，姑且不论该种"不可撤销"保证的效力如何，即便其合法有效，根据《担保法》第6条规定，保证人履行担保义务的前提是"债务人不履行债务"。纵横置业的诉讼请求为判令马鞍山兴海继续履行8.13协议，并非请求解决因马鞍山兴海不履行8.13协议而在双方间产生的债权债务关系，故纵横置业要求储邵华承担连带担保责任于法无据。

（5）从以上 4 点争议分析可知，8.13 协议及 12.7 协议均为合法有效，纵横置业、胡玉兰均要求马鞍山兴海办理工商变更登记，故本案审理的核心是"一股两卖"的处理问题。根据《最高人民法院关于适用〈中华人民共和国公司法〉若干问题的规定（三）》第 24 条规定，当事人依法履行出资义务或者依法继受取得股权后，可申请变更工商登记。从两份协议的履行情况看，胡玉兰如约支付了全部股权转让款；马鞍山兴海向胡玉兰移交了当涂兴海的公章、营业执照、组织机构代码证、税务登记证等公司资料，将当涂兴海交由其管理。反观 8.13 协议，纵横置业在支付 50 万元的履约保证金后，并未支付股权转让款。从当涂兴海的股东变更情况看，根据《公司法》第 33 条第 2 款规定的"记载于股东名册的股东，可以依股东名册主张行使股东权利"，基于 12.7 协议的履行，当涂兴海召开了股东会、修改了公司章程、变更了股东名册等，胡玉兰成为该公司股东名册上登记的股东，且胡玉兰接手当涂兴海后，履行了管理职责，因而记载于当涂兴海股东名册的胡玉兰可以行使当涂兴海的股东权利并已实际行使；对纵横置业而言，8.13 协议签订后，当涂兴海并未发生相应的股权变动。

综上，二审驳回上诉，维持原判。

本案中的诉讼主题是当涂兴海的股权在两个受让方之间的归属问题。两份转让协议都是有效的，实际履行哪一份？法院十分务实，从股权转让的实际情况出发比较哪一份实际履行得多。胡玉兰已经付清全部款项，且已实际行使股权，包括管理当涂兴海、实际投资等；而纵横置业只交了一个保证金。因此，法院把股权判给了胡玉兰。

《公司法司法解释（三）》第 28 条专门针对股权两次转让的情形作了规定。但是法院拒绝适用该条规定，因为纵横置业还没有实际享有股权，不能如该条所说以此为由提出请求。不过，即使适用该条，并根据该条适用《物权法》第 106 条，条件也不符合——第 106 条针对无处分权人，而本案中的被告还有处分权。即使条件符合，按 106 条胡玉兰符合三个条件即可取得股权：善意、已支付合理价款、登记。唯一不符合的是还没有登记，但那是法院冻结的结果，否则早已登记。如果法院对此予以宽容，则胡玉兰可以取得股权，结果与原判一样。由于上述种种条件的不符合，法院判司法解释不适用是对的。

马鞍山兴海在与纵横置业签约转让当涂兴海的股权之后又与胡玉兰签约转让同一股权，显然违背了诚实信用的原则。纵横置业在输了这场官司之后仍然可以向马鞍山兴海请求损害赔偿，届时还是会发生储邵华的担保责任问题。

【案例 9-24】

卫生院股权两番转让 ①

2002 年 12 月 31 日，江苏省海安县的程某从政府受让了海安某镇卫生院产权，而后与孙某共同出资设立了海安某医院。接着，姜某、肖某等 5 人陆续参股。2005 年 5

---

① http://china.findlaw.cn/falvchangshi/gufenzhuanrang/gqzr/al/76571.html（2011-06-30）.

月 8 日，全体出资人共同签署了民办非企业单位（法人）章程，规定单位名称为海安某医院；单位注册资金 108 万元，其中姜某出资 43 万元、肖某出资 20 万元。章程还规定，每位董事的股份只可在董事会成员之间转让，董事会成员退休时，其股份交董事会处理，同时根据单位经营情况决定其退股金额（章程所称董事与该医院出资人的身份同一）。章程签署后，全体出资人推举代表到海安县民政局办理了相关登记手续。

2005 年 11 月 17 日，出资人之一的姜某在征得其他出资人同意后，与杨某（非原始出资人）协议转让股权，约定姜某将其名下 33 万元股权以 90 万元的价格转让给杨某。次日，姜某出具了一份收条：收到杨某股权转让金 60 万元，尚欠 30 万元待杨某出售鸡场后一次性结清，双方再行办理股权变更手续。

2006 年 5 月 7 日，姜某又与肖某（原始出资人之一）协商，将其所持该医院股权以 84 万元转让给肖某，付款时间为 2006 年 5 月 14 日中午 12 时前，并约定如一方违约须向对方支付违约金 10 万元。协议签订后，肖某按约支付了 84 万元。但事后姜某又表示反悔，声称其与肖某的转让协议无效，由此引发纠纷。

肖某起诉姜某，请求法院确认原、被告之间的股权转让协议有效。在诉讼过程中，杨某作为第三人参加诉讼，述称：被告在经该医院其他股东同意并放弃购买的情况下，于 2005 年 11 月 17 日与第三人签订了股权转让协议，并已收取转让款 60 万元。原告明知被告的股权已转让，仍与被告签订股权转让协议，侵害了第三人的利益，原、被告的协议应属无效。

海安县人民法院经审理后认为，原、被告于 2006 年 5 月 7 日签订的股权转让协议，体现了双方当事人的真实意思，且不违反法律、行政法规的强制性规定，应认定合法有效。海安某医院作为民办非企业单位（法人），其章程由股东依法订立，是规范法人组织与活动的基本法律文件，在法人存续期间发生效力，法人的组织和经营均不得违反章程的规定。第三人与被告于 2005 年 11 月 17 日签订的股权转让协议虽然体现了当事人的真实意思，同时该医院的大部分出资人也表示同意，但该协议明显违反了该医院章程中董事的股份只可在董事会人员之间转让的规定，故第三人与被告签订的股权转让协议无效。法院据此判决。

民办非企业单位^① 名义上不以营利为目的，但是实际上像医院、民办学校等都有相当大的获利空间。对此，我国还没有具体的法律进行规制。民办非企业单位（法人）出资人的出资额与公司法上所称股东的股权虽然名称有别，但在本质上并无差异。现行的《民办非企业单位登记管理暂行条例》和《民办非企业单位登记暂行办法》对出资人的

---

① 民办非企业单位是指企业事业单位、社会团体和其他社会力量以及公民个人利用非国有资产举办的，从事非营利性社会服务活动的社会组织。民办非企业单位不以营利为目的，其收入只能用于章程规定的目的和社会公益服务事业，不得在成员中分配，注销时资产也不得转让和私分。民办非企业单位按其性质不同，可以分为个人、合伙、法人三种。其中，法人性质的民办非企业单位依法独立享有民事权利、承担民事义务。而公司是营利性企业法人，有独立的法人财产，以其全部财产对公司的债务承担责任。公司从事经营活动，以营利为目的，其利润可以分配，资产可以转让、出售。由此，可以看出民办非企业单位与公司最大的区别在于其非营利性。

出资额转让没有相关规定，故其转让可参照公司法关于股权转让的规定。《公司法》第
71 条规定，有限责任公司的股东之间可以相互转让股权，也可以向股东以外的人转让
股权，但公司章程对股权转让另有规定的，从其规定，即章程中有特别约定的，优先适
用章程规定。

本案中法院之所以确认被告姜某与原告的协议有效，与第三人杨某的协议无效，依
据的就是章程。假如章程没有这样的规定，判决的结果就会相反。正如杨某所说，原告
明知姜某的股权已经转让，还要去购买，这是在干涉别人的合同关系，侵犯别人的合同
权利。法院应该判前一个协议有效，后一个协议无效。

此外，被告姜某两次转让同一股权，不守信用。无论法院判前后哪一个协议无效，
姜某都应该向合同对方承担履约不能的责任，赔偿其相应的损失。

我国还有职工持股会的情况，由持股会代理职工持有股份。对此，公司章程应当对
职工股的权益作出明确的规定，特别是股东离开公司之后股权归属作出明确规定。下面
常熟市某医药公司与股东滕某之间的纠纷就是一个例子。

【案例 9-25】
滕某与某医药公司股权纠纷案

原告滕某是常熟市某医药有限公司的自然人股东，出资 4 万元，拥有 0.45% 的股权。
2002 年 7 月 31 日，原告离职。常熟市某医药有限公司于 2004 年 12 月 8 日书面通知原告，
其股东权已依照章程规定转让于工会持股会，并要求其领取相应的转让款。滕某没有将
出资证明交付给被告，被告也未将转让款交付给原告。2005 年 3 月 10 日，原告起诉至法院，
要求确认其股东身份，确认被告强制转让股东权的行为无效。[1]

本案中，股份是滕某的。只有滕某才有权转让，公司无权转让该股份，也无权强制
滕某转让该股份。但是被告称是"依照章程转让"的。如果章程规定股东在离职时必须
将股份转让给工会持股会，这样的规定是有效的，滕某必须将股份转让并领取转让款。
但是题设案例没有说清楚章程具体作了什么样的规定。所以这个案子并不复杂。章程没
有规定，公司无权转让，其强制转让行为无效；章程规定了，滕某必须转让，公司的转
让行为有效。

章程没有规定，公司没有任何合法依据而擅自转让职工股份的情况比较极端，听起
来也很荒唐，但是在我国公司实践中却时有发生。之所以出现这种现象，是因为我国的
很多公司都是由国有企业改制而来的，在旧体制下企业类似一个行政单位，企业领导属
于行政干部，对下发号施令，改制以后这种心态还没有改变，又缺乏法制观念。这是明
显的侵权行为，应当认定转让无效，将股份归还给职工。在"徐宗华诉董绪开等确认股
权转让合同无效纠纷案"[2] 中，法院认定被告未经合法程序将持股会成员的股份转让给外

---

① 姜一春，方阿荣著：《公司法案例教程（第二版）》，137 页，北京：北京大学出版社，2010。
② （2008）徐民二终字第 0474 号。

人，从而引起控股关系的变化，这样的转让合同无效。

职工持股会是我国公司实践在特定时期内的特有现象，由此引起的股权纠纷不在少数。2004 年浙江省高级人民法院民事审判第二庭"关于公司法适用若干疑难问题的理解"指出："根据国家工商行政管理局《关于国有企业改革中登记管理若干问题的实施意见》《公司登记管理若干问题的规定》及《浙江省国有企业内部职工持股试行办法》等文件的规定，职工持股会已经办理社团法人登记的，可以代表全体或部分职工作为公司的投资主体行使股东或发起人的职能。在工商登记文件中，作为公司股东登记的是职工持股会，而不是职工，参加了职工持股会的职工，不作为公司股东登记，而是职工持股会的成员。因此，职工持股会成员离开公司后，其所持公司股份或出资应根据持股会章程办理。"[1] 北京市高级人民法院民事审判第二庭也认为在这种情况下"持股职工应当通过转让出资或公司回购的形式将股本金收回"。[2]

除此之外，股权转让中的纠纷也不少，请看下面几个判例。

【案例 9-26】

庞玉伦诉泰兴市液压元件厂股权转让纠纷案[3]

江苏省泰州市中级人民法院 2003 年 12 月 25 日

1995 年 10 月，泰兴市液压元件制造有限公司根据农业部《农民股份制暂行规定》改制为股份合作制，名称变更为泰兴市液压元件厂（以下简称元件厂），注册资金 73 万元，由庞玉伦等 19 名股东共同出资，其中庞玉伦出资 30 万元，任董事长。2000 年，庞玉伦因故离厂，董事长变更为鞠江兰。2002 年 11 月 30 日，庞玉伦与该厂另一股东梅亚兵签订股权转让协议，愿将 29 万元股权转让给梅亚兵。同日，庞玉伦向元件厂出具了"股权转让报告"，申请办理股权转让事宜。2003 年 1 月 8 日，元件厂董事会作出决议，同意庞玉伦转让股权，但是将这 29 万元股权按照出资比例转让给了梅亚兵和其他已经提交书面购买申请的 7 名股东。

可是庞玉伦只想转让给梅亚兵一人，不愿意转让给其他 7 人，遂于 2003 年 7 月 24 日在泰兴市人民法院提起诉讼，认为元件厂董事会的决议侵犯了他的合法私权，请求撤销元件厂董事会 2003 年 1 月 8 日的决议。被告则辩称该决议是董事会根据章程规定的职权和程序作出的，没有侵犯原告的股权。

元件厂企业章程第十条规定：股东入股后不得退股，但可以内部转让；内部转让必须向董事会申报，经批准后办理过户手续。

泰兴市人民法院一审认为，元件厂的章程对企业和股东均具有约束力。董事会根据章程的规定，批准了庞玉伦转让股权的具体请求，又从企业稳定发展的实际情况出发，对其转让给予了一定的限制，这样的限制不构成对庞玉伦股权的侵犯，于是驳回了庞玉

---

① 吴庆宝：《最高人民法院司法政策与指导案例》，92 页，北京：法律出版社，2011。
② 吴庆宝：《最高人民法院司法政策与指导案例》，93 页，北京：法律出版社，2011。
③（2003）泰民二终字第 171 号。原判词较长，为了节省篇幅，突出重点，本书作者作了精简和改编。

伦的诉讼请求。①

一审宣判后，庞玉伦不服，向泰州市中级人民法院提起上诉，并且声明："如元件厂不能协助将股权转让给股东梅亚兵则放弃股权转让，继续保留股权。"

被上诉人除了辩称董事会决议合法有效之外，还指责庞玉伦坚持转股给特定对象会影响其他股东的利益，侵害企业的利益和权利，因而是恶意的，请求法院驳回上诉。

泰州市中级人民法院审理后认为，元件厂的章程合法有效，处理本案的要点是董事会的决议是否符合章程和法律的规定。元件厂企业章程第十条赋予了董事会对于股东转让股权的批准权，董事会在股东提出转让股权之后有权作出批准或不批准的决定。但章程并未规定董事会在对股东提出的股权转让不予批准之后，有权代替股东处分股权。此外，《农民股份合作制暂行规定》第十九条规定：股东可依法继承、转让、馈赠股权，但须向企业股东大会或董事会申报，并办理有关手续。这条规定同样没有赋予董事会在未征得股东同意的情况下直接处分股东股权的权力。因此，元件厂董事会作出的将上诉人庞玉伦29万元股权按原出资比例转让给其他股东的决议违反了该企业章程的规定，属于越权行为。同时，该决议也违背了股权转让人的意志，因为转让人的真实意思是要求将29万元股权转让给特定个人。董事会在未征得转让人同意的情况下，将其股权处分给他人，构成侵权。据此，二审撤销了一审原判，裁定元件厂董事会2003年1月8日作出的"关于将庞玉伦的29万元股权按出资比例转让给其他股东的决议"无效。

本案中，在章程没有明确授权的情况下，二审法院在董事会干涉私权的问题上不对章程作扩大化的解释，保护私权，保护当事人的自由意志，坚持私法自治的理念。这是正确的，也是符合我国市场经济改革方向的。

元件厂指责庞玉伦恶意转让，损害其他股东和企业的利益，但是没有说明怎么损害或者为什么会损害。一般认为，股东转让股权是一种固有的权利，只要不违反法律和章程的规定，就没有什么善意和恶意之分。所以，所谓转让存在恶意的指责是不能成立的。

转让是买卖，买卖纠纷一般属于合同法领域。但是因为转让的标的是股权，涉及章程条文的解释和董事会的权力，所以本案算作公司法判例较为适宜。

【案例 9-27】
中国（深圳）物资工贸集团有限公司诉大庆石油管理局②
最高人民法院 2006 年 12 月 6 日

1993 年 3 月 1 日，中国（深圳）物资工贸集团有限公司（以下简称深圳中物公司）与大庆石油管理局签订协议，约定成立大庆中物公司，双方各占公司 50% 的股权。协议对各自的出资方式、董事会的组成、公司管理层人员编制等作了具体的规定。同年 7 月 23 日，大庆中物公司在大庆市取得企业法人营业执照。公司董事会决定在深圳设立全资

---

① 泰经初字第 267 号，泰兴市人民法院 2003 年 8 月 27 日。
② （2006）民二终字第 144 号。选自：最高人民法院民事审判第二庭编：《最高人民法院商事审判指导案例》，北京：中国法制出版社，2011。

子公司庆宏。庆宏公司在同年 10 月 21 日取得企业法人营业执照。由于大庆中物公司成立之后联营双方并未履行协议规定，尤其是深圳中物公司没有作任何的资金和人员投入，联营双方的负责人于 1996 年 7 月 19 日协商并作出了《关于更改大庆中物合资公司为独资公司的决定》，深圳中物公司放弃在大庆中物公司中的股权，以后由大庆石油管理局独家经营该公司。公司的全资子公司庆宏则仍由双方合资。协议签署之后并没有在工商局作相应的股权变更登记。1999 年 8 月，大庆石油管理局决定将大庆中物公司的一幢综合楼移交给昆仑公司，深圳中物公司提出异议，认为自己仍然是大庆中物公司的股东，被告单方面处置公司资产的行为侵犯了原告作为 50% 股东的权益，要求被告赔偿其损失。

　　本案的争执焦点在 1996 年 7 月 19 日原被告双方负责人签署的《关于更改大庆中物合资公司为独资公司的决定》是否有效。原告主张无效，因为协议签署后并没有履行相应的法律手续，没有在工商局办理股权变更登记。被告则主张协议有效。黑龙江省高级人民法院一审判决原告败诉；原告向最高人民法院上诉。

　　最高人民法院认为，有限责任公司股东内部达成的股权转让协议是有效的，办理股东变更登记仅产生对抗第三人的效力，不影响协议本身的效力。因此驳回上诉，维持原判。

　　本案涉及工商登记和转让协议不一致时各自的效力，即以登记为准还是以协议为准。法院的处理体现出重实质内容、轻手续形式的精神，同时也有"谁出资，谁所有"的意思。

【案例 9-28】
张桂平诉王华股权转让合同纠纷案[①]
江苏省高级人民法院 2005 年 12 月 3 日

　　本案原被告张桂平、王华都是南京浦东建设发展股份有限公司（以下简称浦东公司）的发起人、股东。2002 年 9 月 20 日，浦东公司依法成立，注册资金 1 亿元人民币。原告张桂平出资 1 800 万元，占浦东公司 1 800 万股，持股比例为 18%；被告王华出资 1 700 万元，占 1 700 万股，持股比例为 17%。公司成立后因项目开发需要增资，注册资本由 1 亿元增加到 2 亿元。原告增资到 6 400 万元，持股 32%，被告增资到 3 400 万元，持股 17%。

　　2004 年 10 月 22 日，原被告签订《股份转让协议》，约定被告将其持有的浦东公司 3 400 万股自然人股份以每股人民币 2.44 元的价格转让给原告，共计人民币 8 300 万元，分两次付款，合同生效后 10 日内先付 4 300 万元，年底之前付清剩余的 4 000 万元。双方还签订了《过渡期经营管理协议》，约定协议自签署之日起至依法将被告所持股份合法有效地转让到原告名下时为过渡期。如国家法律和政策变化，修改了股份有限公司发起人股份的转让条件和限制，将按照新的法律和政策的规定相应调整过渡期限。在过渡期内，由被告向原告出具不可撤销的授权委托书，授权原告代行被告的浦东公司董事

---

① （2005）苏民二初字第 0009 号。载《中华人民共和国最高人民法院公报》，2007（5）。原文较长，这里有所删改。本案存在隐名和挂名的关系，但是因为双方的争议焦点在原告有没有违约和转让协议是否违反公司法有关禁卖期的规定，不涉及隐名和挂名的问题，所以不作为隐名案例来讨论。

职责、股东权利，① 同时也承担相应的风险。如有违约，就应支付特别赔偿金 41 500 万元人民币。

协议签订之后，被告即辞去了公司董事职务，并向原告出具了上述授权委托书，原告也向被告支付了第一笔价款 4 300 万元。2004 年 12 月 30 日，原告通知被告于次日前来领取剩余的 4 000 万元股份价款并办理相关手续。被告担任法定代表人的金盛置业投资有限公司职员张轶、陈影作为经办人领取了款项，并向原告出具《收条》："今收到苏宁公司代张桂平支付的股份转让金叁仟捌佰万元整（转账支票）。尚余贰佰万元股份转让金，待股份转让手续完备确认后结算。经办人陈影、张轶代王华。"该收据上还加盖了金盛置业投资集团有限公司财务专用章。

2005 年 1 月 8 日，本案被告向原告发出《关于收回股份的通知》，指责原告尚欠股份转让金人民币 200 万元整，构成违约，故从即起终止双方于 2004 年 10 月 22 日签订的《股份转让协议》和《过渡期经营管理协议》，依约签发的授权委托书等法律文件亦同时作废，被告仍持有浦东公司 17% 的股份，并享有该股份所包含的所有股东权利。②

原告起诉称被告违约，要求被告执行协议并支付违约金 41 500 万元。

被告除了主张原告因延迟支付而违约外，还提出 2004 年《公司法》第 147 条规定股份有限公司"发起人持有的本公司股份，自公司成立之日起三年内不得转让。公司董事、监事、经理应当向公司申报所持有的本公司的股份，并在任职期内不得转让"。被告既是发起人又是董事，与原告签订《股份转让协议》和《过渡期经营管理协议》时公司成立还不到三年，因而这两个协议违法无效。

江苏省高级人民法院一审认为，本案原告张桂平与被告王华作为浦东公司的发起人，在浦东公司成立两年后，于 2004 年 10 月 22 日签订《股份转让协议》及《过渡期经营管理协议》，约定"过渡期"后王华将所持的标的股份转让于张桂平名下。这样的约定并不违反《公司法》第 147 条的规定。首先，发起人需要对公司设立失败的后果负责，在公司设立过程中因发起人的过错造成公司损失的，发起人也需要承担相应的责任。考虑到有些不当发起行为的法律后果和法律责任的滞后性，如果发起人在后果实际发生前因转让股份退出了公司，就很难追究其责任，不利于保护他人或社会公众的合法权益，因此，公司法才规定在一定时期内禁止发起人转让其持有的公司股份。其次，《公司法》第 147 条禁止的是发起人在自公司成立之日起三年内实际转让股份，并不禁止发起人为公司成立三年后转让股份而预先签订合同。而本案原被告并没有在公司成立后三年内实际转让股份。原被告双方对公司发起人转让股份的限制有着清醒的认识，双方虽然在公司成立后三年内签订股份转让协议，但明确约定股份在"过渡期"届满即浦东公司成立三年之

---

① 一般地，股东权利可以代理，但董事职责不得代理代行。我国公司实践还不发达，处于初级阶段，所以还没有明确禁止董事职责的代理，代理董事投票的事情也时有发生。

② 2005 年 3 月 11 日，《南方周末》大幅报道了浦东公司土地升值，部分股东因此发生纠纷的情况，报道中还有对本案被告、反诉原告王华本人的采访。报道明确指出，浦东公司股东内部纠纷的另一起因是"浦东公司那 4 500 亩土地价格的急速蹿升……4 500 亩土地地价升值近 3 倍，仅地价升值带来的潜在收益就高达 16 亿元，当然这还没算上在 4 500 亩土地上建成住宅后更大的收益。"

后再实际转让。只要不实际交付股份，就不会引起股东身份和股权关系的变更，即拟转让股份的发起人仍然是公司的股东，其作为发起人的法律责任并不会因签订转让股份的协议而免除。最后，《过渡期经营管理协议》的性质属于股份托管协议，双方形成股份托管关系，即法律上和名义上的股东仍是王华，而实际上王华作为浦东公司股东的权利和义务由张桂平享有、承担。由于我国公司法对公司股份的托管行为和托管关系并无禁止性规定，因此，本案当事人所签订的《过渡期经营管理协议》合法有效。而且，这一协议只在双方当事人之间有效，对第三人并无法律约束力。正因为该《过渡期经营管理协议》不能免除王华作为发起人、股东的责任，所以该协议和《授权委托书》都是合法有效的；并非如王华所说的是以合法的形式掩盖非法的目的，因为协议的签订和履行构成实质性转让股份，违反了公司法的禁止性规定。被告王华的这一说法没有事实和法律依据。

关于200万元延迟支付是否构成违约的问题，法院认为，金盛置业投资集团有限公司的财务人员陈影、张轶作为被告王华的代理人，就原告尚未支付的200万元所作出的"余款贰佰万元股份转让金，待股份转让手续完备确认后结算"的意思表示，应当视为双方当事人对部分价款的支付重新作出了约定。张桂平据此保留200万元待股份转让手续完备确认后结算，不构成违约。陈影、张轶是王华担任法定代表人的金盛置业投资集团有限公司的下属员工，二人接受王华的委派前去张桂平处取款，如无王华授权即超越代理权限作出"余款贰佰万元股份转让金，待股份转让手续完备确认后结算"的承诺，与常理相悖。同时，王华也没有提供证据证明其对陈影、张轶的代理行为作了限制性授权，并将限制性授权告知了张桂平。

因此，法院判协议有效，被告违约。但是认为双方当事人约定的违约金过高，故参照原告所付8100万元被占用期间流动资金贷款利息调整为500万元。

一审判决后，双方当事人没有上诉。

本案中法院的判决无疑是公正的。试想，8300万元转让款，8100万元都是按时支付的，只有200万元因具体原因而延付，被告以此为由收回股份，显然只是违约的借口。真实的原因是公司的土地升值，股份也跟着升值，被告觉得卖亏了。

本案还对3年（2005年公司法修改时缩短为1年）禁卖期作了清楚的解释：只禁止实际转让，不禁止签订转让协议。因此，在禁卖期内签订的股份转让协议，只要根据协议条款实际转让是在禁卖期后而不是在禁卖期内，就是有效的。

关于股份的转让行为需要略作讨论。从理论上说，股份属于动产，以股票（没有股票的用股权证书，再没有的用出资证明书）为载体。规范的动产转让应当根据《物权法》第23条处理："动产物权的设立和转让，自交付时发生效力，但法律另有规定的除外。"对于股权转让来说，物权法所说的"法律另有规定"，应指《公司法》第71条要求的股份对外转让必须得到其他股东过半数同意。此外，记名股票的转让除了交付之外还必须有转让人的背书签名。如果这三个条件——交付、背书、过半数同意——都已具备（无记名股票不需要背书，只要具备其他两个条件即可），则转让完成，物权已经转移，即使公司还没有完成股东名册的更改和工商局的变更登记，也应认定受让人为股东。反过来，如果上述条件缺少一个，则转让还没有完成，在股权的归属上原股东仍然是股东，可以反悔并毁约，只是应当对受让人负违约责任，赔偿其损失。

可是现实生活并不永远符合理论规范。现实中的很多有限公司都不印制股票或股权证书，也不签发出资证明书，所以并没有实际的交付行为，只有股份转让的书面协议。如在上述两个案例中都是如此。法院的判决是正确的。在第一个案子中，原告并没有纠缠交付与否，而是以工商局还没有变更登记为理由主张转让无效，法院对此不予支持。在第二个案子中，被告反悔后并没有依据物权法指出交付行为的缺乏，而是指责原告违约，并称转让协议违反了公司法的强制性规定。此外，在《徐锋、吴志祥、施百成与路小生、金学芳股权转让纠纷》等判例中，都没有股票的交付行为，而该行为的缺乏也没有引起诉讼双方或者法院的关注。可见，在股份的转让中，大都没有具体的交付行为，更谈不上背书，但是转让照样可以生效。

第四节　公司法以外的法律法规对股权归属的影响

除了公司法之外，我国对于某些特殊的公司、特殊的股东和特殊的股权转让行为，还有特殊的规定，这主要体现在外商投资、金融保险、国有企业和国有资产等方面。根据特别法优于一般法的规则，这些特别的规定会得到优先适用，从而影响到股权转让的生效时间、股东身份的审批手续等诸多程序性问题。不过，从终极意义上说，这些边缘性的影响一般不会改变"谁投资，谁所有"这一处理公司内部关系的基本规则。

【案例 9-29】

忻佩芬诉上海华侨商务总汇有限公司

上海市高级人民法院 2007 年 12 月 19 日

1992 年 2 月，泰国公民忻佩芬等 29 名委托投资人与中国银行山海信托咨询公司（以下简称中行信托）签订了《委托投资协议书》，委托中行信托与上海华侨服务中心、香港上海华侨商务（国际）有限公司合资成立了华侨商务公司。1993 年 12 月 1 日，华侨商务公司经批准登记成立，在台港澳侨投资企业批准证书上记载的股东为上海华侨服务中心、香港上海华侨商务（国际）有限公司和中行信托。1998 年 10 月，中行信托被撤销，其在华侨商务公司的权利义务由中国银行上海市分行承继。后根据我国商业银行法的规定，银行不能作为公司的投资方，因此，华侨商务公司申请将忻佩芬等 29 名委托投资人变更为公司直接投资人。2004 年 11 月 9 日，由上海市外资委协调处牵头召开了华侨商务公司股东变更事宜的专题会议，并形成如下会议纪要：中行上海市分行同意与各委托人签订一份协议，解除《委托投资协议书》，将股权转让给各委托人，协助华侨商务公司依法办理变更手续，提供受托期间的原始资料和签署变更手续所需的所有申请文件；2005 年 9 月 12 日，市侨办在华侨商务公司提交的《关于终止与中行信托公司签订〈委托投资协议书〉及变更华侨商务公司委托投资方的情况说明》及《股东投资明细表》上盖章确认，忻佩芬向华侨商务公司出资 35 万美元。2007 年 1 月 30 日，华侨商务公司又向忻佩芬出具出资证明书，确认其于 2006 年 9 月 11 日出资 30 万美元（系受让其他投资人的股份）。截至 2006 年 9 月 11 日，忻佩芬向华侨商务公司实际投入资金 65 万美元。华侨商务公司历年的分红也都是直接分配给忻佩芬本人的。但是三年过去了，仍无证据证明华侨商务公司已经向相关行政批准机关递交股东变更申请及有关报批材料并被批准。忻佩芬诉至法院要求确认股东资格，限期办理变更登记手续。

上海市第二中级人民法院一审法院认为，华侨商务公司系在我国设立的涉港合资企业，本案纠纷涉及华侨商务公司的股东变更事项。根据法律规定，外商投资企业的股东发生变更必须经政府有关部门批准。忻佩芬系华侨商务公司批准证书记载的股东以外的自然人，系泰国公民。在其提起本案诉讼之后，法院已经通过释明的方式向其告知应当通过正常的行政审批途径或行政复议、行政诉讼的方式予以解决，但忻佩芬仍然坚持本案的诉讼。判决驳回忻佩芬的诉讼请求。忻佩芬不服，上诉。

上海市高级人民法院二审认为，本案系涉港合资公司股东权纠纷，原审法院适用中华人民共和国内地法律处理涉案争议并无不当。忻佩芬提出的请求确认其对华侨商务公司享有股权，系公司股东身份之主张，鉴于华侨商务公司已经对忻佩芬实际出资的事实予以确认，公司历年分红也是直接分配给忻佩芬本人，因此，在双方当事人之间，华侨商务公司对忻佩芬是该公司股东的身份并无争议，故而，对于忻佩芬的该项主张，不构成法律规定的诉讼请求，法院无须审理。至于忻佩芬提出的要求华侨商务公司限期办理变更登记手续的主张，本院认为，由于我国法律规定外商投资企业的股权转让、股东变更实行审批制，且先办理变更审批申请再办理变更登记，因此，忻佩芬所提的办理变更手续应包括变更审批以及登记手续，但无论是变更审批还是变更登记手续，从保护实际投资人的合法权益出发，均应由华侨商务公司及时向有关主管机关提出申请。尤其是本案中，负责变更审批及变更登记的相关主管机关均参加了关于华侨商务公司股东变更的专题会议，并同意将忻佩芬等委托投资人变更为直接投资人的情况下，华侨商务公司更应尽快办理变更申请。华侨商务公司提出在公司内部形成董事会决议中存在一定困难，也表示公司并未故意拖延办理，但在协调会召开至今长达三年的时间里，仍未能按照各方商定的方式向主管机关提出变更股东申请，对公司的正常运作和实际出资人的合法利益保护均会造成较大影响，因此，忻佩芬的相关诉讼请求合法有据，应该予以支持。原审法院理解所引法律规定有误，处理结果有失公允，本院予以纠正。判决撤销上海市第二中级人民法院（2007）沪二中民五（商）初字第 5 号民事判决，上海华侨商务总汇有限公司应于本判决生效之日起 30 日内办理申请变更忻佩芬为公司股东的审批以及登记手续。

本案中股东已经投资，却不能及时取得股东名分，向公司多次催办未果，于是引起纠纷。华侨商务公司拖了三年不申请办理有关行政手续，确实拖得太长。当然，拖延是有原因的：忻佩芬是外国人，属于特殊的股东，其股东资格的取得需要按照我国有关外商投资企业的规定经过政府有关部门的批准。也就是说，光有出资的行为与公司股东名册的记载她还不能成为股东，只有经过政府批准之后她才能成为股东。本案中投资人的股东身份及各种实体关系都没有争议，欠缺的只是一个法律程序。如果是国内普通的股权纠纷案，法院可以直接判决确认股东资格或者办理工商变更登记。但是因为股东是外国人，属于涉外案件。而我国对外商投资企业的设立、股权转让和注册资本的增减都实行行政审批制度，因此，外商投资企业的隐名股东要成为显名股东，也必须经过行政审批。法院只能就民事合同的成立与否及其效力作出判断，不能直接确认隐名股东在外商投资企业中的股东身份和股权份额。对于这一点，《第二次全国涉外商事海事审判工作会议纪要（2005年）》第87条规定得很清楚：外商投资企业批准证书记载的股东以外的自然人、法人或者其他组织向人民法院提起民事诉讼，请求确认其在外商投资企业中的股东身份和股权份额的，人民法院应当告知其通过行政诉讼解决，如坚持诉讼的，人民法院应当在受理后驳回其诉讼请求。2008年又重复了类似的规定。不过，如果当事人之间的委托投资合同有效，法院可以责令公司限期办理相关的行政审批手续。由此可见，二审法院责令公司立即办理相关手续，已经走到了现行制度下法院权力的极限；而一审法院的判决也算事出有因，并非完全没有道理。

从确认股东资格的角度去看，本案属于最简单的案子。原告提起的是确认之诉，请求法院确认其股东资格。以这类判例为基础，形成了后来的《公司法司法解释（三）》第24条："当事人依法履行出资义务或者依法继受取得股权后，公司未根据《公司法》第32条、第33条的规定签发出资证明书、记载于股东名册并办理公司登记机关登记，当事人请求公司履行上述义务的，人民法院应予支持。"[①]

【案例9-30】
杨树朴等诉沈景花股东权纠纷案[②]
上海市第一中级人民法院 2004 年 12 月 30 日

2001年2月1日，美国籍公民杨树朴、石艺公司与沈景花签订一份《备忘录》，约定杨树朴委托石艺公司和沈景花代为申请组建上海杰仕莱特餐饮有限公司（以下简称杰仕莱特公司），公司一切投资、经营管理及盈亏均由杨树朴负责，石艺公司与沈景花仅出具名义，不参与公司管理及风险；杨树朴有权将公司股东变更为他方，石艺公司及沈景花应负责提供变更手续。3月，石艺公司与沈景花签订一份《组建公司协议书》，约定沈景花出资人民币9万元，石艺公司出资人民币1万元，共同投资设立杰仕莱特公司，注册资金人民币10万元。8月10日，浦东新区工商分局依据上述《组建公司协议书》批准杰仕莱特公司设立，企业类型为有限责任公司（国内合资），法定代表人为沈景花。杰仕莱特公司设立时10万元注册资金由杨树朴实际出资，成立后亦实际由杨树朴经营。2003年10月10日，杨树朴、石艺公司及第三人程丽丽共同签订一份《股权转让意向书》，约定杨树朴将其实际拥有的杰仕莱特公司全部股权中的90%以人民币18万元转让给程丽丽，另10%以人民币2万元转让给石艺公司；股份转让后公司的经营管理、债权债务和盈亏由程丽丽与石艺公司按比例负责；杨树朴负责督促沈景花办理股份出让手续。

---

① 《公司法司法解释（三）》，2010年12月6日由最高人民法院审判委员会第1504次会议通过，2011年2月16日起施行。

② （2004）沪一民五（商）终字第15号。

但是沈景花拒绝配合。于是杨树朴和石艺公司于 2004 年 2 月 11 日起诉要求法院判令被告沈景花办理出让股份给第三人程丽丽的工商登记手续。被告沈景花辩称：两原告起诉依据的《备忘录》违反《外资企业法》的规定，应为无效；沈景花是公司登记的合法股东，杨树朴如要转让其股权，应先征求其意见。

一审法院认定《备忘录》因规避外商投资审批手续而无效。但是，考虑到杨树朴实际独资设立并经营杰仕莱特公司近三年时间，断然否认杰仕莱特公司的设立效力，会对与杰仕莱特公司发生经济往来的企业和个人产生一连串的后果，所以把杨树朴、石艺公司、程丽丽达成的《股权转让意向书》看作一种自力补救行为，判决被告沈景花在判决生效后 30 日内将其名下的杰仕莱特公司全部股份办理工商变更登记给程丽丽。[①] 被告不服上诉。

二审法院认为，杨树朴系外籍人士，其在我国境内投资，应当遵守我国关于外商投资的法律规定。《外资企业法》第 6 条规定："设立外资企业的申请，由国务院对外经济贸易主管部门或者国务院授权的机关审查批准……"根据此项规定，杨树朴欲在上海投资餐饮业，应依照法律规定办理相关的审批手续。然而，杨树朴与沈景花、石艺公司签订《备忘录》，约定由杨树朴出资，以沈景花及石艺公司的名义申请成立杰仕莱特公司，公司的一切费用及经营管理均由杨树朴负责。故杰仕莱特公司虽注册登记为国内合资的有限责任公司，但依据上述约定，杨树朴为公司的实质股东，沈景花及石艺公司仅为名义股东。也就是说，杨树朴以隐名投资的方式实际经营杰仕莱特公司，并以沈景花及石艺公司作为名义股东注册登记的方式，规避了外资企业必须经政府部门审批的法律规定。《合同法》第 52 条规定："有下列情形之一的，合同无效……；（五）违反法律、行政法规的强制性规定。"因此，杨树朴以隐名投资的方式，规避法律规定的外资审批手续，违反了外资企业法的强制性规定，应属无效。

在《备忘录》无效的情况下，杨树朴可以选择从隐名股东变更为显名的真正股东，或是退出杰仕莱特公司。由于目前餐饮业并非我国禁止或者限制设立外资企业的行业，故杨树朴以自己的名义投资餐饮业的主体资格并不违反有关规定。如果杨树朴愿意继续投资经营杰仕莱特公司，可以向有关政府部门补办审批手续，变更杰仕莱特公司的企业性质。在杨树朴成为登记的真正股东后，可以合法地行使相应的股东权利，包括对其股份的转让权。相反，如果杨树朴不愿继续投资，可以退出杰仕莱特公司，并根据公司的实际经营情况收回相应的投资款。杨树朴与石艺公司、程丽丽签订了《股权转让意向书》，但是股权转让的基础是杨树朴实际拥有杰仕莱特公司的全部股权，并依据《备忘录》的约定，享有处分其股权的权利。既然《备忘录》是规避法律规定的无效协议，杨树朴就不能依据无效协议而直接享有杰仕莱特公司真实股东的相关权利，故撤销原判，改判对杨树朴、石艺公司的诉讼请求不予支持。

从本案中可见，以隐名投资方式规避外商投资法规定的外资审批手续，违反法律的强制性规定，将导致股权转让协议无效。本案中的杨树朴转让股权的行为及其签订的股

---

① （2004）浦民二（商）初字第 349 号，2004 年 7 月 20 日。

权转让协议完全符合他与沈景花之间签订的隐名投资协议。沈景花的出尔反尔属于违约行为。但是因为隐名协议违法，据此进行的转让行为和签订的转让协议也都违反无效。在这里，无论是契约自由原则还是"谁出资，谁所有"的公司法规则，都必须让位于公司法以外的特别法规定。当然归根结底，还是"谁出资，谁所有"，因为按照法院的说法，"杨树朴……可以向有关政府部门补办审批手续，变更杰仕莱特公司的企业性质。在杨树朴成为登记的真正股东后，可以合法地行使相应的股东权利，包括对其股份的转让权"。

我们在公司设立章内介绍政策取向时曾经讲到公司成立中的自由主义、特批主义、核准主义和准则主义。现阶段我国一般公司的设立都实行准则主义，但是对外商投资的企业依然实行特批主义。这是本案纠纷产生的政策背景。特批主义手续麻烦，显然降低了商事效率，也耗费了政府资源。上述两案可见一斑。随着我国改革开放的深入，这样的政策可望得到调整。

【案例 9-31】

上海天迪科技投资发展有限公司诉西部信托有限公司、陕西天王兴业集团有限公司股东权纠纷案①
陕西省高级人民法院 2010 年 3 月 15 日

2007 年年底，上海天迪科技投资发展有限公司（以下简称天迪公司）在陕西西部产权交易中心通过竞买取得陕西天王兴业集团有限公司（以下简称天王公司）所持有的西部信托有限公司（以下简称信托公司）3.07% 的股权。2008 年 2 月 29 日，天迪公司与天王公司签订了股权转让协议，3 月 3 日，天迪公司按协议规定向天王公司支付了全部价款 2 620 万元。信托公司虽然不是银行，但是属于金融机构，其股份的转让需要得到银监会的批准。于是，信托公司向银监会陕西省监管局提交了股权转让与股东变更的申请报告，银监会于 10 月 10 日批复同意该股权转让，并同意天迪公司成为信托公司的股东。随后，信托公司修改公司章程，将天迪公司列入股东名册，并在工商局作了股东变更登记。但是股份买卖双方就 2007 年② 的红利归属发生争议，天迪公司起诉要求确认其自股权款付清之日起即取得股东资格。天王公司则认为原告只能在银监会批准之后才能取得股东资格。

法院赞同被告的观点。《信托法》第 4 条规定信托公司的"组织和管理由国务院制定具体办法"。银监会受国务院委托制定了《信托公司管理办法》，其中第 12 条规定："信托公司有下列情形之一的应当经中国银行业监督管理委员会批准：……（七）变更股东或者调整股权结构；（八）修改章程；……"本案中，银监会陕西省监管局是在 2008 年

---

① （2010）陕民二终字第 09 号民事判决书。本案一审法院为陕西省西安市中级人民法院，西民四初字第 090 号民事判决书（2009 年 10 月 9 日）。二审维持原判。

② 疑为"2008"年红利之误。因为股权转让（无论是协议付款时间还是批准时间）发生在 2008 年，协议是在 2007 年度签署的，2007 年的红利理所当然地归属老股东，不应该发生争议。发生争议的应该是自协议签署或者付款到批准这段时间，按协议应归新股东，按批准应归老股东。可是，查遍网上报道此案的各种版本，均为"2007"，故不予更改。

10 月 10 日批准信托公司变更股东的，所以原告的股东资格也应当从该日起享有。虽然之前在当事人之间签署的股权转让协议已经生效，但是法律、行政法规规定股东资格的取得需要经过主管机关批准的，当事人不得以其意思自治超越法律的强制性规定，在取得主管机关的批准之前，股权受让方不得依据转让协议当然取得股东资格。原告败诉。

这个判决确立的规则是：股权转让如果按照法律法规的规定需要进行行政审批，则其股权的取得日期以政府批准日为准，而非以转让合同生效日为准。与忻佩芬案不同，这里没有涉外因素，之所以有行政审批，是因为信托公司属于特殊的公司，优先适用《信托法》和《信托公司管理办法》的规定。

法院的逻辑是正确的。但是从立法精神来看，所谓股东资格的取得必须经过银监会批准，主要是指投票权，是指以股东身份参与信托公司的经营管理。本案中由于原告在合同签订之后随即支付了全部价款，从公平理念出发，将红利判给原告也是可以的。因为获得分红的权利只是股权中的经济权利的一部分。这种经济受益权有时候可以从主体股权中分离出来分别行使。

有学者认为股权和股东资格是不同的概念，股权是财产性质的权利，股东资格则包含投票权等。本案中的股权自协议生效时转让，但是股东资格的取得须等银监会批准之后。按照这种理解，既然财产权转让已经生效，那么当然可以参与分红，因为红利是财产性质的权利。这样的结果倒是公平的。但是这种理解在概念上不够严密。股权包括收益权和投票权，有了股权就有了股东资格。股权与股东资格是一致的。因此，法院判决股权的转让自银监会批准时生效是正确的。不过权利是可以分割的。[①] 本案中的红利受益权可以从股权中分离出来由未来的股东先行行使，尽管股权的整体转让要等到银监会批准之后才能生效。从权利分割的角度分析，在概念上和逻辑上都比较顺畅。

【案例 9-32】
陈发树与云南红塔集团有限公司一般股权转让侵权纠纷[②]
最高人民法院 2014 年 7 月 16 日

上诉人（原审原告）陈发树因不服云南省高级人民法院（2012）云高民二初字第 1 号民事判决，就其与被上诉人（原审被告）云南红塔集团有限公司（以下简称红塔有限公司）股权转让纠纷一案，向最高人民法院提起上诉。

2009 年 1 月 4 日，中国烟草总公司（以下简称中烟总公司）同意红塔有限公司有偿转让其持有的云南白药集团股份有限公司（以下简称云南白药集团）无限售条件的流通国有法人股份 65 813 912 股之后，经过云南白药集团的公告，红塔有限公司与陈发树于 2009 年 9 月 10 日签订了《股份转让协议》，约定红塔有限公司将其持有的占云南白药集团总股本 12.32% 的股份全部转让给陈发树，每股 33.543 元，总价款 2 207 596 050.22 元。

---

① 朱锦清著：《国有企业改革的法律调整》，253~261 页，北京：清华大学出版社，2013。
② （2013）著民二终字第 42 号。

该协议第 4 条约定："乙方同意受让甲方持有的云南白药集团 65 813 912 股的股份，并已充分知悉：本协议约定股份转让事宜在本协议生效后尚需获得有权国有资产监督管理机构的批准同意后方能实施。"第 26 条第（三）项约定："如本协议得不到相关有权国有资产监督管理机构的批准，甲方应及时通知乙方，并将乙方交付的全部款项不计利息退还给乙方，甲乙双方互不承担违约责任，且本协议自乙方收到甲方退还的全部款项之日起解除。"第 30 条约定："本协议自签订之日起生效，但须获得有权国有资产监督管理机构的批准同意后方能实施。"协议签订之后，陈发树随即如数付清了全部价款。

2009 年 9 月 11 日，红塔有限公司向其上级机构红塔烟草（集团）有限责任公司（以下简称红塔集团公司）上报了《云南红塔集团有限公司关于将所持云南白药集团股份有限公司的股份整体协议转让给自然人陈发树的请示》。同日，红塔集团公司向其上级机构云南中烟工业有限公司（以下简称云南中烟公司）上报了《红塔集团关于将云南红塔集团有限公司所持云南白药集团股份有限公司的股份整体协议转让给自然人陈发树的请示》。2009 年 12 月 2 日，云南中烟公司向其上级机构中烟总公司上报了《云南中烟工业公司关于云南红塔集团有限公司协议转让所持云南白药集团股份有限公司股份的请示》。

2011 年 12 月 21 日，因协议签署之后两年多（800 多天）没有得到明确的回复，陈发树到云南省高级人民法院起诉，状告红塔有限公司违约，请求赔偿相关损失十多亿元。

2012 年 1 月 17 日，中烟总公司作出《中国烟草总公司关于不同意云南红塔集团有限公司转让所持云南白药集团股份有限公司股份事项的批复》。随后，云南中烟公司和红塔集团公司分别于 2012 年 1 月 18 日和 2012 年 1 月 19 日作出了不同意本次股份转让的相关批复。

2012 年 1 月 19 日，红塔有限公司致函陈发树称，因上级主管单位批复不同意本次股份转让，本次股份转让的过户条件不成就；请你于接到通知之日，尽快提供收款账户的信息，我公司将按约定退还你所支付的全部履约保证金人民币 2 207 596 050.22 元（不计利息）；《股份转让协议》按约定解除。

云南省高级人民法院一审认为，原被告签订的《股份转让协议》合法有效，但是因为没有获得上级主管部门的批准，股份不得转让。针对原告对被告的违约指责，法院认为，被告在《股份转让协议》签订的第二天，即 2009 年 9 月 11 日，就按协议约定向其上级机构上报了相关审批手续，并未违约。此外，根据《股份转让协议》第 26 条第（三）项的约定，被告只需退回本金，无须支付利息。于是，一审驳回起诉，判被告胜诉。

陈发树不服一审判决，向最高人民法院上诉。他认为，一审法院仅仅查明红塔有限公司在签约第二天便向其上一级单位红塔集团公司上报相关审批手续的事实，即认定其已及时按约履行了有关报批手续，属认定事实错误。报批不是报一级，而必须逐级上报到最终有权批准该协议的财政部。中烟总公司批复不同意本案股份转让，而且不按规定将《股份转让协议》报送财政部门审批，应属红塔有限公司内部决策程序中的行为，不是国务院国有资产监管机构的有权审批，不应产生对本案股权转让不批准的法律效力。按照《财政部关于烟草行业国有资产管理若干问题的意见》（以下简称《财政部意见》）对中烟总公司下属企业产权转让的相关规定，中烟总公司应当将下级报上来的股份转让请示上报财政部审批，其擅自作出不同意转让的批复，是超越其职权的无权审批行为，直接导致合同履行僵局和本案纠纷，构成对陈发树的违约。

最高人民法院二审认为："本案所涉《股份转让协议》依法属于应当办理批准手续的合同。""中烟总公司等对《股份转让协议》所作的批复是依法行使国有资产出资人的权利，批复结果将影响《股份转让协议》的效力。"①"根据《财政部意见》的精神，本案所涉《股份转让协议》的有权审批主体虽是财政部，中烟总公司无权批准本次股权转让行为，但作为红塔有限公司的出资人，中烟总公司等根据国有资产监督管理相关规定，行使股东重大决策权和国有资产出资人权利，其作出的不同意本次股权转让的批复，终结了《股份转让协议》的报批程序。"这样，《股份转让协议》就无法得到财政部的批准，故应依法认定为不生效合同。由于批准是合同的法定生效条件，具有强制性，所以尽管当事人约定合同自签订之日生效，还是不能算数。合同的实际生效时间必须从批准时起算。"一审法院根据《股份转让协议》第30条关于'本协议自签订之日起生效'之约定认定《股份转让协议》合法有效，属适用法律错误，应予纠正。既然《股份转让协议》不生效，其第26条关于协议解除的约定也不产生效力，红塔有限公司提出的《股份转让协议》应按第26条第（三）项之约定解除的主张亦不能成立。"

最后二审法院判决：（1）撤销原判；（2）红塔有限公司向陈发树返回 2 207 596 050.22 元本金及利息（按同期人民银行贷款利率计算）；（3）驳回陈发树的其他诉讼请求。

陈发树不服，申请再审。2015 年 5 月 7 日，最高院驳回了他的再审申请。

本案中，对于国有股权的转让必须得到政府批准这一点是没有争议的，已成定规。双方的争议集中在什么叫批准、由谁批准上。

本案对合同效力的争议很有意思。一般说来，附解除条件的合同在其签订时便已生效，因所附条件的成就而失效；附延缓条件的合同在其签订时不生效，因所附条件的成就而生效。合同自身规定自签订时生效，云南省高院也这样认为，所以将政府批准看作合同的解除条件；但是最高院认为政府的批准是合同的生效条件或附延缓条件。二审判决不同于一审的现实差别是陈发树拿到了利息：按 22 亿多元本金计算，从 2009 年 9 月到 2014 年 7 月的利息起码有五六个亿。

此案被称为"国内最大的股权纠纷案"，引起了社会的广泛关注。审批时限是舆论的一个关注点。相关的法律法规只是笼统地说要"及时"审批，协议中也是这样说的，但是及时到什么程度，没有具体规定。中烟总公司拖了将近 800 天不予批复、坐地观望，直到陈发树起诉才不得不批复，应该算不得及时。如果及时，可能就不会发生这场官司了。

中烟总公司到底有没有审批权，是第二个关注点。最高院的判决是说它没有最后的批准权，但是却有权终结报批程序，等于是对《股份转让协议》有否决权。可是不同意见认为，中烟总公司既不是国有资产监督管理机构，也不享有前置于该机构的审批权；其长达两年的报批行为既不合法也不合理。②

---

① 引文均引自最高人民法院（2013）民二终字第 42 号民事判决书原文。下同。
② 《国资监管权的行使与"防止"国有资产流失——"陈发树诉云南红塔案"的法律适用与法治引申》，载《公司法律评论》，2013。

中烟总公司在 2009 年同意的转让，为什么到 2012 年又不同意了呢？一个可能是云南白药的股份价格上涨①，中烟总公司怕承担国有资产流失的责任。

【案例 9-33】

深圳市蒲公堂信息咨询服务有限公司诉深圳市南山区投资
管理公司、深圳市科汇通投资控股有限公司②

最高人民法院 2007 年 12 月 25 日

深圳市南山区投资管理公司（以下简称南山投资公司）和深圳市科汇通投资控股有限公司（以下简称科汇通公司）都是深圳市南山区政府及其国资委下属的国有企业。从 1994 年到 1997 年，南山投资公司先后向国有银行借款 6 次，合计人民币 7 000 多万元和港币 1 200 百万元。这些贷款后来作为国有银行的呆坏账转让给了华融资产管理公司，华融又转让给了第一联合公司，第一联合公司于 2005 年 12 月 9 日又以 3 100 万元的价格转让给了深圳市蒲公堂信息咨询服务有限公司（以下简称蒲公堂公司）。2006 年 5 月 27 日，第一联合公司在深圳商报上以登报公告的方式通知南山投资公司及各保证人，说明它已将对南山投资公司享有的 6 笔债权转让给了蒲公堂公司。

1994 年 4 月至 2000 年 12 月期间，南山投资公司的全资子公司南山中财公司多次向南山区财政局借款未还，共欠南山区财政局借款本息 195 050 778.28 元。2001 年 2 月 28 日，南山区财政局与南山中财公司、南山投资公司签订《债务转让协议书》，约定由南山投资公司替其子公司承担 1 亿元债务；南山中财公司只欠余额 95 050 778.28 元。同时，根据南山区国资委会议精神，各方约定：南山区财政局报经国资委批准将对南山投资公司的 1 亿元债权划转给科汇通公司；南山投资公司将其持有的深南石油 35.88% 的股权划转给科汇通公司，以冲抵南山投资公司所欠的 1 亿元债务。前一日，南山投资公司作为划出方已经与接受方科汇通公司签订了《转让协议书》，落实了上述约定。3 月 19 日，南山区国资委向科汇通公司发函批复"同意将区财政局对南山投资管理公司 1 亿元的债权划转给科汇通公司；同意用所划转的 1 亿元债权冲抵你司收购南山投资公司持有的深南石油 35.88% 股权的收让款 1 亿元"。2001 年 4 月 6 日，深南石油依据南山投资公司与科汇通公司 2001 年 2 月 27 日的转让协议书，在工商局办理了股东变更登记手续。

蒲公堂公司在 2005 年受让了对南山投资公司的债权之后发现了发生在 2001 年的这次股权转让，认为这一转让实质上是无偿的划拨，减少了南山投资公司的资产，弱化了其偿债能力，因而在 2006 年 3 月 20 日提起撤销权诉讼，请求法院撤销该转让行为。《合同法》第 75 条规定：撤销权自债权人知道或者应当知道撤销事由之日起 1 年内行使。自债务人的行为发生之日起 5 年内没有行使撤销权的，该撤销权消灭。于是就发生了股权转让何时生效的问题。如果是在 2001 年 2 月 27 日协议签订之日或者 2001 年 3 月 19 日国资委批准之日生效，则到 2006 年 3 月 20 日起诉已经过了 5 年的除斥期间，撤销权

---

① 签约时每股 43.92 元，后来曾飙升到每股 119 元，2015 年年底在 60~70 元范围内波动。

② （2007）民二终字第 32 号。这是原告不服广东省高级人民法院一审判决（2006）粤高法民二初字第 7 号而向最高人民法院提起的上诉。

销灭，如果是在 2001 年 4 月 6 日工商登记时生效，则未过 5 年的除斥期间，可以行使撤销权。对此，最高院有如下的分析：

"根据《合同法》第 24 条第 2 款关于'法律、行政法规规定应当办理批准、登记等手续生效的，依照其规定'的规定，本案所涉股权转让行为应自办理批准、登记手续时生效。那么，本案所涉深南石油 35.88% 股权转让行为生效时间应当是深圳市南山区国资委批准转让之日即 2001 年 3 月 19 日，还是工商行政管理部门办理该股权变更登记的日期即 2001 年 4 月 6 日呢？本院认为，我国公司法并未明确规定股权转让合同是否以工商变更登记为生效条件。尽管新《公司法》第 33 条规定'登记事项发生变更的，应当办理变更登记'，新《公司登记管理条例》第 35 条规定'有限责任公司股东转让股权的，应当自转让股权之日起 30 日内申请变更登记'，但并不能从上述规定中得出工商登记是股权转让的效力要件。就股权转让行为的性质而言，股权转让实质上是在公司内部产生的一种民事法律关系，股权转让合同签订后，是否办理工商变更登记，属于合同履行问题。就股权转让行为的外部效果而言，股权的工商变更登记仅为行政管理行为，该变更登记并非设权性登记，而是宣示性登记，旨在使公司有关登记事项具有公示效力。因此，是否进行工商变更登记对股权转让合同的效力问题不应产生影响，工商登记并非股权转让合同效力的评价标准。质言之，股权转让合同签订后，是否办理工商变更登记，不应导致股权转让行为是否生效或有效问题，仅应产生当事人的是否违约以及是否具备对抗第三人效力的问题。因此，本院认为，本案所涉深南石油 35.88% 股权转让行为生效时间应当是 2001 年 3 月 19 日即深圳市南山区国资委批准转让之日。蒲公堂公司关于'债务人行为发生之日'应当是工商变更股权登记之日，即 2001 年 4 月 6 日，于法无据，本院不予支持。"①

本案的判决早于前一个案例。但是像前一个案例一样，转让的是国有股，需要得到国有资产管理委员会的批准。所以股权转让的生效时间，也即股东资格的取得时间是国资委批准之日，而非工商登记之日，也非合同签订或者股款交付之日。

20 世纪 90 年代，我国国有企业的改革进入了最艰难的时期。大批国有企业亏损，欠下国有银行数亿万元的债务不能偿还。为了进行金融改革，将国有银行推上市，国务

---

① 本案诉讼中涉及的另一个要害问题是债务转让通知的时间。对此，最高院分析："关于蒲公堂公司行使撤销权的时间问题。《合同法》第八十条第一款明确规定：'债权人转让权利的，应当通知债务人。未经通知，该转让对债务人不发生效力。'据此，在原债权人未通知债务人之前，该债权转让行为尚不能对债务人发生法律效力。因此，无论是蒲公堂公司以受让债权人身份向法院起诉债务人的诉讼行为，还是北京市东城区人民法院作出的（2006）东民初字第 688 号关于确认蒲公堂公司与前手债权人第一联合公司签订的《债权转让协议》合法有效的民事判决，都不能等同于债权出让人即第一联合公司履行了《合同法》第八十条第一款所规定的债权转让通知义务。质言之，在本案原债权人第一联合公司未就所涉债权转让事宜通知债务人之前，债权转让尚未对债务人发生效力。蒲公堂公司虽然已经取得了行使撤销权的主体资格，但其行权条件尚未具备，尚不能发生对债务人的行权效力。在本案一审诉讼中，第一联合公司于 2006 年 5 月 27 日在《深圳商报》上刊登了关于债权转让的通知公告，通知南山投资公司及各保证人债权转让的事实。依据《合同法》第八十条第一款的规定，本案所涉债权转让行为在 2006 年 5 月 27 日开始对债务人发生效力；同样，蒲公堂公司作为受让债权人向债务人南山投资公司行使撤销权的行为亦应在 2006 年 5 月 27 日发生效力。故蒲公堂公司关于其行使撤销权的时间应为通过本案诉讼方式通知债务人南山投资公司的时间即 2006 年 3 月 20 日的主张，于法无据，本院实难予以支持。"

院根据中共中央的决策于 1999 年年底成立了四家资产管理公司分别收购四大国有银行的呆坏账。华融资产管理公司专门负责收购中国银行的呆坏账。这些债权收购来之后有的债转股，即将债权变成股权；① 有的折价销售。本案中蒲公堂对南山投资的债权就是经过中国银行→华融→第一联合→蒲公堂这样的转让链条买来的，总共 8 000 多万元的债权只付了 3 000 多万元，如果债权能够如数实现，自然是很合算的。

南山投资从南山中财揽过来 1 亿元债务是有问题的。从法理上看，首先，母公司没有义务替子公司偿债。即使是全资子公司也是如此。子公司如果资不抵债，可以破产清算，母公司受有限责任的保护，只损失当初设立子公司时投入的资本金，不必对子公司的债务承担任何责任。其次，母公司揽过子公司的债务不但损害其股东的利益，而且损害其原有债权人的利益。本案中由于南山中财是南山投资的全资子公司，而南山投资大概是全资国有的，而欠的又是财政局的钱，所以才在各方协商的基础上作出了由母公司承担子公司债务的非常安排。但是这个安排实际上损害了母公司债权人的利益。母公司自己已经资不抵债，欠了 8 000 多万元债务至今未还，成了呆坏账，就是明证。现在又增加了 1 亿元的债务，自然进一步增加了 8 000 多万元债务的风险，使债主可得的收益进一步减少。当时债权还在华融手里，华融应当提出抗议，进行交涉，或者提出诉讼。相比之下，蒲公堂的权利意识、法律意识和利害敏感度都要比华融高得多。蒲公堂受让债权是在 2005 年年底，而南山投资承担 1 亿元债务并以其 35.88% 的深南石油股权相抵是在 2001 年，也就是说，蒲公堂购买债权时这一切早已发生，但是蒲公堂居然为了索债而查到债务人四五年前的交易，从中发现问题。而华融即使在其拥有债权期间也对债务人那边发生的事情不闻不问。国企与民企的效率之差由此可见一斑。

本案例的末段引用的最高院的论述澄清了工商登记对于股权的转让是宣示性的而非设权性的；工商登记不是股权转让合同效力的评价标准："股权转让合同签订后，是否办理工商变更登记，不应导致股权转让行为是否生效或有效问题，仅应产生当事人是否违约以及是否具备对抗第三人效力的问题。"那么，在不要求行政审批的地方，股权转让合同签订后，股权的转让何时发生？合同生效时、公司内部的股东名册变更记载时还是章程修改时？《公司法》第 33 条第 2 款规定："记载于股东名册的股东，可以依股东名册主张行使股东权利。"《公司法》第 74 条规定："转让股权后，公司应当注销原股东的出资证明书，向新股东签发出资证明书，并相应修改公司章程和股东名册中有关股东及其出资额的记载。对公司章程的该项修改不需再由股东会表决。"从《公司法》第 33 条规定来看，似乎应以股东名册的变更为准。但从第 74 条规定的措辞看，既然说转让股权后才修改公司章程和股东名册，那就说明股权的转让发生在修改名册之前，那就只能以合同生效为准。从前面"中国（深圳）物资工贸集团有限公司诉大庆石油管理局"等案例的判决来看，似乎也应以转让协议的生效为准，但是都没有明说。究竟以公司的股东名册变更记载为准还是以合同生效为准，还有待于权威解释的进一步澄清。

① 还有的因企业破产一笔勾销了，极少数由企业自己清偿了。

第十章

股东查阅权

第一节　中国查阅权案例研究

　　股东要有效地行使投票权，首先就要有知情权。只有在知情的基础上，股东才能有效地参与公司重大问题的决策、监督董事会和经理层，必要时通过诉讼来维护自己的利益。公司法下的股东知情权主要是查阅权，就是查看公司档案的权力。实践中时常因股东查阅而引发争议，主要是公司拒绝，不让股东查阅。2005 年有一则报道：杭州人和上海人合资在杭州创办了一家公司，杭州人出资 60%，上海人出资 40%。当上海人跑到杭州来查阅公司账目时，杭州人不让他查阅。最终上海人不得不到法院打官司主张查阅权。当时的《公司法》第 32 条只规定"股东有权查阅……公司财务会计报告"，并没有说可以查阅会计账簿。所以这官司恐怕不太好打。①

　　2005 年我国修改公司法，扩大了股东的查阅权。现行《公司法》第 33 条第 1 款规定：有限责任公司的"股东有权查阅、复制公司章程、股东会会议记录、董事会会议决议、监事会会议决议和财务会计报告。"《公司法》第 97 条规定：股份有限公司的"股东有权查阅公司章程、股东名册、公司债券存根、股东大会会议记录、董事会会议决议、监事会会议决议、财务会计报告，对公司的经营提出建议或者质询。"② 两条规定内容基本一致，因为它们所列的查阅对象基本相同，但有一处差别，就是有限责任公司的股东除了查阅之外还可以复印，而对股份有限公司的股东法律没有规定复印的权利。那是因为对于已经上市的公司，这些都是公开资料，所以实际上随时可以复制。但是这个考虑只见其一，不见其二，因为股份有限公司并非全部上市，也有不上市的。对于不上市的

---

　　① 实践中，有的法院对当时的《公司法》第 32 条规定的股东查阅权作了相当开明的理解和解释，如 2004 年 2 月 6 日江苏省高级人民法院判决的《星裕公司诉无锡脱普公司股东知情权纠纷案》：星裕公司在 2001 年 8 月 20 日合法受让了脱普公司的部分股权，成为脱普公司的股东，之后便要求查阅脱普公司的财务账簿和相关的会计凭证。但是脱普公司内部订有专门的《调阅办法》，规定股东查阅的范围仅包括"公司年检、税务申报之各项文件和总账、明细分类账"，不包括会计凭证；《调阅办法》还规定股东所查资料的时间范围是其成为股东之后的年度，不包括当年及之前的年度。这样的规定从字面上看也不违反当时的法律规定，因为公司法在公司财务方面只列了一项：公司财务会计报告。《调阅办法》允许的范围还比它广。但是法院对公司法的规定作了广义的理解和解释，最后判决星裕公司不但可以查阅会计凭证，而且在时间范围上不受限制，既可以查阅以后年度，也可以查阅当年和以前年度。此外，星裕公司还可以聘请中国或者外国的会计人员协助查阅这些资料。该案件详见（2002）苏民三初字第 004 号。原判词较长，这里作了归纳、总结和改编。

　　② 法律没有对主体资格进行任何限制，即没有规定持股在数量和时间上的最低门槛，那就意味着随意买 1 股股票就可以查阅该公司的档案。这对股东人数少的有限责任公司来说自然没有问题，但是对于股东人数众多的股份有限公司，特别是上市公司，似乎不尽恰当，因为这给个别喜欢恶作剧捣乱的人打开了方便之门。

股份有限公司，如果只能查看，不许复制，显然不利于股东知情权的行使。所以，虽然《公司法》第97条没有规定复制的权力，但应当参照第33条第1款理解为有这样的权力。

《公司法》第33条第2款规定：有限责任公司的"股东可以要求查阅公司会计账簿。"但是光查阅账簿可能不够，能不能同时查阅原始会计凭证？除了查阅之外是否还可以像前款规定的那样复制？能否委托专业人员代理查阅或者审计？这些问题公司法并没有规定清楚，需要法院在审判实践中作出解答。从已有判例来看，会计凭证包括原始凭证和记账凭证，都可以在查阅会计账簿时一并查阅；但是会计账簿只能查阅，不能复制。对于专业人员帮助查阅的问题，《公司法司法解释（四）》第10条第2款规定："股东依据人民法院生效判决查阅公司文件材料的，在该股东在场的情况下，可以由会计师、律师等依法或者依据执业行为规范负有保密义务的中介机构执业人员辅助进行。"也就是说，股东本人在场时，他们可以帮助审查，但是股东不在场时，他们不得代理审查。

该司法解释第7~12条对《公司法》第33条和第97条规定的股东查阅权做了一些解释。其中第7条规定："股东依据公司法第三十三条、第九十七条或者公司章程的规定，起诉请求查阅或者复制公司特定文件材料的，人民法院应当依法予以受理。"所谓"公司特定文件材料"，可以有两种不同的理解，一是指《公司法》第33条和第97条所列文件范围内的某些特定文件；二是指由股东根据查阅目的或需要指定的特定文件，即可以超越公司法条文所列的文件另行指定特定的文件，如公司与第三人签订的某些合同和合作协议、公司的某些内部档案等。《公司法司法解释（四）》没有具体指明哪一种理解正确。现有判例都采取了第一种理解。①

一、查阅范围

【案例10-1】
崔世荣与南通恒诚房地产评估咨询有限公司股东知情权纠纷案②
江苏省南通市中级人民法院 2014年

2004年，原告崔世荣与秦小江等4人成立南通恒诚房地产评估咨询有限公司（以下简称恒诚公司），公司注册资本68.8万元，其中，崔世荣出资22.84万元，占注册资本的33.2%。公司由秦小江担任执行董事，崔世荣担任监事。但是崔世荣实际并未参加公司的经营管理，也无从了解公司的经营状况和公司高级管理人员的业务活动情况。2013年5月26日，崔世荣书面请求查阅和复制相关文件，恒诚公司未予答复，引起诉讼。

原告崔世荣请求判令：（1）恒诚公司立即提供其自成立至今的公司章程、股东会会

---

① 从最高人民法院的法定权限去看，只能取第一种理解。因为最高院只有解释权，没有立法权。如果取第二种理解，那就等于最高院修改了公司法，属于越权行为，是违法的。但是由于我国法制的不健全，为了弥补某些法律漏洞，最高院有时候又不得不这样做。例如2003年1月9日发布的《关于审理证券市场因虚假陈述引发的民事赔偿案件的若干规定》第7条所列的被告，便超出了当时的《证券法》规定的范围。详见本书作者所著《证券法学》第三版第134页和第一版第141页上的解说。

② （2014）通中商终字第0105号。原判词较长，为了缩减篇幅，突出重点，本书作者在不影响原意的基础上作了改编和精简。

议记录和财务会计报告供自己查阅和复制;(2)恒诚公司提供自成立至今的财务会计账簿(包括记账凭证及原始凭证)供自己和委托的注册会计师、律师查阅。

一审法院认为,《会计法》第15条第1款中并未将记账凭证和原始凭证包含在会计账簿内,崔世荣要求查阅记账凭证和原始凭证,显然超出了《中华人民共和国公司法》第34条^①规定的股东行使知情权的范围,且有可能损害恒诚公司的合法权益,影响恒诚公司的正常经营;第34条(后为第33条)也没有规定股东可以委托注册会计师和律师查阅会计账簿,另外,为保护公司的商业秘密需要,公司可以拒绝外人查阅会计账簿。于是,一审判决崔世荣可以查阅、复制公司的财务会计报告,可以查阅公司的会计账簿但不包括记账凭证,不得聘请专业人员查账。

崔世荣不服而上诉。

二审法院归纳本案的争议焦点为:(1)崔世荣的查阅范围是否包含恒诚公司的会计凭证(即记账凭证和原始凭证)、公司章程和股东会会议记录;(2)如果崔世荣有权查阅恒诚公司的会计凭证等资料,其是否有权委托注册会计师、律师查阅公司财务会计账簿(含记账凭证及原始凭证)。

关于第一个争议焦点,根据《中华人民共和国会计法》第9条、第14条、第15条的规定,可以看出,会计凭证是会计账簿的原始依据,是一个公司经营情况的最真实反映,公司的具体经营过程只有通过查阅会计凭证才能知晓,如果股东查阅权的范围仅限于会计账簿,作为公司的股东特别是中小股东,将难以真实了解公司的经营情况,亦无法保障股东作为投资者享有收益权和管理权之权源的知情权。至于股东对会计凭证的查阅可能会导致公司商业秘密的泄露、股东同业竞争等侵犯公司利益的情形,应当由公司进行举证。恒诚公司未能就崔世荣具有不正当目的或存在泄露公司商业秘密等可能损害公司权益的事实予以举证,应当承担举证不能的不利后果。

关于第二个争议焦点,二审法院认为公司财务资料具有很强的专业性和复杂性,作为股东,未必具有专业的会计知识,如果不允许股东委托专业人士进行查阅,股东知情权将无法行使,流于形式;《公司法》第34条(后第33条)明确规定股东的查阅权,但并未禁止股东委托专业人士进行查阅。根据《中华人民共和国民法通则》第63条规定:"公民、法人可以通过代理人实施民事法律行为。"委托代理人实施民事法律行为是公民的应有权利,除非依照法律规定或按双方当事人的约定不得委托。恒诚公司认为允许他人代为查阅可能侵犯公司的商业秘密,但并未举证证明。

一审法院认定事实清楚,但适用法律错误,应予纠正。二审法院判决崔世荣有权查阅会计记账凭证,有权委托律师和会计师查阅公司的会计账簿和记账凭证。

本案中,法院对第一点争议的判决符合以往惯例,我国大多数法院都认为会计凭证可以查阅。对第二点争议的判决与《公司法司法解释(四)》第10条的规定基本吻合,因为司法解释就是从这类判决中提炼出来的。只是司法解释增加了股东本人在场的要求,

---

① 现修改后为《公司法》第33条,下同。

多了点限制，似乎在本案一、二审法院的不同立场之间采取了一定程度的折衷。

《公司法司法解释（四）》没有对会计凭证能否查阅作出规定，但绝大多数法院都认为可以查阅。[①] 至于聘请专家协查，则根据司法解释的要求，需要股东本人在场：

【案例 10-2】
北京太运大厦有限公司与太平洋控股有限公司股东知情权纠纷案 [②]
北京市第二中级人民法院 2018 年

北京太运大厦有限公司（以下简称太运公司）是台港澳与境内合资的有限责任公司，成立于 1996 年 12 月 26 日，投资人为：上海太崇装饰工程有限公司、北京君太太平洋百货有限公司、第一选择控股有限公司、太平洋控股有限公司，分别认缴出资金额 30 万美元、30 万美元、570 万美元、570 万美元。太平洋控股有限公司（以下简称太平洋公司）自太运公司成立至今一直为太运公司股东。

2017 年 9 月 29 日，太平洋公司向太运公司的邮寄《通知函》说：我公司作为贵公司的股东，要求贵公司于 2017 年 10 月 11 日前置备以下档案资料和文件，供我公司委派的代表到贵公司办公场所或贵公司指定的地点查阅：一、自 1996 年成立之日至查阅之日的全部董事会会议记录、董事会会议决议和财务会计报告（包括会计报表、会计报表附注和财务情况说明书），查阅、复制时间不少于 15 个工作日；二、自 1996 年成立之日至查阅之日的会计账簿（包括总账、明细账、日记账明细、至最末级科目的试算平衡表、其他辅助性账簿）及与会计账簿记载内容有关的会计凭证（包括记账凭证、原始凭证及作为原始凭证附件入账备查的有关资料），查阅时间不少于 15 个工作日。查阅目的如下：一、作为股东，我公司需要了解贵公司财务状况，核查我公司股权投资损益情况；二、我公司需要核实贵公司另一股东上海太崇装饰工程有限公司历史上是否存在股权代持关系，了解股东入资及分红情况；三、我公司曾向贵公司提供股东借款 3 000 余万美元，需要了解借款用途及流向。

截至一审庭审之日，太运公司未能向太平洋公司提供上述通知函内的材料，亦未对太平洋公司的上述要求做出书面答复并说明理由。

庭审过程中，太运公司辩称：一、太运公司自成立伊始，从未间断向太平洋公司提供《通知函》提到的材料，因而太平洋公司的查阅请求无理；二、即使太平洋公司有权查阅，也不应查阅董事会会议记录，因为公司法只列举了董事会决议，没有列举董事会会议记录，后者只是董事发言内容，不是董事会的表决结果；三、同理，公司法也没有

[①] 法院的逻辑是：会计账簿包含会计凭证。但是也有少数法院认为"会计账簿不包含会计凭证"，因而不允许查阅。见"吴小明与厦门柏事特信息科技有限公司股东知情权纠纷案"，2018 年 9 月 29 日福建省厦门市思明区人民法院一审民事判决书，（2018）闽 0203 民初 9664 号。在后面的"广州吉必盛科技实业有限公司、张华股东知情权纠纷案"中，广州市中级人民法院的判词说："张华要求查阅与会计账簿相应的会计凭证，没有法律依据，一审法院不予支持。"由于上诉人是一审被告，一审原告张华没有就此上诉，所以二审仅仅维持原判，没有在这个问题上表态。

[②]（2018）京 02 民终 6145 号，2018 年 10 月 26 日。原判词较长，为了缩减篇幅，突出重点，本书作者在不影响原意的基础上作了改编和精简。

列举会计凭证，所以太平洋公司只能查阅会计账簿，不能查阅会计凭证；四、太平洋公司只能自己查阅，无权委托代理人代其查阅。

一审法院认为，根据本案查明的事实，太平洋公司作为太运公司的股东，是股东知情权的权利主体，理应享有法律规定的股东知情权。虽然董事会会议记录未在公司法列举的可以查阅、复制的材料范围内，但考虑到太运公司是中外合资企业，不设股东会，董事会是最高权力机构，类似股东会，且董事会决议是董事会会议记录的结果，章程中也列明董事会必须有董事会会议记录，故股东应当有权查阅、复制。会计账簿必须以经过审核的会计凭证为依据，会计凭证包含记账凭证和原始凭证，是公司具体经营活动的体现，可以查阅。委托代理人代其查阅的问题，《公司法司法解释（四）》第十条第二款已有具体规定，股东依据人民法院生效判决查阅公司文件材料的，在该股东在场的情况下，可以由会计师、律师等依法或者依据执业行为规范负有保密义务的中介机构执业人员辅助进行。

于是一审判决：一、太运公司备置自 1996 年 12 月 26 日成立至判决生效之日止的全部董事会会议记录、董事会会议决议和财务会计报告（包括会计报表、会计报表附注和财务情况说明书）于其办公场所，供太平洋公司及其委托的律师、会计师查阅并复制；二、太运公司备置同期会计账簿（包括总账、明细账、日记账明细、其他辅助性账簿）及与会计账簿记载内容有关的会计凭证（包括记账凭证、原始凭证）于其办公场所，供太平洋公司及其委托的律师、会计师查阅。查阅或复制的时间均不少于 15 个工作日。

太运公司不服一审判决，向北京市第二中级人民法院上诉。

二审特别指出，太运公司一、二审提交的证据，证明每年都配合太平洋公司进行了财务审计，通知太平洋公司以股东身份参加董事会。但是这些事实并不能成为阻却太平洋公司行使股东知情权的理由。在股东已向公司说明查阅目的的情况下，若公司拒绝股东的查阅请求，公司必须举证证明其有根据认为股东查阅的目的并不正当且该根据必须达到"合理"的程度。一审在各个要点上认定事实清楚，适用法律正确，所以驳回上诉，维持原判。

北京市第一中级人民法院同样认为查阅范围不限于会计账簿本身，而应该包括会计凭证。[①] 法院之所以将公司法规定的"会计账簿"延伸开去包括公司法没有规定的会计凭证，是因为二者的联系极其紧密。如果没有这种紧密的联系，法院就不会作扩大性的解释，而严格限制在公司法的明文列举。

【案例 10-3】
龚某某诉上海千思装潢建材超市有限公司股东知情权纠纷案 [②]
上海市黄浦区人民法院 2009 年

原告龚某某为被告上海千思装潢建材超市有限公司（以下简称千思公司）的股东，

---

① 见其 2018 年 10 月 22 日判决的"北京北空空调器有限公司等股东知情权纠纷案"，（2018）京 01 民终 6647 号。

② 本案从北大法宝网站下载，上面没有载明案号和审判日期。本书作者在不影响原意的前提下对案件内容作了调整和改编。

持有被告 20% 的股权。2004 年，被告在未通知原告的情况下，以伪造原告签名的方式做出两份股东会决议，该两份股东会决议于 2006 年 5 月 19 日被上海市黄浦区人民法院判决认定为无效。2005 年 1 月，被告向中国建设银行股份有限公司上海市张江支行（以下简称建行张江支行）贷款 2 700 万元，借款期限自 2005 年 2 月 1 日至 2006 年 1 月 31 日，原告及案外人蒋某某以其所有的房屋为被告借款提供抵押担保。后因被告未按约履行还款义务，建行张江支行提起诉讼，致原告所有的房屋有被行使抵押权之虞。2007 年 4 月，原告致函被告要求查阅公司财务会计报告、会计账簿及原始凭证，但被告未作答复。

原告诉称：由于被告的经营状况和财务状况均为被告的另一股东蒋佳学所掌控，被告既未提供财务账册供原告查阅，又存在冒用原告名义作出股东会决议的情形，故原告对被告的财务状况始终处于不知情状态，亦无法行使相应的股东权利，故诉请法院判令：（1）被告提供 2004 年 1 月 1 日至今的包括资产负债表、损益表、利润表、税务表（年报、月报）在内的公司财务会计报告供原告查阅、复制；（2）被告提供 2004 年 1 月 1 日至今的全部装潢合同、会计账簿及原始凭证供原告查阅；（3）被告提供 2005 年 3 月至今有关向建行张江支行贷款 2 700 万元的资金流向凭证。

对于原告的诉求被告未作答辩。

法院认为，原告系经工商行政管理部门核准登记的被告股东，依法享有查阅、复制公司相关资料的权利。原告第一项诉请涉及的各类会计报表属公司财务会计报告的组成部分，依据《公司法》第 34 条（后第 33 条）的规定，原告有权查阅、复制；原告的第二项诉请即要求查阅被告对外签订的全部装潢合同，超越了法定的文件范围，故不予支持；至于公司会计账簿及原始凭证，虽然公司法未明确原始凭证属股东可查阅的内容，但由于原始凭证既是会计账簿形成的基础，又是验证会计账簿对公司财务状况的记录是否完整准确的依据，且原告怀疑会计账簿存有造假记录确属事出有因，目前亦无证据表明原告查阅会计账簿及原始凭证具有不正当的目的，可能影响被告的正常经营，因此，被告应当提供会计账簿及原始凭证供原告查阅。原告的第三项诉请实已包含于第二项诉请所涉会计账簿的原始凭证之中，故再作一单独的诉请提出已无必要。

法院最终判决：被告千思公司将自 2004 年 1 月 1 日至今的公司财务会计报告提供给原告龚某某查阅及复制；将自 2004 年 1 月 1 日至今的公司会计账簿及原始凭证提供给原告龚某某查阅；对原告龚某某的其余诉讼请求不予支持。

一审判决后，双方当事人均未提起上诉。判决已生效。

本案中法院将装潢合同排除在查阅的范围之外，因为它们与会计账簿的联系不如会计凭证那么紧密。

二、查阅会计账簿的前置程序

由于会计账簿能够全面地反映公司的财务状况，比较敏感，为了平衡公司利益与股东权利，公司法从程序上作了进一步的规定："股东要求查阅公司会计账簿的，应当向公司提出书面请求，说明目的。公司有合理根据认为股东查阅会计账簿有不正当目的，可能损害公司合法利益的，可以拒绝提供查阅，并应当自股东提出书面请求之日起 15 日内书面答复股东并说明理由。公司拒绝提供查阅的，股东可以请求人民法院要求公司提供查阅。"实践中有的股东不遵循前置程序径行向法院起诉，或者没有说明目的，或者没有等满 15 天，法院原则上可以驳回。但是在审判实践中不同的法院对此也有不同的态度。有的法院对前置程序瑕疵予以宽容，有的则比较严格。

【案例 10-4】
徐尚忠、付秀兰诉北京永盛联机电产品有限公司股东知情权纠纷案 ①
北京市西城区人民法院 2010 年

2005 年 6 月，北京市西直门内机电产品采购供应站改制成立北京永盛联机电产品有限公司（以下简称机电公司），徐尚忠、付秀兰分别认缴了公司 4% 的股本，成为机电公司的股东。公司章程规定：公司应当按照国家规定建立财务会计制度，每年年底制作财务会计报告，经审查验证后于次年 2 月 1 日前送交各位股东。徐尚忠、付秀兰二人出资之后既没有参与公司的经营管理，也没有收到过公司的财会报告。

2010 年 1 月 8 日，二原告通过快递给公司发函，请求查阅财会报表和会计账簿，遭到拒绝后在北京市西城区人民法院提起诉讼，称公司在改制前连年盈利，改制后几乎没有盈利，甚至亏损，故希望通过查阅会计账簿了解公司真实的经营情况，请求判令机电公司提供 2005 年 7 月 1 日至 2009 年 12 月 31 日的年度财会报表、会计账簿及原始凭证供其查阅和复制。公司没有提供。被告答辩称已经向原告提供了报表，但是会计账簿和原始凭证不属于股东知情权的范围，原告的职业与公司的经营范围一致，存在竞争，其查阅目的不明确，可能损害公司利益。

《公司法》第 34 条（后第 33 条）规定股东有权查阅财会报表，但是如果要查阅会计账簿，必须先通过一个前置程序，先"向公司提出书面请求，说明目的"；公司在 15 日内予以答复；拒绝提供查阅的，股东才可以向法院起诉。

法院在审理过程遇到的一个争议焦点是原告的请求中有没有包含一份说明查阅目的的文件。原告说有，被告说无。由于原告除了口头陈述之外拿不出别的证据，法院采信了被告的说法，裁定原告在请求中没有说明查阅目的，因而存在前置程序瑕疵，尽管在诉讼过程中原告清楚地说明了目的，但是也不能弥补前置程序的瑕疵，所以判决原告可以查阅财会报表，但是还不能查阅会计账簿。

这个判决确立的规则是：股东查阅公司会计账簿必须经过法定的前置程序；前置程序中的瑕疵不能通过诉讼中的说明予以补救。单从个案来看，这样做似乎效率很低。因为原告事后仍然可以向公司请求并说明目的，遭到拒绝后再向法院起诉。与其让原告如此走一遍，还不如直接受理。但是事情还有另一个侧面：如果不驳回存在前置程序瑕疵

---

① （2010）西民初字第 02954 号。原判词较长，为了缩减篇幅，突出重点，本书作者在不影响原意的基础上作了改编和精简。

的请求而直接受理，以后股东都可以省却法律明文规定的前置程序，该前置程序就会被架空，架空了更会影响效率。因为通过前置程序有些问题可能会协商解决，不需要诉讼。

【案例 10-5】

李淑君、吴湘、孙杰、王国兴诉江苏佳德置业发展
有限公司股东知情权纠纷案 ①

江苏省宿迁市中级人民法院 2010 年 1 月 6 日

江苏佳德置业发展有限公司（以下简称佳德公司）从事房地产开发。李淑君、吴湘、孙杰、王国兴四原告从 2004 年起就是佳德公司的股东，合计持股占公司全部股份的 54%。

2009 年 4 月 8 日，四原告向佳德公司递交书面申请，说自己作为公司股东，对公司经营现状一无所知；公司经营至今没有发过一次红利，并对外拖欠大量债务，使我们的权益受到了严重侵害；为了解公司实际情况，维护自己合法权益，拟本月 23 日前，在公司住所地查阅或复制公司的所有资料（含公司所有会计账簿、原始凭证、契约、通信、传票、通知等），特对公司提出书面申请。没等公司回复，4 月 14 日，四原告又直接诉至法院提出上述诉求。同日，法院受理该案。

2009 年 4 月 20 日，佳德公司函复四原告，说明已于 4 月 8 日收到他们的申请书，因涉及较多法律问题，公司委托江苏世纪同仁律师事务所王凡律师、万巍律师处理，请与他们联系。4 月 27 日，法院向佳德公司送达应诉材料。

当时广厦建设集团有限责任公司（以下简称广厦公司）指责佳德公司拖欠其工程款近两千万元，已经提请宿迁市仲裁委员会仲裁。而广厦公司派驻管理工程的项目经理为张育林，张育林是佳德公司的前股东，曾在 2007 年将其持有的佳德公司股份全部转让给了原告李淑君。此外，原告向被告提交的书面申请书上李淑君的姓名是由张育林代签的；起诉书上李淑君的姓名也是由张育林代签的。因此，被告佳德公司认为本案四原告与正在进行的仲裁案的对立方张育林有着密切的关系，原告查阅公司账簿的目的是为广厦公司搜集材料，帮助广厦方面的仲裁争辩，损害佳德公司的利益。

宿迁市宿城区人民法院一审认为，除会计账簿及用于制作会计账簿的相关原始凭证之外，四原告的诉讼请求已超出法律规定的股东行使知情权的范围，对超出范围的部分不予审理。但是查阅账簿必须有正当目的。佳德公司和广厦公司之间涉及巨额工程款的仲裁案件未决，申请书和四原告的民事起诉状及授权委托书上均有张育林签字，四原告对此不能作出合理解释，说明张育林与本案知情权纠纷的发动具有直接的关联性，其提起知情权诉讼的目的是为张育林刺探公司秘密。这样的目的是不正当的。由于存在着这种不正当目的的巨大嫌疑，考虑到仲裁案标的额巨大，被告在其中有重大的利害关系，对比四股东的知情权，两害相比取其轻，应优先保护公司的权益。所以即使原告的查阅

---

① 本案从北大法宝网站下载，上面没有载明案号。原判词较长，为了缩减篇幅，突出重点，本书作者在不影响原意的基础上作了改编和精简。

目的正当，也可以在仲裁案件结案后或者在证明已经排除查阅会计账簿与张育林的关联性之后，再行主张自己对会计账簿的知情权。此外，原告也没有遵守法定的前置程序。《公司法》第 34 条要求股东在书面请求查阅会计账簿并说明目的之后，遭到公司拒绝或者等待 15 天而公司不作答复，才可以提起诉讼。而本案中原告不等被告答复，在提交书面请求后仅 6 天便径行起诉。不符合法定的前置程序。

　　总之，四原告要求行使知情权不仅超出法定范围，且其关于查阅会计账簿的起诉违反法定前置程序，同时被告佳德公司有合理理由认为四原告行使该权利具有不正当的目的，可能会损害公司的合法利益。于是，2009 年 7 月 28 日，法院驳回了四原告的请求。原告不服，向宿迁市中级人民法院上诉。二审撤销了一审的判决，作了改判，理由如下：

　　第一，关于四上诉人起诉要求行使知情权是否符合《公司法》规定的前置条件。股东知情权是指法律赋予股东通过查阅公司的财务会计报告、会计账簿等有关公司经营、管理、决策的相关资料，实现了解公司的经营状况和监督公司高管人员活动的权利。股东知情权分为查阅权、检查人选任请求权和质询权。本案中，四上诉人诉请的性质为查阅权。《公司法》第 34 条第 2 款要求股东先行向公司提出书面请求并说明查阅目的，遭到公司拒绝后才可以提起诉讼。这一前置条件的设定目的在于既保障股东在其查阅权受侵犯时有相应的救济途径，也防止股东滥用诉权，维护公司正常的经营。本案中，四上诉人于 2009 年 4 月 8 日向佳德公司提出请求，虽然 4 月 14 日四上诉人至一审法院起诉时佳德公司尚未作出书面回复，但佳德公司在 4 月 20 日的复函中并未对四上诉人的申请事项予以准许，且在庭审答辩中亦明确表明拒绝四上诉人查阅和复制申请书及诉状中所列明的各项资料。至此，四上诉人有理由认为其查阅遭到拒绝而寻求相应的法律救济途径，此时不宜再以四上诉人起诉时 15 天答复期未满而裁定驳回其起诉，而应对本案作出实体处理，以免增加当事人不必要的讼累。

　　第二，关于四上诉人要求行使知情权是否具有不正当目的。由于股东的知情权涉及股东和公司之间的利益冲突，在保护股东利益的同时也应适当照顾公司的利益，使双方利益衡平，故知情权的行使应当符合一定的条件并受到一定的限制。本案中，四上诉人向被上诉人佳德公司提出书面请求说明其行使知情权的目的是了解公司实际经营现状，这个目的是正当的。佳德公司认为四上诉人查阅会计账簿的目的是为了收集并向广厦公司提供工程款纠纷仲裁一案中对佳德公司不利的证据，可能损害佳德公司合法利益，以此为由拒绝其查阅，应当承担举证责任。主要证据是四上诉人提交的申请书、诉状及授权委托书中均有张育林代李淑君签名，而张育林的身份系广厦公司派驻佳德公司工程的项目经理，且直接参与了广厦公司与佳德公司的仲裁一案。这些证据不足以证明四上诉人查阅公司会计账簿具有不正当的目的，且可能损害佳德公司合法利益。因为：(1) 李淑君的股份系受让自张育林，临时委托张育林代为签名也在情理之中。其后她本人在诉状及授权委托书上亲自签名，表明提起知情权诉讼系其真实意思表示。张育林之前受李淑君委托在诉状及授权委托书中代为签名，其法律效力及法律后果应由李淑君承担，张育林本身不是本案主张行使知情权的主体，并非如佳德公司所主张的系代替李淑君行使知情权。最终能够实际行使知情权的也只能是佳德公司股东李淑君，而非张育林。

（2）四上诉人合计持有佳德公司 54% 的股权，其与佳德公司的利益从根本上是一致的。佳德公司如在与广厦公司仲裁一案中失利，客观上将对四上诉人的股东收益权造成不利影响。且提起本案诉讼的是李淑君、吴湘、孙杰、王国兴四个人，而非李淑君一人，佳德公司仅以张育林代李淑君签名，而认为四上诉人提起本案诉讼的目的在于为其利益冲突方广厦公司收集仲裁一案的不利证据，显然依据不足。（3）佳德公司主张四上诉人在查阅公司会计账簿后可能会为广厦公司收集到直接导致佳德公司在仲裁一案中多支付工程款的相关证据，但未明确证据的具体指向。《公司法》第 34 条规定的公司拒绝查阅权所保护的是公司的合法利益，而不是一切利益。基于诚实信用原则，案件当事人理应对法庭或仲裁庭如实陈述，并按法庭或仲裁庭要求提供自己掌握的真实证据，以拒不出示不利于己的证据为手段而获得不当利益为法律所禁止。如佳德公司持有在仲裁一案中应当提供而未提供的相关证据，则不能认定股东查阅公司账簿可能损害其合法利益。综上，股东知情权是股东固有的、法定的基础性权利，无合理根据证明股东具有不正当目的的不得限制其行使。佳德公司拒绝四上诉人对公司会计账簿行使查阅权的理由和依据不足，不予采信。

第三，关于四上诉人主张行使知情权的范围是否符合法律规定。账簿查阅权是股东知情权的重要内容。股东对公司经营状况的知悉，最重要的内容之一就是通过查阅公司账簿了解公司财务状况。根据《会计法》第 9 条、第 14 条、第 15 条第 1 款的规定，公司的具体经营活动只有通过查阅原始凭证才能知晓，不查阅原始凭证，中小股东可能无法准确了解公司真正的经营状况。根据会计准则，相关契约等有关资料也是编制记账凭证的依据，应当作为原始凭证的附件入账备查。因此，四上诉人查阅权行使的范围应当包括会计账簿（含总账、明细账、日记账和其他辅助性账簿）和会计凭证（含记账凭证、相关原始凭证及作为原始凭证附件入账备查的有关资料）。对于四上诉人要求查阅其他公司资料的诉请，因超出了《公司法》第 34 条规定的查阅范围，不予支持。关于查阅时间和地点，公司法赋予股东知情权的目的和价值在于保障股东权利的充分行使，但这一权利的行使也应在权利平衡的机制下进行，即对于经营效率、经营秩序等公司权益未形成不利影响。因此，四上诉人查阅的应当是和其欲知情的事项相互关联的材料，而并非对公司财务的全面审计，故查阅应当在公司正常的业务时间内且不超过 10 个工作日，查阅的方便地点应在佳德公司。

第四，关于四上诉人的复制要求。《公司法》第 34 条第 1 款将股东有权复制的文件限定于公司章程、股东会会议记录、董事会会议决议、监事会会议决议和财务会计报告。第 2 款仅规定股东可以要求查阅公司财务会计账簿，但并未规定可以复制，而佳德公司章程亦无相关规定，因此四上诉人要求复制佳德公司会计账簿及其他公司资料的诉讼请求于法无据，不予支持。

综上，法院最终判决：（1）撤销宿迁市宿城区人民法院（2009）宿城民二初字第 00448 号民事判决。（2）被上诉人佳德公司于本判决生效之日起 10 日内提供自公司成立以来的公司会计账簿（含总账、明细账、日记账、其他辅助性账簿）和会计凭证（含记账凭证、相关原始凭证及作为原始凭证附件入账备查的有关资料）供上诉人李淑君、吴湘、孙杰、王国兴查阅。上述材料由四上诉人在佳德公司正常营业时间内查阅，查阅时间不得超过 10 个工作日。（3）驳回上诉人李淑君、吴湘、孙杰、王国兴的其他诉讼请求。（4）一审案件受理费 40 元、二审案件受理费 80 元，合计 120 元，由被上诉人佳德公司承担。

　　本判决为终审判决。

　　本案中原告没有恪守法定的前置程序，4 月 8 日提出书面请求，4 月 14 日便在没有接到拒绝通知也没有等满 15 天的情况下径行向法院起诉。但是法院以既然被告拒绝，就应避免不必要的讼累为由谅解了这一程序瑕疵。而前面的徐尚忠一案中法院严格要求当事人遵守前置程序。两案的事实差别无非是本案中股东没有等满 15 天，前面徐尚忠案的原告没有说明查阅目的。两案中被告公司事后都拒绝让股东查阅，但是法院对程序瑕疵的态度却截然不同。这是否意味着在前置程序中说明目的比等满 15 天更加重要，还有待于更多判例的进一步澄清。就目前状况而言，法院在这个问题上有自由裁量的余地。

　　在广州市中级人民法院 2018 年 10 月 24 日判决的"黄建华、广州市翌骅电子材料有限公司股东知情权纠纷案"[1] 中，股东黄建华以 EMS 快递向公司发函，注明收件人为公司的"前台、行政部"，封面上没有注明寄件人为黄建华；函件内容包括所要查阅和复制的文件名称，包括会计账簿，但是没有说明查阅目的。法院以此为由不准许黄建华查阅会计账簿，但可以查阅和复制《公司法》第 33 条第 1 款列明的文件。这里，一审法院对快递封面没有注明寄件人姓名吹毛求疵，认定意思表示未曾到达，似乎没有道理。收件人没有写错，公司又收到了文件，意思表示就送达了。但是以函件内容没有说明查阅会计账簿的目的也即未走前置程序为由拒绝，倒是于法有据，与前面的徐尚忠案判决一致。所以二审法院在维持原判时只强调函件没有说明查阅目的，不再提快递封面的事。

　　本案突出了《公司法》第 33 条第 1、2 两款的区别：第 1 款规定的内容可以查阅与复制，第 2 款规定的会计账簿只能查阅，不能复制，这自然也包括会计凭证。2018 年由安徽省池州市中级人民法院判决的"程文兴、池州市恒硕现代农业发展有限公司股东知情权纠纷"[2] 和北京市第三中级人民法院判决的"和合健坤资产管理（北京）有限公司与阮文强股东知情权纠纷"[3] 等案都认为会计账簿不得复制。

三、查阅目的

　　本案对查阅目的的正当与否作了较多的讨论。《公司法》第 33 条第 2 款规定：公司有合理根据认为股东查阅有不正当目的，可能有损公司合法利益的，可以拒绝。这样的规定说明证明查阅目的不正当的责任在公司。如果公司不能证明，即推定查阅目的正当。本案中被告主要输在不肯指明具体那些证据会在仲裁中对其不利，因而没有说服法院，还使法院怀疑被告故意隐瞒不应当隐瞒的不利证据，因而其所欲维护的利益不属于法律要保护的合法利益。但是如果指明了哪些证据可被对方在仲裁庭上利用，广厦公司就会

---

① （2018）粤 01 民终 15254 号。

② （2018）皖 17 民终 704 号，2018 年 11 月 28 日判决。

③ （2018）京 03 民终 12463 号，2018 年 10 月 23 日判决。

盯着索要这些证据，一旦法院判决出示这些证据，那比直接提供全部材料供原告查阅还要不利。因为提供了，对方还需要在一大堆材料中寻找证据，而指明了就等于帮助对方查找好了。所以被告确实处于一种两难的境地。但是法院说得也有道理：依法办事，看你这证据应不应该拿出来，应该拿出来的股东不查你也应该在仲裁中拿出来，查了对你没有影响；不应该拿出来的必须说明理由并承担举证责任。由于最终被告没有指明什么证据，所以我们不知道在一个具体情景下，到底哪边的说法更有说服力。

《公司法司法解释（四）》第 8 条对不正当目的列举了 4 种情形：

有证据证明股东存在下列情形之一的，人民法院应当认定股东有公司法第三十三条第二款规定的"不正当目的"：

（一）股东自营或者为他人经营与公司主营业务有实质性竞争关系业务的，但公司章程另有规定或者全体股东另有约定的除外；

（二）股东为了向他人通报有关信息查阅公司会计账簿，可能损害公司合法利益的；

（三）股东在向公司提出查阅请求之日前的三年内，曾通过查阅公司会计账簿，向他人通报有关信息损害公司合法利益的；

（四）股东有不正当目的的其他情形。

这里的第（二）项正是本案中双方争议的焦点。可见，司法解释正是在这类案子的基础上提炼出来的。

第（一）项不正当目的是"股东自营或者为他人经营与公司主营业务有实质性竞争关系业务的"情形。和第（二）项不同的是，这里没有"可能损害公司合法利益"的字样，这就意味着被告无须证明查阅将会损害公司的合法利益，只要原告股东在与公司竞争，即可推定其查阅有不正当目的，除非"公司章程另有规定或者全体股东另有约定"。在司法解释出台之前，早有法院认为在存在同业竞争的情况下，会计账簿包含客户群、销售价格和销售渠道，因而支持被告公司拒绝股东查阅的立场。在北京市西城区法院网上有这样一个案例：2002 年，A 集团与李某各出资 25 万元成立了一个公司，销售机械电器设备、五金交电等，由李某负责经营。2007 年 7 月 9 日和 24 日，A 集团通过特快专递两次向被告公司提出要求查阅会计账簿，遭到拒绝，于是起诉要求判令被告向原告提供会计账簿供其查阅。被告辩称原告有不正当目的，因为：（1）原告违背双方的承诺新成立了分公司，与被告形成同业竞争，试图取代被告。该分公司在报纸上发布广告，并通过售后服务方式与被告竞争，挖取营业人员，给被告造成损失。被告账簿中有大量的商业秘密，原告一旦获得，势必造成对被告的损害。（2）被告以前一直独家销售原告的产品，双方存在大量关联交易和结算，并存在销售价格和结算争议，双方约定，原告按成本价提供给被告货物，但实际并未依此执行，原告也承认存在价格争议。综上，被告有理由认为原告的目的不正当，请求法院驳回原告的请求。一审法院认为，《公司法》并无股东与公司之间同业竞争的禁止性规定，被告未能举证证明原告具有不正当目的且侵犯其商业秘密的事实，故判决被告提供其财务会计账簿供原告查阅。被告不服，提起上诉。二审法院改判，认为被告账簿和原始凭证中包含被告以往产品的销售渠道、客户群、销售价格等商业秘密；原告设立的分公司从事同种类产品的销售工作，通过查阅账簿了解上述情况后，势必会掌握被告的该项商业秘密，从而存在损害被告利益的可能。据此，二审法院撤销了一审原判，驳回了原告诉讼请求。

【案例 10-6】

张章生诉宁波中缝公司股东知情权纠纷案 ①
宁波市中级人民法院 2009 年 12 月 21 日

2004 年 1 月，张章生与香港伟昌衣车有限公司等 6 股东设立了宁波中缝精机缝纫机有限公司（以下简称宁波中缝公司），经营范围为高技术含量特种工业缝纫机的生产。张章生的股份份额为 32%，经董事会聘请，任公司总经理。2008 年 11 月 17 日，中缝公司董事会通过决议免除了张章生的总经理职务。2009 年 2 月 12 日，张章生提出长期以来公司从未将财务状况向其披露，因对公司设立以来的巨额资金的使用及财务收支有疑虑，请求查阅公司历年来的会计账簿。2009 年 2 月 19 日，中缝公司出具回复函拒绝了张章生的请求。2009 年 8 月 13 日，张章生起诉要求被告向其提供自被告公司设立起至起诉日止被告公司的会计账簿。

一审法院另查明：宁波中缝公司从 2008 年 6 月起处于停业状态，但仍在建造新厂房。2009 年 7 月 16 日，中缝公司诉至一审法院，要求张章生归还借离的注册资本金 4 380 000 元，并支付利息损失 876 000 元，一审法院于同日受理了该案。张章生妻子周芝瑛系浙江中逢重工缝纫机有限公司法定代表人，该公司和中逢公司均生产经营工业缝纫机，张章生亦参与了浙江中缝重工缝纫机有限公司的经营管理。

被告宁波中缝公司辩称：被告拒绝张章生查阅公司账簿有正当理由且符合法律规定。原告虽系股东，但其注册资本到位后曾大量抽离至今未能全部归还，由于涉嫌抽逃注册资金，为此北仑区公安局已将案件移交北仑区工商部门先行进行行政调查，为防止调查受到干扰，相关人员伪造证据或串供，故拒绝原告查看会计账簿。另外，原告妻子系浙江中缝重工缝纫机有限公司法定代表人，该公司与被告作同样的产品，客户群也一样，实际由原告经营管理，会计账簿中有大量客户信息，涉及同行业的许多商业秘密，涉嫌同业竞争。为此，被告拒绝原告查阅会计账簿的请求。

宁波市北仑区人民法院一审认为，原告张章生作为宁波中缝公司的股东，要求查阅公司会计账簿系其作为股东所享受的权利，但该权利的行使不得侵犯公司及其他股东的权益。原告妻子系浙江中缝重工缝纫机有限公司法定代表人，原告也在一定程度上参与了该公司的经营管理，而该公司与被告均生产经营缝纫机，两公司明显存在同业竞争，而会计账簿必然反映销售客户群、销售价格等商业秘密；另外，原告与被告间存在股东出资纠纷，该纠纷法院正在审理中，会计账簿也必然反映股东出资的到位流转情况，原告查阅公司会计账簿可能会对该纠纷造成影响；原告主张通过查阅会计账簿了解公司财

---

① （2009）浙甬商终字第 1254 号。原判词较长，为节省篇幅，突出重点，本书作者作了精简和改编。

务状况，股东了解公司财务状况也可以通过复制查阅会计财务报告达到该目的，并非须查阅会计账簿。因此，被告中缝公司有合理根据认为原告查阅会计账簿有不正当目的，可能损害公司合法利益，有权拒绝。故依照《中华人民共和国公司法》第 34 条第 2 款的规定，判决驳回原告张章生的诉讼请求。①

宣判后，原告张章生不服，于 2009 年 11 月向浙江省宁波市中级人民法院提起上诉称：（1）一审法院以上诉人与被上诉人存在同业竞争，可能损害被上诉人利益为由，认定上诉人有不正当目的。这是不成立的，因为商业秘密的认定需符合《反不正当竞争法》的规定，不是每家企业的客户群、销售价格就一定是商业秘密。（2）上诉人查阅公司会计账簿，只是查阅，而不是修改，而会计账簿并不涉及会计凭证，双方间的股东出资纠纷即便成立，有关出资纠纷的证据也是早就固定的，不会因为查阅会计账簿而发生影响。

2009 年 12 月 21 日，上诉人张章生以双方达成和解协议，并已履行完毕为由，向宁波市中级人民法院申请撤回上诉，宁波市中级人民法院依法作出了准许原告撤诉的裁定。

本案中法院的判决逻辑与上述 A 集团与李某的查阅纠纷案相同。但是值得注意的是，原告只要求查阅会计账簿，不需要会计凭证。而且原告声称对公司设立以来的巨额资金的使用及财务收支有疑虑，因为长期以来公司从未将财务状况向其披露。从这个意义上说，原告的要求也是合理的。被告并没有证明原告的这些疑虑通过查阅《公司法》第 33 条第 1 款规定的财会报表等资料即可解决，无须查阅该条第 2 款规定的会计账簿。被告拒绝的主要理由是会计账簿含有客户信息和销售价格，法院判决的主要理由也在此。至于被告抱怨的股东抽逃部分出资，则不能成为拒绝查阅的理由。是否所有的客户信息都是商业秘密？其披露真的会导致被告的竞争不利？原告在上诉中说，不是每家企业的客户群、销售价格都是商业秘密，商业秘密的认定需符合《反不正当竞争法》的规定。也有法院认为，"我国法律法规并未禁止股东自营与所投资公司同类的业务"，同业竞争不属于不正当的股东查阅目的。②前述 A 集团与李某的知情权纠纷案中的一审法院也有这样的观点。

《公司法司法解释（四）》在这个问题上采取了简单化的处理：只要被告证明原告自营或者为他人经营与被告竞争的企业，即可推定其查阅目的不正当。

【案例 10-7】
郭春松、陈兰兵等与江苏向荣电气有限公司股东知情权纠纷案③
镇江市中级人民法院 2018 年 10 月 22 日

江苏向荣电气有限公司（以下简称向荣公司）成立于 2011 年 3 月 17 日，注册资本 1 亿元，股东 7 人，其中蒋诗敏出资 7 029 万元，占股 70.29%，为控股股东兼法定代表人；原告陈兰兵、周文、郭春松、××仙 4 人分别占股 0.6%、7.2%、1.9%、0.1%。陈兰兵是安赫集团有

---

① （2009）甬仑商初字第 1577 号。

② 见（2014）浦民二（商）初字第 2742 号民事判决书。

③ （2018）苏 11 民终 2404 号。原判词较长，为了缩减篇幅，突出重点，本书作者在不影响原意的基础上作了改编和精简。

限公司的员工、江苏凯芙科技有限公司的股东；周文是威腾电气集团股份有限公司的员工；郭春松兼任江苏西杰建设工程有限公司、镇江西杰电气有限公司、江苏西杰机电科技有限公司的执行董事；××仙目前无正式工作。江苏凯芙科技有限公司、镇江西杰电气有限公司与向荣公司在主营业务上存在实质性竞争关系。2018年3月5日，原告邮寄《请求查阅公司财务账簿的申请》给向荣公司，要求了解向荣公司的经营状况、财务状况，查阅公司自成立之日起至2017年12月31日期间的股东会议记录、董事会会议决议、财务会计报告、会计账簿和会计凭证。向荣公司以查阅目的不正当为由拒绝。四原告起诉。法院判决四原告均可查阅复制其所请求的股东会议记录、董事会会议决议、财务会计报告；但是会计账簿及会计凭证只有周文和××仙可以查阅，陈兰兵（在同业竞争公司有股份）和郭春松（担任竞争公司执行董事）不得查阅。被告不服上诉，二审维持原判。

　　这个判决似乎表明，股东只要与同业竞争的公司沾上边，就不得行使查阅权。《公司法司法解释（四）》规定的是"自营或者为他人经营"竞争公司的业务，陈兰兵仅仅在竞争公司有股份，并不参与公司的经营管理。判决此人不得查阅是没有道理的。有意思的是，陈兰兵没有上诉，被告反而上诉了。二审驳回被告的上诉，自然是正确的。

【案例 10-8】
郭明球与广州琳峰泉矿泉饮料有限公司股东知情权纠纷案 ①
广州市白云区人民法院 2018 年 10 月 29 日

　　被告琳峰泉公司成立于2014年4月，共有3个股东，原告郭明球是其中之一，还担任公司法定代表人兼执行董事。2016年2月，公司股东会作出决议罢免了原告的职务，之后原告不再参与公司的经营管理活动。2017年3月，原告起诉，请求查阅2015年度、2016年度公司会计账簿。同年8月，法院以原告任职的竹林泉公司与被告存在同业竞争关系，原告查阅目的不明，可能损害被告合法利益为由，判决驳回原告的诉讼请求。原告不服，向广州中院上诉。中院于同年12月驳回上诉，维持原判。2018年6月11日，原告向竹林泉公司发出个人辞职申请函，表示由于个人原因，提出辞职申请。竹林泉公司在该函上签署"同意辞职"并盖章。6月28日，原告向被告发出《关于要求行使股东知情权的函》，再次请求查阅2015—2017年度公司会计账簿，包括总账、明细账、日记账和其他会计凭证。数日后，被告回函拒绝，称：原告辞去竹林泉公司的职务只是表面现象，竹林泉公司是原告以家庭开办的企业，且在经营业务上和被告同业竞争。2018年7月26日，原告再次起诉请求查阅。法院说：

　　被告在本案中所持观点为只要近亲属经营与股东所在公司具有实质性竞争业务的公司，则股东必然会向其近亲属泄露股东所在公司的商业秘密。该观点明显违背商业基本道德，无端增加商事关系中的不信任感，对商事秩序亦产生不利的影响，不应获得公众的认可，亦无法获得本院的认可。其次，原被告或者原告与被告其他股东之间从未

———————————
① （2018）粤 0111 民初 9443 号。

约定股东的近亲属不得另行设立与被告存在实质性竞争关系业务的公司，故原告的近亲属设立竹林泉公司，并未对原告的股东权利产生限制。最后，被告未能提供证据证实原告在竹林泉公司任职时曾经实施导致被告损失的行为，亦无提供证据证实原告在上述期间曾经泄露被告的商业秘密或者采取不正当竞争行为导致被告客户减少或者产品销售额下降。虽竹林泉公司的企业信息公示报告中留有原告的联系电话，但该电话号码记载于2016年、2017年的年度报告当中，被告亦未能提供证据证实原告在2018年6月11日即向竹林泉公司辞职后仍继续为竹林泉公司工作或者经营与被告具有相同业务的公司，不足以证实原告存在自营或者为他人经营与公司主营业务有实质性竞争关系业务的事实。被告亦无其他证据证实原告存在《最高人民法院关于适用〈中华人民共和国公司法〉若干问题的规定（四）》第八条所规定的其他应当认定为"不正当目的"的行为，综上，被告主张原告行使股东知情权具有不正当目的理由不成立，原告要求行使股东知情权符合法律规定，本院予以支持。

这家法院适用司法解释极为刻板。首先，被告提出的拒绝理由很现实：原告的家人经营着竞争公司，所以原告从该公司辞职只是一个表面现象。但是法院为了批准查阅却无视现实，大唱高调，什么违背商业基本道德、增加商事关系中的不信任感、不应得到公众和法院的认可，等等。要知道，商场的竞争是极其残酷的，法律应当实事求是，对这些客观存在的、冷酷无情的利益关系作出正确的判断和公正的处理。只有在这样的基础上才能养成良好的商业道德。法律规则必须充分考虑到人性恶、道德坏的现实可能，防患于未然；而不是想当然地认定道德好，依赖道德好，在这种想当然的基础上裁判纠纷。其次，法院除了高唱道德歌之外，还指出了一个重要的事实：原告在任职竹林泉公司期间并未泄露被告的商业秘密或者进行不正当竞争。既然如此，那么在原告第一次起诉时就应当允许其查阅，何必一定要等到他辞职之后呢？可是，那时允许查阅，法院又害怕与司法解释的规定不符，所以干脆禁止。总之，法院在本案中一字一板地执行司法解释：第一次不让查阅是因为原告在竞争公司任职，尽管没有泄露被告的商业机密，也无任何不正当竞争的行为；第二次让查是因为原告已经不再任职于竞争公司，尽管他的近亲属控制和经营着该竞争公司，因为在竞争关系上司法解释只说股东，没说股东的家属。

本案判决过程中的这些纠结也反映出司法解释存在过于绝对化的问题——凡是经营竞争性企业的原告一律认定为查阅目的不当。这种简单化的处理总让人感到过于笼统和死板。更好的选择恐怕是具体案情具体分析，对那些虽有竞争关系，但无不正当行为的股东查阅网开一面，尽量在正当目的和可能的不正当目的之间、在保护股东知情权与保护被告商业秘密之间达成一种适度的平衡。为此，举证责任需要分清。原告证明目的正当到什么程度，被告证明目的不正当到什么程度，法院如何综合平衡，都要规定清楚。而这些，还需要进一步的经验积累。

上海市高级人民法院2005年11月29日印发的《2005年上海法院民商事审判问答（之四）》中在这个问题上采取了分时间段处理的做法："针对实务中被告提出抗辩说，由于原告参与经营与被告公司相同的业务，因此，原告要求查阅账簿的真实目的是为知悉被告公司的商业秘密。……如果原告在离职前本就担任公司相关管理职务，这样被告所谓公司的商业秘密是不能成立的，可以构成对抗抗辩的一个理由。但对原告离职后的公司的秘密应予以相应的保护，毕竟原告系经营同类业务的公司的股东。"显然，这样的区分比《公司法司法解释（四）》的简单处理更加细致一些。

在美国，只要股东证明了正当目的，同时存在的不正当目的在所不论，而且所谓正当目的的范围也比我们广泛得多（见下一节介绍）。我们对股东知情权的保护显然还没有达到这一步。

下面案例的争议焦点也是股东行使知情权是否存在不当目的，但是被告拒绝查阅的理由不是存在竞争，而是指责原告所控制的公司损害了被告公司的利益，且公司之间有诉讼存在。由于这些理由不在司法解释列举的不正当目的的范围之内，法院不予支持。

【案例 10-9】

广州吉必盛科技实业有限公司、张华股东知情权纠纷案 [①]
广州市中级人民法院 2018 年 10 月 28 日

吉必盛公司成立于 2001 年 2 月 28 日，注册资本为 3 500 万元人民币，其中张华出资额为 1 015.625 万元，占股比例为 29.017 9%。2018 年 1 月 29 日，张华向吉必盛公司发函请求查验会计账簿及相应的会计凭证，并说明了理由。吉必盛公司于 2 月 9 日回复，以查阅目的不正当为由拒绝，理由是：吉必盛公司经营每况愈下是由于张华所控股的四川省乐山市福华通达农药科技有限公司为了氢气计量争议问题，撕毁合作协议，强行停掉吉必盛公司下属全资子公司乐山市吉必盛硅材料有限公司的水、电、气及公用工程的供应所造成；张华绝对控股的四川省乐山市福华农科投资集团有限责任公司和相对控股的四川省乐山市福华通达农药科技有限公司，提起了对吉必盛公司及下属子公司乐山市吉必盛硅材料有限公司的两宗诉讼，诉讼金额高达 1 000 多万元。因此，吉必盛公司要求张华在上述两宗案件结束后再申请查阅。一审法院认为，吉必盛公司所说的这些事实即使成立，也"不属于上述司法解释所规定的吉必盛公司可以拒绝张华查阅会计账簿的法定事由"。两宗诉讼都是普通经济纠纷，不涉及商业秘密。张华控股的公司与吉必盛公司经营范围不同，不存在同业竞争。因此，法院支持了张华查阅会计账簿的请求，责令被告出示这些账簿供张华查阅。但是"张华要求查阅与会计账簿相应的会计凭证，没有法律依据，一审法院不予支持"。吉必盛公司不服，上诉，广州市中级人民法院驳回上诉，维持原判。

查阅目的是否正当是个比较复杂的问题，还有很多讨论的余地。《公司法》只说被告可以通过证明原告的目的不正当而予以拒绝，没有解释什么样的目的正当，什么样的目的不正当。《公司法司法解释（四）》第 8 条实际上仅仅列出同业竞争和向他人通报信

---

① （2018）粤 01 民终 17255 号。原判词较长，为了缩减篇幅，突出重点，本书作者在不影响原意的基础上作了改编和精简。

息这样两种① 不正当目的，并没有从正面阐述什么样的目的正当。一般地，如果股东查阅的目的与保护股东的利益具有直接关系，例如，希望了解公司的财务状况、调查可能存在的管理不善、通过行使知情权对管理者的错误行为提起诉讼等，法院都应认定股东具有正当目的。

四、查阅权与股东资格

【案例 10-10】

林阿勇诉江苏省徐州瑞丰食品工业有限公司股东知情权纠纷案②
江苏省徐州市中级人民法院 2006 年

江苏省徐州瑞丰食品工业有限公司（以下简称瑞丰公司）成立于 2002 年 7 月 31 日。2003 年 4 月 28 日，公司进行变更登记，注册资本 30 万元人民币，股东为林阿勇、卢佳二人，各占 50% 股份。公司的股东名册和章程中也有同样的记载。但林阿勇并未向公司实际投入过任何资金。

2004 年 8 月 26 日，林阿勇向江苏省丰县人民法院提起诉讼，要求行使知情权，查阅瑞丰公司财务会计报告、账簿凭证等。但是瑞丰公司拒绝提供，理由是林阿勇没有向公司实际投入资金，从公司创办登记注册到变更等所有文件均不是林阿勇本人签名。

江苏省丰县人民法院一审认为，股东资格的确定依据是公司章程和股东名册。林阿勇具有瑞丰公司股东资格，但是因为林阿勇没有实际出资其权利应当受到限制，所以不得行使知情权的。法院驳回了林阿勇的诉讼请求。原告不服，提起上诉。

二审法院同意一审法院对林阿勇股东资格的认定，但是不同意限制他的知情权。只要具有股东资格，就应享有知情权。知情权是股东行使其他权利的基础，没有知情权会影响股东在公司中其他权利的行使，不利于解决公司纠纷和保护股东权利，也不符合我国公司制度发展的价值取向。故判决撤销一审判决，改判林阿勇有权在判决生效 10 日内，对瑞丰公司成立以来的财务会计报告、财务账簿、各项财务凭证及资产和经营状况进行查阅。

这个判例确立的规则是：瑕疵出资的股东也享有股东知情权。判决适用的是 2005 年修改之前的公司法，但是判决确立的规则却有普遍的意义。

在"杨国平诉北京龙德泉环保科技有限公司股东知情权案"③ 中，被告龙德泉公司同样以原告杨国平没有实际出资为由拒绝其查阅公司财务资料的要求，北京市丰台区人民法院一审认为出资瑕疵并不必然导致股东身份的丧失，判决支持了原告的查阅请求。被告上诉后，北京市第二中级人民法院于 2009 年 9 月 17 日作出判决，认为"杨国平是否实际出资……并不影响其行使最基本的股东权利"，维持了一审原判。

---

① 因为所列的 4 项中第 4 项是兜底条款，第 3 项与第 2 项属于同类。

②（2006）徐民终字第 10 号。原判词较长，为了缩减篇幅，突出重点，本书作者在不影响原意的基础上作了改编和精简。

③（2009）二民终字第 18107 号。

但是在前面"徐州市住房保障和房产管理局与徐州市鑫磊房地产开发公司股东知情权纠纷案"①中，没有出资的徐州市住房保障和房产管理局尽管在工商局登记为股东，却依然被判没有股东资格，因而不享有股东的任何权利，包括查阅权。与林阿勇案相比，二者都没有出资，判决结果却绝然相反，似乎互相矛盾。其实不然，徐州市房管局及其下属单位一开始就没有出资成为股东的愿望，而林阿勇是认真想要成为50%的股东并登记在公司的章程和股东名册中，其股东身份确定无疑。这一事实差别显然是两家法院作出不同判决的原因。可见，只要股东身份确定，查阅权一般就不受影响。

在"宜昌市猇亭区福银小额贷款有限公司、郑剑化股东知情权纠纷"②一案中，股东郑剑化出资600万元，但是却作为担保人与主债务人共同欠下公司近900万元未还，公司以此为由拒绝其查阅公司财会资料的请求，认为他其实已经抽逃出资。一审法院认为，郑剑化确实对公司负有到期债务未曾归还，但是这不属于《公司法司法解释（四）》第8条所列不正当目的之情形，所以依然享有股东知情权。二审法院认为，借钱未还与股东资格是两种不同的法律关系，"不能当然推断存在郑剑化抽逃出资的情形，且法律对于存在出资瑕疵进行股东权利限制范围亦未包括对股东知情权的限制。"因此，二审维持原判。也就是说，没有出资的股东在利润分配等方面的权利会受到限制，但是知情权不受影响。

【案例 10-11】
藏丽诉江苏天衡会计师事务所有限公司股东知情权纠纷案③
江苏省高级人民法院

江苏天衡会计师事务所有限公司（以下简称天衡会计公司）成立于1999年1月，藏丽占公司股份5%。1999年10月，藏丽等人另行成立了江苏天健会计师事务所有限公司，由藏丽任法定代表人。12月28日，藏丽从天衡会计公司借走股本金5万元。2000年1月，藏丽向天衡会计公司出具书面承诺，同意从1999年11月30日起将其5%的股权按原价回售给公司。6月16日，藏丽与天衡会计公司法定代表人余瑞玉签订退股协议，价格每股1元，合计5万元（实际藏丽已于1999年12月28日从公司支走）；天衡会计公司1999年度利润总额349万余元，藏丽按其持股比例取得该年年度分红。但是后来藏丽听说天衡会计公司在分配1999年度红利时截留了巨额利润转入下年度分配，于是在2002年3月18日致函天衡会计公司，要求查阅公司1999年度的有关财务资料，特别是全部收支账目和分红方案，遭到拒绝后在南京市白下区人民法院提起诉讼，请求查阅1999年的财务账目、收费发票存根和业务报告登记簿。被告答辩称原告已不是公司的股东，不再具有《公司法》（1999年修订）第32条规定的股东知情权的主体资格；且自其自愿放弃股权起算，2年的诉讼时效已过。

---

① 见第九章第一节的第一个案例。
② （2018）鄂05民终2417号，宜昌市中级人民法院2018年10月29日判决。
③ （2007）苏民再终字第0017号。原判词较长，为了缩减篇幅，突出重点，本书作者在不影响原意的基础上作了改编和精简。

一审认为，公司法赋予股东对公司财务状况的知情权。藏丽要求查阅的是公司 1999 年度的财会资料，当时她还是股东，所以其请求并无不当，应予支持。仅凭股东会会议记录和公司的财会报表这些表面材料无法真正保障股东权利，应当允许原告查阅所要求的财务资料。至于诉讼时效，不是从原告放弃股权时起算，应该从她知道权利受到侵犯时起算，所以还没有超过 2 年。①

被告不服一审判决，向南京市中级人民法院上诉。二审驳回上诉，维持原判。② 被告仍然不服，申请江苏省高级人民法院再审。

再审经向最高院咨询后认为，《公司法》第 32 条规定了股东的查阅权，其行使主体应当是现任股东而非前任股东。本案中的原告已经失去股东身份，故不再拥有该条所规定的查阅权。于是，江苏省高级人民法院撤销了原判决，改判被告胜诉。

本案一、二审判决于 2005 年《公司法》修改之前，适用的也是之前的《公司法》。再审虽然在 2007 年，还请示了最高人民法院，但是适用的都是修改前的《公司法》。再审判决确立的规则是：公司法规定的股东知情权限于现股东而不包括前股东；即使查阅的资料是在其作为股东的时期内，也是如此。

本案的判决结果显然不太公平。原告声称公司方面存在欺诈，需要查清。这样的要求是正当的。公司法保护股东知情权的目的是便于股东参与公司的经营管理，维护自身的合法权益。本案判决所确立的规则将知情权限于现股东在一般情况下是对的，但是本案案情特殊，应当作为例外处理。所以 10 年之后最高人民法院纠正了本案中给予江苏省高院的咨询意见，其对公司法所做的《公司法司法解释四》第 7 条规定：行使查阅权的股东必须在查阅时具备股东资格，"但原告有初步证据证明在持股期间其合法权益受到损害，请求依法查阅或者复制其持股期间的公司特定文件材料的除外。"藏丽听说了公司在其持股期间有巨额利润被隐瞒起来，没有分配给她，这就是司法解释所说的"原告有初步证据证明在持股期间其合法权益受到损害"，法院应当准许她查阅。

【案例 10-12】

汪渝新与开平市虹桥会计师事务所有限公司股东知情权纠纷案③

广东省开平市人民法院 2018 年 10 月 26 日

原告汪渝新于 2000 年 3 月 1 日进入被告开平市虹桥会计师事务所有限公司工作，并成为股东之一，持股比例为 8%。2016 年 10 月 31 日因外勤工作时间安排、下班时间处理及利益纠纷，原告与集团大股东产生矛盾，致使被告强迫其自 2016 年 11 月 1 日起不再上班，由此引起一系列的冲突、仲裁和诉讼。原告举报被告偷税漏税，被告开除原告并请求法院确认，等等。2017 年 5 月 8 日，原告向被告提出书面申请，申请查阅 2016 年度公司会计报表、财务会计报告、会计账簿 [包括总账、明细账、日记账、辅助

---

① （2002）白经初字第 356 号。
② （2002）宁民一终字第 464 号。
③ （2017）粤 0783 民初 1608 号。

账、B 账（内账）] 和会计凭证（包括记账凭证和相关原始凭证）。因双方对查阅材料的内容、范围等无法达成一致，遂引发本次纠纷。

在本案庭审期间，有 3 件事值得一提。第一，汪渝新已收到鹤山市海天会计师事务所（普通合伙）出具的虹桥会计师事务所 2016 年度的审计报告。第二，开平市劳动人事争议仲裁委员会于 2017 年 7 月 3 日对原被告之间的劳动关系争议作出仲裁裁决书，裁决 "一、被申请人自本仲裁裁决生效之日起三日内支付申请人 2016 年 1 月至 10 月期间的奖金 111 330.23 元；二、被申请人自本仲裁裁决生效之日起三日内支付申请人解除劳动合同的经济补偿金 257 240.84 元；三、驳回申请人的其他仲裁请求。" 虹桥会计师事务所不服，依法向本院提起劳动争议，本院依法于 2017 年 10 月 25 日作出判决："一、原告开平市虹桥会计师事务所有限公司应自本判决生效之日起三日内向被告汪渝新支付 2016 年 1 月至 2016 年 10 月期间的奖金 111 330.23 元；二、原告开平市虹桥会计师事务所有限公司应自本判决生效之日起三日内向被告汪渝新支付解除劳动合同的经济补偿金 251 679.75 元；三、驳回原告开平市虹桥会计师事务所有限公司的诉讼请求。" 虹桥会计师事务所、汪渝新均不服，提起上诉，江门市中级人民法院依法于 2018 年 4 月 4 日判决 "驳回上诉，维持原判"。第三，对于被告起诉原告股东资格确认纠纷一案，本院经审理，依法于 2018 年 1 月 8 日判决 "汪渝新从 2017 年 7 月 17 日起丧失开平市虹桥会计师事务所有限公司的股东资格条件。" 汪渝新不服，提起上诉，江门市中级人民法院依法于 2018 年 6 月 6 日判决 "驳回上诉，维持原判"。

《公司法司法解释（四）》第 7 条第 2 款的规定："公司有证据证明前款规定的原告在起诉时不具有公司股东资格的，人民法院应当驳回起诉，但原告有初步证据证明在持股期间其合法权益受到损害，请求依法查阅或者复制其持股期间的公司特定文件材料的除外。" 虽然原告汪渝新在起诉时具备股东资格，但是根据依据生效的判决，原告已于 2017 年 7 月 17 日丧失股东资格。因此，本案争议的焦点应为：原告持股期间其合法权益是否受到损害。原告声称查阅会计账簿的目的是为了明确 2016 年 1—10 月其应得奖金等，但其应得的 2016 年 1—10 月的奖金已经相关的劳动争议案件处理完毕。而本次庭审中，原告已收到鹤山市海天会计师事务所（普通合伙）出具的虹桥会计师事务所 2016 年度的审计报告。原告未能提出实质性的证据证明上述审计报告存在错误，亦未能证明持股期间其合法权益受到损害，故其申请查阅涉案的会计账簿等，理据不足，本院依法不予支持。

本案中，法院的判决逻辑存在一点小小的瑕疵。不许原告查阅是因为原告已经收到了 1—10 月份的奖金，并且收到了由第三人出具的公司 2016 年度审计报告。可是原告显然怀疑奖金拿少了，要弄清楚其应得的奖金；他显然不信任由公司聘请的第三人所出具的公司财务审计报告，所以才请求查阅。你不让他查，他又怎么能证明其合法权益受到损害呢？查了才知道啊。法院似有陷入循环论证的嫌疑。从判词本身的内容来看，原告好像没有强调这一点，所以法院也没有在这个要害问题上着力审查。法院只说奖金已由劳动争议案件处理完毕，大概是一案不再审的意思吧。如果是，那倒有道理。可是法院没有说清楚。至于法院说原告未能证明其所收到的审计报告有实质性错误，那又是个循环论证的问题了。你不让他查会计账簿，他怎么能证明审计报告错误呢？

本案与前面的藏丽案的原告都是会计师事务所的股东，且本人也都是会计师。二者的不同在于藏丽听说有巨额利润截留；而本案原告没有听说。司法解释要求"原告有初步证据"证明其持股期间的合法权益受到损害。本案中的原告大概没有这样的初步证据吧。

第二节　美国查阅权案例比较

股东查阅权最初是由普通法创设的。查阅权不限于正式的会议记录，还"包括档案、合同和公司的其他文件"，Otis-hidden Co. v. Scheirich，187 Ky. 423，219 S.W. 191，194（1920），特别是会计账簿。虽然可以查阅的范围很广，但是这项权力并不绝对，而是受到种种限制，例如，为了避免给公司生意添乱，查阅只能在合理的时间和地点。但是最重要的限制就是要求有"正当的目的"。In re Steinway，159 N.Y. 250，53 N.E. 1103（1899）；State ex rel. Rogers v. Sherman Oil Co.，31 Del 570，117 A. 122（Del. Supr. 1922）。

美国每一个州的公司法都规定了股东的查阅权。但是规定的具体内容有不少差别。有的简单地承继普通法，有的则除了普通法上已有的诸如时间、地点、目的等方面的限制之外，还从其他方面对股东的查阅权进行限制，包括什么样的人有资格查阅和什么样的文件可以查阅，等等。有的州规定查阅人的持股比例（按已发行在外的股份数计算）必须达到一定的百分比，如 1% 或者 5%[①] 等；有的州规定无论是自己持有还是委托别人持有，持股的时间必须达到一定的期限，如 3 个月或者半年等。[②]

但是在对股东查阅权的所有限制中，最大的限制仍然是正当目的限制。围绕目的正当与否的争议和诉讼也是最多的。绝大多数州法都没有对正当目的给出准确的定义。特拉华州《公司法》第 220 条将之笼统地定义为"与该人作为股东的利益合理相关的目的"。一般说来，确定股份的价值、获取分红的信息、与其他股东沟通（包括征集投票代理权、召集股东参加派生诉讼、要约收购股份）、弄清楚可能的经营管理不善，都被认为是正当的目的。不正当的目的包括获取有利于竞争对手的信息如商业机密、客户名单等。"如果他的目的是满足好奇心、激怒或者骚扰公司或者达到某个对公司怀有敌意或有损公司利益的目的"，Albee v. Lamson & Hubbard Corp.，320 Mass. 421，69 N.E.2d 811，813（1946），那就不允许查阅，因为这些目的都是不正当的。同理，为了出售股东名单牟利或者为了帮助竞争者，也都是不正当的目的，公司可以拒绝查阅的请求。

一旦正当的目的被证明，那就不影响股东其他的不正当的目的，即这些不正当的目的不能成为公司拒绝提供资料的理由。但是也有法院认为要看那个正当的目的是否占统治地位。

---

① 这主要针对上市公司，因为在封闭公司里，这个比例几乎每个股东都能达到。但是上市公司的股东能够达到这个比例的就很少，而美国上市公司股东的权利意识相当强烈，行权事件极其频繁。这一点是和我国不同的。

② 参见《纽约商事公司法》624（b）条。

下面是作为美国公司法领头羊的特拉华州法院判决的几个股东查阅权案子。

【案例 10-13】

塞头诉莫开森 HBOC 公司 [①]

博格大法官。

在此上诉中，我们来研究对股东法定的查阅公司账簿和文档的权利的限制。《特拉华法典》第 8 章第 220 条允许股东调查"与其作为股东的利益合理相关"的事务，包括可能的公司侵权行为等。它并没有打开为支持诉讼而进行广泛的证据挖掘的大门。可是为了使这个法定的工具有用，它也不能狭义地被解读为禁止股东查阅必要的文件，仅仅因为这些文件是由第三人起草的或者这些文件的起草时间是在原告成为股东之前。有正当目的的股东请求查阅文件时，应当允许其查阅为达到该目的所必需的、由公司掌握、保管或控制的所有文件。因此，当股东以公司侵权为由提出第 220 条请求时，假定其主张有道理，就应当给予股东解决问题的充分信息，无论他提起的是派生诉讼还是试图直接联系公司董事或者其他股东。

1998 年 10 月 17 日，莫开森公司（以下简称莫开森）与 HBO 公司（以下简称HBOC）达成了股对股兼并协议。同年 10 月 20 日，上诉人尼尔·塞头购买了莫开森股份。兼并在 1999 年 1 月份完成，兼并后的公司重新命名为莫开森 HBOC 公司（以下简称莫开森 HBOC）。HBOC 作为莫开森 HBOC 的全资子公司继续存在。

从 1999 年 4 月到 7 月，莫开森 HBOC 因为年终审计而公布了一系列对前三年财会报表的更正，4 个月中将前三年的收入减少了 3.274 亿美元。这些更正都是由 HBOC 的不正常记账引起的。更正刚一公布，就引来了好几场官司，包括在衡平法院提起的阿旭诉麦考尔派生诉讼，民事案编号 17132。塞头是该案的四原告之一。他们诉称：（1）莫开森的董事因为在兼并之前没有发现 HBOC 的不正常记账而违反了注意义务；（2）莫开森的董事在兼并 HBOC 中浪费了公司的资产；（3）HBOC 的董事们违反了信托义务，在兼并之前对于遵守会计准则疏于监督；（4）莫开森 HBOC 的董事们在兼并完成后的 3 个月之内违反了相同的义务。虽然衡平法院根据被告的申请驳回了起诉，但是该驳回对于兼并前后疏于监督的诉由并非终结性定论。[②]

衡平法院在驳回起诉的判决中特地建议塞头和其他原告"运用'现成的工具'，特别是第 220 条账簿和文档之诉，以取得派生诉讼所需的信息。"塞头是阿旭案中唯一接受该建议的原告，他说其请求目的是："（1）进一步调查 HBOC 和 / 或莫开森 HBOC 董事会在监督各自公司的记账准则和财会报告过程中对信托义务的违反；（2）调查针对在莫开森兼并 HBOC 中由莫开森和 HBOC 雇用的那些顾问的潜在诉由；（3）根据 2000 年 9 月 15 日衡平法院的判词收集与上述相关的情报以充实阿旭诉麦考尔一案的诉状。"

塞头请求查阅 11 类文件，包括阿瑟·安德生在兼并前审查和认证 HBOC 的财务状

---

① Saito v. McKesson HBOC, Inc., 806 A.2d 113（Del. 2002）. 本书作者根据判词原文翻译，内容有所删减。

② 即原告可以重新起诉。——译者注

况的文件；在 HBOC、莫开森和它们的投资银行及会计师之间有关 HBOC 记账方法的通信；HBOC、莫开森和／或莫开森 HBOC 的董事之间对 1997 年 4 月及以后公布的关于 HBOC 的记账方法和财务状况的讨论。

初审之后，衡平法院认定塞头说出了查阅账簿和文档的正当目的——找出与 HBOC 和莫开森的兼并相关的可能存在的侵权行为。可是法院认为正当目的仅及于塞头购买莫开森股票之后可能发生的侵权。该院还认为塞头针对在兼并中给董事会出点子的第三人顾问查阅与潜在诉由有关的文件没有正当目的。最后，法院还认为塞头不得查阅 HBOC 的文件，因为它不是兼并前 HBOC 的股东，至于兼并后的 HBOC，他没有提出可以无视全资子公司的独立存在的理由。

特拉华公司的股东享有在普通法和成文法下查阅公司账簿和文档的有限权利。普通法承认查阅权，因为"就自我保护而言，股东作为公司的部分所有者有权知道他的代理人在怎样经管公司的事务。"这个普通法上的权利被汇入了《特拉华法典》第8章第220条。该条的相关部分规定如下：

......

（b）任何股东经书面请求，以宣誓方式说明请求目的，均有权为任何正当目的而查阅公司的股票账户、股东名单和其他账簿与文档，复印或者摘录这些文件。正当目的是指与该人作为股东的利益合理相关的目的。

一旦股东证明了第 220 条下的正当目的，其救济权不会因为他还有其他不当的第二目的而被挫败。不过，股东的查阅范围限于那些为达到所述目的必要的和不可缺少的账簿和文档。

初审之后，衡平法院认定有"可信的证据指向可能的侵权"，塞头证明了查阅公司账簿和文档的正当目的。但是衡平法院从三个方面限制塞头查阅相关文件：第一，它认为因为塞头没有资格对在他购买莫开森股票之前的行为提起诉讼，他就不能取得在 1998 年 10 月 20 日之前制作的文件；第二，法院说塞头无权获取两家兼并公司的财务顾问可能侵权的文件；第三，法院不许塞头查阅任何 HBOC 的文件，因为他不是 HBOC 的股东。下面我们来逐个审核这些裁决。

在成文法上，提起派生诉讼的股东必须声明他们"在该股东质疑的交易发生时......"是公司的股东。衡平法院认定对塞头在派生诉讼中的能力的这一限制决定了他的查阅权范围。因此，法院认定塞头只能查阅"在谈判和公开宣布兼并协议之后"莫开森和莫开森 HBOC 的董事会行为。

尽管我们承认在两条成文法之间存在某些互动，我们不把第 327 条解读为定义了股东第 220 条查阅权的时间范围。账簿档案法条要求股东的目的与他作为股东的利益"合理相关"。第 327 条资格法条规定只有在所称侵权发生时持有公司股票的股东才能提起派生诉讼。如果股东要调查远在他持股之前发生的所谓侵权，那就会产生他的目的是否与他作为股东的利益合理相关的疑问，会不会他的唯一目的就是提起派生诉讼。但是股东也可以通过其他方式利用有关公司经营的信息。他们可以向董事会陈述和讨论改革的建议，或者如果做不到这一点，可以起草一份股东会决议以便在下次年度会上提交，或者进行投票代理权竞争以选举新的董事。这些活动都不为第 327 条所禁止。

即使股东的唯一目的是为派生诉讼收集情报，他的持股日期也不应作为第 220 条诉讼的自动截止期。首先，潜在的派生诉称可能针对持续性的侵权，既早于又后于股东的购股日期。在这种情况下，从所称侵权发生时起的账簿和文档对于股东的目的可能是必要的和不可缺少的。其次，所称的购买之后的侵权可能源于之前发生的事件。例如，在本案中塞头要调查莫开森为什么直到兼并完成之后几个月才获知 HBOC 的不正常财会记录。兼并协议签订之前的尽职调查文件可能对调查不可或缺。总之，股东最初购买公司股票的日期不能决定第 220 条下可查档案的范围。如果购买日期之前的活动与其作为股东的利益"合理相关"，那么就应当允许股东查阅为弄懂这些活动所必需的档案。[①]

衡平法院不许塞头查阅莫开森 HBOC 从其财务顾问处取得并继续占有的文件，理由是塞头不得用第 220 条来酝酿针对第三人的诉求。上诉中，塞头争辩说他要第三人文件与他要莫开森 HBOC 文件的原因相同——调查莫开森和莫开森 HBOC 可能的侵权。他说既然初审法院认定这是正当的目的，那么就不该仅仅因为文件是由第三人起草的，便阻止他阅读这些为达成他的目的所必需的、由莫开森 HBOC 掌控的文件。

我们同意，公司保管的文件的来源一般不能决定股东是否有权根据第 220 条查阅。不过，初审法院是否以此为由限制塞头的查阅还不清楚。衡平法院认为塞头针对莫开森 HBOC 的顾问的诉求不是正当目的。它承认如果股东证明了他为了达到一个正当目的需要查阅某个文件，那么同样的文件是否会使其达成一个第二位的不当目的就无关紧要。但是该院大概认为塞头所要的第三人文件对于调查莫开森和莫开森 HBOC 可能侵权的目的无用。

我们不能从现有档案确定衡平法院是否想排除所有的第三人文件，不过如此地毯式的排除是不恰当的。文件的来源和公司取得文件的方式与股东的查阅权没有或者几乎没有关系。问题是这些文件是否对达成股东的正当目的是必需的和不可缺少的。本案中，塞头要调查莫开森和莫开森 HBOC 没有及时发现 HBOC 的不正常财会记录这一事实中可能存在的侵权行为。由于莫开森和莫开森 HBOC 依赖其财会顾问评估 HBOC 的财务状况和财会报表，这些顾问的报告和通信对于塞头的调查是很关键的。

最后，衡平法院认为塞头无权查阅任何 HBOC 文件，因为无论在兼并之前还是之后，他都不是 HBOC 的股东。虽然塞头是 HBOC 的母公司莫开森 HBOC 的股东，母公司的股东"如果没有表明欺诈或者子公司事实上只是母公司的替身……"，就无权查阅子公司的账簿和文档。衡平法院找不到任何无视 HBOC 的独立主体资格的理由，所以就不许塞头查阅它的档案。

我们再次维持这条既定的规则。此规则适用于那些从来没有给过莫开森和莫开森 HBOC 的 HBOC 账簿和文档，但是它不适用于 HBOC 在兼并前给予莫开森或者兼并

[①] 第 220 条下的程序没有为广挖证据打开大门。见 Brehm v. Eisner, 746 A.2d 244, 266–67（Del. 2000）（原告"承担举证责任证明合理目的并且必须非常精确地指出具体……每一类账簿和文档对于达到他所说的目的都不可缺少……"）；Security First Corp. v. U.S. Die Casting and Dev. Co., 687 A.2d 563, 568, 570（Del. 1997）（"仅仅好奇或者想到处钓鱼"是不够的）。原注第 10。

后给予莫开森 HBOC 的文件。我们估计 HBOC 向它的兼并伙伴提供了财务信息，后来又给了它的母公司。至于那些第三人文件，塞头为了弄清楚他公司的董事知道什么以及他们为什么没有认出 HBOC 的不正常记账，有权查阅相关的 HBOC 文件。

本案中法院主要回答了三个问题。第一，塞头有没有权力查阅在他购买莫开森股票之前制作的文件？衡平法院认为，因为塞头不得对在他购买公司股票之前的公司行为提起诉讼，所以他也不得查阅购买股票之前制作的文件。但是特拉华最高法院认为提起派生诉讼与查阅文件是两回事。股东确实不可以对他成为股东之前的公司行为提起派生诉讼，但是查阅文件的范围不能以其持股日期为准，因为所查的侵权行为可能与之前的行为有关。法院举了很多例子来说明这一点。例如，在本案中塞头要调查董事会为什么没有及时发现 HBOC 的不正常财会记录，那么兼并前莫开森方面所作的尽职调查文件就需要查阅；而这些文件都是在塞头成为股东之前制作的。另外，股东的查阅目的可能不是诉讼，而是向下一次年度股东会提出建议，之前的财会信息或其他文件会与此相关。还有，有的不法行为具有持续的状态，发生于股东购买股票之前，但是之时和之后仍然持续存在。这时股东当然有权提起派生诉讼，而之前的文件显然与此密切相关，需要查阅。总之，衡平法院以购股日期画线是不对的。

第二，塞头有没有权力查阅公司的财务顾问制作的文件？衡平法院判他无权，因为针对第三人的诉讼不是查阅公司档案的正当目的。该院还认为这些文件对于调查董事会疏于监督的问题是无用的。特拉华最高法院不同意，认为文件的来源和取得文件的方式与股东的查阅权没有关系，主要看这些文件是否对达成正当目的是必需的和不可缺少的。塞头要调查莫开森和莫开森 HBOC 没有及时发现 HBOC 的不正常财会记录这一事实中可能存在的侵权行为。财会顾问对于 HBOC 的评估报告和相关通信对于塞头的调查很重要，所以可以查阅。

第三，塞头有没有权力查阅 HBOC 的文件？衡平法院不许，因为他不是 HBOC 的股东。这是对的。但是最高法院作了限制，说这条规则只适用于公司没有看到过的文件，不适用于已经给了公司的文件。法院估计实际上给了公司很多文件，所以塞头还是可以查阅那些文件。

【案例 10-14】
圣菲尔德诉费莱森通信公司 [①]

浩兰德大法官。

原告上诉人弗兰克、D. 圣菲尔德根据特拉华一般《公司法》第 220 条起诉，试图强制被告被上诉人费莱森通信公司（以下简称费莱森）提供公司自 2000 年到 2002 年间有关 3 位公司高管的报酬的账簿和文档供他查阅。圣菲尔德称这些高管的报酬，无论是

---

① Seinfeld v. Verizon Communications, Inc., 909 A.2d 117(Del. 2006). 本书作者根据判词原文翻译，内容有所删减。

单个还是合起来，都是过高的和浪费的。在讼争双方都请求不审而判之后，衡平法院适用已经定型的特拉华法律，认定圣菲尔德没有满足其对于正当目的的举证责任，因而不能支持其查阅费莱森档案的请求。

特拉华的既定法律要求圣菲尔德向法院出示一些证据来表明对可能的浪费、经营不善或侵权的怀疑具有可信的基础，需要进一步的调查。圣菲尔德说那样的举证负担"竖起了一个让公众公司中的少数派股东不可逾越的障碍"，我们认为他的争辩没有道理。

我们重审维持特拉华的既定法律，股东根据第 220 条查阅必须向法院出示"一些证据"以表明可能发生了经营不善、浪费或者侵权的推断有"可信的基础"。一方面对于能提供一些可能侵权证据的股东，要允许其查阅公司档案；另一方面对于仅出于怀疑和好奇而提出的查阅请求，公司有权拒绝，"可信基础"的标准在这两者之间达成了适度的平衡。因此，衡平法院的判决必须得到维持。

圣菲尔德称他持有大约 3 884 股费莱森股票，挂在一家经纪人企业的街名之下。他查阅费莱森账簿和文档的目的是调查在确定高管 Ivan G. Seidenberg、Lawrence T. Babbio, Jr. 和 Charles R. Lee 的报酬中存在的公司经营不善和公司浪费。圣菲尔德称这三位高管作着同样的工作，所获的报酬，包括期权在内，都高于他们的雇用合同规定的数额。他的第 220 条请求还以他的各种计算为基础，这些计算显示这 3 位高管在过去 3 年中的报酬总共为 2.05 亿美元，所以从他们在公司中的岗位责任来看是过高的。

在口头取证期间，圣菲尔德承认他称公司经营不善没有事实依据，3 位高管所做的工作并不重复。他还承认他称这些高管根据各自的雇用合同"没有挣得"支付给他们款项没有事实基础，他所计算的 2.05 亿美元高管报酬"有可能"错误。

摆在我们面前的问题很狭义：股东能否不被要求出示一些证据来表示存在侵权的可信基础而根据第 220 条行使其查阅权？我们判答案是否定的。

第 220 条赋予了特拉华公司的股东一项"强大的权利"。通过适当地主张第 220 条下的权利，股东能够获取用于各种场合的信息。他们可以在几个方面使用关于公司经营不善、浪费和侵权的信息。例如，他们可以提起派生诉讼："向董事会陈述和讨论改革的建议，或者如果做不到这点，可以起草一份股东会决议以便在下次年度会上提交，或者进行投票代理权竞争以选举新的董事。"

十多年前，我们注意到"奇怪的是很少有人在派生诉讼中将第 220 条用作收集情报的手段"。可是今天，越来越多关心公司管理的股东宽泛地运用第 220 条。在查阅账簿和文档方面的诉讼的增加正是因为本院鼓励那些能够证明正当目的股东在提起派生诉讼前先用这"现成的工具"来收集必要的信息。第 220 条现在被认作"公司管理中的一个重要组成部分"。

衡平法院认定圣菲尔德的口头证词说明他对支付给这 3 位高管的高额报酬感到担忧。该院认为圣菲尔德拿不出"任何证据让它评估有没有合理的基础去怀疑这些高管的报酬高到了浪费的程度"，还说圣菲尔德没有"提交任何证据来说明这些高管不该得到期权"。衡平法院恰当地指出，与费莱森董事会或其报酬委员会在商事判断上的意见分歧不是侵权的证据，也不能满足第 220 条下的举证责任。因此该院认为：

"从对圣菲尔德最有利的角度来看证据，法院必须断言他没有担当起举证的负担，证明存在可信的基础，使得法院可以据此推论费莱森董事会在确定这些高管在相关时期内的报酬中造成了浪费或者经营不善。相反，案卷清楚地显示圣菲尔德的第 220 条请求仅仅是以怀疑或者好奇为基础的。"

上诉中，圣菲尔德称"衡平法院的裁定竖起了一个让公众公司中的少数派股东不可逾越的障碍。"他说："此院和衡平法院都指示股东将第 220 条用作现成的工具。然而，衡平法院在本案中通过要求证据而使第 220 条的适用变成梦想。如果股东有证据，就可以提起派生诉讼。除非有人告密，或者有录像，公众股东无法接触公司档案，只能怀疑。"

圣菲尔德认为："由于要求证据，股东就不能使用现成的工具。"他最后简单地要求本院减轻股东在第 220 条下的举证责任：

"原告认为在涉及公众公司的案子中，少数派股东只能看到公开文件，在没有告密者或者公司文件的情况下，应该被允许根据从公开资料中得出的怀疑、合理相信和逻辑推理进行有限的查阅。"

在第 220 条案子中，股东有责任以优势证据证明正当目的。股东调查侵权或者经营不善是个"正当目的"，这是早已定论的。这样的调查是恰当的，因为当诉状所称（经营不善）有道理时，调查会促进股东的利益，也会增加股东的投资回报。

特拉华法律在第 220 条案子的进化过程反映出法院试图在股东以公司经营不善的说法为基础获取信息的权利与董事会经营公司生意不受股东的过分干扰两者之间保持适度平衡的努力。在 Thomas & Betts 一案中，本院判决要满足"举证负担，股东必须出示一些可信的基础，使得法院能够推理可能发生了经营不善"。六个月之后，在 Security First 一案中，本院又判"必须有一些证据证明可能的经营不善，所以有必要作进一步的调查"。

我们在 Thomas & Betts 和 Security First 中的判决与我们鼓励股东更多地利用第 220 条的那些判决属于同一时期。在 Thomas & Betts 之前几个月判决的 Grimes v. Donald 一案中，本院重新肯定了股东将第 220 条用作"现成工具"之一来收集情报。当 Thomas & Betts 中的原告表示证明正当目的的负担因为我们鼓励股东运用第 220 条而减轻的时候，我们否决了那种说法：

"与原告在本案中的主张相反，本院在 Grimes 中并没有示意那里对第 220 条请求作为'现成工具'之一的议论旨在架空或修改对股东证明第 220 条下正当目的的要求。"

在 Security First 和 Thomas & Betts 中，我们支持了衡平法院在 Helmsman Mgmt. Servs., Inc. v. A & S Consultants, Inc. 中的判决：

"只说出调查一般性的可能经营不善的目的而没有其他内容还不能使股东获得第 220 条查阅权。必须有一些证据证明经营可能不善，所以有必要作进一步的调查。"

对有道理的、声称可能存在公司经营不善、浪费或者侵权的指控进行调查，对公司有利；但是"泛泛地到处钓鱼"式的调查对公司不利。"在某个点上，产出更多信息的成本会不及 [1] 拥有更多信息带来的好处。这时强制提供信息将减少财富，所以股东不愿

---

[1] 应该说成本超过好处才是。但是原文如此。疑有误。——译者注

意提供。"因此本院判说在没有"可信基础"的地方调查可能的公司经营不善,等于给"到处钓鱼"颁发许可证,有损公司的利益。

股东"不必以优势证据证明浪费和经营不善实际发生着"。股东只需以优势证据证明一个可信的基础,使得衡平法院能够据此推理经营可能不善,因而需要作进一步的调查——这种证明"最终可能根本不能证明任何侵权的发生",只要"通过文件、逻辑、证词或其他东西来说明有没有侵权确实是个问题,就可以跨过门槛"。

尽管股东在第 220 条程序之下的门槛不算低,"可信基础"标准仍然是尽可能最轻的举证负担。如果还要进一步减轻负担,那就只有不再要求股东出示一些证据证明侵权的可能。那等于允许圣菲尔德在上诉时提倡的"只是怀疑"标准下的查阅。然而,这样的标准作为证明企业值得支付查阅成本的基础已经被反复摒弃。

在特拉华和其他地方,"来自一些证据的可信基础"标准是既定的法律。通过审查那些适用"可信基础"标准的案例,我们发现,圣菲尔德所谓要求"一些证据"是股东主张第 220 条查阅权的不可逾越的障碍的说法是站不住的。

要求股东出示一些证据来建立可信的基础,使得衡平法院可以推论存在可能的侵权,这样的要求并没有阻挠股东查阅。费莱森指出,自从我们判决 Security First 和 Thomas & Betts 以来,已经登记了许多第 220 条诉讼,像圣菲尔德这样要求在完全没有"可信基础"时调查侵权的案子仅仅是第二例。相比之下,大量的案子中股东成功地提交了"一些证据",建立了"可信基础",据此可以推论公司经营可能不善,从而得到某种量身定制的查阅权。

我们坚信,通过要求股东在第 220 条诉讼中出示"一些证据证明经营可能不善,所以有必要作进一步的调查",股东权利和公司利益达到了适度的平衡。"可信基础"标准将股东查阅限制在那些可能有道理的请求,使股东价值最大化。因此,我们认同并重申 Security First 和 Thomas & Betts 两案的判决。

本案重点阐述了可信基础标准。它是正当目的标准的一部分。正当的查阅目的有很多,包括调查公司的经营不善和不法行为、向下一次年度股东会提出某个建议或者提案,等等。可信基础的要求主要针对指责公司董事侵权或者经营不善等不良行为;如果是提出提案或者建议,那大概就不需要什么可信基础。调查不法行为是正当目的,但是原告在请求查阅时不能空口说白话,随意指责甚至凭空想象某些董事高管违反义务,而要出示一些证据使得法院能够合理推测所指的不法行为有可能存在。如果没有这样的要求,原告随便胡诌一个正当目的出来就可以查阅文件,那就会彻底架空正当目的的要求。所以,法院说这是"在股东以公司经营不善的说法为基础获取信息的权利与董事会经营公司生意不受股东的过分干扰两者之间保持适度的平衡"。

塞头案中没有这个问题。因为 HBOC 的不正常记账已经是既定事实,得到各方公认,而莫开森方面在合并时和合并后的较短时间内没有发现 HBOC 的不正常记账也是既定事实。这两点事实足以构成董事和高管违反义务的可信基础。

而在本案中却没有这样的事实证据。原告仅仅从公开材料中推算出 3 位高管在过去

3 年中的报酬总额为 2.05 亿美元。他认为这个数额太高，构成公司资产的浪费，同时也说明公司经营管理不善。可是在口头取证时他又承认指责 3 位高管"没有挣得"这些钱没有事实根据。那就说明即使 2.05 亿美元的数字准确，也是 3 人挣来的，他们的服务可能值这个钱。3 个人 3 年总共 2.05 亿美元，平均每人每年也就 2 000 多万美元。横向比较，这个年薪在美国上市公司的高管中远不是最高的。[①] 而且，原告还承认他的计算"有可能"错误，他所称的公司经营不善没有事实根据。那就说明他所说的公司经营不善和资产浪费只是怀疑。而怀疑不能构成证明可信基础所需要的证据。

请注意，这里的被告公司又是一家上市公司。美国上市公司中的小股东的活跃程度是我国所没有的。根据上市公司小股东一般不参与经营管理的特点，原告说要我出示可信基础的证据实际上"竖起了一个让公众公司中的少数派股东不可逾越的障碍"。如果我有这样的证据，我直接起诉状告董事就得了，还用得着查阅吗？"在涉及公众公司的案子中，少数派股东只能看到公开文件，在没有告密者或者公司文件的情况下"，无法获得法院要求的证据。所以，对于上市公司中的股东查阅权，法院在适用可信基础标准时应该放宽要求，"允许根据从公开资料中得出的怀疑、合理相信和逻辑推理进行有限的查阅"。

但是法院不同意这种说法，认为可信基础所要求的证据远没有达到能够据以直接起诉的程度。"股东'不必以优势证据证明浪费和经营不善实际发生着'。股东只需以优势证据证明一个可信的基础，使得衡平法院能够据此推理经营可能不善，因而需要作进一步的调查——这种证明'最终可能根本不能证明任何侵权的发生'"。"大量的案子中股东成功地提交了'一些证据'，建立了'可信基础'，据此可以推论经营可能不善，从而得到某种量身定制的查阅权"。

最后还请注意，本案中的股东是街名[②] 持有。也就是说，公司的股东名册和证券登记结算机构的股东名册上都没有他的名字，只有他委托购买股票的券商的名字。他的股票是挂在券商名下的；他在券商那里有股票账户。所以从公司的角度去看，在形式上他不是股东，可是美国法律都承认实际所有权（beneficial ownership 或 beneficial interest）。所以，作为实际股东（券商只是名义股东）他可以主张查阅权。

【案例 10-15】

马拉松伙伴有限合伙和更多场地伙伴有限合伙诉 M&F 全球公司 [③]

帕森斯，衡平法官。

马拉松伙伴有限合伙（以下简称马拉松）和更多场地伙伴有限合伙（以下简称更多场地）（合称原告）是 M&F 全球公司（MFW）的股东。原告根据特拉华法典第 8 章第 220 条向本院申请强制查阅 MFW 的股东名单和某些会计账簿。这是本院在审判此案后

---

① 参见第十二章第四节第三小节高管报酬。

② 关于街名持有，请参见第十二章第二节介绍投票代理时对街名持有的专门解释。

③ Marathon Partners L.P. and Furtherfield Partners L.P. V. M&F Worldwide Corporation, 2004 WL 1728604（Del. Ch. July 30, 2004）.

的判词。基于以下理由及限制条件，本院将准许原告查阅股东名单的申请，否决马拉松强制查阅有关西为泽-马对特国际（SMI）交易的会计账簿和文档资料的请求，在所述的有限范围内准许更多场地强制查阅有关马可联合集团公司（以下简称马可）购买行为的账簿和文档的请求。

MFW 是特拉华公众公司，受制于联邦证券法的报告要求。MFW 作的主要生意是生产甘草调味品和其他一些调味品，并加工植物产品。MFW 制造大量的甘草调味品在全球范围内销售给终端使用者。其中一个很大的部分是卖给烟草工业的，在美国混合香烟和其他烟草产品制作的过程中用作调味品和湿润剂。

劳纳尔德·O. 派罗尔门（派罗尔门）是 MFW 的一位董事，通过马可实际持有大量的 MFW 股份。MFW 授权马可在公开市场上购买 75 万股股份。如果马可如数买进，其持有 MFW 已发行股份的比例将从 36.2% 增加到 41.3%。如果派罗尔门再行使现有期权购买 50 万股，他的实际所有权将增至 42.8%。

原告在与本诉讼有关的所有时期都是 MFW 的股东。在 2003 年 8 月 23 日，更多场地给 MFW 的总裁兼董事会主席哈沃德·吉提斯送了封信，请求查阅和复制 4 类账簿和文档以及 MFW 的股东名册，具体包括：（1）对 MFW 的任何内部估值；（2）反映出售 MFW 或其资产给第三人的任何要约、建议、询价或者报告的文件；（3）与第三人之间有关出售 MFW、它的股份或者资产的来往文件；（4）对 MFW 内部就未来 5 年所作的财务估计进行更新、修改、修正的任何文件。

更多场地说它的目的是"充分地确定它所持有的 MFW 股份的价值"。2003 年 8 月 28 日，MFW 拒绝了更多场地的查阅请求。

2003 年 10 月 6 日，更多场地给 MFW 送去了第二封信，请求查阅股东名册和以下几类账簿和文档：（1）派罗尔门有关购买 MFW 股份的建议的通信；（2）对 MFW 的估值；（3）对 MFW 估值时依据的，或者在对 MFW 估值时考虑过的说明、记录、数据及其他信息和支持性文件；（4）反映董事会成员之间对派罗尔门购买 MFW 股份的讨论、会议或者其他通信的文件；（5）MFW 内部对未来 5 年的财务估计或者反映对这些估计的更新、修改或修正的文件；（6）来自或代表 MFW 或 MFW 董事会的有关股份回购计划或者由派罗尔门购买或提议购买 MFW 股份的文件或其他书面材料。

更多场地称他们的请求目的是：（1）使得更多场地能够对其持有的公司股份进行估值；（2）弄清楚董事会允许或者授权马可购买的理由；（3）了解 MFW 的情况以便使更多场地能够在知情的基础上行使其股份的投票权；（4）使得更多场地能够就 MFW 的经营管理和经理层可能没有尽到对股东的义务之事与其他股东交流沟通；（5）通过调查并与其他股东交流，改变向股东提供有关 MFW 内部人购买公司股份的信息的既定政策。

2003 年 10 月 16 日，MFW 拒绝了更多场地的第二次查阅请求。

原告于 2004 年 1 月 22 日根据特拉华法典第 8 章第 220 条起诉，请求强制 MFW 允许查阅。

特拉华《公司法》第 220 条要求试图查阅账簿和文档的股东满足以下条件：（1）是记录在册的股东；（2）遵守请求的手续形式；（3）说出查阅的正当目的。原告在与本诉讼有关的任何时候都是登记在册的股东并且按照第 220 条要求的手续形式提交了查阅请求。这些都没有争议。本案争议在于：（1）每个原告的查阅目的是什么；（2）根据所举事实，该目的是否正当；（3）他们的要求是否与目的相吻合。

法院可以从审判时出示的证据来判断他们的真实目的，而不一定要将原告请求中所说目的看作他们的真实目的。由于股东的目的经常不止一个，所以要求其证明正当目的都被理解为证明其首要目的正当。对于任何次要的和题外的目的法院都可以忽略。

特拉华公司第 220 条将"正当目的"定义为"与该人作为股东的利益合理相关的"目的。如果要查阅的是股东名单，则举证责任在公司，证明原告没有正当目的；如果查阅的是账簿和文档而不是股东名单，举证责任在请求的股东，证明他有正当目的。

当股东试图调查可能的经营不善时，为了证明正当目的，他必须"举出某种可信的基础使得法院能够推断可能发生了浪费或者经营不善"。股东不必证明实际的经营不善，但是必须以优势证据证明有经营不善的可能。仅仅对公司的生意决策表示不同意见还不能满足这样的举证负担。当某个商事判断构成股东请求查阅会计账簿的基础时，他证明的可信基础必须使人能够推测经理层在作出该决策时受到个人利益的影响[①] 或者没有尽到注意义务。

特拉华最高法院曾经鼓励原告在提起派生诉讼前先利用第 220 条下的诉讼来满足衡平法院第 23.1 条规则要求的具体性。不过该院还指出，它鼓励股东在提起派生诉讼之前先提起第 220 条诉讼并不是要阉割或者修正第 220 条对股东证明正当目的的要求。

股东查阅和复制股东名单的权利不是绝对的，而要根据其所举的事实受到一定的限制。一旦法院命令查阅账簿和文档或者股东名单，法院在根据股东的目的确定查阅范围时依然拥有广泛的自由裁量权。查阅的范围应当精确地限制在对于达到股东的目的是必要、关键而且充分的那些文件。此外，法院将签署保密协议规定为查阅的前提条件也是"完全合理"的。

III. 分析

A. 潘那维申交易

……

B. 马拉松有权查阅吗？

……

C. 更多场地有权查阅吗？

1. 更多场地的目的是什么？

为了调查 MFW 批准由派罗尔门控制的马可在公开市场上购买 MFW 股票一事，更多场地请求查阅 MFW 的账簿和文档。据它说，马可的购买违反了 MFW 章程第 11 条。它还说，马可在公开市场上的购买行为很可疑，因为其他股东无法获得马可在决定购买时所拥有的信息和估值内容。更多场地对其所称的其他目的只是顺便提及而已，拿不出什么证据。所以，法院认定更多场地的首要目的是调查马可的购买。

---

① 即违反了忠诚义务。详见董事和高管的忠诚义务章。——译者注

2. 调查马可的购买是正当目的吗？

派罗尔门是董事，又通过马可实际持有大约 40% 的 MFW 已发行股份。在 2003 年 9 月 18 日到 10 月 1 日之间，马可在市场上以每股 9.56~9.70 美元的价格购买了大约 179 500 股 MFW 股份。同年 11 到 12 月份期间，马可又以每股 12.74~12.85 美元的价格购买了 219 200 股股份。

MFW 章程第 11 条要求实际持有 5% 以上已发行普通股股份的个人或实体在购买股份时获得董事会的批准。这条规定的目的是要确保 MFW 能够利用其经营净亏损在以后年度减税。因为派罗尔门实际持有 5% 以上的 MFW 股份，所以马可的购买需要得到董事会的批准。

马可购买有合法的授权，如果"在听取了律师的意见之后董事会判断这样的转让：（1）不会对公司根据国内收入法典本来可以利用其净亏损在今后年份减税的能力产生重大的不利影响；或者（2）符合公司和股东的最佳利益并且给他们带来较大的好处"。

MFW 在其提交的文件中表示第 11 条允许其批准马可的购买。

更多场地解释说，MFW 在 2003 年 11 月 5 日登记的 13D 表中称董事会批准了马可购买股份，"认为这个数量的股份购买不会对公司在今后年份里享受净亏损减税产生重大的不利影响"。更多场地还指出，该 13D 表没有说明，也没有包含任何证据表明：MFW 试图征询律师的意见，董事会在马可购买前批准，或者马可的购买不会影响 MFW"保存和利用"净亏损减税的能力。

第 220 条并没有给予股东泛泛地到处钓鱼的权利。正如本院最近所说：股东在表明了正当目的之后所享有的第 220 条下的查阅权"不是开口型的，而是限于查阅为完成任务所需要的账簿和文档……"因此，准许原告查阅账簿和文档的请求的命令将限于那些为满足请求的目的所合理需要的文件。

而且，法院"在确定查阅范围的时候享有广泛的自由。初审法院的职责是将查阅限于股东所说的目的"。

更多场地想弄清楚：MFW 董事会在批准马可的购买时有没有听取律师的意见；MFW 董事会是否在交易前批准购买的；关于购买会不会影响 MFW 保存和利用其净亏损在今后年份减税的能力或者符合公司和股东的最佳利益并且给他们带来较大的好处，MFW 在董事会批准的时候拥有什么样的信息。法院认定更多场地在这些问题上请求查阅账簿和文档有正当目的。但是查阅将限于这些问题，并且将以签署合适的保密协议为条件。

尽管派罗尔门是个董事，但是更多场地没有出示任何证据或者法律根据，使得法院能够推测允许马可在公开市场上购买会构成章程第 11 条或者其他规定下的义务的违反，从而可以阻止马可购买。因此，对于因为没有阻止马可在公开市场上购买而违反信托义务的可能，法院不会命令查阅账簿和文档。

更多场地为了调查马可公开市场购买所依据的信息而请求查阅 MFW 的账簿和文档，该请求应予拒绝。① 更多场地没有出示任何证据，使法院得以推断允许马可在公开

---

① 这里调查马可依据什么信息购买，是否构成内幕交易。更多场地还调查马可的购买有没有得到董事会的批准，为此而查阅有关购买的文件。二者不是一回事。——译者注

市场上购买是不对的。更多场地好像在怀疑内部人交易，但是它没有出示任何可信的证据来支持这样的推测。这种缺乏根据的怀疑不足以让法院推测其经营不善的可能。

3. 更多场地对其股份进行估值是不是正当目的？

像马拉松一样，更多场地说它试图对其 MFW 股份进行估值。像马拉松一样，更多场地拿不出任何证据来说明现有公开信息不足以对其股份进行估值。它只在审判后答复中写了一句结论性的话："现有的有关 MFW 股份估值的公开信息经常自相矛盾。"可见，更多场地没有表明现在需要估值或者为什么除了公开信息之外的文件的查阅对于达到其所称的目的是必要的。

4. 与股东沟通是否请求查阅 MFW 股东名单的正当目的？

更多场地为了改变公司向股东披露内部人购买信息的方针，想与其他股东沟通。MFW 没有出示任何证据表明更多场地的这个想法是错误的。它只说更多场地的目的都与公司相悖。但是，只要更多场地对信息的利用限于其所称的目的，MFW 关于可能的不利使用的说法就没有说服力。因此，法院命令 MFW 允许更多场地查阅股东名单，但是必须遵守保密协议并且名单的使用限于所称的目的。

V. 结论

准许更多场地查阅与马可购买有关的账簿和文档，但是范围限于本判词所述，其他方面均不许查阅。上述所有的查阅命令都以原告签署适当的、由法院批准的保密协议为条件。法院让当事人先自行谈判这些协议。

这部分判词讨论了更多场地的几个查阅目的：（1）调查对章程第 11 条的违反，具体包括：第一，董事会有没有就马可购买之事听取律师的意见；第二，董事会是不是真的批准了马可的购买（购买之前批准）；第三，董事会在批准时拥有多少信息——马可购买对公司减免税能力的影响和给公司和股东带来的好处。（2）调查公司董事和高管没有阻止马可购买而违反信托义务。（3）调查马克决定购买所依据的信息。（4）对所持股份进行估值。（5）与其他股东沟通，改变公司向股东披露信息的方针。

法院认为，（1）正当，（2）和（3）都不正当，因为没有证据表明马可在公开市场上购买会违反章程第 11 条或者其他规定，或者购买行为本身就是不对的。请注意三者之间的逻辑联系。章程第 11 条明文规定马可的购买需要得到董事会的批准，如果没有得到批准，那就违反了第 11 条的规定。究竟有没有批准，答案取决于原告调查的结果，即在目的（1）达到之后。而对目的（1）必要、关键、充分的账簿和文件法院都允许查阅。如果原告通过查阅和调查证明马可的购买没有得到董事会的批准，那么目的（2）和（3）就变得正当了。

目的（4）本来是正当的，但是因为 MFW 是公众公司，估值所需的信息都已经公开了，所以没有必要再查阅更多的文件，除非原告能够证明公开信息不够。查阅的文件必须限于满足目的的需要。原告要求的更多文件超出了这个范围。所以法院拒绝命令被告出示文件。

目的（5）正当，原因之一是原告股东索要的是股东名单，举证责任在被告。因为被告不能证明原告查阅股东名单的目的不正当，所以法院强制被告出示名单供原告查阅。

法院十分强调查阅的文件范围必须限于目的的需要，使用的修饰语是"必要、关键、充分"。前面两个词是限制，最后一个词是在放宽。一旦法院认定某个目的正当，允许查阅的文件既是必要、关键的，同时又是充分的。所谓充分，就是给的文件不能太吝啬，而要确保目的的充分实现。法院详细列出了原告所索要的具体文件，可惜它没有具体指明哪些文件对于实现目的（1）是必要、关键、充分的。实际操作中当事人双方如果就某个文件的查阅与否发生争议，恐怕还需要法院裁决。

【案例 10-16】
多边全球机会大基金诉西方公司 [①]

兰博，衡平法官。

原告多边全球机会大基金（以下简称多边）是一家全球性的采用多种策略的套购基金，经营着大约 45 亿美元的资金。它在开曼群岛注册为免税公司。多边通过兼并和投机套购试图使其基金价值最大化。被告西方公司是特拉华公司，主要营业地在内布拉斯加州的奥马哈。西方公司提供通信外包服务。贾力·韦斯特和玛丽·韦斯特（二韦斯特）控制着西方公司，但不是本案当事人。

2006 年 5 月 31 日，西方公司宣布了所谓的借款重组。重组得到以托马斯·H. 李伙伴和四边集团有限责任公司为首的投资者资助。控股股东贾力和玛丽·韦斯特参加了重组并且将他们的部分股份换成了新实体的股份。其他股东的股份全部兑现。一个由独立董事组成的特别委员会组建起来与买方团体谈判这次交易。他们聘用了摩根·斯坦利与公司作为财务顾问，珀特、安德森和考润作为法律顾问。据报道，贾力和玛丽·韦斯特没有参与谈判。最终，特别委员会赞同并推荐了重组。

根据重组条件，西方公司的少数派股东将得到每股 48.75 美元的现金。这个价格比交易前一天公司股票的市场收盘价高了 13%，但是低于之前一个月的交易均价。贾力和玛丽·韦斯特将以每股 42.83 美元的现金价格卖掉手中 85% 的股份，剩余的 15% 将换成存续公司的股份。根据投票代理权征集材料，这 15% 的股份投资也是以每股 42.83 美元的评估价为基础的。公司发布的新闻说对二韦斯特的区别对待是应特别委员会和投资者集体的要求，是为了给予公众股东更高的现金价格。

二韦斯特已经同意用他们的股份对交易投赞成票，从而确保重组获得批准。多边明白这个事实，承认在手段上它无法阻止交易。合并协议规定了 21 天的"购物"期，在此期间西方公司可以积极地兜售公司，征集其他的收购要约。购物期过后，合并协议仍然允许公司接洽不求而来的收购要约或者来自购物期内征集过的人的收购要约。协议还含有信托解脱条款，允许特别委员会更改推荐并终止二韦斯特的投票协议。

多边在所提议的重组宣布之后马上购买了西方公司的股票，因为它相信这是一个极

---

① Poloygon global opportunities Master Fund v. West Corporation. 2006WL 2947486（Del. Ch. 2006）.

其有利的风险套购机会。截至 2006 年 9 月 14 日，多边持有 3 268 300 股西方公司的普通股股份，总共花了 157 924 117.37 美元。

2006 年 6 月 28 日，多边书面请求西方公司出示某些账簿和文档。2006 年 7 月 6 日，西方公司的律师回信拒绝，理由是多边的请求未经宣誓，不符合第 220 条的技术要求，同时也因为它没有说出正当目的。7 月 11 日，多边经过宣誓再次请求出示某些账簿和文档。西方公司于 7 月 18 日回复拒绝了请求。7 月 26 日，多边提出缩小请求的范围，但是两天之后西方公司又拒绝了。本诉讼是在 2006 年 7 月 31 日登记的。诉讼开始之后法院要多边提供图示，将它仍然索要的文件类别与其在请求中所称的正当目的联系起来。在呈交图表的时候，多边又削减了请求的内容，删除了对好几类文件的请求。

多边提出根据第 220 条，它有三个正当目的。第一，它要对股份进行估值以确定要不要行使评估权。第二，它要调查经营不善和二韦斯特及西方公司的其他董事对信托义务的潜在违反，因为二韦斯特得到了与其他股东不同的对待。在此，多边指出：21 天的购物期太短，阻碍了其他潜在的报价人；重组的财务条件没有给出在多边看来是"有意义的溢价"。多边还称西方公司经理层在交易宣布之前预测了保守的赢利前景。第三，它要和其他股东沟通，提供他们可能感兴趣的信息，鼓励他们请求评估。多边还指出交易含有"评估退出"条款；只要有足量股东请求评估，投资者集体便可以根据该条款放弃交易。它指出这个事实的目的大概是要对抗如下的说法：它无法阻止交易按计划进行。

西方公司答复说这些目的一个也不正当，因为多边是不速之客、绿色敲诈者，想以牺牲其他股东的利益为代价谋取私利。它说多边并不需要更多的信息来估值它的股份，因而为了行使评估权而估值在此情形下不是正当目的。所有必要的、关键性的信息都已经公开。至于与其他股东交流沟通，该公司说这对公司利益不利，而且在此背景下，依据第 220 条与其他股东交流的请求也不符合情形迫切标准。最后，西方公司认为多边调查侵权并无正当目的，因为所谓的侵权发生在其购买股票之前，而且多边也没有证明侵权的可信基础。

特拉华法律规定了股东在特拉华法典第 8 章第 220 条下查阅账簿和文档的权利。这个成文法权利的行使以手续形式的合规和查阅目的的正当为条件。当事人一致同意多边请求时遵守了第 220 条的手续形式要求。成文法将正当目的定义为任何"与该人作为股东的利益合理相关的"目的。为了调查购买股票前的侵权而提出的查阅账簿和文档的请求，原告不但要有"与其作为股东的利益合理相关的"正当目的，而且要证明他有一些关于侵权的可信的证据，足以说明继续调查的必要。可是，对于第 220 条下的诉求来说，仅仅满足正当目的和可信证据这两条标准还不够。除了符合第 220 条的形式要求并且目的正当之外，"查阅的范围还要精确地框定，限于为达到股东的目的是必要、关键而且充分的文件"。法院还会根据公司已经登记的文件对查阅进行限制或者否决。

法院首先要分析的门槛问题是多边查阅西方公司的账簿和文档有没有正当目的。对股份进行估值是查阅公司账簿和文档的一个正当目的，这在特拉华早已是既定的法律。在审判时和它提交的文件中，西方公司都说多边估值股份没有正当目的，而是为其自身的利益滥用第 220 条，损害公司和其他股东的利益。审判时出示的证据不支持这个说法。

多边的首要目的是使其基金的"价值最大化"。这个动机并无不当，多边为此而探索多种选择，包括通过评估退出的可能和就它所得到的信息及其对这些信息的看法与西方公司的其他股东交流沟通。审判时的证据证明，多边在之前的交易中曾经为其自身的利益而投票否决过协议。但是在本案中，多边承认它无法阻止交易。而且，没有证据表明多边对交易作了任何不正当的事情。多边只是看到了一个以它觉得合算的价格购买西方公司股票的机会。西方公司没有证明任何不当目的，多边为了决定要不要行使评估权而对股份进行估值的动机是正当的。

多边为了估值股份以决定要不要通过评估退出，试图在西方公司的登记材料之外找到更多的信息，但是它没有证明已经提交的有关重组交易的公开信息遗漏了对它的目的来说必要、关键和充分的信息。在第 220 条案子中，公众公司与封闭公司是一分为二的。对前者，在证交委公开登记的资料提供了有关公司的足量信息，所以准许第 220 条请求的判决都量身定做，以满足特殊的需要，往往服务于侵权指控。相比之下，非公众公司的股东没有证交委登记材料提供的海量信息，所以常常在第 220 条诉讼中得到更为宽泛的救济。

在证交委规则 13e-3 管辖的私有化交易案中，公开的信息比在普通的证交委定期登记材料中的更为全面。在其投票征集材料初稿和定稿、13E-3 表及随后的修改中，西方公司看起来已经披露了对于多边决定要不要行使评估权所需要的所有重要信息。这不是说对于少数派挤出合并中的股份估值来说，规则 13e-3 的披露要求与第 220 条下的"必要、关键、充分"信息要求是一样的。然而在眼前这个案子中，西方公司的披露材料的详细程度和范围都达到了二者的一致。这些材料包括格门·萨克斯和摩根·斯坦利所作的全部报告、对它们两篇公平意见的详细描述、公司的预测、对董事会和特别委员会会议的详细描述、二韦斯特在存续公司中投资的条件等。对于作出要不要评估的决定所需要的所有的重要事实，如此大量而详细的信息披露应该已经够了。

面对一笔全面公开的交易，多边显然意识到了索要更多信息会发生问题，所以争辩说它有权获得在评估诉讼中通过证据挖掘可以获得的信息。这个辩论没有正确理解第220 条诉讼与规则 34 下的证据挖掘在范围上有很大的不同。事实上，二者是"完全不同的程序。"第 220 条不是想补充或者限制证据挖掘程序，它也不得被用来在评估诉讼之前就进行证据挖掘。如果多边想要得到它在本案中要求的文件，它就必须启动评估程序并在证据挖掘过程中索要它们。如果仅仅因为多边在以后的评估诉讼中能够获得比已经全面公开的信息更多的信息，所以现在就准许它取得这些信息，那是本末倒置了。

多边调查侵权声称的唯一目的是确定董事会成员在批准重组交易时有没有违反信托义务。这个目的与它作为股东的利益没有合理的联系，因为它没有资格起诉可能的违反；同样它也不能以整体公平为基础提起直接的或派生的诉讼。特拉华州的"公共政策反对为了攻击一笔在购买股票之前发生的交易而购买股票的行为"。而这正是多边所作的。它是在西方公司宣布了交易方案之后购买的股票，因为它觉得支付的对价太低了。

基于上述理由法院驳回起诉。

一般地，调查可能的侵权，即对信托义务的违反，无疑是正当目的，与股东的利益合理相关。但是本案中法院却说多边的这个目的不正当。这是因为多边在所称侵权发生时还不是股东，它是在事后才购买股票，成为股东的。根据派生诉讼规则的同时所有权①要求，多边无权起诉所称的侵权，因为在其中没有合法利益，所以它的请求目的不正当。

但是多边对自己所持的公司股份进行估值却是正当目的，也得到了法院的确认。可问题是这是一家公众公司，估值所需的所有信息都已经公开。法院特别强调了公众公司与封闭公司的区别。如果是封闭公司，本案中多边的请求无疑会得到支持。但是在所需信息已经全部公开的公众公司，多边请求更多信息就显得不合理。这和前面一案中法院对相同问题的判决也是一样的。

如果多边的目的不是估值而是调查可能的侵权，请求更多信息就是合理的。因为公开信息中不可能含有公司的董事和高管侵权的信息，必须查看未曾公开的内部文件。可是如上所述，多边无权起诉所称侵权，该目的不正当。

这样，多边就只能败诉了。其最后的努力是依据证据挖掘程序类推出查阅更多文件的合理性，但是遭到法院的反驳，说它本末倒置。

从上述四个案例我们可以看出，美国特拉华州有关正当目的的法律规则大致如下。

原告请求查阅必须声明目的。法院对原告真实目的的认定不限于原告所称，而可以根据当事人出示的证据进行判断。如果目的有多个，那就要找出原告的首要目的；其他目的可以忽略。

正当目的是与请求查阅的股东作为股东的利益合理相关的目的。如果要查阅的是股东名单，举证责任在被告公司，由被告证明查阅目的的不正当；如果查阅的是账簿和文档而不是股东名单，举证责任在原告股东，由原告证明查阅目的正当。

如果股东的目的是调查可能的侵权、浪费或者经营不善，而不是向公司或者股东会提出某个正面的建议或提案，则原告必须证明某种可信的基础使得法院能够推断可能发生了原告所要调查的侵权、浪费或者经营不善。换句话说，对于这一类目的，证明其正当的关键不在所称的目的本身，而在所称坏事发生的可信基础。股东不必证明坏事的实际存在，但是必须以优势证据证明有存在的可能。

一旦法院认定某个目的正当，查阅的范围还要精确地限制在对于达到股东的目的是必要、关键和充分的那些文件。此外，法院还可以要求原告与被告签订保密协议，并以此作为允许查阅的先决条件。

对比我国，我国《公司法》第33条规定的股东查阅权已经在司法审判中得到落实。②和美国一样，我国也强调查阅目的的正当性。但是与美国不同，我国将举证责任加在被告公司的身上，对股东查阅权的保护比较充分。只是我们对标准的探讨还没有他们那么深入，比如可信基础标准，还有法院对原告股东自称的目的能否不同意，等等。但是从

---

① 详见派生诉讼章第三节第四小节同时所有权。

② 这和我国不少法条规定了但是不执行，有法不依的情形形成鲜明的对照。

总体上看，在股东查阅权的问题上我国是和国际先进水平大致接轨的。虽然法条对查阅权没有规定目的以外的诸如时间、地点的限制，法院在审判实践中基于常识和务实的态度，根据案子的具体情况，已经这样做了。

我国与美国较大的不同在正当目的的范围——是否限于股东的经济利益，能否囊括他的社会、政治、伦理观点。在我国，我们还没有看到过股东超出切身的经济利益，为了宣扬自己的非经济观点而主张查阅权。传统的美国公司法与我国目前的状况相同，将正当目的限于股东的经济利益。但是在今天的美国，随着民主政治越来越发达，股东对公司事务的参与度也越来越大，[①] 因而查阅权的行使也推广到了非经济利益，涉及社会、政治、伦理等许多与股东切身的经济利益没有关系的目的也被认为是正当的。特拉华州便是其中之一。当然，美国 50 个州 50 部公司法，各州取舍有所不同。请看下面的案例。

【案例 10-17】
皮尔斯伯利诉蜜井公司 [②]

蜜井公司（以下简称蜜井）在特拉华注册，但是主要营业在明尼苏达。上诉人皮尔斯伯利想阻止蜜井制造用于越南的碎片杀伤炸弹。为了在公司事务中取得发言权，他购买了 100 股股份，然后向公司提出要查阅股东名单，打算与其他股东沟通，鼓动他们在股东会上投票反对公司制造用于越南的炸弹。蜜井拒绝出示股东名单。皮尔斯伯利就在明尼苏达起诉，请求法院下命令强制公司出示名单。经过口头取证，明尼苏达法院拒绝发布命令，还说无论适用特拉华法还是明尼苏达法，结果都一样。

Kelly 大法官：

初审法院判蜜井胜诉，认为上诉人没有证明与他作为股东的利益密切相关的正当的目的。上诉人争辩说与经理层有不同意见的股东有为了征集投票代理权而查阅公司记录的绝对权力。他要法院认定这样的征集本身就是"正当的目的"。蜜井则说正当的目的应当关心投资回报。我们同意蜜井的观点。

本院已经好几次对股东查阅公司账簿和记录的请求作出裁决。《明尼苏达成文法》300.32 条，虽然在这里不适用，但是一直被公认为宣告了一条普通法规则，即股东有权为了一个因其商事利益而固有的正当的目的而查阅。出于好奇、怀疑或者骚扰之目的不得查阅，但对经理层的敌意和为了经济利益而试图夺取对公司的控制权都是正当的目的。多家法院同意上诉人的争辩，即仅为了与其他股东沟通本身就是一个正当的目的。这将使查阅权绝对化。我们认为更好的规则是只有当股东的沟通目的正当时才允许查阅……

对查阅公司的股东名单和生意记录的行为要作具体分析。从公司的一般理念来看，查阅只是相关所有人针对公司的行为，因他在公司里有自己的财产份额。在大公司里，

---

① 参见上市公司章第二节中介绍的股东民主和股东运动。

② State ex rel. Pillsbury v. Honeywell, Inc., 291 Minn. 322, 191 N.W.2d 406（1971）. 宋体字是本书作者对案情的介绍，楷体字是本书作者根据判词原文的翻译。

查阅经常是公司内斗的武器……由于查阅权可以是破坏权，所以只有那些在公司里有真诚利益的人才能享有。

只有资格适当的人才能要求查阅，这一点已经为数州的成文法确认，有的法院已经拒绝强制公司接受只持有很少股份的股东查阅。

上诉人的股东资格很勉强。他在自己的名下只拥有一股，那是为了这场诉讼才购买的。之前他曾让他的代理人购买了 100 股，但是没有投资意向表示。虽然他在代理人处价值 40 万美元的证券账户上还有现金余额，但是上诉人并没有确定蜜井是不是值得投资，也没有决定要不要卖掉利润丰厚的股份来购买蜜井股份。而且上诉人的代理人有权未经上诉人同意而卖掉蜜井股份。上诉人还有 242 股股份的受益权。① 关于实际受益者有没有查阅权，各家法院意见不一……事实上，上诉人在提起本次诉讼前并不知道他对这些股份的实际受益权，由此可见他对这些权益的关心程度。

在他知道蜜井生产碎片杀伤炸弹之前，他对蜜井的事务毫无兴趣。而在他知道了之后，他马上购买了蜜井的股份，唯一的目的就是声张所有者特权，以阻止蜜井生产炸弹……如果不反对蜜井的方针，上诉人一定不会购买蜜井的股份，不会对蜜井的利润感兴趣，也不会想与蜜井的股东们沟通。他发誓通过购买蜜井股票要把他认为蜜井经营中孰轻孰重的观点刻在蜜井经理层和其他股东的脑子里。这样的动机不能算作股东经济利益固有的正当目的。

……从口头取证中，初审法院认定上诉人早在购买蜜井股票之前，就对战争的不道德及其对社会和经济造成的浪费形成了强烈的看法。他的唯一动机是改变蜜井正在作的生意，因为这种生意与他的政治观点不相容。如果不成功，上诉人说他会卖掉蜜井的股份。

我们不是想说具有真诚的投资兴趣的股东不可以因为关心蜜井的弹药生产所产生的长期或短期的经济后果而提起这次诉讼。同样，如果一个股东因为蜜井不去签订有利可图的战争合同而对他在公司的投资产生了不利的影响而真诚地担忧，提起这样的诉讼也是合适的。

可是在本案中，初审法院从事实中已经认定上诉人甚至对蜜井的长远利益或者股份价值的提高也不感兴趣。他的唯一目的是说服公司采纳他的社会政治观点，不管对他自己或者公司有没有经济利益。这样的购股目的不能赋予上诉人查阅蜜井账簿和记录的权力。

上诉人争辩说他查阅股东名单、与股东沟通的目的是想选举一两个代表自己观点的董事到董事会里去……虽然选举一两个董事的目的很具体，而董事的选举一般是正当的目的，在本案中的目的却不是上诉人或者蜜井的经济利益所固有的。相反，上诉人的计划是要推进他的政治和社会信念。既然法律要求的、他的或者蜜井的经济利益所固有的正当目的没有，上诉人试图选举一个新的董事会的声称不足以强制公司接受查阅。

维持初审法院拒绝颁发命令的判决。

---

① 受益权（beneficial interest 或 equitable interest），是英美信托法中的概念，一般指对信托财产的事实所有权，法律所有权归受托人。基金账户经常是信托关系。投资者购买了基金份额之后，怎么组合是基金管理人的事。所以基金投资者并不知道基金中包含了哪些股份。这大概就是上诉人不知道他对那 242 股股份的实际受益权的原因。——译者注

这是明尼苏达州最高法院在 1971 年判决的案子。法院将正当的目的限于股东和公司的经济利益。蜜井是特拉华公司，可以适用特拉华州的法律，该州的公司法是美国公司法的领头羊。可是法院说在这个问题上特拉华和明尼苏达的法律是一样的，所以就适用了明尼苏达的法律。对此，特拉华州的法院并不认同，认为这是一个错误的判决，因为它对特拉华的法律做了错误的解释。1 年以后，特拉华州最高法院在 Credit Bureau Reports, Inc. v. Credit Bureau of St. Paul, Inc., 290 A.2d 689（Del.Ch. 1972），aff'd 290 A.2d 691（Del.Supr.）一案中对皮尔斯伯利案进行了批评。16 年后，即 1987 年，特拉华法院在 Conservative Caucus v. Chevron Corp., 525 A.2d 569（Del.Ch. 1987）中又支持了一位股东查阅股东名单的要求。该股东试图与其他股东沟通，征集他们对他所提交的一份决议案的支持。该决议案指出了传言中的与安哥拉做生意的经济风险，因为那里可能发生战争，政府也不稳定。法院再次提到了 16 年前明尼苏达州最高法院所判的皮尔斯伯利案：[1]

[皮尔斯伯利] 判决当然不能约束本院。该判决在 Credit Bureau Reports, Inc. v. Credit Bureau of St. Paul, Inc. 中曾经受到特拉华最高法院的批评。

本案的事实不同。原告作证说他查阅股东名单是为了提醒股东们：如果雪佛莱继续与安哥拉作生意，就会遭受严重的经济后果。按照原告的说法，部分可能发生的经济后果包括美国政府的制裁、进出口银行施加的制裁、美国国防部对购买来自安哥拉的石油的禁运、取消某些联邦税收反哺、一个不稳定的政府所带来的人员和设备的风险以及安哥拉的战争危险。这些无疑会对雪佛莱的股票价值产生负面的影响。因此，我认为皮尔斯伯利判决没有说服力。（525 A.2d at 572）

今天，皮尔斯伯利案中原告的主张已经被大多数州的法院和立法机构所接受：与其他股东沟通本身就是一个正当的目的。不过明尼苏达州的判决也不完全孤立，1986 年哥伦比亚特区的联邦地区法院在 Fleisher Development Corporation v. Home Owners Warranty Corporation, 647 F.Supp. 661（D.D.C. 1986）一案中说，根据普通法，原告有查阅公司账簿的正当目的——弄清楚公司有没有被谨慎地经营；但是没有查阅股东名单的正当目的，因为光有与其他股东沟通的愿望而不说沟通的目的是不符合要求的。[2]

除了对正当目的的要求有所不同之外，美国各种对于成文公司法的效力，或者说成文法与判例法的关系的处理，也各不相同。有的认为二者具有互补性，即成文法有规定的适用成文法，没有规定的依然适用普通法；有的则认为二者是排他性的关系，即成文法的出现意味着普通法的废除，因为普通法已经被成文法取代。例如，马里兰州法律规定查阅股东的持股比例必须达到 5%。一位不到 5% 的股东要求查阅，[3] 争辩说：普通法规定任何股东都可以在证明了正当目的之后查阅，持股 5% 以上的股东根据成文法的规

---

① 以下楷体字由本书作者根据判词原文翻译。

② 这大概就是联邦制的好处。不同的地区、不同的辖区可以有不同的法律和不同的行为规范；每一个地区或辖区都是一个社会实验室。经过一段足够长的时期，谁的实验效果好，大家就会学谁的样。

③ Caspary v. The Louisiana Land and Exploration Co., 707 F.2d 785（4th Cir. 1983）.

定不必证明正当的目的。我虽然不到 5%，但是只要我证明了正当的目的，我就可以查阅。法院追溯了在这个问题上的立法历史："……1868 年，马里兰议会通过了一部一般公司法，其中第 26 条第 5 款规定了查阅公司档案的一般权利，第 67 款规定了查阅股东名单的类似权利。立法废除了普通法上正当目的的限制。这么一来，1868 年的成文法就将普通法所给的一切权利给了股东，并且更多，因为它确保了股东可以查阅股东名单，解脱了股东承担的证明正当目的的负担。后来在 1908 年又对公司法作了一次大修改。法典的相关部分只允许持股达 5% 的股东查阅股东名单。该款现在已收录为《马里兰公司与组织注解法典》第 2–513 条。"（707 F.2d at 786）由此，法院得出结论说：[1]

制定了一般性的法典之后，一部囊括了普通法所涉的各个方面的成文法，如同本案中这样，取代并废除了普通法。见 Lutz v. State，167 Md. 12 at 15，172 A. 354 at 356（1934）（"一部规范整个主题的成文法一般都被解释为废除了普通法对这个问题的规定"），否则，一些行将消亡的规则就会充斥法律。它们没有用处，但却存在着潜在的危害，如果将来成文法修改使它们重新生效的话……虽然按照原告的说法，一个持股不到 5% 的股东必须证明正当的目的才能查阅，但是很少有人会有恶意的或者违反公司利益的目的。所以，多数要求最后都会成功，使 5% 的持股要求变得虚无。用 Lutz 案的话说，原告的争辩，如果胜利的话，将在事实上剥夺 1908 年立法的效力。（707 F.2d at 791–92）

因此，法院判公司可以拒绝股东查阅，如果他没有达到法律要求的 5% 持股门槛。法律的标准是 5%，有没有正当目的与此无关，因为普通法规则已经被废除。

对于有权查阅的股东公司依然拒绝怎么办？传统救济手段是法院下命令处罚公司。对于无理拒绝或者拖延出示文件的公司，主要的处罚是支付股东的费用，包括律师费，除非公司能够证明它的行为合理。老的成文法曾经对公司进行惩罚，但是现代法律都删除了惩罚条款。因为与费用无关的惩罚显得武断，并且实际上很少得到执行。

美国法律在处理股东查阅权上的这许多经验，包括查阅的范围、对查阅权所加的种种限制，特别是对正当目的的解释，对我国的立法和审判实践都有参考价值和借鉴作用。

---

[1] 以下楷体字由本书作者根据判词原文翻译。

第十一章

有限责任公司的特点

　　与大型的股份有限公司特别是上市公司相比，有限责任公司呈现出许多截然不同的特点。典型的有限责任公司由两三个或者三五个自然人股东组成，规模较小，人合性强，与其说是公司，毋宁说是取公司形式的合伙。人们常说公司中所有权与经营权相分离，其实，那主要指大公司。在三五个人的小公司里，往往是谁投资，谁经营，所有权与经营权是合一的，股东除了股东身份之外，还同时兼任董事、经理等职责。虽然在理论上小公司的股份像大公司的股份一样可以自由地买卖，但是在现实中只有上市公司的股份可以自由地买卖，因为它们在证券交易所挂牌交易，有一个活跃的市场存在，而有限责任公司的股份没有一个现成的市场，买卖很困难。法定先买权的存在更增加了吸引外部购买者的难度，因为没有人愿意在辛辛苦苦谈判好价格之后却有内部股东站出来说："对不起，我按你们已经谈好的同等条件购买，我有先买权。"可见，有限责任公司具有三大特点：（1）股东人数少；（2）股份没有市场；（3）股东（特别是大股东）直接参加经营管理。

　　表 11-1 详细列出了有限责任公司与上市公司的 8 点差别。

表 11-1　有限责任公司与上市公司的差别

差别公司	1	2	3	4	5	6	7	8
有限责任公司	股东不多	私下集资	规模小	联系纽带是合同（章程像合同）	股东经营	所有权&经营权合一	股份不上市	财务不公开
上市公司	股东众多	社会化集资	规模大	联系纽带是章程	股东不经营	所有权&经营权分离	股份上市	财务公开

　　在这 8 点差别中，前 3 点都归结到股东人数的多少，人多了公司就大，往往是公开募集的结果；反之则小。从这个角度去看，第 4 点联系纽带的差别也可以归结进来，因为股东人数少了，章程的合同性质就比较明显，个人利益的考虑和相互之间的讨价还价会比较多；股东人数多了，社会化集资，章程的制定者为了吸引公众，自然会更多地考虑章程的普遍适用性，而不仅仅是几个发起人之间的利益平衡。第 7 点上市与否决定股份市场的有无，上市的有市场，不上市的没有市场。与此相关联的是第 8 点，上市公司的股票在公开市场上流通，涉及公众投资者的利益，所以财务必须公开；不上市的公司则没有这个问题。公司信息的公开与否是公司分类的一个基本标志

（见第一章第三节关于公司分类的介绍），但是对于我们研究有限责任公司的内部特点倒不是那么重要。第 5、6 两点其实是一回事，因为股东是所有者，参加经营的便合一，否则便分离。由此看来，上段概括的有限责任公司三特点——股东人数少、股份没有市场、大股东参加经营管理——还是比较全面和精练的。

当然，在上表介绍的两极之间，还有很多处于中间状态的公司。例如，股东虽少，但是公司的规模却很大；有的公司规模不大，但是股东却有数十甚至上百人；还有的股东多且规模大（大到超过一些小规模上市公司的程度），只有少数几个大股东参加经营管理，其余小股东都有所有权与经营权分离的特点，但却没有上市。这些中间状态的公司所表现出来的特征是介于两极之间的，难以一一归类。不过，当我们讲清楚了两极，自然也就涵盖了中间。读者在两极的基础上理解中间就比较容易了。

第一节　公司内部的压迫和排挤

除了为数不多的一人公司之外，有限责任公司的股东都在两个或者两个以上。这两个以上的股东有的出资较多，有的出资较少，从而在公司内部形成了多数派股东和少数派股东。股东投票不是一人一票，而是一股一票，或者按照出资比例投票表决，即所谓的资本多数决规则。[①] 于是，占公司注册资本半数以上的股东或者股东联盟就有权选举全部董事，从而全盘操控公司的决策和经营。具体操作是这样的：在股东会对任何一项提议进行表决的时候，多数派的票数都超过半数，少数派即使联合一致全部投反对票，也不能超过多数派的票数，所以股东会通过的每一项决议都是多数派的意见；少数派股东可以参加股东会并发表意见，但是如果多数派股东对他们的意见置若罔闻，少数派将无能为力也无可奈何，他们的意见永远不能成为股东会的决议；而多数派的任何意见都可以成为股东会的决议。多数派凭借多数投票权控制着公司，有权决定公司做什么生意、怎么做、谁来管理日常事务、雇谁不雇谁、工资多少、各人的职责是什么等。一句话，公司是多数派的。

一般说来，多数派与少数派的根本利益是一致的，双方都希望把公司办好。公司办好了，大家都有钱赚；办不好，大家都赔钱。所以在多数情形下，多数派和少数派为了共同的利益能够和睦相处，互相合作，基本不发生分歧。但是人际关系很复杂，各种矛盾和冲突都有发生的可能。生意上的意见分歧、个人关系的恶化、小公司内因为天天见面接触而引起的频繁摩擦，这些因素交互作用，有时会使情况变得非常糟糕。在有的公司里，虽然生意还在做，但是股东关系紧张，相互之间已经不说话了；在个别情形下，这种紧张的关系甚至发展到动手打架。不管股东之间的矛盾冲突有没有升级或者升级到什么程度，只要存在矛盾和冲突，就很容易导致多数派股东行使权力去压迫和排挤少数派股东。压迫是指欺负留在公司里的少数派。这是与以前的待遇相比较而言的：当初大

---

①《公司法》第 42 条规定："股东会会议由股东按照出资比例行使表决权；但是，公司章程另有规定的除外。"这就是说，除非投资者另有计划并在章程中作了规定，否则奉行简单的资本多数决规则。

股东为了吸引小股东前来投资，可能会作出某种许诺，允许一定程度的参与权，而现在却把这参与权剥夺了。排挤也叫挤出，是指以赶走少数派股东为目的而使用的各种手段，主要是利用控制权来剥夺少数派股东的任何收益，从而迫使他们以低廉的价格将股份卖掉。但是这样细分有时候会发生问题，因为压迫的目的或者导致的结果往往是排挤和挤出，而排挤又必须依赖压迫性的手段。所以在很多情形下，同一行为既是压迫，又是排挤。方便起见，我们就笼统地称这类行为为压迫与排挤，或者将压迫与排挤作为同义词对待并互用。

请设想如下的情形：公司的雇用权在董事会；由多数派选举的董事会雇用了多数派股东，任命他和他中意的人担任高级管理人员，发给他们较高的工资和奖金，同时将看起来不顺眼的少数派股东解雇掉。虽然作为股东，少数派仍然有权从公司利润中获得分红，但是分红是由董事会自由裁量的，董事会有权决定分红或者不分红以及数量多少。如果多数派股东作为公司的官员和雇员给自己发较高的工资和奖金，公司的利润就少了，公司就可以不分红或者少分红，不在公司工作的少数派股东就得不到任何回报或者回报微乎其微，而多数派却通过工资和奖金不断地从公司获得好处。

这时少数派股东最好的选择是通过自愿的交易将股份卖掉，从而退出公司。可是进来容易出去难。他们的股份很难卖出去。第一是外人不感兴趣。因为既然他们在公司的处境不妙，新人进来估计也差不多，谁愿意接茬受罪？第二是控股股东不感兴趣。因为他已经处于控股地位，不需要购买更多的股份来巩固这个地位。第三是其他少数派股东也不感兴趣。因为购买只能使他们成为较大的少数派，并不能改变他们相对于多数派的地位。他们依然是少数派。投资增加了，权力却不增加，显然不合算。第四是公司也不会买，因为公司操控在多数派的手中。在大家都不愿意购买的情况下硬要出卖，价格必然很低。想退出的少数派要么吃大亏退出去，要么继续留在公司里受气。

当然，一旦关系闹僵，控股股东也有赶走对立派的需求。对立的少数派股东行使权利会给控股股东带来麻烦。他们有权检查公司账簿，对控股股东提起直接的和派生的诉讼，指控他们自我交易，违反诚信义务等。总之，对立的少数派股东可以使控股股东的日子过得不舒坦，以合算的价格将他们买出来总是好的。再说，一旦公司清算，少数派股东按比例参与分配。消除他们的股份可以增加剩余股东在清算时的分配份额。因此，只要价格适宜，控股股东还是愿意买的，只是该价格不会高于扰乱值。[①] 此外，控股股东还可以在开始谈判之前的一段相当长的时期内通过剥夺少数派股份的任何回报来软化少数派股东的立场。控股股东不着急，因为时间对他们有利。所以，少数派股东很难按照股份的内在价值以合理的价格退出公司。

从有利于社会经济发展的角度出发，法律需要公平处理有限责任公司内部的这些矛盾和冲突，正确地协调多数派与少数派之间的关系。当少数派受到压迫和排挤的时候给予保护，但同时又要尊重公司自治，尽量减少对公司事务的司法干预，保护多数派经营公司的商事效率。有话道，清官难断家务事。要厘清有限责任公司中的内斗不是一件容易的事情。

---

① 即少数派对抗和捣乱的负价值。

下面的判例是美国法院在这方面所作的努力。

【案例 11-1】

陶讷虎诉新英格兰罗德电铸公司 [①]

B 为 A 的全资子公司，共发行 1 000 股。罗德向 A 买了 200 股 B 股份，陶讷虎买了 50 股，第三人买了 25 股，每股 20 美元。剩余 725 股 B 股份由 A 继续持有。一年后，B 向 A 回购了那 725 股，支付了 135 000 美元，即每股 186.21 美元；向第三人回购了那 25 股，支付了 1 000 美元，每股 40 美元。[②] 于是 B 公司的股东只剩下罗德和陶讷虎二人。罗德持有 200 股，占 80%；陶讷虎持有 50 股，占 20%。罗德当上了总裁，将 B 公司改名为罗德公司，雇用了他的两个儿子，加上一个女儿，给他们每人 39 股，将 2 股退回公司库存，自己继续持有剩余的 81 股。数年后，陶讷虎死了，股份由他妻子持有；罗德的年纪也大了，体弱多病，想退休，便将 45 股卖给了公司，每股 800 美元，共 36 000 美元，剩余的 36 股平分给了三个孩子，每人持有 51 股。董事会在他两个儿子的控制下批准了这笔买卖。陶讷虎太太要求将她的 50 股以相同的条件卖给公司，但遭到拒绝，于是起诉，称公司对罗德的股份购买是将公司资产非法地分配给控股股东，这一行为违反了控股的多数派股东对她这个少数派股东的忠诚义务。

法院指出：封闭公司类似一个取公司形式的合伙，只是具有有限责任和永久存续的好处而已，其特点是：（1）股东人数少；（2）股份没有市场；（3）大股东参加经营管理。就像在合伙人之间一样，股东之间应当是一种充分信赖的关系。少数派股东容易受到各种办法的欺负和排挤，比如多数派可以不分红而发高薪给担任经理的大股东，支付高昂的房租给大股东，或者廉价卖资产给他们。少数派股东常常不得不忍气吞声遭受损失或者以低价将股份卖掉。

基于这样的现实，法院确立了两条审判规则。第一条是忠诚义务规则，即封闭公司的股东在公司的经营中相互之间负有与合伙人之间基本相同的忠诚义务。这是严格的诚实信用标准，要求最高的善意和忠诚。它比传统的上市公司中的董事的忠诚义务还要高，还要严。

"我们将这严格的善意标准和所有的公司董事和股东在履行对公司的职责时都必须遵守的相对不那么严厉的信托义务标准进行比较。公司董事的行为准则是善意和内在公平，'不得服务于两个利益对立的主人'……在涉及封闭公司的好几个判例中，我们都认为参与经营的股东所应遵循的信托义务因为其他股东对他们的信任和信心而要比传统的善意和内在公平标准更加严格……在这些和其他一些案子中……因为封闭公司的特殊情形，我们要求的忠诚义务比公众公司中董事对公司的义务和多数派股东对少数派股东的义务更加严格……那些案子中用来证明信任关系的客观情形大同小异地存在于所有的封闭公司中。"

[①] Donahue v. Rodd Electrotype Co. of New England, Inc., 367 Mass. 578, 328 N.E.2d 505（1975）。原文太长，本书作者作了裁剪和缩写，有的部分为判例原文。

[②] B 公司的这些购股款项主要来自罗德的借款。罗德抵押了自家的房子向银行贷款供给 B 公司购股资金。

第二条是机会均等规则，即给封闭公司中的大小股东以平等的机会。公司可以回购股份，但是必须善意，不得损害债权人和其他股东的利益。当公司是封闭的时候，还有进一步的要求，那就是决定回购的董事和控股股东"必须对公司和其他股东有最高的善意和忠诚。要满足这个标准，如果出售股份的股东属于控股集团，控股股东们必须给予每一个股东按相同的价格和相同的比例出售股份的平等机会"。他们不得利用对公司的控制来谋取特权和与其股份不成比例的利益，或者为原来没有市场的股份设立一个市场而把少数派股东排除在该市场之外。

将上述标准和规则适用于本案，法院分析道，罗德公司只有两个股东（后来四个，但实际分为两派——罗德的家族和陶讷虎太太），股份没有市场，大股东罗德和他的儿子们担任总裁并经营管理着公司，所以罗德公司是一个封闭公司。罗德的家族是唯一的控股集团。这些控股的股东在购买罗德的股份时违反了对陶讷虎太太的忠诚义务和机会均等规则，因为陶讷虎太太没有得到相同的出售股份的机会。

于是法院判决：或者罗德取回股份，将 36 000 美元加上法定利息还给公司；或者公司再出 36 000 美元将陶讷虎太太的 45 股买下来。①

【案例 11-2】

威尔克司诉春边养老院公司②

1951 年，原告威尔克司、里奇、昆、皮肯 4 个人购买了一幢房子办养老院。后来，他们将养老院改制成春边公司并在麻州注册，房子就作为实物出资投资到公司里去了。

4 个人每人投资 1 000 美元，购买了 10 股股份，每股 100 美元。③在公司成立的时候，4 人的意思是每个人都将成为董事，每个人都将参与公司的经营管理和决策。④还有，所有当事人的理解和意图一致，即如果公司有钱，只要大家都在公司全日制地负责某一块工作，每个人都会向公司领取相同数额的钱。

养老院的成立和经营分为几个部分，4 个人分担，每人负责各自的部分。

大约在 1952 年，他们发现养老院的收入和现金流能够对他们进行定期分配。最初 4 个人每人从公司领取的周薪为 35 美元，之后逐步增加，到 1955 年为 100 美元。

1959 年，皮肯在生了很久的病之后将公司股份卖给了考讷，考讷与威尔克司、昆和里奇都相熟，因为他以前作为泊克西县第一农业民族银行的总裁与春边有过交易。考讷与他们 3 人领取相同的周薪，担任公司的董事但不担任其他任何职务。他没有被分配

---

① 因为罗德将把剩余股份全部分给他的孩子了，所卖的 45 股是他的全部股份；陶讷虎夫妇在 1968 年将 5 股送给了他们的儿子，所以还剩 45 股。但是法院在判词中没有对回购比例作出清楚的说明。

② Wilkes v. Springside Nursing Home, Inc., 370 Mass. 842, 353 N.E.2d 657（1976）.

③ 1955 年 5 月 2 日，1958 年 12 月 23 日，4 人又增加投资，换取面额为 100 美元的股票，最终使已发行股份达到 115 股（原注第 6）。

④ 威尔克司在预审法官面前作证说在选举公司官员时，4 个人都"得到保证将当董事"。里奇理解当事人的意图是大家都要在公司的经营中扮演角色并对公司风险有一定的"发言权"，为此目的，大家都想当董事，因为"你要是不担任董事和官员，你就不能参与公司的决策"。

具体的管理工作，但是参加公司的经营决策和董事会决议，担任公司的财务顾问。

从 1965 年开始，威尔克司与其他 3 人的关系开始恶化。因此，1967 年 1 月，威尔克司通知他们 3 人他想按照评估值将他的股份卖给公司。1967 年 2 月，公司开了一次董事会，会议确定了公司官员和雇员的工资。[①] 工资计划中昆的周薪有显著的提高，里奇和考讷的周薪仍然是 100 美元，但是威尔克司不在工资单上。董事会还将年度股东会定在 1967 年 3 月。

在 1967 年 3 月份的年度股东会上，威尔克司没有被再选为公司官员，他的同伴们进一步通知他养老院不再需要他的服务。

预审法官认定 1967 年年初的股东会和董事会将威尔克司排挤出了公司的经营管理并中断了对他的支付。虽然董事会有权因不当或者失职的行为解雇任何官员或者雇员，在 1967 年 2 月的董事会会议纪要中没有任何记载表示不给威尔克司发工资是因为这样的原因。将威尔克司从工资单上除名不是因为他有什么不当的或者失职的行为，而是因为昆、里奇和考讷三个人不想让他继续从公司领钱。尽管他与同伴的关系恶化，威尔克司始终在努力地履行他对公司的职责，其工作的方式和称职的程度和以前是一样的。只要允许并能得到他的周薪，威尔克司一直愿意履行他的职责，参与公司的经营。

1. 我们现在来看威尔克司以企业中其他参与者违反了对他的信托义务为由提出的赔偿请求。从这一请求的理论基础来看，我们在处理这个案件时适用的规则是合伙法还是商事公司法并不要紧，因为双方当事人都承认春边始终是我们在 Donahue v. Rodd Electrotype Co. of New England, Inc., 367 Mass. 578, 328 N.E.2d 505（1975）中定义的那种封闭公司。

在陶讷虎（Donahue）案中，我们认定"封闭公司中的股东在公司的经营中相互之间负有与合伙人之间在合伙企业的经营中相同的信托义务"。328 N.E.2d at 515。如本院之前的判例所确定的，合伙人之间的义务标准是"最高的善意和忠诚"。因此，我们在 Donahue 案中，就"他们的行动相对于公司的运作和这一运作对其他股东的权利和投资的影响"得出结论："封闭公司中的股东必须按照严格善意标准来从事经营管理并履行股东职责。他们不得按照贪欲、权宜和私利行动，也不得违反对其他股东和公司的忠诚义务。"（328 N.E.2d at 515）

在 Donahue 案中，我们认识到封闭公司的一个特点是多数派股东有机会压迫、损害或者排挤少数派股东。例如，在 Donahue 案中，多数派拒绝给予少数派股东按照相同的价格和比例将股份卖给公司的平等机会，而他们自己却有这样的机会。我们说，拒绝的结果是少数派被迫将股份"低于公平价格卖掉"，因为按照定义，封闭公司中的少数派股份没有现成的市场。

不过，"挤出"也可以采取其他方法。一种已经被证明十分有效的实现多数派目的的方法是剥夺少数派股东在公司中的职务和工作。这一方法被用得很成功，因为法院不

---

① 公司规章规定董事会有权确定所有的官员和雇员的工资，但须经股东会批准。但是直到 1967 年 2 月，这一权力从来没有正式行使过；对企业中 4 位参与者的全部支付都来自所有利害关系方非正式的、全体一致的同意。

断地拒绝干涉公司的内部事务，如选择留用或撤换官员、董事、雇员，因为这些都是在多数控制原则下的经营决策。一个权威评论这样说道："很多法院显然感到存在一个合法的领域，在那里实际控制的董事和股东可以为他们自己的利益行动，即使少数派遭受损失。"

在某些情况下，多数派不给少数派工作的危害性特别大。工作保障很可能是"少数派投资于企业的基本原因"之一。少数派股东一般都依赖他在公司的工资收入，作为对他投资的主要回报，因为"封闭公司的利润……大都以工资、奖金和退休福利的形式分配"（1 O'Neal, Close Corporations [2d ed.], § 1.07, at pp.21–22 [n. omitted].）[1]。少数派股东其他的非经济利益同样因被剥夺工作而受到伤害。挤出行为严重限制了他对企业管理的参与，把他降到了只能依赖股份收益的地位。总之，通过终止他的工作，不让他担任董事或官员，多数派实质上挫败了少数派股东投资于公司企业的目的，剥夺了他对投资的平等收益。

本案与 Donahue 案中的多数派所采取的行动形异实同。然而，绝对地适用 Donahue 阐述的严格善意标准恐怕会限制封闭公司中控股集团的合法行为，不恰当地影响为了全体的利益而经营公司的效率。应当承认多数派在所谓的"自私地拥有"公司方面有一定的权利，这一概念应该与对少数派的信托义务形成平衡。

因此，当少数派起诉多数派，说多数派违反了对少数派的严格的善意义务的时候，我们必须仔细地分析具体案子中控股股东采取的行动，问问控股集团能否证明他们的行为具有合理的商事目的。在问这个问题的时候，我们承认封闭公司中的控股集团在确定公司的经营方针上必须有伸缩的余地，比如它必须在宣布分红或者留利、决定是否合并、确定公司官员的薪水、有因或无因解雇董事、雇用或解雇公司雇员方面拥有很大的自由裁量权。

在多数派提出了行为的商事目的之后，少数派股东仍然可以证明选择另外的、对少数派利益损害较小的途径可以达到相同的目的。面对需要解决的争端，法院要看有没有合理的商事目的；如果有，就要对它们进行权衡和比较，考虑对当事人利益损害较小的选择是否现实可行。[2]

将这一方法适用于本案，春边中的多数派股东显然没有能够证明将威尔克司从工资单上除名或者不再选举他为领取工资的官员和董事具有合理的商事目的。预审法官对1967 年 2 月和 3 月的股东会和董事会的目的所作的事实结论得到证据的支持。没有任

① 我们注意到预审法官的事实认定：春边从来没有向它的股东宣布过或者支付过红利。——原文注第13。法院在这里讨论的其实就是少数派股东的投资期望。而投资期望是纽约州法院采用的标准（见后面一个案例）。可见麻州和纽约两州法院考虑的内容和思路是大同小异。

② 商事目的标准在普通法中有着广泛的背景。在宪法中，对人的自由的限制必须有国家急迫利益（compelling state interest）的支持，否则就是违宪的。同时在施加限制的时候还要问一问有没有可供选择的、可以达到同样目的、对自由限制较少的其他办法。两害相衡取其轻，两利相权取其大。美国的法院经常作这样的权衡。例如"9·11"恐怖袭击之后，机场可不可以在乘客上飞机之前对其搜身？最后的结论必须在权衡利弊之后得出。

何证据表明威尔克司作为公司的官员、董事或者雇员做了什么坏事，以至我们可以认定多数派的行为是对一个一心想要损害或毁坏公司的捣乱分子的合法反应。恰恰相反，威尔克司始终称职地完成分配给他工作任务，他也从来没有表示过不想继续工作。

所有的证据都无可辩驳地证明多数派的行为是处心积虑的"挤出"，他们没有说出任何合法的商事目的。由此，我们可以推测多数派计划的核心是要迫使威尔克司将他的股份以低于实际价值的价格卖给公司。①

在本案的背景下，几个因素与威尔克司的同伴们对他的义务直接相关。至少，最高善意和忠诚的义务要求多数派认识到他们的行为没有顾及股东们长期以来的不变方针：每个人都将是公司的董事，在公司的工作将与持股相对应；威尔克司是春边养老院的4个创始人之一；像其他人一样，威尔克司也投入了资金和时间长达15年之久，期望继续参与公司的决策。尤其重要的是一个简明的事实：不给威尔克司发工资，公司又从来不分红，那威尔克司就得不到公司的任何回报了。

2. 从我们面前的案卷来看，威尔克司在多数派手里遭受的损失还没有被认真地探讨过。在他最初的起诉状里，威尔克司要求赔偿每周100美元，从他停发工资的时候算起，到他提起本次诉讼为止。他认为这是他应当得到的。可是，案卷显示自从威尔克司从工资单上除名之后，支付给其他股东的工资和其他款项时常变化。此外，其他股东承担的工作任务也改动很大。对这个问题的任何解决方案都必须考虑在本次诉讼期间公司有没有解散。

所以我们的判令如下：否决下级法院撤销威尔克司的起诉并要他支付费用的判决。

陶讷虎（Donahue）一案给了有限责任公司中的少数派股东以最大的保护，不但要求多数派给予少数派平等的机会，而且还要尽到最大程度的忠诚，不得欺负。可是，少数派就永远那么善良、那么无辜，总是被欺负的吗？多数派解雇了少数派就一定是压迫排挤他吗？如果是出于工作上原因呢？比如，他午餐经常酗酒，下午工作效率不高，偶尔还要发点酒疯；或者公司的生意性质变了，少数派股东原先的技术现在已经用不着了；或者公司雇用了更年轻、更熟练的人，所以少数派股东已经显得多余了。在这些情况下，法院也要强加干涉，要求多数派对少数派保持最大程度的忠诚吗？如果将大量的商事决策都置于法院的司法审查之下，公司自治将难以为继。试想，生意人整天忙着打官司，生意还怎么做呢？可是如果绝对不管，压迫和排挤又一定会发生。当两派对立严重，情绪激动，而多数派又指出某种工作上的原因的时候，你怎么知道那不是打击对方的借口呢？显然，在威尔克司（Wilkes）案中，法院意识到了问题的复杂性，所以对陶讷虎（Donahue）案的立场作了调整，后退了一步，提出了合理的商事目的的标准，并给多数派的行为保留一定的自由度，当多数派提出了一个看起来是合理的商事目的之后，再由少数派来反驳，来证明选择另外的、对少数派利益损害较小的途径可以达到相同的目的。

① 这一推论基于如下的事实：考讷代表3位控股股东向威尔克司提出购买他的股份，但是所出的价格很低，考讷承认他不会以此价格出卖自己的股份。——原文注第14。

上述案子都是麻州最高法院判的。除了麻州提出的合理的商事目的标准之外，纽约州上诉审法院（该州最高法院）提出了"合理期望"标准来认定压迫行为：压迫性的行为是指挫败少数派在投资时所持的合理期望的行为。这一点，麻州法院在春边养老院案中其实也提到了："工作保障很可能是'少数派投资于企业的基本原因'之一。少数派股东一般都依赖他在公司的工资收入，作为对他投资的主要回报。"与公众公司（股东可以专注于投机而不管公司经营）不同，封闭公司中的股东作为共同所有人而参加公司的经营。他们在公司的工作常常是他们主要的收入来源。公司经常通过工资、奖金、退休金而不是红利的形式来分配利润。作为股东，参加这样的利润分配当然是一种合理的期望。在具体的案子中，期望是否"合理"应根据当时当地的具体情况分析确定在原告投资时该种期望是不是投资的主要原因。下面是纽约州上诉审法院（该州最高法院）在这方面的一个判例。

【案例 11-3】
肯与比特立公司案 [①]

当封闭公司中的多数派股东实际上将红利分配给除了某些少数派股东之外的所有的股东时，这样的做法是"压迫性行为"，构成按商事《公司法》第 1104-a 条颁发命令解散公司的理由。本案中有充分的证据支持下级法院的结论：多数派股东为了专门对付请求人而改变了长期以来根据持股份额分配公司利润的方针；下级法院在认定解散是使请求人获得他们的投资回报的唯一的手段时，没有滥用它们的自由裁量权。

I

肯与比特立是在纽约州注册的公司，设计并生产桌布和各种桌面用品。公司已发行股份 1 500 股，为 8 个股东所持有。请求人迪森受雇于公司 42 年，于 1979 年 6 月辞职，辞职前担任肯与比特立公司的副总裁和董事。在长期工作的过程中，他陆续取得了一些公司的股票，现持有 200 股。

请求人噶司达恩也是公司的长期雇员。从 1944 年被雇用起，之后的 35 年内他参与了公司生意的各个方面，包括原材料的购买、产品的设计和工厂的管理。他于 1980 年 12 月结束在公司的工作，现在持有 105 股肯与比特立的股票。

两位请求人的辞职是在明显不愉快的氛围中进行的。特别让他们忧虑的是他们不再分到公司的利润。他们认为自己被排挤出了公司，因为他们在公司工作的时候总是按照持股的份额以红利或附加报酬的形式来分配公司利润的，而现在没有这样的分配了。

噶司达恩和迪森共持有公司已发行股份的 20.33%，在 1981 年 6 月提起了本次诉讼，要求根据商事《公司法》第 1104-a 条解散肯与比特立。他们在请求中声称公司董事会的"欺诈性和压迫性"行为使他们的股份变得"几乎一文不值"。高级法院将此事转交听证。听证是在 1982 年 3 月举行的。

---

① Matter of Kemp & Beatley, Inc., 64 N.Y.2d 63, 484 N.Y.S.2d 799, 473 N.E.2d 1173（1984）. 像上述麻州的两个判例一样，本案的影响也很大，判决之后有许多州跟进，用以确定公司僵局中的救济手段，明尼苏达州还通过修改强制解散法规定了合理期望标准。

在考虑了请求人和肯与比特立的控股股东的证词之后，听证法官认定"公司管理层用其既定方针有效地将请求人的股票变得一文不值……只有解散公司，请求人才能期望得到回报"。请求人被认定在公司投入了资本，期望凭所持股份获得各种回报，包括分红或"奖励"。公司在雇员股东离职时购买其股份的"既定的买出方针"也得到认定。

强制解散法（商事《公司法》第 1104-a 条）允许在公司的控股股东对怨言股东实施"压迫性行为"时解散公司。听证法官认为当公司控制人"的行动挫败了少数派股东的投资期望时"，压迫就产生了。请求人期望不被武断地排除在获取投资回报之外，期望在他们的工作结束的时候公司会购买他们的股份，听证法官认为这些期望被现行公司方针所挫败。他在报告中建议解散公司，同时给予公司以购买请求人的股份的机会。

高级法院 ① 赞成听证法官的报告。它也认为由于公司新的分红方针，请求人无法就他们的投资得到任何的回报。变卖公司资产被认为是他们得到公平回报的唯一手段。法院认识到司法解散公司是一种"严厉的救济手段"，因而允许公司购买请求人的股份。上诉分部维持原判。

本次上诉中的问题是商事《公司法》第 1104-a 条的适用范围。具体地说就是在"董事或者公司控制人对怨言股东实施了……压迫性的行为时"，适用强制解散法在本案的情形下是否合适。我们认为是的，所以维持原判。

Ⅱ

……

要理解成文法上"压迫性行为"这一概念，最好先懂得封闭公司的特点和立法机构制定强制解散法的目的。众所周知，封闭公司中的股东除了给企业提供资本并期望得到平等、公平的回报之外，还会期望积极地参与企业的经营管理。

有一位著名的评论家曾经指出："典型的公众公司中的股东只是一个简单的投资者或者投机者，并不关心公司的经营管理，而封闭公司中的股东与此不同，他是企业的共同所有人，想拥有所有权所包含的特权和权利。他对公司的参与经常是他主要的收入来源。事实上，得到一份工作可能是他参与组建公司的主要原因。他可能会也可能不会期望最终能够出卖权益获得利润，但是他一般很少从公司得到分红。作为公司的官员或雇员，他主要的投资回报是他的工资，因为众所周知，封闭公司的利润大都以薪水、奖金和退休福利的形式分配"（O'Neal, Close Corporations [2d ed.], §1.07, at pp.21–22 [n. omitted]）。

股东还可以通过协议将这些期望写下来，阐明每个人在公司管理中的权利和义务。可是如果没有协议，公司的经营决策权就在多数派股东手里。任何一个公司的控制集团都可以运用这一权力来挫败股东的基本权益和期望。

……

……压迫性行为是指很大程度上挫败了少数派股东在投资于一个具体的企业时的

---

① 在美国纽约州，基层（地区）法院叫高级法院或最高法院（Supreme Court），中级法院叫上诉分部（Appellate Division），州最高法院叫上诉审法院（Court of Appeal）。——译者注

"合理期望"……股东会合理地期望对公司份额的拥有会使他得到一份工作、一份公司的利润、一个公司管理中的位置或者其他形式的保障，当别人试图挫败这些期望而他又没有有效的办法把投资撤回来的时候，他就受到了压迫。

根据封闭公司的本质和成文法的救济目的，本院认定用怨言股东的"合理期望"作为确定和测量一种行为是否具有压迫性的标准是合适的。法院在考虑声称有压迫性行为的请求时应当调查多数派股东知道或者应该知道少数派股东在进入一个具体企业时有些什么期望。仅仅因为多数派的行动使少数派不能实现他们的主观愿望或者欲望还不能认定压迫。仅仅失望还不等同于压迫。

只有从客观上看这些期望在当时的场合下是合理的，也是请求人决定加入企业的核心原因，而多数派的行为又在很大程度上挫败了这些期望时，才能认定压迫存在。不过，我们也不能划定法院考量董事会有没有实施压迫性行为的轮廓边界。像其他法律领域内一样，具体的认定在很大程度上取决于具体案子中的具体情形。

……根据这部成文法，法院既要考虑"变卖公司资产是否（保护怨言股东的投资回报期望的）[①]唯一手段"，也要考虑解散对于保护其他持股较多的股东的权利或利益是否有必要。这一指示的含义是：一旦压迫性的行为被认定，法院应当从公司事务和股东关系的总体情形去考虑，是否存在其他可行的、不解散的手段，既能满足请求人的期望，又能满足其他较大的持股集团的权利和利益。

如果解散请求初步成立，反对解散的人依然可以反证。法院有广泛的权力来规定其他的救济手段，但是如果这样的手段不能实现被压迫的请求人的期望，那就应毫不犹豫地命令解散。不过，命令解散时要允许任何股东将怨言股东的股份按合理市价买出来。同时不能允许少数派股东拿解散来威胁多数派股东。如果少数派股东实施了以强制解散为目的的恶意行为，由此引起了多数派的报复性压迫，我们将不予保护。[②]

Ⅲ

听证时出示了充分的证据证明肯与比特立长期以来的方针是以"额外的报酬性奖励"的形式按照股份支付实际上的红利。两个请求人长期以来参与公司的管理，他们的证词证明了这一点。而且两个人都说所有的公司负责人都知道这一报酬不管是作为真的红利还是伪装成额外的报酬，都是以持有公司的股份为基础的。最后，证据还证明在请求人离开公司前后这一方针被改变了。公司仍然给予额外的报酬。唯一的差别是股份的所有不再作为支付的依据，据说依据变成了为公司提供的服务。所以，事实认定者认为这一方针的改变等于是简单地通过对公司收入分配的重新定性排除了请求人获取任何投资回报的可能性，是有道理的。在这样的情形下，认定这一做法构成成文法意义上的压迫性行为是没有错误的。

---

① 括号内的内容不是原文译文，而是本书作者为了精简目的对原文所作的改写。

② 括号内的内容不是原文译文，而是本书作者为了精简目的对原文所作的改写。

高级法院命令解散肯与比特立但给予购买请求人股份的机会，这样做没有滥用自由裁量权。听证法官认定公司的控股派试图通过不给请求人任何投资回报并增加其他执行官员的报酬来挤出请求人。之后，被请求人在反对法院对听证报告的维持时，仅仅试图反驳报告的事实基础，没有提出任何可行的、可以替代强制解散的其他救济办法。请求人与肯与比特立控制股东的关系明显恶化，法院认定强制购买请求人的股份或者变卖公司的资产是确保请求人获得公平的投资回报的唯一手段，这一认定是合理的。

因此，上诉分部的命令需要修正，由请求人支付费用。该院的实体判决予以维持，但是行使购买请求人股份的选择权的期限延长到本判决之后 30 天。

法院虽然判了肯与比特立公司解散，但是不到万不得已的时候，当事人是不会解散公司的。通常的途径是多数派把少数派股份买回来。法院的判决只是给了处于弱势地位的少数派股东一根谈判的筹码，迫使多数派股东支付合理的价格。这个判决中法院除了命令解散之外，还给了多数派购买少数派股份的选择权并将期限延长 30 天，就是为了方便当事人这样做。

比较本案与前面麻州最高法院判决的春边养老院一案：本案中，股东在公司工作时大家分红，离开公司后就不分红了，只发工资和奖金，结果是离开公司的两位股东得不到投资回报；而在春边养老院中，判词没有提到分红，只说这些小公司内的利润大都是以工资、奖金的形式分配，威尔克司失去了工作，就得不到他的投资回报了。虽然情形各异，但是结果相同，都是使少数派股东得不到投资回报。所以法院的认定结论也相同：压迫与排挤存在，少数派需要法院救济。

两家法院各自提出了不同的认定压迫的标准：麻州从多数派的做法有没有合理的商事目的去考虑压迫是否存在，纽约州则从少数派在投资时的合理期望去考虑他有没有受到欺压。虽然在大多数情况下，这两种标准会得出相同的认定结果，但是由于二者的侧重点不同，在某些案子中也可以导致不同的结果。

【案例 11-4】
茱莉雅·博呢菲特诉考波珠宝公司一案 [1]

考波珠宝公司于 1946 年由麦克尔·考波（Michael Corbo）和多米尼克·考波（Dominic Corbo）两兄弟和他们的妹夫基罗德·博呢菲特（Gerald Bonavita）共同创立。起初只是一家珠宝店，后来扩展到 12 家店铺，现在又收缩为 7 家店铺。随着 3 位创始人的衰老，公司的股权发生了一系列变化。从 1984 年开始由麦克尔·考波的儿子阿楞·考波（Alan）和基罗德·博呢菲特各持 50%。阿楞的 4 个孩子都在公司工作，儿子麦克尔（Michael）受雇于 1976 年，负责珠宝的修理和客户订购；儿子小阿楞（Alan Jr.）受雇于 1979 年，主要为公司采购宝石；儿子斯蒂芬（Stephen）协助阿楞全面管理公司；女儿凯丝·建博（Cathy Giamboi）在纽约州约克镇的店里打半工；妻子斯黛菲呢（Stephanie）也打半

① Bonavita v. Corbo，300 N.J. 179，692 A.2d 119（NJ 1996）.原文较长，为节省篇幅，本书作者作了裁剪和缩写。

工。阿楞的年薪是 5.7 万美元，他的 3 个儿子每人 5.2 万美元，凯丝在 2 万~3 万美元之间，斯黛菲呢与凯丝相当。

基罗德·博呢菲特的年薪与阿楞一样，也是 5.7 万美元。从 1991 年开始他基本不工作了，但是仍然领取同样的工资，一直到他 1994 年去世为止。基罗德死后不久，公司便停止发放他的工资。阿楞告诉他的遗孀说之所以不能继续付薪，是因为联邦税务局不再允许这样的支付作为工资减税。

基罗德活着的时候，虽然和阿楞领取同样的工资，但是在公司中的职务却全然不同。阿楞是公司的首席执行官，他和他的儿子斯蒂芬共同管理着公司。而基罗德则处于逐步退休的过程中，只管理一家店铺，基本不参与对整个公司的管理。相比之下，他的妻子茱莉雅（Julia）还比他更积极一些，知道公司事务也多一些。在 20 世纪 80 年代中期，基罗德告诉阿楞他打算退休，希望公司购买他的股份。两边随后就此事进行了协商，但是最终没有达成一致。从 1991 年 3 月起，基罗德不再上班；茱莉雅则工作到 1992 年 1 月。

当各方股东关系和谐时，公司的管理像处理家务差不多，没有什么会议，也不开董事会，更谈不上少数派的否决权等权力制衡设置。

基罗德于 1991 年 12 月起诉，称公司形成了僵局，他遭受了压迫。1994 年年初，他正式请求公司给每个股东分红 65 万美元，总共 130 万美元，当年赢利不足部分可以用历年盈余补充，但是遭到阿楞的拒绝。基罗德请求法院强制分红，也遭到拒绝。他随后提议分红分得少一点，又被拒绝，因为阿楞坚持基本不分红的方针。

法院认为基罗德提出的僵局不能成立，因为公司经营得好好的，没有发生什么决策上的障碍，哪来的僵局？

所以关键问题是压迫是否存在。据诉状所称，公司按照目前这样的方式经营管理的结果是只给阿楞和他全家带来大量利益；而基罗德这边则不能得到任何利益，因为他们夫妇没有了工资收入，公司又坚持不分红。据估算，阿楞一家 6 口人每年从公司获得的工资和其他福利总共在 40 万美元左右。虽然不能说这些支付过高，但是被告也不能证明这些人在其他地方也可以挣得一样多的钱。而且，在家庭企业中工作的稳定性要比其他地方保险得多。阿楞自己也知道这些好处，所以有一次当基罗德获悉高价出售公司的机会并建议出售公司时，阿楞对此开出的首要条件是他和他的 3 个儿子能够继续在新公司内工作。

截至 1993 年 6 月 30 日，公司的资产负债平衡表显示公司有 500 多万美元的盈余公积，除去按负债处理的库存股之后还有股东权益约 460 万美元，其中一个 3A 账户上有139 万美元，那是已经付过所得税后的赢利。公司有 110 万美元的现金和现金等价物，只有 1.2 万美元流动负债；应收账款 64 万美元远大于应付账款 39 万美元。公司还有一幢 52.5 万美元的楼房已经付清了全部抵押贷款。

被告给出的不分红的理由是公司需要现金。阿楞作证说公司对现金的需求是季节性的，手头必须保持大量现金，一旦遇到价廉物美的机会，马上大量买进。公司最近几年的成功就在于有能力这样作而不需要贷款付利息。此外，有几家租赁快到期的店铺需要进行设备更新，房东会以此作为续租的条件。

法院认为虽然证据清楚地表明公司有充分的分红能力，但是相反的决定也不算非理性，不算荒唐。事实上，从阿楞的角度看，不分红也很有道理。因为他从公司获得的主要好处是他和他的家人能够有一份稳定的工作，维持 500 万美元的盈余公积、保留大量现金和不分红显然符合他的利益。

如果基罗德和阿楞的处境相同，因而不分红政策对他的影响也相同的话，该政策就完全是商事判断的结果，不但允许，而且无可指责。法院一般不干涉商人的商事决策。但是问题在于不分红的结果是作为 50% 股东的博呢菲特家族将一无所获，其 50% 的股份变得一文不值。于是，法院最后判决压迫存在，考波公司或者多数派阿楞必须购买茉莉雅·博呢菲特的股份，价格是 190 万美元，并任命了一个具体的执行官，负责与公司协调筹集款项。

从此案事实可以看出，阿楞不分红的决策具有合理的商事目的，但是却挫败了基罗德和茉莉雅的合理期望。现在越来越多的法院采用少数派合理期望标准。运用该标准的重点不是审查多数派的行为是否出格，而是看其行为的结果对少数派的利益产生了什么影响。这些法院认为合理商事目的标准有缺陷，因为它假定任何使公司利益最大化的行为都是允许的，而不考虑该行为对少数派是否公平。

在采用合理期望标准之后，进一步的问题又来了。合理期望是指什么时候的期望，是投资时的期望还是后来随着时间的演变而产生的期望？对此众说纷纭。但是多数人倾向于后者，因为少数派的期望会随着客观情形的变化而变化，某种期望虽然在投资当初并不存在，而是在以后公司经营过程中产生的，但是只要它是合理的，就应当得到保护。挫败这样的期望也构成压迫。如果将期望局限于投资之时，那就不能保护这样期望。再说，对于那些通过继承取得股份的少数派股东，他们在取得股份时压根儿就没有任何具体的合理期望。但是在取得股份之后自然会产生获取收益的期望，难道这样的期望就可以随意挫败？

对于压迫行为的具体救济手段，由于法院一般认为解散过于激烈，而且解散的结果往往是多数派购买少数派的股份，公司继续经营，所以在多数情况下，如果法院看到对立的双方再无共事合作的可能，一般都是通过价格评估让公司或多数派购买少数派的股份。但是在个别案例中，法院认为少数派在公司中有更多的实际利益，由少数派经营公司更合适，于是就命令多数派将股份卖给少数派，如 Muellenberg v. Bikon Corp., 143 N.J. 168, 669 A.2d 1382（1996）。

对少数派股份的价格评估，一般都考虑到它不如控股板块值钱。虽然在分红和公司清算中少数派的股份与多数派是在同等条件下按照比例分配的，但是要不要分红的决定权却在多数派手里。在实际的股权流通中，如果买卖双方（乐意购买的外部第三人与少数派股东）都开诚布公对等谈判的话，少数派每股股份的价格往往低于多数派股份作为控股板块整体出售时的价格，因为前者没有控制权。而且，封闭公司中的少数派股份与上市公司不同，没有现成的市场，这点也使其价值下降。

评估专家们认为没有控制权的股份与有控制权的多数派股份相比要贬值 30%~40%；

因为封闭公司中的股份不能流通，与上市公司能够自由流通的股份相比，又要贬值30%~40%。因此，没有现成市场的少数派股份与同行业中具有控制权又能自由流通的股份相比，只能低于半价出售。

不过，法院在实际判案时对少数派股份的价格折扣往往会根据具体案情从公平理念出发灵活掌握。有两个新泽西判例可以说明这个问题。Balsamides v. Protameen Chemicals, Inc., 160 N.J. 352, 734 A.2d 721（1999）一案演示了两个 50% 股东（佩尔斯和巴萨麦兹）之间的宿怨。初审法院认定佩尔斯的行为损害了公司利益，也损害了巴萨麦兹作为一个雇员的利益，构成压迫。于是法院命令佩尔斯将其股份卖给巴萨麦兹，因为没有现成市场，流通不便，价格按照对公司作为一个运行中的企业进行评估之后打折 35%。上诉之后，新泽西最高法院维持原判。而在同一天判决的 Lawson Mardon Wheaton, Inc. v. Smith, 160 N.J. 383, 734 A.2d 738（1999）一案中，因为法院命令实施压迫的多数派购买少数派的股份，所以就在评估价的基础上不打折扣。两个判例中包含的逻辑是不能让压迫者占到任何便宜，不能鼓励压迫。

在警惕多数派压迫少数派的同时，法院也都意识到对少数派的保护不能过头，对多数派经营公司的权力应当予以充分的尊重并留有伸缩的余地。陶讷虎案确立了平等机会规则，判决当公司购买多数派股东的股份时，应当给予少数派股东以同样的价格出售其股份的平等机会，否则就构成排挤。但是由此并不能推出公司只要购买了一个股东的股份就必须购买少数派股东的股份的结论。只要多数派没有以牺牲少数派利益为代价牟取私利，没有从事对少数派的压迫和排挤，无论公司还是多数派股东都没有义务购买某个特定少数派的股份。在 Toner v. Baltimore Envelope Co., 304 Md. 256, 498 A.2d 642（1985）一案中，公司股份分在两个投票组手中，在要不要将公司卖给第三人的问题上形成僵局。为了打破僵局，一个小组向一个股东购买他的全部投票和非投票股，并且让公司向其他一些非投票股持有人回购了他们手中的股份。原告的非投票股没有被购买，起诉要求公司回购她的股份，声称她被剥夺了参与回购的平等机会。法院判决说在没有证据显示差别回购本身违反信托义务的情况下，如像陶讷虎案中那样，股东无权要求回购他的股份。

在莫罗勒诉艾克瑟秦公司[①] 一案中，少数派股东莫罗勒因为批评公司总裁兼多数派股东庞培的婚外情而被公司解雇，之后他起诉指责多数派违反了对他的信托义务。他说他在购买公司股份时打算成为一个重要的股东，在被公司雇用之后又买了大量的公司股份。初审法官认为庞培解雇莫罗勒没有合理的商事目的，挫败了莫罗勒投资时的合理期望，违反了信托义务。被告上诉之后，麻州最高法院认为，莫罗勒的投资与他的雇用之间没有关联性，解雇也不构成多数派对少数派的压迫行为：

　　我们同意法官如下的结论：艾克瑟秦是一个封闭公司，封闭公司内的股东相互之间负有"最高的善意和忠诚"的信托义务。即使在封闭公司内，多数派也"必须有伸缩的余地，

---

　　① Merola v. Exergen Corp., 423 Mass. 461, 668 N.E.2d 351（1996）. 下面的楷体字是判词原文，由本书作者翻译。

比如它必须在宣布分红或者留利、决定是否合并、确定公司官员的薪水、有因或无因解雇董事、雇用或解雇公司雇员方面拥有很大的自由裁量权。"（370 Mass. 842, 851）

雇用法规则允许随意结束雇用关系，除了少量的公共政策例外之外，有因无因都可以。

本案中虽然原告在投资于艾克瑟秦的股票时合理期望继续为公司雇用，公司并没有雇用股东的一般性政策，也没有证据表明其他股东在购买股票时都期望被公司雇用。对公司股票的投资并没有在任何方面与雇用捆绑在一起。

与前面的威尔克司案不同，本案中没有证据表明公司以工资的形式分完了所有的赢利。恰恰相反，在原告被雇用期间，公司股票的价值在增加。原告起初以每股 2.25 美元买进，一年之后他以每股 5 美元的价格购买了更多的股份。这说明在受雇期望之外，其投资价值在上升。原告也不是公司的创始人，他是在公司成立之后才购买股票的，没有人说他购买股票是为了有一份工作。

原告作证说他在被解雇 4 年之后将股票卖还给了公司，每股得到 17 美元。之前其他股东在将股票卖还给公司时也是这个价格，他在向律师咨询之后认为是公平的价格。这说明原告在他的工资之外还获得了较多的投资回报。

我们认为这不是多数派违反对少数派的信托义务的情形。"封闭公司中的控股集团在确定公司的经营方针上必须有伸缩的余地。"（370 Mass. 842, 851）虽然解雇原告没有任何合理的商事目的，但是也不是为了庞培自身的经济利益，更没有违反既定的公共政策。在封闭公司内随意解雇雇员，该雇员又正好持有公司的股票——并非所有这样的情形都能导致雇员在违反信托义务的诉求中胜诉。

除了确保多数派在经营公司中有足够的伸缩余地之外，还要警惕少数派要价过高、滥用否决权等行为。在前面的肯与比特立公司一案中，法院专门警告少数派：不得利用强制解散进行恶意诉讼，否则引起多数派的报复时我们将不予保护。也就是说，在出卖股份时不能要价过高，有一个合理的价格就可以了。当少数派的不合作态度给公司和多数派利益带来损害，形成僵局，出现所谓的少数派暴政的时候，法院同样应当予以制止，并责令其赔偿损害。请看下面的案例。

【案例 11-5】
史密斯诉大西洋财产公司 ①

1951 年，沃夫森博士花 35 万美元在诺沃德买了一块地，其中 5 万元用现金支付，剩余的 30 万美元欠款在 33 个月内付清，以这块土地抵押担保。沃夫森博士又转卖给史密斯、辛布勒、伯克各 1/4 该块土地的权益。他们每人付了 1.25 万美元给沃夫森，即首期付款的 1/4。史密斯先生是位律师，帮助组建了本案中的被告公司（大西洋），做房地产生意。史密斯还在公司的章程和规章里写入了这样一个条款："无论是股东开会选举、任命或作决议，还是董事会或公司官员选举、任命、决议、买卖、租赁、订合同、捐款、付薪，都必须得到公司已发行有投票权的股份的 80% 的同意，否则该行为不能生效，即对公司没有约束力。"这个条款（以下简称 80% 条款）是应沃夫森博士的要求写入的，其效果是给了 4 位初始股东的每一个人对公司决策的否决权。

大西洋购买了诺沃德的那块土地。该地的一部分加上其他一些资产卖了 22 万美元。大西洋保留了 28 公顷土地，上面有 20 个老旧的、砖木结构的磨坊型建筑，需要经常维修，费用很高。公司开张了一年之后就开始赢利，1969 年之前每年都有利润，少的如 1953 年的 7 683 美元，多的如 1954 年的 44 358 美元。抵押欠款到 1958 年付清，之后大西洋就没有长期债务了。1959 年和 1960 年付了大约 2.5 万美元工资，1964 年和 1970 年每年分了 1 万美元红利。到 1961 年，大西洋积累 17 万 2 千美元盈余公积，一大半是现金。

由于各种不必细说的原因，沃夫森博士与其他三个股东发生分歧，关系恶化。[①] 沃夫森博士想用大西洋的赢利来维修、可能的话改善既存的房屋及其附属物。其他股东则更希望分红。沃夫森博士不断地否决任何的分红。虽然大家告诉他不分红可能会引起联邦税务局根据联邦税法第 531 条（关于公司利润的不合理积累）的规定予以惩罚，沃夫森博士坚持拒绝分红。几年来其他股东也同意对大西洋的房屋进行了最紧迫的维修，但是不同意 1962 年一个工程设计企业建议的全面维修和改善的方案，大西洋雇用该企业的目的是要对全面的维修和改善作出估价，看看是否有利。

关于受联邦税务局惩罚的担心很快变成了现实。1962 年、1963 年、1964 年三年税务局都根据估计进行了罚款。沃夫森博士与税务局谈判，最后支付了 11 767.71 美元的税款和利息。尽管有这次谈判和解，沃夫森博士继续坚持不让分红。案卷没有显示他对大西洋的财产有什么具体而确定的方案进行维修和改善。至少他没有提出这样的方案来向联邦税务局证明这些维修和改善的费用构成第 534（c）条所说的"合理的商事需要"，该术语包括"可以合理预见的商事需要"（见第 537 条）。虽然他的股东同事进一步提醒，沃夫森博士一意孤行。结果，联邦税务局又对 1965 年、1966 年、1967 年、1968 年四年的收入进行了估计和罚款。起诉之后，联邦税法法院维持了这些罚款。审阅这些判决可以清楚地看到，主要因为沃夫森博士否决足量的分红来避免罚款，大西洋支付了大量的惩罚性税款，否决的原因（根据税法法院和上诉审法院）是想避税。

1967 年 1 月 30 日，除沃夫森博士之外的其他股东提起本次诉讼，后来他们又修改了起诉状以反映案情的进一步发展。原告要求法院确定大西洋应分红利数量、撤销沃夫森博士的董事职务、命令他补偿大西洋支付的惩罚性税款和其他相关费用。此案于 1979 年 10 月在高级法院审判（陪审团放弃）。

初审法官认定的事实大致与上述一致（只是更加详细），她的结论是"沃夫森博士拒绝分红的固执态度更多的是由于他讨厌其他股东，又想避税，而不是真正想要实施一个修理大西洋财产的具体方案"。她还判决沃夫森博士向大西洋支付两次罚款的款项 11 767.71 美元和 35 646.14 美元，前者利息从本次诉讼开始起算，后者利息从 1975 年 8

---

① 其中的一个原因是沃夫森博士想把他的股份转让给他所创建的一个慈善基金会，但是其他 3 人不同意。原文注第 3。

月 15 日起算，因为那是第一上诉审法院维持第二次罚款估算的日期。后面这个数字还包括了 7 500 美元打税法官司的律师费。她还命令大西洋的董事们"在尽可能早的日期合理分红，之后每年根据良好的商事习惯合理分红"。此外，初审法官指示保留对案件的管辖权"五年以确保判决得到执行"，正式判决随后按照初审法官的命令下达。判决下达之后，沃夫森博士和大西洋请求重新审判以修正法官的事实认定。该请求在听证之后被否决。沃夫森博士和大西洋针对该判决和否决重新审判请求的裁决上诉。原告则要求得到律师费并呈交了书面证词。要求被否决，原告也上诉。

1. 初审法官在认定沃夫森博士违反了对其他股东的信托义务时主要依据 Donahue v. Rodd Electrotype Co. of New England, Inc., 367 Mass. 578, 328 N.E.2d 505（1975）中的宽泛语言。该案中最高司法法院给予一个封闭公司中的少数派股东在公司赎回股份的问题上（与多数派控股集团）平等的待遇。法院依据封闭公司与合伙的相像认定"封闭公司的股东在公司的经营管理中相互之间负有与合伙人之间相同的信托义务"。法院说这个义务标准是"最高的善意和忠诚"，还说股东"不得按照贪欲、权宜和私利行动，也不得违反对其他股东和公司的忠诚义务"。同样的原则在 Wilkes v. Springside Nursing Home, Inc., 370 Mass. 842, 353 N.E.2d 657（1976）一案中得到了重申，只是对 Donahue 案中的宽泛语言作了一些修改。

在 Donahue 案中，法院认识到可能会出现这样的情形，在一个封闭公司中，多数派也可能要求针对少数派的保护。本案中就出现了这样的情形，因为沃夫森博士可以通过前面引述过的那条（写在大西洋章程和规章中的）80% 条款在公司分红中行使否决权。这个条款在很大程度上改变了多数派与少数派的相对地位，少数派在这特定场合下成了控制人。

……

沃夫森博士作证说他要求将 80% 条款写进去"以防止我虽然认识但不十分了解的这些人联合起来对付我"。股东在经营方针上发生分歧的可能性使这个条款显得很有道理。但是由此也发生一个问题，就是这样的否决权在多大的程度上可以由少数派股东随心所欲地行使而不违反 Donahue 案中提到又为 Wilkes 案所修正的"信托义务"。

在麻州以往的判例中很难找到这个问题的答案。Wilkes 案大概提供了最相关的指引，大致是说在这样的情形下任何司法干预都必须权衡多数派或者控制集团和与之相争的人所提出的作为行动理由的商事利益。显然，在采用法院指定的解决办法之前，最好还是由双方在考虑具体情形的基础上从所有相关人的利益出发协商达成解决僵局的理性办法。

2. 关于沃夫森博士拒绝投票赞成分红给大西洋带来的损失，初审法官认定他的行为超越了合理的范围，这是对的。其他股东对这些损失在某种程度上也有一定的责任，因为他们没有认真地考虑沃夫森博士提出的建议，但是不分红看来是税收罚款的主要原因。有人就税务局估算的危险警告过沃夫森博士，但是他依然不允许通过任何的分红来化解这种危险，又没有在相关的应税年份里提出一份经得起联邦税务局检查的、令人信服的、确定的修缮计划。不管他拒绝宣布红利的原因是什么（即使在某一年份他从不分红中获得了轻微的税收好处，如果有的话），我们认为他毫无道理而又不顾一切地冒惩罚性税款的风险，这样的风险与任何对"最高的善意和忠诚"的合理理解都是不一致的。初审法官（尽管其他股东对僵局的形成也有责任，而且本案案情又是全新的）判沃夫森博士赔偿大西洋支出的惩罚性税款和相关的税收案子中的律师费，是有道理的。

3. 初审法官命令大西洋董事会"在尽可能早的日期合理分红，之后每年合理分红"。这是有麻烦的，因为这不是一个可以通过蔑视法庭程序强制执行的、精确、清楚、没有歧义的命令……它也没有要求董事会对沃夫森博士全面修缮大西洋厂房的愿望作出商事判断。见最高司法法院在 Wilkes 案中的语言（370 Mass. at 850-52, 353 N.E.2d 657）。

这份有些含糊的救济命令由于初审法官保留了高级法院对案件的管辖权而变得不那么重要，这项措施使法院可以在今后继续进行监督。我们认为这样的监督在补充案卷之后应该马上进行。现有案卷没有显示大西洋的财务状况，不清楚它在本案上诉的过程中在房屋的维修、分红、薪水等方面作了什么，开支多少。下级法院的判决自然没有考虑到法院一般不愿意干涉公司的分红政策，那是以董事会的商事判断为基础的。

虽然本案中保留管辖权是恰当的，但是目的应当表达得更加积极。判决的第二段应当修改，并规定：(1) 要求大西洋董事会马上准备最近 5 年的财务报告、州和联邦的所得税和营业税税表复印件和最近的资产负债表；(2) 要求他们就今后 3 年的分红和资本改善政策进行协商并确定下来；(3) 如果协商不果，在接到法院命令之后 60 天内没有到高级法院登记双方同意书，(法院或者一个有商务经验的特别法官)将马上举行听证会，接受上述财务报告、税表和其他相关证据。之后，法院在考虑实际情况的基础上，可以指示（如果它认为合适的话）采纳（并执行）一项在本年度内足以为大西洋化解进一步的税收罚款危险的具体的红利和资本改善政策。法院也可以保留管辖权并在之后的每一财会年度采取同样的行动，直到当事人能够达成一致意见为止。

给予少数派否决权的目的是有效地保护其合法权益，免遭多数派的压迫和排挤。但是这种权力必须负责任地行使，不得滥用。就像董事会在经营管理公司时负有对公司和股东的信托义务一样，少数派在行使否决权时同样负有对公司和多数派的信托义务。沃夫森博士的一意孤行"超越了合理的范围"，所以不受商事判断规则的保护。"他毫无道理而又不顾一切地冒惩罚性税款的风险"，已经到了荒唐的地步。虽然法院只是笼统地提信托义务，但是细分起来，他违反的应该是注意义务。

在保护少数派合法权益的同时警惕少数派的过分要求，防止少数派对多数派的经营决策和公司的正常运行造成不必要的干扰，这一做法反映出法官对有限责任公司内部现实人际关系乃至人性的深刻认识，有利于在少数派合法利益和多数派经营效率之间达成适度的平衡，有利于企业的长远发展和社会经济的进步。

我国的公司实践虽然还不发达，但是公司内部的矛盾冲突同样会存在，类似上述几个案例中的情形同样会发生，立法者对此也有所认识。以下是 2005 年全国人大法律委员会在修订公司法的有关报告中的一段话：

有些常委委员、全国人大代表和地方、部门提出，有些有限责任公司的大股东利用其对公司的控制权，长期不向股东分配利润，也不允许中小股东查阅公司财务状况，权利受到损害的中小股东又无法像股份有限公司股东那样可以通过转让股份退出公司，致使中小股东的利益受到严重损害。法律委员会经同法制办、最高人民法院研究，建议针对上述问题，借鉴国外通行的做法，增加规定：……公司连续 5 年盈利，并符合本法规定的分配利润条件，但不向股东分配利润的，对股东会该项决议投反对票的股东可以要求公司以合理价格收购其股权。股东与公司不能达成股权收购协议的，股东可以向人民法院提起诉讼。①

从这段话里可以看出，我国立法部门和实务界对公司内部的压迫问题已经有所认识，但是还不够深入系统。他们只看到不分红给无法退出公司的小股东带来的利益损害，没有想到压迫的表现方方面面，比如不让小股东在公司里工作，或者在工作岗位和工资待遇等问题上予以压制等等。与上述美国法院的认识相比，我国有关部门的认识显然不够全面深刻，虽然说要"借鉴国外通行的做法"，但是实际上不太了解国外的做法，或者说了解得比较肤浅。与这样的粗浅认识相对应，修改后的公司法只规定公司连续 5 年盈利而不分配利润的，小股东可以退出（《公司法》第 74 条第 1 款第 1 项）。这一方面反映了 2005 年公司法比 1993 年公司法的巨大进步，另一方面也反映出与国际先进水平的差距，因为这样的规定对于解决实际问题帮助不大，请看下面的案例。

【案例 11-6】
汪秋娣与上海裕和房地产开发有限公司公司解散纠纷案②
上海市第二中级人民法院 2015 年 8 月 24 日

2001 年 8 月，为开发、销售裕和公寓，汪秋娣与案外人华嘉吟成立裕和房地产开发有限公司（以下简称裕和房产），汪秋娣持股 40%，华嘉吟持股 60%。汪秋娣因年事已高，在公司成立之初，即将其股东事务全部委托其女婿朱新民处理。朱新民在公司工作，担任总工程师职务。2003 年，华嘉吟将股份转让给了骆建华。骆建华任裕和房产法定代表人、执行董事及总经理，汪秋娣任公司监事。根据裕和房产章程，公司只设执行董事，不设董事会。

从 2012 年起，汪秋娣与骆建华之间的矛盾逐渐显现。该年 1 月 16 日，骆建华无故解除了朱新民的总工程师职务。汪秋娣对此向骆建华提出异议，无果后，私自扣留了公司公章和营业执照。骆建华多次索要不得，于是向上海市黄浦区人民法院提起诉讼。法院判令汪秋娣、朱新民共同返还公司营业执照等材料。二审维持原判。但因被执行人朱

---

① 王军，《中国公司法》2015 年 11 月第 1 版，2017 年 9 月第 2 版第 353~354 页引洪宽，《全国人大法律委员会关于中华人民共和国公司法（修订草案）修改情况的汇报》，《全国人大常务委员会公报》2005 年第 7 期，第 580 页。

② （2014）沪二中民四（商）终字第 459 号。原判词较长，为了节省篇幅，突出重点，这里作了精简和改编。本案一审上海市黄浦区人民法院 2014 年 3 月 19 日，（2013）黄浦民二（商）初字第 779 号。

新民、汪秋娣明确表示公司相关证件均已遗失，无法归还，法院终结了执行程序。

2012 年 5 月 28 日，汪秋娣向骆建华出具《召开临时股东会通知函》，提请召开临时股东会。会议议案包括：（1）要求查阅公司财务情况，查阅公司财务会计报告及会计原始凭证；（2）要求按股权比例，进行利润分配；（3）要求执行董事完成 2011 年财务报告供股东会审定；（4）制定公司僵局解决方案；（5）修改公司章程第 26 条、第 28 条、第 29 条，增设公司僵局解决方案。

6 月 5 日，骆建华回复表示因汪秋娣无权以股东名义召集和主持股东会临时会议，故该函件无法律效力。9 月 21 日，裕和房产又向汪秋娣回函，认为自 2003 年 3 月骆建华担作公司法人代表起至公司收到汪秋娣律师函之日，汪秋娣作为公司股东从未要求查阅公司财务会计报告和账簿。公司迄今未向股东分配红利，是因为公司一直处于亏损状态。公司完全按法律开展经营活动，并无被骆建华一人控制的情形。汪秋娣可以在方便时到公司查阅公司财务会计报告和账簿，但应提前 3 日以书面形式通知，并不得委托他人。

2012 年 10 月 19 日，汪秋娣到法院提起诉讼，请求判令裕和房产向汪秋娣提供财务会计报告、会计账簿、会计凭证供汪秋娣查阅及复制。法院判决支持汪秋娣的诉求。后经上海市第二中级人民法院调解，双方达成调解协议。但因裕和房产未自觉履行，汪秋娣向法院申请强制执行，本案审理时尚未执行完毕。

2012 年 12 月 27 日，骆建华函告汪秋娣，通知其于 2013 年 1 月 14 日参加临时股东会议。汪秋娣委托朱新民及律师等共 3 人出席会议。骆建华请求上述 3 人协商确定 1 人参加会议，但遭拒绝，故骆建华责令 3 人离场；汪秋娣虽未参加会议，但因骆建华代表公司 60% 股权，故临时股东会决议有效。决议内容包括驼建华享有人民币 3 000 万元额度的投资权、批准骆建华个人年薪 100 万元、免去汪秋娣公司监事职位等。

2013 年 1 月 20 日，汪秋娣向骆建华提议召开临时股东会，议题为向股东提供公司财务会计报告、审计报告，公布公司财务经营情况；按股权比例分配公司红利；转让汪秋娣持有 40% 公司股权；修改公司相关章程。同月 22 日，骆建华回复，认为公司在 1 月 14 日刚召开过临时股东会，故没有必要再次召开。同年 3 月 12 日，汪秋娣向上海市黄浦区人民法院提起诉讼，要求撤销该股东会决议。法院判决撤销该股东会决议，二审维持原判。

汪秋娣认为，公司大股东利用优势地位排挤、侵害其小股东的合法权益和公司利益，其与大股东之间的矛盾激烈、无法调和，致使公司已无法通过自身的救济机制摆脱僵局，故向上海市黄浦区人民法院提起诉讼，请求法院判决上海裕和房地产开发有限公司解散。

上海市黄浦区人民法院一审认为："本案系公司解散纠纷，根据我国公司法的相关规定，公司股东提起公司解散纠纷，必须符合以下条件：（1）持有公司全部股东表决权 10% 以上的股东；（2）公司经营管理发生严重困难，继续存续会使股东利益受到重大损失；（3）通过其他途径不能解决。经查，汪秋娣持有裕和房产 40% 股权，符合请求解散公司的诉讼主体资格。现双方的主要争议在于裕和公司经营管理是否发生严重困难。对此，本院认为，公司法规定的'公司经营管理发生严重困难'，其侧重点在于考察公司内部管理机制是否正常运行，即股东间或公司管理人员之间是否由于利益冲突和矛盾导致公司的有效运行失灵，股东会或董事会因对方的拒绝参加会议而无法有效召集，任何一方的提议都不被对方接受或认可，即使能够举行会议也无法通过任何议案，公司的一切事务处于一种瘫痪状态。就本案而言，裕和房产自 2009 年起已持续多年未能按期召开股东会，汪秋娣及骆建华多次提议召开临时股东会，亦因对方拒绝而无法召开。汪秋娣作为公司监事，无法正常行使监事职权。因此，汪秋娣及骆建华作为裕和房产的股东，双方已无互相信任与合作的基础。而且，裕和房产作为项目公司，其开发、建设的裕和公寓已基本销售完毕，设立公司的目的业已实现。在本案审理过程中，本院多次组织汪秋娣及骆建华进行调解，提出对外转让股权、股东转让股权单方退出等方案，但均未果。综上，汪秋娣申请裕和房产解散并无不当，可予准许。"① 于是，法院根据《公司法》第 182 条判决裕和房产解散。

被告不服一审判决，向上海市第二中级人民法院提出上诉，二审维持原判。

本案属于比较典型的控股股东欺压小股东情形。大股东骆建华作为公司法定代表人、执行董事和总经理，掌握着公司的一切权力，在公司经营亏损的情况下以股东会名义批准给他自己发百万年薪、赋予自己 3 000 万元额度的投资决定权和审批权；小股东汪秋娣没有任何权力。高管的工资高了，公司利润就少了，亏损或许与此有关。为了少缴税，有限责任公司的利润大都以工资、奖金和福利的形式分配。小股东汪秋娣不在公司工作，代表她利益的朱新民又被解雇了总工程师职务，不能再从公司领取工资。这不正是春边养老院一案中的情形么？法院显然明白其中的奥妙，为了保护原告的合法权益，在调解不成的情况下援引《公司法》第 182 条判决解散裕和房产。

可是，《公司法》第 182 条规定的是公司僵局的情形，僵局与压迫并不完全一致。尽管一、二审法院都将案情说成僵局，实际上并没有形成僵局。公司权力掌握在骆建华一人手中，他作为 60% 股东，可以形成有效的股东会决议（特别事项除外）；作为替代董事会的执行董事，他实际行使着董事会的权力，再加上总经理的职权。汪秋娣根本无法阻拦骆建华为所欲为。公司由骆建华一个人经营管理，应该说决策简单高效，顺畅得很，哪来的僵局？哪里有什么经营管理的"严重困难"？于是，聪明的法官为了达成正义的目的在这里对《公司法》第 182 条的用语"公司经营管理发生严重困难"进行了专门的解释，认为是指"公司内部管理机制是否正常运行，即股东间或公司管理人员之间是否由于利益冲突和矛盾导致公司的有效运行失灵，股东会或董事会因对方的拒绝参加会议而无法有效召集，任何一方的提议都不被对方接受或认可，即使能够举行会议也无法通过任何议案，公司的一切事务处于一种瘫痪状态"。可是，如上所述，由于一人做主，股东会通过决议很容易，内部管理机制的运行顺畅得很，股东间的利益冲突和矛盾根本没有导致公司的有效运行失灵，更谈不上瘫痪。自然，如法院所言，"就本案而言，裕和房产自 2009 年起已持续多年未能按期召开股东会，汪秋娣及骆建华多次提议召开临时股东会，亦因对方拒绝而无法召开。汪秋娣作为公司监事，无法正常行使监事职权"。

---

① 引自一审判决词原文。

可是，这些事实不等于股东会开不了或者没有开，因为骆建华随时可开，也确实开过。

问题不在法官，而在立法。我国公司法还没有对有限责任公司内部的压迫和排挤作出具体的规定。《公司法》第 74 条规定的小股东异议权适用范围十分有限，根本不能解决问题。于是有关的当事人和法院不得不牵强附会地对第 182 条作扩大化解释，将压迫包含在僵局之内，真是勉为其难了。事实上，压迫不一定形成僵局，如本案；僵局中也不一定有压迫，比如双方势均力敌，在某些决策上僵持不下，谁也压迫不了谁。

二审时，中院大概意识到了一审对僵局解释的牵强，所以从僵局本义上对经营管理困难作了进一步的解释："根据裕和公司章程规定，对公司增加或减少注册资本、分立、合并、解散或者变更公司形式等特定事项作出决议，必须经 2/3 以上表决权的股东通过。基于骆建华及汪秋娣持股比例情况，结合股东双方自 2012 年以来的矛盾激化状况，就裕和公司章程规定的相关特定事项，汪秋娣实际均享有否决权，造成裕和公司股东会无法就特别决议达到公司章程规定比例的僵局，这种特别决议不能有效作出的情形，应当属于公司股东会议僵局的一种表现形式。更何况，自 2012 年裕和公司股东间产生矛盾，期间已经超过两年，裕和公司并未形成有效的股东会决议，即便前述 2013 年 9 月 17 日决议，也因其效力存在争议而涉讼。因此，根据现有证据情况，可以认定裕和公司存在公司经营管理出现严重困难的情形。"中院在这段话中描述的确实是僵局，符合僵局本义。可是，2012 年以来公司从来没有"增加或减少注册资本、分立、合并、解散或者变更公司形式"，因而汪秋娣并无行使否决权的机会，骆建华也没有违反章程的规定。法院所说的僵局只是将来的可能，并非现在的现实。至于说两年间"未形成有效的股东会决议"，也不尽然，事实是形成了有效的决议（例如，2013 年 1 月 14 日），但是因为显失公平而被法院否决了。

可见，无论是基层法院的聪明解释，还是中级法院更聪明的解释，都经不起严谨的推敲。只有填补立法的空白，由公司法对压迫和排挤作出直接而明确的规定，才能解决问题。

中院的另一段论述更为贴切："鉴于自 2012 年年初，裕和公司股东双方即发生实质分歧，股东之间已丧失了信任和合作基础。汪秋娣不愿意与骆建华共同经营裕和公司，冲突对立无法调和，裕和公司已经丧失了人合基础，无法实现预期的经营目的。如维系裕和公司，股东权益尤其是汪秋娣作为 40% 的股东权益，将会在僵持中逐渐耗竭。相较而言，解散裕和公司能为双方股东提供退出机制，避免股东利益受到不可挽回的重大损失。"与其说这是在解决僵局，毋宁说是在保护一个被欺压的小股东。"无法实现预期的经营目的"，这不正是麻州法院的"合理商事目的"和纽约州法院的"合理期望"的另一种说法吗？可见，在公司领域内，在各国经济的发展过程中，特殊国情和文化的差别很小，相同点很多。外国发生的事情，中国也会发生；基于公平理念，外国法官会有的想法和思路，中国法官也会有。

本案中还有一个小插曲，就是被压迫的小股东并非完全无辜，其扣留公司公章和营业执照的做法是不体面的。这既表现了现实生活矛盾的张力，也反映出我国公司实践的低水平、法制的不发达和当事人法律意识的薄弱。在发达的法制中，规则明确，受压迫的小股东只需陈述压迫的事实，无须使用下三滥的手段。

我国现行《公司法》中唯一与对压迫排挤的救济有关的是第 74 条规定的股东异议权："有下列情形之一的，对股东会该项决议投反对票的股东可以请求公司按照合理的价格收购其股权：（1）公司连续五年不向股东分配利润，而公司该五年连续盈利，并且符合本法规定的分配利润条件的；（2）公司合并、分立、转让主要财产的；（3）公司章程规定的营业期限届满或者章程规定的其他解散事由出现，股东会会议通过决议修改章程使公司存续的。自股东会会议决议通过之日起六十日内，股东与公司不能达成股权收购协议的，股东可以自股东会会议决议通过之日起九十日内向人民法院提起诉讼。"这样的规定对于保护像汪秋娣这样的小股东免受大股东的压迫显然是不够的。汪秋娣要等 5 年才能退出公司；如果骆建华在汪秋娣等了 4 年之后，于第 5 年度少许分红，汪秋娣还必须继续等下去。由此可见我国公司法的不完善和不成熟。[①]

相比之下，美国的规定显得老到和周全。首先，法律规定了大股东对小股东的诚信义务，包括绝对忠诚的义务。其次，对于具体的压迫行为，法院以少数派股东在投资当初及以后的合理期望或者合理的商事目的为标准来衡量多数派的行为有没有挫败这种合理的期望或目的，从而构成压迫，而不是局限于有没有分红一种情形。最后，对于压迫行为的通常救济是解散公司，从而逼迫多数派以合理价格将少数派赎买出来。对于一些特殊情形，法院还会采用估价打折、将公司判给少数派股东等救济办法来达到公平的目的。

从本案的判决过程来看，法院不是引用我国《公司法》第 74 条，而是引用第 182 条解散公司。这与美国法院在解决压迫排挤问题时通常采用解散公司的办法可谓不谋而合。第 182 条的立法宗旨不是针对压迫，而是针对僵局。针对压迫的是第 74 条。可是第 74 条用不上，只能用第 182 条。由于第 182 条针对的是僵局，所以法院需要将压迫解释成僵局，做起来难免有些牵强。这是立法的不完善给法官带来的不便，实在是难为上下两级法院了。

下面是一个实际行使《公司法》第 74 条规定的股东异议权的案例。

【案例 11-7】
郭新华诉北京华商置业有限公司股权回购请求权纠纷案[②]
北京市第一中级人民法院 2008 年 7 月 7 日

北京华商置业有限公司（以下简称华商公司）经营房地产开发和房屋租售，注册资本 3 500 万元，其股东包括北京市大兴经济开发区开发经营总公司（以下简称大兴公司）出资 2 480 万元占 70.86%、北京垡坛开发中心（以下简称垡坛中心）出资 500 万元

---

① 小股东依据第 74 条胜诉的不多，但也有。如"上海建维工贸有限公司诉上海尊蓝山餐饮有限公司股份收购请求权纠纷案"，上海市第二中级人民法院（2010）沪二中民四（商）终字第 1406 号（2011 年 7 月 12 日），北大法宝，2018 年 1 月 28 日访问；"柳洁清与台州人本机电有限公司买卖合同纠纷案"，浙江省温岭市人民法院（2014）台温商初字第 150 号（2014 年 3 月 25 日），中国裁判文书网 2014 年 5 月 26 日发布。有兴趣的读者可以自行阅读。但是如正文所说，5 年不分红的规定很容易规避，所以这两个案子中被告的败诉都因无知、极端或者不灵活所致。

② （2008）一中民初字第 2959 号。原判词较长，为了节省篇幅，突出重点，这里作了精简和改编。

占 14.28%、郭新华出资 420 万元占 12%、北京京辰房地产投资有限公司（以下简称京辰公司）出资 100 万元占 2.86%。

2007 年 11 月 21 日，华商公司召开股东会，决定为缓解资金压力而出售部分厂房还贷，价格底限 TOWNFACTORY 厂房每平方米 3 200 元，标准厂房每平方米 2 800 元。议定在此之上的即可出售。但是股东郭新华没有收到公司于 11 月 19 日发出的开会通知。11 月 22 日，华商公司与北京金海虹氮化硅有限公司（以下简称金海虹公司）签订合同，将标准厂房北楼以每平方米 3 300 元的价格卖给金海虹公司。当时华商公司的固定资产清单记载：标准厂房两栋、T/F 房屋 8 229.45 平方米、西楼 2 737.98 平方米、4 辆车辆、地下配电设备等。

2008 年 1 月 9 日，股东郭新华对上述股东会决议以及与金海虹公司的交易提出异议，请求公司按合理价格回购其股份，遭到拒绝，遂于 2 月份提起诉讼，称华商公司大股东滥用权利，出售公司主要资产，漠视小股东利益，请求法院保护其合法权益，责令华商公司以 501 万元的价格回购其股份。

被告答辩称，公司出售厂房是为了缓解资金压力，并没有欺压小股东；所转让的北楼占公司总资产的比例不足 16%，不构成"主要财产"；转让行为属于公司的常规经营范围，并没有影响公司的存续，反而是最大限度地赢利，从而维护了公司和股东的利益。

法院认为，原告因为没有接到开会通知，无法在股东会上行使异议权，其在知道或者应当知道股东会的决议内容之后有权对会议决议表示异议，因而是股东异议权的适格主体。虽然转让给金海虹公司的资产只占总资产比例不足 16%，但是华商公司股东会决议所覆盖的厂房面积占公司全部厂房面积的 85% 以上，构成公司的主要财产，是公司进行日常经营活动所必需的物质基础。因此，郭新华作为少数派股东有权提出异议并请求公司以合理价格购买其股权。至于合理价格是否为 501 万元则需要进行评估，不能以原告之说为准。

本案中这个判决确立了如下的规则：（1）虽然所售厂房只占公司总资产的比例不足 16%，但是出售所依据的股东会决议所涉及的可卖厂房面积占到全部厂房面积的 85% 以上，可以构成《公司法》第 74 条（判决当时第 75 条，下同）所说的"主要财产"；（2）在公司出售主要财产时，因为公司方面的责任而没有接到股东会召开通知的股东可以直接行使《公司法》第 74 条规定的异议权，请求公司以合理价格收购其股份。本来，按照第 74 条的规定，行使异议权的是在股东会上投反对票的股东。如果死板执行条文的规定，本案原告只能先向法院申请撤销股东会决议，由公司重新召集会议并切实通知到他，他投了反对票之后再行使异议权。但是赞成决议的大股东所持股份远超过 2/3，决议的通过没有任何疑义。形式主义地走一遍这样的程序只能降低工作效率，浪费司法资源和公司的人力物力。法院灵活地适用条文，直接认定没有接到会议通知的少数派股东为第 74 条异议权的适格主体，是正确的。

但是本判决存在两个问题。第一，第 74 条所说的"转让主要财产"应当指非正常交易，比如制造业企业出售其厂房和土地；而本案中的被告不是制造业企业，而是专门开发和租售房地产的，其出售厂房如同制造业企业出售工厂生产的产品一样，属于常规性经营，即使将决议所涉的85%厂房全部卖掉，也不构成第74条所说的"转让主要财产"。第二，参照发达国家判例，少数派股东行使异议权是在大股东滥用控股权，挤兑和欺压小股东的时候，而本案中虽然原告声称被告和大股东漠视他的利益，却没有任何证据证明这一点。被告出售厂房赢利，所有股东都受益，小股东利益怎么会受损呢？判决中没有任何地方说明这一点。

司法实践中，碰到纯粹的压迫排挤案，既不能引用《公司法》第74条，又明显不是僵局案，我国法院还会笼统地引用《公司法》第20条第2款的规定："公司股东滥用股东权利给公司或者其他股东造成损失的，应当依法承担赔偿责任。"这款规定加上公平理念倒也足以应对压迫排挤和控股股东的自我交易等情形。请看2008年上海市静安区人民法院判决的一个案子。

【案例11-8】

董力诉上海致达建设发展有限公司 [①]

上海市静安区人民法院 2008 年 2 月

现年45岁的董力和上海致达建设发展有限公司（以下简称致达公司）均系上海泰富置业发展管理有限公司（以下简称泰富公司）的股东。泰富公司从事房地产开发，成立于1995年7月12日，注册资本2100万元。董力在2004年8月30日出资315万元受让了泰富公司15%股权；致达公司持有该公司85%股权，至2005年12月31日，泰富公司未分配红利。

2005年5月20日至11月29日间，泰富公司以解决公司流动资金为由4次召开股东会，形成决议：（1）致达公司向泰富公司增资1900万元；（2）同意引进第三人上海致达科技（集团）股份有限公司（以下简称致达集团）作为战略投资者，向泰富公司增资1000万元。董力对这些决议均持反对意见，认为属于恶意增资，目的是稀释他的股权份额，因为致达集团是致达公司的关联公司。

2006年3月8日，经工商登记核准泰富公司注册资本为5000万元，致达公司出资3685万元，占73.7%股权；致达集团出资1000万元，占20%股权；董力出资315万元，占6.3%股权。

泰富公司在增资扩股前后均未对公司财产进行审计和评估。而截至2005年12月31日，泰富公司预计毛利额为13 352 777.42元；可实现净利润75 832 869.95元；资产总额326 379 642.25元，负债总计208 171 544.06元，所有者权益118 208 098.19元。

2006年8月，董力起诉，状告致达公司和泰富公司，称大股东致达公司在泰富公司资金非常充裕，既没有作财务审计，又没有作净资产评估的情况下，利用"资本多数

---

① http://www.chinacourt.org/article/detail/2008/03/id/290941.shtml. 原文中当事人为化名，这里根据资料换上了真名。原文内容有删改。

决"召开泰富公司股东会，依据泰富公司的原注册资本比例而不是公司现在的实际价值增资，将注册资本从 2 100 万元提升至 5 000 万元。董力认为致达公司这样做的目的是稀释他的股权，掠夺小股东的利益，故诉请致达公司赔偿他直接经济损失 680 万元。诉讼过程中董力根据新的证据更改起诉状，请求赔偿损失额为 13 516 354 元，并提供相关证据证明泰富公司从 2002 年度至 2005 年度财务数据无变化，未反映公司财产真实情况；股东会形成不分配决议，还罢免了自己董事职务。他从网上下载文件，证明泰富公司房产销售状况良好，不缺资金；还提供工商信息和档案材料，证明致达公司老总既是泰富公司老总，又是致达集团的实际控制人，三者之间关系属于关联公司性质。

法院根据诉状所称将致达集团列为第三人，通知其作为本案第三人参加诉讼。

被告致达公司和泰富公司辩称，泰富公司召开股东会形成增资决议，在程序上、实体上均未违反章程、法律的规定。有关增资的比价，应由股东协商。国家对公司增资是否应经过审计、评估未作强制性规定，认为泰富公司的增资决议合法有效。第三人致达集团也辩称，自己与致达公司没有关联关系，泰富公司关于增资的决议程序、内容合法，未损害董力的权益，董力的诉请应予以驳回。

诉讼过程中，泰富公司拒绝配合审计、评估工作。但是复兴明方会计师事务所和立信资产评估公司经调查、取证，分别于 2007 年 4 月 30 日和 7 月 12 日出具审计、评估报告，评定泰富公司净资产评估值为 155 360 385.30 元（含注册资本 5 000 万元）。

法院先后两次公开开庭审理，认为股东会的决议一般是根据"资本多数决"或者"人数多数决"的原则作出的，是少数股权服从多数股权的法律制度。本案中泰富公司的股东会决议，召集的程序合法，内容也是根据"资本多数决"表决原则作出的。但是致达公司在实施泰富公司增资的股东会决议时应该公平维护小股东的权益；如果损害了小股东的利益，就应当承担相应的民事责任。泰富公司的审计、评估报告显示，泰富公司股东会作出引进战略投资者，进行增资决定时公司的经营状况良好，经营利润丰厚；致达公司和泰富公司均未能对公司的增资决策作出合理解释；且增资没有按照当时公司的净资产额进行，而是按照大大低于当时公司净资产额的公司注册资本进行，明显降低了泰富公司小股东董力所持股权的价值，不公平地侵害了董力的权益，造成了董力的损失。作为泰富公司的控股股东，致达公司的行为属于滥用股东权利，违反了大股东对小股东的信义义务，应当承担赔偿责任。泰富公司拒绝配合审计、评估工作，应当承担推定不利的后果。因此，被告致达公司应当按照被告泰富公司作出增资决定时即 2005 年 12 月 31 日的公司净资产为基准，以原告在增资扩股前后所持股权价值的实际减少部分为计算标准，赔偿原告的损失，具体为原告在增资扩股前的股权价值，即（155 360 385.30 元 −29 000 000 元）×15%，减去原告在增资扩股后的股权价值，即 155 360 385.30 元 ×6.3%。

最终，法院依据《公司法》第 20 条第 2 款的规定，判决被告致达公司赔偿原告董力损失 9 166 353.52 元；案件受理费 77 591.77 元，由原告董力承担 21 750.01 元，被告上海致达建设发展有限公司承担 55 841.76 元；审计费 12 万元、评估费 14 万元，由被告上海致达建设发展有限公司承担。

本案判决后，被告致达公司不服提起上诉，经二审法院主持调解，上诉人致达公司、被上诉人董力、原审被告泰富公司以及二审追加的第三人致达集团自愿达成调解协议：由致达公司支付董力股权转让款 315 万元，致达集团另支付董力一次性补偿款 610 万元。①

在公司法规定不完善的情况下，我国法官基于对案情的深刻把握，充分发挥了他们的智慧和创新能力，按照公平理念如此判决案子，是难能可贵的。

第二节 股东协议

章程在公司内部管理中居于最高的地位，这是确定无疑的。但是有限责任公司的章程在很大程度上带有股东间协议的性质，因为它原本就是在发起人之间协议的基础上起草的，本质上就是取章程形式的发起人之间的协议。这和有限责任公司的人合性及其与合伙十分相似的特点有关。而且，章程并不能包罗万象，因为它是在公司成立之初制定的，以后公司经营中的很多事情在开始时难以预料；而在公司成立之后，章程的修改又比较麻烦。此外，章程代表全体股东的意志和利益。但是在部分股东之间又可能有特殊的利益不能写进章程。所以，无论在公司成立之初还是在公司开始营业之后，有限责任公司的股东之间经常会订有各种各样的协议。只要这些协议不违反法律、法规和章程，不损害公司债权人和其他股东的利益，就是合法有效的，对股东来说也是有用的。有限责任公司内部股东之间的协议可以补充章程的不足，调节公司内部的权力结构和利益关系。合伙组织依靠合同维系，有限责任公司也有类似的特点。

【案例 11-9】

上海产联电气科技有限公司与曾奕决议撤销纠纷②
上海市第二中级人民法院 2014 年 1 月 20 日

上海产联电气科技有限公司于 2009 年在上海市杨浦区工商局登记注册成立，曾奕和李春友为其创始人。2011 年 4 月 9 日，曾奕作为甲方、李春友作为乙方、王淳作为丙方，共同签订《产联电气增资扩股事宜股东协议》（以下简称增资扩股协议），接受丙方以 1 500 万元加盟，协议中有如下约定："股东各方承认甲方、乙方作为产联电气创始人的地位，根据甲乙双方协商一致或者按照股权表决后的意见（结果），享有以下特别权利：（1）在股东会行使的职权或者按照章程董事会须报股东会批准的事项，对决定或批准事项拥有否决权；（2）任命公司执行董事或成立董事会时任命公司董事长；（3）董事会授权甲方、乙方决定如下事项：a. 公司内部管理机构的设置；b. 决定聘任或者解聘公司经

---

① 这个结果对于董力来说还是吃亏的，因为根据一审的正确判决，她在拿了 900 多万元的补偿款之后依然保留 6.3% 的股权，而现在是拿了 925 万元之后就没有股权了。而那个股权显然是很值钱的，因为 2008 年以来及其之前房地产价格一直在飞涨。不过，既然是调解协商，总得做出些让步，执行起来也容易。从董力个人的角度看，2004 年投资的 315 万，4 年之后变成了 925 万，也算不错的收益。

② （2013）沪二中民四（商）终字第 851 号。原判词较长，为了节省篇幅，突出重点，这里作了精简和改编。

理，并根据经理的提名决定聘任或者解聘公司的副经理及其报酬事项；c. 制定公司的基本管理制度。董事会撤销上述授权须征得股东会的批准或甲方、乙方的书面同意。"丙方加盟之后公司的股权结构及出资情况为曾奕认缴出资648万元，持股40%；李春友认缴出资405万元，持股25%；王淳认缴出资567万元，持股35%。

2011年4月11日，曾奕作为甲方、李春友作为乙方、王淳作为丙方、陈宗岳作为丁方，共同签订《〈产联电气增资扩股事宜股东协议〉的补充协议》（以下简称增资扩股补充协议），接受丁方出资100万元购买丙方1%的股权。所以增资之后丙方持股34%，丁方持股1%，甲乙两方不变。该补充协议含有如下约定：丁方知晓并同意原产联电气股东与丙方于2011年4月9日签订的"产联电气增资扩股事宜股东协议"中的所有条款。

2011年10月8日，产联公司形成章程。其中第十二条规定：股东会会议应对所议事项作出决议。股东会应当对所议事项的决定作出会议记录，出席会议的股东应当在会议记录上签名。股东另有协议约定的，按照股东协议的约定行使表决权及否决权。第13条规定：公司设董事会，其成员为3人，任期3年。董事会设董事长一人，董事长由董事会选举和罢免。第十六条规定：董事会对所议事项作出的决定由1/2以上的董事表决通过方为有效，并应做会议记录，出席会议的董事应当在会议记录上签名。董事会决议的表决，实行一人一票。第十七条规定：公司设经理一名，由董事会决定聘任或者解聘。第二十一条规定：公司的法定代表人由总经理担任。曾奕、陈宗岳、李春友作为全体股东在落款处签字确认。

2012年2月1日，公司欲吸纳江秀臣、袁滢为新股东并通过了两份新股东增资扩股决议，含有"江秀臣（袁滢）……同意遵守产联电气原有的股东协议及公司章程"等文字约定，各股东均在该两份新股东增资扩股决议中签名。这两份决议最终没有履行。2012年4月10日，公司增加了江秀臣、袁滢为公司董事，于是通过股东会修改了章程第13条，将成员"3"人改为"5"人。

2013年1月10日，李春友、王淳、袁滢、曾奕作为产联公司董事召开了产联公司董事会，通过决议：解聘原总经理曾奕，聘任李春友为公司新一任总经理。李春友、王淳、袁滢签名赞成，曾奕反对并凭江秀臣的书面委托代江秀臣反对。

同日，李春友、王淳、曾奕作为产联公司股东召开了产联公司股东会，并形成股东会决议：（1）继续将股东曾奕涉嫌犯罪的事宜交由经侦处理；（2）解除曾奕的股东资格；（3）免去曾奕的董事职务，选举公司新一届董事会，新一届董事会人员组成为李春友、王淳、江秀臣、袁滢、章培业，董事长为王淳。以上事项表决结果：同意的股东2人，占公司股权60%，不同意的股东1人，占公司股权40%。李春友签名、王淳书写"王淳代陈宗岳"并签名，表示赞成；曾奕反对。

曾奕起诉状告公司，请求撤销上述两个决议。

初审法院认为增资扩股协议规定的创始人特权有效，且为章程第12条所肯定，故上述股东会决议违反了章程的规定，应予撤销。但是章程没有对董事会的职权范围、议事方式、表决程序、总经理的选聘等方面作出特别约定，可以认为形成在后的公司章程缩小了之前增资扩股协议中关于创始股东特别权利的适用范围，所以对董事会的决议予以维持。

原被告双方均不服一审判决而上诉。原告曾奕请求撤销董事会决议；被告公司请求维持股东会决议。

上海市第二中级人民法院二审认为，本案的争议焦点是"涉案增资扩股协议及对应的增资扩股补充协议所赋予曾奕作为产联公司创始股东而享有的特别权利是否依法成立；如果成立，其适用范围。"

二审中被告对章程第12条的约定提出了异议（一审时没有提出）。但是法院认为："即便章程中缺少前述约定内容，也不能即据此否定曾奕的特别权利。公司为资合与人合的统一体，其实质为各股东间达成的一种合作意向和合作模式，仅为通过公司这个平台得以反映并得到规范的指引和运作。故无论是股东协议抑或章程均应属于各股东的合意表示……只要股东间的协议体现了各股东的真实意思表示，且不违反法律、法规以及与公司章程相冲突，即应当与公司章程具备同样的法律效力。基于本案系争增资扩股协议中关于曾奕的创始股东特别权利是当时各股东达成的合意，约定亦不违法，且公司章程中亦未对此特权予以否定，故曾奕的特别权利应属合法有效，并当然适用于股东会职权。故涉案股东会决议的内容因违反上述股东间的协议而应当予以撤销。原审此节判决无误，本院予以支持。"

"关于曾奕的创始股东特别权利是否适用于董事会职权一节，本院认为，虽然产联公司章程第十三条、第十四条、第十六条、第十七条在关于董事会的职权范围、议事方式、表决程序、总经理选聘等方面未作出特别约定，看似形成在后的公司章程缩小了形成在前的增资扩股协议中关于曾奕创始股东特别权利的适用范围，但由于形成在公司章程之后的两份新股东增资扩股决议中仍记载有新股东'同意遵守产联电气原有的股东协议及公司章程'等内容，且由全体股东进行了签名。虽然前述两份新股东增资扩股决议最终未履行，但仍可表明全体股东对于曾奕创始股东特别权利的确认态度，故此特别权利并不因公司章程记载的不全面而缩小适用范围。基于此，本院认为，曾奕的特别权利同样适用于董事会职权。鉴于涉案董事会决议的内容同样违反了各股东间的协议，故也应一并予以撤销。原审此节判决有误，本院予以纠正。"

结果，股东会、董事会两个决议都因为违反了股东之间的协议而被法院撤销。法院的论述显然突破了理论的约束。公司法学术界一般认为，章程在公司自治中具有最高的效力。可是在法院看来，公司仅仅是"各股东间达成的一种合作意向和合作模式"，仅仅是一个"平台"；"无论是股东协议抑或章程均应属于各股东的合意表示……只要股东间的协议体现了各股东的真实意思表示，且不违反法律、法规以及与公司章程相冲突，即应当与公司章程具备同样的法律效力。"也就是说有限责任公司像合伙一样，股东之间是合同关系，协议是合同，章程也是合同。二者的效力也差不多。这种看法是很有道理的。

关于股东之间的这类协议的有效性，我国法院已经在审判实践中予以确认。在下面的案例中，股东之间约定不按出资比例享有股权，最高人民法院判约定有效。

【案例 11-10】

深圳市启迪信息技术有限公司诉郑州国华投资有限公司 ①

最高人民法院 2011 年 6 月 21 日

2006 年 9 月 18 日，北京师范大学珠海分校（以下简称珠海分校）的工程学院项目策划和运营方作为甲方，张军等人作为乙方，签订了一份合作建设工程技术学院的协议（以下简称 9.18 协议），刘继军代表甲方签字。协议约定双方合作成立珠海市科美教育咨询有限公司（以下简称科美公司），并以公司名义与珠海分校签订合作协议，合作建设并运作工程技术学院。甲方以教育资本占科美公司 70% 的股份；乙方以 7 000 万元的资金占 30% 的股份，协议签署后先打入 500 万元的保证金使协议生效。公司经营收入在乙方的 7 000 万元资金回收完毕之前按照二八开在甲乙双方之间分成，在 7 000 万元回收之后则按七三开的持股比例在甲乙之间分成。9 月 30 日，国华公司将 500 万元打入科美公司账户。10 月 24 日，该 500 万元从科美公司账户划入启迪公司账户。

10 月 26 日，由张军代表的国华公司与刘继军代表的启迪公司、豫信公司签订协议（以下简称 10.26 协议），基本内容与 9.18 协议相同，但是更加具体，规定科美公司的注册资本为 1 000 万元，启迪公司出资 550 万元占 55%，国华公司出资 300 万元占 30%，豫信公司出资 150 万元占 15%，实际资金全部由国华公司负责筹集，国华还另行投资 6 000 万元作为科美的运行资金。公司收入在国华投资的 7 000 万元回收之前按国华 80%、启迪 16%、豫信 4% 的比例分成；回收之后则按持股比例分成。

日前，国华公司已经汇入豫信公司 150 万元、启迪公司 50 万元。豫信公司随即将 150 万元汇入科美公司账户，启迪公司则将 50 万元加上前一天（10 月 24 日）从科美公司划来的 500 万元总共 550 万元一并汇入科美公司账户，由此完成各自按照协议投资的义务。国华公司则按照协议汇入 300 万元到科美公司的账户作为自己的出资。10 月 31 日，经珠海市工商局核准，科美公司的注册资本由 50 万元变更为 1 000 万元，3 位个人股东刘继军、娄宏涛、赵升云变更为启迪公司、国华公司、豫信公司。当天科美公司与珠海分校签订了《合作兴办北京师范大学珠海分校工程技术学院协议书》。

不久以后，在与珠海分校合作办学的过程中，协议各方当事人发生矛盾，在是否继续与珠海分校合作的问题上也产生争议。国华公司起诉请求确认其对科美公司享有 100% 的股权或者解散公司进行清算。

河南省开封市中级人民法院初审认定 9.18 协议无效，因为甲方的非货币出资既不能以货币估价，也不能依法转让；10.26 协议将教育资源出资改变为现金出资，规避了法律，其中国华公司的 300 万元、豫信公司的 150 万元和启迪公司的 50 万元出资有效，启迪公司的 500 万元出资本来就是科美公司的，刘继军利用其控制地位将资金转给启迪公司，有悖诚信，判为原出资人国华公司所有。于是三家股东在科美公司的投资比例判为：国华占 80%、豫信占 15%、启迪占 5%。②

---

① （2011）民提字第 6 号。原判词较长，为了节省篇幅，突出重点，这里作了精简和改编。

② （2007）汴民初字第 69 号。

启迪公司不服，向河南省高级人民法院上诉。二审的分析集中在两个协议的效力上。9.18 协议既然无效，在此基础上签订的 10.26 协议规避法律的禁止性规定，也无效，维持原判。①

启迪公司不服，请求最高人民法院再审。最高院的分析也集中在协议的效力上，认为两个协议尽管前后连贯、内容一致，但却是相互独立的，不具有从属关系。即使 9.18 协议无效，也不影响 10.26 协议的效力。现金资本虽然重要，"但公司的有效经营有时还需要其他条件或资源……我国法律并未禁止股东内部对各自的实际出资数额和占有股权比例做出约定，这样的约定并不影响公司资本对公司债权担保等对外基本功能实现，并非规避法律的行为，应属于公司股东意思自治的范畴。" 10.26 协议对出资、股权和盈利分配的约定是各方当事人 "对各自掌握的经营资源、投入成本及预期收入进行综合判断的结果，是各方当事人的真实意思表示，并没有损害他人的利益，不违反法律和行政法规的规定，属有效约定，当事人应当按照约定履行。" 作为争议焦点的 500 万元，当初是作为保证金打入科美公司账户的，不是注册资本，后来这笔钱划给启迪公司，又由启迪公司划回科美公司作为启迪公司的出资，事发时各方股东都是知情的，也没有提出异议，说明是各方认可的，所以应当认定为启迪公司的有效出资。于是最高院撤销了河南省高院的二审判决，重新判决启迪公司胜诉。

本案中初审和二审判决确实有问题。同样是国华公司的钱，判 500 万元为国华公司的，另外的 150 万元和 50 万元为豫信公司和启迪公司的，岂不自相矛盾？二审既然认定 10.26 协议无效，又维持原判认定 150 万元和 50 万元为豫信公司和启迪公司的有效出资，也是自相矛盾的。

最高院判决的进步之处在于它扩大了股东意思自治的范围。这个判决确立了这样的规则：股东之间可以不按出资比例而另行约定各自享有的股权比例（包括分红比例）。最高院没有确定 9.18 协议的有效性，只说 "即使" 无效，10.26 协议也是有效的。不过按其判决逻辑，9.18 协议也应该是有效的，因为虽然教育资源难以用货币估计，但是当事人在事实上已经通过谈判作了估价，即 70% 股权。

《公司法》第 42 条规定："股东会会议由股东按照出资比例行使表决权；但是，公司章程另有规定的除外。" 如果死抠字眼，法律只说 "章程另有规定的除外"，没有说 "协议" 另有规定的除外，本案中的协议似乎违反了《公司法》第 42 条的规定。其实，有限责任公司的章程本质上就是股东之间的协议，反过来股东之间的协议也可以像章程一样自行约定各自的出资和各自享有的股权比例。本案的判决正是这一思路的体现。

这个问题涉及对公司法条文性质的判断，究竟是强制性的还是任意性的。如果是强制性的，则无论是章程还是协议都不得违反；如果是任意性的，则章程或协议都可以改变并另行规定。本案中《公司法》第 42 条的规定显然是任意性的，因为章程可以改变

---

① （2009）豫法民二终字第 20 号。

法律关于按出资比例行使表决权的规定。既然章程可以改变，类似章程的股东协议也可以改变。①

此外，对《公司法》第 27 条所说的"非货币财产"及"可以用货币估价并可以依法转让"，也都需要作更为广泛和灵活的理解，尽量尊重当事人的意思自治。本案中的教育资源被判符合条件，可以出资。

在我国的公司实践中，股东之间有时候会签订一种对赌协议，或者在协议中包含对赌条款。其发生背景是公司需要资金，为了吸引外部投资者，便向对方作出某种承诺，以减少投资方的风险。而投资方在不承担或者少承担风险的前提下，期望所投的公司成功上市或者盈利良好，可以获得很高的回报。这类股东协议也是有效的。

【案例 11-11】

海富诉世恒对赌协议效力案 ②

最高人民法院 2012 年 11 月 7 日

2007 年 11 月，苏州工业园区海富投资有限公司（以下简称海富公司）作为投资方与甘肃众星锌业有限公司（以下简称众星公司）、众星公司的唯一的股东香港迪亚有限公司（以下简称迪亚公司）、迪亚公司的实际控制人陆波，共同签订了一份《增资协议书》，约定协议各方应在条件具备时将公司改组成规范的股份有限公司，并争取在境内证券交易所发行上市。协议书第 7 条第 2 项约定：海富公司以现金 2 000 万元人民币对众星公司进行增资，众星公司 2008 年净利润不低于 3 000 万元人民币；如果低于 3 000 万元，海富公司有权要求众星公司予以补偿，补偿金额的计算公式为"（1−2008 年实际净利润）/3 000 万元 × 本次投资金额"。如果众星公司不能履行补偿义务，迪亚公司承担补充清偿义务。

根据上述投资安排，海富公司和迪亚公司签订了合资协议，并制定了新的公司章程。合资协议约定：众星公司将注册资本由 348 万美元增加至 399.38 万美元，海富公司出资 15.38 万美元，持股 3.85%；迪亚公司出资 384 万美元，持股 96.15%。海富公司应缴付款项超过其认缴的注册资本的部分，计入合资公司资本公积金；合资公司依法缴纳所得税和提取各项基金后的利润，按合资各方持股比例进行分配。

合资协议签订后，海富公司按协议约定向众星公司支付了 2 000 万元，其中新增注册资本 114.771 7 万元，资本公积金 1 885.228 3 万元。

---

① 在其他场合，判断法律条文的性质可能更复杂一些，需要考虑司法自治，是否会损害社会公共利益或第三人利益，不能仅仅依赖条文的某些字面特征如"不得""应当"等。因为有这些词语的不一定强制；无这些词语的也不一定任意。按照这样的判别原则，我国一些地方的法院早在 2004 年就认定公司法关于董事任期 3 年的规定是任意性的，尽管条文中有"不得超过 3 年"的字样（见 1993 年《公司法》第 47 条，2005 年《公司法》第 46 条），公司章程可以规定更长或者更短的任期。参见：浙江省高级人民法院民事审判第二庭：《民商审判若干疑难问题的理解》，载《中国民商审判》第 2 集；吴庆宝主编：《最高人民法院司法政策与指导案例》，119 页，北京：法律出版社，2011。

② （2012）民提字第 11 号。案名全称：甘肃世恒有色资源再利用有限公司、香港迪亚有限公司与苏州工业园区海富投资有限公司、陆波增资纠纷案。原判词较长，为了节省篇幅，突出重点，这里作了精简和改编。

2009 年 6 月，众星公司的名称变更为甘肃世恒有色资源再利用有限公司（以下简称世恒公司）。

截至 2009 年 12 月 31 日，世恒公司 2008 年度实际净利润仅为 26 858.13 元，未达到《增资协议书》约定的该年度净利润额。于是，海富公司向法院提起诉讼，请求判令世恒公司、迪亚公司、陆波向其支付补偿款 1 998.209 5 万元。被告则主张对赌条款（增资协议第 7 条第 2 项）无效。

兰州市中级人民法院一审认为该条款损害公司和公司债权人的利益，应为无效，故驳回了原告的诉讼请求。①甘肃省高级人民法院二审认为海富公司除计入注册资本的 114.771 万元外，列入资本公积金的 1 885.228 3 万元资金性质应属名为投资，实为借贷，故判世恒公司和迪亚公司返还海富公司 1 885.228 3 万元及利息。②

最高法院应世恒公司和迪亚公司的请求，同意再审。关于海富公司向世恒公司获得补偿的约定，即股东与公司之间对赌条款的效力，最高法院认为该约定使得一方股东可以取得相对固定的收益，该收益脱离了公司的经营业绩，损害了公司和公司债权人利益，一、二审法院根据《公司法》和《中外合资经营企业法》认定其无效是正确的。但是二审法院认定海富公司 18 852 283 元的投资名为联营实为借贷，并判决世恒公司和迪亚公司返还该笔投资款，既没有法律依据，也超出了原告的诉讼请求，应予撤销。

关于在世恒公司不能补偿时由迪亚公司对海富公司进行补偿的约定，即股东与股东之间对赌条款的效力，最高法院认为该约定并不损害公司及公司债权人的利益，不违反法律法规的禁止性规定，是当事人的真实意思表示，因而合法有效。迪亚公司对海富公司请求的补偿金额及计算方法也没有提出异议，应予确认。至于原告请求陆波补偿，因《增资协议书》没有规定而缺乏合同依据，故不予支持。

综上，最高法院再审判决撤销二审判决，改判迪亚公司向海富公司支付协议补偿款 19 982 095 元，驳回海富公司其他诉讼请求。

本案中争议的协议条款既有股东与公司之间的对赌，又有股东与股东之间的对赌，因为大股东迪亚承担了补偿清偿的义务。法院判前者无效，后者有效。而后者属于股东之间的协议。

从发达国家的公司实践来看，股东结盟是订立协议最常见的原因。结盟的目的是构成多数，控制公司，共同对付少数派。上述两个案例中的第一个也是结盟性质，因为无论是曾奕还是李春友单独都不能构成多数，他们显然对新入伙的王淳及以后更多的新股东感到不放心，所以才订立了增资扩股协议，并要求以后入股的股东都同意遵守。只是该协议比较特别，不但规定了甲、乙双方共同行使权力的范围，而且赋予了甲、乙各方在这一系列问题上的否决权。我国目前在这方面的判例还不多，学习美国在这方面的经验，对于我们处理类似问题是有帮助的。

---

① （2010）兰法民三初字第 71 号。
② （2011）甘民二终字第 96 号。

　　由于结盟的目的是构成多数以控制公司，所以如果存在着一个控股股东，如像陶讷虎一案中的情形，结盟就不会发生，因为对控股股东来说，他不需要与人结盟便可以在公司里颐指气使，而对其他少数派股东来说，再结盟也还是少数派。但是如果有两个以上的股东，任何一个股东单独都不构成多数，那就很容易出现结盟，以取得对公司的控制权，保护结盟各方股东的利益。上述春边养老院一案中的多数派是由 3 个股东结成的，他们之间便存在着一种结盟关系，联合起来共同对付案中的原告威尔克司。结盟可以是一种口头的协议和默契，但是更多的时候取书面形式。在美国，这样的书面形式有三种类型：投票信托、不可撤销的投票代理委托、集合投票协议。

　　投票信托是由参加信托的股东按照信托协议的规定将他们股份的法律所有权交给一个或一组投票受托人。这一权利的让渡需要在公司的股东名册上登记，写明受托人是股份的法律所有人，原来的股东则成为信托受益人，因为股份的转让而换得了投票信托证，信托证显示他们对这些股份的剩余所有权——除了让渡给受托人的权利之外剩余下来的权利。在投票信托中，受益人实际上被剥夺了投票权和其他一些依附于股份所有权的权利，如公司档案的查阅权或者提起派生诉讼的权利。正因为这样，在公司法发展的早期，法院都对投票信托很猜疑，在很多案例中判它们无效，说它们违反了公共政策。不过，既然是合同，双方当事人就可以进行谈判，股东可以赋予受托人用信托股份投票选举董事并就其他由股东决定的事项投票表决的自由权力，也可以就所给权力的行使在某些方面进行限制。所以各个投票信托的具体内容也有所不同，可是总体说来还是大同小异。现在美国各州大都立有专门的投票信托法，允许投票信托的存在，但是加上某些限制：主要是有限的期限（一般不超过 10 年）并要求公开登记，使其不能够对不参加的股东保密。由于传统的猜忌，法院对投票信托的审查很严，符合法定条件的没得说，稍有违反，便会宣告信托无效。

　　不可撤销的投票代理委托与投票信托相似。股东将他的股份投票权委托给另一个人让他代理投票，有时候甚至让他全权决定如何投票，并且出于某种需要将代理投票委托成不可撤销，除非发生某种不确定的变故或者经过一段规定的时间。一般的投票代理委托，像任何别的代理权一样，可以由被代理人随意撤销，代理人处于被代理人的控制之下。但是，不可撤销的投票代理委托却使股东在投票委托代理期间失去了对投票的控制权，所以法院对此很反感，经常不太愿意对股东执行不可撤销的投票代理委托，说它们违反了代理规则或者公共政策。这和法院传统地不喜欢投票信托的原因是一样的。根本原因大概是英美法中认为订立合同需要对价。所以后来有人提出，只要"有利益相伴"，不可撤销的投票代理委托就是有效的。可是，"利益"在此很难定义，是指存在于股份本身的利益，比如受托人已经签约购买股份或有购股权，还是与股份无关的任何利益，比如引诱受托人提供资金给公司，甚至仅仅是当事人之间的互相信赖？因为当两个以上的股东想订合同，给予不可撤销的投票代理委托时，对价往往是协议当事人相互之间的承诺。考虑到封闭公司内的现实，现代的发展趋向是彻底摒弃"利益相伴"的要求，承认委托合同有效。

　　集合投票协议是将部分（有时候全部）股东的股权集中到一起，按照协议规定的方式或者程序，就指定的问题或者所有由股东决定的问题投票。一般认为这样的协议是有效的。

从中国的具体国情出发考虑，由于我们没有信托的传统，所以公司实践中不存在投票信托，目前也没有看到不可撤销的投票代理委托。只有集合投票的协议不需要传统，可以在股东之间因为结盟的需要自然产生，所以本节所说的股东协议主要指集合投票协议。

从内容上看，股东协议的内容大致包括三个方面：限制投票自由、限制董事会的权力、限制股份的转让。限制投票自由，个中的投票主要指投票选举董事，双方约定选谁为董事，或者如何联合投票选举董事，目的是在董事会内保持多数席位。由于选举董事是股东的固有权利，所以这样的协议一般都被认定为有效，尽管违反协议的一方总能找出某些理由来证明无效。限制董事会的权力是指股东协议的内容涉及董事会的法定权限范围，比如公司官员的任命、官员工资的确定和发放、公司的分红方案等。这样的协议经常被法院宣告无效，因为它侵犯了董事会的法定权利。可是从小公司特别是一些家族企业的经营实践来看，股东有时候需要这样的协议，考虑到有限责任公司的经营特点，普通法上的限制正在逐步地放松，朝着越来越宽容的方向发展，越来越多的协议被认定为有效。限制股份的转让主要是为了限制新人的入伙，保持原有的控制机制，维护有限责任公司的人合性。这第三方面的内容我们在本章第三节中从股东关系的角度进行讨论。本节主要讨论前面两个方面的内容，即如何选董事和能否限制董事会的权力。下面的灵格灵兄弟案涉及一个以联合选举董事为目的的限制投票自由的协议。

【案例 11-12】
灵格灵诉灵格灵兄弟——巴讷木与贝利联合剧院公司 [①]

巴讷木与贝利联合剧院公司原先是灵格灵家族企业。公司已发行 1 000 股股份，其中查理·灵格灵持有 315 股；查理的弟弟阿尔夫梯·灵格灵持有 315 股；他们的妹妹衣德·灵格灵持有 370 股。查理死后将股份留给了他的妻子，也即本案的原告依娣丝·灵格灵；阿尔夫梯死后将股份留给了已经是寡妇的儿媳妇奥博蕾·灵格灵，后者改嫁詹木司·哈利后改名为奥博蕾·哈利；衣德·灵格灵嫁给了诺司，死后将股份留给了她的儿子约翰·灵格灵·诺司。

为了在章程规定的累积投票制下构成多数股权，原告和哈利夫人在 1941 年签署了一份"协议备忘录"。除了各自给予对方在一方出售股份时的先买权之外，备忘录还有如下两条规定：

2. 任何一方在行使其公司股份或者投票信托证的投票权时，必须与对方协商，双方在投票时将按彼此之间就任何问题达成的协议联合行使投票权。

---

① Ringling v. Ringling Bros.——Barnum & Bailey Combined Shows, Inc., 29 Del.Ch. 318, 49 A.2d 603（1946）. 以下宋体字是本书作者对案件内容的简要概括，楷体字是对判词原文的翻译。判词原文中法院讨论了涉案协议是不是投票信托、是不是不可撤销的投票代理委托（投票权与所有权的不可撤回的分离）等问题，中国读者对这些内容可能比较陌生，但是有了上面对这些概念的介绍，应该也不难理解。

3. 如果双方在第 2 段所指的任何事务上发生分歧，应当将分歧呈交给在华盛顿特区的卡尔·鲁司仲裁，他的裁定对双方都有约束力。仲裁的目的是确保公司的良好管理和灵格灵家族的成员能够按照他们各自的经验和能力参与公司的管理。当事人双方也可以在任何时候以书面形式指定别的人为仲裁员以替代鲁司。

在 1946 年的年度股东会之前，协议双方当事人成功地选举了 5 位董事：依娣丝·灵格灵以及她的儿子罗伯特·灵格灵，奥博蕾·哈利以及她的丈夫詹木司·哈利和威廉·邓。威廉·邓来自一家借了大笔款项给剧院的银行。另外两个董事是约翰·灵格灵·诺司和他指定的人，一位乌兹先生。到了 1946 年，灵格灵和哈利两家的关系弄僵了，哈利夫妇就与诺司结盟。这就是 1946 年股东会的背景。新成立的哈利 – 诺司派别试图选举 7 位董事中的 5 位，但是如果这样做了，奥博蕾·哈利就会违反与依娣丝·灵格灵之间的协议条款。

会上一共有 8 个候选人，7 个原来的董事和一位新的由诺司提名的格里奋先生。新的哈利 – 诺司联盟的目的是让格里奋取代由老的灵格灵 – 哈利联盟推选的威廉·邓。特拉华最高法院在本案上诉后描述了投票中的策略情景（Ringling Bros.——Barnum & Bailey Combined Shows, Inc. v. Ringling, 29 Del.Ch. 610, 53 A.2d 441（1947））："每位夫人有权投 2 205 票（因为每人拥有 315 股的累积投票权，需要选举 7 位董事）。两边加起来一共 4 410 票，平分给 5 个人，每人 882 票。诺司先生有 370 股，2 590 票，按 882 票的标准至多只能配足 2 个候选人。我们看到，灵格灵夫人和哈利夫人要想选举 5 个董事（不管诺司怎么投票），她们就必须将双方的票数加总起来，在 5 个候选人中分配，这 5 个人中至少有一个的票必须来自灵格灵夫人和哈利先生双方。"[1] 到了投票的时候，哈利先生（他的妻子病了，没有参加会议）拒绝与依娣丝·灵格灵合作。分歧产生后，双方按协议备忘录的规定将分歧提交仲裁。鲁司先生指示按协议投票，即双方各出两个 882 票选举两个自家的人，再各出 441 票投给邓。但是哈利先生没有遵循鲁司的指示，他把票全部投给了他的妻子和他自己。所以邓只获得了由依娣丝投给他的 441 票。而诺司将他的 2 590 票平分给三个人，分别有 863 票、864 票、863 票，都超过了 441 票。但是会议主持人裁定票数的计算应当按照仲裁的结果。所以格里奋依然没有当选（他与诺司票数相同，显然礼让给了诺司）。但是哈利夫妇认为投票协议是无效的，格里奋应当被选为董事，而不是邓。随后召开的董事会上争吵激烈。灵格灵夫人前来抗议，说因为没有有效地选举董事，股东会只能延期召开。邓和格里奋都来了，试图参加董事会，并为不同的官员任命名单而投票。之后不久，灵格灵夫人起诉。在陈述案件事实之后，色子法官写道：

检验这份协议的有效性适用特拉华法律。我们来分析被告的争辩。被告认为这份协议在特拉华法律下是无法执行的，因为它只是一份"同意的协议"；又因为它试图不可撤销地让渡对投票权的控制，所以违反了本州的公共政策。

---

[1] 53 A.2d at 444 n.1。

我们是否只有一份按被告的说法是没有义务执行的"同意的协议"？

首先，我认为协议中的相互承诺构成充分的对价。对双方在股份的出售和投票上的相互限制符合合同法的对价要求。

当事人是否仅仅答应同意？当然，当事人同意就如何投票达成一致，但是他们也规定了如果他们不能达成一致，他们将会受一个指定人的决定的约束。这样，当他们不能同意的时候，一个明确的结果就会产生。这个结果以一个事实的存在为条件；这个事实又是仲裁人和衡平法院可以客观地辨认的，那就是当事人对如何投票发生分歧。因此，这份同意的协议就特定的事实含有可以执行的条款。而且，协议的性质和目的使当事人不可能作比答应同意并且规定在不能同意的情况下的处理办法更多的事情。

被告指出协议没有规定指引当事人达成一致的标准，没有阐明也无法预见指引他们的目的和方针。确实，协议可能不尽人意，没有明文规定指导当事人的合同目的和作用。可是我认为，关于仲裁人应当如何仲裁的标准却表达得很明确，同样的语言也应当理解为当事人的行动准则，这是很清楚的。该语言说："……仲裁的目的是为了确保公司的良好管理和灵格灵家族的成员能够按照他们各自的经验和能力参与公司的管理。当事人双方也可以在任何时候以书面形式指定别的人为仲裁员以替代鲁司。"

显然，协议无法给当事人以明确的指引，因为事情的性质决定了各种需要股东投票的不同事项不可能都事先预见到。况且，也没有理由认为仲裁人在裁决时会违背股东呈交仲裁的既定目的和方针。

我的结论是这份协议对当事人的义务规定得足够清楚，就这里陈述的事实状况来说，在法律上是可以执行的。

再看被告的第二点理由。这份协议是否以一种违反本州公共政策的方式对投票权作了不可撤回的让渡。对这个问题的答案取决于对下列两个性质更加明朗的问题的回答：（1）这是不是一份投票信托协议？如果是，大概会因为没有遵守本州成文法对投票信托的要求而无效；（2）如果不是投票信托协议，它是否因为规定了当事人在发生分歧时必须遵守仲裁人关于如何投票的指示而违反本州的公共政策，因而仍然无效？我们的《一般公司法》第18条规定了特拉华公司创设股份投票信托的唯一办法。这份协议有没有创设第18条意义上的投票信托？本院在 Peyton v. William C. Peyton Corporation et al., 22 Del.Ch. 187, 199, 194 A. 106, 111（因其他原因改判 23 Del.Ch. 321, 7 A.2d 737）中是这样描述投票信托的："一般理解的投票信托是指两个以上持有股份并拥有投票权的人将投票权从股份所有权中分离出来，把后者留给自己，把前者转让给受托人。所有在信托中存放股份的人的投票权都合起来交给了受托人。"

这份协议是在引述的定义范围之内的吗？我觉得不是。根据这份协议，股东总是用他们的股份自己投票，这与投票信托正好相反，因为投票信托的主要特征就是投票权与所有权的分离。在这份协议的当事人不能就如何投票达成一致、必须听从仲裁员的指示如何投票的场合，可以说事情的本质与投票信托没有什么不同。但是从整体上看有一个重要的区别。投票受托人在协议规定的时期内持续地控制投票权，而这里仲裁员指示投票的权利仅限于需要股东投票而当事人的意见又不一致的时候。诚然，正是仲裁条款使协议有约束力。但是最初的选择权在当事人，是他们决定了投票的方针，是他们选择仲裁员解决冲突。一般地，在投票信托中，都由受托人决定方针并通过投票来贯彻它。

这份协议实际上是人们熟知的集合投票协议的一个变种。5 Fletcher Cyc. Corp.（Perm. Ed.）§ 2064 第 199 页上说："这样的协议与投票信托不同，不适用相同的规则。"我的结论是：这份协议不是我们一般《公司法》第 18 条意义上的投票信托，因此不因不遵循那里的规定而无效。

那么，仲裁条款是否构成投票权与所有权的分离从而违反了本州在这方面的公共政策呢？

有关我们这里所讨论的这类协议的法律在 5 Fletcher Cyc. Corp.（Perm. Ed.）§ 2064 第 194 页上说得很清楚："一般地，股份投票或者控制公司行为和方针的协议与联合都是有效的，只要它们是在没有欺诈的情况下试图达成当事人作为股东可以作的事情，也没有采用非法的投票代理委托或者其他与成文法或者普通法相抵触的手段就行。"

上述法律规则应该是正确的，我觉得也适合用于判断我们这里所讨论的协议的合法性。首先，它在宪法和成文法上是没有问题的，被告也没有质疑其目的的合法性，所以协议的目的在原则上是合法的，没有证据显示它们在执行中有什么不合法。

在这方面，唯一的问题是被告提出仲裁条款在客观上规定投票权与所有权的不可撤回的分离，这样的规定背离了本州的公共政策。在这个领域内先例分歧最厉害，而且无法协调。

如果严格按照字面意义去解释，这份协议可以说并没有将投票权与所有权分离，因为仲裁员只在当事人意见分歧的时候指示如何投票。但是从实质内容而不是表面形式上看，在仲裁员指示当事人如何投票的时候，他控制着投票权，因为如果协议有约束力，当事人就受他的指示约束。这么看来，它确实与其他辖区内许多（不是全部）处理这类协议的先例相左。

……

再看这份协议，在当事人不能取得一致意见时让一位他们同意的仲裁员决定如何投票究竟有什么不好？当事人显然就这种情形签署了合同并且任命了一位双方都信任的仲裁员。那些以投票权与所有权分离违反了公共政策为由而废除合同的判例认为让一个对股份没有受益权或所有权的人决定如何投票总是不对的。这样的人，按照这些判例的说法，与公司的发展繁荣没有利益关系，再说，股东自己也有投票的义务。这些理由忽视了客观现实，因为显然，被指定如何投票的人得到了这些股东的信任。很自然，他们不会将控制自己的投资的权力交给一个他们认为对公司不关心的人。从当代公司实践的现实去看，以所谓的股东（大概指亲自）投票义务为理由的反对意见很可笑。因此，我们不承认其他辖区内的那些在我看来在现今的形势下已经失去意义的先例。本州没有要求得出不同结论的公共政策。

既然我们认定这份协议不存在宪法和成文法上的问题，那么我觉得对其合法性的质疑就不能立足在某种抽象的公共政策上，而必须立足在欺诈或非法目的上。因为没有欺诈或非法的证据，被告的质疑不能成立。

被告说即使这份协议按照本州的成文法和公共政策是有效的，适用于投票代理委托的规则也同样适用于这份协议，因而是可撤回的。被告接着证明这所谓的投票代理委托已经被撤回，从那以后就没有违反协议的问题了。很清楚，如果我们接受被告对协议的解释，实际上就是让协议失去意义。回答被告的争辩：我们所面对的不是协议当事人与仲裁员鲁司之间的投票代理委托情形。无论在内容上还是形式上，协议中都没有投票代理委托的意思。

......

我的结论是本协议下的股份应当按照仲裁员鲁司对当事人或他们的代表的指示投票。当仲裁员行为恰当而一方当事人或她的代表却拒绝遵守仲裁员的指示时，我认为协议允许守约方充当违约方的不可撤销的隐含的投票代理人并就涉案股份投票。在这里，为了执行而不是违反协议，以不可撤回的投票委托为基础的隐含代理权非常适宜。而且，协议条款清楚地表明投票代理委托是有利益相伴的，因而是不可撤销的。

本院认为，协议的性质不排斥实际履行。事实上，在本案中给予这样的救济符合本院在多个出售股份使买方获得控制权的合同中判决准予实际履行的原则精神。而如果在本案中不准许实际履行，那就等于宣告合同无效。因为原告的权利在股东会上得到了恰当的保留，所以会议不遵守协议规定的部分是无效的。不过，我觉得重新选举要比试图解释那次有争议的会议更好。这样，当事人在行动时就清楚地知道了他们权利。

根据一般《公司法》第 31 条的规定，本院将派人主持会议。可以想见，在会议之前，当事人会就如何投票达成一致，而在我们所审查的这次会议之前，由于发生了一些与经营方针上的分歧无关的不幸事件，他们不可能达成一致。显然，不惊动仲裁人对双方都有好处。仲裁人也只有在双方不能达成一致并请求他仲裁时才会行动。我们必须也应当假定这位所谓的仲裁人会秉公尽职，因为这正是当事人当初选择他担任如此重要的角色的动因。不管怎样，我们委派的人在主持会议时必须承认和执行合同，如果有人引用合同条款的话。

我们将相应地颁发命令。

色子法官的命令颁发之后，公司董事会的组成是两个灵格灵董事和邓（他大概会站在灵格灵一边，至少在一段时期内）为一派，两个哈利董事、诺司和乌兹为另一派。虽然依娣丝·灵格灵打赢了这场官司，哈利-诺司派却握有控制权。但是后者并不乐意，所以哈利夫人上诉。特拉华州最高法院的判决节选如下。

【案例 11-13】

灵格灵兄弟——巴讷木与贝利联合剧院公司诉灵格灵 [①]

皮尔森法官在陈述了投票合同的规定之后，继续说道：

在讨论被告对协议的质疑之前，让我们先来分析一下它试图对投票规定些什么，包

[①] Ringling Bros.——Barnum & Bailey Combined Shows, Inc. v. Ringling, 29 Del.Ch. 610, 53 A.2d 441 (1947).

括它想交给仲裁员鲁司先生什么样的作用和权力。协议规定双方当事人希望在与他们的股份或者他们在公司中的权益有关的所有问题上继续联合行动。双方同意在行使投票权的时候与对方协商并联合行动——那就是协调地、统一地、步调一致地行动——按照他们可能达成的协议。因此，只要当事人同意为了谁或者为了什么投票，合同就没有规定仲裁人的作用。他的作用限于当事人对于行动步骤不能取得一致意见的情形。在这些情形下，协议规定分歧点将呈交鲁司仲裁，"他的决定将约束当事人。"这些条款只是通过规定在他们形成僵局时的解决办法，来辅助当事人的主要目的——在投票时联合行动。

是否应该将协议解释成授权仲裁人执行他的指示？明确的授权当然没有，无论是授权他投票还是强迫任何一方当事人按他的指示投票。除了解决使当事人不能达到"联合行动"的目的的分歧问题之外，协议没有表示仲裁人还有别的作用。这样的角色一般没有强制实施决定的权力。鲁司先生不是协议的当事人。协议也没有考虑转让任何股份或者股份利益给他，或者让他承担某些当事人可以强迫他履行的义务。他们规定他们可以指定另一人来替代鲁司。协议也没有明确地将仲裁人设置成一个信托的受托人。仲裁人要做的是使当事人受益，而不是使他自己受益。从协议或周边情形来看，当事人接受还是摒弃他的决定对他来说无所谓。我们认为当事人试图互相约束，但只是互相约束，而不是授权仲裁人执行他可能作出的决定。

由此可知，如果协议双方当事人不愿意，仲裁人的决定就不能执行，理由很清楚，因为没有人去执行。从协议来看，仲裁人作出决定之后，要使决定有强制力，还需要更多的东西：至少一方当事人想执行他的决定。这样，交给仲裁人的任何对股份投票权的控制都服从于当事人的否决权。

对仲裁人的决定，协议除了规定它"将约束双方当事人"之外，没有描述当事人应该做些什么。这样的语言，从上下文看，是指任何一方当事人向对方许诺将按照仲裁人的决定行使投票权。协议没有说到一方当事人行使另一方的投票权。对于双方当事人能够达成一致的情形，相关的语言清楚地表示各方自己行动，各方行使自己的投票权，而不是行使另一方的投票权。要执行仲裁人的决定，协议中没有任何地方说要使用不同的方法。虽然一方行使另一方的投票权可能是执行仲裁人决定的比较有效的和方便的手段，但是在没有任何语言表示双方谈判确立了这样的手段的情况下，我们不能说协议隐含了这样的授权。当事人实际使用的投票方法说明他们不会把协议解释成授权一方用另一方的股份投票。因为在1946年前的会议上，各方当事人都用自己的股份投票。在1946年的会议上，灵格灵夫人希望执行协议，但是也没有试图行使哈利夫人的股份投票权。我们没有在协议或其周边情形中找到足够的证据来支持一方有权用另一方的股份投票的解释。

……

当事人的互相许诺提供了各自承诺的对价。承诺按照仲裁人的决定投票是一份有效的合同。仲裁人的善意没有人质疑。事实上，案卷显示这样的质疑也没有根据。因此，哈利夫人没有按照仲裁人的指示投票构成违约。她将票投给仲裁人指定的三个人中的两个这一事实不能减轻违约的程度。他对她的指示是运用协议双方当事人的股份投票的整个计划或行动方案的一部分，算计好要利用她们联合行动所产生的优势来多选一个董事。

哈利夫人的实际投票挫败了这个计划，所以不能被解释成部分履行了合同。

在法庭辩论中，被告总拿会上所投的每一票都出自登记在册的股东这一事实作文章。基层法院在对选举的审查中，如果发现某位登记在册的股东所投的票侵犯了另一个人的权利，可以将他的票作废。在我们看来，经受害人灵格灵夫人的申请，哈利夫人的股份所代表的票数不该计算。既然诺司先生的投票没有什么问题，在给予灵格灵夫人以救济时应当承认他在会上的所作所为有效。她的权利来自合同，而诺司先生不是合同的当事人。想到这一点，我们认为不应该宣告会议无效，但是代表哈利夫人所持股份的票应当作废。在此程序中别的救济办法好像都不合适。诺司先生投票反对会议延期，这足以挫败任何其他的救济办法。关于董事的选举，检查员回去之后应当修改，以显示哈利夫人的票作废，并宣布诺司先生和灵格灵夫人投票所选的 6 个人。这样在董事会里还有一个空缺。下级法院没有考虑过这个空缺该怎么办，我们这里也没有辩论过。因为 1947 年的股东会（可能在不远的将来就要召开）选举董事后将使它变得不重要，所以我们就不在这次上诉中决定了。如果任何一方认为这样的决定很重要，那么在接到本院的命令之后还可以在基层法院提出请求。

根据本判词修正下级法院命令的命令将会颁发。

哈里夫人违约。下级法院将协议条款解释成给予守约的一方以不可撤销的投票代理权。但是上级法院说合同条款中没有规定这样的权力，所以不能如此解释，只能简单地判决违约方所投的票无效，不是部分无效，而是全部无效。这样的结果对原告依娣丝·灵格灵更加有利，因为按照下级法院的判决，她虽然胜诉了，可以如愿以偿地选举 3 个董事，但是在董事会的 7 个成员中依然占少数，双方的比例是 3：4；而按照上级法院的判决，由于哈利夫人的票全部作废，依娣丝·灵格灵和诺司各选的 3 个董事全部有效，双方在董事会内的比例是 3：3。不过，因为年度会议临近，在哈利夫人接受仲裁员的裁决并按其指示投票之后，又会回到 3：4 的格局。

下面对灵格灵兄弟案背景作一些详细介绍。

虽然其节目后来被称为"天底下最宏伟的表演"，灵格灵兄弟在 1882 年开始的时候却只是一个家族娱乐剧团，里面的表演者是约翰·灵格灵和他的 4 个天才兄弟。他们的父亲，奥古斯特·灵格灵，是来自德国的移民，制作马具。全部演出都由兄弟 5 人和一只鬣狗完成：约翰穿着木屐跳舞，阿尔抛耍盘子，查理和阿尔夫梯提供音乐。剧团不断发展壮大，不久以后便扩张到新英格兰原先属于巴讷木（P.T. Barnum）的地盘。1906 年巴讷木－贝利剧团的控股股东贝利死了之后，灵格灵兄弟购买了巴讷木－贝利的多数股份，最终将两家剧团合并起来，成为马戏团世界里"遥遥领先的头号"。

这段时期在这个马戏团的历史中很平静，也是唯一一段企业没有被家族派别斗争分裂的时期。企业的负责人约翰·灵格灵是个非凡的人物，他曾经被认为是世界十大富翁之一。除了管理马戏团之外，他们还收集了大量的艺术品，在铁路、油井、银行等许多风险行业内持有股份。可是到了 20 世纪 30 年代末，约翰·灵格灵遇到了严重的财务困难。除了众多的债权人和他的第二任脾气暴躁的妻子之外，他还陷入了一百多场官司。他也丧失了对马戏团的控制。早在 1929 年，他疏忽没有为马戏团每年四月的开幕式租赁在纽约马地森广场公园里的场地，结果该场地被一个竞争者租去了。灵格灵的反应符合他的个性特征：他向纽约的一家借贷公司借了 170 万美元将竞争者买了出来。1932 年的经济衰退迫使灵格灵不能偿还贷款，于是他的债权人们就控制了马戏团。

1936 年约翰·灵格灵去世。他的遗嘱好像故意要引起混乱，使其中提到的每一个人都感到气愤。例如，遗嘱的一个附加条款剥夺了他妹妹衣德·诺司和她两个儿子的继承权，但是又疏忽大意没有撤销他们作为遗嘱执行人的权力。不过，虽然状况混乱，诉讼像苍蝇一样飞来，他的遗产价值据估算依然有 2 350 万美元之多。

约翰死后，马戏团的股份由家族内的三个派别控制，而这正是矛盾的起因。约翰的弟弟查理将他在公司中三分之一的股份留给了他的妻子依娣丝和儿子罗伯特；阿尔夫梯的儿媳妇奥博蕾·灵格灵持有三分之一；约翰的妹妹衣德·诺司和她的两个儿子亨利和约翰，作为遗产执行人，持有另外的三分之一。

约翰·灵格灵·诺司是家族中最为精明的一个，在雄心和智慧上甚至超过他的舅舅约翰。面对着约翰·灵格灵去世所带来的财务危机和混乱，诺司接过了方向盘。他的首要任务是使马戏团摆脱债务和债权人的控制。最终他买了一套 200 美元的西服，大步走入制造商信托公司，申请了一笔 100 万美元贷款。用这笔钱，马戏团重新上路，一只新买的大猩猩吸引来大批的观众，诺司作为公司总裁临时控制了公司。

贷款部分地由一个投票信托协议担保。该协议规定约翰将任命 3 个董事，依娣丝和奥博蕾任命 3 个，银行任命一个。在这个家族内部的三角关系中，依娣丝和奥博蕾所代表的那两个角对现状十分不满。想到投票信托期限将满，她们就结成联盟，向华盛顿特区的一位律师，卡尔·鲁司咨询，因为鲁司参与了约翰·灵格灵的遗产处理工作。她们请他起草一份协议，目的是要在 1943 年投票信托协议到期之后把马戏团的控制权从诺司手里夺回来。鲁司建议另一个投票信托，但是马上遭到了客户的否决，她们已经厌烦了投票信托。没有了这个简单的解决办法，律师只好为她们起草了这份后来被称为"夫人协议"的文件。按照鲁司的说法，他当时对这份协议能不能或者将怎样执行并没有把握，他只是尽其所能贯彻客户的意愿。

1943 年，投票信托协议到期，奥博蕾和依娣丝将马戏团的控制权从诺司手里夺了过来。依娣丝的儿子罗伯特替代诺司当了总裁，哈利（帮助处理约翰·灵格灵遗产的会计师，后来成了奥博蕾·灵格灵的第二任丈夫）当了副总裁。在警告了大顶的帆布需要防火之后，约翰·灵格灵·诺司离开了马戏团。

1944 年 7 月 6 日，在康州的哈特福特，大顶着火，烧了 8~10 分钟之后倒下来压在了一群惊慌失措的观众身上。这是马戏团历史上最糟糕的灾难。168 人死亡,487 人受伤。虽然随之而来的数百万过错赔偿请求远远超过了马戏团购买的保险金额，但是灵格灵家族没有考虑过破产。他们最后达成了哈特福特仲裁协议，同意对仲裁委员会裁定的任何赔偿责任均不抗辩，然后安排让马戏团继续营业。

同时，康州以过失杀人罪对詹木司·哈利和其他几位经理提起刑事诉讼。哈利是火灾现场的高级负责人。罗伯特·灵格灵运气好，在火灾当晚不在城里，因而不承担任何责任。哈利和其他 5 人被判了有期徒刑。在随后的一次确定马戏团是否离不开这几个获刑人的听证会上，罗伯特·灵格灵对于詹木司·哈利的价值的证词不是很热烈。大概由于这个原因又或者因为是他栽了跟头而不是罗伯特，从而产生了怨恨；或者是因为在他服刑期间，罗伯特既没有看望过他也没有给他写过信，而约翰·灵格灵·诺司两样都做了——在他 1945 年 12 月 24 日出狱的时候，哈利已经要改变立场了。在 1946 年 4 月的年度股东会上，哈利代表他躺在病床上的妻子投票，引发了这场诉讼。

此案争议的协议内容比较单纯，因为涉案条款规定的是如何投票选举董事，而选举董事是股东的固有权利，股东当然可以通过协议随意处置。所以从性质上看，这类规定的合法性毋庸置疑。因此，被告只能从协议的规定过于笼统、无法执行以及协议不属于集合投票协议而属于不可撤销的投票代理委托这两个方面进行争辩，以证明协议无效，违约有理，但是最终没有成功。相比之下，股东协议中限制董事会权力的内容就不那么单纯了，因为它从选举董事（股东固有的权利）延伸到了要求董事作什么，侵入了董事会的法定权限范围之内。于是，有很多这样的协议被宣告无效。纽约州法院在 20 世纪上半叶所判的 4 个案子（俗称"四大"）颇有代表性。

Manson v. Curtis, 223 N.Y. 313, 119 N.E. 559（1918）案中的协议是由两边联合构成的多数派（但不是全部）股东签署的。协议规定每个当事人提名三个董事，第七个董事通过双方互相同意选举。一方当事人，即原告，将继续担任一年的总经理，以管理公司的业务并确立经营方针。法院认为，虽然协议中选举董事的部分既无害又合法，但是协议作为一个整体是无效的，不能分割开来，因为它的基本目的是要将经营管理权完全交给原告，从而剥夺了董事们法定的经营公司的职责。法律不允许股东创立一个被阉割了的董事会。不过，法院在该案中说的有一句话很有意思：如果全体股东同意，"在不影响债权人利益的前提下，他们就可以随意处置公司的资产，因为他们是公司的完整所有人。"这句话现在已经变成了成文法。

在 McQuade v. Stoneham, 263 N.Y. 323, 189 N.E. 234（1934）案中，一个多数派股东和另外两个股东（但不是全部）签署了协议，规定当事人各方将尽量让各人保持在公司中的董事和官员职务；工资、资本数额、股份数、规章和经营方针没有全体一致的同意都不得改变。法院判协议无效："股东当然可以联合选举董事。这条规则是确定的……可是，联合的权力限于选举董事，不能延伸开去——通过选择代理人并付给确定的工资以限制董事会经营管理公司的权力。"

接着判决的是 Clark v. Dodge, 269 N.Y. 410, 199 N.E. 641（1936）。涉案协议由全体股东签署，规定只要克拉克保持忠诚、高效、称职，陶基就将选举他为董事和总经理，并同意他以工资或者分红的形式取得公司净收益的四分之一。后来陶基变卦，克拉克起诉要求履行协议。协议有关选举董事的规定显然是合法有效的，问题在选举克拉克当总经理并付给报酬的规定是否有效，因为这些事务的决定权显然属于董事会。法院说虽然这样的规定侵犯了董事会的权力，但是侵犯得很轻微，而且不伤害任何人，整份协议从字面内容到客观效果都有益而无害，宣告其无效实在没有道理。于是法院支持了这份协议。该案中一个重要事实是全体股东签署了协议。法院说"因为行动的当事人是公司的完整所有人，只要债权人的利益不受影响，就没有理由不能用一个有效的协议来限制董事会的自由裁量权。"这和前面引述的 Manson 案中的那句话可以遥相呼应：只要全体股东同意，又不影响债权人的利益，他们就可以随意处置公司的资产。

"四大"案子中的最后的判例是 Long Park, Inc. v. Trenton New Brunswick Theaters Co., 297 N.Y. 174, 77 N.E.2d 633（1948）。那里的协议也是由全体股东签署的，规定其中的一个股东将担任经理，并全权管理公司事务。法院认为协议阉割了董事会，将董事会的权力全部交给了经理，违反了将公司经营权交给董事会的成文法。显然，法院认为这份协议超越了解释 Clarke 案可容许的侵犯范围。不过，这个判决的结论后来被纽约州的成文公司法明确否定。

1963 年，纽约州修改商事《公司法》第 620 条，允许公司章程限制董事会的经营管理权，将该权力交给非董事行使。该条（b）款规定全体股东有权在章程中或者通过修改章程将董事会的任何或者全部权力交给指定的人行使。权威注解解释说，第 620 条（b）款允许公司章程限制董事会的权力，实际上扩大了 Clark v. Dodge 允许限制的判决，否决了 Long Park, Inc. v. Trenton New Brunswick Theaters Co.、Manson v. Curtis 和 McQuade v. Stoneham 不允许限制的判决，条件是全体股东同意和股份不公开交易（封闭公司）。

【案例 11-14】
雀戈斯诉雀戈斯 [1]
（以下对案情事实的陈述摘自反对派意见，也为多数派所认同和采用。）

本案中的争议要点在对雀戈斯彩色印刷公司的控制。该公司是 1925 年由死者创建的小企业。这企业有一段时期经营得很好。随着时间的推进，死者的三个儿子都不同程度地参与进来。截至 1963 年，公司一共发行了 254 股投票股份，死者自己拥有 149 股，剩余的平分给了他的三个儿子，每人 35 股。那时候，死者显然选中了他的儿子蓝司福特，即本案中的原告，认为自己死后他最适合控制企业。于是，死者将 36 股股份转让给了蓝司福特。这样，在 254 股股份中，死者自己拥有 113 股，蓝司福特 71 股，另外两个儿子各 35 股。

之后不久，原告和死者签订了本案中争议的书面协议。双方合意共同投票，不但要将他们选为董事，而且要将死者选为董事会主席，领取确定的工资，将原告任命为公司总裁，也领取确定的工资。此外，协议还有如下的条款："年长的富来得里克·雀戈斯准备与公司签订一份协议，在他死后由公司回购他的股份。如果这一协议因为某种原因而没有执行，那么剩下的股东，也就是蓝司福特·雀戈斯，在年长的富来得里克·雀戈斯死后 60 天内将有该股份的购买权和选择权。"

几个月之后，死者真的和公司签订了回购协议。一年之后，这份回购协议经死者和公司双方同意而撤销。在之后的几年里，原告逐渐在公司事务中取得了越来越大的权

---

[1] Triggs v. Triggs, 46 N.Y.2d 305, 385 N.E.2d 1254（1978）. 以下楷体字是本书作者翻译的原判词，宋体字是译者对案子的介绍。原判词较长，译文有删减。

力，而死者的权力开始减弱。最终两个人闹僵，死者好像后悔当初选择了原告来继承他。在原告的经营管理下公司发生了一些财务困难，付给死者的工资不断减少，开始时得到他的同意，后来则不顾他的反对。最后，在1970年2月，死者对他的遗嘱签署了一个附加条款，将他的股份赠送给另外的两个儿子，并宣布1963年与原告签订的协议无效。1970年4月，死者死亡。

死者死后，原告试图行使选择权——从遗产中购买那113股股份，但是遗产执行人拒绝转让该股份。4年之后，1974年9月，原告提起本次诉讼，要求强制遗产兑现选择权……在答辩状送达之后，审判之前，被告请求因无诉由而撤销起诉，首次声称协议是非法的。

琼司法官代表二审法院写道：原告胜诉，被告上诉。

不用陪审团的审判之后，下级法院答应被上诉人实际履行股份购买选择权协议。相关的事实已经由反对意见阐述清楚。

上诉人争辩说，因为1963年3月的协议不是由全体股东签署的，所以其中要求选举被上诉人和他的父亲为公司官员并确定他们的报酬的规定属于Manson规则下的对董事会的权利义务的不能允许的限制。他们没有说单单购买股份的选择权就是非法的；而是说协议应当被看作一个整体，认定整体无效。关键问题是股份回购条款是否因为起初协议含有限制董事会选择官员与确定其报酬的权力的条款而不能执行。

证据显示在协议签署之后的几年里，那些被认为是非法的条款遭到了忽略，没有人试图遵守或者执行它们。公司的经营管理也没有根据1963年协议受到限制。这里引述的法律规则所针对的问题没有试图去引发或者实现。虽然年长的崔戈斯和蓝司福特继续担任董事，但是另外还有三位或者四位独立的董事。虽然年长的崔戈斯继续担任董事会主席（他还被选为公司出纳），蓝司福特担任公司总裁，他们的工资在好几年内是按1963年3月19日协议所定的数额发放的，但是那是在占董事会多数的其他董事不知道有协议存在的情况下自由地确定的，而不是受到该协议的约束。事实上，当董事会在1965年5月11日将他的工资从2万美元年薪降到1.08万美元的时候，他并没有反对。在1969年4月，当董事会停发他的工资的时候，他的抱怨也是以董事会的决议与1965年5月11日的决议不一致为基础，而不是以违反1963年3月19日的协议为基础的。

这里的法律问题也取决于一个事实决定。基层法院确定1963年3月19日的协议从上诉人所依据的法律规则上看，"对于董事会经营管理该企业没有在任何方面进行足够的干涉"。所以在协议签订之后13年才提出来的协议非法的主张必须败诉。

分析起来，我们所面对的是一份协议中规定了两套义务，一套是在父亲死后可以行权的股份回购选择权，单独地看，没有人说它违法；另一套是选举公司官员、确定他们的工资的规定，在法律上是有问题的。任何的非法之处，只在其限制董事会经营公司事务的权利的程度上存在……事实是下级法院只执行了1963年3月19日协议中股份回购条款。

因此，上诉分部的命令应当维持，费用归上诉人。

法院将涉案协议分为两个部分：限制董事会权力的部分无效；购买股份的部分有效。无效部分的存在不影响其余部分的有效。这种对股东协议的态度显然比"四大"案子宽容得多，因为在那里无效部分的存在可以导致整个协议无效。又由于本案中双方的争议在后者，所以协议得到维持。

噶布历历法官发表反对意见：

我怀着敬意反对……上诉所针对的命令应当被否决，因为这份协议不恰当地限制了董事会经营公司的权力，所以是不能执行的。况且即使协议有效，股份回购条款也根据协议规定在死者去世之前就已经终止了。

噶布历历法官接着叙述了法律规则。董事会经营公司有法定的信托义务。法律不想把经营权交给那些没有信托义务的人。这种情形经常出现在股东协议中，他们试图通过协议的规定迫使董事会为或者不为某些行为。只有当这类协议对董事会权力的侵犯很轻微的时候才是有效的。股东当然可以协议选举董事，但是超越了这一点，想迫使董事会做些什么，一般就是非法的。

一个决定性的考虑因素当然是看在协议签订或者试图执行时会不会损害其他股东或者社会公众的利益。当协议不是由全体股东签署的时候，任何减少董事会权力的企图都会对其他股东造成重大的伤害，尽管对社会公众的伤害微不足道。因为法律认为当一个独立的董事会经营公司、根据公司的最佳利益自由地作出商事判断的时候，所有的股东都会得到保护和好处，而现在这种保护和好处对于其他股东来说被剥夺了。

有人说选择权条款可以与协议的其他条款分开来单独执行，因为它单独地看并不违法。这种说法的缺陷在于它不恰当地假定死者在没有协议其他部分的情况下也会给予原告这一选择权。这样的假定我们不想作。事实上，协议的非法部分才是协议的核心。

福西伯格法官发表反对意见：

我也投票否决，但是我作出决定的过程不但与多数派不同，也与我的同伴反对派不同。

具体地说，与其他反对者相反，我认为当事人签订了一份可执行的协议。但是……协议没有歧义，从法律上看，该协议在父亲活着的时候就已经按自身规定终止了。

我也不同意多数派的观点，认为只有选择权条款[①]可以执行，因为它可以从一个本来非法的合同中分离出来。我认为整个协议都是合法的。由于它是由一个不上市的小公司的控股股东订立的，我们不能用对商事《公司法》第701条严格的、过于技术性的理解来审查它。

小的封闭公司的经营管理经常由一个或者几个人控制。这一点股东和债权人都知道。

[①] 意指儿子蓝司福特对父亲股份购买与否的选择权。——译者注

无论从法律还是实务的角度，这样的公司都应当与大的上市公司区分开来。后者的股票在开放的证券交易所交易，其股东与公司经理层的关系遥远而不亲近。显然，后者的经营极少受股东协议的影响，对其经理层的唯一限制是商事公司法。

在封闭公司里，不属于统治集团的投资者一般信赖某些个人，也相信他们会继续管理公司。现实中，人们期望这些个人行使广泛的自由裁量权，不拘形式地履行其经营管理的职责；这种灵活性被认为是小公司的优点。事实上，对经理层品德和能力的信赖经常是投资的动因。务实地看，这类公司的成立主要是为了取得有限责任、符合某种税收类型或者类似的原因，它们常常只是取公司形式的合伙。官员和董事的选择、执行官的工资、相互买卖股份的选择权——我们面前的这份协议正是处理这类事情的——对这类事情的控制经常是在股东协议中安排的。

总之，只要涉及公司经营的股东协议没有欺诈其他股东或债权人的意图，对精准程式的背离不应当自动地受到法律的盲目追究。因为这是检查股东协议有效性的主要标准。这不会使封闭公司中的少数派股东在利益被侵犯时没有救济手段。官员和董事的信托义务——这些衡平救济手段对他们始终存在并同样有效。

本案中没有任何迹象表明如果当事人走了惯常的程序，将合同呈交给股东会和董事会讨论，它不会自然地被盖上橡皮图章。

总而言之，因为没有其他股东或者社会公众受到伤害，所以没有必要拿过去那些不先进的标准来衡量这份协议。说穿了，我们过去在这个问题上的不同判决也经常互相矛盾，并不一致，而这些判决已经被商事《公司法》第 620（b）条的通过所覆盖。当时，立法机构明确表示至少要部分地否决许多这类宣告协议无效的判决。在这样做的时候，它的目的很清楚，就是要赞同和扩大 Clarke 案的判决，因为该判决支持了一份封闭公司中受争议的股东协议。

在股东协议限制董事会权力方面影响最大的判例是伊利诺伊州最高法院在 1964 年判决的高勒诉高勒一案。

【案例 11-15】

高勒诉高勒 [1]

原告爱么·高勒依据衡平法起诉，要求审计并实际履行一份 1955 年 7 月在她和她丈夫为一方，被告爱瑟道·高勒和他的妻子罗丝为另一方的协议。

本案事实没有大的争议。从 1919 年到 1924 年，高勒兄弟（本杰明和爱瑟道）是高勒医药店，一家医药批发企业中的平等合伙人。1924 年根据衣里诺商事公司法改设为公司，每人持有公司已发行的 220 股股份的一半。1945 年，每人订约将 6 股股份卖给了一位雇员罗森伯格，价格是每 6 股 1.05 万美元，10 年内付清。他们向罗森伯格保证，如果他被解雇，他们会将股份买回来，并且保证如果他们出售股份，罗森伯格会得到

---

[1] Galler v. Galler, 32 Ill.2d 16, 203 N.E.2d 577（1964）. 原判词较长，译文有删减。

每股相同的价格。① 到 1955 年 7 月，罗森伯格还没有还清那 12 股股份的价款，甚至到 1957 年本杰明去世之后，以及 1959 年本次诉讼开始之后，他还继续在账面上付款。罗森伯格与本次诉讼无关，既非当事人，也非证人。1961 年 7 月，在预审听证结束之前，被告爱瑟道和罗丝向罗森伯格买回了 12 股股份。原告爱么·高勒补充起诉，声称她有权得到其中的 6 股，愿意向被告支付其付给罗森伯格的价款的一半。双方同意在本案判决之前，这 12 股股份暂不投票或转让。在 1962 年 7 月衡平法官颁发命令之前的一年内，没有其他的少数派股东利益存在。

1954 年 3 月，本杰明和爱瑟道在他们的会计师的建议下决定签订一份协议，为各自的家庭提供经济保护，并确保各自的家庭在他们任何一人死后依然能够维持对公司平等的控制权。1954 年 6 月，在会计师的律师助理正在起草协议的时候，本杰明发了一次心脏病。虽然不久以后他又回到企业工作了几个月，但是在 1955 年 2 月，心脏病再次发作，他就再也没有能够回来工作。在兄弟生病期间，爱瑟道叫会计师将协议定稿，以保护本杰明的妻子，而这是由会计师雇用的另一个律师完成的。在 1955 年 7 月的一个星期六的晚上，会计师将协议带到本杰明的家里，兄弟二人和他们的妻子当场签署了 6 份文本。然后会计师就将他们所签署过的所有文本收集起来，并由会计师保管好。在 1955 年 7 月签署协议到 1957 年 12 月本杰明去世这段时期内，协议没有修改过。本杰明在 1955 年 7 月下旬又发了一次心脏病。8 月 2 日，爱瑟道、会计师和一个公证人拿了两份代理委托书让本杰明签字，由爱瑟道当证人，尔后由会计师保管。原告没有看过这些委托书也没有占有过。其中一份委托书授权将本杰明的银行账户转让给爱么；另一份授权爱么用本杰明的 104 股股份投票。由于本杰明的健康状况，没有人再跟他说过协议的事。从证据看，协议签署几个月之后，被告爱瑟道、罗丝和他们的儿子阿伦试图毁灭协议。没有争议的证据是被告在本杰明死之前就已经决定不执行协议，但是从来不把这一意图告诉原告或者她的丈夫。

1956 年 7 月 21 日，本杰明签署文件设立了一个信托，以他的妻子为受托人，信托财产中有那 104 股股份，股票证书经本杰明背书转让给了爱么。当爱么将股票证书呈交给被告要求将股份转交给她作为受托人的时候，他们提出要她放弃 1955 年的协议或者签署一份不干涉协议，说这样才能给她转股份。最终，在 1956 年 9 月，在爱么拒绝放弃股东协议之后，她同意让被告阿伦担任一年的总裁，同意在那一年中她将不干涉公司事务。然后股份重新颁发给她作为受托人。1957 年，在本杰明还活着的时候，爱么数次要求与爱瑟道见面谈公司生意，但是他都拒绝见她。

本杰明死后不久，爱么到公司办公室要求按 1955 年的协议办。被告告诉她，他们不想执行协议，提出修改协议——公司会继续给她发工资，但是她不得当董事。爱么拒绝修改协议，要求执行其条款；被告拒绝；本次诉讼开始。

在本杰明生命的最后几年里，两兄弟的年薪是 4.2 万美元。阿伦原来作为仓库经理的年薪是 1.5 万美元；自从爱么在 1956 年 9 月同意他担任公司总裁之后，他的年薪是 2

---

① 如果他也想出售的话。——译者注

万美元。在 1957 年、1958 年、1959 年,每年分红 4 万美元。原告按比例获得了她那一份。

本案中争议的 1955 年 7 月的这份协议是由本杰明、爱么、爱瑟道、罗丝签订的,叙说本杰明和爱瑟道每人拥有高勒医药公司 47.5% 的已发行股份,希望通过提供收入来支持和维系他们各自的家庭费用,但没有提到当时罗森伯格正在购买的股份。协议有争议部分的要点在上诉法院的判词中已经大致述明了:……（2）修改公司规章,规定董事会由 4 人组成;会议有效人数为 3 人;开会至少提前 10 天通知。（3）股东在本次特别会议和任何其他选举董事的会议上将投票选举上述指明的人（爱瑟道、罗丝、本杰明、爱么）为董事。（4、5）如果兄弟一人死了,他的妻子将提名一人代替死者。（6）公司将宣布一些年度红利。保留 50 万美元的累积盈利,如有剩余,则从中每年分配 5 万美元。如果年度税后净利润的一半超过 5 万美元,则董事会有权将净利润的一半用于分红。如果年度净利润少于 5 万美元,只要 50 万美元的累积盈利留足了,年度分红依然不得少于 5 万美元。盈利剩余有具体定义。（9）本杰明·高勒和爱瑟道·高勒的股权证书上都将写上这些股份受制于本协议。（10）公司将签署一份继续付薪协议,授权公司在本杰明或者爱瑟道死后的 5 年内,每月支付该官员工资的两倍。这笔钱应支付给守寡期间的寡妇,但是如果在这 5 年期间寡妇改嫁,则支付给她的孩子。（11、12）协议当事人进一步同意,如果本杰明或者爱瑟道死了,就授权公司向遗产购买足量股份以支付联邦遗产税、衣里诺继承税和其他遗产管理费用。如果因为向死者的遗产购买股份而减少了继承人所得的红利,则各方当事人在选举董事的时候应当给予遗产和继承人和以前一样的代表比例（4 个董事中的两个,尽管他们的股份比以前少了）,并且公司还将支付一笔相当于所减少的红利的额外福利给遗产和继承人。如果本杰明或者爱瑟道想要卖掉他的股份,他必须给予其他剩余的股东以先买权,如果他们不要,然后再按账面净值卖给公司,要约有效期为 6 个月。

上诉审法院认定 1955 年的协议无效,因为"过长的期限、所述的目的和对公司法规定的相当的漠视压倒了任何区分的考虑""本州的公共政策要求宣告整个协议无效"。

被告对原告的行为显失公平,但是基本和决定的因素是没有少数派意见的反对,也没有对公共利益的损害。（以下对伊利诺伊判例的讨论省略）

以违反公共政策为由宣布协议无效的做法影响深远,也很容易被滥用。所以只有当协议字面上清楚而确定地出现或者可以从所规定的内容中必然地推论出腐败的或者危险的倾向时,才能用这种办法来宣告当事人之间在平等基础上订立的庄严的协议无效。对这一规则的唯一例外是那些在表面上公平且无可挑剔的协议,但在实际上却是腐败计划的一部分,专门用来遮盖交易的真实性质。

这里需要强调,我们在处理所谓的封闭公司。不少人试图给封闭公司下定义。O'Neal 的 Close Corporations, §1.02（1958）收集了一大串常用的定义。对我们来说,封闭公司是一个股份为几个人或者几个家庭持有、从来不或者很少买卖的公司。此外,还应当注意,作为一个实务问题,与本案中类似的股东协议在封闭公司里经常是保护他们的财产利益所必需的。公众公司的股东如果觉得公司管理层决策不当,可以在开放市场上卖掉股份;封闭公司中的股东经常把他的全部资本投资在公司中,即使想出卖自己的股份,也没有现成的市场。很容易理解，他觉得他不仅仅是一个投资者，而是应当在公司所有事务中有一定的发言权。如果没有能由法院实际执行的股东协议来确保他一定程度的控制权，一个较大的少数派股东只能看着一个压迫性的或者不明智的多数派股东为所欲为而无能为力。而且，像在本案中这样，封闭公司中的股东经常同时又是董事和官员。由于董事会中的每个成员都持有较大的股份，要他们像公众公司中的董事会那样对公司的经营方针进行独立的判断，完全没有个人的动机，是不可能的。由于这些和其他多得无法一一列举的原因，一份冗长、细致的股东协议经常是确保所有人权利义务的唯一明智的基础性保护措施。

前面在对本院判例的回顾中已经指出，法院判决的倾向是，尽管没有明说，最终将封闭公司当作一类独特的公司来对待。有好几个表面上看来是违反公司法规定的股东和董事协议因为具体的客观情形而得到了支持，主要是不损害公共利益、没有少数派股东表示反对、不损害债权人利益。不过，迄今为止，我们还没有限制这些判例，说它们只适用于封闭公司，似乎在暗示它们是法院在审查时的一般性考虑，适用于所有的公司。

这一系列判决的现实结果是，一方面在特殊情形下维护了一些具体的协议，尽管从字面上看它们"违反"了公司法；另一方面也引起了伊利诺伊法官和公司律师们的疑惑和混乱。

因此，我们感到有必要在本案中对封闭公司的问题进行讨论。

说起来，严格执行公司法的规定而不管封闭公司的特殊性，有利于法院对公司行为的监督。但是从很久以前起，法院在处理封闭公司的行为时就对成文法的遵守放松了要求，为了使普通的商事活动有效，允许对公司标准的"轻微背离"。见 Clark v. Dodge, 269 N.Y. 410, 199 N.E. 641。下面这段从 Clark v. Dodge 案中引来的话说明了这一立场："公共政策、立法宗旨、对公司的不利影响，这些词汇在这里（法院在讨论股东－董事协议，其中董事发誓要选某些人为公司官员）没有多少意义。对善意的股份购买者、债权人或少数派股东的可能损害更有内容；但是在很多例子中并没有这样的损害。如果强制执行某份协议不损害任何人——甚至在任何看得见的程度上都没有损害公共利益——就没有任何理由判它非法，虽然它稍微触犯成文法的笼统规定（商事公司的事务由董事会经营管理）。损害的存在或可能发生是一条逻辑的和务实的判别标准，已经为法院所普遍接受。"（Clark v. Dodge, 199 N.E. 641, 642）

还有，"因为协议当事人是公司的完整所有人，他们之间的有效协议只要不伤害债权人的利益，没有理由不能限制董事会的自由裁量权。"（Clark v. Dodge, 199 N.E. 641, 643）

律师指出了许许多多论著和论文讨论法院对封闭公司的态度。有一篇文章得出如下的结论："新的需要迫使对公司'惯例'重新定义。没有理由为什么成熟的人们不能够根据自己需要的模式来改造成文法的标准，只要不侵害其他股东、债权人和公众的利益，也不违反公司法中明显是强制性的规定。在一个典型的封闭公司中，股东协议一般都是初始投资者之间仔细斟酌协商的结果。而在大的公众公司中，由章程所代表的'协议'并没有得到投资者有意识的同意；他们在文件的起草中没有任何的发言权，也很少有人去阅读章程。保留公司标准可能对保护公众投资者是必要的。"（Horntein, "Stockholders' Agreements in the Closely Held Corporation", 59 Yale L. Journal, 1040, 1056.）

本院在 Kantzler v. Bensinger, 214 Ill. 589, 73 N.E. 874 等案中虽然没有明说，但是早已认识到封闭公司和公众公司之间的巨大差异。在那些案例中，与本案中的协议相似的协议得到了维持。就如同 Kantzler 案和本案中这样，因为没有少数派股东的抱怨、没有欺诈或者对公共利益或债权人的明显损害，没有禁止性成文法条文被触犯，所以我们就看不到任何理由不允许当事人就公司的经营管理达成一个皆大欢喜的协议。

或许，如同有人大声疾呼的那样，对封闭公司单独立法是最合适的。有些州已经对封闭公司专门立法了。

不管怎样，法院在处理封闭公司和公众公司的问题时再也不能不对它们作出明确的区分了。我们在这里要通过一个具体的案子把问题向法院、公司法律师和立法机构摆明。如果不这样做，我们就是在推卸责任；但如果做过头了，我们就会侵犯立法机构的领域。

现在，我们根据前面所说的规则来分析 1955 年协议的具体规定。

上诉审法院正确地认定了协议中有许多规定无人质疑，我们也就不必要在此拉长篇幅讨论这些条款了。但是对协议中的另一些规定法院依然不能接受，包括与期限相关的协议宗旨、选举某些人在确定的年限内为公司官员、强制性地要求宣布分红（上诉审法院判其无效）、继续发放工资的协议。

因为协议的期限是争议的焦点，所以我们先行考虑。当事人没有规定具体的终止日期。虽然协议最后的段落规定它的条款"将约束、利益也将归于"当事人在法律上的代表、继承人和受让人，我们认为当事人的意图是这一条款只在他们活着的时候有效。协议还规定它应该向实现其宗旨的方向解释。我们认为应当从协议整体上去考虑确定它们的效力。从这个角度去看一个合理的解释是它的宗旨将在最后一个当事人死的时候实现。虽然这些人的寿命长度不容易准确地确定，上诉审法院预期爱么在她的丈夫死的时候还会活 26.9 年。我们不知道任何成文法规定或者公共政策会以此为由宣告这份股东协议无效。(Thompson v. J.D. Thompson carnation Co., 279 Ill. 54, 116 N.E. 648) Vogel v. Melish, Ill., 203 N.E.2d 411 同样涉及封闭公司中的一份合同的解释，但不是合同的效力问题。被告争辩说立法对投票信托协议的期限作了限制，其中包含的公共政策应当适用于本案，但是这不是一个投票信托，而是一份投票控制协议，上诉审法庭中的反对法官也指出了这一点，协议没有将投票权与所有权分离。Luthy v. Ream, 270 Ill. 170, 110 N.E. 373 案中针对投票权和所有权相分离的协议所表达的政策不适用于投票控制协议，这一点在 Thompson 一案中十分强调，那里认定一份投票控制协议没有分离所有权和投票权。1947 年将投票信托限制在 10 年以内的时候，立法机构没有对投票协议确立同样的方针，尽管投票协议在 1870 年之前起就已经十分普遍。在没有欺诈或者损害少数派利益或公共政策的情形下，本院一般都保护股东之间就其股份如何投票达成的协议。从这样的判决历史来看，我们不会因协议有效期的长度而判它不能执行。

规定选举某些人在一定期限内担任具体职务的条款同样不会使协议无效。在 Kantzler v. Bensinger, 214 Ill. 589, 73 N.E. 874 一案中，本院维持了一份由全体股东签署的要选举某些当事人在一定期限内担任具体职务的协议。在 Faulds v. Yates, 57 Ill. 416 案中，我们维护了一份类似的多数派股东之间的协议，尽管还有没有出庭的少数派股东存在。

现在我们来考虑协议的宗旨对其效力的影响。相关规定是："该本琼明·高勒和爱瑟道·高勒希望为他们的近亲家庭提供抚养费。"显然，这样的合同没有什么罪恶，它无非是当事人想就自己的财产为依赖他们抚养的人在自己死后对他们的生活费作出安排。所涉财产是公司股份这一事实不能改变这一性质，只要少数派股东和债权人的利益不受影响，也没有危害公共利益。但是被告争辩说，协议所提供的达到目的的方法从总体上说违反了商事公司法，所以必须宣告协议整体无效。

协议中关于分红的条款要求每年至少分红 5 万美元，但是这一义务是以公司保持 50 万美元的盈余公积为条件的。请注意在 1958 年，本次诉讼开始前一年，公司的税后净利润有 202 759 美元之多，盈余公积已达 1 543 270 美元，1958 年又增加到 1 680 079 美元。最低盈余公积要求是为了保护公司和它的债权人。有了这样的限制，我们就不反对要求分红的合同规定了。

继续支付工资的协议是公司执行官雇用合同中通过不同形式出现的一个常见特征。它要求寡妇在 5 年之内每月总共得到两倍于她死去的丈夫的工资。这个要求同样为保护公司的利益而受到了限制，因为它以公司可以就这些支付减税为条件。在考虑公司对其官员或者股东的寡妇支付是否合法的案件中，一般的指责总是一个非慈善性的公司拿财产当礼品赠送给人的行为侵犯了股东的权益，构成越权。本案中除了合同当事人之外没有别的股东，所以这一指责在这里不适用。经过限制，这一规定对公司的影响没有大到要使它无效的地步。

在得出了本案中的协议不受攻击的结论之后，我们还要看一下费用的计算。初审法院答应了原告的请求，我们认为这一作法除了被上诉审法院修改过的预审法官的费用之外都是恰当的。因为没有人就此质疑，我们在这点上维持原判。关于工资问题，上诉审法院正确地判定增发不当，接下来应由初审法院决定事实问题。

我们判决在本案判定之后，被告必须交还给公司从 1956 年 9 月 25 日之后多领的钱。因此，上诉审法院的判决，除了在费用问题上应予维持之外，应予否决。本案应发回库克县巡回法庭根据本判决所作的指示重审。

本案中的股东协议对董事会的权力"侵犯"比较广泛，涉及官员的任命、分红和工资的发放，而且期限不确定。法院对有限责任公司（封闭公司）的特点对比上市公司（公众公司）作了广泛的论述，认为应该与上市公司区别对待，在分析协议有效性时，法院摆出了相关的利害关系方：社会公共利益、少数派股东和公司债权人，认为只要这几方利益都不受影响，协议就是无害的，应该判其有效，而不应该死板地恪守法律条文。值得注意的是，本案中的协议当事人也是全体股东。

今天，美国公司法范本第 7.32 条允许股东协议修改传统的公司结构：股东协议甚至可以取消董事会这个机构，由股东直接经营管理公司；[①] 在董事会存在的情况下可以

---

① 比较我国《公司法》第 50 条规定："股东人数较少或者规模较小的有限责任公司，可以设一名执行董事，不设董事会……执行董事的职权由公司章程规定。"

指定董事或官员、分配董事会的投票权、调节协议当事人的工作岗位、将经营管理权交给某个人或者要求公司在指定情形发生时解散，等等。这样的协议对股东和公司都有约束力。不过，协议必须（A）体现在章程或者规章中并得到协议签署时全体股东的同意，或者（B）形成书面文件并在公司知情的情况下由当时的全体股东签署同意。此外，除非协议另有规定，任何修改都必须得到全体股东的一致同意；协议有效期为10年。新入股者如果不知道协议内容，可以在知道之后退出。该安全港仅适用于股份没有公开市场的封闭公司。

范本第7.32条的目的是要给予公司的筹划者更多的确定性，一方面给予广泛的限制董事会权力的自由，另一方面将这种自由限制于明确列举的范围之内，超出这个范围对董事会权力的进一步限制可能违反公共政策。并且，限制董事会权力必须得到全体股东的一致同意。

如果股东协议行使的权力在成文法允许的范围之内，但是没有遵守成文法规定的使协议有效的限制条件怎么办？在 Zion v. Kurtz, 50 N.Y.2d 92, 428 N.Y.S.2d 199, 405 N.E.2d 681（1980）一案中，一家特拉华公司只有两个股东——柴恩和克兹。柴恩持有全部 A 类股，是少数派；克兹持有全部 B 类股，是多数派。二人订立股东协议规定不经柴恩同意，公司不得从事任何商事活动。因为是特拉华公司，所以适用特拉华法律。协议内容没有写入公司章程，因而不符合特拉华封闭《公司法》第351条的规定。公司后来不顾柴恩的反对签订了两个合同。柴恩以这两个合同违反股东协议为由起诉，请求判这两个合同无效。被告则争辩股东协议没有按规定写入章程，因而是无效的。纽约上诉审法院（该州最高）以 4∶3 判股东协议有效："特拉华的公共政策并不禁止这份股东协议中所包含的引起争议的这个条款，尽管它将所有的经营权都从董事会拿走了。"至于没有遵守特拉华成文法的规定问题，法院说那只是个形式，可以补救的，让克兹去登记一份修改案就可以了。噶布历历法官反对，认为协议阉割董事会到了极端。

我国《公司法》第37、46、49条三条分别规定了股东会、董事会和经理的权力，但是没有明确这些权力是任意性的还是强制性的，股东能不能通过章程或决议限制或转移这些权力。

【案例 11-16】

湖南春江城置业有限公司与凌江羽公司决议纠纷案 ①
郴州市中级人民法院 2018 年 10 月 11 日

春江城公司有 3 位股东，凌江羽是其中之一，担任董事兼副总经理，负责管理一个温泉项目。2014 年 6 月 16 日，3 位股东作出决议：凌江羽的董事和副总经理职务不变，专管温泉项目，不再参与公司其他方面的经营管理，每年领取人民币 15 万元费用（计入公司红利中一并分配）用于因公司事务产生的差旅及活动费用。如果支付延期半年，按年息 24% 计算利息。2016 年 3 月 31 日，3 位股东再次决议：承接上次决议，公司需

---

① （2018）湘 10 民终 1512 号。

每年支付凌江羽 15 万元，股东一致同意该费用计算至 2016 年 6 月 15 日止，共计 30 万元。由公司支付，到期公司如资金有困难可延期至 2016 年 12 月底支付。延期利息按年息 24% 计。后因该款项的支付产生争议，公司没有支付。凌江羽诉诸法院。公司方面辩称股东会决议只是权力机关的意思表示，是否执行要由执行机关最终决定。但是法院认为这是劳务报酬，"董事报酬属于股东会有权决议事项"，判公司支付 30 万本金，违约期间不按 24% 计息，而是按中国人民银行同期贷款基准年利率 4.35% 的 1.3 倍计息至清偿日，但是延期利息仍按 24% 计算。二审完全同意一审的分析，维持原判。

从判词内容看，原被告双方都没有引用《公司法》第 37 条和第 46 条进行争辩。被告提到了权力机关和执行机关，大概朦胧地意识到了股东会和董事会的权力划分，但是没有展开论述。法院将 30 万元看作支付给董事的劳务报酬。但是事实上凌江羽作为董事没有做什么事。公司之所以要付他 15 万元的年薪，是因为他负责开发或管理温泉项目。这是付给一个项目经理的劳务报酬，而不是董事报酬。而给项目经理定报酬属于公司的经营管理工作，根据《公司法》第 49 条的规定，这项权力既不属于股东会，也不属于董事会，而属于经理或者负责经营管理的法定代表人。不管怎样，把这笔钱看作董事报酬是有点牵强的。

此外，法院认定公司违约，实际上是把这份股东会决议看作公司与凌江羽之间的协议。事实上，这是股东之间的协议，不是某位股东与公司之间的协议。如果是股东之间的协议，那就不能约束公司了。但无论是股东之间的协议还是股东会决议，问题是这类协议或决议能否侵犯董事会或者经理的权力，法院没有对此展开讨论。迄今为止，无论是我国的律师还是法院似乎都还没有注意到这个问题。但是随着我国经济的蓬勃发展，股东协议或者公司章程"侵犯"董事会或经理法定权力的问题终将会提上议事日程，届时我们可以把美国法院的上述判例看作一个有用的参照系统。

值得注意的是，尽管股东协议在有限责任公司内的作用越来越重要，其效力一般地会得到法院的承认和执行，但是协议只能约束当事人股东，不能约束其他股东，也不能约束公司。特别在我国这样的大陆法系国家，十分强调章程的最高效力，所以股东在订立了协议之后，只要有可能，就应该尽早按照协议的规定修改公司章程并变更工商登记。前一章中的叶思源诉厦门华龙兴业房地产开发有限公司公司盈余分配权纠纷案就说明了这种必要。

第三节　制度设计与纠纷控制

法律是用来解决纠纷的，解决纠纷的最后办法是诉讼，即到法院打官司。但是在此之前还有很多别的办法，比如调解、预防等。而预防是最好也是最难的办法。公司法主要地应该是预防法，即预防纠纷的发生，避免和减少诉讼。作为公司法律师，为客户设计好章程，起草好协议，避免将来可能发生的纠纷，是该行业中的最高境界。为了作好这样的工作，需要熟悉并综合运用各种可用的办法。我们已经学过多类普通股、会议有效数和超多数决、累积投票制、单数董事会、有因撤换董事 ①、雇用合同、先买权，还有各种估价办法和退出机制，等等。这些都可以用来设计股东关系，避免日后可能产生的纠纷。

当然，纠纷多种多样，谁也不是神仙，能够将可能出现的纠纷全部预见到，只能根据当事人在成立公司时当时当地的实际情况和对合作伙伴之间关系的具体判断和估计进行设想。那些无法预见、无法设想的纠纷是无法预防或设计的。下面试举几例讨论。

一、股东关系的设计

情形一：设想甲、乙、丙 3 位合作伙伴创建了一个有限责任公司，每人持有 10 股，公司一共发行了 30 股。董事会由甲、乙、丙 3 个人组成，他们每个人都在公司全日制地工作并领取工资。开始时大家关系不错，互相合作，所以公司的业务不断地发展。但是在如何长远发展等经营方针上甲和乙丙产生了分歧。每次开董事会的时候，甲的意见总是被否决，票数是 2：1；每次开股东会的时候，甲的提议总是被否决，票数是 20：10。公司最后决定不再雇用甲。甲在股东会上提出公司利润按持股比例分红，但是乙、丙投票决定将利润用于扩大再生产，或者给雇员加工资。于是甲的处境就十分不妙。他既不能领取工资，又不能获得分红，他在公司的投资得不到任何回报，在公司经营上又没有任何决策权，唯一的出路就是将股份卖掉，期望能够有所赢利。可是没有人愿意购买他的股份。谁愿意掏钱买一个像甲这样的处境呢？

这个情形是不是与春边养老院一案十分相似？而这样的情形在实践并不少见。有经验的律师通过事先的设计，可以避免这类问题。甲可以事先与公司协商订立一个 5 年期的劳动服务合同，② 并且给予甲续签 5 年的选择权；同时，合同可以规定附成就条件的股份买卖，一旦条件成就，公司必须按照合同规定的方法赎回他的股份，该条件可以是他被解雇或者死亡；赎回的方法主要指价格的确定，那是一个估价方法问题，我们在研究公司资本时已经讨论过企业资产评估的方法，本节后面还会作进一步的讨论。总之，这些保护性措施是不能由公司法提供的，只能凭借律师的远见和卓识在了解客户具体情况的基础上通过商事谈判获得。

除了劳动服务合同之外，章程的规定也可以避免甲所遇到的窘境。比如章程规定董事会开会必须全体董事参加方为有效，或者要求董事会通过决议必须经全体董事 70% 以上的同意——因为乙、丙两票只占 66.7%，所以没有甲的同意，决议就无法通过。这就是较高会议有效数和超多数决的保护方法。当然这种保护办法的前提条件是甲继续担任董事，而董事是由股东选举的。如果按照简单多数决规则，乙、丙二人很容易将甲选出董事会。为了确保甲继续担任董事，至少有三种办法可供选择。一是设置 3 类股份，

---

① 有因撤换是指董事在没有工作中的重大过失或错误不得撤换；与此相对应的是无因撤换，股东可以随意撤换董事。

② 我国《劳动合同法》规定解雇必须有因。在美国，解雇可以是无因的。这时协议还可以进一步规定只能有因解雇。

每类股份选举一个董事，董事只能有因撤换；二是规定每个股东选举一个董事，这样的规定不但能取得与第一种办法相同的结果，而且更加可行，因为我国公司法虽然还不承认多类普通股，但是却不会禁止章程规定不按出资比例投票，所以即使甲、乙、丙三人的出资比例不同，也可以采用；三是采用累积投票制，并且规定全体董事同时选举，同时改选（即不许采用分批董事会）。①最后，还要对章程的修改规则作出规定，因为无论是多类股的设置还是累积投票制或是董事会的有效数和超多数决，如果多数派股东可以修改章程，任何精心设计都将无济于事。我国《公司法》第43条第2款规定占2/3以上表决权的股东可以在股东会上修改章程，而乙丙的表决权正好达到2/3。所以对股东会也要像董事会一样规定有效数或者超多数决。比如规定股东会必须由全体股东参加方为有效，会议的讨论事项必须提前15日以书面方式通知每一位股东。这样，当知道要讨论修改章程的相关规定时就拒绝出席股东会，使会议流产；或者规定股东会通过决议必须经70%以上表决权的股东同意。

如果在设计章程时忽略了这些问题，也没有签订劳动服务合同，那么事后还有第三种补救办法：签订股东协议。甲可以与乙丙签订协议，规定在股东会上投票时必须互相选举为董事，并且指定选举谁为公司的什么官员以及工资多少。但是这样的协议效力同样会面临侵犯董事会法定权力的指责，目前我国的法院还没有就这个问题作出判决。

当然，事物都是一分为二的，有利又有弊。对少数派的保护充分了，形成僵局也就容易了。当少数派股东利用章程规定的会议有效数或者超多数决规则频频行使否决权的时候，就会出现所谓的少数派暴政，形成僵局。僵局的问题本节后面要作专门讨论，下面再看几个股东关系设计的情形：

情形二：甲、乙两个股东组建公司，甲投资10万元，乙投资5万元。他们希望平分控制权，但是按投资比例分配赢利。怎样安排才能达到这个目的？

如果乙因为自己投资较少而不好意思与甲平起平坐，只想在公司中谋取某个职务，比如副总经理或者财务主管，并且在重大问题上有否决权，那又怎样安排呢？

针对第一个问题，可以在章程中规定董事的选举和章程的修改都按股东人数投票而不是按出资额投票，一人一票，每票选举一个董事，修改章程须经全体股东2/3以上同意。

也可以在章程中设置甲、乙两类普通股，甲类股发行给甲，乙类股发行给乙。在此前提下至少有3个方案都可以达到同样的目的：（1）每类股份选举的董事人数相等，公司事务由董事会决定，赢利按投资比例分配；（2）两类股份发行相同的股份数，甲类股价格10万元，乙类股价格5万元，但是甲类股的分配权是乙类股的两倍；（3）每股价格相同，赢利按持股比例分配，但是在投票的时候甲类股每股1票，乙类股每股2票。

针对第二个问题，仍然发行两类股份，规定：（1）副总经理或者财务主管必须是乙

---

① 分批董事会可以挫败累积投票制。比如在上述案例中，如果章程规定董事任期3年，每年改选1/3，那就意味着每年只改选一个董事，这样乙、丙的票又占多数，甲就会被选出董事会。

类股股东；（2）指定某些问题（例如，董事的任命与撤职、薪水的设置、分红的确定或者新股的发行）的决定须经每类股份的同意。在其他方面，每股权利平等。不过，这也会发生当章程规定"侵犯"董事会法定权利时是否有效的问题。如果担忧，可以根据《公司法》第 50 条不设董事会而只设一个执行董事，由甲担任，规定甲在上述问题上作决定必须得到乙的同意，在其他问题上都可以独断专行。

以多类股为基础的控制安排无疑是非常有用的。在美国，这类安排一般都被认定有效，即使是某些比较极端的特殊类别股份，如同巨人食品案①中那样，也能得到法院的支持。但是多类普通股还没有得到我国公司法和法院的明确承认，因而其安排在我国存在一定的风险。公司法律师不妨本着勇于探索、勇于创新的精神去积极尝试，至少从理论上说，在法无明文禁止的情况下，当公司章程或者股东协议作出这类规定的时候，法院也没有充分的理由宣告其无效。因此，这类安排过关的可能性是很大的。我国的改革经常是实践走在理论的前头。创新多了，效果又好，法律自然会接受。

情形三：如果有甲、乙、丙 3 个股东，每人投资额相同，但是丙要求拥有一半的投票权，甲、乙也同意。怎样安排才能达到这个目的？

针对丙要求拥有一半的投票权问题，至少有 3 种办法可以实现这个目的。第一，最简单的办法是让甲、乙分出其投资额的一半入股投资，另一半借贷给公司，而丙的投资额全部入股。这样丙就拥有半数的投票权。第二，如果不借债，可以对甲、乙按其投资额的一半发行优先股，另一半发行普通股，而对丙则全部发行普通股。第三，可以发行有投票权与无投票权两类股份，其中有投票权的，丙 100 股，甲、乙各 50 股；而无投票权的，甲、乙各 50 股，丙没有。

如果这 3 位股东关心的不是给谁以更多的投票权，而是每一个人都害怕有朝一日其他两人会联合起来将他排挤出去并中断他的收入，那就可以参照情形一中的甲，通过劳动服务合同、章程设计或者股东协议去达到目的。总之，客观情形多种多样，当事人的要求应有尽有，办法也变化无穷，除了律师起草文件时的想象力之外，没有别的限制。只要与法律的强制性规定不发生矛盾，都可以设计安排。

在设计股东关系时需要考虑到董事的撤换问题。章程可以规定有因撤换，也可以规定无因撤换。有因撤换有利于巩固董事的地位，无因撤换则董事的地位不稳。如果股东自己不担任董事，为了强化股东的控制，规定无因撤换比较好。如果股东尤其是大股东自己担任董事，自己经营公司，为了巩固自己的董事地位，章程可以规定有因撤换。但是有因撤换同时也巩固了少数派股东的董事地位。如果大股东觉得自己的董事地位没有威胁，让章程规定无因撤换，这时需要注意保护少数派的权利。因为假如多数派股东可

---

① Lehrman v. Cohen（Del. 1966），该案判决只有一股股份的一类普通股有效，该股份：（1）可以选举 5 位董事中的 1 位；（2）不能分红；（3）清算时只有其面值；（4）公司经 4 位董事同意可以随时将其按面值赎回。这股股份是没有任何所有者权益的赤裸裸的投票股，但被判定有效。参见下一小节僵局"1. 预防"开头对该案的介绍。

以随意撤换董事，少数派的董事席位就将毫无保障。不过，如果是累积投票，而少数派的票又足以选举该董事的话，少数派董事的位置也是稳固的。

二、僵局的化解

无论是使用分类普通股还是增加会议有效数、规定超多数决，都会增加公司里形成僵局的可能性。僵局大致在三种情形下发生：（1）两个投资者各占一半股份；或者父亲创办企业，死了之后遗留给两个继承人各一半股份；或者多个投资者分成两派，各占一半股份。两边都期望在企业的各个方面享有平等的权利，一旦发生意见分歧又互不相让。（2）在偶数董事会中两派各选数量相等的董事，这种情形在我国的公司实践中不多见，因为一般都设置单数董事会。（3）股东意见分歧很大，少数派股东通过分类普通股、增加会议有效数或者超多数决而握有否决权。

僵局可以发生在股东层面上，也可以发生在董事层面上。它不一定指公司不能继续经营。如果是股东僵局，公司会继续经营，因为董事会在股东僵局期间将无限期存续并继续营业。董事层面上的僵局会使公司在重大问题上无法决策，但是很可能某些公司官员，如总经理、财务主管、部门经理等会不顾僵局股东会和董事会，在各自的工作岗位上继续工作，使公司保持运行状态。但是在这种境况中做生意既不舒服也不方便。只要僵局存在，公司实际上已经陷入了不正常的状态，很难经营好，更谈不上长远的发展。因此，事先计划避免僵局至关重要，因为这时各方关系尚好，达成共识比较容易，提出的解决方案与购买价格也比较公平。

在"路连平与北京北方邦杰科技发展有限公司公司决议撤销纠纷案"[1]中，章程规定公司经营期间10年，重大事项须经80%以上股权同意。10年到期后，股东开会，58.41%的股权赞成延期，继续经营，但是票数不到80%，通不过；再对清算解散进行表决，也是58.41%赞成，也通不过，于是陷入僵局。显然，这家公司的章程当初在起草时未经律师之手或者律师的经验严重不足，否则这样的僵局是非常容易通过制度设计来预防的，比如在对延期要求超多数决的同时，规定不能延期的自动进入清算程序。

1. 预防

最简单的办法是设置单数董事会。在 Lehrman v. Cohen, 42 Del. 222, 222 A.2d 800（1966）一案中，巨人食品公司的投票股分为 C 的 AC 股与 L 的 AL 股，每类股份选两名董事，为了避免僵局，设立了 AD 股来选第五位董事，AD 股只有一股，面额 10 元，没有红利及其他分配，清算时就值 10 元。该股发行给了公司的法律顾问。这位顾问先任命自己当董事，在他当上了公司总裁之后，就任命了另一人当董事。由于他后来的立场与 C 一致而与 L 相左，L 起诉对 AD 股的合法性提出质疑，指出它是没有任何所有者权益的赤裸裸的投票股，但是法院认为 AD 股合法有效，股东们可以自愿地这样做。

在股份各占一半的情况下，中立董事的选举并不容易。在上例中，原来中立的董事

---

[1] 北京市昌平区人民法院 2018 年 4 月 27 日，（2017）京 0114 民初 7453 号。

后来变得不中立了。有时候，中立董事倒是选出来了，但他却死了，或者因为厌恶内斗而辞职了，弄不好还是剩下一个双数董事会陷入僵局。

除了中立董事之外，双方也可以选择两边都信得过的人仲裁。灵格灵案中就用了这个办法。问题是公司不可能一有分歧就去仲裁，那就等于让仲裁员来经营公司了。

少数派的否决权也会引发僵局，形成少数派暴政。偶尔一两次行使否决权，就像某个决议没有被董事会或者股东会通过一样，生意照常进行，不会形成僵局。但是如果否决权的范围很广泛，少数派出于对抗的目的故意捣乱，对于多数派的决策无论合理与否一概行使否决权，那就会形成僵局。因此，在给予少数派否决权时应该考虑到僵局的可能，为了避免僵局，需要适当限制否决权的行使。但是限制多了，就不能有效地保护少数派，容易形成多数派暴政——压迫和排挤。这是一个两难的选择，需要根据客观情况作具体的分析，权衡利弊，统筹兼顾，选择相对较优的方案。

当然，如同史密斯诉大西洋财产公司所判决的，少数派在行使否决权时对公司和多数派负有信托义务，包括注意义务和忠诚义务。如果少数派一意孤行，故意捣乱，多数派可以起诉，请求法院判决少数派赔偿因违反信托义务给公司造成的损失。信托义务是对少数派否决权，尤其是范围广泛的否决权的有力制衡。

2. 退出

设计退出通道。考虑到各种预防僵局的措施不一定永远有效，应该在预防的同时安排好僵局出现时的应对办法。最现实的解决途径是通过谈判由一派将另一派买出来。这就需要预先的设计和安排。像前面谈到的对少数派股东的保护一样，需要设计好退出机制。只要有一方股东愿意按照规定的途径以合理的价格退出公司，僵局就解决了。

退出机制的设计并非仅仅为了解决僵局，往往还兼顾对少数派的保护、股东的辞职或者死亡等多种需求。一般都在章程或者股东协议中明确规定一旦陷入僵局、有股东辞职或者死亡，则该股东的股份必须卖给公司，公司有义务购买这些股份。重点是股份价格的确定，那需要评估。

我们在研究公司资本时讲述过企业的资产评估，主要介绍了按账面净资产值与企业现金流（也叫现值加总法）进行评估的两种方法。这两种方法都可能引出比较极端的结果，从苹果树的例子和 Jones v. Harris, 63 Wash.2d 559, 388 P.2d 539（1964）一案都可以看出。但是实践中这两种方法都被广泛采用。有时候为了避免极端，可以各给一定的百分比进行加权中和。账面净值法看起来简单，但是在实际运用中还需要考虑到许多容易发生争议的问题，例如，资产价值是否包括无形资产，特别是商誉？还有，已经发生但是还没有缴纳并且在账面上也没有反映出来的所得税要不要扣除？如果公司为股东购买了人寿保险，股东死亡时的保险金额将用来购买股东的股份，这个金额要不要算在公司的价值里？在计算账面价值时，对于那些已经大大升值的资产（如房地产）要不要按照市场价格写高？在起草协议的时候，最好把这些问题都考虑进去并且写清楚。

现值加总法评估需要确定一个计算公式，以便对企业在将来年份的赢利按照现在值折算并进行加总。这比账面值要复杂一些。关键要对市场利率和企业赢利定义清楚。市场利率是指银行贷款利率、定期存款利率、评估时的利率还是几年中的平均利率？企业赢利是指正常年份的主营业务收入，还是包括各种副业的收入，甚至非常收入如转让土地的赢利、接受赠与的收入等？这些都要在章程或者协议中写清楚。

除了上述两种方法之外，还有定期协商定价的方法，即对股份的价值通过协商确定一个价格，以后定期（一般每年）修改。这种办法可能会产生比较公平的价格，但是也有缺陷：当事人出于心理原因经常疏于修改。因为修改是为了应付退出，而想到他们的关系可能会变僵或者有人可能会很快死去或者离开总让人感觉不愉快。

如果实在想不出什么办法，那就规定一个仲裁机构或者仲裁员，由仲裁者选择一个无偏向的第三人来评估。这样做要把具体的程序规定清楚，比如给予双方当事人各自就当时当地有利于自己的评估方法进行陈述，评估者可以在听取了双方的意见之后再独自决定采用什么样的评估方法进行评估。这样做的缺点是需要支付评估费，而专业机构的评估费用一般都比较高。

《公司法司法解释（五）》也注意到了有限责任公司内部的僵局问题。该解释第 5 条规定："人民法院审理涉及有限责任公司股东重大分歧案件时，应当注重调解。当事人协商一致以下列方式解决分歧，且不违反法律、行政法规的强制性规定的，人民法院应予支持：（一）公司回购部分股东股份；（二）其他股东受让部分股东股份；（三）他人受让部分股东股份；（四）公司减资；（五）公司分立；（六）其他能够解决分歧，恢复公司正常经营，避免公司解散的方式。"所谓"股东重大分歧"，实际就是僵局，否则不会对簿公堂。规定中罗列的几种退出方案，大概是实践中当事人较多采用的方法，可供我们参考。

3. 解散

如果陷入僵局的双方谁也不愿意退出，或者事先没有任何预防和解决僵局的安排，陷入僵局之后又不能达成协议，那就只有解散公司。不过，保存一个正在经营中的企业总比解散它好，因为公司的资产，包括商誉，合起来的价值一般高于分散出售。面对着即将发生的解散，各方可能仍然会商谈出一个买卖方案来。生意人大都比较理智，善于趋利避害，总会选择一个对自己损害较小获益相对较大的解决方案，而不会一味意气用事。

我国《公司法》第 180 条规定了公司解散的几种情形，包括营业期限届满、章程规定的解散事由出现、股东会决议解散、因合并或者分立而解散、被吊销营业执照而解散和司法解散。前面几种情形一般都没有争议，只是办一个手续的问题，因而不必在公司法上探讨和研究。只有司法解散是因一方当事人的请求，在另一方当事人的反对之下，由法院判决的，因而需要探讨。《公司法》第 182 条对司法解散作了具体的规定，罗列了 4 项条件：公司经营发生严重困难、继续存续会使股东利益受到重大损失、通过其他途径不能解决的、持有 10% 以上表决权的股东申请。对此，最高人民法院《公司法司法解释（二）》第 1 条进一步的规定：在符合《公司法》第 182 条规定的基础上发生以下情形之一的，10% 以上股东可以申请解散公司："（一）公司持续两年以上无法召开股东会或者股东大会，公司经营管理发生严重困难的；（二）股东表决时无法达到法定或者公司章程规定的比例，持续两年以上不能作出有效的股东会或者股东大会决议，公司经营管理发生严重困难的；（三）公司董事长期冲突，且无法通过股东会或者股东大会解决，公司经营管理发生严重困难的；（四）经营管理发生其他严重困难，公司继续存续会使股东利益受到重大损失的情形。"一般认为，最高院在这里所列的四种情形都是针对公司僵局而言的，也即在出现僵局而当事人自己无法解决的情况下可以通过司法途径解散公司。[①]

三、限制股份转让

合伙企业中的新人入伙必须得到每一个合伙人的同意，[②] 这是由合伙企业的人合性质决定的。有限责任公司具有与合伙企业相似的人合性，所以对新人的入股也十分敏感，往往在公司的章程或者股东之间的协议中作出种种限制，主要是限制原有股份的转让，因为新人总是通过购买原有的股份入股的。[③]

但是流通是股份的自然属性，股东转让其股份的需要也时常发生，绝对禁止转让的规定应该是无效的。一般说来，股东在离职、死亡或退休时会发生转让股份的需求，股东自身也可能会实施出售、赠与、质押等行为。

我国《公司法》第71条和第34条规定了有限责任公司股东的先买权，其中第71条针对原股东转让其股权的情形，第34条针对公司新增资本（也即新发行股份）的情形；第75条规定了股东的继承人对股东所持股份的继承权。这三条都属于任意性的而非强制性规定，所以股东之间可以通过章程或协议予以改变或调整。《公司法》第71条规定："有限责任公司的股东之间可以相互转让其全部或者部分股权。股东向股东以外的人转让股权，应当经其他股东过半数同意。股东应就其股权转让事项书面通知其他股东征求同意，其他股东自接到书面通知之日起满三十日未答复的，视为同意转让。其他股东半数以上不同意转让的，不同意的股东应当购买该转让的股权；不购买的，视为同意转让。经股东同意转让的股权，在同等条件下，其他股东有优先购买权。两个以上股东主张行使优先购买权的，协商确定各自的购买比例；协商不成的，按照转让时各自的出资比例行使优先购买权。公司章程对股权转让另有规定的，从其规定。"其中的"转让"一词如何理解？从广义上解释，"转让"可以包括出售、赠与、质押。是否作如此广义的解释，还是仅限于出售，应当在章程或协议中规定清楚。继承算不算转让？大概不算，因为《公司法》第75条有明文规定："自然人股东死亡后，其合法继承人可以继承股东资格；但是，公司章程另有规定的除外。"这说明继承股份不需要得到其他股东的过半数同意。这也为下面的判例所证实。

---

① 本书下册第十九章第一节专门讨论公司解散的种种情形，特别是司法解散中法院对《公司法》第182条所列各个要件的解释。

② 见《合伙法》第43条。

③ 从理论上说，新人也可以通过购买公司新发行的股份入股，但是这种情形很少。如果发生，也应得到全体股东的一致同意。

【案例 11-17】

陶冶诉上海良代有线电视有限公司股权纠纷案①

上海市第二中级人民法院 2006 年 8 月 14 日

上海良代有线电视有限公司（以下简称良代公司）于 2003 年 7 月 9 日制定的公司章程载明：公司由陶建平等 44 名股东共同出资设立，由陶建平担任法定代表人。股东之间可以相互转让全部出资和部分出资，股东的出资额可以依法继承。

2005 年 1 月 17 日陶建平因病去世，其第一顺序继承人之间达成协议，由陶建平之子陶冶一人继承陶建平所持有的良代公司 43.36％的股份。2005 年 6 月，良代公司召开股东大会，形成不同意陶冶成为公司股东的决议。同年 8 月 29 日，良代公司召开股东大会，形成公司章程修改的决议。该章程规定：股东死亡后，继承人可以依法获得其股份财产权益，但不当然获得股东身份权等。陶冶遂诉至法院，要求良代公司将其记载于股东名册，并办理股东变更登记手续。

上海市虹口区人民法院经审理认为，有限责任公司兼具资合性与人合性，股权亦因此具有财产权利属性以及人格权利属性。按照现行法律，除公司章程另有约定外，良代公司的股东陶建平死亡后，其所享有的股权可以作为遗产被继承。继承人对股权的继承，应是全面概括的继承，即通过继承取得的股权，既包括股权中的财产性权利，也包括非财产性权利。据此，依照《公司法》第 75 条的规定，判决：（1）被告上海良代有线电视有限公司应将股东名册上记载于陶建平名下的 43.36％股份变更记载于原告陶冶名下；（2）被告应向公司登记机关办理上述股东变更登记事项。

良代公司不服，以一审法院适用法律错误为由，提起上诉。上海市第二中级人民法院二审维持原判，驳回上诉。

《公司法》第 75 条规定的股份继承权不但适用于内资股份，而且适用于外资股份。

【案例 11-18】

金军、金杰妮诉上海维克德钢材有限公司股权确认纠纷案②

上海市第一中级人民法院 2009 年 9 月 18 日

2002 年，金雷和薛小钧创办维克德有限公司。2005 年金雷将公司股权转让给了金非，公司也随即修改了章程并变更了股权登记。当时公司的注册资本为 100 万元，金非出资 90 万元；薛小钧出资 10 万元。2006 年 2 月，金非全家加入德国国籍。次年 7 月，金非在德国死亡。其妻子金军和女儿金杰妮继承了金非的全部财产，包括维克德公司的股权。她们要求维克德公司和薛小钧确认其各自的 45％股东身份并办理相应的股权变更登记，遭到拒绝，于是就在浦东新区人民法院起诉。

---

① （2006）沪二中民三（商）终第 243 号。原判词较长，为了节省篇幅，突出重点，这里作了精简和改编。

② （2009）沪一中民五（商）终字第 7 号。《人民司法》2010 年第 2 期。这里有删改。本案一审法院为上海市浦东新区人民法院。

一审法院根据《公司法》第 76 条[①]认定原告有权继承金非的股权，但是认为内资企业的股东是否可以变更登记为外国人，涉及我国对外国人投资内资企业的行政审批制度，在原告还没有取得批准文件前，工商局不能作相应的变更登记。[②]

原告不服而上诉。被告辩称承认原告的合法继承权，但是认为股权的继承并不意味着继承人当然成为公司股东，继承的只是财产方面的权利，不包括公司经营管理方面的权利，继承人要成为股东还必须与公司其他股东协商，得到他们过半数同意。

二审法院认为，一审认定原告有权继承的判决正确，但是根据《公司登记管理条例》第 35 条第 1 款和第 2 款，[③]维克德公司应当直接为继承人办理股权变更登记，无须其他股东的过半数同意，这是股权继承与股权转让不同的地方；继承人的外籍身份不能改变公司的内资性质；[④]判断公司是内资还是外资的标准是资金来源地而不是股东的国籍；因此，维克德公司应当直接为原告办理股权变更登记，无须外商投资管理部门的行政审批。

本案中这个判决确立的规则是：第一，股权的继承不同于股权的对外转让，自然人股东死亡，其合法继承人直接取得股东资格，无须公司过半数股东的同意；第二，判断公司是内资还是外资的标准是资金来源地而不是股东的国籍。因此，外国人继承了内资企业的股权，公司应当直接办理股权变更登记，无须外商投资管理部门的行政审批。

可是，继承人继承股东资格同样会破坏有限责任公司的人合性，因为股东们同被继承人合得来不等于同他的继承人也合得来。所以，如果不希望发生这样的结果，公司章程或者股东协议应当对股东死亡时的股份转让作出明确的规定。

对于离职、退休、赠与、质押等，有限责任公司都应当在章程或者股东协议中进行细致的规定。离职可能是自愿辞职，也可能是被迫离职或者被解雇，无论是哪一种情况，都需要对离去股东的股份的处理作出具体的规定，如果由公司或者其他股东购买，就需要确定价格，参见僵局部分对定价方法的讨论。如果要在公司与其他股东之间选择买方，则由公司购买比较简单，这样其他股东的相对持股比例可以保持不变。如果由其他股东购买，一般按比例分摊，但是是否如此应该写清楚。如果有股东不愿意购买，其他人是否按比例，也要写清楚，因为那会引起持股比例的变化。退休也是一个重大问题，退休金如何发放，股份是否转让，如何转让，都要规定清楚。赠与股份主要是赠与给子女（赠与给外人的情况很少），是否允许，要规定清楚。股份质押也会引起股份的对外转让，[⑤]从而破坏有限责任公司的人合性，所以也要在章程或协议中写清楚。尤其是当股东私自

---

① 现行《公司法》第 75 条。

②（2008）浦民二（商）初字第 2541 号。

③ 现行《公司法》第 34 条。该条第 1 款规定："有限责任公司变更股东的，应当自变更之日起 30 日内申请变更登记，并应当提交新股东的主体资格证明或者自然人身份证明。"第 2 款规定："有限责任公司的自然人股东死亡后，其合法继承人继承股东资格的，公司应当依照前款规定申请变更登记。"

④ 参见商务部等六部委颁发的《关于外国投资者并购境内企业性质的规定》第 55 条：境内公司的自然人股东变更国籍的，不改变公司企业的性质。

⑤ 指主债务到期不还，质权人按照合同规定行使权利拍卖或者占有股份。

订立质押合同,章程和协议中限制质押的规定可能不能对抗善意第三人,[①] 由此引起什么样的赔偿责任及其他法律后果,都要详细规定。

无论是公司购买还是其他股东购买,都应当考虑购买所用的资金来源,因为如果到时候没有钱购买,那就什么都谈不上了。如果是公司购买,一个常用的办法是以该股东为被保险人,以公司为受益人,由公司购买人寿保险,保险金额大致与股份价值相等。另一个办法是在没有足够现金的情况下,通过出具本票或者分期付款适当地延迟支付。

在章程和股东协议没有对上述问题作具体规定的情况下,《公司法》第71条规定的转让是否包括赠与和质押,可能会引起争议。因为从广义上说可以包括,但是从狭义上说,转让可以仅指出售。这样的歧义,还要等待司法判决去澄清。

除了《公司法》第71条规定的已发行股份的转让之外,对于公司新发行的股份,《公司法》第34条规定按照股东实缴出资比例认购。但是在部分股东放弃认缴的情况下其他股东有没有代为认缴权?已有判例认为想认缴的股东未经放弃认缴的股东的同意,无权认购后者放弃认购的新发行股份。[②] 而在原股东出卖其股份的情况下,其他股东不但有权按照持股比例购买,而且如果部分股东放弃购买,其他股东可以按比例购买其放弃的部分,无须得到放弃股东的同意。这就意味着外人不容易通过购买老股份进入公司,但却比较容易通过新增资本进入公司。因此如果股东不愿意这种情况发生,就必须在章程或者股东协议中作出具体的约定。

[①] 一般说来,凡是法律有明文规定的,都可以推定当事人知道或者应当知道,所以《公司法》第71条规定的先买权质押权人应当知道。但是章程或股东协议中的其他限制性规定就不能对抗善意质押权人。

[②] 见"贵州捷安投资有限公司诉贵阳黔峰生物制品有限责任公司、重庆大林生物有限公司等"一案,(2009)民二终字第3号。

第十二章

上市公司的特点

　　我国《公司法》将公司分为有限责任公司和股份有限公司两大类，股份有限公司又分为发起设立和募集设立两小类。这样的分类是不科学的，因为发起设立的股份有限公司应该属于有限责任公司。以前国内学术界曾经从法律条文上寻找股份有限公司与有限责任公司的区别，共找出三点：第一，前者股东的出资分为等额股份，后者股东出资按比例计算，不分为等额股份；第二，前者的设立需要省级人民政府批准，是所谓的设立审批主义，后者的设立不需要政府批准，是所谓的设立准则主义；第三，最低注册资本限额不同。但是这些区别都是人为的和牵强的，因而是不能成立的。2005年修改公司法取消了对设立股份有限公司经过政府批准的要求，2013年年底又取消了最低资本限额。用资本是否分为等额股份来区分不同的公司，这原本就是一些学者的误解。因为有限责任公司的股东出资也是可以分为等额股份的，1 000股是一个常用的数字，这主要是为了计算的方便。① 三点区分都不能成立，有限责任公司与股份有限公司就没有什么明确的区分标准了。发起设立的股份有限公司与有限责任公司在性质上是完全相同的，属于同一类。募集设立的股份有限公司如果不上市（主要是定向募集的），与有限责任公司也是一样的，也属于同一类。② 因此，本书将公司分为两大类：上市的与不上市的。上市的叫作上市公司，不上市的叫作有限责任公司。这样划分，就与英美法上的封闭公司与公众公司基本一致了。

　　前面说过，有限责任公司有三大特点：股东人数少，大股东参加经营管理，股份没有市场。与此相反，上市公司的股东人数多，成千上万；股份在证券交易所挂牌交易，有一个现成的市场；大股东在有的公司里参加经营管理，有的公司里不参加，但是发展的趋势是不参加。③ 由于这些不同的特点，上市公司的运作、管理和法律规范在许多方面都呈现出与有限责任公司不同的特点。

---

　　① 当然，有的地方工商局在这个问题上比较死板，可能不允许有限责任公司的注册资本按股份登记注册。但是这种要求完全是人为的，并不符合公司资本的本质属性。此外，取消注册资本最低限额之后，原来的有限责任公司大都可以选择注册为股份有限公司，从而将资本注册成等额股份。

　　② 或许有人会纠缠发起人人数的差别、股东人数的限制等方面的细微差别。但是这些差别都是人为的和非本质的，随时可以取消。

　　③ 我国不少上市公司里大股东参加经营管理的现象是特殊国情引起的，不是一般规律。国情特殊在两方面：一是我国市场经济处于起步阶段，很多大公司是由家族企业发展起来的，创始人还健在，所以控制着公司。但是经过几代人的发展，情况就会改观，因为创始人的后代可能不乐意或者没有能力经营公司，控制权就会转移。二是许多上市公司由国有企业改制而来，国有股一股独大，国有母公司处于控股地位，选择其已经上市的子公司的董事和经理，等于是大股东参加经营管理。但是随着股权分置改革的结束，公司收购的加剧，国有经济从一般竞争性领域退出，国有控股的上市公司会越来越少。到那时，我国的绝大多数上市公司里都不会再有大股东参与经营管理了。

第一节　公开义务

上市公司都有向社会公众公开其财务信息和其他各种敏感信息的义务，因为它们的股份有公开的市场。股份有没有市场是两类公司的一大区别。上市公司的股份在市场上公开交易，由此产生了它的公开义务。这一公开义务是法律为了保护投资者而强加给它的，其中的道理需要解释。

一、市场经济的基本哲学

政府与市场的关系是经济学理论中最根本的哲学问题。市场经济的理论认为，一国经济如同我们人的身体，自身具有自我调节的功能，一般情况下不需要政府的干预，就像我们人在正常情况下不需要找医生看病一样。只有当市场功能失调，不能通过自身调节功能解决问题的时候才需要政府帮忙，就像人生了病需要医生看病一样。因此，在政府对经济的管理中，放任自流是原则，积极干预是例外。在这样的哲学思想基础上，形成了贸易自由、契约自由的一整套理论。这里所说的自由，是专门针对政府干预而言的：我愿买，他愿卖，一手交钱，一手交货，买卖自由，你政府无权干涉。如果政府在这种情形下强加干涉，那就会降低经济运行的效益，滋生腐败，因为政府干涉的方式无非是设置批准关卡，政府会说：你买卖可以，但是必须经过我批准。为了取得政府的批准，买卖双方往往会贿赂有批准权的政府官员。可见，不到万不得已的时候，政府千万不要去干涉经济；只有当市场的运行发生障碍，无法通过自身调节解决问题的时候，政府才可以站出来帮助协调。管理经济必须以市场自身的调节为主，以政府干预为辅。政府的作用仅仅是拾遗补阙，而不是处处插手。

可是在我国，政府对经济的干预始终太多，其所设置的批准关卡大多是不必要的。经济改革的一项重要内容就是取消政府的批准权，减少政府对经济活动的干预。贸易自由，就是买卖不需要政府批准，限制政府的权力。历史上新生的资产阶级为了对抗封建专制政府，曾经把贸易自由抬到天赋人权的高度。现代贸易自由、契约自由的理论就是在这样的背景下形成的。

贸易自由、契约自由的原则是市场经济通行的原则，既适用于一般商品的买卖，也适用于证券这种特殊商品的买卖。但是证券与普通商品的差别很大，其交易在某些场合需要政府干预。让我们仔细看一看这些差别是什么。

二、证券的特殊性

今天，普通消费品的买卖都是自由的。你去商店买一只茶杯，或者一件衣服，没有人会干涉。法律保护你买的权利和商店卖的权利。但是当公司向社会公开发行证券（如股票、债券等）的时候，情况就有所不同了。因为茶杯和衣服的质量是直接暴露在消费者的眼皮底下的，你可以直观地判断它的质量，衡量它是否符合你的需求。证券的质量却不是那么直观和一目了然。它的表现形式是一张纸（股票或者债券），从这张纸上是看不出证券质量好坏的，因为这张纸代表的是对公司的所有权或者对公司的债权，它的质量取决于公司的质量。而公司的质量要到公司里去实地考察，查看分析它的各种财会数据，了解它的经营情况、发展前景、风险因素等，才能知晓。可是这样做对普通投资者和公司来说都是不现实和不可行的。公司出售证券面向全国的投资者，大多数投资者离公司路途遥远，不可能去公司。即使能去，公司也不让你进去查。因为成千上万的投资者，今天你去，明天我去，公司将应接不暇，生意还怎么做？而且，公司有许多敏感信息也不愿意让外人知道。但是如果投资者无法查看证券的质量，那些不良之徒就很容易利用公司形式大肆诈骗圈钱。卖茶杯的商家想以次充好比较困难；卖证券的公司想蒙骗投资者却很容易，它们可以随意夸下海口，许诺股票价格上涨，诱使投资者上当受骗。如果像对待普通消费品那样允许发行人和它的代理人拿着证券（印制好的股票或者债券）自由地买卖，投资者的权益将无法得到有效的保护。

为了保护投资者，需要政府出来做一件事：给予投资者了解证券质量的知情权，具体的做法是强制公开。

三、强制公开

政府通过立法要求发行人将与证券质量有关的主要信息充分地公开，使投资者通过阅读这些公开材料，可以了解证券的质量，并对不同的证券进行比较，根据自己的投资需求决定取舍，就像购买茶杯的消费者在许多种茶杯中挑选一样。强制公开使证券这种看不见、摸不着的抽象商品降到了普通茶杯的地步，变得具体起来，变得看得见也摸得着了；使投资者挑选投资品像消费者挑选消费品一样方便和可靠。

像在别的地方干预经济活动一样，强制公开的办法是设置批准关卡：你公开了我就允许你发行，不公开我就禁止你发行。这样，发行人为了筹集到必需的资金，就不得不按照政府的法令公开证券的质量。在我国，负责审核发行人公开文件是否合规的政府机关是中华人民共和国国务院证券监督和管理委员会，简称中国证监会或者证监会。它是我国证券市场的主管部门，全面负责管理证券市场的方方面面。公司的发行申请一旦得到证监会的批准，就可以向社会公开发行证券了。

为了确保公开的真实、准确、完整，法律法规规定了公开的具体内容和格式，规定了公开失真的法律责任。如果发行人欺骗投资者，投资者因此而遭受了损失，发行人和其他相关的责任人都要承担民事赔偿责任，还有补充性的行政和刑事责任。根据我国公司法、证券法和中国证监会行政规章的规定，发行人在向社会公开发行证券的时候，必须全面地公开自己的财务信息和经营状况，包括资金用途、风险因素、管理层与核心技术人员的组成和报酬等。

有限责任公司、发起设立的股份有限公司和定向募集的股份有限公司都是没有公开义务的，因为它们没有向社会公开发行过。如果向全社会公开发行证券募集资金，就需要公开。第一次公开发行股票是首次发行，简称首发，英文是 Initial Public Offering，首字母缩写为 IPO。首发以后的每次发行，在我国叫作新股发行，或者发行新股。每次发行新股也都需要公开。首发的公开内容最为详尽，以后的新股发行，如果公司在某些方面的情况没有变化，可以简单地援引首发公开的内容，以避免重复。首发之后，公司就会向证券交易所申请让其股票在那里挂牌上市，这时根据交易所的要求，又需要公开一次，叫作上市公开。由于上市与首发的时间间隔很近，公司不大可能发生大的变化，所以上市公开可以大部分援引首发公开的内容，只就有所变化的地方予以公开并作说明。

证券交易所接受申请同意挂牌之后，公司的股票就可以在那里自由地买卖了，公司也就成为一个上市公司。一般地，发行申请得到证监会批准之后，交易所都会同意挂牌的，除非发现了重大的弄虚作假行为。证券交易所是证券的二级市场；发行市场是一级市场。习惯上，人们把一级市场上的证券买卖叫作发行，把二级市场上的证券买卖叫作交易。发行人通过一级市场筹集经营所需要的资金。二级市场是专门为了投资者买卖方便而设置的，那里的转手买卖不能给发行人带来任何资金。就好比你向钢琴厂买了一架钢琴，支付了 2 万元。这 2 万元就是钢琴厂的收入。之后如果你再转卖给张三，张三再转卖给李四等，钢琴厂不会再有资金收入了。

在我国，证券二级市场除了上海和深圳两家证券交易所之外，还有设在深圳证券交易所内的中小企业板市场和创业板市场以及设在北京中关村的新三板市场（全国中小企业股份转让系统）。这几个二级市场的差别可以简单地用企业规模来衡量，从大到小依次为交易所、中小企业板、创业板、新三板。相应地，对它们的公开要求也是从严到宽依次递减。每天发生在这些市场上的交易规模也按照同样的次序递减。证券交易所的交易最为频繁，交易量也最大，每天都有几千万股换手，几百甚至几千个亿的交易额。新三板的交易则比较稀疏，交易量也比较小。

虽然二级市场上的交易不会给发行人带来资金收益，但是发行人还是很在乎自己的股票在二级市场上的价格。因为那是一个信号，人们会据此判断公司经营的好坏。所以公司经理层都希望股价稳定并上升，不希望下跌。当他们的报酬和股票的市场价格相联系的时候，尤其是这样。有的经理层为了使股价不断上涨，甚至弄虚作假。如美国的安然公司就是这样的例子。

发行公开之后，公司在继续经营，情况也在不断变化，[①] 所以还要继续公开公司的信息。我国证券法将此表述为"持续信息公开"。不过所谓的持续公开，也不是每时每刻或者每天都要公开，而是根据公司的实际变化情况隔一个阶段公开一次。我国原先确定每半年公开一次，年终用年度报告，年中用半年度报告，也叫作中期报告。后来学习美国，改为每季度公开一次，于是就有了季度报告。由于法律只规定了年度和中期报告，所以中国证监会解释说季度报告是中期报告的一种形式。不过这么一来，持续公开的文件名称就有点多、杂、乱。美国很简明，两个：年度报告和季度报告。

季度报告虽然比半年度报告频繁一点，但是也不一定够。因为一个季度有三个月，在此期间公司可能发生突发性的重大变故，比如重大的天灾人祸使公司遭受重大损失、重大的技术发明使效率成倍增长、勘探队发现了大片油田，等等。这些重大的变故应当及时公开，不能等到季度末通过季度报告公开。否则那些掌握内幕信息的人会捷足先登；

---

① 想想古希腊哲学家赫拉克利特的名言："人不能两次踏进同一条河流。"

广大社会公众知道得比较晚，来不及反应，会吃亏。公开这类临时突发性事件的文件叫作临时报告。按照中国证监会的要求，临时报告应当在事件发生后的两个工作日内发布。

可见，公开分为发行公开和发行之后的持续信息公开（上市公开可以看作发行公开的一部分）。发行公开最重要，是基础。发行之后的信息持续公开是由定期公开和临时公开组成的。定期公开每季度一次，临时公开不确定，根据实际情况而定：没有突发性事件不必公开，有了突发性事件就要马上公开，有几次就要公开几次，数量不限。所谓突发性事件是指对公司的股票价格有重大影响的事件，没有大影响的事件不必公开。

每次公开都要遵守中国证监会制定的内容和格式要求。像发行公开一样，如果在发行之后的持续公开材料中含有虚假陈述、误导或者遗漏，致使投资者遭受了损失，发行人和相关的责任人都必须承担民事赔偿责任甚至行政和刑事责任。相关责任人包括发行人内部的董事、监事、高级管理人员和其他直接责任人员；帮助发行人发行证券的证券公司；审计发行所用财会资料的审计机构；评估发行人资产的评估机构；等等。

下面是一个公开失真导致民事赔偿责任的案例。

【案例 12-1】

陈丽华等 23 名投资人诉大庆联谊公司、申银证券公司
虚假陈述侵权赔偿纠纷案 ①

黑龙江省高级人民法院 2004 年 12 月 21 日

原告陈丽华等 23 名投资人因认为被告大庆联谊石化股份有限公司（以下简称大庆联谊公司）、被告申银万国证券股份有限公司（以下简称申银证券公司）的虚假陈述行为给其投资股票造成了损失，侵犯其民事权益，向黑龙江省哈尔滨市中级人民法院提起诉讼。

原告诉称：被告大庆联谊公司和被告申银证券公司在证券市场实施虚假陈述行为，已经受到中国证券监督管理委员会（以下简称中国证监会）的处罚。这不仅有中国证监会的处罚决定证实，大庆联谊公司 1999 年 4 月 21 日发布的董事会公告中也承认。二被告的虚假陈述行为使原告在投资大庆联谊公司股票中遭受了损失，应当对给原告造成的损失承担赔偿责任。请求判令大庆联谊公司给原告赔偿经济损失 960 063.15 元，申银证券公司对此承担连带赔偿责任；由二被告负担本案诉讼费和诉讼成本费。

被告大庆联谊公司辩称：（1）本案所涉虚假陈述行为，是大庆联谊公司石化总厂（以下简称联谊石化总厂）以大庆联谊公司名义实施的；大庆联谊公司是在 1998 年 5 月 6 日才依法取得法人资格和营业执照，不应对此前联谊石化总厂实施的违法行为承担民事责任。（2）中国证监会的处罚决定是于 2000 年 4 月 27 日公布的，也就是说，2000 年 4 月 27 日是大庆联谊公司虚假陈述行为的揭露日。1999 年 4 月 20 日大庆联谊公司的董事会公告，仅是对投资者进行风险提示。原告方将这个日期作为大庆联谊公司虚假陈述

---

① 载《中华人民共和国最高人民法院公报》2005 年第 11 期，本书作者为了减少篇幅，删除了一些内容，但是没有修改，所以全部文字为公报原文。

行为的揭露日，不符合法律规定。（3）原告方投资大庆联谊公司股票的交易损失，主要是受系统风险及影响股价走势的多种因素所致，与大庆联谊公司被揭露的虚假陈述行为没有显而易见的因果关系。（4）原告既然主张其于1999年4月21日从大庆联谊公司董事会公告中得知了虚假陈述行为的存在，其提起本案侵权之诉时，就超过了法律规定的两年诉讼时效期间，其诉讼请求不应得到支持。应当驳回原告的诉讼请求。

被告申银证券公司除同意被告大庆联谊公司的答辩理由外，另辩称：原告起诉的虚假陈述事实，包括《招股说明书》《上市公告》以及其他所谓"侵权事实"，均系大庆联谊公司所为，依法应由实施欺诈者自行承担责任。对大庆联谊公司的虚假陈述，申银证券公司既不明知也未参与。要求股票承销商和上市公司推荐人识别、查验和阻断这些制假造假现象，超出了申银证券公司的审核能力与义务。原告的诉讼请求应当驳回。

哈尔滨市中级人民法院查明：

被告大庆联谊公司正式成立于1998年5月6日。1997年4月26日，联谊石化总厂以被告大庆联谊公司的名义发布《招股说明书》。该说明书中，载明被告申银证券公司是大庆联谊公司股票的上市推荐人和主承销商。1997年5月23日，代码为600065 A的大庆联谊公司股票在上海证券交易所上市。1998年3月23日，联谊石化总厂又以大庆联谊公司的名义发布《1997年年报》。1999年4月21日，根据有关部门要求，大庆联谊公司在《中国证券报》上发布董事会公告，称该公司的《1997年年报》因涉嫌利润虚假、募集资金使用虚假等违法、违规行为，正在接受有关部门调查。2000年3月31日，中国证监会以证监罚字〔2000〕第15号、第16号，作出《关于大庆联谊公司违反证券法规行为的处罚决定》和《关于申银证券公司违反证券法规行为的处罚决定》。处罚决定中，认定大庆联谊公司有欺诈上市、《1997年年报》内容虚假的行为；申银证券公司在为大庆联谊公司编制申报材料时，有将重大虚假信息编入申报材料的违规行为。上述处罚决定均在2000年4月27日的《中国证券报》上公布。

从1997年5月23日起，原告陈丽华等23人陆续购买了大庆联谊公司股票；至2000年4月27日前后，这些股票分别被陈丽华等23人卖出或持有。因购买大庆联谊公司股票，陈丽华等23人遭受的实际损失为425 388.30元，其中242 349.00元损失发生在欺诈上市虚假陈述行为实施期间。

本案争议焦点是：（1）大庆联谊公司应否对联谊石化总厂以其名义实施的虚假陈述行为承担民事责任？（2）原告的股票交易损失与虚假陈述行为之间是否存在因果关系？（3）申银证券公司应否对虚假陈述行为承担连带责任？（4）原告的经济损失如何确定？（5）原告向法院主张权利，是否超过诉讼时效期间？

哈尔滨市中级人民法院认为：

本案是因《中华人民共和国证券法》（以下简称《证券法》）施行前实施的证券虚假陈述行为引发的侵权纠纷，审理本案应当适用1993年4月22日以国务院第112号令发布的《股票发行与交易管理暂行条例》（以下简称《股票管理暂行条例》）和最高人民法院《关于审理证券市场因虚假陈述引发的民事赔偿案件的若干规定》（以下简称《证券赔偿案件规定》）。

关于第一点争议。《招股说明书》《上市公报》和《1997年年报》，都是联谊石化总厂以被告大庆联谊公司名义发布的。这些行为已被中国证监会依照《股票管理暂行条例》的规定认定为虚假陈述行为，并给予相应的处罚，本案各方当事人对此均无异议。《证券赔偿案件规定》第二十一条规定："发起人、发行人或者上市公司对其虚假陈述给投资人造成的损失承担民事赔偿责任。"第二十二条第一款规定："实际控制人操纵发行人或者上市公司违反证券法律规定，以发行人或者上市公司名义虚假陈述并给投资人造成损失的，可以由发行人或者上市公司承担赔偿责任。发行人或者上市公司承担赔偿责任后，可以向实际控制人追偿。"大庆联谊公司是上市公司和大庆联谊公司股票的发行人，大庆联谊公司的实际控制人联谊石化总厂以大庆联谊公司的名义虚假陈述，给原告陈丽华等23名投资人造成损失，陈丽华等人将大庆联谊公司列为本案被告，要求大庆联谊公司承担赔偿责任，并无不当。

关于第二点争议。《证券赔偿案件规定》第十八条规定："投资人具有以下情形的，人民法院应当认定虚假陈述与损害结果之间存在因果关系：（1）投资人所投资的是与虚假陈述直接关联的证券；（2）投资人在虚假陈述实施日及以后，至揭露日或者更正日之前买入该证券；（3）投资人在虚假陈述揭露日或者更正日及以后，因卖出该证券发生亏损，或者因持续持有该证券而产生亏损。"原告陈丽华等23人购买了与虚假陈述直接关联的大庆联谊公司股票并因此而遭受了实际损失，应当认定大庆联谊公司的虚假陈述行为与陈丽华等人遭受的损失之间存在因果关系。大庆联谊公司所举证据不足以否认这种因果关系，关于不存在因果关系的主张不予采纳。

关于第三点争议。《股票管理暂行条例》第二十一条规定："证券经营机构承销股票，应当对招股说明书和其他有关宣传材料的真实性、准确性、完整性进行核查；发现含有虚假、严重误导性陈述或者重大遗漏的，不得发出要约邀请或者要约；已经发出的，应当立即停止销售活动，并采取相应的补救措施。"《证券赔偿案件规定》第二十七条规定："证券承销商、证券上市推荐人或者专业中介服务机构，知道或者应当知道发行人或者上市公司虚假陈述，而不予纠正或者不出具保留意见的，构成共同侵权，对投资人的损失承担连带责任。"根据中国证监会《处罚决定书》的认定，本案存在两个虚假陈述行为，即欺诈上市虚假陈述和《1997年年报》虚假陈述。这两个虚假陈述行为中，欺诈上市虚假陈述与被告申银证券公司相关。作为专业证券经营机构，大庆联谊公司股票的上市推荐人和主承销商，申银证券公司应当知道，投资人依靠上市公司的《招股说明书》《上市报告》等上市材料对二级市场投资情况进行判断；上市材料如果虚假，必将对股票交易市场产生恶劣影响，因此应当对招股说明书和其他有关宣传材料的真实性、准确性、完整性进行核查。申银证券公司编制被告大庆联谊公司的上市文件时，未经认真审核，致使申报材料含有重大虚假信息，已经构成共同侵权，应当对投资人的损失承担连带责任。

关于第四点争议。《证券赔偿案件规定》第三十条规定："虚假陈述行为人在证券交易市场承担民事赔偿责任的范围，以投资人因虚假陈述而实际发生的损失为限。投资人实际损失包括：（1）投资差额损失；（2）投资差额损失部分的佣金和印花税。"第三十一条规定：“投资人在基准日及以前卖出证券的，其投资差额损失，以买入证券平均价格与实际卖出证券平均价格之差，乘以投资人所持证券数量计算。”第三十二条规定：“投资人在基准日之后卖出或者仍持有证券的，其投资差额损失，以买入证券平均价格与虚假陈述揭露日或者更正日起至基准日期间，每个交易日收盘价的平均价格之差，乘以投资人所持证券数量计算。”第二十条第一款规定：“本规定所指的虚假陈述实施日，是指作出虚假陈述或者发生虚假陈述之日。”第二十条第二款规定：“虚假陈述揭露日，是指虚假陈述在全国范围发行或者播放的报刊、电台、电视台等媒体上，首次被公开揭露之日。”第三十三条规定：“投资差额损失计算的基准日，是指虚假陈述揭露或者更正后，为将投资人应获赔偿限定在虚假陈述所造成的损失范围内，确定损失计算的合理期间而规定的截止日期。基准日分别按下列情况确定：（1）揭露日或者更正日起，至被虚假陈述影响的证券累计成交量达到其可流通部分100%之日。但通过大宗交易协议转让的证券成交量不予计算。（2）按前项规定在开庭审理前尚不能确定的，则以揭露日或者更正日后第30个交易日为基准日。（3）已经退出证券交易市场的，以摘牌日前一交易日为基准日。（4）已经停止证券交易的，可以停牌日前一交易日为基准日；恢复交易的，可以本条第（1）项规定确定基准日。”

被告大庆联谊公司实施了欺诈上市虚假陈述和《1997年年报》虚假陈述，前者表现在1997年4月26日公布的《招股说明书》和《上市公告》中，后者表现在1998年3月23日公布的《1997年年报》。因此，两个虚假陈述行为的实施日分别为1997年4月26日、1998年3月23日。1999年4月21日，大庆联谊公司首次在《中国证券报》上对该公司《1997年年报》涉嫌虚假的问题进行了公告，应当确认此日为《1997年年报》虚假陈述行为的揭露日。2000年4月27日，《中国证券报》上公布了中国证监会对大庆联谊公司虚假陈述行为作出处罚的决定，应当确认此日为欺诈上市虚假陈述行为首次被披露日。自上述两个虚假陈述行为被揭露日起，至大庆联谊公司股票累计成交量达到可流通部分100%的日期，分别为1999年6月21日、2000年6月23日，这是确定两个虚假陈述行为损失赔偿的基准日。

现已查明，前一个基准日的大庆联谊公司股票交易平均价格为9.65元，后一个基准日的平均价格为13.50元，而股票交易的佣金和印花税分别按3.5‰、4‰计算。按此方法计算，在虚假陈述实施日以后至揭露日之前，原告陈丽华等23人购买大庆联谊公司股票，因卖出或持续持有该股票遭受的实际损失为425 388.30元。这笔损失与被告大庆联谊公司的虚假陈述行为存在因果关系，大庆联谊公司应当承担赔偿责任。其中在欺诈上市虚假陈述行为实施期间发生的242 349.00元损失，应当由被告申银证券公司承担连带责任。

关于第五点争议。根据《证券赔偿案件规定》第五条第一款第（1）项的规定，投资人对虚假陈述行为人提起民事赔偿的诉讼时效期间，从中国证监会或其派出机构公布对虚假陈述行为人作出处罚决定之日起算。中国证监会对本案所涉虚假陈述行为人作出的处罚决定于2000年4月27日公布。自此日起算，原告陈丽华等23人提起本案侵权之诉时，并未超过法律规定的两年诉讼时效期间。

　　据此，哈尔滨市中级人民法院于 2004 年 8 月 19 日判决：一、被告大庆联谊公司于本判决生效之日起 10 日内赔偿原告陈丽华等 23 人实际损失 425 388.30 元（每人具体赔偿金额详见附表，本文略）；二、被告申银证券公司对上述实际损失中的 242 349.00 元承担连带赔偿责任。案件受理费 14 610.63 元，由原告陈丽华等 23 人负担 5 719.81 元，被告大庆联谊公司负担 8 890.82 元。

　　一审宣判后，大庆联谊公司和申银证券公司不服，分别向黑龙江省高级人民法院提出上诉。

　　黑龙江省高级人民法院经审理，确认了一审查明的事实。二审应解决的争议焦点是：（1）关于本案法律适用的问题；（2）关于是否存在系统风险的问题；（3）关于是否让申银证券公司承担了会计师事务所审核责任的问题；（4）关于虚假陈述行为人与上市公司实际控制人的责任问题；（5）关于诉讼时效期间的起算问题；（6）关于损失数额的计算问题。

　　〔省高院对上述 6 个问题的分析篇幅较长，但是内容与中级法院的分析大致相同，故省略〕

　　据此，黑龙江省高级人民法院依照民事诉讼法第一百五十三条第一款第（1）项规定，于 2004 年 12 月 21 日判决：驳回上诉，维持原判。

　　从这个判决中可以看出，上市公司公开失真致使投资者遭受损失的，应当赔偿损失。不但上市公司要赔偿，相关的责任人都要承担连带赔偿责任。这些相关责任人在本案中包括帮助上市公司销售证券的证券公司和替上市公司造假的上级母公司。根据现行法律的规定，上市公司的董事、监事和公司内部对公开材料负有责任的高级管理人员、负责审核有关专业性公开材料的专业机构如会计师事务所等，都是需要对发行公司的虚假陈述承担连带赔偿责任的相关责任人。判决中还讨论了投资者损失的计算标准、虚假陈述与这些损失之间的因果关系、提起证券民事赔偿诉讼的前置程序、诉讼时效等问题，这些我们今后将在证券法课程中学习。在学习公司法的时候，只要知道上市公司有公开的义务，公开必须真实，不真实就会引发赔偿责任，就可以了。

　　所有这些措施（包括强制公开和公司失真的民事赔偿责任甚至行政和刑事责任）都是为了一个目的：使证券的质量充分地公开。除了强制公开之外，政府不应当对买卖证券进行其他的干涉。也就是说，证券的买卖依然是自由的，一方愿买，一方愿卖，价格多少，都取决于当事人的自由意志。

　　此外，强制公开也仅仅适用于向社会不特定公众公开发行证券的场合。如果公司私下里将证券卖给一两家有能力购买全部证券的投资机构，如保险公司、投资公司等，那就不需要强制公开。因为买方实力雄厚，可以通过私下谈判获取所有需要的信息，不需要法律的特别保护，自然也不需要政府的干预。在这样的场合让买卖双方像买卖茶杯那样的普通消费品一样自由地谈判成交，既节省了政府的干预成本，又节省了发行人的公开成本（按照强制公开的规定履行公开手续花费很高），可以大大提高整个社会的经济效益。

可见，政府只能在市场自身不能解决问题的地方出来帮个忙，比如上面说到公众投资者需要了解证券的质量，但是实际上又做不到，于是需要政府强制发行人公开。但是在投资者能够自己获取所需信息的时候，就不需要政府帮忙强制公开。凡是市场能够自己解决问题的地方政府都应当袖手旁观，不得指手画脚。贸易自由是原则，政府干预是例外。干预是弥补自由贸易的不足，而不是侵犯自由贸易的权利。这是政府管理证券市场的基本原则。

强制公开是政府对证券市场的适度干预。它既保护了投资者的合法权益，又维护了贸易自由的原则，因为买卖仍然是自由的。只要公开符合要求，政府就无权禁止一种证券的发行。这是包含在形式审查制度背后的经济哲学。

对于证券发行的审查，历来存在两种倾向，即所谓的形式审查和实质审查。形式审查光审查公开材料的内容与格式——内容是否齐全、格式是否正确，而不审查公开内容的真实与否，也不管证券质量的好坏——反正你说假话以后投资者会告你。实质审查除了审查内容与格式之外，还要对证券质量进行把关——要求质量达到一定的标准，并且审查内容的真伪以确保公开的真实性。相比之下，形式审查对发行的干预较少，政府的权力较小；由于审查的内容较少，需要的时间比较短，效率比较高，对投资者起诉虚假陈述的依赖性比较大；实质审查对发行的干预较多，政府的权力较大，审查时间长，效率比较低，对投资者起诉虚假陈述的依赖性相对较小。从各国实践的效果来看，实质审查的效果比较差，滋生的腐败比较多，说明政府对证券质量把关和审查内容真伪是对经济活动的不必要干预，应当取消。我国目前实行的是实质审查制度，但是我国政府已经意识到实质审查带来的种种弊端，所以已经正式提出要向发行注册制过渡。所谓发行注册制，就是形式审查。形式审查对证券的质量不作要求，也不审查公开内容的真伪，把这些问题留给市场去处理，所以将对发行的政府干预减少到了最少的程度——只要求公开。

上面阐述的是上市公司在证券的发行和交易中信息公开和持续公开义务。除此之外，当公司召开股东会时，由于股东成千上万，不可能都来开会，公司往往将开会需要表决的事项写成书面说明材料连带代理投票委托书（详见下一节）一起邮寄给股东，让他们在阅读之后对各项需要表决的事项作出意思表示并委托公司经理层代为投票，公司经理层或者董事会会严格按照股东寄回来的意思表示投票的。这种由公司寄送给股东征集投票代理权的材料也是法定范围内的公开材料，公司负有向股东真实、准确、完整地公开的义务。因为很显然，股东能否准确地表达自己真实意愿的关键在于公司寄给他们的这些说明材料是否真实、准确、完整。如果这些材料中存在虚假的或者误导的陈述，导致股东错误地表达了意思，那么事后股东在发现错误之后可以请求法院判决股东会上相关的投票表决及其通过的决议无效，相关责任人对公司和股东由此遭受的损失承担赔偿责任。

还有，公司面向全体股东或者全社会发布的新闻消息，涉及公司的经营管理、发展前景等，虽然不是法定的公开内容，但是一旦公开，公司都负有确保公开信息真实、准确、完整的责任。如有虚假并引致了投资者的损失，都要承担赔偿责任。

总之，公开及确保公开真实的义务是上市公司与有限责任公司的根本区别，也是英美国家的人将前者称为公众公司或者开放公司，后者称为封闭公司或者私下公司的主要原因。每一个上市公司都承担了上述公开义务，而有限责任公司则没有这样的义务。上市公司公开的信息大都是敏感信息，属于公司的商业机密，在公司没有公开义务的时候，除了那些可以用来作广告宣传的内容之外，都是不愿意公开的。所以有限责任公司都不公开自己的财务信息和其他影响其股份价值的重大事件。

第二节　投票代理与股东民主

上面在讲述上市公司的公开义务时已经提到了股东会上的代理投票问题。有限责任公司召开股东会时股东都亲自出席会议，参与讨论并投票表决；而上市公司召开股东会时绝大多数股东都不会亲自到场，他们所持的股份由别人代理投票。所以，代理投票是上市公司区别于有限责任公司的第二大特征。

当然，从理论上说，有限责任公司的股东也可以请人代理投票，上市公司的股东也可以亲自出席股东会，只要他们愿意，都是可以的。但是这样的理论假设或者推论不符合现实中的一般情形。

在现实的有限责任公司中，因为股东人数少，利害关系大，即使是小股东，也在公司里占有一个相当的份额，所以一般都会亲自出席或者签名，不会请人代理，更不会有公司管理层向股东征集投票代理权的事情。但是上市公司的股东成千上万，每个股东占有公司的份额微乎其微，亲自出席股东会投票对股东个人来说意义不大。在有的公司里，最大的股东持有的公司股份不到公司全部已发行股份的5%。一个普通的股东持有的公司股份可能只占全部已发行股份的百万分之一甚至几亿分之一，股东又分散在全国各地，要一个持有这么少股份的股东跑几千里路到公司所在地开会投票表决是不现实的。再说了，如果真的所有的股东都去开会，几万甚至几十万人，一般的公司所在地恐怕也难以容纳。因此，上市公司的股东会只能通过代理投票作决议，不可能由全体股东亲自出席。实际出席股东会的只是一小部分股东，甚至没有真正意义上的股东而只有代理人出席。而且，代理人取得代理权还不是股东主动授予的，而是由公司管理层或者其他的征集人向股东征集来的。

我国公司法自1993年颁布以来，虽然屡经修改，但却始终保留了一个醒目的空白：没有规定股份有限公司（主要是上市公司）股东会的会议有效数。众所周知，召开人民代表大会，出席会议的代表人数必须达到全体代表的三分之二以上方为有效，否则会议无效，会议所作出的任何决议也都是无效的。同理，召开股东会时，出席会议的股份数也必须达到一个规定的比例，一般该比例为简单多数，即二分之一以上，公司章程可以在法律规定的幅度内有所增减，例如，三分之一或者三分之二。这个规定的比例就是股东会的会议有效数（quorum）。出席会议的股份数达不到规定的有效数，会议流产、无效。但是我国公司法始终没有对股份有限公司的股东会规定这样的有效数。既然对股份有限公司没有规定会议有效数，对有限责任公司干脆也都不作规定了。按照现行《公司法》

第 103 条："股东大会作出决议，必须经出席会议的股东所持表决权过半数通过。但是，股东大会作出修改公司章程、增加或者减少注册资本的决议，以及公司合并、分立、解散或者变更公司形式的决议，必须经出席会议的股东所持表决权的三分之二以上通过。"由于没有规定有效数，这就意味着只要有极少数的股份出席，比如不到 1%，其中有半数以上或者三分之二以上投票赞成某项提议，该提议即获通过，成为对公司有约束力的股东会决议。让如此少的股份决定全公司的大事，自然是十分荒唐的。但是立法者之所以没有规定会议有效数，不是因为疏忽，而是因为现实中上市公司的股东大都不来开会，所以无法规定会议有效数。

其实，这个问题在中国存在，在外国同样存在。他们的公司法都明确规定了股东会的会议有效数。该有效数可以通过征集投票代理权来达到，因为有人代理投票的股份，视同股东亲自出席。我国的立法者可能不了解征集投票代理权这种具体的操作办法，所以就在《公司法》里留下了这个醒目的空白。学界也没有对此做过清楚的介绍。但是随着我国公司法制建设的进步，这个空白迟早会填补。

为此目的，我们在下面对征集投票代理权的具体做法进行介绍，既为读者学习方便，也为立法者提供参考。投票代理权的征集大都由公司管理层具体掌握和筹备。为了说服股东将投票权委托给公司管理层由其代理投票，管理层需要向股东说明他们将公司经营得多么成功以及委托管理层代理投票的必要性。这就需要向股东详细地说明公司的财务状况，寄送财会报表，写好征集投票代理权的说明书。从股东的角度看，这也是他们了解公司情况的一条重要途径。

既然公司管理层可以征集，那么与管理层意见相左的股东或者持股团体也可以向公司其他股东征集投票代理权，以此与管理层相对抗，甚至挑战管理层的位置，展开夺权活动。为了取得与其他股东的联系，挑战者往往需要向公司索取股东名册，而公司在管理层的控制下又不愿意给。为此而对簿公堂的不在少数，这涉及股东的查阅权。在要到名册开始征集之后，双方又会互相指责对方的征集材料有假，这涉及公开义务。

上市公司向其股东征集投票代理权是一个复杂的过程，其操作步骤大致如下：

1. 确定开会日期

投票代理权是为股东会议征集的，目的是要在会上投票，所以首先要确定开会的日期。股东会议有年度会议和临时会议。大多数公司选择在春季召开年度会议，因为它们大都以公历年作为财会年度，上市公司都有公布经审计的年度会计报告的义务，年底开始制做报告，次年初审计制作完毕，刚好可以用来向股东汇报公司的经营情况，所以春季召开年度股东会比较方便。年度会议的具体日期由董事会决定，也可以由公司章程或者规章规定。由于上市公司的股东每天都在变化，公司需要选取一个除权日（登记日），在那一天生意结束关门的时候依然登记在册的股东有权收到通知并在会上投票。[①] 一般在开会日期确定之后就往前倒推几天，确定除权日。

---

① 这就意味着会出现这样的情况：有的股东在除权日之后开会之前卖掉了股份，已经不是公司的股东了，但是依然可以前来投票；另一些股东在这段时期内买了股票，已经成为公司的股东，但是却不能投票。

2. 确定董事候选人和其他需要股东表决的事项

公司是由董事会（连同他们任命的经理层）掌管控制的，董事的选举是年度股东会上头等重要的大事，也是征集投票代理权的首要目的。公司董事会必须选好董事候选人并为他们征集投票代理权。由于董事连选可以连任，所以现任董事会也可以推荐他们自己作为候选人，或者由公司经理层出面推荐并征集投票代理权，因为正是这些董事选择了现任经理层。寄送给股东的材料就是征集股东授权同意投这些人的票。如果股东同意，就会在寄来的投票代理卡（一份委托代理书）上签名。可见，虽然董事在名义上是在股东会上选举产生的，但是实际上在征集投票代理权的过程中股东已经投完票了，所以选举结果在会前就已成定论。会上虽然还可以提名其他候选人，但是绝大多数票实际上已经投过，再提名也没有用了，因为绝大多数股东不亲自与会听不到，没有人响应了。

除了董事的选举之外，可能还有其他事项需要提交年度股东会表决。董事会和公司经理层会对这些事项逐项作出解释，希望股东怎么投票，并逐项征集代理授权。大多数股东都会乖乖地签署投票委托书，然后放入公司提供的方便信封内寄回。这样的选举结果绝对是事先定好了的。少数股东会在投票代理卡上明确给出相反的指示，但是因为人数太少、股份太少而无济于事。人的惰性对董事会有利。提交事项有的是董事会建议的，有的是经理层建议的，如批准董事会对独立审计人（他们将审查和认证财会报表）的选择、董事会已经通过的章程修改建议或者批准经理层的报酬计划等。

3. 制作征集材料

大致说来，征集材料分为两个部分：征集书和投票卡。[①] 征集书对所要选举的董事逐个进行介绍，包括他的职业、工作经历、是否持有公司股份、是否曾经或者将会与公司交易等；征集书还对所要投票表决的其他事项逐项说明和解释，主要目的是说服股东投票赞成。对年度会议来说，经过审计的年度报告是不可缺少的征集材料，可以作为征集书的一部分或者附件，以帮助说明有关问题，或者在有关事项的说明时予以引用。中国证监会对年度报告的内容和格式有详细的规定，必须遵守。最后，征集书还应该交代征集人自身的身份，与董事会候选人有没有利害关系。一般说来，征集书的内容多，篇幅长，可与招股说明书类比；而投票卡则很简短。投票卡也叫代理委托书，常常只有半页纸（最多两页），上面列明了所要选举的董事姓名和其他表决事项，让你投票。为了操作方便，一般都在每项前面设置一个小方框，让你在里面打钩或者打叉，以表示赞成或者反对，然后签名。与征集材料一起寄送的还有一个邮资已付的信封，封口已经上好固体胶水。你看过征集书之后，将签了名的投票卡放入该信封，只要蘸一滴水或者一点唾沫就可以将信封上。征集人对股东的服务是体贴入微的，凡是自己能做的事情都会作好，不会劳驾股东，否则很多股东会嫌麻烦而将征集材料扔进垃圾桶的。只有在投票卡上表示赞成或者反对、签名、将卡放入信封、将信封封口、投邮这几件事情是无法代替的，只能劳驾股东，还要千恩万谢，感谢股东的合作和配合。征集书口气谦卑，认股东——哪怕是最小的股东——为公司的主人，将经理层自己放在仆人的地位上，恭请股东投票。

---

① 美国证交委对投票代理征集书的内容和格式有详细的规定；中国证监会还没有这方面的规定。

4. 登记

为了便于政府的监管，征集材料应当在主管的政府机关登记备份。美国证交委有这样的要求，中国证监会还没有这样的要求，所以我国的上市公司可以将征集材料经行寄送。但是随着我国公司实践的发展，证监会迟早会有这样的要求的，并且像规定招股说明书的内容和格式那样规定征集书的内容和格式。届时必须先登记，得到认可后再寄送。因为万一证监会发现材料有问题，需要修改补充，先行寄送给股东的材料就得作废，重新寄送，形成人力、物力和财力的浪费。

5. 寄送与街名

将征集材料寄送给股东不是一件容易的事，因为上市公司的股东名册可能不准确。股份在流通，股东处在不断的变动中，流通中的股份大多不在实际股东的名下，而是挂在经纪人（证券公司）的名下。各经纪人保留着在它那里开立账户的股东名册。上市公司往往没有经纪人的名册，只有证券登记结算公司才有经纪人的名册。所以上市公司需要向证券登记结算公司取得经纪人名册，再向各家经纪人取得实际股东的名册，包括姓名（或名称）和地址。[①] 根据股东名册可以统计出股东人数，从而确定需要印制多少份征集材料。投票代理权征集材料一般通过邮局平信邮寄（快递太贵），每个股东一份。因为股东人数多，成千上万，光材料的印制和邮费就是一笔不小的费用，所以征集投票代理权是很昂贵的。有时候，上市公司可以和经纪人达成协议，按照经纪人统计的数字将一定份数的征集材料寄送给经纪人，再由经纪人分发给股东。费用当然由上市公司负担。经纪人作为名义股东，不得擅自代股东投票或者代股东授权给公司经理层投票。

不过，证券交易所和柜台市场等自律性组织的规定有时候允许经纪人向实际所有人请示如何投票，然后根据实际所有人的指示代行投票。此外，这些规定还允许经纪人在某些没有争议的常规性投票中用那些没有及时指示的股份来投票，因为这对于凑足会议有效数是十分有用的。纽约股票交易所规则第 451 条和第 452 条原先也允许这样做。但 2009 年 7 月 1 日，该所修改了第 452 条规则，不再允许经纪人用这些票选举董事。新规则认为董事的选举不是"常规性"的，即使选举没有竞争也无人质疑。这一修改必将影响董事的选举，因为很多股东都不给投票指示。以前经纪人可以用这些股份投票，并且总是按照经理层的推荐投票，现在不行了。所以有人预言对于那些要求董事选举达到多数的公司来说，以后会有更多的董事只收到多数保留票而不是赞成票。

街名持有还会引起过度投票的问题，即重复投票。那是在融资融券放开的条件下，当投资者预期股市下跌时，他们会卖空。这时经纪人会借给他们股份。经纪人自己没有股份，这些股份属于别的投资者的。比如说，属于投资者甲；经纪人将股份借给了投资者 A，A 将股份卖给了投资者乙，乙的经纪人又拿这些股份借给投资者 B。B 又卖给投资者丙。这时投资者甲、乙、丙都会认为自己是股东，都会拿他们各自挂在经纪人名下的股份去投票，尽管甲、乙的股票已经被出借，这些股份原本只归甲一个人持有。甲的

---

① 美国证交委 SEC 规则第 14a-13、第 14b-1 和第 14b-2 要求公司通过账上所有人（即经纪人）与实际所有人（即股东）联系，并且规定了这样做的具体程序。

一股在股东会上投票时变成了三股。而且从理论上说，丙的经纪人还可以再出借，过程不断持续，甲的一股就变成了四股、五股或者更多。

6. 股东的竞争性征集与提案

投票代理权的征集人主要是公司管理层（董事会或者经理层）。但是，在公司民主发达的地方，或者在公司内部派别斗争激烈的时候，由某个股东或者部分股东的联合体出面征集投票代理权的情形也时常发生。这样的征集往往是竞争性的，与公司现任管理层形成对抗。征集股东可以要求经理层将他的投票代理征集书邮寄给股东们，费用由征集人出；公司也可以只提供股东名单和地址而不予邮寄，让征集人自己寄。股东的征集书与公司管理层的征集书一样，必须按照法律规定的内容和格式制作。如果没有董事的竞选，只是一项普通的竞争性提案，或者对经理层的某项提案的批评和反对，可以不采取征集书的形式，而作为提案提交给公司，放在公司的征集材料里一起寄送给股东。提案人可以对提案进行说明，但是不能长篇大论。美国规定这样的说明不得超过 500 个词，我国因为公司实践和立法都处于初级阶段，目前还没有这方面的规定。不是任何股东都有提案的资格，在持股数量和时间上必须达到一定的门槛。不过美国的资格门槛很低，持股 1% 或者价值 2 000 美元 ① 的股份达一年之久的股东都可以提案。股东提案经常引起争议，因为公司不想将提案放进征集材料，总试图将之排除在外。为了解决这些争议，法律会逐渐形成一套规则，以澄清什么样的提案可以排斥，什么样的提案不能排斥。

7. 计票

代理投票征集的最后阶段是计票。代理人将委托书带到会上，在证明了自己的代理人身份之后，按其持有的代理权数目投票。对于股东已经标明赞成或者反对的人选和事项，必须严格按照股东的意愿投票。但是有的股东签了名，却没有在投票卡上标明赞成或者反对意见，对这样的股份，代理人可以自由地投票。最后统计投票结果。在无争议选举中，没有人会去质疑票数的统计。但是如果董事的选举有竞争，或者有人反对某一付诸表决的事项，或者批准该事项需要超多数决，代理投票后的计票就会受到质疑。引发争议的原因之一是投票委托的可撤销性。当两个派别竞相征集的时候，股东看了第一个征集之后觉得有道理，授权了，但是看了第二个征集之后觉得更有道理，又授权了。从理论上说，第二次授权意味着撤销了前一次授权，日期在后的委托书有效，之前的委托自动失效。但是股东经常不注明日期，有时候甚至忘了签名。围绕着哪个日期在后面、有没有签名或者签名不当等问题，竞争的双方都会发生争议。由于很多争议法律无法一一规定清楚处理的规则，有时候双方律师在竞选之前就坐下来制定规则，以避免日后的纠纷。这类双方约定的规则具有合同的效力，如果发生诉讼，法院会依据这些规则判案。

8. 新的电子征集规则

现代网络技术为征集投票代理权提供了方便。从 2009 年 1 月 1 日开始，美国证交委 SEC 规则要求每个上市公司除了将其征集投票代理权的材料挂在 SEC 的网站上之外，

---

① 原先只要求 1 000 美元，现在增加了。

还必须挂在另外至少一个网站上，目的是使股东能够利用互联网投票，使公司大幅度节省征集费用。该规则给予公司在征集时三种选择：通知和上网、整套材料寄送、二者兼用。选择通知和上网的办法必须提前 40 天通知股东征集材料已经上网，可以查阅。通知不含投票卡或者其他信息。网上资料必须告诉股东如何投票，例如，电子投票、电话投票或者邮寄投票卡投票。如果股东要求，公司必须将整套书面材料邮寄给股东。整套材料寄送是传统方法，但是采用这种方法时也必须将征集材料挂到网上去，只是不需要提前 40 天通知。二者兼用是针对股东的特点对不同的股东采用不同的方法，有些采用通知和上网的办法，有些采用整套材料寄送的办法。

美国虽然到 2009 年才对材料上网作强制性要求，但实践中在 2007 年就开始试行了。据统计，大约 85% 的上市公司采用了通知和上网或者二者兼用，只有 15% 采用传统的整套材料寄送。这主要取决于公司股东的多少与群体特点。

通知上网方法产生了较多的负面反应。散户投票率从以往的 34% 降低到 17%，总体投票回收率从以往的 21% 降低到 6%。说明有些散户在接到通知之后不愿意或者不会特地去投票。这对会议有效数的形成造成了威胁。

美国各州的州法也在朝电子化的方向改进，特拉华法律允许互联网通知股东开年度会议。加州从 2008 年起修改了它的《公司法典》，规定符合 SEC 要求的电子材料传送同时也符合加州的传送要求。

前面说过，上市公司负有向社会公开公司信息的义务，公开必须真实、准确、完整，如果公开不真实而使投资者遭受了损失就要承担赔偿责任。征集投票代理权的材料是寄送给全体股东的，因而也是公开材料，也必须遵守法律关于真实、准确、完整的规定。如果有失真之处，同样会引发诉讼。可是公司为了说服广大股东投票支持管理层的提议，总会尽量地寻找对自己有利的证据，倾向于掩盖对自己不利的事实；股东在与管理层竞争的征集中存在着同样的倾向。这些都是人之常情。因此，在有反对派存在，反对派与现任管理层竞相征集的时候，讼争就比较多，争斗的双方会互相挑刺，找出对方征集材料中的失真之处，希望法院作出对自己有利的判决。

即使没有势均力敌的两派争斗，普通股东有时候感觉自己的利益受到损害，也会找出征集材料中的虚假之处提起诉讼。1964 年由美国联邦最高法院判决的包洛克一案就是由一位普通股东提起的。[①] 原告卡尔·包洛克是凯斯公司（J.I. Case Co.）的一位股东，凯斯公司想与美国拖拉机公司合并。原告反对合并，认为公司经理们实施了不当的自我交易，小股东们得到了不公正的待遇，所以在威斯康星州的联邦地区法院起诉，要求法院发布禁令，禁止合并。法院拒绝发布禁令，合并进行并完成，凯斯公司销失。

之后，他数次修改起诉状，增加诉由，声称合并之所以得到股东的批准，是因为公司在征集投票代理权的征集材料中作出了虚假的、误导性的陈述，骗取了股东的信任与批准，违反了《联邦证券交易法》第 14（a）条的规定。

---

① 该案是公司法和证券法交叉点上的一块里程碑，直到今天依然是有效的法律。美国法制稳定而成熟，规则一旦形成，数十年乃至上百年不变是常态，这与我国法制多变的情况不同。我们的多变除了改革的需要之外，很大程度上是因为不够成熟。

地区法院认为包洛克的诉讼是派生诉讼①,应该适用威斯康星州的州法②。该州州法要求原告在这样的诉讼中提供 7.5 万美元的担保③。原告拒绝提供,法院驳回了原告提出的除了《联邦证券交易法》第 14（a）条之外的全部诉求,单就该条诉求进行审理,认为由该条产生的诉由只能根据《联邦证券交易法》第 27 条的规定给予将来的或者宣告性④的救济,宣告被告违法,下不为例,但是不能撤销合并或者给予原告其他救济,如损害赔偿、律师费等。

包洛克针对所有这些裁定上诉。第七上诉审法院改判。它认为普通法上的诉由既是派生的也是直接的,因而不需要提供担保。更为重要的是,法院判决联邦法院所能提供的救济手段在不需要担保的情况下既可以是将来的也可以是过去⑤的,哪一个能使联邦法律的实体要求发生作用就用那个。因此,即使没有州法诉由,原告也有可能获得他所请求的救济。这个判决与第六上诉审法院有冲突,该院早些时候判决状告违反联邦投票代理规则,原告只能得到将来的救济。见 Dann v. Studebaker-Packard Corp., 288 F.2d 201（6ᵗʰ Cir. 1960）。

为了澄清不同上诉审法院的不同判决所造成的混乱,解决不同判决之间的矛盾,联邦最高法院根据凯斯公司的请求同意下发调卷令。

【案例 12-2】

凯斯公司上诉包洛克 ⑥

这是回应人⑦提起的民事诉讼。回应人是请求人凯斯公司的股东,指责凯斯与美国拖拉机公司的合并剥夺了他和其他股东的先买权。起诉状声称合并是提议人通过散布虚假和误导性的投票代理征集书实现的。该状具体分为两个部分:第一部分以异籍为基础⑧声称被告违反了董事对股东的信托义务;第二部分声称被告违反了 1934 年《证券交易法》第 14（a）条对投票征集材料的规定。初审法院对这第二部分判决说它没有权力纠正对该法的违反,只能根据该法第 27 条给予宣告性的判决。该院认为两个部分中除了第二部分对宣告性判决的请求之外都适用 1961 年《威斯康星法典》第 180.405（4）条,该条要求在派生诉讼中提供费用担保。据此,法院要求回应人提供 7.5 万美元的保证金。因为没有交付保证金,法院除第二部分中对宣告性判决的请求外,驳回了起诉状的其他请求。中

---

① 关于派生诉讼,参见第十七章第一节。

② 指责董事和经理实施自我交易、违反忠诚义务属于州法问题。

③ 参见第十七章第三节起诉资格第三小节持股数量和费用保证金。美国有些州要求提起派生诉讼的原告提供担保,包洛克所在的威斯康星州是其中之一。要求担保的目的是减少骚扰性诉讼。但是多数州没有这样的要求。

④ 将来的和宣告性的在这里是同义词,都是宣告违法,下不为例。特征是不需要赔钱。

⑤ 针对将来的救济手段是宣告违法,下不为例;针对过去的救济手段是宣告违法,判决赔钱。

⑥ J.I. Case Co. v. Borak, 377 U.S. 426, 84 S.Ct. 1555, 12 L.Ed.2d 423（1964）. 由本书作者翻译。

⑦ 回应人指包洛克,相对于请求人而言。在初审时包洛克是原告,凯斯是被告;原告败诉后上诉,就是上诉人,凯斯是被上诉人;凯斯在二审终审败诉后请求联邦最高法院颁发调卷令,就是请求人,包洛克是回应人。

⑧ 信托义务属于公司法的范畴,而公司法是州法。联邦法院本来无权管辖,但是如果原被告异籍,即不在同一个州居住,则原告除了州法院之外还可以选择在联邦法院起诉,条件是诉讼标的 7.5 万美元（原先是 1 万美元,后来增加了）。如果原告选择了本州法院,被告还可以将案子移送到当地的联邦法院。

途上诉后，上诉审法院对两个部分都做了改判，认为地区法院有权给予救济，威斯康星的那条成文法不适用。我们同意调卷。我们只考虑在有人声称投票代理权征集书含有虚假和误导从而违反了第 14（a）条的情况下，对于一个通过这样的征集已经完成的合并，《证券交易法》第 27 条有没有规定公司股东请求取消合并或者损害赔偿的联邦诉权。

I

回应人在合并之前持有凯斯的 2 000 股普通股，以异籍为基础提起本次诉讼，以多种理由试图禁止凯斯与美国拖拉机公司的合并，包括凯斯的董事们违反了信托义务、两个公司的经理层进行自我交易、征集投票代理权的材料含有虚假陈述。法院拒绝颁发禁令，合并完成。之后，起诉状数经修改，法院对上述两个部分都进行审理。与违反证券交易法有关的请求既以异籍也以该法第 27 条为基础。这些诉讼材料声称：请求人凯斯或其前任征集了或允许以其名义征集了凯斯股东们在一次特别股东会上的投票代理权，那次会议对与美国拖拉机公司的合并提议进行了表决；散发的投票代理征集材料是虚假的和误导的，违反了该法第 14（a）条和证交委据此颁发的细则 14a-9；合并在会上以微弱多数通过并随后完成；如果投票代理征集书没有那些虚假和误导的陈述，合并就不会得到批准；凯斯的股东们因此而遭受了损失。回应人要求判决合并无效，向他本人和其他境遇相同的股东支付损害赔偿，并给予衡平法要求的进一步的救济。地区法院裁定威斯康星的费用担保法不适用于诉状第二部分，因为它依据的是联邦法。可是，该院认为在由民间而不是政府提起的声称违反了该法第 14（a）条的诉讼中，法院的管辖权限于宣告性救济。因为回应人请求的其他的衡平法救济和损害赔偿只能依据州法，所以它裁定费用担保法适用于这些请求。在确定了担保数额为 7.5 万美元之后，因为律师说当事人不会提供担保，法院驳回了起诉，只留下第二部分中的一小部分，该小部分请求宣告投票代理材料含有虚假和误导的信息，因而这些投票代理权从而公司合并全都无效。

II

显然，民间有权对违反《证券交易法》第 14（a）条的行为根据第 27 条起诉。① 事实上，该条特别授予合适的地区法院对"所有衡平与法律上追究损害赔偿和强制履行义务的诉讼"的管辖权。可是，请求人并不承认这一点，指出国会在第 14（a）条没有提到民事诉权，这样的权利无论如何都不能延伸到派生诉讼上去，只能限于将来的救济。另外，有些请求人争辩说只有当合并是欺诈性的和没有益处的时候才能重新拆开，而投票代理材料与这些问题无关。但是投票代理材料与合并之间的因果关系是审判时解决的事实问题。所以我们在这里不作进一步的讨论。

III

虽然回应人争辩说他第二部分的请求不是派生诉讼，但是我们不需要采纳这个观点，因为我们认为无论是派生诉讼还是集体诉讼，民事诉权在这里都是存在的。

第 14（a）条的目的是防止经理层或其他人通过在投票代理权的征集中披露欺诈性

---

① 第 14（a）条规定投票代理权征集材料必须真实，不得虚假。第 27 条规定了联邦地区法院对所有违反该法的民事和刑事行为的管辖权。

的和不充分的信息来取得对公司行为的授权。本条源于国会的看法：“公司内部的公平投票是一项重要的权利，应当附着于从公众交易所购买的每一类剩余索取权①证券。”它试图“控制投票权征集的具体情形，意在防止挫败股东自由投票的那些欺骗行为的重现”；“经常在征集投票代理权的时候，征集人不向股东解释清楚征集这个权利来投票表决的那个问题的真实性质是什么”。这些广泛的纠正性目的有该条的语言为证：“任何人违反了证交委为公众利益或者保护投资者的需要而规定的规则或细则，征集或允许用他们的姓名征集投票代理权或者任何登记在全国性证券交易所的证券的同意或授权都是非法的。”（斜体部分为引用原文时添加）虽然该语言没有专门提到民事诉权，其主要的目的之一是“保护投资者”。这无疑意味着为了达到这一目的，法院可以提供救济。

当公司因欺骗性的投票代理权征集而采取了行动，公司股东所受的损失间接地来自公司的损失，而不是直接对他们造成的损失。造成损失的原因不是对他一个人的欺骗，而是对股东作为一个整体的欺骗。判本条不包括派生诉讼等于是不允许对个人的救济。在执行规则的过程中，民事诉讼是对证交委行动的必要补充。②就像反托拉斯法中的三倍赔偿诉讼一样，民事赔偿和禁令救济可能是落实法律关于投票代理要求的十分有效的武器。证交委说它每年要审查2 000份投票代理征集书，每一份都必须尽快完成。时间不允许他们对投票代理征集材料中陈述的事实进行独立的检查，因此，材料中怎么说，证交委就怎么认定，除非登记材料中有其他内容与之矛盾。确实，按照回应人在起诉状中的说法，投票代理征集材料没有披露他们所声称的对美国拖拉机公司股票价格的非法操纵，而这一操纵在合并之前证交委是看不到的。

所以，我们认为在本案的情形下，法院必须小心谨慎，为实现国会的目的提供必要的救济手段。

说这样的救济手段只限于将来的救济，这是没有道理的。

而且，如果联邦管辖权限于宣告性救济，欺诈性的投票代理征集书的受害人就只能到州法院去寻求救济。如果该州的法律碰巧没有对使用误导性的投票代理征集书规定法律责任，本条规定的目的就全部被挫败了。还有，受害人为了获得有效的救济而可能面对的障碍（例如，分开诉讼、费用担保法、为了全面地救济而将所有当事人拉进官司等）很可能是难以逾越的。

IV

联邦法院有权给予任何救济。我们的这一认定不应当被理解为我们在本案中表示了什么是必要的和合适的救济。在这里我们只想判决联邦管辖权确实存在。什么样的救济合适要根据实体案情审判之后才能确定。

请求人的其他争辩均予否决。

维持原判。

---

① 指普通股股票。

② 这是比较婉转的说法。市场经济的理论认为，对经济的管理应当以市场调节为主，政府干预为辅。具体到证券市场的违法行为，也是民间诉讼为主，政府查处为辅。政府的任务是在民间诉讼没有动力或者不能解决问题的地方发挥作用，补充市场本身的不足。美国的法官对此都有清醒的认识。

包洛克案确认了征集投票代理权规则下的民事诉权，即民间有权就征集材料中的虚假陈述及其给公司或者个人带来的损失提起诉讼，请求损害赔偿。但是包洛克案没有勾勒出这类诉讼的构成要件。由于征集材料属于上市公司的公开材料，其中的虚假陈述属于侵权性质，侵犯了投资者的知情权，因而对其起诉也必须具备普通民事诉讼中侵权案的构成要件：违法行为、损害后果、因果关系和主观过错。这与本章第一节引用的陈丽华等人诉大庆联谊公司案是一样的。美国联邦最高法院在包洛克案之后的一系列判例中对这些构成要件逐一进行了探讨。从课程体例上安排，我们将在证券法教程中详细讨论公开失真的民事责任。

征集投票代理权的规则和违反规则的可诉性一旦确立，其他一些问题也会引起广泛的争议。比如什么是征集？只有在股东会召开之前向股东寄送符合法律规范的、名副其实的征集材料算是征集，还是其他一些似是而非的信息传播也可以算作征集？

在 Studebaker Corp. v. Gittlin, 360 F.2d 692（2d Cir. 1966）一案中，斯丢贝克公司的一位名叫吉特林的股东试图查阅公司的股东名册，为争夺董事会的控制权做好准备。因为他作为股东还不到 6 个月，州法要求他必须持有股份达到 5% 以上才有权查阅该名册。他设法取得了另外 42 位股东的授权和支持，加起来达到了 5% 的要求，于是州法院命令公司出示名单供其查阅。公司不愿意出示名单，就到联邦法院起诉，请求禁止执行州法院的这个命令，理由是该股东在获取那 42 位股东授权的过程中违反了联邦的投票代理征集规则，也就是说，吉特林与那 42 位股东的通信联系属于征集投票代理权，但却不符合证交委规定的征集书的内容和格式。联邦地区法院同意颁发禁令，吉特林上诉，认为他没有征集投票代理权，只是与那些股东联系一下以便凑足 5% 的持股要求。证交委出庭支持公司的观点，认为应该对查阅股东名单的州法院命令适用联邦的投票代理规则，即使查阅的要求不是随后的投票代理权征集计划的一部分。第二巡回法院说："我们不需要走这么远 ① 去维持地区法院的判决。在 SEC v. Okin, 132 F.2d 784（2d Cir. 1943）一案中，本院判决投票代理规则适用于一封并没有请求授权的信，因为它是一个持续计划的一部分，目的是要征集投票代理权，并为其成功铺平道路。而这正是吉特林要求查阅股东名单并根据纽约商事公司法第 1315 条的要求征集到 5% 股东授权的明确目的。估计同意授权的那 42 位股东一定是听到了什么，如同亨德法官在 Okin 案中所说的，'只要在开始征集前传播足量的假信息，SEC 就无法保护股东了'。见 312 F.2d at 786。而且，股东名单复印件对一个试图获得控制权的人来说是一个宝贵的文件，这一事实本身也说明股东应当在帮助其获得控制权之前获得充分的信息。在这样的情形下，我们没有理由不按法律的字面意义执行。"见 360F.2d at 696。于是，吉特林与那 42 位股东的通信联系被看作是在征集投票代理权，因其不符合联邦法律对投票代理权征集书的格式要求，所以州法院根据州法颁发的要求公司出示股东名单的命令被联邦法院禁止执行。

---

① SEC 说即使不是随后的投票代理权征集计划的一部分，也应适用联邦的投票代理规则。法院说不必走这么远，因为事实上它就是随后的投票代理权征集计划的一部分。这样的判决就将规则的适用限制在征集投票代理权的行为范围之内。

但是股东需要获得有关公司的各种信息。由于公司对社会的影响，社会公众也需要获得有关公司的信息。信息的充分传播十分重要。如果对任何影响股东投票的信息交流都贴上征集书的标签，按照征集书的内容和格式来要求，就会对有用信息的传播产生不利的影响。法律需要在遵守投票代理规则与促进信息传播两者之间达成一种适度的平衡。美国有很多判例在这方面做了有益的探索，此处从略。

前面说过，股东会上投票代理权不但公司管理层可以征集，普通的中小股东也可以征集，并以此与公司管理层相对抗，甚至通过这样的手段夺取对公司的控制权，将现任管理层扫地出门，自己取而代之。公司中的这类"篡党夺权"行为是完全合法的。可是，征集投票代理权的费用很高，股东必须拿到其他股东的名单、在政府主管部门登记投票代理征集材料、将它们及随后的补充材料（如果有的话）打印出来并寄送给全体股东。如果股东想夺取对公司的控制权，花这些成本是值得的。但是假设股东只针对公司章程或规章中的某一条规定，希望修改它；或者厌恶公司与侵犯人权的国家做生意，希望中断这方面的生意；或者只想引起社会公众对某个问题的注意，造舆论以形成压力等。诸如此类的征集不会给股东个人带来任何好处，要他支付高昂的征集费用显得不合理。但是股东却有权就此类问题与其他股东沟通。

怎样有效保护股东的这类权益呢？解决的办法是允许股东以提案或者提议的形式强制性地将材料放进公司的征集书里一同寄送给全体股东。美国证交委在1942年制定了规则14a-8，要求经理层将"所有适合证券持有人表态的"股东提案都包括在投票代理征集材料中。于是，"合适的内容"就成了公司能否排除股东提案的标准。合适的公司不能排除，必须放入；而公司排除的理由永远是股东提案的内容不合适。规则14a-8对提案人的持股要求不高，持股1%或者1 000美元（现在已经提高到2 000美元）达1年时间即可。提案应当提前120天交给公司，具体日期参照公司去年的投票代理征集书日期确定。提案连同它的说明材料在内总共不得超过500个词。公司必须在投票卡上将股东对该提案的投票与其他逐项要求股东投票的事项并列，给予股东投票表决的机会，不过可以表示反对意见，也可以建议股东投反对票，还可以说明公司（经理层）反对的理由，字数不限。股东无权在征集材料中对公司的反对意见进行反驳。但是如果发现其中有重大的虚假不实误导之处，可以与证交委联系反映。那时候，涉及社会政治、经济的一般性事务在证交委看来并不适合证券持有人表态，也即不是"合适的内容"。

那么，根据什么标准来判断提案内容是否合适呢？第一场具有标志性意义的官司是在1947年判决的。在 SEC v. Transamerica Corp., 163 F.2d 511（3rd cir. 1947）一案中，路易司·杰尔伯特是泛美公司的一个股东。他呈交了数份提议，请求将它们放在公司的投票代理征集书中。一份提议要求由股东选举独立的注册审计师来审计公司的财会报表，一份要求修改规章规定的规章修改程序，另一份要求将公司年度股东会的报告报告寄送给股东。公司排除了所有这些提议，理由是公司规章没有要求将它们放进去。证交委同意杰尔伯特的观点，认为应当放进去。因为公司坚持拒绝，证交委起诉请求法院禁止公司使用有瑕疵的投票代理征集书征集投票权。

法院同意证交委的观点，认为"合适的内容"是根据注册州的法律，与股东有利益关系的内容。适用这一标准，杰尔伯特的几个提案都可以包括在泛美的征集书中。选择审计师显然是股东关心的事情，因为公司就是为他们的利益开办的，而财务状况又是问题的核心。修改规章也是合适的内容，因为特拉华法律特别准许股东做此事。唯一的排除理由是公司自己的规章规定开会表决的内容必须在会议通知中提前通知，而本案中没有这样做，因为杰尔伯特的这些提案的内容预先没有通知过股东。但是公司自己制定的限制不能缩小州政府给予股东的权利。会计报告也是合适的内容，因为法院说："我们找不出任何合理的理由说这不是适合证券持有人表决的主题。"（同上，第 517 页）

实务中，如果公司同意将股东提案放进征集材料让广大股东投票表决，那就不发生任何矛盾，也不会惊动证交委。但是如果公司想要排除一份已经提交的股东提案，经理层往往会征求证交委的意见，表明不想将提案放进征集材料，同时附上律师的法律意见。律师会分析证交委以前在类似或者相关问题上的态度，说明根据以前的处理，这份提案可以排除。这类意见的写法和内容与呈交给法院的辩护意见差不多。有时候，提案人会对律师意见进行反驳，有的提案人还会附上律师意见。当两边都交完想交的材料之后，证交委职员予以答复。如果该职员认为提案可以排除，就会回信给公司说"你们认为提案可以排除的观点有些道理"。至于什么道理职员从来不说。由于这样的答复意味着证交委不会对公司排除股东提案的行为采取任何行动，所以这类由证交委职员答复公司的信件被统称为"无行动信"（no-action letters）。无行动信既有赞同排除的，也有反对排除的。如果职员认为提案不该排除，就会在信内说"本分部不能同意你们认为提案可以排除的观点"，并简要地给出不能排除的理由。有时候股东提案的内容合适，但是形式有问题，职员就会回信说排除有些道理，因为形式有问题；但同时会指出这个缺陷是可以纠正的。无论是股东还是公司都可以不同意职员或证交委的意见，最后的决定权在法院。但是公司一般都会听从这些信件上表达的意见；而股东也不愿意花钱诉讼。所以证交委职员差不多成了股东与公司之间在提案冲突中的仲裁机构。他们每年都要写 300 封左右的无行动信，久而久之，在提案内容合适与否的问题上几乎形成了一套判例法。不过，无论是证交委还是法院都不认为这些职员的意见代表证交委。否则，提案人一怒之下状告证交委，会使证交委疲于奔命。

"合适的内容"作为股东提案能否放入的标准本身过于抽象，需要具体化，既要保护股东的参与权，又要防止股东滥用权利，形成对公司正常经营的过度干扰。美国公司法认为公司的日常经营、普通生意决策都属于董事会和经理们的权限范围，股东无权干涉，但是公司的大政方针则属于股东有权决定的内容，于是就有了政策性问题和普通生意的分界线。证交委关于股东提案能否排除的规定也采纳了这条分界线。但是政策性问题也会涉及普通生意，普通生意中又会包含政策性问题，二者经常难以分开。股东提案引发的争议包括一般性的社会经济、政治、种族、宗教等内容的提案和涉及发行人日常经营的提案。证交委认为公司有权排除这些提案。

【案例 12-3】

人权医药委员会诉证交委 [1]

原告人权医药委员会是美国的一个民间组织。该组织不赞成美国政府在越南发动战争。道乌化学公司生产的凝固汽油是一种重要的战争物资。公司的管理层以此为荣，认为支持政府的战争行为是爱国的表现，哪怕亏损也要坚持凝固汽油的生产。人权医药委员会作为公司股东提交了一份修改公司章程的提案，禁止公司将产品卖给伤害人类的买方（自然包括政府），除非买方能够以合理的理由向公司说明该产品不会被用于伤害人类。道乌公司向证交委咨询，问能否排除，证交委职员认为可以排除。于是道乌拒绝将提案放进它的投票代理权征集材料，理由是，第一，该提案只是促进一种普通的政治事业而与股东的经济利益无关（当时是排除的理由，现在已经不是）；第二，该提案的内容属于普通生意决策。委员会起诉将证交委连同道乌一起告上法庭，请求强制将提案放进征集材料。联邦哥伦比亚特区上诉审法院支持了原告的请求。法院判词写道：

第 14（a）条的语言含义、立法历史和执法记录表明它的主要目的是保证公司股东能够行使他们的权利——也有人说是他们的义务——控制那些影响到他们作为股东和公司所有权人重大决策。

这份提案的内容完全在可以接受的公司行为和公司控制范围之内。在目前的程序中没有任何理由能够引出这样的结论：经理层可以阻挠股东依法将以下问题提交给其他共同所有人：他们是否希望他们的资产按照他们认为更负社会责任但是与现行公司政策相比却不那么赢利的方式经营。因此，即使我们接受道乌对医药委员会提案的目的和动机的描述，允许公司排除这份提案也是与第 14（a）条的目的相违背的。

然而，本案案卷显示我们面临的情形还有很大的不同。道乌化学公司的经理层在包括公司自己的出版物在内的多种场合被反复引用，说是继续生产和销售凝固汽油的决策不是出于生意考虑，而是不顾商业利益；说是经理层决定实施的行为没有给股东带来什么利润，损害了公司的公共关系，使公司雇人发生困难，因为经理层认为其行为在道义上和政治上是正确的。

现代公司恰当的政治和社会作用是一个哲学上讨论的问题，其涉及范围远比我们关心的更为广泛；公司具体的政治性决策到底是否明智也与解决目前的争议完全无关。但是急需解决的问题是公司的代理投票机制能否被用来庇护经理层的决策不受股东控制。

我们认为，自由运用其专长于日常生意判断是经理层的合法需求，而将拥有广阔资源的现代公司看作贯彻个人政治和道德偏好的私人领地则是一种非法的权力欲，二者之间有一条清楚而重要的分界线。我们不能说在政治和道德问题上经理层比作为公司所有者的股东更有权利作决定，同样也没有理由认为适用引发这种结果的投票代理规则能够

---

① Medical Committee v. SEC, 432 F.2d 659（D.C. Cir. 1970）. 以下宋体字是本书作者对案情的概括，楷体字是对原文的翻译。

与国会在 1934 年《证券交易法》第 14（a）条中包含的公司民主哲学和谐共存。[①]

　　1972 年，证交委又提出按"较多地与发行人的普通生意相联系"的标准来确定能否强制性放入，坚持其在医药委员会案中的立场。但是 4 年以后，也就是在医药委员会案判决 6 年以后，证交委通过对普通生意的解释改变了自身以往的立场：

　　我们曾经认为"普通生意经营"这个词组自然而然地包括了那些有着重大的政策、经济和其他含义的事务。例如，一份要求公益企业不要建造核电站的提案过去被认为是可以排除的。可是现在回想起来，感觉伴随核电站的经济和安全考虑显然十分重大，要不要建造的决定不是"普通"生意性质。这一类以及其他意义重大的提案都应当被看作在发行人普通生意经营范围之外，将来的证交委职员解释信将反映这个观点（《交易法发布》第 12999 号，1976 年 12 月 3 日）。[②]

　　尽管在某些时期内某些问题上存在分歧，但是无论是美国的证交委还是法院，都把股东的提案权看作公司民主的重要手段。这种看法的背后有着政治民主传统的支持。从 20 世纪 30 年代开始，在美国就掀起过股东运动，强调股东民主。该运动的创始人路易司·杰尔伯特（Lewis Gilbert），也就是前面提到的 SEC v. Transamerica Corp.，163 F.2d 511（3rd cir. 1947）一案的原告，是一位纽约投资者。他全日制地投身于股东民主活动和其他与股东有关的事务。他和他的助手们，包括他的兄弟，每年参加 200 多个股东会，在会上向经理层提出小股东关心的尖锐问题，弄得气氛紧张热烈。他的活动吸引了其他想法相同的股东权利声张者，特别是 Wilma Soss 女士，她成立了美国女性股东联盟。

　　从 1970 年开始，另一类股东提议人出现。这些股东只购买了少量股份，对传统的公司事务没有兴趣，只提出公司的社会责任问题。他们的提案涉及公司行为对环境的影响、种族、性别歧视以及在世界上不尊重人权的国家里做生意的问题。上面的医药委员会案就是其中的一例。在该案判决的同一年（1970）发起的 GM 运动是具有全国性影响的、意义深远的事件。

　　GM 是美国通用汽车公司的简称。GM 运动是由一个叫作公司责任项目的组织发起的，目的是希望通用汽车公司的股东会批准几项提议，包括设立一个公司责任方面的股东委员会来审查通用汽车在几个指定领域内的社会表现和影响，并敦促通用汽车公司选举第一位黑人和第一位女性进入其董事会。事情引起了公众的高度关注，电视台也予以报道，并以长期以来对通用汽车持批评态度的 Ralph Nader 与主持人对话的形式播出。通用汽车强烈反对将这些提议放进去，但是证交委认为其中主要的决议草案必须放进去。全国媒体持续跟踪。在强大的压力下，GM 被迫将股东提议放进了征集书。年度股东会

　　[①] 本案中证交委审查了职员同意道乌排除提议的立场。但是它坚决否认这一行为构成可以上诉的正式决定（因为只有正式决定才能起诉），认为它只是在有人发文询问的时候提供了咨询。它向最高法院上诉，该院最终以事情已经过去、不存在可判决问题为由撤销了上诉审法院的判词。

　　[②] Exchange Act Release No. 12，999（Dec. 3，1976）.

开了6个半小时，创历史最长纪录。会场里挤满了人，很多是记者。但是会上表决结果只有2.73%的股份支持设立股东委员会的提议。

但是在GM的年度股东会以压倒性优势否决了GM运动提案之后几个月，GM董事会却自觉地设置了一个公共政策委员会并选举了第一位黑人董事Rev. Leon Sullivan。一年以后，它又选举了第一位女性董事。

1971年兴起了第二轮GM运动，焦点是董事会的结构与披露，结果与前面大同小异。有评论家指出："因为GM运动，美国公司选举制度发生了根本性的变革。"

股东活动家把GM运动看作成功的，因为它显示了巧妙运用公共舆论可以引致公司制度的实质性改变，虽然提案本身被击败了。许多其他组织也开始用股东提案来推进他们的社会计划。教会组织成了最活跃的股东提案人。他们推动公司停止或改变在南非[①]的生意。通用汽车的第一个黑人董事萨利凡先生提出的观点被人称为萨利凡原则。因为有数十次股东会收到的股东提案中赞同这些原则，萨利凡原则名噪一时。别的提议人提出了其他许多公共政策问题，包括国防、外交政策、北爱尔兰的宗教歧视、原子能以及反对针对以色列的阿拉伯联盟等。

股东运动的发展也影响了机构投资者的态度。机构投资者在今天持有越来越多的上市公司股份，是世界上最大的股东和股东群体。历史上它们的态度一向比较保守，只希望股份增值，不参与所持股份公司的经营管理。这一习惯正在各种压力下改变。大学是重要的机构投资者，学生是其内部的压力集团，从越战期间的反战运动开始，延伸开去包含了其他问题，比如美国公司在南非（种族主义统治结束之前）的投资。工会成员是另一个压力集团，要求养老金计划的管理人在股东提案中明确立场。[②]

【案例12-4】

罗文海诉艾洛克品牌有限公司[③]

艾洛克品牌有限公司从法国进口鹅肝酱，鹅肝酱是用鹅的肝脏制成的。原告罗文海持有公司的200股普通股股份。他获悉法国人采用强制喂食法饲养鹅，具体过程是将鹅饲养到4个月左右时不再让它自由活动，而是将它固定在一个机械装置上，身体和翅膀用金属环扣住，脖子拉直，然后将一根10~12英寸长的漏斗管子通过鹅嘴插进喉咙，将0.4千克拌好的玉米糊由机器通过管道压入鹅的胃内，另有一根塑料带子箍住鹅的喉咙，以防下去的食物回涌。有的农场采用人工喂养，方法大致相同，由饲养员用一根棍子将食物通过同样的管子塞进鹅的胃里。这样的喂食方法能使鹅迅速肥大，而且肝脏长得特别大，提高了鹅肝的产量。可是原告认为这种方法对动物过于残忍，应当禁止；至少美

---

① 南非当时还处于白人种族主义的统治之下，歧视黑人。

② 在某些特定的领域内，机构投资者甚至表现得非常活跃（详见本章第四节对机构投资者的介绍）。它们反对经理层提出的修改章程和规章以防御兼并要约的提案，资助过股东提案以撤销经理层的动议；它们呈交提案以消除毒药丸（毒药丸的含义请看本书下册第十八章第二节第三小节的介绍）的效果，因为该丸是董事会未经股东会同意而颁发的，会减少发行人成为要约收购目标的可能性。这些提案得到的支持比社会性的提案更多。

③ Lovenheim v. Iroquois Brands, Ltd., 618 F. Supp. 554（D.D.C. 1985）。原文较长，以下文字均为本书作者的改编。

国的公司不应当和这样的供应商打交道，所以要求公司专门成立一个委员会来调查法国供应商的实际情况，有没有通过这种强制喂食的方法生产的鹅肝酱，并将调查结果向股东会报告。如果情况属实，应当考虑停止进口和在美国国内销售其产品，直到法国供应商改善鹅群的喂食方式与处境，采用比较人道的鹅肝生产方法为止。因为如果公司继续进口，那就等于是在鼓励这种非人道的喂养方法。

罗文海将他的请求写成一份股东提案提交给公司，要求公司放进投票代理权征集书，写进投票卡，请公司的全体股东对他的提案进行表决。公司拒绝，他起诉。

公司拒绝的法律依据是证交委规则第 14a-8（c）（5）条[1]，该项规定允许公司排除与其生意没有"重大关系"的提案。公司解释它每年的毛收入为 1.41 亿美元，净利润 600 万美元，总资产 7 800 万美元。去年全年销售鹅肝酱 7.8 万美元，没有赢利，还亏损了 3 121 美元，与此相关的资产只有 3.4 万美元。也就是说，公司的利润与此无关，资产只有 0.05% 与此有关，远远低于证交委在该条第一款规定的 5% 门槛。

原告承认在纯经济意义上他的提案与公司生意关系不大，但是与生意的关系并不仅仅是经济上的，伦理道义和社会意义都与公司的生意相关，在这些意义上他的提案显然与公司的生意紧密相连。[2] 而公司方面则坚持认为公司是一个经济实体，应当只考虑经济标准。

法院回顾了证交委规则的发展过程和证交委自身对该规则的解释，认为"重大关系"确实不限于经济意义，于是支持了原告的请求，发布禁令禁止公司排除原告的提案。

围绕着普通生意和公共政策的区分，以往的股东提案即使放进了征集材料，股东会的表决结果也往往是否决，如像 GM 运动那样。但是这种情况在 21 世纪初有了改变。请看下面的报道：

历史性的响桶投票促进了新政策[3]

纽约市审计办公室长期推动的运动在上个月取得了决定性的胜利。响桶老式乡村饭店连锁的母公司，响桶集团股东会以多数票通过了一项对不同性取向采取无歧视政策的决议。对这项在年度股东会上得到 58% 票数支持的决议，响桶集团董事会马上作出了反应，一致同意以此作为公司的雇用政策，尽管他们以前反对这样做。

这次投票是在经理层反对的情况下一份有关社会政策的股东决议第一次获得多数通过。由此引起的政策变化结束了纽约市雇员退休基金长达 10 年要求公司明确表示保护同性恋雇员的努力。

---

① 1998 年，证交委修改了该条规则之后，（c）（5）被重新编排为（i）（5）。

② 原告还把人道地对待动物看作西方文化有机组成部分。他列举 1641 年麻州湾殖民地通过的保护动物《诺亚七法》、1877 年以来联邦政府通过的多部法律和存在于所有 50 个州以及哥伦比亚特区的动物保护法。同时，美国在动物保护方面的一些全国性的组织也对原告表示支持，包括全美防范虐待动物协会、合众国人道协会等。这些组织支持各种旨在终止强制喂食的措施。

③《公司社会问题通报》（一），2002 年 10 月。投资者研究责任中心。Investor Research Responsibility Center, Historic Cracker Barrel Vote Prompts New Policy, Corporate Social Issues Reporter 1（Oct. 2002）.

响桶在 1991 年首次引起男女同性恋群体的愤怒。当时其人力资源副总裁下发了一份备忘录，称"正常的异性恋是我们社会的家庭基础。在各经营单位继续雇用那些性倾向不具备这些正常观念的人是与我们和我们客户的价值观不相符合的"。随着该政策在公司当时在南部和中西部经营的 100 家左右的饭店中推行，在 11 000 雇员中至少有 11 人失去了工作。有一位雇员接到的分离通知上说："解雇这位雇员是因为他违反了公司的方针。他是个同性恋者。"

纽约市雇员退休基金于 1992 年首次提交决议草案，但是证交委写了一封"无行动信"给公司。此信后来被称为响桶裁决。证交委的职员在该信中说证交委不会质疑公司的排除决定，认为所有与雇用有关的股东提案都属于普通的生意问题，所以可以从征集书中排除。1993 年 1 月，证交委的 4 位委员对此进行表决，以 3∶1 的比例支持职员的立场。

纽约市和其他两位 1992 年决议草案的提倡者将证交委告上了法庭，但是联邦第二上诉审法院于 1995 年维护了证交委的决定，认为证交委在公司能否排除股东提案的问题上有着广泛的自由裁量权。虽然得到了法院的支持，证交委却在 1998 年 5 月全体一致改变了这项饱受争议的方针。

纽约市雇员退休基金每年都呈交提案给响桶，直到公司董事会最终通过该决议为止。纽约市审计办公室的派奇克·多赫提说这次投票显示了"坚持的作用"。他说：作为一个有长远目光的机构投资者，纽约市雇员退休基金"以此出手"，年复一年地提交。多赫提赞扬董事会采纳了股东多数表决的结果，称之为"公司民主的伟大胜利"。

在过去 10 多年中，股东提案已经成为上市公司中股东参与公司事务的主要途径。提案由股东积极分子（自然人）和少数公共养老基金提交，但是得到日益觉醒的机构投资者群体的支持，这个发展趋势可以逐步克服"搭便车"[①] 现象、减少集体行动的困难，使一些较大的股东能够在公司的管理中发出不同的声音。

提案各种各样，应有尽有。有些专注于公司管理中最核心的问题，如滞后董事会、毒药丸、股东对董事的提名权、高管报酬等；有的则提出社会和政治问题，如全球变暖、童工雇用、政治捐款、雇用平等、环境保护等。不同时期提案内容的分布有所不同。近来的提案大都关于公司管理，特别是高管报酬。20 世纪 90 年代中期以后，获得股东会多数支持的提案数量也在增加（1990 年之前的 50 年中，一共只有两个提案在经理层的反对下获得通过）。

不过即使是那些没有通过的提案，也对经理层发生影响。今天的上市公司经理层经常会同意少数派提出的改革，以免触犯那些善于表达、说话权威的少数派股东，达到改善公司的公共关系的目的。这样，许多提案在提交之后又主动撤了回去，因为提案人与经理层谈过之后就达到目的了。据统计，2008 年美国全国一共有 30 个按劳取酬的提案和 129 个社会问题的提案被提案人主动撤回。

---

① 搭便车是普遍存在于人类社会的一种自私心态：希望别人去努力、去推动，成功了自己可以一同分享成果；失败了反正自己没有付出。集体行动的成本越高，越不方便，搭便车现象就越严重。

　　美国股东运动不断深入，进入 21 世纪之后，股东的董事提名权和报销权已经被提上议事日程。公司法规定股东选举董事，董事任命公司官员。但是在以往的上市公司实践中这其实是一句空话。因为股东实际上选举不了，是经理层在选董事，或者说是董事会自己在选自己。经理层掌握着公司资源和董事提名权。投票征集材料中的董事候选人都是由他们定的，股东无权将自己提名的董事候选人放进征集书，怎么可能选举自己的董事呢？理论上说，股东有在股东大会上提名董事候选人的权利，可那根本是不现实的和不可行的，因为实际的投票选举已经在征集过程中完成。在美国，股东们，尤其是一些持股较多的公共基金，开始争取提名候选人的权利，并且已经为此打了好几场官司，新闻舆论也积极跟进，围绕这个问题展开讨论。在形势的压力下，特拉华州议会于 2009 年 8 月修改该州公司法，增加了第 112 条和第 113 条。

　　第 112 条　投票代理权征集材料通道。
　　规章可以规定如果公司就董事的选举征集投票代理权，除了董事会提名的个人之外，它还必须将股东提名的一个或数个个人放进投票代理权征集材料（包括它所分发的代理投票卡），但是必须符合规章所规定的程序和条件。这些程序和条件可以包括下列各条：
　　（1）对提名的股东要求最低持股数量或者持股时间，并且在考虑期权和其他有关这些股份的权利的基础上对持股进行定义；
　　（2）要求提名的股东提供关于提名人和被提名人的信息，包括其持有公司股份或者与这些股份有关的期权或其他权利的信息；
　　（3）规定股东可提名的数量或者比例，或者他之前有没有提过同样的要求，并且以此作为股东得以提名放进公司的投票代理权征集材料的条件；
　　（4）规定任何人、由其提名的人或者他们的关联人如果在选举董事之前规定的时段内取得或者表示要取得公司已发行投票股的某个百分比，那就不得提名；
　　（5）要求提名的股东承诺如果其提供的提名材料虚假或者误导，就会报销公司因此而遭受的损失；
　　（6）其他合法条件。
　　第 113 条　征集费用的报销。
　　（a）规章可以规定由公司报销股东在选举董事时因征集投票代理权而发生的费用，但是必须符合规章所规定的程序和条件，包括：
　　（1）以请求报销的股东所提名的数量和比例或者以他以前有没有请求过为类似的费用报销作为报销的条件；
　　（2）以请求报销的股东所提名的一个或数个人所获得的赞成票的比例，或者公司为选举而征集投票代理权所花费的金额，来决定报销的数额；
　　（3）对根据本章第 214 条规定的累积投票选举进行限制；
　　或者（4）其他合法条件。
　　（b）如此制定的规章条款不适用于该条款制定之前的选举。

在此之前两个月，也即 2009 年 6 月，证交委 5 位委员以 3∶2 通过决议，准备修改投票代理规则，明确规定股东对董事选举的提名权，提名数量为一个或者董事会的四分之一，二者取多数。条件与上述特拉华公司法第 112 条大同小异，比如持股比例和持股时间，被提名人的独立性，包括他与公司的关系等。反对意见主要在两个方面：第一是从实体上考虑，担忧如此改革会将赋予特殊利益股东过大的权利，使公司选举变成分裂性、对抗性竞争，使董事会缺乏凝聚力，那些有水平的董事不肯当董事；第二是宪法层面的联邦制：公司法历来属于州政府的保留权力，证交委这样做是否侵入了州政府的权力范围之内。最终，证交委没有将 2009 年 6 月份的决议写入投票代理规则。

我们不妨比较一下证交委规定与特拉华州议会立法的不同效果。如果证交委作了规定，那就是全国一刀切，符合条件的股东自动获得在投票代理权征集书中提名董事的权利。由州议会像特拉华那样立法，规定公司规章可以赋予股东这样的权利，那就既不一刀切，也不自动。想获得提名权的股东必须分两步走，第一步先请求修改规章，在规章中作出诸如第 112 条的规定。修改规章的请求容易放进投票代理权征集材料，因为修改规章是股东固有的权利。如果请求得到股东会的批准，规章被顺利修改，再走第二步：实际行使提名的权利——在下次股东会上将自己提名的候选人放进公司的投票代理权征集材料，请广大股东投票表决。任何一个公司的股东想要提名都必须走这两个步骤。可见，两者在速度上的差异是一个快，一步到位；另一个慢，必须分两步走，而且有的公司走，有的公司不走，更具体地说是有此需求又有权利意识的走，无此需求或权利意识的不走。

但是不管是快还是慢，从近几十年的发展趋势来看，上市公司中的股东权利正在逐步扩大，所有权与经营权的分离甚至对立，所有权被经营权彻底架空的情况正在逐步得到缓解。

我国的公司实践和公司法都处于初级阶段。2005 年修改《公司法》时增加第 106 条（当时第 107 条），规定股东投票可以代理。但是立法者对上市公司中代理投票的一整套制度并不了解。第 106 条是个孤立的条款，没有配套规定，所以只能在普通的零敲碎打的民事代理上去理解它，而不是像本节介绍的作为上市公司特有的一整套代理投票制度。

对股东的提案权及提案内容，我国《公司法》第 102 条第 2 款规定："单独或者合计持有公司百分之三以上股份的股东，可以在股东大会召开十日前提出临时提案并书面提交董事会；董事会应当在收到提案后二日内通知其他股东，并将该临时提案提交股东大会审议。临时提案的内容应当属于股东大会职权范围，并有明确议题和具体决议事项。"3% 的门槛是很高的，和美国的 2 000 美元相比差异很大。会前 10 日（美国规定 120 日）提交、提交后 2 日转交其他股东的时限都过于局促，缺乏可行性。此外，如前所述，我国公司法没有规定上市公司股东大会的会议有效数，哪怕只有 1% 的股东出席股东大会，也能行使公司法和公司章程规定的股东会权力，决定公司的重大问题。我国的立法者是从实体开会的角度去立法的，不了解上市公司股东会主要通过代理投票表决的情况。因而这些规定与实践是脱节的，很不成熟，只能等待以后修改。

第三节　要 约 收 购

在上一章中我们说过，有限责任公司的一大特点是股份没有市场，与此相对，上市公司的股份有市场，一个现成的市场——证券交易所或者柜台市场。[①] 公司的股份在这些市场上自由地流通。所以上市公司里不大会发生有限责任公司内部那种压迫和排挤行为，因为小股东随时都可以用脚投票，将所持股份在市场上抛掉后走人。自由流通的股份也为公司的兼并者创造了这样的可能：他们可以不经过公司管理层的同意，自行在市场上购买足够多的目标[②] 股份，达到控股的程度，进而通过董事的选举将公司的管理层扫地出门，换上自己的人，将公司据为己有。而对有限责任公司来说，这是不可能的。因为公司的管理层与股东合二为一，不愿意把股票卖给你。要想收购一家有限责任公司，收购人必须与公司管理层和大股东（二者往往是同一个或者同几个人）协商洽谈，讨价还价。只有当对方感觉价格合适并愿意出卖的时候，收购才能成功。如果对方不肯出售，那就无法收购。也就是说，收购有限责任公司只能采取协商的办法，叫作协议收购。

理论上，为收购目的购买上市公司的股份可以在交易所或柜台市场上零敲碎打地购买，也可以采用向全社会公开要约的方式大规模地购买。证券交易所的市场较浅[③]，要达到控股的程度，需要购买很长的时间。不过，要是能够这样做，倒也省钱，因为价格较低，便宜。但是为了保护广大中小股东的利益，法律对此有专门限制，即当持股达到 5% 的时候必须报告和公开；以后每增减 5%，都要公开。这么一来，市场价格就会很快上涨，目标经理层也会采取各种防范性的措施来挫败收购人的收购意图。为了不给目标经理层过多的时间进行防御和抵抗，收购人都很注重时间和速度。

实践中，上市公司的收购大都采取向全社会公开要约的方式进行，这就是要约收购。要约收购是上市公司特有的现象，可以作为上市公司不同于有限责任公司的第三大特点。收购的对象叫作目标。收购人在公开要约中明码标价，限定收购的股份数量和期限。收购价格往往远远高出证券交易所的市场价格（大都高出 35% 以上），从而对目标股东产生巨大的吸引力，任何一位股东都可以在限期之内交售所持的股票。支付手段一般为现金，偶尔也采用收购人自己的股份。[④] 收购的数量可以是目标的全部股份，也可以是部分股份，由收购人根据实际需要确定。

---

① 柜台市场培育小公司上市发展，与证券交易所（主要培育大公司上市发展）相辅相成。柜台市场又叫店头市场、二板市场、场外交易市场等。其英文原文是 over the counter market，简称 OTC market。OTC 是 over the counter 的首字母缩写，意思是在柜台上。以前证券都在证券公司的柜台上买卖，一手交钱，一手交券，因此得名柜台市场。今天的非处方药都以 OTC 的标志，意思是可以在柜台上直接购买，不需要医生的处方，所以也可以叫作柜台药品。

② 在公司收购中，被收购的公司，也即收购对象行内术语叫作"目标"。

③ 行话。市场的深浅是指该市场上能卖和能买的股份的多少。多的叫作深；少的叫作浅。浅的证券市场很容易扫盘，即将全部能够买到的证券买光，或者将足量的证券卖给全部想买的人。

④ 如果用收购人自己的股份作对价，收购人必须是上市公司，其股份可以随时变现，接受要约的目标股东很容易将对价折算成现金。

　　一般地，收购的目的是控股。控股分为两种情形：绝对控股和相对控股。如果持有公司已发行股份的 50% 以上，那是绝对控股，因为在股东会上的任何表决中都可以占据多数。如果持有的股份虽然不到 50%，例如只有 20%，但是因为公司股份的持有十分分散，20% 的份额已经使别人无法抗衡，持有人能够在全体董事的选举上说了算，或者至少能够选举多数董事进入董事会，那就是相对控股。无论是绝对控股还是相对控股，收购人只要通过收购能够取得控股地位，收购就成功了。

　　收购要约有效期限的确定也有许多讲究。太短了市场来不及交售，太长了目标经理层容易采取防御性措施，使收购变得困难。历史上曾经出现过"星期五要约"，即在星期五发出收购要约，有效期一周，到下星期五到期。很多人在收到要约之前已经对周末作出了安排，不方便花费周末的时间去对要约作认真的研究，星期一上班之后再去研究要约，时间只有 5 天了。这种短期要约能够使目标经理层措手不及，使收购人迅速地达到目的；同时也对每一位目标股东产生巨大的压力，因为谁都明白，过了这个村，就没有这家店，一旦要约有效期结束，市场的股票价格马上就会回落，到时候想交售也不行了。

　　在要约有效期内，目标股份的市场价格迅速上涨。这是因为存在一大批证券套购商，他们在获悉收购要约之后，在证券交易所大量买进目标股份，然后交售给收购人，以赚取差价。这类活动将交易所交易场上的目标价格迅速拉高到接近于收购价的价位。

　　如果要约到期却没有足够数量的股份交售，收购人就会撤回要约，不会购买已经交售的股份。这时如果他还想收购，那就只有修改要约，提高价格，重新发出要约。有时候在要约有效期内，收购人发现交售的数量不足，也可能修改要约，提高价格，以吸引更多的股东前来交售，这样的修改算作新的要约，要约有效期应当重新起算。①

　　收购属于买卖；买卖一般只是买卖双方的事。买方是收购人，卖方是目标股东。但是公司收购还涉及第三方的利益，那就是目标经理层。所以要约收购总是三方利益的博弈——收购人、目标股东和目标经理层。由于要约收购能够大幅度提高股票的市场价格，使股东们能够一下子赚到很多钱，所以要约收购是股东们欢天喜地值得庆贺的日子。但是对于公司经理层来说却是灾难性的，因为一旦收购成功，他们都会丢掉饭碗。一般地，公司收购中的三方利害关系是：收购人希望收购成功，愿意高出市价购买股东手中的股份；股东都欢迎收购，只要价格合适；但是经理层会殊死抵抗。从公司法的角度看，股份的买卖不涉及公司形式的根本性变更，既非合并也非分立，又不涉及章程的修改，所以既不需要目标董事会的同意，也不需要目标股东会的批准。因此，收购人可以越过公司经理层直接向广大的中小股东购买他们手中的股份，只要出价足，成功的概率就很高。由于这样的做法无视目标经理层的存在，对他们不够友好，所以要约收购经常被称为敌意收购。敌意是相对于目标经理层而言的。收购人对广大中小股东是十分友好的，至少表现得很友好；经理层这时很想说服广大股东不要卖给收购人，所以对广大股东也很友好。

---

　　① 可以适当缩短，例如，美国规定为 10 个工作日。

在这三方利益关系中，法律的基本立场是保护投资者，即广大中小股东的利益，而在收购人和目标经理层的争斗中采取一种不偏不倚的态度。因为收购人财大气粗，经理层有权有势，两边都是强者，不需要法律的特别保护；唯独广大的中小股东是弱者，需要法律的特别保护。

在 20 世纪 60 年代的美国，曾经掀起过一阵收购上市公司的热潮，很多公司都在公司高管们的鼻子底下被生生地买走，然后高管下岗，另谋生路，颇为凄惨。于是，他们开始游说国会要求立法限制公司收购，他们把收购人称作"强盗、鲨鱼、侵略者"。立法者倒不需要关心这些高管的遭遇，但是从股东的利益出发，他们认识到收购人采取突然袭击的办法收购公司，速度快，市场来不及作出恰当的反应，而且有的公司的价值本来就是被市场低估的，所以即使是收购人相对高的价格也还是不足价的，让股东吃亏，收购人占了便宜。于是，美国国会在 1968 年通过了威廉法案，规定收购人收购目标股份达到 5% 时必须报告和公开，使市场能够做出及时的反应。此外，法律还进一步规定收购要约的有效期至少为 20 天，以便使股东有充足的考虑时间。法定要约有效期一出台，"星期五要约"就自然地消失了。我国法律也引进了类似的规定：《证券法》第 86 条要求收购人持有或者与他人共同持有目标股份达 5% 时，应在 3 日内报告和公开；第 90 条规定收购要约的有效期不得少于 30 日。不过这么一来，虽然广大的中小股东获得了比较充分的信息，但是目标经理层同时也获得了对抗收购的比较充裕的时间。不过威廉法案的本意是保护中小股东，而在收购人和目标经理层的争斗中取中立立场，所以目标经理层从法案的通过中获得的好处只是该法的一个副产品。

要约收购涉及公司控制权的转换，动辄数十亿甚至数百亿美元，其经济的和社会的影响是巨大的，所以已经成为公司法中的一个重要的研究课题。收购过程中一边进攻，一边防御，双方斗智斗勇、殚精竭虑，演出了无数威武雄壮、惊心动魄的戏剧，创造出了大量新奇的词汇。这些内容，特别是其中的法律规则，我们将在本书第十八章控制权的交易第二节到第五节中详细介绍。

第四节　经营管理中的其他特点

大的上市公司规模宏伟，富可敌国。一个公司可能有几百个工厂和办公处所，生意遍布十几甚至几十个行业，产品更是成千上万。几万甚至几十万职工和他们家属的生计依赖于公司的生存和发展，如果算上客户和供应商，则其成败与几百万人的切身利益直接相关，至于其产品对整个社会的影响，那就更大了。

一、金字塔式的管理结构与赢利中心

管理如此庞大的公司，就像管理一个国家，需要由上到下建立起一套完整的、金字塔式的官僚系统。一般地，经营管理越往高层，自由裁量权和责任也就越大。从最底层的管理开始，如商店或车间的工头之类，经过几个层级的递升，最终会在对某个领域或者几个领域负责的一个人处达到最高层。这个人可以是公司的塑料分支的总裁或者化学品分部的经理。他全权负责数家工厂的赢利，销售额可以达到每年几十亿元，但是仍然比公司的最高层低了几个级别。这个中层经理在日常经营中对该分支或分部拥有广泛的自由裁量权，但是高于某一层次的承诺或决定却需要更高层经理的批准。这样的分支往往是公司的二级或者三级分支。如果一个分支对公司来说足够大，属于一级分支，则其负责人比公司最高层低一个级别，直接受公司总部的监管。

大公司经营种类多，生产线多。一个公司往往按行业分成很多块，每一块都相对独立，独自作为一个赢利中心。典型的赢利中心是公司的一个独立的分支，在业务经营上自成一体。每一个分支都有自己独立的中心办公处，一般这办公处与它所管辖的某家主要的工厂在一起。无论是产品的销售，还是新产品的研究与开发，或者是销售策略与广告，它们都可以自主决断。公司可以卖掉任何一个这样的分支而不会引起资产、雇员和档案记录的重新编排。分支负责人对分支的全面管理负最终的责任；如果该分支经营得不好，他可以被解雇。

一个赢利中心可以直接隶属于公司总部（一级分支），也可以隶属于另一个赢利中心（二级或三级分支）。我们在法律上严格区分子公司与分公司。前者是独立的法人，母公司不需要对子公司的债务承担连带责任；后者仅仅是总公司的一个分支，不是一个独立的法人，因而在债权债务的承担上与母公司连成一体。但是对于生意人来说，这些法律形式上的区别在赢利中心的日常经营中并没有太大的差别，因而在名称叫法上也比较随意，子公司、分公司、分支、分部、部门几乎可以通用。子公司设立董事会，分公司则设一个什么委员会，二者的作用基本相同，区别只在形式上。不过作为律师，仍然要遵守这些形式上的差别，以免今后在诉讼中对方指责说子公司的独立存在已经被母公司否定了。

二、公司总部和 CEO

总部是总公司的首脑机关，统辖各赢利中心并对它们实施监督，同时也给全公司提供一系列的服务，包括筹资、审计、法律服务、职工的养老金计划和医疗保险计划等，还有最高经理层的激励报酬计划和有关企业长远发展的最终决策，因为经验证明在这些领域内由总部集中指挥和控制比由各赢利中心自行其是更加高效。

总部挑选各赢利中心的负责人并对他们的表现进行监督和检查，决定各中心的高层经理的报酬，使好的表现可以得到奖励，同时也使全公司中层经理的报酬水准保持一致。

虽然大公司内部的日常控制和经营管理相对分散，子公司都要独立报税，但是公司总部仍然需要编制全公司统一的财会报告，将所有赢利中心的财会报表合并到一份全公司的报表里。报表可以是年度的、月度的、每周的甚至是每日的。其中既有总公司报税的需要，也有公司内部管理的需要。作为上市公司，总部需要定期公布全公司的财会报表，所以各赢利中心必须统一使用总部所定的会计制度。

总部集中调配全公司的现金，各赢利中心必须把所有的可用资金存到总部管理的账户上，不得开设它们自己的银行账户或者建立与银行的联系，但是可以根据经营的需要从总部账户上领取资金。这样做的好处是可以在全公司范围内合理调配各赢利中心所需要的资金,免得一个中心在向银行贷款而另一中心有多余的资金存在银行里赚取低利息。对于多余的资金,总部负责当晚投资,以最大程度地实现资金的价值。

从资金筹集的角度看,总部比任何一个赢利中心都能够以更加优惠的条件借到钱。由总部集中筹资还可以对各中心提出的投资计划进行集中的检查和审批,而这反过来又使公司能够将庞大但却有限的资源以更加理性的方式在各中心之间参照它们各自提出的计划进行调配以达到总回报的最大化。

总部的首脑是首席执行官 CEO,[①] 居于金字塔的顶峰;所有的分管经理都向他报告工作。在首席执行官的周围,还有首席法务官 CLO、首席操作官 COO、首席会计师 CAO、首席财务官 CFO 等。这些称呼已经描述了他们各自的职责,他们在当今的大公司中十分普遍,所以他们的英文首字母缩写也为人们所熟知。他们围绕在首席执行官的周围,各自负责一块专业领域,并在该领域内居于最高的地位,负有最终的责任。他们都需要对 CEO 负责。如果 CEO 对周围的某个人不满,例如 CFO,他就可以撤换他,换上一个让他满意的人。这些最高层的经理,连同 CEO 一起,共同组成公司总部。

三、高管报酬

这些高层经理,特别是 CEO 的报酬引起了社会广泛的关注。据统计,从 1993 年到 2008 年,财富 500 家公司的总裁工资翻了两番,也即 4 倍,平均每人的年薪达到 1 100 万美元——包括工资、奖金和期权。其与普通工人的收入差距也扩大了许多。1993 年,CEO 的工资是普通工人的 131 倍,2005 年增加到了 369 倍。[②] 美国国会曾经试图通过各种立法限制这个差距,比如要求公司设立薪酬委员会来确定薪酬标准并进行监督,要求公司公开高层经理的报酬以便于股东监督,但似乎都无济于事。信息的公开使 CEO 们知道了他们同行的收入,于是要价越来越高。也有人为这些高薪辩护。例如,美国信用卡公司的总裁 Harvey Golub 在 1993 年到 2000 年任职期间的报酬总共为 2.5 亿美元。但是同时期公司股票的价值升了 5 倍,从 100 亿美元涨到 650 亿美元。Golub 先生承认自己变富了,但是指出"我的股东们更富了"。他问:我从那上涨的 550 亿美元中才得到了多少?[③]

与迪士尼乐园的总裁 Michael Eisner 相比,Golub 先生的收入又显得微不足道。Eisner 先生在 1998 年一年的收入就达 5.76 亿美元。他在心脏病发作之后向公司董事会推荐了 Michael Ovitz。Ovitz 先生与公司谈成了一顶黄金降落伞[④]——如果他被无因解雇的话,公司必须支付他 1.3 亿美元。14 个月之后,因为他干得不好,公司将他解雇,并给他支付了 1.3 亿美元,由此引发了一场旷日持久的官司。股东起诉指责公司董事会浪

---

① CEO 是 chief executive officer 的首字母缩写。同理,后面的 CLO、COO、CAO、CFO 也都是首字母缩写。它们的全称分别是 chief legal officer、chief operating officer、chief accounting officer、chief financial officer。

② Robert W. Hamilton and Richard D. Freer, *The Law of Corporations in a Nutshell*, 6th ed., at 263, West Publishing Co., 2011.

③ 同书,第 264 页。

④ 黄金降落伞,也叫金色降落伞,参见本书第十八章第二节第一小节的背景介绍和第三小节第 16 条词汇解释。

费公司资源。2006 年特拉华最高法院判决公司董事会没有违反他们的信托义务。[1]

无论是 Eisner 先生还是 Golub 先生，虽然拿了高薪，但是都干得不错。家具库公司（Home Depot）曾经在 5 年当中付给它的首席执行官 2.45 亿美元的薪酬，但是在这 5 年中公司股票跌了 12%，而同时期内其主要竞争对手罗氏公司的股票却涨了 176%。[2]

中国的上市公司，特别国有企业中高管们的工资同样引起了社会的广泛关注。他们与普通工人的收入差距也在迅速地扩大。由于我国社会的透明度不够，所以我们还没有这方面的确切数据。但是上市公司中的高管薪酬无疑将成为以后人们持续关注的一个焦点。为了使我们以后少走弯路，有必要了解美国在设计高管报酬方面的一些经验和教训。

高管报酬一般由薪水、奖金、期权或其他以股份价值为基础的计划、延迟报酬（养老金）和各种福利组成。巨额的高管报酬显然减少了股东的财富。但是如果设计得好，使高管的利益与股东的收入密切挂钩，可以诱使其努力工作，从而增加股东的财富。可是，美国在 21 世纪初的股市泡沫和随后不久的房地产危机中却频频出现这种现象：企业濒临倒闭，高管却仍然获得巨额报酬。这个问题引发了人们对于上市公司中高管报酬的深入思考。因为期权 [3] 和期权性质的激励计划经常占到高管报酬的 75%，所以下面我们重点研究这类报酬。

人们普遍认为，期权或其他以股份价值为基础的计划会促使高管们从股东的角度思考问题、经营企业，但是实际情形远非如此。由于设计上的问题，很多时候高管们即使表现平常甚至糟糕也能获取高额报酬。许多公司将期权授予时的市价作为行权价，意味着只要整个社会的经济在发展，企业所在行业也在发展，因而企业的股票价格随之提高，那么即使企业落后于同行业内的其他企业，其高管也能从期权中获益。可是股票价格的提高是因为社会经济的发展，不是因为高管们经营得好。[4] 此外，由于高管们在期权生效之后可以自由地行权并买卖相应的股份，他们很容易利用企业股票的市价起伏赚取大量短期利润。这种获利不但与他们的经营好坏无关，而且还会促使他们利用内幕信息操纵市价，非法获利。证据表明高管的自由买卖与其操纵公司利润、发布虚假财务信息都有直接的关系。

为了避免普通期权的上述弊端，现在美国很多公司采用限制性期权，一方面要求高管取得一定数量的公司股票，往往是其基本年薪的几倍，并且在规定的年限内持有这么

---

① In Re Walt Disney Company, Derivative Litig., 906 A.2d 27, (Del. 2006).

② Robert W. Hamilton and Richard D. Freer, *The Law of Corporations in a Nutshell*, 6th ed., at 265, West Publishing Co., 2011.

③ 期权的价值取决于企业股票的市价。其具体操作见本书第二章第三节对期权的介绍。如果行权价高于市价，行内称期权"在钱外"（out of the money）；相应地，低于市价就是"在钱内"（in the money）；等于市价称为"平钱"（at the money）。

④ Lucian A. Bebchuck & Jesse M. Fried, Pay Without Performance: Overview of the Issues, 17 J. Applied Corp. Fin. (2005). 该文作者还指出，尽管有剔除这种市场自身发展带给高管利益的办法，但是几乎没有企业在期权计划中采用这些办法。许多企业的董事会出于外界越来越大的压力也在改变他们的期权计划，但是他们都有意回避那些能够剔除额外收益的办法，改用限制性期权计划，结果不但不能剔除额外收益，而且还往往增加这样的收益。这些都是因为在具体设计上出的问题（或者说做的手脚）。

多股票不得抛售。有的还规定在高管离职后多长时间才能出售，以免高管在离职前操纵公司的短期表现提升股价，然后抛售离职。一般认为这样的做法可以使高管注重公司的长远发展和股份的稳定价值，从而使其切身利益与股东更加一致。

上市公司的高管报酬都是由董事会下设的报酬委员会确定的。纽约股票交易所和纳斯达克股票市场的上市规则都要求该委员会由 3 个以上的独立董事组成。但是规则对所谓独立董事的独立性要求都不如《萨本斯－奥克斯利法》①对审计委员会的独立性要求高，因为许多报酬委员会聘用的外部报酬顾问经常给公司提供其他方面的有偿服务，实际上与公司存在着种种关联关系，不那么独立。

设立由独立董事组成的报酬委员会的初衷是让他们代表股东的利益与每一位高管谈判达成其报酬合同，就像普通劳动力市场上由企业与每位劳工谈判达成报酬协议一样。但是现实中董事们都有讨好高管的心理和经济诱因，他们都是由总裁选择和批准的，也乐意担任董事。同事间的和谐相处、避免董事会内部矛盾的愿望、友情和忠诚等，都使真正意义上的市场谈判难以发生。在使用了报酬顾问之后情况更加糟糕，因为这些顾问从公司获得的其他方面的收入远远超过充当报酬顾问的收入。

2009 年美国众议院通过《公司财务实践公平法》（以下简称《公平法》）试图解决报酬委员会存在的这个问题。该法案对报酬委员会的独立性提出了更高的要求，对聘用和监督报酬顾问的职能从董事会完全剥离，彻底交给报酬委员会（一般情况下董事会各下设委员会都根据董事会的授权行事，最终的决定权都在董事会），对报酬顾问的独立要求由证交委根据本法另行规定。证交委本来就在担忧报酬顾问的独立性问题，因为它原先不要求这些顾问披露其他方面从公司获得的收入，现在要求这些顾问披露这些收入，不但如此，连顾问单位的关联企业，只要其在公司高管的报酬确定中起了任何作用的，从公司获得的收入也要披露。这些服务的性质和费用以及公司方面经理层和报酬委员会在聘用这些单位时各自所起的作用都要披露。可惜这个法案没有在参议院通过，搁浅了。

高管报酬的问题之一在于报酬的结构及其确定过程会使高管不能正确处理经营中的风险。美国财政部长提姆·盖讷在 2009 年对此说过这样一番话，值得我们参考：

我们的财务制度以信任为基础。规则和实际做法应该鼓励健康的风险处理，使市场参与者的福利与企业的长远发展和财富创造一致起来——不但在单个企业里，而且贯穿我们的财务制度和经济整体。

这次金融危机有许多重要原因，高管报酬方面的做法是诱因之一。短期获利的吸引力压倒了对过度负债的风险的制衡。

在考虑改革措施时，我们期望在今天与会专家们的帮助下，经过一段时间之后能够发展出一套以众多经验为基础的原则作为我们的出发点。现在我们先通过罗列这些原则来启

---

①《萨本斯－奥克斯利法》（Sarbanes-Oxley Act of 2002），简称萨克斯法，是美国国会因安然及类似事件而在 2002 年立的法，旨在防止这类事件的再现。

动这个将高管报酬与股东利益紧密结合，使企业和财务制度的稳定性得到加强的过程。

第一，报酬计划应当恰当测量和回报工作表现。

报酬应当与工作表现相连结，把对高管和其他雇员的刺激与长期的财富创造挂起钩来。确定报酬时将工作表现的标准定得太低，或者依据那些即使企业表现不及同行业中的平均水平也会触发奖励的基准，就会架空以激励为基础的付酬办法。

为了向长期创造财富看齐，以表现为基础的报酬应当以各种内部和外部的度量标准为条件，而不是仅仅看股价。在考虑个人、单位和整个企业的表现时，各种测量手段都可以用来比较一个企业与其同行的差异。

第二，报酬结构应当适应风险的时间因素。

有些助长了这次危机的决策之所以作出，是因为决策人能够马上获利，而他们的报酬又不反映这些决策让他们的公司和股东承担的长期风险。尤其是金融企业创制和销售复杂的金融产品，短期收益很高，但是却包含了巨额亏损的风险。

公司应当尽量使付给高管的报酬与企业的健康和长远价值紧密相连。要求管理人员在较长时期内持有公司股份可能是达此目的最有效的手段，但是董事和专家们应当有在不同的背景和行业中灵活决定如何激励的权力。以长期表现为基础的报酬，如果企业一年表现好，一年表现不好，就不会增值，不需要先增后减。另外，企业应当认真考虑如何将与长期风险配套的激励措施从最高层高管延伸到设计、销售、包装那些繁简不同的金融产品的各层管理人员。

第三，报酬制度应当与健康的风险处理配套。

在许多企业里，报酬的设计无意中鼓励了过分的冒险，其所提供的动力最终将公司的健康置于危险的境地。同时，风险经理们经常缺乏限制这些活动的必要的权威或地位。

报酬委员会应当公布报酬组合的风险估算，以确保它们不会助长轻率鲁莽的冒险。同时，企业应当探讨如何赋予风险经理们合适的手段和权威，使他们能够有效地处理奖励与冒险之间的复杂关系。

第四，我们应当重新审查黄金降落伞和补充性退休组合包是否使管理层与股东的利益一致。

黄金降落伞的设计初衷是当公司成为收购目标时，让管理层和股东在利益上一致。可是它们经常超越这个目的，给出的离职组合包不能提升企业的长远价值。同样，补充性的高管退休福利使股东难以辨认付给一位顶层高管的离职报酬究竟有多少。

我们应当重新审查这些黄金降落伞和补充性退休组合包与股东利益结合得有多好，看看它们是真的在激励工作表现，还是即使股份贬值也在奖励顶层高管。

第五，我们应当在确定报酬的过程中提高透明度、强化责任。

假如报酬委员会具有更大的独立性，股东获得更大的透明度，许多鼓励过度冒险的付酬办法会受到更加仔细的审查。在太多的案例中，报酬委员会对经理层的独立性都是不够的，公司在向股东解释经理层报酬组合包的时候也不完全透明。此外，已有的披露都不在单独一处标明将会支付给一个顶层高管离职金总额，包括离职、养老和迟付报酬。

最后，我要声明我们不作什么。我们不给报酬封顶。我们没有精确规定公司应如何确定报酬。这样做经常适得其反。相反，我们将继续努力，构建能够奖励创新和谨慎冒险而不会增添错位激励的标准。

在确定高管报酬时还可以引入市场力量，让股东发表意见。一般说来，在高管报酬问题上股东与高管处于对立的地位，因为高管多拿了，股东就少得了。美国现在已经采用"评付"（say on pay）的办法，就是让股东在年度会议上对高管的报酬投票表决。按照公司法的规定，报酬的决定权属于董事会而不属于股东会，所以这样的表决没有约束力，只有建议的性质。但是它依然具有重大的象征意义，因为一个否定性的表决意味着对公司董事会尤其是报酬委员会失去信心。这个做法源自英国，2003 年起被美国引进，获得越来越广泛的共识。具体途径是股东提案，有时候经理层也会主动提出，更为重要的是某种形式的立法要求。现在越来越多的大公司在采纳"评付"做法。像其他由股东会投票表决的事项一样，"评付"一般都通过征集投票代理权进行。具体的征集内容稍有差异，有的仅仅请股东对公司确定高管报酬的"哲学、政策和方法"发表意见，有的则直接对报酬的数额进行表决，有的将几个方面结合起来征求意见，还有的选择三年表决一次而不是每年一次。2009 年，著名的微软公司隆重宣布它也将采纳这种方式，并且还会寻求其他让股东对高管报酬表达意见的途径。

2008 年，由两院通过、奥巴马最终签署的《问题资产恢复计划》（Troubled Assets Recovery Program，TARP），要求所有的参与该计划的公司征求股东对高管报酬计划的无约束力赞同。虽然该要求的适用面很有限，仅限于联邦政府资助的资产，但是影响很大。2009 年众议院通过的《公平法》草案则要求所有的公众公司都必须这样做，具体方式是根据证交委的要求在征集材料中披露后由股东投票表决。

由于高管报酬的合理与否是一个州法律问题，联邦法律一般不会直接予以调节，但是联邦证券法的公开要求、联邦税法和萨克斯法都与高管报酬密切相关。

对高管报酬影响最大的是证交委根据联邦证券法提出的公开要求。目前，证交委规则要求使用数字在表格中全面列清高管的各项报酬，并且计算出总额，其中包括对期权的现值进行评估，以便股东对不同时期和不同公司的高管报酬进行比较。规则要求每年的投票代理权征集书披露总裁、首席财务官和 3 位报酬最高的官员在本财会年度和之前两年的报酬。工资、奖金、股份的奖励、期权的授予、激励性支付、养老金增值、各种额外的津贴，都必须通过表格详细列出，必要时应当使用脚注解释。此外，之前授予的以股票为基础的报酬，比如赠送股和期权等，也必须列表披露。最后，离职支付也应披露，包括退休时的福利和延期支付，或者控制权换手时的离职支付。

在列表披露的基础上，公司还必须提供《报酬的讨论和分析》，说明：这些报酬是如何确定的，公司采纳了什么样的报酬政策，目的是什么，做了什么具体的决定，表中哪些数据反映了这些政策和决定；对于组成报酬的每一种成分（形式），说明为什么要选择这种形式，该种形式报酬的不同级别是怎么确定的；经理层在自身报酬的确定中起了什么作用；对于以表现为基础的报酬，说明如果业绩变坏，是否需要扣减。

1993 年，美国国会修改税法，规定公司内 4 位报酬最高的人可以计入公司成本的工资不得超过 100 万美元。不过业绩工资不在此限。业绩工资应满足 3 个条件：（1）业绩指标由报酬委员会确定，该委员会完全由独立董事组成；（2）在主要条件向股东充分公开的基础上获得股东会批准；（3）经报酬委员会认证业绩目标已经完全达到。① 这样的规定显然影响到报酬委员会的组成、促进了股东的参与，并在 100 万美元现金年薪的基础上引诱公司更多地采用激励性报酬，尤其是与股价挂钩的期权计划。

2002 年的萨克斯法第 304 条规定：如果公司的公开材料失真，因而必须重新公布其财会报表，则其总裁和首席财务官在失真信息公布后 12 个月内的激励性报酬取消，包括奖金和以股价为基础的报酬；如果公司已经支付，他们必须将已经获取的报酬返还回来。问题是总裁和首席财务官是否必须直接对失真信息负有责任才会触发该条的适用，还是仅仅一般意义上的领导责任就要适用该条。证交委的理解是后者。据此，2009 年它曾经起诉一位之前的总裁，要求他将公司在财务信息上实施欺诈期间他本人通过奖金和出售股份赢利所得总共 400 多万美元的收入统统吐出来。②

四、上市公司中股东、董事会、经理层三者关系

在理论上，按照法律的规定，股东选举董事，董事会选择包括 CEO 在内的经理，所以必定是董事听命于股东，经理层听命于董事会。但是理论与现实往往不一致。在现代上市公司中，经理层、董事会与股东的现实关系是怎样的呢？

先看一个普通的股东。假如你持有 100 股交通银行的股份，你便获得了这 100 股股份的投票权，根据《公司法》第 99 条和第 37 条的规定，你有权在公司的重大决策上，特别是在董事和监事的选举上用这 100 股投票表决。可是交通银行一共发行了 740 多亿股，你这 100 股还不到其中的七亿分之一。因此，你的投票表决无足轻重。可见，广大中小股东购买股票的唯一目的是经济利益，而不是公司的管理权，不是期望在公司的经营决策上获得某种发言权。如果哪一天你对交通银行有所不满，你就简单地将股票卖掉，再去购买别的股票，成为别的公司的股东。③

再看董事。董事由股东投票选举产生，其主要职责是任命和监督经理层。可是如上所述，股东只关心经济利益，对公司的管理和董事的选举没有兴趣。在一般情况下，股东都很听话，根据经理层的推荐投票。由于上市公司内股东投票主要通过征集代理权进行，而征集者又往往是经理层，所以实际上是以 CEO 为代表的经理层自己在选择自己的监督者。

现代大公司的董事会主要由外部董事组成。一般认为，外部董事比较独立，其对经理层的监督比较有效。可是在现实生活中，外部董事又是怎么产生的呢？ CEO 可以专

---

① 见《国内收入法典》第 162 条（m）款。

② Jeffrey D. Bauman, *Corporations: Law and Policy, Materials and Problems*, 7th ed., at 832, West Publishing Co., 2010.

③ 现代股东运动的兴起在一定程度上改变了上市公司中散股股东完全被动的局面，已如前述。但是从数量和比例上看，本段描述的情形应该属于绝大多数，少数股东积极分子虽然嗓门大、音量高，但毕竟是极少数。其做法的普及还需要有一个较长的过程。

门聘请他的朋友、同学或者有其他联系的熟人担任。有评论挖苦说经理层相信最好的董事是稍给暗示就会非常可靠地说"同意"或"反对"的人。如果做不到这一步或者没有合适的人选而必须起用陌生的新人，CEO 也会与他原来不认识的候选人会面，与他们建立起社交和个人关系，对于那些与他意见相左的外部董事，CEO 可以在下次选举时不提名，甚至在他们的任期之内设法免去他们的董事职务。此外，CEO 还经常担任董事会主席、主持董事会会议、控制会议议程、决定在会前和会上提供什么信息给董事会。因此，董事会基本是他的董事会。在 1970 年前，西方发达国家的上市公司里大致上就是经理层统治董事会的局面。

早在 20 世纪 30 年代初，Berle 和 Means 就出版了影响重大的《现代公司和私有财产》（*The Modern Corporation and Private Property*）一书，指出许多公众公司的经理对公司有独裁权，而所有者们没有权力；分散的所有权并不具备普通所有权具有的控制权。现代经济学理论更进一步，认为公众公司中分散的小股东根本不是公司的所有者，他们像债权人一样只是公司资本的提供者，是投资者而不是所有者。他们与公司之间是一种合同关系：投资之后有权得到公司的剩余利益，同时最先遭受公司的损失。大的上市公司本质上是合同纽带，公司经理层——CEO 和他的下属——是公司的核心组成部分，是他们通过有形或无形的合同将股东、债权人、公司职员、客户、供应商等诸种要素的提供者联结在一起。

以下两个因素的出现开始改变上市公司中经理层一统天下的局面。

五、机构投资者

第一个因素是机构投资者的出现和发展。机构投资者是 Berle 和 Means 时代的人们基本不知道的一个概念，主要包括各种投资基金、养老金基金、银行、人寿保险公司等。养老金基金经营专门为具体的人群退休拨出的钱；保险公司经营保险费的收入，最终会支付给保单受益人；投资基金，特别是共同基金，将成千上万的投资者的钱集合起来，代表他们作投资决定。截至 1996 年，机构投资者拥有在纽约股票交易所上市的 100 家最大的公司的 55% 的股份。一个大公司里最大的 100 家股东往往全部是机构投资者；它们合起来持有 50% 以上的投票股份已属司空见惯。在有些很受人欢迎的、属于投资工具的大型公司里，机构投资者合起来可以占到该公司 80% 以上的投票股份。它们在证券市场（包括纽约股票交易所）的交易中已经占据优势。

机构投资者大都崇尚分散投资的理念，即把鸡蛋放在好几个篮子里，而不是放在同一个篮子里吊死在一棵树上。相关的法律规定又进一步强化了这种倾向，因为法律要求任何人持有一个公司的投票股份达到 5% 就需要履行报告和公开的义务。机构投资者为了避免这一麻烦，持股就远低于 5%，经常低于 2%。所以一个公司的股份经常有大批的机构投资者持有。持有的股份比例越低，积极参与公司的经营管理的动力就越小；持股越分散，任何一种股票价格的变化对投资组合总财富的影响就越小。因此，大多数机构投资者倾向于投票支持经理层。

不过，至少在一个问题上，机构投资者与经理层的立场不一致。机构投资者希望其组合投资增值，较少考虑持股的长期利益和长远发展，所以一般支持公司收购。这在20 世纪 80 年代后期的美国表现得特别明显。那时公司兼并活跃，收购人经常给予超过市价 50% 的高价；机构投资者一般都希望这样的收购成功。有的机构投资者，如加州公共雇员退休系统，还站出来反对经理层的防御策略。当经理层的任期受到威胁时，他们会不理睬个别机构投资者以股东资格提出的关于兼并防御策略的建议。

但是，如果机构投资者联合起来提出建议，向某成分公司①的经理层或董事会表达不满，尤其当一个公司 50% 以上的股份为机构投资者所有时，经理层就不得不考虑这样的表达所包含的意义。但是联合行动不容易，机构投资者一般也都受"搭便车"问题的干扰，谁都希望别人花时间和精力去反对经理层的自私自利行为，捍卫股东的权益，自己坐享其成得好处。结果是谁也不愿意去做任何事情。

在自身利益不受威胁时，公司经理层一般比较重视机构投资者的意见。因为一旦有机构投资者不满公司的经济表现而抛售其股票，马上就会对股价产生负面创伤。另外，机构投资者抛售股票也有一定的难度，因为数量巨大，只有当其他机构投资者愿意购买时，股份大板块才能卖到一个可以接受的价格。这又反过来使机构投资者意识到自己是长期投资者，从而增长了其参与公司管理的积极性。在现代股东运动中，机构投资者是个相当活跃的角色。

总之，机构投资者的出现、发展和壮大改变了现代上市公司的股东结构，改变了持股极度分散的局面，使股东对公司经理层的影响力大大增强。但是机构投资者对公司管理的关心程度受到多种因素的影响，有的因素趋向于增强其关心度和参与积极性，有的因素则趋向于减弱其关心度和参与度。但是从总体上看，机构投资者对公司管理的关心度和参与度在增强，尤其是当他们与下面要讲的另一个因素相结合的时候。

六、独立董事的独立性增强

第二个因素是法律法规对公司管理调节作用的加强引起董事会独立性的增强。1970 年在美国发生的"水门事件"②直接触发了这个变化。"水门事件"本来是政治丑闻，但是因为事后的调查揭示出许多著名公司的董事卷入了行贿丑闻，公众对公司管理层的不信任感加剧，纷纷要求改革公司管理结构。因此，美国证交委要求所有的公众公司都设立由独立董事组成的审计委员会审查公司的财会报告、与外部审计师的关系以及公司内部对非法行为的控制。纽约股票交易所、美国股票交易所、全美证券自营商协会等都修改了公司上市要求，规定董事会中独立董事必须占多数，否则不得上市。一些对公司管理感兴趣的有影响的组织也发表了他们的意见。在这样的形势下，美国各大公司不得不增加外部董事来满足这一要求。到 1980 年，像商事圆桌、美国律师协会的商事法分部已经在建议和推荐：不但所有公众公司的董事会主要由独立董事组成，而且挑选董事候选人的关键性工作也交给一个主要由独立董事组成的提名委员会。CEO 因为需要和所

---

① 一个基金由很多家公司的股票组成，每一家公司都是该基金的成分公司。
② 共和党有 5 个人秘密潜入民主党设在水门大厦的总部办公室安装窃听器并偷看拍摄秘密文件，被当场逮捕。事件最终导致共和党总统尼克松被迫辞职。

有的外部董事有效共事，所以一般也参加这些委员会的工作，在候选人的挑选中仍然有发言权，但是他在实际选择过程中的影响力和决定权已经下降了，因为被提名的人并不都是由 CEO 亲自挑选的。不过，这是一个渐进的过程。有些公众公司并没有设立提名委员会，CEO 仍然有权决定董事候选人。有些公司虽然已经设立了提名委员会，CEO 在提名谁当董事的问题上仍然起决定性作用。

但是 1970 年以后的总体发展趋势是董事会越来越独立，CEO 的权力相应地受到限制。美国的实践带动了西方其他各发达国家。据科恩－费瑞国际公司 2000 年 5 月发布的研究报告显示，美国公司 1 000 强中，董事会的平均规模为 11 人，其中内部董事 2 人，占 18.2%，独立董事 9 人，占 81.1%。另外，据经合组织（OECO）1999 年世界主要企业统计指标的国际比较报告，各国独立董事占董事会成员的比例为：英国 34%，法国 29%，美国 62%。

在美国，公众公司的董事会一般由 9~11 人组成，15~17 人的不常见。大约三分之一是内部的，三分之二为外部的。外部董事大都是其他公司的 CEO、退休的 CEO 或者其他公司的高级管理人员，也有大学校长、前政府官员、事业成功的小生意人或者独立的投资者等。[①] 其中其他公司的现任或前任 CEO 最受欢迎，占了外部董事的绝对多数，一般给出的理由是他们懂得经营大企业的复杂性，他们理解 CEO 和董事会之间的复杂关系以及 CEO 既需要支持又需要中立的建议，他们也懂得 CEO 为了管理企业必须拥有广泛的自由裁量权。而且，他们有实践经验和背景，需要的时候能够提供内行、有用的建议。当然在另一方面，他们也可能惺惺相惜，同情现任 CEO，在做一个可上可下的具体判断时容易做对现任 CEO 有利的决定。

无论如何，现代董事会对于 CEO 的独立性明显增强，因为外部董事大都是独立而内行的生意人。一个事实可以说明这个变化：在 20 世纪 90 年代，一大批表现不良或者平庸的 CEO 被董事会突然解雇或者强迫辞职，其中有通用汽车、康帕计算机、通用电器、美国快速、苹果计算机等许多公司。

解雇 CEO 非同小可，董事会一般都要等待一段相当长的时期，如果 CEO 始终表现不良，才会行使这一最终决定权。这一过程的长短因具体情形的不同而各不相同。处在两个极端的最好办。一头是 CEO 干得很好，企业蒸蒸日上，董事会自然会坚定地支持 CEO，不会解雇他；另一头是企业的亏损大到影响其继续存在，或者发生大规模的违法行为，独立董事们会迅速行动，将 CEO 解雇。但是绝大多数是处在这两个极端的中间情形。例如，当 CEO 的表现不理想，但是企业还在勉强赢利，解雇 CEO 的过程就会变得痛苦而漫长。最初可能有一个或者几个内部董事或者机构投资者向外部董事在私下里表示不满。随着其他董事感受到同样的担忧，过程慢慢地向前发展。最后由一位独立董事明确提出召开董事会特别会议并且 CEO 不要参加，或者请出席会议的 CEO 离开房间由董事们坦率地讨论他的表现，这时差不多就瓜熟蒂落了。董事会一旦通过解雇决议，

---

① 大多数公司有一个或几个女董事，许多公司至少有一个少数民族董事。Robert W. Hamilton, *The Law of Corporations*, 4th ed., at 342, West Publishing Co., 1996.

CEO 就只能另找工作了。在那些独立董事定期开会而 CEO 不参与的公司里，这个过程会快一些。

内部董事在解雇 CEO 的过程中所起的作用比较微妙。一方面，他们在公司里都是 CEO 的手下，得到 CEO 的信任，关系密切；另一方面，他们熟悉公司内部的事务，可以在董事会对公司事务作出决定时提供知情的建议——他们可能在独立董事们还不知道的时候就发现 CEO 年纪大了，效率低了。此外，经理层中的内部董事也可能觊觎 CEO 的位置，在 CEO 退休、死亡或者被撤换时最有可能成为他的接班人。有这种想法的内部董事会选择在对 CEO 的职位争夺变得激烈之前向独立董事们平静地提出，尽管这样做也存在个人风险。独立董事熟悉了解可能的接班人，会使撤换工作进展得更加顺利。

董事会时不时地撤换 CEO 的事在 20 世纪 90 年代之前的整个 20 世纪是从来没有过的，连大萧条的经济危机时期也没有。究其背后的原因可能有两个方面。第一是经济因素。竞争越来越激烈。20 世纪 90 年代许多大小公司不得不关闭不赢利的生意线、解雇经理层人员、更多地运用现代技术以保持竞争力。涨价在许多行业内是不现实的；赢利的增加只能来自新技术的采用、效率的提高和成本的节省。有些 CEO 难以调整自己去适应已经变化了的环境，最终被淘汰。第二是某些机构投资者的参与越来越积极，他们会越过 CEO 和经理层直接与独立董事谈论他们发现的经营管理上的问题和公司经营的成功与否。

现今的董事会一般都会定期检查 CEO 的表现，许多公众公司内的独立董事每年至少召开一次没有 CEO 和内部董事参加的会议，讨论经理层的表现。CEO 任期的继续基本上取决于他能否保持董事会，特别是独立董事们的信任。他既是企业的最高领导人，又是最高级的雇员。几乎每个公司都在董事会下面设立一个由独立董事组成的报酬委员会，处理高级雇员，特别是 CEO 的报酬问题。还有人提议将 CEO 和董事会主席的职位强制分开，不得兼职。个别公司实际上已经这样做了。这样的事情在 1970 年以前是不可想象的。

CEO 和主要由独立董事构成的董事会之间应该形成什么样的关系为好？这是立法者和公司法学者们应该研究的问题。一方面，CEO 对公司的成功负有直接的责任，他需要董事会的支持；另一方面，二者的关系又不能过于密切，以免演变成同流合污、损害股东权益的情形。董事会的基本职能是确保公司在行政上有人指挥，财务上有人记录和报告。万一高层经理层的大部分人在事故中死亡，或者有迹象表明会计报告系统要瘫痪，可以随时采取某种应急措施使公司保持运行状态。对 CEO，董事会必须既尽量合作又能有效监督。

第十三章

公司的合并与分立

第一节 公司合并

公司合并是将两个或两个以上的公司资产并到一起，由同一个经理层统一经营管理。不过在多数情况下，合并都是两个公司的合并，三个或三个以上的很少。我国《公司法》第172条规定："公司合并可以采取吸收合并或者新设合并。一个公司吸收其他公司为吸收合并，被吸收的公司解散。两个以上公司合并设立一个新的公司为新设合并，合并各方解散。"这是仅就公司名称而言的，一个公司保留原先名称的叫作吸收合并，即该公司吸收了其他公司；合并后的公司重新取名的叫作新设合并。从组织形式上看，合并后可以只有一个公司，也可以仍然有两个公司。在前者，原先的两个公司实际上作为两个分部继续存在于新公司之内；在后者，合并后的两个公司会以母子公司的关系存在。究竟哪一种结果好完全是生意上的选择，取决于公司经理层的工作方式、特长爱好，以及是否有必要通过子公司的有限责任将风险隔开。但这只是组织形式的不同，实际内容是一样的。

兼并是合并的近义词。二者在词义上稍有差别。合并意味着平等；兼并似乎是一个公司吃掉另一个公司，所以又叫吞并，从这个意义上说兼并与收购差不多。在现实中，双方完全平等的合并几乎没有，往往是一个公司把另一个公司买下来，属于兼并性质。但是在语言上，人们都会选择合并的叫法，让被兼并方在心理上感觉好一点。因此，合并和兼并两个词实际上是通用的。它们都通过公司收购实现。收购与兼并也是近义词，也可以通用。

合并的动机多种多样。有的为了减少竞争对手；有的为了产生规模效应；有的看到目标经营管理不善，以低价收购之后改善其经营管理，再以高价出售。还有的为了挖掘隐藏的价值，例如，某公司房地产的账面值远远低于市价，而市场不知情，仍以其账面值为依据进行估价，致使其股票价格偏低。[①]当然这种情况不会持久，随着信息的流通，市场迟早会发现其真实价值并调整价格的。因此，收购人需要利用信息的短暂不对称抓住商机迅速行动。如果把这样的公司按照暂时较低的市场价格买下来，再以市场价格出售其房地产，马上可以赚到一大笔钱。美国有的投资公司专门寻找这类被低估的目标进行收购，从中获取暴利。

---

① 再如1996年宝安对上海延中的兼并，也是发现延中的市价低于其实际价值，于是大量收购延中股票，并得手。但延中并无经营不善的迹象。最后还打起了官司（行政），但证监委说这是市场行为，只对宝安的犯规行为罚了款，事态平息。

下面介绍公司合并的几种主要形式。

一、简单合并

简单合并指的是《公司法》第 172 条规定的吸收合并和新设合并。两种情形分别图解如图 13-1 所示。

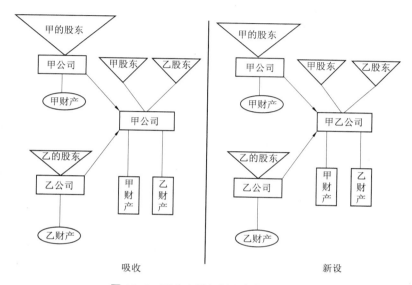

图 13-1　吸收合并与新设合并的图解

在吸收合并中，甲乙两个公司合并成甲公司，即乙公司并进了甲公司。在新设合并中，甲、乙两个公司合并成甲乙公司，或者叫作丙公司也行，因为甲乙非甲非乙，是一个新的名称。实践中公司合并大都采用吸收合并的形式，新设合并极其少见，因为除非甲、乙都臭名昭著，否则无论是甲还是乙，都已经积累了一定的商誉，获得了一定程度的市场认同，所以使用老企业的名称总比换一个全新的名称有利，至少可以省去一大笔广告费。由于这个原因，美国商事公司法范本干脆删除了关于新设合并的规定。但是特拉华公司法依然保留了新设合并。

从形式上看，公司法规定的吸收合并属于兼并，只有新设合并才是合并。但是实际情况不一定这样。首先，如上所述，现实中合并的双方往往是不平等的，因而程度不同地存在着强者吃掉弱者的情况，现实中的合并从严格意义上说绝大多数属于兼并而不是合并。当然，商事交易中双方的法律地位是平等的，弱者也有拒绝交易的权利，其之所以接受合并是因为有利可图或者经济上的不得已，所以绝对的倚强凌弱的情形也不多。其次，合并各方究竟是谁吃掉了谁要从合并的实体条件上去考察，光从形式上是看不出来的。甲、乙两家公司合并成甲公司，不一定是甲公司吃掉了乙公司，也有可能是乙公司吃掉了甲公司。这里有一个重要的标志，就是看谁的经理层留任，谁的经理层出局。因为经理层决定着企业文化和经营风格。如果是甲公司的经理层留任，则甲公司的经营模式将会在新公司中继续，那就是甲公司兼并了乙公司；反之亦然。如果两边都有所留任，有所出局，那就看谁的经理层在新公司中占据统治地位。至于合并后的新公司取什么名称，那是一个简单的商事决策。即使是乙吃掉了甲，乙的经理层留任，只要新任经理层感觉甲的商誉和市场影响力超过乙，他们也会毫不犹豫地使用甲的名称。

　　合并中另一个重要的实体条件是看哪边的股东占了便宜，哪边的股东相对吃亏。这是一个复杂的问题，主要看合并时对各方股份的估价是否合理。合并可以是双赢的游戏，各方股东都感觉手里的股份增值了，那就皆大欢喜。但是有时候，虽然是甲吃掉了乙，甲的经理层留任而乙的经理层出局，但是甲股东却不满，认为经理层出卖了他们，于是起诉要求赔偿或者撤销合并，等等。股东的说法也不一定正确，贪心不足，占了便宜还嫌少的人经常有。法院只能具体案情具体分析，努力达成公正的结果。总之，公司收购是个复杂的领域，具体谁吃掉了谁，谁吃亏谁占便宜，都要从实体条件上去考察，不能只看表面形式。

　　合并需要双方股东批准，并允许异议股东退出。现行《公司法》规定股份有限公司合并需要出席股东会股东所持表决权三分之二以上通过（第 103 条第 2 款），有限责任公司合并需要全体股东所持表决权三分之二以上通过（第 43 条第 2 款）。这样的规定对于合并的一般情形还是合适的，但是对于一些特殊情形却不一定太合适。美国各州公司法都对合并需要股东会批准的规则规定了两个例外：第一是母子公司合并时如果母公司占子公司90% 以上的股份，就不需要股东会批准。这是因为子公司召开股东会没有用处，母公司掌握的股份足够批准合并；而在母公司这边，由于合并对股东权益影响不大，就不需要专门召开股东会批准这样的合并。第二是两个公司的规模大小差异很大，大公司兼并小公司，大公司发行一定数量的股份，将它们分给小公司的股东，换取他们手中持有的全部小公司股份，从而完成兼并。如果大公司的股份增量低于 20%，其章程在合并后没有重大修改，它的股东权益就不会受大的影响，所以不需要股东投票。但是对于在纽约证交所上市的公司来说，该所的规则要求公司股份增量达到 18.5% 便要股东投票表决，否则新发的股份不得列在该所上市。我国公司法草创基业，具体规定还没有细致到这样的程度。

　　我国目前还没有多类普通股的情况，但是以后一定会有。如果有，合并会对各类股票产生不同的影响，那就需要每类股份的持有人分别投票表决。任何一类股份没有通过，合并就通不过。

　　除了上述两种由公司法规定的最简单的合并方式之外，公司实践中还有其他一些合并方式。兹介绍如下。

二、换股

　　换股是通过股份的交换来达到兼并的目的。收购人甲发行新股给目标乙的股东，换取他们手里的乙公司股份，最终使目标乙变成收购人甲的子公司，如图 13-2 所示。

　　换股一般不需要按照公司法规定的程序经过两边股东会的批准。不过，甲公司发行大量股份给乙公司的股东，属于新增资本。根据现行《公司法》第 43 条和第 103 条的规定，公司增加或减少注册资本，都需要股东会以三分之二以上表决权通过，只是股东会批准的不是合并而是增加资本。而从乙公司的角度看，广大股东愿意把手中的股份换

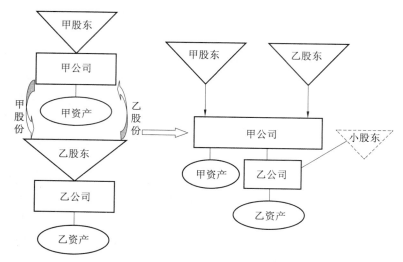

图 13-2　换股的图示

给甲公司本身就是最明确的批准。

我们在本节开头说过，合并之后可以是一个公司，也可以是两个公司。换股的结果就是两个公司。它们分别以母子公司的关系继续存在。如果想变成一个公司，那就可以将乙公司并进来。具体操作有：（1）将乙公司解散，由甲公司接管它的全部资产和负债；或者（2）通过吸收合并的方式将乙并进甲。由于母公司已经持有子公司的全部或者几乎全部股份，按理用不着再经过两边的股东会批准。但是我国公司法还没有作出这么具体的规定。

换股会碰到的一个麻烦是：乙公司的某些股东可能不愿意换而继续持有乙的股份，形成少数派，他们有时会与作为多数派的甲公司的经理层在公司的经营和红利分配等方面发生冲突。甲公司收购了乙公司，原本想把两个公司当一个公司来经营。如果在经营乙公司资产时不能如同经营甲公司资产那样随心所欲，还要考虑两公司间的关联交易和分红政策是否对少数派股东公平等问题，甲公司的经理层就会感觉不舒服，他们可能会采取排挤压迫等手段将少数派挤出公司，这就会发生控股股东的义务[1]问题，会引起诉讼。法律既要尊重多数派经营管理公司的权利，又要保护少数派的合法权益。一般的解决办法是让少数派行使异议权通过合理的评估退出公司；在比较极端的情形下也可以由法院发布禁令禁止公司为某些行为。[2]

三、股份换资产

收购人甲公司发行新股（有时加上现金和其他证券）给目标乙公司，换取乙的全部资产（兼并的根本目的就是要它的资产）。股份换资产的结果是目标没有了原先的实物

---

① 控股股东的义务参见第十六章。

② 另一个解决办法是由法律规定一旦目标股东会批准换股，全体股东都必须交换。《美国商事公司法范本》第 11.02 条就是这样规定的。该条的起草者认为换股与合并其实是一回事，所以应该做相同的处理。

资产，成为一个持股（券）公司，它的资产主要由收购人的股份和其他证券组成，还可能有一些换来的现金。接下来目标可以将它的资产分给它的股东们，然后自行解散，如图 13-3 所示。

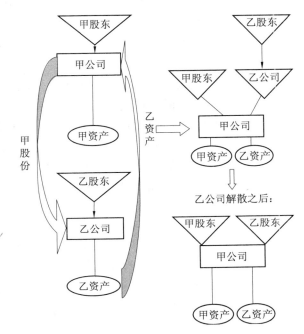

图 13-3 股份换资产图示

从法律上看，所谓股份换资产实际上是用股份买资产，股份在这里代替了现金，所以需要签订类似买卖合同的资产转让合同。从资产方来说，等于是用资产代替现金购买股票。由于股票是发行给乙公司的，只有一个投资者，所以类似私下发行。如果甲公司是上市公司，则交易过程需要符合证券法和中国证监会关于证券非公开发行的规定。可见，用股份换资产要比用现金买资产复杂得多，麻烦得多，所以都是在收购人没有足量现金的情况下不得已而为之。但如果收购人是有限责任公司，就没有这些麻烦，因为我国现行法律不认为这是发行股份，而称之为新增资本。

无论是股份换资产还是现金买资产，在我国目前的法律框架下，都存在着损害目标债权人的漏洞。试想，如果乙公司负债累累，资不抵债，公司老板将资产全部卖光之后携款潜逃了，债权人就得不到任何补偿。而从收购人的角度来看，购买资产有避开目标实有的和潜在的债务，免受其牵连的好处。因为公司法规定合并前的公司债务自动地由合并后的公司承担，但是没有任何法律规定买了人家的资产之后一定得同时承担人家的债务。这里又是我国法律的不完善之处。① 美国各州都有大宗资产转让法来保护债权人，扣住转让环节，

---

① 我国刑法对比较严重的携款潜逃情形可以按诈骗罪处以刑罚，但这毕竟是民商法上的事情，民商法不作规定而依靠刑法来管总是不行的。

规定公司在转让全部或者几乎全部资产之前必须通知债权人，并在报纸上公开公告两周以通知潜在的债权人。如果不走这个法定程序，那么一旦有债权人的债权得不到满足，资产的受让方将承担连带清偿责任。由于这一规定，任何收购人在购买企业大宗资产时都会敦促资产的卖方清偿全部债务并走完大宗资产转让的法定程序；否则就拒绝购买。还有的收购人干脆在购买资产时明确表示将全盘都接管目标的债务，或者让目标保留足够的现金以清偿债务。此外，由于大宗资产的转让不是公司的普通业务，所以美国各州法律都要求得到目标已发行股份一半以上的同意，[①] 不同意的股东还有异议权。

根据我国现行公司法的规定，股份换资产时收购方需要股东会的批准，但不是批准公司合并，而是根据《公司法》第 43 条和第 103 条批准增加注册资本。[②] 资产出售方如果不是上市公司而是一般性的小公司，则不需要股东会的批准，除非章程另有规定。但如果是上市公司且出售资产超过总资产的 30%，那就需要出席股东会股份的三分之二批准（第 121 条、第 104 条）。这些规定都没有充分考虑到对资产出让方的债权人的保护，没有考虑到欠了一屁股债务的资产出让方老板卖了资产携款潜逃的可能，因而对此没有任何的预防和应对措施。

四、三角合并

收购人甲设立一个全资子公司，由子公司去兼并目标乙。所谓的三角，就是指收购人、子公司、目标。收购人将足量的自身股份交给子公司以换取子公司的全部股份。子公司是个收购用的工具，本身是个空壳。它用自己的全部股份换得了足量的母公司股份之后，它的全部资产就是这些母公司股份。它用这些母公司股份向目标乙的股东换来全部的目标股份，成为目标乙的母公司。在普通兼并中，目标股东会得到子公司的股份，但这里，他们得到的是母公司甲也即收购人的股份，成为收购人的股东。然后子公司通过吸收合并将目标乙并入自身并接管乙的全部资产和负债。收购人甲为了自己的资产免受目标潜在债务（环境保护、产品责任等）的牵连，将保留子公司的独立人格，让子公司去承担风险。

这个结果与换股是一样的。只是换股之后，甲的子公司是乙，而在这里，甲的子公司是由甲自己设立的一个收购工具。此外，由于工具子公司最终将目标乙吸收合并了，所以不可能再有乙公司中的少数派存在了。可见，前面的换股可以达到合并的目的，这里的合并也可以达到换股的目的。显然，这个通过设立兼并用的工具子公司进行三角兼并的方式也可以用在换股和股份换资产上。

根据我国现行公司法的规定，如果采用三角兼并，收购人甲发行足量股份给工具子公司属于增资行为，需要得到股东会的批准。如果收购人是上市公司，其股份的增发还要得到中国证监会的批准。子公司的全部股份都是初始股份，在其登记注册时就有了，所以不需要股东会的批准（如果需要也只有甲一人，由甲的董事会或者经理层代表甲作

---

① 见《美国商事公司法范本》第 12.02（e）条。这比通过普通决议只要出席会议股份半数以上的门槛（见范本第 7.25（c）条）要高得多。

② 在美国，收购人只要有足够的已授权但未发行的股份，发行的股份数又不到已发行股份总数的 20%（见前述）的话，就不需要股东会投票批准。

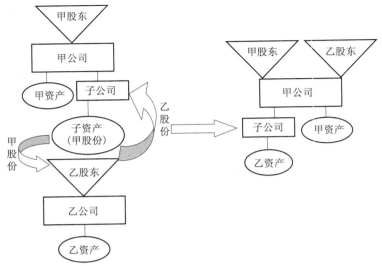

图 13-4 三角合并图示

个决议即可）。工具子公司在取得了目标乙的全部股份之后将乙吸收合并时倒需要双方股东会的批准，而这时双方的股东都只有一个。乙的股东是工具子公司，工具子公司的股东是收购人甲。这样的股东会批准看起来纯属多余，这也说明了我国公司法的不完善，以后在修改时应当模仿美国，规定在母公司持有子公司股份超过 90% 时，母子公司合并不需要股东会的批准。

五、合并之后的财会处理

合并完成之后，收购人需要将目标公司的财会数据合并进来统一算账、统一报表。财务的合并有两种处理办法：并入法与购入法。并入法是将目标的财务数据直接并入收购人的账目；购入法是根据收购目标的实际市场价格记账，收购价格高出目标账面价值的部分记入商誉并在以后数年内逐年摊销。假定收购人甲公司的账面资产净值为 1 000 万元（资产、负债、股本等均见表 13-1），目标乙公司的账面资产净值为 1 500 万元；双方通过谈判并组织评估，确定甲的市价为 7 000 万元，乙的市价为 4 000 万元（包括有形资产 3 800 万元、无形资产 1 200 万元、负债 1 000 万元）；双方同意采用股份换资产的方式由甲向乙发行面额 400 万元的甲股份以换取乙的全部资产和负债。下面按照购入与并入两种不同的会计处理方法将此交易演绎记录如下，以供比较。①

如表 13-1 所示，甲有固定资产厂房 800 万元，流动资产存货 200 万元，没有负债，所以账面总资产等于净资产，为 1 000 万元，其中股本面额 500 万元，溢价的资本公积

---

① 本段数字及下面的表格采自方流芳翻译的 William L. Cary 所著的 *Corporations* 一书第 1122 ~ 1123 页上的资料。参见：江平，方流芳《新编公司法教程》，90~91 页，北京：法律出版社，1994。但是那里的资料读者难以看懂，所以本书作者对表格做了改造，增添了"乙现在市价"一列和"账面净资产值中未记录部分"一行，并加上文字说明。这样读者就容易读懂了。

金 300 万元，由历年留利累积的盈余公积金 200 万元。至于上面所说的市价 7 000 万元，那是评估出来的价格，在会计账上是看不到的。这个评估出来的市场价格可以与会计账面净值相差很大，主要受企业发展前景及固定资产涨价增值等各种市场因素的影响。乙有固定资产厂房 2 000 万元，流动资产存货 500 万元，负债 1 000 万元，所以账面净资产为 1 500 万元，其中含股本面额 700 万元，因为平价发行，所以没有资本公积金，由历年留利累积的盈余公积金为 800 万元。同理，上段所说的 4 000 万元市价也是评估出来的，在乙的会计账面上没有反映。

表 13-1　公司合并前后的财务情况对比表　　　　　　　　　万元

	合并前财务		乙现在市价	合并后财务	
	甲	乙		购入	并入
厂　房	800	2 000	3 300	4 100	2 800
存　货	200	500	500	700	700
商　誉			1 200	1 200	
总资产	1 000	2 500	5 000	6 000	3 500
债　务		1 000	1 000	1 000	1 000
股　本	500	700	700	900	900
资本公积	300			3 900	600
盈余公积	200	800	800	200	1 000
账面净资产值中未记录部分			2 500		
总债务和股东权益	1 000	2 500	5 000	6 000	3 500

如果采用购入法，购入的固定资产按照市场评估价格记账，为 3 300 万元，收购人甲自己的厂房因为没有转手，所以会计账面价值不变，仍然为 800 万元，合计就是 4 100 万元。购入的存货因为市场评估价与目标会计账面值相等，[①] 所以仍然为 500 万元，与甲的存货合并为 700 万元。由于目标作为一个企业整体的市场评估价为 4 000 万元，而其资产的市场评估价净值只有 2 800 万元（3 300+500－1 000），所以 1 200 万元的差价记为商誉。这个商誉和厂房经过评估后高出原账面价格的那 1 300 万元（3 300 万元 －2 000 万元）都是原先账面上没有反映的，总共 2 500 万元，作为"账面净资产值中未记录部分"单独列出。之所以称之为净资产，是因为这些通过市场评估增值的部分性质上属于所有者权益。现在，甲的总资产 = 固定资产 + 流动资产 + 无形资产 =6 000（万元），也即乙的总资产 5 000 万元加上甲原先的账面总资产 1 000 万元。股本一行，乙因为已经将资产全部卖掉，所以股本价值为零，而甲向乙发行了面额为 400 万元的股票，所以合并之后的股份是 900 万元（500 万元 +400 万元）。资本公积一行，甲原先有 300 万元，向乙发行的面额为 400 万元

---

① 多数情况下经过评估后的存货市价也会与账面价值发生偏差，原材料一般会因为通货膨胀而升值，产成品亦然。但是像电脑、手机等技术发展较快的产成品，如果库存时间过长，会因为技术的发展而贬值。

的股票的市场价格为 4 000 万元，其中的溢价款就是 3 600 万元，所以合计为 3 900 万元。由于乙的盈余公积已经包含在 4 000 万元的总市价之中（反映在资本公积中）了，不能重复计算，所以合并之后仍旧为甲原先的数字 200 万元。

采用并入法，基本上是甲、乙双方的会计账面值简单相加，只有股本与资本公积两行稍有调整。主要因为乙的 700 万元面额股票作废，换成了甲的 400 万元面额股票，其中有 300 万元的溢价归入资本公积。所以合并之后股本总额为 900 万元，资本公积金总额为 600 万元。总资产和总负债都是两边数据的简单相加，为 3 500 万元。

比较购入与并入两种记账方法，我们首先从账面上看到采用购入法使企业的各项资产数字变大。其次也是更为重要的是要看到这些数字变化至少会产生的三个后果。第一，采用购入法将使账面利润减少。一是因为厂房价值增大，折旧增高；二是因为商誉值的摊销。第二，采用购入法将使账面净资产回报率（净收入／净资产）降低。一是因为上述的折旧和摊销，使分子减少；二是因为公司按市价计算使净资产账面数字增大，分母增大。第三，采用并入法，收购人甲公司的经理可以通过变卖乙公司的厂房而夸大利润或掩盖亏损。例如在本例中，合并之后将原先属于乙公司的厂房按照 3 300 万元的市场价格卖掉，账面只需要冲销 2 000 万元的资产，净得 1 300 万元利润。这 1 300 万元可以使本来的盈利夸大，本来的亏损缩小甚至变成盈利。懂得了这些道理，作为公司法律师在查阅有关账簿时就可以多一个心眼。

六、税收政策

公司合并会引发所得税问题。税收应当为经济的发展服务，应当尽量地促进而不是阻碍经济的发展。税法应取的基本立场是税收中立，尽量不干扰市场的正常运作。我国的税法还不够成熟，有时候出现该征税的不征，不该征税的却硬征的情况。这对于我国经济的发展自然是不利的。相对而言，美国的税法比较成熟，在服务于市场经济方面做得比较好，对于公司合并中的税收问题也考虑得比较周到，值得我们学习和参照。他们的基本思路是税法不应当影响公司的正常运作，不干涉企业的合并和重组，新老股东的权利尽量保持不变，手中股份保底，因而对于合并或者股份换资产过程中实际出现的损益，只要不发生现金的流转，暂时不征所得税（也不允许作为损失减税），将损益的实际确定推迟到今后具体的买卖行为。试举例说明如下。假定被收购企业的资产负债表如表 13-2 所示。

表 13-2　被收购企业的资产负债表　　　　　　　　　　　　　　元

流动资产	10 000	流动负债	5 000
固定资产	30 000	长期负债	20 000
		股东权益	15 000
合计	40 000	合计	40 000

再假定收购人愿意支付 50 000 元收购其资产，比实际资产价值高出 10 000 元。具体操作办法是向目标发行 25 000 元的收购人普通股股票并承担其 25 000 元债务。随后

目标解散并将换得的 25 000 元收购人股票分配给自己的股东。

目标的股东失去了原先价值 15 000 元的股票，得到了价值 25 000 元的收购人股票，获利 10 000 元。可是从税法的角度去看，目标股东并没有盈利，还是那 15 000 元，他们原先购买股票时的价格（底数）可以带过来继续用；公司的资产也没有增值，依然是原来的 40 000 元。但是如果事后收购人将资产以 50 000 元的价格卖掉，那就产生 10 000 元的赢利，需要按照 10 000 元赢利缴纳所得税。

进一步假定目标公司有两个股东，张三和李四各占 50% 的股份，张三当初花了 10 000 元购买这些股份，李四花了 15 000 元。在目标被收购之后，他们每人换得了价值 12 500 元的收购人股票。由于没有现金的流转，不需要缴纳任何所得税，原来的购买价格（底数）继续有效。两年后他们各以 16 000 元的价格将股份卖掉，张三实现了 6 000 元的赢利，李四实现了 1 000 元的赢利，应按此各自缴纳所得税。

七、合并中异议股东权利的保护

在公司合并的过程中，经常会有少数股东反对合并，因此而引起的纠纷和讼争不在少数。法律需要在尊重多数派的合并意愿和保护少数派的合法权益之间达成适度的平衡。在这个问题上历史的发展经过了一个漫长的过程。

早期普通法对股东权利的保护非常严格，认为股东在公司内拥有固有的不变权利（vested right），即有权以成员的资格参与公司事务，有权要求公司的基本框架保持不变，他当初投资的时候是什么样子，以后也应该是这个样子。如果公司的基本框架不经过股东的同意而变动（包括修改章程、合并、资产出售、解散等），那就违背了他当初投资时的期望，因而也就侵犯了他的已经生效的不变权利。

那时候公司的设立是由国家特许的，所以人们普遍认为公司章程是国家、股东、公司三者之间的合同，谁都不能单方面改变，否则就构成违约。后来，一般公司法取代了对设立公司逐个特许的做法，国家作为合同一方的观念退出了历史舞台，但是在股东与公司、股东与股东之间，共同契约、不变权利的观念依然存在。人们依然认为，多数股东，哪怕是绝对多数，也不能不顾少数股东的反对，单方面改变他们之间的"合同"。也就是说，每一个股东的不变权利不得侵犯。当然，根据契约自由原则，改变也可以，但是必须得到全体股东的一致同意，只要有一个人反对就不能改。①

---

① 如此僵硬的规则显然受到了合伙规则的影响。那时候，企业普遍采用合伙形式，公司属于稀有物。在一个合伙组织中，只要合伙合同没有规定而又在合伙事务的范围之外的决策，必须得到全体合伙人的一致同意方可采纳。新人的加入就是如此。合伙一般存在的时间较短，也比较容易解散。这些不同的特征其实是相互联系的。每一位合伙人对于合伙经营范围之外的决策的否决权限制了其他合伙人改变合伙生意的权利。当多数合伙人感觉随着客户需求的改变，生意也需要改变的时候，个别合伙人的否决权可以成为进步的阻碍，可以让其他合伙人感觉难以忍受。不过在合伙成立的时候，每一个合伙人都同意接受其他合伙人，同意他们每一个人都有这样的否决权。但是这样的否决权一般不会持续很久，因为其他合伙人可以解散合伙或者等待合伙期限的届满，然后他们可以根据共同认同的新的主张另行开张。但是这些使得人们接受合伙人否决权的条件在公司里并不存在。公司可以永久存续。只要股东之间没有特别的约定，股东的改变或者新股东的加入都是正常现象。如果允许每个股东拥有像合伙人那样的否决权，只要有一个股东反对，多数派为了公司的发展而作出的变更公司的重大决定不能通过，就会形成僵局，或称少数派暴政。

这条僵硬的规则使许多对公司有利的变动不能实现,影响了公司及社会经济的发展。后来,在客观经济需要的推动下,规则开始软化,不变的权利逐渐让位于更有弹性的公平(fairness)、真诚(good faith)、合理(reasonableness)和无欺诈(lack of constructive fraud)等衡平概念,允许多数或者超多数股份的持有人不顾少数派的反对,强行改变章程和公司。少数派股东失去了以往拥有的可以阻挠公司任何变革的不变权利。作为补偿,法律允许他们彻底退出公司并以金钱形式取得他们的股份的合理价值(fair value)。换句话说,少数派有权对多数派说:"我们承认你们改变公司的权利,只要你们愿意在我们不同意改变的时候以公平的价格把我们买出来。这样,我们除了当初那个大家一致同意举办的企业之外不会被迫进入一个我们不愿意加入的企业。"这就需要对少数派股份的价值作出评估。异议股东通过评估退出公司的权利既满足了多数派根据市场的变化对企业作出重大改变的需求,又保护了少数派,使之不被拖进一个经过重组而与以前不同的、他们对之没有信心的企业。

不但在企业合并时反对的股东有评估权,而且在企业出售全部或者几乎全部资产时股东也有这样的权利,因为交易的结果将使卖方的生意发生根本性的改变。当然,如果出售全部资产是企业正常的业务,则不触发评估权。此外,公司解散时也没有评估权,因为解散使全体出局,不存在任何人被不情愿地锁定在一个重组过的企业中的情形,不需要评估权的保护。

评估定价是技术性较强的工作,往往同时采用多种方法:第一,市价除去合并或者改组的影响,即合并前未包含合并信息的市价,这是假定公司已经上市,否则就没有市价;第二,现值加总法、往往是用前几年的赢利乘以一定倍数;第三,资产价值评估(综合运用会计账面值、包括商誉在内的运行中企业价值、资产的重置价值与清算拍卖价值);第四,公司历年的分红情况也是考虑因素。美国特拉华(Delaware)州最高法院作为公司法的领头羊曾经对这几种方法采用加权平均。[1]具体的权重在具体案子中根据数据的可靠性[2]和重要性来确定。一般说来,资产价值与现值加总权重较大,市价也占相当权重,而分红值则经常不用,仅作为参考因素。另请参见本书第四章第五节对资产评估的介绍。

通过评估退出需要遵守法律规定的异议程序。我国《公司法》第74条规定,"公司合并、分立、转让主要财产"时,"对股东会该项决议投反对票的股东可以请求公司按照合理的价格收购其股权"。这就是说,股东首先要在股东会上针对合并或者转让资产的提议投反对票。之后,按照常理,股东应当书面通知公司,请求按照合理价格收购其股份,并上交其股票。如果不严格遵守程序,异议股东就会失去估价权。遵守程序获得了估价权之后,如果异议股东与公司之间在估价方式或者结果上存在分歧,最终以诉讼解决,时间会拖得很长,期间异议股东失去股东资格,也不得参加分红,但可以在诉讼结束之后得到该期间的利息。

---

① Application of Delaware Racing Association,42 Del.Ch.406,213 A.2d 203(1965).

② 例如,在 Francis I. DuPont & Co. v. Universal City Studios, Inc., 312 A.2d 344(Del. Ch. 1973), aff'd 334 A.2d 216(Del. 1975)一案中,法院考虑了资产和赢利两个因素,但是摈弃了市价因素,因为它太不确定了。

美国 50 个州有 50 部公司法。有的与我国相同，规定无论是合并还是出售全部或者几乎全部资产，异议股东都有评估权。有的与我国不同，规定股东的异议估价权限于公司合并，但不适用于资产出售，哪怕是全部或几乎全部资产。而且在这样规定的州中，不同的州具体的适用标准也不相同。下面两个判例反映了不同州之间的这种差异。

【案例 13-1】

法利斯诉格兰·阿尔顿公司 [①]

科恩法官。

在本次上诉中，我们需要决定在格兰·阿尔顿公司股东会批准了重组协议并由该公司和李斯特产业公司的官员执行协议之后，原告是否还有异议股东的权利和救济途径。

格兰·阿尔顿是一家宾夕法尼亚州公司，主要从事无烟煤的开采，最近又在生产空调部件和消防设备。公司近几年的营业收入下降很快。采煤业务使其实际损失了 1 400 万美元的减税额。1957 年 10 月，一家特拉华州的持股公司李斯特通过其全资子公司购买了 38.5% 的格兰·阿尔顿已发行股份。[②] 该公司投资于电影院、纺织业和房地产，在石油和天然气、仓储、铝活塞的生产方面也有少量投资。38.5% 的股份使之能够安排 3 位董事进入格兰·阿尔顿董事会。

1958 年 3 月 20 日，这两家公司签订了一份"重组协议"，等待股东会批准。该协议拟定了下列措施：

1. 格兰·阿尔顿取得李斯特的全部资产，除去一小部分现金，用来支付李斯特在本次交易中的费用。这些资产包括 800 万美元的现金，目前由李斯特的几家全资子公司持有。

2. 作为对价，格兰·阿尔顿将向李斯特发行 3 621 703 股股份。李斯特接着会将这些股份按照每 5 股换 6 股李斯特股份的交换比例分配给其股东。为了完成分配，格兰·阿尔顿会将其授权股份数从 250 万股增加到 750 万股；在发行上述股份时不给予现股东先买权。

3. 格兰·阿尔顿将接管李斯特的全部债务，包括 1957 年为了购买格兰·阿尔顿股份所借的 500 万美元、已发行期权、激励性期权计划和养老金义务。

4. 格兰·阿尔顿将公司名称从格兰·阿尔顿公司改为李斯特·阿尔顿公司。

5. 两家公司的现任董事全部转为李斯特·阿尔顿的董事。

6. 李斯特解散；李斯特·阿尔顿将接管原先两家公司的业务。

签订协议两天之后，定于 1958 年 4 月 11 日召开年度股东会的通知就邮寄了出去，同时附上了投票代理权征集书，书中对重组协议作了分析，建议股东批准该协议，同时也批准为了执行协议而对格兰·阿尔顿章程和规章所做的某些必要的修改。在该次会议上，已发行股份的多数（不包括李斯特持有的股份）投票作出决议，批准了重组协议。

[①] Farris v. Glen Alden Corp., 393 Pa. 427, 143 A.2d 25 (1958).
[②] 买价为 8 719 109 美元，其中 500 万美元是借来的。原注第 1。

股东会那一天，格兰·阿尔顿的一位股东在衡平法院起诉公司及其官员，试图在终审判决前禁止他们签署和执行协议，之后则永久性禁止。

诉状的主要内容是说年度股东会的通知在三个方面不符合商事公司法：（1）它没有通知股东会议的真正目的和意图是达成格兰·阿尔顿和李斯特的合并或者组合；（2）它没有通知股东们有权对合并或者组合计划表示异议并要求取得他们股份的公平价值；（3）它没有包括商事公司法要求包括的该法的某些条文的文本。①

由于这些遗漏，原告争辩说年度会议上股东对重组协议的批准是无效的。如果不禁止协议的执行，他将被剥夺重要的物权，从而遭受无可挽回的损失。②

被告答辩承认诉状所称的事实，但是否认这些事实构成诉由，因为所诉交易属于公司资产的购买，股东在这类交易中没有异议权或评估权。因此，被告请求法院驳回起诉。③

下级法院认定两家公司签订的重组协议是一个事实合并计划，因其年度会议的通知没有遵守《商事公司法》对于合并的相关要求而构成通知瑕疵，使得一切执行协议的程序无效。法院最终颁发命令否决被告提出的驳回起诉的请求，并根据诉状所请颁发了禁令。被告上诉。

当公司作为商事组织的形式刚被广泛采用的时候，法院还比较容易定义"合并"与"资产出售"并且将一笔具体的交易归类为这或那。但是由于政府法规特别是联邦税法的影响，人们希望避免其不利影响，享受其有利影响，律师和会计师们想出了新的会计和法律技巧，将两类交易不同的特征因素交织在一起，形成了公司融合的各种杂交形式。因此，现在仅凭其中几种成分、抽象地考察一笔交易已经无助于判定它是"合并"还是"出售"。为了正确确定公司交易的性质，我不但要看协议的条文，还要看交易的结果和适用的公司法条文的目的。下面将这条原则用于本案。

《宾夕法尼亚州商事公司法》第908条A款规定："当某家州内公司成为合并或者联合计划的一方，有股东反对该合并或联合计划……该股东（在上交其股权证书之后）有权取得（其股份的公平价值）。"引注略。④

这条规定源于本院早期的判例 Lauman v. Lebanon Valley R.R. Co., 30 Pa. 42 (1858)。该案中一位股东反对他的公司与另一家公司合并，本院判他在没有成文法规定的情况下有权将合并看作其公司的解散，在交出股权证书之后有权取得其股份的价值。

---

① 投票代理权征集书包含如下的宣告："评估权。律师认为，就两家公司各自会议所做的任何决定，无论是格兰·阿尔顿还是李斯特产业的股东都没有评估权或者类似的权利。"原注第3。

② 诉状还表示，用格兰·阿尔顿的股份换取李斯特的股份侵犯了格兰·阿尔顿股东在格兰·阿尔顿于1917年成立时根据宾州法律所享有的先买权。被告回答说根据成文法和之前的普通法，在发行股份换取财产时没有先买权。原注第4。

③ 被告律师承认，如果公司需要向异议股东支付经过评估的、其股份的公平价值，由此引起现金的减少将使格兰·阿尔顿不能执行协议。另一方面，原告争辩说，如果不特地告诉股东他们没有异议权，而是告知他们有这样的权利，那么批准重组协议的决议将被否决。原注第5。

④ 还有，第902条B款规定所诉合并和对合并异议权的通知必须发给股东："（寄送的材料）必须包括（股东会上对合并计划进行投票表决的）通知、酌情选择的合并或联合计划的文本或者总结性文本……本法第908条A款和第515条B、C、D款的复印件。"引注略。原注第6。

Lauman 案和以此为基础的现行商事公司法条文的逻辑是：当一家公司与另一家相结合，如果其主要特征消失，原先股东之间以及股东与公司之间的基本关系发生变化，则不想继续待下去的股东可以认为他在原来公司中的成员资格已经被消灭，有权向公司取得其所持股份的价值。

目前这个"重组"协议所描述的组合有没有从根本上改变格兰·阿尔顿的公司性质和原告作为股东在其中的利益，以致不给他异议股东的权利和救济实际上等于强迫他放弃他在一个公司中的股份并在违背意愿的情况下接受另一个公司的股份？如果这样，该组合就是《公司法》第 908 条 A 款所说的合并。

如果重组协议得到执行，原告会发现从组合产生的李斯特·阿尔顿是与他现在作为股东所在的"格兰·阿尔顿"非常不同的公司。格兰·阿尔顿不会继续以开采煤矿为主，而是经过修改章程将改变为多种持股的企业，持有从电影院到纺织业的各种股份。原告将成为一个新企业的成员，该企业拥有 1.69 亿美元的资产和 3 800 万美元的长期债务，代替了那个只有一半大小和七分之一长期债务的企业。

虽然格兰·阿尔顿及李斯特的经营管理依然在原先两个公司的经理层手中，但是由于李斯特·阿尔顿保留了原先李斯特的全部管理人员，所以对格兰·阿尔顿的控制权将转到李斯特的董事手中，因为在新的董事会的 17 个成员中，李斯特的人占了 11 个。

交易的结果，因为没有先买权，所以原告在格兰·阿尔顿中的份额将会随着 3 621 703 股新增股份的发行而减少到现有份额的五分之二。事实上，格兰·阿尔顿的所有权将转入李斯特股东的手中，因为他们会持有 76.5% 的股份，而格兰·阿尔顿的现股东将只持有 23.5%。

如果不给原告股份按公平价值获得赎买的权利，执行协议带来的最大后果大概是遭受严重的经济损失。眼下其股份的账面净值是每股 38 美元，而组合之后只值 21 美元。相比之下，李斯特的股东现在所持股份的账面总值为 3 300 万美元，即每股 7.5 美元。他们将取得账面总值为 7 600 万美元的股份，每股 21 美元。

在这些情况下，我们可以说，如果允许所拟的组合发生而不给异议权，原告在格兰·阿尔顿的股份将被夺走，另一个公司的股份硬塞给他。他将在违背其意愿的情况下以不是他自己选择的条件被扔进一个新的企业。就是针对这种情况，本院在一百年前判决的 Lauman 案及随后立法机构通过的第 908 条 A 款赋予异议权以保护异议股东。也是为了给予原告这样的保护，所以我们断定本案中的组合正是第 908 条 A 款所说的合并。

然而，被告争辩说 1957 年对《公司法》第 311 条和第 908 条的修改不允许我们这样做，要求我们必须判他们赢。第 311 条 F 款规定了公司资产的自愿转让："当一个商事公司通过发行股份、证券或者其他东西，以出售、租赁或交换的方式取得另一个公司的全部或者几乎全部资产时，其股东没有异议股东的权利和救济……"

对第 908 条的修改如下："异议股东的权利……不适用于公司资产的购买，无论对价是钱还是财产，是不动产还是动产，包括该公司的股份、债券或其他债务证据。该公司的股东不因这样的购买而享有异议权。"

虽然两个公司之间的资产有偿转让具备合并的全部法律特征，但是被告把上述修改看作剥夺了股东的异议权。他们说，只有当合并按照法律规定的程序完成时才会产生异议权。为了支持这个观点，他们引用了条文的起草者，宾州律师协会公司法委员会，对这些修改的评论。评论说，当资产买卖具备合并的法律特征时，有些判例赋予异议权；这些规定旨在否决那些判例。无论委员会的意图是什么，没有证据表明立法机构希望1957年的这些修改含有被告所说的意思。而且，这两个条文的语言不支持委员会的意见，也不能达到这样的目的。1957年的修改没有规定具备合并效果但包含资产有偿转让的两个公司之间的交易将不受第908条A款和第515条保护性条款的管辖。它们只规定当一个公司仅仅从另一个公司取得财产或者购买资产，其股东不因该交易而拥有异议权。可是像在本案中，两个公司的交易包含了一个公司的解散，其债务由存续公司接管，其官员和董事接管存续公司的经营和控制；作为交易的对价，其股东取得存续公司的多数股份。那么该交易就不再是简单的资产购买或财产取得，适用第311条F款和第908条C款，而是《公司法》第908条A款所规定的合并。在这些情况下剥夺股东异议权需要法律明文规定，而1957年的修改中没有这样的规定。

即使我们假定重组协议规定的组合只是"资产出售"，因而第908条A款不适用，那也帮不了被告的忙；我们不会对交易的现实视而不见。虽然当事人的叫法和形式不同，但是格兰·阿尔顿在事实上没有取得李斯特，相反，李斯特取得了格兰·阿尔顿。根据第311条D款，[①] 格兰·阿尔顿的股东有异议权。

我们断定，重组协议所拟的组合虽然是通过合同而不是按照成文法规定的程序进行，但仍然属于《公司法》第908条A款和第515条保护范围之内的合并。格兰·阿尔顿的股东应当被通知和告知成文法规定的异议和评估的权利。由于公司官员没有采取这些步骤，所以1958年股东会议对协议的批准无效。下级法院禁止格兰·阿尔顿的官员和董事执行协议是正确的。

维持原判，上诉人承担费用。

本案争议围绕着交易的分类展开：是普通的资产出售还是公司合并？但是真正的利害点在股东有没有异议权、能不能通过评估估价获得股份的公平价值从而退出公司。如果是合并，法律规定反对合并的股东有这样的权利；如果是普通的资产出售或者购买，则股东没有这样的权利。于是本次交易的归类或者定性就成了争议的焦点。宾州法院采纳事实合并的概念，扩大了对少数派的保护，限制了多数派改变公司的权力。

公司是一个经济实体。公司合并对公司来说是一件大事。合并之后一个公司没有了。甲公司的股东成了乙公司的股东，再也不是甲公司的股东了。好比一个人原来有一匹马，现在换成一头牛了。这样的变故没有主人的同意是不行的。你只能说服他将马换成牛，

---

① "如果不是（1）在普通、正常的营业过程中，（2）为了生意搬家，或者（3）为了解散和清算，商事公司出售、租赁或交换其全部或几乎全部财产或资产，则其反对出售、租赁或交换并且遵守了本法第515条规定的股东，有权获得该条规定的异议股东的权利和救济。"原注第8。

但是你不可以强行将马牵走，然后把牛硬塞给他。合同自由、物权、宪法、法律、道德观念都不允许这样做。

可是，宾州《公司法》第311条F款明文规定："当一个商事公司通过发行股份、证券或者其他东西，以出售、租赁或交换的方式取得另一个公司的全部或者几乎全部资产时，其股东没有异议股东的权利和救济……"本案中出售的就是全部资产。当然，名义上是格兰·阿尔顿购买了李斯特的全部资产，实际上是李斯特兼并了格兰·阿尔顿。可是，仅凭这一点就可以将交易定性为事实合并？假如李斯特不要资产被购买的名义，而是直接购买格兰·阿尔顿的全部资产呢？特拉华州法院在这个问题上的判决与宾州截然不同。

【案例 13-2】

哈立顿诉阿寇电子公司[1]

衡平法官肖特。

被告阿寇电子公司是特拉华州公司。原告是该公司的一个股东。诉状质疑纽约州劳若尔电子公司购买阿寇全部资产的合法性，提出了两个诉由：(1) 交易对阿寇不公平；(2) 交易属于事实合并，由于没有遵守特拉华州法律对合并的规定而非法。

……

原告现在承认他不能证明不公平的指控。所以我们要决定的唯一问题是该交易是否属于原告有评估权的事实合并。

在原告抱怨的交易发生之前，阿寇主要批发电子和电气设备的零部件。它已发行486 500 股 A 类股份和 362 500 股 B 类股份。A、B 两类股份的股东权利的差异只在于红利的支付顺序。截至 1961 年 9 月 30 日，阿寇的平衡表显示总资产为 3 013 642 美元，其前一年度的赢利为 273 466 美元。

劳若尔主要从事电气设备的研究、开发和生产。其平衡表显示总资产为 16 453 479 美元，截至 1961 年 3 月 31 日的年度利润为 1 301 618 美元。

1961 年夏天，阿寇开始与劳若尔谈判，由劳若尔以其普通股购买阿寇的全部资产。1961 年 10 月 27 日，劳若尔和阿寇达成了一份买卖协议，协议除了其他事项之外还规定：

1. 阿寇向劳若尔转让其全部有形和无形资产并授权劳若尔使用其名称和广告词；

2. 劳若尔将承担并支付阿寇所有的债务；

3. 劳若尔将向阿寇发行 283 000 股普通股；

4. 阿寇将在交易完成后解散并且将劳若尔的股份按比例分配给自己的股东；

5. 阿寇将于 1961 年 12 月 21 日召集股东会授权批准将全部资产转让给劳若尔；

6. 除了完成解散和清算的工作之外，阿寇在交易完成日之后将停止一切经营活动；

1961 年 12 月 27 日，阿寇按照其在买卖协议中的承诺召集了特别股东会。开会通

---

[1] Hariton v. Arco Electronics, Inc., 40 Del. Ch. 326, 182 A.2d 22（1962）, aff'd 41 Del. Ch. 74, 188 A.2d 123（Del. 1963）.

知中载明了三个目的：（1）对批准买卖协议的提议投票表决，附有协议文本；（2）对更改公司名称的提议投票表决；（3）如（1）和（2）两个提议得到采纳，对解散和清算公司、将劳若尔股份分配给阿寇股东的提议投票表决。公司没有征集投票代理权。652 050 股赞成出售，无票反对。更改公司名称、解散公司和分配劳若尔股份的提议也都被批准。随后交易完成。

原告声称交易虽然采取了出售阿寇资产的形式，但实质上是合并。该合并由于没有遵循合并成文法的规定，剥夺了原告的评估权，所以是违法的。

被告争辩说，交易遵循并办理了《特拉华法典》第 8 章第 271 条对资产买卖规定的全部手续，所以是资产买卖而不是合并。在这一点上应当指出，原告没有在任何地方否认被告遵循了该条规定的每一个字。

这个问题本州还没有哪家法院讨论过。在 Heilbrunn v. Sun Chemical Corporation, Del., 150 A.2d 755 一案中，最高法院应邀决定买方公司的股东在类似本案的情形下能否根据事实合并的理论获得救济。法院判这样的股东不能获得救济。① 它特别指出它所判决的不是本案中出现的那种问题。它还指出虽然特拉华不给反对出售的股东评估权，那些案例与本案的事实不同，"因为它们的出售不包含卖方的解散和买方股份的分配"。说到交易的形式，最高法院指出：

> 这笔交易的结果与合并产生的结果大致相同。这个说法正确。正如原告指出的，安斯巴恰（Ansbacher）企业（卖方）作为太阳（Sun）的一部分，以改变了的形式继续存在。一般地，这是合并的典型特征。② 而且，重组计划要求安斯巴恰解散并向其股东分配用资产换来的太阳股份。作为计划的一部分，安斯巴恰的股东被迫接收太阳股份。从安斯巴恰的角度看，结果与安斯巴恰并进太阳是一样的。

> 之所以产生这样的结果，当然是因为合并法和授权出售全部公司资产的法律互相重合。我们在五月花案的判词中指出了这种重合的可能。

> 这样的结果不是新鲜事。多年来，公司重组计划的起草者越来越频繁地利用出售资产的方法，不用合并的方法。至少在历史上，这样做除了避免合并中异议股东的评估权之外，还有其他原因。

虽然 Heilbrunn 一案说事实合并之说已经在特拉华州得到承认，但是应当指出，在每一个被引用的、承认该说的案例中，当事人都没有遵循出售资产的法律规定。在那两个案例中，出售协议要求将买方公司的股份直接分配给卖方公司的股东。每个案例理所当然地判卖方公司没有收到任何对价，所以交易不是卖方公司出售资产给买方公司。本案中没有违反资产出售法的情形。相反，被告遵守了该法的每一个字。

---

① in Heilbrunn v. Sun Chemical Corporation, 150 A.2d 755（Del 1959）一案中，两家大小不等的公司达成协议，大公司用股份购买小公司的资产并承担其全部债务，小公司解散并将所得的大公司股份分配给自己的股东。大公司的一位股东站出来质疑这笔交易，认为它属于事实合并。法院认为交易有效，事实合并的理论不能适用，"我们看不到（买方公司的股东）遭受了任何损害。他们的公司只是用股份买了一些资产。（买方公司）的生意照常进行，能用的资产多了一些。（买方公司的股东）没有被迫接受另一家公司的股票。重组也没有像在法利斯案中那样改变了买方公司的经营性质。"（150 A.2d 755，758）

② 司德玲诉五月花旅馆公司：Sterling v. Mayflower Hotel Corp.，33 Del. 293，303，93 A.2d 107.

宾州法院，无论州还是联邦，在类似情形中承认并适用事实合并之说，如 Lauman v. Lebanon Valley R.R. Co., 30 Pa. 42；Marks v. Autocar Co., D.C., 153 F. Supp. 768；Farris v. Glen Alden Corp., 393 Pa. 427, 143 A.2d 25……法利斯案表明了宾州在适用这条规则方面走得有多远。它被适用于买方公司的一位股东，而这样的适用是我州最高法院在 Heilbrunn 一案中明确拒绝的。

合并法给予异议股东的评估权是为了补偿他在普通法上享有的阻挠合并的权利。在普通法上，单个异议股东也能够阻挠出售全部资产。许多州的立法机构都认为异议股东评估权不但在合并法中合适，而且在资产出售法中也合适。我州立法机构却认为并明确表示评估权只有在合并法中合适。这个对异议股东权利的不同态度很可能是故意的，以便"使公司多数派在安排组合方面拥有比合并法规定的更多的自由"。（72 Harv.L.Rev. 1132）

尽管原告提出的事实合并规则应当适用于本案情形的说法很有道理，但是我认为这个问题是在立法机构的权限范围之内的……支持适用事实合并理论的说法，即违背股东意愿强迫他接受一个与原先的公司完全不同的企业中的投资，与问题不相干。公司出卖其全部资产换取另一个公司的股份的权利是由《特拉华法典》第 8 章第 271 条明确授予阿寇的。从法律角度看，股东在取得他的股份时知道这个权利。他也知道可能出现他被迫接受新投资的情形，如同在本案中这样。

本州法院有判决认为特拉华公司法授予公司行动权的各个条款是互相独立的；某种结果可以根据一个条款取得而却不能根据另一个条款取得，甚至为另一个条款所禁止。

李希（Leahy）法官的判词[①] 中有一个脚注说：

> 文字内容是特拉华公司法一般性理论的具体化，根据该法不同条款采取的行动各自具有独立的法律意义，并不依赖于该法的其他条文。Havender v.Federal United Corporation 一案证明这种理解是正确的。根据 Keller v. Wilson & Co., 累积的红利是已经成形的权利，必须支付。但是这不能阻挠通过合并消灭这些权利，因为根据第 59 条的规定，合并是有效的。也就是说，第 59 条是完整而独立的，并不依赖于其他条文，只要没有欺诈就行。公司法的其他条文也是这样。

本案的案情与 Havender 和（Hottenstein v.）York Ice 两个案子相比更是如此。在那两个案子中，法院允许根据合并法取消权利。本案中的股东根本没有权利，除非适用另一条独立的规定来创制权利。如果判原告胜诉，那将直接与上述案例的说法相悖。

我的结论是：诉状质疑的交易不是事实合并，无论从有没有遵循《公司法》第 271 条的各种要求来看，还是从交易结果在实质上是不是原告拥有评估权的合并去看，都是如此。

被告不审而判的请求予以准许。

两个类似的案例，类似的交易，同样的交易结果，判决的结果却截然相反。宾州法院透过现象看本质，指出所谓的资产出售其实就是合并，是资产出售掩盖下的合并，所

---

① Langfelder v. Universal Laboratories, 68 F. Supp. 209, 211 n.5（D.C. Del. 1946）.

以应该作为合并对待，给予股东异议评估权。可是这样判与该州《公司法》第311条F款规定似乎不太一致。特拉华法院重名义而轻实质，完全按照成文法的规定来判，理由是遵守成文法。可是，成文法的两条规定在实质上是不一致的，甚至是自相矛盾的，因为当事人可以通过不同交易形式的选择来否决股东的实体权利。特拉华州法院清楚地知道案中的所谓出售资产，实质上就是两家公司的合并，知道宾州对类似的成文法规定作了不同的解释，但是推说法律是立法机构制定的，要改也得让立法机构来修改。[①]"许多州的立法机构都认为异议股东评估权不但在合并法中适用，而且在资产出售法中也适用。我州立法机构却认为并明确表示评估权只有在合并法中适用。"其实立法机构规定的法律两个州一样，只是法院在适用法律时采用了不同的标准。特拉华法院摒弃事实合并的概念，扩大了多数派改变公司的权力，限制了少数派的异议权。

保护少数派股东的不变权利有着长久的历史渊源和很强的理论逻辑。现在像特拉华州这样来了个180度的大转弯，有没有合理性？也有的。因为人们投资时看中的不是一个具体的企业，或者它的特殊业务，而是一种在长时期中不断变革的生意。最好的投资是成长型的——随着时代、技术、生意机会和需求的变化而变化的企业；最坏的投资是那些不断萎缩的企业，所从事的业务渐渐过时，又不肯改变，不能适应已经变化了的环境。虽然企业内部变坏时股东的热情会降低，但是没有人说他有权撤回投资。从这个角度看，通过合并还是资产出售来完成改变无关紧要。个人投资的公司实体因为合并或者资产买卖而消失或者解散也无关紧要。他的投资可以在新的形式中长生不老，也即在新的企业中持有股份。这大概就是美国很多州规定出售资产甚至全部资产时少数派股东都没有异议权的原因吧。这同时也是特拉华州法院选择扩大多数派的经营管理权原因。

联邦制下的每个州都是一个社会实验室。在联邦宪法的大框架下各自可以进行不同的社会实验。看来，在少数派股东的异议权方面，美国还在不断实验的过程中。

在异议权得到确认，需要保护的情况下，估价是不是唯一的保护办法？美国各州观点不一致。有的州法律明确规定估价是对异议股东的唯一保护。然而，有的州则认为，在一般情况下估价是唯一的保护，但是如果有欺诈、自我交易等情形，原告可以请求而法院也可以发布禁令并判损害赔偿。如宾州最高法院就认为除了估价之外，少数派股东还可以请求法院禁止多数派的合并计划，如果该计划充满了"欺诈和重大的不公正"。在 Perl v. IU Intern. Corp.，61 Hawaii 622，640，607 P.2d 1036，1046（1980）一案中，法院拒绝执行估价唯一性条款，允许原告提起禁止兼并的诉讼。

美国商事公司法范本第13.02（b）条的规定与宾州类似。该条的权威评论解释说，当多数股份批准公司变形时，应当允许公司按此进行，即使有少数派认为这对公司不利并且说服了法院，也不能影响变更的进行。由于异议权的存在，少数派可以通过评估免受金钱损失。因此，一般情况下估价是保护少数派的唯一途径。但是股东可以赎买不等于公司可以违法或者欺诈。如果公司违反了公司法对投票的规定、违反了章程的禁止性

[①] 美国的法官权力很大，当他不同意成文法的规定时，往往会用他自己对公平正义的理解去解释成文法规定，而不是死板地适用成文法的字句。所以当法官推说成文法就是这样规定的，要改也只能让立法机构去改的时候，他往往是接受成文法的规定的。

规定、欺骗了股东或者违反了信托义务，那么法院的自由裁量权就不会因为本章规定了或者没有规定异议权而受到任何限制。法院可以采取任何恰当的救济措施来达到公平正义的目的。①

中国也有法院为了保护合并中少数派股东的利益而宣布合并无效的案例。宣告合并无效或者禁止合并都是比让少数派通过评估退出公司更加激烈的保护手段，只有在存在欺诈时适用。

【案例13-3】
董秋萍、李丽芳等与朱建洪、李荣华等公司合并纠纷②
浙江省淳安县人民法院 2013 年 5 月 23 日

这是因公司合并引起的纠纷。原告董秋萍、李丽芳、章宏力是杭州久大置业有限公司（以下简称久大公司）的股东，合计持有该公司 22.5% 股份，因为该公司与淳安先创电子机械制造有限公司（以下简称先创公司）合并一事提起诉讼，称合并损害了其作为股东的合法权益，请求法院撤销合并，并宣告两公司的合并协议无效。

1998 年 7 月 22 日，久大公司的前身——杭州千岛湖物业开发有限公司成立。2001 年 3 月增资后，公司注册资本 1 000 万元，由朱建洪等 12 名自然人股东出资。2002 年 5 月 8 日，公司名称变更为久大公司。之后，股东郑红慧将出资转让给另一股东余振梅；剩余 11 名自然人股东的出资额分别是朱建洪 500 万元、余振梅 140 万元、董秋萍 100 万元、李丽芳 100 万元、余芬琴 50 万元、章宏力 25 万元、洪根田 25 万元、朱斌 25 万元、陆涛 25 万元、李荣华 5 万元、钱金义 5 万元。2004 年 10 月以后，董秋萍、李丽芳、章宏力拒绝出席股东会。

先创公司于 1996 年 1 月 12 日成立，其注册资本和持股比例几经变更，截至 2008 年 4 月 17 日，该公司的注册资本为 800 万元，其中股东刘飞扬出资 720 万元，孙应丹出资 80 万元。二人系夫妻关系。因厂房周边土地转为商业、住宅用地出让，该公司于 2007 年停止工业生产，欲将土地用于开发房产，但建设用地规划一直未得到政府主管部门的许可。2008 年 5 月，久大公司向刘飞扬发出收购先创公司的要约邀请。经协商，刘飞扬、孙应丹与久大公司于 2008 年 6 月 2 日签订《股权及资产转让合同》，约定刘飞扬、孙应丹分别持有的先创公司 90% 和 10% 的股权全部转让给久大公司，转让价 2 000 万元，于合同签订之日起 3 个月内付清。合同还确认先创公司的资产为：淳安国用(2001)字第 625 号、(2002)字第 026 号国有土地使用证记载的土地使用权，土地面积分别为 6 667 平方米、953.8 平方米；千移字 19656 号、19660 号房屋所有权证记载的房产权，建筑面积分别为 953.8 平方米、296.21 平方米。2008 年 9 月 2 日，朱建洪向刘飞扬提出，久大公司尚应付给刘飞扬 1 300 万元的转让款先用于先创公司增资。刘飞扬、孙应丹同意后，即将收到的股权转

---

① 即使是交易双方经过认真谈判达成的合并，原告股东仍然有成功质疑的可能，证明他所获得的对价是如此地不公，以致构成准欺诈。在 Baron v. Pressed Metals of America, Inc., 35 Del. 581, 123 A.2d 848, 855（1956）一案的判词中，法院说："当原告称资产价值与其所得对价不成比例时，原告必须举证证明二者之间的反常差异以及从中可以推理出不当动机或者对股东利益的全然不顾或故意视而不见。"

② (2012)杭淳商初字第 1 号。原判词较长，这里为了节省篇幅，突出重点，作了改编。

让款 1 300 万元转账至先创公司账户。2008 年 9 月 5 日，淳安永盛联合会计师事务所出具验资报告；刘飞扬、孙应丹在先创公司注册资本增资至 2 100 万元的相关文件和资料上签字，并委托洪根田办理先创公司增资变更登记手续。先创公司在取得验资报告后将 1 300 万元转账至浙江乔扬实业有限公司①的银行账户还给刘飞扬，先创公司财务以其他应收款入账。2008 年 9 月 25 日，先创公司增资的变更登记经工商行政管理部门核准，但久大公司受让刘飞扬、孙应丹持有的先创公司股权未办理工商变更登记。

2009 年 7 月 2 日，淳安县建设局向久大公司发出整改通知，告知久大公司开发的紫荆广场规划建筑层高已超过 18 层，而久大公司当时的资质为三级，不符合资质管理规定；要求久大公司尽快完善公司结构、配备相关人员，并向杭州市建委申报房地产开发二级资质。房地产开发二级资质企业注册资本为 2 000 万元以上。

2009 年 8 月 15 日上午 8 时 30 分，久大公司召开股东会，董秋萍、李丽芳、章宏力缺席。会议通过了《杭州久大置业有限公司股东会决议——关于同意公司吸收合并的决定》等多项决议，决定合并吸收先创公司并授权公司董事会办理相关事宜。同日，久大公司与先创公司签订合并协议，约定：

1. 久大公司吸收先创公司，合并后继续存在，先创公司办理注销登记；

2. 合并基准日为 2008 年 12 月 31 日；

3. 合并双方的股东按原出资额 1：1 的比例折合到存续公司，合并后的注册资本为双方注册资本之和，即 3 100（1 000+2 100）万元，其中刘飞扬 2 020 万元、孙应丹 80 万元，二人合计占合并后久大公司注册资本的 67.73%，久大公司原股东只占 32.27%。

后法院另查明，刘飞扬、孙应丹只是久大公司的工商登记、备案资料记载的股东，实际并不享有久大公司股东的权利，也不承担久大公司股东的义务。

同日，久大公司到会股东召开第二次股东会，确认了合并协议，作出增加注册资本、调整领导班子、修改公司章程的决议。刘飞扬、孙应丹作为先创公司原股东和久大公司新股东在相关资料上签字。协助办理了久大公司的变更登记和先创公司的注销登记。久大公司的工商变更登记在 2009 年 9 月 1 日核准，2009 年 10 月 1 日，先创公司将其资产移交给久大公司，其注销登记在 2009 年 11 月 19 日核准。

董秋萍、李丽芳、章宏力起诉久大公司以及以朱建洪为首的其他股东，称合并使她们原先持有的久大公司股份比例从 22.5% 下降到了 7.26%，减少了 15.24%；而且合并极不合理，因为久大公司的账面净资产有 6 167.9 万元，先创公司的账面净资产只有 1 842 万元，而合并却按 1：1 的比例进行兑换，即先创公司 1 元钱的股本换作久大公司的 1 元股本，致使先创公司的两位股东在合并后取得了久大公司 67.73% 的股权。

被告久大公司答辩称，合并的缘由，是久大公司原来的房地产开发资质为三级，因开发紫荆广场项目需要二级资质，在淳安县建设局要求整改的情况下，久大公司的大部分股东考虑到公司的长远发展，在资金比较紧张的情况下，通过合并达到新项目开发的要求，无意损害任何人的利益。只要股东一视同仁，就不存在侵犯股东利益的问题。作

---

① 该公司的股东为刘飞扬、孙应丹和他们的儿子刘乔。

为异议股东的原告，应按公司法的规定正当行使股东权利，而不能为了原告局部的利益而影响久大公司的正常运作和大部分股东的利益。

法院认为："久大公司受让刘飞扬、孙应丹持有的先创公司股权，已经履行了支付股权转让款的合同义务，只要办理股东变更登记，股权转让即完成。但是久大公司在先创公司办理股东变更登记前将先创公司吸收合并，让已经出让先创公司股权的刘飞扬、孙应丹持有久大公司 67.73% 的股权。虽然刘飞扬、孙应丹没有参与久大公司经营管理和享受久大公司股东权益的真实意思，可是该吸收合并的行为将久大公司原股东的股权比率缩成 32.27%，挂在刘飞扬、孙应丹名下的久大公司 67.73% 的股权，实际由该公司的管理人员控制。三原告不参与久大公司的经营管理，本来持有久大公司 22.5% 的股权被缩成 7.27%[①] 的股权，其股东权益有随时被损害的可能。因此，三原告有权要求确认公司合并行为无效。"[②]

"公司吸收合并的基础事实是合并双方对公司合并事项达成一致的协议。董事会决定启动公司合并程序、授权公司高管对合并事项进行谈判，股东会作出确认公司合并协议的决议，以及办理工商变更、注销登记，只是实现公司合并的程序和手段。从本案查明的事实可知，合并协议的内容并非是合并双方的真实意思表示，缺乏民事行为的有效条件，该协议应当无效。久大公司股东会对无效的合并协议作为有效确认形成的决议，也不可能产生法律效力。依据无效的合并协议和股东会决议，增加注册资本、修改公司章程、办理公司变更登记，缺乏合法的事实依据，依法应当纠正。合并无效之诉属于形成之诉，确认公司合并无效的判决属于形成判决，判决生效后公司即恢复到合并前的状况。但是，合并无效判决，对合并期间公司的经营活动没有溯及力，合并后至无效判决生效时的存续公司为事实上的公司，其经营活动，只要不违反与该经营相关的法律或行政法规的禁止性规定，仍然有效。对于公司登记，因合并无效的后果，是合并的公司恢复到合并前的状态，故公司登记机关只要依据生效判决办理公司恢复到合并前的状态的变更和恢复登记即可。在合并无效之诉中，公司合并协议无效以及公司合并的股东会决议无效是合并无效的原因，是支持原告诉讼请求的事实依据。在确认公司合并无效的判决中，需要对合并协议、股东会决议的真实性和合法性作出认定，而不是判决，故对原告要求确认合并协议、股东会决议无效的请求，本院不作判决。合并无效判决生效后，被吸收的先创公司复活，从久大公司分立。对该部分的工商变更登记，因原告未请求，本院也不判决，将在判决生效后通过司法建议处理。"

最终法院判决：一、杭州久大置业有限公司和淳安先创电子机械制造有限公司吸收合并无效；二、杭州久大置业有限公司于本判决生效之日起 30 日内将该公司股东的出资及占注册资本的比率变更登记为合并前的状况。

本案中，法院指出了"三原告不参与久大公司的经营管理，本来持有久大公司 22.5% 的股权被缩成 7.27% 的股权，其股东权益有随时被损害的可能"。看起来，是因

---

① 法院笔误，应为 7.26%。大概是看了前面的数字 67.73% 之后产生的错觉，以为需要凑整数吧。
② 引文摘自法院判决原文，下同。

为合并损害了少数派的合法权利而被宣告无效。不过，法院还说道："公司吸收合并的
基础事实是合并双方对公司合并事项达成一致的协议……从本案查明的事实可知，合并
协议的内容并非是合并双方的真实意思表示，缺乏民事行为的有效条件，该协议应当无
效。"那么，法院判合并无效是因为合并损害了原告的权益还是因为合并协议非当事人
的真实意思表示？对于这一点法院没有说清楚。大概是二者兼而有之。

　　还有，久大公司已经收购了先创公司的股权，成为 100% 母子公司，只要办理相应
的工商变更登记，然后将子公司并入母公司即可达到合并目的，何必与先创公司另行签
订合并协议，搞得这么麻烦呢？而且还留下了一个不伦不类的大尾巴：让刘飞扬和孙应
丹充当持股 67.73% 的名义股东。以后一旦二人反悔，恐怕又是一场官司。法院对于久
大公司如此操作而没有采取上述简便办法的真实原因没有调查清楚。

　　相对合理的解释是为了申请取得房地产开发二级资质而凑足 2 000 万元的注册资本。
可是相对合理的解释也不尽合理。因为简单合并之后两公司的注册资本之和已达 1 800
万元，至余剩下的 200 万元，采用企业家们常用的手法，随便从哪里借来凑个数，注册
之后还掉便是。何必弄得这么复杂，绕一个大圈子呢？事实上，从刘飞扬、孙应丹处借
来 1 300 万元，然后又还给他们，就是这么操作的。1 300 万元可以操作，区区 200 万
元为什么不行？所以是讲不通的。引起这场争议的制度原因有以下几种：

　　第一种对注册资本的要求——2 000 万元，这也从反面说明了 2013 年我国全面取消
注册资本要求的正确性和合理性。

　　第二种可能是律师不知道具体怎么操作，更不知道母子公司如何合并，所以才设计
了这么一个画蛇添足、极不规范的收购程序。如果这样，那就反映了我国公司实践的初
级阶段特点。

　　第三个可能是控股股东朱建洪等人蓄意压缩原告的股权份额，侵吞原告的权益。如
果这样，在分红和投票问题上他们自然会动用在其掌握之中但却挂在刘飞扬和孙应丹名
下的 67.73% 股份。可是对于这些股份到底有没有投票权和分红权，法院似乎没有调查，
也没有在判词中说明。

　　如果不存在这第三种可能，那么被告所称就是正确的："只要股东一视同仁，就不
存在侵犯股东利益的问题。"因为原告的持股比例缩水，朱建洪等控股股东的股份也按
相同比例缩水，互相抵消的结果是：以后分红也好、投票也好，都和没有缩水前一模一
样，没有任何变化。原告的利益不会因此而受到任何损害。如果这样，法院也就没有必
要判合并无效，而应当尊重公司自治，驳回原告的诉求。

　　当然，三原告与控股股东早有矛盾。在本案情形下很容易形成多数派股东对少数派
股东的压迫与剥削。但是那与合并无关。一旦发生，可以另案处理。

　　判词原文提到"事实上的公司"很有意思。事实公司是普通法上的概念，在美国是
有争议的，见本书第五章第九节事实公司与禁反公司。本案中法院判了合并无效之后又
担心会影响交易秩序的稳定，所以利用了事实公司的概念，说"合并无效判决，对合并
期间公司的经营活动没有溯及力，合并后至无效判决生效时的存续公司为事实上的公司，
其经营活动，只要不违反与该经营相关的法律或行政法规的禁止性规定，仍然有效。"

八、上市公司中的评估权

在有限责任公司中，股东如果没有评估权的保护，面对公司变更就没有退出通道，因为其股份没有一个现成的市场。上市公司因为股份有现成的市场，所以股东随时可以通过在市场上抛售股份退出公司。因此，上市公司的股东对评估权的需求就不像在有限责任公司中那么迫切。事实上，上市公司的很多股民是在投机而不是投资。他们并不关心公司事务，而是盯着市场价格的起伏，随时准备卖掉赢利的。从这个角度看，上市公司合并时不需要给予异议股东评估权保护。

但是上市公司中也有持股较多、打算走长线而非短线的投资者。他们关心企业的长远发展和经营情况。当这样的投资者面临他们不喜欢的公司变更时，如果也让他们通过在市场上抛售退出公司似乎有问题，除非市场能够充分地反映公司的价值并且有足够的深度。可是事实上，证券市场一般不是这样的。特拉华州衡平法院曾经指出：

当有人说市场通过其每天的报价对一个运行中公司的内在价值作出了准确、公平的评估时，我们只要稍微一想就能反驳。价格的形成取决于太多的偶然因素，我们实在难以将它们看作公平价值唯一可靠的反映。近几年的经验足以使任何一个不经心的人相信市场在价值评估过程中所作出的估价有时候是极其错误的，因为在极短的时间内公司的基本情况不可能发生这么大的变化以至于影响股份的实际价值。市场价格常在一天之内上下波动。许许多多的原因导致他们神经质地上蹿下跳，忽而极度忧郁，忽而情绪高昂，忽而又从欢乐转变为悲伤……即使在正常情况下，没有特殊的经济因素在激励或者压抑人们的赢利期望，把市场的报价看作股份价值的准确表达也是不可靠的。

这段话是在 1937 年说的。不过今天的情况在这些问题上没有多少改变。随便从纽约股票交易所摘录按照字母顺序排列的前 10 家公司股票在 20 世纪六七十年代的数据便可见一斑。表 13-3 是 1974 年的最高点和最低点，表 13-4 是 1968 年前 8 个月的最高点和最低点。

表 13-3　1974 年美国纽约股票交易所前 10 家公司股票的最高点和最低点　　美元

公司名称	价格高点	价格低点
Abbt Lb	61-1/4	30-1/3
ACF In	61-1/4	28-3/4
Acme Clev	14-5/8	7
Adm Dg	5-5/8	1-3/8
Adm E	13-1/4	7-3/8
Ad Mill	5-1/4	1-3/4
Addres	11-3/4	3
Adv Inv.	11-7/8	6-1/2

续表

公司名称	价格高点	价格低点
Aetna Lf.	31	15–1/8
Aquirre Co.	9–1/8	4–3/8

资料来源：N.Y. Times，Jan. 5，1975，at 50，col. 3.《纽约时报》1975 年 1 月 5 日报道。

表 13-4　1968 年美国纽约股票交易所前 10 家公司股票的前 8 个月的最高点和最低点　美元

公司名称	价格高点	价格低点
Abacus	17–3/4	15–1/2
Abbott Lab	66–7/8	41–7/8
Abex Co.	42–1/8	28
ACF Inc.	68–3/8	39–1/2
Acme Mkt.	44	36
Adam Ex.	18–7/8	16
Ad Mills	30–5/8	18–3/4
Address	91–1/2	52
Admiral	25–1/8	16–1/2
Aeroquip	77	47–1/4

资料来源：N.Y. Times，Sept. 4，1968，at 60，col. 2.《纽约时报》1968 年 9 月 4 日报道。

从表 13-3 与表 13-4 可知，在 12 个月甚至 8 个月之内价格如此波动，怎么能说它们准确地反映了公司的内在价值呢？把一个关注企业内在价值的长期投资者交给市场，在那里寻找救济或退出途径，似乎不太公平和合理。

即使市场在其正常运行中公正地反映了股份的价值，把反对派股东交给市场也不能充分地保护他的合法权益，因为:（1）他的持股板块太大，在市场上抛售会压低价格——这样的板块在证券交易所里是很多很普遍的；（2）不合理的公司组织结构变更本身也会压低市价；或者（3）这么多的股东想要退出，市场上充斥着抛售要约。对于较大板块的抛售，市场的深度总是不够。

上市公司中的评估权不但能使异议股东在某些情形下以公平的价格退出，而且对经理层形成制约。在一个上市公司内，无论经理层提出什么意见，无论该意见是多么的不妥和不成熟，总会有一部分股东会赞成。假定经理层在变更公司形式时并非每个人都既是高水平的又没有个人利益，那么我们在设计决策程序时，对于公司结构的变更，除了多数甚至三分之二多数之外，可能还需要一点东西来保障公平。福柯（Folk）教授曾说过以下一段话：

保持某种内部和外部控制来抵销董事会的权力很重要，除非你认定董事会，特别在多数股东支持的情况下，应当拥有无限制的自由裁量权。评估权……在过去作为一种反制力量迫使内部人在制订计划时尽量选择最好的方案以最大限度地减少反对者。要求较高比例的股东赞成（包括按类投票）也起到了同样的作用。如果这两样武器去掉一样，内部人就缺乏动力将计划制订得让足够多的股东接受。[①]

人们已经注意到，从股东的角度看，评估权的行使存在很多困难：技术难度大；费用高；结果难以预测；在上市公司中，难以获得比市场上更好的结果；最终的获赔还得缴税。说穿了，这是没有办法的办法。一般地，上市公司的股东即使反对公司的结构性变更，只要他感觉这种变更还算不上荒唐透顶，或者他的股份在变更前的价值远高于变更后的价值，他就不会行使评估权。但是在发生重大交易时，个人利益和金融知识的缺乏会严重模糊经理层的视线。评估权作为一条紧急通道是有用的。因此，即使一个较深的市场持续存在，废除评估权并非毫无道理，保留评估权也还是有好处的：一方面对于那些眼光不是围绕着市场转而是围绕着企业转的股东更能保护他们的合理期望；另一方面对于经理层的自私自利和结构性变更中的不当决策都是一种有力的制约。

九、对债权人的保护

合并各方在合并前的债务由合并后的公司承继，这几乎是全世界通行的规则。我国《公司法》第 174 条就是这样规定的。但是如前所述，由于现代公司实践的发达，合并不一定取合并的形式，通过资产购买同样可以达到合并的目的。有的国家之所以采用事实合并的概念，就是为了应对这种情况。但是我国的公司合并法显然还未考虑到这种情形。《公司法》第 174 条仅仅规定合并的时候，合并前债务由合并后的公司承继；没有提到出售资产，特别是全部或者几乎全部资产时，资产的买方是否也应承继卖方的债务。但是如果一定要回答这个问题，从现行公司法的规定去看，答案应该是否定的。第 174 条可以和第 74 条作一比较：第 74 条明确规定在公司合并或者出售主要资产时，异议股东都有评估权；但是第 174 条则只提合并，不提资产出售。这说明立法者不希望在公司出售资产，甚至是全部资产时，让买方承继卖方的债务；或者立法者在立法时根本没有想到这一点。

一般说来，一个公司向另一个公司购买资产，买方除了支付资产的价款之外不必承担卖方的债务。但是在公司法制发达的国家，如果购买的是卖方的全部或者几乎全部资产，那就可能要承担卖方的全部债务。这里的债务当然不限于合同债务，同时也包括侵权债务。资产买卖中买方承担卖方债务大致有如下四种情况：（1）买方作出意思表示，明确地或者隐含地，同意承担卖方的债务；（2）交易实质上是卖方公司合并进了买方公司；（3）买方公司只是卖方公司的继续；或者（4）交易具有欺诈性，目的逃避债务。在（2）（3）两种情况下，美国法院经常引用事实合并的理论要求用股份换取资产的公司承担卖方的债务。

Ramirez v. Amsted Industries, Inc., 171 N.J. Super. 261, 408 A.2d 818（1979）是个产品质量案件。1975 年，原告在操作一台电动印刷机时因为机器质量的问题而受伤。

[①] Folk, De Facto Mergers in Delaware: Hariton v. Arco Electronics, Inc., 49 Va. L. Rev. 1261, 1293（1963）.

该机器是第一家公司 1949 年制造的。该公司于 1956 年将资产全部卖给了第二家公司，自身作为一个空壳继续存在。第二家公司于 1962 年又将资产卖给了第三家公司，即本案被告。买卖合同明确规定买方不承担卖方的任何债务。[①] 之后不久，作为空壳存在的第一家公司解散注销。法院参照了其他法院的判决，判决让人感觉近来的司法潮流是让继承了前手的生产线和制造业的公司来承担前手的债务，因为让销售者承担产品责任比较适宜，也有益于社会。[②] 判词中引用了第一巡回法院在 Cyr v. B. Offen & Co., Inc., 501 F.2d 1145（1 Cir. 1974）中的一段话：

厂商严格责任包含了一个基本判断：预测瑕疵品的责任风险并为之保险的负担加在厂商身上要比加给消费者更为适宜。厂商的继承者继承了厂商的经验和专长，同样比消费者更能预测其成本和风险。继承者了解产品，像其前手一样能够估算瑕疵品风险，为之购买保险，并在买卖谈判中将该成本反映出来，同时又是能够改进产品质量的唯一人选……虽然继承者不是第一个将产品推入商品流的，也没有就其安全性能做过任何隐含的保证，但是它却实实在在地从所购产品长期积累的商誉中获利，对外表明它使先前的实体得以持续，对内继承了同一条设备生产线。[③]

其他法院也在判例中阐述过由买方接管卖方债务的理由：（1）买方接管卖方资产基本毁坏了原告针对卖方的各种救济手段；（2）购买方有能力承担卖方原先的风险；（3）对瑕疵产品的责任附着于原先的制造商的商誉，该商誉现在由买方在继续经营中享受，因此要求买方承担产品责任公平合理。[④]

至于被告在向第二家公司购买资产时的合同规定，法院指出它只能约束合同当事人，不能约束日后的受害人。原告不是买卖合同的主体，所以不受合同约束。法院最终判被告支付伤害赔偿。从这个案例中我们可以看到美国法院在公司合并中对债权人的保护走得有多远。

不过，在特定情形下，美国也有持不同观点的法院。在 Bernard v. Kee Mfg. Co., Inc., 409 So.2d 1047（Fla. 1982）一案中，佛罗里达法院摈弃了 Ramirez 规则，因为"在这条扩大赔偿责任的规则下，小企业面临经济上被消灭的威胁"。[⑤] 法院说，小企业购买产品责任保险很困难，因为成本太高，这也是小企业面临的另一个威胁。将赔偿责任延伸到接棒的企业与严格责任的前提相违背，因为严格责任"将对瑕疵产品的责任放在首次将产品投放市场的制造商身上"，（409 So.2d 1047, 1050）而接棒者不是第一个将产品投放市场的人。

---

① 法院在判词中提到，第二家公司在案发时是否存在并不清楚，被告也没有将其加为第三人。

② 法院的判词没有说明被告是否将产品卖给了原告或者原告的雇主，或者被告自身就是原告的雇主。无论哪一种情形，原告都可以向被告主张产品责任。如果原告向被告购买了机器，自然可以向被告主张产品责任；如果是原告的雇主向被告购买了机器，原告作为受害人同样可以向被告主张产品责任，只是除此之外他还可以向雇主主张雇主责任；如果原告是被告的雇员，他除了向被告主张产品责任之外还可以主张雇主责任。

③ 408 A.2d 818, 823-24.

④ Ray v. Alad Corp., 19 Cal. 3d 22, 31, 136 Cal. Rptr. 574, 560 P.2d 3（1977）.

⑤ 409 So.2d 1047, 1049.

十、国内合并案例赏析

【案例 13-4】

中国远大集团有限责任公司与天津市一轻集团（控股）有限公司、
天津远大感光材料公司、中国东方资产管理公司天津办事处、
中国工商银行天津市分行广厦支行公司合并纠纷案①

中华人民共和国最高人民法院 2007 年 8 月 21 日

20 世纪 90 年代，我国国有企业因为不能适应市场经济的环境而大规模亏损。国家鼓励国有优势企业帮助亏损企业摆脱困境，并给予被兼并企业的银行债务一系列优惠政策。在这样的背景下，中国远大集团有限责任公司（以下简称远大）与天津远大感光材料公司（以下简称感光）于 1997 年 3 月 5 日签订了《兼并协议》，规定：（1）远大与感光根据国家有关法律、法规和天津地方政府的有关政策、规定，本着平等互利、优势互补的原则，由远大兼并感光；（2）远大承接感光全部资产（含有形及无形资产）、债权债务和全部在职职工（含离退休职工），并给予妥善安置，维护企业和社会的稳定。协议列明了感光的资产负债状况，规定了资产审核与移交的方式和时间、土地使用权的移交方式、人员的移交与安置、负债的处置以及感光改制与整合的方案。协议还规定由感光向其主管部门和天津市经济委员会上报审批，协调各单位落实地方优惠政策并批复后生效。

同年 3 月 14 日，远大与感光最大的债权银行中国投资银行天津分行（以下简称投行天津分行）就远大兼并感光后投行天津分行债权如何清偿达成了一致意见并报各自主管部门审批，拟于批准之后签订协议。远大将以人民币 9 200 万元的价格收购投行天津分行对感光的全部债权，并分 7 年偿还上述款项，偿债期间停计利息。远大并向投行天津分行出具由其认可的担保书。双方并约定，争取在备忘录签订后一个月内完成议定内容的报批工作。此外，远大还与感光的其他几家债权银行签订了为感光的债务担保的合同。

之前两天，3 月 12 日，感光的上级主管部门天津市一轻集团（控股）有限公司（以下简称一轻控股公司）向天津市经济委员会上报关于感光被远大兼并的请示。同年 4 月 28 日，天津市调整工业办公室以津调办〔1997〕62 号批复致函一轻控股公司，同意远大（国有）以接收感光（国有）资产、债权、债务及全部职工为有偿条件，从下文之日起，对感光实施兼并，并按国发〔1997〕10 号文件有关精神，办理有关银行贷款停免息政策事宜。同年 5 月 12 日，一轻控股公司以一轻管一（1997）33 号文向感光的直接上级精细化工分公司转发了上述批复。

1997 年 6 月 3 日，中国投资银行以中投发〔1997〕75 号文件致函天津市人民政府，内容为：鉴于远大在兼并方案中关于减免我行贷款利息及分年偿还贷款本金的方案与国家有关政策相悖，且未能向我行提供充分可信的资金来源和可靠的还款保证，亦没有提

①（2005）民二终字第 38 号。原判词较长，为节省篇幅，突出重点，本书作者作了删减和改编。

交有关兼并的整体方案及对各家银行债权的处理方式，对此，我行现阶段无法同意远大对感光的兼并。这个函件内容天津市政府和相关部门没有告知远大。

1997 年 6 月 9 日，远大与一轻控股公司签订《移交协议书》。协议书中载明：远大与一轻控股公司根据天津市调整工业办公室调办（1997）62 号文、一轻控股公司 33 号文和远大与感光签署的《兼并协议》，就远大全面接收一轻控股公司所属感光资产、债权、债务和人员达成共识，为指导下一步移交工作，订立本协议；对涉及感光资产、债权、债务和人员的移交工作必须遵守的原则是以天津市调整工业办公室调办（1997）62 号文件、远大与感光签署的《兼并协议》和附件为依据。上述协议签订后，远大对感光实施了兼并，感光于同年 7 月，在天津市工商局办理了企业法人变更登记，变更理由是原企业被远大兼并，变更后的企业名称为天津远大感光，并在国家国有资产管理局办理了企业国有资产变动产权登记。

1997 年 7 月 28 日，远大向感光拨款人民币 1 000 万元。

2002 年 9 月 4 日，感光召开职工代表大会并形成决议，认为公司被远大兼并以来，远大没有履行兼并协议中的承诺，也没有给过公司支持与帮助，其行为已经成为公司生存与发展的阻力与障碍，坚决要求脱离远大。

2002 年 10 月 31 日，原国家经济贸易委员会致函远大（国经贸厅企改函〔2002〕1050 号"关于妥善解决感光有关问题的函"），该函载明：今年 8 月以来，感光的部分职工写信给国务院领导同志并多次来我委上访，反映你公司兼并感光后，未履行兼并协议，投资不到位，感光企业内部的组织结构调整没有取得职工的理解和认同等问题，并强烈要求解除与你公司的兼并关系。为了稳定局面，天津市政府有关部门已多次协调，至今未见成效。请你公司对此问题引起足够重视，采取有效措施，积极稳妥地做好职工工作。

2003 年 12 月 12 日，远大向北京市高级人民法院提起诉讼，请求：（1）依法确认远大与感光签订的《兼并协议》未生效，并判令解除该协议；（2）判令解除远大与一轻控股公司签订的《移交协议书》；（3）判令感光返还远大拨款人民币 1 000 万元；（4）判令一轻控股公司对前款请求承担连带返还责任；（5）判令解除远大因《兼并协议》而对第三人承担的人民币 10 089 万元、美元 249.699 6 万元（折合人民币 2 072.506 6 万元）的保证担保责任；（6）判令感光、一轻控股公司承担本案全部诉讼费用。

北京市高级人民法院驳回了远大的诉讼请求并责成其承担一审案件受理费。该院认为，远大与感光签订的《兼并协议》是双方真实意思的表示，内容不违反法律规定，且该协议已经天津市调整工业办公室批复同意，应依法确认有效。《兼并协议》签订后，双方办理了移交手续，感光在天津市工商局也办理了企业法人变更登记，并在国家国有资产管理局办理了企业国有资产变动产权登记。远大也向感光进行了资金投入。上述履行合同的事实证明远大已经对感光实施了兼并，《兼并协议》已经履行完毕。远大以其未能享受国家有关国企兼并的优惠政策，认为《兼并协议》未生效的理由不能成立。因为享受该优惠政策，作为远大的预期利益，并非一轻控股公司、感光对远大所能负担的债务，亦不是一轻控股公司、感光应履行的合同义务。远大应另行通过行政途径解决。综上，远大的各项诉讼理由均不能成立。

远大不服一审判决，向最高人民法院上诉，认为在国有企业大批亏损，中央提出"三年脱困"的口号的大背景下，在天津市人民政府及相关部门的大力撮合下，远大为了帮助严重亏损的感光才签订了《兼并协议》。协议第37条规定协议要在政府落实地方优惠政策并批复后生效，可是中国投资银行不同意落实关于免息的优惠政策，所以协议还没有生效，况且，远大虽然与一轻控股公司签订了《移交协议书》，工商登记的名称和企业国有资产产权登记也进行了变更，但是由于优惠政策无法落实，无法进行实质意义上的真正移交，所以远大并没有因此实际取得感光的主管单位的地位，也没有实际控制感光。

最高人民法院认为，本案当事人之间争议的焦点是：远大与感光签订的《兼并协议》是否生效的问题、如果生效其是否应当解除的问题以及解除后远大因兼并行为而对各家银行所承担的担保责任是否应当免除的问题。

关于《兼并协议》是否生效，"本院认为，协议中约定的落实地方优惠政策，即天津市经济委员会协调各单位落实各项优惠政策，特别是感光的各大债权银行关于贷款利息的减免停挂政策的落实，是天津市有关部门作出批复的前提条件。根据本案查明的事实，《兼并协议》签订后，远大与投行天津分行就兼并后债权如何保证及顺利偿付达成了备忘录，该备忘录虽然不是双方最终的协议，但应当认定投行天津分行对落实银行贷款的优惠政策是同意的，双方也达成了一致意见。在此基础上，天津市调整工业办公室根据一轻控股公司、远大的呈报文件，作出了同意兼并的批复。上述事实表明，作为政府行政主管部门的天津市经济委员会，其协调各单位落实优惠政策的职责已经履行完毕。而中国投资银行在批复下达以后致函天津市人民政府，表示不同意兼并，致使涉及投行天津分行贷款的优惠政策未能得到最终实现，属于兼并协议生效后的履行问题，不能因此得出兼并协议不生效的结论。"①

关于《兼并协议》是否应当解除的问题。由于感光的主要债权人不承认《兼并协议》约定的内容，致使协议中有关投行天津分行贷款本息的处置等约定未能得到实际履行。而且，远大在对感光进行企业制度改革时，就企业管理、组织人事调整等方面与感光产生矛盾，发生冲突，远大也因此失去对感光的实际控制。感光职代会决议要求脱离远大。"作为兼并方远大与被兼并方感光均强烈要求解除《兼并协议》，实际上双方继续履行《兼并协议》已不可能。如果继续维持双方之间的兼并关系，必将使企业陷入运行上的僵局，特别是感光不能正常经营，企业将丧失所应享受的地方政策，职工的生活没有保障，维持此种状况既有违兼并双方当事人的意愿，亦与司法审判所应追求的法律效果与社会效果相悖。故应尊重远大与感光双方意愿，解除其兼并关系。远大上诉理由中提出其向感光拨款1 000万元的性质为借款并请求予以返还。根据一审中远大提供的证据，双方签订《兼并协议》后，感光向远大提出1 000万元流动资金拨款的申请，远大依其申请向感光拨款1 000万元，远大主张该笔款项为借款缺乏事实根据。鉴于远大兼并感光后，双方亦有其他款项上的往来，远大、感光在履行《兼并协议》的过程中均存在过错，共

---

① 引文均为最高院判词原文，下同。

同导致了《兼并协议》无法继续履行，且因兼并协议无法继续履行的行为给感光造成了损失，故远大请求感光返还 1 000 万元款项的上诉请求，本院不予支持。"

关于远大向各家银行承担的担保责任是否应当免除的问题。最高院认为，感光的这些债务都是在签订《兼并协议》之前形成的。在当时的情况下，感光已经属于严重亏损的企业，银行的债权已形成了事实上的呆坏账。远大提供担保是兼并行为总体安排的一部分，不能脱离当时国家鼓励国有优势企业帮助亏损企业摆脱困境，并给予被兼并企业的银行债务一系列优惠政策这一历史背景。对这些事实，各家银行在签订担保合同时是明知的。"远大兼并感光后，对感光投入了一定的人力、财力，而现有证据不能证明其从兼并中获得了相应的收益，享受了优惠政策。为此，远大在已付出了兼并成本，且《兼并协议》应依法予以解除的情况下，还要承担感光原有巨额旧债的担保责任，对其而言确实显失公平。故对于远大关于其基于《兼并协议》为感光的旧债提供的担保予以免除的请求应予支持。"担保责任免除后的债权债务关系应当恢复到原来的状态，各家银行可以向原债务人主张权利。

于是，最高院撤销了北京市高级人民法院（2004）高民初字第 26 号民事判决，解除了远大与感光之间的《兼并协议》和远大与天津市一轻集团（控股）有限公司之间的《移交协议书》，免除了远大对各家银行的担保责任，驳回了远大其余的上诉请求。一、二审案件受理费远大与感光各半承担。

本案中协议明文规定了两个生效条件：一是政府批复；二是优惠政策落实。既然优惠政策没有得到落实，协议就没有生效，远大的主张合理。可是如果协议自始生效，那就必然要返还 1 000 万元拨款。感光已经亏损累累，连职工工资都发不出来，区区 1 000 万元只救一时燃眉之急，早已消失得无影无踪，你叫它怎么返还？所以只能判协议有效，已经生效。可是，既然是有效协议，那就应该严格执行，北京市高院就是这个观点，这在逻辑上是合理的。可是冷酷的客观现实使协议根本无法执行。不但预期的优惠政策无法落实，合并双方的矛盾升级，感光职代会通过决议要求分离，职工上访不断；远大对感光企业管理方面的改革措施、人事调整都无法贯彻，大量的人力、物力投入有去无回，等于承接了一个填不满的无底洞，自然感觉不堪重负。于是最高院就以优惠政策无法落实、双方当事人都要求退出合并为由判决解除协议。合同自由，当事人意思自治，当然是对的。即使合同有效，双方当事人也随时可以解除。可是这种解除必须建立在双方合意的基础上。本案中双方根本没有达成合意。所以最高院以尊重合同自由为由判决解除的理由有点牵强。唯一合理的理由是优惠政策无法落实。可是仅仅这一点能否构成解除协议的充分理由？北京市高院认为不能。更为合理的理由大概是协议在客观上已经无法执行。最高院对这一点也做了具体的说明："实际上双方继续履行《兼并协议》已不可能。如果继续维持双方之间的兼并关系，必将使企业陷入运行上的僵局，特别是感光不能正常经营，企业将丧失所应享受的地方政策，职工的生活没有保障，维持此种状况既有违兼并双方当事人的意愿，亦与司法审判所应追求的法律效果与社会效果相悖。"可见自始至终，最高院都是抱着一种务实的态度在解决问题，而不拘泥于合同法和公司法上的原则和概念。

　　本案的政策背景是当时国家鼓励优势企业帮助和兼并那些已经陷入困境而不能自拔的弱势企业，以避免企业破产和职工失业造成社会问题。[①] 因此，合并一开始就不是建立在双方自动、自愿的基础上，而是政策引导的产物、政府撮合的结果。最终也是政府不能兑现原先的诺言[②] 而给了远大解除协议的理由。这是我国从计划经济向市场经济过渡时期的特殊现象。公司法、合同法，都是市场经济的产物，用它们来解决计划经济体制产生的问题，难免会出现不协调。而最高院却要勉为其难，努力地这样做，使得过渡能够平稳一些，衔接能够自然一些。这是难能可贵的。本案的判决在客观上缓解了改革过程中发生的棘手矛盾，产生了良好的社会效果，是一个正确、合理的判决。

【案例 13-5】

常州市吉氏矿业有限公司等诉江苏炎黄在线物流股份有限公司等公司合并、设立纠纷案[③]

江苏省常州市中级人民法院 2014 年 10 月 14 日

　　常州市吉氏矿业有限公司（以下简称吉氏公司）一审诉称：2006 年 5 月 10 日，江苏炎黄在线物流股份有限公司（以下简称炎黄在线公司）收到深圳证券交易所暂停其股票上市的决定。为了摆脱困境，恢复上市，炎黄在线公司派出王文峰等人与吉氏公司联系合并收购事宜。基于吉氏公司有技术但缺乏资金，炎黄在线公司有资金但没有技术，炎黄在线公司与吉氏公司经协商一致后同意由炎黄在线公司收购吉氏公司，利用吉氏公司的技术、设备及人员设立丰晟公司，由炎黄在线公司控股，吉氏公司的原股东吉艰奋、其子吉星分别占股 10%、8%，保留吉氏公司部分人员及设施作为丰晟公司的分公司。炎黄在线公司承诺先支付给吉氏公司 300 万元作为设备转让及技术使用对价。因为新公司尚未成立，暂时以借款形式操作，请吉艰奋和吉星写了两张借条，但实际上炎黄在线公司只通过联系人王文峰向吉氏公司支付了 124.4 万元，其他转让款分文未付。吉氏公司在炎黄在线公司承诺后，并在炎黄在线公司一再催促下，于 2012 年 7 月开始将原属于吉氏公司的设备、设施搬至丰晟公司，吉氏公司的高级管理人员也迁至丰晟公司，吉氏公司在搬迁后已无生产能力。2012 年 7 月 16 日，炎黄在线公司第八届董事会第五次会议审议通过了《关于投资设立控股子公司江苏丰晟新材料有限公司的议案》。2012 年 7 月 26 日，丰晟公司成立，吉氏公司应炎黄在线公司要求将吉氏公司设备及设施、人员均按约定迁至丰晟公司。2012 年 12 月 31 日，炎黄在线公司收到深圳证券交易所出具的《关于江苏炎黄在线物流股份有限公司股票终止上市的决定》，公司股票终止上市。炎黄

　　[①] 这项政策实施了一段时间之后发现效果不好。以强帮弱，不但弱者没有带动起来，强者却被拖垮了。这个结果促使国家最终下定决心实施和推广企业破产制度。于是大批国有企业宣告破产。国家另行通过建立社会保障体系来解决职工失业引起的社会问题。该案例从另一方面说明了西方的企业破产制度有其深刻性和合理性。相关背景的详细介绍参见：朱锦清：《国有企业改革的法律调整》，229~231 页，北京：清华大学出版社，2013。

　　[②] 天津市政府与中国投行的意见不一致，原因大概是当时的法律、法规、政策不配套，互相矛盾，因而持不同立场的政府机构各自都有合法的理由。这种现象在计划经济体制下经常出现。

　　[③] （2014）常商终字第 361 号。原判词较长，为节省篇幅，突出重点，本书作者作了删减和改编。

在线公司知道这个消息之后，丰晟公司的经营不再继续，对于其应承担的房租及员工工资也拒不承担。炎黄在线公司、丰晟公司的行为侵害了吉氏公司的合法权益，故诉请法院判令炎黄在线公司、丰晟公司支付吉氏公司转让款 175.6 万元及承担房租 112 180 元、员工工资 15 万元并承担本案诉讼费用。

炎黄在线公司一审辩称：炎黄在线公司从未派人与吉氏公司洽谈过收购或兼并吉氏公司的事宜，也未受让、使用过吉氏公司的机器、设备和人员，炎黄在线公司从未向吉氏公司支付过企业收购款或机器设备转让款，吉氏公司要求炎黄在线公司承担吉氏公司的房租、员工工资等没有事实和法律依据。炎黄在线公司支付给吉氏父子的款项是借款，应当归还。

最终，由于原告证据不足，无法证明炎黄在线公司与吉氏公司有收购合并的合意，彻底败诉，法院判决其归还从炎黄在线公司收到的一切款项。[①]

原告不服，上诉。二审维持原判。

本案判词中没有法院查明的部分，因为诉讼各方对于本案的基本事实存在根本性的争议。一方说是兼并收购；另一方说根本没有这么回事。原告有举证责任，因为举证失败而败诉。假如原告所说属实，那就告诉我们实践中我国有些公司的合并和收购是多么得不规范，连个合并协议都没有。《公司法》第 173 条规定："公司合并，应当由合并各方签订合并协议，并编制资产负债表及财产清单。"此规定乍一看纯属多余。签订协议、清理财产是合并中当然要做的事情，谁都知道，还要法律来规定？但是现实中确实有不订书面协议就着手合并的事例。

【案例 13-6】
济南山水集团有限公司上诉济南高新技术产业开发区管理委员会国有资产监督管理委员会办公室等公司合并纠纷案[②]
山东省高级人民法院 2014 年 7 月 17 日

2009 年 5 月 27 日，济南高新技术产业开发区管理委员会国有资产监督管理委员会办公室（以下简称高新国资委）与山东丰大投资担保股份有限公司（以下简称丰大公司）签订《吸收合并[③]暨增资扩股协议》，由高新国资委下属的济南开发区科信担保服务中心（以下简称科信担保中心）增资扩股并与丰大公司合并，成立科信丰大投资担保有限公司（以下简称科信丰大公司），股权比例为高新国资委占 51%、森特医院占 34.30%、永大房地产公司占 9.80%、山水集团公司占 2.94%、经济技术投资公司占 1.96%。协议约定："本次吸收合并完成后，新公司承继丰大公司的全部债权债务以对丰大公司的鲁天元同泰审字（2009）第 1193 号审计报告载明的债权债务为准"；"因本次合并交割完成前丰

<hr>

① （2013）钟商初字第 1466 号。
② （2014）鲁商终字第 180 号。原判词较长，为节省篇幅，突出重点，本书作者作了删减和改编。
③ 科信担保中心吸收了丰大公司之后变更名称为科信丰大公司。虽称"吸收合并"，其实是新设合并。不过，区分二者在这里没有意义，所以改编中简单称为合并。

大公司的担保业务、其他业务及丰大公司本身存在的债务、风险、责任或有负债等造成新公司损失的，由丰大公司股东连带赔偿新公司损失"。丰大公司的股东包括山东森特医院控股管理集团有限公司（以下简称森特医院）、山东永大房地产开发有限公司（以下简称永大房地产公司）、济南山水集团有限公司（以下简称山水集团公司）、济南市经济技术投资公司（以下简称经济技术投资公司）四家，它们书面授权委托丰大公司法定代表人范恩军在协议上签了字。之后，合并按照协议规定如期完成。

2012 年 6 月 19 日，新成立的科信丰大公司收到山东省能源环境管理中心有限公司（以下简称能源环境公司）的起诉材料。因为丰大公司在合并前曾为森特医院的债务提供担保，森特医院欠下能源环境公司的债务到期不能清偿，所以能源环境公司要求丰大公司承担连带清偿责任。因为丰大公司已经并入科信丰大公司，根据《公司法》第 175 条（现第 174 条）的规定："公司合并时，合并各方的债权、债务，应当由合并后存续的公司或者新设的公司承继。"所以科信丰大公司承继了丰大公司的债务，应当向能源环境公司负清偿责任。科信丰大公司积极应诉，一审败诉之后又上诉，但是二审维持原判。最终，法院强制执行，从科信丰大公司的账上划走了 1 200 多万元。在合并当初，丰大公司的这一担保业务没有体现在(2009)第 1193 号审计报告中。所以，高新国资委和科信丰大公司根据合并协议的规定，要求丰大公司的四家原股东承担连带赔偿责任。

济南市中级人民法院一审认为：科信担保中心与丰大公司的合并，实际上是五家股东各自以原有的公司资产对新设的科信丰大公司按照约定的比例出资。其中丰大公司方面四家股东的出资额为合并时新公司净资产额的 49%。1 200 多万元被强制执行减少了新公司的净资产额，等于是四家股东出资不足，所以根据合并协议应予补足，遂判四家被告连带赔偿。①

山水集团公司不服，联合其他被告向山东省高级人民法院上诉。省高院赞同中院的判决思路，维持原判。二审案件受理费 97 070 元，由上诉人山水集团公司承担。

本案争议与其说是公司法性质，还不如说是合同法性质，是个合同的执行问题。法院的判决是正确的。在能源环境公司对科信丰大公司的诉讼中适用《公司法》第 174 条是对的。因为虽然兼并协议规定应由四家原股东赔偿，但是该协议只能约束协议当事人，对外部人能源环境公司是无效的。能源环境公司根据公司合并中债权债务承继的一般原则请求科信丰大公司承担清偿责任是合情合理的，所以获得一审、二审法院的支持。但是兼并协议对于各方当事人来说却是有约束力的。协议规定科信丰大公司如果因为丰大公司原来的债务而遭受了损失，丰大公司的四位股东必须连带赔偿。所以科信丰大公司在支付了能源环境公司 1 200 多万元之后联合其大股东高新国资委，依据兼并协议的规定，要求丰大原先的四家股东赔偿损失，合理合法，也得到了一审、二审法院的支持。

---

① (2013)济商初字第 132 号。

【案例 13-7】
杭州顺福客运有限公司与浙江铁联客运有限公司公司合并纠纷上诉案①
浙江省杭州市中级人民法院 2013 年 6 月 13 日

上诉人杭州顺福客运有限公司（以下简称顺福公司）为与被上诉人浙江铁联客运有限公司（以下简称铁联公司）公司合并纠纷一案，不服杭州市江干区人民法院（2013）杭江觅商初字第 111 号民事判决，向本院提起上诉。本院于 2013 年 7 月 17 日立案受理后，依法组成合议庭，于 2013 年 7 月 29 日、10 月 9 日召集双方当事人进行了调查及调解。本案现已审理终结。

原审法院审理查明：铁联公司为能满足参加浙江省道路运输管理局（以下简称省运管局）的杭州至定远线二类道路客运班线经营权关于客车数量 50 辆以上的招投标报名条件，增强公司竞争实力，于 2012 年 12 月 25 日与顺福公司签订了公司合并协议，报名截止日期为 2013 年 1 月中旬。协议约定：顺福公司将其全部股权合并给铁联公司；顺福公司原债权债务由顺福公司自行处理与铁联公司无关；公司合并后铁联公司对现有资产进行重组，铁联公司占 82% 股份，顺福公司占 18% 股份；铁联公司补偿顺福公司 120 万元，首付款人民币 50 万元于合同签订后三日内支付，尾款 70 万元于产权合并后三日内付清；首付款支付后三日内办理产权交割手续；交割完成后由顺福公司负责在五个工作日之内办妥权证变更事项；资产部分包括 21 辆客车的交割与权证变更等。合同签订后，铁联公司于 2012 年 12 月 26 日支付了款项人民币 37 万元，于 12 月 27 日支付了 13 万元。2013 年 1 月 5 日，顺福公司向铁联公司移交了企业法人营业执照、道路运输经营许可证、组织机构代码证、税务登记证、公司公章等证件材料，由铁联公司自行办理相关合并事宜。截至 2013 年 1 月 10 日的投标报名日期，顺福公司仍有 5 辆登记在杭州江良客运有限公司（以下简称江良公司）名下的客车因银行按揭贷款未清偿而无法过户至合并目标顺福公司名下，致使铁联公司无法满足客车数量 50 辆以上的客运班线投标条件，合同目的不能实现。2013 年 2 月 26 日，顺福公司致函铁联公司要求铁联公司加快办理公司合并事宜；次日，铁联公司致函顺福公司表示因顺福公司未能依约办理产权交割以致铁联公司无法正常开展工作，决定终止项目合作协议，并要求返还已付款人民币 50 万元。双方协商未果，铁联公司诉至法院。庭审中顺福公司自认，顺福公司系江良公司变更而来，登记在江良公司名下的 6 辆客车因银行按揭贷款未清偿，在公司合并协议签订后陆续过户至顺福公司名下，过户日期分别为 2013 年 1 月 7 日一辆、1 月 15 日一辆、1 月 17 日一辆、3 月 20 日一辆、4 月 22 日两辆。另查明：根据省运管局的招标公告，投标二类客运班线投标人须自有营运客车 50 辆以上、客位 1 500 个以上；或者自有高级营运客车 20 辆以上、客位 600 个以上；综合评价总分为 200 分，其中企业规模分值为 20 分，按企业自有营运客车 1 辆 0.4 分计，最高不超过 20 分。铁联公司参加招投标时自有车辆为 29 辆，其中高级车辆 28 辆。

原审法院审理认为：铁联公司与顺福公司签订的公司合并协议并不违反法律禁止性

---

① （2013）浙杭商终字第 1248 号。正文内容均为判词原文。本书作者只做删减以减少篇幅，未作改动。

规定，合法有效。顺福公司主张其在合同签订时已明确告知铁联公司尚有 6 辆客车因银行按揭贷款未清偿仍登记在他人的名下的事实但未能提供证据证实，且即使已明确向铁联公司进行告知，顺福公司也负有于合同约定的产权交割、权证变更期限内消除车辆按揭负担的义务。顺福公司收到铁联公司支付的首付款后，未能依照合同约定的期限消除负担，致使铁联公司参加道路客运班线投标时客车数量 50 辆以上的条件不能满足，明显影响铁联公司投标的考核分值，致使铁联公司签订合同时所要求在投标时具有客运车辆 50 辆以上的目的不能实现，顺福公司已构成根本性违约，铁联公司依法行使合同解除权并无不当。至于铁联公司是否存有违法违规行为、投标结果成败是否与违法违规行为相关，与双方所签公司合并协议目的有无实现之间不存在关联，即顺福公司只要根据合同相对性原则，在投标截止日前履行消除按揭车辆负担并办理过户手续义务即实现铁联公司签订合同目的，未按期履行即构成铁联公司签订合同目的不能实现，与投标结果并无关联。双方所签公司合并协议在顺福公司收到铁联公司的合同解除通知书时解除。合同解除后，顺福公司应将其收取的款项返还铁联公司，故铁联公司诉请理由正当，法院予以支持……判决：顺福公司于判决生效后十日内返还铁联公司首付补偿款人民币 50 万元。如果未按判决指定的期间履行给付金钱义务，应当……加倍支付迟延履行期间的债务利息。案件受理费人民币 8 800 元，减半收取人民币 4 400 元，财产保全申请费人民币 3 020 元，合计人民币 7 420 元，由顺福公司负担（顺福公司应于判决生效后三日内支付至法院）。

宣判后，顺福公司不服，向本院提起上诉。

驳回上诉，维持原判。

二审案件受理费 8 800 元，由杭州顺福客运有限公司负担。

本判决为终审判决。

与前面的济南山水集团案一样，本案属于合并协议执行中的纠纷。由于协议条件规定得很清楚，法院切实执行了协议的规定，允许解除协议。

一般地，在合同条文十分清楚，因而判决结果也会清楚的情况下，只要双方当事人能够以理智的态度对待纠纷，是不会打官司的，因为没有必要。订立合同的目的之一就是要避免日后的诉讼。可是有时候，在利益的推动下，当事人还是会抱着试一试的心态，或者因为心中有气、感情用事而提起诉讼。这种情况下，律师如果清楚官司必输无疑，就应当本着职业道德开导当事人，劝其不要起诉，协商解决，以免浪费人力物力、浪费司法资源；切不可为了赚取律师费而怂恿当事人起诉。

将上述四个案例与美国的判例进行比较，可以看出在公司并购领域内两国实践的发达程度不同。我国的纠纷大都在合并协议的执行上，甚至是没有书面协议引起的纠纷。美国不大有这样的纠纷，因为他们的公司合并都订协议，而且协议写得十分详细周到，订立之后就会执行，不大会因为协议引起纠纷。实际纠纷都是协议之外的，比如小股东行使异议权。协议的双方不但没有矛盾，而且站在同一条战壕里共同应对异议股东的起诉。前面的《董秋萍、李丽芳等与朱建洪、李荣华等公司合并纠纷案》倒是有点这个味道，但也不全然如此。至于最高人民法院在2007年判决的远大集团案，那是带有浓厚的计划经济和政府干预痕迹的特殊案例，随着我国经济改革的推进，以后不会再有这样的纠纷了。

第二节　公司分立

一、公司分立简介

公司分立，是指一个公司分裂为两个或者两个以上的公司，实践中以分裂为两个的情形居多。就企业名称的保留而言，如果分立之后有一个公司保留了原名称，就是存续分立，也叫派生分立；如果放弃原名称，分立之后每个公司都取新的名称，就是解散分立，也叫新设分立。如图13-5和图13-6所示。

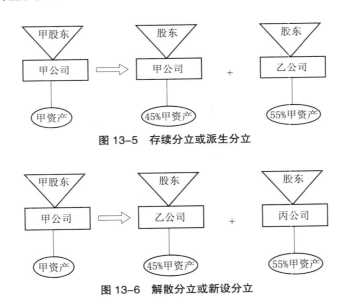

图 13-5　存续分立或派生分立

图 13-6　解散分立或新设分立

以上两图中资产按55%和45%分割完全是随意的假定，取任何比例都行。实践中公司分立绝大多数是存续分立，因为让一个公司保留老名称可以利用该名称积累起来的商誉。

请注意两图故意留下了一个迷惑。就是甲公司的股东分立之后只能笼统地称为股东，因为股东的变化有两种情形：股东分家和股东不分家。这又和分立的原因有关。股东分家与兄弟分家差不多，大多由相互之间的矛盾引起，为了避免或者解决矛盾而分家；股东不分家的分立则往往是经营管理的需要，有时候公司太大，摊子太大，管理层次太多，不但没有规模效益，反而降低了效率，所以需要分立。此外，法律的规定或者国家的政策，特别是反垄断法的强制性要求，也会迫使一些带有垄断性质的企业分立，如当年美国的贝尔公司被迫分出AT&T，就是这种情况。1999年中国移动从中国电信分立出来，原因与此类似。

有限责任公司的分立大多具有股东分家的特点。后面的国内分立案例都是这种情况。有限责任公司股东人数少，一般都参加公司的经营管理，所以每个人都熟悉公司的情况。一起工作又容易产生矛盾，甚至形成僵局。解决问题的办法之一便是分家析产。两派股东会坐下来对公司现有的资产（包括企业名称所含的商誉）、负债、经营资格、供销渠道、客户资源以及分家中可预见的各种费用结合各自的投资份额和贡献详细地作出安排，写成书面协议。协议执行完毕后各自独立门户、独立经营。如果分立工作做得不够仔细和周到，分立协议写得不够全面和清楚，日后就有可能发生纠纷，最终对簿公堂。所以公司分立最好聘请有经验的律师起草协议、提供各种咨询意见。

只有明确了股东在分立之后是否分家，才能真正图解清楚股东的变化情况。下面将有限责任公司中股东分家的分立图示如图 13-7 和图 13-8 所示。

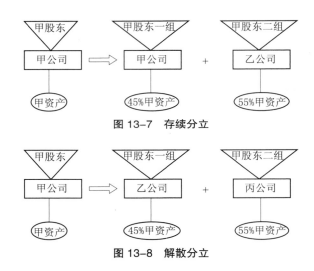

图 13-7　存续分立

图 13-8　解散分立

上市公司分立时股东都不分家，不会发生股东分家的事。因为股东人数成千上万，难以在自愿的基础上通过谈判分家。如果由经理层或者董事会替他们做决定，有些股东又会不满意，必然引发无数讼争。而且，不经过股东同意而由公司经理层或者董事会处分他们的财产，既不合理也不合法。即使股东会以超多数决通过，也仍然不合适，因为存在控股股东盘剥小股东的隐患。因此，上市公司的分立不会改变原股东的股东身份和持股比例，即公司的一部分作为一个独立的公司分立出去了，但是分立出去的公司的所有者依然是原先的股东，而且他们对新公司的持股比例也和原先一样。

上市公司分立的原因大都是为了提高经营管理的效率。有些公司太大了不好管理，分立开来反而能够体现小而精的优点。分立出去的公司可以是原先的一个子公司，也可以是原先的一个分公司或者分厂。如果是子公司分立，一般都是全资子公司，否则会发生少数派股东的异议权等一系列复杂的问题，使分立难以进行。

具体操作，如果是子公司，则由母公司将其持有的子公司股票按照持股比例分配给自己的股东并向证券交易所申请让这些股票上市，如图13-9所示。如果子公司的股份数太少，可以重新划分、重新发行。股份数量最好与母公司的股份数形成一定的比例或者倍数关系。这样，母公司在按比例分配给自己的股东时操作起来方便一些。例如，每持有5股母公司股票的人将获得1股子公司的股票。

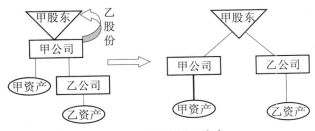

图13-9　子公司分立出去

如果是分公司、分厂、分部或者分支机构，则由分出去新设立的公司向母公司的股东按照他们对母公司的持股比例发行股票并向证券交易所申请股票上市，如图13-10所示。便利起见，发行的股份数量也应与母公司的股份数量形成一定的比例或者倍数关系。分立的结果，股东不变，但是两个公司的经理层互相独立了，不再是以前一个控制和领导另一个的局面了。以后，随着上市股票的流通，股东也会变得越来越不同。

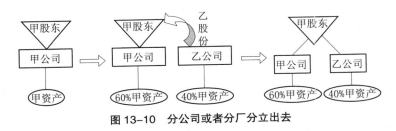

图13-10　分公司或者分厂分立出去

这种股东不变、股东不分家的公司分立在英文中叫作旋脱或者甩掉（spin-off）。作者在华尔街工作时曾亲身参与过考宁实验室公司（Corning Clinical Laboratories Inc.）1.5亿美元较高级低级债券的发行工作，其中就涉及子公司、孙公司的旋脱。考宁公司（Corning Incorporated）全资拥有考宁生命科学公司（Corning Life Sciences Inc.），后者全资拥有考宁实验室公司，考宁实验室又全资拥有考文斯公司（Covance Inc.）和其他一些子公司，考文斯公司还全资拥有其他一些实验室子公司。旋脱的主要目的是将考宁实验室公司和考文斯公司分立出去成为独立的公司。具体操作是考宁生命科学公司将除了考宁实验室的股票之外的全部资产和负债转让给考宁实验室，换来更多的考宁实验室股票，然后由其全资控股股东考宁公司决议将其解散。由于这时候考宁生命科学公司的全部债权债务都已经了结，其全部资产就是考宁实验室的股票，所以解散清算的结果自然是考宁公司获得了这些股票。这样，考宁公司就成为原先的孙公司考宁实验室的母公司。考宁公司先将这些股份无偿地、按比例分配给自己的股东；紧接着考宁实验室也将其持有的考文斯股票无偿地、按比例分配给自己的股东，也即考宁的股东。旋脱即告完成。考宁、考宁实验室和考文斯原先是爷爷、孙子、重孙子的关系，现在变成了平等、平行的关系，只是股东相同。[①]

当然，这里的话说得简单，实际做起来要复杂得多、烦琐得多。原先的章程、规章是子公司、孙公司的章程和规章，现在变成了独立的公司，就需要修改。但是章程的修改需要股东会决议，规章的修改需要董事会决议。职工期权计划也需要修改，需要股东会决议。所有这些决议都必须起草、登记。考宁公司是上市公司，股东成千上万。而它的子公司、孙公司、重孙公司等都是封闭公司。现在这些儿子孙子们独立出去，将股票分给成千上万的股东，那就必须上市，否则这些封闭公司的股票对社会公众股东来说价值不高。于是，在分发股票之前，这些公司都必须申请上市。这首先需要得到美国证交委的批准，其次需要得到股票交易所的同意。这其中需要登记大量的文件。好在他们的上市程序比我国要简单得多，既不需要公关，也不会拖得这么久。此外，股票的转让有可能会引发税收问题，所以需要与联邦税务局沟通，得到其明确的答复说这些转让根据《美国联邦税法》第 355 条是免税的。此外，处理了结债权债务关系的过程中都会产生大量的文件。所有这些文件都需要律师起草。一笔交易下来，几十万甚至上百万美元的律师费是一点不奇怪的。

最后，公司分立前的债务，如果在分立时没有了结，则由分立后的公司承担连带清偿责任。这是通则。我国《公司法》第 176 条就是这样规定的。《公司法》第 175 条要求在公司分立决议作出之后 10 日内通知债权人，30 日内在报纸上公告。分立时各方内部达成的债务分担协议不能约束外部的债权人。但是如果得到债权人的同意，由债权人作为协议的一方在上面签了字，那就可以约束债权人。不过实践中通常的做法是在分立的时候将所有的债务都还清，然后再分立。

公司分立的程序，我国《公司法》第 43 条第 2 款规定公司分立像合并一样，需要得到三分之二以上股份的同意。但是实际操作中大公司分立的一般程序都是先由经理层提出方案，经董事会通过之后再报股东会投票表决。不过对于规模小的有限责任公司来说，总共三五个股东都同时参加公司的经营管理，坐到一起议一议，形成一个决议就可以执行了，决策程序十分简单，重要的是分立的协议要写得仔细和周到，以免日后引起纠纷。

二、国内分立案例赏析

从我国公司实践和司法判例来看，我国的公司分立主要是有限责任公司的分立，现在能够看到的判例也都是这一类的。如同上面介绍的大的上市公司为了改善经营管理而实施的分立不太看到，更不会有到法院打官司的了。这或许从一个侧面反映了我国市场经济初级阶段的特点。

---

① 读者理解本段内容如有困难，可在白纸上图示母子公司关系，理解起来会容易得多。

【案例 13-8】

江苏省南京市县郊化工公司与朝阳减水剂厂与公司有关的纠纷上诉案二审 ①

南京市中级人民法院 2007 年

江苏省南京市县郊化工公司（以下简称县郊化工公司）是由南京市化工总公司投资设立的国有独资企业，注册资金 140 万元。1992 年 11 月，县郊化工公司与栖霞岔路口容器厂合资开办南京市化工容器厂（以下简称化工容器厂）。栖霞岔路口容器厂出资现金 44 万元，县郊化工公司以其厂房、土地、水电齐全等作价 56 万元出资。但县郊化工公司并未履行出资义务，而是将其厂房、土地等固定资产租赁给化工容器厂。

1995 年 4 月，县郊化工公司在其原下属的分支机构基础上出资 60 万元，成立了具有独立法人资格的独资企业——朝阳减水剂厂。该厂公司章程规定：朝阳减水剂厂的资金来源是公司调拨，法定代表人由县郊化工公司任命，企业人员来自县郊化工公司职工。同时，县郊化工公司将其 95% 的固定资产（包括土地、厂房、机器设备等价值 120 万元）调拨朝阳减水剂厂，并进行了工商登记。工商登记资料载明：注册资金为 60 万元，投资人为县郊化工公司。

1996 年 7 月，县郊化工公司的主管部门南京市化工总公司下发批文，同意县郊化工公司与朝阳减水剂厂分立。2005 年，朝阳减水剂厂进行"三联动"② 改制，由新朝阳公司出价 1 200 万元向县郊化工公司购买朝阳减水剂厂整体产权，朝阳减水剂厂更名为新朝阳公司。

2001 年 6 月 5 日，化工容器厂向玄武湖信用社贷款 70 万元。至 2007 年年初，因化工容器厂未按照借款合同约定履行还款义务，玄武湖信用社诉至法院，请求法院判令：（1）化工容器厂归还借款本金及利息共计 100 万元；（2）县郊化工公司在 60 万元内承担出资不到位的补充赔偿责任；（3）新朝阳公司对县郊化工公司的债务承担连带责任。

江苏省南京市栖霞区人民法院经审理认为：玄武湖信用社与化工容器厂订立的借款合同系双方真实意思表示，应受法律保护。化工容器厂未能按照合同约定履行还款义务，应承担相应的还款责任及违约责任。县郊化工公司与栖霞区岔路口容器厂合资开办化工容器厂，但并未履行 56 万元的出资义务，应对化工容器厂的债务在其出资不到位的范围内承担补充赔偿责任。新朝阳公司系由朝阳减水剂厂改制而来，而朝阳减水剂厂的前身为县郊化工公司的分支机构厂，系由县郊化工公司调拨资金及人员而开办，县郊化工公司的主管机关南京市化工总公司亦下文同意朝阳减水剂厂与县郊化工公司分立，故县郊化工公司与朝阳减水剂厂应属分立关系，县郊化工公司与朝阳减水剂厂应对其分立前的债务承担共同清偿责任。朝阳减水剂厂改制为新朝阳公司后，其债权债务由新朝阳公司负担，故新朝阳公司应对县郊化工公司与朝阳减水剂厂分立前的债务承担共同清偿责任。据此，法院判决：化工容器厂于判决生效之日起 3 日内偿还玄武湖信用社借款本金

---

① （2007）宁民二终字第 152 号。原判词较长，为节省篇幅，突出重点，本书作者作了删减和改编。

② 以产权制度改革为轴心，实施资产、劳动关系、债务的"三联动"改革。南京市政府于 2002 年下发 16 号文件，全面启动国有企业的"三联动"改制，要求用三年的时间实现职工身份转换、资产关系转换、债务关系转换，全面转换企业性质，完成市属国有企业的改革。到 2004 年年底，这项工作基本结束。

及利息共计 100 万元；县郊化工公司、新朝阳公司在 56 万元的范围内对上述债务承担连带清偿责任。[①]

宣判后，新朝阳公司不服一审判决，向江苏省南京市中级人民法院提起上诉。

二审法院经审理认为，本案的关键问题是朝阳减水剂厂与县郊化工公司之间是分立关系还是投资关系。

从朝阳减水剂厂的成立过程看，该厂是由县郊化工公司调拨人员、资金，在其原来的分支机构化工厂的基础之上成立的具有独立法人资格的独资企业。虽然县郊化工公司以及其主管部门南京化学工业总公司在成立朝阳减水剂厂的各种公文、批复中使用了分立字样，但在朝阳减水剂厂的设立过程中，工商登记资料及验资报告均载明组建单位和投资人是县郊化工公司，注册资金为 60 万元。认定企业变动的法律性质，应以工商登记资料为准，故县郊化工公司成立朝阳减水剂厂的行为属于企业投资行为。关于玄武湖信用社的债权问题，县郊化工公司投资设立朝阳减水剂厂的行为，并不导致法人财产的减少，只是资产的形态发生变化，即由实物形态转变成股权形态。县郊化工公司与朝阳减水剂厂是两个具有独立资格的法人，当县郊化工公司不能清偿债务时，玄武湖信用社作为债权人可以通过执行县郊化工公司在朝阳减水剂厂的股权的方式实现债权，而不能要求朝阳减水剂厂承担清偿责任。据此，二审法院改判新朝阳公司不承担连带责任。

本案揭示了设立子公司与公司分立的区别，争议的焦点是：朝阳减水剂厂究竟是县郊化工公司下设的子公司还是派生分立出来的与其平行的公司？换句话说，究竟是投资行为还是派生分立？如果是公司分立，一审的判决是正确的；如果是设立子公司的投资行为，则二审改判是正确的。

从实际情况来看，应该是设立子公司。朝阳减水剂厂的领导由县郊化工公司任命，控制权掌握在县郊化工公司的手里，而且 2005 年朝阳减水剂厂被收购时，收购款 1 200 万元也是付给县郊化工公司的。这一切都表明二者是母子公司关系。问题出在子公司设立一年之后，即 1996 年 7 月，主管部门南京市化工总公司下发的批文，表示同意县郊化工公司与朝阳减水剂厂分立。主管部门的真实意思大概是批准子公司的设立，但是用词不规范，将设立说成了分立，从而引发了日后的讼争。

【案例 13-9】

洛阳明鉴资产评估事务所有限公司与洛阳明鉴会计师事务所有限公司分立纠纷案[②]
河南省洛阳市中级人民法院 2012 年 6 月 5 日

2009 年 4 月 27 日，一审原告洛阳明鉴资产评估事务所有限公司（以下简称评估公司）起诉至洛阳市西工区人民法院称，原、被告双方资产、人员、股东、资质、业务等原曾同属于一个法人单位洛阳明鉴会计师事务所有限公司（以下简称会计公司），

---

①（2006）栖民二初字第 353 号。
②（2011）洛民再字第 147 号。原判词较长，为节省篇幅，突出重点，本书作者作了删减和改编。

业务资质和经营范围除财务审计、司法会计鉴定等八项外，还依照国家财政部（财评字〔1999〕118 号）文件《资产评估机构管理暂行办法》第三条的规定兼营有资产评估和资产评估司法鉴定两项任务，全部共十项。2005 年 5 月 11 日国家财政部颁布 22 号令，公布了新的《资产评估机构审批管理办法》，同时废止了原财评字〔1999〕118 号文件，取消了原兼营资产评估相关业务的规定，并在第九条规定中提出了依法设立的资产评估机构名称中应包括"资产评估"等新的法定条件，明令不完全具备本办法规定条件的应在 2008 年 6 月 30 日前达到本办法规定的条件。至此，原兼营资产评估相关业务的会计公司由于不符合机构名称中应当包括"资产评估"等新的法定条件，故必须依法进行该项机构政策性分立和整改。2008 年 3 月 4 日财政部办法（财企〔2008〕43 号）文件《财政部关于做好资产评估机构过渡期末有关工作的通知》，再次明确要求在审批办法实施前取得资产评估资格的会计师事务所等必须在 2008 年 6 月 30 日前完成评估机构分立设立事项，否则将按第三条规定撤回其资产评估资格设立许可并向社会公告。财政部（财企〔2005〕90 号）关于贯彻实施《资产评估机构审批管理办法》认真做好资产评估机构管理工作的通知等多个文件，还专门就本次分立整改工作的依据、意义、目标和省级资产评估协会的功能、任务等做了部署、规范。据此，原告方全部人员和净资产等按上述要求和《公司法》等从被告方进行了政策性分立，于 2008 年 7 月 23 日洛阳市工商行政管理局西工分局领取了《企业法人营业执照》，被告方也通过工商等机关相应地将资产评估有关项目从经营范围取消、变更，并将注册资金由 85 万元减少为 51 万元等，现各自独立经营和分别办公。

但是在分立过程中，双方在职业风险金的分割继承上出现分歧。原、被告分立前，截至 2008 年 12 月已共同积累、计提职业风险基金 100.38 万元，计提后，原会计公司资本公积金、未分配利润、账外净资产相抵后持平；净资产只剩实际出资 45 万元，原告方占 15 万元，被告占 30 万元。全部股东和有关审计报告均已认可，并已据此实际分割。对此风险基金的分割继承的原则和数额，原告方认为，原、被告双方的分立完全属于政策性分立，现在依然归属于同一个行政主管部门，应按照 2007 年 3 月 1 日财政部《会计事务所职业风险基金管理办法》第八条的规定办理，即有限责任事务所分立，已提取的职业风险金应按照净资产分割比例在分立各方之间分割，故原告应分得仍由被告掌管的风险基金 33 万元。被告认为原告人员属于一般工作调动不属于分立，无权分得任何职业风险基金。2009 年 2 月 23 日原告专门请示河南省资产评估协会，得到明确答复：原告属于系由被告资产评估资质以分立方式设立的资产评估机构。事后，原、被告虽又商谈多次仍未果。现请求法院依法判令被告按分立时净资产分割比例向原告分割支付职业风险基金 33 万元和相应利息损失。

被告会计公司辩称：原告不具备诉讼主体资格，理由是原告的诉求、陈述的理由及本案暂定的案由都是企业分立纠纷，而原告并不是分立后的企业，原告并不是从被告处分立出来的分立企业，没有资格进行诉讼。请法院依法驳回原告的诉讼请求。

洛阳市西工区人民法院作出（2009）西民初字第 1875 号民事判决：驳回原告评估公司的诉讼请求。本案受理费 6 250 元、保全费 2 270 元，由原告评估公司负担。

　　评估公司不服一审判决，向洛阳市中级人民法院上诉，称：一审法院认定事实错误。《决议补充说明》没有任何股东签字、没有股东会决议和会议记录支持，仅盖有会计公司的公章。法院将之视为双方协议，视为双方曾经达成的唯一处理意见，显然错误。该说明的日期为 2008 年 6 月 9 日，那时候评估公司还没有成立，哪来的双方？事实上这是会计公司执行机构的说明，法院将之歪曲为权力机构股东会的决定，违背了公司法的规定。有关职业风险金的问题股东会没有开过，也没有讨论过。

　　评估公司还声称，会计公司提交的证据《股东会决议》和《决议补充说明》的内容虚假，且决议的形成程序非法，因而是无效证据，不能采信。《股东会决议》第 3 项："王修武所持会计公司股份已全部转让给张栓花、李强。"事实上王修武根本没有把股份转让给张栓花、李强。《股东会决议》第 4 项："王修武、沈丽君两位在我所相关财务、业务已交接完毕。"意指在 2008 年 6 月 9 日之前已交接完毕。但双方事实上是于 2008 年 7 月 30 日才进行了固定资产及仪器移交；10 月 31 日进行了现金交接；2009 年 1 月 20 日进行了档案移交。《决议补充说明》是会计公司根据《股东会决议》而单方出具的证明，仅加盖了被申请人公司的印章，并没有其负责人的签名或盖章，违反了《最高人民法院关于适用〈中华人民共和国民事诉讼法〉若干问题的意见》第 77 条："由有关单位向人民法院提出的证明文书，应由单位负责人签名或盖章，并加盖单位印章"的规定。根据公司法和会计公司章程的规定，股东会应对所议事项的决定作出会议记录，出席会议的股东应当在会议记录上签名。但是，本案中的《股东会决议》没有任何符合法律规定的会议或决议，没有会议记录，也没有任何股东签字，仅有会计公司单位的公章，根本不能称为股东会决议。

　　会计公司辩称：（1）资产评估公司并非从会计师公司分离出去。公司分立出去的根本特征就是企业资产的分割。公司是否分立，是一个客观法律事实，并非一个协会的证明就能确定。（2）资产评估公司不论是从其诉讼请求还是从其阐述的事实和理由中都强调了自己是从会计公司分离出去的企业，并依据财政部（2007）9 号文件第八条的规定要求分割执业风险金，但其所举证据上无一能够显示评估公司是从会计公司分立出去的分立企业，现有证据仅能证明我方的资产评估资格分离给评估公司。我方无偿将原属于自己的资产评估资格让与了申请方使用，并允许其使用"明鉴"字号，这只是处置了我方的部分经营资格和经营范围，并非我方的资产分立给原告公司所有，因为资格不属于企业资产；虽然申请方的人员曾是我方的职工，但首先人员不是资产，不存在分割问题；其次，申请方的人员并非我方分给原告的人员，而是一个劳动者选择用工者的问题。（3）评估公司主张职业风险金的前提有三：一是分立；二是在分立基础上的净资产分割；三是没有其他另外的约定。只有企业分立，才存在分割企业净资产的问题，也才存在无其他约定下的职业风险金分割问题，而职业风险金是针对企业职业责任风险所计提用于职业责任引起的民事赔偿和民事赔偿相关的律师费、诉讼费等费用支出（见财政部（2007）9 号文第一条、第二条、第六条的规定）。而本案中，评估公司未举出任何证据证明其从我方处分割走了一分钱的净资产，这也从另一方面反证了评估公司并非从会计公司分立出去的企业，自然不存在所谓的净资产分割。原告仅是受让了被告的评估资质，并非被告的分立企业。（4）我方已向法院提交了工商变更登记资料来充分证明我方的变更属于减资变更，并非分立变更。由于评估公司方股东王修武退股和会计公司方股东张栓花减少出资，会计公司向王修武退回了全部出资 30 万元和张栓花的 4 万元，继而我方根据股东的退股、抽资减少了注册资金，退股的 30 万元也是给了王修武本人，而非申请人公司，申请人所称自己是分立后企业根本不是事实。综上所述，评估公司不能证明自己是从我方公司分立出去的分立企业，也不能证明与我方之间存在净资产分割的事实，而且公司股东会的补充决议明确说明了职业风险金全部留给我方并由我方承担职业风险责任的事实，所以，评估公司的起诉前提和资格不存在，其起诉应当予以驳回。

洛阳市中院作出（2010）洛民终字第 1834 号民事判决：驳回上诉，维持原判。二审案件受理费 6 250 元，由上诉人评估公司负担。

评估公司仍然不服，向河南省高级人民法院申请再审。河南省高级人民法院于 2011 年 6 月 9 日作出（2010）豫法民申字第 04474 号民事裁定书，指令中院再审本案。中院依法另行组成合议庭再审，认为公司分立是具有特定内涵和外延的法律概念，本案事实不清，裁定撤销（2010）洛民终字第 1834 号民事判决和洛阳市西工区人民法院（2009）西民初字第 1875 号民事判决，发回洛阳市西工区人民法院重审。

本案的基本事实是会计公司的两位股东王修武、沈丽君从公司分离出来另行成立了评估公司；而会计公司的另外两位股东张栓花、李强继续经营会计公司。但是四位股东的分家是公司分立还是高管股东离职另行创办评估公司这一点却不清楚，最终成为本案争议的核心。只要法院认定两位股东从会计公司分离成立新公司的行为属于会计公司的政策性分立，那么被告会计公司对于职业风险基金按比例分给原告就不会有异议。河南省高级法院经再审之后之所以要求洛阳市中院重新审理此案，洛阳中院之所以撤销原判决发回基层法院重审，原因大概都在这里。事实不清，指的就是分立还是离职的定性问题。而这需要原被告双方出示更多的证据来认定。

双方对一些事实的说法也不一致。评估公司说资产分割时会计公司有净资产 45 万元，自己分得 15 万元，会计公司留了 30 万元；可是会计公司在上诉答辩时却说退了 30 万元给王修武个人、4 万元给张栓花个人。真实情况到底怎样，需要证据证明。

财政部的两个文件有助于证明公司分立的政策背景，即 2005 年 5 月 11 日财政部 22 号令公布的《资产评估机构审批管理办法》，要求依法设立的资产评估机构名称中应包括"资产评估"字样，明令不完全具备规定条件的应在 2008 年 6 月 30 日前达到规定的条件；和 2008 年 3 月 4 日《财政部关于做好资产评估机构过渡期末有关工作的通知》，再次明确要求在审批办法实施前取得资产评估资格的会计师事务所等必须在 2008 年 6 月 30 日前完成评估机构分立设立事项，否则将按第三条规定撤回其资产评估资格设立许可并向社会公告。但是公司分立应当有股东会决议，并按照《公司法》第 175 条规定的程序编制资产负债表和财产清单，通知债权人并在报纸上公告。这方面的证据似乎又很缺乏，所以评估公司证明分立有一定的难度。

实践中有的当事人分家往往不注意法定程序，分完之后又发生纠纷。本案的纠纷是我们应当汲取的教训。

【案例 13-10】

吴加特上诉吴加伦公司分立纠纷案 ①
浙江省温州市中级人民法院 2013 年 8 月 12 日

原告吴加伦与被告吴加特系同胞兄弟。1999 年 12 月 23 日，二人各出资 134 万元，成立第三人上海伦特电子仪表有限公司（以下简称上海伦特公司），注册资金为 268 万元，后增资到 468 万元，二人各占 50% 公司股份。第三人于 2000 年经批准在上海浦东金桥出口加工区全沪路 1269 号拥有国有土地使用权面积 7 079 平方米，并建成厂房 5 501.47 平方米。

2003 年 2 月 20 日，原、被告在其父吴树法的主持下，就乐清市伦特电子仪表有限公司（以下简称乐清伦特公司）及上海伦特公司的资产分割达成了分书一份，主要内容为：吴加特为甲方，吴加伦为乙方；上海伦特公司和乐清伦特公司产业各自平均搭配，一分为二；乐清伦特公司厂房搭配上海伦特公司厂房的南向厂房归甲方，乐清伦特公司新厂（审批筹建中）搭配上海伦特公司北向综合楼归乙方；上海伦特公司厂房具体分配为：土地面积南北长 87 米，以平分为中线，为了补偿甲方，由中线再向北移 4 米，作为南北分界线，东面围墙边留宽 4 米路到桂桥路，给甲方做路使用，南面二层厂房一幢归甲方吴加特所有。

2004 年 10 月 28 日，上海伦特公司作出了关于公司分立的股东会决议，决议内容为：1. 一致同意上海伦特公司分立为两个公司。2. 股东吴加伦另找几人组成新的上海伦特公司，吴加特另找几人组成上海有限公司（暂名，以工商登记为准），本次股东会会议后原上海伦特公司分立为新的上海伦特公司和上海有限公司。3. 一致同意对公司主要财产作如下分割：（1）将原上海伦特公司位于浦东新区金桥出口加工区 47 坊 6 丘土地上的综合楼（建筑面积约 3 839.39 平方米，以测绘机构实测面积为准）分割给新的上海伦特公司，同时将上述房屋占用范围内的土地提供给新的上海伦特公司无限期使用；（2）将原上海伦特公司位于浦东新区金桥出口加工区 47 坊 6 丘土地上的南面二层厂房（建筑面积 1 831 平方米，以测绘机构实测面积为准）、门卫室（建筑面积 25 平方米，以测绘机构实测面积为准）分割给上海有限公司，同时将上述房屋占用范围内的土地提供给新的上海有限公司无限期使用。4.（略）。5. 一致同意按有关规定编制资产负债表和财产清单，具体由吴加伦负责办理。原、被告均在上述决议上签名。同日，原、被告签订了关于各自分得的厂房租金归各自所有的协议。双方对分得的厂房各自管理使用至今。

2006 年 7 月 15 日，原、被告在亲戚倪建国的见证下签订了分书补充承诺书，承诺书确认此前达成的分书及补充协议、股东会决议等均有效，并对上海伦特公司的分立涉及的财产分割、分立手续的办理在此前协议的基础上进行了明确。两天后，原、被告再次就上海伦特公司的分立作出了股东会决议，决议内容重申了此前达成的协议内容。

2011 年 5 月 11 日，原、被告及各自的代理人在乐清市工商行政管理局的主持下，

---

① （2013）浙温商终字第 397 号。原判词较长，为节省篇幅，突出重点，本书作者作了删减和改编。

就分家析产及有关上海伦特公司的分立事项达成了一份调解书 [即乐工商调字（2011）第 1 号行政调解书]，主要内容为：1. 双方都确认自 2003 年分家开始到现在，双方就分家而形成的有关公司股权转让、公司分立有关的双方亲笔签名的一系列协议。2. 根据分厂（家）协议，加伦（包括老婆）在乐清伦特公司的股份已全部转让给加特，（根据协议）加特已从上海伦特公司中全部分出，其股权转让与公司分立从 2003 年开始签订协议即已生效，加伦应得的乐清伦特公司股权转让款已全部收到，加特已实际取得上海伦特公司的应分厂房（但未办理公司分立、土地、房产变更相关登记手续），加伦、加特互负债务（包括加伦应付加特的上海伦特公司厂房的补偿款和加特应付加伦的其他债务）相抵后，加伦尚欠加特 115 万元，10 日内付清。3. 双方为履行分家协议所需办理的相应工商变更登记和房地产分割变更登记手续，即日起进入办理。需向相关部门提供的材料涉及双方重新签名的，只要与分书协议不矛盾，无条件签名。4. 上海伦特公司分立登记的办理分工：（1）加伦负责编制资产负债表及财产清单；（2）双方签订公司分立协议书；（3）加伦负责通知债权人（并抄送加特）、分立公告；（4）加伦负责办理上海伦特公司变更登记，加特配合；加特负责上海公司新设登记，加伦配合；（5）加特负责办理上海伦特公司的房产、土地分割登记，加伦配合。5. 双方分家析产前父亲吴树法在乐清伦特公司持有 16% 股权，分家析产时约定，双方各得一半即 8%。加伦所得的 8% 股权直接转让给加特，加特已经付清该 8% 股权的转让金。后父提出要两兄弟各给予转让款 80 万元，加伦给 50 万元了结，但加特仅支付 5 万元，原来登记在父亲名下的 16% 股权，至今未变更到加特名下。现经相关各方予以确认，父亲原在乐清伦特公司名义股份 16%，已属加特所有，其中 8% 为加伦分得后转让给加特，另 8% 为加特本人分得，但加特应支付父亲 50 万元的转让款属父亲遗产，经继承人协商分配，加伦放弃继承，由加特直接付给两位妹妹，两位姐妹以父亲遗留的虹桥时代广场三楼公寓房加特所得的份额相抵清楚，无须再支付。加特直接向工商办理股东变更登记。原、被告及各自代理人、亲属、乐清市工商局干部在该调解书上签名。上述调解书达成后，原告于同年 5 月 19 日向被告支付了调解书约定的 115 万元。

2011 年 6 月 18 日，上海伦特公司在《新民晚报》上刊登了关于公司分立的公告。2012 年 6 月 11 日，上海伦特公司委托上海华夏会计师事务所对公司资产进行了审计，并出具审计报告。同年 6 月 12 日，上海伦特公司委托上海申威资产评估有限公司对公司股东全部权益价值进行评估，同年 7 月 17 日，上海申威资产评估有限公司向上海伦特公司出具了评估报告。

原告依据上述与被告达成的关于上海伦特公司分立的股东会决议及一系列调解协议，要求被告到工商部门办理公司分立手续，被告予以拒绝，双方因此形成纠纷。原告在本案审理过程中向法院出具一份承诺书，承诺上海伦特公司分立登记前产生的债务由其承担，与被告吴加特无涉。

原告吴加伦于 2012 年 8 月 3 日向原审法院起诉称：《行政调解书》签订后，原告已依约支付被告 115 万元，并为公司分立进行财务会计审计和资产评估。双方对第三人的厂房已分割清楚，各自管理、经营。但被告长期拒绝办理公司分立变更登记，时间长达九年多，导致原告和第三人不能正常进行生产经营。故诉请判令：（1）确认乐清市工商行政管理局乐工商调字（2011）第1号调解书有效，原告为第三人股东，被告已从第三人公司分出；（2）判令被告协助原告办理第三人公司分立工商登记变更手续；（3）注销被告在第三人公司的股东资格。

被告吴加特辩称：被告同意按照和原告达成的协议对第三人公司进行分立，但原告委托会计师事务所审计时，拒绝被告的意见和参与，致使公司分立程序不能正常进行，故在原告和被告就财务审计问题未达成一致前不能强制分立。综上，要求驳回原告的诉讼请求。

原审法院认为：原、被告于2011年5月11日在乐清市工商行政管理局达成的乐工商调字（2011）第1号行政调解书，系双方当事人真实意思表示，内容合法，应为有效。原、被告作为上海伦特公司的股东，已经就公司分立作出了股东会决议，并对公司财产进行了分割，并各自占有使用多年，编制了资产负债表和财产清单，在报纸上刊登了公司分立的公告，符合公司法关于公司分立的规定，被告有义务按照与原告达成的协议履行协助原告办理上海伦特公司的分立登记手续，原告要求被告履行协助义务，符合法律规定，予以支持。因原、被告在关于公司分立的股东会决议中确定原告为分立后的上海伦特公司股东，被告另行成立新公司，故在公司分立后应注销被告作为上海伦特公司的股东资格。2013年1月14日，法院依照《中华人民共和国公司法》第一百七十六条、第一百八十条的规定判决：一、确认原告吴加伦与被告吴加特达成的乐工商调字（2011）第1号行政调解书有效；二、被告吴加特应于本判决生效之日起十日内协助原告吴加伦至上海伦特电子仪表有限公司注册地工商行政管理机关按股东会决议办理公司分立登记手续；三、注销被告吴加特的上海伦特公司电子仪表有限公司股东资格。本案受理费80元，由原、被告各半负担。①

被告吴加特不服原审判决，上诉称：公司分立的公告、审计报告、评估报告，均为吴加伦单方行为，内容未经吴加特同意；导致公司分立之约定不能履行的原因是吴加伦隐匿、谎报公司的会计凭证、会计账簿、财务会计报告及其他会计资料。双方有约定对资产负债表及财产清单编制需要双方办理，且资产负债表须经全体股东确认。但被上诉人没有按照双方约定编制资产负债表及财产清单。双方对公司财产的分割并未明确，尤其是2006年以来公司经营的资产没有进行分割。公司登记只有变更股东登记或注销公司，注销股东资格缺乏依据。本案公司分立程序尚未完成，任何机关、组织都无权主动注销公司的股东资格。

温州市中级法院认为：上诉人吴加特与被上诉人吴加伦系同胞兄弟之间因分家析产涉及对公司资产的分割从而引发本案的公司分立纠纷。公司分立必然会引起股东、房地产权属、资产总额、公司章程等内容的变化，所以在办理公司分立登记手续中，许多事项均需双方共同配合。吴加特有义务按约协助吴加伦办理上海伦特公司的分立登记手续。

吴加特提出资产负债表及财产清单的编制需要双方办理，吴加伦没有按照双方约定编制资产负债表及财产清单，公司财产的分割并未明确，尤其对2006年以来公司经营的资产

---

① （2012）温乐商初字第731号。

没有进行分割。法院认为双方已于 2003 年分家析产，各自独立经营至今，行政调解书中也明确"股权转让与公司分立从 2003 年开始签订协议即已生效"，上诉人再强调双方对 2006 年以来公司经营的资产没有进行分割，与实际情况和双方约定不符合。上诉人称被上诉人隐匿、谎报公司会计凭证、会计账簿、财务会计报告及其他会计资料缺乏事实依据。

上诉人上诉称原审判决第三项"注销吴加特的上海伦特公司股东资格"明显错误，本院认为注销系工商部门的行政行为，法院无权注销股东资格。上诉人该上诉理由成立，本院予以采信。但是，吴加特按约从上海伦特公司退出，应协助办理公司分立登记手续。吴加特协助办理股东变更登记手续的事项已经包含在原审判决第二项中。

二审判决：一、维持一审判决第一项、第二项及诉讼费负担部分；二、撤销一审判决第三项。二审案件受理费 80 元，由上诉人吴加特负担。本判决为终审判决。

如果说前面的洛阳明鉴案在是否属于公司分立的问题上事实不清楚的话，那么本案在这个问题上没有争议：两弟兄不和，不能一起办公司了，所以分家分立；有股东会决议、亲戚见证下的双方书面承诺、地方工商局主持下达成的调解书、财务审计报告，财产分割也相对清楚。法院的判决是正确的。被告显然是个刺头，亲兄弟已经按约退出乐清伦特公司中的股份，他却故意刁难，不肯办理退出上海伦特公司股份的手续。所以法院判决确认工商行政调解书有效，责令被告办理公司分立的有关手续。虽然法院不能直接判注销其股东资格，但是原告凭借法院的判决可以申请工商局注销，工商局如果没有正当理由，有义务执行法院的判决。

但是本判决存在一点小小的瑕疵。被告提出其之所以不肯配合，是因为原告在委托会计师事务所审计的时候不听他的意见也不让他参与。被告当时提了什么具体意见，原告为什么不让他参与，这个问题法院的判词没有说明。因为虽然调解书规定由原告负债编制资产负债表并委托会计师审计，但是这并不意味着作为直接利害关系方的被告完全不能参与。如果他愿意参与，应当欢迎；如果有合理的意见，应当听从。只要他不影响审计工作的顺利进行就行。如果他提出了不合理的意见或者其参与会影响审计的进行，法院应当在判词中说明。如果在这一点上被告也显得无理，那么法院的判决就 100% 正确了。由于被告没有如愿参与，意见又被否决，所以就猜测和指责原告隐匿和谎报。这当然纯属猜测，没有事实根据，但从客观公正的角度看，毕竟留下了一点遗憾。

【案例 13-11】
上诉人郑州利宝塑业有限公司与被上诉人郑州民生塑料制板实业有限公司
公司分立纠纷案 ①
河南省郑州市中级人民法院 2013 年 12 月 11 日

2012 年，郑州民生塑料制板实业有限公司（以下简称民生公司）存续分立出郑州利宝塑业有限公司（以下简称利宝公司）。分立后的两家公司于 2012 年 6 月 7 日以民生公司

---

① （2013）郑民三终字第 1121 号。原判词较长，为节省篇幅，突出重点，本书作者作了删减和改编。

为甲方、利宝公司为乙方、联合了郑州国际物流园区管理委员会为丙方，三方共同签订了《郑州民生塑料制板实业有限公司用地分割协议》一份，协议主要内容为：根据2012年4月21日郑州国际物流园党政联席会议关于郑州民生塑料制板实业有限公司用地分割申请的纪要精神及园区领导批示同意的园区规划即国土资源局《关于民生塑料制板实业有限公司用地分割申请的建议处置方案》，郑州民生公司土地分割后拟成立新的郑州民生公司和郑州利宝公司。郑州民生公司原有30.383亩国有工业用地。由于国际物流园区新的规划实施、规划道路及防护绿地占用拟分割其中的9.337亩建设用地；剩余土地甲方分得12.844亩、乙方分得8.202亩，双方按此面积分别办理新的国有土地使用权证。协议还对政府征用9.337亩土地后的征地款及地上建筑物拆迁的补偿款的分配作了具体规定。

2012年7月10日，郑州民生公司（甲方）、郑州利宝塑业公司（乙方）签订《补充协议》，明确原先30.383亩土地在公司分立后的实际分割为民生公司占18.541 5亩，利宝公司占11.841 5亩，因而由政府征用为规划道路和防护绿地的9.337亩土地中民生公司贡献了5.7亩，利宝公司3.637亩。该协议对被征用土地补偿款的支付与分配作了具体规定。

双方在履行《补充协议》过程中，2012年11月23日，郑州利宝公司所受让的8.202亩（即5 468.3平方米）土地使用权经中牟县地税局评估为902 220元，郑州利宝公司认可但未实际支付郑州民生公司该项土地使用权转让款。同日郑州利宝公司支付中牟县地税局该土地使用权转让营业税、印花税、土地增值税等共计185 417.62元，中牟县地税局出具通用完税证显示计税金额902 220元、纳税人名称郑州民生公司。2012年12月3日，郑州利宝公司支付中牟县地税局该土地使用权转让契税38 777.42元，中牟县地税局出具契税完税证显示计税金额为902 220元、面积5 468.3平方米。2013年1月6日，郑州利宝公司支付登记费467元。2012年12月28日，中牟县国土资源局为郑州利宝公司办理了该土地使用权（面积5 468.3平方米）登记手续，并颁发了牟国用（2012）第272号国有土地使用证。现郑州利宝公司认为其支付的上述税费共计224 662.04元应由双方按分地比例负担，郑州民生公司不认可称双方没有关于该土地使用权转让税费分摊比例的约定，双方发生纠纷。

原审法院认为，当事人对自己提出的主张，有责任提供证据。当事人对自己提出的诉讼请求所依据的事实或者反驳对方诉讼请求所依据的事实有责任提供证据加以证明。没有证据或者证据不足以证明当事人的事实主张的，由负有举证责任的当事人承担不利后果。本案郑州利宝公司以《补充协议》第六条为据要求郑州民生公司承担郑州利宝公司所分得8.202亩（面积5 468.3平方米）土地使用权在办理登记过程中的部分税费，但该第六条内容显示郑州国际物流园区管委会补偿给郑州利宝公司的拆迁补偿款应支付的税费由双方按分地比例分担，并未约定郑州利宝公司受让8.202亩土地使用权登记过程中所产生税费的负担问题。故郑州利宝公司的诉讼请求，证据不足，不予支持。于是法院判决驳回了利宝公司的诉讼请求。案件受理费3 042元也由利宝公司负担。

利宝公司不服，上诉。称分家时双方曾口头约定分家费用各半，税费按土地比例分担。所以利宝支付的224 662.04元税费，民生公司的当家人刘进宝应根据其占地比例出137 102.03元；利宝公司的当家人杨培占出87 560.01元。这样的口头约定合理合情而且符合民俗。公司分立过程中产生的诸费用已实际按50%的比例由郑州民生公司负担一半，8.202亩土地的转让税费应按比例分担。

二审法院认为一审认定事实清楚，适用法律正确，故驳回上诉，维持原判。案件受理费3 042元，由上诉人利宝公司负担。

公司分立，两股东分家，所以土地要分割。老公司将一部分土地分给新公司，所以不能收取土地使用权转让款。但是因为存在土地使用权的转让，所以国家就要收税，按照有偿转让对待。由于没有收取转让款，转让方和受让方都没有确定该土地使用权的市场价格，所以地税局要对该土地进行估价，然后根据估定的价格征收有关的税费。

按照常理，既然是共同协商分家，费用当然要共同负担。但是协议没有写清楚，现在家已分好，各自独立。再要对方掏钱，对方自然不乐意。事实情况也可能就如利宝公司所说，双方有过口头约定。但是口说无凭，事后一方反悔，另一方想通过诉讼强制执行先前的约定，就比较困难，因为证据不足。

本案纠纷与其说是公司分立产生的，毋宁说是合同订立不清楚、证据不够充足引起的。与其说是公司法案例，毋宁说是合同法或者证据法案例。如果起草分立合同的人有经验，在分立协议中写明了转让税费的分摊，事后就不会有这类争议。我们应当以此为戒，在起草分立协议时将所有与钱有关的事项都一一写清楚，资产、债务、费用，每一项应该如何分摊都写清楚。

【案例13-12】
常州市科达塑料玩具有限公司与常州市江宇机械有限公司公司分立纠纷申请案①
江苏省高级人民法院 2014年6月3日

2010年12月16日，常州市科达塑料玩具有限公司（以下简称科达公司）与常州市江宇机械有限公司（以下简称江宇公司）签订"分厂协议"一份，约定将公司资产转让给江宇公司，江宇公司支付科达公司240万元。科达公司与江宇公司法定代表人周卫平、郑金华在该协议上签名确认。截至2012年1月11日科达公司起诉时，江宇公司尚欠科达公司转让款963 700元。2012年1月16日，科达公司法定代表人周卫平书写收条一份，载明：今收到郑金华转让款65万元整。周卫平另在金额为35万元的三张承兑汇票复印件上签名，载明：原件已收。诉讼过程中科达公司称虽然写了65万元的收条，但是实际只拿到35万元的承兑汇票，所以江宇公司还欠613 700元本金和利息未付；而江宇公司则称一共付了100万元，65万元现金和35万元承兑汇票。诉讼双方和一审、二审、再审法院都围绕着具体的证据进行分析。科达方面指责对方说谎，请求法院使用测谎仪检测，法院认为这样做于法无据，予以拒绝。一审、二审、再审法院都认同江宇公司的说法，科达公司因为证据不足而彻底败诉。

---

① （2014）苏审二商申字第106号。原判词较长，为节省篇幅，突出重点，本书作者作了删减和改编。常州市中级人民法院（2013）常商终字第0240号。

假如科达公司所说属实，其败诉仅仅因为证据不足，那是非常可惜的。这样的判例提醒我们在公司分立时要把有关手续办好，收条不能随便写。如果收的是承兑汇票而不是现金，就应当在收条上写清楚收到承兑汇票多少元。

【案例 13-13】

阿城市中心市场蔬菜商店清算组诉阿城市建设综合商店公司分立纠纷案 [1]

黑龙江省阿城市人民法院 2004 年 1 月 9 日

1984 年 9 月，集体所有制企业阿城县蔬菜公司建设合作商店经上级批准分为两家：阿城市中心市场蔬菜商店和阿城市建设综合商店。原有职工 43 名，分给中心市场商店 25 名，分给建设商店 18 名，同时对建设合作商店的财产也进行了分割，建设综合商店负责人杨胜志、中心市场商店负责人肖晓光在分割明细上签了字。分割当时留下部分房产没有分割，由综合商店使用。综合商店为该房产办理了房产证。1993 年 7 月该房屋动迁，1995 年 1 月拆迁单位还给综合商店楼房 334.84 平方米。之后房子越来越值钱，蔬菜商店提出分割该房产，综合商店不肯，引发诉讼。法院于 2004 年 1 月判决采用上级政府部门的调解意见，分给蔬菜商店 125.83 平方米，因该商店正在清算，所以当时当地的市场价格折合成现金，令综合商店支付给蔬菜商店的清算组。

本案是两家企业在分立中的历史遗留问题。值钱的东西都分光了，留下一点在当时不值钱的房产没有分清楚，日后市场变化、房产涨价，引起纠纷。法院简单地按照政府的调解意见判在本案中没有什么问题。

在我国，政府行政机构的权力很大；司法机构的权力比较小。所以法院在判案中往往十分尊重行政机关的意见。本案和下面的案子都有这个特点。这和美国的情况不同，它们司法独立；法官博学多才，往往同时又是注册会计师、经济学家、数学家、文学评论家等身份；法官的地位和工资也远高于一般的政府官员。所以法院才高气粗，对行政机构的意见远没有对我们的法院那么尊重，除非该行政机构的专业化水平很高。但是即便如此，法院也会认真审查，时不时地判出否决性意见。

【案例 13-14】

河南中光学集团有限公司与南阳市卧龙光学有限公司公司分立纠纷上诉案 [2]

河南省南阳市中级人民法院 2014 年 12 月 1 日民事判决书

南阳市卧龙光学有限公司（以下简称卧龙光学）系河南中光学集团有限公司（以下简称中光集团）下属企业。2005 年 3 月 22 日，中光集团以中光学发（2005）45 号文的形式，对卧龙光学实行主辅分离 [3] 改制，使卧龙光学改制为民营企业。卧龙光学原有的房屋和设备仍然归其使用。为了支持和扶持卧龙光学的改制，45 号文件规定，如果日

---

① （2003）阿民初字第 421 号。原判词较长，为节省篇幅，突出重点，本书作者作了删减和改编。

② （2014）南民二终字第 01157 号。原判词较长，为节省篇幅，突出重点，本书作者作了删减和改编。

③ 主辅分离是我国国有企业改革的一项重要内容，见本案后面的点评。

后卧龙光学搬走，则其原有的房屋和设备由中光集团收购，具体包括：（1）卧龙光学搬迁后自建办公用平房等固定资产，由中光集团按评估价值予以收购；（2）卧龙光学自筹资金用于机工房电气设施及装修投资 10 万元，由中光集团按评估后的现值予以支付；（3）卧龙光学用于安置集体工而拥有的中州路 6 间门面房产权，由中光集团按照旧房改造标准予以支付。（4）（略）；（5）卧龙光学与中光集团经济往来中已挂账的各种应付款项继续作为挂账处理。但双方要签订还款协议，并严格执行，卧龙光学保证在规定的期限内归还全部应付款。

2005 年 5 月 14 日，中光集团改革改制办公室给中光集团写函，就卧龙光学主辅分离改制分流中需要解决的问题提出了几点意见，主要内容与 45 号文件中规定的前三点相同。此外，公函还对解决卧龙光学的其他问题做了详细汇报。

2005 年 10 月 27 日，中光集团与卧龙光学签订还款协议，约定卧龙光学欠中光集团款计 106.95 万元，分期 5 年归还。但是后来卧龙光学没有按照约定的期限如数归还欠款。

2011 年 11 月 2 日，卧龙光学委托河南亚太联华资产评估有限公司（以下简称亚太联华），对卧龙光学租赁中光集团的场地及车间设备进行价值评估，其中西办公楼折旧后评估价为 60 558 元，南车间折旧后评估价为 97 139 元，北生产车间折旧后评估价为 272 315 元，中州路 116 平方米门面房评估价为 1 188 536 元。

2011 年 9 月，卧龙光学从租赁的中光集团院内搬迁到南阳市高新区工业园区。中光集团起诉卧龙光学要求其归还借款；卧龙光学则提起反诉要求中光集团支付欠款 495 054.79 元。双方争议的焦点在中州路 6 间门面房的补偿。其中三间在 2004 年因建造中光大厦的需要而拆除，2005 年市政府为了改变城市面貌，又将中州路上剩余的三间临街门面房全部拆除了。

中光集团对于亚太联华的评估结果大都认同，唯独对中州路 116 平方米门面房 1 188 536 元的评估价持有异议。所以诉讼过程中，法院又请河南宏基房地产评估测绘有限公司（以下简称河南宏基房产评估公司）进行价值评估。评估结果因依据的时间点不同而不同。2012 年 9 月 14 日，河南宏基房产评估公司依据 2011 年 12 月的估价时间点出具的（2012）0366 号评估报告对 116 平方米门面房的评估价值为 1 182 272 元。2014 年 4 月 3 日，河南宏基房产评估公司依据 2005 年 5 月的估价时间点出具的（2014）0121 号评估报告对 116 平方米门面房的评估价值为 744 488 元。在对两份评估报告进行质证时，相对方均不认可对方的评估价值。

中光集团提出，房屋在 2005 年就已经全部拆除。依据《物权法》第三十条的规定，因合法建造、拆除房屋等事实行为设立或消灭物权的，自事实行为成就时发生效力。因此评估的时点只能是 2005 年 5 月，而不是东西已经消失 6 年半之后的 2011 年 12 月。

卧龙区人民法院一审认为，中光集团所发 45 号文件中规定的是卧龙光学搬迁后由中光集团收购，而搬迁的时间是 2011 年 9 月。2005 年 7 月市政府通知拆除沿街门面房并非征用，也未占用，仅仅是为了美化城市面貌。房屋拆除之后地皮还是由中光集团利用。中光集团是实际受益人。所以判决以 2011 年 12 月为时点，由中光集团补偿卧龙光学 1 182 272 元，外加办公室、车间、设备的补偿款，总共 1 394 969 元；卧龙光学欠中光集团 906 178.21 元；两相抵消，中光集团应付卧龙光学 488 790.79 元。[①]

中光集团不服一审判决，向洛阳市中级人民法院上诉。二审驳回上诉，维持原判。

主辅分离是我国国有企业改革的一项重要举措。计划经济下企业办社会，搞大而全，小而全。国有企业，特别是大型国有企业拥有学校、医院、公安、消防、供水、供电、供暖气（俗称"三供"）、社区服务、离退休人员管理等各种机构。市场经济下这些辅业成为企业的一项沉重的经济负担，使主体企业在市场竞争中处于不利的地位。实行主辅业分离，就是将这些辅业从企业分离出去，将学校、公安、消防等机构还给政府，医院也独立出去，有些副业性质的家属企业也都独立出去。卧龙光学原来是隶属于中光集团的辅业企业，所以其分立也没有签订协议，而是以中光集团内部发布行政文件的形式对企业分立的要点做了规定。但是一旦分立出去，成为一个独立的企业法人，卧龙光学就取得了与原先的上级单位平等的市场主体资格，碰到利益冲突，就打起官司来了。从改革的角度看，主辅分离是成功的，分得很彻底。因为如果分得不彻底，藕断丝连，是不会打官司的。[②]

法院把内部的行政文件当作协议来对待和解释是有道理的。因为在实施主辅分离的时候，分离出去的辅业单位必然要同主业单位谈判，讨价还价；主业单位有责任有义务安排好辅业单位的生存，至少是眼前的出路，最终在双方达成一致的基础上下文，而不能用简单的行政命令解决问题。本案中的 45 号文件从内容上看也确实像一个分立协议，或者说是主业单位向分立出去的辅业单位所做的承诺。从这个意义上说，本案的纠纷也属于合同纠纷。

不过，因为涉及国有企业的改革，所以像第一节第十小节中的远大集团案一样，本案也带有鲜明的中国特色。由于辅业单位的分离会涉及企业能否存活、职工生活如何安排等一系列社会问题，所以法院在判决时只要不太离谱，适当偏向辅业单位是合适的，这有利于改革的顺利进行，有利于我国经济向市场经济顺利过渡。而本案中法院的解释显然是有道理的。

[①] 宛龙民商二初字第 45 号，卧龙区人民法院，2014 年 8 月 11 日。
[②] 主辅分离不彻底的情况也有，成为这项改革中的一个棘手问题。详见：朱锦清著：《国有企业改革的法律调整》，233~236 页，北京：清华大学出版社，2013。

第十四章

董事和公司高管的注意义务

董事和公司官员的信托义务是英美公司法中的核心概念，也已经为我国公司法所引进。我国现行《公司法》第 147 条规定：公司的"董事、监事、高级管理人员……对公司负有忠实义务和勤勉义务"。这里所说的"忠实义务和勤勉义务"，就是指信托义务所包含的忠诚义务和注意义务。

信托本是英美法系中特有的概念。例如，鳏夫 A 年老体弱，拥有一大笔财富，想传给儿子 C。但是 C 只有 10 岁，无法有效地接管这笔财产。于是 A 在临终前设立一个信托（trust），指定他最信任的弟弟 B 作为受托人（trustee）替他的儿子 C 保管并经营这笔财产 10 年，等 C 达到 20 岁时再将财产全部转交给 C。这笔财产叫作信托财产（trust property），C 是信托的受益人（beneficiary），或称信托财产的实际所有人。在信托的 10 年有效期内，受托人 B 是信托财产的法律所有人，有权全权处置财产。这就使 B 有了贪污信托财产的便利。对此有两道防线。第一是委托人的判断，选择最信任可靠的人作为财产受托人；第二是法律上强加给受托人以信托义务（fiduciary duty），即对受托财产和受益人的绝对负责和忠诚。负责指注意义务（duty of care）；忠诚即忠诚义务（duty of loyalty）。当然，实际情形并不限于这里所举的鳏夫托孤的例子。在英、美、澳、加等普通法系国家，信托的运用相当广泛，凡是因为各种需要替他人保管财产的人都负有信托义务。一般地，信托专指为他人保管财产的受托人基于委托人的高度信任而对托管财产和财产受益人所承担的绝对负责和忠诚的义务。

早期的公司大多是慈善性质或公益性质的。慈善性公司的财产来自社会的捐款，负责经营管理这笔财产的董事和公司官员很像信托中的受托人。所以信托义务自然就被加到了董事和公司官员的身上。但是差别已经存在，因为董事和公司官员并非公司财产的法律所有人，不能以其个人名义全权处置公司财产。随着公司形式被逐渐地延伸到商事组织，最终取代合伙和个体企业成为商事组织的主要形式，董事和公司官员的信托义务也被延续下来。但是由于商事实践的复杂性，现代公司法所定义的公司董事和官员的信托义务早已超越了传统的信托概念，而具有了自身独特的含义。不过受传统的影响，这一信托义务依然被分为注意义务和忠诚义务，传统信托法中的一些词汇也被沿用下来。

忠诚义务要求董事和公司官员忠诚于公司的事业和股东的利益，不得利用职权谋取私利。但是光有一颗好心还不够，董事还必须称职地工作，这就是注意义务的问题了。注意义务要求董事在知情的基础上决策。如果董事这样做了，他的决策就是商事判断或者商事决策，会受到法院格外的尊重。这种尊重的隐含前提就是承认董事是做生意的专家，法官只懂法律，不懂生意；外行应当尊重内行的决定。在此前提下，只有当董事的决策近乎荒唐，也即任何理智正常的人都不会作出这样的决定，而该决定果然给公司带来了巨大的损失时，法院才会责成董事赔偿损失，而这么极端的情形是不大有的。只要董事的决策有几分合理性，比如尽管多数人不会这样做、这样想，但是也有少数人会做那样的选择，法院就会保护董事的决策权。但是适用这样的审查标准（注意义务标准）有一个前提条件，那就是董事没有个人利害冲突，也即他没有违反忠诚义务。如果在某项决策或者某笔交易中董事或官员有个人利益，法院的态度马上会 180 度转弯，法官的眼睛会瞪得像铜铃那么大，不再尊重董事为做生意的专家，转而适用内在公平标准来审查交易和决策，仔细地检查交易过程中的每个细节，看其对公司和股东是否公平，董事有没有在其中谋取私利，有没有为了个人的利益而牺牲公司和股东的利益。在绝大多数案子中，适用注意义务标准意味着董事胜诉，不必赔钱；适用忠诚义务标准意味着董事败诉，需要赔偿损失。不过也有少数例外，而这些例外对于阐述注意义务和忠诚义务标准往往很有帮助。因为围绕董事信托义务的问题和纠纷比较多，所以本书分两章讲解，先在本章介绍注意义务，再在下一章讨论忠诚义务。

第一节　注意义务概述

公司的董事和官员首先对公司和公司股东负有注意义务。注意义务要求董事在知情的基础上决策。但是什么叫知情？知情到什么程度呢？对公司事务是事无巨细都要知道，还是只需要大致知道，或者知情度达到某种中间状态？抑或有所侧重，某些地方需要知道得比较详细，而另外的地方则可以比较粗略？总之，弄清楚知情的含义是理解董事注意义务的门槛。为此目的，我们首先要了解董事工作的基本内容和职责。

董事会的大部分工作是被动的而不是主动的，取决于经理层的工作安排和公司内部的制度规定，如股东会的日期、财会年度、审计委员会的开会周期，等等。董事只要按照规定做好自己该做的工作就可以了。例如，股东会召开之前董事会需要准备好会议议程、表决事项、新董事候选人名单；审计委员会按时开会；其他董事应阅读审计报告、财会报表，等等。偶尔会有董事主动提出一两个他们感兴趣的问题，要求经理层近期答复；或者董事会要求经理层做某项工作，例如，对职工定岗定级等，并向董事会报告结果。但是在这样做的时候，他们也只能提出一般性的建议，而不是一个具体的方案，具体的方案要由经理层确定。董事会主要处理报上来的事情，批准或者不批准。但是这种被动性有如下例外：

第一，了解公司的一般情况，包括公司的财务状况是否健康、资金是否紧缺；公司的主营业务有什么优势、存在什么主要问题；公司的人才是否紧缺，哪些方面；公司的发展方向及其在本行业中的竞争优劣势；公司有些什么研究和开发项目，等等。法律不要求董事事无巨细洞察秋毫，更不要求事必躬亲，但是对公司的基本面应当了解。为此目的，公司的年度或季度财会报表必须认真阅读，董事会开会应当尽量参加，对经理层呈送的各种报告，特别是与董事决策有关的报告，应当根据需要认真阅读。对于董事认为重大的问题，即使经理层不送报告，董事也应当主动询问和索要有关资料，以便知情。

第二，保证公司的正常运行。这又具体分为两个方面：一是保证经理层的存在和正常运作；二是保证信息系统的正常运行，使得经理层能够及时地获得经营所需要的各种信息，特别是制作财会报表所需要的各种会计记录和财会信息。董事会不需要亲自去设计和确立这样的制度，但是可以要求经理层建立这样的制度。对于公司管理中的这两大硬件，董事会不能坐等经理层的报告，而必须主动了解并定期检查，确保它们正常运作。

第三，任何董事一旦发现了危险信号，例如，总裁有赌博的嗜好、财务主管包二奶花费巨大等，就必须立即主动调查和处理，不能坐等经理层的报告。这类情形不多，只是偶发性的，但是义务存在。

这些便是董事的基本职责。但是从我们理解注意义务的概念和判断标准的角度去看，光了解董事的基本职责还不够。

之所以提出董事的注意义务，是因为出了问题，一般都是公司遭受了重大损失，有人（一般为公司的少数派股东）站出来追究董事和官员的决策责任，请求由他们个人赔偿公司的损失。反过来说，只要公司运行良好，不发生问题，董事和官员都不需要承担任何责任。即使他们严重失职，没有履行注意义务，也不会有人去指责他们，更不会承担赔偿责任。董事和官员的注意义务之所以被提上议事日程，成为一个问题，是因为有人将他们告到了法院，说他们没有尽到应尽的注意义务，致使公司遭受了损失，应当赔偿。这时董事在引起被指损失的交易或决策中的知情程度就成了讨论的焦点。董事在批准交易的决策过程中的作为和不作为会在诉讼过程中自然而然地摆出来进行讨论和审查。当然首先，董事的行为目的必须是为了公司的利益而不是为了他自己。过了这一关，法院主要看董事在行为当时有没有知情的基础。如果董事在行动（作为或不作为）之前合理地收集了信息，在此基础上以他认为对公司有利的方式投票表决，他就履行了对公司和股东的注意义务，不必承担赔偿责任。如果应该获得并且也相对容易获得的信息不去获得，由此引起了决策的失误，董事就违反了注意义务。所谓应该获得，是指该信息对于决策很重要；所谓相对容易获得，是指获得该信息的成本值得花，不算很高。

与注意义务密切相连的是商事判断规则。该规则认为商事活动充满了风险和机遇，为了社会经济的发展，应当鼓励商人进入新的市场、开发新的产品、不断创新，鼓励他们承担各种商事风险；董事是做生意的专家，法院和律师对商事活动相对外行，外行应当尊重内行的决策。因此，只要董事在决策时是知情的，并且认为这样做符合公司的最佳利益，而不是为了个人的私利，那么即使事后证明该决策是错误的和灾难性的，董事也不应该承担赔偿责任，法院不可以充当事后诸葛亮，对董事的决定指手画脚。商事判断规则为董事的商事决策提供了一个安全港，只要符合商事判断规则适用条件的，被告一般都会胜诉。① 具体地，它的适用条件有三：一是知情；二是主观上认为符合公司的最佳利益；三是不为个人私利。

第二、第三两个条件要求不高。关于第二个条件，主观认识因人而异，有的人认为这样做对公司有利，有的人认为风险太大，对公司不利。可是只要董事认为对公司有利的想法具有一定的合理性，不荒唐，就可以了。换句话说，即使大部分人都认为风险太大，对公司不利，但是只要有一小部分人会认为值得冒险，董事的想法就是合理的，符合条件。当然，如果董事的想法显然荒唐，智力正常的人没有一个会认为这样做对公司有利，那当然不行。可是这种极端情形不大有。第三个条件是注意义务和忠诚义务的分水岭，如果是为了个人私利，就会与公司发生利害冲突，商事判断规则不适用，注意义务标准也不适用，而适用忠诚义务标准，我们将在后面讨论。第二、第三两个条件其实是一回事，或者说是同一事物的两个不同侧面，一面要求为公司利益，另一面要求不为个人私利。由于公司和个人之间的利益冲突，为公司利益就不大可能为个人利益，而为了个人利益也不大可能为公司利益。可见，第二、第三两个条件说的都是一个主观动机问题，要求董事出于公心，仅此而已。

关键在第一个条件：知情。知情到什么程度，经常会发生争议。所以，人们对注意义务的解释，简单地说，就是要求董事在知情的基础上决策。而要做到这一点，董事在决策时就必须合理地收集信息。在这里，商事判断规则就融入了注意义务之中。

关于董事的知情程度，也即他收集信息的程度，或者说用心程度，应当以处理自己的钱财为标准还是以处理别人的钱财为标准，也是一个有过争议的问题。一般说来，人们对自己的钱财要比对别人的钱财更加关心，所以前者的标准高于后者。《宾州商事公司法》第 408 条原先规定董事必须"用一个谨慎的普通人在相同情形下*处理自己的商务时*的勤勉、注意和技巧履行董事义务"（斜体附加）；而该州银行法在规定银行董事的注意标准时将上述引文的斜体字部分改成了"担任相同职务时"，那显然是指处理别人的商务。宾州最高法院在 Selheimer v. Maganese Corp. of America，423 Pa. 563，224 A.2d 634（1966）一案中解释说，虽然反常而不合理，② 但是《公司法》第 408 条对普通商事公司董事的要求显然远高于对银行董事的要求。1968 年，宾州修改第 408 条，删除了"处理自己的商务"

---

① 比较和参考 Gries Sports Enterprises, Inc. v. Cleveland Browns Football Co., Inc., 26 Ohio St.3d 15, 496 N.E.2d 959（1986）一案中法官对商事判断规则的描述："商事判断规则从普通法中产生至少已经 150 年了，现已成为公司管理中的一条原则。它历来被用作一块盾牌，保护董事不因他们的商事决策而承担赔偿责任。如果董事有权得到规则的保护，法院对他们的决策就不再干涉或者重新猜测。如果他们不受规则的保护，法院则会仔细检查他们的决策，看其内容是否对公司及其小股东公平合理。规则属于可反驳假定：董事做商事判断比法官在行，董事以合理的勤勉诚实地决策，并且不夹带自我交易或个人利益。质疑董事决策的一方必须反驳这样的假定，证明董事会没有做合理的商事判断。""当股东提起派生诉讼质疑公司董事会多数赞同的某一交易的公平合理性时，董事要想得到商事判断规则的保护，就必须做到：（1）没有个人利益；（2）独立；（3）知情。如果董事不符合这三个条件中的任何一个，他就得不到商事判断假定。这只是取消商事判断假定的保护，而不是说他的决策就一定错误。一旦取消假定，法院就会审查董事决策的公平合理性。失去了假定的保护不等于董事就一定赔钱……除非法院在认定了决策的不公平之后，还认定董事有重大过失，否则董事不承担赔偿责任。"

② 一般说来，银行保管着广大公众的存款，因而银行董事的责任应当重于普通公司董事，而成文法的规定却与此相反，所以说它反常和不合理。

几个字。由此说明，董事的注意程度应当是处理普通商务也即别人的钱财标准，而不是自己的钱财标准。这在一定程度上减轻了董事的注意责任。

前面已经说到，董事被告，被指违反注意义务，有主动的作为和被动的不作为两种情形。作为是董事会作出了某个事后被证明是错误的决定，致使公司遭受了巨大的损失，所以被股东告了，要求赔偿；董事则引用商事判断规则为自己辩护。不作为是虽然董事自己没做什么，但是公司内部别的人犯了错误，使公司遭受了重大损失，所以股东告董事没有监督好下属，要求赔偿。用我国流行的语言来说，就是董事被指没有尽到领导责任，所以要追究他的领导责任。这时因为董事没有做任何的商事判断，所以商事判断规则不适用，法院会根据具体的案情从注意义务的一般要求去分析董事有没有做好监督工作。

第二节　监督义务

【案例 14-1】

弗兰西斯诉联合泽西银行 [1]

普利其与拜德公司从事再保险经纪业务，在保险公司之间安排合约，让那些开出巨额保单的公司从每张保单中分出几个部分卖给别的公司，以共担风险。根据行业习惯，卖方公司会将保险费的相应部分交付给经纪人，经纪人扣除佣金之后，将余额转给再保险公司。这样，经纪人就以受托人的身份经管着客户的大量现金。

截至 1964 年，普利其与拜德的全部股份都为公司创始人之一的查理·普利其（年长）、他的妻子、两个儿子查理·普利其（年轻）和威廉·普利其所持有。他们 4 人同时也是公司的董事。老查理统治公司直到 1971 年生病为止，而后他的两个儿子接管了生意。1973 年老查理去世后，公司剩下 3 个董事：普利其太太和两个儿子。

与行业内一般的做法不同，普利其公司没有将上述客户交来的保费与自己的运行资金隔离开，而是将它们存在同一个银行账户里。老查理常从该账户里按照公司的赢利情况"借出"相应的款项，每到年底再将钱还回去。在他死后，小查理和威廉开始从账户领出更多的钱（仍以"借款"的名义），远远超出了公司的赢利。他们之所以能这样做，是因为在公司收到保费之后到必须转交保费（在扣除了佣金之后）给再保险公司之前这段时期内，账上总是会有一笔浮动余额。所谓超出赢利的部分，占用的就是这笔浮动余额。

1975 年，公司破产。破产管理人起诉普利其太太和作为老查理遗产管理人的联合泽西银行。普利其太太不等诉讼结束就去世了，她的遗产执行人被替代进来充当被告。针对普利其太太的起诉理由是她在履行董事义务的过程中存在过失。

所谓的"借款"在公司的年度财会报表上有记录。财会年度截止期是每年的 1 月 31 日。1970 年的年度财会报告是由注册会计师制作的；但是 1971—1975 年的财会报告

---

① Francis v. United Jersey Bank，87 N.J. 15，432 A.2d 814（1981）。由于判词较长，本书作者在翻译判词原文时为节省篇幅而有所删减。

都是由公司内部人制作的。所有这些财会报告，每个都只占 3 ~ 4 页 8.5in×11in 的纸张。1970—1975 年的财会报告显示详见表 14-1。

表 14-1　1970—1975 年普利其公司的财会报告

年份 / 类项	营运资本缺额 / 美元	股东负债 / 美元	净经纪收益 / 美元
1970	389 022	509 941	807 229
1971	无数据	无数据	无数据
1972	1 684 289	1 825 911	1 546 263
1973	3 506 460	3 700 542	1 736 349
1974	6 939 007	7 080 629	876 182
1975	10 176 419	10 298 039	551 598

普利其太太没有积极参与过公司的经营管理，对公司事务几乎一无所知。她曾经到公司设在 Morristown 的办公室来过一次，但是从来没有读过或者碰过公司的财会报表。她不知道什么是再保险，也没有做任何努力去确保公司的经营方针和操作方式（特别是资金的提取）符合行业习惯和相关法律。虽然她的丈夫曾经警告她说小查理"会把我身上的衬衫都扒走"，但是普利其太太从来不关心她的董事义务和公司事务。

1973 年 12 月她的丈夫死了之后，普利其太太已经行动不便，在床上躺了 6 个月之后更变得懒洋洋无精打采，还开始酗酒。之后她的健康状况迅速恶化并在 1978 年去世。初审时的证人证言试图为她开脱，说她"年老，因丈夫的去世伤心至极，有时喝酒过量，心理上被两个儿子彻底压垮"。但是初审法院不接受这样的观点，认定她神志清醒，之所以从来不知道她的"儿子们在做什么，是因为她从来不做任何努力去履行她作为普利其与拜德的董事的职责"。

……

Ⅲ

公司董事对公司行为的个人责任是个棘手的问题。法律一般赋予董事广泛的豁免，因为他们不是公司活动的保险人。当第三人主张董事由于其不作为而应当对内部人造成的公司损失负赔偿责任的时候，问题变得尤其麻烦。在本案中，这些内部人都是公司的官员、董事和股东。普利其太太的赔偿责任必须以 3 点认定为基础：她对公司客户负有义务、她违反了这个义务、该违反是损失的法律原因。

《新泽西商事公司法》第 14A：6-14 条要求董事"以一个谨慎的普通人处于同样的位置和同样的环境下的勤勉、注意力和技巧，真诚地履行他们的义务……"在此之前成文法还没有要求董事像谨慎的普通人处于同样的职位和同样的环境下那样办事。可是新泽西的司法判决已经表达了这样的要求。

Campbell v. Watson, 62 N.J. Eq. 396, 50 A. 120（Ch. 1901）是一个有影响的新泽西判例。像其他许多早期的有关董事赔偿责任的判例一样，该案涉及一家破产银行。银行的清算人指控董事们的疏忽大意导致了破产。皮特尼法官在判词中解释说，银行的存款人有权"信赖董事和官员的品德，相信他们在银行的经营中会依法履行他们宣誓过的义务，像一个勤勉和谨慎的普通人处理自己的事务那样处理银行事务；……为了合理地保护银行及其债权人免遭损失，董事在经营中按照经验应当秉持适当而必要的勤勉和注意。"［同上 406］Campbell 判词中的这段话和《新泽西商事公司法》第 14A：6—14 条所包含的原则就是董事应当真诚地履行他们的义务，像一个处于同样职位和同样环境下的谨慎的普通人那样办事。虽然在一个具体案子中的具体义务只能在全面地考虑该案案情之后才能确定，一般性的注意标准却是产生这些具体义务的根源。

一般说来，董事起码要大致弄懂公司的生意。为此，董事应当熟悉公司的基本业务（同上 416）。由于他负有普通的注意义务，所以不能以欠缺必要的知识作为辩护的理由。如果他"觉得自己的生意经验不足因而不能称职地履行董事的义务，他应当通过咨询取得所需的知识或者拒绝担任董事。"（同上）

董事必须持续地了解公司的经营活动，否则他们就难以参与公司的一般性管理……董事不能对公司的非法行为视而不见，然后声称因为他们没看见，所以就没有义务去看。在岗位上睡觉的保安对于要他保卫的企业没有任何用处。

董事在经营中不需要仔细检查公司的日常活动，只需要对公司事务和经营方针作一般性的监督。因此，董事最好正常地参加董事会会议。事实上，缺席会议的董事被假定为同意董事会就公司事务作出的决策，除非他"在知道决议之后的合理时间内在公司秘书处登记一份表示反对的意见"。[《新泽西商事公司法》第 14A：6—13 条（1981—1982 年补充）]虽然董事不需要审计公司账簿，但是他们应该通过定期检查公司的财会报表来熟悉公司的财务状况。在某些情形下，董事还要确保记账方法符合行业习惯。审查的范围以及财会报表的内容和频率不但取决于行业的习惯，而且取决于公司的性质和它所做的生意。一些小公司的财会报表可以内部制作，每年一次；在大的公众公司里，每个月或者间隔其他某段时间就要报表。私公司的财务审查一般不如在公众公司中正规。

与本案有关是财会记录显示了"股东借款"。一般地，董事不应承担赔偿责任，如果出于诚意"他们信赖了公司法务的意见，信赖了由独立的会计师、注册会计师或这类会计师事务所准备的罗列公司财务数据的报告，信赖了由董事会主席、主管会计账簿的公司官员或董事会会议主持人带给他的财会报表、会计账簿或公司报告，因为他们告诉他说这些都是正确的。"（《新泽西商事公司法》第 14A：6—14 条）

不过对财会报表的审查，可能会引发对这些报表所披露的问题作进一步调查的义务。一旦发现某种非法活动，董事就有义务反对，如果公司不予纠正，那就辞职。

在某些情形下，履行董事义务可能不限于反对和辞职。有时候，董事还需要咨询律师的意见。

董事不是摆设，而是公司管理架构中的重要部件。因此，董事不能用一个写上"挂名董事"的纸糊盾牌来保护自己。《新泽西商事公司法》通过将普通注意标准强加给董事，表明了挂名的、装设的、观赏性的董事已经过时，在新泽西法律中没有他们的位置。

促使董事在大型公众公司里承担较多责任的那些因素在小的封闭公司里可能不存

在。可是，一个封闭公司可能因为它的生意性质而受到公众利益的影响。例如，银行的股份可能私下持有，但是因为银行的性质，董事们可能要比在其他封闭公司里承担更多的赔偿责任。即使在一个小公司里，董事也要按照一个谨慎的普通人董事在同样环境下的注意程度履行注意义务。

董事的注意义务不是凭空抽象的东西，而必须放在与具体的权利人相对的位置上考察。一般地，公司董事对公司和股东来说是个信托义务人。股东有权期望董事对公司的行为和方针进行合理的监督和控制。公司的正常运作有赖于董事义务的恰当履行。

虽然董事也可能对债权人承担信托义务，但是如果没有破产，这个义务一般是不存在的。不过对有的公司来说，一般认为即使公司有支付能力，董事也要对债权人和其他第三人负责。虽然银行的存款人从某些方面来看是债权人，法院已经承认董事可能对他们负有信托义务。非银行公司如果受托保管别人的钱财，则它的董事会负类似的义务。

作为再保险经纪人，普利其与拜德每年以受托人身份收到数百万美元的客户资金，公司有义务分开存放。在这方面，它更像一个银行而非家族小企业。因此，普利其太太与公司客户的关系就与银行董事同存户的关系类同。

作为一个有相当规模的再保险经纪公司的董事，她应当知道公司每年收取数百万美元的保费和损失赔偿费并为分摊这些资金的再保险公司保管。普利其太太应当获取并阅读反映公司财务状况的年度报表。虽然她有权信赖按照《新泽西商事公司法》第 14A:6—14 条准备的财会报表，但是这种信赖并不能为她的行为开脱。

从这些报表中，普利其太太可以发现时至 1970 年 1 月 31 日，她的两个儿子已经在股东借款的幌子下提取大量的托管资金。此后每个财会年度的报表都显示营运资本缺额和"借款"额在同步上升。在此情形下发现非法占用资金并不需要特别的技能或者非常的勤勉；迅速浏览便可以发现侵占。

IV

不过，假如普利其太太的疏忽大意不是造成损失的法律原因的话，那还不能要她赔偿。分析法律原因首先要确定事实原因。[①] 事实原因要求认定被告的作为或者不作为是损失的必要前奏，假如被告履行了他的义务，损失就不会发生。此外，原告还需要证明被告的过失所引起的损失的具体数额。

与董事实施了某一过失行为从而引起损失的案子相比，不作为案子中的因果关系更加复杂。分析这类案子需要确定董事应该采取的具体步骤以及采取了这些步骤是否能够避免损失。

一般地，董事只要将所发现的不当行为告知了其他董事并且投票采取某种适宜的行动，就可以免责。反过来，投票赞成或者附和某些行动的董事可能会"在这些行动给公司的债权人或者股东造成损失的范围内，为了受害人的利益而对公司承担赔偿责任。"《新泽西商事公司法》第 14A：6—12 条（1981—1982 年补充）。出席董事会会议的董事被

---

① 英美普通法将因果关系分为事实原因和法律原因。如果没有 A，就不会有 B。A 就是 B 的事实原因。法律原因更为关键，类似我国民法上的直接原因。

假定为同意会议通过的决议，除非他的不同意见被写进会议记录或者在会议结束之后立即登记。《新泽西商事公司法》第 14A:6—13 条。如果不是大多数，至少在很多情形下，持反对意见的董事在试图说服他的同事们选择不同的行动方案之后根据《新泽西商事公司法》第 14A：6—13 条的规定记录了他的不同意见，最终被免责。

在本案中，普利其太太的义务范围是由普利其与拜德公司岌岌可危的财务状况、与客户的信托关系以及资金持有中的隐含信托决定的。这么看来，她的义务超越了简单的反对和辞职，还包括采取各种行动来阻止持续的侵吞，并作出合理努力去预防对信托资金的非法窃取。

讨论因果关系特别是由不作为过失引发董事责任的一个有影响的案例是 Barnes v. Andrews，298 f. 614（S.D.N.Y. 1924）。该案中法院开脱了一个挂名董事。他当了 8 个月董事，期间公司只开了一次董事会，而他因为母亲去世而不得不缺席。伦尼德·亨德法官代表法院区分了董事没有阻止糟糕的经营和像普利其太太那样没有阻止非法"借款"："当公司资金被非法借出，简单的推论是抗议一下就可以阻止借款，因而是董事的疏忽导致了损失。但是当生意因为经营不良、经商能力低下、判断失误而失败的时候，我们怎么能说一个董事就能拯救公司，或者说他能挽救多少美元呢？"（同上书第 616—617 页）他指出在被告的疏忽大意与公司的资不抵债之间缺乏法律上的因果关系："然而原告不仅要证明（董事）应当更加积极地履行义务，而且要更进一步。诉由是侵权，无论所指侵权是不作为还是作为，原告都需要证明被告履行了义务就会避免损失以及能避免什么样的损失。"（同上书第 616 页）

在普利其与拜德公司里，几个因素引起了资金的流失：公司自有资金与客户资金的混合、小查理与威廉的窃取、普利其太太怠于履行义务。她两个儿子的非法行为虽然是损失的直接原因，但是却不能为普利其太太的疏忽大意开脱，因为这也是造成损失的一个重要原因。她的儿子们知道她作为唯一的局外董事没有在检查他们的行为；他们的欺诈是在她疏忽大意的逆流① 中孕育的。她的疏于履职助长了腐败的氛围；她的不作为有助于腐败的延续。因此，她的行为是引起损失的一个重要因素。

当有人指称公司董事的不作为是第三人遭受损害的法律原因时，分析法律原因特别困难。不过，如果可以合理地推论不作为将导致某一结果，而这一结果真的发生了，那么因果关系就可以推定。我们认为假如普利其太太的简单反对不能阻止她儿子们的掠夺，她咨询律师并以起诉相威胁就足以吓住他们。这个结论可以从案卷中根据常识和逻辑推出。董事在其他情形下要不要做比简单地反对和辞职更多的事情需要根据具体案情来确定。在本案中，我们认为董事需要做得比简单的反对和辞职更多一点。据此，我们认定普利其太太的疏忽大意是引起资金被挪用的法律原因。

结论便是，由于普利其太太的职务，她有权力使普利其与拜德公司的客户不受损失。与权力相伴的是责任。她有义务制止其他内部人也即她儿子们的掠夺。她违反了这个义

---

① 在河流，特别是大江大河的边上，经常有与主流方向相反的水流，这是一种自然现象。译者家乡的土话叫回行水，书面语大概就是逆流。

务，因而使原告遭受了损失。

　　维持上诉分部的判决。

　　这是董事违反注意义务的一个比较极端的例子。案中的被告普利其太太对公司情况一无所知，不但对引起损失的那些直接交易——两个儿子的"借款"行为不知情，而且对公司的基本面都不知情，本节开头所述的董事的基本职责她一项也没有履行，是个彻头彻尾的挂名董事。这样的人在公司不出事的时候固然太平无事，一出问题肯定要承担责任。所以这是一个容易判决的简单的案例。

　　关于董事注意义务中的知情程度，应该是客观标准还是主观标准，即要不要考虑董事个人的专业背景和知识结构，众多法院的判决不尽一致。一般的说法是以一个普通的谨慎的人在相同或类似情形下的注意程度履行对公司的职责。这里说的注意程度是指信息的收集程度，在具体诉讼中考察被告董事所获取的信息够不够，是否有必要继续收集。所谓相同或类似情形是指具体案子中的具体情形，比如时间紧迫，必须马上拍板决定，或者时间相对宽裕，可以继续调查；信息很难获取，取证成本过于高昂，或者信息相对容易获取等。看普通人在这样的情形下如何决策，会不会进一步收集信息。可是这个普通谨慎的人是指类似案子中的那个具体的被告，还是不考虑被告的特殊的阅历背景，从芸芸众生中提取一个普通的、办事谨慎的人来作为参照系统予以比较，却没有定论。从大量不同的判例中，我们大致可以归纳出两种倾向：一种是统一的客观标准；另一种是主客观相结合的标准，即最低的客观标准加上主观因素的考虑，例如，当一位房地产专家担任董事时，如果遇到房地产交易，就可以对他适用较高的标准；如果是一位会计师担任董事，则可以要求他在发现经理层欺诈方面比别人更灵敏一些；而对于律师董事，可以在公司守法方面对他提高要求。纯粹的主观标准好像不大有。上述弗兰西斯案的初审法官采用了客观标准，这从判词中的以下两段话可以看出：

　　辩护人请求不要责成普利其太太对在她担任普利其与拜德公司的董事期间发生的事情负责，因为她只是一个简单的家庭妇女，担任董事只是替她的丈夫和儿子挂名。首先我不接受这种说法中包含的、虽然是无意的性别歧视。虽然一个普通的家庭妇女缺乏商务经验，但是如果她对她应该做的事情给予了合理的注意，我们没有理由说她就担任不了像普利其与拜德这样的公司的董事。问题不是出在她是个简单的家庭妇女，而是出在她作为一个人接受了一项含有一定责任的工作但却没有作出任何努力去尽这些责任。如果把一个成年妇女当作一个对自己的作为和不作为都不负责任的小孩，那是对妇女应有的基本平等与尊严的最大侮辱。

　　辩护意见认为我们应该体谅普利其太太衰老的晚年，考虑她因丈夫的去世而极度伤心、时常酗酒、对儿子感到绝望等事实。我没有被支持这种说法的证言所打动。没有证据证明普利其太太不是一个神志清醒的正常人。也没有证据证明她做过任何事情去质疑和制止小查理和威廉的不法行为。两个儿子的行为错得如此明显，任何温和而坚定的抵制他们都无法抗拒。事实上，普利其太太从来不知道他们做什么，因为她从来不做任何努力去履行她作为普利其与拜德公司的董事的义务。

从这两段话中可以看出，这位法官拒绝考虑普利其太太的主观状态——衰老的晚年、因丈夫的去世而极度伤心、时常酗酒、对儿子绝望，甚至不愿意考虑她的性别和职业（家庭妇女），认为那种考虑是性别歧视，显然是一种纯客观的标准。不过即使按照主客观结合的标准，普利其太太也是没有尽到董事的注意义务的，因为她的知情程度为零。除非按照纯主观标准——以一个同样处于衰老的晚年、因丈夫的去世而极度伤心、时常酗酒、对儿子绝望的家庭妇女的标准去衡量，她才有几分胜诉的可能，但是没有法院会这样判决。

【案例 14-2】
格雷韩诉阿里斯 – 查么司制造公司 [①]

这是为阿里斯 – 查么司提起的派生诉讼，状告公司董事和 4 个非董事雇员。起诉状是以对阿里斯 – 查么司和 4 个非董事雇员的定罪为基础的，这些雇员与公司一同认罪。定罪书列举了 8 项罪行，指控被告触犯了联邦反托拉斯法。本案中原告要求被告赔偿阿里斯 – 查么司因这些违法行为而遭受的损失。

阿里斯 – 查么司的董事自愿出庭应诉。那几位非董事雇员没有收到起诉状，也没有出庭应诉，其中三位仍然为阿里斯 – 查么司所雇佣，另一位与公司订有合同，是公司的顾问。

起诉状声称被告董事明知那些检察官赖以定罪的反托拉斯行为或者至少知道那些足以使他们了解这些行为的事实。

可是，庭审和提问都没有获得任何证据来证明任何一位董事明知下属的反托拉斯行为或者知道据此可以顺藤摸瓜地了解到某些雇员正在实施反托拉斯行为的引导性事实。于是原告，即本诉中的请求人，在诉讼过程中换了说法，提出只要董事没有采取措施去获知或防止阿里斯 – 查么司的雇员实施反托拉斯行为，他们在法律上就应该承担赔偿责任。

原告以此为由上诉，请求我们否决下级法院判被告董事不必赔偿的判决。下级法院在审理过程中拒绝强制证人出示文件，拒绝强制 4 个非董事被告接受提问，上诉人也请我们否决下级法院的这些中途裁定。我们将在本判词中对所有这些问题作出回答，不过为了充分阐明这些问题，需要先把案情事实总结一下。

阿里斯 – 查么司制造各种电器设备。它雇用了 3.1 万人，有 24 个工厂，145 个销售处，5 000 个零售商和批发商，每年的销售额超过 5 亿美元。具体经营分为两大块，由一位资深副总裁总负责。其中一块叫作工业组，分为 5 个分支，由本案中的被告董事辛格尔顿总负责。5 个分支中的一个叫作动力设备分支。定罪书中说到的反托拉斯行为所销售的产品就是由动力设备分支生产的。该分支下属 10 个部门，由本案中的非董事被告麦克马兰总负责，每个部门都有一个经理或者总经理。

[①] Graham v. Allis–Chalmers Manufacturing Co., 41 Del.Ch. 78, 188 A.2d 125（Del. Sup. 1963）。由本书作者翻译。

阿里斯－查么司的经营方针是在基层能够负责地运用权力的前提下尽量地将经营权力下放到基层去。因此，产品价格一般都由部门经理确定；但是如果该产品量大又比较特别，部门经理在定价时可能会征求分支负责人的意见。凡是重复生产的标准产品，在销售时都采用一张由电器行业的一家价格带头商确定的价格表上的价格。

董事会每年审查两大组以及各部门的利润预算指标，偶尔也会考虑有关价格水平的一般性问题，但是因为公司的运行情况很复杂，董事会并不参与具体产品的定价。

董事会共 14 个人，其中 4 人是公司官员，除了 10 月份不开会之外，每月开一次会，会上按照事先准备好的议程讨论表决。公司各方面的财会和经营数据都会呈送到会上供董事们审阅。会议一般持续数小时，全体董事都会热烈参与。显然，董事会讨论和决定的都是公司一般性的方针政策问题。由于公司的经营操作比较复杂，要董事会详细考虑各分支的具体问题是不现实的。

阿里斯－查么司和 4 个非董事雇员认罪的定罪书指控公司与非董事个人被告从 1956 年起，与其他制造商及他们的雇员合谋定价并串通起来向私人供电商和政府机构报价，从而违反了合众国的反托拉斯法。本案中的董事被告都不是定罪书中的被告。事实上，联邦政府承认没有发现任何可以给他们定罪的证据。

董事们最初知道公司的某些雇员触犯反托拉斯法是在 1959 年的夏天，报上报道说田纳西山谷当局[①] 建议对相同的报价进行调查。辛格尔顿因为对工业组负有责任，就做了调查，但是没有发现任何问题。之后，在 1959 年 11 月，公司某些雇员被传到大陪审团接受讯问，公司的法律分支做了进一步的调查，认为有理由怀疑非法活动的存在，于是公司指示所有收到传票的雇员如实交代。

之后，1960 年 2 月 8 日，根据董事会的指示，公司下发了一份关于反托拉斯问题的文件，法律分支在可能实施反托拉斯行为的部门召集了一系列的会议，向所有的雇员做了交代。这些步骤的目的和效果是消除今后再次触犯反托拉斯法的可能性。

我们已经指出，案卷中没有证据证明这些董事被告明知公司雇员触犯反托拉斯法的行为。可是原告指出了联邦商务部在 1937 年颁发的两个命令，认为它们足以向董事们警示公司雇员以前曾经实施过反托拉斯行为。他们声称董事们因此就有义务去发现这些行为并且采取措施使之不再发生。

这里所说的命令是 1937 年发布的和解[②] 命令，禁止阿里斯－查么司和其他 9 家公司执行它们之间对压缩器和涡轮发生器统一定价的协议。命令中说明了双方之所以和解，无非是为了避免诉讼的麻烦和费用。

在 1937 年，本案中的被告董事都还没有担任董事。4 位内部董事在那时要么还没有为公司雇用，要么已经雇用但是职位极低。当时，命令的复印件转发给了有关部门的负责人，并向经理委员会做了解释。

---

① 原文为英文首字母缩写 TVA，疑为联邦政府的某个机构，但是字典注解为 "Tennessee Valley Authority"，故如此译。

② 和解命令在发布之前先由双方协商一致，公司方面同意执行这些命令，政府方面也往往同意不采取进一步的行动。

　　1943 年，辛格尔顿，本案中的内部董事被告，因为当上了蒸汽涡轮部的经理助理，所以首次听说了这些命令并询问了公司的法律总顾问。他对自己的部门做了调查，获知这些命令正在得到执行。不管怎样，他认为公司本来就没有做过命令所禁止的事情。

　　斯蒂文森，本案中的内部董事被告，是在 1951 年一次与辛格尔顿讨论他们各自从事的经营领域时首次听说这些命令的。他也认为公司当时没有、以前也没有干过统一报价的事情，其之所以同意这些命令，仅仅是为了避免诉讼的费用和烦恼。

　　秀尔，本案中的内部董事被告，是在 1956 年一次与辛格尔顿讨论有关工业组的一些事务时听说这些命令的。他被告知公司当时并不存在这类问题。

　　原告争辩说因为 1937 年的和解命令，董事们会引起警觉，应当采取步骤确保阿里斯－查么司的任何雇员都不会触犯反托拉斯法。问题是被告董事中只有上述 3 个人知道这些命令，而这 3 个人都认为阿里斯－查么司没有实施过命令所禁止的行为，接受这些命令仅仅是为了避免讼累和费用。在这样的情况下，我们认为 3 个董事知道在 1937 年公司曾经同意被禁止实施在他们看来公司其实从来没有实施过的行为，不能使整个董事会对将来可能的非法定价引起警觉。

　　原告完全不能证明董事会实际知道或者可以被认定知道任何可以引起他们警觉的事实，以便采取措施预防日后可能发生的非法定价和串通报价。原告说，在这个方面，董事会至少应当像在 1960 年那样采取措施，当年由于大陪审团的调查而使董事会知道了事实真相，一知道马上采取了措施。可是，不管董事会有没有采取这些措施的义务，1937 年的那些命令与这个问题无关。因为在当时当地的情形下，他们没有注意到任何东西。

　　这样，原告只能依据他们提出的法律理论，说公司董事因为对积极审视和经营公司事务的普通法义务注意不够而使公司遭受了损失，应当赔偿。他们主要依据 Briggs v. Spaulding, 141 U.S. 132, 11 S.Ct. 924, 35 L.Ed. 662 一案。

　　从 Briggs 及其他案例来看，公司董事在经营公司的时候，必须运用谨慎的普通人在相同情形下所运用的注意力。他们的义务主要在于掌控；是否因为疏忽大意没有进行适当的掌控而需要承担赔偿责任取决于具体案子中的情形和事实。

　　原告在对被告董事的具体指控中认为即使他们不知道公司雇员干了任何可疑的坏事，他们也应当建立一个高度警惕的监视系统，以便能够及时发现这种坏事并有充分的时间去制止它。然而 Briggs 一案明确摒弃了这样的想法。恰恰相反，在某件事情的发生使他们感觉出了问题之前，董事们好像有权信赖他们下属的诚实和品德。如果这样的事情发生了却没有引起注意，那就可以让董事赔偿。但是在没有任何怀疑理由的情况下，董事没有义务在公司中设立和运行一套侦查系统来发现那些他们相信不存在的坏事。

　　阿里斯－查么司董事们的义务取决于公司的性质。该公司雇用了 3 万多人，占据了广阔的地域面积。公司董事客观上无法认识所有的雇员。公司规模这么大，董事会的掌控只能限于方针性的决策。从案卷来看，他们显然已经这样做了。在董事会开会时，全体董事参加，根据呈送上来的各种总结、报告和公司档案来权衡和决定方针政策问题。无论是根据普通法的一般性规则还是根据特拉华公司法，我们认为他们都有权信赖这些材料。特拉华《公司法》第 141（f）明确规定，董事依据这些材料履行义务将受到充分的法律保护。

最后，公司董事是否因为疏于履行义务而需要对公司的损失承担赔偿责任还取决于具体的案情。如果他不顾一切地信任一个显然靠不住的雇员，拒绝履行董事义务或者对此漫不经心，对雇员犯法的危险信号视而不见，法律会让他承担赔偿的责任。可是本案不是这种情形。因为在可疑情形出现之后，董事会马上采取措施进行制止并防止复发。

原告说这些措施早就应该采取，即使没有可疑情形。但是我们不这样认为。我们不知道有这样的法律规则，要求公司董事无缘无故地假定公司雇员都是潜在的违法者，一旦缰绳没有勒紧，其违法的本性就会像脱缰的野马那样释放出来。

因此，我们维持下级法院的判决。在董事们不知道的情况下，公司的某些雇员触犯了反托拉斯法，从而使公司遭受了损失，这些被告董事个人在法律上不需要对此承担赔偿责任。

本案发生的时代背景是电器行业严重的价格垄断，厂商串通定价，一些公司高管因触犯反垄断法而坐牢。尽管诉讼中有证据表明格雷韩的雇员向上隐瞒了自己的非法行为，报纸上和国会中都有人对公司上层是否真的不知道这些违法行为表示怀疑。有证据显示，阿里斯－查么司在向基层下放权力的同时给了各个部门稳步增长利润的巨大压力。这种压力显然没有顾及各个部门所在的不同市场中的具体情况。当需求停滞或衰退时，利润很难增长。于是底下的部门经理们只好通过串通定价、提高价格来创造利润，从而触犯了反托拉斯法。如果阿里斯－查么司的实际情况真的如此，那么法院认为董事们没有义务在公司中建立一套侦查系统的看法就有问题。

原告们输在了证据的极度缺乏上。他们既没有证据证明董事知道下属的违法行为，也没有证据证明董事发现过任何危险信号，即法院判词中所说的"据此可以顺藤摸瓜地了解到某些雇员正在实施反托拉斯行为的引导性事实"。只要有一点这样的证据，被告的败诉就是确定无疑的。案中的证据证明董事不知道下属的违法行为，也没有发现任何可疑的信号。因此法院判被告胜诉还是正确的。

本案的判决认识到了董事的大部分工作都是被动的而不是主动的这样一个特点。通篇没有引用商事判断规则，因为本案中的董事确实没有作任何的商事判断，诉讼过程中他们也没有引用商事判断规则来为自己辩护。

但是有意识的决策与不能原谅的疏忽有时候难以分清，完全取决于具体案子中的具体证据。例如，一个看起来是不作为的情形，董事实际上仔细地考虑了相关的信息，评估了风险。本案中的被告董事如果也这样做了，然后决定不设立一个具体的反托拉斯法遵守计划，那他们就做了商事判断，可以引用商事判断规则进行辩护。即使事后证明他们的决策是错误的，公司因为他们的错误决策而遭受了损失，他们也不需要承担个人赔偿责任。因为他们合理地收集了信息，据此作出了商事判断，没有个人利益牵涉其中（完全为了公司的利益）。同理，如果某公司董事会在合理收集信息的基础上决定不去设立一个电脑安全计划，事后因为电脑中毒或者受到黑客攻击而使公司遭受了巨大的损失，股东提起派生诉讼要求董事因为不作为而赔偿损失，被告也可以引用商事判断规则为自己辩护。

格雷韩案对董事的义务要求比较被动，认为"在没有任何怀疑理由的情况下，董事没有义务在公司中设立和运行一套侦查系统来发现那些他们相信不存在的坏事"。这种一般性的表述引起过不少非议。美国法学会（American Law Institute）制定的《公司董事指导手册》（Corporate Director's Guidebook）中说"公司董事应当注意公司有遵守国内国外相关法律法规的计划，并向它的雇员们下发守法教育的文件，设置合法与否的监督程序"。以保守著称的商事圆桌①所发表的声明中也把守法当作董事会的主要任务，强调公司不但要有遵守公司法的总体方针，而且要有具体的执行程序，"使得各经理层次能够系统持续地守法"。《公司董事指导手册》和《商事圆桌声明》（Business Roundtable Statement）都不是法律，而是对公司实践提出的、民间性质的建议和指导。但是这些建议和指导都是当今美国商界实践的现实反映。今天的美国各大公司大多制定了守法制度，设置了守法监督程序。因此，格雷韩判词中的一般性说法实际上已经被修正。这一修正最终也被判例法所吸收。

【案例 14-3】

有关国际凯马克公司的派生诉讼②

衡平法官阿楞（Allen）。

这是根据衡平规则第 23.1 条请求批准在一场综合性派生诉讼中提议的和解方案，认定该和解公平合理。诉讼是为国际凯马克公司（以下简称凯马克）提起的，针对该公司的董事会成员，称凯马克的雇员触犯了联邦和州有关医疗保健提供者的法律法规，而凯马克董事会的这些成员在雇员违法的过程中违反了对凯马克所负的信托注意义务。由于雇员的违法行为，合众国卫生与人类服务部和司法部对凯马克进行了为期 4 年的广泛调查。1994 年，凯马克收到的刑事起诉状指控其犯有多项重罪。它随后与司法部及其他部门达成数项协议，包括一项认罪协议，承认通过邮件欺诈，构成重罪，同意支付民事的和刑事的罚款。之后凯马克又同意为民间的和公家的各方当事人报销。合计起来，凯马克需要支付 2.5 亿美元。

此案登记于 1994 年，声称代表公司请求被告个人赔偿上述损失。这些被告都是凯马克的董事。现在各方当事人提议和解，并在通知了凯马克的全体股东之后，于 1996 年 8 月 16 日就和解提议的公平性举行了听证。

在法律上对本案的核心诉求进行评估，要看按照什么标准来衡量董事会监督公司行为的义务。从已经挖掘出来的证据来看，我认为判决凯马克董事们违反监督义务的可能性很小。事实上，案件显示凯马克经理层和董事会对公司的组织架构和各种计划都做过认真的考虑，但是这样的架构和计划最终还是引发了对公司的刑事控告，公司为了和解

---

① 商事圆桌（The Business Roundtable, BRT）是美国商界最有影响力的组织，成立于 1972 年，由美国各大公司的总裁组成，代表大公司的经理层说话，游说国会和政界要人，以通过各种有利于公司经理层的法案。其立场常与广大中小股东、工会、下层民众相对立。

② In Re Caremark International Inc. Derivative Litigation, 698 A.2d 959（Del. Ch. 1996）. 为了节省篇幅，突出重点，本书作者对原判词作了删减。

这些控告又在经济上遭受了巨大损失。案件没有显示知情的或故意的违法。董事会虽然有律师和会计师的协助，但是却没有准确地预计到使用那些最终引发赔偿的策略和做法将会对公司产生什么样的严重后果。无论从这一事实本身还是赔偿的规模，都不能推定凯马克董事会违反了公司法上的义务。

起诉状指责被告董事在公司的日常经营中违反了注意义务，声称董事们允许公司冒巨额赔偿风险，允许这样的情形发生、发展、持续，因而违反了充当公司行为的积极监督者的义务。可见，诉状没有指控董事自我交易或者存在更为麻烦的忠诚类问题，比如保权位、卖控制权等动机可疑的行为。原告在这里提出的说法在公司法中是最难赖以胜诉的说法。在没有利害冲突也没有可疑动机的情况下，状告董事要其赔偿公司损失之所以困难的政策性原因最近在 Gagliardi v. TriFoods Int'l Inc., 1996 WL422330 at 7（Del. Ch. July 19, 1996）一案中有所描述。

1. 董事对其决定的潜在赔偿责任。董事违反注意义务的赔偿责任在理论上有两种情形：第一，赔偿责任来自一项引起损失的董事会决定，因为该决定不明智或者"过失"；第二，赔偿责任来自某种董事会疏于职守的情形，在该情形下应有的注意据说可以防止损失的发生。第一类案子都按照保护董事的商事判断规则审查，假定决定是董事们抱着善意认真斟酌的结果，或者假定决定合理。法院或者评论家们——后者不需要经常面对这些问题——应该明白却不都明白的是：法院只能考虑董事是否善意或者他们的决策过程是否合理，而绝对不能从引起公司损失的董事会决议的内容上去判断董事有没有遵循注意义务。也就是说，只要法院认定董事的决策程序是合理的或者是为了促进公司利益而善意采用的，那么无论事后审核案情的法官或陪审团是否认为决定的内容错误，或者错误的程度从"愚蠢"到"出格"或"不理性"不等，都不能构成董事承担赔偿责任的理由。假如采用不同的规则——允许对决定做"客观"的评估——让外行的法官或陪审团充当事后诸葛亮对董事决定的内容指手画脚，那从长远看将损害投资者的利益。因此，商事判断规则强调过程，并且包含了对所有善意的董事会决定的极大尊重。

说真的，人们不禁要问股东能以何种道义理由攻击善意的董事决策，说其"不合理"或者"不理性"。当董事在事实上作出了善意的努力去熟悉情况，然后作出适当的判断时，他就应当被认为充分履行了注意义务。如果股东们认为他们有权获得与这个董事在善意履职中作出的判断不同的判断，他们当初就该选举别的董事。伦尼德·亨德法官[①]对此阐述得比我好得多。在 Barnes v. Andrews 一案中说到被动的董事被告安德鲁先生时，他说：

是的，从经验上看他不适合所选的这份工作，但是我不能因此而要他赔。说到底是公司选择了他，而现在又是这家公司要他赔钱。董事并非像律师或者医生那样的专家。他们是生意上的一般性顾问，如果他们真心尽其所能履行职务，要他们赔偿就不合法。董事必须保证他的判断正确吗？股东能否要他对判断的失误赔偿，而在他们选举他为董事时却告诉他说这样的失误不会使他当不了董事？安德鲁不是内战中的克伦威尔，他也没有承诺担任这个角色。

---

① 联邦第二巡回法院著名法官。

我认为，伦尼德·亨德在这个表述中正确地指出了公司法上审查注意义务的核心因素：有没有熟悉情况并作出判断的真诚努力。

2. 疏于监督的赔偿责任。理论上可能发生的董事因注意不够而赔偿的第二类案子涵盖那些不是因为具体的决定而是因为疏忽不作为而引起损失的情形。公司通过具体的自然人代理作出的大多数决定当然不是董事关注的内容。法律上，董事会只需要批准最重大的公司行为和交易：兼并、资本结构的变化、生意上的根本性变化、任命首席执行官并确定他的报酬，等等。就如本案事实清楚表明的那样，公司内部下级官员和雇员所做的生意决定可以对公司利益以及公司实现各种战略目标和财务目标的能力产生重大的影响。如果本案不能证明这一点，商界近期的历史可以证明。比如回顾一下萨勒门公司的高层经理和多数董事被撤换；基德、皮波堤在发现了大量亏损来自高薪操盘手实施幻影交易之后撤换了它的高层经理；普鲁代歇尔保险在销售有限合伙的份额时因为下级官员的虚假陈述而遭受了多方面的经济和名誉损失。像这样一些经济上和组织上的灾难产生了如下的问题：董事会在组织和监督企业以确保公司在法律范围内实现目标方面的责任是什么？

这个问题在当代特别重要，因为人们越来越多地利用刑法来保证公司遵守外部法律的要求，包括环境、财务、雇员和产品安全以及其他各种健康和安全法规，在联邦法系统内尤其是这样。1991年，根据《1984年审判改革法》，合众国审判委员会采纳了《组织审判指导原则》。这些原则将对各种与商事公司有关的刑事处罚的效力产生重要的影响。它们阐明了因为触犯联邦刑事法律而对组织进行审判时的统一标准，对公司组织规定了与以前相等或者远比以前严厉的刑事责任。同时，这些原则也有力地推动了今天的公司确立守法计划以发现违法行为，发现之后马上向政府官员报告，并且自觉及时地采取纠正措施。

1963年，特拉华最高法院在格雷韩诉阿里斯－查么司制造公司一案中就董事会成员对公司因触犯合众国反托拉斯法而遭受的损失所承担的潜在的赔偿责任进行了论述。该案中没有人指责董事实际知道引发公司赔偿的下级雇员的行为。相反，像本案一样，诉状称董事们应当知道，而如果知道，他们就有义务使公司守法，从而避免损失。特拉华最高法院认为，根据该案的事实，没有理由认定董事们违反了知悉企业经营情况的义务。法院使用色彩鲜明的文字说道："在没有任何怀疑理由的情况下，董事没有义务在公司中设立和运行一套侦查系统来发现那些他们相信不存在的坏事。"该院认定在该案中没有怀疑的理由，所以对董事们不知道那些引发公司赔偿的行为无须指责。

对此判决该如何总结？今天我们还能不能说如果没有理由怀疑犯法，公司董事就没有义务确保公司有一个信息收集和报告系统，尽量地就公司重大的行动、事件和状况，包括对相关法律法规的遵守，给经理层和董事会提供信息？我当然不这样认为。我对如此广义地解释格雷韩判决能否被1963年的最高法院接受持怀疑态度。对该案不妨更为狭义地解释为包含了如下的规则：如果没有理由怀疑欺诈存在，无论是董事还是高层经理都不应该仅仅因为假定雇员有操守、他们为公司实施的交易是诚实的而受到侵权的指控。

对格雷韩诉阿里斯 - 查么司一案更为广义的解释——意指公司董事会没有义务确保经理层设立恰当的信息收集和报告系统——我觉得1996年的最高法院是无论如何都不会接受的。之所以这样认为，是因为我首先认识到最近几年特拉华最高法院已经清楚地表明了公司法对董事会作用的严肃态度——特别是在对兼并的审判中，从史密斯诉樊高克到 QVC 诉头号通信。其次，我注意到一个基本事实，即信息的关联和及时是董事会起到特拉华一般《公司法》第141条要求的监督和指导作用的前提。最后，我还注意到联邦的组织审判指导原则对商事组织的潜在影响。任何一个真诚地试图尽到其组织管理责任的理性人都不得不考虑这一变化；规则加重了刑罚，也给予了减刑的机会。

根据这些演变，如果还认为我们的最高法院在格雷韩中关于"侦查"的说法是指即使没有信息报告系统向高层经理和董事会提供及时、准确的信息，足以让经理层和董事会各自在其职责范围内对公司守法和生意情况作出知情判断，也能够满足他们合理知情的义务，那将是误解。

显然，这样的信息系统应该细致到什么程度才合适是一个商事判断问题。同样明显的是，没有一个理性设计的信息报告系统能够完全杜绝公司违反法律法规的可能性；高层官员和董事们有时候也可能会被误导或者没有能够合理地发现与公司守法有关的重大行动。重要的是董事会应该作出善意的判断，确信公司的信息报告系统无论在概念上还是在设计上都足以确保董事会能够在系统的正常运行中及时地获取适宜的信息，以满足其履职的需要。

因此，我认为董事的义务包括善意努力以确保一个董事会认为合格的信息报告系统存在；在某些情形下如果没有这样做，至少在理论上可以让董事赔偿因没有遵守法定标准而导致的损失。反过来，如果确信向董事会的信息输送很充分，那就部分地满足了董事的注意义务。基于这样的理解，我现在来分析本案的诉求。

为了表明凯马克董事们因为没有充分控制好公司雇员而违反了他们的注意义务，原告必须证明：（1）董事们知道；或者（2）应当知道发生了违法行为，并且不管哪一种情形；（3）董事们都没有作出善意的努力采取措施以防止或纠正这个情形；还有（4）这个情形在法律上引起了所诉的损失。尽管根据 Cede & Co. v. Technicolor, Inc., 636 A.2d 956（Del. 1994）一案，这最后一个要素可以构成被告的正面辩护。

1. 知道违法：关于凯马克董事们知道违法的可能，无论是交给我们审查的文件还是口头取证的记录都没有提供任何的证据。董事会当然知道公司与医生、研究人员和卫生服务提供者签订了一系列合同，也知道有些合同的对方规定了医疗方案，具体的服务凯马克也参与提供。董事会知道公司经常从政府资助的机构获得病人服务费的报销，而这些服务都受制于《反介绍客户收费法》①。可是专家们好像告诉董事会说，公司的做法虽然有争议，但是合法。没有证据显示对这些报告的信赖不合理。这样，本案就不适用如下的规则：故意让公司触犯刑法构成对董事信托义务的违反。我们不清楚董事会是否知道刑事起诉状中列出的有关公司支付的细节。不过，善意做事以便知情的义务不应被理解为要求董事掌握企业运行的各个方面的详细信息。在这个技术发达的时代，这样的要

---

① The Anti-Referral Payments Law（ARPL）.

求根本不能适应商事组织的效率和规模。

2. 疏于监督：既然董事会看起来在一定程度上确实没有注意到引发赔偿的那些行为，我就来考虑一下诉讼文件所表达的追究董事赔偿责任的另一条潜在途径：董事的不注意或者"过失"。一般地，当要求董事赔偿公司损失的诉求是以不知道公司内部引起赔偿责任的那些具体行为为基础时，如在格雷韩或本案中，我觉得只有董事会持续或者系统地不监督——比如不做任何努力去确保一个合理的信息报告系统存在——才能证明缺乏善意这个赔偿要件。这样的赔偿标准——以持久或系统地不做合理监督为证据的缺乏善意——是很高的。不过在监督方面对赔偿责任提出严苛的标准对全体公司股东应该是有益的，就像在董事会决策方面一样，因为那样容易吸引高素质的人担任董事，同时又能持续地督促董事善意履行义务。

在这个问题上，案卷中其实没有任何证据表明董事被告持续地不履行监督职责。恰恰相反，从案卷内容来看，公司的情报系统反映了试图获取相关事实的善意努力。如果董事们不知道导致刑事起诉的那些行为细节，那也不能怪他们。

这一事件最终导致的赔偿责任是巨大的。但是它来自对刑法的触犯这一事实本身还不足以构成董事对信托义务的违反。目前阶段上的案卷也不支持被告在履行监督职责时缺乏善意或者有意识地允许公司违法的结论。针对他们的诉称目前看来是没有说服力的。

和解方案给予了很少的利益。根据和解协议，原告得到明确的保证：凯马克将建立更加集中、活跃的监督系统。具体说来，和解强调新任命的守法与道德委员会履行义务的持续性，加强了对更低层经理守法的监督责任。在采纳和解要求的决议中，凯马克进一步明确了禁止在介绍客户时支付报酬的方针。这些看来是对原告所提诉称进行和解的正面结果，尽管意义不算重大。然而，由于原告的诉称较弱，和解方案看来对所有人都是充分、合理、有益的结果。因此，和解方案将被批准。

本案与格雷韩案的原告都诉称被告不作为，疏于监督，致使下属违法，公司遭受损失。法院全面总结了被告董事在作为和不作为两种情形下承担赔偿责任的标准，重点阐述后者，即不作为、疏于监督的赔偿标准，因为这是本案的争议所在。法院将疏于监督的标准阐述为：董事知道或者应当知道发生了违法行为却不采取措施去防止或纠正。判词对知道或应当知道，特别是什么叫作应当知道，做了展开，使之更加具体："当要求董事赔偿公司损失的诉求是以不知道公司内部引起赔偿责任的那些具体行为为基础时，如在格雷韩或本案中，我觉得只有董事会持续或者系统地不监督——比如不做任何努力去确保一个合理的信息报告系统存在——才能证明缺乏善意这个赔偿要件。这样的赔偿标准——以持久或系统地不做合理监督为证据的缺乏善意——是很高的。"

法院基本否定了格雷韩定下的审判规则："在没有任何怀疑理由的情况下，董事没有义务在公司中设立和运行一套侦查系统来发现那些他们相信不存在的坏事。"这条规则在格雷韩案判决之后存在了数十年。判例法有尊重先例、尊重先辈的传统特点。一个先例，即使已经不合时宜，后世的法官除非迫不得已一般也不会全盘否定，而是通过限制性的解释来限制其适用范围，或者赋予其新的含义，而不是明确宣布先例所确立的规则已经过时，应予否决。本案即是一个典型的例子。法官重新解释了格雷韩案："对此判决该如何总结？今天我们还能不能说如果没有理由怀疑犯法，公司董事就没有义务确保公司有一个信息收集和报告系统，尽量地就公司重大的行动、事件和状况，包括对相关法律法规的遵守，给经理层和董事会提供信息？我当然不这样认为。我对如此广义地解释格雷韩判决能否被 1963 年的最高法院接受持怀疑态度。对该案不妨更为狭义地解释为包含了如下的规则：如果没有理由怀疑欺诈存在，无论是董事还是高层经理都不应该仅仅因为假定雇员有操守、他们为公司实施的交易是诚实的而受到侵权的指控。"

　　本案是由特拉华衡平法院判决的，而格雷韩案是它的上级法院即特拉华最高法院判决的。按理，下级法院不能否定或修正上级法院确立的规则。但是两案相隔了三十多年，公司实践和法律环境都已经发生了巨大的变化。如前所述，权威性的民间机构如美国法学会和商事圆桌都明确提出了大公司建立执法制度的要求，实际上大部分公司也确实都设立了这类制度。在这样的形势下，衡平法院因势利导重新解释格雷韩案是有充分理由的。

　　所谓下级不能否定上级，是指你否定了，当事人上诉之后上级法院又要否定回来，下级法院自讨没趣，所以一般不会这样做。但是不能不等于无权。即使是明目张胆的否定，对于所判的案件也是有效的。只要当事人不上诉，判决就会生效并得到执行。在民主国家，司法完全独立，不但独立于执政党和政府，而且独立于上级法院。上级法院只有在当事人按照程序上诉之后才能行使权力，在下级法院审判的过程中不得干涉。不但如此，在同一个法院内部，法官判案也是完全独立的，不受其他法官的影响，更不受什么法院领导的影响。[①]

　　本案是个经典判例。十年之后，特拉华最高法院在 Stone v. Ritter，911 A.2d 362，370（Del. 2006）一案中确认了衡平法院在凯马克案中总结的董事注意义务标准：

　　我们认为凯马克阐述了董事在监督方面承担赔偿责任的前提条件：（1）董事完全没有实施任何的信息报告制度或者其他控制系统；或者（2）实施了这样的制度或控制系统但却有意识地不去监督和指导制度的运行，所以对需要他们关注的问题和风险一无所知。在任何一种情形下，判其赔偿需要证明董事知道自己没有在履行信托义务。而当董事知道义务却不去履行，有意识地无视自己的责任时，他们也因为没有善意履行信托义务而违反了忠诚义务。

　　直到今天，凯马克案所总结的董事注意义务标准都是特拉华州现行有效的规则。

　　其实，一个公司具体应该制定什么样的规章制度，设置什么样的程序，并没有一个普遍适用的固定模式，需要根据各个企业的具体情况来确定。公司的规模、经营的多样化程度和其他多种因素都会影响守法制度或程序的深度和广度。例如，在一个很小的有限责任公司里，一切都在董事们的眼皮子底下进行，任何监督程序都是不需要的。而一

---

　　① 美国法院一般不设领导，只设一些行政管理人员；可能有院长，但是院长不是法官，只是行政管理人员的领导，和大家一起做些跑腿办事的工作。整个行政办事班子全部受法官们的领导或者指导，为法官们服务。法院的事都是法官们说了算。同样，在律师事务所里，行政管理人员，包括行政首脑，统统受律师的管理和评估，凡事都是身为律师的合伙人说了算。不是合伙人的普通律师虽然也是打工的，但是地位要比行政人员高得多，有管理和评估行政人员的权力。由此可见美国专业人员的地位、外行和内行的差别。

个上市公司或者大型的有限责任公司可能就需要有这样的制度和程序。此外，公司法律顾问的经验和水平、公司业务的法律敏感性、它在过去数年或数十年中的守法历史、制定和执行守法制度或程序的成本等，也会影响守法努力的深度和广度。一般说来，对于那些容易发生问题的领域，公司应当制定守法的规章制度和执行程序并确保切实执行；而对于那些相对偏僻、相对不重要的法律领域，或者对于那些新型的、董事难以预见的守法问题，则不应当要求董事去注意并设置相应的守法计划和程序。

具体制度的建立与否，它的深度和广度，本身也是一个商事决策。例如，董事可能会认为某种守法制度的设置是不必要的；或者认为某一程序或计划的有效性只需要每两年评估一次，这样做比较符合公司的最佳利益，每年评估成本太高。只要他在这样决定时合理地获取了应该获取的信息，商事判断规则适用。在大的上市公司里，通常的做法是在董事会下面设立专门委员会，由这些委员会去负责相关领域内的监督和调查，决定具体制度的建立与否。董事会的其他成员有权信赖这些专门委员会得出的调查结论。有时候，设计并监管某一程序或计划有效性的工作也可以交给公司官员去做，决定授权的董事也受商事判断规则的保护。

第三节　知情义务

除了疏于监督的不作为责任之外，董事还会因其作为而成为被告，即因其所做的某个决定给公司造成了损失而成为被告。由于这样的决定一般地属于商事判断，所以董事会受到商事判断规则的保护。但是如果董事的决定缺乏知情的基础，商事判断规则就不能适用。换句话说，董事有没有违反注意义务，或者商事判断规则能不能适用，关键就在于决定有没有知情的基础。法院的审查针对作出决定的程序，而不是决定的实体内容。正如凯马克法院所说的，"法院只能考虑董事是否善意或者他们的决策过程是否合理，而绝对不能从引起公司损失的董事会决议的内容上去判断董事有没有遵循注意义务。"具体地说，法院主要审查董事决定的过程是否合规，有没有合理地收集应该收集的信息。所谓"决策过程是否合理"，当然包含了合理地收集信息。在这个问题上，1985 年特拉华州最高法院判决的史密斯诉樊高克一案影响最大、最深远，不但影响了美国，而且影响了世界。该判例在一个具体的情景中对知情与否、有没有合理收集信息的判断标准做了深入的探讨，最终判决董事会决议缺乏知情的基础，给公司股东们造成了损失，应当由参与决策的全体董事个人承担赔偿责任，总共赔偿 2 350 万美元。

【案例 14-4】

史密斯诉樊高克 [①]

大团结公司（以下简称大团结）是个多样化的持股企业，其股票公开交易。其董事

[①] Smith v. Van Gorkom，488 A.2d 858（Del. Supr. 1985）. 本案篇幅特别长。为了节省篇幅，突出重点，本书作者作了删减和改编。以下宋体字为本书作者对案情的总结和归纳，楷体字是本书作者对原判词删减后的翻译。译文依然很长，但是此案特别重要，所以请读者耐心读完。

会主席兼首席执行官叫季罗木·樊高克，快到退休年龄了；董事会由 5 个公司官员和 5 个外部董事组成。5 个外部董事中有 4 个是其他大公司的首席执行官，另一个是芝加哥大学商学院前院长。

涉案事件发生时，大团结从经营中产生了大量的现金，但是多年来一直难以创造足量的可税收入来利用因投资而产生的税收减免。1980 年 7 月，大团结经理层向董事会呈交了公司 5 年预算的年度修改稿。该报告讨论了解决享受税收减免问题的各种可选择方案，认为公司还有充足的时间寻找解决的方案。报告没有提到可能出售公司。

8 月 27 日，樊高克与高层经理们碰头讨论如何享受税收减免。在几种设想中提到了将大团结卖给一家有大量可税收入的公司，或者借款购买（LBO）。[①] 后一种方案在 9 月 5 日的会议上又讨论了一次。首席财务官陶讷德·罗门思在会上讲述了以每股 50 ~ 60 美元的价格为基础的初步计算结果，但是没有说这些计算反映了公司的公平价格。樊高克否定了借款购买的设想，说他自己愿意将所持有股份以每股 55 美元卖掉。

未经与董事会或者公司其他官员商量，樊高克决定直接与他在社交中认识的公司并购专家吉·普利兹克会面。会面之前，樊高克指令大团结的财务主管卡尔·彼特森进行秘密计算，探讨每股 55 美元借款购买的可行性。9 月 13 日，樊高克向普利兹克提议每股 55 美元出售大团结。两天后，普利兹克告诉樊高克他对这个价格购买有兴趣。樊高克接着又开了两次包括两位大团结官员和一位外部顾问的会议。到 9 月 18 日，他获知普利兹克如果取得以每股 38 美元（比当时的市场价格高出 75 美分）购买大团结 100 万股库存股的选购权的话，就会提议以每股 55 美元现金并购。[②] 普利兹克还要求大团结董事会在 3 天之内，即最迟到 9 月 21 日星期天，对他的提议作出决议，同时指示他的律师起草合并文件。

9 月 19 日，樊高克未经与大团结的法律部商量就雇用了外部律师作为合并专家。第二天他又召集了高层经理会议和董事会会议，但是只有那些与普利兹克见过面的官员知道会议的主题。

高层经理们对普利兹克提议的反应完全是否定的。罗门思对出售价格和出售库存股都表示反对，认为那是一种"锁定"。经理层会议之后马上开董事会。樊高克对普利兹克的要约作了口头描述，但是没有提供合并协议文本。樊高克告诉董事会普利兹克将以每股 55 美元的价格购买全部发行在外的大团结股份，然后大团结将并入普利兹克为此目的而成立的一个全资子公司；在 90 天之内大团结可以接受但是不得征集竞争性要约；对其他报价者可以供给已经发布的信息，但是不得提供未公开信息；大团结董事会必须在星期天也即 9 月 21 日晚上之前对此作出决议；要约附有条件，即普利兹克在 1980 年 10 月 10 日之前获得资金；如果普利兹克获得了资金或者要约不附这个条件，大团结就必须以

---

① 借款购买（leveraged buy-out, LBO）是公司收购的一种特殊方式，也可以翻译为融资购买。但是融资既有股权融资，也有债权融资，不能突出借款的特点，所以还是借款购买的翻译比较准确。在借款购买中，收购人大多是内部人，即公司经理层，但也可以是外部第三人，或二者结合。具体操作，收购人以公司资产抵押向金融机构借款，然后收购公众投资者手中的公司股票，从而取得对公司的控股权。这等于是公司自己资助了对自己的购买。在经理层收购的情况下，由于经理层对公众股东负有信托义务，又向他们购买股票，所以存在利害冲突。

② 现金并购中目标股东用手中的股份换得现金，之后无论在新公司还是旧公司中他们都不再有任何经济利益。

每股 38 美元卖给他 100 万股新发行的股份。樊高克认为，董事会应该考虑 55 美元是不是公平的价格，不必考虑 55 美元是不是最高的价格。他说在 90 天中将大团结放在市场上拍卖，将给自由市场一个判断 55 美元是不是公平价格的机会。外部律师告诉董事会如果他们不接受这个要约，他们可能会被起诉，根据法律，投资银行的公平意见是[①]不需要的。

在董事会上，罗门思说他上次有关借款购买可能的研究并没有导出公平价格。不过他觉得 55 美元是公平价格"区间的低限"。

董事会开了两个小时，最终批准了合并，只是设了两个条件：（1）大团结在 90 天的市场测试期内保留接受更好的要约的权力；（2）大团结可以提供未公开信息给潜在的报价者。不过当时，董事会没有保留积极征集其他报价的权利。

樊高克在当天晚上的一个社交场合签署了合并协议，无论他本人还是其他董事都没有阅读过协议。

9 月 22 日，大团结发布新闻，宣布了一份与玛门组合有限公司（某普利兹克持股公司的关联公司）"最终的"合并协议。不到 10 天，公司一些关键性的官员威胁辞职。樊高克与普利兹克碰头，后者同意修改协议，只要这些"持不同意见的"官员同意在公司被兼并之后继续工作 6 个月。

董事会于 10 月 8 日再次开会，在没有阅读修改条文的情况下批准了有关 90 天市场测试期和征集其他报价的修改，还授权公司雇佣其投资银行来征集其他报价。

虽然修改条文还没有起草好，大团结于第二天发布新闻，宣布它可以积极征集其他报价并已为此目的而雇用了投资银行。新闻还说普利兹克已经安排好所需资金的来源，还以每股 38 元的价格购买了 100 万股大团结股份；如果大团结在 1981 年 2 月 1 日前没有收到更加有利的报价，它的股东们将对普利兹克的报价进行投票表决。10 月 10 日，樊高克未经与董事会商量就签署了对合并协议的修改，看起来他也没有弄懂这些修改对大团结洽谈一笔更加有利的交易所加的限制。

在市场测试期内，大团结只收到了两个认真的要约。一个来自通用电气信用公司，最终因为大团结不愿意通过取消与普利兹克的协议来给它更多的时间而作废。另一个要约是 12 月初通过高尔伯格·克雷维斯·罗伯兹公司（KKR）安排的每股 60 美元的经理层（樊高克除外）借款购买。但是它有待于股权融资和银行借款手续的完成。KKR 表示已经完成了 80%，其他条件与普利兹克的协议差不多。但是因为是附条件的，樊高克认为 KKR 交易不可靠，尽管普利兹克早先也附过条件。他拒绝就此发布新闻。KKR 计划将其要约呈交大团结董事会，但是在董事会开会前不久撤了回去，因为大团结的一位高层官员在樊高克与他谈过之后从 KKR 的购买团队中退出了。樊高克否认影响过该官员的决定。他在当天召开的董事会上也没有提到这件事。

1980 年 12 月 19 日，股东起诉。经理层的投票代理征集书于 1981 年 1 月 21 日邮寄出去，预定 2 月 10 日召开股东会。1 月 26 日大团结董事会开会，最终批准了普利兹

[①] 所谓的公平意见其实是评估意见，即投资银行对企业进行分析评估之后给出一个价格或者价格区间。这个价格可以拿来与 55 美元比较。——译者注

克的兼并和对投票代理征集书的补充，该补充于次日邮寄。1981 年 2 月 10 日，股东们以压倒性多数批准了普利兹克兼并。

　　郝显法官（代表多数派）：

II

　　我们来讨论对董事会 9 月 20 日会议是否适用商事判断规则的问题。下级法院根据证据认定董事会批准普利兹克的兼并提议受商事判断规则的保护。该院认为董事会给予了交易以充分的时间和注意，因为他们对普利兹克的提议经过 1980 年 9 月 20 日、10 月 8 日和 1981 年 1 月 26 日三次讨论。由此，该院推论董事会在 4 个月的时间内获取了足够的信息来对现金并购提议作出知情的商事判断。该院裁定："……从大团结股份的市场价值、大团结董事会成员在商事上的精明、普利兹克要约高出市价这么多以及对相关股份的其他报价对并购价格的影响来看，大团结的董事会在采取一系列他们认为符合大团结股东们的最佳利益的行动时没有胆大妄为和不顾一切的冒失。"下级法院只认定了一个事实，就是董事会在从 9 月 20 日到 1 月 26 日的整段时间内的行为不是胆大妄为、不顾一切，而是知情的。这个最终的结论是以三点次要认定为基础的，一点明确，两点隐含。明确的认定是：大团结的董事会"有权拒绝普利兹克的提议"，不但在 1980 年 9 月 20 日可以，而且在同年 10 月 8 日和次年 1 月 26 日都可以。隐含的认定是：（1）在 1 月 26 日之前各方当事人还没有达成有法律约束力的协议；（2）如果有更高的要约，就会在市场测试中冒出来，大团结可以自由缔约接受该较高要约。可是，该院没有举出任何事实上的或法律上的根据来支持上述任何一个认定，案卷指向了相反的结论。

　　法院接着引用特拉华州的判例对商事判断规则作了系统的阐述。商事判断规则是从公司事务由董事会经营管理这一基本规则衍生出来的。董事对公司及其股东负有不折不扣的信托义务。商事判断规则保护董事自由地行使经营权力。它在实际上是"一个可反驳假定，认为在作商事决策时，董事们是知情的、善意的，真诚地相信所作的决定符合公司的最佳利益"。谁想否定这个假定，那就得证明董事决策并不知情。

　　判断董事决策知情与否要看董事在决策之前是否已经知道了能够合理获知的所有重要信息。如果决策不知情，董事们就得不到规则的保护。注意义务和忠诚义务都来自信托义务。忠诚义务不容许不忠或自我交易。但是光是没有私利和欺诈还不能满足信托义务，董事还要履行注意义务，在保护股东利益时应当用批判的眼光对已知信息进行评估。

　　注意的标准是重过失。根据商事判断规则，只有当董事有重大过失时才会承担赔偿责任。重过失的标准同样适用于判断董事决策是否知情。

　　面对兼并提议，董事必须先在知情的基础上认真斟酌进而决定要不要批准兼并协议，然后再请股东表决。他们不得疏于履职，让股东自己去决定批准还是否决协议。

III

　　被告辩护说，确定他们以每股 55 美元出售大团结股份的决定是不是知情的商事决策，不但要看他们在 9 月 20 日知道了什么，而且要看之后直到 1981 年 2 月股东会表决之前这 4 个月的时期内他们知道了什么。由此，被告试图弱化他们 9 月 20 日决议的意义，扩充我们考察他们接受普利兹克要约的决议是否知情时的时间跨度。于是被告争辩说初审法院在确定董事会的判断是否知情时恰当地考虑了董事们在 9 月 20 日以后直到 1981 年 1 月 26 日获知了什么和做了什么。我们不赞成这种事后分析法。

董事们在 1980 年 9 月 20 日 "出卖" 公司的决定到底是否知情的问题只能根据当时他们能够获知的并且与他们接受普利兹克的兼并提议有关的信息来确定。这不是说董事们事后就不能在知情的基础上改变起初的计划和决议。我们只是说，董事们根据 9 月 20 日协议的条件同意出售公司的决定是否属于知情的商事判断这个问题，实际上分为两个问题：一是董事们在 9 月 20 日有没有作出知情的商事判断；二是如果没有，那么他们在 9 月 20 日之后所作的决议能否纠正 9 月 20 日决议的错误。我们先来看董事会 9 月 20 日的决议是不是知情的商事判断。

A

从案卷看，我们断定董事会在 1980 年 9 月 20 日根据普利兹克的现金购买兼并提议投票赞成以每股 55 美元 "出卖" 公司时没有作出知情的商事判断，理由归纳如下：

董事们（1）没有充分了解樊高克在推动公司 "出售" 和确定每股价格中的作用；（2）不了解公司的内在价值；（3）在事先没有接到任何通知又没有任何紧急或者危机状况存在的情况下只经过两个小时的讨论便批准出售公司，至少存在重大过失。

如前所述，董事会在 9 月 20 日主要依据樊高克的陈述来批准现金购买兼并。除了樊高克和契尔伯格之外，没有任何董事事先知道会议的目的是提议大团结的现金并购。除了契尔伯格、罗门思和彼特森之外，高层经理没有任何人在场，后两人也只在一个小时之前才听说要出售公司。法律总顾问摩尔和他的前任布拉德都出席了会议，但是事先也同样不知道会议的目的和所要批准的文件。

董事们没有看到任何有关交易的文件，只能依据樊高克对提议所作的 20 分钟口头陈述。没有对兼并条件的书面总结；没有文件证明每股 55 美元的价格出售公司是足价的；除了樊高克讲述了他对协议内容的理解之外，董事会什么都没有看到，而那份协议樊高克承认从来没有看过，董事会中也没有人看过。

特拉华法典第 141（e）条规定："董事在真诚信赖官员报告上受到充分的保护。""报告" 被广义解释为包括公司官员个人所做的非正式的调查。可是，没有证据显示在 9 月 20 日的会议上有任何第 141（e）条意义上的有关普利兹克提议的报告呈送给了董事会。樊高克就其对所提议的但他还没有看到过的兼并协议条款的理解所作的口头报告和罗门思就其对借款购买大团结的可行性的初步研究所做的口头陈述都不是第 141（e）条意义上的 "报告"，理由是：前者缺乏内容，因为樊高克对他所讲述的文件的主要条款并不知情，而罗门思的陈述与董事会讨论的问题无关，因为它不是价值评估。要成为第 141（e）条意义上的报告，报告的内容至少要与董事会需要决定的主题有关并在其他各个方面值得善意的而非盲目的信赖。从案情的各个方面来看——事先来不及告知会议主题仓促召集、对所提议的公司出售及其必要性事先没有考虑过、普利兹克强加的时间限制、没有任何文件——董事有义务对樊高克和罗门思进行合理的盘问。如果他们这样做了，他们决议依据的不充分就很容易暴露。

被告们依据以下几点来支持初审法院认为董事会决策知情的结论：（1）普利兹克每股 55 美元的要约报价大大超出了每股 38 美元的大团结股份市场价；（2）对 9 月 20 日提交的协议的修改允许董事会在"市场测试"期内接受更好的要约；（3）外部和内部董事的集体经历和专长；（4）他们信赖了布莱恁的法律意见——如果他们拒绝普利兹克的提议，他们就有可能被起诉。我们对这些理由逐个讨论如下：

（一）

高出市价较多是推荐合并的一个理由，但是如果没有其他的合理估价，光有高出市价的事实还不足以对要约价格的公平性作出评估。本案中，对于高出部分是否充分的判断主要基于大团结股份历来被压抑的市价与普利兹克要约价额的比较。依据市价来认定高出部分足以反映公司的真实价值显然是错误的，被告自己出示的证据也证明了这一点。

案卷很清楚，9 月 20 日之前，樊高克和大团结董事会的其他成员都知道，尽管在合并前的 7 年中，大团结的营业收入稳步增长，市场却始终低估大团结股份的价值。董事会认为出现这种情况在很大程度上是因为大团结不能利用前面说过的投资税收减免。樊高克作证说他不相信市场准确地反映了大团结的真实价值；好几个董事作证说首席执行官一般都认为市场低估了他们公司的价值。然而在 9 月 20 日，大团结董事会似乎认为，就确定溢价部分对于公司出售是否充分来说，市价还是准确地反映了公司的价值。

可是，在投票代理征集书中，董事们又改变了立场。他们在那里说，虽然大团结的赢利前景"极好"，他们没有理由相信这一点将会在以后的股票价格中反映出来。关于过去的交易，董事会说，近几年公司的普通股交易价格没有反映公司的"内在"价值。但是在说了大团结的这个"内在"的价值之后，董事们没有给出量化的数字。而且，他们没有在任何地方披露他们除了对溢价凭借印象作出的反应和未经证实的资产价值要比账面价值"高得多"的看法之外没有任何确定"内在"价值的依据。他们自己承认，股价不能准确测量价值。然而，他们同时也承认，董事会成员觉得大团结的市场价格可以作为 9 月 20 日会议上评估溢价是否充分的依据。

公开交易的股份价格仅仅是少数派股份的价值尺度，因而市价只反映了单股股份的价值。对这一点，各方当事人都没有争议。可是，在 9 月 20 日，董事会只参照大团结现在的和历史的股价来评估普利兹克要约中的溢价是否充分。

截至 9 月 20 日，董事会没有任何其他信息来确定大团结作为一个运行中企业的内在价值。董事会没有对公司作为一个整体做过评估，在 9 月 20 日之前也从来没有考虑过要出卖公司或者同意被兼并购买。这样，溢价是否充分就是不确定的，除非根据能够反映一个具体企业的价值的其他的可靠估价对它做过评估。

虽然事实情形有如前述，董事会无论在 9 月 20 日还是之后，都没有要求过对每股 55 美元现金购买公司是否符合公司的合理价值进行价值评估或者拟定文件。大团结的主要资产是它的现金流，这点没有争议。但是董事会从来没有要求进行价值评估并将公司资产的这一重要因素考虑进去。

我们不是说知情的商事判断要求外部评估，也没有说法律上要求独立的投资银行提供公平意见。熟悉公司作为一个运行中企业的内部人比外部人更容易取得相关的信息；在适当情形下，这些董事有权信赖他们的经理层的评估报告。

案卷显示董事会没有要求首席财务官罗门思考察价值评估或者对合并提议进行审查以确定每股55美元出售公司是否足价。在面前的这些案卷上我们看到：董事会仅仅依据罗门思被问出来的回答，说55美元在借款购买的情况下是在"公平的价格区间"内。没有任何董事向罗门思作进一步的询问。没有董事问他为什么他把55美元放在区间的底部。没有董事就该研究细节进行询问——为什么要做这个研究及深度如何。没有董事要求看看这份研究；没有董事问罗门思大团结的财务部门在普利兹克要约留下的剩余36小时时间内能不能做一个关于价格公平性的研究。

如果董事会或者它的任何成员问过罗门思，估计他会像他在作证时那样回答：他的计算是粗略的和初步的；他的研究不是用来判断公司的内在价值的，而是在对买方的借款需求做某些假定的基础上，用来估计以公司可预计现金流资助借款购买的可行性的。估计罗门思会告诉董事会他和高层经理们普遍持有的观点——要约的时间不对而且不足价。

案卷还显示董事会不经检查就接受了樊高克关于每股55美元出售公司的价格公平性的观点，而之前董事会从来没有考虑过公司的出售。因此，董事会就没有发现是樊高克自己向普利兹克提出了55美元的价格，尤其重要的是，55美元是樊高克从确定借款购买可行性的计算中得出来的。[①] 没有人问到现金兼并的税收后果以及给予普利兹克的100万股期权的价格是怎么计算出来的。

我们不是说董事会不能信任樊高克有关55美元是足价或公平价的说法。根据第141（e）条，董事们有权信赖他们的主席对价值和足价的意见，只要该意见有合理的依据。这里的问题是董事们有没有获取所有可以合理获取的信息。如果他们这样做了，他们就会知道55美元的价格是怎么来的，因而就不会真诚而理性地信赖这样的来源。

董事中，无论是内部的还是外部的，都没有人是投资银行家或者金融分析师。但是董事会却没有考虑休会数小时（或者请求普利兹克顺延星期天晚上的期限）以便有更多的时间从内部经理层（特别是罗门思）或者大团结的投资银行萨勒门兄弟获取要约是否足价的信息。萨勒门的芝加哥兼并专家熟悉大团结的情况并为董事会所熟知。

这样，案卷迫使我们得出结论：在9月20日，董事会缺乏足够的估价信息来对每股55美元出售公司的价格公平性作出知情的商事判断。

（二）

下面看9月20日以后的"市场测试"，被告以此来证明他们9月20日接受普利兹克要约的决定是合理的。在这个问题上，被告的辩护分为两个部分：（1）因为他们把对普利兹克每股55美元的要约进行"市场测试"作为接受要约的条件，所以不能认为他

[①] 截至9月20日，董事会还不知道：樊高克独自一人、主观地确定了55美元的数字，交给财务主管彼特森让其为以后的收购人创设一个可行的借款购买架构；樊高克没有就公司作为一个整体的价值或者出售100%股份时每股的公平价格向大团结的内部或者外部董事征求过他们的意见、信息或者帮助；樊高克没有同公司的投资银行或者其他的金融分析师商量过；除了契尔伯格之外，樊高克也没有同任何其他的公司官员或董事商量过；樊高克有意排斥了最高经理层对55美元是否足价的意见和建议。原注第19。

们在 9 月 20 日的决定是冲动的或者不知情的；（2）公司出售中 17 美元溢价的足价性已经在之后的 90 ~ 120 天中被最可靠的证据——市场——所证明。这样，被告意指"市场测试"使得董事会进行任何其他的公平测试成为不必要，无论是在 9 月 20 日还是之后。

案卷事实还是不支持被告的辩护。没有证据证明：（1）兼并协议得到了有效修改，使董事会能够自由地拍卖大团结以获取最高报价；或者（2）公开拍卖实际上得到允许。董事会的会议记录没有提到任何这些内容。事实上，从 9 月 20 日晚上签署的协议条款来看，案卷迫使我们得出相反的结论：董事们没有合理的理由期望进行市场测试。

樊高克说呈交的协议包含市场测试的内容，允许大团结在 90 天内接受竞争性要约。可是，他承认协议禁止大团结主动征集这样的要约，规定除了已经公开的信息之外不得给有兴趣要约的人提供其他有关公司的信息。9 月 20 日的协议原件有没有规定允许大团结接受竞争性提议是有争议的。被告不能解释为什么不提供该兼并协议的原件，合乎逻辑的推论是那个文件在这个问题上不能够支持他们的说法。樊高克承认他从来没有阅读过协议，说他知道根据公司法，董事永远有权，也有信托义务，接受更好的要约，即使董事会承担了不同的合同义务。

被告董事声称他们"坚持要求"修改协议，允许市场测试以给予大团结接受更好要约的权利并且保留给别的要约人提供非公开公司信息的权利。但是被告承认他们没有试图修改协议让大团结可以征集竞争性要约。

大团结有几个外部董事坚持认为，他们批准呈交的协议时都懂得"如果我们得到一个更好的要约，我们有权接受"，约翰森董事就是这样作证的；但是他补充说："如果他们没有把这写进去，那是经理层没有贯彻董事会的决议。我不知道他们做了没有。"最终签署的协议中被告唯一能够指出来表明"门开着"的条款是兼并协议第 2.03 条（a）款中的一句话（见斜体强调部分）："董事会将向大团结的股东们建议批准和接受兼并协议（'股东批准'）并将尽量取得所需票数。*GL 知道大团结董事在一定情形下对股东们负有竞争性的信托义务。*"显然，这样的语言从字面上看不能被理解为包含了上述两个条件中的任何一个——接受更好要约的权利或者给第三人传送非公开信息的权利。此外，董事们没有将这些重要的"条件"放进协议就无限期推迟了会议而不是临时休会的事实进一步弱化了他们的说法。董事会会议记录中没有任何内容可以支持他们的说法。无论是董事会上正式与非正式的记录还是董事会接受普利兹克要约的决议都没有提及所谓的"条件"或者大团结测试市场的保留权利。当天晚上，在他主持的芝加哥抒情戏剧开幕式的正式宴会期间，樊高克签署了兼并协议，无论是他本人还是其他董事都没有看过协议。

被告们试图贬低协议条款禁止大团结征集竞争性要约的意义，争辩说董事们"懂得在普利兹克要约公布之后，整个金融界都会知道大团结正在拍卖，任何想发出更好要约的人都可以自由地发出"。可是 9 月 22 日经董事会批准发布的新闻却说大团结已经与普利兹克签署了"最终的协议"；新闻发布甚至没有披露大团结接受更高要约的有限权利。与该新闻发布相伴的还有公开宣布普利兹克已经被授予以每股高出市价 75 美分的价格购买 100 万股大团结股份的期权。

（三）

董事们在接受普利兹克提议时对溢价和市场测试的非理性信赖使他们剩余的争辩显得软弱无力，他们说从董事会的集体经验和老练足以认定他们 9 月 20 日的决议是知情的和经过认真思考的。[①] 请比较 Gimbel v. Signal Companies, Inc., Del.Ch., 316 A.2d 599 (1974), aff'd per curiam, Del.Supr., 316 A.2d 619 (1974) 一案。在该案中，基层法院禁止董事会出售他们的全资子公司，因为据说价格严重不足。禁令以下述认定为基础：因为经理层没有给予董事会"做出合理的和经过论证的决定的机会"，所以商事判断规则被刺穿，316 A.2d at 615。尽管董事会老练且富有经验、公司急需现金、由于能源危机对所售资产——子公司全部石油和煤气权益——的影响董事会需要立即行动，法院依然这么判了。法院认定这些反映董事能力的因素抵不过重大过失的证据：经理层用先斩后奏的方式谈成交易后向董事会突然提出；买方企图迫使董事会"快速决定"；董事会的开会通知只提前了一天半；外部董事部不知道会议的目的；在一个"几小时"的会议中，4 亿 8 千万美元的资产出售就被批准了；董事会没有取得对现存石油和煤气权益的评估报告。将本案与 Signal 作类比很有意义。

（四）

董事们声称他们在 9 月 20 日的会议上信赖了詹姆斯·布莱恁的法律意见，而这构成了他们辩护理由的一部分。布莱恁是应樊高克的请求参加那天会议的（但是后来没有出庭作证）。

数位被告出庭作证说布莱恁告诉他们：特拉华法律不要求董事会在对普利兹克的要约作出决议之前先取得正式的公平意见或者请外部人对公司进行评估。如果布莱恁这样说了，他是对的。但是这并不能了结事情。除非董事们已经对公司的内在价值获得了赖以作出商事判断的充分信息，光有这类咨询意见是毫无意义的；由于案件显示董事们并不知情，上述说法不能构成辩护的理由。[②]

董事们还声称律师告诉他们如董事会拒绝每股 55 美元的要约,他们可能会被起诉。每当面临困难而敏感的问题时，无论董事们作出什么样的决定，都会被起诉，这无疑已经成为今日公司工作的一大现实。可是仅有律师确认这一情形不等于董事会就可以惊慌地作出显然是不知情的决议。虽然拒绝兼并或收购要约可能会被起诉，特拉华法律规定得很清楚，只要董事会在商事判断规则的范围内行事,他们最终不会赔偿。因此，我们认为律师所告知的被诉威胁算不上真正的法律意见，也不构成采取不知情行动的合理基础。

---

① 大团结的 5 个"内部"董事都有法律和会计专业背景,加起来一共受雇于公司 116 年,在董事会工作 68 年。大团结的 5 个"外部"董事包括 4 个大公司的总裁和一个经济学家,后者曾任一所著名商学院的院长兼大学校长。"外部"董事合起来一共有 78 年大公司总裁和 50 年大团结董事的经历。因此, 被告争辩说虽然他们事先没有被告知该提议、讨论提议的时间比较短、他们没有与投资银行商量也没有取得公平价格意见,但是董事会资质显著,有能力对公司的"出售"提议作出知情的判断。原注第 21。

② 不过，在恰当情形下，商事判断的正确行使可能包括对律师意见的合理信赖。但这不在《特拉华法典》第 8 章第 141 (e) 条对信赖公司官员的报告、某些专家和公司的会计账簿和记录所提供的保护范围之内。原注第 22。

B

现在我来审查 9 月 20 日以后的董事会行为以便判定：第一，它是否知情而没有重大过失；第二，如果它是知情的，在法律上是否足以纠正和弥补它在 9 月 20 日所犯的错误。

（一）

先看 10 月 8 日的董事会会议：其目的源于 9 月 20 日会议的余波：（1）9 月 22 日发布的新闻，宣称大团结"与玛门集团公司的一家关联企业达成了确定的合并协议"；（2）随之而来的高层经理造反。

大团结的新闻发布：

伊利诺伊州芝加哥市——大团结公司今天宣布它已经与玛门集团公司的一家关联企业达成了确定的合并协议，大团结股东将以每股 55 美元现金出售大团结股票。玛门集团公司由芝加哥普利兹克家族控制。

合并有待于大团结特别股东会的批准，该会将在 12 月或 1 月初举行。

买方如果不能取得满意的资助，有权在 1980 年 10 月 10 日之前取消协议；但是之后就没有这样的权利了。

与此相联，大团结同意按每股 38 美元现金卖给买方指定者 100 万股新发行的大团结普通股，条件是 1980 年 10 月 10 日前合并资金得到保证或者买方选择放弃上述资助条件。大团结将很快向纽约股票交易所提出申请，请求允许将新发股份挂在那里上市。

交易的完成还有待于准备好确定的投票代理征集书、进行各种登记并取得政府机构的批准或许可。

发布的新闻没有提到那些声称为董事会保留了权利的条款，即进行市场测试，一旦大团结在股东会议前收到更好的要约便可以退出普利兹克协议。被告们也承认大团结后来也没有公开宣布过尽管它签署了协议，但是事实上保留了接受其他要约的权利。

公布普利兹克兼并引发大团结高层经理们的集体反弹。大团结的罐车业务（公司最赚钱的部门）负责人告诉樊高克，如果不取消合并，15 位关键性员工面临辞职。

樊高克没有重新召集董事会，而是私下与普利兹克会面，告诉他这些情况，征求他的意见。普利兹克提出了如下建议来平息经理层的不满：（1）修改协议，允许大团结征集和收取更高的要约；（2）股东会从 1981 年 1 月初推迟到 2 月 10 日。反过来，普利兹克也要求樊高克取得高层经理们的保证在合并完成之后还在大团结至少待 6 个月。

于是樊高克告诉高层经理们如果他们继续为大团结工作，协议将被修改成大团结有权征集竞争性要约直到 1981 年 1 月底。高层经理们暂时被安抚了。然后樊高克召集了 10 月 8 日的特别董事会会议。

这样，10 月 8 日董事会会议的主要目的是以普利兹克可接受的方式修改合并协议，以准许大团结进行"市场测试"。樊高克明白修改的目的是给予公司不受约束地"公开地征集要约直到 1 月底为止的权利"。10 月 8 日那天，樊高克大概也是这么向大团结的董事会陈述这些修改的。在很短的时间内，董事们批准了樊高克对所提议的修改内容的口头陈述，具体的条款直到 10 日才写出来。可是董事会没有等着审阅这些修改，而是在没有看到的情况下予以批准并休会，同时授权樊高克在收到文件之后签署。①

10月9日，协议还没有修改，普利兹克就迅速行动以缓解所提议的市场测试修改。首先，他通知大团结他已获得对收购的资助，所以双方当事人均确定地被约束于买卖安排中。其次，普利兹克宣布他行权以每股38美元购买100万股大团结库存股——超过当前市价75美分。大团结经理层与之呼应，当天发布新闻宣布：（1）普利兹克收购大团结所需的全部资金已经安排到位；（2）普利兹克以每股38美元购买了大团结的100万股库存股。

10月10日，普利兹克给大团结送来了提议过的对9月20日协议的修改。樊高克没有通过审阅这些文件弄清楚它们是否与董事会对他的授权一致，就马上代表大团结签署了全部文件。显然，大团结的董事会直到12月2日才批准这些修改文件。案卷没有确定地显示大团结的董事会看过10月10日的修改。

10月10日对合并协议的修改确实允许大团结征集竞争性要约，但是这些修改还有更为深远的后果。最大的改动在对大团结赖以从它与普利兹克协议退出的第三人"要约"的定义。根据10月10日的修改，更好的要约② 已经不足以允许大团结退出。现在，大团结要想终止与普利兹克的协议并放弃那个合并，那就必须在1981年2月10日前完成与第三人的合并（或资产出售）或者以更加有利的条件和更高的价格签署了确定的合并协议——只等股东会的批准。此外，虽然市场测试期延长到了1981年2月10日，但是大团结必须在1980年12月5日前登记有关普利兹克合并建议的投票代理征集书初稿并尽最大努力在1981年1月5日前寄送给股东。这样，市场测试实际上被缩短而不是延长了。

我们断定董事会10月8日的作为具有重大过失；其赖以作出决议的樊高克陈述不构成第141（e）条规定的董事可以合理依赖的"报告"。此外，经过修改的合并协议对大团结接受第三人要约加上了比9月20日的协议更为苛刻的条件。10月10日之后，大团结能够接受的第三人要约只能是在当事人之间已经写成确定协议的要约，并且不附有获得资助或者其他不确定的条件。

10月9日发布的新闻加上10月10日的修改，显然将大团结锁定在了与普利兹克的协议里。普利兹克由此使大团结在以后的8周内不能谈成更好的"确定的"协议，最终只能将投票代理征集书定稿，将普利兹克的建议呈交给股东。

（二）

下面，关于董事会9月20日以后的所作所为的"纠正"效果，我们仔细审查樊高克对KKR提议的反应和董事会支持的"市场测试"的结果。

KKR提议是普利兹克合并协议签署之后大团结收到的第一个也是唯一的要约。这主要归功于罗门思和其他高层公司官员在普利兹克收购大团结之外提出另一种选择的努力。9月下旬，罗门思等人与KKR联系，探讨由除樊高克之外的全体经理层借款购

---

① 我们不是说董事会必须逐字逐句地阅读他们所批准的每一份合同或者法律文件。但是如果他们想安全地从本案中的这类指控解脱出来，那就必须有可信的证据证明董事们知道自己在干什么并能确保他们表达的意思得到贯彻。正是那种持续的不作为使这个董事会走上了不可救药的道路。原注第25。

② 斜体为原文所加，用以强调。——译者注

买的可能性。10 月上旬，KKR 的亨利·克雷维斯（Henry R. Kravis）书面通知罗门思，表达了 KKR 对于要约购买 100% 大团结普通股的兴趣。

之后直到 12 月上旬，罗门思等人与 KKR 协作以拟订方案。樊高克知道这事，但似乎同意得很勉强。12 月 2 日，克雷维斯和罗门思亲手交给樊高克一封正式的要约信，现金购买大团结的全部资产并承担其全部负债，合算起来等于每股 60 美元；要约以取得 6.5 亿美元的股权融资和银行贷款为条件，但是 KKR 说这项条件已经成就了 80%。KKR 的信提到了就借款购买成本的银行贷款部分与一些大银行之间的讨论并且表示 KKR "有信心在两到三周内取得银行方面的贷款承诺"。购买小组将包括指定的大团结高层经理中除樊高克之外的某些关键性成员和一家大型加拿大公司。克雷维斯说他们愿意按照与大团结－普利兹克协议"大致相同的"条件签署一份"确定的协议"。要约是发给大团结的董事会的，要求在当天下午的董事会会议上见个面。

樊高克对 KKR 方案的反应极其冷淡，他认为由于附有融资条件，要约是不确定的。有人指出普利兹克的要约不但附有同样的条件，而且被迅速接受，但是这样的话对樊高克不起作用。樊高克拒绝了克雷维斯提出的大团结发布新闻宣告 KKR 的要约的请求，理由是这样做会威慑其他要约。[①] 罗门思和克雷维斯离开的时候知道他们的方案会在当天下午提交给大团结董事会。

数小时后，就在董事会开始之前，克雷维斯撤回了它的要约信，理由是大团结火车车厢租赁业务的负责人突然决定退出 KKR 购买小组。樊高克在罗门思和克雷维斯走后曾找那位负责人谈过他参与 KKR 方案的事。但是樊高克说他对该官员改变主意没有任何责任。

在下午的董事会会议上，樊高克没有告诉董事们 KKR 的提议，因为他认为它已经"死"了。樊高克也没有再与 KKR 联系。一直等到 1 月 20 日，面对本诉讼的现实，他才与 KKR 联系，试图重开谈判。但是因为 2 月 10 日的股东会议已经临近，KKR 谢绝了他的提议。

因为初审法院对于大团结董事会信赖市场测试及其可行性没有作出明确的认定，我们不妨根据案件作出我们自己的事实认定。我们对案件的审查迫使我们得出结论：从 1980 年 10 月 10 日修改过的大团结与普利兹克的合并协议所附的条件和时间限制来看，通过不受约束的或者自由的市场测试来确认普利兹克要约的合理性几乎没有意义。

（三）

最后，我们来看 1981 年 1 月 26 日的董事会会议。被告董事们依据那次会议作出的决议来驳斥指责他们在批准与普利兹克合并时没有作出知情的商事判断的争辩。被告们辩护说初审法院正确地断定大团结的董事们事实上在 1 月 26 日就像在 9 月 20 日一样可以"自由地拒绝普利兹克的提议"。

我们认为初审法院在这个问题上的认定既没有得到案卷的支持，也不是有序的逻辑演绎的结果。我们认同如下的规则：一个不知情的董事会作出的商事决策在适当的情形

---

① 这与大团结接受普利兹克的方案之后樊高克对 9 月 22 日的新闻发布所做的解释不一致。那时他认为新闻发布将会鼓励而不是威慑以后的要约。

下可以得到及时的纠正，从而变成一个知情的经过斟酌的决策。但是我们认为案卷不允许被告们在本案中引用这一规则。

1月26日的会议是原告在12月中旬起诉之后董事会召开的第一次会议，也是在之前通知过的2月10日股东会之前的最后一次会议。所有10个董事全体与会，另外还有3个外部律师。那次会议上讨论了众多的有关合并协议的事实，包括：

（a）1980年9月20日前，董事会成员中除了契尔伯格和彼特森之外没有人知道樊高克已经谈过与普利兹克的可能合并的事实；

（b）每股55美元的价格最初是樊高克向普利兹克建议的事实；

（c）董事会没有征求过独立的公平意见的事实；

（d）在9月20日的高层经理会议上，罗门思和其他好几个高层经理担忧每股55美元不是足价，公司应该能够取得更高的价格的事实；

（e）在9月20日的董事会会议上罗门思曾经说过他和他的部门做过一项研究，估计公司的价值在每股55～65美元之间，所以他不能对董事会说普利兹克要约中的每股55美元是不公平的事实。

被告们把1月26日会议记录说成是对从樊高克在9月13日启动谈判以来的"整个系列事件"的"审查"。被告们还引用几位董事在审判时作证的证言来证实会议记录。在这些证据的基础上，被告争辩说不管董事会在9月20日或者10月8日缺乏什么信息来作出知情的和经过斟酌的判断，这些信息在1月26日已经全部提供给了董事会。因此，辩护意见说，董事会在1月26日投票对普利兹克合并的再次批准应当被认定为知情的和经过斟酌的判断。

以这条证据为基础，被告声称：（1）初审法院在确定被告们对普利兹克合并的批准是不是知情的商事判断时，将时间框架从9月20日扩大到1月26日整整4个月，在法律上是正确的；（2）有了董事会在1月26日作进一步审查和斟酌的大量证据，本院必须维持初审原判，即董事会的决议并非不计后果或鲁莽妄为。

我们不能同意。我们认为初审法院依据1月26日的决议将被告的行为纳入商事判断规则的保护在事实上和法律上都错了。

约翰森的证言与1月26日的会议记录非常一致。二者都清楚地表示，在1月26日，有关普利兹克合并可供董事会选择的行动方案是一个法律问题，（在董事会审阅了由审判前调查形成的整个案卷之后[①]）一共有三[②]种选择：（1）"继续合并"，召集股东会并附上董事会的批准建议；（2）建议股东对普利兹克合并投反对票；（3）不取确定的立场，"把决定交给股东去做"。

根据上面所说，我们断定董事会对于它在1月26日能做的选择，在法律上弄错了。（2）（3）两种选择不存在，或者说根据特拉华法典第8章第251（b）条，在法律上不存在。董事会不可以一方面对普利兹克承担合并义务；另一方面向股东建议投票反对，也不可

---

① 斜体为原文所加，用以强调。——译者注
② 斜体为原文所加，用以强调。——译者注

以采取中立的立场，不给股东忠告而把接受还是拒绝合并的决定交给股东去做。根据第251（b）条，董事会只有两种选择：（1）继续合并，召集股东会并附上董事会的批准建议；或者（2）撤毁与普利兹克的协议、撤回对合并的批准、通知股东取消股东会。没有证据表明董事会考虑过这些问题，而这是在法律上唯一行得通的可选择行动方案。

但是第二种行动方案显然包含着巨大的风险——普利兹克会以9月20日签订、10月10日修改的协议为依据状告董事会违约。如前所述，根据10月10日的修改，董事会唯一可以退出与普利兹克的协议的途径是签订一份更加优惠的确定的协议，把公司卖给第三人。因此，董事会不是像初审法院认定的那样可以"自由地拒绝普利兹克方案"。如果不能与第三人达成更加优惠的协议，董事会唯一能够退出普利兹克协议而又不用承担赔偿责任的途径是证明普利兹克具有根本性的过错。显然，董事会不能以当初同意时自己没有能够作出知情的商事判断为由在1月26日"自由"地从与普利兹克的协议中退出。

根据上面的分析，我们判断被告在9月以后的所作所为不能治愈他们在9月20日的行为瑕疵；因此，初审法院给予被告商事判断规则的保护是错误的。

Ⅳ

在探讨商事判断规则的保护和特拉华法典第8章第141（c）条的适用性时，应该把大团结的董事们作为一个整体来对待还是作为个人分别对待，这一点各方当事人在他们提交的辩论意见中并没有谈到。结果只好让他们提供补充意见并再次全院开庭审理两个基本问题：（1）是否有一个或者一个以上的董事因为没有善意而得不到商事判断规则的保护；（2）是否有一个或者一个以上的外部董事因为合理而真诚地信赖了"报告"而得到特拉华法典第8章第141（e）条的保护，这类报告包括某些内部董事和董事会特别顾问布莱恁给予董事会的法律意见。

当事人的反应，包括重新辩护，使得本院多数派断定：（1）因为全体董事，外部的和内部的，立场一致，我们在决定他们是否得到商事判断规则的保护时只能将全体董事当作一个整体来对待；（2）善意的考量，包括董事们善意行动的假定，与董事会有没有作出知情的商事判断无关。因为同样的理由，我们必须摒弃被告律师请求维持原判的动情辩护：否决原判将使被告承担数百万美元的集体赔偿，仅仅因为他们在一次没有任何个人利益、自我交易或者主观恶意的交易中据说作出了不知情的判断。

在他们的书面辩护书中，被告们错误地引用了善意和"广泛的自由裁量权"假定，因而同样错误地理解了商事判断规则在本案中的适用："本案中原告质疑一个独立的董事会作出的商事判断。他们没有声称也没有证据证明董事们有欺诈、恶意或者自我交易……基层法官正确地适用了商事判断规则，在公司评估中赋予董事们广泛的自由裁量权，为真诚的意见分歧留了余地。原告要想胜诉，必须担起证明合并价格极其不足、象征欺诈的沉重负担。这副担子原告没有挑起来。"然而，原告并没有声称，初审法院也没有判决说以每股55美元的价格出售公司极端地不足价。董事会在作足价与否的商事判断时怀有善意的假定（在没有证据证明出售价格极端低廉的情况下）与商事判断是否知情这一门槛无关。

V

被告们最终依赖 2 月 10 日的股东会投票来为自己开脱。他们争辩说股东们以压倒性的票数批准了普利兹克的合并协议，在法律效果上弥补了董事会根据知情的商事判断去批准合并方面的任何失误。

双方当事人默认如果董事会被发现在批准合并时没有作出知情的商事判断，其行为是可撤销的而不是无效的。因此，即使董事会的决议有问题，只要股东们在知情的基础上以多数决批准了合并，合并便会得到支持。当事人的分歧源于两点：（1）董事会向股东披露所有重要的相关信息的责任；（2）董事会履行这个责任的证据是否充足。

对这个问题，初审法院下了个简单的结论："大团结的股东们对于即将到来的合并相当地知情……"该院没有给出任何支持性的理由或者指出案卷中的任何证据。

原告认为该院的错误在于，在确定公司有关合并的投票代理征集材料是否充分时适用了"足够"而不是"完整"这样一条错误的披露标准。原告还说董事会的征集书，无论是 1 月 19 日的原稿还是 1 月 26 日的补充，在一些重要的方面都不完整。最后，原告声称经理层的补充说明（大约在 1 月 27 日邮寄的）无论在法律上根据特拉华法典第 8 章第 251（c）条还是在衡平上根据完全坦白和合理披露的要求都是不及时的。

被告否认该院犯了法律上或衡平上的错误。关于董事会的披露责任，被告说初审时对于董事会的披露标准并没有争议；但是被告承认董事会必须披露一个正常的股东在决定是否批准合并时会认为重要的"全部相关的事实"。因此，被告争辩说，初审法院在认定经理层的征集材料使公司的股东"相当地知情"时，就是从 Lynch v. Vickers Energy Corp.，Del.Supr.，383 A.2d 278（1978）一案所要求的"完全的坦白"角度去说的。

特拉华已经确立的规则是"如果充分知情的股东多数追认了一个哪怕是由有利害冲突的董事作出的决议，对该笔交易的攻击一般都会失败"。股东是否充分知情因而其投票表决可以追认董事的决议"取决于经理层呈交给股东的投票代理征集材料的公平合理和完整程度"。本院在 Gottlieb v. Heyden Chemical Corp.，Del.Supr.，91 A.2d 57（1952）一案中说过："当独立而充分知情的股东多数予以正式批准时，整个氛围焕然一新，一套新的规则产生。"在上述 Lynch 案中，本院认为公司董事对股东负有在完全坦白的氛围中披露所有与涉案交易相关的事实。在要约收购中，我们把"相关"定义为所有的、"一个正常的股东在决定出售还是持有股份时会认为重要的信息"。同上第 281 页。事实上，"相关"指重要的事实。

将这个标准适用于本案，我们认定大团结的股东在对普利兹克合并投票的时候并不知道所有的重要事实，初审法院的相反裁定是明显错误的。我们将投票代理征集材料中的重要缺陷列举如下：

（1）除了大家都承认的市场价格低迷之外，董事会没有掌握其他表示公司内在价值的足够信息，这个事实对股东来说在对合并投票表决时无疑是重要的。

因此，董事缺乏价值评估信息的事实应当得到披露。可是董事们在投票代理征集书和补充征集书中都隐瞒了信息缺乏的事实。通过巧妙地撰写，不提 9 月 20 日的会议，两个文件都给人以董事会知道公司内在价值的印象。特别是投票代理征集书原稿含有下面的文字："虽然董事会认为公司资产的内在价值要比它们的账面净值高得多……但是将像大团结这么大的公司清算拍卖不是实现其内在价值的可行方法。因此，合并之类的企业联合是股东能够实现公司价值的唯一的途径。"投票代理书进一步说"在董事会看来……公司普通股近几年的交易价格没有反映公司的内在价值。"董事会没有向股东们披露董事会并没有对公司的内在价值做过任何的研究；在 9 月 20 日批准合并之前，或者在之后的 10 月 10 日和 1 月 26 日两次会议上，董事会也没有讨论过公司的内在价值。在其投票代理征集书原稿和补充中董事会都没有披露除了高出市价和市盈率之外，董事会没有别的信息的来确定公司作为一个整体的合理价值。

（2）我们认定董事会在投票代理征集书补充中对罗门思报告的定性是虚假和误导的。该征集书补充说："在 1980 年 9 月 20 日大团结董事会会议上，罗门思先生表示虽然他不能说每股 55 美元的价格不是公平价格，但他拟了一份初步报告，反映出公司的价值在 55 ~ 65 美元之间。"但是董事会没有在任何地方披露罗门思告诉董事会他的计算是在"寻找途径支持（借款购买的）①价格，而不是在说这些股份值多少"，他还说他所得出的结论"与声称他评估出公司值多少钱是两码子事"。对一个正常的股东来说，这样的信息是重要的，因为它倾向于否定 55 美元合并价格的公平性。而且，被告们也没有披露评估信息的缺乏，却不断地提到"高出市价很多"。

（3）我们认定董事会对高出市价的提法带有误导性。董事会把股东能够得到"很高的"溢价作为他们支持合并的首要理由，但是却没有披露它没有将该溢价用其他评估方法进行估价，这样，所谓高出一个公认的低迷的股票市场价格很多的判断就有问题。

（4）我们认定董事会在补充征集书中对 9 月 20 日会议之前的一些事件的陈述不全面、有误导。无疑，对于樊高克不但向普利兹克建议了 55 美元的价格而且因为该数字对借款购买可行而选择了它这样的事实，一个正常的股东会认为是重要的。董事会披露了樊高克向普利兹克建议了 55 美元的价格。但是在描述樊高克建议的依据时，董事会误导了股东们："这一建议至少部分地是以樊高克的如下看法为依据的：可以从机构放贷人那里获得贷款（加上 2 亿美元的股权投资），因而这样的价格是值得的。"虽然到 1 月 26 日董事会已经知道了 55 美元这个数字是怎么来的，但是他们没有向股东们披露樊高克之所以向普利兹克建议 55 美元，是因为这个数字使普利兹克不但能够以借款购买的方式购买大团结，而且能够在 5 年之内用公司的现金流还清贷款。

（5）董事会于 1 月 27 日寄出的补充投票代理征集书增加了大量的、在征集书原稿中没有的新内容，对要在 2 月 10 日投票表决的方案十分重要。其中有些内容是董事会在 1 月 26 日才获知的；但是更多的信息是在 1 月 21 日之前董事会已经知道或者很容易知道但却没有在征集书初稿中披露的。而股东们对这些事实并不知情。补充征集书首次披露的"新"内容包括：

（a）1980 年 9 月 20 日之前，董事会和高层经理中除了契尔伯格和彼特森之外没有人知道樊高克与普利兹克讨论过可能的合并这一事实；

---

① 原文含括号内容，但是不在引号之内。

（b）每股 55 美元的销售价格最初是由樊高克向普利兹克建议的这一事实；

（c）董事会没有寻找过独立的公平意见的事实；

（d）罗门思和其他好几位高层经理在 9 月 20 日的高层经理会议上曾经担忧每股 55 美元的价格太低，说更高的价格应该也能够取得的事实；

（e）罗门思在 9 月 20 日董事会会议上曾经通报说他和他的部门做过一个研究，显示公司的价值在每股 55 ～ 65 美元之间，所以他不能告诉董事会说普利兹克提出的每股 55 美元就是不公平的。

本案中，董事会最后一次披露的补充征集书包含的信息是董事们只要正确提问就可以轻易获得的，或者是他们已经掌握的。总之，补充征集书所披露的信息是被告董事们在第一份征集书发出的时候就已经知道或者应该知道的。对于那些重要的、容易合理获取的信息，被告们先是没有尽到了解、共享、披露的责任，后在补充征集书中又仍然不够坦率。虽然我们不需要在本案中对此作出判决，我们相信在一个对口的案子中，对于董事会早已知道或很容易获得的信息，完全坦白但是迟到的披露也可能引起严肃的行为不当问题。

举证责任在被告。他们主张依据股东投票进行追认，那他们就必须证明股东的批准建立在完全知情的基础上。从案卷看，董事会显然没能负起这个责任。

从上面的分析中我们得出结论：董事被告们由于没有真实、正确地披露他们掌握或者应该掌握的、对于呈交给股东会批准的交易是重要的全部信息，他们违反了坦诚的信托义务。

VI

总而言之，我们判大团结的董事们违反了他们对股东的信托义务，理由如下：（1）没有获取他们容易获取的、与他们决定推荐普利兹克合并有关的所有信息；（2）没有向股东披露一个正常的股东在决定是否批准普利兹克要约时认为重要的所有信息。

因此，我们判初审法院因适用商事判断规则保护本案中的董事被告而犯了错误，需要改判。

发回重审。基层法院应当进行证据听证，以 1980 年 9 月 20 日大团结的内在价值为准确定原告所持的那类股份的公平价值。价值评估中应当遵守前述弯伯格案[①]第 712~715 页上的标准。然后再判令被告赔偿，赔偿数额为大团结的公平价值超过每股 55 美元的部分。

否决原判，发回并按本判词重审。

麦克内里法官反对：

多数派意见读起来像律师面对敌对的陪审团作的最后申辩。我这句话说得不轻松。多数派的判词从头到尾都在强调本案的负面，而对其正面则仅在嘴上敷衍。我认为应当维持马维尔法官的原判。他的判词是在正确演绎的基础上合理推论的结果，明显得到证据的支持，应当在上诉中受到尊重。因为我与多数派的全部证据结论看法截然相反，我怀着敬意反对。

反对意见写长了没有用处，特别在这么迟的日子。我得克制自己，但是仍然不得不指出多数派判词中我认为最显眼的问题。多数派实际上在说大团结的董事们成了樊高克

---

① Weinberger v. UOP, Inc., 457 A.2d 701, 712–715（Del. Supr. 1983）.

和普利兹克"迅速洗牌"的受害人。这是多数派错误闹剧的开端。多数派所犯的第一个也是最重要的错误是他们对董事们对大团结事务的了解程度和他们在商事判断规则的保护下作出决议的组合能力所做的评估。

（反对法官在这里详细介绍了每一位内部董事在大团结公司内部的管理职务、工作时间和董事经历；每一位外部董事的身份、工作岗位和担任大团结董事的时间。外部董事中的 4 位是芝加哥别的公司的总裁，这些公司比大团结还要大。由此说明这些人是不好糊弄的。）

如此素质的董事一般不会被"迅速洗牌"所糊弄。我认为他们不是在不知情、不了解公司整体状况的情况下被拖进一笔成千上百万美元的公司交易的。当然，即使是像他们这样的董事，有他们的商事判断能力、兴趣和专业知识，也可能会犯错误。但我认为本案不是这样的。这些人对公司情况像自己的手背一样熟悉，完全能够当场作出对大团结事务的商事判断，包括 100% 出售公司。别忘了，公司的世界在当时和现在都处在所谓的"快车道"上。这些人都是公司世界的有机组成部分，是专业商人，不是学述腐儒。

本院多数派认为，董事会在 1980 年 9 月 20 日作出的批准合并的决议不是知情[①] 商事判断的产物，后来修改合并协议和采取其他纠正性行动的努力在事实上和法律上[②] 都没有效果，因为没有在股东批准合并之前向他们披露董事会知道或者应当知道的全部重要事实，董事会对股东也不够坦诚。我不同意。

在 1980 年 9 月 20 日的会议上，董事会清醒地知道大团结的情况和它的前景。会上多次讨论到累积起来的投资税收优惠和加速折旧的问题；每一位董事都对这些问题一清二楚。之前，7 月份的董事会会议还审议了刚刚拟好的大团结 5 年发展规划，8 月份的会议上樊高克讲述了波士顿咨询集团对大团结做了全面研究后得出的结论。该研究进行了 18 个月，包含了对大团结各子公司的详细分析，包括每个子公司的竞争能力、赢利能力、现金的产生和消耗、技术能力和对大团结整体净收益的贡献前景。

在 9 月 20 日的会议上，樊高克陈述了所议交易的各个方面并且将他早些时候向经理层做过的对普利兹克要约的解释重复了一遍。在听了樊高克对普利兹克要约的解释和布莱惩对合并文件的解释之后，董事们进行了讨论。讨论的结果是要求对要约做两点修改：第一，他们要求给予潜在的竞争性投标者与他们已经给予普利兹克的信息相同的有关大团结的信息；第二，修改合并文件使董事会能够接受更好的要约，如果有更好的要约就不必推荐普利兹克的要约。下面的语言被插入协议："本协议签署后 30 天之内，大团结将召集股东会以批准合并协议。董事会将向大团结的股东们建议批准和接受兼并协议（'股东批准'）并将尽量取得所需票数。*GL 知道大团结董事在一定情形下对股东们*

---

① 斜体为原文所加，用以强调。——译者注
② 斜体为原文所加，用以强调。——译者注

负有竞争性的信托义务。"① 虽然措辞不够巧妙，但是证据很清楚，这段话的意思是将董事们认为他们应有的权利规定下来，即接受任何他们认为更好的要约，一旦有更好的要约就不推荐普利兹克要约。会议最后批准了所提议的合并。

后来在 1980 年 10 月 8 日的会议上，董事们在普利兹克的同意下，修改了合并协议，确立了大团结征集② 和接收更高要约的权利，尽管普利兹克坚持要求在将第三人提议呈交给股东的同时将它们的合并提议一同呈交。1980 年 10 月 10 日生效的协议第二次修改进一步规定了大团结单方面终止与普利兹克公司所议合并的权利，只要在 1981 年 2 月 10 日之前大团结与第三人签订了对大团结股东更加有利的确定的合并、联合、资产出售、现金购买或者换股协议，而股东又批准了这一协议，并且不存在禁止合并完成的禁令。

大团结董事会在开过 10 月 8 日的会议之后雇用了萨勒门兄弟投资银行寻找比普利兹克更好的要约，萨勒门兄弟的任务是做"任何可做之事，看看市场上还有没有比已经放在大团结桌子上的报价更好的报价"。萨勒门兄弟做这个项目的报酬是 50 万美元的直接费用和公司在合并或类似情况下得到的总价的 3/8%，就是说，如果萨勒门兄弟找到的买家愿意出每股 56 美元而不是 55 美元，该投行就会得到大约 2 650 000 美元的酬金。

作为履行义务的第一步，萨勒门兄弟起草了一本小册子，介绍了大团结历年的财务情况，详细描述了公司的业务，阐述了大团结经营和收支预测。萨勒门兄弟还准备了一张 150 多家公司的名单，认为它们有可能成为合并的伙伴。虽然其中有 4 家，即通用电气、伯格渥讷、本迪克斯和金思达有限对这样的合并表示了兴趣，但是谁也没有向大团结提出确定的方案，只有通用电气表现出持久的兴趣，但是最终也没有发出确定的、比普利兹克每股 55 美元更好的要约。

1981 年 1 月 21 日，大团结向它的股东们发出了投票代理征集书，通知他们 1981 年 2 月 10 日开会，对合并投票表决。1981 年 1 月 26 日，董事会举行常规会议，讨论了即将发生的合并以及包括本诉讼在内的各种相关事件。最后，董事会一致赞成建议股东批准合并。另外，董事们还审查通过了一份投票代理补充征集书，该书告知股东那次会上发生了什么以及通用电气决定不再要约的事实。1981 年 2 月 10 日，大团结股东们按通知开会，投票以 89% 的压倒性票数赞成与普利兹克合并。

我对多数派对商事判断规则的分析没有意见。错误发生在将该规则适用于上述事实的过程中。纵览整个案件，而不是像多数派那样只看零碎片断并把它们像爆米花那样扩大，我坚信董事们作出了知情的商事判断，这一点得到了市场测试的支持。

在 9 月 20 日的会议上，大团结的 10 位董事都是高水平的，对大团结的现状和前景都很了解。这些董事清楚地知道大团结所面临的、由税法引起的历史问题。他们不厌其烦地讨论了这些问题。事实上，9 月 20 日会议前两个月之内，董事会审议讨论了波士顿咨询集团所做的对公司的外部研究和经理层从内部做的 5 年预测。在 9 月 20 日的董

① 法院多数派判词也引用了这段话，但是理解截然相反。反对派与被告的意见一致，认为这段话是：(1) 给予大团结接受更好要约的权利；(2) 保留了给予别的要约人公司的非公开信息的权利（像提供给普利兹克那样）。但是多数派认为从这段话的字面上看不出有这样的意思。见法院判词Ⅲ（2）。

② 斜体为原文所加，用以强调。

事会会议上，先是樊高克陈述普利兹克要约，后又由公司法律顾问詹姆斯·布莱恁谈论法律文件。接着，董事会指示对合并文件作出几点修改。这些修改清楚地表明，只要有比普利兹克好的要约，董事会就可以自由地接受。上述事实说明董事会在通过合并之前，在获取相关的和可以获取的信息方面没有重大的过失。恰恰相反，案卷显示董事们在通过合并之前，在获取相关的和可以获取的信息方面尽到了最大程度的注意。

多数派认定大团结的股东们没有完全知情，董事们违反了 Lynch v. Vickers Energy Corp., Del.Supr., 383 A.2d 278（1978）一案所要求的对股东完全坦白的信托义务，因为投票代理征集材料在 5 个方面存在问题。

在这里多数派再一次不作正面肯定而只顾挖掘负面。要对多数派的结论逐个回应会变成冗长而不必要的辩论。简单地说，投票代理征集材料披露了什么？它们告诉股东公司向潜在的购买者提供了预测，预测公司到 1985 年净利润可以达到 1.53 亿美元。这样的预测，几乎是大团结 1979 年 12 月 31 日所报的 58 248 000 美元净利润的三倍，证实了投票代理征集材料中所说的"董事会相信，如果经济和金融形势良好，公司今后几年利润增长的前景是非常之好的"。这样的材料当然足以告诫股东他们有合理的理由相信利润增长的前景很好，他们的股份的价值实际高于股票市场反映的价值。

总而言之，我对案件的审查使我得出结论：投票代理征集材料在告知股东关于所提议的交易及其相关情形方面充分遵守了特拉华法律。

最终大团结公司的被告董事们与原告达成和解，向大约 12 000 名大团结股东支付了 23 500 000 美元（公司已发行股份总数约 2 000 万股）①，这些股东在 1980 年 9 月 19 日到 1981 年 2 月 10 日期间持有大团结的股票。这笔钱中的 1 000 万美元是由保险公司支付的，因为董事们都购买了董事责任保险。剩余部分是由普利兹克集团替大团结的被告董事们支付的，虽然普利兹克不是本案的被告。

这是一个发生了世界性影响的判例。通过一个活生生的案子，特拉华州最高法院阐明了董事注意义务的标准。案中的董事们不为私利,完全为了公司和股东的利益决定出售公司，仅仅因为该决定缺乏知情的基础就要赔偿数千万美元。而注意义务的要害（标准）也就在这里:根据当时当地的具体情况，董事在做决策时有没有取得可以合理取得的各种重要信息。9 月 20 日董事会批准以每股 55 美元出售公司，依据的是樊高克 20 分钟的口头陈述。而在这之前他们从来没有讨论过也没有考虑过公司的整体出售。在这突如其来的收购要约面前，仅凭樊高克 20 分钟的口头介绍就拍板同意，确实有点仓促。法院认为董事们在这样的情况下至少应该问问这 55 美元的价格是怎么来的；公司的实际价值是多少，问问罗门思能不能在剩余的 36 个小时内做一个快速的评估，看看 55 美元是否足价，或者向公司的投资银行萨勒门兄弟咨询一下这个价格是否合适。特别是当罗门思提到 55 美元在公平价格区间的底部时，居然没有董事追问为什么。只要董事会就 55 美元的价格作了认真的询问，他们就可

---

① 2 000 万股的数字引自：邓峰著：《普通公司法》，517 页，北京：中国人民大学出版社，2009。考虑到库存股等因数，这里用了约数。另可参见:施天涛著:《公司法论》,406 页,北京:法律出版社,2006。那里说"已发行在外的股份超过 12 000 000 股"。

以发现这个数字仅仅使借款购买变得可行，不是对公司的真实价值进行评估后得出来的；是樊高克凭感觉主动将这个数字报给普利兹克的，不是普利兹克主动要约的。如果董事会知道了这些情况，他们就不会如此轻易地批准合并。因此，法院认为董事会对这个55美元价格的认可缺乏知情的基础。[①]

特拉华《公司法》第141（e）条规定董事有权信赖公司官员呈送的报告。这就牵涉到一个问题，樊高克在9月20日的董事会会议上所做的20分钟口头介绍算不算这样的报告。如果算，董事会依据该报告作出的批准合并的决定就会受到商事判断规则的保护，不需要承担个人赔偿责任。但是法院认为不算："樊高克就其对所提议的但他还没有看到过的兼并协议条款的理解所作的口头报告……不是第141(e)条意义上的'报告'"，因为它"缺乏内容，因为樊高克对他所讲述的文件的主要条款并不知情"。第141（e）条要求董事对呈送上来的报告的可信程度进行判断："合理地相信在（报告）人的职业或专业能力范围内。"在当时当地的具体情景下，董事们不加盘问，全盘接受樊高克的口头介绍进而拍板决定确实有些轻率。如上所述，如果他们进一步询问，他们就会发现问题，不会这么轻易地批准55美元的合并。

董事，尤其是对公司的日常活动了解较少的外部董事，必须根据别人提供给他的信息或建议来做决定。因此，董事有权信赖经理层和下级呈送上来的各种报告和材料，尤其是公司总裁提供给他们的各种信息，无论这些信息有关公司的日常经营还是某一需要他们投票表决的具体决策；有权信赖律师、会计师、工程师和其他各类专家的意见，即使事后这些意见被证明是错误的。所谓有权信赖，主要针对公司因为董事的某个或者某些错误决策而遭受了损失，股东等利害相关方以董事违反注意义务为理由起诉要求董事赔偿损失的情形。在 Gilbert v. Burnside，13 A.D.2d 982，216 N.Y.S.2d 430（1961），aff'd 11 N.Y.2d 960，229 N.Y.S.2d 10，183 N.E.2d 325（1962）一案中，公司为收购另一家公司花费了大量资金，但是收购最终被法院宣告为非法而失败，股东提起派生诉讼，要求公司董事为他们的错误决策赔偿损失，初审法院判原告胜诉。上诉审法院改判，认为董事有权信赖律师的意见："下级法院的判决实际上认定这些资金的筹措者（格兰阿顿公司的董事们）比宾州著名的律师懂得或者应该懂得更多的法律。"现在，上市公司董事会一般都在下面设立专门委员会，董事同样有权信赖这些专业委员会的意见和结论。

可是，这种信赖也有一定的限度。虽然董事一般没有责任核实经理层呈送上来的各种报告的真实性和准确性，但是如果这些材料从字面上看就漏洞百出，或者破绽明显，而这些漏洞和破绽又与所做决策直接相关，董事就有责任追查清楚。如果从材料本身看不出这样的漏洞和破绽，那么即使这些材料失真，由此导致了董事的决策错误，董事也不应该负责，而只能追究报告制作者和其他对此负有直接责任的人员的赔偿责任。有时

---

① 虽然本案判词篇幅很长，但是董事违反注意义务的主要证据就是这些内容。后面的部分主要针对被告的辩护进行分析。一是市场测试，9月20日董事会决议对协议所做的两条修改客观上没有得到贯彻，因为协议中看不到，发布的新闻中也没有说；10月8日以后的协议中倒是写进去了，但是新闻发布中没有提，信息流动不够，而且大团结事实上已经被普利兹克绑定。二是股东会的批准，法院认为董事会向股东披露不够，股东没有充分地知情，所以以其投票批准没有意义。

候，呈送给董事会的报告本身就会提示某些数据的不足或者信息的不充分，这时董事会应该考虑有没有更加充分的信息来源，能否获得更加可靠的信息。像在史密斯诉樊高克一案中，樊高克20分钟的口头介绍没有任何的文件佐证，事情又如此重大，来得如此突然，董事会理应看到这样的"报告"信息来源不够充分，所以应该进行必要的盘问。如果准备报告或者负责准备报告的公司雇员自身与报告的内容有利害关系，董事会应该对这样的报告检查得更加仔细，警惕可能的利害冲突。在 Gallin v. National City Bank，155 Misc. 880，281 N.Y.S. 795（1935）一案中，公司奖励方案的受益人拟定了该方案，其中一些关键性的数字是虚假的，由此造成了奖金的过度发放。董事会在批准奖励方案时信赖了那些虚假的信息。法院判董事们因为没有仔细核实这些信息而承担赔偿责任。

美国商事公司法范本 [1] 对董事信赖权的诠释是董事"在信赖信息时必须对信息来源的可靠性作出判断"，并且董事必须了解他所信赖的报告的内容，也即他必须看过报告或者通过其他途径熟悉报告的内容；如果报告是在会上口头传达的，他必须出席该会议，听过该报告。

史密斯一案的判决遭到了从法律经济学角度提出的批评，有人进一步提出彻底废除注意义务。[2] 理由是：第一，消耗大量司法资源，执法成本过高。第二，提高了公司董事会在时间和信息收集上的成本。史密斯案中的被告之所以败诉，就是因为没有收集在法院看来应该收集的信息。第三，损害公司治理中的灵活变通，因为史密斯判例的客观倾向是促使董事会将一个能够经得起法院审查的决议过程记录下来，即使是那些不涉及重大决策的问题，也要如此记录。害怕风险的董事会都会这样做的。这会降低董事会的工作效率，甚至影响到对各种在法律上难以预测的复杂局面的创新型应对措施。第四，外部人更不愿意担任公司董事，公司将被迫支付更高的董事报酬以换取其承担更大的风险。第五，增加了董事责任保险的保费，也即公司的成本。

而赞成史密斯案判决的人则认为：第一，任何诉讼都会消耗司法资源，判案是法院的天职，不能因为注意义务的案子相对复杂，就废除规则。第二，史密斯仅仅要求收集必要的信息，要求董事对此作出商事判断，增加这点成本是必要的和值得的。第三，建立规范的档案没有什么不好，虽然会增添麻烦，提高成本，但是不会很高，也不会影响公司的创新能力。第四，董事责任保险固然会提高，但那是公司经营中的必要成本。第五，由于责任保险的提高和公司在聘用合同中规定的对董事责任的各种补偿，董事的报酬就不需要提高许多。

尽管有这些学术争论，特拉华最高法院在史密斯案判决之后的数年中仍坚持了该案

---

① 美国商事公司法范本（Model Business Corporation Act）最初是由美国律师协会于 1950 年起草编纂的，经过 1969 年、1984 年两次较大的修改，最近一次修改是在 2002 年。它是从美国 50 个州的公司法和法院判例中提炼出来的公司法模板，属于民间性质的学术文件，但是已经被美国 24 个州的议会所采纳，成为这些州的公司法。这些州在采纳的时候可能根据各自的需要做一些小修小补。对于那些没有采纳的州，它们的法院在判案时也经常引用范本的规定。从总体上说，范本反映了美国大多数州的公司法现状，所以相当权威。

② Scott, Corporation Law and the American Law Institute Corporate Governance Project, 35 Stan. L. Rev. 927, 935–537（1983）；Solomon, Schwartz, and Bauman, *Corporations*, *Law and Policy*, *Materials and Problems*, 2d ed., at 678–679, West Publishing Co., 1988.

确定的注意义务标准。1994 年，也即史密斯案结束 9 年之后，该院又判决了 Paramount Communications v. QVC，① 637 A.2d 34（Del. 1994）一案，其判决逻辑与史密斯案一脉相承。不过，这些判例都是以公司收购为背景的，利害关系巨大，对董事的要求自然也要严格一点；在其他背景下，后来的判例似乎又给了董事较多的保护，② 使人感觉即使在堪称公司法领头羊的特拉华州，董事的注意义务标准也还不十分清楚，说明美国的法院也还在不断的探索过程中。

再看一个适用于纽约州法律的判例。

【案例 14-5】
亨森信托公众有限公司诉 ML SCM 兼并公司 ③

SCM 公司（以下简称 SCM）是纽约州的一家公司，其股票在纽约股票交易所挂牌上市。公司有 12 位董事，其中有 3 位来自经理层，其余 9 人是独立董事。独立董事除了董事费之外不向 SCM 领取任何报酬，不担任公司的任何管理职务，也不与同公司交易的任何实体有任何联系。他们都有丰富的经商经验，对 SCM 及其经营情况相当了解。

1985 年 8 月 21 日，亨森信托公众有限公司（以下简称亨森），一家在美国有子公司的英国公司，宣布了一个以每股 60 美元收购 SCM 普通股、交多少买多少的收购要约。9 月 3 日，SCM 与麦里·林奇资本市场（以下简称麦里·林奇）达成通过借款购买进行合并的协议，SCM 的经理层有部分成员参加，他们最多可以购买 15% 的存续公司的股份。麦里·林奇将发出现金要约，以每股 70 美元收购 85.7% 的 SCM 股份，剩余的 14.3% 将在合并中每股换取价值 70 美元的高风险、高收益债券，不过这些股东也可以根据纽约州法律选择行使评估权 ④。要约的生效条件是麦里·林奇收到至少 2/3 的 SCM 普通股；SCM 经理层有权购买新公司 15% 的股权。

为了安抚麦里·林奇，免得它担忧在 SCM 与亨森的冲突中被利用，SCM 同意支付 150 万美元的定金。如果有第三人在 1986 年 3 月 1 日之前取得了 1/3 或者更多的 SCM 普通股，SCM 还同意支付 900 万美元的断交费。

借款购买方案的具体条款曾经向 SCM 的董事会做过详细的介绍，但是列明所有条款的那两页纸的书信协议是在独立董事们一致投票批准协议并且授权 SCM 经理层与麦里·林奇谈成确定的合并协议之后两天才到达他们手中的。

合并协议文本被呈交到了董事会特别会议上，董事会的财务顾问高盛解释说麦里·林奇的要约是唯一与亨森的报价相对立的确定的要约。高盛认为麦里·林奇每股 70 美元的报价对 SCM 的股东来说是"公平"的。SCM 的独立董事们知道公司经理层将参与借

---

① 该案判词的部分内容在第十八章第四节中译出，可参见。

② 参见前一节中的凯马克案 In Re Caremark Int'l, Inc., Derivative Litigation, 698 A.2d 959（Del. Ch. 1996）; Stone Ex Rel. Amsouth Bancorporation v. Ritter, 911 A.2d 362（2006）.

③ Hanson Trust PLC v. ML SCM Acquisition Inc., 781 F.2d 264（2ⁿᵈ Cir. 1986）. 以下楷体字是本书作者对判词原文的翻译，有删减，宋体字是译者对案情的总结和归纳。

④ 指通过对股份价值的评估退出公司，由公司按评估价回购他们的股份。

款购买，一致批准合并协议。

接着，亨森把它交多少买多少的现金要约提高到每股72美元，条件是SCM不给其他人优惠的购买权。对此，麦里·林奇提出了每股74美元的要约。SCM董事会在9月10日批准麦里·林奇方案，并给了两个优惠的购买权。麦里·林奇的要约保留了2/3门槛，但是把债券融资提高到了20%。SCM同意再支付麦里·林奇600万美元。

给予麦里·林奇的购买权是购买SCM的颜料和食品生意——二者合起来占SCM总收入的一半——条件是有人购买SCM普通股超过1/3。购买这两个分支的行权价分别是3.5亿美元和8000万美元。地区法院认定如果没有这些购买权，麦里·林奇是不会交易的，价格是高盛与麦里·林奇谈判的结果。

要约在董事会会议上得到批准，会议开了3~4小时。高盛对董事会说74美元的要约是能够得到的最高价格，对SCM的股东是公平的，购买权价格也"在合理价值范围之内"。不过高盛还说，在有序的销售中，这些作为购买权标的的资产很可能卖到更高的价格。SCM的法律顾问沃齐、利普顿、罗森和凯兹对董事会说允许锁定①属于董事会的商事判断范围。麦里·林奇方的谈判代表还告诉董事会没有锁定就没有合并。

10月4日，亨森在撤回了每股72美元的要约之后，其所购买的SCM股份已经接近三分之一。10月8日，亨森再次提高要约价到每股75美元，条件是撤销锁定。同一天，麦里·林奇宣布行使购买权，次日又将900万美元的断交费从中人保管的账户上取走。10月10日，SCM董事会批准了一个自我要约，每股SCM普通股将换取10美元现金和面值64美元的新系列优先股。最多三分之二的SCM普通股可以如此交换。该要约的目的是万一麦里·林奇和亨森的要约都得不到实施，可以保护SCM股东。

在本诉讼中，亨森声称SCM和它的董事们违反了联邦证券法，违反了对SCM公司和它的股东们的信托义务，通过答应锁定浪费了公司的资产。它还指控麦里·林奇协助、唆使SCM并与SCM合谋实施了上述违法行为。地区法院拒绝发布禁令，亨森上诉。

讨 论

在这场收购争议中，这是第二阶段的诉讼了。我们需要决定SCM董事会批准给予购买大量公司资产选择权的锁定是否受到商事判断规则的保护。确切地说，我们需要考虑地区法院有没有判对，它判上诉人没有"就董事们违反信托义务证明到这样的程度"，以致转移举证负担，让SCM的董事们来证明锁定选择的公平性。我们认为地区法院在判决亨森没有满足初步证明违反信托义务的举证要求上判错了；我们还认为在举证负担转移之后，连续8天的听证中出示的大量证据清楚地表明，从初步禁令的角度看，被上诉人没有挑起证明锁定选择公平性的担子。

I

SCM是纽约的公司，各方当事人对于根据纽约州法律来考量董事们的行为这点没有异议。根据纽约公司法，董事在履职过程中对公司和股东的义务包括注意义务。根据注意义务，董事作为公司的受托人，必须运用一个"正常的、谨慎的"人在类似情形下

---

① 指如果有人购买SCM普通股超过三分之一，麦里·林奇就有权购买SCM的颜料和食品生意。——译者注

所用的勤勉程度去履行自己的职责（见纽约商事公司法 §717）。在评估这一义务时，纽约法院采用商事判断规则。该规则"禁止法院过问公司董事为了公司的合法利益而作出的善意而诚实的决议"。

因此，在注意义务的分析中，首先要假定董事的行为适宜，这对董事有利；如果不能证明相反情形，董事们在商事判断规则下拥有"想出各种策略对抗不友好的收购要约的广阔空间"[见 Norlin Corp. v. Rooney，Pace Inc.，744 F.2d 255，264–65（2d Cir. 1984），引用 Treadway v. Care Corp.，638 F.2d 357，380–84（2d Cir. 1980）]。可是，即使董事会认为某个收购意图不符合公司的最佳利益，它并不可以在一张空白支票上任意填写一切可能的策略去杜绝收购。

虽然在其他辖区内，董事们在商事判断规则下可能没有同样的假定，至少在收购中是这样，例如，Unocal Corp. v. Mesa Petroleum Co.，493 A.2d 946，954–55（Del.Sup. 1985）一案（在收购中，最初的举证责任在董事，证明有合理的理由相信收购将威胁到公司的经营方针；董事们表示的善意和所做的合理调查满足要求），但是根据纽约州法律，证明董事们违反信托义务的最初责任在原告。

在本案中，受到质疑的董事行为是锁定选择的赋予。这种对收购的防御性策略本身并不当然非法，但是在一定情形下它也可能是非法的。在这里，我们特别意识到有些锁定选择对股东有利，比如那些引诱报价者为争夺公司控制权而竞争的规定；而另外一些锁定选择则对股东有害，比如那些有效地杜绝新的报价者站出来与已获锁定权的报价者竞争的规定。

Ⅱ

从本案情况看，如下文所演绎的，在大量证据显示违反信托义务的情况下，适用商事判断学说来保护公司董事会成员是不合适的。

地区法院在本案中认定 SCM 的董事们没有欺诈、不诚实或自我交易。我们对这些认定不持异议。可是，公司董事履行信托义务并不限于避免欺诈、不诚实和自我交易。董事必须"在合法地达成公司目的时进行诚实的判断"。董事仅仅没有利害关系、无意实施自我交易也无其他违反忠诚义务的迹象，还是不够的。董事还必须遵守注意义务标准。他们必须以"合理的努力"达到这一标准。例如，当他们的"方法和程序""在范围上如此有限、在执行上如此懈怠，又或者在其他方面都如此形式主义或半心半意，以致一切的一切都只是借口或幌子时"，商事判断规则并不阻挠对他们行为的审查。

规则早已确定，当董事的决策可能会影响股东利益的时候，注意义务要求他们在做决策时作出"合理的努力"去收集和消化重要的信息。简而言之，董事的决策必须是知情的。见美国法学会：《公司治理原则：分析与建议》（1985 年 4 月 12 日初稿）第 4.01（c）（2）条，（"对其商事判断的主题达到合理地相信在给定的具体情形下其决策适当之知情程度"）；如果没有合理地获取重要的信息或者对重要信息做合理的调查，董事就可能对股东承担赔偿责任。虽然在他们的决议体现商事判断的范围内董事受到保护，但是这样的保护假定法院不会不审查他们"判断"的内容以及判断所依赖的信息范围。

SCM 董事会的决议还没有严重到史密斯诉樊高克一案所认定的重大过失的程度。

但是 SCM 董事们并没有采取怯德威（Treadway）案中认定的、构成应有注意之基础的具体步骤。这些步骤是该案中地区法院的判决基础。在怯德威案中，董事们向银行家提出财务评估问题；索要财会报表；推迟一周开会以便考虑刚刚要来的咨询意见；并以取得银行家们的公平意见作为批准交易的条件（见怯德威，638 F.2d at 384）。相比之下，SCM 的董事们在一次深夜召开的 3 小时会议上，当他们的财务顾问告诉他们期权价格"在公允价范围内"时，他们显然对这样的结论性意见感到满意，尽管只要他们问一下，他们就会知道高盛并没有计算过公允价的范围，连一份关于两个所议分支的书面意见都没有。而且，董事会从来没有问过顶端价格是多少，为什么根据第二份合并协议两个创造 SCM 一半收入的分支只卖公司总价的三分之一，或者一旦期权行权，公司将变成什么样子。他们几乎没有讨论触发期权行权的可能性有多大，决定权在谁手中——是麦里、董事会还是经理层。还有，正如樊高克一案所指出的，董事们很难证明他们说的亨森的行为形成了对快速决策的紧急需要，因为亨森在 9 月 17 日之前不会购买所要收购的股份。面对所作"商事判断的重要性"，董事们居然拒绝利用现有的时间去获取可能是极其重要的信息。总之，SCM 董事们拥有信息的稀少和决策的快速表明违反了注意义务。

SCM 争辩说它有权信赖沃克泰尔·利普顿和高盛的意见，但是这也不能解决亨森提出的根据注意义务 SCM 董事们没有使自己充分知情的问题。一般地，董事在信赖意见、报告或者其他来源的建议之前有先熟悉其内容的注意义务。我们认为，对于所信赖的专业领域，无论是法律上的还是财务上的，用合理性标准衡量就够了。

地区法院在本案中指出董事会没有仔细阅读或审查这几个要约和协议，而只依赖顾问的描述。具体地说，地区法院认定在 9 月 10 日的董事会会议上，董事们只接受高盛所做的被购资产行权价格公平的结论，而不去询问公平价值的范围。如果他们询问了，如果高盛又披露了他们还没有探究过公平价值的范围，董事们就可能会发现这些价格低于有经验的商事判断允许他们批准的最低限度。董事们没有寻找任何可以证实高盛的结论性意见的文件。取得这类文件的成本也不会压倒董事们节省时间和信赖高盛"结论"的合法需求。参阅前述美国法学会：《公司治理原则：分析与建议》（1985 年 4 月12 日初稿）66 页上第 4.01 条（考虑"获取信息的成本"）。无论怎样，仅在一周之前，高盛还收集了一整套财务数据，虽然没有指出颜料和食品生意的价值或价值范围，但是至少提供了估计购买它们的行权价格是否在"合理的价值范围之内"的基础。既然亨森在 9 月 10 日的会议之后一周内不会按照其每股 72 美元的要约价格购买股份，董事们当然还有时间考虑这些数据。况且，（来自高盛的）欧佛罗可在 9 月 10 日的董事会会议上认为通过"有序的出售"可以为颜料和食品生意获取更高的价格，这一事实应当引发董事们作出进一步的调查，而不是急急忙忙地信赖有关公平价值的口头意见。最后，高盛对于 SCM 在失去了它的核心生意之后将成为什么样的公司没有发布任何意见。在这个问题上没有任何董事会查问的证据，因而也没有任何结论性的顾问意见董事们可以信赖。

SCM 辩说其"现任董事会"对 SCM 事务了然于胸，因而有能力作出迅速的决定。我们认为这种说法没有说服力。既然这个"现任董事会"对 SCM 情况了然于胸，我们就要问为什么在这么多的证据面前他们没有发现行权价格有问题——证据来自他们自己的投资银行家欧佛罗可和其他人，也来自 SCM 的经理层和麦里——都显示受制于购买权的资产的实际价值要比购买价高得多。事实上，在公司收购中给予资产购买权的目的就是要给予购买权人一个优惠价以吸引他前来投标并且保证他在投标不中的情况下也有好处，在这种情况下人们或许会期望强化注意义务。价格必须低到足以吸引一个犹豫不决的潜在投标人，但是不得低于"合理允许的范围"。要确定经理层的建议有没有超越这根红线，董事会当然应该对建议进行相对细致的分析。可是我们看到，董事会如果没有放弃义务的话，也只是勉强履行。

董事在取得重要的信息和信赖外来的意见和建议方面尽到注意义务是履行善意决策以保护公司最佳利益这一最终义务的前提条件。虽然无人指责 SCM 的外部董事谋取私利、实施欺诈或者自我交易，违反忠诚义务，看来他们在确保股东的基本权利，作出"涉及公司最终目标的决策"方面却没有尽到注意义务。

当一个有切身利害关系的经理层提出防御性借款购买时，独立董事们有保护股东利益的重要义务，因为这时期望经理层来代表股东利益是不合理的，他们在借款购买中有自己的期望。我们并不是说 SCM 的独立董事们必须像 Weinberger v. UOP, Inc., 457 A.2d 701, 709 n.7（Del. Supr. 1983）一案中的法院要求的那样任命一个由独立董事组成的独立的谈判委员会与麦里谈判，虽然那样做在这种情形下无疑是一个恰当的程序。但是在事后批准由经理层中的董事谈判成的借款购买中，考虑到经理们在其中拥有 15% 的股权利益，独立董事们至少应该采取怯德威案所要求的构成注意义务的那些预防性步骤。

SCM 董事会赋予经理层广泛的权力直接与麦里合作提出借款购买的方案，然后迅速地批准了经理层的提案。这种广泛的授权并不少见，董事会为了激发出收购方案供其考虑一般都这样做。可是，当经理层在借款购买中有切身利益时，标准的事后审查程序可能不够。即使在董事会 1985 年 8 月 25 日开会之前，针对亨森的要约，高盛和沃克泰尔·利普顿，两家后来成为董事会顾问的企业，就已经在与经理层讨论借款购买了。在亨森将其标价提高到 72 美元之后，正是 SCM 经理层和这些顾问碰头后作出了反应。即使在董事会正式雇佣沃克泰尔·利普顿为顾问之后，普鲁顿希尔[①]的一位参与者在谈判过程中还感到糊涂，因而在私人笔记本上记录"利普顿代表经理层"。正是 SCM 经理层将 900 万美元的违约担保和可购买资产交给了由麦里单方面控制的中人保管。SCM 经理层和董事会顾问们或多或少是作为既成事实向董事会提交各种协议的，而董事会则匆忙批准。犹如地区法院所认定：董事会"知道或者应当知道"其批准资产购买选择权协议将有效地封闭对 SCM 的进一步投标。结果是股东们再也不能取得比 SCM 经理层与麦里同意的价钱更高的价格。总之，董事会看来没有确保由只忠于股东的人与投标人谈判并审查他们的投标。

本案中股东遭受的损失与史密斯诉樊高克一案相似：公司收购中两家公司竞相出价

---

① Prudential，一家大的保险公司，参与了本案中的借款购买。

竞争，由于公司经理层偏向一家收购人而使另一家收购人的竞价成为不可能或者近乎不可能，股东因此而失去了获取更高价格的机会。

虽然案中说到纽约州公司法对于公司被收购时董事的注意义务在举证程序上对董事较为有利，但是本案的判决结论和判决逻辑却与史密斯诉樊高克一案完全一致：董事们疏于履职，该问的问题不问，该审查的文件不审查，因而其批准给予麦里·林奇购买颜料和食品生意两个分支的选择权（期权）缺乏知情的基础。具体表现为他们仅仅依赖财务顾问的结论性意见——期权价格"在公允价范围内"，而不去问这个范围有多大，高价多少，低价多少，怎么计算出来的。如果问了，他们就会知道财务顾问其实并没有计算过这样的范围，也没有准备任何有关两个所议分支的书面文件。因此，所谓"在公允价范围内"的结论只是凭直觉估计，没有任何可靠依据。如果知道这些情况，董事们就不会这么轻易地批准给予麦里·林奇购买选择权（期权）。两个创造 SCM 一半收入的分支只卖公司总价的三分之一，董事们不问为什么，也不问一旦期权行权，公司将变成什么样子，决定权在谁手中——是麦里、董事会还是经理层。特别是当一位财务专家明确表示在"有序的出售"中这两个分支还可以卖到更高的价格时，他们也没有引起警觉并做进一步的询问。当时（董事会于 9 月 10 日批准）时间并不紧迫，董事们至少还有一周时间，因为亨森在 9 月 17 日之前不会购买所要收购的股份。但是董事们没有利用这段时间获取更多的信息，其拥有信息的稀少和决策的快速都是违反注意义务的证据。

本案有一点与史密斯诉樊高克一案不同，就是经理层参与了收购，最多可以购买公司股份的 15%。法院说这是一个不小的份额，经理层在交易中有切身利益，不能期望他们代表股东利益，因此独立董事的责任就加重了：他们成了捍卫股东利益的唯一屏障。他们可以组成独立的委员会与麦里·林奇谈判，如果没有做到这一步，至少也要采取类似怯德威一案中的董事会所采取的步骤：向银行家提出财务评估问题；索要财会报表；推迟一周开会以便考虑要来的咨询意见；并以取得银行家们的公平意见作为批准交易的条件。但遗憾的是，本案中的董事会却对经理层的利害冲突视而不见，在广泛地授权经理层与麦里·林奇谈判合作之后，对他们的谈判结果"匆忙批准"，包括批准给予麦里·林奇购买两个分支的期权，这项授权有效地杜绝了对公司的进一步投标，杜绝了股东们获得更高价格的可能性。

课堂讨论：

甲公司董事会需要决定是否要约收购乙公司。在规模上甲公司大约比乙公司大 5 倍。乙公司的股票在过去一年中在 32 ~ 42 美元之间徘徊，目前的市价是每股 39 美元。丙公司已经发出以每股 48 美元收购乙公司股份的要约，乙公司的股东只有两天的时间决定接受还是拒绝丙公司的要约。就在两天前，乙公司的董事告诉甲公司的官员，他们认为由甲公司收购乙公司要比让丙公司来收购好得多。乙公司的董事们持有乙公司 7% 的股份，愿意说服乙公司的股东们接受甲公司的要约。

甲公司的官员向董事会建议以每股 49 美元的价格要约收购乙公司股份。他们的推荐建立在对乙公司主要生产线以及甲乙合并之后在生产和销售方面所产生的规模效应的评估的基础之上。可是甲公司的官员们承认，他们还没有时间对乙公司的研究开发计划和其他多个重要的方面进行充分的评估。在公司官员和外部财务顾问陈述之后，甲公司的董事会提问并进行了讨论，最后批准了每股 49 美元的要约。

如果事后发现收购乙公司不合算，甲公司遭受了损失，公司股东起诉要求董事为他们的错误决策承担个人赔偿责任，请问法院应当怎样判决？这些董事是否受商事判断规则的保护？

无论收购的结果是好是坏，甲公司的董事们都会得到商事判断规则的保护。就事实情况来说，甲公司董事会相信他们在那种情形下做决策已经知情到了合理的程度。他们听取了陈述和提问，考虑了他人的各种观点。虽然在完全知情的情况下还可以对乙公司的研究开发计划和其他多个重要的方面进行充分的评估，但是在甲公司必须做决定的有限时间内，这是不可能的。在商事决策中，经常需要在信息不充分和其他各种风险存在的情况下作出决定。对乙公司主要生产线的评估、甲乙公司合并之后可能产生的规模效应、丙公司发出的价格几乎相同的要约，都表示一个要甲公司的董事因其决策而承担赔偿责任的人难以证明这些董事没有合理相信他们的决策符合甲公司的最佳利益。当然，如果甲公司董事会决定不向乙公司发出收购要约也可以，也会符合"合理相信"标准。这个标准给予董事和公司官员广泛的决策自由。

第四节　注意义务在中国

我国《公司法》第 147 条笼统地规定了"董事、监事、高级管理人员……对公司负有忠实义务和勤勉义务"。至于勤勉义务的具体内容是什么，法律没有作出进一步的规定。法院在审判实践中受理了不少有关勤勉义务的案子，但是大多数案例限于从形式上审查董事和高管的行为有没有违反法律法规、公司章程和其他具体的规定，在没有这类规定的情况下从董事的具体作为或者不作为出发从实体上对勤勉义务进行界定的案子还不多。以下几例属于这类案子。它们从实体内容上充实了《公司法》第 147 条规定的勤勉义务。

在北京妙鼎矿泉水有限公司诉王东春[1]一案中，原告是销售桶装饮用水的公司，被告是其聘任的总经理。因为有的客户拉走水桶后没有送回，导致公司丢失了 100 只空桶，于是要求总经理个人赔偿。双方争议的焦点是被告应否对此承担赔偿责任。法院适用普通谨慎人标准，认为被告可以通过预收押金的方式避免此类情况的发生，这样的要求对于一个处于相同地位的普通、合理谨慎的人来说并非苛刻，被告没有尽到应有的谨慎与注意义务，应该赔偿。

在上海川流机电专用设备有限公司诉李鑫华[2]一案中，被告李鑫华在担任川流公司总经理期间以公司名义与日华真空电子（天津）有限公司合作开发项目，但是因为没有

---

[1] 北京市门头沟区人民法院（2009）门民初字第 4 号民事判决书。

[2] 初审：（2009）闵民二（商）初字第 1724 号；二审维持原判：（2009）沪一中民三（商）终字第 969 号。

订立书面合同，致使川流公司最终有 110 万元项目款不能收回。法院认为，按照经营一般常识，这样的业务不宜采用口头协议的形式，应该订立书面合同，但是李鑫华既未订立书面合同，也不能提供能够证明合同履行情况的文件资料，致使川流公司的应收款债权无法得到有效救济，应当承担赔偿责任："被告应有理由相信采用口头协议方式的经营判断与公司的最佳利益不相符合，然而被告无视该经营风险的存在，没有以善意（诚实）的方式，按照其合理地相信是符合公司最佳利益的方式履行职务；并且以一种可以合理地期待一个普通谨慎的人在同样的地位上和类似的状况下能够尽到的注意，履行一个高级职员的职责。因此，被告明显违反了勤勉义务。"

上述两例都是发生在小公司内部的经营者与所有者（控股股东）之间的矛盾，与前面介绍的美国判例不同。在美国的判例中，董事与控股股东（或者实际控制人）的立场一致，其行为损害了广大中小股东的利益，小股东以董事违反注意义务为由提起派生诉讼要求董事赔偿损失，是对公司无控制权的人状告有控制权的人；而上述两例则是有控制权的人状告无控制权的人。此外，美国的判例大都涉及大的上市公司；而我国的判例只涉及小的有限责任公司。案情背景与市场发展程度都有很大的不同。但是有一点相同：两边的法院都适用一个在相同处境下的合理普通的谨慎人标准。由于上述两案的案情比较简单，所以法院的推理和判决也很有道理。但是对于一些复杂的商事决策，法院必须更加尊重商人的判断，不能一味地用自己的判断代替商人的判断，以免造成对商事活动的不当干涉。从案情的复杂程度上比较，美国的案子也要复杂得多，因为它们涉及的往往不是一个合理谨慎的普通人在相同情形下将如何决策，而是要不要马上决策，能不能再收集一些重要的信息。下一个中国判例中也提到了信息的收集问题。

【案例 14-6】

慈溪富盛化纤有限公司等诉施盛平损害股东利益责任纠纷案①

被告施盛平与案外人王伟定、叶南方、刘光辉于 1998 年 4 月设立慈溪富盛化纤有限公司（以下简称富盛公司），施盛平担任执行董事兼经理。后四人又于 2004 年 5 月设立宁波全盛布艺有限公司（以下简称全盛公司），王伟定担任执行董事，施盛平担任监事。两原告公司的住所、工作人员、生产车间等全部一致，由施盛平总管生产经营，王伟定分管空变纱生产。2004 年 10 月 14 日与 12 月 20 日，两原告（富盛公司和全盛公司）分别与东海翔公司约定向其供应 730D 丙纶空变纱，实际履行数量为 51.88 吨。2005 年 4 月 28 日，东海翔公司来函反映纱布质量有严重问题。同年 9 月，施盛平与王伟定、叶南方前往东海翔公司商量赔偿问题，未果。2006 年 4 月 8 日，施盛平未经其他股东同意，代表两原告与东海翔公司订立赔偿协议，承认所供纱布存在质量问题，并约定由两原告无偿补单 4.5 吨，由东海翔公司与临亚公司（东海翔公司下家）协商减少赔偿额（临亚公司反映损失约 400 万元），200 万元内由两原告负担，超出部分由东海翔公司负担。4 月 25 日，东海翔公司来函催发补单货物。7 月 18 日，

---

① （2007）慈民二初字第 519 号。原判词较长，这里为了节省篇幅，突出重点，作了删改。

东海翔公司起诉要求两原告赔偿损失 187 万元及利息，后双方达成调解协议，由两原告赔偿 140 万元。另查明，被告在此期间将其拥有两原告公司的全部股份以 368 万元价格转让给其他股东。

两原告认为，被告未经两原告调查分析或由权威机构鉴定，擅自以法定代表人身份签订对外赔偿协议，且赔偿数额远高于合同本身的标的额，不但超越了法律和公司章程对执行董事、经理的权限规定，而且违反了董事的勤勉义务，损害了两原告的合法权益，请求法院判令其赔偿经济损失 1 415 000 元。

被告辩称，对外赔偿数额是根据东海翔公司的损失情况来确定的，是合理的。仅凭赔偿协议签订时间与被告股份转让时间上的接近，不能推定被告借机损害两原告利益。并且，如果两原告真的认为被告损害了公司权益，就不会在此前的诉讼中与东海翔达成调解协议。综上，原告的诉讼请求不能成立，请求法院依法驳回原告的诉讼请求。

浙江省慈溪市人民法院经审理认为，本案有两个争议焦点：一是被告签订赔偿协议的行为是否越权；二是被告的行为是否违反董事的勤勉义务。

第一，被告的行为是否超越了《公司法》第 50 条、第 51 条以及两原告章程中关于执行董事、经理的权限。《公司法》第 50 条对经理的职权进行了规定，当然这种规定是补充性的，第 51 条规定执行董事的职权由公司章程规定。两原告章程对执行董事和经理的职权进行了规定，从其内容来看，是参照了公司法的相关内容，对执行董事职权的规定与《公司法》第 47 条对董事会职权的规定大致相同，对经理职权的规定与《公司法》第 50 条前 5 款的规定大致相同。就法律设置各公司机构的意图来看，执行董事和经理都是公司的业务执行机关，对内管理公司的生产经营，对外代表或者代理公司进行商业活动。此外，从两原告内部实际的职权分配情况来看：首先，两原告公司的股东构成、持股比例、工作人员、公司住所、生产厂房都是相同的，即两块牌子一套班子，被告在名义上是富盛公司的执行董事、总经理以及全盛公司的监事，但在两原告公司中行使最主要的管理职权，全面管理两个公司的生产经营。其次，根据富盛公司自 2000 年 3 月至 2004 年 5 月的部分会议纪要，公司在资金筹措、房屋租赁、土地使用权取得、厂房建造、机器设备添置等事项上由股东会形成决议，但这些事项主要涉及公司的筹资投资计划，而不是具体的业务活动。再次，虽然两原告的财务开支无论数额大小，报销时都须经被告、叶南方和王伟定签字，但这只能说明公司的财务管理制度比较严格，无法以此推知涉及经营活动的决定权的归属。综上，从法律和章程的规定以及公司实际运作中的职权分配情况来看，被告是全面负责两原告公司经营活动的实际管理者，并且其与东海翔公司签订赔偿协议的行为在性质上属于公司的具体业务活动，并非筹资投资等决策性事务。因此，被告与东海翔签订赔偿协议的行为并不越权。

第二，被告的行为是否违反董事的勤勉义务。《公司法》第 148 条规定，董事、监事、高级管理人员应当遵守法律、行政法规和公司章程，对公司负有忠实义务和勤勉义务。至于勤勉义务的含义和内容，法律并没有具体界定。一般认为，公司法中的勤勉义务与侵权法中的注意义务相似，指董事、监事、高级管理人员必须像一个正常谨慎之人在类似处境下应有的谨慎那样履行义务，为实现公司的最大利益努力工作。据此，管理者在作出某一经营判断前，应当收集足够的信息，诚实而且有正当的理由相信该判断符合公司的最佳利益。

本案被告在作出赔偿行为时已尽到了勤勉义务，原因在于：首先，相关证据已经证明，被告为赔偿问题多次赴东海翔协商，说明被告为解决该问题采取了积极的行动，在多次协商的情况下，被告不可能对产品是否存在质量问题以及损失的大小没有了解。其次，2005 年 9 月，被告与王伟定、叶南方为赔偿问题一起去过东海翔公司，虽然最终未就质量问题达成一致意见，但至少王伟定和叶南方对东海翔公司要求赔偿的事是知情的，股东之间必然也就质量问题商量过。再次，从被告的文化程度和从业经历来看，其业务水平显然远高于其他几位股东，被告基于其对自身业务水平的信任，认为造成质量问题的原因不经过鉴定也能够判断出来，这种自信在无相反证据的情况下应可推定为合理。然后，对于损失额的问题，由于是两原告公司提供布料，由东海翔公司加工后卖给临亚公司，临亚公司再销往国外，因此一旦布料出现问题，造成的损失不但包括布料本身的价值，从 2006 年 4 月 25 日东海翔公司致被告的信函可以看出，还包括东海翔公司的库存布、重新加工费，甚至可能包括空运费用。所以，赔偿额高于合同标的额并非不可能，以此为由不能说明该赔偿数额就是不合理的。然后，两原告在东海翔公司起诉后，未足够地行使抗辩权利（如行使撤销权等），却自愿与东海翔公司订立调解协议，并部分履行了协议，间接说明两原告已认可被告签订的协议。综上，被告的行为既未超越法律和公司章程所赋予被告的职权，也未违反法律规定的勤勉义务，对两原告的诉请，法院不予支持。据此，依照最高人民法院《关于民事诉讼证据的若干规定》第 2 条之规定，判决驳回两原告的诉讼请求。

一审宣判后，双方当事人均未上诉，一审判决已经发生法律效力。

此案涉及两个问题：一个是公司法定代表人的权限范围[①]，即施盛平有没有权力擅自对外签约和解。法院认为被告与东海翔公司签订赔偿协议的行为在性质上属于公司的具体业务活动，因此并不越权。另一个便是本节讨论的注意义务。法院要求"管理者在作出某一经营判断前，应当收集足够的信息"，也就是说在知情的基础上决策。这样的要求与美国判例法中对注意义务实质性定义是完全一致的。本案中法院认为被告两次去东海翔协商，文化程度和专业水平都比较高，其判断可以信赖。这一表述表现出法院对商事判断的尊重，与美国的商事判断规则也是一致的。此外，被告不存在故意损害公司利益的动机和利害冲突，其行为决策是为了公司的最佳利益，至少他有合理的理由相信是为了公司的最佳利益，加上决策的知情基础，应受商事判断规则的保护，注意义务显然没有违反。

参与审理此案的法官在事后总结的对此案的评析中写道："双方当事人提供的证据十分有限，对质量责任和赔偿数额合理与否的审查难以深入。"其实，就现有证据来看，被告已经尽到了注意义务，法院的结论是正确的。该法官认为原告证明被告违反勤勉义务

---

① 但是争议的双方不是公司与第三人，因为本案中施盛平显然有权代表公司签约，至少表见权存在，所以在公司与第三人之间不存在签字是否有效的争议。争议发生在公司内部：公司主张其法定代表人越权，要他赔偿损失。

可从以下几方面举证：（1）经营判断另有所图，并非为了公司的利益——这其实是忠诚义务标准，一旦适用，商事判断规则不适用。在排除了忠诚义务标准的适用之后再做以下两点判断。（2）在经营判断的过程中，没有合理地进行信息收集和调查分析。（3）站在一个通常谨慎的董事的立场上，经营判断的内容在当时的情况下存在明显的不合理。

在重庆东亚防水建材有限公司诉杨桂泽①一案中，公司在杨桂泽任法人代表、兼董事长、总经理期间未与6名员工签订书面劳动合同，该6名员工提起劳动争议诉讼，要求公司支付未签订劳动合同的双倍工资差额108 646元，获法院支持。东亚公司在向员工支付了该笔款项之后以高管违反勤勉义务，未与员工签订书面劳动合同为由起诉杨桂泽，要求其赔偿损失108 646元。但是东亚公司《各部门职能及岗位说明书》表明，东亚公司行政部负责招聘员工并建立劳动关系，杨桂泽并不具体负责与员工签订劳动合同。因此，与员工签订书面劳动合同系东亚公司行政部的职责而非杨桂泽的职责，但杨桂泽作为东亚公司高级管理人员，其是否应当承担赔偿责任，还取决于杨桂泽在此事上是否存在主观过错。因东亚公司并未举出充分证据证明杨桂泽存在主观过错，所以其要求杨桂泽赔偿损失的诉讼请求法院不予支持。

东亚公司不服一审判决，向重庆市第一中级人民法院提起上诉。二审法院经审理认为，杨桂泽举示的《各部门职能及岗位说明书》可以证明杨桂泽在东亚公司任职期间并不负有直接与员工签订劳动合同的职责。而东亚公司未举证证明其行政部与员工签订了初步劳动合同并已将初步劳动合同报杨桂泽审批的事实，故杨桂泽并不存在主观过错，遂终审判决驳回上诉，维持原判。

有意思的是，由该案一审审判长朱敏事后撰写的案例评析中还引用了格雷韩诉阿里斯－查莫斯制造公司案，认为该案确立的董事勤勉义务规则是：除非存在可引起合理怀疑的情形，董事不负有调查"搜出"错误行为的义务。适用该规则于本案，东亚公司既未证明杨桂泽知晓公司未与这6名员工签订书面劳动合同的事实，也未证明存在足以引起他怀疑未签劳动合同的事实，所以杨桂泽没有违反注意义务，不应对下属的错误承担赔偿责任。

【案例 14-7】

海南海钢集团有限公司与中国冶金矿业总公司及三亚度假村有限公司
损害股东利益责任纠纷案②

中华人民共和国最高人民法院 2013 年 9 月 6 日

1996年9月，海南钢铁公司（以下简称海钢公司；2009年2月27日更名为海南海钢集团有限公司，简称海钢集团）与中国冶金矿业总公司（以下简称中冶公司）在海南省三亚市注册成立三亚度假村公司（以下简称度假村）。其中中冶公司出资60%，海钢公司出资40%。

2002年11月度假村进行增资扩股，总股本达到16 291.89万元，股权结构发生了变化：

---

① 初审：（2012）江法民初字第2446号；二审维持原判：（2012）渝一中法民终字第4533号。
② （2013）民二终字第43号。原判词较长，这里为了节省篇幅，突出重点，作了删改。

中冶公司占总股本的 49.70%、海钢公司占 33.30%、中海石油化学有限公司（以下简称石化公司）占 9.21%、中国人福新技术有限公司（以下简称人福公司）占 3.93%、三亚市人口与计划生育局（以下简称三亚市计生局）占 1.53%、三亚湾园林花木有限公司（以下简称园林公司）占 2.33%。中冶公司的董事长兼总经理邹健同时担任度假村的董事长。

度假村的章程第八条第（6）项"议事规则"规定"股东会一般一年召开一次，股东会的决议，修改章程必须经代表三分之二以上表决权的股东通过"。公司股权结构变化后未修改原章程。

2006 年 11 月 9 日，度假村董事会拟与三亚海韵实业发展有限公司（以下简称海韵公司）合作开发，故致函各股东征求意见，请其表决并将结果发送至董事会。中冶公司、石化公司、园林公司投赞成票，三家股东共持有 61.24% 股份；海钢公司、三亚市计生局投反对票，两家股东共持有 34.83% 股份；人福公司弃权。董事会随后制作了《三亚度假村有限公司股东会决议》（以下简称《度假村股东会决议》），批准合作开发方案，落款为"三亚度假村有限公司董事会，董事长邹健"，并加盖了度假村公章。

2007 年 1 月，海钢公司向三亚市城郊人民法院提起诉讼，请求确认度假村的股东会决议无效并撤销。该院于同年 7 月 9 日判决撤销《度假村股东会决议》[①]。度假村不服，上诉，三亚市中级人民法院裁定撤销一审判决，发回重审[②]。海钢集团于 2011 年 12 月 26 日向三亚市城郊人民法院申请撤回起诉，并于 12 月 28 日被裁定准许。

2006 年 11 月 28 日，度假村与海韵公司签订《三亚度假村合作开发协议》及后续补充协议[③]，约定：（1）度假村将其 70 亩土地及地上建筑物的所有权和开发权交给海韵公司，作价 8 033 万元……（4）如有一方违约，除应赔偿给对方造成的损失外，应向对方支付违约金 1 000 万元[④]。随后双方开始进行合作。

从 2008 年 3 月开始，双方因度假村应过户给海韵公司的 70 亩土地是否符合土地转让条件及能否办理项目变更手续等问题产生分歧，于 2008 年 6 月和 8 月各自起诉[⑤]。其后，三亚市中级人民法院判决度假村将 70.26 亩土地使用权过户到海韵公司的名下并支付违约金 1 000 万元。度假村不服，上诉，海南省高级人民法院驳回上诉，维持原判[⑥]。

海钢集团于 2009 年 4 月 28 日向中冶公司发送《律师函》，要求中冶公司与其协商如何承担赔偿责任的问题。中冶公司分别于 2010 年 4 月 2 日和 9 月 28 日向海钢集团回函称，

---

① （2007）城民二初字第 22 号。

② （2007）三亚民二终字第 19 号，2008 年 4 月 25 日。

③ 《三亚度假村合作开发协议》及《备忘录》，双方又于 2007 年 5 月 12 日签订《补充协议（一）》《补充协议（二）》及第二份《备忘录》

④ 协议还约定：……（2）海韵公司向度假村支付 7 181 万元用于度假村在另一块 23.9 亩土地上建造约 12 000 平方米的四星级酒店。（3）海韵公司为度假村职工解决 2 130 平方米的职工宿舍，按每平方米 4 000 元计算以及将 1 350 万元用于职工房改安置补偿款一次性付给度假村，由度假村分别付给职工个人。海韵公司按此约定共计应向度假村支付 9 383 万元……

⑤ 度假村提起的（2009）三亚民一（重）初字第 3 号案，三亚市中级人民法院裁定按撤诉处理；海韵公司提起的（2009）三亚民一（重）初字第 2 号案，该院于 2010 年 7 月 13 日作出上述判决。

⑥ （2010）琼民一终字第 39 号民事判决，2010 年 12 月 24 日。

待度假村与海韵公司的诉讼有了结论后，双方再协商处理办法或通过法律途径解决。

海钢集团认为由于中冶公司不顾其他股东的反对意见，决定度假村与海韵公司合作，导致海钢集团经济受损，故诉请海南省高级人民法院认定中冶公司滥用股东权利，责成其赔偿海钢集团在度假村数亿元损失中的 2.344 亿元，或者赔偿海钢集团同类地段同类价格同等数量的土地使用权（21.3 亩）以及其因度假村需支付的 1 000 万元违约金而产生的 333 万元人民币损失。

一审法院认为，2006 年 11 月 17 日，中冶公司利用其总经理邹健同时任度假村董事长的条件和掌管度假村公章的权力，自行制作《度假村股东会决议》，并要求股东对度假村开发合作事宜进行表决，其中持有 61.24% 股份的股东赞成，持 34.83% 股份的股东反对，其他股东弃权，未达到我国《公司法》第 44 条（现行第 43 条）所规定的条件就通过决议，系滥用股东权利，海钢集团有权依据我国《公司法》第 20 条规定[①] 提起本案诉讼，并由中冶公司赔偿海钢集团损失的合法权益。但关于海钢集团的损失及赔偿问题，因过户给海韵集团的土地所造成的损失应根据已经生效的《土地评估报告》[②] 为依据计算，为 4 581 394.35 元[③]；且由于度假村尚未向海韵公司支付违约金，对未实际发生的损失不得获赔。于是，该院判中冶公司向海港集团赔偿 4 581 394.35 元，驳回海钢集团的其他诉讼请求[④]。

海钢集团认为，一审认定中冶公司滥用股东权利，是正确的，但是在确定赔偿数额时没有考虑案发时三亚土地的市场价格，所以提起上诉，请求根据《度假村土地价格评估报告》改判中冶公司赔偿海钢集团同类地段同类价格同等数量的土地使用权（23.4 亩）。

中冶公司对一审判决也有异议：（一）一审中的原、被告均不适格：尽管邹健同时担任中冶公司的总经理及度假村的董事长，但两公司均是独立承担民事责任的法人主体，度假村董事长的行为系其个人行为，非中冶公司的行为。该行为损害了公司利益，不等于直接损害海钢集团的股东利益，"公司利益受损应由公司起诉或由股东代表公司提起代表诉讼"，股东仅享有股东决策表决权和公司利润分红收益权，对其所投资的公司的财产不享有直接财产权；即使海钢集团主张财产损失符合法律规定，该损失也是度假村而不是中冶公司所致。海钢集团所举证据不能证明中冶公司侵犯其股东权利。（二）一审认定事实错误：未查明侵权及损害的主体和因果关系，原、被告之间根本不存在可构

---

① 我国《公司法》第 20 条规定："公司股东应当遵守法律、行政法规和公司章程，依法行使股东权利，不得滥用股东权利损害公司或者其他股东的利益；不得滥用公司法人独立地位和股东有限责任损害公司债权人的利益。公司股东滥用股东权利给公司或者其他股东造成损失的，应当依法承担赔偿责任。"

② （2009）三亚民一（重）初字第 2 号民事判决书中引用的三亚〔2007〕（估）字第 070601 号评估报告。

③ 该宗土地在由划拨用地变为出让地时的评估总价为 10 758.794 1 万元。减去度假村已获得的对价 9 383 万元，乘以海钢集团持有度假村的 33.3% 股份，即为 458.139 435 万元。

④ 一审判决：（一）中冶公司在通过 2006 年 11 月 17 日的《三亚度假村有限公司股东会决议》过程中滥用股东权利；（二）中冶公司于判决生效之日起三十日内向海钢集团赔偿经济损失 458.139 435 万元；（三）驳回海钢集团的其他诉讼请求。如果未按判决指定的期间履行上述给付金钱义务，则按《中华人民共和国民事诉讼法》第二百五十三条的规定，加倍支付迟延履行期间的债务利息。案件受理费 123.045 万元，由海钢集团负担 120.64 万元，中冶公司负担 2.405 万元。

成侵权行为与损害结果的因果关系，也没有事实和法理依据认定两公司人格混同、中冶公司利用其总经理邹健同时为度假村董事长的条件和掌管度假村公章的权力滥用权力。（三）适用法律不当。如果一审法院认为邹健在处理公司事务时违反了公司法的规定，则应适用《公司法》第 150 条和第 152 条（现行第 149 条、第 151 条）的规定。但即便据此规定，一审法院在判定诉讼利益归属与诉讼程序上亦存在错误。（四）其他事实：（1）海钢集团曾依《公司法》规定提起撤销度假村股东会决议的撤销权诉讼，后主动撤诉表明其已放弃撤销请求权，亦意味着以默认方式接受度假村的股东会决议，就不应当再诉中冶公司；（2）海钢集团曲解了中冶公司复函内容的意思，中冶公司在复函中的表述并未承诺由其承担股东侵权之责。因此，中冶公司也上诉，请求撤销一审民事判决、驳回海钢集团的起诉。

最高人民法院重点分析了中冶公司是否滥用股东权利的问题，认为中冶公司与度假村在财产上互相独立，没有证据证明度假村与中冶公司之间存在利益输送的情况。作为度假村的股东，中冶公司对合作开发事项投赞成票，是正当行使其表决权的行为，并不构成对其他股东权利及利益的侵害。即使合作开发项目造成了损失，那也是度假村的损失，诉权属于度假村而非海钢集团。"如海钢集团代度假村公司主张权利，则诉讼权利受益人仍是度假村公司，这与本案不属于同一法律关系，亦不属于本案审理范围。"① 此外，土地开发合作项目"属于该公司一般性的经营活动，我国《公司法》第 44 条并未规定该决议必须经代表三分之二以上表决权的股东通过"。

因此，最高院二审撤销了原审对中冶公司"滥用股东权利，并由此侵犯了海钢集团的合法权益"的认定，驳回海钢集团的诉讼请求。

原告及其律师对本案的法律性质做了错误的判断，把它简单地看成是股东之间的矛盾。其实，本案属于《公司法》第 147 ~ 149 条（原先第 148 ~ 150 条）下董事和高管的法定义务（也即英美法中的信托义务）案。被告应该是以邹健为首的董事会。原告首先应该调查邹健本人或者他所代表的中冶公司在度假村与海韵公司的合作项目中有没有独立于度假村和其他股东的切身利益，也就是最高院在其判词中所说的"利益输送"。如果有，适用忠诚义务标准，责成邹健来证明交易的内在公平，② 因为合作项目显然没有经过独立无利害关系的董事和股东的批准。原告及其律师既没有这样想，更没有这样做，所以本案中没有这样的证据。如果没有利益输送，那就审查邹健和董事会有没有违反注意义务，核心是审查董事会在作出决策时有没有充分地占有信息。在实际诉讼过程中，原告需要证明董事会作出了错误的决策，给度假村造成了损失；其决策缺乏知情的基础，或者近乎荒唐。只要董事会的决策不荒唐，并且是在知情的基础上作出的，那就受到商事判断规则的保护。平心而论，这样的官司原告胜诉的可能性不大。因为从案情事实来看，合作开发项目具有一定的合理性，并不荒唐。案中

---

① 引自判决原文。下同。

② 关于忠诚义务的适用标准，请看下一章的讲解。

也没有证据表明董事会的决策缺乏知情的基础。而且在我国目前的取证制度下，原告几乎无法找到这类证据。

如果股东会的批准是必要的，原告还可以审查董事会有没有给股东会提供充分的信息让其在知情的基础上投票表决。如果没有提供，原告可以请求法院撤销股东会决议。可是在本案中，股东会的批准其实是不必要的，除非章程另有规定。因为犹如最高院所说，合作开发项目属于"一般性的经营活动"，这类活动董事会有权决定，不需要股东会的批准。所以即使股东会决议有瑕疵，也不影响董事会的权力。

股东会决议的瑕疵是明显的。诉讼双方在这个问题上的争议集中在对章程规定的理解上。章程第8条规定"股东会的决议，修改章程必须经代表三分之二以上表决权的股东通过"。这个句子中的主谓语怎么理解？是否股东会的任何决议都要经过三分之二以上通过？[①] 原告说是，被告说否，最高院对此不置可否，因为问题无关紧要——即使原告的理解对，也是董事会的错误，不关中冶公司的事。其实诉讼双方都忽略了一条常规：不实际召开股东会而以书面方式进行表决，必须全体一致同意才能形成股东会的决议。美国很多州都这样规定，我国《公司法》第37条（原先第38条）第2款也这样规定，而且十分明确。本案中的股东会决议显然没有得到全体股东的一致同意，直接违反了公司法的规定。而这一点，无论是原被告双方、海南省高院，还是最高人民法院，都忽略了，反映了他们公司法常识的缺乏。[②]

本案往深处分析，股东会的批准是否必要倒是一个关键问题。因为如上所说，如果没有利益输送，状告董事违反注意义务的一般性官司很难打赢。但是只要股东会的批准必要，董事会制作股东会决议又违反了法律或者章程的规定，那就直接构成违反注意义务的理由，海钢集团提起派生诉讼状告邹健和董事会就一定能够胜诉。可惜，如上所述，股东会的批准其实是不必要的，所以董事会在制作股东会决议上的错误就显得无关紧要。对于这一点，最高人民法院也没有认识到，其"一般性的经营活动"的定性是为了说明不需要股东会三分之二的批准，言下之意是简单多数批准就够了，但批准还是需要的。

被告及其律师对公司法的理解显然比原告方面强："公司利益受损应由公司起诉或由股东代表公司提起代表诉讼。"最高人民法院对此表示认同：即使合作开发项目造成了损失，那也是度假村的损失，诉权属于度假村而非海钢集团；"如海钢集团代度假村公司主张权利，则诉讼权利受益人仍是度假村公司……"二者都认识到海钢集团只能提起派生诉讼，而不能提起直接诉讼。但是原告不懂，海南省高院也不懂。对案情性质的判断错误导致诉讼思路错误。

总体来说，本案为原告错诉，海南高院错判，最高院纠错正确。

---

① 从字面上看，原告的理解比较合理。如果这样理解，邹健及董事会制作股东会决议明显违反了章程的规定，应承担相应的责任。

② 2007年1月，海钢公司曾起诉请求撤销股东会决议，一审胜诉后却在二审败诉。本书作者曾查找过该二审判决，但是无法找到，所以不知道其判决的理由，不过估计他们都没有注意到《公司法》第37条第2款的相关规定。

第十五章

董事和公司高管的忠诚义务

如前所述，对董事的行为适用注意义务标准有一个前提条件，就是董事在决策（包括投票表决）中没有个人利益。如果有个人利益牵涉其中，也即与公司存在利害冲突，则注意义务标准不适用，商事判断规则也不适用，而改用忠诚义务标准，要求实施交易的董事或高管证明交易对公司公平。

1939年，美国联邦最高法院在Pepper v. Litton，308 U.S. 295，60 S.Ct. 238，84 L.Ed. 281（1939）一案中对董事的忠诚义务作了这样的表述：

董事是受托人，占统治地位的控股股东或股东团体也是受托人。他们的权力具有信托性质。他们与公司的交易受到严格的审查；每当他们与公司的合同或约定受到质疑时，该董事或股东都有举证责任，不但证明交易是善意的，而且证明即使从公司和其他利益相关方的角度来看，交易也具有内在的公平性。这一标准的实质是在任何情况下都要看交易是否对等谈判的结果。如果不是，衡平法将宣告它无效。

受托人不得为他自己或者自身利益服务。他不可以不顾公认的体面与诚实操纵公司事务损害公司利益。他不得利用公司实体去违反一身不事二主的古老格言。他不得利用公司形式使自己获得那些……只有外部人才能享受的特权。他不得利用内幕信息和关键职位来为自己攫取肥缺。他不得违反公平竞争的规则通过公司间接地做那些他不能直接做的事情。他不得以权谋私，损害股东和债权人的利益，无论他的权力有多大多绝对，也无论他多么谨慎地满足了各种形式要求。因为这一权力时刻受到衡平法的限制：它不得被用来为受托人增加财富、提供优惠、谋取私利，而把受益人排除在外或者损害他的利益。如果违反了这些原则，衡平法就要纠正错误或者阻止交易。

董事违反忠诚义务的情形有很多种，包括自我交易、侵占公司机会、攫取过高的报酬等。下面分类讨论。

第一节　自　我　交　易

我们将公司的董事或高管实施或推动实施的、含有其个人利益因而与公司有利益冲突的交易一般地称作自我交易。说得简单点，就是董事自己与公司交易。在自我交易中，公司为交易的一方，董事个人、他的近亲属或者其他与董事个人利益相关的人为另一方。自我交易占了董事和高管违反忠诚义务案例的绝大部分。法律要求公司的董事和高管忠诚于公司的利益（忠诚义务的名称由此而来），在履职过程中将公司利益置于个人利益之上。但是在自我交易中，董事、高管的个人利益与公司利益客观上存在着矛盾。因此，法律将举证责任分配给被告——实施交易的董事或高管，由其证明交易对公司公平，法院则以警惕的目光审视交易全过程，以确保公司利益不受损害。

历史上，法律对自我交易的态度经历了一个从严格、僵硬到宽松、务实的演变过程。在 1880 年的美国，董事与他的公司签订的任何合同都可以因公司或股东的要求而撤销，不管这笔交易是否公正，是否得到无利害关系的董事或者股东的多数批准，也不管实施交易的董事有没有参加批准交易的投票表决。很多享有崇高威望的法院和法官都说：不参加投票表决本身就是错误的，因为董事都应该参加决议，不管他是不是有利害关系；而我们又无法测量一位董事对他的同事们的影响力，尽管从表面上看他没有参加讨论和投票表决。因此，公司用不着去证明是这种影响力导致了合同的签订。马里兰最高法院这样写道：当公司与一位董事签订合同时，"其余的董事便处于一种尴尬的、容易得罪人的境地，因为他们要讨论和审查他们中的一员所从事的交易，计算他的账目，而这个人又是他们在公司事务的经营管理中与之平等相处的同事。"纽约州的一位叫作达维斯的法官则说："一旦董事们允许他们中的一员与公司股东进行财产交易，他们就失去了独立性和自我控制"。那时候，对自我交易的禁止不但适用于董事与公司签订的合同，也适用于有共同董事的两个公司间的合同，尽管这些共同董事在两个公司里都是少数派。不但如此，如果一个公司拥有另一个公司的多数股票从而任命了该公司的董事，即使这些董事不是母公司的董事，母子公司间的交易也要适用同样的规则。法院习惯性地把子公司的董事叫作傀儡董事。这在当时是一种时尚，没有例外。

可是，人们逐渐认识到，如此绝对化的规则并不完全符合公司实践的需要，因为虽然董事与公司之间的交易十分可疑，但是并非所有这类交易都会损害公司利益，事实上有不少交易是董事为了照顾公司利益而实施的，例如，当公司借不到钱的时候，董事按照一般市场利率借钱给公司，这显然是给了公司好处而没有损害公司利益。所以到了1910 年，在对自我交易依然高度警惕的前提之下，严厉的规则被稍稍放松：董事与公司间的合同，如果得到了董事会无利害关系的多数赞成，起诉之后法院又没有发现不公与欺诈，就是有效的。但如果多数董事都是有利害关系的，那就适用旧规则，可以由公司或股东随意撤销，而不管它是否公平。有趣的是，这么多博学的法官居然没有一个人对这一改变作出令人信服的说明。1880 年阐述旧规则时那么雄辩、曾经慷慨陈词的法院，到 1910 年就像忘了以前这么多先例似的，没有人从公司实践和经济发展的宏观需要出发去解释规则改变的必要性。这或许是因为尊重先例的传统，因为它们大多对先例采取了区分而不是否决的办法。首先，共同董事的情况被区分开来，认为两个公司间的交易毕竟与董事个人直接和公司交易不同，无论该董事在其中的一个公司中是否拥有多数股份。这样，董事在与公司交易之前只要将自己的财产设立成一个公司即可实施交易。因此，旧规则虽然在名义上还是得到尊重，但是在实际上已经被逐渐废弃。

这里有一个问题，所谓无利害关系的多数董事，是指会议有效人数中的多数（利害关系人算在有效人数内），还是指整个有效人数都必须是无利害关系人，其中的多数又赞成交易。从实际案例看，答案应当是后者。因为有利害关系的人不能算在有效人数中。

到了1960年，规则又进一步放宽：不管董事会有没有一个无利害关系的多数，董事和公司的交易都不会自动成为可以任意撤销的行为；不过，法院会按照极其严格的标准仔细检查合同是否对公司公平；如有不公，便会宣告它无效或者将它撤销。举证责任在被告（董事或高管），由被告来证明交易对公司是公平的。因为原告，尤其是分散的小股东对公司内幕和交易背景不了解，很难举证。如果被告举证失败，法院就会撤销交易。这条规则一直沿用到现在。下面的判例集中反映了这一现代规则。

【案例15-1】
辛莱斯基诉南公园路建筑公司 [1]

南公园路建筑公司（以下简称建筑公司）的主要资产是一幢位于芝加哥市的三层楼商用楼房。自建筑公司成立以来，被告恩格尔斯坦就是建筑公司的董事和多数派股东。此外，他还拥有其他几家公司，并在其中担任董事、官员或者兼任二者。在这些其他的公司中有一家是商店，开设在建筑公司的楼房里，所以必须向建筑公司支付房租。本案涉及在建筑公司和被告拥有的其他公司之间发生的5笔交易，包括建筑公司以10万美元的价格向商店购买了一些二手家具和材料、降低了商店的房租等。每一笔交易都得到了有利害关系的董事会多数成员的批准。

原告是建筑公司的少数派股东，起诉要求被告董事个人赔偿公司在5笔交易中遭受的损失。地区法院判被告们在所有这些交易中违反了信托义务，应该赔偿股东的利益损失。被告上诉，上诉审法院否决，理由是根据伊利诺伊州的法律，原告没有能够证明这些交易是欺诈性的。现在原告向伊利诺伊州最高法院上诉。

布里斯特法官代表法院写道：

在 Dixmoor Golf Club, Inc. v. Evans, 325 Ill. 612, 156 N.E. 785（1927）一案中，本院在《伊利诺报告》第325卷第616页 [2] 上说："董事是公司生意和财产的受托人，服务于股东整体。他们受制于有关信托和受托人的一般规则，即他们在使用信托财产进行交易的时候，不得利用他们与信托的关系来谋取私利。他们有义务为全体股东的共同福利经营公司事务，以最好的谨慎、技术和判断，完全为公司的利益管理公司生意。如果董事因为个人私利而不能为他们所代表的那些人的最佳利益做事，他们就违反了义务。"

法院解释说，虽然董事并非不能与公司交易，购买其资产或者卖资产给它，但是交易将受到最严格的审查，如果不是极其公平，"达到公司得到全部价值的程度"，它就会被撤销。因为那里的董事会处于一人统治之下，让公司向该人购买了土地，价格又是他的行权价的2.5倍，所以该院判决交易必须撤销，尽管公司需要这块土地并从交易中获得了某些好处。

---

[1] Shlensky v. South Parkway Building Corp., 19 Ill.2d 268, 166 N.E.2d 793（1960）. 以下楷体字是本书作者对判词原文的翻译，宋体字是译者对案情和程序的概括性介绍说明。为了节省篇幅，突出重点，译文对原文有删减。

[2]《伊利诺报告》是伊利诺伊州的官方出版物，专门出版该州最高法院的判例。

同一年，虽然没有提到 Dixmoor 一案，本院又在 White v. Stevens, 326 Ill. 528 一案中，见 158 N.E. 101、103 处，重申董事可以与他持有股份的公司交易，只要他做事公平并且对公司有利。法院承认有共同董事的公司可以互相缔约，"只要合同公平合理"，但是强调这样的合同将按衡平法受到严格的审查。在该案中，被指违法的公司"为旅馆公司购买家具，价格与厂商或者批发商所收取的价格相同"，法院认定"最为严格的审查也不能发现整个交易对旅馆公司有任何的不公或者欺诈"。

在 Winger v. Chicago City Bank & Trust Co., 394 Ill. 94, 67 N.E.2d 265 一案中，在重温了英美两国在公司董事的受托人地位方面的先例之后，法院在该案中再次肯定了 Dixmoor 案中的规则，并且进一步注意到董事让公司不直接与他们自己交易，而是与一个由他们所有或者控制的公司交易，这一差别并不改变交易的法律效果。事实上，该院指出几乎所有的法院都一致认为，即使投票的董事中只有一人从交易中获取了利益，由于他的一票必不可少，所以交易同样将受到非法和欺诈的污染，就像所有董事都有利益一样。在这样的情形下，董事们需要通过证明公平和体面来推翻交易无效的假定。

我们认为 Winger 一案从整体上看判定了有共同董事的公司之间的交易如果不公平就可以撤销；董事要保住受到质疑的交易，就必须通过证明公平来推翻交易无效的假定。

虽然 Winger 案中的董事行为可能比本案中更加严重地违反了信托义务，如同被告所说——取决于各人的观点——这些情形并不改变法院适用的法律规则。并且，我们同意该院所说，董事与公司直接交易，与董事躲在另一个他所拥有或者控制的公司背后与公司交易实质相同，并没有被告所说的那种区别。

著名的 Geddes v. Anaconda Copper Mining Co., 254 U.S. 590, 41 S.Ct. 209, 65 L.Ed. 425 一案有无数判例跟随。该案中的主要事实与本案类似，都是有共同董事的公司之间的交易，并且都有人声称对价不足。只是那里受到质疑的交易是出售公司的全部资产，而这里则声称公司资产中一个相当大的部分被虹吸[①]走了。合众国最高法院在指出了案卷无可辩驳地显示冉恩是董事兼任官员，并且控制着出售方和购买方，控制着两边的董事会之后，撤销了交易。该院在《合众国报告》第 254 卷第 599 页[②]上颁布了那条人们经常引用的规则："董事与公司的关系属于信托性质，有共同董事的两边董事会之间的交易受法律猜忌，看作董事个人与公司的交易；当交易的公平性受到质疑时，那些维护交易的人必须举证证明完全的公平，而如果是买卖交易，那就要证明对价的充分。当一位共同董事在个人性格和影响力上都处于统治地位的时候，尤其是这样。本院始终强调这条规则的适用；人们都说它源自最好的道德，我们现在补充：它也源自最好的商事政策。"

我们认为，Geddes 规则与 Winger 案中适用的规则相同，不但在法律上无法反驳，而且与商法中信托关系的整体概念完全一致。而被告鼓吹相反的规则，即由抨击受托人交易的人承担举证责任，证明不公平或欺诈。这样的规则不但在判例法中得不到较多判

---

① 虹吸是一种流体力学现象，可以不借助泵而抽吸液体。
②《合众国报告》是美国联邦政府的官方出版物，专门出版联邦最高法院的判例。

例的支持，而且通过将举证责任推给受害人，既会鼓励董事们不择手段的行为，又会进一步分离公司的所有权和经营权。

相比之下，Geddes 和 Winger 两案的规则规定由董事举证证明交易的公平与恰当，不但能保护股东免受剥削，而且使公司交易具有弹性。尽管"公平"一词不能精确定义，法院会强调多个因素，包括公司在交易中有没有得到成交商品的全部价值；公司对这些财产的需要；其资助购买的能力；交易是否按照市价、低于市价或者比公司与他人交易更加优惠；公司是否因交易而受到了损害；是否存在公司的获利被董事或者由董事控制的公司虹吸的可能；有没有充分地披露——尽管披露或者股东同意都不能将一笔不诚实的交易转变成公平诚实的交易。

还有，当公司董事不能证明受指责交易的公平性时，那就或者撤销交易，或者维持交易而由董事赔偿公司遭受的损失。

根据上述对适用规则和指导性意见的陈述，我们来分析建筑公司董事会的这 5 笔受到质疑的交易的正当性。

因为支付 10 万美元购买商店（建筑公司拥有的楼房中的三个房客之一）家具的授权是以事后对租赁合同的修改为条件的，我们对这些交易一起考虑。以下事实没有争议：这些交易发生时，建筑公司的董事会由 7 人组成，斯坦恩董事对于向商店支付 10 万美元以辞职表示抗议。剩余 6 位出席会议并对买卖投票表决的董事包括恩格尔斯坦，商店的所有者和总裁；麦奇，商店董事；伯恩斯坦，恩格尔斯坦和商店的律师，也是恩格尔斯坦其他企业的律师。在此情形下，我们不知道被告怎么能够将伯恩斯坦划分为独立的、没有利害关系的董事，只代表建筑公司的利益。

显然，1948 年 3 月 18 日批准的家具的购买不能被看作得到了建筑公司独立而无利害关系的多数董事的同意。而且，如同 Geddes 案中指出的那样，交易是否由独立而无利害关系的多数董事批准并非取决于共同董事的数量，而是取决于多数董事是否听命于一个或一组人。

1948 年 5 月 4 日对商店租赁合同的修改也不是由独立而无利害关系的多数董事作出的。当时只有 5 个董事在场。唐生德外出了，大概是电话告知的。投票批准的人包括恩格尔斯坦、麦奇、伯恩斯坦，另外还有泰特和佩乐。佩乐觉得商店的租金涨了。由于缺少无利害关系的多数董事的批准，被告必须承担举证责任证明交易的公平。

建筑公司的生意不需要这些家具，其中甚至包括了油毡瓦片和隔间墙板，都是商店常用的。况且，由于这些附属物的内在价值有限，与 10 万美元的成本相比，公司能够实现的唯一对价是收取租金。虽然董事们在 1948 年 5 月 4 日将商店所付的最低租金提高了大约 5 000 美元，但是除了对 110 万美元的销售额按 1.5% 收取租金之外，他们废除了几乎所有的百分比租金，相当于将今后的租金减少了 40%，并且放弃了商店所欠的已经发生的 24 316 美元租金。

为了替这笔交易辩护，被告们和上诉审法院都强调商店的经济健康对建筑公司极有价值，因为那意味着保留一个房客并对所有其他在经济上独立的房客有利，所以在商店身上花钱是正确的。可是在我们看来，房客（内斯讷、沃尔格林和商店）的经济独立难以证明给予其中的一家——恩格尔斯坦所拥有的商店——所有的经济利益,而要求其他房客每平方英尺支付比恩格尔斯坦的商店高出 10 ~ 20 倍的房租的正当性。这方面的证据显示商店支付的房租,即使在 1948 年,也只有 20 737 美元,即每平方英尺 0.24 美元;相比之下,内斯讷的房租是 42 875 美元,即每平方英尺 2 美元;而沃尔格林的房租是 30 708 美元,即每平方英尺 5.44 美元。我们也不能理解为什么当其他房客支付的房租要高得多,当案卷显示随后的房客很乐意地支付了商店所付房租的 2.5 倍时,商店这个房客就这么重要。

因此,证据很清楚,不但被告没能证明支付 10 万美元购买二手家具和减租计划的公平性,而且这等于是故意让公司资产流失到另一个公司里去;6 位董事中有 3 位存在利害冲突。在这些情形下,基层法官关于被告行为违反了信托义务,必须对建筑公司承担赔偿责任的认定和判决,既不与明显的证据相违背,也没有像被告所说的那样建立在结论性假定上。因此,上诉审法院撤销这些认定是错误的。

美国法学会根据诸多判例对董事或高管与公司的交易进行研究,提出了一些建议性的规则。他们认为董事或者高管与公司交易只要满足了以下两个条件,那就不违反对公司的忠诚义务:(1)向公司的决策者充分披露了交易中存在的利害冲突;(2)交易在成交时对公司是公平的;在充分披露之后交易得到了无利害关系董事的批准且在批准的时候这些无利害关系董事可以合理地相信交易对公司是公平的;或者在充分披露之后交易得到了无利害关系股东的批准或事后追认且在股东决议时不构成对公司资产的挥霍浪费。

举证责任在被告,如果交易没有在充分披露之后得到无利害关系董事或者股东的批准,实施交易的董事或高管必须举证证明交易对公司公平;如果得到了无利害关系的董事、股东或者公司决策者的批准,该董事或高管必须证明在充分披露了交易中的利害冲突之后他得到了这种批准。披露的时间可以在实施交易之后(但至少不晚于诉讼发生之后的一段合理的时间),披露的对象是董事会、股东会或者当初批准交易的公司决策者或者他的继承人。如果被告举证失败,法院便可以撤销交易或者宣告交易无效。如果被告成功地完成了这一初始举证任务,则举证负担转向质疑董事或高管交易的原告,由原告来反证交易对公司不公平。

特拉华公司法对董事或高管与公司的交易是这样规定的:[①]

1.公司与一个或者几个董事或官员之间的合同或交易,或者与这些董事、官员兼任董事、官员或者在其中有经济利益的公司、合伙、协会或其他组织之间的合同或交易,并不因此而当然无效或者可撤销,尽管这个董事或官员在开会时在场或参与了会议,而那次会议又批准了该合同或者交易,或者他们为批准交易所投的票被计入了票数,只要满足以下条件:

---

① 见《特拉华法典》第 8 章第 144 条。

（1）有关他个人与合同或交易的关系或在其中有利益的重要事实向董事会或委员会作了披露，或者他们知道这些事实，而后董事会或委员会经过斟酌由无利益董事以多数票批准了该合同或交易，尽管无利益董事人数达不到会议有效数；

（2）有关他个人与合同或交易的关系或在其中有利益的重要事实向有投票权的股东们作了披露，或者他们知道这些事实，股东们经过斟酌特地投票批准了该合同或交易；或者

（3）该合同或交易在得到董事会、委员会或股东会授权、批准或追认时对公司公平。

加州公司法对此规定大同小异：[①]

董事和公司官员应当为公司的利益诚信地行使职权。在公司与一个或者几个董事或官员之间，或者在公司与这些董事、官员兼任董事、官员或者在其中有经济利益的公司、企业、协会或其他组织之间的合同或其他交易，并不因为这个（些）董事在开会时在场或参与了会议，而那次会议又批准了该合同或者交易，或者因为他或他们为批准交易所投的票被计入了票数，而当然无效或者可撤销，只要存在以下情形中的任何一种：

（a）有关共同董事或经济利益的事实向董事会或委员会作了披露，或者他们知道这些事实，会议记录对此注明，董事会或委员会经过斟酌以足够票数对该合同或交易予以批准或追认，这个（些）董事的投票不计在内。

（b）有关共同董事或经济利益的事实向股东们作了披露，股东会经过斟酌由有权投票的股东以多数票或者不开会而以书面同意的方式对该合同或交易予以批准或追认。

（c）该合同或交易在得到授权或批准时对公司是公平合理的。

虽然法律条文读起来感觉冗长和晦涩（特别是经过翻译之后），但是两个州的规定内容基本一致。意思无非是说公司的董事或官员让公司实施与其个人有利害关系的交易，包括让公司与自己或亲属交易，或者与自己担任董事的另一个公司交易，应当向董事会，特别是董事会中无利害关系的董事，如实地披露其中的利害关系，或者向股东会如实披露，如果得到董事会或者股东会的批准，交易就是有效的。如果没有这样的批准，交易也不当然无效，只是在该交易受到质疑时，该董事或官员作为被告需要向法庭证明交易对公司公平。简单地说，可以分为以下三种情形：（1）披露＋董事会无利益董事的批准；（2）披露＋股东会批准；（3）证明公平。美国法学会的建议在体例编排上与两州公司法稍有差异：（1）披露＋董事会无利益董事的批准；（2）披露＋无利益股东批准；（3）披露＋公平。从实际判例来看，只要被告能够证明交易的内在公平，法院就会维持交易；交易当初有没有披露，有没有得到公司股东会或者董事会的批准都无所谓了。

但是证明交易对公司公平却是最困难的事情。首先，公平是一个主观概念，没有明确的客观标准，因而争论的余地就很大。诉讼中一般考虑这样一些因素：（1）如果

---

① 见《加利福尼亚公司法典》第820条。

公司出售货物，有没有得到足价；（2）如果公司购买货物，该商品对公司有没有用，是否急需（如果该东西对公司没有用，例如，房地产出租公司为某位房客装上价值十万元的附属物，那就成问题了）；（3）公司的经济能力（能否支付）；（3）与市价的比较，对公司来说是否优惠、公道或者在别处得不到等；（4）公司有没有因交易而受到损害；（5）公司获得的利益会不会直接或者间接地（通过他们控制的公司）流到董事们的腰包里；（6）有没有充分地披露——当然披露本身并不能将一笔不诚实的交易变为公平的。

其次，被告有切身的利害关系，身处嫌疑间。[①] 不但原告会鸡蛋里挑骨头，指责你以权谋私，法院也会以怀疑的目光，撇开商事判断规则，警惕、仔细、严格地审查交易的每一个细节，因此，这类案子绝大多数以被告败诉赔钱告终。

正因为证明内在公平十分困难，所以才需要董事会或者股东会的批准。用无利益董事或股东的批准去取代对交易内在公平的举证实际上是法律为了节省司法资源和诉讼成本而采取的权宜之计。交易的公平与否是个实体问题，证明起来很困难；有没有经过批准是个程序问题，证明起来很容易。将证明实体内容变成证明程序的经过大大地简化了诉讼过程。

但是根本目的仍然是达成公平，因为经过批准的交易被假定为公平的，举证责任转向原告，由原告来证明其不公平、存在对公司的欺诈或者构成公司资产的挥霍和浪费。这样的证明同样是困难的。当两边谁也不能完成他的举证任务的时候，举证责任的分摊就会决定官司的胜负。当然，如果原告能够证明交易对公司不公，或者构成对公司资产的浪费与挥霍，法院还是会撤销交易，尽管它得到了无利益董事或者股东的批准或追认。

公司浪费（waste）是一个重要的概念，需要略加阐述。赠与的特点是没有对价，浪费同样是没有对价的。二者有一定的重叠。区别在行为的目的。如果赠与有合理的目的，那就不是浪费；如果没有合理的目的，那就是浪费。因为浪费都是为了不必要的和不恰当的目的使用公司资产。所谓不必要是指明显地违反常理，任何一个神志正常的人都不会这样做，例如，无对价转让公司资产、无对价将公司资产给予外国公司、支付虚假的诉求，等等。一个显然不足的对价应当等同于没有对价。例如，花费的资产远多于公司获得的好处，二者之间存在着巨大的价值差距，根本不成比例，那就应推定董事出于不良动机或者至少是不顾股东利益而实施交易。在这种情况下，即使董事完全没有私利，他也违反了注意义务，应该赔偿。同时，对公司极端不负责任的态度也违反了忠诚义务。所谓不恰当是在描述浪费的客观情形时对不必要的一点补充，因为没有私利地浪费公司资产的极端情形很少，更多的情形还是有私利牵涉其中的，例如，不当地将公司资产占为己有、用公司资金支付个人债务、以给董事和官员附加工资为名分配公司剩余利润，等等。或者即使没有直接的利益，往往也有间接的利益，包括人情面子等。这时适用忠诚义务标准审查交易的内在公平，结果必然是董事赔偿。总之，只要构成浪费，无论是故意还是过失，无论交易是否经过独立无利害关系的董事或股东的批准，董事都要赔偿。[②]

---

① 郭茂倩主编汉代乐府诗：君子防未然，不处嫌疑间。瓜田不纳履，李下不正冠。

② 参见 Aronoff v. Albaness，85 A.D.2d 3，446 N.Y.S.2d 368（1982）一案中法院对浪费概念的说明，那里对本段所列举的各种具体情形都给出了案例支持。

对交易主体的范围界定值得注意。无论是特拉华州还是加州都没有局限于董事或公司官员本人，而是包括了他们担任董事或官员或者在其中有利益的经济组织。美国律协对此提出的建议又比这两个州更加宽泛一些：（1）董事或高管个人或者他们的家人；（2）一个该董事或高管是其董事、普通合伙人、代理人或雇员的经济实体；（3）控制（2）或者被（2）控制或者与（2）处于同一个人的控制之下的经济实体；（4）董事（或高管）的普通合伙人、被代理人或雇主。显然，这4类人与董事的关系密切程度是不同的，例如，董事个人或者他的家人作为交易主体与公司交易，与董事的雇主或者工作单位作为交易主体与公司交易，两种情形对于董事的切身利害关系显然不同。中国法院在断定交易中有无个人利益时应当从我国的实际情况出发，具体案情具体分析，逐步发展出一套切实可行的认定标准来。除了直接充当交易主体之外，如果任何上述个人或者组织在交易中有经济利益或者交易对其有经济意义，也可能会影响到董事在对交易投票表决时的判断和选择，如果这样，也可以认定董事与公司之间存在利益冲突。

此外，上述两州公司法与美国法学会建议的标准之间在文字表述上还有一点差异，就是两州公司法对于批准交易的董事要求无利害关系，对股东却没有要求无利害关系，而美国法学会则要求股东也必须无利害关系。从字面上看，前者的规定似乎存在缺陷。因为实施交易的董事往往代表了控股股东的利益或者他自身就是控股股东，因而由股东会多数批准是很容易的。不过，法院在实际审判中并不会这么死板地死扣条文字眼，交易的批准者有无利害关系始终是法官考虑的一个重要因素，无论它是股东会还是董事会。如果实施交易的董事是控股股东，持有公司股份的绝对多数，法官不会对此视而不见，原告也不会放过这样的关键性事实，尽管交易得到了股东会的批准。因此，从实际适用的法律来看，这两个州同样要求批准交易的股东无利害关系，在这个问题上与美国法学会的建议是一致的，并无差别。耶鲁大学法学院的 Michael Reisman 教授说过："法律不是立法机构制定的法律，而是法院实际适用的法律。"[1]

在弗力格勒诉劳伦斯[2]一案中，被告董事正是利用特拉华公司法在字面上不要求批准交易的股东无利害关系[3]这一点进行了争辩，但是法院说："被告们争辩说这笔交易受到《特拉华法典》第144（a）（2）条的保护，他们说该条不要求追认交易的股东'无利害关系'或者'独立'；他们还争辩说更没有理由把这样的要求读进法律里去。我们读了法律，不觉得它规定了被告想要的那种广泛的豁免。它只是在符合条件时驱散了'有利害关系董事'的阴影，规定不能仅仅因为有这样的董事或官员牵涉其中便宣告协议无效。成文法中没有任何地方允许对阿高[4]不公或者使交易不受司法审查。"法院的意思无

---

[1] 这是 Michael Reisman 教授在课堂上讲的，作者当时是班上的学生，所以是亲耳所闻。

[2] Fliegler v. Lawrence, 361 A.2d 218（Del. 1976）.

[3] 见前述《特拉华法典》第 8 章第 144 条（a）（2）的规定："有关他个人与合同或交易的关系或在其中的利益的重要事实向有投票权的股东们作了披露，或者他们知道这些事实，股东们经过斟酌特地投票批准了该合同或交易。"比较《特拉华法典》第 8 章第 144 条（a）（1）的规定："有关他个人与合同或交易的关系或在其中的利益的重要事实向董事会或委员会作了披露，或者他们知道这些事实，而后董事会或委员会经过斟酌由无利害关系董事以多数票批准了该合同或交易，尽管无利害关系的董事人数达不到会议有效数"。

[4] 阿高是案中公司的名称。

非是说即使你得到了股东会的批准，我们还是有权对交易进行审查，看看它是否对公司公平。而在审查的时候批准交易的股东有无利害关系仍然是一道重要的门槛。所以法院在该案中特别指出如下内容：[①]

　　起初，被告争辩说由于股东对董事会决定的追认，他们不必证明公平……他们依据《特拉华法典》第 144（a）（2）条和 Gottlieb v. Heyden Chemical Corp.，Del.Supr.，33 Del.Ch. 177，91 A.2d 57（1922）一案。

　　在 Gottlieb 案中，本院说过，股东对有利害关系交易的追认尽管不是全体一致，但是也将举证责任推给了反对交易的股东，由后者证明交易极其不平等，几乎是赠与或者浪费公司的资产。本院解释道："当独立而充分知情的股东多数予以正式批准时，整个氛围焕然一新，一套新的规则产生。"

　　所谓的阿高股东的追认在本案中不会影响举证责任，因为投票同意行使购买权的多数股份都是被告们作为阿高股东拥有的。只有大约三分之一的无利害关系股东投了票，我们不能假定那些没有投票的股东是同意还是不同意。在这种情形下，我们不能说"整个氛围焕然一新"，允许偏离客观公正的标准。总之，被告还没有从事实上确立适用 Gottlieb 一案的基础。

　　这就意味着举证责任仍然在被告，被告还是需要证明交易的内在公平。不过，该案中被告在上述要点的辩论上失利之后，转而挑起了举证的担子，最终证明了交易对公司公平，保住了交易。这是适用忠诚义务内在公平标准中被告胜诉的少数例外之一。

　　仔细比较美国法学会的建议和上述两州的公司法就会发现，后者对待自我交易其实不比前者宽容。因为前者说如果符合下列条件就认定董事不违反忠诚义务，也即认定交易合法有效。而后者却没有这么肯定，只说满足了下列条件之一的交易不会仅仅因为参与交易的董事或官员有利害冲突而无效，没有说交易一定有效。上面特拉华法院的判决已经说明了这一点，而下面加州法院的判决则更加清楚。

【案例 15-2】
雷米勒砖块公司对雷米勒－丹迪尼公司[②]

　　斯坦利和斯德格斯控制着雷米勒－丹迪尼公司的多数股份。雷米勒－丹迪尼公司全资拥有三旧氏砖瓦有限公司。斯坦利和斯德格斯控制着这两家公司的董事会，又是这两家公司的执行官，从这两家公司领取工资。此外，他们还拥有并经营雷米勒－丹迪尼销售公司。方便起见，法院在下面的判词中把雷米勒－丹迪尼公司及其全资子公司三旧氏砖瓦有限公司叫作"生产公司"，雷米勒－丹迪尼销售公司叫作"销售公司"。

　　[①] 以下楷体字是本书作者的翻译。
　　[②] Remillard Brick Co. v. Remillard-Dandini Co.，109 Cal.App.2d 405，241 P.2d 66，73-77（1952）. 以下楷体字是本书作者对判词原文的翻译，宋体字是作者对案情和程序的概括性介绍说明。为了节省篇幅，突出重点，译文对原文有删减。

　　原告是雷米勒－丹迪尼公司的少数派股东，声称生产公司的多数派董事利用职权使生产公司与销售公司签订合同，剥夺了生产公司的销售职能，使本该属于生产公司的大量利润流进了斯坦利和斯德格斯的腰包。斯坦利和斯德格斯则说合同中的利害关系已经向生产公司的少数派股东和董事做了充分的披露。法院宣告这些合同无效。

　　彼得斯法官代表法院写道：

　　被告辩说因为共同董事的事实向合同双方的董事会做了充分的披露，多数股东同意交易，所以生产公司的少数派董事和股东在法律上缺乏诉由。换句话说，如果多数派董事和股东通知少数派他们将要从公司强取钱财，只要不欺骗，《公司法典》第820条就构成任何攻击都无法击破的保护交易的盾牌。如果这样解释条文是正确的，那将成为对加州法律的骇人听闻的表述，因为它完全不顾第820条阐述基本规则的第一句话"董事和公司官员应当为公司的利益诚信地行使职权"，而认为只要串通一气的董事们将他们的渎职行为向无能为力的少数派作了披露，多数派通过任何交易对少数派巧取豪夺都将不受指责。法律不是也不可能是这样的。

　　《公司法典》第820条的前身是1931年添加的《民法典》第311条。在该条通过之前的法律是：共同董事的存在使交易无效，至少当该共同董事对成交起了关键性作用的时候是这样。1931年，第311条添加到《民法典》中后改变了这条规则，而后《公司法典》第820条又进一步限制了这条规则。只要符合第820条规定的条件，交易就不会仅仅因为共同董事的存在而被宣告无效。本案在字面上无疑遵守了该条b款的规定——共同董事的存在向股东们作了披露，多数派股东又批准了这些合同。

　　但无论是《公司法典》第820条还是法律的其他规定都不会仅仅因为披露和多数派股东的批准而使这样的交易自动有效。该条的适用不是要限制董事对所有股东承担的信托义务，也不是要宽容那些没有共同董事便不会发生的交易。该条不允许官员或董事滥用权力，通过牺牲公司利益来替自己牟取不公平的好处或利润。董事应当代表公司利益，不得利用自己的地位在与公司的交易中占便宜。如果他这样做了，那就要强迫他将违反义务获取的不公利润吐出来。那些对公司不公平、不合理的交易，即使在字面上满足了《公司法典》第820条的要求，我们也可以撤销它们。如果因为多数派董事和股东披露了他们的目的和利益，就判决他们可以剥夺公司的资产为自己牟利，少数派股东在法律上没有救济的途径，那将在公司伦理道德上确立一个骇人听闻的概念。在本案中，双方无争议的事实认定显示斯坦利和斯德格斯利用他们的多数派权力，以牺牲少数派的利益为代价为他们自己谋取私利。他们作为董事和官员本来有义务实现生产公司的销售功能，现在却将这些功能从生产公司剥离。他们在销售公司的名下所做的事情，没有一样是他们作为生产公司的董事、官员和控股股东不能或者不应该做的。光说生产公司也在交易中赚到了钱，或者斯坦利和斯德格斯工作出色，都不解决问题。问题在于本来应该由生产公司赚取的大量利润现在却转移到了销售公司。斯坦利和斯德格斯的出色工作应该为生产公司做。斯坦利和斯德格斯控制着生产公司的董事会和多数股份，如果他们因此就可以合法地剥夺生产公司的销售功能以谋取私利，他们同样也可以剥夺其他的功能。如果销售功能可以用这种方式剥离以谋取私利，他们接下去也可以成立一个生产公司，把这些公司的生产职能也转移出去，最终使本案中的生产公司成为空壳。这不应该是、不是、也不能是我们的法律。

从学理上说，董事虽然不是严格意义上的受托人，但却负有信托义务，与公司和股东之间有信托关系。他们对所有股东负有义务，包括少数派股东，所以必须为股东的共同福利履行义务。公司作为一个实体的概念不能用来减轻董事对全体股东的义务。董事对公司和股东负有最高的诚信义务。公司法的基本原则是董事不得利用自己的地位，通过牺牲公司利益来获取不正当的利润。如果没有向所有受影响的人披露并且得到他们的同意，他不得获取任何个人利益。法律对于有共同董事的公司之间的合同特别关注，对一切这样的交易都会仔细审查，如果交易不公平、牺牲了少数派股东的利益，就要给予适当的救济。如果交易给一个公司带来巨大收益而使另一个公司遭受损失，尤其当多数派董事个人受益时，它就会也应当被否决。换句话说，虽然交易不会仅仅因为有利益董事的参与而可撤销，但是如果它对少数派股东不公，就不会得到支持。这些原则大致上是所有司法辖区的法律。

至此，忠诚义务的基本轮廓大致清楚了：董事或高管与公司之间有利害冲突的交易并不因此而当然无效，但是一旦有人（一般为少数派股东）质疑，举证责任在被告，由被告证明交易的内在公平，而这在绝大多数情况下都意味着被告的败诉；但是如果交易得到了无利益董事或者无利益股东的多数批准，则举证责任转向原告，由原告证明交易不公平，这意味着在绝大多数情况下原告会败诉；如果交易得到了公司董事会或股东会的批准，但是没有得到无利益董事或者无利益股东的多数批准，则举证责任仍然在被告，由被告证明交易的公平。

确认无利益董事或股东批准的前提条件是充分地披露。如有重要事实被隐瞒，则批准因缺乏充分的知情基础而无效。在 State ex rel. Hayes Oyster Co. v. Keypoint Oyster Co., 64 Wash.2d 375，391 P.2d 979（1964）一案中，公司的大股东兼总裁和董事安排公司出卖一些财产给另一个公司，而他将在后者中取得利益。交易得到了股东会的批准，但是没有披露他在其中的利益。他自己持有多数股份，投票赞成交易。法院撤销了交易，指出："本院已经废除了公司可以自由地撤销与董事之间涉及公司财产的交易的机械规则。如果董事或公司官员能够证明交易对公司公平，合同不得撤销。可是，不披露董事或官员的自身利益本身就是不公平的。"

董事会下设的委员会在其职权范围内的批准视同董事会的批准。如果董事会或下设委员会中无利益董事人数达不到会议有效数，他们仍然可以以多数票批准。不过，一般要求批准交易的无利益董事至少有两个人。

在无利益董事批准的情况下，无论是董事会还是下设委员会，法院的一个审查重点是这些无利益董事是否真的独立，在实施涉案交易的董事或高管中有没有一个或者几个特别有影响力和威慑力的董事，特别是董事长，使其他董事都听命于他。在我国，一把手说了算的情形相当普遍。如果董事会处于"一把手"或者类似"一把手"的人的统治之下，那就没有真正独立的董事，所谓无利益董事也都是傀儡，法院应对他们的批准置之不理，进而要求实施交易的董事证明交易对公司公平。在前面的辛莱斯基诉南公园路建筑公司判词中，法院特别指出："交易是否由独立而无利害关系的多数董事批准并非取决于共同董事的数量，而是取决于多数董事是否听命于一个或一组人。"[①] 这种情况在涉案董事同时又是控股股东的情况下尤其多见，因为这时其他董事，包括外部董事，很可能也是他任命的。即使他不参与对涉案交易的投票，他的影响力也在，其他董事会自觉地贯彻他的意志。在 Borden v. Sinsky，530 F.2d 478（3d Cir. 1976）一案中，公司的控股股东兼任总裁和董事，拿走了一个公司机会，但是却争辩说法院审查该笔交易时应该适用商事判断规则而不是内在公平标准，因为公司董事会知道其中的利害关系并且批准了他所实施的交易。他认为只有当批准交易的董事会成员自身有利害关系或者受实施交易的董事统治的时候才能适用内在公平标准，而那又需要证明董事会成员在交易中有经济利益。但是法院分析说："我们通过对特拉华法律的研究认识到，董事'利益'或'统治影响力'是一个事实问题，需要结合具体案子中的具体事实和周边情形具体认定……虽然有无经济利益肯定是一个相关的、经常是决定性的事实，但是它不是法院认定事实时考虑的唯一因素。"[②] 法院最后批准了内在公平标准的适用，因为批准交易的董事虽然自身没有经济利益，但是都听命于总裁。Globe Woolen Co. v. Utica Gas & Electric Co.，224 N.Y. 483，121 N.E. 378（1918）一案的情形与此相似。该案中，尤提科煤气电力公司的总裁同时又是公司的控股股东。他与公司签订了一份合同，自己没有参与投票批准该合同。法院认为交易的董事自己不参加投票从表面上看可以获得行为既适宜又体面的假定，但是通过对事实的分析，法院认定他实际统治着的董事会，因此公司有权撤销交易。著名的卡多佐法官特别指出："拒绝投票并不能消除他的影响力和统治权威。"

董事会受统治的情形相当复杂，确实如上段的 Borden 法院所说是个事实问题，需要具体情况具体分析，"结合具体案子中的具体事实和周边情形具体认定"。而面对具体的事实问题，法官的意见也有分歧。在 Gries Sports Enterprises，Inc. v. Cleveland Browns Football Co. Inc.，26 Ohio St.3d 15，496 N.E.2d 959（1986）一案中，克利夫兰·布朗斯足球公司（以下简称布朗斯）拥有克利夫兰·布朗斯足球队。公司董事会批准购买克利夫兰体育馆公司（以下简称 CSC）的全部股份。布朗斯的董事会由 7 个人组成：罗伯特·格里斯（案中原告，拥有布朗斯 43% 的股权；购买体育馆损害了他的利益）；阿瑟·莫德尔（案中的实际被告，拥有布朗斯 53% 的股权，是布朗斯的董事长兼总裁；购买体育馆给他带来了最大的利益）；帕奇许·莫德尔（莫德尔的妻子）；詹姆斯·贝利（布朗斯的法务部主任）；詹姆斯·贝里克（布朗斯的外部法律顾问，拥有布朗斯不到 1% 的股权）；理查·科尔和纳特·沃乐科（两人都是布朗斯的全职雇员）。显然，莫德尔夫妇作为交易的受益人，是有利害关系的；理查·科尔和纳特·沃乐科都是公司的雇员，自然听命于莫德尔总裁。问题是贝利和贝里克算不算独立的无利益董事。法院分析说：

---

① Shlensky v. South Parkway Building Corp.，19 Ill.2d 268，284，166 N.E.2d 793，802（1960）.

② Borden v. Sinsky，530 F.2d 478，495（3d Cir. 1976）.

先例 Johnston v. Greene，121 A.2d 919（Del.1956）一案对本案更加适用。该案中特拉华最高法院判决说：居统治地位的董事与公司之间的交易受到最严格的审查，董事必须举证证明交易公平。那里的交易是空中舰队公司的董事会决定放弃购买几个专利，而后公司董事长个人购买了这些专利。批准放弃决定时在场的董事包括佛洛依德·奥德勒姆、奥斯沃尔德·约翰斯顿和洛克菲勒。奥德勒姆是空中舰队的总裁兼董事，同时也是阿特勒斯公司的董事和大股东，而阿特勒斯又是空中舰队单一的最大股东。约翰斯顿是空中舰队的副总裁兼董事，同时也是纽约律师事务所 Simpson，Thatcher& Bartlett 的合伙人，该所恰好是阿特勒斯、空中舰队与奥德勒姆的律师。洛克菲勒也是空中舰队的副总裁兼董事，之前做过奥德勒姆的助手，交易发生时是阿特勒斯的全职雇员。对交易投票表决的只有约翰斯顿和洛克菲勒。特拉华初审法院认定这些情形使董事会受到"统治和控制"，所以交易应受到法院的严格审查，董事承担举证责任，证明交易公平。该院在第920页上说："……我说的'统治和控制'是指他的愿望就是他们的命令，是否犯罪先撇开不说……"

该案上诉之后，特拉华最高法院认为："……基层法官认定奥德勒姆统治着其他董事，不购买专利的决定是他的。这个认定我们接受。"

在本案中，我们认为由于贝里克的工作就是按照莫德尔的要求去做，所以根据特拉华判例法，他就受到了"统治和控制"，所以决定是莫德尔的而不是他的。因此，贝里克是被统治的和不独立的。

持反对意见的法官中有一位这样写道：

为了证明贝里克受到莫德尔的统治和控制，多数派依据 Johnston v. Greene，121 A.2d 919（Del.1956）一案的判决。在该案中，特拉华基层法院认定通过统治董事会，被告董事窃取了公司机会。不幸的是，哪些因素导致统治和控制没有分析清楚，不过法院并没有仅从当事人之间互相牵涉的事实去得出结论，即不是依据董事之间关系形成的方式，而是依据初审案卷中各种事实的累积，即"从公司事务在董事之间得到处理的方式去说明在现实中这是一个一人董事会——奥德勒姆董事会"，并"从有形和无形的多种情形的交互作用中去分析"。这些认定方式与本案中多数派的简单化分析毫无相似之处，后者仅仅因为贝里克是布朗斯的官员并相应履职就认定他不是一个独立的董事。

上诉人指出贝里克的律师事务所担任了公司的外部法律顾问，为交易制订计划并做好准备，由此进一步证明他有利害关系。在法律上，外部董事的参与会增强董事会决议有效的假定。本案中，贝里克的事务所收取的律师费大约在2万～2.5万美元之间，上诉人认为这构成律师在交易结果中的利益，还说因为莫德尔提出购买贝里克持有的布朗斯股份，所以贝里克就受莫德尔的统治。

可是，律师服务费并不依赖本次交易。无论董事会的表决结果如何，律师费都是要付的。律师事务所也不依赖布朗斯，因为布朗斯支付的律师费不到事务所收入的1%。而且贝里克拒绝将股份卖给莫德尔。虽然贝里克热衷于购买 CSC，这些都是他个人的观点。贝里克是数家公司的董事会成员，有公众公司，也有封闭公司。这一事实说明他很专业。所以，他不受统治，也没有个人利益玷污他的投票。

多数派错误地表述了特拉华法律，因为贝利同时担任两个公司的官员和法务部主任，他们就说这一双重职务使他成为一个"利益"董事。特拉华没有任何案例支持这样的观点。事实上，多数派引用的案例都认为利益董事必须处于交易的两边并从中得到不应得到的好处。

贝利是布朗斯的内部法律顾问。他之所以被认为是利益董事，是因为他协助规划了这两笔交易。说莫德尔统治他是因为他是莫德尔推荐到董事会担任董事的，有时候，莫德尔还派贝利去替他谈判。

特拉华法律很清楚：光有职务上的联系不至于使董事的投票失效。在特拉华最高法院看来，"光指责董事被统治或者根据左右公司选举结果的人的要求选出还不够，因为公司董事都是这么来的。一般说来，与董事独立性相关的是他履行义务的注意和用心程度以及个人责任意识，而不是选举方式。""根据特拉华法律，这样的争辩不能支持任何……董事缺乏独立性的声称。"要否定董事独立，"就必须证明董事通过个人和其他关系听命于控制人。"

多数派反复采用初审法院的认定，因为贝利"发起和规划了CSC的买卖，参加了谈判并且确定了价格，所以他是'一个利益董事'"。董事有无利害关系直接关系到商事判断的分析。而这又构成多数派认定交易内在不公的基础。由此，多数派表现出了对公司事务的外行，更不用说特拉华法律了。

由于贝利的职位，他自然要为布朗斯因而也为莫德尔谈判。他是由董事会全体董事，包括格里斯，批准为董事的。从来没有任何证据证明贝利实施过自我交易。他相信布朗斯应该购买CSC，以便控制球队训练的设备。对于问题的相同看法不能上升到统治和个人利益的高度。

可见，认定批准交易的董事是否真正独立无利害关系经常会引发争议。作为一个事实问题，只能具体情况具体分析。在批准董事自身无利益的情况下，原告必须举证证明他受到交易董事的统治或控制，因而是不独立的。可是什么样的证据可以证明他不独立，受控制和操纵？工作关系够不够？亲戚、朋友、同学关系呢？这些深入细致的具体问题都有待法院在审判实践中逐步摸索经验，从中提炼出有用的标准来。

我国公司实践中同样存在着董事和高管实施自我交易的情况。尽管公司法的规定还比较粗糙，但是法院还是根据实际情况对这类案子作出了判决。与美国法院相比，我国法院在适用标准时可能还没有这么细腻和深入，但是也不乏可圈可点之处。

【案例 15-3】

上海逸华经贸发展有限公司与刘志军、朱宏伟、上海海逸科贸发展有限公司董事、经理损害公司利益纠纷案 [①]

上海市第二中级人民法院 2003 年 4 月 28 日

1999 年 7 月，唐伟国、陈红燕和朱宏伟分别出资 75 万元、10 万元、15 万元共同投资成立了上海逸华经贸发展有限公司（以下简称逸华公司），主要从事化工原料及产品的销售。因投资人数少，公司不设立董事会及监事会，仅设执行董事 1 名，监事 1 名：

[①]（2003）沪二中民三（商）终字第 41 号。原判词较长，这里为节省篇幅，突出重点而进行了删改。

法定代表人唐伟国兼任执行董事和总经理；朱宏伟任监事。2000年8月，刘志军加入逸华公司成为新股东。通过股权转让，刘志军占股份28%（28万元）；朱宏伟占32%；唐伟国和陈红燕各占20%。唐伟国仍然是法定代表人、执行董事、总经理，具体负责公司的进关报关、资金筹备等工作；刘志军、朱宏伟负责公司的业务经营，包括寻找货源、项目开发和市场销售等；陈红燕负责公司的财务会计工作。

2000年12月，刘志军、朱宏伟分别出资82.8万元和55.2万元，投资成立了海逸公司，从事和逸华公司同类的化工原料和产品的销售，刘志军任法定代表人、执行董事和公司经理，朱宏伟任监事。

2000年11月，逸华公司委托浙江省嘉善县对外贸易公司向美国欧文斯科宁公司进口200 000千克玻璃纤维纱。2001年1月5日，逸华公司将上述玻璃纤维纱销售给江汉石油管理局沙市钢管厂玻钢分厂（以下简称江汉玻钢分厂），双方签订的《销售合同》约定，销售价格为每千克人民币19.8元，分6批供货，2001年5月份前交货3批，计100 000千克，其余货物9月底前分3批交货完毕。至2001年5月30日，逸华公司共向江汉玻钢分厂供货96 827千克。

随后，刘志军、朱宏伟通过海逸公司从上海昌兴工贸有限公司购进玻璃纤维纱二批，分别为39 714千克（每千克13.236 085 47元）和38 706千克（每千克13.386 054 700 9元）。然后，海逸公司将上述两批玻璃纤维纱分别以每千克15.384 615元和15.811 97元的价格销售给逸华公司，再由逸华公司供应给江汉玻钢分厂，完成逸华公司和该厂的合同。海逸公司从中获取差价分别为85 326.72元和93 897.66元，扣除海逸公司进货过程中的服务费39 458.30元和运费3 937元，海逸公司实际获取差价收入总额为人民币135 829.08元。

2001年5月至9月，通过刘志军、朱宏伟的操作，海逸公司从逸华公司处购进二氧化硅和炭黑等化工原料，然后将其中的部分货物加价或平价销售给他人，从中获取差价收入人民币2 358.79元。

2001年10月22日，逸华公司四名股东召开会议，决定暂停营业，清理账目库存。之后，唐伟国代表逸华公司起诉刘志军、朱宏伟及他们的海逸公司，请求返还其通过买卖玻璃纤维纱、二氧化硅和炭黑获得的利润。

法院认为，刘志军、朱宏伟虽然名义上是逸华公司的业务员，但实际在履行董事、经理的职责，即代表股东经营管理公司财产，且朱宏伟是该公司的监事。四人各自负责公司正常经营所必需的一部分工作，同时对公司的经营、财产进行控制和管理。刘志军、朱宏伟负有类似公司经理、董事的义务，其买卖玻璃纤维纱的行为违反了《公司法》第六十一条"董事、经理不得自营或者为他人经营与其所任职公司同类的营业或者从事损害本公司利益的活动。董事、经理除公司章程规定或者股东会同意外，不得同本公司订立或者进行交易"的规定。"海逸公司、刘志军、朱宏伟认为，玻璃纤维纱和二氧化硅、炭黑等化工原料交易是帮助逸华公司解决困难，且还帮助逸华公司实现了利润，其没有损害逸华公司权益的辩称不能成立"[①]。于是一审法院判决被告归

---

① 本文中的引文均摘自二审判词原文。

还原告 135 829.08+2 358.79=138 187.87 元利润并支付诉讼费用。

被告不服，上诉，称"因唐伟国未向逸华公司出资导致逸华公司经营困难，唐伟国亦不让股东知晓逸华公司混乱的管理情况，因无法与唐伟国协商，故面对商机，刘志军与朱宏伟成立了逸华公司，目的并非截留逸华公司的利益。""由于逸华公司的进口代理商嘉善外贸公司不能代开信用证，使逸华公司无法通过进口货物来履行国内的玻璃纤维纱合同并将承担违约责任，故海逸公司另行出资向其他企业购买了玻璃纤维纱提供给逸华公司，由逸华公司履行向国内企业的交货义务。海逸公司此举非但没有违反诚实信用原则，相反使得逸华公司在无须预付任何款项的前提下，通过转手即获取了相应利润并避免了违约赔偿。"

二审法院认为，"刘志军、朱宏伟作为逸华公司的股东，投资成立海逸公司，和逸华公司从事同类的化工原料产品的销售，已属竞业禁止行为。虽有证据证明因嘉善外贸公司不能代逸华公司开立信用证，可能导致逸华公司无法进口玻璃纤维纱，但这并不意味着逸华公司便无法通过其他途径解决玻璃纤维纱的货源问题；目前亦无证据证明，刘志军、朱宏伟曾将两人设立海逸公司、以海逸公司名义向案外人购取玻璃纤维纱、加价销售给逸华公司等活动告知逸华公司股东会并获同意。"因而一审判决并无不当。维持原判。

刘志军、朱宏伟通过自己的海逸公司与其任职高管的逸华公司交易，是典型的自我交易。如前所述，现代公司法上的信托义务规则一般都允许董事、高管自我交易，但是必须光明正大，告知公司，并经独立无利害关系的董事或者股东的批准。本案中的被告没有这样做，既不告知，更谈不上获得批准，所以明显违反了忠诚义务。

或许事情正如被告所说，逸华公司面临违约的风险，其所实施的自我交易是帮助逸华公司解决困难，使得逸华公司在无须预付任何款项的前提下，通过转手即获取了相应利润并避免了违约赔偿。但是作为逸华公司的高管，对逸华公司负有忠诚义务。因为实施的是自我交易，所以必须履行告知义务，并且获得逸华公司无利害关系的董事或股东特别是唐伟国的批准。逸华公司如果处在被告所说的情况下，也应该会批准。少了告知和获准的程序，被告必须证明交易的内在公平。那么，本案中被告有没有成功地证明交易对逸华公司公平呢？诚然，逸华公司在交易中实现了赢利，没有亏损。但是作为负责业务经营、寻找货源的公司高管，在公司已经签订合同、负有交货义务的情况下，被告有义务将商业机会呈交公司，而不得三心二意地通过自己的海逸公司截留一部分利润。这才是忠诚义务的真实含义。被告违法了这一义务。法院按照当时《公司法》第61条的规定判其返还利润给逸华公司，是完全正确的。

被告私自设立海逸公司的行为构成同业竞争，违反了竞业禁止的义务。从被告的解释来看，他们显然和唐伟国之间发生了矛盾。这时正确的做法是先辞职，然后再设立海逸公司。只要他们与逸华的雇佣合同中没有相关的禁止性规定，他们就不再对逸华公司负有任何义务，也有权实施同业竞争。

2003 年此案判决时的公司法是在 1993 年制定的，其间并无大的修改。那部法律的规定相对而言还是相当粗糙的。除了董事之外，对于高管只点了经理一职。两位被告没有董事、经理的名号，因而从严格的字面意义上说并不在第 61 条的禁止范围内。但是逸华公司的每位股东都直接参与公司的经营管理，而且各管一块领域，每一块都十分重要。被告实际上属于公司的高级管理人员。法院灵活地将他们类比董事、经理，是正确的。

【案例 15-4】
无锡微研有限公司诉徐乃洪等买卖合同纠纷案 ①
江苏省无锡市滨湖区人民法院（2006 年 12 月 19 日）

无锡微研有限公司（以下简称微研公司）系日本（株式会社）微研有限公司于 1994 年 5 月 10 日投资设立的一家外商独资企业，位于无锡市蠡园经济开发区，经营范围为生产销售各类精密模具、精密零部件配套设备及其产品等。该公司章程第二十条规定：总经理、副总经理不能兼任其他经济组织的总经理或副总经理，不得参与其他经济组织对本公司的竞争行为。

2005 年 3 月 22 日，时任公司财务部部长的中方高级管理人员徐乃洪与公司另一日方高级管理人员飞世浩二向公司当时的法定代表人木下宪雄建议，将一批长期封存的报废设备（具体为：万能铣床 3 台、坐标镗床 2 台、手动平面磨床 12 台、通用曲线磨床 2 台、手动绘图仪和空压机各一台，共计 21 台）提供给徐乃洪的协力公司使用。木下宪雄在该份报告书上签了字。4 月 7 日，微研公司出具了一份《承认书》，内容为"现无锡微研有限公司承认徐乃洪副总经理同时兼任协力公司（现为无锡德森精密模具有限公司）（以下简称德森公司）执行董事职务。该公司系自负盈亏企业，徐乃洪在该公司的债权债务与微研公司无关"。5 月 31 日，微研公司和徐乃洪又签订了一份《承包租赁合同》，约定由徐乃洪承包微研公司现有的制品制造部，承包期为三年，自 2005 年 12 月 1 日起至 2008 年 11 月 30 日止。6 月 2 日，徐乃洪承包的制品制造部向公司提出申请书，称原与公司签订的设备租赁协议中的部分设备需修理，请求批准由公司负担修理费。此后，微研公司共支付了设备修理费 20 万元。

2005 年 6 月 21 日，德森公司设立，注册资本为 100 万元，经营范围为精密模具及配件的设计、开发、制造、加工、销售等，股东为徐乃洪和曹晖，徐乃洪任公司执行董事、总经理和公司的法定代表人，飞世浩二为公司的监事。7 月，微研公司将一批设备移交给了德森公司，包括万能铣床 3 台、手动平面磨 12 台、油压平面磨 2 台、通用曲线磨 2 台、手动绘图仪和空压机各一台，共计 21 台。9 月 22 日，微研公司和德森公司又签订《协议书》一份，内容为：为了降低日本本社的制造成本，微研公司认定德森公司为协作外注 ② 公司；微研公司将日本本社的部分工作委托于德森公司进行外注加工；德森公司独自开展营业活动，等等。

---

① （2006）锡滨民二初字第 0810 号。原判词较长，这里为节省篇幅，突出重点而作了删改。

② "外注"不是汉语词汇，是日语词汇，是外部订货的意思。

2005 年 12 月 9 日，微研公司和德森公司签订《机器买卖合同》，约定：微研公司将 7 月份移交给德森公司的 21 台设备外加一台变压器，合计 22 台，卖给德森公司，总金额为 20 万元；先付 5 万元定金，余款在微研公司交货后双方协商分期支付；上述机器设备的修理费用，已由德森公司负担。当日，德森公司向微研公司付款 5 万元，余款未付。

2006 年 2 月 16 日，微研公司与徐乃洪协议：解除劳动合同、解除微研公司和徐乃洪签订的制品制造部承包合同。同日，徐乃洪正式离开微研公司。

2006 年 8 月 25 日，微研公司提起本次诉讼，状告德森公司和徐乃洪。诉讼中，微研公司的投资人"日本（株式会社）微研有限公司"出具情况说明一份，言明：日本（株式会社）微研有限公司从未同意徐乃洪以协力公司名义设立德森公司，对德森公司作为协力公司既不知情也不认可；对微研公司前总经理木下宪雄 2005 年 4 月 7 日出具的《承认书》、2005 年 9 月 22 日和德森公司签订的《协议书》、2005 年 12 月 9 日签订的《买卖合同》既不知情也不认可；对飞世浩二担任德森公司的监事既不知情也不认可。

原告微研公司请求法院判令：（1）2005 年 12 月 9 日签订的《机器买卖合同》无效；（2）德森公司返还上述《机器买卖合同》涉及的设备；（3）德森公司返还微研公司已支付的机器修理费及使用费 22 万余元；（4）徐乃洪对德森公司上述义务承担连带责任。

被告徐乃洪、德森公司辩称：（1）徐乃洪担任德森公司法定代表人是经过微研公司盖章及法人代表签字同意确认的，微研公司并认定德森公司为其协作外注公司，旨在降低微研公司的制造成本。因此徐乃洪不存在微研公司所述的"自营或经营与其任职公司同类的营业"行为；（2）双方对废旧设备达成的买卖协议是双方当事人的真实意思表示，不违反法律的规定，应为有效；（3）微研公司对徐乃洪因劳动合同解除而给予的经济补偿及徐乃洪承包微研公司的制品制造部的利润部分，与徐乃洪和德森公司所欠微研公司二手坐标磨设备款予以折抵，并无违法之处，且 2 月 16 日协议已明确徐乃洪与微研公司已两清，故该协议亦为有效。综上，请求法院驳回微研公司的诉讼请求。

江苏省无锡市滨湖区人民法院认为，《公司法》第 11 条规定"公司章程对公司、股东、董事、监事、高级管理人员具有约束力"，第 21 条规定"公司的控股股东、实际控制人、董事、监事、高级管理人员不得利用其关联关系损害公司利益"，第 148 条规定"董事、监事、高级管理人员应当遵守法律、行政法规和公司章程，对公司负有忠实义务和勤勉义务"，第 149 条规定了董事和高级管理人员"不得违反公司章程的规定或者未经股东会、股东大会同意，与本公司订立合同或者进行交易；未经股东会或股东大会同意，不得利用职务便利为自己或他人谋取属于公司的商业机会，自营或者为他人经营与所任职公司同类的业务"。本案中，首先，微研公司的公司章程第 20 条明确规定"总经理、副总经理不能兼任其他经济组织的总经理或副总经理，不得参与其他经济组织对本公司的竞争行为"，而徐乃洪 2005 年 6 月 21 日出资设立经营范围亦涉及精密模具及配件的制造、销售的德森公司并担任德森公司法人代表、总经理时尚担任着微研公司的副总经理，徐乃洪的上述行为显然已经违反了微研公司的公司章程。徐乃洪虽然举证了微研公司出具的《承认书》，认为其兼任协力公司——德森公司执行董事职务已得到微研公司认可，但事实上微研公司内部高级管理人员担任与公司经营范围基本相同的其他公司的执行董事或高级管理人员这一公司内部经营管理中的重大事项且可能对公司权益产生重大影响的行为却未经过微研公司股东日本（株式会社）微研有限公司的同意。而根据《公司法》的相关规定，不难看出类似徐乃洪这样的高级管理人员如需实施上述行为必须严格按照公司章程或者股东会、股东大会的意见进行，仅凭公司盖章及法人代表签字并不能视为公司的股东或出资人对上述明显违反公司章程行为的认可。何况，徐乃洪当时的微研公司中方副总经理身份亦可为其获得上述形式的承认提供相当的便利。其次，微研公司虽与德森公司签订协议书"认定德森公司系微研公司的协作外注公司；微研公司将日本本社的部分工作委托于德森公司进行外注加工；德森公司独自开展营业活动"，但设立后的德森公司却从未与微研公司有过一单外注加工业务，而完全是独立核算、自负盈亏、独自开展营业活动，与其协力公司的身份根本不相符。因此，徐乃洪在担任微研公司副总经理时即设立与微研公司经营范围基本相同的同类公司并担任该公司的法人代表、执行董事的行为，违反了《公司法》的相关规定，违背了其对微研公司应负有的忠实义务，客观上损害了微研公司的利益。故徐乃洪辩称其"不存在微研公司所述的'自营或经营与其任职公司同类营业'的行为"与事实不符，本院不予采信。

关于德森公司以 20 万元价格购买的一批报废闲置机器，在 2005 年 3 月德森公司尚未成立时，徐乃洪即建议将该批长期封存在公司西工场的报废设备提供给协力公司使用。此后的 4 月 4 日，徐乃洪又以协力公司的名义和微研公司签订了一份《设备租赁合同》一份，约定将该批设备出租给徐乃洪使用，且设备的安装、调试、使用、保养、维修管理等均由徐乃洪自行负责。但 6 月 2 日，徐乃洪向微研公司提出申请书，称原与微研公司签订的设备租赁协议中的部分设备需修理，请求批准由微研公司负担修理费 214 363 元。后微研公司为此支付了 20 万元的设备修理费。7 月，在德森公司成立后一个月该批设备共计 21 台立即移交给了德森公司。2005 年 12 月 9 日，德森公司和微研公司签订了《机器买卖合同》一份，约定微研公司将一批报废闲置机器 22 台以 20 万元的价格卖给德森公司，且言明上述机器设备的修理费用已由德森公司负担。而事实上，该批"报废闲置机器"早已由微研公司出资修复并由德森公司实际使用至今，徐乃洪、德森公司也根本未向微研公司支付设备的维修费用。通过上述事实不难发现，德森公司以 20 万元价格购买的这批"报废闲置机器"中的部分设备单是修理费即已超过了 20 万元，德森公司以如此价格购买的这批设备早在德森公司成立前即由徐乃洪以修理、租赁的形式先行掌握，最终由其设立的德森公司占有使用。因此，2005 年 12 月 9 日的《机器买卖合同》形式上虽然是德森公司和微研公司签订的一份买卖合同，但其实质却是徐乃洪作为微研公司高级管理人员违反公司章程的规定及未经微研公司出资人同意，自行与微研公司订立合同进行交易，且合同内容明显损害微研公司的利益。徐乃洪的上述行为违反了《公司法》的相关禁止性规定，根据该法关于合同效力的规定，该合同应为无效合同。

综上，德森公司应将上述《机器买卖合同》机器设备立即返还微研公司，微研公司同时将德森公司支付的 5 万元设备款退还德森公司。由于徐乃洪在德森公司尚未设立时即向微研公司租赁使用了上述设备且约定设备的修理费由其承担，现设备被德森公司实际使用至今，则上述设备微研公司实际支出的修理费 20 万元理应由德森公司和徐乃洪共同承担。鉴于德森公司于 2005 年 12 月 13 日向青岛昌汉精密机械有限公司支付了修理费 62 000 元整，而微研公司对此笔款项于庭审中予以认可，则该 62 000 元应从 20 万元中扣除。

一审宣判后，双方当事人均未上诉，一审判决已经发生法律效力。

这是十分明显的、由公司高管实施的自我交易案，被法院判为无效。参与审理此案的法官在事后写下了如下的评析：徐乃洪在其尚未离开微研公司时即另行设立德森公司，并以德森公司或其自己的名义与微研公司订立合同，将微研公司的部分资产低价卖给德森公司。身为微研公司高级管理人员，徐乃洪清楚这一行为可能导致的法律后果。所以他在设立德森公司之前就先期取得了微研公司出具的《承认书》，承认其为协力公司——德森公司执行董事。徐乃洪认为，既然微研公司已经在该《承认书》上加盖了公章，那就足以证明微研公司对其在职时另行设立德森公司的行为是知晓且认可的，这样就不存在违反公司章程和公司法相关规定的问题了。我们暂且不说徐乃洪作为微研公司中方分管财务的副总在获得公司日方总经理签字及加盖公司公章方面拥有多大的便利，即便这种承认的取得是无任何瑕疵的，该《承认书》仍然不能使其违法行为变得合法化，因为公章仅是一个公司对外进行民事活动的身份象征，当其出现在事关公司利益的内部经营管理活动中时，其效力并不能等同于公司决策机构或股东的意见。作为一家日商独资企业，微研公司的投资人只有一个，就是日本（株式会社）微研有限公司，而对于可能给公司权益带来重大影响的公司高管的这种明显违反公司章程的行为，微研公司的投资人即唯一股东事先并不知情，事后也已明确声明不予认可。在这样的情况下，徐乃洪仅凭一纸微研公司的《承认书》显然不能对抗公司章程的具体规定，更不能对抗公司法的相关禁止性规定，因为《承认书》并不意味着公司股东或者公司决策机构对这种行为的同意和认可。由于《承认书》已不能成为徐乃洪违反忠实义务、损害公司利益的理由，则其以自己及德森公司名义与微研公司订立的合同当然也违反了《公司法》第 149 条的禁止性规定。

具体到条文，被告违反的是第 149 条（现行第 148 条）第 1 款第 4、第 5 两项：既违反章程规定又违反法条，未经股东会同意而与公司订立合同；未经股东会同意而自营与所任职公司同类的业务，进行同业竞争。

此事件中违反高管忠诚义务的不仅是被告，还有日方的总经理。显然因为二人关系密切或者有其他的幕后利益交易，日方总经理站在了被告一边，牺牲了日本股东和日资公司的利益。总经理虽然没有在本案中被列为被告，但是可以想象，日方公司会在内部对他作出适当的处理。

本案确立的规则是：公司高级管理人员违反公司章程规定，未经公司股东会同意，自行设立并经营业务范围基本相同的其他公司，并利用职务便利使两公司订立买卖合同，合同内容明显损害所任职公司利益的，该合同无效。被告承担赔偿责任。所任职公司对被告设立其他公司的认可不能等同于公司股东会或者股东大会的意见。

【案例 15-5】

洪滨与宁波港中旅华贸国际物流有限公司损害公司利益责任纠纷上诉案 ①

上海市第一中级人民法院民事判决书 2015 年 3 月 25 日

宁波港中旅华贸国际物流有限公司（以下简称宁波港中旅公司）诉其原总经理洪滨违反忠诚义务损害公司利益请求赔偿一案，经上海市浦东新区人民法院（2013）浦民二（商）初字第 3820 号民事判决，由洪滨赔偿宁波港中旅公司 247 750 元，并承担案件受理费 5 166 元和审计费 40 000 元。洪滨不服一审判决，向上海市第一中级人民法院（以下简称中院）上诉。中院维持原判。

洪滨原先在由他控股的德胜公司工作。B 公司是货运企业，其海运订舱业务主要由洪滨代理。2011 年 7 月 30 日，洪滨购买了 B 公司 3% 的股份，不久以后又被选举为 B 公司的董事。

2011 年 9 月 22 日，洪滨与 A 股份有限公司（以下简称 A 公司）签订《个人服务合同》，约定洪滨在 A 公司的子公司宁波港中旅公司担任董事、总经理职务，服务时间为 2011 年 7 月 1 日至 2014 年 6 月 30 日，年基本工资税前 30 万元。双方还签署了其他相关文件，规定高级管理人员，包括但不限于分/子公司正/副总经理，须对公司履行诚信与勤勉义务，不得参与可能导致与公司利益冲突的活动等。洪滨承诺并确认：目前没有从事任何依据道德规范应予披露和报告的事项，或者可能与道德规范相冲突的活动或行为。合同签订后，A 公司每月以银行转账形式支付洪滨工资 25 000 元。

洪滨到宁波港中旅公司工作之后，将 B 公司的货运业务也带了过来。

本案的争议焦点是洪滨给予 B 公司的订舱费价格是否过低，以致损害了宁波港中旅公司的利益。换句话说，洪滨作为宁波港中旅公司的董事和总经理，同时又作为 B 公司的董事和 3% 股东，在两个公司的交易中有没有违反对宁波港中旅公司的忠诚义务。

问题是洪滨在决定 B 公司的订舱费时没有向宁波港中旅公司的董事会或股东 A 公司说清楚其中的利害关系。

2012 年 2 月 28 日，宁波港中旅公司员工曹 C 给洪滨发送电子邮件，认为公司所收的订舱费太低，利润在 60 元/柜左右，应该适当提高价格，获取 100 元/柜左右的利润。洪滨同日回邮件："这个事情我们几个，你、我、老陈，周 D 明天上午开个会，大家讨论一下。"同年 9 月 17 日，宁波港中旅公司的财务经理周 E 又给洪滨发送邮件："洪总，近期发现浦东一部有如下情况：浦东一部的订舱费有三个档：小柜收 190 元，大柜/高箱/冷代干柜收 270 元，超高柜收 290 元，我们付码头的港务港建费成本是小柜 104 元，大柜/高箱 166 元，超高柜 183 元，冷柜 206 元。'冷代干'每票的利润为 270（订舱）−206（港务港建）−40（EDI）−16（堆存，我们多付两天的堆存费）=8 元。操作部反映这类'冷代干'的柜型以前一直这么收费，是否需要调整订舱费，请批示"。两日后洪滨回复："好的。我来处理一下。"

---

① （2015）沪一中民四（商）终字第 107 号。原判词有一万多字，晦涩难懂，本书作者根据原判词做了改编，使得内容更加简明易懂。

2012 年 12 月 18 日，洪滨向 A 公司递交《辞职报告》一份，内容："本人洪滨因个人原因辞去宁波港中旅华贸国际物流有限公司董事总经理职务。承诺放弃其他个人权利"。同时，洪滨又出具《承诺书》一份，表示："本人洪滨承诺在 2013 年 2 月 28 日前结清所有在 2012 年 12 月 18 日以前归结在洪滨名下订舱客户的运费。如到期没有结清由本人洪滨承担。同时承诺归还 2011 年 12 月 20 日起到目前为止的薪金所得"。A 公司支付洪滨的工资至 2012 年 11 月 30 日止。所以洪滨承诺归还的薪水为一年差 20 日。

2013 年 5 月，洪滨将 A 公司诉至原审法院，案号为（2013）浦民一（民）初字第 17113 号，要求 A 公司支付 2012 年 12 月 1 日至办理退工 2013 年 1 月 11 日止的工资、支付违法解除劳动合同赔偿金 75 000 元等。洪滨声称其辞职系受到 A 公司的胁迫所为，但是未能提供相关证据予以证明，因而法院没有采信。该案判决后，A 公司与洪滨均未上诉，判决已依法生效。

由于洪滨没有履行 2012 年 12 月 18 日《承诺书》中的承诺，宁波港中旅公司起诉，称洪滨在担任公司总经理期间，利用职权给予了 B 公司过低的订舱费价格，损害了宁波港中旅公司的利益，请求赔偿该过低价与市场价格之间的差额。

宁波港中旅公司系宁波市口岸协会国际联运分会（以下简称联运分会）成员，B 公司宁波分公司不是联运分会成员。一审过程中，联运分会向法院提供了该协会 2011—2013 年度宁波地区会员单位之间收取的海运订舱费内部优惠价格和市场参考价格，详见表 15-1 和表 15-2。

表 15-1　内部优惠价

20 英尺普通柜	220 元	订舱费 180 元 + 港杂费 40 元
40 英尺普通柜	350 元	订舱费 280 元 + 港杂费 70 元
40 英尺高柜	350 元	订舱费 280 元 + 港杂费 70 元
20 英尺冷冻柜	270 元	订舱费 230 元 + 港杂费 40 元
40 英尺冷冻柜	450 元	订舱费 380 元 + 港杂费 70 元
45 英尺高柜	400 元	订舱费 330 元 + 港杂费 70 元

表 15-2　市场参考价

20 英尺普通柜	240 ~ 260 元	同样含港杂费 40 元
40 英尺普通柜	370 ~ 390 元	同样含港杂费 70 元
40 英尺高柜	370 ~ 400 元	同样含港杂费 70 元
40 英尺冷冻柜	450 ~ 470 元	同样含港杂费 70 元
45 英尺高柜	420 ~ 440 元	同样含港杂费 70 元

以上两张表中的港杂费是指起运港口发生的出货企业需要支付给宁波港各码头的港口设施安保费和港务费，由货代企业代收代付。联运分会还对宁波海运市场的实际情况

作了说明：货代企业向客户收取订舱费（港杂费等代收代付费用除外）均由货代企业和出货企业自行协商确定，并无政府或者行业指导行为（除本协会会员之间按会员指导价执行）。海运订舱费的定价机制比较复杂，无法形成政府指导价或者行业指导价，纯粹是市场定价。只要货代企业向出货企业所收取的订舱费不低于船公司报价就不构成不正当竞争。在这种情况下，货代企业通常根据出货企业的出货箱量、结算方式（预付或到付或者应收订舱费的账期长短）、操作成本（有的仅代为订舱只收取手续费）等情形自行决定订舱费标准，在激烈的市场竞争环境下也不排除部分货代企业为了增加市场份额向出货企业收取更低订舱费的情况。因此，通常一家货代企业内部也没有固定收费标准，会针对不同出货企业形成不同的收费标准。该协会的会员优惠价肯定不是宁波海运市场的订舱费最低价。

根据原告的申请，上海上审会计师事务所于 2014 年 10 月 8 日出具审计报告：2011 年 12 月至 2012 年 12 月期间宁波港中旅公司与 B 公司宁波分公司的订舱费（含港杂费）单价均小于联运分会的市场参考价下限，该期间双方订舱交易的集装箱业务共计 1 748 笔，集装箱数量共计 2 555 只，其中：20 英尺普通柜集装箱 280 只、40 英尺普通柜集装箱 771 只、40 英尺高柜集装箱 1 231 只、40 英尺冷冻柜集装箱 36 只、45 英尺高柜集装箱 237 只，一共收取的费用为 675 930 元，已经全部结清。而根据联运分会出具的市场参考价下限计算，总额应为 923 680 元，与实际收取的 675 930 元相比，差额为 247 750 元。

那么，从 2011 年 12 月至 2012 年 12 月期间，洪滨有没有故意低收 B 公司的订舱费，从而损害了宁波港中旅公司的利益？

法院首先审查了洪滨对两个电子邮件的处理。据洪滨说，他在 2012 年 2 月 28 日收到曹 C 的邮件之后即召开了他在回复邮件中所提的会议，但具体价格是共同讨论决定的，其持有的具体观点，因时间久远已记不清楚。但是原告宁波港中旅公司否认召开了该会议，洪滨没有证据证明该次会议的召开。法院认为，从常理而论，既然是共同讨论决定价格，继续执行的价格应是根据一定规则综合与会人员观点的结果。洪滨作为宁波港中旅公司总经理，作为其所称会议的召集人，至少应当记得其与会时持有何种观点，继续执行原价格，抑或调整价格？而洪滨却称因时间久远记不清楚自己持何观点。这与其在审理中所称的宁波港中旅公司与 B 公司宁波分公司之间的订舱交易是市场价格无法相互印证。据此，可以认定洪滨在故意回避问题，会议并没有召开，给予 B 公司宁波分公司的订舱价格确实偏低。关于 2012 年 9 月 17 日、19 日洪滨与周 E 之间的电子邮件，洪滨说他找了具体操作人员了解该情况的真实性，并根据实际情况反映给上级，但是也没有提供相关证据予以证明。从宁波港中旅公司与 B 公司宁波分公司之间的订舱交易来看，后续的订舱费并未发生明显变化。

其次，法院分析了洪滨在 2012 年 12 月 18 日提交的辞呈和承诺书。他在（2013）浦民一（民）初字第 17113 号案件中已经提出其辞呈与承诺系受胁迫的观点，但并未提供相关证据证明。在本案中，洪滨同样未提供有效证据予以证明。一审法院认为，洪滨作为完全民事行为能力人，作为公司高管，完全有能力对于自己的行为是否违法、是否涉嫌犯罪作出基本判断。洪滨递交辞呈，尤其是出具承诺书，恰恰说明洪滨确实存在不当行为，而并不存在其所称的胁迫。从承诺书的内容来看，洪滨承诺于 2013 年 2 月 28 日前归还 2011 年 12 月 20 日起到目前为止的薪金所得。该承诺返还的金额（注：洪滨在 A 公司的年薪为税前 30 万元）与审计得出的差额 247 750 元具有相当的可比度。而这亦印证了宁波港中旅公司的解释即承诺书中所称的返还薪金属于赔偿的说法。

洪滨提交了 B 公司宁波分公司与其他公司的海运出口货运委托协议、对账单，以说明宁波港中旅公司给予 B 公司宁波分公司的订舱价格是市场价格。他还申请审计：（1）原告在涉案期间与基业国际货运（中国）有限公司和宁波市宇泰国际物流有限公司的业务发生情况（价格、结算方式、箱量），用于与 B 公司业务的比较；（2）B 公司与其他货代公司的成交价格情况（合同价格和履行价格），用于与原告所收价格的比较。

但是法院认为，判断是否损害宁波港中旅公司利益，立足点在于宁波港中旅公司本身，适当考量相关行业整体的价格趋势。个别公司确定的价格不能作为宁波港中旅公司所给予的订舱价格是否偏低的依据。从联运分会所作的情况说明来看，市场上发生的订舱最低价不能作为评价宁波港中旅公司给予 B 公司宁波分公司的订舱价格是否合理的标准。B 公司宁波分公司并非宁波市口岸协会国际联运分会的成员，不适用会员内部优惠价格。市场参考价虽然不是指导价，但应是综合地区行业整体情况而作出，反映了相关行业整体的价格趋势，具有一定的客观性，可以用作评价宁波港中旅公司给予 B 公司宁波分公司的订舱价格是否合理的参考。宁波港中旅公司通过审计其与 B 公司宁波分公司结算收取的 2011 年 12 月至 2012 年 12 月期间订舱费总金额与根据联运分会出具的情况说明中市场价下限计算的订舱费总金额之间的差额来印证其主张的经济损失，具有相当的合理性。洪滨出具的承诺书应是其真实意思表示，并非胁迫所致。因此，法院认为，启动洪滨所申请的审计没有必要。根据承诺书，洪滨须于 2013 年 2 月 28 日前作相应返还，但洪滨未作履行，宁波港中旅公司主张从 2013 年 3 月 1 日起按照中国人民银行同期贷款利率的标准计算相应的逾期付款利息，并无不当，应予支持。

法院判决：一、洪滨于判决生效之日起十日内赔偿宁波港中旅公司经济损失 247 750 元；二、洪滨于判决生效之日起十日内支付宁波港中旅公司逾期付款利息（以 247 750 元为基数，从 2013 年 3 月 1 日起计算至本判决生效之日止，按照中国人民银行同期贷款利率的标准计算）。案件受理费 5 166 元，审计费 60 000 元，两项合计 65 166 元，由宁波港中旅公司负担 20 000 元，洪滨负担 45 166 元。

洪滨不服该判决，向中院上诉，称：一、本案中宁波市口岸协会国际联运分会所作情况说明上的订舱价并非市场的公允价格，洪滨向 B 公司收取的海运订舱费属合理范围。因为在宁波港中旅公司设立前，他在德胜公司工作时向 B 公司收取的海运订舱费标准与其在宁波港中旅公司时向 B 公司收取的标准是一样的；洪滨从宁波港中旅公司离职后，其新入职的公司向 B 公司收取的订舱费价格也是一样的；而且，原告对有的客户收取了比 B 公司更低的订舱费。二、在（2013）浦民一（民）初字第 17113 号案件审理过程中，洪滨曾提交了短信用以证明其受胁迫的事实，承诺书是在受到胁迫情况下作出的。因此洪滨请求中院撤销原判，改判驳回宁波港中旅公司原审诉讼请求。

　　为证明其上诉主张，洪滨向中院提交了 4 组证据：（1）原告员工何 F 给洪滨的电子邮件，针对 B 公司的订舱费价格予以了说明，证明 B 公司的订舱价在宁波地区都是较低的；（2）原告通讯录，证明何 F 为原告员工；（3）原告向洪滨发送的关于代开发票及资金情况汇报的电子邮件，证明原告的原审举证内容不全面，洪滨没有侵犯原告利益的行为；（4）宁波正源会计师事务所有限公司出具的审计报告，证明 2012 年 8 月、11 月 B 公司宁波分公司与案外人浙江朝云联合物流有限公司发生的订舱费与本案讼争订舱费的标准一致。但是法院认为，（1）（3）两组证据已经超过举证期限，因为其形成时间均在原审庭审之前，并无正当理由证明这些证据属于《最高人民法院关于民事诉讼证据若干规定》中规定的二审程序中的新证据。且这些证据都是单方面的电子邮件，并不能证明洪滨的主张，洪滨亦未能提交其他证据对此予以佐证；故法院不予采纳。这样，第二组证据也失去了意义。第四组证据是 B 公司宁波分公司单方面委托所作审计报告，既未经法院审查，也未征询原告意见，因此亦不予采信。

　　中院认为，一审法院认定事实无误，适用法律正确，故驳回上诉，维持原判。

　　二审案件受理费人民币 5 166 元，由上诉人洪滨负担。

　　本判决为终审判决。

　　本案中被告及其律师在诉讼上有失误：应该在一审提交的证据到了二审时才提交，过了举证期限。洪滨称，他在德胜公司、宁波港中旅公司、从宁波港中旅公司离职后在新入职的公司，对 B 公司收取的海运订舱费价格都是一样的。可惜他没有能够证明这一点，或者即使能够证明也过了举证期限。否则，既然德胜公司是由他控股的，他收取这样的价格自然不会损害德胜公司的利益。那么，收取同样的价格自然也不会损害宁波港中旅公司的利益。况且，他还给宁波港中旅公司带来了客户呢。

　　从激烈竞争下的宁波市海运订舱费价格整体来看，被告代表原告向 B 公司收取的订舱费肯定不是最低价格。如果没有利害冲突，洪滨应当受商事判断规则的保护，不需要承担任何责任。但是因为存在利害冲突，即洪滨是两个公司的共同董事，在原告中没有股份，只是一个拿固定工资的经理，而在 B 公司里有 3% 的股份，所以客观上存在牺牲原告利益，替 B 公司谋取利益的可能性，所以法院对洪滨的行为进行了严格的审查，从其对两封电子邮件的处理和离职时承诺退还近一年的工资上面推断出其有损原告利 B 公司的动机，并判其赔偿原告的相应损失。思路和方法都是正确的。这个案子如果拿到英美法院按照忠诚义务的标准判决，结果应该是一样的。

　　由于我国法院判决这类案子还处在初级阶段，判决标准，特别是有关安全港的规则，还不甚清楚。本案中原告和法院都或明或暗地提到了被告作为 B 公司的董事和股东，在代表原告与 B 公司交易时没有向原告如实披露的事实。如果他向原告的董事会或者股东会（即 A 公司）如实披露了其中的利益关系，向 B 公司收取的价格得到了原告董事会或者 A 公司的确认，法院就不大可能判其赔偿。至于他的个人魅力或者影响力有没有大到使原告其他董事听命于他的地步，法院没有说，因为这不是本案争议所在。

关于举证责任的分摊，在没有披露的情况下应由被告证明交易对公司公平，在已经披露的情况下应由原告证明交易对公司不公平。这些问题在我国还缺乏探讨。

中国法院写判词有如下的缺点。第一是文字不够凝练，不能像美国法院那样在较短的篇幅里提供给读者较多的信息。为了清楚，法院经常将原告的观点、被告的观点、原告提交了哪些证据、被告提交了哪些证据、法院采纳了哪些证据、法院的看法等，一一详细列举，加上语言表达本身就不大精练，所以经常将篇幅拉得很长。当法院同意某一方当事人时，对二者观点的陈述往往存在大量重复。美国法院对事实的介绍限于基本事实（material facts），无关的事实可以隐去或者一笔带过，所以他们的判词中很少有像我们这样的重复。第二是背景介绍不够，像在本案中，法院应该对海运业务有一个简明扼要的介绍，货物如何从发货人到收货人的全过程，经过哪些环节，在哪些环节上收费，等等——既方便读者理解，又传播了相关知识，增加了判词的可读性和趣味性。由于以上两个方面的原因，中国判词的可读性远不如美国。

最高人民法院《公司法司法解释（五）》第1条第1款规定："关联交易损害公司利益，原告公司依据公司法第21条规定请求控股股东、实际控制人、董事、监事、高级管理人员赔偿所造成的损失，被告仅以该交易已经履行了信息披露、经股东会或者股东大会同意等法律、行政法规或者公司章程规定的程序为由抗辩的，人民法院不予支持。"

一般地，如果被告证明关联交易在信息充分披露的基础上得到无利害关系的董事多数批准，或者无利害关系的股东多数批准，该交易应当被假定为公平有效，举证责任转向原告，由原告证明其不公平。而最高院在这里规定"关联交易损害公司利益"的，法院对被告的抗辩不予支持。谁来证明关联交易损害了公司利益呢？自然是原告。一旦证明公司利益被损害，自然意味着交易对公司不公平。从这个角度看，这条司法解释虽然表述不同，但是也算得上殊途同归。只是在很多时候，公司利益有没有受到损害难以证明。比如在前面的上海逸华经贸发展有限公司案中，公司获利了，但是法院却认定公司利益受到损害，因为公司应该获利更多。在该案中，原告说公司受损了，被告说公司不但没有受损而且还获利了，两边都有道理，关键在于交易有没有得到无利害关系股东的同意。因为没有得到原告股东的同意，所以法院认定公司受损；如果事先得到了他们的同意，那么就会认定公司没有受损。

应当指出，最高院的这条司法解释写得不好，无助于解决实际问题。首先是它语焉不详，只说履行了信息披露并经股东会批准，没有将股东会限制在无利害关系股东。其次是只笼统地说"损害公司利益"，没有具体说明是什么样的损害，尤其是没有说明由谁来证明这种损害。第三是没有突出信息披露和无利害关系股东批准的重要性，具有误导作用，因为规定给人的印象是这些都不重要，所以法院"不予支持"。事实上，这些在实际操作中是非常重要的。最后，最高院没有将诉讼程序讲清楚，显示出在关联交易和利害冲突这类问题上，其认识还相当肤浅。

在实际诉讼过程中，应该是先由原告证明交易的存在及其关联性质，也即存在利害冲突，由此推定交易损害了公司利益；而后由被告证明交易得到了无利害关系的董事或股东的批准，从而否定上述推定，并推定交易没有损害公司利益；接着由原告证明交易缺乏内在的公平，也即在事实上损害了公司利益。这三步中任何一步证明失败，都会导致举证责任人败诉。司法解释应当按照这个思路去写。

当然，在现实生活中，公司一般处于被告的控制之下，所以不大会起诉被告。因此，上述条款尽管写得很不好，但是影响可能不大。重要的是第2款："公司没有提起诉讼的，符合公司法第151条第1款规定条件的股东，可以依据公司法第151条第2款、第3款规定向人民法院提起诉讼。"也就是说，实际提起诉讼的可能不是公司，而是切身利益受到直接或间接损害的股东。这就涉及派生诉讼，我们将在第十七章中详细讲解。

《公司法司法解释（五）》第2条对关联交易合同作了专门规定："关联交易合同存在无效或者可撤销情形，公司没有起诉合同相对方的，符合公司法第151条第1款规定条件的股东，可以依据公司法第151条第2款、第3款规定向人民法院提起诉讼。"这条规定主要是程序性的。实体内容除了"关联交易合同"这个名词之外，只有"无效或者可撤销情形"一个词组。无论是公司法还是最高院的司法解释，都没有对关联交易合同的无效或可撤销情形作出专门的规定，所以只能适用《合同法》第52条至第54条规定的无效和可撤销情形，因为属于合同法范畴，此处不作具体讲解。只是在根据合同法证明无效或可撤销情形时，依然需要遵循公司法有关自我交易的规则。例如在证明有无欺诈时，与被告的信息披露直接相关。有欺诈就是没有披露或者披露虚假，那么无利害关系的董事或者股东的同意就毫无意义，被告将因无法证明前述诉讼程序三步走中的第二步而败诉。又如恶意串通的情形、胁迫或者乘人之危的情形、显失公平的情形等，都是原告在走第三步时可以举证证明的，举证成功了原告胜诉，失败了则被告胜诉。

第二节　公 司 机 会

公司机会规则是忠诚义务的一个分支。该规则禁止董事或公司官员将属于公司的交易机会据为己有。一旦认定他窃取了公司机会，公司可以要求他将利益关系还原到没有篡夺机会的状态，具体说来，如果是资产的购买，董事应将资产按原价卖给公司；如果他已经将资产转手并实现了利润，应将这些利润转交给公司。道理虽然简单，但是执行起来却很复杂，因为实践中有时候很难区分哪些机会属于公司，哪些机会属于个人因而董事或高管可以合法利用。法院在审判实践中提出过4条可供选择的标准：（1）经营范围；（2）公平；（3）经营范围和公平的结合；（4）利益或期望利益。

如果机会在公司既有的或者计划将要扩充或转向的经营范围之内，就属于公司。适用这条标准的方法就是比较机会与公司业务的类型，越是接近公司的业务类型就越可能属于公司。历史上有的法院曾经对此作狭义的严格解释，规定了机会与公司之间的必要关系，比如公司期望购买的一块土地而刚好遇上这样的机会，或者某个机会直接与公司现有业务有关。但是现在法院一般对经营范围作扩大解释，一笔交易只要对公司来说是现实可做的，即使不在它现在的经营范围之内，也可以判为在其经营范围之内，因为公司一般都有进取精神，很灵活，只要有赚钱的机会都不会放过，能做又可做（合算）的生意都会去做。

公平标准相当抽象，与董事或高管的职业道德直接相关，看他取得该商事机会是否对公司公平。这需要从多个方面进行考察。美国明尼苏达法院在 Miller v. Miller，301 Minn. 207，226，222 N.W.2d 71，81–82（1974）一案中提出了以下考虑因素："涉案官员在公司管理层中的地位；他是以公司雇员还是以个人身份获得该机会的；在他利用机会之前有没有向董事会或股东会作过充分的披露，他们的反应如何；他在取得该机会时有没有利用公司的设备、资产、人员；他利用该机会是损害了还是有利于公司；其他与其主观诚意有关的各种事实情形以及他对公司有没有作出一个普通谨慎的人在同样情形下会作出的勤勉、奉献、谨慎和公正。"其他法院在不同的判例中提出了更多的考虑因素，例如，公司有没有就该机会进行过谈判，董事获知该机会是否与他在公司的职位有关，他是否在上班时间获知该机会的，公司需要该机会的迫切程度，等等。

多数法院将经营范围与公平结合起来，成为认定公司机会的基本标准。上述明尼苏达法院在该案中采用的就是这样的综合标准。先看机会是否在公司的经营范围内。如果是的，举证责任转向被告，由被告根据公平标准来证明他利用该机会对公司是公平的。

第四条标准无非是说公司在机会中有利益或期望利益。这条标准与"公平＋经营范围标准"其实只是考虑角度和表达的不同，考虑的具体因素与公平和经营范围是一样的，至少也是大部分重复的。因为只要在或者将在公司的经营范围之内，公司自然会有利益或期望利益。在 Litwin v. Allen，25 N.Y.2d 667，686（Sup.Ct. 1940）一案中，纽约州地区法院说："这一公司权利或期望，这一要求董事为公司服务的指令可能源于多种情形，例如，董事在该领域内代表公司谈判过，或者董事知道公司需要该商事机会，或者该机会的取得和利用是由公司支付成本并提供设备的。值得注意的是，在责成受托人承担这类赔偿责任的案子中，法院认定的信托标的物都对受益人[1]有着特殊的价值，例如，不动产、对公司生意有价值的私人配方、公司生意不可缺少或者对公司有价值的专利、一个与公司竞争的企业或者公司扩张发展中需要的企业，等等。简单地说，要确定的问题是：董事们有没有牺牲公司利益为自己谋利，有没有从对公司福利的不忠之中受益。"

综合上述各条判例标准，美国法学会对公司机会下了这样的定义：（1）董事或高管在履职过程中获知的从事商事活动的机会，或者当时当地的情形会使他相信那个给他机会的人期望他将机会转交给公司；或者利用公司的信息或财产获得的机会，并且董事或高管应该合理地相信公司从中有利可图；（2）公司高管获知的与公司现在的业务或者将要从事的业务密切相关的从事商事活动的机会。

所谓的商事活动包括取得或利用任何合同权利或者其他有形或无形财产。上述（1）包含了外部董事，（2）只讲高管不讲董事，说明不包含外部董事，只包含内部董事，因为内部董事都担任高管，尽管高管不一定是内部董事。（1）中所说的"当时当地的情形会使他相信"和"应该合理地相信"都是指一个正常人处于董事或高管的地位会相信，所以该董事或高管有义务了解和判断该机会是给他的还是给公司的。（2）不适用于外部

---

① 指公司作为受益人。

董事；它不要求利用公司的财产或者高管的上班时间，高管在任何时候任何场合下获得的属于公司现在的或者将要从事的业务范围内的机会都是公司机会，除非对方明确表示要跟他个人而不是公司做生意。这条标准的覆盖范围显然大于经营范围，因为它同时包括了"将要从事的业务"，如此表达，利益和期望利益实际上已经包含其中了。

公司机会也不是绝对不能利用。如果：（1）法律法规或者公司章程不允许公司利用机会；（2）交易对方拒绝与公司交易；（3）公司放弃了属于它的机会；或者（4）公司没有能力（例如，缺乏资金）利用机会，则董事或高管都可以个人占有机会。不过，这几种情形又各不相同。在第一种情形下，法律法规的禁止是不能逾越的；章程虽然可以通过一定程序修改，但是修改章程耗费时间，说不定等你修改完毕，机会已经消失了。所以这种情形下董事和高管个人利用机会一般问题不大。第二种情形就不同了，因为董事高管有时候会做点手脚，诱使对方拒绝与公司交易。如果这样，其个人利用机会实际就是篡夺了公司机会。所以这第二种情形下个人可以合法利用机会的条件是对方的拒绝不是由利用机会的董事或高管引起的。

第三种情形是公司自愿放弃机会，即不是对方不愿意同公司交易，而是公司不想同第三方交易。如果最终占有机会的董事或高管在公司内部具有举足轻重的地位，公司放弃机会的决定很可能就是他的决定。他投票表决或者直接作出放弃机会的决定这一行为本身就是自我交易，因为在公司放弃之后他可以自己占有。所以前述忠诚义务的一般规则在这里都是适用的，包括证明公平，有没有独立董事或者独立股东批准，批准时有无统治性人物的影响，等等。法院会像对待其他的忠诚义务案子一样，严格审查机会的利用者在公司作出放弃决定时起了什么样的作用。如果他操纵或者影响了其他董事，迫使或者诱使他们作出放弃决定，则该决定无效。董事必须把机会还给公司或者赔偿公司的损失。如果公司放弃机会的原因很有说服力，那就说明是公司自愿放弃，而不是利用机会的董事做了手脚。如果该决定是由独立无利害关系的董事或者独立无利害关系股东以多数票作出，一般应认定为公司自愿放弃。

最后一种情形，公司没有能力利用机会，即既不是对方不愿意同公司交易，也不是公司不想交易，而是公司没有能力交易。可是公司有没有能力交易取决于那些经营管理公司的人能不能和肯不肯尽最大努力帮助公司解决困难从而取得实施交易的能力。有时候答案可上可下，这些人努力了公司就有能力，懈怠了公司就没有能力。为了促使这些人尽心尽职，有的法院干脆禁止董事个人在这种情况下利用机会，认为否则就会使董事失去帮助公司解决困难的动力。实践中公司没有能力交易大都是因为缺乏资金。这些法院认为如果董事不肯尽最大努力替公司筹集资金，又不肯个人借钱给公司，他也不得自己利用机会。但是多数法院采取宽容的态度，认为董事个人没有义务借钱给公司，在公司确实无力利用机会的情况下允许其董事或高管个人予以利用。

一般地，在后两种情形，即公司放弃交易和没有能力交易时，法院在审判时应当区分有限责任公司和上市公司。有限责任公司股东人数少，且都参加经营管理，所以内部监督比较有效，一个人篡夺公司机会就会损害别人的利益。如果大家都认为公司没有能力利用机会，应该放弃，自愿的因素比较明显和可信。上市公司中的广大中小股东都是被动的投资者，不参加公司的经营管理，也不了解公司的内部事务，公司经理层全权决定各种事务，包括放弃某个生意机会。因此，上市公司内的董事或高管比较容易篡夺公司机会，法院在审查时应当严格一些，盯得紧一些。

美国法学会对上述诸种情形进行分析概括，并提出了如下的建议，即董事、高管必须满足以下3个条件方可利用公司机会：（1）先将机会呈交给公司，充分披露有关机会的各种事实以及他个人利用机会所产生的与公司之间的利害冲突；（2）公司决定放弃机会；（3）该放弃决定对公司公平，或者该放弃决定由无利害关系董事在充分知情基础上作出，或者该放弃决定由无利害关系股东在充分知情基础上作出或事后追认且不构成公司资产的浪费与挥霍。

呈交机会给公司的义务只有在董事想自己占有机会的时候才会发生。如果他不想自己占有也不想转让给亲戚朋友，则不发生呈交的义务，不违反忠诚义务。不过，在某些情况下，他也可能会违反注意义务，例如，公司需要某种机会并责成他寻找和发现机会，但是在有了机会之后他却不去报告，听凭机会消逝，当然也没有自己占有利用，这时他虽然不违反忠诚义务，但却违反了注意义务。

对于非高管董事，主要是外部董事，只有当他在为公司履职的过程中，或者利用公司的信息或财产获得的机会，才属于公司机会，发生呈交的义务。其他情况下获得的机会属于他自己。

公司机会对于共同董事来说，问题更加复杂。当一个人同时担任多家公司的董事时，应该把机会交给哪一家公司，还是可以自己占有？首先应当按照经营范围标准看哪一家公司最有权利得到这个机会。如果只有一家公司最合适，而董事却将机会转给别的公司，那就像他自己篡夺机会一样违反了对那家公司的忠诚义务。但是如果机会处于多家公司的经营范围之内，那就只能看哪一家公司最需要。如果一家公司没有这个机会就会倒闭，而另一家公司有了这个机会只是多赚点钱，似乎前者更需要这个机会。但是这种情况毕竟少见，即使有了也不一定这么单纯。如果后者经营效益好，有了机会能够实现很多利润，而前者只能实现较少的利润，勉强救活企业，从法律政策的角度去看，恐怕还是壮大后者而让前者破产为好。在所有这些假设情形下，董事个人在最终获得机会的公司里相比于其他公司里都有较大的利益。如果没有这种利益，那就不适用忠诚义务标准，而适用商事判断规则。

如果多家公司的情形差不多，是向它们全体披露，让它们自由竞争呢，还是由董事自主决定选择其中的一家，就很难一概而论。竞争的结果势必提高机会的市场价格（机会提供者会抬价）和公司利用机会的成本。如果这些公司为同一个股东或者控股集团所有，但有各自独立的管理层因而容易互相竞争，则从股东利益的角度去看，还是以不作披露，由共同董事自由裁量分配机会为好。在法律没有规定或者规定不清楚的情况下，为了有效地保护董事或者高管对机会的自由裁量权，可以在公司章程里写上这样的条文："本公司的董事和高管可以同时在相同或不同行业的其他公司里担任董事、高管，他们为这些公司服务并谋取利益的行为并不违反对本公司的忠诚义务，除非他们怀有恶意。"

在前面第 649 页已经提到过的 Johnston v. Greene, 121 A.2d 919（Del.1956）一案中，金融家佛洛依德·奥德勒姆同时担任很多公司的董事。他获得了一个购买 Nutt-Shel 公司股份和几个专利的机会。Nutt-Shel 是休斯敦的全资子公司，所做的生意与空中舰队不同，二者没有什么关系。奥德勒姆是空中舰队的总裁。他将购买 Nutt-Shel 股份的机会让给了空中舰队，但是为他的朋友和下属购买了那几个专利，自己也在其中有点份额。当时空中舰队持有大量的现金，有能力购买这些专利。股东提起派生诉讼，要求奥德勒姆和其他董事将买卖专利的赢利返还给公司。特拉华最高法院说：[①]

第一个重要事实是休斯敦出售专利和子公司部分股份的要约是发给奥德勒姆作为个人而不是空中舰队的董事。衡平法官是这样认定的。第二个重要事实是 Nutt-Shel 的生意是制造自锁螺母，这与空中舰队所做的生意没有任何直接或紧密的关系，所以收购它对空中舰队来说并不重要，衡平法官又是这样认定的。第三个事实是从有关公司机会法律的判例来看，空中舰队在 Nutt-Shel 的生意中既无现实的也无期望的利益……因为如果公司在某项财产中有实际的或期望的利益，那么在该财产与公司的生意之间必定会有某种联系。参照 Guth v. Loft, 23 Del.Ch 255, 5A.2d 503 一案，在该案中法院说："Loft 的生意与 Pepsi-Cola 企业之间的联系很紧密"（见 23 Del.Ch 279, 5A.2d 515），而本案中没有这样的联系。所以空中舰队在 Nutt-Shel 的生意中既无实际的利益也无期望的利益。

于是，我们不得不否决衡平法官的判决。他虽然承认空中舰队在 Nutt-Shel 的生意中没有期望利益，其收购对空中舰队并不重要，但他认为空中舰队的投资需求便是收购该企业的机会中的"利益"。注意，这是在适用公司机会规则，需要仔细审查。说有钱投资的公司一般在投资中有利益是一回事；说根据衡平法则这样的公司在它的董事们以个人身份获得的机会中有具体利益是完全不同的另一回事。但是衡平法官好像就是这样判的。如此横扫一切地适用公司机会规则在判例法中找不到任何依据，所以我们认为是不对的。

当然，在某些案子中，公司机会也很可能出现在公司有投资需求因而其总裁或者董事有义务寻找机会的场合。但是在任何一个具体的案子中，这样的情况有没有出现取决于案情事实——特殊情况的存在使他自己取得机会显得不公平。

在本案中我们找不到这样的情况。在奥德勒姆收到 Nutt-Shel 要约的时候，他是空中舰队的半职总裁，他也是投资公司阿特勒斯的总裁，他还是另外几家公司的董事和几家投资基金的受托人。如果他作为董事在获知一个投资机会时负有将机会交给公司的信托义务，那就产生这样的问题：将机会交给哪一家公司？为什么是空中舰队而不是阿特勒斯？为什么是空中舰队而不是某一家基金？看起来，Nutt-Shel 的生意和这些公司或者基金的任何一家都没有具体的联系。奥德勒姆作证说，他的公司中有很多都有钱投资，这是完全合理的。那又怎么能说奥德勒姆有将机会给予某个具体的公司的义务呢？如果他没有这样的义务，他为什么不可以自己留着？

---

① 以下楷体字是本书作者对原文的翻译。

原告说奥德勒姆既然选择与互相竞争的公司建立信托关系，他就应当承担这些关系所包含的义务。是的，他应当。可是哪些义务？在有关公司机会的法律上使用"竞争"一词，有资金投资的单一事实一般不至于使公司互相竞争。一个拥有大量实业和钱财的人担任两家或两家以上的投资公司的董事并没有犯错，空中舰队和阿特勒斯（这里只提两家）应该早就合理地预见到奥德勒姆可以自由地将他个人取得的生意机会给予他的任何一家公司，或者留给他自己——只要这些公司与他的新项目之间没有联系并且他也没有任何有关该机会的具体义务。

我们清楚，奥德勒姆之所以将 Nutt-Shel 的生意送给空中舰队，是因为他自己不要，于是将投资机会给了他的公司中纳税状况最适合这项投资的一家。是他要这样做的，尽管他也可以将股份卖给外面的公司而赚一笔钱。如果他这样做了，谁能指责呢？如果空中舰队的股东可以这样做，阿特勒斯的股东为什么不可以呢？

我们不必对此多费口舌了。我们认为购买 Nutt-Shel 生意的机会属于奥德勒姆而不是他的任何一家公司。

这个结论要求驳回原告的争辩和衡平法官认为购买 Nutt-Shel 生意的机会属于空中舰队的判决。但是这还不能了结本案。

根据衡平法官的认定，空中舰队董事会拒绝购买那些专利的决定是居于统治地位的董事和他的公司之间的交易。所以它应受到严格的审查，被告负有证明交易公平的举证责任。

经过对案卷的仔细审查，我们得出结论：第一，购买 Nutt-Shel 生意的机会不属于空中舰队；第二，在奥德勒姆与空中舰队之间有关涉案专利的交易是公平的，并不存在任何欺诈和不公的行为。

虽然本案中的争议焦点在那些专利——董事会拒绝购买的决定是否构成奥德勒姆的自我交易，而不在 Nutt-Shel 的购买，但是法院依然花了很大篇幅澄清购买 Nutt-Shel 是不是公司机会，认为衡平法院基于其正确的事实认定所得出的结论却是错误的。购买 Nutt-Shel 的机会属于奥德勒姆个人而不属于空中舰队，所以奥德勒姆可以随意处置。上级法院不吝赐教，目的是要告诉下级法院如何区分个人机会和公司机会。

按照前述美国法学会的建议，如果机会属于公司，共同董事有 3 个选择：（1）不向任何公司呈交，也不自己占有，让机会消逝（只要不违反注意义务）；（2）向每一个他担任董事的公司呈交并充分披露，在每个公司都决定放弃机会之后再去占有利用；（3）如果一个公司或几个公司要他寻找机会而他又得到了这样的机会，那就必须将机会呈交给这个（些）公司。如果公司之间发生利害冲突，他就应当辞去某些公司的董事职务。如果机会究竟属于公司还是个人不太清楚，那么保险起见，还是把它看作属于公司，走一遍这样的程序再去占有。

在我国，董事高管窃取公司机会的情形相当普遍，我国法院在审判实践中也已经审理了一些这样的案子。

【案例 15-6】

中冶全泰（北京）工程科技有限公司诉丛爱民等公司高级管理人员

损害公司利益赔偿案[①]

北京市第一中级人民法院 2010 年 8 月 27 日

中冶全泰（北京）工程科技有限公司（以下简称全泰公司）的英文缩写为 CMES，成立于 2005 年 1 月 18 日，在国内市场主要从事冶金项目承包、耐火材料制品及大型冶金设备供应。2005 年 3 月至 2007 年 11 月，丛爱民在全泰公司担任总经理职务。2006 年，丛爱民从全泰公司挪用了一张 100 万元的承兑汇票兑换成现金，用此款于同年 10 月 19 日注册成立了中冶京泰（北京）工程技术有限公司（以下简称京泰公司），英文缩写亦为 CMES。2008 年 11 月 28 日，北京市宣武区人民法院作出（2008）宣刑初字第 385 号刑事判决书，认定丛爱民利用任全泰公司总经理的职务便利，挪用资金 100 万元，判处有期徒刑三年，缓刑三年。

2007 年 10 月 17 日，京泰公司（卖方）与印度的 ATIBIR 公司（买方）签订一份供货合同（京泰公司提交了英文原件以及部分章节的中文翻译件），合同主要内容为：卖方为买方提供 24.5 万吨炼铁项目所需的全套设计和制造。合同总价格为 20 572 000 美元。庭审中，京泰公司承认：设备已经运抵印度并安装完毕，但尚未测试，ATIBIR 公司尚余 10% 左右的款项未付。

2007 年 10 月 31 日，丛爱民突然向全泰公司提出辞职，未经公司法定代表人同意，未办理任何离职移交手续就离开了公司，同时带走了两台笔记本电脑、一个移动硬盘、一辆别克车和公司的 14 名技术员工，拷贝走了一些有用的工程信息资料。离职后的一周内，丛爱民在全泰公司办公楼的另一侧租赁了中冶京泰办公场所，并将原属全泰公司商务部对外电话及传真电话转移到其办公房间里，同时占有了全泰公司网站域名、网络资源和公开邮箱。

原告全泰公司起诉认为，丛爱民作为全泰公司的高级管理人员，负有保守公司商业秘密的职责，对公司负有忠实义务和勤勉义务。但丛爱民却以赢利为目的，挪用公司巨额资金，为自己注册成立公司，不仅犯挪用资金罪，并且在任职期间，促成全泰公司的客户 ATIBIR 公司与自己注册成立的京泰公司签约，谋取属于全泰公司的商业机会。其行为损害了全泰公司的利益，其所得的全部收益均应归属于全泰公司所有。故请求法院判令丛爱民和京泰公司、连带赔偿全泰公司 3 051 万元整。

被告辩称 ATIBIR 公司炼铁厂供货项目一开始就是京泰公司自己的商业机会和商业项目，是 ATIBIR 公司及相关中介人主动与京泰公司洽商并合作成功的，根本不涉及丛爱民和京泰公司抢夺全泰公司商业机会的问题。原告要求赔偿损失无事实和法律依据，应予驳回。

北京市海淀区人民法院一审查明，京泰公司与 ATIBIR 公司签订的合同的附件内列举了"CMES"业绩表，表内包含"CMES"与唐山宝泰钢铁集团有限公司、秦皇岛安

---

① （2010）一中民终字第 10249 号民事判决书。原判词较长，这里为节省篇幅，突出重点而作了删改。

丰钢铁有限公司等 22 家国内企业之间的业务情况。法院在庭审中要求原、被告双方提交业绩表中列举的业务真实存在的证据，全泰公司提交了与上述各家及其他公司签订的 9 份工程承包合同，证明"CMES"业绩表中所谓业绩是全泰公司而非京泰公司的业绩；京泰公司未能提交任何证据证明该公司与上列单位存在业务关系。

法院经审理认为：《中华人民共和国公司法》规定，公司高级管理人员应该遵守法律、行政法规和公司章程，对公司负有忠实义务。不得利用职务便利为自己或者他人谋取属于公司的商业机会，自营或者为他人经营与所任职公司同类的业务。高级管理人员执行公司职务时违反法律、行政法规或者公司章程的规定，给公司造成损失的，应当承担赔偿责任。

京泰公司成立之后，丛爱民对全泰公司经营资源的占有，表明其具有利用全泰公司的营业资源"搭便车"的主观故意。全泰公司与京泰公司的中文名称只有"全泰"与"京泰"，"科技"与"技术"的区别，而英文缩写则完全相同。丛爱民不仅将全泰公司的域名 cmes.com 改为京泰公司域名，而且将全泰公司两部办公电话也转作京泰公司办公电话。商号、域名与电话号码既是企业在经营过程中彰显企业形象的重要媒介，同时也是获取经营信息的重要来源，具有重要的经济价值。而不论是商号、域名还是电话，登记、注册的过程甚为简便，花费也很低，作为设立在后的企业，京泰公司完全可以通过极小的成本取得全新的、更具有特异性的商号名称、网络域名和电话号码，但丛爱民却为自己的公司选择了与全泰公司中文名称极易混淆、英文缩写完全相同的商号，更直接占用了原全泰公司的网络域名和电话号码。作为公司高管人员，丛爱民采取上述行为的目的显然是要诱使客户，尤其是国外客户，在对全泰公司与京泰公司的认知上产生混淆，从而达到攫取不当收益的目的。

ATIBIR 公司炼铁厂项目应当属于全泰公司的商业机会。其一，合同协商和缔约的过程发生在丛爱民在全泰公司任职期间。丛爱民自 2005 年 3 月开始在全泰公司担任总经理职务，2006 年 10 月 19 日成立京泰公司，2007 年 10 月 17 日京泰公司与 ATI-BIR 公司签订了《供货合同》，2007 年 11 月丛爱民从全泰公司辞职。可见，丛爱民成立京泰公司，以及与 ATIBIR 公司签约的时间均在其任职全泰公司总经理期间。其二，丛爱民在《供货合同》的签订和履行过程中利用了全泰公司的资源。经过对相关书证以及当事人陈述的归纳，可以确定如下事实：丛爱民在谈判过程中使用了全泰公司的办公场所，动用了全泰公司的汽车接送 ATIBIR 公司人员，在全泰公司报销谈判招待费用，更重要的是将全泰公司的经营业绩作为京泰公司的业绩向客户宣传，并且在缔约过程中利用了全泰公司的人力资源：丛爱民承认原系全泰公司工作人员的唐文权、王树芝和缪青莹均参与了与 ATIBIR 公司的谈判。不仅如此，在签约之后的一个月之内，包括上述三人在内的十余名工程设计、翻译制图，甚至司机采购人员一起从全泰公司辞职，并悉数进入京泰公司工作。根据丛爱民的自述，京泰公司在印度 ATIBIR 项目之前无其他冶炼项目，如此之多的专业人员进入京泰公司当然是为 ATIBIR 公司项目工作，因此京泰公司的履约行为也几乎是利用全泰公司的项目班底进行。

因此，法院认定 ATIBIR 公司炼铁厂项目是本属于全泰公司的商业机会，丛爱民利用全泰公司的人力物力资源取得了缔约机会之后，操纵其作为控股股东的京泰公司与

ATIBIR 公司签约，取代全泰公司获得了 ATIBIR 公司的炼铁厂项目合同，属于高管人员违反忠实义务的侵权行为，应当对全泰公司承担赔偿责任。

最后法院根据丛爱民曾经认可过的 15% 的利润率判决丛爱民与京泰公司连带赔偿 2 800 万元。[①]

被告不服一审判决，向北京市第一中级人民法院上诉。二审法院接受了一审法院认定的事实和证据，认为一审适用法律正确，但在赔偿数额的计算上有误差，故维持原判，只将赔偿数额降为 2 100 万元。

这是一个简单案子。丛爱民侵占公司机会的事件性质十分明显。参照美国法院的判例标准，无论是经营范围、公平、利益或期望利益，哪一条都符合。首先，ARTIBIR 项目属于公司的经营范围：全泰承包冶金项目、供应大型冶金设备，而 ARTIBIR 项目正是为客户提供炼铁设备。其次，丛爱民的京泰公司占有该机会显失公平，因为丛爱民是利用了全泰设备和资源，包括其经营业绩和信誉，取得该机会的，而且他从未向全泰公司的董事会或股东会披露过其个人占有与公司利益之间的矛盾。最后，由于机会属于全泰公司的经营范围，全泰公司在机会中有利益也是显而易见的。

不过，美国法院的判例中确立的有关公司机会的种种标准和美国法学会根据这些判例提炼出来的认定标准，都是针对可上可下的、相对疑难的案子，而不是像中冶全泰这样一目了然的简单案子。

第三节 董事和公司高管的报酬

前面我们在第十二章第四节第三小节中已经对上市公司的高管报酬做过介绍。这里之所以要将董事和高管的报酬再一次作专题讨论，是因为在这个问题上他们与公司之间存在着利益冲突，因而涉及忠诚义务。前面是从外部看，从社会的角度、宏观监控的角度进行讨论；这里是从内部看，从微观的角度、股东与董事的关系进行探讨。

董事会作为公司的意思表示机关全权决定经理层的报酬，而内部董事大都是公司的高层经理，他们等于是在替自己确定报酬，属于自我交易。在 Stoiber v. Miller Brewing Co., 257 Wis. 13, 42 N.W.2d 144（1950）一案中，公司董事会在确定高管报酬中为了避免自我交易，让每一个内部董事回避，既不投票表决，也不出席会议，由其他无利害关系董事投票表决，但是因为他们客观上在互相确定报酬，所以法院判决担任高管的内部董事都有利害关系，真正符合条件的无利害关系董事不够会议有效人数，董事会决议无效。有鉴于此，现代公司的董事会都下设完全由独立的外部董事组成的报酬委员会，提议或确定公司高管的报酬，谨慎起见，有的公司还呈送股东会表决。如果在充分披露的情况下经过了无利害关系股份的多数批准，自我交易的嫌疑就会大大减少，举证责任转向原告，由原告证明高管的巨额报酬实际上构成公司资产的挥霍和浪费。

上市公司大都向外部董事支付服务费，有的董事还参加公司的养老金计划。有的公

[①]（2009）海民初字第 3189 号民事判决书。

司以股份而不是现金的形式向外部董事支付报酬。从理论上说，这些支付中也存在利害冲突。但是在实践中，引起争议的都是担任高管的内部董事；外部董事的报酬一般都不高，所以因报酬过高引起争议的几乎没有。

现代公司的高管报酬大致由4块构成：工资、奖金、期权和养老金。此外，还有因公司而异的各种福利待遇，从公司资金的大量挥霍到为了激励管理者努力工作而使用的小额刺激，情形各异，程度不同，很难一概而论。工资数额大致稳定，可以直接计入成本。奖金则与公司利润的某个百分比相连。历史上公司董事一般不拿工资，报酬主要来源于他们所持股份的增值。现在由于董事所持股份太少，越来越多的公司开始给董事支付报酬。20世纪80年代美国公司的董事报酬一般为1万~2.5万美元。

公司制订和实施期权计划的目的是要将高管的报酬与公司的业绩紧密地联系起来，激励管理者努力为公司工作。公司给予某位管理者在指定年份内按照确定的价格向公司购买一定数量的公司股份的权利。比如，在公司股份为每股10元的时候，给予一个对公司发展举足轻重的人今后5年内的任何时候以每股12元的价格购买50万股公司股份的权利。如果这个人努力工作，在今后5年内大幅度地改善了公司的业绩，股票价格上升到每股20元，他除了工资和奖金之外，光从期权计划中就可以获得400万元 [50× （20-12）] 的收益。下面的案例讲述了在期权授予时篡改日期的情形。

【案例15-7】
拉恩诉基弗德 [1]

强德乐，衡平法官。

2006年3月18日，《华尔街报》以整版的篇幅登出一篇文章，在投资界引起热议。该文以学术界对给付期权的数据分析为基础披露了一种可说是有问题的报酬方式：日期前签，即当公司在某个日期发行股票期权给高管时，出具虚假的文件，声称这些期权实际是在之前发行的。这样的期权可以给高管带来额外的收益，因为它们的发行日期虚假地写成了市场走低的日子。如此择日降低了行权价格，涨大了期权的价值，从而增加了管理层的报酬。据称，这种做法违反了期权计划，因为任何一个期权计划都会要求行权价格不低于董事会授予期权之日的公平市场价值；这种做法也违反了很多州和联邦的普通法和成文法，因为这些法律禁止散布虚假的和误导性的信息。

文章登报之后，美利林奇（Merrill Lynch）发布一个报告显示，包括马克西姆整合产品公司（Maxim Integrated Products, Inc.）在内的无数公司的官员受益于很多日期巧合的股票期权，而日期前签似乎是如此巧合的唯一合理的解释。该报告引发了这场诉讼。

原告瓦尔特E.拉恩（Walter E. Ryan）声称被告们违反了注意和忠诚义务，批准和接受了对期权的日期前签，从而违反了经股东批准的股票期权计划和股权激励计划（统称"期权计划"）的明文规定。个人被告们则请求依据之前在加州登记的诉讼（"联邦诉讼"）中止审理，或者从实体上驳回起诉。

---

[1] Ryan v. Gifford, 918 A.2d 341 (Del. Ch. 2007). 原判词较长，本书作者在大量精简的基础上翻译了判词。

我同意驳回 2001 年 4 月 11 日之前发生的所有诉求，但是否决被告提出的其他中止或者驳回的请求。

Ⅰ. 事　实

从 1998 年到 2002 年年中，马克西姆的董事会及其报酬委员会根据经股东会批准并在证交委登记的期权计划，多次授予能购买数百万股公司普通股股票的期权给公司创始人、董事会主席兼首席执行官约翰 F. 基佛德（John F. Gifford）。根据计划条款规定，马克西姆与基佛德订立合同并且宣称所有股票期权的行权价都不低于按授予之日公司普通股的市场收盘价衡量的公平市场价值。另外，计划指定董事会或者一个由董事会指定的委员会作为计划执行人。

自从马克西姆公司收购达乐思半导体有限公司（Dallas Semiconductor Incorporated）并于 2001 年 4 月 11 日将拉恩的达乐思公司股份转换为马克西姆公司股份以来，拉恩始终是马克西姆公司的股东并持续持有这些股份。他于 2006 年 6 月 2 日提起本次派生诉讼[①]，状告：基佛德；现任董事会兼报酬委员会成员詹姆斯·柏格门（James Bergman）、B. 吉普林·黑格片（B. Kipling Hagopian）、A.R. 弗兰克·沃赞（A.R. Frank Wazzan）；2001—2002 年曾担任董事的埃里克·卡洛斯（Eric Karros）、M.D. 桑普利斯（M.D. Samples）。拉恩声称，在 1998—2002 年期间授予的九次期权的日期都是前签的，否则就不能解释为什么这些期权的日期会如此巧合。所有这九批期权的发行日期都定在一年之中市场股价特别低（如果不是最低的话）的时候，而随后公司的股价便急速上升。

Ⅱ. 争　论

原告声称，所有这些被告都违反了对马克西姆及其股东的信托义务。股东批准的 1983 年股票期权计划和 1999 年股权激励计划责成董事会根据计划的要求确定行权价格。1999 年的计划允许董事会指定一个委员会来批准计划。所指定的报酬委员会，由柏格门、黑格片和沃赞组成，负责批准 1999 年之后的期权授予。原告声称从 1998 年到 2002 年，董事会违反股东批准的计划，积极放手让马克西姆将发行给基佛德的至少 9 次期权的日期前签，并有意在这些行为上误导股东。由于故意的违规和欺骗，原告争辩说，马克西姆在期权行权时获得的价款低于期权日期不前签情况下应该获得的价款。而且马克西姆还在纳税和会计规则上遭受了不利的后果。在授予的时候定价低于市场公平价值的期权据说给期权人马上带来账面收益。这份报酬必须记为公司的成本，从而减少公司的收益，产生虚增的利润[②]，因而有必要修改公司的财会报表和报税材料。基佛德取得日期前签的期权，等于是通过违反股东批准的计划来取得报酬，是不公平地获取财富。

被告辩称，原告所说不能构成违反信托义务的诉求。辩护意见实质上认为，一个信

[①] 派生诉讼的技术细节详见后面第 17 章。

[②] 账面收益减少，利润也同时减少。这里却说利润虚增，似乎自相矛盾。其实是会计记账的次序问题。假设 6 月份发行的期权写成了 2 月份的某个日子，2 月份因为没有发行期权，利润正常，报表正常。现在 4 个月后的 6 月份声称 2 月份其实发行了一批期权，而且在发行之后市场价格迅速走高，到 2 月底（季度报表则为 3 月底）市价已经远高于行权价了。这个差价应当记为公司的成本，从而减少收益。但是在 2 月份的报表上并没有反映出来，所以那里的利润数字就变得虚高了，需要修正。——译者注。

托义务诉求要想不被驳回，起诉状就得反驳商事判断规则，即原告所说必须使人对董事的无利害关系和独立性产生怀疑。如果起诉状没有反驳商事判断规则，那就必须指出浪费。被告声称这两点原告都没有做。况且，没有证据表明被告故意、用心不良或者为了个人利益。因此，被告说，原告没有摆出充分的事实来反驳商事判断规则，所以也不能维持一场违反信托义务的诉讼。

起诉状其实说到了用心不良和违反忠诚义务，因而足以反驳商事判断规则并顶住驳回请求。公司生意是由董事会经营和管理的。为了鼓励董事会充分行使经营权，特拉华法律通过商事判断规则保护公司经理层。这条规则"假定在做商事决策的时候公司董事们是在知情的基础上、怀有诚意决策，并且真诚地相信所采取的行动符合公司的最佳利益。"然而，只要表明董事会在某项交易中违反了注意信托义务或者忠诚信托义务，即可驳斥上述假定。如果董事会故意不怀好意或者为了个人利益，那就证明他们违反了义务。

在 Stone v. Ritter, 911 A.2d 362, 370 (Del. 2006) 一案中，特拉华最高法院判用心不良的行为违反忠诚义务。居心不良，该院说，表现在"受托人做事不是为了公司的最佳利益，有意违反现行法律的明确规定，或者知道义务而不去履行，采取无视自身义务的态度。"居心不良还有其他例子，包括不诚实的行为或者对公司和股东的利益缺乏真诚的献身精神。

根据起诉状的说法和由此作出的合理推论，我深信故意违反股东批准的股票期权计划，加上声称遵守计划的误导性披露，构成对公司不忠的行为，因而也是居心不良的行为。原告叙说了以下行为：马克西姆的董事们十分肯定地告诉公司股东：每批期权的行权价都不会低于以授予日市场价格衡量的股份的全部公平价值。马克西姆的股东在决定是否批准计划时拥有信赖这些保证的绝对权利，事实上也信赖了这些说法，并且批准了计划。之后马克西姆的董事们据称在授予期权之日试图通过偷偷地改写日期的办法来规避股份定价不低于市场价值的义务。更糟糕的是，董事们据说没有将这个做法披露给股东，相反，还在许多公开披露材料中就期权授予日期作虚假陈述。

当董事会故意违反股东批准的股票期权计划，为了误导股东，使他们相信董事们诚实地遵守了股东批准的期权计划，而进行虚假陈述的时候，我无法想象这样的情形不是居心不良的行为。它当然上升不到一位忠诚的受托人应有的忠贞不渝、富有奉献精神的行为。我认为，起诉状中对这种行为的正当指责足以反驳商事判断规则并顶住驳回请求。①

……

① 原注第49：我于此暂停以说明本案的进行情况。本判词针对驳回请求。当事人双方均未挖掘证据。在此阶段，原告享有所述真实的某些假定。由于这些假定，当起诉状依据实证数据提出以下指称时原告可以顶住驳回请求：(1) 具体的日期前签事件；(2) 违反了股东批准的计划或者其他法律义务；(3) 有关遵守计划的欺骗性披露。可是，一旦本案到达审判阶段，原告就不能再依赖这些自由起诉时的假定了。到那时原告必须依赖在审判时出具的证据，以较大的证据比重证明被告在事实上确实前签了期权的日期，因而不受商事判断规则的保护。即使到那一点上，只要被告挑得起一副沉重的担子——证明涉案交易对公司及其股东完全公平，那么被告依然可以胜诉。

C.[①] 起诉资格

原告在 2001 年以前从来没有马克西姆的股票，他是通过公司合并而不是法律的自然运作[②] 取得马克西姆股份的。起诉状中所称的 9 次期权授予只有两次发生在他持股的期间。因此，被告争辩说根据《特拉华法典》第 8 章第 327 条，应当驳回发生在 2001年 4 月 11 日之前的所有诉求。

《特拉华公司法》第 327 条的宗旨是要防止人们为了对之前的交易提起派生诉讼而购买股票。该条规定为公司利益提起派生诉讼的股东必须在涉案交易发生的时候已经是公司的股东，或者他的股份是通过法律的自然运作所取得。此外，他还必须持续持有这些股份，直到诉讼结束。

在多数情况下，特拉华法院对成文法作严格的解释。原告于 2001 年 4 月 11 日通过合并而不是法律的自然运作成为股东。原告不得提出在他实际取得股权利益之前的诉求。

综上，对于 2001 年前的诉求我准许被告的驳回请求，对于其他的诉求我否决被告的驳回或中止请求。

与期权计划类似还有一种幽灵计划，公司不卖股份给雇员，而是采用簿记的方式将虚拟的股份登记在该雇员的名下，以登记时的股份价格为基准，等到指定的日期，例如，雇员退休或者死亡时，按照那时的市场价格减去基准数额之后，加上历年的分红，奖励给雇员或者他的继承人。计划还会考虑到股份的分裂、增发、配售等多种情形并一一规定清楚。它与期权计划的不同在于省去了在公司与雇员之间买卖股份的麻烦，也推迟了公司的现金支出。

养老金也叫推迟了的报酬计划，因为雇员要等到退休之后才能领到养老金。养老金一般采取退休金的形式。公司每年拨出确定的数额支付给职工养老金，这笔支出可以计入当年的成本。职工因为退休之后才领取养老金，所以只需要在那时候纳税即可。从公司拨钱到职工退休这数十年中养老金的增值一般都是免税的。

公司给予高管的各种福利待遇多种多样，包括人寿保险、健康保险、使用公司的汽车或者飞机，等等。

高管报酬还与所得税相牵连。这个问题因有限责任公司或上市公司而有所不同。有限责任公司股东人数少，而且大家都参加公司的经营管理，在各自的报酬上自然会形成相互监督。特别是当部分股东不参加经营管理时，这些不参与公司经营因而不从公司领取报酬的股东对参加公司经营管理的股东的报酬会非常敏感，因为报酬高了，利润就少了，分红也就少了。但是从公司的角度去看，支付报酬是一层缴税，分红是两层缴税，所以有限责任公司的收益大都以工资的形式支付给股东，从而减少公司的所得税支出。在全体股东为公司工作并从公司领取工资的时候，这种办法尤其可行。也正是在这种情形下，国家税务局应当对公司高管的工资和其他报酬保持高度的警惕和敏感。在美国，

---

① 前面的 A、B 两部分已被精简。——译者注
② 继承取得是法律自然运作的一例。——译者注

联邦税务局经常将封闭公司的高管报酬当作分红，对公司和个人两层征税，从而引发无数诉讼。在少数派股东不参加经营管理并对经营公司的多数派形成有效监督的情况下，税务局有市场力量可以利用，监督可以适当放松，以节省政府资源。上市公司中的高管报酬没有这类所得税问题，因为报酬再高，对每股盈利的影响也微乎其微；再说，他们拿的是别人的钱。因此，税务局不会把他们的报酬看作利润的分配。但是他们的报酬实在太高了，所以虽然税务局不来追究，却引起了广大中小股东的反弹和社会的广泛关注。高管报酬作为忠诚义务的一个分支，也主要是针对上市公司中的高管。

总的说来，这类案子不多。作为公司法律师，为了避免引发股东派生诉讼，可以建议公司：（1）设立由独立董事组成的报酬委员会确定高管的工资报酬；（2）可能的话，将报酬提交股东会，由独立无利害关系股东投票表决；（3）尽量采用与股份市价相连的激励计划，如期权计划、幽灵计划等，因为一个使公司的股份增值了几十亿元的人拿几百或者几千万元奖金是不会有人嫉妒的。

在 Kerbs v. California Eastern Airways，Inc.，33 Del.Ch. 69，90 A.2d 652，656（1952）一案中，法院说：

公司中某些选定的人根据股票期权计划取得了公司的股份权益，该计划的有效性直接取决于有没有给予公司对价，有没有在计划中包含条件，或者在当时当地有没有具体情形会使公司事实上得到这些对价。

什么才是使计划有效地充分对价取决于具体案件中的事实情况。比如，给予公司的充分对价可以是取得雇员的服务或者得到一个新雇员的服务，只要在雇员服务的价值与作为激励或者报酬的期权之间有着合理的关系就行。

1912 年，美国烟草公司股东会通过决议在其规章中规定了对公司高管的年度奖金按照超过限额的净利润的一定百分比确定。由于美国烟草公司的财富迅速膨胀，这些奖金的数额也跟着飞涨。到 1930 年，总裁乔治·希尔按照净利润的百分比计算的奖金为 842 507 美元。股东认为这样的报酬过高，因而代公司起诉把钱要回来。这就是著名的 Rogers v. Hills，289 U.S. 582，53 S.Ct. 731（1933）案。该案上诉到美国联邦第二上诉审法院时被驳回，但是联邦最高法院改判：①

因而从案卷事实来看，规章中的规定在通过时是有效的。但是原告说根据它确定的报酬现在已经不公平了。他请求法院替各位被告确定每一涉案年度的公平合理的报酬。诉状所说不足以使法院审查固定工资、特殊信用或股份分配的有效与否或合理与否。原告表示已经启动其他程序来追回特殊信用，请求宣告股份分配无效的诉讼最近已由本院判决。原告在本次诉讼中试图替公司追回的仅仅是规章规定的支付。

我们来看看地区法院能否审查和修正这些数额。由于应付款项取决于企业的赢

---

① 以下楷体字是本书作者对原文的翻译。

利,所定百分比本身并非当然不合理。规章是在 1912 年由年度股东会全体一致通过的,不妨假定投赞成票的股东均出于善意和最佳判断。原告对于 1921 年之前的支付没有怨言。需要审查的是最近几年中公司利润的迅速增长。2.5% 给希尔总裁在 1929 年是 447 870.3 美元,在 1930 年是 842 507.72 美元;1.5% 给副总裁尼尔和李哥在 1929 年每人 115 141.86 美元,在 1930 年每人 409 495.25 美元;并且在这些年份中的这些支付是除了报表中的现金支付和固定工资之外的。

虽然根据规定的百分比算出的数额没有任何实际的或可认定的欺诈的嫌疑,根据规章支付的款项由于利润的增加已经变得如此巨大,以致在衡平法上需要从公司利益出发进行审查。股东决议应当尊重;规章应当被假定为正常和持续有效。但是它所规定的规则面对一位股东的抗议,却不能被用来保护如此巨额的工资性支出以致在实质上构成对公司资产的掠夺和浪费。斯万法官的反对意见表达了可以适用的规则:"如果奖金的支付与服务的价值没有关系,它实际上就是赠与,多数派股东无权不顾少数派股东的反对送掉公司的财产"(见 60 F.2d 109,113)。原告所述事实足以使地区法院在考虑了当事人举出的所有相关事实之后确定对被告个人的支付是否或者在多大程度上构成滥用和浪费公司资金。

数年之后,其他股东又因高管奖金过高而起诉,但是被纽约州法院驳回。如 Heller v. Boylan,29 N.Y.S.2d 653(Sup. Ct. 1941),aff'd mem. 263 App. Div. 815,32 N.Y.S.2d 131（1st Dept. 1941）一案,该案判词中的以下几段话经常被评论家们引用:①

是的,法院有权修剪这些支付,但是坦诚迫使我们承认,这样的修正是笼统的和人为的,不是条分缕析的和科学的,它是否公平正义是很难说的。不过,仅仅因为问题复杂还不能构成避开的理由。不是胆小使我们忧虑,而是需要找到一种修正这些数字的合理的或公正的标准使我不得不避开。没有模型参照,考虑的各种因素都是无法计算的,不确定的东西太多。随心所欲或者主观武断地行动不但不精确,而且恰恰是公平正义的反面;那将是闹剧。

如果要比较,与谁的报酬相比呢? 管理人员? 电影产业的从业人员? 电台艺术家? 联邦最高法院的大法官? 合众国总统? 显然,手头的材料没有充分的弹性,整理不出一套标准。此刻我们想到很多报酬明显不足的例子,就像报酬过高的例子一样多。无奈内在价值并不总是衡量的标准。一部经典作品带给作者的报酬可能微乎其微,而一本大众小说可能带来巨额财富。高水平并不永远得到相应的报酬,平庸有时候却获得了令人难以置信的、过分丰厚的收益。没有东西比价值观更让人意见分歧、有争议和难解释。

法院不适合解决甚至不该处理这些纠结的经济问题。解决这些问题不属于司法领域。法院关心的是董事们诚实公平地经营公司,遵守法律的形式要求;但是管理人员

---

① 以下楷体字是本书作者对原文的翻译。

的合理报酬主要由股东确定。这不是说受托人可以恣意浪费和滥用信托财产。法院时刻准备着受理一个适宜的诉求并予以救济，但是股东必须提出一个比本案更可确定的诉状。

从案件的这个方面去看，我判被告胜诉。这并不意味着我真的赞同这些巨额支付，而只是说我难以根据任何可靠的标准认定它们属于浪费或掠夺，也没有合理的理由去否决大多数股东已经批准的方案。在这些情形下，如果这些奖金需要封顶，建造现有房屋框架的股东们才是这个屋顶的设计师。最后，我们应当重读李波儿法官在 Winkelman et al. v. General Motors Corporation，39 F.Supp. 826（S.D.N.Y. 1940）一案中强调的廉洁自律方针："领取奖金的董事高管们的义务很清楚——他们应当第一个无私地判断，综合考虑各种情形，他们所领取的奖金是否公平合理。"

显然，这位法官对高管报酬的合理确定采取了回避的态度，而这很可能是一种明智的选择。不过，仍然有不少法官在努力探讨通过司法途径合理确定高管报酬的方式方法。下面是美国密苏里州一家上诉审法院在 1970 年判决的案子。

【案例 15-8】
鲁兹诉陶平 [1]

法院认为，封闭公司中的有利害关系董事应当承担证明其所得报酬合理的责任，但是在本案中被告没有能够负起这一责任。被告请了一位注册会计师作为专家证人出庭作证说，在他看来，2.6 万美元的年薪是合理的。法院就此讨论道：

像律师费的合理与否一样，雇员报酬的合理与否是一个事实问题。一般地，像律师费一样，它不能通过数学公式予以精确地确定；不存在一个固定不变的、可以在一切案件中确定合理与否的规则；每个案件都要根据它的具体案情和事实来判决。确定合理的律师费需要考虑的因素已经在 V.A.M.R. 民事规则 4.12 中罗列出来；但是在确定雇员的报酬合理与否时还没有普遍适用的、关于哪些因素需要考虑的权威说法。

这并不是说我们完全没有可以遵循的线索，因为什么是合理报酬的问题，尤其在高管层面上，已经引起法学论著和法院的注意。Fletcher 在他的《公司百科》第 5 卷中引用了纽约州的一个判例说："在理性的规则之内，报酬必须与管理者的能力、服务和为公司工作的时间、困难程度、责任大小、取得的业绩、诉讼标的额、公司的赢利与兴盛、业务规模或质量的提高或两者以及其他各种相关的事实和情形相适应。"《国内收益法典》第 162（a）（1）条允许公司作为营业中一般必要的开支扣除"对个人实际提供的服务支付的合理数额的工资"，这条规定引发了大量的关于什么是或者不是合理报酬的诉讼。在这个领域内也没有确定的公式可用，只提到了多种考虑因素：雇员的称职标记、工作的性质和范围、业务的规模和复杂程度、雇员工资与公司毛净收

---

[1] Ruetz v. Topping，453 S.W.2d 624（Mo. App. 1970）.

益的比较、社会经济大环境、雇员工资与股东分红的比较、类似企业中类似职位的报酬水准、与全体雇员有关的纳税人工资政策、小公司内管理人员不多时对具体雇员前几年支付的报酬数额。

值得注意的是，本案中法院将举证责任分配给被告，由其证明报酬的合理性。从忠诚义务的适用标准来看，这样的分配是正确的。但是这个办法在其他案子中似乎没有被普遍采用；或者即使采用了，下一步也还是难走：被告举证失败，报酬过高，那就需要下调。可是下调多少？依据什么标准下调呢？这依然是个问题。可见，无论是国内还是国外，董事和公司高管的报酬都是一个迄今为止还没有解决的问题。

第四节　同　业　竞　争

同业竞争的典型情形是甲公司的董事高管 A 在外头办了乙公司，与甲公司从事相同的业务，互相竞争。此时 A 显然与甲公司之间存在着利益冲突。[①] 忠诚义务要求 A 为甲公司的最佳利益工作，创办乙公司显然不符合甲公司的最佳利益。深入调查很容易发现，A 之所以能够创办乙公司是因为他在甲公司工作期间积累了知识、经验和人脉关系。他很可能还会将甲公司的许多交易机会转给乙公司，从而篡夺了甲公司的机会——现实中同业竞争经常有篡夺公司机会相伴随。他还可能将甲公司的客户和关键性雇员挖到乙公司去。一般说来，A 这样做是违反忠诚义务的。

可是，各国法律都没有对同业竞争采取绝对禁止的态度，只是加上了各种条件和限制。[②] 美国有的法院判决说只要董事高管怀有善意并且不损害公司利益，就可以进行同业竞争；有的法院说如果董事高管的同业竞争得到了无利害关系董事的批准，就不违反忠诚义务。我国《公司法》第 148 条第 5 项规定董事高管不得"未经股东会或者股东大会同意，利用职务便利为自己或者他人谋取属于公司的商业机会，自营或者为他人经营与所任职公司同类的业务"。换句话说，如果得到了股东会的同意，就可以进行同业竞争。可见，无论是美国还是中国的法律，都没有绝对禁止同业竞争，[③] 因为同业竞争并非一无是处，而是好坏参半。一方面，从社会经济的角度看，应当鼓励竞争，因为竞争是经济活力的源泉，而竞争主要发生在同业之间；另一方面，从伦理道德的角度去看，无论是商事活动还普通的民事活动，都必须遵守基本的道德规范，不择手段的恶性竞争不但毒害人们的心灵，最终也会阻碍社会经济的发展。于是在法律政策上，就需要兼顾这两种不同的考虑角度：一方面保护社会经济的健康发展；另一方面维护最基本的商事道德，具体到董事高管的同业竞争，就需要具体情况具体分析，很难简单地一概而论。

先看同业竞争的两种情形：（1）A 先为甲公司工作，担任董事高管，等到积累了足够的知识、经验和商界关系之后，就在外头创办了乙公司，与甲公司进行同业竞争；

---

① 前面的中冶全泰诉丛爱民案、无锡微研有限公司诉徐乃洪案都有这样的问题。

② 从可能性探讨，法律对同业竞争可以采取以下三种不同的态度：放纵、禁止、适度限制。

③ 比较 2005 年修改之前，我国《公司法》第 61 条对董事、经理实施同业竞争和自我交易都绝对禁止。

（2）A 先拥有乙公司。甲、乙两公司从事同类业务，互相竞争，甲公司董事会认为 A 经营有方，聘请他担任了甲公司的外部董事。显然，从伦理道德的角度去看，A 在第一种情形下有违忠诚义务，在第二种情形下不违反忠诚义务。而第二种情形在发达国家相当普遍，计算机软件公司的高管担任其他软件公司的董事，小型家办木材厂的老板被聘为大型森林产品公司的董事等，比比皆是。上段中美国法院的两种说法和我国公司法的规定抽象地看很难理解。同业竞争，互相争夺客户和市场，怎么会有善意？无利害关系的董事又怎么会批准？这样的批准不违反忠诚义务吗？股东会怎么可能同意公司董事从事同业竞争？但是放在本段所述的第二种情形下就很好理解。A 既然答应担任甲公司的董事，就会承担相应的义务，这种义务并不要求他将乙公司关闭，而是利用他在经营乙公司的过程积累的经验向甲公司献计献策，谋求甲乙公司的共同发展。在这样做的过程中，A 确实怀有善意，甲公司的无利害关系董事确实批准，如果他们向股东会说明了情况，估计甲公司的股东会也会批准的。

在一个充分竞争的市场中，同一个行业中有很多企业在相互竞争，所以甲乙公司的共同发展并不当然损害相互的利益。但是如果是寡头垄断的市场，只有甲乙两家公司在相互竞争，A 担任甲公司的董事就不大合适，甲公司的董事会也不会聘请 A 担任外部董事，否则甲公司内部的许多机密都被乙公司刺探走了。

同业竞争问题主要是个商事道德问题，应该以公平理念为审查标准。在前述两种情形中，第一种情形不公平，应当禁止；第二种情形公平，应当允许。至少在董事高管在职期间是这样。

美国法学会的建议[①]是允许董事或高管在符合以下三项条件之一时实施同业竞争："（1）竞争给公司带来的可以合理预见的损害小于允许竞争给公司带来的可以合理预见的益处，或者竞争对公司没有可以合理预见的损害；（2）在披露了竞争和利益冲突之后，竞争得到了无利害关系董事以符合商事判断规则的方式作出的事先批准或事后追认；（3）在如此披露之后，竞争得到了无利害关系股东的事先批准或事后追认，并且股东的决议不构成对公司资产的浪费。"

但是更多的时候，同业竞争发生在董事高管离任之后。在上面的例子中，如果 A 不是在担任甲公司董事期间经营乙公司，而是在辞去甲公司的一切职务之后再创办乙公司，与甲公司进行同业竞争，是否还违反忠诚义务呢？从公司法的角度看，不违反，因为这时他已经不是甲公司的董事或者高管了。董事高管并没有终生为公司工作的义务，只要不违反劳动合同的规定，他有权随时选择离开，有权创办自己的企业。但是，如果 A 窃取利用了甲公司的商业机密或客户名单，用之于乙公司的经营，那就违反了忠诚义务。

在 Jones Co., Inc. v. Burke，117 N.E.2d 237（N.Y. 1954）一案中，杜恩·琼斯公司（Duane Jones Co., Inc.）在纽约从事广告业务，生意很红火。但是后来它的创始人行为有些不正常，公司开始衰落。公司的一些董事和官员设立了另一家广告企业，然后辞去了在杜恩·琼斯的工作，紧接着便启动新企业与杜恩·琼斯竞争。他们的很多客户都是原来杜恩·琼

---

① ALI, Corporate Governance Project, § 5.06 Competition with the Corporation.

斯的。这说明他们在杜恩·琼斯工作时就已经与这些客户谈过，把他们拉到新企业去。他们还把杜恩·琼斯的很多员工挖走。杜恩·琼斯起诉状告这些先前的董事和官员并获得了高额赔偿。纽约上诉法院（该州最高）维持原判，认为虽然新企业是在被告们离开杜恩·琼斯之后才开始营业赢利的，但是被告们是在工作期间就安排好了这一切，所以违反了忠诚义务。

常识告诉我们，一个人在没有做好各种安排之前是不会跳槽的，如果没有客户许诺说他们会跟着他走，他一般也不会跳槽，这类事情发生在广告公司里，同样也发生在律师事务所里和其他企业里。法院一般审查被告有没有利用公司资源去拉拢客户、挖走员工，去新企业的决定是客户和员工自己作出的还是被告说服他们的，等等。可是什么是公司资源，董事高管在公司工作期间积累的知识、经验和人脉关系算不算？大概不算。否则被告就难以挖走任何客户和员工。被告在上班时间找员工谈话，问他们愿不愿意跟着他走，算不算利用公司资源？显然应该算，因为是在上班时间。至于客户和员工去新企业的原因，很可能二者兼而有之，被告也打了招呼，客户和员工自己也愿意去。诉讼过程中主要是个举证的问题了。

【案例 15–9】
新东方胡敏离职案 [①]

2004 年 4 月，原新东方集团副董事长、总裁，北京新东方学校校长胡敏，向新东方集团提出辞呈，离开新东方，同时创办新航道学校。其开设的课程主要是新东方的主营业务——英语培训，而主要的培训项目也都是胡敏原先在北京新东方学校开创的雅思、四六级和考研等项目，招收的学员对象也和新东方完全一致。同时，胡敏还将原北京新东方学校的多名教师挖至新航道学校，其中包括一支完整的雅思教师团队。

由于胡敏在新东方期间，还负责新东方的图书出版工作，所以新东方出版的 70% 的图书，都是由胡敏策划完成，其中，包括由胡敏亲自主持编写的雅思、四六级和考研等培训教材。由于胡敏开办新航道学校与新东方在上述项目上展开竞争，新东方不得不放弃上述项目的培训教材，否则就是在给胡敏做广告。虽然已和新东方"分道扬镳"，胡敏每年年底仍可分享新东方价值不菲的"红利"，因为他还拥有新东方 8% 的股份，是新东方的第四大股东。

按照 Jones Co., Inc. v. Burke, 117 N.E.2d 237（N.Y. 1954）一案的判决逻辑，胡敏的同业竞争大概也违反了忠诚义务，因为虽然新航道学校是在胡敏离开新东方之后才开始营业的，但是胡敏显然在为新东方工作期间就安排好了这一切。[②] 可是，2004 年时我国公司法简单禁止董事、经理同业竞争。但那显然指在职期间而不是离职以后。当时还

---

① 邓峰著：《普通公司法》，485~486 页，北京：中国人民大学出版社，2009。
② 根据我国著作权法规定，如果胡敏在新东方工作期间主持编写的教材是根据新东方的意图，由新东方承担全部责任，完全使用新东方的人力、物力和财力编写完成的，就属于法人作品，在胡敏离开新东方后未经新东方的同意不得使用，使用了就构成侵权。

没有对董事和高管的忠诚义务作出明确的规定；即使像现在这样规定了，也是极其笼统，没有任何具体的界限，所以我国法院可能不会像美国法院那样判决。新东方当年没有起诉胡敏，应该是明智的选择。

同业竞争的很多纠纷都是依据合同法而不是公司法处理的，因为这些董事高管与公司签订的劳动合同往往规定雇员在离职之后的一定时期内不得从事同业竞争。如果违反了这些条款，就会引发诉讼。胡敏显然没有同新东方签订禁止或限制同业竞争的合同，所以其同业竞争行为不受约束。

【案例 15-10】

沈伟国诉贺璞股权转让合同案①
常州市中级人民法院 2007 年 1 月 29 日

2004 年，沈伟国与贺璞共同出资 30 万元设立奥华欧文，其中沈伟国出资 16.5 万元；贺璞出资 13.5 万元。2006 年 2 月 18 日，沈伟国与贺璞签订股权转让协议一份。协议约定，贺璞将其在奥华欧文的全部股份转让给沈伟国，转让金 10 万元；贺璞在转让后有权选择与奥华欧文相同业务的项目经营，但如果经营，在 6 个月内（从合同生效之日起计算）不得与奥华欧文现有（转让前）客户发生业务往来，其约定客户详见附表清单；违约责任由违约方承担，违约金为本合同金额，本合同签字后即生效。上述协议签订后，沈伟国向贺璞支付了股权转让金 10.3 万元。

2006 年 2 月 27 日，贺璞和其妻张吉分别出资 30 万元和 20 万元设立了嘉亿新万，贺璞担任该公司法定代表人。自 2006 年 4 月至 8 月，嘉亿新万与上述股权转让协议约定的 6 个月内贺璞不得介入的客户发生了业务往来。2006 年 5 月 13 日，贺璞与支斌签订了股权转让协议，贺璞将持有的嘉亿新万股份全部转让给支斌。支斌已向贺璞支付了股权转让金 30 万元。

2006 年 7 月，奥华欧文以公司经营亏损为由向工商部门递交了注销申请。同月，工商部门核准奥华欧文注销。

2006 年 8 月，沈伟国以贺璞违反双方股权转让协议约定的竞业禁止义务为由提起诉讼，要求贺璞承担违约金 10 万元。

江苏省常州市钟楼区人民法院经审理认为：原告和被告于 2006 年 2 月 18 日签订的股权转让协议系双方当事人的真实意思表示，且不违反法律规定，应认定为有效合同。原、被告均应按照协议约定，全面履行自己的义务。被告按约履行了转移股权的义务，原告也按约履行了向被告交付股权转让金的义务。但被告在 2006 年 2 月与其妻共同出资设立了嘉亿新万后，违反股权转让协议的约定，在协议生效之日起 6 个月内，与协议限定的奥华欧文相关客户发生业务往来，构成了违约。贺璞以其于 2006 年 5 月将其在嘉亿新万的股权转让给他人为由，提出嘉亿新万的经营活动与其无关的观点，不能成立。理由有二：其一，2006 年 4 月嘉亿新万与股权转让协议限定的客户即有业务往来；其二，

---

① （2006）常民二终字第 375 号判决书。

即使被告于 2006 年 5 月转让股权，其妻张吉仍为嘉亿新万的股东，嘉亿新万与股权转让协议限定的客户发生业务往来，张吉作为嘉亿新万的股东既是知情者，也是得益者之一。被告作为张吉的配偶自然也是得益者。被告在签订股权转让协议后将嘉亿新万的股权转让他人明显有逃避违约金责任之嫌。原、被告签订的股权转让协议明确约定违约金即为本合同金额，而该合同约定的股权转让金为 10 万元，故合同约定的违约金即为 10 万元。被告主张双方在合同中未约定违约金金额显然与事实不符。综上，原告要求被告按照股权转让协议约定承担违约金 10 万元，符合协议约定，也符合法律规定，应予支持。故被告贺璞应于本判决生效之日起 10 日内支付原告沈伟国违约金 10 万元。[①]

被告不服一审判决，上诉。上诉中除了指责一审判决错误外，还指出按本合同金额处理的违约金过高，请求人民法院予以降低。

江苏省常州市中级人民法院经审理，确认一审法院认定的事实和证据，贺璞违约。由于在二审中贺璞提出降低违约金数额的请求，而沈伟国对于因贺璞的违约造成的损失未提供证据予以证明，根据嘉亿新万 2006 年 3 月至 8 月期间与股权转让协议限定的客户进行交易，共计发生价值 13 311.15 元的往来，二审法院酌定对 10 万元违约金调整为 13 311.15 元。

《公司法》第 148 条禁止公司董事、高级管理人员，在任职期间未经股东会或者股东大会同意，利用职务便利为自己或他人谋取属于公司的商业机会，自营或者为他人经营与所任职公司同类的业务。本案中，贺璞只是公司的股东，且已经将股份转让。因此，他成立嘉亿新万，拉走奥华欧文的老客户的同业竞争行为并不违反《公司法》第 148 条的规定。

但是他自愿在股份转让协议中约定 6 个月内不与限定的奥华欧文客户发生相同项目的业务往来，实质就是承诺在一定期限内不利用已掌握的奥华欧文的客户资源与奥华欧文进行竞争，这种防止竞争的约定实质上就是竞业禁止。根据合同自由的原则，合同约定的竞业禁止义务可以比法定的竞业禁止义务范围更广。只要合同约定的竞业禁止义务是双方的真实意思表示，且不违反法律规定，就是合法有效的。所以，贺璞通过成立新公司从事竞业禁止行为应视为其违反了合同约定的竞业禁止义务。

如果董事、高管不是自营同业竞争，而是让他们的亲属实施同业竞争，则情况可能更复杂一些，主要是原告的举证负担会加重。

【案例 15-11】
武杰诉武玲玲等股东滥用股东权利赔偿纠纷案[②]
北京市第一中级人民法院 2009 年 2 月 19 日

2002 年，武杰与龚成丰、武玲玲共同成立北京九州博信科技有限公司（以下简称九州博信公司）。武杰与龚成丰各占 45% 的股份，武玲玲占 10%。龚成丰、武玲玲系夫

---

① 江苏省常州市钟楼区人民法院（2006）钟民二初字第 516 号判决书，2006 年 10 月 24 日。
② 案名大概是法院根据起诉状所称而取，并不反映诉讼的实际性质。原判词很长，为节省篇幅，这里的案情介绍比较简单，读者如果对此案有进一步的兴趣，可以查阅法院判词全文，（2008）一中民初字第 2957 号。

妻关系。股东协议约定由武玲玲任公司的法定代表人和董事长、龚成丰任执行董事和总经理、武杰任监事；由于龚成丰拥有信息资源、客户资源及经营管理经验，所以永久享有天下粮仓网站相关业务纯利润的 15% 的分红，剩余的 85% 纯利润按三方股权比例进行分配。2003 年 2 月，九州博信公司取得互联网信息服务业务经营许可证（英文首字母缩写 ICP，以下简称 ICP 证），注册了"天下粮仓"网，网址为 www.cofeed.com，有偿提供因特网信息服务。

2006 年 6 月，武玲玲的亲哥哥武建国与龚成丰的亲弟妹陈春英注册成立了与"天下粮仓"网谐音的北京天下粮昌科技有限公司（以下简称天下粮昌公司），经营项目与九州博信公司完全相同。2007 年 1 月，天下粮昌公司也取得了 ICP 证，注册了天下粮仓网，网址为 www.cofeed.com（www.newcof.com；www.newcof.com.cn）。① 同年，武玲玲、龚成丰向武杰提出解散九州博信公司的请求，遭到拒绝后又于 2008 年年初提起诉讼，请求司法解散。2007 年 7 月，九州博信公司所持有的 ICP 证因为没有及时参加年检而被注销；10 月，九州博信公司因未按规定参加年检而被工商局吊销营业执照。

2007 年，武杰以公司监事的身份在北京市海淀区人民法院起诉龚成丰、武玲玲作为董事、经理损害公司利益，法院认为根据公司内部股东会决议武杰已失去监事资格，作为诉讼主体不适格，遂以（2007）海民初字第 393 号民事裁定驳回了武杰的起诉。武杰上诉后，北京市第一中级人民法院维持原判。

2008 年，武杰依据《公司法》第 20 条第 2 款在北京市第一中级人民法院起诉龚成丰和武玲玲滥用股东权利，请求赔偿，称：自 2006 年开始，武杰发现龚成丰、武玲玲有隐瞒公司收入之情形，多次要求公开公司账目，但均遭拒绝。随后，武玲玲、龚成丰在欺瞒武杰的情况下，采取恶意不参加年检的手段，使九州博信公司所持有的 ICP 证被注销，公司无法正常经营，由天下粮昌公司全面接手"天下粮仓网"的运营。诉讼过程中，武杰又修改起诉状，增加了龚成丰和武玲玲作为九州博信公司董事、高级管理人员损害公司和股东利益的理由。

被告辩称自己没有滥用股东权利去侵害武杰的权利；ICP 证是由武杰保管并负责到有关部门进行年检的，因而该证被注销不是被告的责任；董事、高级管理人员损害公司利益的案由原告已经在海淀区法院提出过，该院已经审理终结，依据一事不再理的原则，法院不应重复受理。

法院认为，武建国、陈春英与龚成丰、武玲玲虽有亲属关系，但天下粮昌公司系以自己的名义申报并取得 ICP 证。武杰提供的证据无法证明龚成丰、武玲玲滥用股东权或者董事高管的权力损害其利益，所以判决原告武杰败诉。

无论原告的律师如何表达诉由，此案本质上是一起董事、高管、控股股东的忠诚义务案，涉及的是同业竞争的问题。案中有几点事实争议法院没有查清。

---

① 天下粮昌公司在 2007 年 1 月取得 ICP 证时，九州博信公司的 ICP 证还没有被注销，基本相同的网站名称和英文域名是怎么申请下来的，怎么被批准的，法院似乎没有调查清楚，判词中更没有说明。

第一，2005 年九州博信公司的赢利情况。武杰提供了该年度账目明细，证明年利润为 176 万元（2004 年为 86 万元），武杰分得上百万元。法院认为该证据仅能证明"公司 2005 年的利润，而不能证明 2006 年、2007 年武杰所遭受的经济损失，故该证据不具有证明效力。"是不对的。公司经营具有连贯性，一个经营良好的公司正常情况下不会一下子严重亏损，掉入谷底。如果有，被告必然会说明。事实上，诉讼双方围绕这个问题进行了反复的争执。武杰提供了公司内部审核汇报初稿及聘请会计师事务进行审计的《审计业务约定书》；被告因为公司没有盖章而不认可其效力。2008 年 1 月 28 日，京审会计师事务出具《关于北京九州博信科技公司 2005 年收支情况内部审计报告》，载明 2005 年 1—12 月内部报表体现的收入为 2 559 965 元。同年 7 月 31 日，该会计师事务所又出具《证明》，说是这份审计报告因为未得到龚成丰的委托，所以不能作为证据使用。该所又另行出具了日期为 2007 年 1 月 24 日的《北京九州博信科技公司 2005 年度审计报告》，显示公司 2005 年度净利润为 – 36 749.99 元。这个情节十分可疑。会计师事务所与客户串通弄虚作假早已不是新闻，谁给钱就替谁说话。真实情况如何法院并没有结论。但是双方之所以围绕这个问题反复争执，一边说赢利 176 万元，另一边说亏损 3.6 万多元，显然是因为 2005 年公司处于正常情况下的利润与本案的诉求密切相关，而不是像法院说的只能证明 2005 年的利润，不能证明 2006 年、2007 年的情况，"不具有证明效力"。如果原告所称属实，2005 年确实赢利而 2006 年开始情况迅速恶化，那么被告的嫌疑就很大了。

第二，九州博信公司的 ICP 证被注销的原因。原告说是被告故意欺瞒不参加年检，让它被吊销；被告则说是武杰负责年检工作的，ICP 被吊销是他的责任。这个问题很容易查清楚，问问武杰为什么没有申报年检，是否需要法定代表人的签字而无法得到，被告是怎么欺瞒你的，等等，就可以了。被告是公司的董事长、法定代表人、执行董事和兼总经理，管理着公司。原告是监事，但是后来被撤职。公司权力都是掌握在被告手中的。如果确实是武杰负责申报，被告没有欺瞒和阻拦，那就是武杰的责任，否则就是被告的责任。这个问题之所以重要，是因为它涉及双方对待公司的态度。法律要求他们各自恪尽职守，对公司尽忠尽职。如果不负责任，三心二意，那是不忠诚的表现，违反忠诚义务的。

第三，在天下粮昌公司与九州博信公司竞争的情况下，两位涉嫌有利害关系的被告是怎么表现的？他们对九州博信公司负有注意义务和忠诚义务。如果他们认真经营公司，积极开展与天下粮昌公司的竞争，尤其在网站问题上积极维护自己的权利，不允许对方使用相同的中英文域名，甚至不惜打官司，那就没有利害关系。在这些问题上，原告应该能够找到不少证据。但是可能由于其（包括律师）法律知识的局限，缺乏清晰的法理思路，因而除了指责被告恶意不参加年检之外，没有指出许多被告应该做而没有做或者做了但是却做错了的事情，比如他们放弃了什么样的商机，没有采纳原告的具体建议，等等。事实上，被告不但没有积极维护和促进九州博信公司的利益，相反的证据倒是有：武玲玲曾于 2007 年 12 月 13 日代天下粮昌公司向北京南荣华粮油供应站出具收款收据，又于次日代天下粮昌公司与北京南荣华粮油供应站签订《天下粮仓网会员入会协议》。

此外，武建国是外地的中学专职教师，人不在北京，可能没有时间也不方便经营天下粮昌公司。这就说明该公司实际上很可能是武玲玲在经营。如果这样，那就明显违反了董事高管的竞业禁止义务。总之，在这个问题上法院没有深挖，只是简单地认定两家公司相互独立，没有证据表明被告损害原告的利益。这是有问题的。

本案表现出两个特点。第一，原告及其律师公司法水平不高。首先在海淀区法院以监事资格起诉不对。本案在性质上属于董事、高管自谋私利、损害公司和股东利益。原告应当以股东身份而不是监事身份，根据《公司法》第 152 条（当时第 153 条）的规定提起股东直接诉讼，状告董事、高管违反《公司法》第 147 条（当时第 148 条）第 1 款规定的忠诚义务（可能也包括没有好好经营公司的勤勉义务，即注意义务），特别是第 148 条（当时第 149 条）第 5 项规定的竞业禁止义务。前后两个案子应当并为一个案子，不必那个败诉之后又以违反《公司法》第 20 条第 2 款为案由在中院另行起诉。《公司法》第 20 条刺穿公司面纱，主要是保护债权人利益的，原告是股东，不是债权人。该条第 2 款虽有保护股东字样，但是具体所指不明，应当理解为针对控股股东滥用控股地位损害小股东利益的情况。本案也不是这样的情况。诚如被告所说，他们没有滥用股东权利。[①]所以原告的两次诉讼都是不对路的。第二次诉讼过程中所做的补充（以股东身份指责被告作为董事和高管损害公司和股东利益）倒是对路的，可惜没有围绕这一点充分地举证和阐述，法院也没有深挖。

此外，要求被告公开公司信息不成可以提起知情权诉讼，200 万元存款不翼而飞可以向公安机关报案。这些原告都没有做，也从一个侧面影响了本案中的证据收集工作。

第二，我国公司法在忠诚义务特别是竞业禁止义务上，举证规则还有待明确。本案中被告违反竞业禁止的嫌疑是很大的。法院判决原告败诉的理由是他的证据不够，不足以证明被告违反了什么义务。其实，如上所述，证据还是有一些的，可能不够充分。按照我国目前的取证制度，取证难是我国司法的一大特色。我国公司法，包括司法解释，对董事高管的注意义务和忠诚义务领域内的举证责任还没有规定清楚，仍然简单地适用"谁主张，谁举证"的一般规则，原告是很容易败诉的。美国法上，在自我交易的场合，举证责任在被告，由被告证明交易对公司公平，或者交易得到无利害关系的董事或者股东的批准。同业竞争属于忠诚义务范畴。董事和高管违反竞业禁止义务，自己或者通过他们的亲属进行同业竞争，举证责任也应当在被告。本案中如果法院如此分摊举证责任，胜负可能就要易位了。

---

① 唯一算得上滥用股东权利的行为就是撤销原告的监事资格。但是这只能阻止原告以监事身份起诉，不能阻止他以股东身份起诉。原告一开始就应当以股东身份起诉；或者在监事资格被撤销之后，应当马上修改诉状，改为以股东身份起诉。

第十六章

控股股东的信托义务

虽然公司的董事和高管握有公司的经营管理权，但是从法律关系上讲，他们的权力归根结底都是股东授予的。因为根据公司法的规定，股东选举董事会，董事会任命包括公司总裁在内的整个经营管理领导班子。如果有一个股东能够在股东会投票表决时占据多数，因而能够实际上行使股东会的权力，他就能够选举董事会的多数甚至全部董事。这样的股东叫作控股股东。因为根据资本多数决规则，股东会以多数票选举董事，董事会又选择和任命经理层。一般说来，董事由谁选举，就会听命于谁。由控股股东选举的董事必定代表控股股东的利益，按照控股股东的意愿办事。可见，如果一个股东，无论是自然人还是另一个公司，能够在投票时纠集起多数股份，他就能决定公司的领导班子人选，因而控制公司。

与公司经理层不同，控股股东取得控股地位是付了钱的，有了控股地位当然要取得控制权及控制权附带的各种好处。这一点，少数派股东都是知道和接受的。

控制公司并不一定需要半数以上股份。在大的上市公司里，一个不到半数的大板块有时候也能控股。这主要因为股份持有分散，广大小股东有的会缺席股东会，有的信任大股东，跟着他的指挥棒转。具体表现在控股板块的持有者能够选举董事会的多数甚至全部席位。我国《公司法》第216条第2款对持股达到半数以上和不到半数以上两种控股情况做了规定："控股股东，是指其出资额占有限责任公司资本总额百分之五十以上或者其持有的股份占股份有限公司股本总额百分之五十以上的股东；出资额或者持有股份的比例虽然不足百分之五十，但依其出资额或者持有的股份所享有的表决权已足以对股东会、股东大会的决议产生重大影响的股东。"持股达到半数以上的叫作绝对控股，不到半数的称为相对控股。当然，在许多大公司里，可能没有控股股东，控制权并非来自控股，而是来自现任职权和对投票代理机制的控制。不过，在这里我们主要讨论控股情形，控股股东在需要的时候可以撤换现任领导班子。

一般说来，董事和高管对公司和股东负有注意义务与忠诚义务；而股东没有这样的义务，可以从自己的利益出发自由地投票，不需要顾及其他股东的利益。可是由于控股股东的特殊地位和权力，在涉及对公司或者广大中小股东的利益时，尤其是其与公司交易时，经常需要将控股股东与董事和高管等同起来，要求他对公司及其他股东负信托义务，尽管他在公司里不担任任何职务。

与董事和高管不同，控股股东一般不受商事判断规则的保护。这是因为董事和高管都是为公司决策，而控股股东即使在与公司交易时，也是在为自己决策，没有为公司做任何商事决策。不做商事决策，没有商事判断，自然就不能得到商事判断规则的保护。只有当控股股东是在为公司决策且自身没有利害关系的情况下，才能适用商事判断规则。这种情形很少。

控股股东的信托义务主要发生在两类情形下：一是与被其控股的公司进行交易；二是将其股份卖掉。前一类情形又可以一分为二，即分为一般的交易和两公司合并。下面就这三种情形分别讲解：一般交易、公司合并和股份抛售。

第一节　自　我　交　易 ①

对于控股股东来说，与其控股的公司交易，无论是一般性的交易还是合并，都是自我交易（本节主要讨论前者）。事实上，实施这类交易经常是取得公司控制权的目的。当控股股东与公司交易时，审查的标准就是内在的公平；举证责任在被告，实施交易的控股股东应当证明交易的公平。美国法学会提出：当控股股东与公司交易时，如果交易对公司公平或者在充分披露的基础上经过无利害关系股东的同意，就不违反忠诚义务。与对董事和高管的标准不同，这个建议中没有提到独立的或者无利害关系的董事的批准，说明他们认为在控股股东的面前没有一个董事能够真正独立、真正没有利害关系。其实，在有些情况下独立董事还是存在的。② 判例表明，控股股东与公司的交易如果得到了独立董事的批准，举证负担转向原告，由原告证明交易的不公平。只是这里对董事独立性的审查比较严格。

因此，母公司在与子公司实施关联交易时应当时刻牢记"公平"二字。下面的案例所阐述的母公司在交易中对子公司所负的忠诚义务和公平规则已经在美国各州的公司法学界得到了公认。

【案例 16-1】

辛克莱石油公司上诉勒费恩 ③

首席大法官沃尔考特。

这是被告辛克莱石油公司（以下简称辛克莱）对衡平法院所判的派生诉讼提起的上诉，该诉讼要求辛克莱赔偿其子公司辛克莱委内瑞拉石油公司（以下简称辛委）因为支付红利、企业扩展被否决、与辛克莱的全资子公司辛克莱国际石油公司之间的合同没有得到履行所遭受的损失。辛委是辛克莱为了在委内瑞拉做生意而组建的。

辛克莱主要是持股公司，从事石油勘探，生产和销售原油及石油产品。与本诉讼相关，它始终持有 97% 的辛委股份。原告持有辛委 12 万股上市股份中的 3 千股。辛委成立于 1922 年，主要在委内瑞拉做石油生意，而从 1959 年起，就只在委内瑞拉做生意了。

---

① 本节讲解除了合并之外的一般性交易，标题之所以不用"一般性交易"的字样而用"自我交易"，主要是为了突出这些交易的性质——属于自我交易。

② 如后面的弯伯格案。可惜那里没有独立的谈判过程，所以独立董事没有发挥作用，详见该案。

③ Sinclair Oil Corp. v. Levien，280 A.2d 717（Del. 1971）.

辛克莱任命了辛委董事会的全部成员。衡平法官认定董事不独立于辛克莱的事实，因为他们无一例外都是辛克莱集团中的公司官员、董事或者雇员。由于辛克莱的统治地位，它对辛委负有信托义务。辛克莱承认这一点。

衡平法官认为由于辛克莱的信托义务和对辛委的控制，它与辛委的关系必须符合内在公平标准。内在公平标准包含高度的公平和举证负担的转移。根据这个标准，辛克莱有责任在法院监视下举证证明与辛委的交易客观公平。

辛克莱争辩说它与辛委的交易不应当按照举证责任倒置和内在公平标准衡量，而是按照商事判断规则衡量，法院不该干涉董事会的商事判断，除非存在严重而明显的欺诈行为。董事会享有商事判断正确的假定，只要其决策是为了合理的商事目的，就不受干扰。在这种情形下，法院不得用自己认为什么是或者不是正确的商事决策去替代董事会的决策。

可是我们认为辛克莱的这种争辩是错误的。当母子公司交易，母公司控制着交易并决定交易的条件时，适用内在公平标准和相应的举证责任倒置。适用规则的基本情形是母公司以子公司的损失为代价获利。

最近，本院在 Getty Oil Co. v. Skelly Oil Co., 267 A.2d 883（Del. Supr. 1970）一案中分析了母子交易的问题。在该案中，母子双方都从事原油和原油制品的提炼与销售。石油进口委员会裁定子公司因为受母公司控制，所以不再单独享有进口原油配额。子公司于是主张它有权分享配给母公司的原油额度。我们判决该争议应适用商事判断规则。虽然子公司在石油进口配额的分配上受了损失，母公司也没有获益。母公司的配额来自其过去的用油量。子公司过去的用油量没有使母公司的额度增加。母公司也没有篡夺子公司的额度。由于母公司没有从子公司得到任何东西并将子公司的少数派股东排除在外，所以不存在自我交易。因此，商事判断规则应用适当。

但在母子交易中，母公司确实对子公司负有信托义务。不过，光这一点还不能引出内在公平标准。只有当自我交易伴随信托义务时，即母公司在与子公司的交易两边都做得了主，这个标准才能适用。所谓自我交易，是指母公司基于其对子公司的控制，让子公司如此作为终使母公司获益而子公司的少数派股东被排斥在外并遭受损失。

我们现在来看本案事实。原告认为从1960年到1966年，辛克莱让辛委大量分红，致使辛委无法发展，实际上已经成为一个清算中公司。

从1960年到1966年，辛委分红1亿零800万美元(超过辛委同时期盈利3800万美元)。衡平法官认定辛克莱在其大量需要现金的时候让辛委支付这些红利。虽然所付红利超过了盈利，原告承认分红符合《特拉华法典》第8章第170条授权从盈利和公积金中支付红利的规定。可是，原告以分红动机不纯——辛克莱需要现金为由抨击分红。衡平法官适用内在公平标准，判决辛克莱没有能够证明这些红利对辛委的少数派股东内在公平。

既然原告承认分红严格遵守了《特拉华法典》第8章第170条的规定，所谓的过度分红本身不足以构成诉由。可是，遵守成文法的规定并非在任何时候都能说明分红合法。如果原告能够证明分红没有任何合理的商事目的，法院就可以对董事会的分红决策进行干预。

辛克莱争辩说即使母公司统治着投票表决的董事会，也不应该对分红适用内在公平标准。在如此争辩中，被告大量引用 American District Telegraph Co. [ADT] v. Grinnell Corp.,（N.Y. Sup.Ct. 1969）aff'd. 33 A.D.2d 769，306 N.Y.S.2d 209（1969）一案。该案中的原告是 ADT 的少数派股东，ADT 是 Grinnell 的子公司。原告声称 Grinnell 考虑到正在进行的反垄断诉讼，决定尽快卖掉其 ADT 股份，于是让 ADT 过度分红。由于分红符合对应的成文法规定，原告又不能证明自由裁量权的滥用，法院判决起诉状没有说出诉由。其他判决似乎也支持辛克莱的争辩。

我们不认为内在公平标准永远不适用于一个受控制的董事会作出的分红宣告，当然这样的宣告也并不必然导致内在公平标准的适用。如果这样的红利本质上是母公司的自我交易，那么内在公平标准就是合适的标准。例如，母公司统治着子公司和它的董事会；子公司有 X、Y 两类股份；X 由母公司持有，Y 由少数派股东持有。如果子公司根据母公司的指示只对 X 类股份分红，这就构成了母公司的自我交易。它从子公司获取利益却将少数派股东排除在外并使他们遭受损失。这种自我交易加上母公司信托义务就使内在公平成为衡量分红的恰当标准。

所以，我们需要确定辛委的分红是否属于辛克莱的自我交易。分红的结果是大量现金从辛委转移到了辛克莱。但是辛委的少数派股东按比例分到了红利。辛克莱并没有在从辛委获利时将辛委的少数派股东排除在外。因此，这些红利不是自我交易。我们判决衡平法官对分红适用内在公平标准错误，应该适用商事判断规则。

我们得出结论：事实证明红利的支付符合商事判断标准和《特拉华法典》第 8 章第 170 条，宣告红利的动机不重要，除非原告能够证明分红出自不良动机并且构成浪费。但是原告只声称分红使辛委的现金流失到了企业不能扩展的地步。

原告也没有证明属于辛委的商业机会被辛克莱篡夺。事实上，除了两个小小的例外引起了损失之外，辛委的全部营业活动都在委内瑞拉进行，而辛克莱的方针是通过子公司对其位于不同国家的石油资产进行盘剥。

从 1960 年到 1966 年，辛克莱在阿拉斯加、加拿大、巴拉圭以及全世界其他地方购买并开发了油田。原告声称这些都是辛委可以获得的机会。衡平法官的结论是辛克莱没有证明其不给予辛委发展的机会是内在公平的。这个结论建立在以下的事实认定上：辛克莱没有做过任何努力去扩展辛委；过度的分红使辛委的现金流失严重到了失去扩展能力的地步；在同一时期内，辛克莱整个集团公司内积极推行通过子公司创收的政策，但是辛委没有获准参与，其活动被限制在委内瑞拉。

可是，原告没有指出辛委获得了哪些机会。因此，辛克莱没有篡夺任何属于辛委的商业机会。由于辛克莱没有从辛委那里得到什么而将辛委的少数派股东排除在外，所以不存在自我交易。因此，在评估辛克莱的扩展政策时，商事判断是恰当的标准。

由于没有证明辛克莱实施了自我交易，所以就辛克莱如何对待辛委而言，其扩展方针以及为达目的所用的方法都只能用商事判断规则的标准来测量。这样，辛克莱通过除了辛委以外的子公司实现扩展的决定，在没有欺诈的情况下，应予维持。

纵然辛克莱如此挖掘这些机会是错误的，我们也还是要问：它应该与哪些子公司共享这些机会？没有证据显示辛委具有挖掘这些机会的特别的需求或者能力。决定使用哪些子公司去执行其扩张计划是一个商事判断，在没有严重而明显的欺诈情形时，法院不得干涉。见 Meyerson v. El Paso Natural Gas Co., 246 A.2d 789（1967）一案。[①] 这里没有欺诈的证据。

其次，辛克莱争辩说衡平法官判它因违约而向辛委赔偿是错误的。

1961 年，辛克莱设立全资子公司辛克莱国际石油公司（以下简称国际），以协调它的国外业务。辛克莱以后所有的原油购买都是通过国际实施的。

1961 年 9 月 28 日，辛克莱让辛委与国际签订合同，将辛委所有的原油和提炼产品按照确定的价格卖给国际。合同规定了最高和最低的数量和价格。原告指责辛克莱在两点上违反合同。合同要求收货即付，但是国际却在收货之后 30 天才付款；合同要求国际至少向辛委购买确定数量的原油和提炼产品，但是国际没有这样做。

显而易见，辛克莱让辛委与其统治的子公司签约属于自我交易。根据合同，辛克莱取得了辛委生产的产品，辛委的少数派股东当然不能共享这些产品。违约意味着辛克莱取得了这些产品而辛委的少数派股东遭受了损失。衡平法官认定辛克莱在付款时间和购买数量上违约，我们同意。

虽然一个母公司不必用与子公司的合同来约束自己，辛克莱选择这样做。既然它取得了这份合同的益处，它就必须履行合同的义务。

根据内在公平标准，辛克莱必须证明让辛委不强制执行合同对辛委的少数派股东是公平的。辛克莱没能证明这一点。迟付显然是违约，辛委有权获得充分的赔偿。至于购买数量，辛克莱争辩说它购买了辛委生产的全部产品。可是这还不能满足内在公平标准。辛克莱没能证明辛委不可能生产或者通过某种方式取得合同规定的最低数量。因此辛克莱必须对此负责。[②]

最后，辛克莱争辩说衡平法官不允许它用给予辛委的好处与辛委声称的所有损害相抵消是错误的。衡平法官判决在某些具体交易中可以抵消，比如辛委在与国际的合同中获得的好处，但不是所有的损害都可以抵消。我们同意衡平法官的意见，不过由于我们判决辛克莱不必对其所谓的过度分红负责，所以这个问题已经不存在了。

综上，我们否决衡平法官命令中要求辛克莱因为 1960—1966 年间的红利支付以及使辛委不能发展壮大而向辛委赔偿损失的部分，对于命令的剩余部分我们维持原判，发回重审。

---

① 该案中母公司与其子公司合并报表，利用子公司的亏损来抵消其盈利，从而少交所得税。子公司的少数派股东起诉，称这一做法损害了子公司及子公司少数派股东的利益。法院对此不予支持，认为子公司没有受到损害，母公司的行为属于商事决策，法院不得干涉。

② 辛克莱虽然购买了辛委生产的全部产品，但是购买的数量并没有达到合同规定的最低数量。法院的意思说因为你买得少，所以辛委生产得少。如果你买得多，辛委还可以生产更多，或者从其他地方弄来更多。你没有证明辛委不能生产更多或者弄来更多，所以还是违约了。

本案中法院对自我交易下了定义：母公司基于其对子公司的控制，让子公司如此作为终使母公司获益而子公司的少数派股东被排斥在外并遭受损失。在过度分红的问题上，母公司虽然从子公司获取了大量的现金，但是子公司的少数派股东也按比例获得了现金分红，母公司作为多数派股东在受益的同时没有排斥少数派。① 因此，该交易不是自我交易，或者即使是也符合内在公平标准。而在母公司的违约事件中，母公司从违约中得到了好处，这个好处是子公司的少数派股东享受不到的，所以就不能允许，母公司必须为违约承担向子公司赔偿损失的责任。

【案例 16–2】

全球班机公司诉萨玛公司 ②

哈伍德·胡斯（Howard Hughes）拥有胡斯工具公司（Hughes Tool Company）（以下简称工具公司）的全部股份，工具公司拥有全球班机公司（以下简称全球公司）78% 的股份。当其他航空公司（全球公司的竞争者）在 20 世纪 50 年代末期向波音和道格拉斯争相订购喷气式飞机的时候，工具公司却不允许全球自行订购飞机，只要它向工具公司租赁飞机，因为工具公司在很长一段时期内筹集不到资金。全球公司最终起诉工具公司请求赔偿其因不能自己订购飞机而遭受的损失，称工具公司这样做的目的是要从中取得税收好处。工具公司则声称这不是自我交易，因为母公司没有以牺牲子公司的利益为代价获取好处。

特拉华衡平法院的 Marvel 法官代表法院写道：

我同意，工具公司占有、筹资、租赁、最终出售喷气式飞机的行为本身在这个案子中并没有什么意义，因为母公司有权替子公司购买或者出售设备。问题在于全球公司有没有因为母公司不让它自行交易而遭受损失。

我认为适用辛克莱石油公司诉勒费恩一案所确立的内在公平规则所需要的前提条件在本案中同样存在。首先，各方公认工具公司和胡斯在涉案时期内控制着全球公司的事务，特别在筹集资金购买喷气式飞机的问题上，长期以来主意都是被告拿的，全球公司每天向工具公司租赁喷气式飞机，直到满意的筹资协议签署为止。还有，虽然工具公司在筹资计划达成共识之后最终把有关的喷气式飞机交给了全球，被告无疑在交易中替两边做主，全球公司只能让被告受益而自己受损，而全球公司的少数派股东在与全球公司一起受损的同时并不能分享被告所受的益处。通过不让全球公司选择和筹资购买所需的喷气式飞机，被告得以将他们挑选的飞机分配给全球公司。换句话说，通过不让全球公司自行购买喷气式

---

① 过度分红使子公司不能发展，子公司的少数派股东当然受到了损失，可是母公司同样按比例遭受损失。原告不能证明子公司失去了哪些具体的机会，母公司又从中获得了什么好处。所以适用商事判断规则是正确的。如果能够证明，判决就会不同。在不能证明的情况下笼统地说因为子公司遭受了损失，母公司就要补偿，那会侵犯母公司的商事决策权。

② Trans World Airlines, Inc. v. Summa Corp., 374 A.2d 5（Del. Ch. 1977）. 以下宋体字是本书作者对案情的概括性介绍，楷体字是本书作者对判词原文的翻译。

飞机，被告能够将购买飞机的条件安排得对自己有利。此外，与购买飞机相关，一旦不能为全球公司取得长期融资，被告还可以自由地将这些飞机卖给其他航空公司。

案卷很清楚，全球公司的少数派股东没有从被告强加给原告的营业限制中得到任何好处，而且由于全球公司失去了竞争的自由，他们还遭受了损失。诉状称如果在被告统治全球公司期间被告不对全球公司进行限制，全球公司很可能会为它的少数派股东和多数派股东获得多得多的收入。

法院命令被告对全球公司遭受的损失进行补偿。

本案与前一个判例有相似之处。都是母公司的决策限制了子公司的发展，前面是通过过度的分红，这里是不允许子公司自行购买飞机。差别在于这里的母公司从限制中获得了好处，而子公司的少数派股东却不能按比例分享这些好处。而在前面的案例中，母公司获得了大量的现金，可是少数派股东也按比例获得了现金。所以两案的判决结果相反。

第二节 合 并

在大公司，特别是上市公司里，控股股东与被控股公司之间最常见的交易是通过合并将少数派股东排挤出去。这与小型的封闭公司中多数派压迫与排挤小股东的各种手段有所不同，但是目的是一样的。对此，法律同样应该保持警惕。以挤出少数派股东为唯一目的的合并是对公司控股权的滥用；举证责任在被告——由控股股东证明合并公平。

合并一般需要股东大会在达到会议有效数的前提下经过出席会议股份的三分之二以上通过。① 如果因为种种原因控股股东的持股数量还不够，例如，控股只是相对控股而出席会议的股份数又接近全部，因而赞成票达不到三分之二，等等，那么控股股东在开会之前还需要通过要约或协议收购足够数量的目标股份以确保在投票表决时能够达到三分之二以上的多数。一旦股东会通过决议同意合并，接下来便由双方的董事会和经理层具体实施合并方案。由于控股股东控制着目标董事会和经理层，所以两边不会有实质性的谈判，所有条件都由控股股东一人说了算，包括合并的时间、目标股份的价格等。为了将少数派排挤出去，控股股东一般不允许目标的少数派股东进行股份转换，即转换成合并后公司的股份，而是选择现金购买，将少数派股东按照合并协议规定的价格买出来，而这个价格往往偏低。

这种手段也经常被用于公司收购中。当收购人收购到足量股份时，便可以通过公司合并将少数派股东排挤出去。②

---

① 由于我国公司法没有规定会议有效数，仅仅要求合并经出席会议股份的三分之二通过。这个门槛是很低的，控股股东凭借其持股份额足以通过。

② 当然，如果目标是上市公司，在合并之后必须退市，因为已经没有公众股东。原来我国借壳上市资源紧缺，但这两年随着 IPO、新三板、科创板的发展，情况已经变化。在发达国家，壳（上市地位）不值钱，所以退市仅仅是一个根据生意需要作出的普通商事决策。

有时候，控股股东还会通过三角合并的形式来完成合并，即先设立一个全资子公司（空壳），然后安排其与被控股的公司（目标）合并。[①]但是实质内容是一样的，因为控股股东脚踩两边，既控制着目标董事会和经理层，又控制着壳公司的董事会和经理层，合并的各种条件都由控股股东一人说了算，合并的双方没有任何实质意义上的对等谈判。

当然，也不是所有的控股股东都那么贪婪。很多合并可能出于真诚而合理的商事目的，例如，提高规模效益和生产效率、通过退市而避免公开义务以节省费用、有效利用目标现金流为母公司服务、方便与目标的种种交易等。例如，控股股东在取得了目标100%的股权之后，可以自由地与之交易，再也不受因自我交易而发生的忠诚义务的限制了。因为控股股东实施自我交易损害的主要是小股东的利益，在不存在小股东的情形下，就没有必要对母子公司之间的交易加以忠诚义务的限制。

我国《公司法》第74条规定，在公司合并时，反对合并的少数派股东有权请求公司以合理价格收购其股权。第20条第2款规定："公司股东滥用股东权利给公司或者其他股东造成损失的，应当依法承担赔偿责任。"根据这两个条款，如果少数派股东感觉控股股东所出的现金购买价格偏低，可以到法院起诉，通过评估确定合理的价格。不过，由于评估费用较高，对于持股数量不多的股东来说，胜诉后得到的价格补偿可能还不足以支付评估费用和诉讼费用。加上我国目前又没有美国那样的集体诉讼程序。因此，一般小股东只能忍气吞声地接受偏低的价格。对此情形，我国法律还没有有效的救济手段。

美国也有类似我国《公司法》第74条的规定。反对合并的少数派股东可以不接受由控股股东规定的协议价格，而设法对其股份进行合理的评估，然后请求法院判其按照评估价而非协议价退出公司。由于他们有集体诉讼制度，可以有效地降低单个小股东的费用，所以行使评估权的人就比较多。

一、合并程序探究

控股股东与被控股的公司（目标）合并之所以适用忠诚义务标准审查，由控股股东证明交易公平，是因为它控制着目标，目标没有独立意志，全部合并条件都由控股股东一人说了算，所以目标的小股东很容易受到伤害。但是如果合并中没有这样的控制，目标独立、对等地与母公司就合并条件进行了具有实质意义的谈判，那就不需要适用忠诚义务标准。下面的案子，尤其是它的第7个脚注，都说明了这一点。法院探讨了司法审查的公平标准、无利害董事和无利害股东批准的意义（转移举证负担）、评估方法等一系列问题。

【案例 16-3】

弯伯格诉全石油产品公司 [②]

西格纳尔公司是全石油产品公司的控股股东，持有后者50.5%的股份。它采用现金

---

① 三角合并的具体形式见图 13-4。
② Weinberger v. UOP, Inc., 457 A.2d 701（Del. Supr. 1983）. 原判词很长，以下是本书作者的概括和编译。

收购后者剩余的 49.5% 股份的办法实现了与后者的合并。该 49.5% 少数派股东中的多数同意并批准与西格纳尔的合并。但是反对合并的少数派股东认为合并条件对少数派股东不公平，遂提起集体诉讼①，状告全石油产品公司、西格纳尔公司、两家公司的某些官员和董事以及全石油产品公司的投资银行莱门兄弟库楼伯公司（以下简称莱门或莱门兄弟公司）。特拉华州的衡平法院认定案中的公司合并对于少数派股东是公平的。原告败诉之后上诉到州最高法院。

案中的基本事实是这样的。西格纳尔公司在 1974 年卖掉了一家子公司，得到 4.2 万美元。公司很想用这笔剩余资金投资，就选中了全石油产品公司。目标董事会比较友好，双方在 1975 年 4 月进行了谈判。出价 19 美元，要价 25 美元。当时的市价不到 14 美元。最后确定以每股 21 美元的价格购买目标已授权但未发行的 150 万股股份，但是附有条件，就是西格纳尔能够成功地收购 430 万股目标已发行的股份，从而达到持股 50.5% 的目的。目标董事会向股东们表明他们对西格纳尔的收购要约没有反对意见。结果股东们交售十分踊跃，但是西格纳尔不想多收购，只按照计划执行，最后成为目标 50.5% 的股东。

收购人没有将目标董事会全部扫地出门。董事会共有 13 位董事，西格纳尔只任命了 6 位，其中 5 位都是西格纳尔自己的董事或雇员，另一位来自西格纳尔贷款的银行，他帮助西格纳尔进行了收购的谈判。此后不久，全石油产品公司的董事长兼执行总裁退休。西格纳尔就任命它的一家子公司的资深执行副总裁科洛福德填补了这个空位。

到 1977 年年底，西格纳尔还有很多剩余资金需要投资，在反复寻找而没有合适的目标的情况下，又把目光投向了全石油产品公司的剩余的 49.5% 股份。在西格纳尔的董事长沃卡普和总裁夏姆威的授意下，西格纳尔的副总裁兼计划主任阿里奇与资深副总裁兼财务主管齐天对此作了一个可行性研究。研究的结果是：只要不超过每股 24 美元，这项投资就是合算的。沃卡普、夏姆威、阿里奇和齐天四个人除了在西格纳尔公司任董事之外，同时又都是全石油产品公司的董事。沃卡普和夏姆威讨论了阿里奇和齐天所作的这个可行性报告，尤其是价格问题，因为他们明白作为全石油产品公司的控股股东，西格纳尔公司对全石油产品公司负有忠诚义务。他们最后决定召集西格纳尔的执行委员会会议并建议以每股 20 ~ 21 美元的价格购买全石油产品公司的剩余股份。

1978 年 2 月 28 日，西格纳尔公司的执行委员会开会。他们礼节性地邀请了全石油产品公司的董事长兼总裁科洛福德列席。科洛福德原先是西格纳尔公司的一个子公司的执行副总裁，是由西格纳尔公司派往全石油产品公司任职的。科洛福德首先与沃卡普和夏姆威面谈，他们告诉他购买股份的意向并征求他的意见。科洛福德觉得 20 ~ 21 美元的价格是很"慷慨"的，应当交由全石油产品公司的少数派股东们讨论表决。不过，他认为应当保障全石油产品公司的雇员们在新公司中的地位，否则许多重要的雇员会离去。目前，关键性的雇员都持有全石油产品公司的期权，合并将取消这些期权，所以应当对此作出调整以留住这些雇员，比如给予他们在西格纳尔公司的期权。说完之后科洛福德就去参加执行委员会会议，会上他还是那些意见。会议最后的一致意见是 20 ~ 21 美元

---

① 集体诉讼（class action），又称集合诉讼或集团诉讼。

的价格对于两家公司来说都是公平的。会议授权西格纳尔的经理层与全石油产品公司谈判购买其少数派股份事宜，并于 1978 年 3 月 6 日向公司董事会报告。

这次会议结束之后，西格纳尔马上发布了一条新闻：

西格纳尔公司总裁沃卡普与全石油产品公司总裁科洛福德宣告，西格纳尔公司与全石油产品公司正在就西格纳尔用现金购买它尚未取得的全石油产品公司 49.5% 股份事宜进行谈判。

买卖的价格及其他条件尚未最后确定，有待于双方公司的董事会、全石油产品公司的股东以及联邦政府机构的批准。

该条新闻中也提到了当天全石油产品公司股票的市场价格为每股 14.5 美元。

两天以后，也即 3 月 2 日，西格纳尔发布了第二条新闻，承接前一条新闻中所说的正在进行的"谈判"，表示西格纳尔将建议购买的价格定在 20 ～ 21 美元。

从 2 月 28 日星期二到 3 月 6 日星期一总共 4 个工作日。科洛福德在此期间做了大量的工作。他与全石油产品公司的非西格纳尔董事，也即外部董事逐个打电话，并且雇请莱门兄弟公司对西格纳尔的价格条件发表公平意见。他之所以请莱门，是因为离计划召开的董事会只有 3 天时间了，莱门多年来一直担任全石油产品公司的投资银行顾问，对公司情况比较熟悉。而且，莱门的合伙人格兰菲尔长期担任公司的董事，有助于莱门在短时间内形成意见。在科洛福德与格兰菲尔通话时，格兰菲尔说莱门可以接受这个任务，没有什么问题，服务价格 25 万美元，科洛福德觉得这个价格太高了，最后两人商定为 15 万美元。

在此期间，科洛福德还与西格纳尔的几位官员通了电话。在他与沃卡普的电话中，他说经过与全石油产品公司的非西格纳尔董事通气，他认为价格必须为 20 ～ 21 美元幅度的最高价，即 21 美元，方能获得那些非西格纳尔董事们的同意，但他没有提过高于 21 美元的要求。

格兰菲尔从莱门兄弟内组织了一个三人小组来写公平意见。三人小组检查了与全石油产品公司有关的各种文件，包括它从 1973 年到 1976 年的年度报告和在证交委登记的各种材料，还有经过审计的 1977 年的财会报表、这段时间内公司给股东的报告以及公司最近的和历史的市场股价及交易量。三人中的两人在星期五，即 3 月 3 日飞到全石油产品公司在伊利诺伊州的本部做应有勤勉访问。在那里他们会见了科洛福德、公司的法律顾问、财务主管和其他几位重要官员。通过这些调查，三人小组得出结论：20 ～ 21 美元的价格对于公司剩余的 49.5% 股份来说是公平的。他们将这一结论打电话通知了正在佛蒙特州度周末的格兰菲尔。

1978 年 3 月 6 日，格兰菲尔与三人小组的组长一起飞到全石油产品公司总部参加董事会讨论。格兰菲尔在飞机上查看了文件，他们带着"公平意见信"的草稿，上面的价格留有空白。大概在开会期间或者稍前些时候，这封信已经打印出来，空白处已经填上了每股 21 美元的价格。

当天，西格纳尔和全石油产品公司的董事会同时召开。两边保持着电话联系。沃卡普参加全石油产品公司这边的会议，以便回答非西格纳尔董事们的提问并向他们阐明西格纳尔公司的立场。阿里奇和齐天也参加了会议，但是人没有到场，而是通过电话参加的。全石油产品公司所有的外部董事都来了。

在西格纳尔这边，董事会首先一致通过决议同意按已起草的合并协议以及相关文件向全石油产品公司建议以每股21美元的价格现金合并。建议规定合并必须得到所购买股份的多数同意，并且这些同意的股份加上西格纳尔已经持有的股份之和必须达到全石油产品公司全部股份的三分之二。两个条件如果缺一，则合并不能通过。

全石油产品公司的董事会研究了这个建议。合并协议的草稿文本都分发给了到会的每位董事，其他没有到会而通过电话参加会议的董事则通过邮寄送达。会上也出示了公司自1974—1977年的财会数据和最近的财会报表、市场股价情况以及1978年的收支预测。此外还有莱门兄弟公司在这4天内匆忙起草的公平意见信，该信认定21美元的价格是合理的。格兰菲尔解释了他们基于得出公平结论的各种数据。讨论完了西格纳尔的建议之后，沃卡普和科洛福德离开了会议，以便公司的非西格纳尔董事们能够自由无拘束地交流一下意见。他们回来之后，董事会便决议接受西格纳尔的要约。来自西格纳尔的几位董事虽然参加了会议，但是没有参加投票。当然，如果参加投票，他们会投赞成票的。

3月7日，全石油产品公司给它的股东们发了一封信，通知他们董事会对西格纳尔要约的决议。信中提到在2月28日"两家公司已经公布正在进行谈判之事"。

虽然上面这些事情做得很匆忙，但是合并草案却一直等到1978年5月26日的年度股东会才提交给股东们。在会议的通知和投票权征集书中，董事会劝告股东们批准合并。投票权征集书写道："1978年2月28日，西格纳尔的董事兼全石油产品公司的总裁科洛福德与西格纳尔的一些官员进行了会谈，而后还数次通话，价格就是在这些讨论中确定的。"在原来的投票权征集书中用的是"谈判"而不是"讨论"。但是在送交证交委登记时，证交委要求提供谈判的具体内容，于是只好把"谈判"二字改成"讨论"。征集书说合并的决定是董事会一致通过的，莱门兄弟也认为每股21美元的价格对公司的少数派股东们是公平的。但是征集书没有说明莱门兄弟得出这一结论的时间是多么仓促。

在股东会上，只有56%的少数派股份出席，其中51.9%对合并方案投了赞成票，另外的4.1%投了反对票。赞成票占了全部少数派股份的简单多数。这些赞成票与西格纳尔所持股份加起来占全石油产品公司已发行股份的76.2%，达到了合并协议要求的三分之二。合并协议的生效条件成就，协议于当天生效，所有的少数派股份自动地转化成每股领取21美元现金的即期债权。

法院认为，合并过程中最主要的问题是阿里奇和齐天两个人所作的可行性报告只给西格纳尔用而没有给目标用。这个报告对收购人和目标同样重要，却对目标保密。报告所得出的结论——不高于每股24美元的价格对西格纳尔来说是很合算的投资——是有说服力的。按报告计算，投资回报率在每股24美元时是15.5%，而在每股21美元时是15.7%，相差0.2%，而对目标的少数派股东来说，则是1 700万美元的差价。阿里奇和齐天都是目标的董事，具有获得目标内部各种信息的便利。他们用这些信息写成的报告却只给收购人用而不向目标公开，这就违反了忠诚义务。法律要求他们的是完整的公开和百分之百的坦率。

任何人作为两家公司的董事，都必须忠于两家公司。当这两家公司互相交易而他又参与其中时，他必须具有完全的善意并且确保交易的内在公平，经得起最为挑剔的审查。举证责任在董事自己。

这里，法院对公平的含义作了一个很有意思的脚注①：只要有真正意义上的对等谈判，交易就是公平的。因此，如果本案中目标有几个完全独立的人负责与收购人进行实质性谈判，判决的结果就可能大不相同。或者那几位共同董事回避，将事情完全留给那些独立的外部董事去做，情况也会不一样。在母子公司交易中，同样要求有对等的谈判。在双方互相独立、没有因共同董事参与其间而引起利害冲突的情况下，互相保密和不公开都是允许的。

由于共同董事参与其间，他们负有对两边都公开的义务。而本案中许多重要的情况却对目标的少数派股东隐瞒了。除了阿里奇和齐天的可行性报告之外，合并的动因在收购人，方案由收购人提出，时间又是那样的急促，整个过程中根本没有真正的谈判或讨价还价。两次新闻发布和给股东的信中都使用了"谈判"二字，给人一种目标正在极力讨价还价的印象，显然带有误导的性质。科洛福德本身就是收购人派往目标的人。他除了按照收购人定下的价格范围将目标的外部董事们的意见转告收购人，说价格应当取高限，即 21 美元之外，根本没有进行任何的讨价还价。只有在职工福利和莱门兄弟的服务费用上，他才算做了一点讨价还价的工作。莱门兄弟是目标的投资银行，自然与收购人没有利害关系，但是他们只有 3 个工作日时间对目标进行估价。莱门兄弟专门负责此事的合伙人格兰菲尔在佛蒙特度了周末之后，在飞往目标参加董事会的当天所带的公平意见信上价格一项还是空白。这一切都说明，由于收购人规定了一张十分紧张的时间表，莱门兄弟没有充足的时间来履行他们的职责。而这些情况都没有向目标的股东们公开。相反，给他们的印象是莱门进行了认真仔细的研究。这又是误导。最关键的情报，收购人认为 24 美元的价格也是有利的投资，也向股东们隐瞒了。而这意味着 1 700 万美元的价格差别，对于他们作出决定显然是至关重要的。由于股东们缺乏必要的信息，所以他们的投票不是以知情为基础的。在这种情形下，少数派股东的多数批准是没有意义的。

目标外部董事们的一致同意同样没有意义，因为关键性的信息对他们隐瞒了。在不

---

① 脚注原文：Although perfection is not possible, or expected, the result here could have been entirely different if UOP had appointed an independent negotiating committee of its outside directors to deal with Signal at arm's length. See, e.g., Harriman v. E.I. duPont de-Nemours & Co., 411 F. Supp. 133 (D. Del. 1975). Since fairness in this context can be equated to conduct by a theoretical, wholly independent, board of directors acting upon the matter before them, it is unfortunate that this course apparently was neither considered nor pursued. Johnston v. Greene, Del. Supr., 121 A.2d 919, 925 (1956). Particularly in a parent-subsidiary context, a showing that the action taken was as though each of the contending parties had in fact exerted its bargaining power against the other at arm's length is strong evidence that the transaction meets the test of fairness. Getty Oil Co. v. Skelly Oil Co., Del. Supr., 267 A.2d 883, 886 (1970); Puma v. Marriott, Del. Ch., 283 A.2d 693, 696 (1971). 原文注第 7，这个脚注在美国的公司法学界颇有名气，被称为"弯伯格案第 7 个脚注"。

知情的基础上投票是没有意义的。

判决：被告败诉；否决原判，发回重审。[①]

特拉华公司法的规定：两个公司的合并必须得到各自的无利害关系股份的过半数同意和全数股份的三分之二同意；一旦这两个条件得到满足，剩余的没有投票的和投反对票的股份都将按照少数服从多数的原则被迫接受由多数派投票赞成的合并条件。

从手续形式上看，本案中的合并是规范的。合并得到了无利害关系股份的过半数同意和全部股份的三分之二以上的同意。目标接受要约的决议是由利益独立的董事们作出的，决议讨论时连董事长科洛福德也知趣地离开了会场，因为他是收购人派来的，以便让独立董事们能够自由无拘束地交流看法。决议表决时共同董事没有参加投票。大概也正是这些原因促使衡平法院判决被告胜诉。

平心而论，21美元的价格对于14.5美元的市价来说已经很不错了，共同董事的存在又有利于两边的沟通和相互信任，阿里奇和齐天的可行性研究是在母公司西格纳尔的指使下进行的，研究得出24美元的价格依然合算的结论属于母公司的内部机密，不公开是天经地义，从这个内部认定的价格上扣除3美元（12.5%）后出价，从目前我国生意人的角度来看，也并不算黑。但是这一做法有利又有弊，问题恰恰出在共同董事的身份上：阿里奇和齐天同时也是全石油产品公司的董事，利用这个身份取得了关于全石油产品的信息，制作的报告却不让全石油产品公司方面知道。尤其是24美元的价格对西格纳尔来说依然合算这一关键性信息的隐瞒，使得子公司董事会的批准和少数派股东的多数批准失去了意义，因为这些批准缺乏应有的知情基础。

倒不是说控股股东绝对不能隐瞒，但是如果要隐瞒，共同董事和官员应当回避，使子公司的独立董事和少数派股东在认识到利害冲突的前提下有充分的心理准备并与母公司进行实质意义上的对等谈判。本案第7个脚注正是这样示意的。如果这样，母子双方作为谈判对手，就都没有向对方披露自己的机密信息的义务。可是本案中的共同董事虽然没有参加投票，但却积极地参与了交易的全过程，违反了作为子公司董事的忠诚义务。法院发现交易过程中子公司讨价还价不力，没有真正意义上的谈判。总裁科洛福德是母公司指派的，如果他真的为了子公司的利益而在价格问题上与母公司发生冲突，母公司完全可以另派他人替代他的位子，这种客观存在的利害关系使他的不作为显得可疑。对子公司广大的少数派股东来说，不但存在信息隐瞒，而且存在信息误导。明明是时间相当仓促，也没有真正的讨价还价，母公司发布的新闻和子公司董事会发出的投票代理权征集书给股东们的印象却是经过了长时间的、认真的讨价还价。可见他们都是在不知情的情况下投票批准合并的，而在不知情的基础上所作的意思表示是没有意义的。

在这样的具体案情中审视我国公司法的现行规定，就很容易发现其不足。我国公司立法和相关的司法解释都还没有对控股股东的义务作出一般性的规定。《公司法》第16

① 案子返回衡平法院之后，该院的反应似乎不太热烈。衡平法官布朗（Brown）将州最高法院的判决等同于西格纳尔的虚假陈述，还不算欺诈。他判决给予原告每股1美元的补偿，外加从最高法院判决之日起算的利息，驳回了原告提出的按照恢复原状标准通过股份价值的评估来计算损失的请求，认为证据不够确定。

条对公司为控股股东提供担保作了规定，但是仅仅限于担保。像本案中对少数派股份的收购，我国没有规定。因此本案情形要是发生在中国，那就一定是合理合法的。

我国《公司法》第 16 条第 2 款规定："公司为公司股东或者实际控制人提供担保的，必须经股东会或者股东大会决议。"第 3 款接着规定："前款规定的股东或者受前款规定的实际控制人支配的股东，不得参加前款规定事项的表决。该项表决由出席会议的其他股东所持表决权的过半数通过。"这两款加起来的意思无非是说，公司为控股股东提供担保，必须经其他无利害关系股东过半数同意。如此规定正确而必要。由于案情简单，也能够达到公平的目的，因为只要告诉这些股东公司为谁担保，请他们表决，他们就能明白其中的利害关系，能够在知情的基础上投票。可是像弯伯格案这样的母子公司合并，无利害关系股东的简单投票表决就不够了，因为存在一个有没有充分知情的问题。董事会向股东传达的信息是否准确、有没有误导？在这些问题上，我国公司法的规定就显得有些欠缺了。①

弯伯格案的判决，特别是它的第 7 个脚注，在母子公司合并的领域内发生了很大的影响。它的意思无非是说：如果子公司相对独立，能够与母公司对等谈判，那就不适用忠诚义务要求的内在公平标准，而作为普通商事判断对待，适用商事判断规则；如果不够独立，那就要适用忠诚义务标准，要求交易的内在公平，由被告来证明这种公平，而对目标的独立董事和少数派股东隐瞒重要信息显然是不公平的。

之后的判决有所谓的弯伯格三部曲，都遵循了弯伯格案所确立的规则。在罗森布拉特案②中，盖缇石油公司与其控股的石盖丽石油公司（Skelly Oil Company）合并，石盖丽的一个少数派股东起诉，称合并条件不公平，理由之一是盖缇的一个内部报告曾预测盖缇以后的收益将会减少，该报告没有对石盖丽公开，就像弯伯格案中西格纳尔向全石油产品隐瞒 24 美元的内部定价一样。但是法院纠正了原告对弯伯格案的错误理解："有人认为弯伯格案的意思是多数派股东在任何情况下都必须将自己的最高报价披露给少数派股东，那显然是一种错误的理解。弯伯格案对于阿里奇和齐天报告所作结论的唯一原因是西格纳尔任命了全石油产品公司的董事；这些董事处于交易的两边，违反了对全石油产品公司的忠诚义务；它与作为多数派股东的西格纳尔对其他股东的义务没有关系。"③由于不存在共同董事上下其手的情形，母子公司的合并是通过真正意义上的谈判实现的，符合弯伯格案第 7 个脚注的要求，因而得到了法院的认同，原告败诉。

拉布肯案④是弯伯格三部曲中的第二个判例。该案涉及奥林公司与其持股 63.5% 的子公司汉特的合并。奥林通过以每股 25 美元的价格收购汉特的股份取得了控股地位，在收购当时曾经承诺：如果剩余的股份在一年之内交售，它仍然会以每股 25 美元收购。

---

① 当然，我国证券法对上市公司的要约收购在信息披露上有比较规范的规定。但是本案属于协议收购。信息披露的缺陷不是在收购要约中，而是在投票代理权的征集书中，所以证券法有关要约收购的规定不能适用。而无论是我国的公司法还是证券法，都还没有对投票代理权的征集作出规定。

② Rosenblatt v. Getty Oil Company，493 A.2d 929（Del. Supr. 1985）.

③ 493 A.2d 939.

④ Rabkin v. Philip A. Hunt Chemical Corp，498 A.2d 1099（Del. Supr. 1985）.

在等了一年零三个星期之后，它出价每股 20 美元与汉特合并。共同董事有三位，他们都看到过奥林的一个内部报告，该报告详细阐述了等过一年的好处。汉特的投资银行认为合理价格应该在 19 ～ 25 美元。汉特的董事会试图抬价，遭到拒绝之后批准了每股 20 元的收购计划。相关事实都向股东做了披露。下级法院拒绝了原告的禁令请求，认为在没有欺诈的情况下，价值评估是唯一的救济手段。

特拉华最高法院否决并试图澄清在什么样的情况下评估估价才是唯一的救济手段。该院认为无论是公平的交易方式还是公平的价格都是公平问题，原告对本次合并的指责是交易方式的不公平使他们得不到合同规定的公平价格。公平的交易方式作为一种程序，是多数派股东必须确保的，"在现金合并中，时间安排、交易架构、谈判过程和披露情况都与程序公平有关。"参见 498 A.2d 1105 页。合并过程中没有弯伯格案所建议的独立谈判程序，而在罗森布拉特案中是有这样的程序的。三位共同董事有没有尽到忠诚义务也不清楚。对少数派股份的价值评估不能解决诉状所提出的这些程序问题。而且，弯伯格一案还经过了审判，本案是根据被告的审判前请求判决的，连审判程序都没有经过，原告除了对价格的指责之外还可以提出很多程序上的问题。

在新泽西西里床垫公司诉西里公司[①]一案中，持股 93% 的母公司试图通过合并挤出少数派股东，衡平法官认定价格太低，程序又不充分，因而直接下令禁止合并。该案中的合并价格以会计账面净资产为准，远低于公司的市场价格。董事会既不知情，也无兴趣，开了半小时会议就批准了合并。考虑到某些事件即将发生，发生之后就会抬高子公司的股票价格，所以母公司故意将合并的时间安排在这些事件发生之前。原告得到的信息也不充分，因而不知道是否应该选择评估。法院说："虽然在有些情形下，本案中的这类犯规行为不至于遭受禁令，但是本案的情形很极端：（1）董事会没有作出知情的决定；（2）董事会没有能力确定西里的价值；（3）董事会没有向少数派股东披露重要的事实。因此，禁令是贯彻《公司法》第 251（b）条的要求和充分披露之信托义务所包含的方针政策的最为恰当的救济手段。"

弯伯格案及其三部曲一共四个判例都是由同一个法官（Justice Moore）起草的，所以标准比较统一，主要审查交易程序的公平和价格的公平，不考虑行为的公司目的。特拉华法院曾经在 Singer v. Magnavox Co., 380 A.2d 969（Del. 1977）一案中考虑过公司目的，但是很快就抛弃了目的标准。这就意味着只要程序和价格对头，多数派就有权将少数派排挤出去。

二、公平标准的适用

如果合并的双方缺乏对等的谈判，实际由控股股东单方面一手操办，那就适用忠诚义务标准，由控股股东承担举证责任，证明合并的内在公平。但是怎样在这类合并中证明交易的内在公平呢？那要具体案情具体分析。

---

① Sealy Mattress Company of New Jersey v. Sealy, Inc., 532 A.2d 1324（Del. Ch. 1987）.

【案例 16-4】

康诉林奇通讯系统公司（林奇 I）[①]

林奇通讯系统公司（Lynch Communication Systems, Inc., 以下简称林奇）是特拉华公司，设计和制造电子电信设备，主要卖给电话公司。阿克泰尔美国公司（Alcatel U.S.A. Corp., 以下简称阿克泰尔）是一家持股公司，其母公司阿克泰尔（Alcatel, 以下简称 S.A.）是法国公司，从事公共电信、商用通讯、电子和光电子学业务。该母公司又是另一家法国企业普电公司（Compagnie Generale d'Electgricitie, 以下简称普电）的子公司。

1981 年，阿克泰尔通过购股协议取得了林奇 30.6% 的普通股。根据协议，各方当事人承担了一些互惠的义务。阿克泰尔同意在 1986 年 10 月 1 日之前持有林奇的股份不超过 45%；林奇则同意修改公司章程，在章程中添加以下规定：企业合并必须得到 80% 已发行股份的同意，阿克泰尔按持股比例取得林奇董事会的席位，林奇向任何第三人发行股份时阿克泰尔都有权购买其中的 40%。

1986 年春，林奇经理层建议收购泰尔可系统公司（Telco Systems, Inc., 以下简称泰尔可），因为该公司拥有光学纤维技术。为了在迅速发展的电信领域内具有竞争力，林奇需要该技术。由于章程中的超多数决规定（新增的 80% 条款），林奇购买泰尔可需要得到阿克泰尔的同意。阿克泰尔告诉林奇的总裁兼董事会主席德亭其（Ellsworth F. Dertinger），他们公司反对收购泰尔可。阿克泰尔建议林奇收购普电的间接子公司塞尔维夫系统公司（Celwave Systems, Inc., 以下简称塞尔维夫），该公司生产和销售电话线、电缆和相关产品。

1986 年 8 月 1 日，在林奇董事会上，德亭其说如果塞尔维夫不是阿克泰尔所有的话，林奇是不会对此感兴趣的。林奇董事会一致同意成立一个由克兹（Hubert L. Kertz）、文门（Paul B. Wineman）和波灵其（Stuart M. Beringer）三人组成的独立委员会，对与塞尔维夫的合并条件提出建议。董事会有 11 个董事，5 个是由阿克泰尔指定的。阿克泰尔的投资银行迪伦、里德与公司（Dillon, Read & Co., Inc., 以下简称迪伦）随后向独立委员会呈交了一个方案，建议林奇通过换股合并收购塞尔维夫。委员会雇佣的投资银行认为迪伦的方案高估了塞尔维夫，于是委员会在 1986 年 10 月 31 日投票拒绝了迪伦的方案，反对将塞尔维夫并入林奇。

阿克泰尔在 1986 年 11 月 4 日作出反应，撤回了塞尔维夫方案，同时提议以每股 14 美元的价格收购它还没有获得的剩余 56.7% 的林奇股份。三天之后林奇董事会授权独立委员会与阿克泰尔就其现金合并的要约条件进行谈判。委员会开始时认为阿克泰尔每股 14 美元的要约是不足价的。

11 月 12 日，波灵其作为委员会主席向阿克泰尔发出了每股 17 美元的反要约。阿克泰尔提出每股 15 美元，委员会认为不足价而予以拒绝。阿克泰尔提高到 15.25 美元，委员会仍然拒绝。阿克泰尔最后要约每股 15.50 美元。

在 1986 年 11 月 24 日的会议上，波灵其告诉独立委员会的另外两位成员：如果独

[①] Kahn v. Lynch Communications Sys., Inc., 638 A.2d 1110（Del. 1994）. 以下宋体字是本书作者对案情的概括性介绍，楷体字是本书作者对判词原文的翻译。

立委员会不推荐、林奇董事会不批准阿克泰尔每股 15.50 美元的要约，阿克泰尔"准备以更低的价格发出不友好的收购要约"。波灵其还说，已经对现金买出之外的其他选择途径研究过了，都不太现实。独立委员会经与其金融和法律顾问商谈之后一致投票向林奇董事会建议批准阿克泰尔每股 15.50 美元的现金合并。同日晚些时候，林奇董事会在阿克泰尔董事回避的情况下批准了委员会的建议。

少数派股东康代表除了阿克泰尔以外的其他股东对合并提出异议，认为阿克泰尔作为林奇的控股股东，对其他股东负有信托义务，但是阿克泰尔脚踏交易两边，自定交易条件，所出价格严重不足，违反了对其他股东的忠诚义务。

特拉华衡平法院认定阿克泰尔确实对林奇和其他股东负有忠诚义务，但是认为其要约收购和现金合并都没有违反该忠诚义务，判被告胜诉。

康向特拉华最高法院上诉，提出三点理由：第一，衡平法院关于收购要约和合并都是董事会独立委员会谈判的结果这一事实认定错误，以此为由作出的举证责任转向原告的裁定也错误；第二，阿克泰尔的购买要约带有胁迫要素——如果林奇不接受就要抛出条件更加不利的敌意收购要约；第三，所出买价太低，不公平。

郝兰德法官代表法院写道：

本院曾判"股东只有在持有公司多数股份或者对公司事务有控制权的情况下，才负有信托义务。"阿克泰尔持有林奇 43.3% 的股份，属于少数。因此，衡平法院首先要回答的问题是尽管持股属于少数，阿克泰尔是否仍然控制林奇的生意经营。

在 8 月 1 日的董事会会议上，阿克泰尔反对林奇的 5 位高层经理续签雇佣合同。阿克泰尔指派的董事费雅德（Christian Fayard）告诉董事会其他成员："你们必须听取我们的意见。我们是 43% 的股东。你们必须按照我们说的去做。"会议记录显示费雅德还宣称："你们不考虑我们的意见，等于在逼我们接管公司。"

在那次会议上，阿克泰尔否决了林奇对目标的收购。从会议记录看，波灵其认为该目标对林奇"正合适"。德亭其同意波灵其的意见，说"目标公司十分重要，因为他们有林奇需要的产品。"然而，阿克泰尔赢了。会议记录显示费雅德告诉董事会："阿克泰尔凭其 44% 的股份不会批准这样的收购，因为它不希望自己作为林奇主要股东的地位被稀释。"

可见，案卷支持衡平法院的事实认定："独立的非阿克泰尔董事对阿克泰尔让步是因为阿克泰尔的大股东地位，而不是因为根据他们的商事判断认为阿克泰尔是对的。"案卷也支持随后的事实认定：尽管 43% 的份额属于少数，由于在公司事务中说了算，阿克泰尔实际上控制着林奇。衡平法院对案卷作了令人信服的分析，从中得出了合乎逻辑的法律结论，即阿克泰尔负有控股股东所负有的对林奇其他股东的信托义务。

一个占统治地位的、有控制权的股东脚踏交易两边，如同母子公司的情形，肩负证明交易整体公平的担子。本院在弯伯格一案中提出的逻辑问题是什么样的证据能够证明整体公平。这个问题在弯伯格案中不仅已经预见，而且首次在第 7 个脚注中就使用由外部董事组成的独立谈判委员会作了讨论。参见 457 A.2d 701 at 709-10 n.7。

在本案的现金买出中，控股股东负有证明交易整体公平的责任。但是如果交易得到无利害董事组成的特别委员会批准，该批准对控股股东的举证责任有什么影响，据衡平法官说，衡平法院内部有不同的观点。一种观点认为这样的批准将举证负担推向原告，由原告证明交易的不公平；另一种观点认为这样的批准使商事判断规则成为司法审查的标准。

"对于一个具体的决定究竟适用商事判断规则还是整体公平规则是问题的关键。"本院早已认识到，在有利害关系的合并交易中，由于这样的交易本质上不要求任何商事目的，适用商事判断规则是与取消商事目的标准的弯伯格判例相矛盾的。

对有利益的合并交易只适用整体公平标准的政策理由是这样表达的：

> 无论少数派股东投票赞同还是反对交易，母子公司合并都是由控制方提出，并且该控制方将继续控制公司的运行。这与股票期权不同。无论多么微妙，控股关系都对少数派股东的投票批准存在潜在的影响，而这种影响在公司与没有控制力的股东交易时是不存在的。

> 即使控股股东无意强迫，股东在对母子合并投票表决时都可能觉得不批准可能会遭到控股股东某种形式的报复。例如，控股股东可以决定停止分红或者以更低的价格实施现金买出合并，想对此进行救济只能通过耗时而昂贵的诉讼。至少，这种感觉的潜在可能和它对股东投票的可能影响永远不能被完全排除。参见 Citron v. E.I. Du Pont de Nemours & Co., 584 A.2d at 502.

本院再次重申，审查由控股股东实施的有利益现金买出合并是否正当的唯一标准是整体公平。证明整体公平的最初负担在脚踏交易两边的人身上。不过，董事会独立委员会或者知情的少数派股东的多数批准会将对公平的举证负担从控制股东推向提出质疑的股东原告。然而，即使当有利益现金买出合并获得了少数派股东的多数或者由无利益董事组成的独立委员会在知情基础上的批准，对整体公平的分析依然是司法审查唯一合适的标准。

将整体公平作为司法审查有利益现金买出合并的唯一标准的政策理由同样也要求在转移举证负担之前对特别委员会的实际谈判能力进行仔细的司法审查。

> 独立的特别委员会的存在本身不足以转移举证负担。至少有两个要素是必需的：第一，多数派股东不得支配合并条件；第二，特别委员会必须真正有与多数派股东在平等基础上面对面谈判的能力。

本案中特别委员会的表现需要法院仔细审查，以确定阿克泰尔表现出来的支配力是否得到了有效的中和，从而使交易的"每一方当事人都能与另一方对等地谈判"。同样是这些独立董事在 1986 年 8 月 1 日曾经屈从于阿克泰尔的要求。这个事实部分地构成衡平法院认定阿克泰尔支配林奇的基础。因此，独立委员会与阿克泰尔平等谈判的能力从一开始就是有疑问的。

独立委员会最初的任务是审查阿克泰尔提议的与塞尔维夫的合并。案卷显示独立委员会有效地完成了这项任务。事实上，独立委员会建议林奇拒绝阿克泰尔的合并条件。阿克泰尔对独立委员会的负面建议的反应不是继续就塞尔维夫方案进行谈判，而是要约购买林奇。该要约与阿克泰尔在 1986 年 8 月 1 日表达的统治林奇的意图相一致，因为收购将有效地永久性消灭林奇剩余的独立性。

独立委员会的第二个任务是研究阿克泰尔购买林奇的方案。它在执行这项任务时清楚地知道阿克泰尔所表现出来的支配力，知道阿克泰尔拒绝与其就塞尔维夫一事进行谈判。

衡平法院采纳了独立委员会成员之一的克兹的证词，大意是他不认为每股 15.50 美元是公平的价格，但是他依然投票赞成合并，因为他感觉没有别的选择。衡平法院还认定克兹懂得阿克泰尔的立场是如果林奇不接受 15.5 美元的要约，就要以更低的价格提出不友好的收购要约。克兹认为这是阿克泰尔给出的一种威胁。衡平法院的结论是克兹最终认定"虽然 15.5 美元不够公平，这样的收购要约和合并依然比一个更低价位上的不友好收购要约对林奇、对股东们更有利些"。衡平法院认定"克兹既不认为要约价格公平，也没有反对合并"。

案卷显示阿克泰尔准备抛出敌对要约。这是独立委员会主席波灵其根据他和阿克泰尔的对话得出的结论。波灵其作证说虽然在他和阿克泰尔的讨论中没有说到敌对要约的具体价格，甚至没有专门提到"更低的价格"，但是"他感觉隐含的意义很清楚，那就是价格会更低"。

据衡平法院说，独立委员会拒绝了阿克泰尔对林奇的较低要约，但在"得知该价格公平且考虑到没有其他选择"之后接受了 15.50 美元的要约。衡平法官明确认识到，除了与阿克泰尔合并，林奇独立委员会的其他选择都是不现实的：林奇不能寻找其他的收购人，因为阿克泰尔可以阻拦任何其他的可选择交易。阿克泰尔也明确表示它不愿意让林奇回购它的股份。独立委员会还认定股东权利计划行不通，因为那会增加债务。

可是根据它所面对的案卷，衡平法院认定独立委员会已经"恰当地模拟了一笔能够对等谈判、没有被迫签约的第三人交易"。衡平法院得出结论说："总的说来，"独立委员会的行动"有足够的知情基础，也足够主动，足以模拟第三人交易"，因而证明交易整体公平的负担从阿克泰尔转向了提出质疑的林奇股东康。衡平法院对该认定的保留态度在它写的判词中很明显。

该院恰当地指出对阿克泰尔要约之外的其他选择的限制并不意味着独立委员会应该同意接受不公平的价格：

> 说不的权力很有意义。独立委员会中的董事有义务只批准那些符合公众股东的最佳利益的交易，并对那些对这些股东不公平的交易或者不能获得最佳利益的交易说不。对这样的董事来说，光取得一个受托人愿意支付的最高价格是不够的，如果该价格不是公平价格的话。

在本案中，强迫存在，表现在一个具体的价格要约上，该要约又是一个有能力贯彻实施其敌意要约威胁的控股股东以"要就要，不要拉倒"的最后通牒令方式提交的。

衡平法院认为，独立委员会"恰当地模拟了一笔对等谈判、没有强迫签约的第三人交易"的结论不为案卷所支持。案卷显示，委员会对等、有效谈判的能力被打了折扣，因为阿克泰尔威胁说如果 15.50 美元的价格不被委员会和林奇董事会批准，就要抛出敌意收购要约。委员会起初拒绝过三个要约，这些要约远低于委员会对林奇的估值，而且也没有附带阿克泰尔将要抛出敌意要约的明确威胁。拒绝这些要约的事实不能改变如下的结论：独立委员会屈从于伴有最后通牒的最终要约；一切像样的对等谈判即告终结。

综上，我们否决衡平法院的判决。发回案卷，由该院按照本判词进一步审核，包括重新确定现金买出交易对康和林奇其他少数派股东是否整体公平，举证负担在有利益的控股股东阿克泰尔。

在母子公司的合并遭到少数派股东质疑的时候，特拉华法院始终遵循弯伯格案确定的标准：只审查合并的程序和支付给少数派股东的价格是否公平，不考虑合并的商事目的。本案中司法审查的侧重点像弯伯格案一样，在交易程序上。两案中的合并都得到了独立董事的批准，但是程序不够公正。在弯伯格案中，独立董事受到了误导，因而其批准决定缺乏知情的基础；在本案中，知情没有问题，但是独立董事受到了胁迫，因而其独立性被打了折扣。衡平法院因为独立董事的批准而裁定举证负担转移到原告。最高法院认为该裁定错误，独立董事在受胁迫时的批准不能算数，举证责任仍在被告。由于强迫明显存在，衡平法院认为独立委员会"恰当地模拟了一笔对等谈判、没有强迫签约的第三人交易"的结论也是错误的。所以最高法院发回案卷，要求衡平法院根据举证负担不转移的要求重审此案。

【案例 16-5】
康诉林奇通讯系统公司（林奇 II）①

案卷被发回之后，衡平法院对案中的现金买出合并进行了重新审核，仅仅根据案卷记载，该院再次判决被告胜诉，因为被告证明了交易对林奇的公众股东整体公平。尽管阿克泰尔强迫了独立委员会，但是被告们依然证明了公平交易（程序），因为他们满足了弯伯格案列出其他相关要素，具体包括交易的时间、发起、结构和谈判。至于公平价格（实体），该院认为原告专家证人的评估存在瑕疵，因而认定被告挑起了证明价格公平的担子。因此，被告证明了交易的整体公平。原告康再次向特拉华最高法院上诉。

沃尔许法官代表特拉华最高法院写道：

尽管我们在林奇 I 的判决中限制了衡平法院作出事实认定的范畴，该判决对案卷的审查集中在举证负担这个门槛问题上。我们在举证责任上对衡平法院的否决留下了交易是否整体公平的问题。康也承认我们对举证负担是否转移的裁决本身并不意味着被告必然赔偿，这一点很明显，因为我们在林奇 I 中仅仅指出独立委员会谈判价格的能力因为阿克泰尔威胁抛出敌意收购要约而打了折扣，并没有讨论公平价格要素。

如同我们在林奇 I 中所指出的，"一个占统治地位的、有控制权的股东脚踏交易两边，如同母子公司的情形，肩负举证证明交易整体公平的担子。"证明整体公平的标准

---

① Kahn v. Lynch Communications Sys., Inc., 669 A.2d 79（Del. 1995）. 以下宋体字是本书作者对案情的概括性介绍，楷体字是本书作者对判词原文的翻译。

是人们常说的在弯伯格案中阐明的公平交易和公平价格。公平交易说的是谈判的时间和结构以及批准交易的方式方法，而公平价格则与影响被兼并公司股票价值的全部因素相关。不过弯伯格案告诉我们，标准是统一的而不是两叉或者分开的，要求审查交易的各个方面来确定交易是否整体公平。

衡平法院在考虑公平交易成分时断定交易的发起和定时都按照林奇的需要。这个结论的事实基础是林奇的产品销售因为没有光学纤维技术而遇到障碍。阿克泰尔提议与塞尔维夫合并以弥补竞争弱势，但是林奇的经理层和非阿克泰尔董事不认为合并对林奇有利。林奇的总裁德亭其告诉阿克泰尔在当时的情况下与阿克泰尔进行现金合并要比与塞尔维夫合并好。因此，阿克泰尔购买林奇少数派股份的要约被看成是在不被看好的塞尔维夫合并之外的另一种选择。

康争辩说，对泰尔可的收购得到林奇经理层的热烈赞同，但是却被阿克泰尔否决掉了，旨在迫使林奇接受与塞尔维夫的合并或者与阿克泰尔的现金合并。可是，泰尔可交易的好处是有争议的。泰尔可不盈利，且其光学纤维能力有限。不能保证林奇的股东一定会从对泰尔可的收购中受益。还有，合并交易的时间不能仅仅从被买实体的角度去看。一个多数派股东之发起交易自然是出于自己的经济利益。否则就不会去发起。因此，只要控制股东不以牺牲少数派为代价去谋取自己的利益，仅其发起交易一事不足以遭受谴责。

为了证明强迫一说，康争辩说，阿克泰尔不加掩饰地威胁，说要利用其控制地位强迫合并，并将合并要约同时抛出，想利用这个机会来达到廉价购买林奇的目的。正如我们在下面分析公平价格时将要详细论述的那样，林奇正遭遇困难而又迅速变化的竞争局面。它目前的财务状况也反映出这一事实。虽然它的股票交易价处于低位，但这也可能正是其竞争遭遇的反映。阿克泰尔对林奇客观存在的财务现实的利用不应受到指责。所以，如果这一时间的选定没有损害林奇的少数派股东，阿克泰尔根据自己的意愿发起交易这一事实并不必然要求法院认定交易不公平。衡平法院拒绝这样认定，我们同意。

关于交易的谈判和结构，衡平法院认识到本院在林奇Ⅰ中认定谈判具有强迫性，但是认为"当然不比没有谈判更不公平"。该院指出，一个非阿克泰尔董事组成的委员会通过谈判将价格从 14 美元提高到 15.50 美元。该委员会还雇用了两家投资银行，它们因为研究过塞尔维夫方案而熟悉林奇的发展前景。此外，委员会还雇了外部法律顾问。

诚然，委员会和董事会同意接受了至少有一个委员认为是不公平的价格。可是在这些问题上无论是委员会还是董事会都不需要全体一致。如果以不一致为由认定交易不公平，那就会在多数派控制的现金买出合并中抑制特别委员会的使用。阿克泰尔本来可以直接向它所控制的林奇董事会提出合并要约并迅速获得批准。当然，如果它这样做了，一旦交易受到质疑，它就要承担证明整体公平的责任。当法院审查它与独立委员会的谈判时，由于它最终仍然承担了同样的责任，所以结果不应该比这更糟糕。

康声称衡平法院没有恰当地考虑我们在林奇Ⅰ中认定的逼迫。一般地，如同在本案中，举证责任在实施强迫的一方，由其证明行为的公平。但是逼迫卖方的行为必须对卖方卖出股份的决定有举足轻重的影响，才能将逼迫者告上法庭。

当其他经济力量在起作用并且更可能导致卖出的决定时，如同衡平法院在本案中认定的那样，强迫因素从交易整体来看不会被认为举足轻重，也不能阻挡对整体公平的认定。在本案中，没有哪个股东在交易中受到了与其他任何一个股东不同的待遇，也没有任何人受到两层的或挤出的待遇。阿克泰尔向少数派股东支付现金，买下了所有交售的股份。显然，交易在这个方面没有重大的强迫，所以不能因此而要求损害赔偿。

如前所述，在林奇 I 中，因为我们发回初审法院要求其重审公平交易，所以本院没有讨论合并交易的公平价格。

对于阿克泰尔有没有证明公平价格，衡平法院相信麦克·麦卡提的证词。他是迪伦的一位高级官员，起草了阿克泰尔给独立委员会的建议方案。他评估林奇为每股15.5～16美元。这个范围是根据 1986 年 10 月 17 日的市场收盘价每股 11 美元再加上41%～46% 的合并溢价得出来的。迪伦的评估是因林奇与塞尔维夫的合并提议而做的，当时林奇利润下滑、前景黯淡。在 10 月评估之后，林奇经理层调低了三年预期，以反映第三季度不如意的业绩。

衡平法院也考虑了基德·皮波堤（Kidder Peabody）和汤普森·麦肯门（Thompson McKinmon）的评估报告。独立委员会曾因 10 月与塞尔维夫合并的提议而雇用它们。不过它们的评估都针对该提议，严格地说来不是公平意见。在林奇后来因第三季度的不良业绩而调低了它的财务预期之后，两家企业都发表意见认为阿克泰尔的合并价格在后来的合并日期是公平的。

康主要依据弗莱德·西讷格尔的专家证词来证明其价格不足的说法。西讷格尔是一位独立的财务分析师，他认为林奇在 1986 年 11 月 24 日的公平价格应该是每股 18.25 美元。他对他所计算的市场价格、账面净值、盈利能力和证券总额进行平均，从而得出这个数据。

除了专家的证词和评估，康提交了合并时林奇总裁德亭其的观点。德亭其作证说，他认为合并时林奇的公平价格应该是每股 20 美元。德亭其考虑了"林奇的两个价值：我们在我们的客户眼中的营销能力和由华尔街所反映的以股票价格为标志的林奇价值。但是我觉得和一个公司的发展潜力相比，那无疑是次要的。"董事会成员胡伯特·克兹也作证说，在他看来，林奇的价值远高于每股 14 美元。虽然承认"只是经理而不是财务专家"，他觉得"即使在最差的情况下，它也应该在每股 20 美元或者接近 20 美元的价位上"。

在其公平价格分析中，衡平法院接受了阿克泰尔提交的公平意见并认定合并价格公平。该院认为西讷格尔的评估方法有瑕疵，[1] 因而摒弃了康对合并价格的抨击。

在解决评估问题时，衡平法院将法律和事实问题混在一起判定。面对不同的方法和意见，该院有权根据证据得出它自己的结论。只要它对价值的最终评估结论是按照公认的评估标准得出的，它可以接受一个专家意见而不接受另一个专家意见，我们不会改判。

---

[1] 西讷格尔估计林奇的资本化价值为每股 27.92 美元。他是按照同类公司的最高资本化率算出这个数字的。如果他使用同类公司的平均率，林奇的资本价值只有每股 13.18 美元，其公平价值只有每股 14.44 美元。

虽然证明价格公平的负担转移给了阿克泰尔，一旦公司的公平价值得到了充分的证明，质疑合并的一方必须出示足够的证据来说服事实的认定者一个更高的数据是合理的。衡平法院认为康出示的证据质量不够高，不能证明合并价格不足。我们认为这个裁定合乎逻辑并为证据所支持，所以我们维持原判。

这是一个很有意思的判例。一般说来，无论是董事、公司高管还是控股股东，一旦适用忠诚义务标准令其承担证明交易内在公平的责任，那多半就意味着他会败诉，原告胜诉。相反的例子极少，本案就是这极少例子中的一个，而且重审过程中并没有进一步的举证和辩论，仅仅根据案卷法院就得出了交易符合内在公平标准的结论。这对我们理解特拉华法院所说的内在公平很有帮助。法院对公平的审查主要在交易的程序和价格上。被告负举证责任。关于程序，本案中存在胁迫，按理说程序是不公正的。法院也不否认胁迫的不公正，但是它说这种不公正必须是重大的不公正。具体说来，胁迫必须达到影响林奇方面卖出股份的决定。"针对卖方的逼迫性行为必须对卖出股份的决定产生了举足轻重的影响，才能将之告上法庭。"法院认为，林奇的生产经营遇到了困难的局面，除了与阿克泰尔合并别无选择。当然，如果没有阿克泰尔的阻拦和威胁，林奇还是有其他选择的，比如收购泰尔可。但是法院认为阿克泰尔有权从自己的利益出发进行阻拦，只要它没有损害林奇和其他少数派股东的利益。如果原告能够证明收购泰尔可要比收购塞尔维夫或者与阿克泰尔合并更好，那就说明阿克泰尔的阻挠损害了林奇的利益。可是除了林奇董事会倾向于收购泰尔可之外，没有别的确凿证据证明收购泰尔可是较好的选择。法院指出泰尔可的经营情况并不好，因为它不盈利，光有林奇董事会的倾向不足以证明这是更好的选择，"不能保证林奇的股东一定会从对泰尔可的收购中受益"。这里，原告输在了证据上。既然林奇没有更好的选择，那就只有和阿克泰尔合并；既然一定要合并，那么强迫因素就显得不重要，不是卖方出卖股份的决定性因素。而在程序的其他方面，包括时间的选择、交易的发起等方面都没有什么问题，所以法院认定程序总体公平。

关于价格是否公平的问题，原告也输在了证据上。虽然举证责任在被告，但是被告完成了举证，其专家意见被法院采信，"衡平法院相信麦克·麦卡提的证词。"麦卡提是被告的投资银行迪伦的一位高级官员，其评估依据和结论都比较可信。而原告的专家意见不足以推翻麦卡提的意见。至于林奇董事会成员对公司价值的一些个人感觉和意见，由于缺乏专业知识和具体数据的支持，衡平法院同样没有采信。这样，被告就成功地证明了价格的公平。

三、简易合并

如果母公司对子公司的持股达到90%，由于少数派所占份额很小，从社会经济发展的角度去看，可以更多地照顾控股股东的利益和社会经济效率，进一步简化合并程序。美国各州大都规定了简易合并。特拉华《公司法》第253条规定：当母公司持股达到90%时，其与子公司的合并只要母公司董事会作出决议就行，合并条件由母公司单方面决定，不需要子公司董事会或者股东会的批准。2001年特拉华最高法院判决的Glassman v.

Unocal Exploration Corp.，777 A.2d 242（Del. 2001）一案进一步表明：子公司的少数派股东无权阻拦合并，如果对合并不满，唯一的救济途径是司法评估；母公司作为控股股东无须证明交易的整体公平。这样的规定可以减少许多诉讼，使合并程序变得极其简单，省时、省力、省钱。当然，由于少数派股东只有评估救济，合并时母公司必须充分地披露各种相关信息，以便少数派股东判断是否足价，要不要请求司法评估。如果母公司违反了披露义务，少数派股东自动成为一个独立的集体，可以请求司法评估，而且已经收到的股款不必交出来。参见 Berger v. Pubco Corp.，976 A.2d 132（Del. 2009）。

由于简易合并程序简短，不大会引发诉讼，一些控股公司便找到了普通现金并购之外的另一条可供选择的排斥少数派途径，唯一的要求就是持股达到90%，这可以通过要约或者协议收购少数派股份来满足。例如，甲公司持有乙公司52%的股份。如果它想将另外的48%股份买出来，独占乙公司，就有两条途径可供选择。第一是普通的现金并购或者现金买出，即通过其控制的乙公司董事会作出与甲公司合并的决定，然后两公司合并，用现金购买的方式将少数派股份买出来。这时如果有个别股东质疑，到法院打官司，法院就会审查乙公司董事会有没有使用专门由独立董事组成的委员会研究甲公司的合并要约，独立委员会的成员是否真正独立，他们有没有在知情的基础上作出独立的决定，等等。如果答案都是肯定的，那么举证责任转向原告，由原告证明合并的不公平；否则被告需要证明合并的内在公平。这是本节介绍的现金买出合并的一般情况。第二是发出收购要约收购至少38%的股份，使自己的持股达到90%，然后利用简易合并程序进行合并，对于剩余的10%少数派股东只需按照评估价支付现金即可，如此可以避免第一种情况下可能发生的诉讼。

不过也有少数派股东对控股股东要约收购提出过质疑。原告认为控股股东的收购与第三人收购不同，目标董事会处于母公司控制之下，不能采取诸如毒药丸之类的防御性措施抵抗收购，所以对控股股东的要约收购应当适用与其实施的普通现金并购相同的标准进行审查，即内在公平标准，并由被告承担举证责任。在 In Re Pure Resources，Inc.，Shareholders Litigation，808 A.2d 421（Del. Ch. 2002）一案中，法院承认原告说得很有道理，通过要约收购达到90%持股，然后进行简易合并，与普通的现金买出合并的经济现实和利害关系完全相同，按理应该适用相同的审查标准。因为在现金并购中，少数派股东还有独立董事组成的委员会保护他们，代表他们的利益去跟控股股东谈判；而在要约收购中，连这样的保护都没有。要约直接发给少数派股东，在无人组织的情况下，他们大都是一盘散沙，又缺乏充分的信息作出是否应该交售的知情判断；每个人都面临囚徒困境——假如别人交售而我不交售，收购之后的市场将十分稀薄，股价必将进一步下跌。在此压力下即使要约价格不足也只好交售。但是法官认为，既然普通法上已经形成了对这两种情形的不同处理方法，他就不想去做大的改变。况且，究竟哪一种处理方法更加有利于一个强劲而灵敏的资本市场的形成、有利于股东财富的增加，目前还难以肯定。允许控股股东自由要约，虽然看起来对少数派股东的司法保护少了一些，但是它减少了法院的干预、减少了诉讼、方便了上市公司的私有化（退市）、提高了经济效率。因此，法官决定对既定的两种不同的标准基本不动，继续保留；但是为了适当地协调两者之间的不一致，对控股股东的收购要约需要进行适当的限制。他规定：第一，必须以少数派股东的多数交售为条件且不得豁免；第二，如果控股股东成功地通过要约获得了90%以上的股份，必须马上进入简易合并程序，购买剩余少数派股份时的价格不得低于要约购买价；第三，控股股东在要约时不得对不交售的股东威胁报复。除此之外，控股股东还必须给予目标董事会中的独立董事以充分的时间和自由对要约作出反应，至少能雇用他们自己的顾问来研究要约，并在此基础上向目标的少数派股东提出是否应该接受要约的建议，向少数派披露足够的信息，以便他们作出知情的判断。

四、目的、价格、救济及其他

如上所述，特拉华州法院认为只需要审查控股股东兼并被控股公司的程序，无须考虑兼并的目的。但是有的州法院不这样看，如纽约州法院就考虑合并的目的。在 Alpert v. 28 William St. Corp，63 N.Y.2d 557，483 N.Y.S.2d 667（1984）一案中，公司拥有一幢很有价值的楼房，多数派试图强迫少数派股东出卖公司股份，但是少数派股东不愿意，所以起诉。纽约州下级法院拒绝了原告撤销合同的请求，认定：合并达到了合理的公司目的（取得外部资本对大楼进行维修；证据表明如果少数派不出局，公司就无法获得该外部资本），程序基本公正，价格远远超出了根据账面净值和过去及现在的盈利状况计算的结果。上诉法院（the Court of Appeals）维持原判，并且对没有对等谈判的挤出合并定下了与弯伯格类似的标准：（1）多数派可以任命中立的董事组成独立的谈判委员会进行对等谈判。（2）交易方式的公平要看时间的安排、由谁动议、交易架构、资金的筹集和整个交易过程。（3）对董事和股东充分而坦率地披露一切重要的事实和情形。（4）价格的确定应考虑资产的市场价值、账面净值、盈利状况、公司的市场价值和投资价值，"期望从合并中得到的将来价值如果在合并之日知道或者可以证明，不仅仅是揣测和想象，也可以考虑在内。"参见 483 N.Y.S.2d 667，675 页。（5）雇用投资银行进行评估。但是在数完了这些公平标准之后，法院强调光有公平的交易程序和公平的价格还不够，挤出合并还必须有诚实的公司目的："在挤出合并中，如果为了促进公司的利益，不同等对待少数派股东——把他们排挤出去，是可以的。利益不必很大，但必须是公司利益。如果合并的唯一目的是减少利润的分享者，而不是增加公司的资本或利润或者改善经营架构，那就没有'独立的公司利益'。从最终意义上说，所有这些措施都是为增进剩余股东的个人利益。正当目的与不当目的的区别在于在前者，排除少数派股东使公司总体获益。只有在这个时候，认真谨慎地经营公司的信托义务才会压倒同时存在的公平对待所有股东的义务。我们特别强调，只要多数派的行动具有独立的公司目的，即使同样的目的可以通过其他方式达到或者多数派的行动并非达到一个诚实的商事目的的最佳途径，他们的行动也会得到维持。"参见 483 N.Y.S.2d 667，676 页。[①]

除了纽约州法院之外，麻州法院也考虑挤出少数派的公司目的。在 Coggins v. New

[①] 纽约州法院将公司目的限于公司本身。特拉法法院在其短暂的适用公司目的的时期内，认为既要考虑公司的商事目的，也要考虑多数派的商事目的。参见 Tanzer v. International General Industries，402 A.2d 382（Del. Ch. 1979）。

England Patriots Football Club，397 Mass. 525，492 N.E.2d 1112（1986）一案中，麻州最高法院说："与特拉华法院不同……我们认为当控股股东消灭公司里的少数派利益时，'商事目的'标准在我们的成文法和判例法上都是审查交易的另一个有用的手段。"参见492 N.E.2d 第 1117 页。"自我交易的危险和信托义务的滥用在像爱国者合并这样的挤出情形下是最大的和最严重的，因为控股股东和公司董事要消灭公众的股份。正是在这些情形下需要法官仔细检查控股股东的动机和表现。当一个少数派股东声称公司行为'对于他是非法的或者欺诈性的时候'，仅仅证明对法定程序的遵守还不足以取代法院的审查。"参见 492 N.E.2d 第 1118 页。举证责任在被告。法院判他必须证明"公司的合法目的是怎么促成的……等他证明了消除公众股份有利于达到一个商事目的之后，法院再来全面审查案子的总体情形，以决定交易是否公平。"

不过，对于在合并之后退市的上市公司，即使在那些完全采纳特拉华标准的州，证交委的规则也要求披露合并的理由或目的。规则 13e-3 要求合并当事人填写 13E 表格在证交委登记并发送给全体股东。该表第 7 项要求披露交易目的，简要说明有没有其他可供选择的途径可以达到同样的目的，解释为什么没有选择这些途径而最终采用了现金收购的办法。第 8 项填写当事人是否认为合并的条件对被买出的股东合理公平，并且在一张因素单子上"比较详细地列明这些观点所依据的主要因素，尽可能给出每个因素的权重"。

对于封闭公司内部多数派排挤少数派的情形，请参见第十一章"有限责任公司的特点"中"春边养老院"等案例的讨论。

在公平价格的确定中，有人提出了合并带来的规模效应问题，认为少数派股东有权分享，所以在对其股份价值进行评估的时候应当将这个因素考虑进去。有的法院在判决中采纳了这个观点。但是也有人批评这种效应很难测量，而且没考虑风险因素。将来的可能收益与风险对应。多数派承担了这种风险；少数派拿到现金，不再承担风险。

在挤出合并中，股东批准没有什么意义，因为母公司是控股股东，批准早成定论。但是少数派股东在知情基础上（而不是像弯伯格案中那样受到误导）的多数批准是有意义的，它将使举证责任转向原告，由原告证明交易对少数派不公平或者构成公司资产的挥霍和浪费。

独立董事的批准也有意义。董事与股东不同，可以与母公司进行谈判。只要这些董事是真正独立，而不是受母公司控制的，就可以适用商事判断规则。在普玛诉马丽雅特①一案中，马丽雅特家族拥有马丽雅特公司 46% 的股份，拥有房地产公司的 100%。马丽雅特公司的董事同意用公司股份换取房地产公司的股份，交易过程中进行了独立的评估，使用了税法专家、会计师和独立律师，这一切使特拉华州衡平法院确信马丽雅特家族没有坐在谈判桌子的两边进行自我交易，所以商事判断规则适用。

对少数派股东的救济手段是以评估为主，禁令及其他办法为辅。我国《公司法》第 74 条只选择了评估。美国有些州也认为评估是唯一出路，有的则认为还可以禁止合并。

---

① Puma v. Marriott，283 A.2d 693（Del. Ch. 1971）.

在弯伯格案中，特拉华最高法院虽然也说评估是唯一的救济手段，但同时又承认在虚假陈述、自我交易、故意挥霍公司资产、大股东欺凌小股东时，评估作为救济手段不够充分。

美国公司法范本的态度与此类似 [见第 13.02（d）条及其权威评论]。一方面要尊重公司自治，多数派对公司要不要合并，如何合并有决定权。即使少数派认为合并不明智、不合算，属于错误的商事决策，也无济于事。他们只能通过股份的价值评估取得合理价格退出公司。因此，评估在一般情况下作为唯一的救济手段是合理的。但是事情永远有例外。特殊情况下应当允许有其他的救济手段。例如，当程序瑕疵、欺诈、自我交易情形严重时，股东可以向法院申请禁令禁止合并，或者采取其他适当的措施获得救济。[①]

在司法评估程序中，目标或合并后的公司是唯一的被告，因为股价是由公司支付的；但是在禁令和其他程序中，除了目标之外，控股股东和其他主要决策者都可能被列为被告，救济形式除了禁止，还有损害赔偿（与评估只要求支付对价不同）。[②]事实上，美国法院在运用评估、禁令等多种救济手段时是十分灵活的。在前面提到过的 Coggins v. New England Patriots Football Club，397 Mass. 525，492 N.E.2d 1112（1986）一案中，下级法院认定合并非法，麻州最高法院维持原判，本来应该禁止或者撤销合并，可是因为合并发生在判决之前 10 年，为了保护经济秩序的稳定，法院认定合并有效，但是允许原告按照公司现在的价值（而不是合并前的价值）索取赔偿，而当时正是爱国者足球队股份价格的高峰期。[③]

最后，本章的内容和案例都集中讨论控股股东的义务，但无论是控股股东的现金买出合并还是收购要约加简易合并，子公司的董事会，包括其为与母公司谈判而成立的独立委员会，仍然对子公司及其少数派股东负有注意义务和忠诚义务，如果他们在谈判过程中违反了这些义务，比如谈判不力或者谋取私利，那就要承担相应的民事赔偿责任。可见，对这些董事来说，光遵守弯伯格第 7 个脚注规定的程序还是不够的。特拉华州衡平法院在 2004 年和 2009 年判决的两个案子都明确地表明了这一点。[④]不过，那是董事的义务，不是控股股东的义务，属于前面两章的内容。

第三节　出售控股板块

控股股东的信托义务主要发生在两种情形下：一种是自我交易，特别是公司合并，即控股股东自己与被控股的公司合并，将少数派股东挤轧出去，具体手段如上节所述；

---

① "评估为主，禁令为辅" 的救济手段符合市场经济理论中市场调节为主，政府干预为辅的原则。

② Cede & Co. v. Technicolor, Inc., 542 A.2d 1182, 1186–88（Del. 1988）.

③ 在同一天判决、由另一个原告提起的针对同一个被告的诉讼中，Sarrouf v. New England Patriots Football Club，397 Mass. 542，492 N.E.2d 1122（1986）一案，原告按成文法规定按照合并前价值进行评估，评估值仅为 Coggins 案的三分之一。这个案子中一共有 3 组股东反对合并。最后一组是在联邦法院起诉的，一审判决对原告不利，上诉之后联邦第一巡回法院改判，也让原告通过评估获得补偿，发回重审，但是没有说明是按照合并前还是诉讼时。

④ In Re Emerging Communications, Inc. Shareholders Litigation 2004 WL 1305745（Del. Ch.）；Louisiana Municipal Police Employees' Retirement System v. Fertitta，2009 WL 2263406（Del. Ch.）.

另一种是控股股东卖掉自己的控股板块，实现高于股份一般市价的赢利。本节讨论后一个问题，具体分为两个部分：控制权的价值及其合法性标准、出售控股板块中的信托义务。

一、控制权的价值及其合法性标准

关于控股股份比分散的股份值钱，也即控制权的价值问题，需要做一番讨论。我们先来探讨一下控制权通过买卖谈判实现其价值的过程。假定一个公司价值 100 万元；买方愿意现金购买；公司控股人持股 60%，因而公司的出售必须得到他的同意。这时买方想买公司，不得不找这位 60% 的大股东洽谈。大股东也愿意卖。具体的卖法有两种：一是卖资产；二是卖股份。为了讨论的便利，我们撇除税收因素。

如果买方以 100 万元现金直接向公司购买全部资产，买价自然属于公司。大小股东按照持股比例分取卖资产得来的价金。大股东分得 60 万元，其余小股东总共分得 40 万元。目标卖掉资产，分掉现金后只剩下一个空壳，解散注销。采取这样的交易方式，大股东不但失去了 60% 的股份，而且失去了对公司全部资产的控制权；而小股东失去的仅仅是股份。所以，拥有决策权的大股东一般不愿意这样做。他可能会向买方示意，先用 70 万元购买他的股份，取得控制权，也即对资产的支配权，再让公司以 75 万元的价格将全部资产卖给自己，将公司清算，买方个人分得 45 万元。这样买方实际支付的价款依然是 100 万元（70 万元 +75 万元 – 45 万元）。可是控制人却比单纯的资产出售多得了 10 万元，而其他股东则少得了 10 万元。

再假定同样的公司，其控制人只持有远低于 1% 的股份，其他股东更小，因为股份的持有极为分散。显然，购买控制人持有的远低于 1% 的股份没有太大用处。可是如果这位控制人是公司总裁，实际控制着公司。他示意买方不要购买公司资产，因为那样会使他失去饭碗和对公司资产的控制权而又得不到任何回报。他建议买方花 10 万元购买他的股份连同他的董事职务和总裁职务，从而取得对公司资产的控制权。然后买方可以让公司以 90 万元的价格将资产卖给自己。这样做对买方来说结果是一样的，但是对原控制人则有 10 万元的差异。

上述两笔交易自然都有非法的嫌疑。在前一笔交易中，原控股股东以 70 万元出售 60% 股份大概没有多少问题，但是新的控股股东利用控制权将价值 100 万元的公司资产以 75 万元卖给自己属于自我交易，小股东可以提起派生诉讼，法院会按照忠诚义务标准进行严格审查，追究控制人的赔偿责任，所得赔偿归公司所有。在后一笔交易中，职务的买卖类似买官卖官，违反公共政策，应予赔偿和处罚。

可是，这样做的困难在于控制人在出售控股板块时总是同时出售控股权，也即对公司资产的支配权，因为他不但失去了股份，而且失去了控制权。特别是当控股板块所占的比例超过公司已发行股份的 50% 时，投资特征与控制特征无法分开。股东不能只卖其中的一项而保留另一项。在此情形下，如果一种法律理论只允许出售股份而不允许出售控制权，那将违反自然法则。当事人总会想方设法地规避法律以实现控制权的价值，只要这种价值是客观存在的。比如，在上述第一笔交易中，新的控制人可以不实施自我交易，以大股东的身份经营公司，拥有对公司全部资产的控制权。这时他所获得的实际利益是超过他的持股比例的。而且，纵然如同题设，他实施了自我交易，由于这里假定的前提是我们已经知道资产价值 100 万元，所以 75 万元的价格就显得不足。实际操作中人们并不知道资产的准确价值，需要通过评估来确定。评估的方法有多种，结果各不相同。正确、合法的评估结果不是一个点，而是一个区间。75 万元也可能在这个区间内。如果原告不能证明 75 万元的价格不足，也难以追究赔偿责任。在第二笔交易中，只要那位总裁不卖掉他的股份和职务，他可以继续行使对公司全部资产的控制权，在行使的过程中合法地实现那 10 万元价值，比如给自己发放较高的工资、奖金和其他福利。

控制权的存在及其能给权力人带来利益都是客观现实。控股股东在出售控股板块时不但失去了股份，而且失去了控制权，所以他不但要得到股份的对价，而且要得到控制权的对价。这一点早已为市场所承认。卖方期望获得比股份的市价更高的价格，买方也愿意支付这个价格。否则卖方就不愿意出售，因为尽管他经营不善，他的控制权能够给他带来其他股东得不到的好处。较高的薪水足以补偿较低的分红而有余。如果法律设置障碍阻止对卖方的超额支付，那就会阻碍通过谈判买卖控制权。在那些没有控制人的同意就无法撤换他的企业里，禁止对控制权的支付将杜绝控制权的换手。商品交换促进经济的发展，控制权的转让能够将公司控制权从经营能力较差的人手中转移到经营能力较好的人手中，从而改善公司的经营，促进经济的发展。杜绝了一条交换的通道，也就减少了一种发展经济的机会。如果法律强行禁止双方成交，不利于经济的发展。

反对控制权卖钱的理由有两点。第一，控制人选择其继任人是一项极其重要的决策，将对公司事务产生重大影响。如果控制人选人的标准不是谁更能干而是谁出价较高，那就可能选择不合适的经营者。而新的继任者一旦继任，就难以撤换。因此，在选择继任控制人时，最好不受个人利益的诱惑和影响。第二，控制权属于公司的资产。其价值在于当股东意见不完全一致时有权拍板，作出生意决策。这是公司机制给予了某些股份，当它们集聚到足够数量时，以其他股份所没有的价值。因为是公司机制给予股份以价值，这个增加的价值属于公司。结论是：控股股东转让股份时只能得到其股份的价值，也即与其他非控股股东同等的价值。

这些理由是可以反驳的。第一，任何制度设计都不能凭空想象最好，只能从现实出发寻求较好。要求控股股东在出售其股份时完全从公司整体利益出发，大公无私，不受个人利益影响，是不可能的。况且，控股股东也没有这样的义务。控股股东像其他股东一样，只要有人愿意出高价买，他就有权卖。在交易中当事人首先考虑的总是个人利益。另外，愿意出高价购买货物的人一般地更加珍惜货物；愿意出高价购买企业控制权的人一般地更加珍惜企业，更能经营好企业。控制权的转让只能遵循市场规律，让那只看不见的手来推动；而不能通过法律法规强制要求控股人大公无私，因为这既不可能，也不现实。第二，控制权确实是公司机制的产物，但是公司机制的产物并一定都属于公司。股权也是公司机制的产物，但是却属于股东个人。当控制权与控股板块不可分割地联系在一起的时候，它只能属于控股股东，不属于公司。

时至今日，法院在审判实践中已经形成了如下的规则：第一，在正常情况下，控股股东出售控股板块时实现较高盈利是合法的。而且，由于买方是第三人，所以控股板块的出售是普通的市场行为，不是自我交易。第二，这里所说的控股，依然包括了绝对控股和相对控股两种情形。第三，不与控股板块相伴的赤裸裸的控制权出售属于职务买卖，是非法的；伴随着一小块非控股股份出售的控制权视同纯粹的控制权出售，也是非法的。

【案例 16-6】

埃塞克斯全球公司诉耶兹 [①]

原告埃塞克斯订合同以每股 8 美元的价格向被告耶兹购买其在共和电影公司（以下简称共和）中 28.3% 的股权，比该股份在纽约股票交易所的流通价格高出大约每股 2 美元。合同第六段要求卖方送交共和多数董事的辞职书并使买方指定的人选上。合同签订之后，卖方却拒绝接受和履行这个条件，并在违约诉讼中为自己辩护称合同中规定这个条件的第六段是非法的。初审法院接受了这个辩护，认为合同中的这条规定属于公司职务的买卖，因而是非法的。

二审一致改判。不过，三位法官的改判理由却各不相同，反映在三个不同的判词中。

首席法官伦巴德代表法院写道：

无疑，根据纽约州法律，出售公司职务或者经营控制权本身（即没有股份相伴或者只有投票权不足的少量股份）是非法的。这条规则的理由毋庸置疑：拥有经营控制权的人是为公司股东掌握权力，所以不能把该权力看作他们自己的财产任意处置。任何不同的规则都会侵犯公司民主的基本原则——经理层必须代表那些拥有公司的人并由他们选择，至少要得到他们的同意。

埃塞克斯和耶兹缔约购买了共和股份的一个较大百分比。如果这些股份的投票权使它能够选举董事会的多数，那么合同就不是简单地将职务出售给一个在公司中没有所有者权益的人，其合法性问题就需要进一步分析。这些股份的投票控制权属于多数投票股的所有者是没有争议的。众所周知，28.3% 股份的所有者一般地有这样的权力。为了分析方便，我假定埃塞克斯缔约取得共和的多数股份，推迟考虑像本案这样只取得 28.3% 股份的情形。

共和的董事会在那次交割流产 [②] 的时候分为 3 组，每组人数"尽可能"相同。董事任期 3 年，年度股东会在每年 4 月的第一个星期二召开，每次会议选举一组董事。因此，如果合同不规定立即撤换董事，埃塞克斯作为假设的新多数派股东按照正常的程序在 1959 年 4 月之前就不能以董事会多数的形式取得经营控制权。我们要回答的第一个问题是根据公司的章程或者规章，以形式上合法的方式加速经营控制权转让的约定是否违反纽约州的公共政策。

根据纽约州法律，控股股东在出售控股板块时取得超额支付的权利是没有问题的。

---

① Essex Universal Corp. v. Yates，305 F.2d 572（2d Cir. 1962）. 以下宋体字是本书作者对案情的概括性介绍，楷体字是本书作者对判词原文的翻译。

② 交割（closing）是以双方签字为核心的最终呈交仪式。这里大概指呈交经董事个人签字的辞职书。本案中因为一方违约，最终成交就流产了。

换句话说，耶兹得到高出共和股份一般市场价格的支付本身并无不当。

下一个问题是为了立即将经营控制权转让给一个已经取得多数控股权但是在一段时期内还不能将控股权转变为经营控制权的人而付钱是否合法。我觉得是的。

从这些判例可以合理地归纳出：公司控制权人作为受托人不得为控制权的购买方实施对公司和其余股东不利的行为提供方便并从中获利。可是没有任何信号显示，转让共和的控制权给埃塞克斯含有这种对公司和其他股东利益的威胁。

基于卖方可以为经营权的即刻转让提供方便这条原则，我不觉得合同将他这样做规定为出售的条件有什么不妥。事实上，有一家纽约法院已经支持了一个类似的合同条款，要求董事会选举由多数股份购买人指定的人担任管理职务。参见 San Remo Copper Mining Co. v. Moneuse, 149 App. Div. 26, 133 N.Y.S. 509（1st Dept. 1912）一案。该案中，法院说因为购买人将要取得对公司的"绝对控制权"，所以"合同中有条款规定一旦被告买到股份便马上取得控制的权力，而不必等到下一次年度会议，这样的规定当然不会影响合同的有效性。"

一方面，公司控制权方便地马上转让给新的权益人对社会经济是有利的；如果购买了多数股份的人必须等待一个阶段，他对控制权的购买才能生效，那必然会抑制这类交易。另一方面，如果既存的多数股组合不能确保买方立即取得对公司经营的控制权，那也会极大地影响其对股份的处分。我想不通购买了多数控股的人为什么不可以使他的控制权在股份转让的时候即刻生效。

因为一个公众公司中28.3%的投票股一般等于多数控股，我倾向于将这个问题的举证责任分给耶兹，因为他在质疑交易的合法性。因此，此案发回重审后，除非耶兹对这些股份相当于多数控股提出质疑，我认为初审法院应当视合同为合法，然后再考虑起诉状和答辩书提出的其他问题。如果耶兹提出质疑，我认为他必须证明存在可以阻挠埃塞克斯按程序在适当的时候选举共和的多数董事的情形。换句话说，我倾向于要求他证明在合同签订的时候存在着其他有组织的板块，其规模大到可以在选举中胜过埃塞克斯所购买的板块，或者存在某种情形，使得共和的其余股东会联合起来抵制埃塞克斯取得控制权。

否决并发回，按照本院的判决重新审理。

首席法官伦巴德的意见在由三位法官组成的合议庭里比较适中。他认为赤裸裸的控制权出售或者出售某个公司职务都是非法。但是控制权伴随着控股板块出售是合法的，绝对控股自然没有问题，相对控股同样可以。不过，控制权伴随着非控股板块出售与赤裸裸的控制权出售差不多，都是非法的。一个不到50%的板块究竟是相对控股还是非控股，举证责任在原告，即质疑转让的人，由他证明这些股份不能构成相对控股，因而属于非控股板块。本案中的28.3%股份应该可以达到相对控股的程度。不过原告有权提出质疑，证明它不是控股板块。证明的方法是指出其他有组织的板块在选举中能够胜过涉案板块，或者存在某种情形使得涉案板块难以取得控制权。

其他两位写下同意意见的法官分别站在伦巴德的两边，右边是克拉克，左边是福任德里。克拉克对控制权的交易显得更为宽容，希望严格执行合同，保护当事人的意思表示。他没有提出控制权交易中判断合法与非法的具体标准或界限，只认为法院对公司现实和生意习惯了解不多，不应当宣布一些抽象的原则来束缚正常的生意。

巡回法官克拉克发表认同意见①：

因为 Barnes v. Brown，80 N.Y. 527 一案教导了我们，并非所有像本案这样的合同都是非法的，所以不审而判显然不妥，此案应当发回去走审判程序。但是特别考虑到我们对公司现实和现行的商业道德标准知道不多，我倾向于不对地区法院作出过分精确的指示，② 期望如果此案再次上诉到这里，在这个重要问题上案卷的内容将比现在更加丰富。我除了和我的兄弟们共有在他们的判词中提出的问题和疑问之外，还有我自己的问题和疑问。我担心我们或许在宣布一些抽象的道德原则。这些原则在日常的生意实践中无用，却给违约的卖方提供了不履行买卖合同的借口。因为担忧可能偶尔有合同与股东的一般利益相违背，我们可能在草率地谴责经常是正常的和更好的生意关系。③ 就目前所知，我觉得我们最好具体情况具体分析，一般地假定"谁声称非法，谁就承担举证责任"。

与克拉克巡回法官的右倾观点相比，福任德里要左倾得多。

巡回法官福任德里发表认同意见：

首席法官伦巴德经过缜密思考所写的判词摆明了我们二元司法制度中的一个固有困难，它至少已经促使一个州授权其法院回答联邦法院提出的问题。本案中我们被迫判决一个纽约州的法律问题，它对所有的纽约州公司和它们的股东都极其重要，但是纽约州的法律规定却不够明确。所以我们无法在真正知情的基础上预见纽约上诉审法院面对本案的事实将怎样判决。

我坚信很多合同包含了像本案中的合同第六段那样的条款。④ 这些合同由称职而负责的律师起草，从虽然持有少于多数的股份但却被认为是"控制"着公司的人手里购买他们的股份板块。然而，我感觉过去几十年的发展表明这样的条款违反公司民主的基本原则。当然，股东允许一组董事任职，无论有没有经过投票选举，他们都应该认识到，死亡、伤残或者其他灾害可能使一个董事当不满一届任期。这时，对于该董事的继任人的选择他们可能没有发言权。可是股东有权期望在这种情况下，剩余的董事们在填补空缺时会尽到他们的信托责任。在卖方股东的指令下集体依次辞职，然后根据买方的要求由卖方指定人填补空缺，不考虑这些候选人的品质，这样做超越了股东实际的或者应有的愿望。我觉得这是对公司和其他股东的侵权，法律不该支持，无论卖方股东有没有收到超额价金。就在本院之内我们已经看到过许多公司控制权的突然转移带来严重伤害的案例。只有在卖方知道买方有劫掠意图的情况下，才让卖方对新董事们的不作为负责——

① 认同意见（concurring opinion）指同意判决的结论，但不同意判决的理由。
② 这里表达的显然是与伦巴德法官的意见分歧。
③ 这里表达的大概是与福任德里法官的意见分歧。
④ 第六段规定旧董事会辞职并选举买方指定的新董事。

这样的惩治是不够的。即使溢价过高导致卖方知情的假定，举证的困难也令人生畏。因为现实中往往是马被偷走了，门才会关闭。我们需要更剧烈的药物——拒绝执行这样的合同条款，即使这会给违约人带来不应有的好处；原董事继续对新董事的过失负责，直到下一次选举为止。正如伦巴德法官所示意，这样的预防剂不为以下需求所排斥：防止原"控制"集团的"死人之手"在出售之后继续统治董事会，或者保护一个未来的买方不至陷入花钱之后仍然没有董事会多数席位的窘境。更换董事会永远需要召集特别股东会，买卖的交割有效与否取决于选举的结果。我知道这样的程序会带来一些操作上的困难，但是我对公司法律师的智慧有充分的信心，相信这些困难可以克服。

所以，我倾向于认为，如果我是纽约上诉审法院的法官，我会判像第六段这样的规定违反公共政策，除非一场新的选举只有形式意义——即卖方持有 50% 以上的股份。我之所以只把它当作可能性探讨，是因为在这样判决之前，我需要借助于比本案中提交的更为充分的辩状，包括讨论公司政策和实践的严肃问题的友朋辩状[①]，而本案中的争辩只围绕着纽约州的法律已经发展到什么程度而不是应该怎样。况且，考虑到这样的判决可能出乎意料，我不会给它溯及既往的效力。

作为本院的法官，我的任务要简单得多——只是估计纽约上诉审法院的法官将怎样判决，而且必须依据法律材料而不是个人的认识或直觉作出估计。还有，联邦法院在判决州法律问题时不得以对未来的预期为依据。虽然 Barnes v. Brown, 80 N.Y. 527（1880）一案中出售的是多数派权益，我找不到任何证据表明那里宣告的规则仅限于多数派权益的出售。诚然，有纽约判例禁止出售公司职务，可是那些判例没有告诉我这是什么意思。除了在一家初审法院的判词 Ballantine v. Ferretti, 28 N.Y.S.2d 668, 682（Sup. Ct. N.Y. Co. 1941）中的一句没有解释的话之外，我找不到任何东西。那句话说纽约不会将 Barnes v. Brown 一案的判决规则适用于以下的案子：一个远少于多数的股东出售其股份，条件是多数董事辞职并选举买方指定的人。

首席法官伦巴德的方案向着我所建议的解决这个政策问题的方向前进了一步。无疑，在我看来，即使是一个多数派股东，允许他将股份出售建立在转让董事会控制权的条件之上的唯一的原则性理由是因为在那种情况下，召开股东会投票完全是无用的形式。从这点出发，他把允许的边界定在存在"实际确定性"的线上，即买方肯定会选上他所指定的人。在这样的情况下，将反证的负担分配给主张非法的人。

虽然这个方案在某些方面看起来很有吸引力，我还是感到困难。一是无论在纽约的判例中，还是在学者的著述中，我都找不到区分的标准，没有谁进一步指出在什么情况下他会宣告这样的条款无效。当问题出现时，"实际确定性"标准难以适用。伦巴德法官正确地认识到从政策的角度看，关键性问题必须是买方的而非卖方的选举前景——而这必然要求法院审查股东们对一组他们一点都不了解的人的可能反应，而这样做又很难和以下的立场相调和：如果卖方持股多，条款就是"对"的；少，条款就是"错"的。

[①] 案外人在得到法院同意或者全体当事人的一致同意之后提交辩状为一方当事人说话，但主要是表达案外人自己的观点。这种情况一般出现在涉及公众利益的案子里。

至少，从所建议的分界线上产生的问题和不确定性足够大，益处足够小，我看一个联邦法院在本案中最好还是简单地否决被告的辩护，由此在这个具体案子中达成显然是"正义"的结果，将这个领域内的规则演绎交给州法院，因为它们最关切这个问题。

我倾向于否决不审而判并发回重审，审查除了声称第六段使合同自动无效之外的辩护理由。

福任德里法官认为控制权的转移必须通过股东选举实现，涉案合同第六段规定的控制权转让是非法的，因为它违反了公司民主的基本原则。让董事们"在卖方股东的指令下集体依次辞职，然后根据买方的要求由卖方指定人填补空缺，不考虑这些候选人的品质，这样做超越了股东实际的或者应有的愿望。我觉得这是对公司和其他股东的侵权，法律不该支持，无论卖方股东有没有收到超额价金。"因此，福任德里法官认为控制权的交易只有在绝对控股的情况下才是合法的，因为板块占比超过50%，新的选举只有形式意义。

对于相对控股，他认为很难确定买方一定会胜选，从而使新的选举只有形式意义，因为法院需要"审查股东们对一组他们一点都不了解的人的可能反应"。而以股东反应或者股东选择为标准与实际审查采用的标准并不一致。实际审查以持股比例为准："如果卖方持股多，条款就是'对'的；少，条款就是'错'的。"这种按持股的比例而不是条文本身的内容来判断诸如合同第六条的合法性的判别标准令福任德里感到不安。因此，对于伦巴德法官提出的将举证责任分给原告，以及原告举证的具体方法，他都不太认同，认为还是留给州法院去演绎确定比较好，"因为它们最关切这个问题"。

他之所以最终同意伦巴德法官的意见，是因为本案涉及的是州法律问题，必须根据纽约州的法律来判决。先例 Barnes v. Brown, 80 N.Y. 527（1880）一案大概支持了控制权的溢价，该案中出售的虽然是多数派权益，但是其使用的语言却覆盖了不是多数派的情形。于是他推测纽约上诉审法院会允许本案中的控制权转让。在这里他区分了他作为联邦法官认为应该怎么判和州法院会怎么判。他认为应该判合同第六段非法无效，但是估计纽约州法院会判该条有效，所以他也只能承认它有效。[①] 尽管纽约下级法院说过一句相反的话，但那是不能算数的。

相对控股是个复杂的事实问题，并没有一个具体的标准，说达到百分之几就是相对控股，需要具体案情具体分析。像本案中的 28.3% 股份还是比较多的。

在 Carter v. Muscat, 21 A.D.2d 543, 251 N.Y.S.2d 378（1ˢᵗ Dept. 1964）一案中，共和公司的董事会持有公司 9.7% 的股份，他们卖掉了这些股份并且选举由买方指定的新人组成董事会。随后董事会向全体股东发送书面报告，介绍了这一情况。交易的发生离下次年度股东会还有 9 个月。在年度股东会上，这些新任董事都获得了连选连任。一位持反对意见的股东起诉请求法院宣告选举无效。法院不同意，说道："在持股不足 50% 的

---

① 福任德里是美国联邦第二巡回法院中继亨德之后的又一位著名法官，他的影响力远超过本案中的其他两位法官——伦巴德和克拉克。

情况下，百分之几的股份足以构成实际控股是个事实问题，至少在多数情况下都是这样的。"交易之后的及时通告和随后在年度股东会上的选举都说明股东们没有受到误导或者欺骗，所以选举是有效的。法院没有说如果股东在交易当时，也即在旧董事会选举新董事会之后马上提出质疑，结果会怎么样。

在 Brecher v.Gregg, 89 Misc.2d 457, 392 N.Y.S.2d 776（1975）一案中，林广播公司的总裁格莱哥将他持有的公司 4% 股份卖给了《周六晚报》，承诺辞职并选举晚报的总裁和其他二人为林的董事、晚报总裁为林的总裁。4% 股份的总价为 350 万美元，高出市场大约 126 万美元。一位林的股东起诉请求格莱哥将这高出的部分返还，董事会其他成员负连带赔偿责任。法院判格莱哥赔偿，但是董事会其他成员不必。

本院作为一个法律问题认定：当转让的股份只有已发行的 4% 时，协议承诺为控制权支付超额价格是违反公共政策的，因而是非法的。

总之，公司官员以高出市价出售少于多数的股份，同时承诺将其职务和对公司的控制权转让给买方，这样的交易违反了对公司的信托义务；当有人向衡平法院请求时，这样的官员必须将与其非法承诺相应的不当得利上缴，由公司收回，因为在这两者之间，公司更有权得到这个价款。①

至于其他董事，因为他们没有获利，也没有给公司造成损失，所以不必赔偿。

【案例 16-7】

怯德威公司诉凯尔公司 ②

凯尔公司打算收购怯德威公司。寇温拥有怯德威 14% 的股份，他是最大的股东，又是董事。凯尔与他联系购买他的股份，谈判过程他被怯德威的股东重新选举为公司董事，同时又接到了公司回购其股份的邀请。但他拒绝了公司的要约，因为他觉得公司没有钱回购这么多股份，而且作为董事与公司交易不妥。最终他以每股 8 美元的价格将股份卖给了凯尔，该价格高出市价 35%。作为一场复杂诉讼的一部分，怯德威状告寇温，要他将这 35% 的溢价返还给公司。地区法院判寇温胜诉，怯德威又上诉。

巡回法官凯尔斯。

我们认为，寇温溢价出售股份给凯尔并不违反任何义务。怯德威的说法是：无论因为他是董事，还是因为他是怯德威的"最大股东"，寇温都有义务给予其他股东同样的参与出售的机会。我们认为这两套理由都没有说服力。

怯德威指不出任何案例，我们也不知道有这样的案例，要求董事仅仅因为他的董事职务就要向股东上缴其出售股份的盈利。

---

① 392 N.Y.S.2d at 779–82.

② Treadway Companies, Inc. v. Care Corp., 638 F.2d 357（2d Cir. 1980）. 以下宋体字是本书作者对案情的概括性介绍，楷体字是本书作者对判词原文的翻译。

一般地，公司对于其已发行股份以及股东之间的股份交易并无权益。只要董事行为诚信，他像任何其他股东一样有权自由地用其股份交易并且按照他所能获得的价格处分它们。①

没有人说寇温对怯德威和它的股东不诚信。地区法院认定寇温既没有滥用保密信息又没有篡夺公司机会。寇温的出售使得凯尔增加了在怯德威中的权益，但是地区法院认定无论是怯德威还是它的股东都未因此而受到任何伤害。因此，我们找不到任何理由将本案置放在一般规则之外。一般规则是：董事可以自由地在他所能获得的价位上出售他的股份。

我们也不认为寇温作为怯德威最大股东的地位伴随着与其他股东共享他的超额价款的义务。诚然，在某些情况下，控股股东在出售控股股份时需要向少数派股东上缴其"控股超额"。但是寇温不是控股股东。他在出售时只持有怯德威14%的已发行股份；地区法院特别认定寇温对公司没有控制权。由于他没有因此而转让控制权，所以他就没有上缴其超额价款的义务。

在前面的 Carter v. Muscat 案中，9.7% 股份被认为相对控股，而这里的14% 股份却不构成控股。差别在于那里没有控股与否的证据，举证责任在原告，在原告证明 9.7% 股份不构成控股之前只能推定为控股；而这里有地区法院的事实认定——寇温对公司没有控制权，所以 14% 股份不构成控股。

二、出售控股板块时的信托义务

控股板块的出售引起公司控制人的变化和管理层的更换，经常给公司带来剧烈的变化。这种变化有可能损害其他股东的利益。所以，法律在允许控股股东溢价出售控股板块的同时又责成其在出售时对公司和其他股东承担信托义务，包括注意义务和忠诚。出卖可以，卖高价也可以，但是不得损害公司和其他股东的利益。

就注意义务来，出售控股板块与自我交易不同。自我交易只适用忠诚义务标准，由被告证明交易的内在公平。但是出售控股板块则可能发生控股股东的注意义务。如果出售当时的周边情形足以引起一个普通谨慎人的怀疑，买方可能会作出对公司或者其他股东不利的行为，则控股股东必须克制不出售，或者对买方做合理的调查。如果调查结果使他有合理的理由相信买方不会作出被怀疑的行为，方可出售。

【案例 16-8】

斯维尼诉凯布勒公司 ②

巡回法官温特。

原告持有麦道斯公司（Meadors，Inc.）的债券得不到清偿。为了获得清偿或者等额

---

① 3 Fletcher，Cyclopedia of the Law of Private Corporation at §900.

② Swinney v. Keebler Co.，480 F.2d 573（4ᵗʰ Cir. 1973）。以下宋体字是本书作者对案情的概括性介绍，楷体字是本书作者对判词原文的翻译。

赔偿，对公司发行人和债券前手提起集体诉讼。地区法院判原告胜诉。多数被告放弃上诉，支付赔偿。但是凯布勒公司不服，上诉。问题是上诉人作为麦道斯的控股股东在出售麦道斯公司时有没有尽到注意义务。具体地，出售当时的周边情形能否引起上诉人的怀疑和警惕。上诉审法院否决原判如下：

由于凯布勒是唯一上诉的被告，我们只考虑针对它的诉讼。地区法院认定在麦道斯股票从凯布勒到大西洋再到弗劳瑞·梅批发的连续贩卖过程中，麦道斯受到大西洋的劫掠，其资产被分掉，致使债券的本金得不到支付。尽管地区法院没有认定凯布勒劫掠了麦道斯，也没有认定凯布勒故意侵权，但是它仍然认为凯布勒违反了对麦道斯和债券持有人的义务，应当赔偿，因为"根据凯布勒所知道的所有情况……它应当调查买方（大西洋）到这样的程度：使一个合理的人[①]相信出售合法；或者克制自己不出售。"参见 Swinney v. Keebler Co.，329 F. Supp. 216，224（D.S.C. 1971）。

我们不认为客观情形如地区法院所说，凯布勒除了实际所做的调查之外还有对大西洋做进一步调查的义务，或者就必须克制自己不出售。因此，我们否决原判，命令判凯布勒胜诉。

I

简单地说，凯布勒于 1963 年 8 月 7 日购买了糖果生产商麦道斯的股份。当时，麦道斯正遭遇严重的财务困境，其债券的账面价值不到本金的一半。凯布勒接过了麦道斯的经验管理，生产并销售糖果，还使它从事其他赢利的业务，在纳税上利用往年亏损冲抵。到 1968 年 2 月，凯布勒决定停止糖果生产，但继续糖果的销售和批发业务，同时决定卖掉麦道斯。它雇用了一个经纪人寻找买方，随后开始与佛劳瑞·梅糖果公司谈判。

与弗劳瑞·梅糖果的谈判进展到买方准备以 17.6 万美元购买麦道斯的程度，尽管交易的各个方面还没有全部达成协议。就在这时，凯布勒的一位官员，奇斯特·布奇斯泰先生在 1968 年 2 月 9 日接到经纪人欧伦先生的电话，说是大西洋可能有意购买麦道斯。

1968 年 2 月 14 日上午，布奇斯泰和欧伦在纽约克机场碰头，安排下午在凯布勒的律师办公室开会。参会者主要是大西洋的律师伊凡·艾斯然先生和包括凯布勒的法律总顾问爱德华·温塞克先生在内的凯布勒的几位代表。同时，凯布勒与弗劳瑞·梅糖果的谈判暂停。

在那次会议上，凯布勒的各位代表问了艾斯然有关大西洋的各种问题，包括财务结构和公司历史上的财务状况。艾斯然告诉凯布勒，大西洋是一个不断繁荣的小型持股企业，正在发展为一家联合大企业，想要多种经营，扩展到糖果行业中去。艾斯然给了凯布勒由注册会计师制作的、未经审计的财会报表，显示大西洋 1967 年 12 月 31 日的净值为 99.7 万美元，当年净利润为 15.858 8 万美元。

在 2 月 14 日的会议上，凯布勒和大西洋达成了买卖麦道斯股份的协议并在当天或次日签署。协议文件大致以凯布勒与弗劳瑞·梅糖果的谈判过程中起草的文件为蓝本。

[①] 这里是凯布勒公司自己，即用一个合理人标准衡量凯布勒出售是否合法。

除了其他内容外，协议包括：（1）出售价格定在23.5万美元；（2）大西洋称其1967年12月31日的财会报表真实、正确、符合普遍接受的会计准则；（3）大西洋承诺在交易缔结时其财务状况同1967年12月31日的财会报表显示的一样或者更好，并以此作为交易的条件；（4）大西洋同意对麦道斯的应付账款和累积利息或者红利进行担保；（5）大西洋同意对麦道斯7%低级债券的本息支付进行担保；（6）大西洋同意报销凯布勒因出售麦道斯引起的任何赔偿。

凯布勒方面则保证其陈述，包括麦道斯的平衡表、未履行合同清单和麦道斯有形资产清单都是真实、正确的。凯布勒承诺尽最大努力留住除了由凯布勒任命的董事和官员之外的原班职工，并且同意在今后的9个月之内从麦道斯购买56.2万美元的糖果。

交割是在2月19日在南卡罗来纳州的格林威尔。在那之前，大西洋派它的注册会计师两次到麦道斯工厂检查。会计发现麦道斯财产有一处与报表略有不符，双方同意大西洋最终支付的购买价格因此而减少5 000美元。艾斯然曾经问过温塞克能否做些安排，使得大西洋不必为了交易的缔结而将资金从纽约带过去。他先后问了两次，一次在谈判阶段，另一次在交割前。但是温塞克两次都拒绝了，他告诉艾斯然筹资支付买价是大西洋的责任。

交割时签署并交付了各种文件。其中有一份许可协议，允许麦道斯使用凯布勒的"厨房丰富"商标，麦道斯的糖果就是用它销售的，还有一张详细的买卖清单，将所有的在那以前的机器和设备通过从凯布勒租赁的方式转让给麦道斯。虽然没有证据表明凯布勒知道发生了什么，大西洋向位于格林威尔的人民全国银行借了23.5万美元，因为麦道斯在那里有账户，借期只有一天。大西洋将钱以自己名义存入银行，购买了一张23万美元的银行支票，以纽约的一家银行为付款行，按照调整后的价格支付给凯布勒。交割之后，大西洋将31万美元从麦道斯的账户上转移到它自己的账户上，偿还了贷款。资金的转移在麦道斯的账面上反映为给大西洋的贷款——应收账款，而在大西洋的账面上则反映为来自麦道斯的借款——应付账款。

交割之后凯布勒与麦道斯除了根据糖果合同购买糖果之外不再有任何关系。

大西洋持有麦道斯约有4个月之久，付清了大约3.32万美元的贷款。在此期间，麦道斯付清了往来账款，赢利1.9万美元。大西洋试图建立起一支独立的营销力量并且找到除凯布勒之外的糖果市场，但是没有成功。于是大西洋于1968年6月25日以35.2万美元的价格将股份卖给了弗劳瑞·梅糖果的一家子公司弗劳瑞·梅批发。交割时，大西洋付清了欠给麦道斯的应付账款；可是弗劳瑞·梅批发重演大西洋的故技，从麦道斯转出资金，在麦道斯的账上反映为借给弗劳瑞·梅批发的贷款。弗劳瑞·梅批发收购了其他的糖果企业，把它们和自己看作同一个企业，将财产从一个企业转到另一个企业。起初这种联合行动是成功的，但是最终企业集团因资金短缺而破产。

II

各方当事人对适用的法律无争议。我们觉得地区法院正确地引用了《保险股公司诉北方财务公司》[①]这个重要判例。该案中法院判如果买方在取得控制权之后劫掠公司，则

---

① Insuranshares Corporation v. Northern Fiscal Corporation，35 F. Supp. 22（E.D. Pa. 1940）.

出售控股权益的卖方对公司负赔偿责任，赔偿责任建立在违反不转让控制权的义务基础上。因为转让当时的周边情形"足以唤起疑心，让一个谨慎的人警惕——除非充分而合理的调查揭示的事实足以使一个合理的人相信没有也不会发生欺诈。"参见 35 F. Supp. At 25。

"保险股"案的可疑情形包括：(1) 被告大概知道购买将通过抵押公司资产来资助；(2) 公司总裁明显倾向于允许通过这些资产的抵押担保来资助收购；(3) 被告在交易之前知道买方计划将很大一部分公司资产转变为现金；(4) 对控制权的高额溢价，特别考虑到企业的性质——一个投资信托，除了以流通证券形式存在的现金等价物之外没有有形资产；(5) 卖方律师提醒过与不了解的买方交易的潜在赔偿责任；(6) 公司在 5 年前曾经被另一组取得控制权的人用类似的筹资方式劫掠过。

"保险股"案要求控制人遵守的行为标准已经被广泛接受。一般地，公司股份的所有人可以以他认为恰当的方式处理他的股份。一个占统治或者多数股地位的股东并不仅仅因为他持有股份就对其他股东承担信托义务。股东出售股份，自然是为了他们自己的利益，而不是作为其他股东的受托人。但是像本案中的凯布勒那样管理公司的多数派股东，在某些情况下可以被看作与少数派股东存在信托关系。当然，多数派并不提供绝对的侵权保险，这样的侵权可能在公司控制权转让之后针对公司发生；对于新主人作出的任何可能不符合少数派最佳利益的决定，旧主人也不能提供保险。但是如果控制权的卖方能够预见到公司及其债权人或者其余的股东在买方的手里可能会受到欺诈，则他们的信托义务要求他们主动调查买方的动机和声誉；除非合理的调查证明在一个合理人看来不大可能有欺诈，卖方必须克制不转让控制权。

Ⅲ

根据事实和相应的法律，原告获赔的权利取决于凯布勒是否知情到能够预见欺诈可能发生的程度，从而触发进一步调查的义务，最终按照合理人标准在控制权出售成交之前确信欺诈不会发生。地区法院指出了七个"可能向凯布勒提示大西洋服务公司不打算经营麦道斯……"的事实要素。参见 329 F. Supp. At 220。它们是：(1) 大西洋没有任何人有糖果生意的经验；(2) 签署合同时大西洋没有派人去检查"麦道斯的运行"；(3) 交割时只有大西洋的会计师对麦道斯做了像样的检查，"他主要对账簿和库存感兴趣"；(4) 麦道斯没有自己的市场，"外部人不会相信其报表显示的利润"；(5) 交割之前，大西洋没有同麦道斯的关键性雇员就生意的继续谈判过；(6) 出售成交迅速；(7) 大西洋打听过麦道斯有没有资金支付买价。虽然地区法院认为前五个要素"不一定与合法地出售麦道斯这类规模的企业相矛盾"，但它仍然判决当它们与第六、第七两个要素相组合的时候"足以引起凯布勒应有的怀疑。"

我们认为，地区法院所做的这些事实认定不足以支持该院关于凯布勒应该对麦道斯的债券持有人负赔偿责任的结论。我们依次评论如下：

从凯布勒的角度看，大西洋没有任何人有糖果生意的经验这一事实并不可疑。大西洋被说成是一家持股投资公司，通过子公司做生意。大西洋声称要成为一个大型联合企业，那样的企业一般都收购各种生意；不管怎样，任何一个公司冒险进入一个新的生意领域是很正常的。麦道斯是一个整合好的运行中企业，管理和设备一应俱全。除了麦道斯的董事和官员——那是凯布勒派去的人，凯布勒同意尽最大努力留住麦道斯工资单上的职工。由于凯布勒同意购买糖果9个月，它可以认为麦道斯至少在短期内会有一个现成的糖果市场和重新招收与培训营销人员的机会。

签署合同前大西洋没有派人去检查麦道斯的运行，交割时只有大西洋的会计师对麦道斯做了像样的检查。这些事实也不应该引起疑心。最初打电话给凯布勒的布奇斯泰的是大西洋的经纪人欧伦。他已经对麦道斯有所了解，虽然他的信息来自凯布勒所雇用的经纪人。凯布勒对工厂及其财务状况做了广泛的保证。如果这些保证不真实，大西洋早就撤销合同、提起诉讼、请求赔偿了。由于交割前做了充分的检查，所以双方同意买价降低5 000美元。从凯布勒的角度看，大西洋信赖其经纪人、信赖凯布勒的保证、信赖大西洋的会计师所做的检查，都不能表明它不想经营，更看不出任何劫掠的意图。

我们看不出麦道斯没有自己的市场这一事实有什么可疑，也不认为外部人不会相信麦道斯财会报表上显示的利润。虽然麦道斯过去的利润历史有些问题，它在凯布勒的经营之下是赢利的，凯布勒还对交割时麦道斯的平衡表做了保证。无疑，凯布勒同意购买糖果起初给麦道斯提供了一个很大市场，凯布勒可以合理地估计在那个阶段内，由于其购买糖果所提供的财务支持，麦道斯能够建立起它自己的市场。不能因为凯布勒没有将麦道斯卖给一个具有发达的糖果市场的企业，就判赔偿。如果规则如此限制企业的买卖，商界恐怕大都难以忍受。

同样，我们也不认为在交割之前大西洋没有同正在经营麦道斯的关键性雇员就生意的继续谈判过这一事实有多大意义。凯布勒同意尽最大努力留住雇员，大西洋在接管之后也确实保留了他们。大西洋没有在交割之前与他们谈判是否明智不是一个问题，只是它作为一个"可疑情形"对凯布勒的影响才有意义。由于凯布勒拥有麦道斯，有全权出售该企业，同意做它的分内事，保持企业原封不动，我们不觉得凯布勒面对的是一个可疑的情形。

出售成交的迅速并不可疑。首先，没有人说出推迟交割的理由。不管怎样，任何匆忙着急都是凯布勒方面的，而不是大西洋方面的。凯布勒本来就想把麦道斯卖给弗劳瑞·梅糖果；谈判热烈进行，成交所需的法律文件正在准备，这时大西洋出现了。当凯布勒与大西洋达成协议时，它便急于达成一笔更加有利的交易，以取代之前那笔不那么有利的交易，生怕不可挽回地失去后面那笔交易。

大西洋打听麦道斯有没有资金支付买价并不能给凯布勒提供怀疑支付办法的理由，尤其因为凯布勒对大西洋说得很明白，大西洋必须用自己的资金购买。诚然，案卷显示大西洋没有这样做，但是案卷没有任何证据基础来认定、地区法院也没有认定凯布勒知道或有理由知道大西洋的一日贷款及随后用麦道斯的资金支付。对于大西洋想要使用麦道斯的现金，无论凯布勒有什么模糊的感觉，这种感觉都没有达到需要进一步调查的程度，特别是考虑到从面上看，大西洋的财务状况似乎较强，似乎有能力用它自己的钱来资助交易。

总而言之，我们认为，这七个要素无论是单个还是总体考虑，都不足以向凯布勒提示大西洋不打算经营麦道斯，而只想劫掠。我们分析了赖以支持相反结论的那些事实认定，发现有许多正面信号表示大西洋打算经营麦道斯并使之赢利。此外，大西洋对麦道斯债券本息的担保十分重要，特别考虑到大西洋看起来有能力履行这个承诺。因此，我们认为，凯布勒没有义务做进一步调查以使一个正常人确信欺诈不会发生，否则就要克制不转让控制权。既然没有这样的义务，那就没有理由判凯布勒赔偿。

否决原判。

这类案子的关键在于周边情形能否引起合理的怀疑，或者出售人能否预见到买方的不良动机。与案中引用的《保险股公司诉北方财务公司》一案相比，本案的情形确实相对不可疑。在该案中，被告知道买方将用目标的资产作为抵押来资助购买，知道目标总裁同意买方这样做，知道买方会卖掉很大一部分目标资产，因而买方的劫掠意图已经相对明显。可是在本案中，下级法院认定的 6 点事实确实都不那么可疑。上诉审法院对这6 点逐一作了分析，认定它们不构成可疑情形，于是判被告胜诉。

在 Clagett v. Hutchison，583 F.2d 1259（4th Cir. 1978）一案中，多数派股东以每股43.75 美元的价格卖掉了一个比赛跑道公司的股份，而当时该公司股份的市场在每股7.5 ～ 10 美元之间徘徊。少数派股东起诉，认为多数派没有对买方进行调查，违反了信托义务。原告称交易当时的情形很可疑，需要调查。法院不同意。关于交易的价格，豪尔法官指出：

首先。虽然支付给哈奇森（Hutchison）的股份价格确实是超额的，但是超额部分是公司控制权的价格。因为劳瑞尔（Laurel）是做生意的企业，作为运行中企业还有进一步发展的潜力，所以超额支付更有道理。这样，付给哈奇森的超额部分就不能说是如此地不合理，以致引起他注意到欺诈公司或者其他股东的可能……最后，从逻辑上说，光为了取得公司控制权从而劫掠它而支付 4 倍的股价，似乎也太牵强了。无疑，取得一个更为便宜的公司也可以达到同样恶意的目的。[①]

特拉华州法院在这个问题上的判决比较晚，但是与其他辖区保持了一致：

【案例 16-9】

哈里斯诉卡特[②]

衡平法官阿伦认为：

本案因一组被告（卡特组）通过谈判将其持有的阿特勒斯公司的控股板块卖给了弗莱德里克·马斯克洛而引发，涉及卡特组董事的辞职、马斯克洛那组被告被任命为阿特勒斯的董事以及原告所称的马斯克洛及其同伴对阿特勒斯的掠夺。就卡特组被告而言，

---

① 583 F.2d at 1262.

② Harris v. Carter，582 A.2d 222（Del. Ch. 1990）。以下宋体字是本书作者对案情的概括性介绍，楷体字是本书作者对判词原文的翻译。

诉状称其过失，该过失违反了他们在本案情形下对公司的义务。诉状不认为他们是公司的保险者，但是认为他们出售公司控制权的具体情形应已提示他们马斯克洛不诚实。针对马斯克洛的诉称比较传统：以不公平的条件实施了自我交易。该组被告主要是马斯克洛先生和阿佳先生。诉状称一共有4个人共谋实施了案中的侵权，他们是其中的两个人。另外两个合谋者——已证实有罪的重罪犯李福勒和律师比尔，两人因为在本辖区内传票无法送达而没有被列为被告。

原告是阿特勒斯的一个少数派股东。他在公司控制权从卡特组转移到马斯克洛组之后提起了本次诉讼。

诉状称卡特一组人作为股东在出售控制权时对阿特勒斯负有采取一个合理人应该采取的那些步骤调查控制权购买方的意图的义务；本案中他们违反了这一义务；否则公司就不会遭受损失。这些损失据称是马斯克洛统治下的董事会所实施的交易造成的。诉状并未指责卡特组与马斯克洛合谋。事实上，卡特组出售股份得到的对价不是现金，而是另一个公司的股份，而原告称该公司是一个毫无价值的空壳，是马斯克洛专门用来掠夺阿特勒斯的工具。因此，按照诉状的说法，卡特组受到了误导，与公司及其他股东一起遭受了损失。

至于第二组被告——马斯克洛那一组，修改后的诉状称他们在取得控制权之后实施了一系列复杂的公司交易，这些交易损害了阿特勒斯。

阿特勒斯能源公司是一家特拉华公司。在马斯克洛取得其控制权之前，它主要从事石油和油气的勘探和生产。它购买石油和油气资产，然后再卖给钻井团队并充当资助人或者在团队中担任普通合伙人。

卡特组一共持有52%的阿特勒斯股份，马斯克洛于1986年3月28日与其签订了换股协议。协议规定卡特组将其阿特勒斯股份换成马斯克洛所持有的一家叫作ISA的公司的股份，而后准备将ISA和阿特勒斯合并起来。协议序言将ISA描述成"通过全资子公司经营保险业务的公司"。换股协议含有马斯克洛的声明和保证，说是ISA持有全国创业人寿保险公司和全国西方人寿保险公司的全部已发行股份。诉状称这些都是虚假的。ISA既没有在这两家公司里持有股份，也没有保险的子公司。

在谈判过程中，马斯克洛组向卡特组提供了ISA的财会报表草案，显示其对美洲人寿保险公司（以下简称美洲人寿）有投资，那是一家华盛顿公司。不过，换股协议中没有对该公司作出描述。所谓ISA对美洲人寿的投资是虚假的。诉状称ISA的财会报表相当可疑，任何一个合理谨慎的生意人都会想到需要作进一步的调查。事实上，阿特勒斯的财务主管分析了那张财会报表，提出了几个涉及其准确性的问题，但是卡特组没有跟进这些问题。

换股协议还规定马斯克洛应将50万股路易斯安那银行股份公司的面值为10美元的8%累积优先股股份押上。协议规定如果自协议签署之日起365日内阿特勒斯成功地按照谈好的条件与ISA通过换股合并，则银行股份就会还给马斯克洛。如果在规定的时间内合并不成，这些股份将按比例分配给卡特组成员。

最后，双方还同意，作为协议的一部分，卡特组成员将按程序辞去阿特勒斯董事职务，使得马斯克洛和他指定的人能够获得任命以替换他们。

原告针对卡特组被告的诉求核心是这些被告有理由怀疑马斯克洛组的品德，但是却没有对交易中的任何一个可疑方面做哪怕是简略的调查：未经审计的财会报表、谈判中提到美洲人寿但是在有关 ISA 子公司的陈述中却没有包括、拥有子公司等。原告说这样的调查会发现 ISA 的结构是脆弱的，资本极少又没有生产性资产。

对马斯克洛组被告的指责是这些被告实施了自我交易，通过损害阿特勒斯而使马斯克洛组获益。

马斯克洛于 1986 年 3 月 28 日购买了卡特组的股份。同日，新选的阿特勒斯董事会（即马斯克洛组被告）通过了数份决议，其中包括：

（1）将阿特勒斯的名称改为美洲保险股份公司；

（2）进行股份反向分拆，将现存每股阿特勒斯股份转换为 0.037 245 092 股新的股份，由此将 26 849 175 股阿特勒斯股份缩成 100 万股；

（3）将阿特勒斯的授权股份减少到 1000 万股，每股面值 0.1 美元；

（4）批准用 300 万股反向拆分后的阿特勒斯股份收购 ISA 的全部股份；

（5）选举马斯克洛为董事会主席、约翰森为总裁、代佛尼为财务主管、阿佳为副总裁；

（6）批准"与一系列潜在的买方"谈判出售阿特勒斯的石油资产；

（7）批准以每股 3 美元的价格购买 20 万股胡氏化学公司的普通股股份，外加在之后 12 个月内以每股 5 美元的价格购买 100 万股和再往后的 12 个月内以每股 10 美元购买 100 万股的选择权；

（8）批准以前的公司官员们的决议，解脱他们因与公司的关系而产生的一切赔偿责任。

据称，被告代佛尼、德蒙克和约翰森在对 ISA 和胡氏化学的生意和资产没有任何可靠信息的情况下批准了与这两家公司的交易；马斯克洛和阿佳知道 ISA 与胡氏化学的财务状况不佳，以欺诈的方式批准了这些交易。

原告称 ISA 什么都没有，只有一个公司外壳。根据换股协议，马斯克洛用其518 335 股 ISA 股份换取阿特拉斯的（52%）控股权益。阿特拉斯然后以 300 万股新发行股份换取 ISA 的全部已发行股份。通过这笔交易，马斯克洛集团总共取得阿特拉斯75%的股份。阿特拉斯的少数派股东发现自己的持股份额由交易前的 48% 减少到交易完成时的 12%。阿特拉斯发行 300 万股换取这个"公司外壳"，等于是没有对价白白将阿特拉斯股份送给马斯克洛集团（ISA 股份的持有者）。

胡氏化学公司是一个北卡罗来纳州公司，其唯一的经营地在北卡罗来纳州的弗莱奇。马斯克洛先生和他的两位同伴（修改后的起诉状说他们是马斯克洛集团的人，但是没有将他们列为被告）是胡氏化学的股东和董事。原告说在 1986 年 3 月份马斯克洛让阿特拉斯以不利于阿特拉斯及其股东的价格取得了胡氏化学的股份。

被告代佛尼被马斯克洛选为阿特拉斯的董事，是 MPA 同伴公司（以下简称 MPA）的总裁和主要股东。那是一家犹他州公司。1986 年 4 月 20 日，阿特拉斯与 MPA 签订协议将阿特勒斯的石油和煤气资产卖给 MPA。作为对价，MPA 支付给阿特拉斯 500 万美元的担保本票和 200 万股 MPA 普通股，发行后占 MPA 全部已发行股份的 31.8%。协议规定在阿特拉斯获得本票全额支付之前，如果这些石油和煤气资产所产生的现金流超过了某些确定的价位，则阿特拉斯将取得超过部分的 40%。原告称由于这笔交易，MPA 的本票和股份成了阿特拉斯的主要资产。

在取得石油和煤气资产之后，代佛尼发现部分阿特拉斯的债权人对这些资产的现金流拥有权益。MPA 没有向阿特拉斯支付本票金额。1987 年 6 月 2 日，代佛尼和马斯克洛达成协议撤销了 MPA 协议。马斯克洛将他的阿特拉斯股份转让给了代佛尼，换取了另一家与本案无关的公司的股份。MPA 本票被注销，阿特拉斯将 200 万股 MPA 股份还给了 MPA，并将原先卖掉的石油和煤气资产换了回来。代佛尼和他所任命的人控制了阿特拉斯。

现在可以考虑卡特组被告的请求了。他们请求驳回起诉，理由是诉状未能陈述可以救济的诉求。这个请求提出了特拉华法律中的一些新问题，其中最基本的是一个控股股东或集团在出售其控股板块时是否会在某种情况下对公司负有注意义务。如果在某些情况下存在这样的义务，本案中的问题就是修改后的起诉状中所称的事实是否允许我们认定在向马斯克洛集团出售股份时这样的义务存在且被违反。

在这里法院查阅了判例法。判例法一般认为拥有控股板块的人在对外转让其控股板块时，如果相关情形足以引起一个谨慎的人的疑问和警惕，他就不得转让，除非他经过充分调查后发现的事实足以使一个合理的人相信没有也不会发生欺诈。法院认定重要判例都不接受如下的观念，即要求出让人必须实际收到受让人将会掠夺公司的通知。按照这些判例，要求原告证明卖方收到计划掠夺的通知等于是用埋头沙地[①]的方法去处理公司控制权的出售。

虽然特拉华法律还没有处理过这样的具体问题，不过已有的判例也对我们有所指引。从该法律中推论出来的几条规则都与本案相关。首先是股东有权出售他的股份，只要是诚信出售，一般情况下并不因此而对其他股东负有义务。

同样为人普遍接受的是如下的规则：当股东取得对公司的控制权、能支配公司的行为时，该股东便对公司负有与董事同样的信托义务。出售公司的控股权益，至少像在这里所称的那样，即当出售附有条件——卖方必须从董事会辞职，以便让买方取得对公司的管理权时，我认为由于影响到公司机制，所以需要适用这条规则。

一般地，只要股东认为合适，他有权将股份以任何条件卖给任何人。可是由此不能得出结论说该权利的行使不会因具体情况而产生注意义务。已经确立的美国法律规则是：除非享有特权，每一个人都在可以预见的范围内对自己的行为会伤害到的人负有义务，即采取一个合理谨慎的人在类似情形下会采取的步骤，以避免对他人造成伤害。虽然这

---

① 埋头沙地（head in the sand 或 hide one's head in the sand），是指故意回避危险，对客观存在的危险故意视而不见。据说鸵鸟有这样的习惯，在情况紧急时它会将头伸进沙子，使自己看不见危险的来临。——译者注。

条规则来自侵权法而不是公司法或者信托义务法，但我觉得差别不大，除非公司法或者信托义务法赋予卖方股东以豁免的特权，这条规则普遍适用。只要不被特权否决，它也适用于出于不慎而将他人置于可预见的受害境地的控股股东。

就这条规则而言，股东可以卖掉他的股份的权利（或者董事可以辞职的权利）与有驾照的司机可以在公路上驾驶汽车的权利没有什么不同。权利存在，但是并非没有通过立法和判例所确定的条件和限制。因此，沿用这个类比，司机对他的乘客负有注意义务，因为可以预见一旦出于不谨慎或者其他原因发生撞车，他们都会受到伤害。在典型情形下，公司股份的出售者同样应该考虑到由于自己的不慎而给他人带来的风险。在某些情况下，控股板块的出售者可以或者应该合理地预见到对其他股东的危险；股份的出售伴随着公司控制权的转移和滥用该权力去损害其他股东的机会。因此，在其他情形下存在注意义务的理由在本案中也充分存在。从公司形式中我找不到任何普遍适用的特权可以将控股股东出售公司控制权的行为从这一普通法义务的有益管辖中豁免出来。

因此我得出结论，虽然卖掉公司控制权的人并非买方的当然保证人，但是当周边情形足以引起一个合理谨慎的人的警惕——买方可能不诚实或者在某个重要方面说谎，卖方就有义务做一个合理谨慎的人应做的调查，并一般地予以注意，以使受其行为影响的人不受侵权行为的伤害。

宣布这条规则的判例都强调它们涉及的不光是股份的出售而且还有公司控制权的出售这一事实。因此，卖方将辞职以使买方能够立即开始管理的协议规定受到重视。这一情形也在本案诉状中提了出来。

我们还难以确定（依据这类请求也不可以确定）卡特先生和与他一起行动的人是否疏忽大意，致使公司遭受了损害。事实上，我们现在还不能确定与马斯克洛谈判的周边情形是否足以唤起一个普通谨慎人的怀疑。如上所述，规则 12（b）（6）请求的标准是允许性的（后有叙述）。只要我现在不能作为一个法律问题断定：不管原告证明了什么事实，都不能判决被告对公司和其他股东负有进一步调查的义务并且该义务被违反，那就足以否决驳回起诉的请求。在下此结论时，我假定但不予判决：在特定情形下产生的控股股东在出售公司控制权时的注意义务只能因重过失而违反。

卡特先生很可能受了误导，其利益也受了损失。这是在确定有没有调查义务时考虑的一个因素，因为卡特在处理他自己的财产时可以被假定为一个谨慎的人。但是这个假定是证据性的，在裁定这个请求时不能考虑。

由于上述理由，这个请求应予否决。

这场官司是应被告的请求根据规则 12（b）（6）判决的。该规则具有退让和假定的特征，规定：即使原告所说全部属实，也不构成一个完整的诉由，因而原告的诉求不能成立，应当驳回。根据这条规则，法院答应被告请求的前提是假定原告所说的事实成立。可是法院经过对案情的分析认定：如果原告所说的事实成立，那就可以构成诉由，即被告违反了对原告的注意义务。于是法院驳回了被告的请求。但这只是诉讼的维持而不是终结——法院答应被告的请求则诉讼终结，不答应则诉讼继续。最终原告能否胜诉取决于他能否证明所称的事实。而在这个证明的过程中，随着事实细节的进一步挖掘，控股股东注意义务的标准会逐渐细化。就这个判词而言，它仅仅提出了控股股东对公司和其他股东负有注意义务，并从已有的事实出发大致表述了义务的内容。标准的进一步细化以及其他相关问题，都还有待于以后判例的澄清。

从原告举证的事实来看，出售控股板块的控股股东自身也遭受了损害，所以不可能通过牺牲公司和小股东的利益来肥私，所以控股股东显然没有违反忠诚义务，所以原告只能指责他违反了注意义务。

什么样的注意义务？我们不妨与董事的注意义务做个比较。董事有在客观条件允许的范围内，根据事情的轻重缓急，考虑到成本和效率，尽可能地收集信息，以便在知情的基础上决策的义务。而对于控股股东，本案中法官只说在出售控股板块的时候如果注意到买方在欺骗、说假话，就有义务做进一步的调查。如果谈判时的周边情形足以引起一个普通谨慎人的警惕——对方可能在说谎，他也有进一步调查的注意义务。但是如果没有任何危险信号，卖方也不了解买方的情况，他有调查义务吗？应该是没有的。因为控股股东在出售控股板块给第三人时像其他股东一样，有自由出售的权利，有卖高价的权利。从这个意义上说，他的注意义务显然轻于董事的注意义务。但是如果有一点点异常，比如价格奇高，他有调查义务吗？再进一步，假如买方有经营不善的名声，他有调查义务吗？这些问题都还没有答案。

下面的案例涉及控股股东在出售控股板块时的忠诚义务。违反忠诚义务的前提事实是义务人损公肥私或者损人利己，即以牺牲公司或其他股东的利益来中饱私囊。

【案例 16-10】
普尔曼诉菲尔德门 [1]

首席法官克拉克认为：

这是一场派生诉讼，由新港钢铁公司的少数派股东提起，称被告于 1950 年 8 月通过出售其在公司中的控股权益而非法获利，要求对此予以审计并返还。主要被告卢瑟尔·菲尔德门代理他的家族成员持有股份，总共持股 37%，在当时不仅是居统治地位的股东，而且是董事会主席和公司总裁。新港是一家印第安纳州公司，经营几家工厂，生产钢板，销售给钢产品的制造商，先是在肯塔基州的新港，后来还到肯塔基州和俄亥俄州的其他地方。股份的买方是在特拉华州注册的威尔珀特公司，辛迪加 [2] 性质，希望在因朝鲜战争而越来越紧缺的市场上获得有保障的钢材供应，因为其成员都是钢材的最终使用者。原告称股份的对价中包含了对一件公司资产的支付，即菲尔德门作为受托人为公司保管的、在供应紧缺的情况下通过控制董事会来控制和分配公司产品的权力；这项权力在本次股份出售行为完成时被有效转让，具体方式是菲尔德门让他自己的董事会辞

---

[1] Perlman v. Feldmann, 219 F.2d 173,（2d Cir. 1955）, cert. denied, 349 U.S. 952, 75 S. Ct. 880（1955）.

[2] 辛迪加是为某个共同的商事目的而组建的个人或者个体企业的联盟，往往取公司或合伙形式；有的存续时间较短，一笔生意做完之后即告解散。——译者注

职并且随即将威尔珀特任命的人选进董事会。

初审法官所认定的本案基本事实没有争议。新港涉及钢铁工业相对较晚；该行业里的设备比较陈旧，正在引进较为现代化的设备。除非在钢材极其紧缺的情况下，新港一般争不到其所在地之外的客户。威尔珀特，那个买方辛迪加，在地域上包括了很多遥远的钢产品最终使用者，在最近的供应紧缺中，它们都希望从新港购买比以前更多的钢材。亨克斯法官认定每股 20 美元的价格对于控股板块来说是公平的，尽管柜台市场上的价格没有超过每股 12 美元，账面净资产值也只有每股 17.03 美元。对此认定，亨克斯法官做了说明："假如除去控制公司产品分配的权力，这个板块有多少价值，证据没有显示。"该认定还受他之前的裁定的限制：证明股份价值较小的责任在原告。

作为董事和当权股东，菲尔德门与公司及少数派股东之间有信托关系，后者是信托受益人。虽然印第安纳州没有可以直接适用的判例，与此最可类比的一个判例强调当受托人的个人利益可能影响信托义务的履行时印第安纳州会对其行为做仔细地检查。

所以在印第安纳州同在其他州一样，受托人的责任并不限于管好资产负债表上所列的公司有形资产，而且包括在公司利益可能受到不利影响的交易中为公司作出不腐败的商事判断。

诚如被告不断指出的，本案不是普通的违反信托义务案。这里没有欺诈、没有内部信息的滥用，也没有对无能为力的公司进行公然掠夺。但在另一方面，我们认定，我们刚才说过的也为我们和其他法院期望并要求公司受托人达到的高标准没有得到遵守。用经常被引用的卡多佐法官的话来说："很多在日常对等交易中允许的行为对受信托义务约束的人都是禁区。受托人受到的约束要比普通的市场道德严格得多。光有诚实不够，还需要在每个细节上以最为灵敏的荣誉感作为行为的标准。关于这一点，已经形成根深蒂固、不可动摇的传统。当有人通过某些特殊情形试图瓦解和侵蚀不可分割的忠诚，请求衡平法院放宽标准时，法院的立场始终是坚定不移、毫不妥协。"参见 Meinhard v. Salmon，249 N.Y. 458，464，164 N.E. 545，546 一案。被告为了个人利益而虹吸走了来自良好市场状况的公司机会，该行为没有表现出受托人对委托人的不可分割的完整忠诚。

少数派股东所指的被窃取的公司机会并非一定要十分确定才能支持对菲尔德门的起诉。只要公司有获利的可能，他们就有权得到补偿。

这个说法在考虑新港可能从市场紧缺中获得的好处时同样合适。过去，新港利用其市场杠杆实施过业内所称的"菲尔德门计划"并从中获利，主要是通过向钢铁购买者承诺将以后的产品卖给它们，换取它们的无利息贷款。由此取得的资金被用于现有工厂的更新改造和购置新的设备。1950 年夏，新港正在谈判购买冷轧设备，因为它需要这些设备来整合经营，生产更畅销的产品。菲尔德门计划资金可以被用于这个目的。

并且，原告还提示了另一种可能。在一个即使钢铁供应充足，新港也能通过竞争赢利的地区内，它可以利用供应短缺时期积累客户。这些机会都是新港的，只能为它服务。只有当被告能够完全否定新港获利的可能性时，它们才能胜诉。诚然，初审法院认定："在 1950 年 8 月，新港究竟能不能实施菲尔德门计划交易取得资金，用于进一步的扩张和钢铁设备的整合，这种扩张对新港到底有没有好处，证据都无所显示。"但这都不了被告，因为与下级法院的裁定相反，被告对此负有举证责任。受托人在与信托财产交易时永远负有证明交易公平的责任。

被告试图将新港可能获得的机会归类为不道德，因而不应当考虑。诚然，声誉良好的钢铁生产者没有进入由朝鲜战争造成的灰色市场，并且自我克制，不提价，尽管提价不违法。可是菲尔德门计划不在这个自定的禁区之内；初审法院认定在菲尔德门出售的前后，琼斯与劳福林钢铁公司（Jones & Laughlin）、共和钢铁公司（Republic）和匹兹堡钢铁公司（Pittsburgh）都有这类安排。不管怎样，被告对利用市场的行为进行斥责是不合适的，因为他们自己从中获取了大量的利益。

我们不是说多数派股东不得对外出售其控股板块，除非他将所得利润交给公司；我们甚至也没有说当买方是客户，对公司产品有实际的或潜在的利害关系时，它不得任意出售。但是当销售必然会牺牲公司的一项无形资产，从而给受托人带来超常的利润，而且正是受托人引发了这种牺牲时，他应当上交他所获得的利润。在市场短缺时期，当对公司产品的需求带来大量的这种或那种形式的超常利润时，我们认为正确的法律是受托人不得将这个利润超常额占为己有。这种通过牺牲其共同创业者的利益谋取的个人利益在其被大家信任的公司总裁和董事赚取时尤其让人不舒服。本案中由于菲尔德门集三职于一身，所以对义务的违反特别清楚，尽管我们不愿意说也不应该被理解为：如果他只担任其中一职，义务会就有所减轻。

因此，就菲尔德门和与他一起的被告所得的价格中包含了这样的额外利益而言，他必须与提起本案诉讼的少数派股东共享。原告，如同他们主张的那样，有权以他们自己的权益获得赔偿，而不是（像在一般的派生诉讼中那样）为公司的权益获赔，因为无论是威尔珀特还是它们的利益继承人都不该参与对可能判决的赔偿的分享。被告不能反对这种形式的赔偿，因为唯一可供选择的途径，由公司整体获赔，将使他们赔偿更多。

此案发回地区法院，以弄清该院之前留下来的、未曾回答的问题，主要是被告的股份在不附带对公司所产钢材的控制权的情况下的价值。我们重申在这个问题上，像在其他有关违反信托义务的问题上一样，被告负举证责任。所判赔偿应当给予原告和他们所代表的人，具体数额为经证明的、他们各自股份权益所应享有的超额部分。

否决下级法院的判决，发回此案，根据本判词做进一步的审理。

巡回法官斯旺发表反对意见：

多数派所阐述的有关受托人义务的一般性规则，我当然完全同意。但是，正如弗兰克福特大法官在 Securities and Exchange Comm. V. Chenery Corp., 318 U.S. 80, 85, 63 S. Ct. 454, 458 一案中指出的："说一个人是受托人只是分析的开始；它给进一步的分析提供指引。他是谁的受托人？作为受托人他负有什么义务？他在哪些方面违反了这些义务？"我的兄弟们的意见没有具体指出菲尔德门违反了哪些信托义务，也没有指明加给他的义务是控股股东的义务还是新港董事的义务。因为没有具体指明，我觉得这个判决会使法律界和商界都感到混乱，不能预测其对买卖股份的商事习惯的影响。

控制公司经营的权力，即选举董事来经营公司业务，是附属于多数派股份而不可分离的；有时候，如同在本案中这样，它也附属于足量股份的持有——这些股份虽然不到多数但却足以控制选举。诚然，一个多数派或者处于支配地位的股东通常拥有特权，可以从买方获得能够获得的最高价格。在这样做时，他只代表自己，而不是公司的代理人。如果他知道或者有理由相信买方意图运用购买股份获得的权力来损害公司利益，这样的信息或合理怀疑会终止控股股东的出售特权，并会产生不转让经营权给买方的义务。我觉得这个义务更像每个人都承担的不帮助他人侵权的义务，而不像受托人的义务。不过无论义务的性质是什么，违反义务会使违反者赔偿公司遭受的损失。亨克斯法官认定菲尔德门没有理由想到威尔珀特会利用购买股份所得来的经营权去损害新港的利益，案中也没有证据证明它这样做了。菲尔德门诚然知道威尔珀特购买这些股份的原因是选举一个董事会，以允许威尔珀特成员购买比原来更多的新港所生产的钢材。控股股东像其他客户一样，以相同的价格购买公司产品不违法。这就是威尔珀特成员所做的，没有证据证明新港遭受了什么损害。

我的兄弟们说"支付股份的对价中包括了公司资产的出售"，他们将该资产描述成"在供应紧缺的情况下通过控制董事会来控制和分配公司产品的权力；这项权力在本次股份出售行为完成时被有效转让，具体方式是菲尔德门让他自己的董事会辞职并且随即将威尔珀特任命的人选进董事会"。此话的具体含义对我并不清楚。如果是指当市场条件引诱公司产品的使用者为了能够以给予其他客户的同样的出厂价格购买公司的部分产品而想购买公司的控股板块时，公司的控股股东负有不出卖股份的信托义务，那我是不能同意的。由于以上原因，我认为菲尔德门没有不出卖他控制的股份的义务。

在下级法院的判词中有这样一段事实认定："自从威尔珀特任命的人在1950年8月31日接管新港之后，公司的资产质量有较大改善，生产经营继续呈现繁荣景象。虽然威尔珀特的股东向新港购买了大量的钢材，但是价格都是新港的出厂价，一分不少。自1950年8月31日以来，没有任何证据表明新港经营管理不善，公司在新的管理层治理下已经遭受或者今后可能遭受损失，或者新的管理层为了公司的利益应该做而没有做某事。"[1]

在这种情况下，新港的其余股东在菲尔德门出局之后好像没有遭受任何损失。可是，著名的联邦第二上诉审法院中这么多高水平的法官为什么坚持改判，认为控股股东违反了忠诚义务，必须赔偿呢？

控股板块的股份比在交易所购买的零碎股份值钱，其价格一般高出市价40%左右，因为控股板块伴随着对公司的控制权，这是众所周知的。本案的判决是否意味着控股股东在出售其控股板块时无权独自获得这个高出市价的部分，而必须与公司其他的中小股东分享呢？好像没有。法院的分析集中在因朝鲜战争而引起的钢材供应紧张这一特殊的市场状况上。在这样的市场内，按照出厂价购买较多的钢材成为一种特权，而这种特权

---

① 129 F. Supp. 162，175–6（D. Conn. 1952）.

是可以换钱的。本案中这个特权附属于对新港公司的控制权。威尔珀特向菲尔德门购买控股板块的目的不是控制权总体，而是控制权中的这个特定部分——对公司产品的分配权，也就是购买更多钢材的权力。而这个权力必须通过购买控股板块、取得整个控制权才能取得。因此，菲尔德门出售控股板块所得的价款可以分为三个部分：普通市价、市场正常情况下的控制权溢价、购买更多钢材的权力的价格。法院的意思是菲尔德门可以取得前面两个部分，但是第三部分属于公司资产，必须与其他股东分享。

案子发回之后，地区法院根据公司赢利状况计算出股份的投资价值，命令菲尔德门将其售价高出这个投资价值的部分拿出来与公司其他股东按照持股比例进行分享。

安觉斯（William D. Andrews）教授将菲尔德门案的判决理解为因为菲尔德门没有与其他股东共享有利机会，并从中读出了一条平等机会规则。所以他建议："控股股东无论什么时候出售他的股份，其他（同类）股东有权获得平等的，或者以大致相同的条件按比例出售的机会。或者用相关义务来表述：在控股股东将其股份出售给外人之前，他必须确保其他股东有出售他们的股份的平等机会，或者与他出售同样高的比例。"[1] 这样的语言我们在陶讷虎一案（有些地方采用英文标记，均可）中读到过，可那是封闭公司向控股股东回购股份，而不是外人收购上市公司的控股板块。

反对者认为平等机会规则将对收购人提出更高的资本要求，抑制有益于公司和少数派股东的交易。[2] 纽约上诉审法院在 Zetlin v. Hanson Holdings，48 N.Y.2d 877，878，397 N..E.2d 387（1979）一案中指出："这条规则将深刻地影响控股权益转让的方式。它本质上要求控股权益只有通过向全体股东要约，也即收购要约的方式转让。这是与现行法律背道而驰的。这么激进的改变如果要做，那也只能由立法机构来做。"

不过，平等规则的建议依然发生了重大的影响。俄亥俄州《控股股份收购法》规定收购已发行股份 20% 以上的必须得到该类股份的多数同意，不包括利益股份。宾州《商事公司法》对于收购公众公司（按 1934 年法公开）已发行投票股份达 30% 以上的，规定必须同意以公平价值购买其他任何要求交售的股东的股份。印第安纳州收购法[3]规定，当有人购买印第安纳公司股份达到 20%、33%、50% 这些门槛时，购买人并不即刻获得这些股份的投票权。只有当公司股东通过决议同意他获得投票权时，他才能取得股份的投票权。这条规定意味着收购人获得目标控制权必须得到原先的无利益股份的同意。同意的决议由各类股份中无利益股份的多数作出，时间是下次年度股东会。如果购买人登记了《购买人陈述》并且愿意支付开会费用，也可以请求经理层在 50 天内召集特别股东会。如果股东投票不同意恢复这些股份的投票权，则公司可以选择按照市场公平价格回购这些股份，但公司没有义务必须这样做。此外，如果购买人没有向目标公司登记《购买人陈述》，公司也可以在其最后一次购买后的 60 天内回购这些股份。[4]

---

[1] Andrews, The Stockholders' Right to Equal Opportunity in the Sale of Shares, 78 Harv. L. Rev. 505, 515-16（1965）.

[2] Javaras, Equal Opportunity in the Sale of Controlling Shares: A Reply to Professor Andrews, 32 U. Chi. L. Rev. 420（1965）.

[3] 1987 年，联邦最高法院在 CTS Corporation v. Dynamics Corporation of America 一案中判决该法合宪。

[4] 这些法律在保护少数派股东权利的同时也或多或少地保护了经理层的利益。

【案例 16-11】

琼斯诉阿门森与公司 [①]

原告持有存贷协会 [②]（以下简称协会）25 股股份，为她本人以及所有类似的股东提起集体诉讼。被告是协会的主要股东和领导人，他们控制着一个叫联合金融公司（以下简称联合）的持股公司，该公司持有 87% 的协会股份。虽然一般存贷企业的股份很受人欢迎，但是协会股份的交易并不活跃。[③]

被告们决定吸引投资者对协会股份的兴趣，但不是通过使协会股份更加卖得出去的手段。被告们成立了联合，把他们持有的协会股份以一股换 250 股联合股份（一个"派生板块"）的比例转让给联合。交换之后，联合持有 85% 的协会股份。之后不久联合公开发行由其股份和债券组成的单位，依赖协会的分红支付债券的本息。发行收入大多分给了联合的初始股东，也即协会原来的多数派股东。[④] 几个月之后，联合又发行了更多的股份，当时被告们卖掉了大量股份。[⑤] 显然，公众想投资协会的最好办法是购买联合的股份。

在联合首次公开发行之后不久，被告们又让该公司以每股 1 000 美元的价格要约购买 350 股协会股份，而这些股份的账面净值为每股 1 411 美元，每股盈利 301 美元。当时联合的派生板块每块卖 3 700 美元，不包括已经从发行收入中作为投资回报支付给联合股东的 927 美元。要约的结果是买到了 130 股协会股份。

在 1959 年和 1960 年两年中，协会分别分红每股 75 美元和 59 美元，但在 1960 年 12 月，在联合发出购买 350 股的要约之后，被告们让协会通知少数派股东说今后每股将只分红 4 美元。

然后被告提出用价值 2 400 美元的 51 股联合股份与协会少数派交换 1 股协会股份。当时协会股份的账面净值是每股 1 700 美元，盈利 615 美元；而 51 股联合股份的账面净值仅为 210 美元，盈利 134 美元。随后被告们又撤回了要约。

特瑞讷法官。

I 原告的起诉资格

我们首先面对的是被告的争辩，说如果原告摆出了诉由，那也是派生性质的，因为任何损害都是协会的少数派股东共同遭受的。所以，被告说，原告不得以个人资格或者

---

① Jones v. H.F. Ahmanson & Co., 1 Cal.3d 93, 81 Cal.Rptr. 592, 460 P.2d 464（1969）. 以下宋体字是本书作者对案情的概括性介绍，楷体字是本书作者对判词原文的翻译。

② 存贷协会的组织类型和持股结构都与普通公司不同，其成文法依据是经过了 1907 年和 1909 年的修订之后的加州民法典第 634 和第 648a 条，详见 In re Pacific Coast Building-Loan Asso., 15 Cal. 2d 134, 99 P.2d 251（Cal. 1940）一案中对存贷协会的介绍。

③ 一是因为协会具有封闭性，因而信息的公开不够充分；二是因为协会一共只发行了 6 568 股，每股的账面价值就高达 1 000 多美元，流通不方便。

④ 首次发行卖得 720 万美元，其中 620 万美元作为投资回报分给了联合的初始股东，每个派生板块分到 927 美元。

⑤ 他们一共卖掉了 568 190 股联合股份，每股 20 多美元，如果折合成派生板块有 2 272.76 个，每个板块，也即每股协会股卖了 5 000 多美元。

代表一个没有参加联合金融换股交易的集体起诉，如果不遵守金融法典第 7616 条，那就连派生诉讼也不能维持。

从双方共同承认的事实和原告的主张来看，她并不想代表公司请求被告赔偿其对公司造成的损害。虽然她声称被告的行为降低了她股份的价值，她并没有说降低的价值反映出对公司的损害从而使股份价值降低。因此，其诉由的核心是对她和其他少数派股东的损害。

Ⅱ 多数派股东的信托责任

被告的立场是只要没有利用内部信息、使用公司资产或者欺诈，那么作为股东，他们对其他股东就没有信托义务。这种观点在加州早就被摒弃了。上诉审法院经常认识到多数派股东，无论单个的还是为了某一目的联合形成的，都对公司的少数派股东负有信托义务，应当以公平、正义、合理的方式管理公司。多数派股东不得利用控制公司活动的权力来为自己牟利，而使少数派遭受损害。他们对公司或者公司控制权的利用都必须使全体股东按比例受益，不得与公司生意的恰当经营相冲突。

可是，被告主张在利用他们自己的股份方面，他们对协会的少数派股东没有信托义务。他们认为他们对成立联合的全部相关情况都做了充分的披露，联合的创设及其股份的发行没有对协会的控制产生任何影响，原告在协会中的份额没有受到影响，协会没有受到伤害，协会股份的市场也没有受到影响。因此，他们得出结论：他们没有违反任何对原告或者其他少数派股东的义务。

被告想让我们从要求对公司有控制权的人公平对待所有股东的立场上退却到那种被评论家们批评、被其他辖区和我们自己的法院修改的哲学上去。说到底，被告要我们重新确认我们早期的判例所反映的所谓"多数"规则。这条规则是在 Ryder v. Bamberger, 172 Cal. 791, 158 P. 753 一案的判决中提出来的，但是之后便受到了严格的限制。该规则认为多数派股东有"处置他们股份的完整权利……不必考虑少数派股东的意愿和需求，或者他们是否知情……"[1] 认为董事和官员对公司负有信托义务，股东不承担这方面的义务，除非他们像董事和官员那样因其在公司中的地位而拥有有关公司股份价值的、不为其他股东知道的信息。在这样的案子中，特殊事实的存在才允许认定股东对公司和其他股东负有信托义务。参见 Hobart v. Hobart Estate Co., 26 Cal.2d 412, 159 P.2d 958。

加州形成的规则是从公司和各利害关系方考虑的包罗万象的内在公平规则。当官员、董事和控股股东行使由其在公司中的地位带来的权力时，该规则对他们都适用，对控股股东试图通过出售、转让或利用其控股板块获利的交易也适用。因此，在 In re Security Finance, 49 Cal.2d 370, 317 P.2d 1 一案中，我们判多数派股东没有解散公司的绝对权利，尽管《公司法》第 4600 条似乎允许他们这样做，因为他们在成文法上的权力依然受到保护少数派利益的衡平限制。我们认识到多数派为了保护他们的投资有权解散公司，如果没有其他可供选择的途径并且也没有获得相对于其他股东的额外好处。我们特别指出"在公司生活中没有超越股东利益的神圣东西；由于解散对股东利益有决定性的影响，

---

① 172 Cal. 791, 806, 158 P. 753, 759.

所以必须对之进行衡平限制。这种限制高于一切公司权力。"（49 Cal.2d 370,377,317 P.2d 1，5.）

商事和金融社会中越来越复杂的交易证明了以多数派股东对少数派股东的信托义务为标准的传统理论的不足。这些理论不能给予少数派股东以充分的保护，特别是封闭公司中的少数派股东，处于不利的弱势地位，尤其容易遭受多数派的随意欺负。虽然法院认识到当控股股东以高出其投资价值的价格出售股份（Perlman v. Feldmann，219 F.2d 173，50 A.L.R.2d 1134）或者当控股股东利用其控制权来阻止公司资产的公平分配 [Zahn v. Transamerica Coporation（3rd Cir. 1946）162 F.2d 36，172 A.L.R. 495（利用控制权使子公司在清算分配资产之前赎回股份）] 时，存在着这种欺负和不当获利的潜在可能，其他辖区都还没有形成一条普遍的规则。绝大多数评论家除了从出售控制权获利的角度进行论述之外，也没有对这个问题作出分析。有的建议对控制板块支付的价格中高出其投资价值的部分应当属于公司，作为公司资产处理 [Berle and Means，The Modern Corporation and Private Property（1932）p.243]，或者通过整体出售由全体股东共享 [Jennings，Trading in coporate Control（1956）44 Cal.L.Rev. 1，39]，也有人认为出售控制权额外获利总是一件坏事（Bayne，The Sale-of-Control Premium: the Intrinsic Illegitimacy）。

我们面临的这个案子没有出售或者转让实际控制权，说明上述作者预计的伤害在传统规则下可以安然无恙地加于别人，同时也证明我们的结论是正确的：在任何一笔公司控制权起决定性作用的交易中，对少数派股东讲究诚信和内在公平的普遍性规则在本州内适用于所有的控股股东。

现在我们来分析被告的行为，看看是否符合这个标准。

Ⅲ　设立联合金融兜售其股份

被告创立联合金融的时候，正值存贷协会的股份特别热门之际。涉案股份因为账面值太高，市场缺乏投资信息和投资便利，加上协会股份没有上市，所以不容易出售。协会经理层没有做任何努力去兜售股份，或者进行拆股，使每股的市场价格降低到能够吸引人购买的水平上。被告有两条途径去利用存贷股份的牛市。这两条途径都是因为他们的控股地位才成为可能的。第一途径是让协会拆股（《公司法》第1507条）从而创造一个协会股份的市场，或者为协会的股份设立一个持股公司并且在持股公司公开发行前允许所有的协会股东换股。如果这么做了，所有股东都会同样获益，但是在出售股份赢利的同时，多数派股东必须放弃他们的部分控股股份。由于公众市场的创立，所有少数派股东如果对新的经理层不满，都可以在其投资不受损失的情况下撤出。

第二条途径是被告已经实施的。他们设立了一个新的公司，其主要资产就是被告持有的协会控股板块，但是少数派股东被排除在外。多数派股东持有的本来难以出售的协会股份按照1比250股的拆股比例转让给了新设的公司。新公司然后开始为其股份创设市场。协会股份构成该持股公司资产的85%，并产生了同样比例的收益。两个公司都由同一批人控制。从中可以看到，被告为联合金融股份创设的市场在其践行第一条途径的情况下就会成为协会股份的市场。

在联合金融的股份可以公开买卖之后，一个同样的协会股份市场肯定就不能形成了。联合金融已经成为控股股东，如果协会股份也公开买卖与之竞争，对联合金融和其他被告都没有好处。有机会购买联合金融股份的投资者不大可能选择价格更高的、不那么易售的协会股份。这样，被告选择的途径是利用他们对协会的控制权受益而将其他股东排斥在外。他们不顾这样做对少数派股东所造成的伤害，而且也没有任何重要的生意目的。这样的行为不符合对少数派股东讲究诚信和内在公平的义务。假如被告给了少数派股东相同的换股机会或者提出按照独立评估得出的价格购买少数派的股份，他们证明诚实信用和内在公平的负担就要轻得多。审判时，他们可以举证证明能使他们的行为在本案中变得公平合理的这种诚信和重要的生意目的。被告在初审时认为起诉状中没有合理的诉由，基层法院据此撤销了起诉，中级法院维持原判，原告上诉，我们对此只判起诉状包含了使原告获得救济的合理诉由。

被告从他们对协会的控制中还获得另一项好处，那就是用协会的资产和盈利来担保持股公司的债务，该债务是为了他们的利益而发生的。[①] 被告这样做再一次违反了他们对少数派股东的信托义务，使联合金融及其控股股东不可避免地卷入了两个公司的少数派股东之间的利害冲突中。他们有使全体股东按比例受益的选择途径。而他们选择的途径对少数派股东的影响之大不亚于清算，也使我们对少数派的利益感到忧虑。

我们这样判并不意味着公司受托人的义务包括在任何情况下都要为公司的股份创造一个公开买卖的市场。但是像在本案中这样在没有市场时，控股股东不得利用他们对公司的控制权去推行一个仅使他们自己获益而使少数派受损的上市计划。我们也没有说控股板块不能出售或者转让给一家持股公司。我们只判当控股股东看起来可能违反了他们对公司和其余股东的信托义务时，转让控股股份的具体情形将受到法院的审查。

Ⅳ 损害赔偿

从协会少数派股东的角度去看，在上述情形下将控制权转让给另一个公司，由此对他们作为少数派股东所产生的影响对他们来说属于公司的根本性变更。一个盈利长期累积，股东长期稳定的封闭性存贷协会，它的控制权现在变成了一个公众公司的资产。这将大大地改变少数派股东的地位。他对公司决策的实际影响力大为下降，因为控制权已经转到了一个公众公司的手里，而该公众公司又是由75万股股份的持有者控制的。按照合理的预期，协会今后的经营方向将反映持股公司的利益和需求而不是协会股东的志向。总之，少数派股东被锁在里面的企业已经不是当初他们投资的企业。

评估权保护持反对意见的少数派股东，使他们不会被迫作为投资者留在一个已经与其当初投资时根本不同的企业里或者廉价出售他的股份而遭受投资损失。原告不但有权得到这个，而且比这更多。在本案情形下，她有权获得与联合金融的多数派股东一样的换股机会。

---

① 如果必须为这笔债务抵押或者变卖协会的资产或者改变适用协会生意需要的分红政策，那就会对协会造成损害。这里我们不必下结论，但是有必要指出联合金融所面临的问题，它对自己的股东和协会的股东负有同样的信托义务。任何利用协会资产和盈利来方便持股公司举债的决定都必须在这些可能的利益冲突中作出。原注第14。

虽然出售或者交换其股份的控股股东没有义务在任何情况下都要为少数派取得他所取得的对价，但是当他真的出售或者交换其股份时，该交易将受到严格的审查。当多数派获得的对价超过了其股份的市场价值时，应当对超过部分的对价进行检查。如果它属于公司资产，则所有的股东都可以请求按比例共享（Perlman v. Feldmann，同上 219 F.2d 173）。这里的股份交换是整体计划的一个部分，被告能够合理地预见该计划的附带效果是毁坏协会股份潜在的公众市场。这样，剩余的股东就被剥夺了从股票公开交易所具有的无形特征中赢利从而将其股份价值抬高到账面价值之上的机会。获得仅仅反映账面价值和赢利的评估价值还不能补偿少数派股东失去的这个潜能。由于损失客观存在，尽管数额不确定，衡平法要求将少数派股东放到像多数派为他们自己创造的一样有利的地位上。

如果经过审判，原告证实了起诉状所声称的和诉讼双方同意的那些事实，那么在向被告呈交了协会股份之后，对她所交的每一股股份，她都有权选择获得其股份在 1959 年 5 月 14 日换股日的评估值与从本次诉讼提起日起算的每年 7% 的利息之和，或者联合金融股份的一个派生板块在本诉讼之日的公平市价与从该日起算的利息之和，再加上 927.50 美元（支付给联合金融初始股东的资本回报）与从联合金融开始向其初始股东支付之日起算的利息之和。不过，如果协会从 1959 年 5 月 14 日到现在支付的红利超过了联合金融在相同时期内支付的红利，超过的部分应当从该评估的或者公平的市价减去。

本案中控股股东出售控股板块情形有点特别。第一，他们将股份以换股的方式卖给了新组建的控股公司；第二，他们在控股公司中仍然是控股股东；第三，他们卖掉了部分控股公司的股份，实现了赢利，但似乎没有卖光，手中依然持有大量的控股公司股份，而且这些股份的市价很高。法院对出售行为的审查集中在要害问题上：有没有对少数派股东造成损害？答案是肯定的。因为控股公司（联合）股份市场的形成压制了潜在的协会股份市场，使协会股份的公众市场成为不可能。少数派股东被逼入困境，面临不得不低价出售股份尴尬局面，而被告们却从中获取了超额利润。所以法院判被告违反了忠诚义务，应当赔偿。

第十七章

股东派生诉讼

　　股东诉讼分为直接诉讼和派生诉讼。直接诉讼是股东为了实现自己因拥有股份而拥有的请求权而提起的诉讼，如上册第九章讨论过的股权诉讼、第八章中的知情权诉讼以及股东为自己的利益而状告公司或者公司董事的都是。直接诉讼可以为股东自己提起，也可以代表一个集体提起。原告主张他自己的权利或者一个与他处境相同的集体的权利。胜诉获得的损害赔偿属于股东，律师从所获得的赔偿中得到律师费的支付。公司从中一无所获，事实上还经常被指违法，充当被告。不过，本章重点介绍派生诉讼。

　　派生诉讼是一个人（例如甲）因为在另一个人（例如乙）处有利益而代表该另一个人提起的诉讼，但他不是后者（乙）的决策者。原告的权利是从另一个人处派生的，因为他声称该另一个人遭受了损害，要为他请求损害赔偿。派生诉讼可以针对公司外部的第三人提起，但是典型的派生诉讼都针对公司内部的人，是公司小股东状告掌握公司权力的董事或者控股股东，称其损害了公司的利益，要其向公司赔偿损失。[①]

　　从利益关系去看，公司应该是派生诉讼中的原告。但是公司处于董事会的控制之下。由于董事会一般反对诉讼，公司的立场往往与提起诉讼的股东原告相反，所以实际派生诉讼中总是将公司列为被告。[②]所以，派生诉讼中存在三方利益关系：原告股东、公司被告（实际利益上的原告）、个人被告（掌握公司权力的董事或官员）。指控个人被告干了坏事，请求他们赔偿，是派生诉讼的核心。公司是个被动而活跃的被告，它的利益与个人被告对立，但是诉讼中总是与个人被告站在一边，争辩说他们的行为没有损害自己。

　　公司是由董事会经营管理的。既然是为了公司的利益提起诉讼，那就应该由董事会或其委任的经理代表公司提起。但是因为派生诉讼的被告都是掌握了公司权力的董事或经理，董事会经常不愿意起诉，所以才允许股东起诉。为了澄清这一点，法律一般要求股东在起诉前先向董事会提出请求，请其代表公司起诉，在董事会拒绝之后，股东才能起诉。而且如果董事会的拒绝有道理，股东还不能起诉。一切以公司的利益为准。

　　派生诉讼中的原告股东是个代表，既代表公司的利益，也代表了其他股东的利益。因为既然他称公司的利益受到了损害，那么不但他本人因公司的利益损失而间接受损，其他股东也因公司利益的损失而间接受损了。所以，派生诉讼都是集体诉讼。

　　派生诉讼的原告客观上行使了公司权力。有权力就容易产生腐败。原告可以与被告达成和解并从中获利。所以，美国民事诉讼规则第 23.1 条要求原告"在行使公

---

① 派生的意思是股东的诉权是从公司的诉权派生出来的。

② 美国联邦最高法院在 Smith v. Sperline, 354 U.S. 91, 77 S. Ct. 1112,（1957）一案中澄清了这一点。

司权利中公平、充分地代表处于相同地位的股东的利益"。当一个股东提起派生诉讼时，法院都十分强调他的义务。最高法院将他描述为担起了"这样的责任，虽然不是严格意义上的受托人，但却具有信托性质。他并非仅仅为自己起诉，而是作为一个与他处于类似地位的集体的代表……他是自选的代表、自愿的领头人"①。既然承担了责任，他以后就不能为了个人利益而放弃这个责任。在 Heckman v. Ahmanson，168 Cal. App. 3rd 119, 214 Cal. Rpt. 177（1985）一案中，原、被告达成协议，原告同意放弃诉讼请求并且不反对被告提出的驳回起诉的请求，被告则同意让原告将其股份以较高的价格卖给被告公司，法院认为这个行为是原告利用其集体代表的地位为自己牟利，不予准许。②

由于派生诉讼是为公司提起的，所以胜诉获得的任何赔偿都归公司所有，原告得不到任何直接的经济利益，他的收益在于因公司获得赔偿而使股价升高。比如说，公司发行了两千万股，原告持有 1 万股，胜诉后获得 200 万元的赔偿，扣除 100 万元的律师费之后还剩余 100 万元归公司所有，公司每股获益 5 分钱，原告实际获益 500 元。对于持股更少的股东，比如两千股，那就只有 100 元。一场官司下来只得到这么一点利益，而且还不是现金，只是股份的增值，原告起诉的动力就不大。试想，为了打官司，必须对被告的所作所为进行调查，判断要不要起诉，还要聘请律师，诉讼过程中可能还要出庭作证，配合律师的工作，等等。付出这么多精力，得到这么少赔偿，得不偿失。但是有一个人获益不小，那就是原告的律师。他可以从被告的赔偿中扣除律师费，因为他给公司提供了服务，有权得到报酬。

由于上述客观利害关系，派生诉讼大都由律师发起。律师像警犬一样寻找各家公司经理层的违法行为，发现之后再去寻找合适的股东原告，因为法律对派生诉讼的原告有具体的资格要求。律师请股东起诉。股东害怕花钱、花时间，一般都不愿意起诉。律师就对他说："不要紧，我替你打官司，赢了我向被告要，你也有好处；输了我不向你收取律师费。至于时间，你也不用花很多，我已经写好了起诉状，你只要签名就行了。"只有在这种条件下，股东才同意起诉。实际上，律师是派生诉讼的发动机。③

派生诉讼有 3 个优点：（1）避免了多次诉讼；（2）保证了所有受伤害的股东从得到的赔偿中按比例受偿；（3）保护了债权人和优先股股东，防止直接将公司资产转给股东。

---

① Cohen v. Beneficial Industrial Loan Corp., 337 U.S. 541, 549, 69 S. Ct. 1221, 1227.

② 这样的利害关系不光存在于派生诉讼中，还存在于一切集体诉讼中。被告之所以愿意出高价贿赂原告，是因为派生诉讼无论是判决还是和解都具有一案不再理效力。其他股东不得就同一案由再次起诉。

③ 在一场股东状告公司内部人实施内幕交易的诉讼中，被告在法庭上对法官说："这官司很荒唐，因为它不是原告在打，而是律师在打。原告没有多少经济利益，是律师为了赚取律师费而无事生非，制造事端。这种在原来没有纠纷的地方挑起纠纷的行为不利于社会的稳定，是不值得鼓励的。我虽然从事内幕交易不对，但更应该惩戒的是这个卑鄙的律师、讼棍（诉讼的掮客）。所以这样的案子法院不该受理，应当驳回。"法官回答说："不错，确实是律师在打官司，律师的动机也确实不算高尚。但是内幕交易很可恶，而且不容易抓到。律师能抓住，是好事，是执法的主要市场力量。利用律师想赚钱的动机来打击违法的内幕交易，以毒攻毒，不但要允许，而且要鼓励。"参见 Magida v. Continental Can Co., 176 F.Supp. 781（S.D.N.Y. 1956）。

前两个优点得益于其集体诉讼的性质，第三个优点是因为胜诉所获赔或其他利益都偿归公司所有，对负债率较高的公司来说对债权人的保护尤其明显。这三个优点也是派生诉讼存在的理由，说明对公司的伤害只能通过派生诉讼救济。

第一节　派生诉讼的鉴别

在多数情况下，派生诉讼与直接诉讼容易区分。最简单的方法是问：同样的官司公司能不能打？如果能，它就是派生诉讼；否则就是直接诉讼。甲是乙公司的股东，听说第三人违反了与乙公司的合同而乙公司没有起诉，于是甲以第三人违约为由直接起诉第三人。这是派生诉讼，因为同样的官司乙公司也能打。

典型的派生诉讼是状告公司的董事和官员违反了公司的信托义务。比如，公司董事会没有经过认真评估就批准购买了一大片土地，事后发现这块土地远不值这么高的价格，公司因此而遭受了巨大的损失。股东可以告董事会违反了注意义务，请求他们赔偿公司所受的损失。又比如，甲公司董事会批准向乙公司进货，但是进价远高于市场价格。乙公司是由董事会某董事全资拥有的。这是该董事的自我交易，违反了对公司的忠诚义务，股东可以起诉批准交易的董事，请他们赔偿对公司的损失。同理，假定某董事低于市价向公司购买了部分资产，公司因此而遭受了损失。纠正的途径也是派生诉讼，使公司得到资产的足价。在所有这些情况下，官司都能由公司来打，只是公司在董事会的控制之下不愿意起诉罢了。

如果官司不能由公司来打，那就是直接诉讼。比如，股东状告公司在发行新的股份时侵犯了他们的先买权，从而稀释了他们的持股份额，那是直接诉讼，因为公司自身没有受到任何伤害，只有股东受到了伤害。又比如，公司的董事和官员让公司向社会公众公开发行股票而隐瞒了重要的事实不予披露，真相暴露之后股价大跌。纠正这类行为的最佳途径是直接诉讼，请求公司赔偿投资者因此而遭受的损失，而不是代表公司提起诉讼。大部分直接诉讼都是状告公司的，声称公司违反了某种约定。

在审判实践中法院对直接诉讼和派生诉讼提炼出两条区分标准。第一是利益或者权利的归属。如果所称被侵犯的权利或者利益属于公司，那就是派生诉讼；属于原告个人（和其他处于相同地位的股东），那就是直接诉讼。第二是诉讼利益的归属，无论该利益是被告的金钱赔偿还是公司管理方法的改进。如果诉讼利益属于公司，那就是派生诉讼；属于原告个人则是直接诉讼。[①] 例如，要求收回不当分红或者要求控股股东就出售控股股份中获得的溢价进行审计的诉讼也是派生性质的，因为无论是收回的分红还是呕吐的溢价都归公司所有。可是在公司分红时要求公司兑现红利优先权的诉讼则是直接诉讼，要求公司分红的诉讼也是直接诉讼，因为无论受侵犯的权利还是胜诉时分配的红利都归股东所有。

---

① 不过，第二点存在个别例外，尤其是在有限责任公司中。见本节后面所举实例。

【案例 17-1】

图力诉 DLJ 公司 [①]

首席大法官 Veasey。

原告股东在衡平法院提起集体诉讼，称他们公司的董事会成员因在完成所议合并时同意延期 22 天而违反了信托义务。原告说延期使他们得到股份价款较晚，损失了这些现金的时间价值。被告认为这样的诉求至多是由公司的诉求派生的。以此为由，被告请求法院驳回起诉。衡平法院同意，裁定这些诉求不是股东个人的直接诉讼。法院还认为原告在合并中交售他们的股份时已经失去了提起本次诉讼的资格。

虽然初审法院对于起诉状到底提出了直接的还是派生的诉求的法律分析反映了我州法理中的某些概念，我们认为那些概念是错误的，因而没有用处。在本判词中我们将讲清楚从今往后在区分派生还是直接诉讼时应该适用的法律。答案完全取决于以下的问题：(1) 谁遭受了所称的损害（公司还是提起诉讼的股东个人）；(2) 谁获得赔偿或者其他救济措施的好处（公司还是提起诉讼的股东个人）。

原告是 DLJ 公司先前的少数派股东。DLJ 公司于 2000 年秋被斯维斯信贷集团（以下简称斯维斯）收购。收购前，AXA 金融公司（以下简称 AXA）持有 DLJ 公司 71% 的股份，因而控制着公司。根据 AXA 与斯维斯达成的股东协议，AXA 同意用它的 DLJ 公司股份交换斯维斯手中的股份和现金。

要约收购价为每股 90 美元现金。要约有效期为 20 天。可是兼并协议规定了两种延期办法：第一，如果某些条件成就，斯维斯可以单方面延长要约；第二，DLJ 公司和斯维斯可以协议同意推迟斯维斯接受少数派股东交售的 DLJ 公司股份。

斯维斯把两种推迟要约到期的办法都利用了。原告质疑第二种办法所引致的 22 天延期。他们辩说这一延期没有正当的授权，损害了少数派股东，却使 AXA 不当获利。他们请求赔偿在这段时期内失去的价款时间价值。

衡平法院下令驳回诉状，理由是原告没有资格提出其中的诉求。因为当原告交售他们的股份时，根据同时持有规则他们就失去了资格。上诉针对的裁定认定原告的诉求为派生性质，据说是为 DLJ 公司主张的。衡平法院依据我们关于区分直接与派生的混乱法理，以如下理由驳回："因为延期平等地影响了 DLJ 公司股东，原告的损失不是特别的，所以本诉讼至多只是派生诉讼。"

在我们看来，在最高法院和衡平法院的某些判例中出现的"特别伤害"对于正确地区分直接和派生诉讼是没有用的。今天我们不再使用"特别伤害"的概念作为分析工具。

这样的分析必须完全以以下问题为准：谁遭受了所称的损害——公司还是提起诉讼的股东个人，以及谁获得赔偿或者其他救济措施的好处？这个简单的分析深深地扎根于我们的法理中，可惜某些判例加进了"特别伤害"这一模糊而混乱的概念，从而把分析搞混了。

[①] Tooley v. Donaldson, Lufkin & Jenrette, Inc., 845 A.2d 1031（Del. 2004）.

在其最近判决的阿戈斯提诺①案中，衡平法官正确地指出了这一点，强烈暗示我们别再承认"特别伤害"的概念。在从学术角度分析这块领域的法律时，他认为要问的是股东有没有证明他遭受了某种不依赖于公司所受损害的损害。关于违反信托义务的诉由，衡平法院指出了如下的审核路径："从诉状整体看，根据所指侵权和所要救济的性质，原告有没有表明他可以在不指出公司损害的情况下胜诉？"②我们相信在分析标准第一叉时，这个方法是有用的：哪个人或实体遭受了所称的损害？由此自然引出标准第二叉。

有时候，区分一场官司到底是派生的还是直接的很困难，有很多法律后果，其中有些会增加诉讼当事人的费用。比如，如果诉讼是派生的，原告必须遵守衡平法院第23.1条规则。该规则要求股东：（a）在诉讼中全程持股；（b）诉前向董事会请求；（c）任何和解都要经过法院批准。还有，如果获得任何赔偿，都必须交给公司。官司是直接还是派生的判断可以由结果确定。因此，区分标准的清楚、简明以及由法院前后一贯地表述并适用，都是十分必要的。

法院要看侵权的性质、救济归谁。股东所称的直接损害必须独立于任何公司所受损害。股东必须证明义务是对他承担的，他不经证明公司的损害便可以胜诉。

在本案中，我们不能说诉状表达了一个派生诉求，没有指出公司实体遭受损害的派生诉求，也没有归于公司的救济，所以没有任何理由判决诉状表达了一个派生诉求。

然而，由此不能断定诉状表达了一个直接的个人诉求。尽管诉状自称表达了一个直接诉求，实际上它没有表达任何诉求。初审法院分析了诉状，正确断定它没有指出任何原告权利被侵犯的诉求。他们的权利还没有成熟。合同诉求在其成熟之前是不存在的；而在合并（包括本案提出的交割延迟）完成之前诉求不会成熟。因此，诉状没有摆出直接诉求。

由于衡平法院依据"特别伤害"概念驳回起诉，其驳回的依据是错误的，派生诉求不存在。不过，这个错误无害，因为我们觉得直接诉求也不存在。

这是特拉华最高法院在2004年判的案子。首席大法官在判词中否定了之前的混乱标准，将直接与派生的区别重新表达：一看谁的权益遭受了损害；二看救济归谁。

直接诉讼的诉由大都是违反了一项对股东（虽然同时损害了公司的利益）的义务（例如，合同义务），或者对该股东的伤害与其他股东受到的伤害互相独立且可分开。因此，指责控股股东不恰当地投票赞成一个决议，授权公司发行更多的股份给他，是直接诉讼，因为诉讼的目的是防止原告股东的投票权被冲淡。声称董事合谋利用他们的手中权力压低股份的市场价格，低于公平价格购买少数派股份，也是直接诉讼，因为少数派股东的权利受到了侵犯。

一般地，原告总是想将诉讼标为直接诉讼，而被告总是尽量将它归类为派生诉讼，

---

① Agostino v. Hicks, 845 A.2d 1110（Del. Ch. 2004）.

② 衡平法官还指出，重点在对哪个人或实体负有义务。如同阿戈斯提诺一案所说，这样的测试与美国法学会说的类似，我们曾经在 Grimes v. Donald, 673 A.2d 1207（Del. 1996）一案中以赞同的口吻予以引用。原注第9。

因为派生诉讼有许多程序门槛需要原告跨越，比如资格要求、交纳费用保证金、向董事会请求等，而直接诉讼没有这些门槛。聪明的律师总是把派生诉讼说成是直接诉讼，因为即使是公司受到的损害，股东也受到了损害。而只要股东受到了损害，律师就可以说成是直接诉讼。当然，法院会仔细辨别，不会接受这种鞋拔式的[1]逻辑。

不过有时候，诉状的巧妙起草确实能影响诉讼的归类。例如，指责先买权因新发股份而受到侵犯似乎是直接的；但是如果声称公司发行这些股份不足价，因为董事和官员违反证券法的相关规定诱使公司这样做，实施了欺诈，就是派生的。在有些情形下，同一个损害既可以支持直接诉讼，又可以支持派生诉讼，原告可以任选其一或者同时提出两种诉求。

在图力案中尽管特拉华最高法院似乎把派生诉讼与直接诉讼的标准定得十分清楚，但是依然存在可上可下的疑难案子。这时候，二者的区分并不容易。当股东以公司为被告，同时起诉公司董事、总裁或者控股股东的时候，直接诉讼和派生诉讼的界限有时候很模糊。下面的案子便是其中的一例。

【案例 17-2】

艾森伯格诉飞虎线公司[2]

Irving R. Kaufman，上诉审法院法官。

麦克斯·艾森伯格是纽约居民，"作为飞虎线公司的股东，代表他自己和其他与他处境类似的该公司股东"在纽约州最高法院[3]提起本次诉讼，请求禁止合并与重组计划的实施。飞虎是特拉华公司，主要营业地在加利福尼亚；它将案件转移到了纽约东区联邦地区法院。[4]

飞虎提出了几点正面辩护，申请命令艾森伯格遵守纽约商事《公司法》第 627 条，该条要求代表公司提起派生诉讼的原告对公司的诉讼成本提交保证金。恰威亚（Travia）法官不写判词就批准了申请，给予艾森伯格 30 天时间提交 3.5 万美元的保证金。艾森伯格没有交，法院驳回起诉，他上诉。我们认定根据第 627 条他的诉由是个人的而非派生的。因此，我们否决对起诉的驳回。

在本案中，艾森伯格试图推翻飞虎在 1969 年实施的重组和合并。他指控公司为了稀释他的投票权而实施了一系列的操纵行为。他声称，飞虎为了达成此目的，于 1969年 7 月在特拉华注册了一个全资子公司 FTC，FTC 又在 8 月份注册了一个全资子公司 FTL 空运公司。然后这三个特拉华公司制订了重组计划请股东批准，计划确定飞虎与 FTL 合并而 FTL 存续。投票代理权征集书发送给了股东，日期署为 8 月 11 日，9 月 15日的股东会以法律要求的三分之二多数批准了该计划。

---

① 后面还有"鞋拔式的争辩"。这里指的是一种循环论证，就像一个人提着自己的鞋拔试图把自己提起来一样，是不可能的。

② Eisenberg v. Flying Tiger Line, Inc., 451 F.2d 267 (2d Cir. 1971).

③ 纽约州的基层法院。

④ 根据美国联邦民事诉讼规则，在异籍管辖下，被告有权将案子从原告所在地的州法院移到联邦法院。

合并完成之后，飞虎不再是运行公司，FTL 接过了飞虎的运行业务，飞虎的股份都被换成了相同数量的 FTC 股份。然后 FTL 将名称改成飞虎线公司，显然是为了继续飞虎原先的业务而不致中断。大约 450 万股在纽约和太平洋股票交易所交易的公司股份现在是持股公司 FTC 的股份而不是运行公司飞虎的股份。合并的结果是运行业务全部交给了一个全资子公司，原来飞虎的股东现在变成了持股公司的股东。

根据要求我们只需判决：假定艾森伯格的诉状在面上是合格的，作为诉讼的条件，他是否应当提交保证金。

艾森伯格辩说：纽约法院在本案中不会引用第 627 条，因为该条仅适用于商事《公司法》第 626 条规定的派生诉讼，而他的集体诉讼只是代表性的而非派生的。

我们被告知，如果诉状的核心是公司的损失，诉讼就派生的；但是"如果损失是原告作为股东遭受的，是个人的而非公司的"，则诉讼是个人的，可以采取代表集体诉讼的形式。参见 13 Fletcher, Private Corporation §5911（1970 Rev. Vol.）。这个一般的说法用处不大，因为本案属于"难以分类的边缘性案子"。资料来源同上。艾森伯格所称的损害实质上是指重组剥夺了他和他的同伴股东们对于运行中公司事务的投票权，而该权利在任何意义上都不属于飞虎公司。他说这个权利天然属于股东。可是飞虎指出，股东如果受到了伤害，那只是因为他们的公司被解散了；只有当公司复活，他们的投票权才能恢复。因此，它认为股东所受的影响是第二位的或者派生的，因为我们必须首先使解散的公司重生，才能帮助股东复权。

初看起来尽管纽约的一个重要判例初似乎支持飞虎的观点，我们认定其争辩远没有击中要点，因为它没有区分派生和非派生的集体诉讼。在 Gordon v. Elliman, 306 N.Y. 456, 119 N.E.2d 331（1954）一案中，上诉审法院[1] 以 4：3 的票数对第 627 条的前身，普通《公司法》第 61–b 条，做了扩大性解释。多数派判决一场强制公司分红的诉讼为派生的，因而可以要求提交保证金。他们提出的标准是"诉讼的目的是要回一件直接属于股东的东西还是强制公司作出某种需要由董事做出的行为以使董事满足其对公司且通过公司对股东的义务"。参见 306 N.Y. at 459, 119 N.E.2d at 334。根据这条标准，被告争辩说，如果飞虎的董事有不合并公司的义务，该义务首先是对公司的，对股东来说只是派生的。上诉分部 4：1 和上诉审法院 4：3 的判词马上引起了评论家们一致的谴责。而且，这条标准"好像取消了代表诉讼与派生诉讼的区别"，实际上将所有的股东集体诉讼都归类为派生诉讼；它已经被纽约州的下级法院严格限制于该案事实本身。[2]

纽约州还有其他区分代表诉讼与派生诉讼的案子可以参照。在 Horowitz v. Balaban, 112 F. Supp. 99（S.D.N.Y. 1949）一案中，一个股东试图限制公司总裁行使公司赋予他的转换权。法院认定该诉讼属于代表性质，不要求保证金。该院提出的标准是"如果从涉

---

　　[1] 纽约州的最高法院。
　　[2] 本段讨论的 Gordon v. Elliman 一案中，上诉法院判一场要求董事会宣布红利的诉讼为派生诉讼。该院认为宣布红利是对公司的义务，要求履行对公司的义务就是派生诉讼。这个判决遭到了广泛的批评，直接引发纽约州议会制定《纽约商事公司法》第 626 条，规定派生诉讼是为了公司的利益而提起的。今天，要求宣布红利的诉讼会被看作直接诉讼，因为诉讼的目的是将钱放进股东的口袋里去，而不是声张一项公司权利。

案交易看公司无权起诉，则诉讼是代表性的而非派生的"。同理，强制公司解散的案子也被判为代表性的,因为公司不可能从中获利。Fontheim v. Walker, 141 N.Y.S.2d 62 (Sup. Ct. 1955)；Davidson v. Rabinowitz，见上。Lennan v. Blakely, 80 N.Y.S.2d 288 (Sup. Ct. 1948) 一案判优先股股东对董事提起的诉讼不是派生的。Lehrman v. Godchaux Sugars, Inc. 一案，则判股东指控所提议的资本重组将会给另一类股份带来不公平的好处的诉讼是代表性的。这些案子和上述 Lazar 一案及权威论著所说完全一致。例如，13 Fletcher, Private Corporation §5915 (1970 Rev. Vol.)；3B J. Moore, Federal Practice · 23.1.16[1] (2d ed. 1969)。摩尔（Moore）教授说："如果股东代表他自己和其他处境类似者起诉……阻止合并……他不是在行使派生权利，而是通过适当的集体诉讼行使全体股东共有的针对公司的权利。"

　　艾森伯格的情况与普通合并案相比更是如此。在常规的合并情形中，股东都对公司的经营有发言权，尽管公司与他们当初的选择已经不同。可是在这里，重组剥夺了原告和其他少数派股东对于原先那个运行中公司事务的一切发言权。

　　法院判本案为直接诉讼而非派生诉讼，所以不应当因为没有为公司费用提交保证金就予以驳回。于是，诉讼继续进行。

　　本案争议的核心是要不要交费用保证金。派生诉讼要交；直接诉讼不要交。所以双方就围绕着案子到底是派生诉讼还是直接诉讼进行争论。

　　这是一个疑难案例，因为究竟谁遭受了损失这个问题有些模糊不清。原先经营航线的公司被合并解散了，股份变成了持股公司的股份，原先的持股份额也被冲淡了。股东起诉说他们在运行公司中的投票表决权被剥夺，请求法院禁止合并以恢复其投票表决权，所以是直接诉讼；至于份额的冲淡，那更是直接诉讼。被告则说被解散的是公司，有什么损失也是公司的损失，只有先恢复公司，股东的权利才能恢复。可见，股东的权利是间接的，依赖于公司的，所以是派生诉讼。最后法院根据多数判例的倾向认定：如果股东代表自己和其他股东请求阻止合并，就是在行使全体股东针对公司的权利，所以本案是直接诉讼。

　　对于这些疑难案子的鉴别，美国法学会提出了一些指导性意见，建议法院考虑如下的因素：第一，派生诉讼所获赔偿的分配比直接诉讼广泛、均匀。由于赔偿属于公司，所以不仅是股东，而且债权人和其他在公司中有利益的人都会从派生诉讼中受益，但他们不能从直接诉讼中受益。此外，只有当诉讼是集体性质时，与原告处于相同地位的其他股东才能从直接诉讼中受益；如果不是集体诉讼，他们就不能分享胜诉利益。但是派生诉讼的原告永远具有代表性，所有股东都可以分享胜诉利益。第二，一旦诉讼终结，派生诉讼具有一案不再理的效果，公司和其他被告不会因为同一行为再次被起诉。第三，派生诉讼胜诉之后原告有权从公司获得律师费；而在直接诉讼中，胜诉的原告只有在获得赔偿时,才能从赔偿额中支付律师费，没有赔偿就要自掏腰包。第四，派生诉讼公司董事会有权接管，也可以寻求撤销，所以派生诉讼具有不同于直接诉讼的辩护理由。

如前所述，派生诉讼所获的赔偿属于公司，因为股东是以公司的名义主张属于公司的诉由的。如果将赔偿判给股东个人，那将构成对公司经营的司法干预。这样的判决实际上是将公司资产分配给股东，或者作为红利，或者作为对公司的部分清算。在 Eshleman v. Keenan, 22 Del. Ch. 82, 194 A. 40（1937）, aff'd 23 Del. Ch. 234, 2 A.2d 904（1938）一案中，法院对此做了充分的说明，认为公司是一个运行中实体，从事有利可图的生意，把派生诉讼中被告的赔偿判给股东个人将干涉董事经营职责，是不合适的。[1]

可是，派生诉讼属于衡平诉讼，如果规则的适用会引出显失公平的结果，那就需要调整。所以赔偿属于公司这条规则是有例外的。在有些案子中，法院认为特殊情况要求将赔偿金按比例直接判给股东个人。在 Perlman v. Feldmann, 219 F.2d 173（2d Cir. 1956）, cert. denied 349 U.S. 952, 75 S. Ct. 880（1955）一案[2]中，少数派股东提起派生诉讼，状告钢铁厂先前的控制人菲尔德门和从他那里购买了公司 37% 权益的人。法院认定交易违反了信托义务，命令菲尔德门将高于市价的部分吐出来，并且按比例判给了受损害的股东而非公司。因为如果公司得到赔偿，购买股份的辛迪加在某种意义上将收回它为获得控股板块而支付的超出市价的差额，同时又取得了控股权。如果所有股东都取得赔偿，而不仅仅是受损害的股东，则控股板块的购买者也会收回它所支付的超出市价的差额的一部分。除此之外，在 Eaton v. Robinson, 19 R.I. 146, 31 A. 1058（1895）一案中，多数派股东和董事投票给自己支付过高的薪水，为了使侵权者不受益，赔偿直接判给了原告方面的股东个人；在 Matthews v. Headley Chocolate Co., 130 Md. 523, 100 A. 645（1917）一案中，控股板块的购买者在购买股份时就知道卖方从公司获得过高的薪水，所以不该从赔偿中受益。在 Di Tomasso v. Loverro, 250 App. Div. 206, 293 N.Y.S. 912（1937）, aff'd 276 N.Y. 551, 12 N.E.2d 570（1937）一案中，侵权人自身就是公司的大股东，所以不该分享派生诉讼所获的赔偿；在 Sale v. Ambler, 335 Pa. 165, 6 A.2d 519（1939）一案中，公司已经停业，原告又是全体股东，所以所获赔偿当然应该分给全体原告。所有这些，都是派生诉讼的赔偿属于公司这一规则的例外，目的是要达成公平。

派生诉讼中的某些利害关系在上市公司和有限责任公司中情形迥异。比如，股东的起诉动力和律师作为发动机的问题，在有限责任公司中的情况就与前面的介绍不同。股东在有限责任公司中的份额较大，而且经常参与经营管理，所以对律师的监督动力就会大得多，诉讼的发动机一般也不是律师，而是股东自己。尽管如此，派生诉讼在有限责任公司中依然需要。因此，美国法学会对于封闭公司中的派生诉讼建议了不同的规则，认为法院可以根据具体情况将某些适用于直接诉讼的规则适用于派生诉讼，其中就包括将胜诉赔偿判给股东个人。条件包括：（1）公司和其他被告受到一案不再理规则的保护；（2）公司债权人利益不受大的影响；（3）不影响赔偿额在相关利益方之间的公平分配。[3]

---

① 又见论文：《区分股东的直接诉讼和派生诉讼》, Note: Distinguishing Between Direct and Derivative Shareholder Suits, 110 U. Pa. L. Rev. 1147, 1148（1962）。

② 该案正文见第十六章第三节第二小节。

③ 见 ALI Principles 第 7.01（d）条。此外，得克萨斯州商事组织法典第 21.563 条规定，公司人数在 35 人以下的，派生诉讼一律作为直接诉讼对待，因而原告不必跨越派生诉讼特有的程序障碍，所获赔偿也归原告所有。

那么，派生诉讼的原告败诉了会有什么后果呢？首先，律师费自负。由于派生诉讼大都采用分成制，所以原告不用支付律师费，他的律师白干了，没有报酬。其次，原告需要支付被告的诉讼费用，包括交给法院的诉讼费、挖掘证据的费用（如打字费、邮费等）、专家证人的费用，但是不包括律师费。如果法院认定原告没有合理诉由，起诉目的不正当，也可以判其支付被告的律师费。最后，判决具有一案不再理效果，即以后其他股东不得就同一案由再次起诉。

第二节　政　策　考　虑

派生诉讼剥夺了原本由公司管理层掌握的部分公司诉权。为什么要允许股东个人派生诉讼？法律设置这个制度的目的是什么？利弊得失如何？这些都是立法和制度设置时应该考虑的政策问题。

从政策上考虑，目的是监督公司经理层。现代公司，尤其是上市公司，权力高度集中。犹如波尔（Berle）和米恩斯（Means）在《现代公司和私有财产》一书中所指出的，公众公司中的经理对公司有独裁权，分散的所有者股东已经失去对公司的控制权。这种情况造成了公司管理层滥用权力谋取个人私利的可能，需要监督。

派生诉讼并非防止经理层犯错和保护股东的首要措施。多种社会的和市场的力量都在增强公司官员的责任感：经理层的职业标准、外部董事的监督、经理市场的竞争压力、股东的投票表决、政府机构的管制都会在民事诉讼缺乏的情况下保护股东的权利。即使股东不满意时除了抛售股份之外没有别的救济途径，当经理层的越权行为导致公司股价下跌时（他们自己一般都持有公司股份），上述各种机制也会对经理层的行为产生抑制作用。但是没有任何一种加强责任感的措施（包括市场和法律的救济）在任何情况下都是最佳的。每一种措施都有它的特点和局限。因此，一个互相交叉的保护体系对股东最为有利。派生诉讼有其不可替代的作用。

由于分散的小股东是经营管理权力滥用的最终受害人，从利益关系上看，他们应该是最好的监督者。派生诉讼提供了股东监督公司管理层的一条有效途径。

一般情况下，股东需要联合行动才有力量，但是联合行动是一件很困难的事情，成本很高。派生诉讼不依赖于分散股东的联合和协调，单个股东即可采取行动，独立地为全体处于相同地位的股东提供救济途径。而且，派生诉讼原告的成本极低，很容易发动。

派生诉讼制度体现出市场经济的管理方法，即充分发挥市场的力量去制衡公司管理层的不法行为，往往比政府机构的监督更加有效。民间执法的存在增加了社会的执法资源，减少了执法成本，节省了政府的监督费用。民间执法比政府执法更有针对性。政府执法是全面的管理，经常设置各种审批关卡进行事先把关，需要人人过关；而民间执法则是事后追究，只针对违法行为（不存在人人过关的问题），执法者只有在胜诉时才能得到补偿。如果民间的执法机制不足，社会公众必然依赖政府的管理，而政府的管理往往官僚、低效、费用高。

当公司的控制集团与公司实施自我交易的时候，派生诉讼是唯一有效的救济手段。因为这时候政府一般鞭长莫及，直接诉讼也不能成立（因为交易只损害了公司利益，没有直接损害股东个人利益），所以派生诉讼是必要的。事实上，公司法规定的注意义务和忠诚义务都是通过股东诉讼来实现的，其中有相当一部分属于派生诉讼（除了股东直接诉讼，都是派生诉讼）。

公司收购中目标经理层经常不顾股东利益，为了保住自己的饭碗而拼死抵抗。派生诉讼是对这种行为的有力制衡，有利于公司控制权的换手和公司收购的顺利进行，确保了市场能够自由地发挥作用。

派生诉讼源于19世纪中期的英国衡平法，但是很快就为美国的法院接受并发展。当时英国已经完成了工业革命，大公司权力高度集中所引发的种种弊端开始出现，英美两国的人普遍认为法律应当允许股东在一定条件下代表公司起诉。于是派生诉讼应运而生。

作为一种司法救济手段，派生诉讼有哪些合理性呢？首先是补偿。公司因被告的行为而受了损害，如果被告支付适当的赔偿，公司就可以得到如数的补偿。不过，补偿功能存在一些问题。因为诉讼所获赔偿属于公司，而公司的股东在不断地变动中。那些在违法行为发生时的股东如果随后以低价卖掉了股份，该低价反映了违法行为对公司所造成的损害，所以他们就不能分享公司所获的赔偿；同理，那些以低价买进股份的人在公司最终获得赔偿时发了一笔横财。另外，由于律师费的支付以及报销等原因，公司永远不会得到充分的补偿，特别是当官司以和解告终时。

其次是威慑。诉讼的威慑效果显而易见。派生诉讼中公司发生的成本有可能超过它获得的赔偿，超出的部分可以看作为了取得威慑效果而支付的必要成本。有人把威慑说成是派生诉讼的主要功能，原告的作用很像一个为了获得赏金而搜捕逃犯的人。可是，这样的作用任何人都可以起到，无论他在公司中有没有利益、什么性质的利益。那么法律就没有必要对原告的股东资格作出规定了。[1] 所以，说威慑是派生诉讼的主要功能好像有点过分。

法律经济学用代理成本和组合理论来解释派生诉讼的威慑效果。一个有效的组合要求投资在不同行业的许多企业中。一个充分分散的投资者所承担的是整个市场的风险，而不是某个具体企业的风险。所有企业的平均代理成本是整个市场风险的一个部分。派生诉讼的作用在于通过对经理层违法行为的威慑而对市场风险产生整体影响，而不是对一个具体企业的补偿。因此，即使对于个别企业来说，派生诉讼的费用大于收益，例如，30万对20万。但是因为通过杀鸡儆猴的威慑效果，它减少了整个市场的风险，所以有效组合的持有者依然会从中受益（尽管他也持有那个从事派生诉讼的企业的股份）。当经理层的违法行为及随之发生的派生诉讼影响一个具体企业的时候，一个有效组合的投资者并没有受到伤害，因为有些企业的经理层没有违法，违法的和没有违法的加起来是

---

[1] 公司法规定只有股东才能提起派生诉讼。有的公司法还对股东持股的时长和比例有要求，详见下一节起诉资格。我国《公司法》第151条要求股东连续180天以上单独或者合计持股1%以上。

一个平均的违法成本。如果派生诉讼产生的威慑作用能够从整体上减少代理成本，它就是有益的。不过，这是一个抽象的、不确定的分析。因为如果 30 万对 20 万时是有益的，那么 40 万或者 50 万对 20 万时威慑效果所带来的益处还会大于诉讼成本超出收益的那个部分吗？我们很难估计每一次成功的派生诉讼所产生的边际威慑效益。此外，平均代理成本的理论本身也有问题，因为它是以投资分散和有效组合为前提的。而大多数股东的投资是不分散的，因而当公司的支出大于收益时，即使其威慑效用对于整个社会经济产生了很大益处，处于具体企业中的股东还是受损的而不是受益的。

任何事物都是一分为二的。派生诉讼在发挥正面作用的同时也存在着很多弊端。

第一，是名实不符。名义上股东是原告，但是实际上律师才是真正的原告。从理论上说，派生官司打赢之后公司会获得赔偿，股份就会增值，股东可以从其所持股份的增值中获得利益。可是由于股东所持股份很少，他从这些股份的增值中获得的利益很小。因此，派生诉讼在律师与客户的关系上表现出不同于一般诉讼的许多特点。在一般诉讼中，客户因为受到伤害而寻找律师；在派生诉讼中，都是律师寻找客户，告诉他公司受了损害，应该起诉。在一般诉讼中，客户的切身利益大于律师的切身利益，因而十分关心诉讼的进展；在派生诉讼中，律师的切身利益远大于作为公司代表的客户的切身利益，因而客户（原告股东）不大关心诉讼的进展。在一般诉讼中，律师必须根据客户的要求行动，客户要求诉讼他便诉讼，客户要求和解他便和解；在派生诉讼中，原告不会给予律师什么指示，诉讼决策都由律师做出，客户只要不反对，需要的时候在律师制作好的文件上签字便是。可见，派生诉讼中的股东原告只是挂名而已，真正有切身利害关系的是想赚取律师费的律师。律师是派生诉讼的发动机，也是派生诉讼的最大受益者。

第二，公司所获赔偿永远是不充分的。首先，由于派生比较复杂，律师的工作量大，所以即使胜诉所获赔偿是对公司所受损失的充分补偿，律师费的支付也会从赔偿总额这个蛋糕中切去很大一块。其次，当被告是公司董事时，美国绝大多数州的公司法都规定只要董事没有违反他对公司的忠诚义务并满足一定的条件，公司就可以报销董事的诉讼费用，包括律师费（往往相当高）。根据这些法律规定，现在很多外部董事都和公司签订了报销合同，对诉讼费用和败诉后的赔偿报销到法律允许的最大限度。一个害怕风险的被告往往同意支付相对较少的和解赔偿并获得几乎全额的报销，而不是诉讼到底让法院判决。报销费用一般通过保险支付，而保险是公司替被告购买的，所以和解的最终结果往往是公司替被告支付了部分辩护费用，尽管被告违反了律师对公司的义务。保险没有覆盖的部分则由公司依据合同报销。另外，原告律师同样喜欢和解以确保他的律师费得到支付。这样的诱因是和公司利益相违背的，尽管理论上说律师是在通过客户为公司声张权利。因此，即使胜诉时法院所判的赔偿是足额的，最终落实到公司账上的数额也要打去很大的折扣。更何况在多数情况下，派生诉讼都不是以法院判决告终，而是中途和解。和解所得的赔偿永远是不足额的，再扣除上述种种费用，最终公司可能所得无几。

第三，抑制了董事和经理的商业冒险精神，不利于社会经济的发展。公司内部对于各种决策往往存在不同意见，如果任何一个作为或不作为都可能因个别股东的要求使董事承担赔偿责任，董事就不敢大胆决策，其经营积极性和冒险精神都会受到抑制。

不光如此，公司董事的职务面临巨大的风险，官司的威胁使很多有能力的人因为害怕赔偿而不敢担任公司董事，特别是那些财务状况不佳的公司。对他们来说，各自有自己的工作，担任董事并不能增加多少收入。美国很多外部董事是不拿工资的，有些虽然拿报酬，但也只是象征性的，只占其个人收入的很小比例。如果因此而承担了较高风险，他就觉得不值。结果，公司招不到高素质的人才担任董事和高管，股东和整个社会都遭受损失。

为了吸引外部高素质的人才，现在很多外部董事都和公司签订合同，规定因董事工作招致的赔偿由公司报销到法律允许的最大限度。这个限度一般都划在忠诚义务上。如果董事被判违反了忠诚，其赔偿必须自负，公司不得报销，而违反注意义务的赔偿可以报销。这种情况下追究董事的注意义务只会使公司遭受更大的损失：原告胜诉，公司承担全部诉讼费用；原告败诉，公司承担部分诉讼费用；不管哪一种情况公司都不会有任何收益。这与普通的民事诉讼有很大差异。普通的民事诉讼中原告所获得的赔偿来自被告的支付，而派生诉讼却不是这样的零和游戏[①]，因为原、被告双方都可以从公司获得部分诉讼成本。

第四，派生诉讼是骚扰性诉讼的重灾区。骚扰性诉讼在任何领域都存在，但是在派生诉讼中，骚扰性诉讼特别容易发生，所以也就特别多，这是由其中的利害关系决定的。由于被告害怕败诉，所以绝大多数派生诉讼以和解告终，而和解时被告多多少少会有所赔偿，至少也会支付原告的律师费。因此，即使是胜诉可能性不大的派生诉讼对原告律师来说也有其和解价值，也值得提起。反过来，在一些胜诉可能较大的案子中，原告律师也可以与被告串通和解，以较低的赔偿额换取较高的、由公司支付的律师费。作为派生诉讼的发动机，律师像警犬寻找罪犯一样寻找起诉目标。而释放律师赚取律师费的经济动力，一方面发挥了市场力量，加强了民间执法，弥补了政府执法的不足，为社会提供了有益的服务；另一方面也使骚扰性诉讼的数量激增，浪费了社会资源，影响了经济的发展。每一次派生诉讼，公司都会支付高额的成本。认识到这些问题，美国各州都对派生诉讼制定了特别的程序性限制，法院也对它进行监督，尽可能地从程序上将骚扰性诉讼过滤出去。尽管如此，骚扰性诉讼依然不可能杜绝。

以上这些问题长期以来使得立法者和法律界感到不安，围绕公司内部事务进行诉讼的社会成本有时候会超过它的益处，很多人对派生诉讼存在的必要性提出质疑，更多的人则认为派生诉讼是必要的。派生诉讼到底是塑造公司责任体系的有力武器还是骚扰以图利的工具，究竟利大于弊还是弊大于利，恐怕谁也说不清楚，因为没有办法量化。无论是它的优点还是缺点，都只能定性，不能定量。而不能量化就难以进行精确地比较。

关于派生诉讼合理性的讨论并不仅仅是一个学术问题，它更是一个现实的公共政策问题。在确定派生诉讼必要的前提下，如何使它发挥正面作用，减少其负面的副作用，就是制度设计的重点。从美国经验来看，大致从以下几个方面入手：（1）限制原告资格，

---

① 又称零和博弈，指参与博弈的各方，在竞争下，一方所赢正是另一方所输，而游戏的总成绩永远为零。因此，双方不存在合作的可能。

规定只有股东才能起诉，并对其持股状况规定具体条件；（2）设置诉前程序进行过滤；（3）对诉讼和解进行司法监督。

第三节　起诉资格

一、原告的代表能力

由于派生诉讼的原告具有股东代表的性质，美国《联邦民事诉讼规则》第23条和第23.1条在分别规定集体诉讼和派生诉讼时都要求原告能够公平、充分地代表处于相同地位的股东的利益。在审判实践中对于什么样的股东有能力充当代表曾经发生过争议。经典判例是1966年美国联邦最高法院判决的Surowitz v. Hilton Hotels Corp., 883 U.S. 363, 364, 86 S.Ct. 845, 846（1966）案。案中的原告朵拉·苏乐魏子女士是"一个波兰移民，懂得不多的英文，没有受过正规的教育。多年来，她一直在纽约做裁缝。通过勤俭节约，她积钱购买了数千美元的股票。她自己当然不会挑选股票，也不能确定它们的价值。她需要咨询和指点，所以很自然地找她的女婿欧文·布里伦特商量"。布里伦特是一名律师。苏乐魏子女士的股票是希尔顿宾馆公司发行的，令她感到不快的是这些股票持续跌价，公司不再分红，而她购买股票的目的就是要取得收益。经与布里伦特商量之后，她于1963年代表她本人和其他股东起诉公司经理层，指控他们"对公司实施了最糟糕的欺诈"。起诉状指责被告官员和董事通过两次以个人营利为目的的股份购买从公司欺诈了数百万美元，在公司急需资金做生意的时刻剥削了这些资金，违反了联邦证券法和特拉华公司法。

根据《联邦民事诉讼规则》第23.1条的规定，派生诉讼的起诉状由律师起草之后，必须经过股东原告的确认。[①] 被告在对苏乐魏子女士问话之后，认为她根本不理解诉状提出的各项指控，因而既无能力对诉状予以确认，也无能力代表与她处于相同地位的其他股东进行诉讼。事实上，诉讼是在原告律师调查摸到了公司内部人操纵价格、实施自我交易等证据之后才提起的。于是，被告请求法院驳回起诉。地区法院同意。苏乐魏子上诉。联邦第七上诉审法院维持原判，但遭联邦最高法院否决。

由布兰克大法官执笔的法院判词指出："派生诉讼对于保护公司股东不受内部人设计的、通过牺牲公司利益而中饱私囊的各种阴谋诡计的危害起到了十分重要的作用。我们很难想象还有谁比像苏乐魏子女士这样的小额投资者更需要针对这类阴谋诡计的保护。"参见 Id. at 371, 86 S.Ct. at 850。随后判决的一系列联邦和州的判例都认为只要原告在利益上与其所代表的集体不相冲突，并且有称职的律师代理，他就具有代表能力，可以进行派生诉讼。

30多年后，特拉华州衡平法院又碰到一个与苏乐魏子女士类似的案子。很自然，法院的判决也一样，而且还引用了苏乐魏子案。

---

① 签名并表示愿意承担法律责任。

【案例 17-3】

有关富卡工业公司的股东诉讼 ①

首席衡平法官羌德勒。

我要回答的问题是要不要取消一个不了解案件基本事实、对诉讼又没有任何控制力的派生原告的资格。

第一个派生原告艾博伦斯（Abrams）夫人已经持有富卡股份 30 余年。持有的数量最多时为 12 008 股，现在还有 8 000 股。购买富卡股份的决定，像大多数艾博伦斯的投资决定一样（包括提起本次诉讼的决定）都是与她的丈夫波屯·艾博伦斯共同做出的。她的丈夫是一个已经退休的诉讼律师。

在长期的诉讼过程中，艾博伦斯夫人生病了。她承认，她的记忆力和各种能力因此而受损。在 1998 年的一次问话中发现，艾博伦斯夫人对于以她名义进行的这场官司的案情事实和诉状所称都不理解。虽然有时候她似乎一般地懂得她的诉求，但是她一点也说不具体，而且对于基本的案情事实她显然很糊涂。

阿伦·弗莱伯格（Alan Freberg），本案第二个派生原告，于 1989 年购买了 25 股富卡股份。1991 年，可能认定富卡的董事和恰屯 ② 实施了自我交易，弗莱伯格请律师登记了第一份起诉状。弗莱伯格的问话证词证明他对案子的了解最多也是残缺不全的。被告辩说他在接受问话之前曾"强化"听课。听课之前他对案情一无所知，对第三份修改后的起诉状甚至没有参与。被告还极为轻蔑地指出，弗莱伯格对其他六场还是七场以他为原告并且正在进行的官司都不知情。被告请求的潜台词就是由于弗莱伯格与本案没有真正的经济利益，所以他才不知情。在被告看来，弗莱伯格只是他那位渴望收费的律师的木偶。

衡平法院的以往判例都认为，作为代表的原告不会因为不熟悉法律和金融或者健康不佳而被拒之法院的大门之外，只要他有称职的律师和顾问的支持并且没有利害冲突就行。这个结论公正而合理。

被告对艾博伦斯和弗莱伯格代表能力的质疑发人深思。律师通过木偶原告起诉，真正的利害关系方是为了收费的律师自己——派生诉讼的被告经常这样指责。无疑，有时候这些指责听起来是真实的。

然而，律师在提起派生诉讼时追求自身利益的事实不能作为取消派生原告资格的理由，因为那会毁坏公司管理的健康基石。我们的法律制度通过允许私人律师代理名义股东原告起诉，已经将信托义务的部分执法功能私有化。这样做能使公司免受违反信托义务的侵害，股东受益。通过成本和费用的转嫁，私人律师有了为股东提供这项服务的经济动力。

当然，律师的经济动机有可能影响救济手段或诉讼行为。不过，这样的影响在民间执法中天然存在，并不必然抵消其对受托人行为有力而良好的影响。

---

① In Re Fuqua Industries, Inc., Shareholder Litigation, 752 A.2d 126（Del. Ch. 1999）.

② 恰屯应该是与富卡工业公司关系密切的关联公司。

不过，在有些情况下，律师在追求自身利益的时候，可能篡夺原告的地位，完全为其个人利益利用司法制度。这种极端情形需要法院自由裁量，以限制民间自治和执法中的代理成本。这些成本不该由社会、被告公司、董事或者法院承担。

我不能说本案中的艾博伦斯和弗莱伯格没有代表能力。与被告所说相反，弗莱伯格事实上懂得以他名义提出的派生诉求的基本性质，尽管比较勉强。由于被告既不能举证证明弗莱伯格的利益与他所代表的利益对立，也不能证明原告律师不称职或经验不足，我认定弗莱伯格符合第 23.1 条规则规定的最低代表能力要求。有趣的是，被告的辩护词用了很大一部分来说明弗莱伯格对其他几场他也在其中充当原告代表的官司的无知。可是无论好坏，一个人在其有生之年能打几场官司是没有限制的。所以，光凭这一事实不足以剥夺弗莱伯格的派生诉讼资格。

像苏乐魏子女士有她女婿帮助一样，艾博伦斯太太在她丈夫的帮助下发现她受了损害并且打起了这场官司。尽管苏乐魏子案中的被告表明了苏乐魏子女士不"懂"她的诉状也不对诉讼的进行作任何决定，最高院全体一致决定对她的案子不予撤销，也没有将她作为一个无代表能力的原告剥夺诉讼资格。在这里我不想做得不同。

30 年来艾博伦斯都持有相当数量的富卡股份。她和她丈夫对富卡的经营管理不满，艾博伦斯先生写信给富卡董事会，请求采取某些措施来提高公司股份的价格。但公司对他的信置之不理。因为觉得自己受到了法律承认的损害，艾博伦斯先生和太太才雇律师请求损害赔偿。像其他客户一样，他们信任他们的律师。

我们的法律制度认识到律师在代表客户诉讼时起着决定性的作用。一个认真负责的律师应该站在诉讼的前沿发挥领头作用。在那些涉及公司管理和信托义务等抽象问题的案子中，这一格言特别适用。

我驳回被告提出的在本案中取消弗吉尼亚·艾博伦斯和阿伦·弗莱伯格的原告代表资格的请求。

二、股东与债权人

一般地，只有股东才能提起派生诉讼。[①] 因为股东是公司的所有人，公司遭受损害，直接损害了股东的利益，所以股东最有动力向侵权人索偿。如果胜诉，公司获得赔偿，股东是最大的受益者。不过，这个解释是理论性的，并不符合实际情形。如前所述，在上市公司中，尽管全体股东的利益很大，单个股东的利益并不大，因为他的持股份额太小。所以具体到每个股东，他代表公司向侵权人索偿的动力并不大。派生诉讼最大的受益者是律师，股东只是名义上的原告，诉讼实际上都由律师主导。法律之所以允许律师在经济利益的推动下发动派生诉讼，主要出于政策性考虑——利用市场力量来遏制违法行为。民间执法往往比政府执法更加有效。

债权人无权提起派生诉讼。理由如下：首先，他们不是公司的所有者。其次，债权

---

① 纽约州商事《公司法》第 720 条规定：公司的董事或者官员可以提起派生诉讼状告另一个董事或官员，不受派生诉讼特有的程序性障碍的限制。也就是说，公司董事或官员可以像直接诉讼那样提起针对别的董事或官员的派生诉讼。

人比股东更害怕风险[①]，所以对经理层实施的有些在股东看来是可以接受的、有益的商事冒险行为，债权人也会质疑。这样会束缚董事会的主动性和冒险精神，不利于社会经济的发展。最后，债权人可以通过合同谈判保护自己的投资，因而不需要派生诉讼的进一步保护。只有当公司资不抵债，或者董事试图欺诈债权人时，才能允许债权人提起派生诉讼，如弗兰西斯诉联合泽西银行[②]。

可是，也有评论家质疑债权人不得提起派生诉讼的传统规则。他们认为虽然大的债权人可以通过合同谈判保护自己，小额债权人（包括公众债券持有人）没有这个能力。由于债券合同变得越来越格式化，即使持有较多债券的大的债权人也越来越难以保护自己。在公司兼并高潮中，为了防御兼并，公司往往大量举债，发行高息低级债券，变动原先的债股比例，从而增加了因资不抵债而破产的可能。这类债券的合同中对债权人的保护条款很少。这些低级债券与股票十分相似，加上可转换因素，债券与股票的区别变得越来越模糊。二者的区别其实不在于对公司的所有权，而在于给公司提供资本时承担风险的多少。因此，他们认为当股东缺乏派生诉讼的动力或者当需要对债权人提供进一步的保护时，应当允许债权人提起派生诉讼。

从法律政策上考虑，是否允许债权人派生诉讼取决于派生诉讼的目的。债权人适合于充当公司经理层的监督者。由于股东的派生诉讼的动力实际上都来自他们的律师赚律师费的动机，允许债权人派生诉讼也不见得就会增加多少骚扰性诉讼。可是在另一个方面，债权人的出发点确实与股东有很大的不同，他们主要着眼于债权的安全。派生诉讼大都以信托义务为依据，如果规定董事和高管也对债权人负有信托义务，诉讼数量的增加将使经理层的商事冒险精神受到极大的抑制。所以在美国，包括美国法学会在内的大多数权威机构和个人还是不赞成债权人有派生诉讼权。

有限责任公司一般都备有股东名册，所以股东身份不难确定。但是上市公司的公众股东处于不断的变化中，他们的股份都挂在券商的名下，实际股东和名义股东不一致。到底是登记在册的券商有权起诉还是实际投资的股东有权起诉？从理论上说，两者都有派生诉讼的权利。美国大多数州也规定二者皆可；但是个别比较老派的州规定只有登记在册的股东（也即券商）才可以起诉。

假如股东 A 持有 B 公司的股份，B 公司又持有一大块 C 公司的股份。C 公司的董事和高管损害了 C 公司的利益，股东 A 能否提起派生诉讼？ B 公司作为 C 公司的股东无疑有权提起。但是如果 A 也能提起，那是双重派生。由此推理，还可以三重派生、四重派生等。在 Kaufman v. Wolfson, 132 F.Supp. 733（S.D.N.Y. 1956）一案中，原告持有 S 公司的股份，S 公司持有 D 公司的股份。D 公司内发生的事情无疑会影响原告在 S 公司中的利益。法院允许原告起诉，理由是遭受损害的 D 公司和有权起诉的 S 公司都在加害人的控制之下。[③] Brown v. Tenney, 532 N.E.2d 230（Ill. 1988）的案情和判决与此类似，只是 S 公司全资拥有 D 公司，母子公司也都处于被告的控制之下。美国法学会从众多

---

① 这个一般性的结论来自常识：股份投资的风险大于债权投资。
② Francis v. United Jersey Bank, 87 N.J. 15, 432 A.2d 814（1981）. 见第十四章第二节。
③ United States Lines v. United States Lines Co., 96 F.2d 148（2d Cir. 1938）.

判例中总结，建议允许双重派生的条件是母公司至少在事实上对子公司控股，例如，股东甲持有乙公司的股份，但是没有丙公司的股份；乙对丙公司控股；那么，当丙公司遭受损害时，甲就可以对丙公司的加害人提起派生诉讼。[①]

股东当然不光指普通股股东，也包括优先股股东。可是，可转换债券的持有人算不算？美国普通法上对此意见不一致，有的认为虽然可以转换，但是还没有转换就不算，只有在违法行为发生时已经转换的才算；[②] 有的认为算，因为1934年证券交易法在定义股权证券时包括了可转换债券。[③] 美国法学会的意见是算，因为当行为损害了基础证券的价值时，它也损害了可转换债券持有人的利益。[④]

三、持股数量和费用保证金

美国大多数州对股东的持股数量不作要求，再小的股东也有资格起诉。但是为了威慑骚扰性诉讼，将它们吓回去，有14个州[⑤]的公司法要求派生诉讼的原告持股达到一定的比例或者数额。如果原告持股低于规定的比例或数额，需要就公司和其他被告可能发生的合理费用，包括律师费，向公司提交费用保证金。[⑥] 例如，纽约规定持股5%或者5万美元、威斯康星要求持股3%、新泽西为2.5万美元；有的州规定只有当法院认定诉讼理由不足或者显然没有内容时，原告才需要交纳押金，如加州和德州；特拉华和美国商事公司法范本[⑦]都不要求持股达到一定的比例或数额，也不需要交纳保证金。

凡是需要交保证金的原告，大多以担保合同的方式从担保公司取得对诉讼费用的担保，极少数交纳现金或者流通证券。担保的数额取决于对公司费用的估计。因为它们不但包括公司的直接费用，而且包括公司可能因为报销或其他原因最终支付的其他被告的费用，对一个大公司来说，很容易证明费用可达几十万美元。要求提供这么大的担保对于成功地进行派生诉讼显然是一个大障碍。

费用担保法一般不规定什么时候公司可以从担保中获得报销，只规定"公司可以按有管辖权的法院在诉讼结束时所决定的数额从担保中获偿"。美国商事公司法范本1969年版第49条就是这样规定的，为很多州引用。所以该法的第二个作用是创设了一项被告从原告报销的权利，这是前所未有的。结果，原告输了官司之后就等于支付了两边的诉讼费用。

---

① 见 ALI Principles 第 7.02 条评论 f。

② Harff v. Kerkorian, 324 A.2d 215（Del. Ch. 1974）。

③ Hoff v. Sprayregan, 52 F.R.D. 243（S.D.N.Y. 1971）。比较我国《证券法》第16条第3款：发行可转换债券，发行人除了符合法律规定的发行债券的条件之外，还必须符合发行股票的条件。

④ ALI, Principles of Coporate Governance, Tent. Draft No. 15.

⑤ 一说19个，见 Robert W. Hamilton, The Law of Corporations, West Nutshell Series, 4th ed., at 469. West Publishing Co., 1996. 实际情况可能也在不断地变动中。

⑥ 这个问题在实践中引发了不少讼争。一个问题是一旦原告的股份价值在诉讼期间下跌，低于法定限额时，是否需要补足。另一个问题是原告在诉因发生之后为了避免费用担保的要求能否购买更多的股份。一般的答案是对前者否定，对后者肯定。

⑦ 1969年版要求过，持股须达1%或2.5万美元，否则要交保证金。但是1984年修改时删除了，因为人们越来越怀疑保证金的有效性和公平性。

由于原告在派生诉讼中没有直接的经济利益，交保证金会使他的诉讼费用和风险大大增加。所以，一旦法院裁定费用担保法适用，原告大都放弃诉讼。[①] 而设置保证金的目的正是将一些无理诉讼吓回去。这一政策性考虑在杰克森大法官执笔的 Cohen v. Beneficial Industrial Loan Corp., 337 U.S. 541, 69 S. Ct. 1221（1949）案的判词中说得很清楚：

不幸的是，股东派生诉讼的纠正办法自身却提供了钻空子的机会，这一点不容忽视。有些诉讼的提起根本不是为了纠正真正的侵权，而是为了实现骚扰价值。它们都通过秘密和解被买出来，起诉的股东从公司资产中得到支付和安抚，而全体股东所受的损害却进一步加重。专业俚语将这些诉讼形象地称为"讹诈性诉讼"。据说这些诉讼大多是由不负责任的小股东而非大股东提起的，因为前者投资少、风险小，而且经理层更愿意也更容易牺牲小股东利益而非大股东利益。

该案中原告从宪法的高度质疑规定了保证金的成文法，认为这样的规定违宪。联邦最高法院判该法合宪，还根据伊利原则[②]判该法适用于异籍管辖的案子。不过，费用保证金在威慑无理诉讼的同时也威慑了有理诉讼。

纽约州是在 1944 年修改法律增添保证金要求的。当时纽约商会公布了一份《沃德报告》，列出了普遍存在而又经常受到指责的现象：

a. 大多数派生诉讼的原告都持有极少的股份，因而在胜诉之后的赔偿额中的利益也很小。他们的诉讼和调查工作不大可能以自己的利益为基础。唯一有较大切身利益的是律师。

b. 根据纽约当时的规定，原告可以临时购买股份，取得诉讼资格。所以有的原告在诉讼之前那一刻才购买股份，唯一的目的就是为自己或者律师取得起诉资格。

c. 诉讼的大部分工作都控制在几个律师手里，可以认为是律师提起了诉讼。

d. 普遍的做法是允许将诉讼作为原、被告个人和律师之间的私事来处理，不太考虑公司和其他股东的利益。

e. 在每一个涉及大公司的诉讼中，一场诉讼往往会引来一大堆类似的诉讼。而引起诉讼的往往不是名义上的原告，而是律师。

正是在该报告的基础上，纽约州增加了保证金的要求以抑制派生诉讼。

不少评论家指责保证金要求过分："如果立法机构真的担忧股东诉讼的'滥用'，讹诈性的秘密和解，纠正的办法很简明：禁止秘密和解。"[③]

[①] 请回忆上册第十一章第二节引用的包洛克一案，J.I. Case Co. v. Borak, 377 U.S. 426, 84 S.Ct. 1555, 12 L.Ed.2d 423（1964），就是因为交不起费用保证金而几经周折的。

[②] 1938 年判决的伊利铁路案是美国联邦宪法和民事诉讼法中的一块里程碑。该案判决联邦法院在异籍管辖案子中必须适用法院所在州的州法，而不得为了联邦法制的统一而另搞一套联邦普通法，从而推翻了自 1842 年斯托夫特案判决以来已经积累了近一百年的联邦普通法。伊利铁路案今天依然是有效的法律。

[③] Hornstein, New Aspects of Shareholders' Derivative Suits, 47 Colum. L. Rev. 1, 3（1947）.

不过，要求保证金的后果没有像人们想象的那么严重，原因之一是当原告面临保证金要求时，往往索要股东名单，征集共同原告，以便持股总数能够达到法律要求的最低比例或数额。公司经理层作为被告很害怕给全体股东寄送这样的信：使用生动形象的语言，将他们的所谓不法行为公之于众。对于上市公司来说，此信还要放在投票代理权的征集书中一起寄送，将所称的不法行为进一步公开。所以，精明的被告想到这点就不会请求原告提交押金。

四、同时所有权

所谓同时所有权，是指原告在侵权行为发生时必须持有公司股份或者事后从这样的人手里继承① 了股份。这是为了确保代表公司起诉的原告自己遭受了某种形式的经济损失。如果没有这样的要求，事后购买股份的人所支付的价格中已经包含了侵权所造成的损害，一旦胜诉，他会从公司获得的赔偿中间接地受益，而这属于发横财。下面的帮高潘特案集中反映了这种担忧。

【案例 17-4】
帮高潘特公司上诉帮高与阿鲁斯图克铁路公司②

帕沃尔大法官先生传达法院的判词。

本案是一家缅因州铁路公司状告其先前的所有者违反联邦反垄断法、证券法、相关的州成文法和普通法规则，请求损害赔偿。起诉状声称这些先前的所有者在其控制公司期间实施了各种浪费公司资产及管理不善的行为。在这些行为发生之后很久，该铁路公司现在的控股股东从原先的所有者手中购买了多于99%的股份。我们必须决定在联邦和州法之下的衡平法则是否不允许铁路公司在这些情况下取得赔偿。

I

被申请人帮高与阿鲁斯图克铁路公司（以下简称帮阿铁路）是缅因州公司，在该州北部经营铁路。被申请人帮高投资公司（以下简称帮投）是帮阿铁路的全资子公司，也在缅因注册。申请人帮高潘特公司（以下简称帮潘）在特拉华州注册，是一家投资于多个领域的投资公司。申请人帮高潘特运行公司（以下简称帮潘运行）在纽约注册，是帮潘的全资子公司。

1964 年 10 月 13 日，帮潘通过其子公司帮潘运行，取得了帮阿铁路 98.3% 的已发行股份，具体方式是由帮潘运行购买帮高与阿鲁斯图克公司（以下简称帮阿）的全部资产。帮阿 1960 年在缅因注册，是帮阿铁路的持股公司。从 1964—1969 年，帮潘通过其持有的 98.3% 已发行股份控制并指挥着帮阿铁路。1969 年 10 月 2 日，帮潘通过其子公司将其股份以 500 万美元的价格卖给了阿冒斯基克公司（以下简称阿冒斯基克），一家特拉华州的投资公司。阿冒斯基克接过了对帮阿铁路的经营管理，之后又购买了更多的股份，

---

① 指股权依法自动转移，包括离婚判决，但是购买不算。
② Bangor Punta Operations, Inc. v. Bangor & Aroostook Railroad Co., 417 U.S. 703, 94 S. Ct. 2575（1974）.

使其持股总额超过了 99%。

1971 年，帮阿铁路和它的子公司在联邦缅因区地区法院对帮潘和它的子公司提起了本次诉讼。起诉状罗列了 13 条指控，声称从 1960—1967 年，在帮阿而后帮潘控制帮阿铁路期间，它们实施了一系列管理不善及侵吞和浪费公司资产的行为，违反了联邦和州的法律，请求赔偿 700 万美元。

地区法院同意申请人不审而判的请求，驳回了起诉。353 F. Supp. 724（1972）。该院注意到虽然本案声称是以公司名义提起的直接诉讼，真正的利害关系人，也即潜在赔偿金的受益人是阿冒斯基克，帮阿铁路 99% 以上已发行股份现在的所有者。法院然后指出阿冒斯基克所持有的全部帮阿铁路股份都是在所谓的违法行为发生以后很久才购买的；阿冒斯基克没有说它买得不值，或者购买受到欺诈或欺瞒的影响。因此，阿冒斯基克获得的任何赔偿都是发横财，因为它没有受到任何损害。由此，法院讨论了以联邦法为基础的诉求，认为阿冒斯基克不能进行派生诉讼，因为它没有满足联邦民事诉讼规则第 23.1（1）条要求的"同时所有权"。①

合众国第一巡回法院否决。482 F.2d 865（1973）。

申请人请求颁发调卷令，我们同意。414 U.S. 1127, 94 S. Ct. 863（1974）。我们决定改判。

II

我们首先考虑根据克雷顿法第 10 条、证券交易法第 10（b）条和第 10b-5 条规则被申请人公司能否提起本次诉讼。这个问题的解答取决于既定的衡平法则的适用：如果一个股东的前手参与了所称的违法交易或者对之表示默认，该股东便不得就该违法交易对公司提起诉讼。当股东以公平的价格向卖方购买了一个公司的全部或者几乎全部股份而后让公司向该卖方因其之前的管理不善而请求赔偿的时候，引用这条规则特别有力。罗斯科·庞德主任（当时是证交委委员）很久以前在居家火灾保险公司诉巴伯 Home Fire Insurance Co. v. Barber, [67 Neb. 644, 93 N.W. 1024（1903）]（以下简称《居家火险》）一案中详细解释了衡平考量不允许请求赔偿。庞德主任在替内布拉斯最高法院写的判词中说原告公司的股东在该案中没有受到损害，因为他们是在争议交易发生之后向所谓的违法者购买股份且已经获得了所付价格的充足价值。这样，他们获得的任何赔偿都是发横财，因为它将使他们取得无权得到的资金。并且，这将使他们要回他们同意支付的股份价格的很大一部分，尽管他们已经得到了他们期望得到的全部价值。最后，这样做会让股东从加给别人的损害中盈利，这会鼓励这类投机性诉讼。庞德主任说这些结果使任何赔偿都极不公平，所以必须驳回起诉。

《居家火险》原则背后的理由与本案特别契合。正如地区法院所指出的，阿冒斯基克，帮阿铁路 99% 以上股份现在的所有者，将是帮阿铁路所获的任何赔偿金的主要受益人。然而阿冒斯基克在 1969 年才从申请人帮潘处购买帮阿铁路 98.3% 的已发行股份，所称的违法行为已经发生很久了。阿冒斯基克没有说购买受到欺诈或欺瞒的影响或者它买

---

① 规则第 23.1（1）条罗列了股东派生诉讼的条件，规定起诉状必须写明"原告在涉案交易发生时是股东或成员……"这条规定一般叫作"同时所有权"要求。原注第 3。

得不值。事实上，它也没有说它遭受了任何损害。所称先前的管理不善行为好像也没有对涉案公司或者它们的股份价值产生持续的影响。然而，通过以被申请人公司的名义进行诉讼，阿冒斯基克试图间接地获得它为取得股份所支付的 500 万美元，外加 200 万美元。这些都将采取赔偿金的形式，因为申请人帮潘被指在其持有帮阿铁路 98.3% 股份期间加害给了被申请人公司而非阿冒斯基克。换句话说，阿冒斯基克试图因帮潘作为铁路的所有者自己害自己的行为而请求赔偿。在其发此横财的同时，阿冒斯基克也想保留所有的帮阿铁路股份。根据《居家火险》，阿冒斯基克在衡平法上显然没有提起本次诉讼的资格。①

可是，我们还面对这样的争辩：本诉讼是以被申请人公司的名义提起的，所以我们不应该在公司实体背后寻找诉求的真实内容和实际受益人。已有的法律与此相反。虽然公司与其股东在大多数情况下被认为是不同的实体，当公司实体被用来挫败压倒一切的公共政策时，为了维护正义，我们可以无视公司形式。在这样的案子中，衡平法院会透过所有的虚构和掩饰，讨论诉讼的实质内容，而不盲目地坚守公司形式。当衡平法不许股东就自己的权利起诉时，公司也不得起诉。因此，阿冒斯基克，潜在赔偿金的主要受益人，自己不得状告申请人的所谓违法行为，也不能通过它控制的被申请人公司在程序的掩盖下规避衡平法的指令。

III

上诉法院得出了相反的结论，说是他们不认为阿冒斯基克是帮阿铁路所获赔偿的"唯一受益人"。482 F.2d at 868。该院指出，考虑到铁路是"半公益"公司以及它所提供的服务的性质，公众在其财务健康中拥有可见的利益。因此，帮阿铁路所获的任何赔偿都将通过改善帮阿铁路的经济地位和服务质量造福于公众。该院认为这个因素使阿冒斯基克所发的任何横财都显得无关紧要。

首先，我们要指出上诉法院假定任何赔偿都必然造福公众是没有道理的。正如该院明确承认的，帮阿铁路获得的任何赔偿都能被转给股东，主要是阿冒斯基克，而不是为了公众利益重新投资在铁路上。这是不可避免的。即使按照申请人的建议由地区法院对帮阿铁路所获赔偿的用途进行限制，也无济于事。因为无论是联邦和州法都不支持这样做。帮阿铁路有权按照自己的意愿分配它合法取得的赔偿金，即使分配的结果仅仅使个人受益。总之，我们无法保障公众能够从这些赔偿金中取得任何好处。

上诉法院的立场也忽略了以下事实：阿冒斯基克，通过其拥有帮阿铁路 99% 以上的股份而成为任何赔偿的实际受益人，将在没有遭受损害的情况下不公平受益。它是在所称违法行为发生之后才从帮潘处取得帮阿铁路的几乎所有股份的，并没有否认它得到了买价的充分价值。没有人说交易中存在任何欺诈或欺瞒。《居家火险》中的衡平法则

---

① 反对意见虽然承认阿冒斯基克取得赔偿是不公平的，但是却认为本诉讼应该进行，因为另外还有 20 位少数派股东持有不到 1% 的股份。他们不但在起诉状所指的交易发生期间（1960—1967 年）持有股份，而且在起诉状登记的 1971 年还持有股份。反对意见认为这些少数派股东的存在使帮阿铁路从而阿冒斯基克有权取得所称的全部 700 万美元的损害赔偿。

对派的立场除了不合逻辑之外，还与先例不符。《居家火险》原则长期以来都不允许公司取得全额赔偿，纵然有无辜的少数派股东在违法行为发生之前就取得了股份。反对派也错误地理解了本案的事实，因为被请求人公司提起本次诉讼不是为了少数派股东的利益。原注第 8。

不允许阿冒斯基克以全部购买价格外加 200 万美元充入其谈判所得的价值来发横财。那会使阿冒斯基克以 500 万美元换取价值 1 200 万美元的铁路。无论是联邦反托拉斯法、证券法还是可适用的州法都没有让阿冒斯基克在这些情形下取得赔偿的意思。

上诉法院还说重要的是申请人的违法行为不能总免受追责，帮阿铁路获得赔偿金可以提供对铁路经营不善的威慑。我们认为这种说法过头了。如果威慑是唯一的目的，那么任何原告只要愿意起诉都可以起诉，不需要声称他遭受了损害、被告违反了对他的义务。唯一的条件是原告同意接受赔偿金以防违法者逃之夭夭。我们不知道有任何的法律会支持如此新奇的结果，因此我们不予采纳。

所以我们的结论是被申请人公司不得进行本次诉讼。① 否决上诉法院的判决。

此令。

米歇尔大法官先生反对，道格拉斯大法官先生、布莱恁大法官先生、怀特大法官先生参与。

我不能同意。在读了多数派所依据的先例之后，我怀着敬意指出它们不但不能支持，而且在直接反驳今天的判决。虽然声称依据既定的衡平法则，法院令人悲哀地错认了本案的事实和衡平法院的固有权力。我认为从本案事实看，阿冒斯基克发横财即使可能，也非必然。但是即使被申请人取得赔偿金事实上使阿冒斯基克发了横财，本院也忽略了铁路债权人的利益和公众在全国铁路的经济健康中的利益。铁路经营不善的情况很严重，本院却忽略了法院可以对公司赔偿金加上条件以确保这些利益得到保护的权力。本院这个判决也与它之前的判例不符，因为那些判例确立的规则是：一旦衡平辩护通过民间的赔偿诉讼妨碍了联邦反垄断法政策的实施就要限制其适用。

虽然先有帮潘后有阿冒斯基克持有被申请人铁路公司的大多数股份，案卷显示其他还有许多少数派股东在起诉状所指交易发生的 1960—1967 年期间持有帮阿铁路的股份，而且在本诉讼登记的 1971 年也还继续持有这些股份。他们中的任何人都有权在 1960—1967 年期间及以后代表公司对多数派股东侵吞公司资产的行为提起派生诉讼。

首先，铁路所获的任何赔偿是否在事实上会成为现多数派股东阿冒斯基克的横财这一点从案卷看并不清楚。

······

不过我们可以假定多数派是对的，阿冒斯基克在本案中必定会发点横财。但是这也仅仅是衡平法院应该考虑的诸多因素之一。要阻止这场诉讼，法院需要弄清刺穿公司面纱是否最有利于公共利益。防止发横财无疑是衡平法院应该考虑的一个重要因素。但是在本案中，它显然不如其他因素重要。这些因素要求保护铁路公司状告那些曾经侵吞它资产的人，而这些因素同样值得衡平法院重视。例如，衡平法应当考虑铁路与其债权人的关系。帮阿

---

① 我们的判决是建立在帮阿铁路 99% 以上的现股东阿冒斯基克不得获取赔偿金的衡平原则之上的。案卷没有显示剩余的 1% 帮阿铁路少数派股东是否与阿冒斯基克采取同样的立场。有些法院在有少数派股东的场合采取按比例赔偿的办法。根据这样的程序，即使诉讼是以公司名义提起的，赔偿金也按比例分配给少数派股东个人。在本案中，被请求人明确否认那 1% 的帮阿铁路少数派股东有取得其比例赔偿金的意图。所以我们就不讨论这样的赔偿是否恰当。原注第 15。

铁路现有债务大约 2 300 万美元，几乎占总资产的 90%。如果诉状所称属实，申请人对公司资产的侵吞和剥夺已经将公司推到了破产的边缘，严重损害了债权人的利益。

公司，作为一个独立于其股东的实体，需要确保自己能够履行对债权人的义务，在这个问题上有其自身的利益。假如它不能自由地起诉那些侵吞它资产的人，它又怎么能够履行这些义务呢？我担心法院今天的判决将会诱使更多的人滥用公司形式，允许一个大股东利用公司形式的保护给公司放血，损害债权人的利益，然后逃之夭夭，即允许他卖掉公司从而对其侵权行为不再负责，而这正是衡平法院长期以来尽力防止的。

更为重要的是，衡平法应当考虑诉讼中的公共利益。

铁路经营的好坏对于社会公众的意义在这段时期中已经不言而喻。我国已有多条铁路陷入财务困境，有些最重要的线路被迫进入重组程序。事实上，国会认为东北地区可能发生大规模的铁路破产，已经造成全国性的紧急状况，为此专门通过了《1973 年地区铁路重组法》。根据该法，联邦政府首次承诺将长期使用税收收入来保证全国的铁路畅通运行。

可是法院对这一公共利益置之不理。虽然认识到被申请人的诉状主要依据以保护公共利益为目的的联邦反托拉斯法和证券法，虽然承认申请人公司是成文法指定的原告，但是法院依然判这些原告不得起诉，因为阿冒斯基克从获赔中受益将违反已有的衡平法则。我无法同意，因为衡平法院应当郑重考虑公共利益和立法目的。如同本院经常说的，只要重大的公众利益需要或者"不这样做就会影响公权或者私权的保护或实现"，衡平法就应当刺穿公司面纱。因为不承认铁路自身拥有提起本次诉讼的权利，所以本案的判决损害了公共利益。

请注意，本案不是派生诉讼，而是直接诉讼，因为不是由股东提起，而是由公司自己提起的，是帮阿铁路在状告帮潘和帮潘运行，称被告在经营管理帮阿铁路期间违反义务，损害了公司利益，请求赔偿 700 万美元。如果是帮阿铁路的某个股东代表帮阿铁路提起这一诉讼，那就是派生诉讼。帮阿铁路现在的大股东是阿冒斯基克。犹如地区法院注意到的，阿冒斯基克不能提起派生诉讼，因为该公司的股份是从被告手中买来的，在所称侵权发生时它还不是帮阿铁路的股东，不符合同时所有权的要求。但是直接诉讼没有同时所有权的要求，所以阿冒斯基克就指使帮阿铁路起诉，一旦获得巨额赔偿，最大的受益者当然是阿冒斯基克这个 99% 大股东，这就规避了同时所有权的要求。

阿冒斯基克以 500 万美元的公平市场价格向被告购买了帮阿铁路 98.3% 的控股板块，通过进一步的市场购买现在已经成为 99% 的控股股东，如果再让被告赔偿 700 万美元，阿冒斯基克是这 700 万美元的主要受益人，那就等于用 500 万美元换取了价值 1 200 万美元的东西，发了差不多 700 万美元的横财，这是绝对不能许可的。所以，美国联邦最高法院以 5：4 赞同地区法院的判决（否决了联邦第一上诉审法院的意见），驳回了原告的起诉。①

从不许发横财这个基本道理出发，加利福尼亚等州放宽了对同时所有权的要求，

① 反对派意见也很有道理，而且写得精彩、雄辩。不过，由于其内容与这里讨论的同时所有权无关，所以权且当作额外的阅读材料。

认为只要在原告购买股份时侵权行为还没有披露，因而购买价格没有反映侵权造成的损害，就可以进行派生诉讼，尽管股份是在侵权发生之后才买的。这样的论证尤其适合于上市公司，它们的股份在证券市场上公开交易，如果侵权行为还没有披露，其价格就不会包含该行为造成的损害，允许人们在侵权之后披露之前提起派生诉讼不会产生发横财的问题。[①]

有的法院在实际审判中走得比这更远，认为只要侵权行为对公司从而对公司股份价值的影响继续存在，股东就可以提起派生诉讼。在 Forbes v. Wells Beach Casino, Inc., 307 A.2d 210（Me. 1973）一案中，原告投标购买公司财产不中，但是他认为被告的出价比他低却中了，其中有猫腻，由于被告现在仍然持有该财产，他便购买了公司股份提起派生诉讼，声称公司因此而遭受了损失（他的出价高出被告出价的部分），法院认为原告购买股份虽然在侵权交易发生之后，但是在被告继续持有该财产期间，并且现在还是股东，所以可以提起派生诉讼。同理，在 Palmer v. Morris, 316 F.2d 649（5th Cir. 1963）一案中，原告认为公司因签订某个合同遭受了损失，于是特地购买了公司股份以提起派生诉讼。法院允许，因为按合同规定，公司仍然在不断地支付，原告质疑的不是合同的签订，而是现在的支付。[②] 但是所谓影响继续的标准经常是模糊不清的，很难掌握，所以有的法院不予采纳，例如，在 Nickson v. Filtrol Corp., 262 A.2d 267（Del. Ch. 1970）一案中，经理层让公司购买了一些债券，之后原告购买了公司股份，声称债券的买价对公司不公平，现在公司继续持有这些债券，所以侵权的影响继续存在。法院驳回了起诉，认为所称侵权因而可以起诉的是债券的购买，而非债券的继续持有；如果继续持有也可诉，那么对起诉资格的同时所有权要求将被架空。

五、持续持有

持续持有是代表资格的一个方面。

美国许多州都不但要求原告在侵权行为发生时持有股份（同时所有权）直到诉讼开始时，而且要求原告在诉讼开始以后的整个诉讼期间继续持有股份或者拥有在股份中的利益，直到诉讼结束为止。有的州通过成文法明文规定，有的州没有这样的规定，但是却隐含了这样的要求。从联邦民事诉讼法第 23.1 条中，法院也可以推论出持续持有的要求。该条要求原告公平、充分地代表其他处于相同地位的股东的利益。如果原告在诉讼期间卖掉了股份，那他就处于与其他股东不同的地位了，当然就不能充分代表他们的利益。而且，如果原告卖掉了他的股份，他在公司最终获得的赔偿中没有利益，他就很容易和他的律师串通一气，以低价和解，只要保住律师费就行，不会全力以赴地为公司

[①] 不过，多数州不允许像加州这样做。这说明防止发横财不是主要原因，更多的恐怕是为了防止购买诉讼，出于对派生诉讼的不信任。

[②] 加利福尼亚州公司法典第 800（b）（1）条采纳了本案的判决逻辑，规定只要在诉由发生期间持有股份就满足同时所有权要求。该条还规定，对于满足一定条件的派生诉讼，法院可以免去同时所有权的要求。这些条件包括胜诉可能较大、别人不大可能提起同一诉讼。此外，联邦 1934 年证券交易法第 16（b）条（类似我国证券法第 47 条）规定的法定内部人短线交易，任何股东都可以起诉，不受同时所有权的约束。

的利益进行诉讼。可见，要求原告持续持有股份，确保他在诉讼结果中有利益，是为了使原告有足够的诉讼动力。

持续利益的问题尤其发生在公司合并中。当合并已经完成，股东试图状告公司的董事和高管侵犯公司权利时，一般的规则是：被并公司已经不存在了，股东在该公司中的利益也随之消灭，因而对在合并前发生的针对公司的侵权行为没有起诉资格；存续公司的股东又不符合同时所有权的要求，所以没有股东能够提起派生诉讼。被并公司的诉权已经并入存续公司，所以只有存续公司才有权起诉。[①] Overberger v. BT Financial Corp., 106 F.R.D. 438（W. D. Pa. 1985）一案就碰到了这个问题。被合并公司是家银行。合并前夕公司董事会临时设定了一个金色降落伞，使各位董事临走时可以拿走一大笔钱。股东认为这是公司资产的浪费，提起派生诉讼。因为无论是银行原先的股东（已无持续利益）还是存续公司的股东（没有同时所有权）都没有起诉资格，所以宾州法院允许存续公司自己起诉。

但是如果合并本身就是诉争的焦点，或者原先股东的股权并没有被合并消灭，而是通过重组继续存在于存续公司中，则股东依然可以起诉。此外，如果股东声称他在合并中受到了欺诈，可以为自己提起直接诉讼，也可以代表其他处于相同地位的股东提起集体诉讼。

此外，成文法的不同规定也会引出不同的结果。在 Independent Investor Protective League v. Time, Inc., 50 N.Y.2d 259, 428 N.Y.S.2d 671（1980）一案中，公司将资产卖掉之后解散，法院认为股东有权起诉公司先前的董事和高管，因为纽约州成文法承认股东在被解散的公司中有持续利益。美国法学会也采取了与纽约州的规定相似的立场。

第四节　公司内部程序——诉前请求和特别诉讼委员会

一、诉前请求

公司是由董事会而不是股东经营管理的。派生诉讼是以公司的名义提起的。可是公司告谁或者不告谁是一个商事决策，属于董事会的权限范围。[②] 允许股东进行派生诉讼

---

① 此处只考虑存续合并，不考虑新设合并，因为绝大多数合并都是存续合并。

② 关于董事会拒绝诉讼的权力，引用得最多的是布兰德斯大法官在 Ashwander v. Tennessee Valley Authority, 297 U.S. 288, 56 S. Ct. 466（1936）一案的认同意见中的一段话。该案涉及田纳西山谷权力机构的合宪性，股东认为州法违宪，董事们让公司执行了该法，所以就告这些董事。联邦最高法院认为该州法合宪，但同时也认为股东有权状告董事。布兰德斯和其他三位大法官则认为股东没有起诉资格："在一定的限度内，股东可以请求法院救济，禁止经理层某些威胁他们财产利益的行为。但是他们不得请求法院帮助他们纠正在他们看来是公司官员所犯的判断错误。法院不得干涉公司的经营，除非存在恶意、不顾成员的相对权利或者其他严重威胁他们的财产利益的行为。无论错误是事实上的还是法律上的，或者仅仅出于较差的商事判断，这条规则都适用。这些适用的情形也包括所称错误是拒绝主张一个看起来明显成立的诉由或者在此问题上妥协。如果股东可以强迫公司官员行使每一项法律权利，那么法院而不是选定的公司官员将成为公司命运的裁判者。"参见 56 S. Ct. 466, 481。其实，该案的争议是州法是否违宪，不是要不要打官司。可是认同意见中"这些适用的情形也包括所称错误是拒绝主张一个看起来明显成立的诉由"的话却提到了要不要打官司的问题。但这显然是题外的、附带的讨论，不是题内的、必要的论述。其被广泛引用除了它的针对性强之外，布兰德斯的崇高威望应该也是一个重要的原因。另外，原话指的主要是公司针对外部第三人的诉由而非针对内部人的诉由，否则就等于在否定派生诉讼。

实际上夺走了董事会对公司诉讼的决定权。认识到这一点，法律一般要求股东在提起派生诉讼前先走完公司内部程序，请求公司董事会采取适当措施解决问题。这既是对董事会固有权力的尊重，又为解决纠纷提供了一条非诉途径。诉讼费时、费力、费钱。如果能够通过其他途径解决问题，节省司法资源，那对社会、公司和个人都是好事。① 另外，考虑到派生诉讼容易引发轻浮的骚扰性诉讼，也需要通过内部程序筛选掉无理诉讼，只剩下有理诉讼。因此，美国《联邦民事诉讼规则》第 23.1 条规定："起诉状还应声称原告已经做出具体的努力请求董事会或类似机构提起他所希望的诉讼，或者具体说明不能达此目的或不做任何努力的原因。"② 所谓"不做任何努力"，就是不请求，公司法上一般称为"请求无用"。

原告在起诉之前首先面临的选择是请求还是不请求。如果不请求，那就必须在诉状中指出具体的事实来说明请求无用，典型的事实例子是董事会的多数成员在诉状指向的交易中有利害关系，因而已经被列为被告，要他们答应起诉自己显然不可能。

如果请求了，公司董事会也有两种选择：同意或者不同意。如果同意，他们会把官司接过去打，以公司名义起诉，那就不是派生而是直接诉讼了。然后提出请求的股东无事可做、出局。但是这种情况几乎没有。99% 以上的可能是不同意。这时请求的股东要么听从公司董事会的决定，算了；要么起诉质疑董事会的决定，说这是一个错误的决定，公司应当起诉。可是如此质疑必败无疑。因为董事会的决议受到商事判断规则的保护，除非股东证明董事会有利害关系。而如果有利害关系，那就是请求无用，当初就不必请求。

事实上，根据特拉华州的法律，股东一旦提出请求而被拒绝，股东必败。因为判例已经认定请求本身意味着承认董事会独立无利益③，所以原告不得在请求被拒绝之后再声称董事会不独立，有利害关系。可见，请求是个陷阱。有鉴于此，股东在特拉华打派生官司从来不请求，都在诉状起草上下功夫，尽量表明请求无用。公司董事会则因为股东没有请求而申请法院驳回起诉。法院需要决定请求是否无用。大量的派生官司都是围绕着这个问题展开的。原告说请求无用，被告说请求有用、请求必须。法院判原告胜则诉讼继续，被告胜则驳回起诉。

可是在实际上，请求中提出的问题董事会一般都知道，他们之前对此默不作声已经表明了他们的态度。迄今为止，针对股东提出的起诉董事或者公司官员的要求，无论是否合理，鲜有公司董事会表示赞同，并同意由公司起诉的。也就是说，派生诉讼的股东原告和公司董事会的立场观点几乎永远是对立的。所谓的请求等于是一个通知，告诉他们诉讼即将开始，使他们有所准备。从原告律师的角度去看，越早提起诉讼越好，拖延只对被告有利。还有，律师也不希望其他股东走在他的前面先行起诉，夺了他的代表位置，因为这涉及官司打赢之后律师费的分成。

---

① 有判词指出："面对股东的请求，董事们有多个选择。他们经过权衡可以接受请求并提起诉讼、内部平息不满而避免诉讼或者拒绝请求。商事判断规则正好在此发挥作用。"参见 Weiss v. Temporary Investment Fund, Inc., 692 F.2d 928, 941（3rd Cir. 1982）。

② 美国许多州的公司法有类似规定。

③ Spiegel v. Buntrock, 571 A.2d 767（Del. 1990）.

美国自 1978 年以来，围绕着内部请求程序纷争不断。早年他们普遍接受结构性偏见（structural bias）之说，认为处在董事位置上，对派生诉讼的请求怀有天然的敌意，[①]因而对请求作为派生诉讼的前置程序采取了比较宽容的态度，产生了请求无用的概念，认为当请求显然无用时就可以免了，原告只要在起诉状中阐明请求无用的理由，就可以不经请求而直接起诉。比如当被告董事控制着公司和公司董事会，或者多数董事都不独立，这时请求显然是无用的；或者当被告是侵权行为实施者[②]时，向他请求也显然是无用的。

在 Barr v. Wackman，36 N.Y.2d 371，368 N.Y.S.2d 497，329 N.E.2d 180（1975）一案中，泰尔考特全国公司（Talcott National Corporation，以下简称泰尔考特）的股东状告公司董事，称内部董事实施了自我交易，违反了忠诚义务；占董事会多数的外部董事在批准交易时有重大过失，违反了注意义务。按照起诉状的陈述，泰尔考特和 Gulf & Western（以下简称湾西）两家公司的董事会在原则上同意由湾西收购泰尔考特之后，泰尔考特的董事会批准了几笔交易，包括给予泰尔考特的官员以优惠的雇佣合同、支付给介绍人过高的报酬、亏损出售一个子公司。原告认为只有两家公司的内部董事能从这些交易中获利，公司和股东都被排除在外。被告称这至多是一个错误的商事决策，应该受到商事判断规则的保护。初审法院根据纽约《公司法》第 626（c）条为原告免除了诉前请求，纽约上诉法院（该州最高）维持原判。由富奇伯格（Fuchberg）法官执笔的判词解释如下：

主要问题是当所称侵权者控制或者组成董事会多数时，从所诉赔偿责任的具体情形看，能否推论可以免除请求……虽然光列出构成董事个人赔偿责任的要件，没有某些具体的细节，还不能自动说明可以在提起派生诉讼前不通知董事会，但是当所称的赔偿责任是以董事们直接参与的董事会正式决议为基础的时候，原告就可以这样做。

不过，光将多数董事列为被告，声称他们侵权或者侵权人控制着董事会还不够。这样写诉状只是避开了实际是否无用的问题，但却忽略了成文法要求的具体事实。本案中的诉状并不限于简单地将董事会的成员指为被告，而是具体地指出了一系列的交易，认为只给湾西和关联董事带来好处。诉状虽然没有说那些不关联的董事也从中获得了个人利益，但是指责他们为了一味迎合湾西而不顾泰尔考特的利益，湾西被指将通过提拔关联董事予以报答。据称，董事会通过正式决议参与或默认了所指的那些侵权性交易。

诉状所称如果真实……构成针对包括非关联董事在内的被告的诉由，即他们违反了对公司的注意和勤勉义务。原告可以证明非关联董事为了对公司经理层的决策形成制衡，通过合理的勤勉和独立的判断无论如何都可以获知所指关联董事的自我交易，从而使泰尔考特避免损失。如果非关联董事失职，他们可能会为自己的不作为赔偿。从诉状字面上看，考虑到他们可能的赔偿责任，原告不向董事会请求是有理的。上诉人提出在每个案子中，派生诉讼的股东不向董事会请求的前提是主张董事欺诈或者自我交易。董事除

[①] 不光实施交易和批准交易的董事，即使是后来加入的、没有参与批准决议的董事，都会对他们的同类（都是董事）产生同情心，因而会对派生诉讼存有偏见。

[②] 例如，诉状称现任董事实施了自我交易，或者董事们给自己发放过高的奖金等。

了避免自我交易的义务之外，还对公司和股东负有注意和勤勉的义务。非关联董事或许自身没有从所指交易中得到好处，但是这不能终结他们对公司潜在的赔偿责任问题和由此产生的他们不愿意推动诉讼的可能性问题。

因此，当被告以不向董事会请求为理由请求驳回诉讼时，股东的派生诉状在某些案子中可以胜过这样的请求，尽管董事会的多数没有被指责实施了欺诈或自我交易。像在本案中这样具体声称董事会正式参与和批准了主动的侵权行为可能足以打败驳回起诉的请求。我们认为，在这类案子中较好的办法是由初审法院在自由理解① 诉状的基础上，根据诉状是否充分来正确裁量有没有请求的必要。②

本案中法官承认"光将多数董事作为被告加上结论性的侵权或者受侵权人控制的指控"是不够的，不足以说明请求无用，因为缺乏"成文法要求的具体事实"。但是诉状具体地指出了一系列的交易，认为只给湾西和关联董事带来好处。至于那些非关联董事，也即外部的独立董事，他们虽然没有得到任何好处，但是诉状称他们在批准交易中违反了注意义务，应该赔偿。法官认为由于这些非关联董事的潜在赔偿责任，诉状对他们也满足了请求无用的标准。

但是 8 年后由联邦第二巡回法院判决的 Lewis v. Graves，701 F.2d 245（2d Cir. 1983）一案中，请求无用的标准似乎提高了一些。该判决认为，仅仅因为董事会批准了交易而状告多数或者全体董事，还不能免除请求。原告称 J. Ray McDermott & Co., Inc. 公司（以下简称莫克德模特）的董事会批准公司根据高管报酬计划向占董事会少数的内部董事和官员发行股票，并且批准公司收购 Babcock & Wilcox 公司以稳固他们在莫克德模特的地位。诉状没有指出收购怎么会稳固他们的地位的具体事实。全体董事被列为被告，原告称请求无用，否则就是在请求董事们自己告自己。法院判在没有指出自我交易的事实或者多数董事存有偏见时，"仅仅批准或者默认不足以使请求无用"。法院还说：

公司董事会批准了交易，该交易事后在派生诉讼中受到质疑，根据这一事实并不总能得出结论说这些对公司负有信托义务的董事将拒绝起诉。特别是当董事们是因为受骗才同意的，或者当交易结果对公司不利时，尤其是这样。况且，如果仅仅因为董事会的事先批准就能确立请求无用，那么第 23.1 条规则就会被架空。派生诉讼针对的都是些重大的公司交易，指责它们非法。由于他们的职务，董事一般都会参与对这些交易的决策。以董事会的批准为由免除请求几乎等于在每一个案子都不需要请求。

如果派生诉讼的原告仅仅声称被告董事批准收购是为了巩固他们的地位，不能指出在交易和所称的巩固地位之间的任何事实的或逻辑的联系，以此便能证明个人利益的存在，那么第 23.1 条规则要求请求又会变得没有意义。

---

① 自由理解（liberally construed），这里的自由一词也可以翻译为"扩大化"或者"广义"。

② 368 N.Y.S.2d at 505–08.

比较上述两案，发现一个共同特点，它们都状告批准交易的无利益董事，称他们在批准过程中有重大过失，违反了注意义务。在前一个案子中，纽约州法院认为请求无用，"尽管董事会的多数没有被指责实施了欺诈或自我交易。像在本案中这样具体声称董事会正式参与和批准了主动的侵权行为可能足以打败驳回起诉的请求"。但是在这个案子中，联邦第二巡回法院却认为光是董事批准交易还不足以使请求无用，"如果仅仅因为董事会的事先批准就能确立请求无用，那么第 23.1 条规则就会被架空。派生诉讼针对的都是些重大的公司交易……董事一般都会参与对这些交易的决策。以董事会的批准为由免除请求几乎等于在每一个案子都不需要请求"。当然，两案（按起诉状所述）还是有差别：前一个案子中起诉状指出了自我交易的事实，无利益董事批准的是自我交易；这个案子中虽然也指称自我交易，但是没有指出批准收购与巩固地位之间的因果关系，自我交易不成立，所以董事会批准的不是自我交易，更大的可能是他们上当受骗了。

一年以后，由特拉华州最高法院判决的阿勒森诉路易斯一案，将请求无用的门槛进一步加高。由于特拉华是美国公司法的领头羊，这个判例影响重大，具有里程碑意义，但同时也引发了不少疑惑。

【案例 17-5】
阿勒森上诉路易斯 [①]
I

摩尔法官。

股东在开始派生诉讼前先请求董事会就所称的对公司的侵权进行索赔在什么情况下是无用的，因而可以免除？由于原告没有提出这样的请求或者说明请求无用，被告麦斯泊车系统公司（特拉华公司，以下简称麦斯）及其董事请求衡平法院根据衡平规则第 23.1 条驳回起诉，法院拒绝。我们准许被告中途上诉，以便审查衡平法院的这一裁决。衡平法官裁定：从原告所称可以"合理推论"董事行为不受商事判断规则的保护，所以董事会不能对原告的请求进行公正的考虑。见路易斯诉阿勒森，466 A.2d 375，381（1983）。

我们不同意如此表述请求无用的概念。我们认为，只有当起诉状所称的事实具体到可以对董事行为受商事判断规则保护产生合理怀疑的时候，才可以免除请求。因为原告没有请求，其所称的事实也没有具体到显示请求无用的程度，我们否决衡平法院的判决，发回重审，准许原告修改起诉状。

II

请求无用的问题取决于诉状所称。原告哈里·路易斯是麦斯的一个股东。被告是麦斯和它的 10 个董事，其中有的是公司官员。

---

① Aronson v. Lewis，473 A.2d 805（Del. 1984）. 本书作者根据判词原文翻译。现如今此案依然是有效的法律。这类影响重大的判例或者成文法规定数十年甚至上百年有效是个常态。

1979 年，普鲁代歇尔楼房维修公司（以下简称普鲁代歇尔）分立，将持有的麦斯股份分给了普鲁代歇尔股东。在此之前，麦斯是普鲁代歇尔的全资子公司。麦斯在全国提供停车场和相关服务。其股份在柜台市场上交易活跃。

本诉讼质疑麦斯与其董事刘·分克之间的几笔交易。刘·分克拥有麦斯 47% 的已发行股份。原告称这些交易之所以被批准，是因为分克亲自挑选了麦斯的每一位董事和官员。

在 1981 年 1 月 1 日之前，分克与普鲁代歇尔之间有一份雇佣合同，规定在他退休的时候，他将为公司担任 10 年的顾问。这条规定在分克 1980 年 4 月退休时开始执行。之后，分克与普鲁代歇尔达成协议，将所付服务费的 25% 退还给普鲁代歇尔。按照这个安排，麦斯在 1980 年向普鲁代歇尔支付了 48 332 美元，1981 年支付了 45 832 美元。

1981 年 1 月 1 日，被告们批准了麦斯和分克之间的一份 5 年期的雇佣合同，规定 5 年之后该合同每年自动延续，不设期限。麦斯同意每年支付分克 15 万美元外加其 240 万美元税前毛收入的 5%。分克随时可以终止合同，麦斯终止合同需要提前 6 个月通知。合同终止时，分克将成为麦斯的终生顾问，最初 3 年每年服务费 15 万美元，第二个 3 年每年 12.5 万美元，之后每年 10 万美元。合同还规定了死亡福利。分克同意基本上为麦斯全日制工作并竭尽全力。合同规定即使分克不能提供服务，他的报酬也不受影响。在董事们批准这份合同时，分克 75 岁。起诉状没有说他过去或现在身体不好。

此外，麦斯董事会还批准借给分克 22.5 万美元。这些钱在 1982 年 8 月起诉状登记时还没有得到清偿。在口头辩论时，被告律师说这些借款已经如数归还。

起诉状指责这些交易"没有合理的商事目的"，是"公司资产的浪费"，因为所付金额"极为过分"，分克"没有或者几乎没有提供任何服务"，并且由于他"年事已高"，不能"期望他提供这些服务"。原告指控分克与普鲁代歇尔合同的存在使得他不能为麦斯"竭尽全力"。最后，起诉状称给予分克的贷款实际上是没有任何"对价"的"额外报酬"或"福利"。

起诉状称不向麦斯的董事会请求是因为：

……

诉状第 13 条……请求无用的原因如下：

（a）所有的现任董事都是本案被告，他们参与、明确批准且默认了所称的侵权，需要对此承担赔偿责任。

（b）被告分克挑选了每一位董事，控制和统治着麦斯董事会的每个成员和麦斯的每个官员。

（c）让现任董事提起本次诉讼是要被告董事们自己告自己：诉讼一旦交给敌手，就不可能有效进行。

诉状第 13 条：

原告要求取消麦斯－分克雇佣合同，责成包括分克在内的董事赔偿麦斯所遭受的损失，返还他们从中获得的利润。

Ⅲ

被告们请求法院撤销此案，因为原告在起诉前没有向麦斯董事会提出请求或者以具体事实说明为什么请求可以免除。

在重述了诉状所称之后，初审法官指出第 23.1 条要求的请求是一条实体权规则，目的是要给公司不经诉讼而纠正所称的侵权行为并在需要诉讼的时候控制诉讼。见 466 A.2d at 380。衡平法官说，无用的标准是"在诉讼开始的时候董事会能否对请求予以公正的考虑"。同上第 381 页。

作为这条标准的一部分，初审法官说有无利益是影响公正的一个因素，而商事判断规则对于董事有利益因而请求无用的说法是一种潜在的辩护。然而，法院认为要确立请求无用，原告不需要声称所质疑的交易不可能是商事判断的结果。相反，衡平法官认为原告"只需摆出事实，这些事实如果真实，就可以由此做出合理的推论：就第 23.1 条要求的诉前请求来说，商事判断规则不适用"。该院的结论是涉案交易允许这样的推论。同上第 384–386 页。

根据这些表述，衡平法院讨论了原告关于请求无用的辩说。同上第 381–384 页。初审法官正确指出，无用与否要根据诉讼开始时的具体情形来定。这就否定了原告关于被告驳回起诉的请求表明了董事会对诉讼的敌意，同时也证明了请求无用的说法。同上第 381 页。

衡平法官然后讨论原告有关分克是麦斯的 47% 股东，统治和控制着每个董事，致使请求无用的说法。同上第 381–383 页。原告还争辩说分克的股份，如果与 4 位其他的被告合起来，达到麦斯已发行股份的 57.5%。同上第 381 页。在指出了根据商事判断规则，董事会的决议都被假定为善意的和符合公司最佳利益之后，衡平法院裁定董事会仅仅批准一笔有利于一个很大的但还不构成多数的股东的交易，还不足以否定该假定。同上第 382 页。该院特别指出：

> 要说对董事会的统治，尤其是通过少于多数的股份所有权来统治，原告除了指出股份所有权之外还必须指出其他控制的事实来证明董事会不可能做出独立的商事判断，才能免除诉前的请求。

至于加起来达到 57.5% 的控制之说，该院认为诉状没有指出 4 位董事与分克结盟的事实，比如说他们都是麦斯与分克合同的受益人。同上第 382–383 页。原告在辩论时指出其中两位董事与麦斯之间有与分克一样的报酬合同，以此作为他们结盟的证据。但是因为诉状中没有这样说，法院驳回了原告的说法。同上第 383 页。

关于原告所说的董事会对侵权行为的批准、参与或默认，初审法院集中分析了涉案交易本身，以确定董事会的行为是否构成侵权因而不受商事判断规则的保护。同上并引用 Dann v. Chrysler, 174 A.2d 696（Del. Ch. 1961）一案的判决。衡平法官说如果从所指的交易看可以得出商事判断规则不适用的合理推论，那么批准交易的董事就有可能会因为违反信托义务而赔偿，因而就不能公正地考虑股东的请求。

初审法院说董事会批准麦斯－分克合同，允许分克的顾问报酬不受他服务能力的影响，从字面上看就可以是一个浪费资产的交易。同上，引 Fidanque v. American

Maracaibo Co., 92 A.2d 311（Del. Ch. 1952）。因此，请求可以因为无用而免除，因为麦斯董事可能要为浪费而赔偿，不可能没有偏向地考虑请求。同上第 384 页。

Ⅳ

被告提出两点辩护：一点是政策性的；另一点是事实性的。首先，他们说请求要求中包含的政策是董事而不是股东经营公司事务。他们争辩说这一基本原则要求对衡平规则第 23.1 条作严格的解释。其次，被告指向原告所称的 4 点事实，说它们不够具体，因而不足以免除请求。对于分克统治和控制麦斯董事会的声称，被告指出没有具体事实来解释他是怎么"挑选每个董事"的。至于分克 47% 的股份，被告说没有其他事实，这不足以表明统治和控制。关于被告将告自己，必然敌视原告诉讼的声称，被告说这个鞋拔式的争辩忽略了董事还有其他选择的可能，比如取消被质疑的合同。关于董事对交易的批准可以免除请求的声称，被告答辩认为这样声称是不够的，否则它可以在几乎每一个案件中架空请求要求，最终将颠覆董事会的经营管理权。最后，关于即使他不能服务也要保证分克报酬的那个条款，被告认为初审法院的理解脱离了上下文。基于以上争辩，被告指出原告所称在事实上远没有具体到第 23.1 条规则要求的程度。

Ⅴ　A

特拉华州普通公司法的一条基本规则就是董事而非股东经营公司的生意和各种事务。《特拉华法典》第 8 章第 144（a）条。[①] 该条的相关部分是这样说的：

"除非本章或公司章程另有规定，按照本章组建的公司的生意和各种事务均由董事会经管或指挥。"

强调附加。这条权力的存在和行使伴随着对公司和股东的起码的信托义务。而且，对于引起公司损失的董事行为，股东并非无力质疑。公司民主机制和派生诉讼都是纠正经理层的迟钝和不忠行为的有力工具。当那些控制公司的人拒绝主张公司诉求时，在衡平法上发展起来的派生诉讼使得股东能够以公司的名义起诉。首先，派生诉讼等同于一场股东强迫公司起诉的诉讼；其次，它是由股东代表公司提起的、状告那些对公司负有赔偿责任的人的、属于公司的诉讼。

从性质上看，派生诉讼侵犯了董事的自由经营权。所以，第 23.1 条衡平规则设立了一个门槛——请求，首先确保股东穷尽公司内部的救济手段，然后对骚扰性诉讼进行防范。可见，要求先不打官司，试试其他解决纠纷的方式，请求表现了对董事经营管理公司的生意和各种事务这一基本规则的尊重。

我们认为，请求无用的问题整体上都是和商事判断和该理论的适用标准不可分割地联系在一起的。商事判断规则是根据第 141（a）条对特拉华董事经营特权的承认。它假定公司董事在作商事决策的时候是知情的、善意的并且真诚地相信其行为符合公司的最佳利益。只要没有乱来，法院会尊重这样的判断。质疑决策的一方有责任摆出事实来反驳这个假定。

---

① 8 Del. C. § 141（a）.

商事判断规则在派生诉讼中意义特别重大。它在多方面发挥作用——答复请求、确定请求是否无用、独立无利益董事认为诉讼不符合公司最佳利益而予以撤销的努力、一般还可以在诉讼中从实体上进行辩护。不过，在每一种情形下，该规则的运用和适用都必须遵循一些公认的原则。

首先，只有无利益董事在各方面满足了商事判断的标准之后才能取得保护。从利害关系看，这意味着董事既不能处于交易的两边也不能在自我交易意义上从中获得任何个人经济利益，只有公司或者全体股东才能获益。如果这样的董事利益存在，交易没有经过由无利益董事组成的多数批准，那么在决定请求是否无用时商事判断规则就不适用。见《特拉华法典》第 8 章第 144（a）（1）条。

其次，要引用规则的保护，董事在做出商事决策之前对所有可以合理获得的重要信息都有知情的义务。在这一知情的基础上，他们还必须以应有的注意履行义务。虽然特拉华的判例使用了各种不同的词语来描述适用的注意标准，我们通过分析认为，根据商事判断规则，董事的赔偿责任以重过失为基础。

然而应当指出，商事判断规则只用在董事作为上。从技术上说，当董事不履行义务或者无意识地简单不作为时，它便不起作用。不过由此也可以推定，根据规则一个有意识的不作为决定可以是商事判断有效行使的结果因而受规则的保护。

特拉华法院在多个场合讨论过请求无用的问题。……从这些判决中产生出来的规则是当官员和董事处于某种影响之下以致不能自由裁量时，他们就不能被认为是代表公司实施诉讼的恰当人选，那么请求就是无用的。例如，McKee v. Rogers, 156 A. 191, 192（Del. Ch. 1931）一案判决：当被告控制董事会时，"显然不能期望公司去告他，如果告了，诉讼也不由合适的人掌管"。又如 Fleer v. Frank H. Fleer Corp., 125 A. 411, 415（Del. Ch. 1924）一案："如果请求的对象是所称的侵权者，等于在请他们自己告自己，既定的规则是既不需要请求也不需要拒绝。" Miller v. Loft, Inc., 153 A. 861, 862（Del. Ch. 1931）一案："如果由于利益对立或者过失参与了所诉的侵权，那就不能期望董事们提起诉讼，也没有必要向他们提出起诉的请求。"

但是，这些判例并没有说，凡是董事会批准了受质疑的交易，都自动表示董事的"利益对立"和"过失参与"，或者存在某种使他们不起作用的影响。[①] 如果这样，我们的法律对请求的要求将变得毫无意义，《衡平规则》第 23.1 条的明确指令也将被架空。

初审法院正确认识到请求无用是与商事判断问题不可分割地捆绑在一起的，但是认为标准应该以所称事实为准，如果这些事实真实，可以做出商事判断规则对于诉前请求不适用的合理推论。

这个表述的问题在于从诉状对董事会的指控中得出合理推论的概念。从本案及衡平法官所依据的结论性指控来看，很清楚，在这样的标准下请求无用几乎自动成立。考虑到对董事决策的假定，我们认为必须使用更为平衡的方法去处理这个问题。

---

① Sterilizing influence，董事会的作用包括维护公司和股东的最佳利益。不起作用意味着有问题，可能是动机不纯。

我们的观点是在决定请求无用时，衡平法院在自由裁量的过程中必须决定：根据诉状所称的具体事实，能否产生对以下两点的合理怀疑：（1）董事是独立的和没有利害关系的；（2）所诉交易在其他各方面都是有效行使商事判断的结果。所以，衡平法院必须做两项调查：一是调查董事是否独立和无利害关系；二是调查所诉交易的实体性质和董事会对该交易的批准。有关后一项调查，法院不得假定交易侵犯公司权利，需要董事会采取纠正措施，而是要对所称的侵权根据起诉状所称的事实情况进行实体审查。至于前一项调查，董事的独立和无利害关系，法院在审查所称事实的过程中首先要解决的门槛问题就是根据所称事实确定能否对董事应受商事判断规则的保护这一点产生合理的怀疑。当然，如果董事在交易中有利害关系，因而商事判断规则对于批准交易的董事会多数不适用，调查到此为止。在那种情况下请求无用无论按照客观还是主观标准都已经得到证明。①

可是，仅仅因为批准了一笔问题交易而产生的可能的个人赔偿责任尚不足以质疑董事的独立性和无利害关系，尽管在极少数情况下，交易可能一看就极为反常，因而董事会的批准不符合商事判断的标准，所以董事赔偿的可能性很大。总之，整个审查都是事实性的。衡平法院在自由裁量的过程中必须确信原告所称事实具体到只要真实，就能使人对所诉交易是有效行使商事判断的结果这一点产生合理的怀疑。只有在这种情况下才能免除请求。

B

在勾勒了决定这些问题的法律框架之后，我们来考虑原告在这里所称的无用：分克对董事们的统治和控制、董事会批准了分克－麦斯雇佣合同、董事会因为董事的被告地位而对原告的派生诉讼存在敌意。

原告说分克统治和控制着麦斯董事会是基于:（1）分克拥有麦斯47%的已发行股份；（2）他"亲自挑选"了每一位麦斯董事。原告还说光是对雇佣合同的批准就可以说明分克对董事会的统治和控制。此外，原告在上诉时还争辩说47%的股份，虽然不到多数，但是也构成控股板块，因为已发行股份数量庞大，总共有1 245 745股之多。

根据特拉华法律，这样的争辩不能支持任何有关董事缺乏独立性的说法。在 Kaplan v. Centex Corp., 284 A.2d 119（1971）一案中，衡平法院说："光有股份，至少在不到多数的情况下，不足以证明统治和控制。"同上第123页。而且，对请求来说，即使对公司的多数所有权也不能剥夺董事独立、决策善意并符合公司最佳利益的假定。在声称控制的同时还必须有事实证明通过个人或者其他关系，董事们听命于控制人。迄今为止，处理控制或统治问题的主要判决都是在对实体问题的整体审判之后做出的。因此，在请求案子中它们是有区别的，②除非起诉状说出类似的具体事实来达到衡平规则第23.1条要求的标准。

---

① 我们认识到将线画在董事会多数这里可能是武断的分界点。批评者会指责我们忽略了全美的公司董事会普遍存在的结构性偏见，以及其他看不见的但却使董事会上的独立讨论和决策大打折扣的社交过程。在请求无用案子中结构性偏见的麻烦只是按第23.1条规则在起诉状中予以证明的问题。我们觉得衡平法院对起诉状所称的、指明某个董事会有偏见的具体事实进行自由审查，足以决定请求是否无用。原注第8。

② 请求是在审判之前，所以围绕请求所打的官司与那些专门鉴定有无控制或统治的案子不同。后者经过了完整的审判程序。

对董事独立的要求包含在商事判断规则的概念和理由中。商事判断行使恰当的假定部分地是以这条不变的规则为基础的。独立是指董事的决定是以摆在董事会面前的公司内有关该问题的事实为基础的，而不是出于外在的考虑或者影响。虽然董事可以讨论、争辩、通过妥协来解决分歧或者合理地信赖他们的同事或其他称职的人的专业知识，但是最终的结果必须是对于所讨论的问题每个董事都将他自己的知情的商事判断与公司的实际情况结合起来，而不应理睬或者屈从于某些外在的影响，从而将一个本来有效的商事决策转变为不忠的行为。

因此，指责董事由那些控制公司选举结果的人提名和选举还是不够的。那是一个人成为公司董事的一般途径。与独立性有关的是履行义务的谨慎、注意和个人责任意识，而不是选举的方法。

我们的结论是：在请求无用问题上，如果原告声称一个或数个董事被统治和控制，他就必须指出具体的事实来表明"如此指挥公司的行为使之与实施控制的公司（或个人）的意愿或利益一致"。同上 Kaplan 第 123 页。"被统治和控制的董事"这样的标签性简称是不够的。由于认识到 Kaplan 一案是在充分发掘证据和审判之后判决的，我们强调原告只需要指出具体的事实；他不需要提交证据。否则，他将被迫作出与他在第 11 条衡平规则下的义务不一致的陈述。

本案中，原告还没有指出任何足以支持控制之说的事实。只有亲自挑选董事的孤单说法，没有东西去支持它。它至多只是一个没有事实支持的结论，暗示了分克的控制与雇佣合同的批准之间的因果关系，但是没有事实使之具体化。单是董事会的批准不能证明控制，尽管有分克的 47% 股份。见 Kaplan v. Centex Corp., 284 A.2d at 122, 123。所称的分克因为年事已高不能提供合同规定的任何服务和与之冲突的他在普鲁代歇尔的顾问工作对证明控制没有任何用处。因此，我们不能认定起诉状在事实上指出了任何控制和统治的情形来否定董事会的独立性进而使请求无用。

C

关于董事会批准麦斯 - 分克雇佣合同的事，原告的逻辑很简明：麦斯的所有董事都被列为被告，因为他们批准了具有浪费性质的合同；如果原告在实体上胜诉，所有董事都会负个别的和连带的赔偿责任；因此，避免诉讼给董事们带来的利益自动地、绝对地使他们不适合审查股东的请求。

这样的说法至多也是结论性的。在特拉华，光有董事对交易的批准，没有证明违反信托义务说法的具体事实或者证明多数董事不独立或有利害关系，都不足以免除请求。在本案中，原告认定麦斯 - 分克雇佣合同是对公司资产的浪费，他的官司就是以此为前提的。按此逻辑，通过批准浪费，董事们现在要面对可能的赔偿责任，于是，请求他们提起诉讼就是无用的。不幸的是，原告的说法在其初始前提下就站不住。诉状没有说出具体的事实来说明该合同是对公司资产的浪费。事实上，从董事拥有的广泛的确定官员报酬的公司权力去看，诉状就其目前的样子甚至还没有说出诉由。

简要地说，原告声称缺乏分克给予麦斯的对价，因为雇佣合同规定报酬不取决于分克的服务能力。原告称分克提供了"很少或者没有服务"，这个结论仅以分克的年龄和分克－普鲁代歇尔雇佣合同的存在为依据。至于麦斯对分克的贷款，除了说款项贷了出去之外，诉状没有指出任何事实表明这些贷款是浪费性的。同样，从特拉华法律赋予的广泛的公司权力去看，光是这些贷款的存在甚至不构成诉由。

在维持原告的请求无用诉求时，初审法院依据 Fidanque v. American Maracaibo Co., 92 A.2d 311, 321（Del. Ch. 1952）一案，该案判决：按涉案合同支付给一位退休的总裁（董事）的顾问费是浪费公司资产。法院在审判之后认定合同和支付实际上都是过去服务的报酬。这个结论所依据的事实在本案中却没有：前公司总裁／董事70岁，患中风，无论是合同还是案卷都没有阐明他作为顾问的具体义务，而工资却与他在担任公司总裁和总经理的时候一样。对于这位退休的总裁／董事再次中风不能履行义务时是否继续雇佣，合同不作任何规定。同上第320—321页。将 Fidanque 案的事实与本案的起诉状比较，就公司浪费的指控而言，原告显然还没有指出足以使请求无用从而对董事会的决议应受商事判断规则的保护产生合理怀疑的事实。

D

原告最后说请求可以免除，因为否则就是让董事们自己告自己；而诉讼一旦交给敌手，就不可能有效进行。这种鞋拔式的辩论早已有之，但均被其他法院驳回。接受这个观点将废止第 23.1 条规则，弱化董事的经营管理权。除非所称事实具体到可以克服独立和商事判断正当的假定，从而确认董事们不能被期望状告自己，光是这类说法提出的问题根据特拉华公司法将不予考虑。

VI

总之，我们的结论是原告所称的事实没有具体到显示麦斯董事们受利益影响、缺乏独立性或者行为背离麦斯的最佳利益，从而对商事判断规则的适用性产生合理怀疑的程度。只有存在这种合理的怀疑，请求才会无用。因此我们否决衡平法院对驳回诉状之请求的拒绝，发回重审，并允许原告按照我们今天宣布的原则遵照第 23.1 条规则修改诉状。

否决并发回重审。

这个判例再一次明确：派生诉讼中的诉前请求不仅是穷尽公司内部的救济程序，更是董事会固有的经营管理公司权力的一部分，或者说表现了对董事会固有权力的尊重。如果原告可以用结论性的陈述起诉，请求就几乎永远是无用的。如果那样，法定的诉前请求程序就会被彻底架空。这些都是大的原则性表述。

问题是请求无用与请求必需的差别是什么，界限在哪里？上下级法院提出的诉前请求或者说免除请求的标准到底有什么区别？下级法院的标准是根据诉状所称能否合理地推论出商事判断规则不适用于诉前请求因而请求可以免除。上级法院更加具体，要求：第一，先看董事在其批准中是否独立，有没有切身利害关系；第二，看实施的交易或者对交易的批准是不是商事判断的结果。差别在于上级法院明确了商事判断规则是适用的，所以要看交易和交易的批准是否商事判断的结果；下级法院则要先看看商事判断规则是否适用。

这一差别可以追溯到更早。派生诉讼从广义上看，不但包括公司对其董事和官员的诉由，而且涵盖公司对外部第三人的诉由，即在公司疏于向外部第三人主张其应有的权利时，股东可以代表公司主张权利，起诉该第三人。这时如果公司董事会作出不予起诉的决定，商事判断规则适用。[①] 因为董事会与被告没有任何利害关系，不予起诉的决定属于商事判断，法院必须尊重，所以股东不得起诉。见 Ash v. IBM, Inc., 353 F.2d 491（3d Cir. 1965）一案。但是当被告是公司内部人的时候，由于"结构性偏见"的存在，一般地不适用商事判断规则，或者说商事判断规则不一定适用，要具体情况具体分析。这就是下级法院提出要先看商事判断规则是否适用这一标准的由来。上级法院的判决将商事判断规则的适用从针对公司外部第三人延伸到了针对公司内部人，实际上否定了"结构性偏见"的说法。这样，一个是明确适用，一个是适用不适用要先看一下，乍一看似乎差别很大。

可是细究起来，差别其实并没有这么大。因为上级法院在适用之后还是要看批准交易是不是商事判断的结果：如果不是，那就不适用商事判断规则。需要决定的问题还是商事判断规则是否适用的问题，这不又回到下级法院推论的标准上去了吗？

两级法院使用了不同的词语，一个是"合理推论"出规则不适用；另一个则是"合理怀疑"其适用。从字面上看不出这两种表述在意思上有什么不同。可是在本案中，下级法院认为从诉状所称可以合理推论出董事会的行为不受商事判断规则的保护，所以请求可以免除；而上级法院则认为诉状所称事实没有具体到表明请求无用的程度。

原告在诉状中就请求无用说了 3 点理由：（1）分克统治和控制着董事会；（2）董事们因为批准了分克的雇佣合同而成了被告，被告地位必然使他们对诉讼怀有敌意；（3）请求董事会提起诉讼是让董事们自己告自己，诉讼不可能有效进行。法院的分析着重前面两点。

如果分克统治和控制着董事会，请求当然无用。原告摆出的具体事实：一是分克的 47% 股份，而且如果加上另外 4 个处境类似的董事，总共持股达到 57.5%；二是分克挑选了每个董事。稍有公司常识的人都知道，由于麦斯的股份在柜台市场上公开交易，持股相对分散，所以 47% 无疑是控股板块。可是在这个问题上，上下两级法院都否定了原告的说法。下级法院指出 47% 还不到多数，原告还必须指出其他的控制事实来证明董事会是受到分克控制的。至于加起来达 57.5% 的问题，原告没有 4 位董事与分克结盟的证据，所以不能算数。上级法院则进一步说即使分克的股份达到多数，"也不能剥夺董事独立、决策善意并符合公司最佳利益的假定。在声称控制的同时还必须有事实证明通过个人或者其他关系，董事们听命于控制人"。

分歧在第二点。董事会批准分克的雇佣合同是事实，没有人否认。这个批准同董事会的其他决议一样首先被假定为受到商事判断规则的保护。根据上级法院的意见，现在

[①] 例如，公司的供应商违反了供货合同，公司有权起诉。但是公司董事会考虑到货物紧缺、卖方市场的实际情况，决定不予起诉，采取协商的途径解决问题，搞好同供应商的关系。这时股东可以提起派生诉讼，代公司主张对供应商的权利，但是董事会有权行使商事判断否决派生诉讼，请法院驳回起诉。法院会尊重董事会的商事判断，驳回起诉的。

要审查该批准是否有效行使商事判断的结果，需要调查所诉交易的具体内容和董事会批准该交易的实体性质。本案中下级法院从合同内容上审查，认为分克不提供服务也拿报酬，这是对公司资产的浪费，董事会批准了合同，有可能要为此而赔偿，所以请求可以免除。上级法院教训说："不得假定交易侵犯公司权利，需要董事会采取纠正措施，而是要对所称的侵权根据起诉状所称的事实情况进行实体审查。"可是，下级法院正是"对所称的侵权根据起诉状所称的事实情况进行实体审查"的，审查结论是按合同规定有浪费的可能。

上级法院认为，"诉状没有说出具体的事实来说明该合同是对公司资产的浪费"。难道合同规定不是事实？当然是。法院的意思大概是说浪费只是从合同条款推理出来的一种可能，还没有事实证明合同的实际履行一定如此。所以当原告提出分克方面缺乏合同对价，"很少或者没有服务"时，法院认为事实依据不足，因为原告仅依据分克的年龄和与普鲁代歇尔的合同——前者说明他年老体弱，不能服务；后者说明两份合同在时间上互相冲突，因而不可能"竭尽全力"地为麦斯服务。法院认为这样的依据是不够的。[①]法院承认"在极少数情况下，交易可能一看就极为反常，因而董事会的批准不符合商事判断的标准，所以董事赔偿的可能性很大"，但是没有说明为什么上述条款不属于"极为反常"的"少数情况"。下级法院所依据的判例 Fidanque 一案的案情与本案十分契合：都是退休总裁；都是条件优惠的合同，让老总裁在退休之后继续服务；都是股东派生诉讼指责浪费；那里的 70 岁，这里的 75 岁，老了 5 岁；差别在于那里的有中风病，这里的没有。据说那里合同没有规定他的具体义务，工资却和退休前相同；这里算是笼统地规定了一些——"基本上为麦斯全日制工作并竭尽全力"，工资是否相同不知道，或许比退休前低一些吧，可是既然规定不服务也付钱，这和没有规定义务又有什么区别呢？但是法院硬说两案的事实不同。

从判决理由和常识来看，下级法院似乎更有道理，因为董事作为被告，不大可能赞成诉讼，请求确实无用。上级法院并非不知道这一点。那么它为什么要改判呢？因为它担心请求要求被架空，在判词中不止一个地方表达了这种顾虑。[②]所以，针对衡平法院"合理推论"的判决标准，特拉华最高法院提出要"使用更为平衡的方法去处理这个问题"。这个更为平衡的方法就它提出的"合理怀疑"，可是实际运用起来，它与下级法院的"合

---

① 为什么不够法院没有说。我们自然可以想象另一种可能：分克虽然年老，但是身体好，精力充沛，也可以协调好两份工作；董事会之所以批准合同是因为根据他们的商事判断，这些想象会成为现实，不会出现不能工作的情况。可那是在合同执行的过程中，是在以后。现在不可能有具体事实。

② 在重述被告的辩护观点时，法院强调了这一点："关于董事对交易的批准可以免除请求的声称，被告答辩认为这样声称是不够的，否则它可以在几乎每一个案件中架空请求要求，最终将颠覆董事会的经营管理权。"法院自己的意见与此相同："这些判例并没有说，凡是董事会批准了受质疑的交易，都自动表示董事的'利益对立'和'过失参与'，或者存在某种使他们不起作用的影响。如果这样，我们的法律对请求的要求将变得毫无意义，衡平规则第 23.1 条的明确指令也将被架空。"在分析衡平法院的判决标准时，上级法院指出："这个表述的问题在于从诉状对董事会的指控中得出合理推论的概念。从本案及衡平法官所依据的结论性指控来看，很清楚，在这样的标准下请求无用几乎自动成立。"在否定原告提出的被告自己告自己的争辩时，法院又说："接受这个观点将废止第 23.1 条规则，弱化董事的经营管理权。"

理推论"之间的差别并不明显。这是这个判例引发疑惑的地方。① 只有一点是清楚的：请求无用的标准提得更高了，起诉状必须指出更多的具体事实来表明请求无用。但是究竟要增加多少具体的事实并无定论。

要求起诉状指出更多具体事实使原告陷入了一个两难的窘境。具体事实的证明有待于证据的挖掘。证据的挖掘依赖于诉讼的进行，因为原告只能在诉讼中挖掘证据。而现在诉讼能否进行又取决于原告能否指出足够的事实使法院对商事判断规则的适用产生"合理怀疑"。认识到这一点，法院说事实不需要证明，只要指出来就行。从本案后来的进展来看，标准倒也并非高不可攀。本案发回重申之后，原告律师修改了起诉状，增补了一些事实，就顺利通过了。

另外，原告可以在提起派生诉讼之前先请求查阅公司账簿，提起知情权诉讼，获得证据之后再提起派生诉讼，确保其派生诉讼的起诉状能够指出足够多的事实使请求无用。② 判例进一步明确：提起派生诉讼是行使股东查阅权的合理目的，只是查阅的范围必须精确，而不是随便"钓鱼"。

阿勒森不接受结构性偏见的说法，除非有具体的事实。同年稍后一些时候判决的 Kaplan v. Wyatt, 499 A.2d 1184（Del. 1984）一案遵循阿勒森。该案中一位董事与公司的主要贸易伙伴关联并投资于这些伙伴，法院认为在没有自我交易或其他影响其独立性的事实的情况下，单是这一点不足以确立结构性偏见。

1988 年，在 Grobow v. Perot, 539 A.2d 180（Del. 1988）一案中，特拉华最高法院进一步明确"合理怀疑"标准低于法院认定标准。在该案中，原告在衡平法院起诉，质疑通用汽车花费 7.42 亿美元向佩洛特（Ross Perot）回购其手中的股份和债券。衡平法院在判决中对阿勒森案中的"合理怀疑"标准作了解释，认为原告需要在诉状中指出具体的事实，使法院能够认定董事有利益、不够独立，或者没有作出商事判断。③ 州最高法院认为衡平法院理解错了，指正说：

> 该院的"法院认定"标准对请求无用提出了比阿勒森更为严厉的要求。请求无用的标准应该是诉状所称的事实支持对于商事判断规则保护的合理怀疑，不是支持董事行为不受商事判断规则保护的法院认定。

---

① 纽约上诉法院感觉特拉华法院提出的"合理怀疑"之说标准模糊不清。Marks v. Akers, 666 N.E.2d 1034（N.Y. 1996）.

② 至于原告说的第三点，请求无用是因为会让被告自己告自己，法院说只有当所称事实能够克服董事独立和商事判断正当的假定，才能确认董事不能被期望自己告自己。意思是说只要商事判断规则适用，董事受到保护，那就不需要告或者告了也不赔。前面提到的判例 Fleer v. Frank H. Fleer Corp., 125 A. 411, 415（Del. Ch. 1924）大概是原告引用过的，该案判决："如果请求的对象是所称的侵权者，等于在请他们自己告自己，既定的规则是既不需要请求也不需要拒绝。"法院没有说明该案与本案有什么不同。两相比较，大概在该案中被告直接参与了所指责的交易，本案中被告仅仅批准了交易，至多违反注意义务，没有违反忠诚义务。法院大概在说，违反注意义务还需要进一步的事实，才能说明请求无用。

③ Grobow v. Perot, 526 A.2d 914（Del.Ch.1987）.

当公司行为以保护现任经理层的控制权为目的时，法院对于请求无用的标准似乎比较放松。在 Moran v. Household International, Inc., 490 A.2d 1059（Del. Ch. 1985），aff'd, 500 A.2d 1346（Del. 1986）一案中，原告起诉请求法院禁止某些证券的发行，认为发行的目的只是为了威慑对公司股票的收购要约。法院认为光说董事会这样做的主要目的是为了保住他们在公司中的地位还不足以免除请求。"诉状必须指出具体的事实来说明经理层的主要目的是保住控制权。在我看来，原告的诉状通过列出具体的事实来声称权利计划通过对股份转让和投票代理的限制吓走了一切敌意收购的企图，已经阐明了其首要目的是保留控制权，因而在诉讼进行的这个阶段上引发了对董事会是否无利益和独立的合理怀疑。"490 A.2d at 1071。法院接着补充说这个认定仅仅是决定请求能否免除，并没有对案卷进行实体分析。

在 Samuel M. Feinberg Testamentary Trust v. Carter, 652 F. Supp. 1066（S.D.N.Y. 1987）一案中，法院同样拒绝了被告以没有向董事会请求为理由提出的驳回请求。该案涉及公司向收购人回购股份，使收购人放弃收购，即所谓的绿色敲诈。法院对请求无用的问题适用联邦法律，认定交易没有任何合理的理由，只对现任董事有利。因此，原告无须请求。

看来，阿勒森案定下的"合理怀疑"标准是因案而异的，并没有一个普遍适用的清楚标准。作为一种衡平考量，基层法院在判决中出于公平理念可以根据具体案情灵活机动。这一点，前述 Grobow v. Perot, 539 A.2d 180（Del. 1988）案中说得很明确：

> 提出一条普遍适用的确定"合理怀疑"的标准既不可行也不明智。董事是无利害关系的、独立的、在交易中做出了适当的商事判断。能够支持对于这些假定的合理怀疑的事实在每个案子中都不同。初审法院应当根据案情逐个进行客观的分析。假如我们统一标准……免除请求的标准很可能会变得机械死板、没有弹性。

> 最后，因为第 23.1 条规则的请求一般都在挖掘证据之前而不是之后，原告可以在一个案子中不经证据的挖掘而指出足够的事实来对商事判断的保护产生怀疑，但是却在另一个案子中不能够不经证据挖掘而指出足够的事实来支持不予商事判断保护的法院认定。另一方面，如果派生诉讼的诉状所称事实能够支持不予商事判断保护的法院认定，那么这些事实对于满足阿勒森的合理怀疑标准是绰绰有余的了。

> 因此，我们不同意用"法院认定"做最起码的标准，低于它便不能免除请求。我们认为只要指出衡平法院应当将董事会决议所享有的商事判断规则假定与原告诉状中指出的请求无用的事实进行权衡就够了。在这方面，衡平法院判词中说交易必须先从公平角度进行分析是错误的。只有当商事判断假定被否决，才需要讨论公平。

同样的意思，联邦第二巡回法院在 13 年前的 1975 年也表达过："我们认为在这类案子中较好的办法是由初审法院在自由理解诉状的基础上根据诉状是否充分来正确裁量有没有请求的必要。"[1]

---

[1] 368 N.Y.S.2d at 505–08. 本节开头引用过该案，案情介绍见该处。

相比之下，位于麻州的联邦第一巡回法院对请求的要求要严格得多。当公司董事会决定发行更多的股份以挫败收购的时候，法院认为这样的交易可能会达到数个正当的公司目的中的某一个，因而请求依然必要。参见 Heit v. Baird, 567 F.2d 1157, 1161 (1st Cir. 1977)。美国 50 个州等于 50 个社会实验室，各自独立实验，但又互相学习，取长补短。这是联邦制的长处。

阿勒森案确立的请求无用标准适用于涉案董事会，即受到质疑的交易是由该董事会批准的。但是如果请求的对象不是涉案董事会，即现在考虑请求的董事会已经不是以前那个批准交易的董事会了，阿勒森案提出的标准就不能适用。[1] Rales v. Blasband, 634 A.2d 927 (Del. 1993)就是这样的案子。特拉华州最高法院在该案中针对新的情况提出了新的适用标准。

在本案的特殊情形下，不能再用阿勒森提出的标准去分析董事会考虑请求的能力。这个董事会没有批准布兰斯本在本案中质疑的交易。事实上，丹纳公司的董事会没有就本次派生诉讼的主题做过任何决定。假如无论是为或者不为某行为董事会都没有做过任何有意识的决定，商事判断规则就不能适用。因为董事会没有做过决定，所以就不能按照阿勒森提出的标准进行审查——董事会在批准涉案交易时符不符合商事判断规则的要求。

根据阿勒森案的逻辑和判决情形，如果考虑请求的董事会没有批准过派生诉讼所质疑的交易，法院就不该适用阿勒森标准。这种情况有三个具体情形：（1）董事会作出交易决议之后，大多数成员已经换人了；（2）派生诉讼的主题不是董事会的商事决策；（3）像在本案中这样，受到质疑的决定是由另一个公司的董事会作出的。[2] 在这些情形下，需要审查将要答复请求的董事会能否公正地考虑案件本身而不受不当考虑的影响。法院应当确定在诉状登记的时候，对于董事会能够通过正当地行使其独立、无利益的商事判断来决定是否答应请求，派生股东在诉状中声称的具体事实能否引发合理的怀疑。如果派生原告挑得起这副担子，请求无用。

对于请求必需的案子，董事会拥有决定权，可以将权力授予一个诉讼委员会。如果委员会决定不打官司，并且该决定受商事判断规则的保护，法院必须接受委员会的决定，驳回起诉。法院在审查委员会的决定时不得适用它自己的"独立商事判断"或者某个"内在公平"标准。

在特拉华州，原告一旦向董事会提出请求，那就意味着承认请求有用，事后不得再主张请求无用。参见 Stotland v. GAF Corp., 469 A.2d 421 (Del. 1983)。因此，作为一种诉讼策略，只要原告觉得他有可能主张请求无用成功，那就不该提出请求。典型情形是原告会尽量在诉状中指出具体的事实来说明请求无用，试图免除请求；公司会因为原告没

---

① 阿勒森要求原告举出具体事实使法院能够对该董事会的独立性产生合理怀疑，或者对其批准交易是否有效行使商事判断的结果产生合理怀疑。

② 比如因公司收购或合并，此董事会非彼董事会。

有请求而请求衡平法院驳回起诉；衡平法院判决或这或那，败诉的一方就向特拉华最高法院上诉。如果最高法院判请求必要，原告败诉，案子消失；如果最高法院判请求无用，原告的官司得以存活，双方和解。按此模式，大多数派生诉讼的处理简单明了，很少有对实体内容的审判。在可上可下的案子中，一般都要求原告请求。

有时候，被告大概自己也觉得请求无用，因而不提出请求的主张而直接应诉。不过，在诉讼开始之后，公司董事会还经常设立独立的特别诉讼委员会来对派生诉讼的利弊得失进行评估，这是请求之外的另一个公司内部程序。

二、特别诉讼委员会

特别诉讼委员会的任务是确定公司要不要接过诉讼、要不要终止诉讼。委员会成员都是与派生诉讼所质疑的交易没有个人利害关系的董事，因为只有这样的董事才能独立。经常，这些成员是专门为了成立特别诉讼委员会而新任命的董事。它们一般都得出结论说诉讼不符合公司的最佳利益，应当终结。有时候，这样的结论显得合理，例如，诉讼的费用将超过可能获得的赔偿，或者诉讼对公司生意造成的不利社会影响比其针对的行为更大等。一旦委员会得出终结诉讼的结论，公司便会申请法院驳回起诉。

董事会有权将对派生诉讼的处置权全部授予特别诉讼委员会。判例表明，被告一旦任命了特别诉讼委员会来研究起诉状并决定公司要不要接过诉讼，那就意味着他们承认董事会的多数成员与涉案交易有利害关系，因而不受商事判断规则的保护。[①] 但是如果董事会保留决定权，对特别诉讼委员会的授权限于调查研究并提出建议，那就可以避免这个陷阱。[②]

问题是一旦委员会作出了终止派生诉讼的决定，法院应当给予多大程度的尊重？美国各州的态度不尽一致；同一个州在不同时期的态度也可能有所不同。被告认为特别诉讼委员会的决定属于商事判断，即使错误，法院也必须尊重，不得审查其实体内容；法院只能审查董事是否独立、决策程序有没有猫腻、是否得到严格执行，等等。反对采用诉讼委员会的人则认为将委员会终止派生诉讼的决定看作商事判断或商事决策予以保护会彻底压制股东请求法院解决违反信托义务的权利。诉讼是由法院判的，而不能由这些委员会来决定，因为这样的委员会经常是由被告统治的。当然，假如独立而勤勉的董事真的为了公司的利益而进行了认真的考虑，尊重其决定将节省大量资源。诉讼委员会到底能不能过滤掉无理的、浪费资源的诉讼，同时又不成为保护那些违反了义务的董事和高管的保护伞？这个问题至今没有明确的答案。美国很多州大概认为答案应该是肯定的，所以采纳了这样的委员会，并且努力地朝着这个目标靠近。不过他们对委员会决定的尊重程度和审查范围也各不相同。另一些州大概认为答案应该是否定的，所以不允许采用这样的委员会。

---

① Abbey v. Computer & Communication Technology, 457 A.2d 368 (Del. Ch. 1983).

② Allison On Behalf of GMC v. General Motors Corp., 604 F. Supp. 1106 (D. Del. 1985).

第一场围绕特别诉讼委员会的决定而打的官司是 Gall v. Exxon，418 F. Supp. 508（S.D.N.Y. 1976）一案。当时美国一些公司为了在海外取得优惠待遇，贿赂外国官员、进行政治捐款和其他非法支付的行为被广泛曝光，最终导致国会在 1977 年通过《国外腐败行为法》，对公司在国外的腐败行为进行惩处。[①] 这些曝光经常引起派生诉讼，股东状告公司董事和经理层，或者指控他们参与了腐败行为，或者指责他们没有能够有效防止这些行为，违反了注意义务。1975 年 7 月，Exxon 公司的一个股东向董事会请求，试图提起派生诉讼，称公司在海外有政治捐款和贿赂行为，浪费了公司资产。公司董事会设立了一个特别诉讼委员会，由 3 名董事组成，并聘请已经退休的纽约基层法院首席法官担任顾问。委员会的调查发现了 270 万美元的支付有问题，但是认为公司的官员没有参与贿赂。委员会决定不提起诉讼。原告不服而起诉。法院认为如果委员会的决定确实是由独立董事作出的真诚判断，那就属于商事判断，诉讼必须撤销，原告可以质疑委员会的独立性和决定的诚意。最终，这两点都被认定。原告败诉。

纽约上诉法院（该州最高）的态度大致相同。在奥伯克诉贝尼特 Auerbach v. Benett，47 N.Y.2d 619，393 N.E.2d 994（1979）一案中，通用电话电子公司行贿和非法支付的事件被曝光之后，股东提起派生诉讼状告公司董事和独立审计师。董事会任命了一个特别诉讼委员会，由 3 个董事组成。这 3 个人都是在非法事件发生之后才担任公司董事的，其中的一个是在诉讼开始之后才担任董事的。董事会还聘请纽约上诉法院的前首席法官担任诉讼委员会的独立顾问。委员会最终得出结论说没有一个被告违反注意义务，也没有人从中获得个人利益，进行派生诉讼不符合公司的最佳利益。初审法院据此批准撤销诉讼的请求，中级法院改判，上诉法院再改判并维持初审原判。该院认为，"对案子的实体处理取决于商事判断原则的正确运用"。393 N.E.2d 1000。本案是"适用商事判断规则的特殊情形"[②]。"商事判断规则并不阻挠法院调查这些董事会成员的无利益独立性。这里的特别诉讼委员会的成员是由董事会挑选出来代表董事会替公司决策的。事实上，只有当这些董事会代表保持无利益独立性，不处于阻碍他们行使无偏见判断的双重地位的时候，规则才保护他们的思考和结论。"393 N.E.2d 1001。在法院认定了委员会确实独立之后，又进一步探讨法院对于委员会行为的审查范围：

---

① 日本没有这样的法律，所以日本公司在海外的腐败行为众所周知。日本公司在中国的这类行为直接引发了抗议，抗议包括电视机在内的日本劣质货向中国市场倾销。

② 商事判断学说和商事判断规则有时候通用，有时候又不同。纽约上诉法院在这个判词中是不加区分地混用的。但是有的学者对二者进行严格的区分，认为规则是护身的盾牌，学说是进攻的利剑。规则保护董事不因他们的商事决策而承担赔偿责任。当董事作出了一个错误的、损失巨大的决策之后被告上法庭要求赔偿时，便引用规则来保护自己。而学说则强调董事会的商事决策权和管理权，不涉及赔偿责任问题。参见 Hinsey，Business Judgment and the American Law Institute's Corporate Governance Project: the Rule, the Doctrine, and the Reality, 52 Geo. Wash. L. Rev. 609, 611（1984）。本案中公司方面有两个决定：一个是董事会的非法支付决定；另一个是特别诉讼委员会终止派生诉讼的决定。前一个决定使公司遭受了损失，所以股东起诉要求董事个人赔偿。董事则引用商事判断规则保护自己。商事判断学说只适用于后一个决定，因为那里没有委员会成员的赔偿责任问题，股东与委员会的争议在于要不要继续诉讼。而商事判断学说一旦适用，股东便出局，诉讼即告终止。

首先是程序的选择是否适合需要完成的任务，其次是以所选的程序和根据该程序收集的证据为基础最终作出的放弃由股东派生诉讼提出的那些诉求的实体决定。后者，实体决定，完全处于商事判断原则覆盖的范围之内。在解决很多公司问题时都要权衡法律、伦理、商事、促销、公共关系、财务和其他因素。在此范围内，特别诉讼委员会得出的结论不属于我们的审查范围。所以，法院不得探究委员会在得出结论时考虑了哪些因素，给予了每个因素多少权重……审查这些问题会触及委员会所做的商事判断的核心。在这些问题上允许司法审查会架空商事判断原则对特别诉讼委员会的适用。它对问题的实体评估和它在它的决议中所做的判断都在我们的审查范围之外。参见393 N.E.2d 1002。

不过法院补充说审查委员会采用的方法和程序法院有经验，而且会做得比董事们更好，只是在审查委员会的程序和方法的时候不得以此为名侵犯到商事判断的领域里去。

这是完全否认结构性偏见的立场和观点。法院只审查委员会是否独立、有无利害关系、决策程序有没有问题，不审查决定的实体内容。

联邦第二巡回法院在 Joy v. North，692 F.2d 880（2d Cir. 1982）一案中的观点与此迥然不同。[①] 该案适用康州法律。法院认为康州会遵循泽帕嗒案（见本节稍后），但是对诉讼委员会的独立性却表达了通常的怀疑：

现实是用来评估某些诉讼的实体内容的特别诉讼委员会都是由被告任命的。这样的委员会自然会以不信任的目光看待针对其他董事的派生诉讼。这么说并非愤世嫉俗。事实上，如果涉案董事估计委员会不会建议结束诉讼，至少针对他们，那么他们很可能不会设立这样的委员会。

依阿华州最高法院同样接受结构性偏见之说，明确判决该州公司不得设立这类特别诉讼委员会来替公司作是否进行派生诉讼或如何进行派生诉讼的决定，而只能向法院申请指定特别小组进行调查并替公司作出决定。在 Miller v. Register and Tribune Syndicate, Inc.，336 N.W.2d 709，716（Iowa 1983）一案中，该院评论说：

被告公司和被告董事们即使没有明说，其实也默认在本案中董事会自身不能引用商事判断规则来撤销针对董事会大多数成员的诉讼。自然产生的问题是在这种情形下，董事会有没有权力授权一个委员会去做它自己不可以做的事情。

有关特别诉讼委员会的这些担忧的核心问题集中在"结构性偏见"上。该理论认为假定独立委员会的成员不受来自任命他们的那些董事在人际、财务、道义方面的影响是不现实的。当特别委员会的成员像在这场派生诉讼中那样都是董事同伴时，更是如此。

---

① 请注意：第二巡回法院位于纽约，是联邦纽约南区法院的上级法院。前述 Gall v. Exxon，418 F. Supp. 508（S.D.N.Y. 1976）一案就是联邦纽约南区法院判的，其判决时间比本案仅早了 6 年。

　　相关观察和心理分析似乎也支持结构性偏见的说法。[1] 现实中，在特别诉讼委员会成立之后，作为该委员会成员的董事和作为被告的董事依然在同一个董事会内工作。即使是在诉讼开始之后被任命到诉讼委员会去的成员，也同样是董事。对于公司中很多不涉及派生诉讼的问题，所有这些董事都会共同参与讨论和表决。他们长时间共事，共同服务于公司的最佳利益，共同完成各种复杂的任务，共同经受外来的竞争压力，对公司事务的许多问题持有相同的看法。这样，在派生诉讼问题上的裁判者和被裁判者就在为公司履行董事义务的过程中经常性地协作和交往。研究表明这种共同的经历不但产生友情，而且会使诉讼委员会的成员给予被告董事的看法、态度和感受以比原告这样的外部人更多的尊重和信任。董事之间交往越多，诉讼委员会的董事给予被告董事的偏袒也就越多。虽然这种偏袒并不必然会降低诉讼委员会对像原告这样的外部人的尊敬程度，但是相对地说，诉讼委员会总是更加尊重内部人。

　　此外，人们一般很看重董事席位，被选中并担任董事是一种荣誉。人们仰慕这些董事，能够与他们交往是很有价值的。诉讼委员会一般由外部董事组成。对于非被告董事来说，董事席位的吸引力和荣誉感会直接影响他们对同伴董事作出公正的裁判。

　　所以表面上看，我们可以把董事分为被告和非被告。但是实际情况要比这复杂得多。结构性偏见是客观存在的。

　　以上介绍了对待诉讼委员会的两种极端态度。纽约州是尊重的极端 [以 Auerbach v. Benett, 47 N.Y.2d 619, 393 N.E.2d 994（1979）案为代表]，只审查委员会成员是否独立以及程序问题，不审查委员会决定的实体内容。只要是独立委员会真诚作出的决定，便作为商事决策予以尊重。依阿华州是反对的极端（以 Miller v. Register and Tribune Syndicate, Inc., 336 N.W.2d 709, 716（Iowa 1983）案为代表），禁止采用独立委员会对派生诉讼做决定，认为在结构性偏见的影响下诉讼委员会不可能做出独立的判断。

　　特拉华州在两个极端之间走了一条中间路线，集中反映在泽帕嗒案中。

【案例 17-6】
泽帕塔公司诉马尔道讷多[2]

　　1970 年，泽帕塔公司授予其董事和某些官员购买公司股份的期权。期权可以分期行使，最后的一期是在 1974 年 7 月 14 日之前。当时公司股份的市场价格在 18~19 美元，但是公司决定以每股 25 美元的价格收购自己的股份，准备在 1974 年 7 月 14 日之前宣布收购计划，其效果是将公司股份的市场价格提高到每股 25 美元左右。因此，对于行权的人来说，就需要支付更多的联邦所得税，因为该税是根据行权价（12.5 美元）和市场价（约 25 美元）的差额计算的。

　　诉状称为了少交个人所得税，董事会投票将行权日提前到宣布收购要约之前。期权

　　① James Cox and Harry Munsinger, Bias in the Boardroom: Psychological Foundations and Legal Implications of Corporate Cohesion, 48 L. & Contemp. Prob. 83, 103-104（1983）.

　　② Zapata Corp. v. Maldonado, 430 A.2d 779（Del. 1981）. 以下宋体字是本书作者对案情和程序的概括性介绍，楷体字是本书作者对判词原文的翻译。

持有人可以在市场价较低的时候行权。可是，这又会相应地减少公司就官员报酬所享有的减税额度，即公司只能每股减去 5.5（18-12.5）美元，尽管其价格将在要约宣布之后达到 25 美元，那样公司的减税额度就是 12.5（25-12.5）美元。总起来说，期权持有者与公司在从事一个零和游戏：没有对方的损失，这方就无法赢利。董事会多数成员持有期权，因而与游戏结果利害相关。

1975 年，就同一事件在州和联邦法院都有派生诉讼登记，称投票将期权行权日提前的董事违反了信托义务，这些董事损公肥私，其重新获选违反了联邦投票代理规则。两场诉讼都以马尔道讷多诉弗林（Maldonado v. Flynn）命名。

在这些官司打了四年之后，泽帕塔公司的董事会任命了一个由两位新任董事组成的"泽帕塔公司独立调查委员会"。委员会雇用了某董事会成员所在的律师事务所担任顾问。受命三个月之后，委员会提交了一份"决定报告"，认为所有的诉讼都应撤销。根据他们的建议，公司律师向法院申请撤销诉讼。

纽约南区联邦地区法院认为特拉华公司董事会有权结束派生诉讼。[1] 关于商事判断，由威范德（Weinfeld）法官执笔的法院意见认为：

> 委员会在没有压力的情况下工作，得出诉讼在实体上无理的结论。这一认定并非行使商事判断的前提条件，尽管这是值得认真考虑的一个因素。相反，在此情形下商事判断规则的实质是董事们可以自由地认定某些有理诉讼的进行不符合公司的最佳利益。确实，赔偿责任在这里并非既定结论，因为行为的重大性有待审判确定。
>
> 从实体上判定某一场具体的诉讼是否应该进行需要权衡多种因素——伦理、商事、促销、公共关系、劳工关系、财务和法律。哪些因素需要考虑，每个因素的权重多少，都应当由明确任命的委员会来考虑，法院不得干涉。说到底，需要做的并且事实上已经作出的决定，不是法律的而是商事的判断。

显然，像在 Gall v. Exxon, 418 F. Supp. 508（S.D.N.Y. 1976）案中一样，该院仍然认为诉讼委员会可以作出商事判断，法院只能审查其独立性，不能审查其决定的实体内容。

特拉华衡平法院作出了相反的判决，认为案件不应当被撤销。参见 Maldonado v. Flynn, 413 A.2d 1251（Del. Ch. 1980）。但是由于联邦纽约南区法院已经判决，而诉求又来自同一笔交易，根据一案不再理原则，必须驳回。不过由于该案已经上诉到第二巡回法院，所以需要等待上诉的结果，参见 Maldonado v. Flynn, 417 A.2d 378（Del. Ch. 1980）。期间泽帕塔公司向特拉华最高法院上诉。

奎伦法官。

泽帕塔说得很对，它陷入了"程序堵塞"。我们同意，本院能够也应该解决一个特拉华法律的具体问题。在这中途上诉中，我们的审查限于委员会是否有权使本诉讼撤销。

---

[1] Maldonado v. Flynn, 485 F. Supp. 274（S.D.N.Y.1980）.

我们首先检查初审法官经过仔细斟酌后写下的判词，其中说到"商事判断"规则没有给予"公司董事会结束派生诉讼"的权力，413 A.2d at 1257。他的结论很中肯，因为好几家联邦法院在适用特拉华法律的时候都说商事判断规则使董事会（或者它们的委员会）得以结束派生诉讼，这些判决都与我们下面的判决矛盾。

就此术语的一般用法而言，加上下级法院的判决倾向，我们能够理解衡平法官的评论"商事判断规则对于委员会是否有权强制撤诉没有关系"。413 A.2d at 1257。公司的存在依赖于立法的优待，其权力限于立法者的授予。从《特拉华法典》第 8 章第 141（a）条派生出特拉华公司董事们的经营决策权，包括提起或者不提起诉讼的决策。这条成文法是董事权力的源泉。"商事判断"规则由法院创设，在某些情况下假定董事会的决策恰当。从防守的角度看，它并没有创设权力。在此意义上"商事判断"规则在公司决策过程中不起作用，直到决定作出才有用。一般当决定受到攻击时，它被用来防守。可是董事会的经营决策权来自第 141（a）条。法院的创设和立法者的授权互相联系，因为当董事们根据第 141（a）条行使经营权的时候，"商事判断"规则出来承认和尊重他们的生意专长。

本案中，虽然公司请求撤诉或不审而判从表面上看是董事会（授权给委员会）进行商事判断后作出的决定，但是在防守意义上，"商事判断"规则在终结派生诉讼的决定被指责为不当之前是不起作用的。衡平法官没有涉及这个问题，因为他认为股东个人也有继续本派生诉讼的权利。

因此，本案的核心是替公司决定撤回还是继续诉讼的权力。在我们看来，这个问题在本案目前的上诉阶段有三个方面：下级法院有关股东继续派生诉讼权利的结论；根据特拉华公司法一个董事会授权的委员会所享有的为公司利益撤回诉讼的权力；衡平法院在解决股东与委员会之间的冲突中的作用。

我们先来看下级法院关于原告股东在派生诉讼中的权利的结论。该院说当股东请求遭到拒绝，他仍然拥有不顾公司反对、继续派生诉讼的、独立的个人权利，以状告对于信托义务的违反。该院认为这是一条绝对的规则，这是不对的。该院如此表述特拉华规则的主要依据是 Sohland v. Baker, 141 A. 277 (Del. 1927)案。Sohland 一案是正确的法律，但是它不能被解读为支持下级法院的判词所推演的那种广义的论点。

而且，McKee v. Rogers, 156 A. 191 (Del. 1931) 一案认为，"一般的规则"是"不允许股东侵犯到董事们自由裁量的领域内，当管理层拒绝的时候依然代表公司起诉。这是已经确定的规则"。156 A. at 193。

当然，Mckee 案的规则也不能被广泛地解读为董事会的拒绝在任何情形下都是决定性的。董事会成员对公司负有信托义务，如果撤销派生诉讼构成对信托义务的违反，那就不能允许他们这样做。一般地，关于诉讼控制权的争议在两种情况下发生。

与要求请求的目的相一致，当股东请求，董事拒绝，认为诉讼对公司不利而要求驳回时，法院会尊重董事会的决议，除非它侵权。[①] 所以声称决议侵权是第一个例外，也

[①] 换句话说，当股东提出请求、遭到拒绝、抨击董事会决议不当时，该决议将按"商事判断"规则进行衡量，如果符合该规则的要求，就会受到尊重。本案的情况与此不同，原告因为董事不合格而没有提出请求，因而门槛问题是董事请求撤诉的权力。我们承认这两种情形有时候可以重叠。原注第 10。

是争议发生的第一种情况。如果没有侵权性的拒绝，股东在这种情况下没有法律上的经营管理权。

但是这并不意味着没有董事会的侵权性拒绝，股东永远没有起诉的个人权利。正如McKee案所说，一般的规则有一个"已经确定"的例外：

> 如果公司官员们受到某种影响以致不能成为进行诉讼的合适人选，请求显然无用，则股东可以依据衡平法提起派生诉讼，预先不向董事会请求而代表公司主张诉由。156 A. at 193（强调附加）。

这个例外是争议发生的第二种情况，也与下级法院的说法完全一致，即"除非股东能够说明请求无用……他提起诉讼的个人权利就不成熟"。

McKee一案和下级法院判词中的这些说法显然合理。请求一旦提出并遭到拒绝（只要不是侵权性的），股东提起派生诉讼的能力即告终结。[①] 但是如果请求可以免除，则股东有资格代表公司起诉。

不过这些结论还不能解决我们面临的问题，它们只是引导我们找到了需要解决的问题。正是在这里，我们与下级法院产生了分歧。我们不明白为什么派生诉讼的"两个阶段"，股东"强迫"公司起诉的诉讼和公司自己的诉讼，最终会自动地把公司控制诉讼的权利全部交给正在诉讼的股东。相反地，我们觉得如此僵硬的规则只注意到一人或一组人的利益而将公司实体内所有其他人排除在外。因此，我们摒弃衡平法官对问题第一方面的看法。

这样，需要解决的问题就变成：一个董事会授权的委员会在什么情况下可以使法院撤销一场由股东以自己的权利正当提起的派生诉讼？如上所述，董事会在接到请求之后有权选择不进行诉讼，只要该决定不侵权就行。如果董事会觉得诉讼对公司不利，以该决定为准。即使请求可以免除，也可能会出现继续诉讼不符合公司最佳利益的情形。我们需要探究在这样的情形下，公司根据第141(a)条能否通过合法的程序摆脱不利的诉讼。如果不能，单个股东在极端情形下可以控制整个公司的命运。第九巡回法院在Lewis v. Anderson, 615 F.2d 778, 783（9th Cir. 1979）一案中直白地表达了这个忧虑："一个股东只要对董事们提出指控便可以使整个董事会瘫痪，如此这般会给予持不同意见的股东过多的筹码。"但是当我们审查具体的手段时，包括本案中审查的委员会机制，必须认识到各种滥用权力的潜能。那就要看所上诉问题的第二方面和第三方面。

在我们对这里讨论的手段作衡平考量之前，首先必须明确一个独立的委员会有权寻求派生诉讼的终结。第141(c)条允许董事会将它的全部权力授予一个委员会。如果董事会有权请求撤销诉讼或者不审而判，一个正当授权的委员会也有同样的权力。

纵然本案中原告没有请求，要不要诉讼的决定起初没有摆在董事会面前，我们依然觉得泽帕塔的董事会握有决定诉讼的全部公司权力。如果马尔道讷多向董事会提出了请求，它有可能拒绝起诉。马尔道讷多然后可以主张不起诉的决定是侵权性的，如果他的主张成立，就可以维持诉讼。但是董事会并没有失去法定的经营管理权。请求的要求本

---

① 即使在这种情况下，即关于股东的起诉资格，可能也要通过诉讼来确定。原注第12。

身就表明了董事会有经营管理权。当一个派生股东在侵权性拒绝后获准诉讼时，董事会握有的选择要不要诉讼的权力依然不能质疑，只是它运用该权力得出的结论因为侵权而不受尊重。同理，第 23.1 条规则在某些情况下允许免除请求，也没有剥夺董事会握有的公司权力。它仅仅为原告节省了提出一个无用的请求所需的花费和时间，因为请求的结果无非是该权力的不当行使——董事会予以拒绝或者将诉讼的控制权交给反对的一方。可是根据第 141（a）条董事会依然有权就公司诉讼作出决定。问题在董事会成员失去作决定的资格，而不是董事会没有权力。

有关公司权力的探究然后集中在当董事会的多数成员受到个人利益影响时，它能否将权力交给两位无利害关系的董事组成的委员会。我们认为我们的成文法明确要求给予一个肯定的答复。如上所述，第 141（c）条明文规定委员会根据董事会决议规定的权力范围可以行使董事会的全部权力。况且，至少通过与成文法有关利益董事规定（特拉华法典第 8 章第 141 条）的类比就可以看清，特拉华成文法允许无利益董事代表董事会决策。

我们不认为董事会多数成员的利益污点本身构成向一个由无利益董事组成的独立委员会授权的法律障碍。该委员会可以代表公司请求撤销它认为不符合公司最佳利益的派生诉讼。

我们的注意力现在转移到衡平法院，该院面临着两个主张：股东主张一场正当提起的派生诉讼应当为了公司的利益而继续进行；而一个拥有董事会权力的委员会主张该派生诉讼应当被撤销，因为它与公司的最佳利益相左。

一方面，如果公司永远可以通过委员会机制将善意的派生诉讼从善意的派生股东手里夺走，派生诉讼已经得到公认的、从公司内部监管董事会的效力即使不会全部丧失，也会大大减少。另一方面，如果公司不能摆脱那些无理的或者有害的和动机不良的诉讼，为造福于公司而设的派生诉讼将会产生相反的、不想要的结果。我们需要找到一个平衡点，即使提出公司诉由的善意的股东权利不被董事会践踏，又使公司能够摆脱有害的诉讼。

我们说过，别的法院把这作为董事会委员会的"商事判断"来对待。如果一个"由独立无利益董事组成的委员会对它面临的问题进行了恰当的审查，考虑了各种因素，真诚地作出商事判断认为诉讼不符合公司的最佳利益"，那就必须撤销诉讼。参见 Maldonado v. Flynn, 485 F. Supp. at 282, 286。于是，问题变成了独立性、诚意和合理调查。委员会的最终结论按照该观点不受法院的审查。

然而，我不觉得在派生诉讼的这个阶段上"商事判断"的说法是恰当的平衡点。虽然我们承认与董事会判断的一般情形存在类比，但是我们认为除了坚持商事判断理论之外，现实中本案还有很多的风险需要我们谨慎。

本案是针对董事的诉讼，请求已经免除，诉讼正当提起，对此事实我们应当给予适当的尊重。这不是董事会拒绝的案子。况且，起诉状是在 1975 年 6 月份登记的，尽管双方当事人对于诉讼的进行程度无疑看法不同，我们必须注意"独立调查委员会"是在诉讼进行了 4 年，在选出了两个新的外部董事之后组建的。可能会出现这样的情形，即在激烈的诉讼进行了数年之后出于与涉案的实体权利无关的原因才登记这类请求。

还有，尽管我们坚信特拉华法律赋予正当授权的委员会以公司权力，我们必须注意董事们在对同一个公司里的同伴董事作出判断，而且在本案中正是这些同伴董事指定他们既任董事又任委员会成员。一个问题自然产生："要不是我运气好就轮到我了"的同情心会不会发生作用？进一步的问题是：限于独立性、诚意和合理调查的探究是否足以预防渎职，或许是潜意识的渎职。

我们认为除了第 12 条和第 56 条规则之外还有两个程序类比是有用的。首先，与和解存在一定程度的类比，因为二者都是在法院还没有对实体权利作出判决之前就请求终止诉讼。见 Perrine v. Pennroad Corp., 47 A.2d 479, 487（Del. 1947）。"在确定是否批准派生股东诉讼的和解建议时，被告董事处于交易的两边，衡平法院需要作出它自己的商事判断。"见 Neponsit Investment Co. v. Abramson, 405 A.2d 97, 100（Del. 1979）。在本案中，股东原告面临正当提起的诉讼被撤销，有权获得严格的司法审查。

其次，公司作为实际利益原告，如果委员会被授权代表公司说话，那就可以与原告在被告答辩之后请求撤诉，需要适用衡平法院第 41（a）（2）条规则的情形相类比。无疑，在请求撤诉的问题上，诉讼股东的立场是与公司对立的。第 41（a）（2）条规则指示"除非根据法院认为适宜的条件由法院下达命令，诉讼不得因原告的请求而撤销"，我们或许能够从中获得一些智慧。

我们认为，当起初原告没有请求，后来委员会行使权力要求撤销派生诉讼时，衡平法院是否答应完全取决于该院独立的自由裁量。这样，我们就在那些接受董事会委员会的独立判断的判例和下级法院在本案的判决中接受不受限制的股东原告控制权之间走了一条中间路线。在采取这一中间路线时，我们认识到："诉讼要不要继续进行的最终实质性判决需要平衡多种因素——伦理、商事、促销、公共关系、劳工关系、财务和法律。"见 Maldonado v. Flynn, 485 F. Supp. 274, 285。不过我们可以放心，因为这些因素没有超脱衡平法院的管辖范围。该院经常性地也有能力处理信托关系、信托财产的处置、和解的批准和众多类似的问题。我们知道司法过度干预的危险，但是不干预会更糟，且干预可以带来司法外部人的新颖观点。如果我们不能平衡其中的各种利益，我们就会在务实和节约司法资源的名义下取消对实体问题的司法决断，我们认为这是不必要也是不可取的。

独立委员会在经过客观全面的调查之后可以让公司在审判之前向衡平法院请求撤销。请求的基础是由委员会确定的公司的最佳利益。请求应当以书面形式详细写明委员会的调查、发现和建议。在法院的监督下，类似不审而判的程序，各方都应有机会对请求提供书面材料。就下面所列的请求提出的有限问题，申请人需要根据第 56 条规则承担普通的举证责任，证明在主要事实上双方没有争议，在法律上申请人有权获得撤诉。衡平法院的审查分以下两步步骤走：

第一步骤，法院要对委员会的独立性和诚意以及支持其结论的基础进行调查。为了调查的顺利进行，允许当事人进行有限的证据挖掘。独立、诚意和合理的调查都不能假定，而需要公司证明。如果法院认为委员会不独立或者说不清楚其结论有合理的基础，或者如果由于与程序有关的其他原因，包括但不限于委员会的诚意，法院感到不满，那就应当否决公司的请求。但是如果法院根据第 56 条规则感到委员会是独立的，其对事实的善意认定和提出的建议都有合理的基础，则应继续到下一步。

第二个步骤，在我们看来是平衡股东派生诉讼所表达的公司合法诉求和独立调查委员会所表达的公司最佳利益的关键。法院应当独立地作出它自己的商事判断是否准许请求。[①] 这当然意味着可能出现这样的情况，委员会在证明了它的独立性和善意决定的合理基础之后其请求依然被否决。第二个步骤的目的应对这样的情形：公司行为符合第一步标准，但是结果仍然不符合其精神实质，或者公司行为会过早地结束股东的诉讼，而该诉讼为了公司的利益值得进一步核查。衡平法院面对一场正当的诉讼当然必须仔细考虑和权衡公司在撤诉中的利益有多重大。有时候，衡平法院除了公司的最佳利益之外还应该特别考虑法律和公共政策问题。

如果法院经过独立的商事判断感到满意，可以准许请求，当然也可以加上各种法院认为必要和恰当的公平条件。

否决衡平法院的中途命令，发回案子，按照本判词作进一步的审理。

法院在判词中区分了请求必须和请求无用两类案子。本案属于后者，因为原告没有向董事会提出请求，被告也没有质疑这一点。于是法院也就没有必要去探讨要不要请求和在什么情况下需要请求的问题。所以，3 年后在阿勒森一案中，摩尔法官一开始便说："泽帕嗒案判决之后，本院还有一个重要问题没有回答：股东因为要纠正所称的对公司的侵权，在提起派生诉讼之前先向董事会提出的请求何时可以因请求无用而免除？"阿勒森案回答的就是那个问题。

从诉讼进行的顺序上看，本案应该排在阿勒森的后面，即在请求被认定无用或者没有请求而公司也不要求请求的情况下，在诉讼开始以后，由董事会设立的特别诉讼委员会有没有权力终止诉讼，特别是当委员会认定诉讼的继续进行不符合公司的最佳利益，请求法院撤销诉讼，而原告股东表示反对的时候，法院应当给予委员会的决定以多大程度的尊重，可否将它看作商事判断予以保护？泽帕塔在纽约州和依阿华州两个极端之间走了一条中间路线（初审判决偏向于依阿华的立场）。按照尊重决定为商事判断的观点，法院只能审查委员会的独立性，不能审查其决定的实体内容。按照依阿华的观点，这样的委员会受结构性偏见的影响，根本就不可取。但是特拉华州最高法院在本案中一方面承认独立诉讼委员会的有用性；另一方面又不同意将其决定简单地看作商事判断。法院承认结构性偏见的影响："尽管我们坚信特拉华法律赋予正当授权的委员会以公司权力，我们必须注意董事们在对同一个公司里的同伴董事作出判断，而且在本案中正是这些同伴董事指定他们既任董事又任委员会成员。一个问题自然产生：'要不是我运气好就轮到我了'的同情心会不会发生作用？进一步的问题是：限于独立性、诚意和合理调查的探究是否足以预防渎职，或许是潜意识的渎职。"因此，除了要对委员会的独立性进行

---

① 衡平法官说："在我们的法律制度下，是法院而不是诉讼当事人决定诉讼的实体问题。"这一步骤在一定程度上包含了同样的精神和哲学。原注第 18。

审查（同时强调对这种独立性不能假定，只能由公司证明）之外，还要求衡平法院考虑"伦理、商事、促销、公共关系、劳工关系、财务和法律"等多种因素，还有公共政策，而这些因素都属于实体问题，纽约州法院明确将它们排除在法院的考虑范围之外，认为法院不适合考虑这些商事实体问题。但是特拉华最高法院对衡平法院的能力很有信心："我们可以放心，因为这些因素没有超脱衡平法院的管辖范围。该院经常性地也有能力处理信托关系、信托财产的处置、和解的批准和众多类似的问题。我们知道司法过度干预的危险，但是不干预会更糟，且干预可以带来司法外部人的新颖观点。"也就是说，在委员会的独立性和诚意得到证实之后，衡平法院还要综合考虑各种因素，权衡撤诉与否对公司的利弊得失，然后作出它自己的商事判断——撤销还是维持派生诉讼。

在 Lewis v. Funqua, 502 A.2d 962（Del. Ch. 1985），appeal refused, 504 A.2d 571（Del. 1986）一案中，特拉华法院认定诉讼委员会的董事不独立。他是富卡公司的董事，与控制公司的总裁有诸多政治和经济的交往；他还是杜克大学的校长，不久前杜克大学接受了富卡公司和公司总裁1 000万美元的捐款承诺；总裁过去也曾多次给杜克大学捐款并且是该校的受托人之一。

三、《美国商事公司法范本》的办法

《美国商事公司法范本》第7.40—7.47条列出了派生诉讼的详细规则。它规定凡是派生诉讼都需要在起诉前向公司董事会请求。权威评论解释说这是为了：（1）给予董事会一个在官司的威胁之下审查问题并采取纠正措施的机会；（2）节省围绕请求要不要免除进行诉讼所需要的时间和费用。原告在请求之后必须等待90天才能起诉，除非请求被提前拒绝，或者等待这么久会给公司造成不可挽回的损失。例如，假如起诉时效将到，原告一般可以提前起诉。

如果请求被拒绝，原告在未经证据挖掘的情况下，必须举出"具体的事实来说明拒绝请求的董事会的多数不是由独立董事组成"或者拒绝请求的决定不是"在经过合理调查之后善意"作出的。见《美国商事公司法范本》第7.44条。这似乎又回到了请求无用与请求必须的争议上，要求法院作出判断。如果诉状所称足以说明董事会多数不独立，则举证责任转向公司，由公司证明拒绝请求的决定是经过合理调查之后善意作出的。权威评论承认范本第7.44条通过将最初的举证责任分给原告，要其举出董事会多数不独立的事实，并以原告是否满足该要求为基础分配举证责任，承继了请求免除和请求必须的区别。虽然范本将相关问题表述为董事的独立性而不是请求无用，但是法院需要处理的问题是一样的。

对于作出决定的董事，审查过他们的资格的判例都要求他们既无利益又独立。无利益指在受质疑的交易中没有个人利益，只有公司或全体股东获益；独立指不因与被告董事之间的个人或者其他关系而受到有利于被告的影响。范本第7.44（b）条只使用了"独立"一词，因为该词必定包含了交易中没有个人利益的要求。独立董事不限于非官员或者"外部"董事，在适当情形下也可以包括公司官员。

在已发表的判例中，很多特别诉讼委员会的成员都是由案中被列为被告的董事在所称的侵权行为发生之后选举的董事组成的。第（c）（1）款表明非独立董事或股东参与了对新董事的提名或选举并不导致新董事被认为不独立。这句话否定了如下的看法：由于固有的结构性偏见，非独立董事对新董事的任命使新董事在作出应作决定时不独立。第（2）、第（3）两句确认了数家法院的判决：单是董事被列为被告或者批准了受质疑的交易这一事实并不导致认定该董事不独立。参见范本第 7.44 条权威评论。

虽然范本规定请求必需，没有例外，因而似乎也就不存在请求无用的问题，但是实际上请求无用还是存在。因为在原告的请求被拒绝之后，原告仍然可以在诉状中举出具体事实说明董事会不独立或者其拒绝请求的决定不是商事判断的结果。这与阿勒森案提出的合理怀疑标准大同小异，所以还是承继了请求无用与请求必需的区分。法院最终考虑的问题是一样的。差别只在于走一下请求程序，等待 90 天。

【案例 17-7】

恩藿诉库里 [1]

Shirley S. Abrahamson 首席大法官。

根据《威斯康星成文法》第 180.0744 条 [2] 规定，公司可以设立由董事会中的独立董事在董事会会议上以多数票任命的两个或两个以上的董事组成的特别诉讼委员会。特别诉讼委员会决定派生诉讼是否符合公司的最佳利益。如果独立的特别诉讼委员会本着诚意进行了合理的调查并以此为基础得出结论，认为派生诉讼的进行不符合公司的最佳利益，巡回法院应当撤销该派生诉讼。成文法要求巡回法院尊重一个正当组成又正当运行的特别诉讼委员会作出的商事判断。

对特别诉讼委员会所作决定最经常的指责是它的成员不独立，本案也是这样。由于委员会的撤诉决定具有一锤定音的意义，为了确保特别诉讼委员会独立并按公司的最佳利益办事，司法监督是必要的。本案争议的焦点在特别诉讼委员会是否按照《威斯康星成文法》第 180.0744 条所要求的由独立董事组成。

虽然《威斯康星成文法》第 180.0744 条的语言明确要求特别诉讼委员会的成员独立，该法并没有对"独立"进行定义。《威斯康星成文法》第 180.0744（3）条只是指示委员会的董事是否独立不应仅仅以法律所列的以下三个因素为准：（1）该董事是否由派生诉讼中的被告提名或者选举到特别委员会里去的；（2）该董事是否为案中的被告；（3）该董事是否参与批准了案中受到质疑的行为，假如该行为没有给他带来个人利益的话。

立法机构明白它所列的这些因素的意义。它允许巡回法院考虑这些因素，但是一个或更多因素的存在本身还不足以确定该董事是否独立。

---

[1] Einhorn v. Culea, 235 Wis.2d 646, 612 N.W.2d 78（2000）.
[2] 该条以美国《商事公司法范本》第 7.44 条为蓝本。

比如，立法机构认识到股东可以在派生诉讼中将所有的董事列为被告，从而使董事会的任何董事都不能成为特别诉讼委员会的成员。

通过司法审查确定委员会的成员是否独立，它的程序是否合法之所以极其重要，是因为法院受一个正当组成和运行的委员会的实体决定的约束。公司被告依据董事会挑选的独立董事组成的委员会的决定而获得撤销诉讼的权力在法律上是很特别的。立法机构在第180.0744条中所设置的决定委员会成员是否独立的门槛决不像巡回法院所说的"极低"。我们认为立法机构希望巡回法院仔细检查特别诉讼委员会的成员是否独立。

下面我们讨论用来确定董事作为特别诉讼委员会的成员按照《威斯康星成文法》第180.0744条是否独立的恰当标准。这个问题在威斯康星州是第一次提出。在确定董事（作为特别诉讼委员会成员）是否独立时应该考虑哪些因素？成文法对此什么也没有说。

商事公司法范本（《威斯康星成文法》第180.0744条以此为蓝本）是以许多州发展出来的有关特别诉讼委员会的法律为基础的。因此，我们有其他州的判例法可以参考。我们从该判例法中推衍出如下的标准以确定一个特别诉讼委员会的成员是否独立。

成员是否独立要在客观基础上进行衡量，以他们被任命到特别诉讼委员会时为准。综合考虑各种情形，法院应确定一个合理的人处在特别诉讼委员会成员的地位能否将决定建立在涉案问题的实体权利的基础上，而不是建立在与此无关的考虑或关系的基础上。换句话说，标准是委员会成员与被告个人或者公司之间是否存在会影响他对诉讼问题的判断的关系。法院在确定成员是否独立时应该考虑的因素包括但不限于下列7个。

（1）委员会成员的被告地位和可能的赔偿责任。特别诉讼委员会的成员最好不是派生诉讼的被告且不因该诉讼而有个人赔偿之虞。

（2）委员会成员对所称侵权行为的参与或批准或者在所质疑交易中的经济利益。特别诉讼委员会的成员最好在涉案交易发生或者被批准时还不是董事会成员，也没有参与该交易或其他涉案事件。无辜的或形式上的卷入不会导致该成员不独立，但是重要的参与、批准或者个人经济利益却会。

（3）委员会成员与某一被告过去和现在的生意或经济交往。在确定某成员的独立性时，应该考虑他与某位被告个人之间的雇佣和财产关系方面的证据。

（4）委员会成员过去和现在与被告个人之间、家庭之间和社交方面的关系。在确定某委员会成员是否独立时应该考虑该成员过去和现在与某被告个人的非财产关系。一个成员直接或间接地受到某被告个人的统治或控制，或者听命于该被告个人的程度将影响对该成员是否独立的确定。

（5）委员会成员过去或现在与公司之间的商事或经济关系。例如，如果特别诉讼委员会的一个成员是公司的外部律师或者顾问，在确定他是否独立时应该考虑这个因素。

（6）特别诉讼委员会的成员数量。特别诉讼委员会的成员越多，巡回法院给予一个影响某个委员会成员使其不独立的利益的权重就越少。

（7）公司律师和独立律师。如果特别诉讼委员会雇用的律师过去没有代理过公司或者被告个人，法院更可能认定该委员会独立。

有些法院和评论家认为特别诉讼委员会的"结构性偏见"会玷污他们的决定。他们说委员会的成员由公司的董事们任命，会本能地同情他们的董事会同事，因而除了那些最极端的指控之外，都会投票赞成撤诉的。他们声称委员会天生有偏见，相信不得。《威斯康星成文》法第180.0744条和商事公司法范本就是要对付这种可能。

法院不该先入为主地假定特别诉讼委员会天生有偏见。虽然特别诉讼委员会的成员与被告董事可能有类似的经历并在董事会共事，立法机构已经宣布特别诉讼委员会的独立成员能够作出独立的决定。我们今天阐明的测试标准同成文法一样，都是要克服任何"结构性偏见"的影响。

巡回法院应当全面地考察案情。认定特别诉讼委员会的一个成员独立并不要求没有任何表示他不客观的事实。即使一个董事与另一个被指责侵权的董事有着个人或者生意上的关系，他可能依然是独立的。虽然全面考察案情的标准不要求完全没有表示某成员不独立的事实，巡回法院在确定一个成员是否独立时必须仔细、严格地适用标准。如果成员不独立，法院实际上在允许被告董事对他们自己被指控的不法行为作出判决。特别诉讼委员会的价值取决于委员会成员的独立程度。

巡回法院审查特别诉讼委员会的每个成员是不是股东十分重要。不管怎么说，特别诉讼委员会是"美国司法中独特的情形：被告只要通过任命一个委员会来审查诉状所称，就可以从诉讼中解脱"。见 Lewis v. Funqua, 502 A.2d 962, 967 (Del. Ch. 1985)。我们同意特拉华衡平法院的意见，初审法院必须"十分确定特别诉讼委员会是真正独立的"。虽然法院不适合评估商事判断，但是对于评估特别诉讼委员会的成员是否独立却有着丰富的经验。

我们所阐述的标准达成了立法机构所期望的平衡：在授权公司通过特别诉讼委员会撤销无理的派生诉讼的同时，又通过法院对特别诉讼委员会的构成和行为的适当监管对该权力进行制衡。

从本案可以看出，威斯康星州采纳了范本的模式。在对待特别诉讼委员会的态度上，范本的标准与纽约州类似。因为它将委员会的决定看作商事判断，只要求法院审查委员会的独立性，不要求审查交易的实体问题。这与泽帕塔要求既审查独立性又审查实体交易的规定形成鲜明的对比。由此，美国今天的公司法学界普遍认同在请求问题上的两种模式：特拉华模式和范本模式。[①]

不过，即使仅仅审查委员会的独立性，其审查也是相当地严格，这从上面所列的7个考虑因素就可以看出。结构性偏见没有被彻底摈弃，而是承认其存在，并且要"对付这种可能""克服任何'结构性偏见'的影响"。审查过程中法院具有较大的自由心证空间。

公司的内部程序经常是派生诉讼中的主战场。如果原告过得了请求关，又挺得住诉讼委员会终止诉讼的请求，被告一般都会和解。

[①] 其实还有依阿华（或北卡罗来纳）模式，因为特拉华无非是走了一条中间路线。但是因为特拉华州是美国公司法的领头羊，影响巨大；美国商事公司法范本同样影响巨大；而依阿华是个农业州，在公司法领域内影响不大，所以人们往往只看特拉华和范本两家，不看第三家。

历史上美国有的州除了要求向董事会请求之外，还要求向股东会请求。特拉华原先也有这样的要求。在 Mayer v. Adams, 141 A.2d 458（Del. Ch. 1958）一案中，向董事会请求无用的理由很充分，被告不予质疑，但是提出应该向股东会请求。对此原告提出了两点免除理由：第一，诉讼针对欺诈，这是股东会无权批准的；第二，公司有十几万股东，向他们请求等于是争夺投票代理权，这样的要求是不合理的。法院接受了这样的辩解，并且进一步指出，把投票代理权的争夺作为派生诉讼的前提条件是荒唐的，股东会上没有事实证据的呈交，不是解决讼争的地方。如此要求的客观"效果将是严重损害少数派股东纠正公司董事的欺诈行为的既有权利"。之后，向股东请求成为不必要。

美国绝大多数州都不曾要求向股东请求。少数州虽然要求过，但是法院在判案时都比较灵活宽松，会考虑原告动机、参与诉讼的股东人数、离下次股东会还有多长的时间等各种因素。如果股东人数太多，费用太高，请求可以免除。最终，它们都彻底放弃了这项要求。麻州坚持得最久，而且特别严格，只要不是多数股东都干了坏事，就必须向股东请求，不管费用有多高，实际上反映了对派生诉讼的不信任，认为少数派股东往往很自私。可是到了 2004 年，麻州也放弃了这项要求。

第五节　和　　解

在美国的司法系统中诉讼和解一直发挥着重要的作用。诉讼很少走到审判或者最后判决的阶段，绝大部分没有被撤销的诉讼都是和解的。

和其他诉讼相比，股东诉讼和解得更多。股东诉讼都是由原告的律师发起的，原告只是一个傀儡。原告律师在派生诉讼中最有话语权，在是否接受一个和解方案上也是如此。几乎所有的律师都采取分成制收费，即在胜诉的情况下按照被告的赔偿额收取一定比例的律师费，败诉了不收费。因此，从律师自身利益的角度看，他追求三个目标：多收费、少投入时间、减少因败诉而白干的风险。这使许多律师倾向于小额而快速的和解，因为如果审判而败诉，他们几年的努力就得不到任何报酬。这样的利害关系造成了原告律师与被告串通一气、以牺牲公司利益为代价达成和解协议的潜在动因，因为费用最终都会由公司支付，尽管也有不少为保护股东利益而富有献身精神的律师。有时候，原告律师发现讹诈性诉讼有利可图，因为虽然胜诉的可能微乎其微，但是公司为了避免高昂的诉讼费用往往愿意支付一定的费用（包括原告的律师费）而和解。这样的诉讼可以给律师带来骚扰的价值，也即和解的价值。从公司和个人被告的角度来看，和解的好处是终于让原告"走开"了，而且法院的判决使别的股东不能就同样的诉由再行起诉（一案不再理规则）。

有时候，诉讼很有理，但是原、被告双方串通秘密和解，被告支付一大笔钱给原告了结诉讼。这其实是贿赂，是原告放弃主张公司权利的对价。这种秘密和解向来被看作严重的罪恶。法院表示如果原告股东在秘密和解中获得支付，其他股东可以以公司名义向原告股东提起派生诉讼，收回支付的金额。

一般地，股东的利益在于获得最高的赔偿，有时候他们也从公司管理模式的改变或者重要信息披露的加强中获益，而讹诈性诉讼和那些只有象征性的管理模式改变或者没有意义的披露不会给他们带来任何好处。

由于派生诉讼的和解中可能发生的种种猫腻，例如，骚扰性诉讼、秘密和解等，加上原告与律师的利益不一致，法院的监督就十分必要。法院最关心和解给公司带来的利益，因为派生诉讼就是为了公司的利益提起的。在多数情况下，法院主要考虑和解支付的足额与否，拿来同公司胜诉获赔的数额进行比较，扣除风险因素和时间的拖延。有时候，法院还会考虑原告的律师费和公司对被告的报销。

《联邦民事诉讼规则》第 23.1 条、美国商事公司法范本第 7.40 条和许多州的成文法都要求法院对派生诉讼的和解、妥协、撤诉进行审批。审批遵循一定的程序。主张和解的人（一般为原告律师）需要向法院证明和解的合理性，具体包括：（1）和解是实际谈判而不是暗中串通的结果；（2）提出和解的律师有类似案子的经验；（3）已经对证据进行了充分的挖掘，所以律师是在知情的基础上提出和解的；（4）反对的人很少，或者他们的利益极小。在和解申请人完成了这些举证之后，责任转向和解的反对者。最后由法院决定从原告最终胜诉的可能性来看和解是否合理。[1]

法院在确定和解合理性时一般考虑如下因素：（1）诉求是否合理有效；（2）诉讼的困难程度；（3）判决的执行难度（钱能否收到）；（4）诉讼带来的拖延、费用和各种麻烦；（5）妥协的数额和判决后可收取的数额的比较；（6）各方当事人正反两方面的观点。[2]

和解中经常有非金钱的安排，例如，董事会增加外部董事的比例、设立独立的审计委员会、提名委员会和报酬委员会、对股东披露更多的信息等。此外，和解安排还可能要求董事放弃期权或者将所持股份卖还给公司。有些和解中公司没有得到任何的金钱赔偿，只有这些非金钱的改善。由于原告律师往往是诉讼中最大的利益相关方，所以当和解达成的是这类非金钱的改善性措施时，他们会把这些改进折算成一定的金额，以计算律师费。例如，当被告董事放弃期权的时候，该期权的价值可以看成是公司获得的赔偿。不过有时候，这种折算毫无道理，无非是为了增加律师费。美国法学会称为"假币"。所以，法院在监督的过程中不但要评估和解的合理性，而且要评估律师费的合理性。

几个因素会影响法院审查。由于各方当事人已经达成和解协议，他们就不会向法院指出其中的问题或者弱点。原被告律师原来是对手，现在结成了联盟。[3] 这样法院就得不到在一个对抗过程中暴露出来的种种重要信息。为了获得更多的可靠信息，法院经常自行调查案件的实体问题，或者任命特别助理去调查。这是一件很吃力的事情。有时候

① Desimone v. Industrial Bio-Test Laboratories, Inc., 83 F.R.D. 615 (S.D.N.Y. 1979).

② Polk v. Good, 507 A.2d 531, 536 (Del.1986).

③ 半个多世纪以前，著名的亨利·福任德里（Henry Friendly）法官就指出："和解一旦达成，原告股东的律师就和先前的对手携起手来，共同捍卫他们的手工作品。" Alleghany Corp. v. Kirby, 333 F.2d 327, 347 (2d Cir. 1964) (Friendly, J., dissenting), aff'd per curiam, 340 F.2d 311 (2d Cir. 1965) (en banc), cert. dismissed, 384 U.S. 28, 86 S. Ct. 1250 (1966).

它们还向证交委等政府机构咨询专家意见。但是最常用的办法还是通知广大股东并给予反对和听证的机会。这也反映出美国法官利用市场力量的自觉性。各州对通知的要求有所不同。《联邦民事诉讼规则》第 23.1 条只要求"按照法院指示的方式"，许多州的规定与此相同。商事公司法范本的要求更具体一些，如果提议的和解"会对公司股东或某一类股东的利益产生较大影响"，必须通知。问题是谁承担通知的费用。如果是上市公司，股东成千上万，通知的费用还是比较可观的。有的法院采取灵活的通知办法，允许只通知随机确定的一部分股东。

虽然没有股东反对不等于股东真的都同意，但是如果没有股东反对，法院一般都会批准和解。如果没有别的原因，至少可以减少法院的工作量。经法院批准的和解像判决一样，具有一案不再理效果。这也是将和解信息通知全体股东的理由，因为如果有部分股东没有通知，他们就有可能对一案不再理效果提出质疑。

接到通知的股东反对起来也困难。首先，信息不够。他既不知道案情，也不知道和解是怎么谈成的。要想获得信息，他必须对原告律师、被告律师和公司律师都提出质疑。其次，从通知到听证的间隔时间不长，股东必须在这有限的时间内行动，往往比较局促。再加上集体行动的困难，"搭便车"等心理因素，极少有股东挺身而出反对和解的。而无人反对又被法院作为批准和解时的一个考虑因素，尽管法院知道这不等于相关股东真的在心里不反对。不过，仍然有股东反对成功的案例，结果是法院撤销了和解，派生诉讼继续进行。

In re Chicago and North Western Transportation Company Shareholders Litigation，1995 WL 389627（Del. Ch. 1995）一案涉及两家公司的合并，其中一家公司有股东认为合并条件不公平，董事们没有在合理的范围内为股东争取最高的价格，投票代理权征集书也没有向股东披露所有的重要信息，于是提起派生诉讼，请求法院发布禁令禁止合并。就在法院开庭审理的前夕，原被告达成和解，被告将补充一份投票代理权征集书，进一步向股东披露信息；原告律师请求支付 52.5 万美元的律师费和其他费用。一位股东站出来反对，认为该和解没有给股东带来任何利益，只给律师带来利益。法院很勉强地批准了和解，认识到信息的进一步披露对股东是有利的，因为他们可以在知情的基础上对合并投票表决。但是法院发现补充的征集书中披露的事实只有三点是重要的，股东获得的这点好处与高昂的律师费不成比例，所以应该将律师费削减到 30 万美元。

Fruchter v. Florida Progress Corporation，2002 WL 1558220（Fla. Cir. Ct. 2002）一案同样涉及合并，合并双方进行了对等的、面对面的谈判。股东提起集体派生诉讼，指责合并条件不公平。在原、被告双方最终达成和解时，合并已经完成。和解协议既不要求被告公司向原告集体支付更多的对价，也不要求公司进一步披露信息，而只是由原告律师向原告集体保证：在审查了所有的公开和未公开材料之后，发现合并"谈判正当，不套近乎，集体成员获得了他们股份的公平、合理的对价""征集书最终向集体成员完整、准确地披露了对他们作出投票赞成股份交换的决定是重要的事实"。原告方面同意放弃所有的诉求，包括已经提出的和将要提出的。被告则表示不反对原告律师申请 37.5 万美元的律师费。法院拒绝批准这个和解协议，指出：

总之，和解协议没有对集体成员的补偿。所有证据表明集体成员今天所处的财产和法律地位与他们假如不打这场官司所处的地位完全一样。尽管和解没有给集体成员带来任何好处，律师却要本院批准和解，给予被告一案不再理的结果，还要给予他本人几十万美元的律师费。这场集体诉讼看起来就像一个"耍赖抹车仔"，在市区道路的交叉口，冲到被红灯拦住的车子前，在原本就十分干净的挡风玻璃上喷上肥皂水擦拭，期望车内的人为这不需要的服务付钱。

在 In re M & F Worldwide Corp. Shareholders Litigation，799 A.2d 1164, 1167（Del. Ch. 2002）一案中，7 个股东就公司某笔交易提起派生诉讼，当律师与被告达成和解时，3 个支持而 4 个反对。4 个反对和解的股东坚持要求公司取消交易。作为原告当事人，他们请求法院宣告律师不合格。法院否定了他们的请求，指出派生集体诉讼中的原告不享有与其他案子中的原告相同的权利。

这些原告选择提起代表性诉讼，试图利用代表（公司）和其他人这一更大的权利取得对他们有利的救济。因此，他们接受了与个人诉讼不同的律师关系。在这类代表诉讼中，原告律师必须为公司和公众股东的最佳利益服务，有权提出善意的和解——即使该和解遭到部分原告的反对——条件是原告律师在原告内部披露这些反对意见并协助法院执行一个程序，使反对者能够向法院陈述他们的观点。

不过，后来公司方面决定主动取消交易以便尽早结束诉讼，所以这 4 个股东达到了他们的目的。

第六节 律 师

从派生诉讼的特点以及由此决定的实际纠纷出发，本节对原、被告律师介绍以下三点：原告律师费的支付理由和计算方法、集体诉讼中原告律师的选择和被告律师的双重代理问题。

一、原告律师费

在原告律师费的支付上，美国诉讼的一般规则是各方律师费自理；胜诉方无权向败诉方索取律师费。可是派生诉讼是个例外：被告胜诉，各方律师费自理；原告胜诉或者和解，原告的律师费由公司支付，理由是原告律师为公司提供了服务，因而有权获得服务报酬，只要诉讼给公司带来了金钱或者非金钱的好处。比如诉讼的结果是法院下达一个禁令，禁止公司的董事和官员从事某种不当行为，或者公司同意修改规章或者做一些程序上的改变，都是诉讼给公司带来的非金钱好处。

Tandycrafts, Inc. v. Initio Partners，562 A.2d 1162（Del. 1989）一案是针对公司及其董事的派诉讼，原告认为公司的投票代理权征集书含有虚假的和误导性的陈述。在公司采取纠正措施之后，原告撤诉并请公司支付律师费，公司拒绝。法院指出，公司政策的改变或者信息披露的改进都可以支持律师费的支付。"一旦确定某个有利于公司的行为发生于一场合理的诉讼开始之后，举证责任就在公司，由公司证明诉讼没有引起该行为。"同上第 1165 页。

在 Zlotnick v. Metex, Inc., 1989 WL 150767（Del. Ch. 1989）一案中，目标公司的股东提起派生诉讼，请求法院禁止合并，称收购价格太低，极端不公平。公司董事会组成一个特别委员会经过与收购方谈判提高了价格，解决了原告提出的问题。原告请求公司支付律师费遭到拒绝。法院说根据 Tandycrafts 案的判决，被告承担举证责任，证明价格的提高不是由诉讼引起。由于被告无法否认这种可能性，法院判给律师 6 万美元。这个数额，法院解释说，"考虑到没有提供多少服务，是慷慨的"。后来又有几个案子，也都是这样判的。

由于派生诉讼中律师与当事人之间具有特殊的关系和可能的利害冲突，法院必须对律师费的支付予以监督和审批，甚至直接拍板确定。法院计算律师费遵循两种方法："星位"法 ① 和百分比法。

"星位"法其实就是按时间计酬。法院首先要确定诉讼为公司和公司股东争取的利益和律师为了争取这些利益而花费的合理小时数，然后根据律师的经验、名声、资历和其他各种相关因素确定每小时的收费标准，二者相乘便得到"星位"。这个星位还可以结合其他因素进行调整，例如，律师的工作质量、案子的风险大小、胜诉可能、获赔数额等。

百分比法比较简单，就是按照获得的赔偿数额确定一个百分比，一般在 100 万美元以下的在 20%~35%，高于此数的在 10%~20%。

这两个办法都有问题。采用星位法计酬会使律师故意拖延，而不是为了公司和股东的利益而早日结束诉讼，被告律师也会配合原告律师拖延时间。此外，由于律师的报酬主要与时间挂钩，与公司获得的赔偿数额关系不大，律师也很容易接受一个较低的和解数额。采用百分比法会使律师过早地和解以免大量的时间投入，因为随着他们投入时间的增加，他们的边际收益会减少。

有的法院将两种办法结合起来，以百分比法为主，再用星位法进行对比检查。例如，在证券集体诉讼 In re Cendant Corporation Litigation, 264 F.3d 201（3d Cir. 2001）一案中，按百分比计算律师费应为 2.64 亿美元，但是第三巡回法院否决，因为按星位法计算，这是律师平时每小时收费的 20~45 倍。

二、集体诉讼中原告律师的选择

与我国民诉法规定的共同诉讼不同，集体诉讼是美国民事诉讼中的独特制度。集体人数不限，可以成千上万。诉讼由集体中的个别成员代表整个集体提起。集体的其他成

---

① "星位"法（lodestar method），由美国第三巡回法院在 Lindy Brothers Builders, Inc. of Philadelphia v. American Radiator & Standard Sanitary Corp., 487 F.2d 161（3d Cir.1973），appeal following remand, 540 F.2d 102（3d Cir. 1976）一案中创立。

员只要登记便可。凡是处于相同地位的人都可以登记加入。诉讼过程中也会有新的成员前来登记，不断加入，使集体越来越大。最后的判决对全体成员有效。如果胜诉获得赔偿，所有登记过的人都会分到钱。由于一案不再理的缘故，无论是登记过分到钱的人还是没有登记因而没有分到钱的人都不得就同一诉由再行起诉。

派生诉讼中由于处于相同地位的小股东人数众多，所以大都取集体诉讼的形式。[1]这个集体中的每个成员可能都有充当原告代表整个集体起诉的资格。因此，公司一旦出现欺诈丑闻，就会有很多原告律师事务所替不同的股东登记起诉状。这类诉讼不一定都是派生诉讼，有些是直接诉讼，但是派生诉讼无疑占了很大一块。

面对众多原告就同一侵权行为和相同被告提起的多个诉讼，法院不会每一个都审理，而只能审理其中的一个，其他官司可以暂停、驳回或者与选定审理的案子合并。为了节约司法资源、提高效率，必须这样做。集体诉讼判决之后将对整个集体生效，并且发生一案不再理的效力，以后其他股东不得就同一事件再次起诉。可是一开始面对众多诉讼，法院究竟选择哪一个案子来审理呢？这就涉及挑头原告——实际是挑头律师的选择问题了。这个问题存在于所有的集体诉讼中，并非派生诉讼所特有，所以原本属于民事诉讼法的范畴，但是因为派生诉讼大都是集体诉讼，所以在这里讲解。

法院通常的做法是鼓励律师们达成协议，确定由谁来担任原告律师。他们有时候会同意共同挑头。可是，由于利益巨大，被挑中的律师事务所将取得律师费的大头，多家律师事务所经常难以达成协议。他们经常会通过诉讼来解决谁挑头的问题，而被告则在一边看着，等着。

在1995年的《民间证券诉讼改革法》之前，原告律师会在公司股价下跌之后马上起诉，原告持有的股份往往比较少。有些"职业"原告持有许多公司的少量股份，期望有官司可打，而法院则部分地根据谁先起诉来选定挑头的原告和律师。

《民间证券诉讼改革法》将先来先中的假定改变成损失大小的假定。国会指示法院在指定挑头原告时假定那个在所获赔偿中利益最大的个人或者一组人作为最充分的原告，因为在整个集体中利益较大的人会比利益较小的人更有诉讼的动力，因而能够更加有效地代表集体。现在，联邦地区法院都会比较各原告的经济利益，确定谁能从诉讼中获益最大。

如 In re Cavanaugh, 306 F.3d 726 (9th Cir. 2002) 一案。铜山网络公司（Copper Mountain Network, Inc.）位于加州西部的佩罗·奥尔托（Palo Alto）市，提供数码网络订购服务。它的股票价格在2000年第四季度从125美元下跌到10美元。最为剧烈的下跌发生在经理层宣布第四季度的每股收益将低于原先的预期之后。不同的原告在加州北区针对相同的被告登记了20多场集体诉讼，所称的证券欺诈也发生在大致相同的时期。地区法院公布了合并审理并任命挑头原告的方案。法院安排了一次协商会议，命令每一

---

[1] 派生诉讼取集体形式主要在上市公司；有限责任公司中的派生诉讼不取集体形式。不过有限责任公司中虽然也有派生诉讼，但是因为情形特殊，更像直接诉讼，许多派生诉讼的规则都不适用。

个想挑头的原告回答有关问题，以确定他对案子的了解程度、他与律师事务所谈判的深度以及他控制律师的能力。只有3个候选人回答了问题：会计师威廉·奇纳维斯（William A. Chenoweth）、独立投资者昆·巴詧（Quinn Barton）、由5位商人组成的开佛诺（Cavanaugh）小组。巴詧没有宣布他的损失，但是开弗诺小组的律师估计为5.9万美元。奇纳维斯估计他的损失为29.5万美元。

地区法院会见了各位候选人以了解他们各自的生意经验、对这场官司的认识、怎么选定律师的以及律师费多少。开佛诺小组雇用了一家有名的证券诉讼原告律师事务所，律师费是胜诉获赔的一个百分比。该百分比随着获赔额的增加而累进增加，但最高不超过30%。巴詧雇用了纽约的一家小型律所，服务费为获赔额的10%~15%，最高不超过800万美元。奇呐维斯还没有雇佣律师，说是当上了挑头原告再去雇律师，那样会有更多的谈判筹码。地区法院适用《民间证券诉讼改革法》，认定开佛诺小组的损失最大，因而利益最大。可是法院认为巴詧以其高超的谈判能力驳倒了假定，他的律师费要比开佛诺小组低得多。奇纳维斯不够格，因为他还没有雇用律师。法院指定巴詧为挑头原告。第九上诉审法院否决。

上诉法院指出，《民间证券诉讼改革法》规定了三步程序：（1）公告诉讼的信息、诉求的内容、涉讼的时期；（2）比较各原告的经济利益大小，以最大的为挑头原告；（3）由其他原告进行反驳，证明被假定的挑头原告不符合法律规定的挑头原告应当具备的充分性和典型性标准。地区法院在第二步上偏离法定程序。挑头原告的确定必须以经济利益为准，因为最大的经济利益会带来最大的诉讼动力，进行最有效的诉讼。地区法院强调原告与律师的谈判能力，以此替换经济利益标准，实际上是以法院自己的标准替代了成文法的标准。这是不对的。因此，上诉法院要求严格执行成文法规定的经济利益标准。

在选定原告股东和原告律师之后，如果由于某种原因，发现原告不合适，其他股东可以干预，请求法院更换原告。这样的干预甚至受到法院的鼓励；法院有权为另一个股东指定一位律师作为全体原告的主要律师。主要律师的选择很重要，不仅因为他决定诉讼策略而且因为他以后将分得律师费的大头。有时候，经法院允许，公司会把官司接过来自己打，自己充当原告，不过这种情况极少。

三、被告律师的角色——能否双重代理

在派生诉讼中，公司是名义上的原告，但是同时又是被告，原告告它，要它状告董事和官员，说他们损害了它的利益。代理公司的律师能否同时代理董事和官员个人——经常是公司的经理层？律师在代理公司的同时也经常给予与受质疑的交易有关的个人以建议。这些个人很自然地会在诉讼中请求律师代理他们。可是这样的代理在派生诉讼中是否与律师对公司的责任矛盾呢？是否必然使律师向这些个人透露公司的秘密从而违反职业道德呢？法律在这个问题上尚未成形，还在进化的过程中。

【案例 17-8】

凯恬诉合众国音响公司 [①]

这是一场股东派生诉讼。原告称个人被告多方面违反联邦证券法：给予他们自己非法的期权，虚假声称公司需要支付房租、服务费和其他开支并以此为由让公司向他们发行更多的股票，篡夺公司机会，支付非法的报酬。

原告试图反对对方的律师事务所同时代理公司和个人被告。被告的律师则称利益冲突仅仅是理论上的，如果真的有，他们会退出。

法院判律师不宜代理公司，认定规则的精神是"公司利益至上，不宜受到任何公司官员个人利益的影响"。

马歇尔，地区法院法官：

这些指控性质严重。如果得到证明，公司将获得大额赔偿。《职业规则汇编》[②] 无疑禁止一个律师同时代理多个有利益冲突的客户。该汇编甚至说如果客户间的利益存在潜在差异，律师最好一开始就拒绝受雇。另外，有一个颇有影响力的律协还印发了一份意见，认为即使公司在诉讼中只有消极被动的作用，双重代理也会受制于利害冲突。判例法在这个问题上并不一致。老判例认为双重代理并无不妥；而近来的判例则认为无论在派生诉讼中还是在 29 U.S.C.A. § 501（1970）诉讼中，都是不妥的。

如前所述，法院对出庭的律师必须适用《职业规则汇编》。该汇编的规定很清楚：在客户利益冲突时双重代理不妥。然而，被告律师争辩说目前没有冲突，如果有，他们会放弃代理个人被告，只代理公司。这个解决办法存在以下几个问题：首先，从起诉状的字面上看就存在冲突，这是不能忽略的，尽管律师的代理是诚信的；其次，律师忽略了在诉讼中途出现冲突从而更换律师给法院和当事人造成的困难；最后，虽然律师提出一旦冲突发生就退出代理个人被告而只代理公司，恰当的做法是让公司雇佣独立律师。按照这样的程序，在律师审查了证据之后，就可以对公司在诉讼中的角色作出决定。决定的作出不得受到任何来自代理个人被告的影响，同时也消除了个人被告以前的律师以不利于他们的方式使用保密信息的潜在问题；而如果按照被告律师建议的办法选择律师，就会产生这样的问题。诚然，这个办法也不是没有缺点。公司选择律师的权利受到侵蚀；在如同本案这样的封闭公司里，财务负担增加。不过，权衡利弊，公司必须聘请独立律师。

对待被告律师的双重代理，判例法并不一致。一方面，从董事、官员等个人被告取得的任何损害赔偿都归公司所有，公司与这些个人被告之间有潜在的利害冲突；另一方面，公司与个人被告在抵制原告的诉讼上又利益一致，因为它不愿意起诉这些个人。究竟是潜在的利害冲突不许公司律师既代理公司又代理个人被告，还是潜在的利益一致准许公司律师在派生诉讼中双重代理？

一派意见认为公司律师不得在派生诉讼中既代理公司又代理个人被告。公司的常用

[①] Cannon v. U.S. Acoustics, 398 F. Supp. 209, 216-217（N.D. Ill. 1975），aff'd in relevant part per curiam, 532 F.2d 1118（7th Cir. 1976）.

[②] Code of Professional Rules（CPR）.

律师习惯于与董事和官员共事，将他们的意见看作公司的意见，并在工作中与他们建立起个人之间的友谊。有判例说到，当董事官员在派生诉讼中充当被告时，律师极可能"不愿意建议公司采取与他们敌对的立场，因为他每天与他们共事，他们又掌握着将来他与公司的关系"[1]。这样的情景对于公司的法律顾问来说尤其真切，尽管公司的外聘律师同样会受到这种微妙的影响。对双重代理的另一个担忧是律师在代理公司的过程中会从个人被告处获得保密信息。律师有义务对公司保密，以防公司以不利于这些个人被告的方式使用该信息。不过这仅仅是理论上的担忧，在实际上并不重要，因为在派生诉讼中公司和个人被告总是互享信息的。[2]

另一种处理方法是一般允许，但是当原告声称欺诈、故意违法或者自我交易时禁止在派生诉讼中的双重代理。《职业行为规则范本》[3] 即采纳了这种方法，认为派生诉讼名义上是由公司提起的，实际上只是对公司经营的争议，是公司经营中的正常现象，应该像其他普通诉讼一样由公司律师进行辩护。但是如果"诉状称公司控制者严重侵权，律师对公司的义务与他和董事会的关系之间就会产生矛盾"，那就需要分开代理，一般让公司律师代理个人被告，因为他与他们熟悉。[4] 公司则另请外部律师代理。

美国法学会的《律师法重述（三）》（2000）第131条评论g也认为律师在派生诉讼中可以双重代理，如果公司的无利益董事认定诉讼没有道理。但是"如果代理公司的律师的意见是董事和官员作出决议的一个重要因素而该决议又引发了诉讼，那么律师如果代理的话最好代理官员和董事，而公司则另请新的律师"。

第七节　被告费用的报销和保险

在美国，由于公司股东和其他利益相关方的权利得到比较充分的保护，大的上市公司的董事和官员可能承担各种赔偿责任。在派生诉讼和直接诉讼中，在交易对手提起的民事诉讼中，在政府部门启动的民事、刑事和行政程序中，公司高管都可能成为实际的或潜在的被告。他们有时候需要支付高额的赔偿金、罚款或者罚金，更多的时候则是为了辩护而支付高昂的律师费。如果高素质人才因为害怕赔偿而不敢担任公司董事等职务，公司就难以吸引称职的高管。

因此，许多公司都为高管们购买责任保险，并且报销某些保险不能涵盖的赔偿支出。对于这样做的利弊得失，评论家们众说纷纭，有的认为董事和高管们躺在保险箱里容易滋长不负责任的懒汉思想，有的则认为将风险从这些个人转移到公司是合理的和必需的。不管怎样，报销董事高管因履行职务而招致的赔偿责任已经是比较普遍的做法，并且得

---

[1]　In re Oracle Securities Litigation，829 F. Supp.1176，1189（N.D.Cal.1993）.

[2]　Cannon v.U.S. Acoustics，398 F. Supp. 209,216-217（N.D. Ill. 1975），aff'd in relevant part per curiam,532 F.2d 1118（7th Cir.1976）.

[3]　Model Rules of Professional Conduct.

[4]　Cannon v. U.S.Acoustics，398 F.Supp.209，216，220（N.D. Ill. 1975）；In re Oracle Securities Litigation，829 F. Supp.1176，1189（N.D. Cal.1993）.

到成文法的认可。此外，在公司章程、规章以及官员个人的劳动合同中，也都有关于报销的规定，不过这些规定不一定都有效，打起官司来还需要法院的认可。下面对报销和保险分别介绍。

一、报销

先看成文法对报销的规定。

（一）公司法中的报销规定

美国的公司法都是州法。特拉华普通《公司法》第 145 条授权报销，既规定了报销的权利，又规定对报销的限制。该条适用于任何人因为担任公司的官员、董事、普通雇员、代理人，或者公司派往其他公司、信托、合伙、联营或其他企业充当这类角色而引起的实际的或潜在的诉讼或调查，无论该人是原告还是被告。不过一般情况下他都是被告。

第 145 条（a）（b）两款规定报销权的基本框架。其中（a）款允许报销官员、董事、普通雇员、代理人的律师费和其他费用，包括民事案中根据判决或和解支付的款项。该款只适用于第三人诉讼，不适用于公司或以公司名义提起的诉讼。被告想要得到报销，他在实施被诉行为时必须是善意的，按照他合理理解的符合公司最佳利益的方式去做的。刑事诉讼的被告也可以就所支付的罚金和费用得到报销，条件是除了上述要求之外，他还必须没有合理的理由相信行为违法。

特拉华普通《公司法》第 145 条（b）款适用于公司或者以公司名义提起的诉讼，用得最多的当然就是派生诉讼。该款只允许报销律师费和其他费用，不包括根据判决或者和解支付的款项：如果"就任何诉求、问题或事项该人被判向公司赔偿"，不得由公司报销，除非法院在当事人申请的基础上在全面考虑了案情之后认为可以由公司报销；报销的范围和程度由法院确定。可见，(a)、(b)两款的报销范围不同，主要在判决的赔偿，(a)款允许报销，(b)款不允许。派生诉讼中的最终原告是公司，被告根据判决或者和解支付的赔偿是对公司的补偿。如果公司在获赔之后又为被告报销，被告支付多少，公司刚好需要报销多少，那公司就得不到任何补偿。

不过，（b）款的限制需要和第 102 条（b）（7）项联系起来解读。该项允许公司章程取消公司雇员因违反注意义务而引发的赔偿责任。[①] 因此，如果涉案公司的章程有这样的规定，注意义务的官司就不必打了。

无论是第 145 条（a）款还是（b）款，都是授权性的。报销并非自动，必须得到公司的同意，公司有权拒绝报销。第 145 条（d）款规定了有权同意的机构：无利益董事会、股东会或独立律师。[②]

相比之下，第 145 条（c）款是强制性的。该款规定如果胜诉，则个人有权获得报销，

---

① 具体规定是允许取消因为违反信托义务而引发的赔偿责任，但是忠诚义务除外。说白了，就是违反注意义务不赔，违反忠诚义务要赔。

② 有的公司的规章这样定义独立律师：有丰富的公司法经验的律师事务所或者事务所成员，现在或者过去 5 年内没有在任何问题上代理过公司或者报销人本人，也没有代理过本次报销争议程序中的其他当事人。

无论是实体胜诉还是某种程序性或技术性的胜诉，比如作为被告而引用时效规定，因为原告的起诉时效已过，或者原告方在诉讼过程中存在其他程序瑕疵。在和解的情况下，如果没有任何的赔偿，而且案件已经彻底了结，则该款适用；如有赔偿，或者虽然没有赔偿，但是以后原告还是可以就同一案由再次起诉，该款就不能适用。

第145条（e）款允许公司向官员和董事预支律师费和其他费用，只要该董事或官员向公司保证如果最终判定他无权获得报销，他将归还预支的款项。（e）款不要求报销人提供保证金或者其他担保，也不考虑他有没有还款能力。这是为了鼓励他们担任相关职务，使他们在做任职决定的时候没有顾忌。同时，这也避免了对贫穷董事的歧视，因为他可能交不起保证金也不能证明返还预付款的能力。

纵然有了上述各种规定，在实际操作中还会碰到进一步的问题，主要有以下5个方面：（1）谁有权获得报销？（2）什么样的诉讼可以报销？（3）哪些费用可以报销？（4）报销人的行为要达到什么标准才可以报销？（5）谁来决定可不可以报销？

对于第一个问题，谁有权获得报销，虽然已经规定无论是原告还是被告都可以报销，但是还有进一步的问题。现任的董事、官员自然没有问题，但是以前的董事、官员因为在他们担任这些职务时期的行为招致的诉讼可不可以？子公司的董事、官员可不可以？如果可以，是否一定要全资子公司，部分所有行不行？在公司被兼并的情况下，兼并前的董事、官员行不行？除了董事、高管之外，普通雇员、代理人怎么样？有没有范围限制？

对于第二个问题，什么样的诉讼可以报销，虽然有的州法已经划分了第三人诉讼和公司诉讼，但那都是民事的。刑事起诉和刑事调查、行政机关的调查和处罚程序、仲裁等，是否都可以报销？如果报销的主要理由是保护董事、官员，使他们敢于让公司冒合法的商事风险，这个理由是否适用于所有这些非民事性质的程序？

对于第三个问题，哪些费用可以报销，不同的州规定有所不同。有的州规定派生诉讼的被告根据法院判决或者和解支付的赔偿不得报销；有的州规定在某些情况下可以报销；纽约州《公司法》第722条（c）款规定在和解的情况下，如果法院在全面考虑案情之后认为董事或官员有权报销，则可以报销其和解支付；美国商事公司法范本第8.54（2）条的规定与纽约州类似。

第四个问题最复杂：报销人的行为要达到什么标准才可以报销。首先，如果胜诉，报销当然没有问题。但是败诉了或者和解了也不是一定不能报销，只是报销人的行为必须达到一定的标准。人们经常拿注意义务的标准进行比较，相同还是低于？对此各家看法不同。美国商事公司法范本认为应当低于注意义务的标准，也即在某些情况下，即使没有达到注意义务标准也可以报销。见范本第8.51（a）条。[①]

与此密切相关的是第五个问题：谁来决定行为有没有达到标准？根据各州的不同规定，大致有4种选择：董事会、股东会、独立律师、法院。

[①] 特拉华公司法的报销条款倒是没有规定低于，应该是等于注意义务标准。但是该法第102条（b）（7）项允许公司章程取消雇员因违反注意义务的赔偿责任。综合起来看，标准也是低于注意义务。

最后，对于上市公司来说，董事官员的报酬必须在投票代理权征集书中公开。但是报销不是报酬，所以法律没有要求公开。这个问题引起了评论家们的注意和批评。所以现在范本第 16.21（a）经过修改要求在年报中公开，但是包括特拉华在内的多数州法还没有这样要求。

与公司法中的报销条款不同，成文证券法其实并没有对报销作出专门规定，但是美国证交委的一贯立场是董事、官员因违反 1933 年法而承担的赔偿责任不能报销。报销违背该法的方针，使其对过失和其他不法行为失去威慑作用。

（二）章程、规章和合同中的报销规定

特拉华《公司法》第 145 条（f）款规定成文法规定的报销权利和程序并不排他。因此，公司在不违反法律禁令的地方还可以通过其内部政策进行报销。许多公司的章程和规章中都对报销做了规定。由于董事的赔偿责任越来越被提上议事日程，也由于责任保险的覆盖范围和金额有限，很多公司在章程和规章的规定之外还与它们的经理层签订报销合同。一般地，公司的规章都重复成文法的规定，而报销合同则会比成文法走得更远。合同一般会规定报销到法律允许的最大程度，有时候在章程或规章中也会写进这样的话，那都是有约束力的。

有些评论家对特拉华普通《公司法》第 145 条（f）款提出批评，认为它过于放任，担忧它会挫败公共政策，例如，规章或者合同规定即使董事违反了信托义务而需要赔偿，公司也可以对其进行报销。不过，这样的规定极可能被法院认定为违反公共政策而无效。

尽管如此，第 145 条（f）款还是非常有用的，因为公司可以采纳很多对报销人有利的程序和假定，例如，规章或合同可以规定：（1）只要法律不禁止就应报销；（2）费用可以根据需要随时预支；（3）某些决定程序的加速，如第 145 条（d）要求的公司内部决定报销与否的程序；（4）上诉时的相关权利；（5）当董事会没有或者拒绝作决议时推定其已作出某个有利决定；（6）其他规定。虽然这些规定的有效性还没有在法院测试，但是律师在起草有关文件时还是可以先予采纳。

根据第 145 条（e）款的授权，有的公司通过章程、规章、董事会或股东会决议规定费用预付为公司义务，其目的自然是给予董事和官员最大可能的保护。但是这些规定有时候也会引出事与愿违的结果。有一个案子，公司自己对某些交易做了调查后得出结论：有两个官员从与公司的交易中不正当地谋取了私利；官员否认。由于强制性费用预付的规定，公司不得不为这两个被告预付律师费，结果，公司在这场复杂的审判中支付了原被告双方的律师费。在另一个案子中，两个被指控敲诈勒索和从公司盗窃的官员在赔偿判决之前请求费用预付，因为根据公司内部的这类强制预付规定，他们有权得到预付。但是法院以公共政策和其余董事的信托义务为由拒绝下达预付命令。见 Fidelity Fed. S & L. Ass'n v. Felicentti（E.D.Pa. 1993）。不过，后来其上级法院在一个类似的案子里拒绝采纳这个判例，认为公司同意强制性费用预付是一个政策性决定，在"这个领域内法官不该事后批评"公司的决定。见 Ridder v. Citifed Financial Corp.（3d Cir. 1995）。

二、保险

从 20 世纪 60 年代中期开始，越来越多的针对公司管理层的诉讼引发了对赔偿责任的恐慌，大公司开始购买董事和官员的责任保险（D & O insurance）。20 世纪七八十年代判决的一些案子进一步加深了这些恐慌，使保险公司的成本越来越高，保险的条件越来越苛刻。大多数州的成文法允许公司购买董事和官员的保险。见商事公司法范本第 8.57 条和特拉华普通《公司法》第 145 条（g）款。

董事和官员的保险单分为两个部分。第一部分是对公司的保险，在公司报销了董事和官员的合法费用之后对公司进行报销，或者当公司不能或者不愿意（可能性较小）报销的时候，这部分保险金可以用来减少董事和官员的个人支出。所以它加强了公司的报销。第二部分是对个人的保险，包括判决与和解。

保险公司不是慈善机构；他们只保可保风险，并根据风险的大小来确定保险费。他们只保以过失为基础的错误行为，支付由此引发的赔偿请求。对于非法的、不诚实的或者明知故犯的行为、披露文件中的虚假或误导性陈述、法定内部人的短线内幕交易[①]、违反忠诚义务等，都是不可保的事件。在 D&O 保险合同中有无数的例外和除外条款，它们在不同的合同中内容各不相同。一般地，公司自愿请求被保险的董事或官员赔偿的情形被排除在外，因为这等于是公司通过告自己"找钱"，称为"被保险人对被保险人"例外。刑事罚金、判决中的罚款或其他惩罚性赔偿都不予保险。此外，因环境污染或者违反《退休雇员收入保障法》而引起的赔偿也都特别排除在外。

董事和官员的保险范围受到多种限制。每个个人和公司都有一个初始免保额，以防粗心大意或管理不善。对于超过这个免保额的部分，董事和官员个人还必须支付一个百分比，经常为 5%。这是为了进一步防止过失和管理不善，促使被保的受益人对有问题的或无理的诉求积极应诉。

D&O 保险费很贵，由保险公司根据每个人的具体情况确定，主要考虑公司规模、所处行业、公司的财务状况、兼并历史、被保董事和官员的数量、过去的涉讼记录、是否受到政府调查、潜在的不良影响和政治活动等各种因素。1993 年，中等的保险费每年 22.8 万美元，保险金额约 3 070 万美元。保费的支付一般都由个人分担，一般公司付九成，个人付一成。小公司因为内部的制衡机制不健全，经常买不到 D&O 保险。

董事和官员保险在公司报销之外从几个方面提供了进一步的保护。首先，根据判决或者和解支付的赔偿都在标准的保单覆盖范围之内，只要不在限制之列便可。其次，只要不构成"主动的和故意的不诚实"，即使行为没有满足成文法要求的标准，也可以由保险覆盖。例如，史密斯诉樊高克一案中法院认定董事们在批准合并之前没有充分地知情，构成重大过失，法定的报销是不可能的，但是保险公司付了 2 300 万美元的赔偿额中的 1 000 万美元，那是保单的最高限额。可见，即使是法院认定的重大过失，也可以由保险覆盖，只要没有故意或不诚实就行。最后，在公司支付不能或不愿意报销的情况

---

① 见美国 1934 年《证券交易法》第 16（b）条和我国《证券法》第 47 条。

下保险提供了保护。

可见，虽然说报销可以在保险不够时提供进一步的保护；保险也可以在报销不允许的地方提供保护。二者对于受保护的董事和官员来说各有优缺点。保险受最高保额和保险范围的限制；报销受法律上的限制。

不过，同样的行为法律不允许报销却允许保险，必然会引起保险政策上的非议，特别考虑到保费越来越贵，而且绝大部分是公司支付的。有的评论家抨击："问题是……侵权行为到底应不应该报销。为什么一个医药公司的高管因为让一种有害的药品毒害了成千上万的人而被判有罪时其所付的罚金可以报销，而一个普通的个人犯了同样的罪就只能坐牢？这是一个完全站不住脚的双重标准。高管的权力越大，他就越不会为其滥用权力支付代价。"[1] 拥护现行做法的人则说，有关保险覆盖范围中的公共政策问题应该由保险法考虑，而不是由公司法考虑。成文法只允许购买保险，把保险的覆盖范围留给了保险公司和各州的保险委员。

另一个问题是谁应该承担违法的风险。拥护现行制度的人说那应该由保险公司通过保单的定价和保险范围的确定来决定。如果他们作出的决定对他们的股东不利，股东就会用脚投票将投资转到其他不提供这类保险、较少涉足容易引发诉讼的领域的公司里去。但是这样的说法是以股东知情为前提的，而这个前提经常是不真实的。

由于保费越来越高，有的公司开始寻找其他保护董事和官员的办法。有的干脆自己创办保险公司，作为全资子公司，给母公司提供保险。可是这样的保险到底是保险还是另一种形式的报销是一个问题。特别是在那些法律不允许报销但是允许保险的地方，这种做法更有故意规避法律之嫌。

第八节　我国对派生诉讼的规定

我国《公司法》第 21 条规定："公司的控股股东、实际控制人、董事、监事、高级管理人员不得利用其关联关系损害公司利益。

"违反前款规定，给公司造成损失的，应当承担赔偿责任。"

第 149 条规定："董事、监事、高级管理人员执行公司职务时违反法律、行政法规或者公司章程的规定，给公司造成损失的，应当承担赔偿责任。"

第 151 条规定："董事、高级管理人员有本法第一百四十九条规定的情形的，有限责任公司的股东、股份有限公司连续一百八十日以上单独或者合计持有公司百分之一以上股份的股东，可以书面请求监事会或者不设监事会的有限责任公司的监事向人民法院提起诉讼；监事有本法第一百四十九条规定的情形的，前述股东可以书面请求董事会或者不设董事会的有限责任公司的执行董事向人民法院提起诉讼。

监事会、不设监事会的有限责任公司的监事，或者董事会、执行董事收到前款规定的股东书面请求后拒绝提起诉讼，或者自收到请求之日起三十日内未提起诉讼，或者情

---

[1] Nader, Green & Seligman, Taming the Giant Corporation, 108（1976）.

况紧急、不立即提起诉讼将会使公司利益受到难以弥补的损害的，前款规定的股东有权为了公司的利益以自己的名义直接向人民法院提起诉讼。

他人侵犯公司合法权益，给公司造成损失的，本条第一款规定的股东可以依照前两款的规定向人民法院提起诉讼。"

第 152 条规定："董事、高级管理人员违反法律、行政法规或者公司章程的规定，损害股东利益的，股东可以向人民法院提起诉讼。"

从《公司法》这几个条文可以看出，关于直接诉讼与派生诉讼的区别，我国与美国是一样的。第一看谁遭受了损失，第二看谁获得赔偿。第 149 条与第 152 条的语言在前半句是类似的，都是公司内部的董事、监事、高级管理人员（以下简称董监高）违反法律或章程规定，差别在于一个是损害公司利益，另一个是损害股东利益。前者股东只能提起派生诉讼，后者股东可以直接起诉。法条虽然没有明说赔偿归谁，但是既然是给公司造成损失的应该赔偿，那么当然应该归公司所有。这一点已经为《公司法司法解释（四）》第 25 条所明确："股东依据公司法第一百五十一条第二款、第三款规定直接提起诉讼的案件，胜诉利益归属于公司。股东请求被告直接向其承担民事责任的，人民法院不予支持。"而损害股东利益的，股东提起直接诉讼，胜诉后的赔偿不言而喻是归股东所有的。

有一点小差别。美国的派生诉讼以公司为被告；我国《公司法》法条没有对此作出规定，但是《公司法司法解释（四）》第 24 条要求"列公司为第三人参加诉讼"。不过无论作为被告还是第三人，公司都会站在被告一边，原告股东只能单打独斗为公司争取利益。

第 151 条最后一款规定的他人侵犯公司权益，指的是外部第三人而非公司内部的董监高侵犯公司权益，股东也可以提起派生诉讼。这里的"他人"，大概指董监高的亲友或者与董监高关系密切的人，这些人利用其与董监高的关系损害了公司的利益。只有这种情形需要股东挺身而出提起诉讼。如果是与董监高毫无关系的外部第三人侵犯了公司的利益，那是不需要股东代劳的，因为公司的董事和高管不是吃干饭的，他们才是正常情况下公司利益的保卫者。他们会以公司的名义起诉侵权人。那是直接诉讼。

重要的是第 151 条前面两款规定的、针对公司内部董监高成员的派生诉讼程序。首先，只有股东有起诉资格，债权人没有。可转换债券的持有人能否起诉？法条和司法解释都没有说，大概是不能的。

股东也不是人人都能起诉。在有限责任公司是可以的。但是有限责任公司的股东提起派生诉讼与上市公司股东很不同，而与直接诉讼比较接近，所以我们重点讨论上市公司股东的派生诉讼。法条规定了时间和数量两个条件：连续持股 180 天以上；单独或者合计持股 1% 以上。

先看时间。从字面上看，180 天的计算应该到起诉时为止，也即在起诉之前已经连续持股 180 天。至于起诉之后是否要继续持有？所诉的违法行为是否必须发生在 180 天之内，还是之前发生的也可以起诉？如果也可以起诉的话，是否存在发横财的问题？①

---

① 如果在股东购买前发生，就会产生发横财的问题。因为股东在购买的时候违法行为已经发生，购买的价格中已经包含了违法造成的损失或者说价格已经反映了违法行为的后果。赔偿之后公司的股份会增值，后买的股东就发了横财。

法条和司法解释都没有说，也没有看到过法学界对这些问题的讨论。美国对这些问题都有明确的回答。同时所有权要求在侵权行为发生的时候原告必须持有股份，主要是防止发横财。起诉之后也必须继续持有，否则原告在诉讼中没有了利益，会缺乏诉讼的动力。

再看数量。在上市公司内持有 1% 的股份是一条很高的门槛。这就把绝大多数可能的诉讼过滤了出去。美国有的州对持股数量没有要求，哪怕持有几股也可以起诉。但是有的州也有数量要求，达不到要求的数量也可以起诉，但是要交保证金。因为没有人愿意交保证金，所以同我国的效果差不多。较高的门槛不利于发动市场的力量去制衡董监高的违规行为，但是能够有效地过滤掉骚扰性诉讼，节约司法资源。对于动不动就拒绝受理的我国法院，这样的高门槛尤其合适。

除了起诉资格之外，还有诉前的请求程序。

根据我国《公司法》第 151 条第 1 款，请求是必需的。该款规定董事和经理违法的向监事会请求起诉；监事违法的向董事会请求起诉；请求取书面形式。请求之后等 30 天你还不起诉的，我就起诉。如果没等完 30 天你就提前拒绝了，我也可以起诉。这就避免了请求无用与请求必需的争议和纠缠，倒也简单明了。美国商事公司法范本虽然也规定请求必须，但是在请求被拒绝之后，股东仍然要在诉状中阐明作出拒绝决定的多数董事不独立的事实，否则被告就会申请法院驳回而且法院一定会同意被告的请求。如果原告阐明了多数董事不独立的事实，举证责任转向被告，由被告证明他们作出拒绝的决定是经过了合理地调查的，也是善意的。这是因为美国法律赋予董事会的权力比较大，董事会的商事判断法院有义务尊重。我国没有这个传统。

我国《公司法》第 151 条规定了紧急情况下可以免除请求，这和美国商事公司法范本也是一致的。所谓的紧急情况，比如诉讼时效将到。

就所诉的行为而言，上述规定的范围明显比美国狭窄。因为第 151 条明确限于第 149 条规定的情形，而第 149 条仅限于"违反法律、行政法规或者公司章程的规定"；在美国，无论是违反成文法的规定还是违反注意义务、忠诚义务的行为都可以起诉。换句话说，根据我国公司法的规定，如果董监高的行为没有违反法律法规或者公司章程，那么即使损害了公司的利益，股东也无法提起派生诉讼。为了弥补这一缺陷，《公司法司法解释（五）》规定公司董监高或者控股股东、实际控制人实施关联交易损害公司利益的，公司可以根据《公司法》第 21 条起诉；公司不起诉的，公司法第 151 条第 1 款规定的股东"可以依据公司法第 151 条第 2 款、第 3 款规定向人民法院提起诉讼。"[①] 这样，派生诉讼的实体范围就不限于董监高违反法律法规或公司章程的行为，而包括了任何损害公司利益的自我交易。

第 151 条规定的派生诉讼制度是我国《公司法》在 2005 年大修改时增加的，大概是学习国际先进经验的结果，是从国外引进的。但问题是目前我国就上市公司而言还没有派生诉讼的土壤。

---

① 见该司法解释第 1 条。从立法技术上看，以后在修改《公司法》的时候只要在第 151 条第 1 款内增加提及第 21 条，即将"本法第 149 条"增改为"本法第 21 条和第 149 条"，就可以免去司法解释的这条冗长规定了。

首先，观念。派生诉讼制度的设立是为了充分地发动市场的力量去制衡违法行为，反映出对市场经济哲学的精通、熟练掌握和灵活运用。这是我国法律人①最缺乏的。在美国，市场调节为主，政府干预为辅。这根神经在大多数法律人特别是法官的头脑里都是绷紧的。人们并非不知道市场的局限性，因为市场只能在利益的推动下才愿意起诉，但是人们对此予以认可并且充分地利用，因为市场高效，而且能够节省政府的执法资源。所以凡是市场能够解决问题的地方，都会把任务留给市场去完成，政府决不插手。而我国的绝大多数法律人根本不懂得经济学，个别佼佼者即使懂一点，但是也不会灵活运用。

其次，派生诉讼的发动机是律师，可是从来没有听说过我国有哪一位律师做过这样的发动机。上市公司的透明度也不够，外人很难知道违法内幕。美国有一批律师像警犬一样到处寻找这类违法行为以便发动派生诉讼，我国则没有。

再次，法院的态度也不积极。试想，像证券民事责任这样普遍存在的众多案件法院都拒不受理，像派生诉讼这类本来就为数不多的少量案件它怎么会重视？当律师真的做了发动机，被告在法庭上证明原告作为1%股东在诉讼中其实没有多少利益，是律师为了赚取律师费才提起诉讼的，我们的法官会怎么想？他们能像美国法官那样认识到挖掘市场力量的重要性吗？答案多半是否定的。所以，在美国法官的判词中经常看到的一句话"要让市场的力量充分地发挥作用"，在我国法院的判词中从来看不到。

最后，我国的民事诉讼制度落后，不能适应派生诉讼的需要。第一，没有集体诉讼制度。如果成千上万的股东就同一诉由提起诉讼，法院无法受理。第二，证据挖掘制度落后，律师难以取证。在美国，律师对证人问话、向诉讼对方提取文件拷贝，都是强制性的程序，可以申请法院强制执行。一旦起诉，律师对被告公司内部各种证据的提取是方便而高效的。而我国除了公司法规定的查阅权之外，民诉法并没有给予律师广泛的取证权力，所以派生诉讼中需要的大量证据根本无法提取。

由于上述及其他种种原因，自我国公司法于2005年（2006年1月1日开始实施）确立派生诉讼制度到现在的10多年时间里，我们还没有听说过有哪位上市公司的股东提起过派生诉讼，更不用说提起之后法院会不会受理了。所以《公司法》第151条对于上市公司来说基本上是一纸空文。不过，最高人民法院自2017年到2019年连续两个司法解释对派生诉讼作了规定，由此或许可以推断实践中已经有派生诉讼出现且急需指导和规范。我们期待着看到这类案例。

又由于没有或者极少有派生诉讼的实践，诉讼和解中的种种猫腻与利害关系、众多原告律师抢夺诉讼挑头人的争议和诉讼、被告律师的双重代理、被告董事和高管的费用报销②及预支等一系列问题和矛盾，在我国都还没有暴露出来。对于这些问题，我国法律人尚处于一种懵懂的状态中。

---

① 包括律师、立法执法司法部门和法学界。本书作者在另一篇学术论文中也使用过"法律人"一词。见2011年《法治研究》第6期第48、53页。

②《公司法司法解释（四）》第26条规定在原告股东部分或全部胜诉的情况下，"公司应当承担股东因参加诉讼支付的合理费用。"

第十八章

争夺上市公司控制权

在上册第十二章的第二节、第三节两节和前面第十六章中，我们已经对上市公司控制权的换手有所涉及，本章在此基础上进一步展开。

权力能够产生利益，公司控制权也一样，它是控制人随意使用公司资产的权力。公权力的买卖——买官卖官，是腐败，受到法律的禁止和公众舆论的谴责。公司是企业家创立的，对公司的控制权属于私权力，其买卖另当别论。我们在第十六章控股股东的义务中已经知道，当控制权伴随着已发行股份中的控股板块一起出售的时候，是合法的。控股板块的价格之所以高出普通市价，就是因为它包含了对公司的控制权。那个高出市价的部分就是控制权的价格。不过，纯粹的公司控制权交易，例如，公司总裁出售其职务，仍然不为法律和道德所容，因为这个职务及其伴随的权力是股东给予的，理论上不属于总裁或者控制人个人所有。

公司控制权的转让涉及三方利益：目标经理层（董监高）、目标股东和向经理层夺权的外部第三人（有时候也可以是目标内部的一个大股东）。经理层是控制权的出让方（无论出让是否自愿）；第三人是控制权的受让方；目标股东投票赞成或者反对出让。

绝大多数的公司控制权转让都是伴随着控股股份，像普通的商品交换一样，在买卖双方自愿的基础上通过谈判协商达成一致后实施的。有限责任公司的控制权转让几乎永远如此；上市公司的控制权转让大多如此，只有小部分例外，即不是由控制权人主动、自愿地转让，而是别人通过股份的收购强夺、抢夺的。如果公司内存在绝对控股（即持股达 50% 以上）的股东，转让只能通过协商谈判进行，不可能强夺。谈判的对象就是那个大股东。收购人出高价（远高于市场价格）向他购买控股板块。只要价格足够高，他就肯卖。但是上市公司的股东成千上万，如果持股十分分散，没有特别大的股东，那就难以找到具体的大股东进行谈判，这时公司的实际控制权在董事会和经理层[1] 手中，谈判的对象是公司的经理层。[2] 强夺中依然有谈判，就像战争的双方一边打一边谈一样。两个公司的经理层各自代表自己公司股东的利益，就交易的具体条件、法律形式和将来经理层的组成进行谈判。虽然股东是公司的所有权人，但是实际上交易的具体条件都是由公司经理层和董事会跟对方谈定的。

---

[1] 即国人常说的董事和高管。一般地，内部董事都兼任高管。本章中无论使用哪个名词——董事会、经理层、管理层，都是董事和高管的统称。

[2] 事实上，在这样的公司里，经理层正是控制权转让中最有利害关系的人。

但是如果目标经理层不接受收购人提出的条件，或者根本不愿意谈，收购人就会越过经理层，直接联系目标广大股东，购买他们手中的股份或者寻求他们的投票支持，试图夺取对公司的控制权，夺取之后自然会将原先的董事会和经理层扫地出门，换上自己的人。本章讨论的正是这种敌意夺取控制权的途径，具体有两种方法：一是要约收购，即直接向目标股东发出收购股份的要约；二是征集投票代理权，即在取得一定数量的股份之后以股东的身份向其他股东征集投票代理权，试图在股东会上将原有的董事会选出去，把自己提名的候选人选进来。在此过程中，经理层和挑战者都会极力地讨好和说服股东投自己的票。

在选择夺取方式、确定行动方案之前，收购人需要对目标进行仔细的调查，全面考虑敌我双方的力量对比和其他各种因素。首先，目标有多大？它有多少股份和股东？持股有多分散？有没有持股相对集中的大的机构投资者？是否允许累积投票？股东是否对经理层不满，希望改变？一般说来，对于持股十分分散的大的公众公司，如果目标股东对经理层没有明显的不满，争夺投票代理权是很困难的，因为小股东在投票时经常倒向经理层，所以采取要约收购，用更高的股票价格来吸引他们，可能成算较大。如果目标允许累积投票，那会使挑战者取得某些董事席位，即使不是多数。

其次，在自己方面，有没有或者能不能取得足够的资金来购买股份？发动选举战将要花费多少钱？在目标内部或者法律规定中有没有采用某一种方法的法律障碍？突然袭击是否成功的要素？存在哪些相关的税收和会计考虑因素？这些因素会不会影响挑战形式的选择？

一般地，购买足以控股的股份数量经常需要数十亿元甚至更多；通过征集投票代理权发动选举战则花费较少。另一方面，如果争夺失败，收购股份不会有什么损失，因为已经收购到的股份仍然可以卖高价；而选举战的费用则一去不复返。如果存在法律障碍，或者目标内部设置了收购的障碍，那就要做具体分析。有时候，可以通过征集投票代理权在股东大会上除去目标章程或者规章中设置的障碍，然后再发要约进行收购。突然袭击只能用在要约收购中，即在目标不知情的情况下尽量在市场上多买进股份；投票代理权的争夺公开进行，突然袭击几乎不可能，至多只是在战斗开始前多联系几个机构投资者。要约收购和随之而来的公司合并会引发较多的税收和会计考虑因素；征集投票代理权则不存在这些问题。

最后，争夺投票代理权和收购要约的经济后果显然不同。在前者，胜利后只取得经营控制权；在后者，胜利后除了控制权外同时取得控股权和股份所有权。所以要看挑战者只要经营控制权还是既要控制权也要所有权。目的的差别直接影响对挑战方法的选择：不过在很多场合，成功地夺取投票代理权可能只是第一步，因为新的控制人现在能够使董事会批准与它自己合并，并呈交股东投票表决。如果得到批准，投票代理权的争夺就取得了与收购要约同样的效果。

从公共政策的角度去看，无论是要约收购还是征集投票代理权，挑战者的存在能够加强经理层的责任，防止经营控制权的腐败。市场的监督往往比政府和法律法规的规范更加有效。

在我国，争夺上市公司控制权的实践和理论都还不成熟。鲜有征集投票代理权的实践，公司收购大都以在证券交易所购买为主，鲜有发出收购要约与目标经理层激烈冲突的情形，无论是收购中的进攻还是防御都还处于初级阶段。因此，本章主要介绍美国的实践、法律规定和相关理论。商人做生意赚钱的道理在各国都一样且相通，公司控制权争夺中的三方利益关系也都是一样的，不大受特殊国情和文化的影响。了解任何一国的情况都会有触类旁通的效果。

第一节　争夺投票代理权

一、规则和概述

征集投票代理权的程序我们已经在本书上册第十一章第二节中做过详细的介绍。征集活动是股东民主的体现。征集的目的涉及公司事务的各个方面，从消除种族歧视到环境保护，应有尽有。其中之一是争夺公司的控制权，即通过董事的选举将自己的候选人选进董事会，形成多数，从而控制董事会并控制公司。本节将集中讨论这个问题。

第十一章中说过，如果挑战者的目的不是夺取对公司的控制权，而是希望公司改变某一项政策，一般采用提案的形式，夹在公司的征集书中由公司一并寄送，而不会单独发送征集书。只有当挑战者要争夺公司的控制权时，才会专门寄送征集书。

像经理层征集一样，挑战者也必须向证交委登记其投票代理权征集书，并拷贝给发行人（目标）。按照规则 14a–7[1]，发行人必须对登记在册的股东数量、登记在街名之下的实际受益人数量、将征集材料邮寄给股东的费用，作出统计并告知征集人。只要挑战者愿意支付该费用，发行人必须立即将征集材料寄送给全体股东。或者，发行人也可以将股东名单和他们的地址（不必告知每个人的持股数量）提供给挑战者，由挑战者自行寄送。在激烈的对抗中，发行人一般都选择前者。所以挑战者不能通过这条规则获得股东名单。为了获得股东名单，他们只能根据州法规定的股东查阅权向发行人索取。州法一般要求股东查阅有恰当目的，有的州还要求股东持股达半年[2]；有的只要求恰当目的[3]。争夺投票代理权和夺取公司控制权都属于恰当目的，所以挑战者有权得到。不过经理层可以拒绝，迫使挑战者起诉，从而推迟其获得名单的时间。在激烈的争夺战中，这样的推迟很有杀伤力，尽管挑战者会胜诉，会获得名单，内容包括股东的名称、地址和他们各自的持股数量。

由于双方在争夺董事席位，属于选举对抗，因而所有的参与者都必须在活动开始前 5 天登记 14B 表，载明参与者的生平信息、在公司证券中有无权益、该人是怎么成为参与者的。参与者包括发行人、发行人的董事、董事候选人、帮助或资助拉票的委员会或其他实体。见规则 14a–11。

---

① 如不特别注明，以下提及的规则均指美国 1934 年《证券交易法》下的证交委规则。

② 美国商事公司法范本也有这样的要求。

③ 如特拉华州，见本书上册第十章有关股东查阅权的讨论。

征集活动中不得传播虚假的或者有误导性的信息。见规则 14a-9。这条规则适用于拉票中散发的各种材料，无论是书面文章还是口头讲话。

争夺投票代理权的目的是取得股东的投票支持，不是他们的股份。但是挑战者一般都会尽可能地增加其持股数量。一旦其持股达到 5%，就必须在达到之日起的 10 日内向证交委登记 13D 表，同时抄送发行人和证券交易所，该表应阐明：（1）股东自己和所有代他购买股票的其他人的身份信息和相关背景；（2）购买股票所用资金的来源和数额；（3）所持该类证券的数量和比例；（4）如果购买目的是取得控制权，任何出售发行人资产、与发行人合并、修改发行人的章程和规章或对发行人董事会做重大变更的计划；（5）已经取得的发行人证券的转让安排。见第 13（d）（1）条①和规则 13d-1。如果 13D 表所提供的信息发生重大变更，应及时修正。见第 13（d）（2）条。

如果两个或两个以上的人采取联合行动，在计算 5% 的比例时应将他们视为一个人。时间以他们达成协议之日为准。见第 13（d）（3）条。在这个问题上，最有名的案例是 GAF Corp. v. Milstein, 453 F.2d 709（2d Cir. 1971）。当时法律设置的持股门槛是 10% 而不是 5%。该案中米尔斯坦家族中有 4 个人持有 GAF 股份，合起来超过公司已发行股份的 10%。问题是他们为了取得 GAF 的控制权而作为一个团体联合起来是否构成法律所说的"取得"股份，从而触发 4 人作为一个小组登记表格的义务。米尔斯坦家的这 4 个人争辩说必须有个人的购买行为才能认定小组取得了什么。法院不同意，依据是通过法案时的参议院报告：②

当他们同意采取一致行动时，团体就将被认为是 10% 以上的某类股份的、直接或间接的实际所有者。因此，团体必须在他们同意采取一致行动时起的 10 日内登记第 13（d）（1）条要求的信息，无论团体内的任何人有没有在这时取得股份。

法院指出，法案的目的是要提醒市场：迅速积累可能意味着控制权的换手；所称的米尔斯坦家人的合谋正是要求披露的一个例子。之后的判决还将登记要求适用于为了防止控制权换手而组织的经理层团体。随后，证交委采纳了米尔斯坦案的判决结论，将它写进了规则 13d-5（b）（1）。

虽然争夺投票代理权是公开进行的，但是挑战者们还是希望在一段时期内不让经理层知道。在经理层设置防御之前，他们会与潜在的支持者联系，尤其是那些愿意资助挑战的人。不过，如上所述，由于法律规则要求争夺投票代理权的参与者在征集活动开始之前登记 14B 表，③要求任何人④取得一个公众公司的 5% 时登记 13D 表，所以能够进行秘密工作的时间和空间都十分有限。投票代理权的争夺几乎一开始就是公开进行的。

---

① 如不特别注明，本章提及第几条的均指美国 1934 年《证券交易法》条文。

② 453 F.2d at 716, citing S. Rep. No. 550, 90th Cong., 1st Sess. 8（1967）.

③ 规则 14a-2 对"征集"一词做了广义的解释，尽管它对非经理层的征集允许有限的例外。请回忆一下本书上册第十二章第二节中提到的 Studebaker Corp. v. Gittlin, 360 F.2d 692（2d Cir. 1966）和 SEC v. Okin, 132 F.2d 784（2d Cir. 1943）等案中法院对"征集"一词所做的广义解释。

④ "人"包括小组集体。前述法院判决和证交委规则都认为当一个小组成立时，该小组就"取得"了组内所有个人持有的股份。

一般地，投票代理权的争夺战由挑战者登载新闻予以公开，宣布成立"某某公司保护股东委员会"。之后，两边都会百米冲刺去与股东交流。每一边都希望先与股东交谈，以便占到先入为主的优势。每一边都希望最后寄送投票卡，因为州法规定后授予的代理权取消和替代之前授予的代理权，即如果一个股东给两边都授予了代理权，后授予的取代前授予的。投票卡会印制成自家的专门颜色，以免与对方混同。在计算授予代理权票数的时候，有时候两边都会声称有权代理某个股东，这时他们会试图证明自己是较晚获得授权的，要看授权投票卡的日期、信封邮戳的日期等。他们还会努力寻找对方某些票的瑕疵，称其无效，试图予以取消，比如签字瑕疵，或者没有表示委托投票的意思等。在这个问题上没有具体的法律规定，主要是个公司实践中的习惯问题，多数情况下两边的律师事先就会对选举应遵循的基本规则达成一致。

经理层占据着先天有利的条件。首先，股东习惯上都投票支持经理层。对经理层不满的股东大都在争夺战开始之前就已卖掉股份走人了；剩余的实际上都接受现任经理层。这种情形叫作"华尔街规则"。其次，经理层知道谁是股东，股份多少，因为他们有股东名单。还有，经理层有现成的资金可用——公司金库；而挑战者只能用自己的钱。对经理层使用公司金库有没有限制？挑战者在某个时候是否也能使用公司资金？这些问题我们稍后讨论。但是即使挑战者也能用，他们也无法改变经理层最初的优势。

挑战者要克服经理层所占的优势，特别是股东对经理层的信任，是需要时间的。但是可用的时间有限，取决于由规章规定的年度会议的日期。如果日期太近，挑战者会探究在此之后他们还有没有召集特别会议的权利（一般都由规章规定）、能否不召开股东会而采用书面签字同意的替代程序、能不能无因撤换董事等。如果州法允许（例如，特拉华普通《公司法》第 228 条），挑战者可以简单地征集同意票来无因撤换董事，换上他们任命的人。

争夺投票代理权给了股东们选择董事从而经理层的机会。股东们从争夺的两边收到投票代理权的征集书、投票表格和候选人名单。一边是原经理层，另一边是挑战者。此外，两边都会亲自与股东见面交谈，在报纸上登载广告，竭尽全力进行拉票。

争夺中经常出现多次征集的现象，给予股东多次投票机会。每次他们都会收到来自一方的投票授权卡。最后一个将投票代理征集材料交给股东的争斗者可能会获得某些不经意的股东提供的支持。

大的机构持有人经常持有 40%~50% 的股份。它们是争夺双方都会讨好和争取的首要对象，就像总统候选人经常把竞选的大部分时间花在纽约、加州、宾州和得州一样。

由于争夺投票代理权充满了激烈的对抗，纠纷不断，所以不能没有律师的帮助。事实上，律师经常指挥这类战斗。

二、诉讼

争夺中诉讼是难免的。两边都心情迫切，感情冲动，互相攻击，指控对方侵权。其中既有真诚的愤怒，也有冷静的算计。为了挫败对方的计划，他们经常请求证交委的职员禁止对方的征集活动；或者到法院去申请禁令，禁止进一步的违法行为，消除之前的不当征集造成的影响。因为法律禁止在征集投票代理权时做虚假或误导性陈述，所以双方都会仔细阅读对方的征集材料，寻找虚假和误导的证据。在此过程中"虚假和误导"的概念被诉讼当事人、证交委，有时也被法院扩大和延伸。

有些战斗在州法院进行，例如，索取股东名单、质疑会议程序的有效性或者声称对方违反了信托义务；但是大多数诉讼在联邦法院进行，指控对方的投票代理权征集材料虚假和误导，违反了规则 14a–9，声称对方违反了各种与 14B 表、13D 表或者规则 14a–3 有关的登记规则，请求法院发布禁令（分为初始禁令和临时禁令）。在选举之前，这类申请较多，因为选举日程的紧迫性需要临时或者初始禁令而不能等待实体审判的结果。一位经验丰富的初审法官总结了法院救济的标准（至少在第二巡回区）："原告必须证明：（a）实体上很可能胜诉或者实体问题足够严重，因而诉讼合理；而且，从原告遭遇的困难来看也需要救济；（b）不救济就会发生不可弥补的损失。"见 Plant Industries, Inc. v. Bregman, 490 F. Supp. 265, 267（S.D.N.Y. 1980）（Weinfeld, J.）。①

法院一般不愿意干涉市场的正常运行，包括董事的选举过程。法官们懂得当事人通过诉讼拖延时间的各种策略，也懂得判决产生的客观效果。因此，在一定范围内，法院会尽量放任当事人，很少给予救济。但是这并不能抑制客户请求律师起诉和律师建议客户起诉的积极性，因为涉及的利益太大了。而且，即使是失败的诉讼，在策略上也可能是有用的。

在 Kennecott Copper Corp. v. Curtiss–Wright Corp., 584 F.2d 1195, 1200（2d Cir. 1978）一案中，初审法院因为 Curtiss–Wright 的投票代理征集材料中存在重大遗漏和误导，所以发布禁令，不许它用征集来的代理权投票。但是上诉审法院否决了有关征集材料误导的事实认定："司法匠人坐在安静的法官办公室内阅读投票代理征集书，总能改进其中的语言……当征集书是在闹哄哄的竞选中起草时，尤其是这样。并非每一位公司律师都是本杰明·卡多佐②……吹毛求疵可不是这游戏的名称。"法院对司法干预表现得极其敏感。考虑到双方冲突的张力，该院指出：诚然，挑战者对它所建议的将来的行动方案（如果它获胜的话）其实并没有做过彻底的调查，也没有在征集材料中披露未经调查这一事实，但是这一遗漏"已经在争夺过程中得到充分的传播"。于是，在股东会开会前夕，上诉审法院命令停止执行初审法院的禁令。Curtiss–Wright 得以用征集来的代理权投票，但是表决结果却差了几票，它的候选人没有当选。对此，上诉审法院宣告选举无效，命令重选，因为"选举的结果很可能受到地区法院在选举前夕的判决中对 Curtiss–Wright 批评的影响。因此，衡平法要求宣告 1978 年年度会议全部或者部分无效，使得一场新的董事选举得以进行。"上诉审法院这样做的目的是为了消除司法干预的影响。

---

① 根据《美国联邦民事诉讼法》，发布禁令的条件是：（1）很可能胜诉；（2）不可弥补的损失。

② 卡多佐（Benjamin Nathan Cardozo，1870—1938）是美国著名的法学家，先任纽约上诉法院（该州最高）法官 18 年，起草了多个具有里程碑意义的判词，对 20 世纪美国普通法的发展产生了重要的影响。他的语言凝练、准确而又生动活泼，深受读者的喜爱，并以此著称。1932 年他被任命为美国联邦最高法院法官，在该岗位上一直工作到 1938 年去世。

当然，一定程度的司法干预还是很有必要的。对此，美国的法官有清醒的认识。在SEC v. May, 229 F.2d 123, 124（2d Cir. 1956）一案中，克拉克法官指出："上诉人的主要上诉理由是：像政治竞争一样，当两边都可以自由地指控对方时，对方也能自由地反驳并有效地中和对手在'竞选中的夸张语言'。可是，这不是《证券交易法》的立法方针。国会在那部法律中明确地授权证交委保护投资公众免受公司控制权争夺中误导性陈述之害。"法律要求投票代理权的征集人充分地披露，不得遗漏负面事实，留给对方去反驳。虽然在征集投票代理权时每一边都可以反驳对方的说法，但是这一事实不能解脱参与者在其征集材料中完全坦白的义务。征集活动不能只由选举市场来调节，每边都必须遵守规则。

不过，受市场经济哲学的影响，法官们知道对待市场的基本方针是放任自流，而不是积极干预。所以，在 TSC Industries Inc. v. Northway, Inc., 426 U.S. 438 一案中，联邦最高法院对判断投票代理权征集材料中虚假陈述或者遗漏的重大与否提高了标准，要求在综合考虑了所有信息的基础上认定失真的信息对于一个合理的投资者来说将是重大的，而非仅仅是一种可能。[①]

对于符合 TSC 案确定的重大性标准的信息失真，法院会通过发布禁令或者其他适宜的救济手段进行干预，包括禁止会议、取消投票代理权、命令重新征集或者给予其他适宜的救济。在 Kass v. Arden–Mayfair, Inc., 431 F. Supp. 1037（D.C. Cal. 1977）一案中，公司在报告期内的损失与前一年的相同时期相比已经增加了 100%，但是经理层却没有披露盈利的下跌，构成重大失真。在 Bertoglio v. Texas International Co., 488 F. Supp. 630（D.C. Del. 1980）一案中，挑战者曾经卷入证券欺诈事件，却没有自觉披露这一历史问题，构成重大遗漏。在信息失真基础上举行的选举无效。司法救济的威胁对于征集材料中的过分说法是一种有力的制衡。

不过，这类选举之后的救济比禁令还少。因为这时法院只能宣告选举无效，即股东的投票无效。司法的总体倾向是尽量不要去吹毛求疵地干扰市场。

三、费用

【案例 18–1】

罗森菲尔德诉好孩子引擎与飞机公司[②]

弗罗瑟尔法官。

原告是位律师，持有公司 230 万股股份中的 25 股，提起股东派生诉讼，要求返还由公司报销的、两边在争夺投票代理权中产生的费用，总共 261 522 美元。[③] 上诉分部

[①] 在英文原文中，联邦最高法院将 "might" 一词改成了 "would"。后者的口气要比前者肯定得多。

[②] Rosenfeld v. Fairchild Engine and Airplane Corp., 309 N.Y. 168, 128 N.E.2d 291（1955）.

[③] 用今天的观点看，本案中的涉案金额似乎不高。可是在 20 世纪 50 年代早期的美国，薪水最高的运动员年薪才 10 万美元，华尔街律师事务所的律师年薪只有 3 600 美元。

一致维持① 下级裁判官从实体上驳回起诉的判决②，我们同意。两家法院都写出了详尽的判词，重述案情事实已经没有必要了。

在上述金额中，106 000美元是由老的董事会在任时为了捍卫他们的立场而从公司资金中支付的；2 800美元是新董事会为了报销老董事会在失败的防御中的其他支出，根据新董事会认为合理的程度，在投票代理权争夺战结束、经理层变换之后支付给老董事会的；127 000美元是经股东会以16∶1明确批准，支付给胜利者团体以报销他们的费用。

基本事实没有争议。因为下级法院所维持的事实认定有充分的证据支持，所以我们受这些认定的约束。上诉分部认定原告团体③ 与老董事会的分歧"深入到了公司的经营方针中"，其中沃德合同是"争执的要点"之一。下级裁判官认定，争议"建立在两个团体之间可以理解的政策分歧之上，说到底就是沃德雇佣合同"。

与本案中的事实认定不同，《律师广告公司诉联合铁路、照明、冷冻公司》④ 一案是想要回未经董事会批准而在报纸上登载通知的费用。该案中法院明确认定投票代理权的争夺是"一派与另一派争夺公司控制权，是为了永久保持他们的职位和控制权的争夺"。在那里我们额外评论说在那样的情况下，代表经理层一派登载的通知不是公司的开支，所以董事们无权批准。

其他辖区和我们的下级法院都曾判决经理层可以从公司金库中开支必要的费用，用于征集投票代理权，以捍卫其善意的政策立场。

应当指出，原告并没有说前述金额是通过欺诈从公司骗取的，他的律师承认"这些费用是正常合理的"，但是否认"它们是法律上可以报销的"。所以这不是那种股东对具体开支项目提出质疑——如果那样，初审法院经过审查可以认定这些开支为无理、过分或者在其他方面不当。如果原告如此反对，初审法院必须检查被质疑的开支。

在这股东人数众多的大公司时代，由于股东的冷漠和取得会议有效数的困难，如果公司董事不能善意支出合理而恰当的费用去征集投票代理权，即使在没有争斗时，公司事务也可能会受到严重干扰。在争夺投票代理权时，如果董事们不能自由地回应外部团体的挑战，善意捍卫他们有关公司政策的决议并将信息提供给股东，他们和公司都将处于任人宰割的地位，只要那些为了自己的目的试图夺取公司控制权的人有足够多的资金从事投票代理权的争夺。标准很清楚。当董事们对政策问题的争议怀有善意，他们就有权支出合理的费用去征集投票代理权并捍卫他们的公司政策，没有义务闲坐一旁。法院有能力在具体案子中对他们的善意和受质疑的开支的性质作出判断。

我们还认为，所谓新团体的成员可以经股东批准之后由公司报销其在争夺战中的费用。有关这些最终获胜的争夺者，正如上诉分部所说，当然"不存在任何义务……去摆明事实并由公司支付这些费用"。然而，当多数股东——本案中以16∶1的票数——以

---

① 284 App. Div. 201, 132 N.Y.S.2d 273.
② 116 N.Y.S.2d 840.
③ 原告只有一人，称"团体"是因为派生诉讼，他代表了处于相同地位的全体股东。
④ Lawyers' Advertising Co. v. Consolidated Ry., Lighting & Refrigerating Co., 187 N.Y. 395, at 399.

公司所有人身份投票支持已经成功达到目的的争夺者，选择报销他们的费用时，我们没有理由否决他们的决定，也没有理由判公司无权决定怎么花它的钱。

所以我们采纳的规则很简单：在围绕政策而非个人权力的争议中，公司董事有权从公司金库中支出合理而恰当的费用，以说服股东相信他们的立场的正确性，并征集股东对董事们善意地认为符合公司最佳利益的政策的支持。如果有人质疑这些费用，法院会进行审查。而且，股东们也有权报销争夺获胜者在这类政策争议中合理和善意的支出。这些报销法院同样可以审查。不过，这并不是说，公司董事在任何情况下都能无限制地用公司的钱去从事投票代理权的争夺。一旦证明这些钱的花费是为了争夺个人权力、个人利益或者个人的其他好处，而不是相信这些开支符合公司和股东的最佳利益，或者所花金额的公平性和合理性受到合规而成功的质疑，法院会毫不犹豫地禁止报销。

维持上诉分部的判决，费用自负。

德斯蒙法官（同意）。

原告称，除了纯粹就开会时间和会议表决事项通知股东的费用之外，董事未经全体股东一致同意而在投票代理权的争夺中使用公司的钱，都是非法的。被告称，拉票争议的核心是公司政策上的分歧，所以公司不但应当支付通知和日常征集的费用，而且应当为每个团体支付全面告知股东的费用。本案诉讼中之所以没有将这个重要问题直接摆在我们面前，大概如上诉分部所说，原告没有就"具体开支项目请求赔偿"。日常通知费用当然应该由公司支付。我们认为同样清楚的是，公司"为一个派别支付其与另一个派别在争夺公司控制权过程中"发生的费用，是越权的和非法的。董事会或者股东会的多数批准不能使这种无偿的开支合法有效。本案中受到质疑的有些开支从面上看具有合法的目的，金额也合理；而另一些开支，案卷又缺乏证据基础来对它们的合法性和合理性作出判断。无疑，原告承担最初的举证责任，先用具体证据证明到一定的程度。它没有这样做，所以也没有摆出一个可诉的案情。

因此，我们取得了与上诉分部相同的结果，但是仅仅因为该院所列多种理由中的一种，那就是举证失败。

范·沃瑞斯法官（反对）。

上诉分部承认在本案中"经理层团体很明显支付了大量不必要的费用，算在公司头上"。可是这个结论应当导致责令被告对费用作出解释。根据熟知的规则，一旦证明董事们为了自己的目的花了公司的钱，出示证据证明这些具体项目的适宜性和合理性的负担就在董事们身上。

本案中公司选举的主要政策问题，正如下级法院的判词所说，也为当事人所坦承，涉及与一个先前的董事兼官员，沃德先生的长期合同附带养老金权利。造反派声称他们的胜利带给公司的主要好处是终止了那份协议，据说根据统计精算每年为公司节省了35万~82.5万美元以及其他工资和租金30万美元。造反派争辩说，在投票代理权的争夺中，这些支付可以大大减少，使得在任团体成员不能继续以牺牲公司利益为代价来谋取个人利益。假如这些指控属实，多数股东似乎也相信，那么对经理层团体争夺投票代理权费用的报销就违反了英国和特拉华州的规则。①

指出这些情形主要是为了说明，正如里夫肯法官所说，区分"政策"和"人事"是多么的不可能；但是它们同样表明个人因素在这场争斗中根深蒂固。就原先的经理层团体而言，这当然是真实的。

有些费用可以由经理层代表公司开支，以便向股东披露，但是在经理层的这类开支与纯粹是股东团体的开支之间有着明显的区别。后者没有法律义务承担经营公司的责任。他们可以因为任何原因而取代经理层，无论这样做对公司有利还是不利。但是如果他们成功，那并不意味着公司在这之前经营不善或者将来不会经营不善。控制权的改变在任何意义上都不能与原董事行为不当的判决类比。将本案与少数派股东以董事和官员行为不当为由提起派生诉讼获胜，因而获准报销费用的情形类比是毫无道理的。

就经理层团体而言，在合理范围内，在影响公司利益的问题上通知广大股东时，它可以让公司支付费用。超过这些限制的支出是越权的。公司无权支付。公司无权支付造反派的全部费用。造反派没有管理公司的职责。没有任何辖区的上诉审法院持不同观点。没有人说这些费用可以不经股东认可而报销；未经股东全体一致认可它们不得报销。本案中造反派在他们的竞选材料中反复向股东宣告他们在用自己的钱争夺投票代理权。如果这些费用的报销可以由股东多数批准，那么，用上诉分部的话来说，没有法院或者其他裁判庭能够审查哪几类费用"不必要"。造反派是否应当获得支付将取决于他们有没有赢得股东选举并取得公司控制权。公司有没有因为他们的行为或者因为选举的结果而得到好处完全与此无关。法院不能调查这样一个不确定的问题。那确实是一个商事判断问题。有些公司由现任经理层管理得更好；另一些公司则由其他团体取代现任经理层比较好。法院无权决定这些问题。造反成功的股东一定会报销他们的费用，无论争议的实体问题谁是谁非。投票代理战斗中的失败者对公司利益可能比获胜的对手理解得更为准确，这类宣传鼓动会导致在公司中的优势地位，尽管公司的经营并没有改变。可是，根据上诉针对的判决，争夺投票代理权的胜利是造反派获得报销的必要条件。经常有冒险家们利用经济衰退、分红减少或者没有增加或其他引发股东不满的源泉展开争夺战，以便夺取经营良好的公司的控制权，从而将资金通过法律渠道输入其他一些他们有利益的公司中，或者解雇原先的官员和雇员，腾出位置来按照政治分赃任命那样的模式，安排他们亲近的新人，或者达到与公司的健康繁荣无关的其他目的。对于股东和股东团体争夺公司选举权，门是敞开的，并且永远敞开着。可是如果这类运动的发起人选择使用昂贵的现代媒体去说服大众，费用应该由他们自己或者与他们结盟的其他股东报销。如果法律规定他们赢了就可以得到报销，并且只有赢了才能报销，那对于习惯于经过精细估算后才去冒险的人来说将是强大的诱惑。精力充沛的推销将不断升级，一报还一报，股东会将变得十分昂贵。控制一个繁荣的公司将带来经济利益。可是除此之外他们还知道，就竞选费用而言，胜利者拿走一切。确实，所有的战利品都属于胜利者。

---

① 此案判决时美国已经独立二百多年，提英国有点奇怪。但是原文如此，"English"一词在这里只能译为"英国的"。

随着公司资本越来越分散，本案涉及的问题也越来越重要。在更大的程度上，公司竞选变得越来越像政治竞选。但是在后者，竞选费用都由从事竞选的人和他们的追随者负担，而不是从公司或者公共金库中支出。当竞选人承诺费用不会从公司开支的时候，尤其是这样。

本案阐述了争夺投票代理权中公司报销费用的基本规则：董事会和经理层为了公司经营上的政策性问题而与挑战者争议的费用可以报销；为了保住自己的饭碗或者自己对公司的控制权而支出的费用不能报销。换句话说，观点的争议可以报销；个人利益和权力的争执不能报销。可是在现实中，二者往往难以划清界限。现任经理层为了保住自己的权力和饭碗，总是把争夺行为说成是在捍卫既定的公司政策，就像在公司收购中收购人和目标经理层明明是为了自己的利益，但是却都声称是为了目标股东的利益一样。规则的制定者，无论是立法机构还是法院，都明白其中的奥妙。但是规则必须这样制定，绝对不能让损公肥私的行为合法化。公正的规则实际上也会妨碍自私的行为，因为在有些情况下，把黑的说成白的也不容易。

不过，对于本案形成的实体规则至少有两种不同的解读。第一，是上段所述的，公司可以适当支付经理层为保卫公司政策而不是公司人事，争夺投票代理权时发生的费用；第二，公司只能支付告知股东的费用，不能报销经理层的竞选费用。主流意见取前者，但是也有很多法官取后者。

范·沃瑞斯法官就代表了后一种意见。他的反对意见认为只有告知股东的费用可以由公司报销。其他方面的费用因为区分政策和人事十分困难，个人因素根深蒂固，所以只要发现了不必要的费用支出，就应该由经理层负举证责任，证明费用的合理性和适宜性。

在本案中沃瑞斯法官特别反对为成功的挑战者报销。给经理层报销是因为他们有经营公司的责任；反对者不负这样的责任。股东当然可以批准报销，但是必须全体一致，而不能只是多数决。可是现行的做法是成功的挑战者一般都会获得报销。

或许更为重要的问题是不成功的挑战者有没有权利获得报销。董事会有没有权力决定支付？争夺的双方能否在此基础上和解？是否需要股东批准？股东的批准是否能击败支付越权的主张？或者浪费的指控？从罗森菲尔德案的判决来看，答案应该是肯定的，股东的批准使报销有效。不过那里股东赞成报销的比例高达 16：1。简单多数行不行？这又涉及利益股东是否排除等问题。一般说来，经无利益股东过半数同意应该可以。如果不经股东批准而光由无利益董事过半数批准行不行？现在还没有答案。

已有判例数量不多，但都支持罗森菲尔德的判决结果。1981 年 1 月，亚历山大公司的股东投票同意支付 15 万美元的费用给持不同意见者，后者威胁要争夺投票代理权，但是没有实际争夺。经理层将持不同意见者选进了董事会。[1]

在约翰森诉他阁一案中，下级法院命令公司在股东会前预付造反派的某些具体开支。上诉审法院否决：[2]

---

① 见 1981 年 1 月 8 日《华尔街报》第 12 页。

② Johnson v. Tago, Inc., 188 Cal. App.3d 507, 233 Cal. Rptr. 503, 507-8 (1st Dist. 1986).

公司花钱的方式和目的在其内部事务中最为重要和敏感，一般委任给它的官员、董事和股东决定。在这个领域内，除非有非法行为或者经过证明存在商事判断的滥用，法院不予干涉。

初审法院对这条原则注意不够。该院无疑出于基本公平的想法：不可否认，同等对待现任者和挑战者的想法是很有诱惑力的。不过，相反的考虑更有力。投票代理战斗的成本不便宜。如果要让公司吸收这些费用，这个决定宜于由公司作出，至少最初是这样。假如决定要等投票代理战的最终结果出来之后才能作出，因为只有在那时公司决策者才能评估任何一方或者双方给公司带来的好处，从而确定报销是否符合公司的最佳利益，那么更是如此。另一种选择，同时也是初审法院判决的逻辑结果，就是强迫公司金库支出而不考虑期望受益人的意见。

从这个角度去看，压倒性的因素不是抽象的公平，而是对公司钱财控制权的篡夺。司法干预要根据前述尊重原则限制在最小的范围内。因此，对于投票代理战的费用报销，大家都认为法院"不能批准或者指示支付，只能判决在经过股东多数的批准之后的支付是否合理和恰当"。（Grodet-sky v. McCrory Corp.（Sup. Ct. 1966）49 Misc.2d 322, 324, 267 N.Y.S.2d 356）。

这就是说，虽然公平对待挑战者和在任经理层很重要，但是更为重要的是尊重公司意思自治；放任自流为规则，政府干预为例外；法院不得越俎代庖，替代公司经理层和董事会为公司做决定。因此，在美国，目标董事会在控制权争夺中使用公司资金的优势依然存在。尽管规则清楚而公正：政策分歧可以报销；人事争斗不得报销。可是在实际操作中，捍卫公司政策与保住内部人饭碗之间的界限并不清楚。在目标实施的某一具体行为中，往往是两种成分兼而有之，很难厘清。因此董事会在使用公司资金保护现任经理层对公司的控制权方面总是游刃有余，享有相当大的自由度。而挑战者只能使用自己的资金，不到挑战胜利，控制权成功夺取，他们是得不到报销的。只有在夺权胜利之后，挑战者的费用才会得到报销。

总的说来，争夺投票代理权用得不如要约收购那么多，尽管它们更容易启动。从1985年10月1日到1986年9月30日的12个月中，一共有146个收购要约和68次投票代理权争夺。[①] 不过，之后投票代理权的征集有所增加，收购要约有所减少。

为什么会这样？原因是争夺投票代理权作为外人夺取公司控制权的手段，其成功希望不如要约收购那么大。说服投资者以高于市价的价格卖掉股份比说服他们投票撤换经理层要容易一些。另外，争夺投票代理权对于挑战者的终极费用更高。一旦争夺失败，所发生的费用是净损失。而要约收购即使失败，在购买股份的过程中还花去了很多钱，但是要约人在卖掉这些股份时的赢利一般都足以支付要约开支而有余。

---

① SEC，52d Annual Report，17（1986）.

第二节　要 约 收 购

一、概述

要约收购的目标都是公众公司。具体方式是向全体股东要约，用现金或者证券作为支付手段，以高于市价的价格换取（购买）他们的股份。这是敌意夺取目标控制权的方法中最受人欢迎的形式。**收购要约**也叫**交售要约**（tender offer），因为从收购人的角度看是收购，从目标股东的角度看则是交售。用公开要约的方式收购又叫夺取或者强夺（takeover），含有对方（指目标）不情愿的意思。收购人也叫**报价人**或**要约人**，因为要约就是在报价。

虽然交售要约有不同的形式，我们重点研究经理层反对的现金交售要约。它们之所以这么受人欢迎，是因为它们一般会成功。要知道，交售要约是发给股东个人的，在有限的时间内以高出市价很多的价格购买他的股份。所以股东一般都会接受。

对于一个专心收购以扩大地盘的报价者，一旦谈判失败，或者显然无用，交售要约是一张可打的牌，拿来威胁对方，迫使对方同意通过协商的办法被收购。[①]

不过，交售要约成本很高。它们比通过谈判购买公司的风险更大，因为经常有报价人意想不到的事情发生。谈判使得收购过程不那么神秘；而敌意要约人却带有盲目性，因为他没有机会从目标内部了解情况。况且，争斗的氛围比冷静的谈判更容易激发报价人超额支付，从而遭受损失。

我们先来介绍一下要约收购是如何进行的，法律又是在哪些关键环节上对它进行调节的。大致上，要约收购分为以下几个步骤：

（一）选择目标

交售要约中的第一个决定是报价人悄悄地作出的。它必须选择一个自己喜欢的目标。

经济学家一般认为市场是有效的。[②]这是一种假定，称为有效市场假定。它将目标视为经营不善的企业，撤换经理层能够改善经营，增加回报，使报价人有利可图。这说明交售要约给社会提供了增加财富的手段。但是这个说法有争议。持反对意见的批评家们称控制权市场是低效的，只注重短期因素。他们还指出一些具体证据来证明了大多数目标公司都经营良好而非枯木朽株。[③]

事实上，目标的种类很多，各不相同。有经营管理不善，通过改善经营具有增长

---

① 在美国，这种策略曾经为"绅士高管"（gentlemen executives）所鄙视，现在已经不再是生意人的"肮脏诡计"，而是每天都在发生的事。

② 即股价能够准确地反映经过打折的期望盈利之和，或者公司在现任经理层管理下产生的现金流加上可能有交售要约提供的潜在的溢价经过打折之后的价值。

③ 罗纳德·格尔森教授注意到，如果一个企业集团的经理层为了扩大地盘而不惜牺牲效率，该集团就很可能会成为夺取的目标。他认为，在股票市场是否有效这个问题上的证据之所以互相矛盾，是因为夺取的对象越来越多地是企业集团而不是单个的企业，买方也不想亲自改善企业的经营，而是将买到的集团拆分开来，分别卖给那些能够改善经营的人。见 R. Gilson, The Law and Finance of Corporate Acquisitions（1986）（1987 Supp. pp. 2–5）。

潜力的公司，也即有效市场假定中认定的那种目标公司；也有经营良好，但其价值却被市场低估的公司——这样的公司可能拥有被低估的资产（自然资源类公司中这种情形较多），出售这些资产马上可以赢利。不管哪一种公司，对于一个能够使公司成长或者能够实现被低估的资产价值的报价人，都是赚钱的机会。还有财务状况特别的公司，比如企业可能有一大笔速动资产，在夺取控制权之后随时可用；或者养老金计划超额资助，新的经理层可以将超额部分取出来而养老金照常发放。此外，还有经营业务特别符合收购人需要的公司，比如目标正好是收购人的原材料供应商或者主要客户，收购人为了形成产供销一条龙，出于自身经营的需要而收购目标。

在选择目标的过程中，收购人除了仔细检查目标的财务和生意信息之外，还会仔细估算其成功的可能。虽然高于市价的现金要约对任何人都有吸引力，有些股东还是不愿意交售，例如，经理层和雇员（他们的工作受到威胁）。一般而言，金融机构很高兴从交售要约中获取大量利润，有时候甚至必须获取[1]，所以它们大都会交售。

有些法律障碍可能使收购变得麻烦或者过于昂贵。例如，目标可能拥有一家电视台，控制权的换手需要得到联邦通讯委员会的批准——一个冗长而不确定的过程。目标章程中可能含有驱赶不友好追求者的规定；州公司法也可能给敌意的交售要约设置障碍。只有对这种种可能性调查清楚，才能确定成功的把握有多大。

（二）要约前的活动

速度和突然性对收购人有利，因为它们使目标来不及组织防御。为了取得速度和突然性，要约前阶段的保密工作一定要做好。

收购人可能先在目标股份中购买一个立足点。这样做有多重原因。首先，要约之后购买的股份都是高出市价的，而现在是按市价购买。因此，要约前买得越多越省钱。其次，收购人明白，他的要约也可能引来第三人竞争报价。如果他竞争失败，已经买来的股份可以按高价（该第三人的出价）卖给第三人，从而获取丰厚的利润。换句话说，收购人同时做好了失败而赢利的准备。

不过，法律对此有限制，就是前面说过的美国 1934 年《证券交易法》第 13（d）条规定购买股份达到已发行的该类股份的 5% 时必须在 10 日内向证交委登记 13D 表并寄送给目标。在这 10 日内收购人可以继续购买，所以表上显示的百分比往往远远超过5%。这个机会叫作"13D 窗口"。[2]

此外，《哈特－斯高特－洛蒂诺反托拉斯改进法》（*Hart-Scott-Rodino Antitrust Improvement Act*）规定收购人购买超过 1 500 万美元或者 15% 以上的目标股份，必须在购买前 15 日向司法部和联邦贸易委员会登记一系列文件，否则不得购买。该法适用于

---

① 比如当金融机构是一个基金时，基金管理人对基金持有人负有信托义务，为了使基金增值，可能会有必须获取的义务。

② 比较我国《证券法》第 86 条的规定：达到 5% 之日起的 3 日内向证监会和交易所报告并通知目标。在这 3 日内不得再行买卖。可见，我国基本没有窗口。如果有，也就是达到的当天可以继续买卖——一个很小的窗口。

交易双方中一方的销售收入达到一亿美元，另一方达到 1 000 万美元。而这样的标准很多交售要约都可以达到。如果政府要求其他有关反托拉斯的信息，那就会进一步拖延收购的时间。而这些要求经常会终止一场交售要约争夺战。

当收购人因法律的要求而被迫披露真相时，它会给目标施加压力，迫使其考虑友好的交易。一般的做法是写信给目标，说"我们对贵公司很感兴趣，打算收购，具体的条件不妨坐下来谈一谈"。信内会尽可能地提出一些有利于目标股东及目标经理层的条件。同时警告说如果你们拒绝的话，你们就会得罪股东。况且本公司主意已定，任何反抗都是徒劳无益的。表面上话当然不一定这么说，但是本质上就是要表达这个意思，目的是给对方施加压力，迫使其同意。由于这样的信貌似友好，实际上是要取而代之，所以就有一个形象的比喻:熊的拥抱（Bear Hug）。拥抱是友好的，但是熊一巴掌就能把人打死，被它拥抱滋味如何，就可想而知了。

在绝大多数情况下，目标经理层会拒绝熊的拥抱。这时收购人有两种选择。一是凭借已经持有股票的股东身份在召开股东大会前向别的不来参加大会的股东征集投票代理权。这是因为公开之前在市场上的秘密收购已经使收购人拥有了相当数量的目标股份。如果能够征集到足够数量的投票代理权，在目标股东会上选举董事时占据多数，收购人便可以选举自己的人进入董事会，然后通过董事会撤换公司管理层，从而取得对目标公司的控制权，那就不必花那么多钱收购股份了。不过，这样做的成功概率不高。首先从常理来说，公司股东一般倾向于公司经理层。从某种意义上说，他们之所以对该公司感兴趣，购买该公司的股票，至少在潜意识上是出于对公司经理层的信任。其次，多数股东的惰性和冷漠（在与其自身利害关系不大的时候）也对经理层有利。一般股东可能会对收购要约做出积极的反应，因为价格高，但是对征集其投票代理权却可能毫无兴趣，因而置之不理。此外，征集投票代理权费用很高，经理层可以利用公司的资源来做这件事，而收购人只能花自己的钱。如果收购人获胜，他们可能会让公司报销征集费用，有时候法院会支持他们的请求，那就等于竞争双方的费用都由公司承担了。但是多数时候，收购人的费用只能自理。

有时候，在要约收购的威胁和征集投票代理权的双重压力下，目标经理层的态度可能会软化。这时收购人就会选择第二种办法，即坐下来与目标经理层谈判，希望他们同意合并，并承诺给予他们一定的好处，将他们赎买出来。有的公司高管的雇佣合同中有**黄金降落伞**条款，规定在高管被解雇的时候公司必须支付一大笔钱给他作为补偿，数额少则数百万美元，多则几个亿美元，数千万美元为多数。这样的条款也带有赎买的性质，意思是当收购对股东有利的时候，请你规矩走人，不要反对。有的收购人在收购成功之后会起诉，请求法院宣告这样的条款显失公平、无效。当然，如果谈判在先，收购人取得目标经理层一定程度的协作之后自然会承诺条款有效，不会质疑。

如果谈判失败，征集也不成，那就走下一步。

（三）定价与筹资

收购人会报出一个诱人的价格，一般至少高于市价35%。如果有人竞价，报价人就得加价。有时候，竞价会将价格推到市价的一倍以上。

报价人必须有足够的资金。这经常是收购计划最关键的部分。收购常常需要数十亿美元。

报价人一般会先设立一个空壳公司来实施收购计划。部分资金会向银行借款，但是大部分资金都来自投资银行。投资银行往往有富有的投资者的网络。它知道这些富人为了资助收购，愿意投资于高风险、高收入的债券或者优先股（一般称为垃圾债券或者垃圾优先股）。实际操作中在知道了有这样资助之后，投资银行会写一封信给报价人，说它"很有信心"筹集到这笔钱资助要约。由于只有在报价成功，实际购买这些证券时才需要资金，所以报价人开始时手头往往没有多少钱。①

此外，投资银行也可以充当商业银行直接给报价人提供"搭桥贷款"（bridge loan），以资助报价。②

等到需要付钱实际购买股份的时候，预先设立的空壳公司会根据投资银行的安排发行债券或者优先股，由投资银行承销，卖给那些富有的投资者，由此获得资金购买目标股份。买到股份之后，空壳公司作为购买者一般都会并进目标，将那些没有交售的股份挤兑出去，空壳公司的债务成为合并后公司的债务，一个真实有资产的公司接过发行垃圾债券和垃圾优先股所产生的义务。

新组建的目标将担负比原先的企业重得多的债务。在有些情况下，目标可能无力支付债务，不得不卖掉某些资产偿债，以便将债务减少到可控的范围内，或者将收购造成的债务转变为优先股或者长期债。这些都是在收购之初就计划好的。当然，新的经理层也可能通过改善经营提高效率增加现金流，比如减少用工或者利用某些有利于负债的税收减免。

通过借款来资助强夺性报价的策略是交售要约最有争议的地方之一。在很大程度上，目标自己资助了自己的被强夺。这个方法经常使小公司能够收购大公司，甚至使每一个公司都面临被收购的威胁。很多人担忧这种方法使企业负债过度，资产负债比例失调，在经济不景气的时候会促成大批企业破产。

如果报价人自己资金充足（往往是大公司），那就不需要广泛的外部资助，或者即使需要也少得多。这样的报价人是强大而可畏的。

（四）施加压力

报价人会尽量营造一种氛围，使股东感到必须接受要约。这样，即使股东认为现任经理层的服务最符合公司的长远发展，或者如果时间充分的话还可以谈成更有利的交易条件，他们也会接受要约，因为快速挣钱总比慢慢挣钱好。况且，更好的交易说不定不能实现，最好还是在火车离站前及时跳上去。这种态度有利于交售要约的成功。

---

① 比较我国证监会制定的《上市公司收购管理办法》第 36 条第 2 款。该款要求收购人将不少于收购价款总额的 20% 作为履约保证金存入证券登记结算机构指定的银行；或者由银行对要约收购所需价款出具保函；再或者由财务顾问出具承担连带保证责任的书面承诺，明确如要约期满收购人不支付收购价款，由财务顾问支付。可见，美国重效率；我国重安全。

② 有时候，投资银行甚至会自己报价或者与他人共同报价，以股东身份参与运作。

在 1968 年通过威廉法案之前，报价人能够给目标股东施加无法抗拒的压力。要约有效期很短，可能只有一个星期；如果要约只收购部分股份，接受股份往往是先来先要。因为大家都知道一旦要约到期，市价会回落到原先的水平甚至更低（如果股份有市场的话），所以股东们都会争先恐后地交售。在极短的时段内，经理层无法组织有力的抵抗，也来不及形成竞争性报价。威廉法案将交售要约置于联邦证券法的控制之下，目的是去除压力，给予股东们充足的时间去考虑要不要接受要约。

现在，报价人只能想出办法给股东施加尽可能多的压力，因为这种压力已经被法律的发展所减弱。股东现在可以在要约有效期内等待到最后一刻再交售，其权利与先交售的股份一样，因为按比例收购的规则适用于要约有效期内任何时候交售的股份。无论要约收购部分还是全部交售的股份，它都不得短于 20 个工作日（规则 14e-1）。交售了股份之后在要约有效期内还可以撤回 [第 14（d）（5）条和规则 14d-7]。这些规定使目标有一个月左右的时间考虑有没有其他更好的选择。新的要约，或者原先要约提价，都会延长要约有效期和撤回权 10 个工作日。如果要约只收购部分已发行股份，交售数超过收购数，必须按比例收购，而不是先来先要 [第 14（d）（6）条和规则 14d-8]。要约提价溯及既往，即对于之前交售的股份同样有效 [第 14（d）（7）条]。不过，虽然股东可以慢慢考虑，也可以改变主意，大多数人还是会交售，除非有更好选择。因为他们都知道，要约过后，市场就不会这么活跃，价格也会回落到原先的水平。许多人会在市场上抛售，卖给那些买下之后打算交售的人。① 而且，在后阶段的交易中，少数派股东很可能会被挤出，因为那时候他们可能已经处在控股股东的统治之下，任其宰割。

一个用得十分成功的方法是两层要约。报价人要约收购 51% 的股份，比如价格每股 50 元（市价为 30 元），现金支付。收购人承诺在取得控制权后进行合并，以每股 40 元的价格用债券购买剩余的股份。股东们自然会急于接受现金要约，从而确保了收购的成功和随后的合并。因为对交售股份的接受是按比例的，所以如果所有的股东都交售，他们最后得到的是大约每股 45 元的价格。如果有的股东不交售，等到第二阶段，他们就只能得到每股 40 元的债券。要约给股东们设置了一个所谓的"囚徒窘境"。② 他们可能认为价格不足，倾向于全体拒绝，但是他们害怕别人都交售了，自己不交售会吃亏，结果是大家都交售。况且，交售后的市场怎么样是股东们都清楚的。

有时候，目标经理层为了保住自己的饭碗，便向收购人提议以更高的价格回购收购人已经持有的股票，以此换取收购人在一定时期内不再收购目标的允诺。这样的协议称为"静站协议"（standstill agreement）。意思是，收购人在签订了协议之后就会安静地站在一边，不会再来闹事了。由于公司收购的风险很大，从收购人的角度看，考虑到收购中的种种不利因素，这样的协议虽然使收购的计划搁浅，但是能够赚到不少钱，也很有

---

① 这里指套购商（arbitrageurs），见下页（六）内对市场的讨论。
② 囚徒窘境，如两个人因涉嫌抢劫银行而被捕，警察对他们分别审讯，告诉每个嫌疑犯如果他坦白，他就会得到两年的有期徒刑；但是如果他不坦白而同伴坦白了，他就会获得十年的有期徒刑；如果两个人都坦白，各自获得六年的有期徒刑。同时，他们也都懂得，如果两个人都不坦白，他们就会被无罪释放。可以预见，最终的结果一定是各判六年，而不是无罪释放，因为谁都怕对方坦白而自己隐瞒，最终获得十年的有期徒刑。

利。因此，有时候收购人会主动与目标经理层协商，或者通过各种表示和压力诱使目标经理层向其购买股份。这实际上是一种合法的敲诈勒索。所以行内习惯称之为"绿色敲诈"或"绿色勒索"（greenmail）。自然，目标经理层不会以同样的价格购买其他股东手中的股票，因为只要平息了收购人，收购的威胁也就解除了。收购人赚了钱之后高高兴兴地去银行存钱了，但是其他股东却看到他们的股票价格在对交售要约充满期待而迅速上升之后又回落到了要约前的水平。这种做法的合法性[①]是有争论的，也引发了不少诉讼。[②]

报价人在制定策略时必须考虑到目标的对抗。法律法规可能对收购设置某种障碍。在美国，与交售要约有关的州法作为防御的武器正变得越来越有效。公司章程的规定和目标采用的其他结构性防御可能允许股东互相配合，作为一个集体采取共同行动，使得"囚徒困境"不起作用。这些股东可能集体决定暂不交售，等完整个要约有效期对他们更加有利。但是对于收购全部股份的现金要约，由于它能够带给股东意想不到的财富，还是不容易挫败的。法律上的障碍和目标自制的防御措施仅仅给予目标更多的谈判筹码而已。

（五）游戏参与者

报价人必须组合起一个专业人员团队来从事战斗。敌意的交售要约都是复杂的交易，常常需要在极短的时间内作出战略战术上的决策。交售要约的氛围很像战争，争斗各方的资源和耐力都会受到严峻的考验。无论在大众化的文学还是专业性的记载中都有大量这方面的资料。最有名的是 Bendix 和 Martin-Marietta 两家公司之间富有戏剧性的争斗，互相试图吃掉（收购）对方。那场战斗耗尽了业内最有经验的华尔街斗士们的精力。[③]

律师和投资银行家是战斗中的核心人物。在这些领域内有很著名的专家，双方都会抢着雇佣他们。每边都会雇佣几家律师事务所的 50 位以上的律师全日制地为他们工作，在战略战术、谈判、准备证交委文件、州法登记文件方面提供咨询意见和建议；在交易的税收、反垄断或者其他涉及政府监管的方面提供咨询意见和建议；起诉对方、应诉对方。同时，投资银行也有他们自己的专业律师提供咨询。律师费很快就会到达几百万美元。投资银行的收费更高，按融资额的百分比计算，一般在 3.5% 左右。

（六）市场如何运作

一个可信的交售要约发布之后，目标就被认为"在游戏中"，其股价迅速上涨。因为在股市看来，企业即使不被这个报价人买走，也会被另一个报价人收购，或者公司会用债券或现金回购全部或者大部分股份。不管哪一种情形，公众股东都能卖掉股份而大幅度赢利。

---

① 我国《公司法》第 142 条规定公司不得购买自己的股份，但为减少注册资本注销股份、将股份用于员工持股计划或者股权激励、为维护公司价值及股东权益所必需等情形除外。根据这样的法律框架，静站协议可以在这些除外条款内进行。

② 在 Good v.Texaco，Del.Ch.，C.A.No.7501（May 14，1984）一案中挑战没有成功。不过也见 Heckmann v.Ahmanson，168 Cal.App.3d 119，214 Cal.Rptr.177（1985）。

③ P. Hartz，Merger: The Exclusive Inside Story of the Bendix-Martin-Marietta Takeover War（1985）.

在交售要约有效期内，市场上最活跃的人是套购商（arbitrageurs）。他们是专业冒险家，往往由经纪人充当，以略低于要约价的价格向公众购买目标股份（有时候如果套购商确信竞价即将开始，也可能高于要约价），希望以更高的价格交售给报价人以获取差价。一般股东之所以肯放弃这个差价是因为目标有可能通过某种手段有效地阻止交售要约的成功，从而将股价逼回交售前水平。那些不想冒此风险等完要约有效期的股东会在市场上抛售给套购商，接受差价损失。

最终，套购商交售给报价人的股份会占收购总额的很大一个百分比。这使人误以为交售要约主要给套购商带来好处，殊不知套购商也是从长期持有股份的股东手里买来的。这些股东之所以乐意将股份折价卖给套购商，是为了避免要约可能不成功从而股价回落的风险。套购商时刻关注着竞争性要约的出现，因为那会报出更高的价格，使他们赚取比原先预期更高的利润。然而，套购商有时候也会亏本，而且一旦亏本，损失会很惨重。所以这种游戏对于心理承受能力弱的人，特别是有心脏病或者神经脆弱的人来说，最好还是不要去玩。

最有名的套购商当属伊凡·波斯基，有关其行为的传闻已经被改编成电影，使得官方和公众对于风险投机的社会效用都戴上了有色眼镜。[1] 可是如果这些套购商不存在，有效的股市也会因为需要而将他们创造出来。

（七）交售要约的周期

交售要约最终会走完它的全过程。要约期限届满时可能会出现各种不同的结果。第一，收购计划如期实现，空壳并进目标（如前述），收购人便可以按照自己的意愿改组目标公司，包括撤换其经理层，重新进行各种人事上和组织上的安排，改变经营方式和经营方向等；第二，目标经理层通过签订静站协议等方式挫败了收购计划，使公司基本上保持原状；第三，目标经理层作为控股股东将公众持有的股票如数买进，使公司由一家上市公司变成一家有限责任公司，即所谓的私有化；第四，收购方的压力与目标方的反抗势均力敌，最后双方达成某种妥协，例如，目标公司同意被收购，而收购方则同意加价并给予目标经理层一定的好处，于是皆大欢喜；第五，目标公司找了另外一家比较友好的公司（白衣骑士[2]）来收购自己，其收购的条件与已有的收购要约相当。

上述一般意义上的交售要约，即高调公开的、给予所有股东的、以高于市价的价格购买他们的股份的要约，是得到公认的交售要约，没有争议，因而也不需要定义。

但是还有一些似是而非的交易，它们会产生与交售要约同样的效果，但是能不能算作交售要约却不是那么清楚。请看以下案例：

1. 买方私下里与五六个大股东谈判，购买了公司的控制权，不再与其余股东交易。见 D-Z Investment Co. v. Holloway, Fed. Sec. L. Rptr. Parag. 94, 771（CCH）（S.D.N.Y. 1974）。

---

[1] 读者不妨参看美国电影《华尔街》（*Wall Street*），其中的主角叫戈登·盖柯（Gordon Gekko）。

[2] 这个概念将在本章第三节中详细解释。

2. 一家公司试图取得另一家公司的股份。后者由 30 家机构持有 34% 的已发行股份。给予这些机构的价格超过市价，但是要约有效期很短。几乎所有的机构都接受了。见 Wellman v. Dickinson, 475 F. Supp. 783（S.D.N.Y. 1979），aff'd on other grounds 682 F.2d 687（2d Cir. 1982）。

3. 买方在公开市场上购买大量目标股份，接着宣布了一项传统的交售要约。见 Gulf & Western Industries, Inc. v. The Great Atlantic & Pacific Tea Co., Inc., 356 F. Supp. 1066（S.D.N.Y. 1973），aff'd 476 F.2d 687（2d. Cir. 1973）。问题是它起初在公开市场上购买的行为算不算交售要约。

4. 一家公司宣布它打算在公开市场上购买大约三分之一的股份。它在一个星期内完成了计划。见 SEC v. Carter Hawley Hale Stores, Inc., 760 F.2d 945（9th Cir. 1985）。

5. 一家公司开始了交售要约，但是面对竞争性要约和经理层的抵抗，它终结了报价。然后它与 5 位套购商谈判，以当初的交售要约价购买了他们的股份，总量达到已发行股份的四分之一。见 Hanson Trust PLC v. SCM Corporation, 774 F.2d 47（2d Cir. 1985）。

法院只在上述 2 中判决属于交售要约，尽管证交委在 4 和 5 中争辩说也属于交售要约，但是法院不同意，因为法官一般不愿意干涉私下的交易与公开市场上的买卖，所谓的"隐蔽交售要约"，尽管结果差不多，但是在审判中都不作为交售要约对待，因而适用于交售要约的法律规定如披露、按比例分摊、交售后还可以撤回、最优价格等不能全部适用。

由于对这些疑难案例难以定义，所以就产生了交售要约的定义问题。尽管对一般意义上的、典型的交售要约没有争议，在法律上交售要约还没有一条确切的定义可以用来辨别那些疑难案例。由于威廉法案是专门调整交售要约的法律，而其主要目的又是缓解交售要约对股东产生的巨大压力，证交委根据这一精神提出了交售要约的"八要素标准"：

1. 积极广泛地向公众股东征集他们持有的发行人的股份；
2. 征集发行人股份的一个相当大的百分比；
3. 要约购买的价格高出市价；
4. 要约条件确定；
5. 要约以确定数量的股份交售为条件，经常含有愿意购买的股份数高限；
6. 要约有效期有限；
7. 收到要约的股东处于出售股份的压力之下；
8. 在公开宣布购买的计划的同时或随后迅速积累起大量的目标公司证券。

最麻烦的案子是收购人向大量持股的人购买股份，而这些大量持股的人又是因为收购人实际承诺发出或者隐含承诺要发出交售要约才大量买进股份的。这些交易被称为"市场扫盘"。证交委在规则 14d-11 中提议限制市场扫盘，在交售要约发出之后经过一段冷却期，在此期间不允许收购人买进目标股份。但是问题并没有解决。登记 13D 表，描述投资份额的取得，随后传出的对目标产生兴趣的流言，会引起市场上的套购活动。之后，套购的股份又会被扫盘。这样的行为算不算交售要约？目前还没有明确的结论。

二、相关法律规定

下面是中美两国法律法规对要约收购的主要规定。

（一）美国

美国联邦有关要约收购的法律规定主要是 1968 年通过的威廉法案，随后被编入 1934 年沿用下来的《证券交易法》第 13 条和第 14 条，具体为第 13 条（d）、（e）、（f）和第 14 条（d）、（e）、（f），其内容大致如下：

任何人持股达到 5%，就必须在达到之日起的 10 日内向证交委登记 13D 表，同时抄送发行人和证券交易所。该表内容已如前述（见本章第一节第一小节）。如果两个或两个以上的人采取联合行动，在计算 5% 的比例时应将他们视为一个人。时间以他们达成协议之日为准。[①]

任何人（包括自然人、企业、政府或者政府的分支、机构）要约收购一个公众公司 5% 以上的已发行股份，都必须向证交委登记 14D-1 表。该表的内容与 13D 表大致相同，包括要约人及其控制人的身份和背景信息、收购目的和对目标的计划、第二步交易的具体条件。此外，如果要约人是一家公司且其财务状况对于目标公司的股东作出是否交售的决定至关重要的话，还需要提供要约人的某些财务信息。[第 14（d）（1）条]

要约开始的时间是要约收购人首次公布要约或者通过其他方式将要约送交股东之日的凌晨零点零一分，二者以早的为准。[规则 14d-2（a）] 如果要约收购人仅仅简单地宣告要约收购的意图并提供某些细节，则要约尚未开始。但是他必须在之后的 5 个工作日内向证交委登记 14D-1 表并将信息传送给目标股东，否则它必须停止要约。[规则 14d-2（b）]

收购要约的有效期至少为 20 个工作日。[规则 14e-1]

在要约有效期内的任何时候，已经交售股份的股东都有权撤回其已交售的股份。[规则 14d-7]

股东不得空头交售（交售自己没有的股份，比如向别人借股份来交售）。这是为了防止架空按比例收购的规定。[规则 10b-4]

如果要约人提高了收购价格，则要约有效期和已交售股份的可撤回期顺延 10 个工作日。[规则 14e-1]

如果要约收购的数量不到目标已发行股份的全部，而交售的股份数量超过要约收购的数量，则对在要约有效期内交售的所有股份一律按比例收购。[1934 年法第 14（d）（6）条、规则 14d-8]

在要约人提高价格的情况下，提高的价格对提价之前交售的股份同样有效。[1934 年法第 14（d）（7）条]

---

① 这些规则对征集投票代理权和要约收购的关联性都很大，所以重复。因为规则出处前面已经标出，所以这里隐去。

要约人除了要约购买之外不得在市场上或者其他地方购买目标的股份。规则 10b-13。

无论是宣传还是反对要约，都不得传播虚假和误导性的信息，见 1934 年法第 14（e）条。同样的禁令也适用于投票代理权的争夺，见规则 14a-9。

目标公司必须将要约人的要约材料寄给股东名单上所有的人或者将名单及个人地址（不必包括各人持股数量）提供给要约人。选择权在目标。规则 14d-5。同样的规定在争夺投票代理权中也有，即规则 14a-7。

对收购要约发布推荐或者反对意见的某些人需要向证交委登记 14D-9 表。这些人包括目标公司、它的经理层、关联人、要约人和代表它做事的人。规则 14d-9。这条规则与规则 14a-11 要求争夺投票代理权中的参与者登记 14B 表相似。根据规则 14d-9，目标可以发布"等等、看看、听听"的意见给股东而不登记 14D-9 表，但是必须告诉他们它将要对要约表明具体态度的日期。

目标公司应当在要约发出之后的 10 个工作日内向全体股东表明对要约的态度和该态度的理由。如果不表明态度，也必须说明理由。规则 14e-2。

收购要约在公布之前属于内幕信息。如果有人从要约人、目标，或者目标的董事、官员或雇员处获知要约信息并买卖目标股份，即属于内幕交易，除非在其买卖之前的一段合理时间内要约已经公开。规则 14e-3。

面对收购要约的威胁，目标经理层经常采取的防御性措施是回购股份。对此，规则也要求它在证交委登记，披露回购目的和资金来源，否则不得回购。规则 13e-1。如果回购采取要约形式，则须遵守规则 13e-4。有时候，目标经理层会通过杠杆买出（leveraged buy-out）①使目标私有化，这时他们受规则 13e-3 规范。

（二）中国

我国在公司收购方面的实践和相关规定都还在初级阶段上。诚如中国证监会和国家经贸委在他们共同制定的《上市公司治理准则》中所说，需要"参照国外公司治理实践中普遍认同的标准"。② 在制定我国的《公司法》《证券法》和中国证监会的各种行政规章的过程中，我们采用最多应该就是美国。对于要约收购，我国目前主要有《证券法》和证监会颁发的《上市公司收购管理办法》，相关内容大致如下：

投资者持有或者与他人共同持有一个上市公司已发行股份达 5% 时，必须在 3 日内向证监会和证券交易所登记，通知该上市公司，并予公告，在此期间不得再行买卖该公司的股票。之后，其所持该公司股份每增减 5%，都要走一遍同样的程序，并且在报告和公告后的 2 日内不得再行买卖该公司股票。③

---

① 杠杆买出是借款买出的意思，由公司内部人，主要是经理层实施的居多。具体方法是经理层以公司资产作抵押向银行贷款，购买全部公众股份，让公司退市，成为一个封闭公司。这个过程叫作私有化。

② 见该准则导言第一段。

③《证券法》第 86 条。比较：5% 的门槛大概是从美国的威廉法案参考来的。只是他们限期 10 天报告，我们限期 3 天。另外，他们登记归登记，买卖可以照常进行，而我们有 3 天的禁买期。他们对市场干扰小；我们对市场干扰大。

报告和公告的内容是由证监会制定的《简式权益变动报告书》规定的，包括：
（一）投资者及其一致行动人的姓名、住所；投资者及其一致行动人为法人的，其名称、注册地及法定代表人；（二）持股目的，是否有意在未来 12 个月内继续增加其在上市公司中拥有的权益；（三）上市公司的名称、股票的种类、数量、比例；（四）在上市公司中拥有权益的股份达到或者超过上市公司已发行股份的 5% 或者拥有权益的股份增减变化达到 5% 的时间及方式；（五）权益变动事实发生之日前 6 个月内通过证券交易所的证券交易买卖该公司股票的简要情况；（六）中国证监会、证券交易所要求披露的其他内容。

如果报告人是公司第一大股东或者实际控制人，则应编制《详式权益变动报告书》上报，内容除了《简式权益变动报告书》的内容之外，还要包括：（一）投资者及其一致行动人的控股股东、实际控制人及其股权控制关系结构图；（二）取得相关股份的价格、所需资金额、资金来源，或者其他支付安排；（三）投资者、一致行动人及其控股股东、实际控制人所从事的业务与上市公司的业务是否存在同业竞争或者潜在的同业竞争，是否存在持续关联交易；存在同业竞争或者持续关联交易的，是否已作出相应的安排，确保投资者、一致行动人及其关联方与上市公司之间避免同业竞争以及保持上市公司的独立性；（四）未来 12 个月内对上市公司资产、业务、人员、组织结构、公司章程等进行调整的后续计划；（五）前 24 个月内投资者及其一致行动人与上市公司之间的重大交易。①

持股达 30% 之后还要继续收购的，必须向目标全体股东发出收购要约。

如果只收购目标的部分而不是全部已发行股份，而目标股东交售的数量超过收购数量的，应当按比例收购。②

发出收购要约之前，收购人必须先向证监会登记《要约收购报告书》，并抄送证券交易所，内容包括：（一）收购人的姓名、住所；收购人为法人的，其名称、注册地及法定代表人，与其控股股东、实际控制人之间的股权控制关系结构图；（二）收购人关于收购的决定及收购目的，是否拟在未来 12 个月内继续增持；（三）上市公司的名称、收购股份的种类；（四）预定收购股份的数量和比例；（五）收购价格；（六）收购所需资金额、资金来源及资金保证，或者其他支付安排；（七）收购要约约定的条件；（八）收购期限；（九）公告收购报告书时持有被收购公司的股份数量、比例；（十）本次收购对上市公司的影响分析，包括收购人及其关联方所从事的业务与上市公司的业务是否存在同业竞争或者潜在的同业竞争，是否存在持续关联交易；存在同业竞争或者持续关联交易的，收购人是否已作出相应的安排，确保收购人及其关联方与上市公司之间避免同业竞争以及保持上市公司的独立性；（十一）未来 12 个月内对上市公司资产、业务、人员、组织结构、公司章程等进行调整的后续计划；（十二）前 24 个月内收购人及其关联方与上市公司之间的重大交易；（十三）前 6 个月内通过证券交易所的证券交易

---

① 比较美国要求的登记 13D 表，内容大致相当，我们比他们更加详细一些。见《证券法》第 87 条和《上市公司收购管理办法》第 16 条、第 17 条。

② 这条规定与美国完全相同。见《证券法》第 88 条第 2 款；美国 1934 年法第 14（d）（6）条、证交委规则 14d-8。

买卖被收购公司股票的情况；（十四）中国证监会要求披露的其他内容。[①]

要约有效期不少于 30 日，不超过 60 日。[②] 要约在有效期内不得撤回。[③]

收购人在要约有效期内不得卖出目标股票，也不得以要约以外的条件买入目标股票。[④]

收购要约提出的各项条件，适用于目标的所有股东。[⑤]

要约有效期内收购人情况发生重大变化的，收购人应当在变化发生之日起 2 个工作日内公告，并通知目标。[⑥]

收购人变更要约条件的，比如提高价格，应当及时公告。但是在要约期限届满前 15 日内不得变更，除非有人竞价。[⑦]

在要约期限届满 3 个交易日前，已经交售的股东随时可以撤回股份。[⑧]

中国证监会对于要约收购的规定与美国最大的不同是强制性要求收购人在收购时聘请财务顾问。[⑨] 财务顾问有辅导收购人规范操作并在收购完成之后对收购人持续督导的职责，[⑩] 与证监会要求公司在公开发行股票时接受承销人的辅导及发行之后的持续督导类似。这种做法只能理解为初级阶段上的权宜之计，不应当长久持续，否则会构成政府对市场的不当干预。

此外，在美国，收购人手中没有钱也可以发出收购要约，合法有效。但是为了驱动套购商购买，收购人需要投资银行写来很有信心信（highly confident letter），等于是保证信。这些全部都是市场行为。法律在这方面没有强制性规定。而在我国，证监会强行要求收购人将收购总价款的 20% 存入指定银行，或者由银行出具保函，再或者由财务顾问充当担保人。[⑪] 如此种种，都表现出政府对市场的较多干预。手续的繁多会增加收购人的收购费用。

三、交售要约词汇

美国的公司实践很发达。要约收购中敌对的双方强者争斗，惊心动魄。最优秀的人才、最聪明的脑袋，创造出了最具想象力的进攻和防御手段以及表达这些手段的新奇词汇。了解这些词汇的含义，有助于读懂要约收购的材料，理解收购的过程和法律如何调节。（以下按英文字母顺序排列）

---

① 见《证券法》第 89 条和《上市公司收购管理办法》第 29 条。美国的相应文件是 14D-1 表。有兴趣又有条件的读者可以自行比较二者的内容。

② 见《证券法》第 90 条第 2 款。不少于 30 日的规定与美国不少于 20 个工作日是差不多的，因为 20 个工作日就是 4 个星期。

③ 见《证券法》第 91 条和《上市公司收购管理办法》第 37 条。

④ 见《证券法》第 93 条和《上市公司收购管理办法》第 38 条、第 46 条。

⑤ 见《证券法》第 92 条和《上市公司收购管理办法》第 39 条。

⑥ 见《上市公司收购管理办法》第 41 条。

⑦ 见《上市公司收购管理办法》第 40 条。

⑧ 见《上市公司收购管理办法》第 42 条第 2 款。

⑨ 见《上市公司收购管理办法》第 9 条。

⑩ 见《上市公司收购管理办法》第 7 章第 65—71 条。

⑪ 见《上市公司收购管理办法》第 36 条。

1. 任何与全部报价（any-and-all bid）。收购全部目标股份的要约。报价人不限定收购的数量，将收购任何交售来的股份，因而不发生按比例收购的问题。

2. 套购商（arbs, or arbitrageurs）。套购商在交售要约宣布之后以低于交售要约的价格报价购买目标公司的股份，希望以要约的价格交售以获取差价。他们是专业冒险家。如果要约由于这样或那样的原因失败，他们将承受损失。

3. 竞买（auction）。不同的报价人竞买目标公司的股份。目标经理层常常推动竞买以阻止最初的报价并实现股东利益最大化。

4. 熊的拥抱（bear hug）。给予目标董事会的要约，提出确定的价格和具体的条件，以推动谈判或者让其转交目标股东。如果不提价格，那是"不经意的传球"（casual pass），信件被称作"玩具熊娃娃的拍打"（teddy bear pat）。由于多种原因，熊的拥抱现在用得少了，原因之一是董事会对于收购建议有着广泛的自由裁量权。

5. 报价人（bidder）。收购人公司或者将要成为收购人的公司。它试图收购目标。

6. 破裂性夺取（bust-up takeover）。夺取后通过卖掉相当多的资产或者整个分支重组目标。这经常是为了支付收购产生的债务而不得已为之。

7. 分批董事会（classified board），又叫滞后董事会（staggered board），是一剂不太强烈的鲨鱼驱逐剂。章程规定董事会分为两组或三组人员，第一组人员在一年后重新选举，第二组人员在第二年后重新选举，第三组人员在第三年后重新选举，除了公司成立后的第一批董事分三组任期长短不一之外，以后新选举的董事任期三年。任期内公司不得无故撤换董事。这样，即使以后公司被收购，收购人最多也只能选举三分之一的董事。三年后才能将全部董事换成自己的人。

8. 领扣（collar）。收购中以股份要约，并含有对报价人股份价值的部分保证，确保某一金额。目标需要这个保证的原因是减少市场波动的风险。例如，A 要用它的普通股收购 B。假如两家公司的股价都是每股 20 元。A 出价两股（也即 40 元）换取 B 的一股。可是如果 A 的股价下滑，那就没有 40 元了。对 B 的股东来说，充分的价格保护在于 A 同意发行价值 40 元的股份，所以如果 A 的股价跌到 10 元，那就要发行 4 股。领扣提供了一个可以调整的最高限额。比如，B 的股东交售 1 股 B 股份能够得到的 A 股份数可以用 40 元除以 A 的股价，但是最高不超过某个限额，比如 2.4 股。同时，领扣还会有一个最低限额，比如 1.6 股。也就是说，每股 B 股份的对价可以在 1.6~2.4 股 A 股份之间浮动。

9. 多方利益条款（constituency provision）。章程授权董事会在衡量一个收购要约时不但要考虑股东的利益，而且要考虑公司的发展和对社会经济的利益，对职工、客户及当地地方的利益的影响。这样的条文经常被董事会用来拒绝一些明明对股东有利的要约。

10. 隐蔽交售要约（creeping tender offer）。在市场上购买股份的过程，或者通过私下谈判购买。一般地，这些交易不被看作交售要约，但是当它们产生强大的压力和超额高价时，也可以被看作交售要约。

11. 皇冠宝石选择权（crown jewel options）。目标应第三人的要求，为了吸引第三人前来报价，将自己一项特别有价值的资产的购买选择权交给第三人，目的是不让敌意收购人取得该项资产，从而使其停止收购活动。马拉松石油公司（Marathon Oil Company）用过这种方法并使其闻名遐迩,最终被判无效。但是在其他案子中有判有效的。参见"锁定"（lock-up）。

12. 防御性合并（defense merger）。目标自己安排的与友好伙伴的合并。见白衣骑士。

13. 冻出（freeze out）。占压倒性多数的股东用现金或者有固定收益的证券将少数派股东买出来，因为前者有足够的票数来确保交易的完成，少数派股东无权拒绝。

14. 前重要约（front end loaded offer）。也叫两层要约,分为前后两端。前端超过市价很多,一般用现金,习惯上收购51%的股份。后端（第二阶段）通过合并收购,经常用债券,价格低于前端。前端的成功保证了后端的成功;后端的威胁又保证了前端的成功。这种方法是投资银行家想出来的。迫使股东交售的压力来自两难的处境,经济学家们称之为"囚徒窘境"。结果,股东交售后拿到的真实价格是要约前后两端的混合。

15. 绿色敲诈（greenmail）。先购买一大块股份,然后威胁争夺控制权,引诱目标以远高出市价的价格回购这些股份。

16. 金色降落伞（golden prarchute）。贬义词,指某类合同,一般只与高层经理签订,当控制权变更,在其离开或者至少是被迫离开目标时,给予他相当大的好处。有时候中层经理也会有这样的合同。美国税法现在限制支付的数额。参见"银制轮椅"（silver wheelchair）和"锡制降落伞"（tin parachute）。

17. 抢跑（gun jumping）。在根据《1933年证券法》登记之前就发布发行证券的要约。

18. 很有信心信（highly confident letter）。在要约开始的时候,来自投资银行的保证,表示可以资助要约。手中没有现金而发出交售要约是可以的、合法的。不过套购商需要知道确实有钱,他们才会在市场上买进,将目标放到"游戏中"。

19. 在游戏中（in play）。当目标成为目标时。这可以发生在实际报价之前,例如,一个认真严肃的报价人表示对公司感兴趣并因拥有5%以上股份而在证交委登记了13D表。一旦目标进入游戏,华尔街就假定它会被收购,剩下来的问题只是由谁来收购。

20. 增发股份（issuance of additional shares）。有选择地向自己可以控制的或自己信得过的人增发股份,增加已发行股份的总数,迫使收购人收购更多的股份才能达到多数。这种发行一般实行私下投放,购买人与目标经理层之间达成某种协议,答应不交售给收购人,并且在投票时支持目标经理层。这样的购买人俗称白衣侍从（white squire）,以与白衣骑士相区别。

21. 垃圾债券（junk bond）。债券评级机构评为投资级别以下的高收益、高风险的债券。垃圾债券早已有之,但其运用于公司收购却是20世纪七八十年代才出现的事。一般地,这些债券由一些富有的投资者组成的联盟或者机构购买,资助收购人收购目标,使其得以用现金支付所购股份。收购人收购完毕后即与目标合并,其所发行的垃圾债券自动成为目标的债务。从这个意义上说,目标资助了自身的被收购。如果直接拿垃圾债券去购买目标股东的股份,这些股东会不乐意。Turner Broadcasting Company公司曾经试过这种方法,去收购CBS,但是没有成功。1986年1月,美国央行（联邦储备委员会）在解释保证金规则[①]时限制了如此使用垃圾债券。

---

① 保证金规则主要用于证券交易中的借贷。

22. 杠杆买出（leveraged buy-out，LBO）。用目标资产作抵押借款，再用借来的现金通过私下交易将目标的全部股份买出来。这样，公司自己资助购买自己。在多数情况下，买方是公司经理层。这个办法也可以用来防御收购。

23. 锁定或者帮一把（lock-up or leg-up）。友好报价人（往往是白衣骑士）取得的有利条件，设计的目的是排除竞争性报价或者给予此报价人相对于彼报价人的优势。锁定是个统称，可以针对股份，也可以针对资产。针对股份时，往往是目标或一个较大股东给予的对股份的选择购买权。对 50% 目标股份的选择权可以排除竞争。针对资产时，就是一个皇冠宝石选择权，一般都是低价购买。这个办法的合法性并不确定，需要根据具体案情具体分析。[①]

24. 棒棒糖防御（lollipop defense）。目标要约高价回购股东的股份，报价人手中的股份除外。这是 unocal 打退 Mesa 的办法。[②]

25. 不再找规定（no-shop provision）。谈判好的合并合同条款，规定目标不再另找更好的交易伙伴。

26. 派克人（pac man）。在报价人要约收购目标的时候，目标也要约收购报价人，通过进攻来防御。如果每个股东都交售，它们会互相吃掉对方，就像游乐中心的电影游戏中发生的那样。Bendix 和 Martin-Marietta 两家公司使这个游戏和名称为大众熟知。

27. 人头票（per capita voting）。规定股东会通过决议的会议有效数不但要股份数过半，而且还要人数过半。收购人收购的股份数过半了，人数却只有一人，所以只能进而争夺投票代理权，但要胜过老董事会很困难。

28. 毒药丸（poison pill）。这是证券的一种形式，一般为权利，颁发给潜在目标的股东，使得吃下目标的人重度中毒。药丸虽然有许多形式，比较常用的一种是一旦收购人持股达到一定数量，一般为 20%~30%，权利的持有者便可以以半价购买目标股份。不过目标董事会可以在药丸生效之前赎回这些权利。见莫冉案 Moran v. Household International, Inc., 500 A.2d 1346（Del. 1985）。[③]

29. 毒投放（poison put）。目标债券（镑得或者底本契）持有人在目标被收购成功时迫使赎回债券的权利。据说这也能驱赶突袭者。

30. 购前固定（pre-purchase fix-ups）。根据纠正反托拉斯问题的协议，在收购前先获得政府部门的许可。

31. 按比例分摊（pro-ration）。当要约收购少于全部股份时，交售数可能超过购买数。收购人必须按比例收购，而不是先来先要。这样，股东就可以等到最后一刻，看看有没有别的更好的要约出现，再决定是否交售。

32. 突袭者（raider）。这是目标经理层给报价人贴的标签。海盗（pirate）是另一个常用标签。

---

① 对锁定的进一步解释请参见：朱锦清《证券法学》，253~255 页，北京：北京大学出版社，2011。

② 见后面第三节第一小节中俞讷克公司诉米色石油公司 Unocal Corp. v. Mesa Petroleum Co., 493 A.2d 946（Del. Supr. 1985）一案。

③ 对毒药丸的进一步解释请参见：朱锦清《证券法学》，258~259 页，北京：北京大学出版社，2011。

33. 股份回购（repurchase of its shares）。目标公司回购自己的股份，可以通过市场购买，也可以通过要约收购。市场收购会抬高公司的股票价格，当这个价格涨到敌意要约价格之上时，就没有人向敌意收购人交售股票了。要约收购的价格必须高出敌意收购人的价格才能有效地击败敌意收购。

34. 周六晚特别节目（saturday night special）。以前曾经使用过的收购方法：周五发出收购要约，到下周五结束。名称来自其被 Colt Manufacturing Company 使用。现在法律都禁止这么短期限的要约。

35. 焦土政策（scorched earth）。比喻不惜一切代价抵御交售要约。1941 年俄国人在乌克兰受到纳粹德国进攻时采用过这种办法。将麦子烧掉，以免落入敌手。

36. 鲨鱼驱逐剂（shark repellent）。目标章程或规章中对报价人起威慑作用、使其对目标不感兴趣的规定。最有名（可能也最毒）的鲨鱼驱逐剂是毒药丸。其他还有滞后董事会、与大股东合并时的超多数决或者"公平价格"条款等。有名的例子是 Chicago Pneumatic Tool Company 修改其章程，要求公司与拥有 30% 股份的股东合并必须得到 95% 已发行股份的同意，除非达到某些规定的公平标准，比如，某一个极高的价格。这些条款有时候也叫作豪猪条款（porcupine provisions）。

37. 表演休止符（show stopper）。收购中难以克服的法律障碍，一般都是反托拉斯障碍。

38. 银制轮椅（silver wheelchair）。很像金色降落伞。给予退休经理层的慷慨支付。

39.（squeeze out）挤出。见"冻出"（freeze out），同义。

40. 静站协议（standstill agreement）。潜在的报价人和目标之间的一种和平条约，前者同意在一定时期内停止收购更多的股份或者夺取对目标的控制权。一般发生在前者已经收购了不少目标股份之后。见"绿色敲诈"。

41. 股份观察（stock watch）。对股市交易的观察和监视，试图尽早在市场上发现预示着将有交售要约或者股份积累的非常行为。

42. 停、看、听信件（stop, look and listen letter）。经理层告诉股东，他们暂时对报价不表态，要股东们在采取行动之前先等待经理层的建议。

43. 超多数决（supermajority）。给收购人撤换董事带来不便。一般情况下，董事的撤换只需要出席会议股份有效数过半即可。现在章程规定要过三分之二，或者 80%，撤换董事就困难了，因为如果收购的股份数量达不到这个绝对多数，就不能马上撤换董事，只能等待年度选举。不过，这样的条文很有保护董事私利之嫌。而且，对于收购到足够数量的人来说，也不成为障碍。

44. 扫盘（sweep）。打算报价的人在发出交售要约之前从套购商手中购买已经积累起来的大量股份。事实上，如果套购商已经积累了足够的股份，扫盘会直接取得控制权，不必再发要约。见 Hanson Trust PLC v. SCM Corporation，774 F.2d 47（2d Cir. 1985）。

45. 目标（rarget）。被收购的公司，或者报价人追求的目标。

46. 三段追求者（three piece suitor）。分为三个阶段的收购。先是从大股东处购买一大块股份，再发出交售要约购买剩余的股份，最后是挤出合并扫除一切剩余股份。

47. 期限性投票权（time-phased voting rights of common stock）。规定持股期限达到一定年限后，例如4年，每股10票。

48. 锡制降落伞（tin parachute）。像金色降落伞，只是不那么慷慨，给予一大批雇员。

49. 两类普通股（two classes of common stock）。分红权相同，投票权不同。甲类普通股一股一票，乙类普通股一股多票。

50. 两层交易（two tier deal）。也叫两层要约（two-tier tender offer），先高价购买大约一半股份，紧接着宣布将在收购之后进行合并，消灭少数派股份，价格低于交售要约，支付手段一般是优先股或者债券。试图在目标股东中营造一种从众交售的心理以保证交售要约的成功。

51. 大股东投票权限制（voting restrictions on substantial stockholder）。规定持股在10%以内的股份一股一票，超过部分一股千分之一票，并且一个股东的全部投票权不得超过15%。这样收购人收购再多的股份，也难以达到控制的目的。

52. 白衣骑士（white knight）。救星，友好收购人，将目标从敌意收购人的魔爪中解救出来。

53. 白衣绅士（white squire）。友好护卫。目标将一大块股份交给一个友好的投资者，以免敌意收购的侵犯。CBS曾发行25%的股份给Loews Corp.作为防止讨厌的追求者的措施，可是后来白衣绅士的总裁夺了CBS总裁的位置。真所谓"前门驱狼，后门进虎"。

四、诉讼

在交售要约进行的过程中，诉讼是常态。报价人经常质疑目标的防御性措施；目标则指责报价人违反了公司法或者证券法的某些规定。法院对此取宽容的态度。像在争夺投票代理权的争斗中一样，敌意收购中冲突的双方——收购人和目标经理层，也经常会情绪激动，语言出格。在Electronic Specialty C. v. International Controls Corp., 409 F.2d 937（2d Cir. 1969）一案中，福任德里法官对在争夺控制权的战斗热潮中法院与诉讼当事人的合理期望作了如下的评论："收购要约与争夺投票代理权不仅在起诉资格上相似，而且作为激烈的争斗，它们的基本特征也是一样的。双方的所有参加者都在市场的压力下而不是在宁静的宫室内行动。他们行动迅速，有时非常冲动，经常对对方所做的在他们看来是对己方的卑鄙打击做出愤怒的回应，不管这种看法是对是错。或许，完美的收购要约不会多于完美的审判。国会的宗旨是确保基本的诚实和公平交易，而不是以实验室的标准强加不切实际的要求，从而使法律成为原有经理层不顾股东的愿望和利益，保护自己的既得利益的有力工具。在对双方的行为性质以及错误是否重大作出判断的时候，必须牢记这样的现实环境。"409 F.2d 937，948.

但是宽容不等于什么都不管。怎么管？基本思路仍然是市场调节为主，政府干预为辅，让市场力量充分地发挥作用，在此基础上因势利导、拾遗补阙。具体说来，就是要充分地利用民间的力量去制衡要约过程中的违法行为。

从市场监管和政策角度去看，无论是争夺投票代理权还是交售要约，没有民间诉讼的帮助，证交委都无法独自管理好市场。① 而民间诉讼必须通过法院受理来实现。威廉法案没有对民间诉讼作出明确规定。但是 1934 年《证券交易法》第 14（e）条使用了与规则 10b-5 相同的语言，禁止在交售要约中出现欺诈和操纵的行为。而规则 10b-5 隐含了民间诉讼，这一点在威廉法案通过的时候已经获得了公认。因此，在威廉法案生效后不久，联邦第二巡回法院便在上述 Electronic Specialty Co. v. International Controls Corp. 一案中承认了民间诉权的存在。

根据 1934 年《证券交易法》第 14（e）条规定，民间救济的范围有多广？联邦最高法院在 Piper v. Chris-Craft Industries, Inc., 430 U.S. 1, 97 S. Ct. 926（1977）一案中作了探讨。克里斯 – 克拉夫特企图收购派珀飞机公司，后者找了个白衣骑士帮高·潘特公司。两家公司开始竞价，最后以帮高·潘特的胜利告终。克里斯 – 克拉夫特称其之所以失败，是因为帮高·潘特在争斗中采用了违法的手段。联邦第二巡回法院同意。经过 7 年的复杂诉讼之后，法院判决帮高·潘特赔偿 2 500 多万美元，连同利息，总共将近 4 000 万美元。

联邦最高法院否决。该院指出法律没有对民间诉讼作出明确的规定，国会并不想让被击败的收购人起诉获胜的收购人。"立法的历史……表明威廉法案的唯一目的是保护面对交售要约的投资者。"430 U.S. at 35, 97 S. Ct. at 946. 也就是说，作为收购人，克里斯 – 克拉夫特没有请求赔偿的起诉资格。

首席大法官博格对案件作了如下的分析：②

我们对立法历史的结论已经为 Cort v. Ash, 422 U.S. 66（1975）一案所确认。该案中法院对于在成文法没有明确规定民间诉讼的情况下是否仍然隐含了民间救济的问题定下了 4 个"相关的"要素。

第一，原告是否属于"法律专门要保护的群体……"（斜体附加）如前所述，对成文法及其起源的审查表明克里斯 – 克拉夫特不是威廉法案想要保护的对象，当然不属于"法律专门要保护的群体"。恰恰相反，克里斯 – 克拉夫特属于那个其行为国会想要调节的群体，而调节的目的是要保护一个完全不同的群体，即收到要约的股东。克里斯 – 克拉夫特不是国会认为需要保护的、该成文法的受益人。这类当事人的行为在之前是不受管制的，现在成文法特地将之置于联邦政府的控制之下。

第二，我们在 Cort v. Ash 中探讨了"有没有明示的或暗示的立法意图，表示要创设或者否决一个民间的救济"。虽然关于不给要约人以民间救济的立法意图的历史资料很少，我们认为国会没有为控制权争夺中的失败者创设寻求赔偿救济的意图。

① 这是我国法学界普遍忽略的。一些人不懂得"市场调节为主，政府管理为辅"这个经济学上的基本道理，不懂得利用市场力量管理市场的优越性。学者们写文章也总着眼于政府干预，提出证监会应如何改进监管等不痛不痒的建议性措施，根本抓不住要害。我国公司证券法制的关键问题是法院将 95% 以上投资者起诉拒之门外，而不是敞开大门接纳诉讼，从而阻碍了市场健康力量发挥作用，扭曲了市场，集中表现在最高人民法院在受理证券市场虚假陈述民事案件时设置的前置过滤程序以及拒不受理其他一些公司证券方面的民事诉讼。详见：朱锦清《我国的公司证券法律制度少了一个灵魂》，载法治研究，2011（6），48 页。

② 430 U.S. at 37–42, 97 S. Ct. at 947–49. 以下是本书作者对判词原文的翻译。

克里斯 - 克拉夫特争辩说国会的意图是第 14（e）条下的起诉资格包括了交售要约人，因为成文法与规则 10b-5 不同的是，它没有限制性的语言"有关证券的买卖"，相反，在第 14（e）条中，国会广泛地禁止"任何有关交售要约……或者征集活动反对或者支持该要约……"的欺诈行为。

可是，没有买方 - 卖方的要求并不意味着克里斯 - 克拉夫特作为夺取报价人有根据第 14（e）条起诉请求赔偿的资格。国会也可能是想要保护收到要约的股东，他们因为反对交售要约的人的欺诈性陈述而决定不交售股份。这些股东根据 Blue Chip Stamps v. Manor Drugs Stores 可能得不到规则 10b-5 的保护，但是根据第 14（e）条或许可以主张诉由，尽管他们没有交售。[①] 但是通过免去买方 - 卖方要求而扩大了对收到要约的股东这一群体的保护范围，如果有所扩大的话，怎么也不能解释为给予了另一个完全不同而且没有关系的群体以保护，况且他们的行为正是成文法要管制的对象。

第三，Cort v. Ash 告诉我们必须确定"隐含给予原告这样的救济是否与立法的目的相一致"。我们认为不一致。作为专门以保护目标股东为目的的披露制度，威廉法案不能合理地被解释为给予管制对象以经济赔偿，尤其考虑到判决的赔偿不能返回给受保护的群体。

我们也不认为将争夺控制权战斗中的胜利者时刻置于赔偿的威胁之下会在一般意义上给予股东更多的保护。赔偿判决的威慑价值，如果有的话，永远都难以精确地确定。较大的可能是股东不再受骗的前景，因为如果有巨额赔偿的可能（假如法院事后认定对违反第 14（e）条的行为可以起诉），有些交售要约可能再也不提出来了。争斗者即使赢得了控制权争夺战，事后也还是有可能为了成功捍卫胜利而被拖入昂贵的"战争"。或者最糟糕的是，根据克里斯 - 克拉夫特的赔偿理论，胜利了的交售要约人或者目标公司可能被迫支付巨额实体赔偿，外加高昂的诉讼成本。

总之，我们认为对股东的保护，如果通过赔偿判决而有所加强的话，如同克里斯 - 克拉夫特案所说的，可以通过其他的、不那么激烈的、纯粹为达到国会在威廉法案中包含的目的而设计得更为贴切的手段直接达到。

第四，根据 Cort v. Ash 的分析，我们需要决定"本案的诉由按传统是否属于州法调节范围"。虽然联邦证券法的范围非常广泛，上诉审法院还是认为在本案中，克里斯 - 克拉夫特案的诉状所说构成普通法规则下的干扰将来生意机会的诉由。虽然国会无疑可以自由地为交售要约中的争斗者制定救济计划，但是像在 Cort v. Ash 中一样，我们认为"在本案中，让要约报价人和其他处于这类情景中的人从州法中寻求救济是很恰当的"，至少在要约人因被错误地剥夺了竞争另一个公司控制权的"一次公平机会"而请求赔偿的时候是这样。

说到这里，可以明了，与 J.I. Case v. Borak 不同，法院创制的、有利于克里斯 - 克

[①] 股东因为信了谎言而没有交售，因为没有交售而受了损失，可以起诉说谎的人。这里原、被告之间没有证券买卖关系，所以根据规则 10b-5 不能起诉，因为规则 10b-5 只适用于证券的买卖。法院在这里假设了一种适用 1934 年《证券交易法》第 14（e）的情形，目的是要说明只有目标股东才有请求赔偿的资格，收购人没有这样的资格。

拉夫特的赔偿诉讼对于达成国会通过威廉法案的目的是不必要的。在这样的情景中，在包洛克法院承认的现实限制中，即使是证交委在操作，也不会仅因为制度缺陷而得出结论认为任何在交售要约中有利益的当事人都应该对竞争报价人拥有请求赔偿的诉权。首先，正如福任德里法官在 Electronic Specialty C. v. International Controls Corp., 409 F.2d 937, 947（C.A.2 1969）案中所说，在公司控制权的争夺中，初始禁令阶段而非争夺后的诉讼才"是给予救济的最佳时段"。其次，国会的方针是保护股东，因为他们必须决定交售与否。给予受保护的股东群体之外的人以损害赔偿，与贯彻国会的这一方针即使有关系，也是十分遥远的。事实上，如同我们早先所说，这类赔偿判决很可能与受保护群体中的很多人的利益相悖；至于那些接受了争夺战中败下阵来的那个交换要约的股东，判决与他们的利益联系也是间接的。

这个判决集中反映出美国法院的态度，也是公司法和证券法应取的态度：在公司收购三方利益关系中，法律只保护目标股东，而在收购人与目标经理层之间取一种不偏不倚的中立立场。收购人财大气粗，目标经理层有权有势，都是强者，不需要保护。只有目标股东一盘散沙，是弱者，需要保护。本案中，白衣骑士与目标经理层联盟，利用欺骗性的宣传将收购人击败。这种欺骗性的宣传显然违反了证券法要求公开必须真实、准确、完整的规定，也造成了守法的收购人的损失。于是收购人起诉。这场极其复杂的官司打了 7 年之久。最终联邦第二巡回法院认定白衣骑士违法，判其赔偿。但是联邦最高法院否决，理由是：两个强者打架随他们去，我们只保护目标股东，因为国会的意思就是如此。纵然白衣骑士违法，使收购人吃了大亏，我们也不管。收购人要请求赔偿，只能到州法院里去告。当然，在违法行为发生的当时，收购人可以请求我们发布禁令，禁止欺骗。现在时过境迁，木已成舟，我们就不管啦。当然，作为法律保护对象的目标股东，如果因为违法行为而受了损失，那就可以请求损害赔偿。

此案之后，联邦下级法院都判交售要约过程中任何当事人都有权请求禁令。那么，获得禁令的条件是什么？原告在证明了被告对规则的违反之后是否都能得到禁令？支持这样做的观点认为严格执行规则有助于人们遵守。要抑制对争斗者的诱惑：干了不当行为，造成既成事实之后又向法官乞求，说是禁令太严厉了。而且，注意的标准应当高到包含过失违规，即过失违规同样适用禁令。可是，在 Rondeau v. Mosinee Paper Corp., 422 U.S. 49, 95 S. Ct. 2069（1975）一案中，联邦最高法院判决说仅仅因为过期没有登记 13D 表，它不会发布禁令，原告还要证明不可弥补的损害。[①] 换句话说，光有违法行为是不够的。原告还必须证明该违法行为将对其造成不可弥补的损失，法院才会发布禁令。

除了起诉资格和补救措施问题，还有针对交售要约的反欺诈规则的适用范围问题。之前，在规则 10b-5 之下出现过一个类似的问题，在 Santa Fe Industries, Inc. v. Green, 430 U.S. 462, 97 S. Ct. 1292（1977）一案中，法院认为从实体内容上看，规则 10b-5 只适用于欺骗或者传统的操纵行为。

---

① 《美国联邦民事诉讼规则》规定，发布禁令的条件有两个：一是极大的胜诉可能；二是不可弥补的损失。

在 Schreiber v. Burlington Northern, Inc., 472 U.S. 1, 105 S. Ct. 2458（1985）一案中，El Paso 煤气公司的一位股东反对收购人在撤回了一个部分交售的要约之后又发出第二个交售要约。根据第一个要约，由于交售数量不足，她交售的全部股份都会被收购。而在第二次要约中，由于按比例收购的规则，她交售的股份不能被全部收购。由于收购价高于市场价。她不能卖出全部股份自然就受了损失。她称撤回第一个要约后又发出第二个要约的做法属于故意操纵，违反了联邦 1934 年《证券交易法》第 14（e）条。法院否决了她的诉权。首席大法官博格依据 Santa Fe 认定"操纵"是个术语，具体指国会知道的、已经用在市场上的一些行为和做法。他指出请求人没有说她受了被告任何行为的欺骗。判词写道：[1]

我们认为第 14（e）条下的"操纵性"行为要有虚假陈述或者披露遗漏。这个结论得到该条的目的和立法历史的支持。

很明显，国会主要依靠披露来达成威廉法案的目的。

在立法历史中看不到第 14（e）条含有任何暗示，即除了披露之外还有其他目的，或者"操纵"一词应该被理解为要求法院监督交售要约的实体公平；要约的质量是由市场认定的。

采纳请求人对"操纵"一词的理解不但从立法目的来看不正确，而且与该目的相违背。请法官按照他们自己理解的"不公平"或者"伪装"的行为来解释"操纵"一词会给交售要约的过程注入不确定性。关键的信息——法院是否会把这边或者那边在充分披露信息过程中的行为看作"操纵"——不到交售要约到期是不会知道的。这种不确定性直接与国会明确表示的、要给予投资者以充分的信息的愿望相违背。

国会对披露的一贯强调使我们相信它希望将夺取争斗直接告知股东。为了达到这个目的，国会与《证券交易法》的核心制度相一致，创制了全面披露的要求和狭窄的实体保护。同一届国会不可能在强调股东选择的同时要求法官为了实体公平而监督交售要约。[2] 更不可能的是，贯彻这一意图的国会会在一条强调披露的条文中间仅仅通过一个孤立的单词来表达该意图。

我们判决：用在第 14（e）条中的"操纵"一词需要有虚假陈述或者披露的遗漏才能认定。

本案中的原告是目标股东，属于法律保护的对象。但是法律保护她什么呢？保护她只赚不赔，要求收购人发出的交售要约实体内容公平合理吗？不是的。法律只保护她的知情权。"要约的质量是由市场认定的"，法院管不了；好不好你自己看，不好可以不交售。法院的这个判决彻底否决了第六巡回法院所判的 Mobile Corp. v. Marathon Oil Co., 669 F.2d 366（6th Cir. 1981）一案。该案中法院宣告一个"皇冠宝石"选择权无效。马拉松石油

---

① 以下是本书作者对判词原文的翻译。

② 股东选择意味着市场决定；法院监督则意味着政府干预，用法官自己对公平的理解来替代股东的判断。

公司给了它的白衣骑士美国钢铁公司购买马拉松石油最有价值的资产的选择权。第六巡回法院判决这个选择权是第 14（e）条下的操纵行为，因为它阻止了其他报价人在平等条件下与美国钢铁公司展开竞价，抑制了新的报价人的出现。这个判决意味着法院按照自己对公平概念的理解来解释联邦法律中的"操纵"一词，在收购人和白衣骑士的争斗中站在了收购人的一边，从而背离了国会的本意。按照联邦最高法院的解释，国会的本意是在公司收购的三方利益中只保护目标股东，而对目标股东的保护也只限于其知情权。只要争斗的两边——收购人和目标经理层没有欺骗股东，法院就不干预，将一切留给市场。事实上，在第六巡回法院判决马拉松公司案之后，其他十家巡回法院都没有跟随。[①]

第三节　目标经理层的防御

公司经理层（包括董监高）对公司和公司股东负有注意义务和忠诚义务。忠诚义务要求他们在为公司工作时不谋私利，当公司利益和个人利益发生矛盾的时候将公司利益置于个人利益之上；注意义务要求他们在知情的基础上决策，所以他们必须努力工作，熟悉业务，在做具体决定时收集一切可能收集的相关信息。

面对第三人发出的交售要约，因为涉及公司和股东的利益，目标经理层必须作出反应：接受或者拒绝；不可以视而不见，不闻不问，因为他们的职责是捍卫公司和股东的利益。无论是接受还是拒绝，其决策过程都必须符合注意义务和忠诚义务的要求。

但是与普通的公司交易不同，公司收购的目的是取得控制权。一旦收购成功，目标经理层会丢掉饭碗。所以，当他们拒绝收购要约并且采取具体措施防御敌意收购的时候，他们很有可能是在捍卫自己的饭碗而不是公司和股东的最佳利益。经理层自身利益与公司和股东的利益之间存在着固有的矛盾。

另一方面，敌意收购人的要约虽然一般都高于市价，但是不等于足价。市价有时候不能反映公司股份的内在价值。如果要约出价高于市价但是却低于目标股份的实际价值，那么目标经理层不但有拒绝的权力，而且有为公司和股东的利益而拒绝的义务。拒绝并非简单的意思表示，而必须表现为具体的防御性措施，否则就不能有效地阻止收购。因此，在一个具体的案子中，当目标经理层针对敌意收购采取防御措施的时候，判断他们的真实动机究竟是为了保住他们自己的饭碗还是为了公司和股东的利益而履行他们的义务，往往比较困难。

本章开头我们就说过，在争夺公司控制权所涉及的三方利益中，法律主要保护目标股东。为了保护目标股东，注意义务要求目标董事和经理层对敌意要约作出正确的评估并告知股东，董事会必须有明确的态度：赞成、反对或者等一等看一看。无论是哪一种态度都必须说明理由。但是由于天然存在的利害冲突，目标董事会一般都会取反对的态度并且迅速采取防御措施。忠诚义务要求他们只为公司和股东的利益采取防御措施，不

---

① 请注意，从一般意义上看，第六巡回法院的判决是有道理的。法律保护目标股东。而当竞价中断，新的报价人不再出现，股价不能继续上涨的时候，目标股东的利益自然受到了损害。但那是州法管辖的范围。联邦 1934 年《证券交易法》第 14（e）没有那个功能，对其中的"操纵"一词也不能做如此广义的解释。

得为保住自己的饭碗而防御。单纯的商事判断规则或者内在公平标准对于审查目标经理层的防御性措施似乎都不太合适。美国特拉华州法院经过长时期的摸索，发展出了一套介于二者之间的审查标准：先由被告（目标经理层）证明其有合理的理由相信公司的经营方针和效率受到了威胁，且其防御措施对于公司遭受的威胁是适度的；再由原告进行反驳，证明采取其他的、不那么强烈的措施可以达到同样的目的；如果原告反驳失败，就适用商事判断规则对目标经理层进行保护。下面我们通过两个经典案例回顾一下这条标准的产生过程及其具体适用。

一、经典案例

一般地，一笔交易如果得到公司独立、无利益董事的多数批准，就可以获得商事判断规则的保护。可是，当公司控制权受到威胁，董事会对此做出的反应虽然部分地建立在它认为对公司和股东有利的基础上，但同时又会掺杂董事们的个人利益：他们试图保住自己的既得利益。

法律既要推动目标董事和经理层为股东谋取利益，又要防止他们在此过程中上下其手保护个人私利。下面是法院为达此目的而积极探索过程中的一个重要案例。该案中一个股东取得了荷兰锅炉公司 15% 以上的股份，在请求当选董事遭到拒绝之后，提出以高于市价的价格将股份卖还给公司；假如公司不接受，他便威胁要发出交售要约以相同的价格收购其余的股份。公司董事会答应了他的要求，回购了他的股份。摆在法院面前的问题是这个决定是否受到商事判断规则的保护。

【案例 18-2】

希爱夫诉梅斯 [1]

凯里大法官。

在一场派生诉讼中，衡平法官判荷兰锅炉公司的某些董事赔偿损失。据称他们不当使用公司资金回购股份，从而引起了公司的损失。这是被告的上诉。因为二审的正确判决有赖于对事实背景的完整理解，所以需要对证据做详细的总结。

荷兰锅炉公司是特拉华州公司，生产暖气锅炉、空调设备和家用供暖设备。在相关交易发生的时候，董事会由 7 位被告组成。希爱夫先生自 1933 年以来一直是荷兰公司的总裁，年薪 77 400 美元，持有 6 000 股公司股份。他也是董事。希爱夫太太是希爱夫先生的妻子，又是荷兰公司创始人的女儿，自 1922 年以来就是公司董事。她持有 5 804 股公司股份和黑斯尔邦克联合利益公司 47.9% 的股份。黑斯尔邦克是希爱夫太太和希爱夫－兰德沃家族集团其他成员的投资工具，该集团在荷兰 883 585 股已发行股份中占了 164 950 股。作为董事，希爱夫太太每个月从公司得到 200 美元的参会报酬，不管她有没有出席会议。

第三位董事是艾德格·P. 兰德沃，希爱夫太太的侄儿。他持有 24 010 股荷兰股份

---

[1] Cheff v. Mathes, 41 Del. Ch. 494, 109 A.2d 548 (1964). 以下是本书作者对判词原文的翻译。

和 8.6% 的黑斯尔邦克已发行股份。除了董事费之外，他不从公司取得报酬。

罗伯特·H.群坎坡是位律师，1946 年代理过公司，1953 年成为董事并作为公司的法律总顾问。在涉案时期内，他没有从公司取得律师费预付，但是就其给公司提供的服务取得了可观的收入。除了这些支付，他只从公司取得董事月费，没有其他报酬。他持有 200 股荷兰锅炉的股份。虽然他没有黑斯尔邦克的股份，他在涉案时期是黑斯尔邦克的董事和法律顾问。

约翰·D.艾姆斯是芝加哥投资企业班肯、威珀尔与公司的合伙人，应希爱夫先生的请求而担任董事。在涉案时期，他的持股在零到 300 股之间增减。荷兰董事会的其他成员把他看作董事会的财务顾问。他除了董事费之外没有别的报酬。

拉尔夫·G.博尔特先生是 J.R. 沃德金公司的副总裁。该公司生产和批发化妆品。1953 年，他应希爱夫先生的请求成为董事会的成员。除了正常的董事费之外，他不从荷兰取得任何报酬。

乔治斯帕特先生是克拉克设备公司的总裁。那是一家土木运输设备的大型生产商。1951 年，应希爱夫先生的请求，他加入了荷兰董事会。除了董事费，他不从公司取得任何报酬。

在涉案事件发生之前，荷兰雇用了大约 8 500 人，在 43 个州内有 400 家销售分支机构。销售额从 1948 年的 4 100 万美元下降到了 1956 年的 3 200 万美元。被告们争辩说盈利的下降是因为第二次世界大战后的 1946—1948 年的虚假需求。为了稳定公司状况，销售部进行了重组，关闭了一些不盈利的分支机构。到 1957 年，重组完成，经理层坚信这些改组正在体现良好的效果。公司的做法是直接雇佣零售人员，这在锅炉行业内是独一无二的，经理层把这看作公司成功的一个关键因素。

在 1957 年的最初 5 个月里，纽约股票交易所内荷兰公司股份的每日交易量都在 10 300~24 200 股之间徘徊。在 1957 年 6 月份的最后一周，日交易量增加到 37 800 股，股价也相应上涨。希爱夫先生于 1957 年 6 月会见了麦蒙自动产品公司的总裁阿讷尔德·H.麦蒙先生和马达产品公司与联合纸张公司的董事会主席。在口头问讯时，希爱夫先生作证说麦蒙一般性地询问了马达产品与荷兰合并的可行性。他说考虑到两家公司在销售方式方面的差异，他告诉麦蒙先生合并似乎不可行。麦蒙先生回复说根据希爱夫先生的决定，他对荷兰没有进一步的兴趣，他也不想购买任何荷兰的股份。

看来董事会里没有人将麦蒙先生的兴趣与荷兰股份交易量的增加联系起来。不过，群坎坡先生和荷兰的出纳斯特尔先生做过一次非正式的调查，试图发现谁在购买，但是没有成功。不过，当麦蒙在 1957 年 7 月打电话告诉艾姆斯他已持有 55 000 股荷兰股份时，神秘的面纱终于揭开。这时候，麦蒙还没有要求改变公司的经营方针，也没有要求进入董事会。

在 1957 年 7 月 30 日的董事会上，艾姆斯报告了这个信息。由于麦蒙所处的地位，董事会决定对他和他控制的公司的财务和生意历史进行调查。除了调查发现的文件证据我们将在后面考虑，斯特尔在口头问讯时作证说，"大银行的官员"表示麦蒙"曾经参与或者试图变卖数家公司"。

1957 年 8 月 23 日，应麦蒙的请求，麦蒙与希爱夫开会。会上，希爱夫获知马达产品拥有大约 10 万股荷兰股份。麦蒙要求将他增选为董事，但是希爱夫拒绝了。据称麦蒙威胁变卖公司或者大幅度改变荷兰的销售力量。由于这个问题引发了不少争议，我们觉得有必要在这里列举希爱夫的证词："我们有 8 500 人，都是直接雇佣的，所以问题全然不同。他当场表示对这样的销售没有兴趣，认为它已经过时。他觉得卖锅炉像他卖消声器一样，用五六个人进行批发就足够了。"

被告提交了证据，倾向于证明麦蒙要控制荷兰的威胁引发了荷兰雇员的大规模骚动。而且，大约就在这时，公司收到一份邓与布兰德斯觉特报告，描述麦蒙的做法是通过变卖收购到的公司迅速获利。被告们还收到一张马达产品的损益表，显示 1957 年亏损了336 121 美元。

1957 年 8 月 30 日，希爱夫告诉董事会：麦蒙要当董事并且认为荷兰的零售组织过时了。董事会听取了希爱夫和斯特尔的调查结果，在此基础上批准了使用公司资金从市场上购买公司股份，称将用于股票期权计划。

这次会议之后，公司购买了大量股份，希爱夫太太也断断续续地买了一些荷兰股份。因为荷兰、希爱夫太太和麦蒙的购买，市价上涨。9 月 4 日，麦蒙建议将他的股份以每股 14 美元卖给荷兰。可是，由于拖延答复，麦蒙撤回了要约。这时，希爱夫太太显然很担心麦蒙可能收购荷兰。她表示愿意花她自己的资源来阻止收购。

1957 年 9 月 30 日，马达产品公司写信给鲍尔斯太太，发出卖给黑斯尔邦克的要约。虽然鲍尔斯太太和普纳姆太太[①]都反对黑斯尔邦克收购荷兰的股份，兰德沃先生承认董事会的多数赞成购买。尽管如此，财务委员会决定将要约交给荷兰的董事会，因为荷兰最关心此事。

之后，群坎坡先生安排会见麦蒙，时间是 10 月 14—15 日，地点在芝加哥。会前，群坎坡知道如果荷兰不买的话，黑斯尔邦克和希爱夫太太将购买马达产品持有的全部或者部分股份。会议达成初步协议，马达产品同意以每股 14.4 美元出售其 155 000 股股份。1957 年 10 月 23 日，荷兰董事会特别会议讨论了对这些股份的收购。除斯帕特之外的全体董事出席。董事会审查了据说是由麦蒙造成的威胁。群坎坡和希爱夫太太同意由后者告知荷兰董事会如果公司决定不买，她或者黑斯尔邦克将购买该板块的部分或者全部。董事会也知道为了资助公司购买，必须向商业贷款机构借大笔资金，但是仍然通过决议批准以高于当时市价的价格购买马达产品的 155 000 股股份。当时，股份的账面净值是每股 20 美元，速动资产净值是每股 14 美元。后来交易完成。会议纪要中提到的股票期权计划没有付诸实施。1959 年，荷兰股票达到过每股 15.25 美元的峰值。

1958 年 2 月 6 日，持有 60 股股份的原告在下级法院提起派生诉讼，状告荷兰的个人董事、荷兰自身和马达产品公司。诉状称荷兰在 1957 年所实施的股份回购全都是为了使现任董事永久性地控制公司。诉状请求撤销马达产品与荷兰之间的交易，被告个人向荷兰赔偿损失。由于马达产品从未收到过传票，最初的救济对它不适用。艾姆斯从未接到过传票，也没有出庭。

---

① 鲍尔斯太太和普纳姆太太都是黑斯尔邦克的股东和董事。

经过审判，衡平法官认定了以下事实：（1）荷兰通过无数分店零售给消费者，没有中间批发商。（2）在涉案交易发生以前，荷兰的销售和盈利下降了，它的营销方式受到联邦贸易委员会的调查。（3）希爱夫和群坎坡作为公司总裁和律师各自收到一大笔钱。（4）麦蒙于1957年8月23日请求董事席位。（5）在10月14日群坎坡、斯特尔和麦蒙之间的会议上，群坎坡和斯特尔获授权同时代表黑斯尔邦克、希爱夫太太和荷兰。在10月23日的会议之前，只有希爱夫夫妇、兰德沃先生和群坎坡先生明白如果荷兰不买，黑斯尔邦克或者希爱夫太太将使用个人资金购买荷兰股份。（6）麦蒙并没有形成真正的威胁，其拍卖荷兰的意图也没有充分的证据。（7）任何雇员的骚动都可能是麦蒙入侵以外的原因引起的，并且"只有一个重要的雇员被证明走了，且其离职动机未明"。（8）法院不认为股票期权计划是针对麦蒙购买或者之前在公开市场上购买的反应。

该院认定收购背后的真实目的是巩固控制权。但是因为它认定只有上述四位董事知道"选择方案"，剩余的董事被开脱。对此原告不上诉。

根据特拉华法典第8章第160条，公司有权买卖自己的股份。这里的指控不是违反了成文法，而是声称购买背后的真实动机不当——为了巩固控制权。在类似领域内，法院支持过经理层为向股东表达有关董事选举中固有的政策问题的观点而使用公司资金征集投票代理权，但是不允许使用公司资金来实现永保董事职务的自私欲望。同样，如果董事会做此决议是因为他们真诚地相信为了使他们认为正确的经营方式得以持续，有必要将持不同意见的股东买出来，那么董事会就不必为此决议而赔偿，即使事后看来该决策并非最佳。见 Kors v. Carey, Del. Ch. 158 A.2d 136 案。另一方面，如果董事会决议完全或者首先是为了永保他们的职务，为这些目的使用公司资金就是不合适的。见 Bennett v. Propp, Del. 187 A.2d 405 案。

我们首先要解决的问题是：证明董事会在批准股份购买时是否善意的举证负担如何分配？起初，董事会批准购买的决定被假定为善意，原告只有对欺诈或者其他侵权行为出示确凿的证据，才能推翻假定。在上面引述的 Kors 案中，法院仅仅表示董事们的决策被假定为善意，证明相反结论的举证负担在原告。可是在上述 Bennett v. Propp 中，我们说：

我们必须记住，在用公司资金购买股份以便消除对公司政策的威胁时，如果威胁同时也是对控制权的威胁，则存在固有的危险。董事们必然面对利害冲突，客观冷静的决定是困难的。因此，我们认为，举证负担应当分配给董事，证明这样的购买主要是为了公司的利益（187 A.2d 409, at 409）。

但是，说举证负担在被告并不是指董事有像在卖财产给公司时的"自我交易利益"。案卷显示唯一清楚的金钱利益是希爱夫先生作为公司总裁和群坎坡作为律师拥有的。其他有些董事持有公司大量股份这一事实并不能使董事会的决议带有个人利益色彩，因为大股东获得的利益全体股东都分享了。因此，当这些董事（群坎坡和希爱夫除外）需要证明决议合理时，我们不对他们适用与在交易中有个人的和金钱的利益的董事同样的标准。

原告说卖价不公，因为价格超过公开的市价。可是，所有当事人都承认，大块股份一般都卖得比市价高，高出的部分属于"控制权溢价"。原告争辩说要求被告公司支付溢价是不对的，因为对于收购自己的股份来说，控制权是没有意义的。可是，大块股份的持有者希望在其售价中包含控制权溢价，这是基本常识。如果公司想要取得这块股份，期望它能避免不像其他任何一个购买者那样支付溢价是不合理的。无论怎样，审判时被告的专家证人说价格是公平的，原告没有反驳。

所以问题是被告有没有证明他们有合理的理由相信公司的经营方针和效率受到了麦蒙持股的威胁。记住董事通过展示善意和合理调查来满足举证负担这一点很重要；只要他们在做决定时感觉自己的判断是合理的，他们就不会因为善意的判断错误而受到惩罚。

我们认为在下级法院出示的证据自然引出如下的结论：董事会通过直接调查、获得专业意见、亲自观察麦蒙自相矛盾的行为及其对行为目的的解释，有合理的理由相信荷兰的存续，或者至少是像现在这样存续，受到了麦蒙持续增持股份的威胁。我们在案卷中找不到任何证据来证明相反的结论。衡平法官认为雇员骚动可能由其他因素引起，董事会没有理由怀疑麦蒙，但是这一看法在各方面都缺乏证据的支持。

如上所述，衡平法官认定收购的目的是保留控制权和满足相关董事的不当欲望，同时他又开脱了几个个人董事，认为他们不知道使用非公司资金达此目的的可能。在Bennett阐述的规则之内，这样的判决是与他关于动机不当的认定相矛盾的。如果保留控制权的欲望致使行为不当，那么，有没有非公司途径是无关的，因为即使没有非公司途径，公司资金也不得用于达成不当目的。反过来，如果行为恰当，因为董事会真诚相信有利于公司利益，那么它们就不会因为某些董事个人在公司不买时愿意自己出资购买的事实而变得不恰当。可以理解，衡平法官认为这一点很重要，因为他大概以为公司的任何剩余资金都应当用于资助一家子公司。那样做并不能解决荷兰资本过剩的问题。不管怎样，那是一个商事判断问题，本案中不能作为判决董事个人赔偿的理由。

因此，下级法院的判决应予否决，发回并指示判被告胜诉。

解读本案请注意以下几点：

首先，溢价。荷兰锅炉公司高出市价回购麦蒙的股份。法院对此予以认可，解释说"大块股份的持有者希望在其售价中包含控制权溢价，这是基本常识"。可是麦蒙的持股份额并未达到控股，因为他只持有155 000股，约占全部已发行股份的17.5%，少于希爱夫-兰德沃家族持有的164 950股。不过，17.5%也是一个很大的板块。大板块在出售时往往溢价，不一定要达到控股的地步。在Good v. Texaco, Del. Ch., C.A. No. 7501（unreported）（Del. Ch. Feb. 19, 1985）一案中，Texaco向Bass Brothers以每股49元（高出市价10元）的价格回购了9.9%的股份，特拉华衡平法院予以认可，认为通过回购避免控制权争夺战有时候符合公司的最佳利益。

其次，使用公司资金。法院也予以认可，说是"在类似领域内，法院支持过经理层为向股东表达有关董事选举中固有的政策问题的观点而使用公司资金征集投票代理权，但是不允许使用公司资金来实现永保董事职务的自私欲望"。将赎买敌意收购人与征集投票代理权类比似乎不尽恰当。不过也说得过去。从正面看，即从坚持自己认为正确的观点这个角度去看，二者是相似的。在投票代理权的征集中，经理层要告诉股东自己认为正确的观点，目的是获得股东的支持，以便使自己认为正确的政策得以持续；在反对收购时，用赎买的办法赶走潜在的敌意收购人也是为了使自己认为正确的政策得以持续，是在坚持自己认为正确的观点并予以贯彻实施。从反面看，即从保住自己权力的角度去看，二者也是相似的。征集中向股东宣传自己的观点是为了保全自己的地位；反收购中将潜在收购人赎买出来也是为了保全自己的地位。

最后，董事会赎买麦蒙的决定有没有知情的基础？这取决于董事会对麦蒙的调查是否彻底？法院说："董事通过展示善意和合理调查来满足举证负担"。怎样才能满足"合理调查"标准？现在应该知道，合理调查的标准应该是史密斯诉樊高克及其后续案例。本案判决当时还没有这些案例。但是原告仅指责买价过高，即溢价的问题，董事的注意义务标准不是本案的争议焦点，因而也没有充分地展开。法院认为董事会对收购人及其意图做了直接的调查，获得了专业意见，观察了麦蒙自相矛盾的行为及其对行为目的的解释，在此基础上足以相信公司的存续遭受了威胁。

美国的公司收购高潮发生在 20 世纪 80 年代。在希爱夫案判决的当时，收购活动还不是那么频繁。在此案之前，法律不可能允许公司有选择性地高出市价向非控股股东回购股份。希爱夫提供了一个全新的分析框架。之后，敌意交售要约的处理大致就是在这个框架内发展的。

从案例意义上看，这个判决影响后世的精粹在于提出了审议董事会防御敌意收购措施的标准：既不是简单的商事判断规则，也不是简单的忠诚义务标准，而是介于二者之间。一方面考虑到利害冲突的天然存在，借用忠诚义务标准将最初的举证责任分配给被告，让被告证明防御主要是为了公司的利益；另一方面这种证明的负担又不像适用普通的忠诚义务标准时要求证明交易的内在公平那么沉重，只要董事有合理的理由相信公司的存续，或者像现在这样存续，受到了威胁，他就完成了举证，他的决定就应该作为商事判断受到法院的尊重。本案中董事会如此相信的基础是"直接调查、获得专业意见、亲自观察麦蒙自相矛盾的行为及其对行为目的的解释"。

与希爱夫案相衔接的是 21 年之后判决的俞讷克案。希爱夫仅仅要求被告董事证明其有合理的理由相信对公司的威胁存在；俞讷克则要求被告进一步证明其所采取的防御措施相对于公司所遭受的威胁是适度的，从而完善了目标经理层的举证责任标准，成为公司法领域内法院审查目标反收购措施的一块里程碑。

在俞讷克案中，米色公司发出敌意交售要约收购俞讷克公司，如果成功，将持有俞讷克 51% 的股份。俞讷克董事会认为米色的要约既不足价，又具有强迫性，所以决定高价回购剩余的 49% 股份。为达此目的，目标将米色排除在回购要约之外，即只向其他股东回购，不向米色回购。在审查这种排除做法时，法院没有采用商事判断规则作为审查标准，而是秉承希爱夫一案，走了一条介于商事判断规则和内在公平之间的中间路线，采用权衡利弊的办法，先看董事会有没有合理的理由相信对公司的威胁存在，再看所采取的防御性措施与相对于所要应对的威胁是否适度。

【案例 18-3】

俞讷克公司诉米色石油公司 [1]

摩尔法官。

我们面临一个在特拉华还没有碰到过的问题：公司发出交售要约收购自己股份，但是将一个发出敌意交售要约的股东排除在外，这样的做法是否合法？

因原告米色石油公司、米色资产公司、米色合伙人 II，和米色东方公司（以下统称"米色"）的请求，衡平法院发出初始禁令，禁止被告俞讷克公司收购自己股份的交换要约。初审法院认为一个有选择性的交换要约，将米色排除在外，是法律不允许的。我们不赞成这样一条地毯式规则。衡平法官的事实认定得到案卷的充分支持，俞讷克董事会的决策是善意的，因为他们经过合理调查发现米色的交售要约既不足价又带强迫性。在此情形下董事会既有权力又有义务反对一个它觉得对公司有害的报价。根据案卷，我们认为俞讷克采取的措施相对于出现的威胁是合理的，董事会是在健康的商事判断基础上决策的。只要董事会的决定能够"归于某种合理的生意目的"，我们就不会用我们的观点取代董事的观点。见 Sinclair Oil Corp. v. Levien, 280 A.2d 717, 720（Del. 1971）。因此，我们否决衡平法院的决定，命令撤销初始禁令。

I

本案的事实背景与最终结果有重要关系。

1985 年 4 月 8 日，持有 13% 俞讷克股份的米色发出"前端重"的两层现金交售要约，以每股 54 美元收购 6 400 万股，大约占俞讷克已发行股份的 37%。要约的"后端"计划通过债券交换消灭剩余的公众股份。据称对价也是每股 54 美元。然而，根据加州中部地区联邦地区法院 1985 年 4 月 26 日的命令，米色向俞讷克的股东发布了一份补充投票代理权征集书，披露出作为第二步的合并中使用的这些债券极其低级，俞讷克的资本结构将和现在大不相同。俞讷克很自然地将这些证券称作"垃圾债券"。

俞讷克董事由 8 个独立董事和 6 个内部人组成。它在 1985 年 4 月 13 日开会，讨论米色的交售要约。13 位董事出席，开了 9.5 个小时。他们在会前没有收到确定的议程或书面材料。不过，法律顾问向他们详细解释了他们在特拉华公司法和联邦证券法下的义务。然后，他们又听取了彼特·萨克斯代表格门、萨克斯与公司（格门萨克斯）和迪伦、里德与公司（迪伦里德）所做的报告，讲了为什么他们认为米色的方案是不足价的。萨克斯先生认为如果出售俞讷克的全部股份，其现金价值至少在每股 60 美元以上。在做报告的时候，萨克斯先生用幻灯片描述了财务顾问所使用的估价方法，另外一些片子描绘了最近在石油煤气行业内发生的企业合并事件。衡平法院认定萨克斯报告仅仅告诉董事们所做分析的范围，并不是得出米色的交售要约不足价这一结论时所依据的事实和数据。

萨克斯先生还讲述了在董事会认为米色的两层交售要约不足价，应予反对的情况下可以采用的各种防御性措施。其中之一是在 70~75 美元的价格区间自我交售回购自己的

---

[1] Unocal Corp. v. Mesa Petroleum Co., 493 A.2d 946（Del. Supr. 1985）. 以下是本书作者对判词原文的翻译。

股份。这样做的成本是公司将增加 61 亿~65 亿美元的债务。他还讲述了俞讷克该如何处理这笔债务，主要是减少探索性钻井，但是公司可以继续生存。

8 位外部董事（显然占出席会议的 13 人中的多数）单独开会，与俞讷克的顾问和律师商讨，然后一致建议董事会以不足价为由拒绝米色的交售要约，建议俞讷克自我要约，在米色要约之外给股东们提供一个价格公平的可选择方案。然后董事会继续开会，一致通过拒绝米色的交售要约的决议，称其太不足价，但是没有对防御性的自我交售作出正式决议。

4 月 15 日，董事会再次开会，其中 4 位通过电话出席，1 位仍然缺席。会议开了 2 个小时。俞讷克的财务副总裁和法律总顾问的助理详细讲述了交换要约的初步内容，价格定在 70~80 美元之间，董事们最终确定为 72 美元。他们还讲述了将要发行的债券以及在债券清偿之前公司行为所受到的某些必要的限制。董事会的决定是依据投资银行建议的发行证券的具体条件等诸多内容作出的。根据这些建议和他们自己的考虑，董事会一致赞成交换要约。决议规定如果米色通过其要约取得 6 400 万股俞讷克的股份（米色购买条件），俞讷克将用价值每股 72 美元的债券购买剩余的 49% 发行在外的股份。决议还说要约还受其他条件的约束。这些条件有的在董事会上讨论过，有的俞讷克的经理层觉得有必要，其中之一是将米色排除在要约对象之外（米色排除）。任何这样的条件都必须符合要约的"精神和意图"。

俞讷克的交换要约从 1985 年 4 月 17 日开始生效。米色立即在衡平法院起诉，提出质疑。4 月 22 日，俞讷克董事会再次开会。格门萨克斯和迪伦里德建议在 5 000 万股范围内放弃米色购买条件。这个建议是考虑到股东的担忧：一旦将股份交售给俞讷克，两个要约人谁也不会购买。[①] 另一个建议是董事们应当交售自己持有的股份，以表明他们对公司发出的交换要约的信心。

董事会还关注了米色排除条款。法律顾问告诉他们，根据特拉华州法律，只有当董事们合理地认为排除米色是为了合法的公司目的，才可以排除。围绕着在米色要约的后端如何给予股东充分的补偿这一目的，董事会展开了讨论。米色将用垃圾债券资助购买。如果公司的交换要约同时面向米色，那就会挫败上述目的。因为交换要约收购 49% 是按比例的，俞讷克每接受一股米色交售的股份，就会少接受一股其他股东交售的股份。况且，如果米色可以交售，俞讷克实际上就是在资助米色的不足价要约。

同时，也是在 4 月 22 日，米色修改了它的起诉状，增加了对米色排除条款的质疑。法院定于 1985 年 5 月 8 日举行初始禁令听证。但是在 1985 年 4 月 23 日，米色针对俞讷克部分地放弃米色购买限制，请求法院发布临时禁令。在简化流程，双方呈交辩论文件之后，法院于 4 月 26 日听取了米色的请求。

1985 年 4 月 29 日，衡平法官向俞讷克发出临时禁令，禁止其执行交换要约，除非将米色包括进去。初审法院认识到董事会可以反对并努力挫败那些他们认为不符合公司最

---

① 意即交给俞讷克之后米色收购不满 6 400 万股，那就谁都不会购买了。那样，股东就可能起诉董事和经理层因挫败了敌意要约而使他们遭受损失。

佳利益的敌意夺取。可是衡平法官认定在选择性地购买公司股份时，公司承担举证责任，需要证明：（1）合法的公司目的；（2）交易对所有股东公平，包括那些被排除在外的股东。

II

我们要讨论的问题包括：俞讷克董事会有没有权力和义务反对一个他们合理地认为对公司企业有害的夺取威胁；如果有，其决议是否受到商事判断规则的保护？

米色争辩说歧视性的交换要约违反了俞讷克对它的信托义务。它说由于排除了米色，所以商事判断规则不适用，因为董事们通过交售自己的股份，获得了并非所有股东都能获得的经济利益。说到底，米色认为俞讷克不能证明交换要约对所有股东公平，所以衡平法院认定俞讷克没有满足举证是正确的。

俞讷克答辩说基于本案的事实，它对米色没有"公平"义务。它特别指出董事会合理而真诚地认为米色的 54 美元交售要约带有强迫性而且不足价，[①] 米色企图获得特殊对待。俞讷克还指出董事会是在善意、知情、尽到注意义务的基础上批准交换要约的。因此，董事会为保护公司和股东不受米色侵害而采取的措施是得当的。

III

我们从特拉华公司董事会采用这类防御性措施的权力这样一个基本问题开始。如果没有这样的权力，其他问题都不用考虑了。离开了董事会的法定权力这个基础，无论是公平问题还是商事判断都显得无关紧要。

董事会有很多权力可用。它的义务和责任来自《特拉华法典》第 8 章第 141（a）条所授予的经营公司生意和事务的固有权力。除此之外，这里行使的权力还来自《特拉华法典》第 8 章 160（a）条。该条允许公司买卖自己的股份。由此出发，现已明确，一个特拉华公司在回购自己的股份时可以区别对待股东，条件是董事们这样做的唯一或者主要目的不是为了永保自己的职务。

最后，董事会的权力来自其保护公司，包括股东，不受侵害的义务。无论侵害来自何方，只要可以合理预见，就要保护。因此，在公司治理，包括公司根本变更这样的大背景下，董事会都不是一个被动的工具。

根据上述原则，我们来考虑衡量董事行为的标准。在 Pogostin v. Rice, Del. Supr., 480 A.2d 619（1984）一案中，我们判商事判断规则，包括判断董事行为的规则，适用于夺取情形。商事判断规则"假定公司董事在做决定时是知情的、善意的、真诚地认为其所作所为符合公司的最佳利益"。见 Aronson v. Lewis, Del. Supr., 473 A.2d 805, 812（1984）。商事判断规则的特征是：只要董事会的决定能"归于某种合理的生意目的"，法院就不会用自己的判断代替董事会的判断。见 Sinclair Oil Corp. v. Levien, 280 A.2d 717, 720（Del. 1971）。

当董事会处理夺取报价时，它有义务判断要约是否符合公司和股东的最佳利益。在这一点上，董事会的义务无异于它所担负的其他义务，它的决定像它在其他方面所做的

---

① 随后发生的问题是：如果米色一次性收购全部股份（而非两层要约），因而不带有强迫性，俞讷克的防御性回购还有没有合理的理由。对此问题迄今没有答案，有待适当判例的澄清。

商事判断一样应当受到尊重。不过，这一权力的正确行使需要一些限制。由于董事会谋取自己的（而不是公司和股东的）利益的幽魂无处不在，所以在给予商事判断规则的保护之前，需要先由法院进行审查，以强化其义务。

本院早就认识到：

> 我们必须记住，在用公司资金购买股份以便消除对公司政策的威胁时，如果威胁同时也是对控制权的威胁，则存在固有的危险。董事们必然面对利害冲突，客观冷静的决定是困难的。因此，我们认为，举证负担应当分配给董事，证明这样的购买主要是为了公司的利益。见 Bennett v. Propp, Del. Supr., 187 A.2d 405, 409（1962）。

面对这固有的冲突，董事们必须证明他们有合理的理由相信公司的政策和效率因为另一个人的持股而受到了威胁。见 Cheff v. Mathes, 41 Del. Ch. 494, 109 A.2d 548, 554-555。可是，他们"通过证明善意和合理调查"满足了举证。而且，本案中这方面的证据还得到了加强，因为董事会的多数是外部独立董事，他们的行为又符合上述标准。

IV A

在董事会行使公司权力阻碍夺取报价时，我们从公司董事有为股东最佳利益服务的信托义务这一基本原则开始分析。正如我们早已指出的，他们的注意义务包括保护公司及其所有者不受可见的侵害，无论威胁来自第三人还是其他股东。但是这些权力并非绝对。公司无权不受限制地采取任何严厉手段击败任何可见的威胁。

对于有选择的股份回购是有限制的：董事们不得完全或者主要为了永保其公司职务而行动。当然，对此还有进一步的告诫：不公平的行为不得以法律的名义实施。上面讨论的在希爱夫案中确立的标准是：为挫败或阻碍夺取而采取的防御措施必须出自对公司和股东福利的善意关心，在任何情况下都不得含有欺诈和其他不当行为。见 Cheff v. Mathes, 41 Del. Ch. 494, 109 A.2d 548, 554-55。不过，这还不是调查的终点。

B

还要考虑平衡因素。如果防御措施在商事判断规则的范围之内，它相对于出现的威胁来说必须是合理的。这意味着董事会要对夺取报价的性质及其对公司企业的影响作出分析。这方面的顾虑包括：报价的不足、要约的性质和时间、违法问题、对除了股东之外的相关人群的影响（例如，债权人、顾客、雇员、甚至当地社会）、交易不成的风险、用于交换的证券质量。董事会还可以合理考虑基本的股东利益，包括短期投机者[1]的利

---

① 走短线的小股东大都是投机的，没有长期投资的打算。他们逢低买进，随时准备逢高抛售。交售要约的出现对他们来说是大好时机，所以他们一定会交售。这样做自然有利于收购人（所以说"增强了要约的胁迫性"），有可能会损害长期投资者的利益。

益,他们的投机行为可能增强要约的胁迫性,牺牲长期投资者的利益,[①]尽管这不是一个决定性的因素。本案中,俞讷克董事会认为这是一个严重不足价又伴有绿色敲诈威胁的、强迫性的两层交售要约。

具体地说,俞讷克董事会认为俞讷克的价值要比要约前端提供的每股 54 美元现金高出不少。而且,他们认为在米色已经宣布的、将剩余股东挤出去的"后端"合并中用于交换的低级债券都是"垃圾债券",价值远低于 54 美元。这类要约采用典型的胁迫性办法,意在制造恐慌,即使不足价,也能使股东在第一层争相交售,因为他们害怕在交易的后端得到更少。除了不足价的两层交售要约所包含的胁迫性因素之外,这位公司袭击者还以绿色敲诈享誉全国。

因此,我们觉得这个选择性的交换要约相对于出现的威胁是合理的。它符合"让少数派股东取得相当于他本来拥有的价值"的原则。见 Sterling v. Mayflower Hotel Corp., Del. Supr., 93 A.2d 107, 114(1952)。这一公平概念,虽然是在合并中阐述的,但是从法律上看,在交售要约领域内同样适用。因此,董事会决定按照他们认为公平的公司价值向 49% 的股东要约,否则这些股东只能被迫接受极其低级的"垃圾债券"。这个决定是合理的,符合董事确保少数派股东取得他们股份之等值的义务。

V

米色争辩,初审法院也同意,说公司如此歧视一个股东是非法的。它还正确地指出,没有案例支持将一个袭击者排除在所有股东都能享受到的利益之外的做法。可是我们早就说过,特拉华公司选择性地回购股份的做法既不新鲜也非越权。唯一的差别是在此之前,获得批准的交易都是向威胁公司的袭击者或者持不同意见者支付"绿色敲诈"。其他股东都得不到这样的优惠。从米色从事绿色敲诈的历史来看,它的争辩很有讽刺意味。[②]

不过,我们的公司法不是静止的。它必须随着观念和需要的进化而成长和发展。《普通公司法》对某个问题没有规定,并不意味着对它禁止。在判决 Cheff、Bennett、Martin 和 Kors 这些案子的时候,交售要约虽然不是初次使用,但是几乎不用,没有人知道两层之中侧重"前端"的要约及其胁迫性效果。那时候,袭击者的常用方法是先收购股份,再争夺投票代理权。不给袭击者任何利益的多种防御性策略产生了。于是,经理层在投票代理战中使用公司资金进行抵抗获得批准。由公司资金资助的、针对袭击者的诉讼长期以来都是受人欢迎的方法。

[①] 对这样的股东利益是有争议的。有一份让人印象深刻的研究说 50% 以上抵抗敌意夺取的目标,之后的市场股价都超过要约价格,或者被另一家公司以高于要约价的价格收购。见里普顿 Lipton, 35 Bus. Law. At 106–109, 132–133。而且,Kidder Peabody & Company 对此做了更新,他们列举了那些在 1973—1982 年间打败了敌意交售要约的目标,发现在多数情况下,股东都是受益的。在研究过的公司中,有 81% 自交售要约以来股价都升到了要约价之上。经过时间价值的调整(即考虑利息和物价上涨的因素),还有 64%。见 Lipton & Brownstein, ABA Institute at 10。其核心意思是这些实例在应对夺取威胁时适用商事判断规则提供了强有力的支持。不过,对此也有激烈的反对意见,见 Easterbrook & Fischel, 36 Bus. Law. At 1739–45。原注第 11。这里的意思是说这些短期投机者不知道自己的真正利益所在——不抛售其实赚得更多。

[②] 米色在实施绿色敲诈时是赞成不同等支付的,现在却要反对,所以说"有讽刺意味"。

最近，随着袭击者和目标都变得越来越精明，又出现了一大堆其他的防御性措施，以抵抗日益增长的威胁，并且获得了法院的准许。其中有防御性的章程修改和其他一些名称奇异而形象的方法：皇冠宝石、白衣骑士、派克人和金色降落伞。每一种都有特别之处，目的都是威慑或者击败袭击者。

因此，虽然交换要约采取了区别对待的形式，考虑到本案中出现的威胁的性质，董事会的应对措施既不非法，也非不合理。只要董事没有个人利益，行为出于善意，尽到了注意义务，没有滥用权力，他们的决定就会作为商事判断的正当行使而获得支持。

对此，米色回应说董事会并非没有利益，因为董事们通过交售自己的股份获得了利益，而这个利益，由于米色被排除，没有平等地给予所有股东。可是米色承认，如果对它的排除有效，则董事们和其他股东都平等获益了。当然，答案是排除有效，董事们参与交换要约没有达到不当个人利益的程度。Johnson v. Trueblood, 629 F.2d at 292-93 一案对在夺取争斗中适用商事判断规则的精彩议论用在这里也很合适。

仅仅因为某些董事持股较多，并不能使交易变成董事的利益交易。正如本院早就说明过的，光是那样的事实尚不足以构成使商事判断规则不能适用的"个人金钱利益"。见 Cheff v. Mathes, 199 A.2d at 554。

米色说董事们将其排除在外是弃置了对它的注意义务和忠诚义务。但事实上不是这样的，董事会仍然对米色负有注意义务和忠诚义务，只是面对米色的交售要约带来的、在他们看来是破坏性的威胁，董事会紧接着又承担了保护包括其他股东在内的公司企业不受侵害的义务。

米色说董事会的决议是惩罚性的，完全是因为它行使了公司民主的权利。没有人不让作为股东的米色谋取自己的利益。可是，一个独立董事占多数的董事会已经合理地判定，米色谋取自己利益的方式违背了俞讷克和其他股东的最佳利益。在这种情况下，特拉华公司法中没有任何内容能支持以下的说法：公司在对感受到的威胁作出反应时，必须保障给予那个引发危险的股东以好处，而该危险正是公司需要对付的。面对这样的挑战，公司和它的股东都没有自我牺牲的义务。

在本案中，衡平法院特别指出，"董事们的决策建立在认为米色要约不足价的真诚而善意的看法之上"。根据我们在 Levitt v. Bouvier, Del. Supr., 287 A.2d 671, 673（1972）和 Application of Delaware Racing Association, Del. Supr., 213 A.2d 203, 207（1965）两案中确定的审核标准，我们认为俞讷克董事会已经满足了对它的举证要求。希爱夫诉梅斯，199 A.2d at 555。

VI

总之，董事会有权反对米色的交售要约，有权根据保护公司的义务在合理调查的基础上善意而真诚地进行选择性的股份交换。还有，俞讷克采用的选择性股份回购计划相对于所遭遇的威胁是合理的，因为董事会合理地认为米色的两层交售要约不足价、带有胁迫性。在这样的情况下，董事会的行为应当根据商事判断规则进行测量。因此，除非原告以优势证据证明董事会的行为主要是为了永保他们自己的职务或者构成欺诈、胁迫、恶意、不知情等对信托义务的违反，法院就不会用自己的判断来代替董事会的判断。

本案中，这样的保护并不因为俞讷克的董事们在交换要约中交售了他们的股份而失去；由于对米色的排除有效，他们获得的好处是除了米色以外的所有其他股东都分享到的。在此情况下，Aronson v. Lewis, Del. Supr., 473 A.2d at 812 案的标准得到了满足。如果股东对他们所选代表的行为不满，他们可以运用公司民主的权力将董事会选出去。见 Aronson v. Lewis, Del. Supr., 473 A.2d 805, 811（1984）.

衡平法院认定交换要约是因为董事会真诚地相信米色的要约不足价，董事会尽到了注意义务，其决议具有知情基础；从米色以前的行为可以合理地推论它的主要目的是绿色敲诈。该院还隐含地认定：只要将米色包括在内，要约的实体内容对公司和股东都合理而公平。基于这些认定，我们不能说俞讷克的董事们做出了"不聪明的和不知情的判断"。因此，衡平法院的判决予以否决，撤销初始禁令。

本案是特拉华州处理当代公司控制权变动交易的一个开端。按照传统的公平标准，任何区别对待现有股东的董事会决定都是无效的。但是在特拉华最高法院判决本案之后，审查目标董事会的防御性措施按照新的二叉标准进行：（1）董事们有合理的理由相信公司的经营方针和效率遭受到了威胁；（2）他们所采取的防御性措施相对于公司所遭受到的威胁是适度的。俞讷克的防御满足了"适度"要求，因为排除米色虽然带有歧视性，但却是必要的。米色偏重前端的两层夺取报价既不足价又带有强迫性；俞讷克的自我要约要有效防御该报价，就必须将米色排除在外。

由于米色的两层要约带有强迫性，所以俞讷克的防御适度。那么，对于非强迫性的报价，同样的防御措施是否也满足适度的要求呢？法院允许目标经理层考虑股东以外的其他人群的利益。如果一个报价只威胁到股东以外的相关人群的利益，没有影响股东的利益，什么样的防御性措施才是适度的？对这些问题，都还没有答案。

阅读本案需要懂得交易的经济内容以及威廉法案的规定如何影响俞讷克的行为。请思考以下几个问题：

第一，俞讷克为什么要放弃米色购买条件？因为米色的收购价是每股 54 美元，俞讷克以每股 72 美元回购 49% 的股份，目的是挫败米色的要约，使股东不交售给米色，等着交售给俞讷克。可是米色购买条件规定俞讷克将在米色收购了 6 400 万股之后才开始回购。于是股东就会想，如果大家都不交售给米色，米色买不到 6 400 万股，那么俞讷克也不会回购。假如股东能够联合行动，他们一定会满足米色购买 6 400 万股的期望，因为只有这样，才能使剩余的 49% 股份卖到每股 72 美元的高价。如此便不能阻碍米色的收购。[①] 所以米色购买条件必须撤销，告诉股东无论米色有没有买到 6 400 万股，公司在 5 000 万股范围内都会按每股 72 美元回购。这样股东才会放心等待，不交售给米色。

第二，法院为什么说"如果米色可以交售，俞讷克实际上就是在资助米色的不足价要约"？因为回购价格高于米色收购价，如果不将米色排除在外，米色就可以通过回售

---

①　当然，实际上由于"囚徒窘境"的存在，股东不可能联合起来，所以即使不撤销米色购买条件也能挫败米色的敌意收购要约。只是结果会如正文前面所说，大家都不交售，米色买不满 6 400 万股，公司也不需要以每股 72 美元的高价回购股份。这样的结果容易惹恼一部分股东，招来针对董事会和经理层的派生诉讼。

股份赢利，获得更多的资金，而这更多的资金恰恰是俞讷克资助的。

第三，法院说，在评估某一威胁时，目标董事会可以考虑"对股东以外'人群'的影响（如债权人、顾客、雇员以及当地社会）"。这句话似乎扩大了董事会抵抗不中意要约的权力，因为即使某一防御措施对股东不利，董事会也可以借口对其他人群有利而采用。不过，最终的审查权在法院。法院既可以因为其不利于股东而宣告其无效，也可以综合考虑其各方面的影响而认定其利大于弊、有效。①

第四，本案中法院多处引用希爱夫。在判词的一个关键处，法院说"正如我们前面所说，特拉华公司选择性地回购股份的规则既不新鲜也非无权"。事实上，在希爱夫中，目标以高价向潜在的敌意收购人回购了股份，将其余股东排除在外；而在本案中，目标以高价向其余股东回购股份，将敌意收购人排除在外。受歧视的对象正好相反，因而引文的说服力似乎不够。但是二者都是由公司回购股份，而且都是选择性地回购。这一点倒是相同的，所以还是有一定的说服力。

二、防御措施小议

希爱夫案中的回购属于绿色敲诈，只是当时这种做法还不普遍，所以绿色敲诈的这个名词还没有产生。凡是以防御收购为目的而向收购人回购的，都必须有静站协议的配套。因为报价人高于市价向目标回售，由此赚了很多钱。如果它用这些钱回过来在市场上购买更多的目标股份，那么回购不但不能阻止收购，反而资助了收购。因此，目标在回购的同时都要和收购人签订和平条约，规定在数年之内，比如5年或者7年，不再做某些事情，包括直接或者间接收购目标股份。这样的合同就是静站协议，前面已有介绍。

现在绿色敲诈相当普遍，有的收购人专干此事。他们并非真的想收购，而是购买一部分股份之后威胁要报价夺取，引诱目标回购，从中赚钱。这确实是敲诈，但是还不违法，所以加上修饰语绿色，以区别于黑色。② 交易的结果是报价人赚得盆满钵满，广大中小股东怨声载道，公司金库不同程度地亏空。

公众舆论一致谴责绿色敲诈，其中有报刊文章，也有国会提案。莫比尔公司修改了它的章程，禁止公司向任何持股在两年以下的人回购5%以上已发行股份，除非得到股东多数的批准。③ 这样的规定能够有效地杜绝绿色敲诈，也是一剂驱鲨药。

学界意见两分。有的说绿色敲诈将目标股份推上拍卖台，所以总体上说对股东有利；有的则指向交易之后股价下跌的事实，认为对股东不利。

法院则具体案情具体分析。在 Good v. Texaco, Del. Ch., C.A. No. 7501（unreported）（Del. Ch. Feb. 19, 1985）一案中，Texaco 向 Bass Brothers 以每股49元（高出市价10元）的价格回购了9.9%的股份，诉讼双方达成和解，特拉华衡平法院支持，认为通过回购来避免控制权争夺战有时候符合公司的最佳利益。但是在 Heckmann v. Ahmanson, 168

---

① 参见下一节的芮夫朗案。该案中法院判目标董事会为保护债权人利益而采取的防御性措施不当，因为它对股东不利。

② 英文中，普通的敲诈叫作 blackmail，绿色敲诈叫作 greenmail。

③ 见该公司为1985年2月22日召开的特别股东会寄送的日期为1984年12月31日的投票代理权征集书。

Cal. App.3d 119，214 Cal. Rptr. 177（1985）案中，斯坦伯格集团购买了 200 多万股迪士尼股份并且宣布将以每股 67.5 元的价格发出交售要约；迪士尼公司以每股 77 元的价格向其回购了这些股份。购买款是借来的。斯坦伯格集团本来已经就迪士尼方面对即将发出的交售要约的抵抗起诉迪士尼的董事。现在作为回报，他们放弃了诉讼。交易宣布之后，迪士尼股价回落到每股 49 元。法院对斯坦伯格集团发出禁令，冻结了回购价款，以便对案子做进一步的审理："虽然公司董事有许多合理的理由购买另一家公司或者回购自家的股份，赤裸裸地保护自己的职位或自己对公司控制权的欲望不是其中的一条……如果迪士尼的董事们违反了他们对股东的信托义务，斯坦伯格集团将作为协助者承担连带赔偿责任。"见 214 Cal. Rptr. 177，182。

与绿色敲诈相比，俞讷克向除收购人之外的其余股东回购股份的做法具有创新意义，它使战无不胜的两层要约大为逊色。因为两层要约的威力在于后端的对价不如前端，前后两端互相促进。而俞讷克的回购使得后端远优于前端，使得两层要约特有的威力彻底无效，所以美国有学者认为它敲响了两层要约的丧钟。

当目标认为报价人出价太低，它愿意给股东更高价格的时候，都可以向股东回购。回购的对价往往由债券、优先股和现金组合而成。由于回购价超过收购价，股东自然会将股份交售给公司而不是敌意报价人。这个策略用得特别多。从 1984 年 1 月到1985 年 7 月的一年半时间里，美国和加拿大 850 家最大的公司中的有 398 家实施了这样的回购。[①]

这类回购一般都会引发资本重组，或者叫公司重组。回购的结果是目标减少了手头的现金和为债券垫底的股本金，增加了负债，资本结构大变，总体上对收购人的吸引力降低。有时候，这类资本重组还需要卖掉公司的某些分支或者大量的资产，以便为新的债务支付利息。

作为抵御交售要约的手段，这样的防御性措施在 GAF Corp. v. Union Carbide Corp.，624 F. Supp. 1016（S.D.N.Y. 1985）一案中被法院认定为有效，适用商事判断规则，因为独立董事们认为即将来临的收购会损害公司和股东的利益。可是在 AC Acquisitions v. Anderson，Clayton & Co.，519 A.2d 103（Del. Ch. 1986）一案中，法院认定重组无效，因为相对于所受的威胁，防御不适度。可见，回购的合法性像其他大多数防御措施一样，因案而异。

通过回购进行资本重组的做法与杠杆买出相似。在杠杆买出中，一般都由经理层或者包括经理层的一组人从银行或者其他贷款机构借得款项，以高于市价的价格购买公众股份。交易并非敌意收购，因为买方和目标经理层会进行谈判。但是由于经理层身处交易两边，会发生利害冲突，[②] 容易引发争议。交易的结果是私有化，即公司因为公众股份被全部收购而下市，成为封闭型的非上市公司。资本重组与杠杆买出的最大不同在于它不会导致私有化，因为它仅仅购买了一部分公众股份。

---

① Coffee，Shareholders v. Managers: The Strain in the Corporate Web, 85 Mich. L. Rev. 1, 6（1986）.

② 作为股东利益的信托人，经理层有为股东谋取最高价格的信托义务；作为买方，经理层有谋取最低价格的利益冲动。

除了股份回购（包括只向敌意收购人回购和只向其余股东回购）之外，常用的防御性措施还包括以下几种。

（一）防御性合并

防御性合并就是找一个比报价人更为友善的白衣骑士进行合并，从而将初始的交售要约击败。不过目标也要付出代价。它将失去原有的独立性；股东会收到现金或者新的股份，以换取原来的股份；经理层可能会保住位子，而这也很可能是他们寻求友好合并的主要动机。

采用这种措施的主要问题是时间仓促。报价人已经盯上目标很久了，有充分的时间考虑和研究，但是目标经理层却仓促应战，急急忙忙找一个白衣骑士合并，来不及对合并对象进行调查，其中自然会包含不少法律风险。有鉴于此，对于潜在的目标来说，最好还是通过投资银行事先找好白衣骑士，以防万一。因为这样会有充分的时间考虑研究，可以减少法律风险。问题是目标在没有收购威胁的情况下一般不愿意寻找白衣骑士，就像很多人不到临死前不愿意立遗嘱、不愿意对自己的身后事做出安排一样。只有法律的头脑才能克服这种人之常情。

（二）毒药丸

毒药丸是最有名、用得最普遍的防御性措施。它是写在章程或者规章中的一个条款，或者董事会通过的某个决议，形式多种多样，实质内容是股份的购买权，有时候还可以包括股份的回售权。例如，目标以红利的形式分发给除收购人之外的全体股东每股一权的购买权，行权期可以长达 10 年，行权价为对目标公平价值的估价，一般定得很高，所以正常情况下该权利没有什么价值。目标董事会随时可以每权一分钱的价格赎回这些购股权。但是如果有人收购目标股份达到 20%，每权就可以半价或者更低的价格购买一股目标自己的股份，而且权利变成不可赎回并且可以单独流通。如果权利人不行权而收购人最终与目标合并，权利人又可以半价或者更低价格购买一股合并后公司的股份。毒药丸规定在目标章程中，对于新的公司本来是无效的。但是因为新公司依法承接老公司的义务，所以毒药丸对于合并后的新公司同样有效。如果药丸包括了回售权，则价格都是目标董事会对公司公平价值的估价，估得很高，控制权转移时股东可以按此价格将股份卖还给公司，由此减轻了股东面临交售要约时受到的、由"囚徒窘境"带来的压力。不过，如果报价人出价更高，回售权就会不起作用。如果回售价过高，又有可能让法院感觉它不符合公司的最佳利益而否决。①

毒药丸的一个重要作用是迫使报价人坐下来与目标经理层就要约的条件谈判，因为经理层（董事会）握有赎回权。这也被说成是它的合法理由之一。其实，经理层既可以利用这个筹码来迫使收购人提高价格，也可以用它来谋取自己的继续任职。

---

① Dynamics Corporation of America v. CTS Corporation，805 F.2d 705（7th Cir. 1986）. 该院对这个问题下的结论联邦最高法院没有审查。

事实上，毒药丸的合法性要视具体案情而定。在莫冉诉国际家用公司[①]一案中，原告专门针对毒药丸起诉，请求解除药丸。证交委也参与进来，积极地反对毒药丸的采用，支持原告的立场。可是特拉华最高法院根据该州《公司法》第157条（该条授权董事会发放对公司股份的购买权）判决特拉华公司董事会有权不经过股东的批准而采纳股东权利计划，即"毒药丸"。法院还根据俞讷克认定国际家用公司董事会采用药丸是合理的，因为董事会认为公司很可能成为敌意夺取报价的目标。不过，这是在潜在的报价有可能出现但是还没有出现的情况下认定的。法院表示，如果这样的报价真的出现了，它还会根据俞讷克审查国际家用公司董事会不赎回药丸的决定，即董事会必须证明其有合理理由相信公司的方针政策和效率受到了敌意报价的威胁，且用毒药丸应对这一威胁是适度的。如果报价很高，明显对股东有利，目标董事会可能就难以证明药丸的合法性。在下一节讲述的芮夫朗案[②]中，由于毒药丸迫使收购人提高了价格，给目标股东带来了利益，法院也认定它合法。后来目标董事会根据需要主动赎回了药丸，因而其合法性不成为讼争的焦点。也就是说，在这两个由特拉华最高法院判决的涉及毒药丸的案子中都没有出现不带强迫性的、以解除毒药丸为条件的、真实的报价。但是法院的态度很明确：一旦出现，按照俞讷克案标准审查。

虽然存在不确定性，毒药丸在莫冉案之后如雨后春笋般地涌现，现在世界上多数大公司的章程中都含有这样的条款。主要因为它是董事会不经过股东的批准就能够采用的最强有力的防御。因此，毒药丸大都站在许多公司防御敌意报价的最前沿。莫冉案后判决的很多夺取案大都围绕着什么时候目标董事会必须赎回药丸的问题，特别是当要约用现金购买公司的全部股份而且绝大多数股东都愿意接受的时候，董事会有没有权力依赖药丸拒绝要约。

（三）公司内部制度中的其他驱鲨剂

目标可以在自己的体内嵌入各种鲨鱼驱逐剂，使自己变得不招收购人喜欢。所谓的体内，包括章程、规章、公司与第三人签订的合同和董事会决议。毒药丸是最有名的驱鲨剂。正因为它有名，而且用得特别广泛，所以在上面专门讲解。下面介绍其他一些常用的驱鲨条款。

滞后董事会是嵌在章程中的鲨鱼驱逐剂，规定董事任期3年，每年选举三分之一的董事。如果收购人收购公司之后要等上3年才能全部换上自己的董事，那会让人难以忍受。另一方面，一旦收购成功，控股板块易手，原先的董事失去了大股东的支持，赖在董事职位上的味道也不好，不如趁早辞职。所以现实生活中的滞后董事会对于收购人的阻碍可能没有原先期望的那么大。

累积投票制也规定在章程中，且具有驱鲨作用，因为它能确保少数派股东也能获得某个董事席位。这会警告收购人：即使你收购成功，仍然会有少数派董事存在；你不能

---

① Moran v. Household International, Inc., 500 A.2d 1346（Del. 1985）.

② Revlon, Inc. v. MacAndrews & Forbes Holdings, Inc., 506 A.2d 173（Del. 1986）.

独占董事会。章程还可以进一步规定董事必须有因撤换，以加强对少数派董事的保护。

对付收购更有效的办法是超多数决要求。这样的要求在会议有效数和赞成数两个门槛上都可以使用。如果章程规定合并必须得到已发行股份的 80% 同意而不是简单多数，那么只要经理层掌握了 21% 的股份，收购人就无法合并。

由于章程的修改需要股东会的批准，上市公司召开股东会必须征集投票代理权，否则出席股份会不满会议有效数。股东必须在知情的基础上投票表决，所以投票代理权征集材料中的披露是关键。美国证交委对此做了详细的规定，表现出对防御过度及披露不够的担忧。证交委指出，无论防御性措施采取什么形式，如何运行，以下几点基本事实都必须披露。

第一，所取措施的理由及理由的基础。征集书必须说明经理层为什么要对章程或者规则做这样的修改。所谓理由的基础是指使理由得以成立的因素或者原则。如果采用这样的措施是因为经理层已经获知有人在积累股份或者想通过合并、交售要约或者征集投票代理权夺取公司的控制权，把对方的这些举动在已知的基础上描述出来。如果不是因为这样的原因，那也要说明，并且解释为什么在没有这类威胁的情况下仍然要采取该措施。

第二，措施的客观影响。所做修改对经理层的任职和任何试图改变公司结构的努力会有什么样的影响。该措施会不会阻碍合并、交售要约或投票权争夺战、大股东取得控股权以及撤换现任经理层，或者使这些行为变得更加困难。如果所用措施会使某类交易变得更加困难，尽管交易有益于股东，也要解释和说明。因此，披露的重点是所用措施是否使得撤换现任经理层变得困难，尽管撤换有利于股东；是否限制了股东对于诸如合并或交售要约之类的交易的参与度，无论经理层是否赞成该交易。

第三，措施的优缺点。尽管谈论优缺点会与上述第二点部分重复，但是仍然需要。主要谈措施对经理层和股东的好处和坏处。例如，如果措施会使交售要约变得更加困难，那就要说明它在敌意要约中有利于经理层并对愿意交售的股东产生不利影响。一项措施，在具体交易中无论会对经理层和股东产生有利的或者不利的影响，都应当说清楚。

章程的修改需要股东会的批准，规章和其他文件的起草和修改都只要董事会同意便可。由于董事会拥有纵横捭阖的广阔余地，人们自然要担心它有没有善意行使这些权力，抑或将这些权力转变为打击挑战者的武器。

在 Schnell v. Chris-Craft Industries, Inc., 285 A.2d 437（Del. Ch. 1971）案中，董事会将原定的股东会日期提前。法院认为这是不公平操纵，目的是要减少造反派集团开展投票代理权争夺战的时间。在 Lerman v. Diagnostic Data, Inc., 421 A.2d 906（Del. Ch. 1980）案中，董事会对规章做了两处修改：一是给予董事会决定股东会开会日期的权力；二是董事候选人必须提前 70 天向公司提交个人信息和背景材料。然后董事会决定在 63 天之后召开股东会，使得挑战者一方无法呈报任何候选人供股东会选举。法院认为董事会排除挑战的行为不当，应予否决。在 Aprahamian v. HBO & Co., 531 A.2d 1204（Del. Ch. 1987）案中，双方争夺投票代理权，经理层感觉形势对自己不利，可能要输，于是决定推迟股东会的召开日期。法院发布禁令禁止。

Schnell 案的判决使商界很震惊。因为他们一直以为他们可以自由地摆弄股东会的开会日期，而且之前也有判例支持，例如，在 Matter of Mansdorf v. Unexcelled, Inc., 28 A.D.2d 44, 281 N.Y.S.2d 173（1st Dept. 1967）案中，董事会将股东会日期提前了 4 个月，使得前一年度只有 8 个月。法院认为这是经理层权限范围内的事，年度股东会并非必须每隔 12 个月开一次。

（四）改变投票权

改变投票权指改变一股一票的规则，采用发行少投票权、无投票权或者多投票权的股份来巩固控制权。如果一个上市公司只向公众发行无投票权的股份，它就永远不会被收购。美国各州公司法都允许公司发行这样的股份。但是大多数公司实际上还是发行有投票权的股份。一个重要原因是纽约股票交易所长期坚持一股一票的规则，否则不能在那里上市。这个问题曾经引起争议。道琼公司在特拉华注册，纽交所上市。经股东会同意，它决定发行一类新的股份，用来给老股东分红，每一股分得一股新股份，但是新股份的投票权是一股十票。不过新股不得直接转让，必须先按 1∶1 的比例转换成老股份，然后再出售。公司的控股家族持有 55% 的老股份。新股发行之后，这个持股比例不变。如果大家都不转让，那就没有什么变化。但是这一措施却大大地巩固了控股家族的控制权。因为即使他们把老股份全部卖掉，只持有新股份的 55%，也即公司已发行股份总数的 27.5%，他们依然掌握着公司 50% 的投票权。[①] 如果他们将所持新股的一半也卖掉，持股份额降低到 14%，投票权依然有 33.7%。[②]

纽交所按照规则决定让道琼下市。但是市场竞争很激烈。纳斯达克等市场没有一股一票的要求，这些在纽交所下市的公司可以跑到其他市场去上市，公司的效率及其股份的流动性不受任何影响。在这样的背景下，纽交所被迫放弃一股一票的规则，允许公司发行新股改变投票权。但是在其方案呈交证交委审批的时候，证交委否决，并且决定所有的公开市场都推行一股一票的规则。这个决定又遭到了市场的反弹，学术界也回绕这个问题展开很多争论，莫衷一是。

1988 年证交委通过 1934 年《证券交易法》规则 19c-4，正式采纳一股一票的规则。可是两年之后，在 Business Roundtable v. SEC, 284 U.S. App. D.C. 301, 905 F.2d 406（D.C. Cir. 1990）一案中，哥伦比亚特区上诉审法院判该规则无效。所以，现在美国的公司可以自由地发行投票权不同的股份并且上市流通。不过，人们并没有忘记一股一票的好处。2013 年，参议员伊丽莎白·沃伦（Elizabeth Warren）还在建议纽约股票交易所和纳斯达克采纳一股一票规则。她认为，由于投票权不平等，普通投资者，包括工人和退休人员"在公司向错误方向发展的时候无法制衡经理层和董事会。此外，不平等投票权使得经理层和董事会权力稳固，能够通过牺牲普通投资者的利益为自己牟利。"她指出，许多共同

---

① 设老股总数为 100 股，则新股发行后总数为 200 股；投票权总数为 1 100（100+1000）票。控股家族卖掉 55 股之后剩余 55 股，为 200 股的 27.5%；投票权为 550 票，占总票数的 50%。

② 假定新股的一半为 27 股，这 27 股必须先转为老股，投票权为 27 票，公司总投票权数降为 857 票。控股家族持有 280 票，占 33.7% 弱；又 28 股占总股数 2 001 股的 14%。

基金都反对不平等投票权。

但是并非所有的不平等投票权都是如此。当公司首次公开发行时同时发行两类不同投票权的股票，只要公开真实，那些不愿意购买投票权少的股票的投资者可以不买这类股票而购买另一类投票权较多的股票。自然，投票权少了，价格会相对便宜，红利率可能相对较高。如果有人愿意购买这些投票权较少的股票，旁人又有什么好说的呢？

现实生活中，很多小股东懒得投票，或者在不知情的情况下乱投票。于是有人提出只有那些对投票结果有利害关系或者愿意为投票权付钱的人才会关心，才会认真投票，所以只有他们才有投票权，其他股东只有收益权而没有投票权。有人既不同意这么极端的观点，又不接受一股一票，于是提出了折中方案：时段投票制（time-phased voting, TPV），将投票权的大小或多少直接与持股时间联系，持股时间越长，投票权越大（据说法国已经这样做了）。理由是短期投资者以投机占多，只有长期投资者才关心公司的长远发展，才会认真投票。他们认为时段投票制能够促使经理层照顾长期投资者的利益，考虑公司的长期发展；有利于控股股东分散投资，因为控股股东大都是长期投资者，所以由持股时间带来的额外投票权使他们不必持有那么多的股份也能控股，省下资金投资到别的企业中去。

（五）发行新股

新股发行对交售要约的影响显而易见，特别是当新股定向发行给目标经理层的朋友时，可以有力地抵抗交售要约。这些发行可以采取多种形式，比如用股份收购另一个公司、它的某一分支或者某些资产。对于交售要约期间发行新股的做法，法院的意见不一。

有的法院不允许为阻止对控制权的挑战而发行。在康德克公司诉兰肯海默公司[1]一案中，康德克通过两次交售要约购买了略超过50%的兰肯海默已发行股份，试图夺取控制权。兰肯海默经理层与 Textron 谈判，决定将资产卖给 Textron，但是康德克取得了足够多的股东投票权不批准这笔交易。兰肯海默接着又与 U.S.I. 谈判，迅速缔结协议，将全部的生意和资产卖给 U.S.I.。作为交易的一部分，兰肯海默向 U.S.I. 的一个子公司发行75万股兰肯海默股份，换取75万股 U.S.I. 优先股。75万股兰肯海默新股的发行动摇了康德克的控股地位。康德克起诉请求禁止发行，称发行75万股新股的首要目的是防止康德克取得控制权，保护兰肯海默董事和官员的利益。法院同意，认为兰肯海默经理层没有合理的理由相信康德克取得控制权会对兰肯海默的继续存在造成威胁。虽然有证词认为与 U.S.I. 的交易具有生意上的合理性，法院却对协议达成得如此急促感到不安，认为其主要目的是保护控制权，经理层"不得操纵公司制度来损害少数派股东的利益。"见 230 A.2d at 776。

在 Klaus v. Hi-Shear Corp., 528 F.2d 225（9th Cir. 1975）一案中，目标在交售要约有效期内发行股份给一个新设立的职工股份信托（ESOT）。法院根据州法禁止目标用这些股份投票，认为经理层违反了信托义务，因为他们不能证明设立这个对经理层如此有利

---

① Condec Corp. v. Lunkenheimer Co.. 43 Del. Ch. 353, 230 A.2d 769（Del. Ch. 1967）.

的信托背后有任何重要的生意原因。

职工期权计划或信托的设立因为有利于职工，一般都有善意的目的，因而成为法院判决中的一个难题。在 Buckhorn, Inc. v. Ropak Corp., 656 F. Supp. 209（S.D. Ohio 1987）一案中，法院指出：

> 可是很清楚，在交售要约期间为职工期权计划购买公司股份并将其置于董事会或经理层的控制之下，如同本案中这样，在更加明显的防御性措施中存在的利害冲突在职工期权计划的设立中同样天然存在……虽然董事会可以在公司控制权的争夺战中为职工福利采取措施，但是他们必须证明"这些措施的采取与职工福利合理相关。"而且，法院认为在决定期权计划的设立是不是为了职工的利益，而非加固经理层的地位时，需要考虑职工期权计划的设立时间、对公司财务的影响、受托人的身份、期权股份投票权的控制等因素。

但是也有判例认同经理层的做法。在 Cummings v. United Artists Theatre Circuit, Inc., 237 Md. 1, 204 A.2d 795（1964）一案中，两派为争夺联合艺术家剧团的控制权而征集投票权代理权。自 1949 年以来，该剧团与奈法埃家族共同控制着联合卡尔公司，各占 50% 的股份。1950 年，乔治·斯古勒斯（George Skouras）当上剧团总裁时，生意不景气，但是联合卡尔的状况却很好。对于如何运用联合卡尔的赢利，斯古勒斯与奈法埃家族存在意见分歧。斯古勒斯建议剧团与联合卡尔合并，遭到奈法埃方面的拒绝。但是到了 1963 年 5 月，情况发生了变化。

马克斯韦尔·卡明斯（Maxwell Cummings）从 1962 年开始大量购买剧团股份，并于该年 7 月当上了董事。1963 年初，他向斯古勒斯提出改组公司经理层及斯古勒斯下台的建议。当斯古勒斯将这个情况告知奈法埃之后，两边立即谈判联合。

卡明斯发起投票代理权争夺战，索要股东名单，请求召开特别股东会撤换除他之外的全部董事。在很短的时间内，斯古勒斯与奈法埃达成协议，用 72.5 股剧团股份换取奈法埃在联合卡尔中的 50% 权益，交换的结果是奈法埃取得了对剧团的绝对控制权。剧团董事会批准了这笔交易，拒绝了卡明斯召开特别股东会并推迟对斯古勒斯 – 奈法埃交易投票表决的要求。只有卡明斯一人在董事会表决时投了反对票。

然后，卡明斯起诉，请求强制召开特别股东会，禁止斯古勒斯 – 奈法埃换股交易。初审法院命令董事会立即召集特别股东会，但是拒绝禁止换股交易，因为"与奈法埃换股不但公平，而且对剧团公司很重要，协议的主要目的不是挫败卡明斯及其他人改换公司经理层的努力，而是为了合法的公司目的……"这些目的包括省税费、更好地管理剧团的债务、一个统一的购买组织和改善剧院的经营等。上诉后，马里兰州上诉审法院维持原判。尽管斯古勒斯 – 奈法埃协议十分急促，而且秘密签订，事先也没有对剧团进行价值评估，上诉审法院说下级法院考虑了剧团董事会熟知公司财务状况和谈判内容的事实。"当下级法院有充分的证据摆在面前，说明主要动机与控制权无关，董事会决策对控制权的影响就不起决定的作用。"见 204 A.2d at 806。

卡明斯和康德克两个案子的判决显然大相径庭。一方面，公司发行股份，特别是向职工期权计划发行股份，总是存在有用因而合理的生意目的，正常情况下属于商事判断，应当适用商事判断规则；另一方面，由于是在控制权争夺战中实施的行为，客观上帮助了目标董事会和经理层，所以也总是存在董事和官员保护个人利益的嫌疑，利害冲突天然存在。在这种可上可下的情况下，律师的能力，具体案子的诉讼中双方出示的证据，证明董事会的主要动机是这个或者那个，可能会起到重要的作用。

第四节　当公司需要出售时

俞讷克的判决确立了全新的审查目标经理层反收购防御措施的标准。作为美国公司法的领头羊，特拉华州法院以后的判决都在这个框架内进行。20世纪80年代是美国公司收购的高潮时期，由此引发的诉讼也相对频繁。在俞讷克判决一年之后判决的芮夫朗案在遵守俞讷克的基础上又提出了新的问题：当公司的方针和经营效率受到威胁，董事们保卫公司的权力是否不受任何限制，还是在某个点上，他们对公司和股东的义务会发生变化。

【案例 18-4】

芮夫朗公司上诉麦克安觉司与福布斯控股公司 [①]

盘雀·普拉德公司试图收购芮夫朗公司。盘雀·普拉德的总裁派罗门先找芮夫朗公司的总裁伯格拉克面谈，提出在每股 40~50 美元之间购买芮夫朗，但是伯格拉克觉得这个价格太低，谈崩了。1985 年 8 月 14 日，盘雀·普拉德的董事会授权派罗门收购芮夫朗，可以协议，也可以要约，协议价格为 42~43 美元，要约价格每股 45 美元，由派罗门酌情而定。

芮夫朗的董事会得到消息之后，于 8 月 19 日开会讨论。会上，公司的投资银行顾问告诉他们 45 美元的价格太低。顾问解释说，盘雀·普拉德的策略是通过发行劣质债券收购，然后将芮夫朗分解拍卖，最后可以获得每股 60~70 美元的价格。而如果整体拍卖，大概也能得到每股 55 美元左右的价格。根据律师的建议，董事会决定采取两项防御性措施：第一，收购本公司已发行的 3 000 万股股份中的 1 000 万股；第二，设立一个债券购买权计划，以红利的形式给普通股股东发放债券购买权，每股普通股可以换取一张面值 65 美元，利率 12%，期限一年的债券。这些债券购买权在任何人取得公司股份的 20% 时生效，除非收购价格不少于 65 美元。不过，董事会在这之前的任何时候都有权以每股 10 美分的价格赎回这些购买权。

8 月 23 日，盘雀·普拉德发出了每股 47.5 美元，交多少收多少的收购要约。8 月 26 日，芮夫朗公司拒绝敌意要约。29 日，公司以每股 47.5 美元的价格向自己的股东要约回购了 1 000 万股。但是公司没有支付现金，而是按照这个价格发行相对高级的低级

[①] Revlon, Inc. v. MacAndrews & Forbes Holdings, Inc., 506 A.2d 173（Del. 1986）。原判词较长，以下是本书作者的编译和概括。初审原告 MacAndrews & Forbes Holdings, Inc. 是盘雀·普拉德公司（Pantry Pride, Inc）. 的控股股东，作为原告仅仅是名义上的。实际原告是盘雀·普拉德。为了直观起见，法院在判词中直接称盘雀·普拉德。

债券，利率 11.75%，期限 10 年，外加十分之一股累积的、可转换可交换优先股。① 债券的合同对芮夫朗以后继续借债、出售资产和发放红利等方面的活动作出了限制，除非这些活动得到董事会中的独立董事们的同意。这些步骤暂时阻止了盘雀·普拉德的收购。

9 月 16 日，盘雀·普拉德更新了它的收购要约，提出以每股 42 美元② 的价格收购 90% 的股份；并且表示如果芮夫朗取消那些债券购买权的话，它也可以考虑以更高的价格收购少于 90% 的股份。

9 月 24 日，芮夫朗董事会拒绝了这个要约，同时决定另外寻找购买人。

但是盘雀·普拉德的收购决心非常坚定。9 月 27 日，它将收购价提高到每股 50 美元，10 月 1 日加到 53 美元，10 月 7 日又加到 56.25 美元。

与此同时，芮夫朗已经找到了以福司特曼公司为首的白衣骑士。他们于 10 月 3 日开会讨论盘雀·普拉德提出的每股 53 美元的要约，最后董事会一致同意由福司特曼购买芮夫朗。具体的协议条件包括以每股 56 美元的价格现金购买已发行的普通股股份；公司经理层根据原有的黄金降落伞行权购买新公司的股份；福司特曼将承担因回购 1 千万股股份所发行的 47 500 万美元的债券债务；芮夫朗将为福司特曼或其他更加有利的要约赎回 8 月 19 日决议发行的那些债券购买权，并取消 47 500 万美元债券的合同中约定的限制条款。福司特曼计划在合并之后以 33 500 万美元的价格卖掉芮夫朗的两个分支机构；芮夫朗则计划在合并之前以 90 500 万美元的价格卖掉它的那些化妆品分部。这些交易将使任何人购买芮夫朗变得容易。

当合并的协议与放弃债券合同中的限制条款的协定公布之后，债券的市场价格开始下降，到 10 月 12 日为止一共下降了 12.5%。债券的持有者们愤怒了，无数的电话打到芮夫朗公司责问此事，10 月 10 日的《华尔街报》报道说他们可能要起诉。

10 月 7 日，盘雀·普拉德又将收购要约的价格提高到每股 56.25 美元，并且告诉目标与白衣骑士它将永远以略高于白衣骑士的出价竞价。

10 月 12 日，福司特曼向芮夫朗发出新的要约：每股 57.25 美元，但是有一些具体的条件。福司特曼要求在有人取得芮夫朗 40% 股份的情况下以 52 500 万美元的价格购买芮夫朗的那些保护视力与全国卫生实验室分支，这个价格比芮夫朗的投资银行顾问的估价要低 1 亿~1.75 亿美元；芮夫朗还必须答应不再与其他购买人洽谈或接受其他购买人的竞价；当然，债券购买权将被赎回，已发行债券的合同中的限制性条款将被去掉。如果芮夫朗取消协议或者有人取得了 19.9% 以上的芮夫朗股份，芮夫朗必须支付 2 500 万美元的合同解除费。作为回报，福司特曼答应通过兑换新的债券来支持已发行债券的市场价格，③ 保证其价值不下跌。福司特曼还要求芮夫朗马上接受这个要约，否则它将撤

---

① 优先股的价格为每股 100 美元。十分之一股优先股当时值 9 美元。这样，每股被回购的普通股得到的价值是 56.5（47.5+9）美元，但不是现金。

② 这个价格看起来低于早先的每股 45 美元，但是其中有一个换股计划，折合起来，价格大致相同。

③ 这是芮夫朗董事们在谈判过程中始终担忧的。债券合同为了保护债券持有人的利益，一般都会对发行人的行为作出一些限制。现在公司按照合同相关条款的规定取消了这些限制，引起债券跌价，惹怒了债券持有人。董事们生怕债券持有人起诉使他们赔偿，所以在谈判中要求福司特曼确保债券价格不下跌。

回。芮夫朗的董事会一致同意接受要约。

盘雀·普拉德已经在 8 月 22 日起诉，要求法院下令取消芮夫朗的购买权计划，现在得知了目标与白衣骑士之间的新的协议，便于 10 月 14 日修改了起诉状，要求取消目标新达成的出售保护视力与全国卫生实验室分支的锁定协议、合同解除费协议，以及债券合同中的限制条款。同时盘雀·普拉德又将要约价格提高到每股 58 美元，条件是取消购买权计划、放弃债券合同中的限制性条款和禁止锁定协议。

10 月 15 日，特拉华州基层法院下令禁止资产的转让，10 月 23 日，又禁止了锁定协议、废除了芮夫朗不再接受竞价的承诺和协议达成的合同解除费。法院认为芮夫朗的董事会由于惧怕对债券持有者们承担民事责任，所以向福司特曼作了过多的让步，答应不再接受别的竞价，而没有为了股东的利益而争取最高的价格，从而违反了对股东的忠诚义务。

芮夫朗及其白衣骑士上诉到特拉华州最高法院。

特拉华最高法院重申了公司法的一些基本原则：公司的经营管理权最终属于董事会，董事会在行使职权时对公司和股东负有注意和忠诚的义务，商事判断规则是基于这些基本原则设立的，只有当这些基本原则得到满足之后，商事判断规则才能适用。商事判断规则实质上是关于董事在做商事决定时的善意和知情的假定。所谓善意是指为了公司的最佳利益，没有私利牵涉其中。所谓知情是指董事作了合理的调查，没有盲目地作出决定。一旦商事判断规则适用，举证责任在对方。然而当董事会采取反收购措施时，那就时刻存在着董事会不顾公司和股东的利益而牟取自己的利益的忧虑。这种潜在的利害冲突将最初的举证责任放在了董事们身上，他们必须首先证明他们在采取防御性措施时有合理的理由相信公司的经营方针和效率遭受了威胁，证明的途径是表明善意和合理的调查。此外，他们还必须对收购的性质及其对公司的后果作出分析，从而确定他们所采取的反收购措施对于公司受到的威胁来说是否合理和适度。

根据这些原则，该院首先分析芮夫朗的毒药丸，即债券购买权计划——股东据此可以以远高于市价和收购价的价格将股份卖还给公司（每股 65 美元）。这一反收购措施是适度的还是过分的呢？在公司采纳计划的时候，收购要约的价格是每股 45 美元。那个价格显然太低，考虑到收购人有可能要使用劣质债券购买公司而后分解拍卖，用卖来的钱支付债券，并从中赢利，毒药丸的采纳保护了公司股东的利益，同时，公司也保留了通过赎回购买权接受任何更有利的要约的灵活性。而正是由于这一计划的存在，才促使要约价从最低的 42 美元提高到 58 美元。所以，这一措施在采纳的当时对于公司遭受的威胁是合理的和适度的。

法院接着讨论 1 000 万股股份的回购。芮夫朗将为福司特曼或其他更加有利的要约赎回 8 月 19 日决议发行的那些债券购买权，并放弃 47 500 万美元债券的合同中约定的限制条款。由于股份的回购与债券购买权是在相同的时间、相同的情况下采纳的，引出了相同的结果，所以在采纳的当时相对于公司所遭受的威胁来说，也是合理的和适度的。

问题是当盘雀·普拉德将要约价从 50 美元提高到 53 美元的时候，事情变得很清楚：公司的分裂已经不可避免了。面对这一要约，10 月 3 日的芮夫朗董事会会议根据与福司特曼谈判的结果接受了福司特曼每股 56 美元的要约，同意为此而赎回购买权，并且授权经理层寻找第三者洽谈公司出售，表示如果有更好的要约，他们同样会行使赎回权。这表明董事会已经认识到公司已经到了该拍卖的时候了。这时候董事会的职责从保存公司转变成追求最高的价格。他们已经用不着担心过分的低价对公司的经营方针和股东利益的影响。他们的角色从公司堡垒的捍卫者转变为在公司的出售中为股东追寻最高价格的拍卖人。

从这样的角度去分析芮夫朗在 10 月 12 日签订的锁定协议，就能发现董事们没有忠实地履行自己的职责。协议强调支撑已发行债券的市值，因为免除债券合同中的限制条款的承诺已经引起债券市价的下跌。董事们的首要义务是对股东的忠诚，他们的职责是保护股东利益，只有在不对股东利益造成损害的情况下才可以考虑其他人的利益。公司的出售已成定论，现在的目标是为股东争取一个最高的价格。锁定协议的直接后果就是杜绝盘雀·普拉德的收购之路，中断正在激烈进行的竞价，这对股东的利益是极为不利的。债券持有者们的权益已经有合同保护，放弃合同中的限制性条款是根据合同的规定进行的，因而市价的下跌也应当是合同的当事人在签订合同时已经预见到了的。董事们因为害怕自己承担民事责任而不惜牺牲股东利益，签订了锁定协议，违反了忠诚义务。

协议中芮夫朗所作的不与他人洽谈公司买卖，不再接受哪怕是高于 57.25 美元的价格（事实上，盘雀·普拉德后来出价 58 美元）的承诺，同样是为了结束竞价。这类条款像锁定协议一样，本身不一定违法，但是在本案中，当董事们的首要职责是拍卖公司，谋求高价的时候，却是不能允许的。

合同取消费与不寻找他人洽谈的承诺一样，是整个锁定协议计划的一部分，应当禁止和取消。

最后，法院对白衣骑士作了这样的评论："在敌意要约对股东利益不利时，目标偏向白衣骑士而将敌意要约人排斥在外是可以的。但是当要约人发出的要约大致相同，或者公司的分解拍卖已经不可避免时，董事们如果依然在竞价的双方中作这样的偏向的话，按照俞讷克尔案[①]中的较高标准衡量，那就是失职了。我们必须确保市场的力量自由地发挥作用，从而使目标股东们能够得到最好的价格。"

因此，特拉华最高法院决定维持原判。芮夫朗败诉。

俞讷克允许目标经理层考虑股东以外的其他人群的利益。可是本案表明，目标经理层采取措施保护股东以外的某一人群的时候，该措施必须同时给目标股东带来某种好处，不得损害目标股东的利益。因为董事和经理们首先必须对股东负责，这是他们的基本义务。

本案是美国公司法领域内的又一块里程碑。它在俞讷克审查标准的基础上进一步明确了目标经理层反收购的权力并非不受限制，当公司需要出售的时候，董事会的义务将发生变化，由保卫公司实体转变为追求最高价格。法院在判词中说："当盘雀·普拉德将要约价提高到 50 美元，接着又加到 53 美元的时候，事情变得很清楚：公司的分裂已

---

① Unocal Corp. v. Mesa Petroleum Co., 493 A.2d 946 (Del. 1985) .

经不可避免了。这时候董事会的职责便从保存公司实体转变成为股东追求最高的价格。董事们的角色从公司堡垒的捍卫者转变为在公司的出售中寻求最高价格的拍卖人。"

直到今天，俞讷克和芮夫朗都是特拉华州有效的法律。以后的判例都以此为标准、为基础，在此基础上进一步发展。[①]

法院在芮夫朗中只说在公司出售的时候，董事会就有追求最高价格的义务，不得在不同收购人之间有所偏向，但是没有进一步解释清楚什么样的情况可以看作公司已经到了出售的时候。后来的判例表明至少在两种情况下公司可以看作需要出售了：（1）交易的结果是控制权发生变化；（2）交易的结果是公司分裂。下面几个案例澄清了这一点。

【案例 18-5】
里昂德尔化学公司上诉拉恩[②]

里昂德尔化学公司是北美化工行业内第三大独立的公众公司。丹·史密斯（Dan Smith）任总裁兼董事会主席。董事会的其他 10 位董事都是独立的，担任过其他大的公众公司的总裁。巴瑟尔 AF（巴瑟尔）是卢森堡的一家封闭公司，由李讷德·伯乐法特尼克通过其工业通途公司（工业通途）持有。巴瑟尔从事聚烯烃的生产和销售，它给里昂德尔董事会写了一封信，提议按每股 26.5~28.5 美元的价格收购里昂德尔。后者因为价格太低而拒绝。之后的一年，里昂德尔有了很大的发展，没有收购人出现。2007 年 5 月，一家工业通途的关联企业登记了一张 13D 表，透露有权向东方石油公司购买占里昂德尔 8.3% 的一个板块。该表同时披露了伯乐法特尼克对里昂德尔的兴趣。

里昂德尔董事会马上召集了临时会议，认识到公司已经"在游戏中"了，不过他们还是觉得需要等一等，看一看。几天后，有人建议史密斯杠杆买出，史密斯拒绝。2007 年 6 月下旬，巴瑟尔宣布与韩子门（Huntsman）公司（以下简称韩子门）签署了 96 亿美元的合并协议。可是当有人出价更高收购韩子门的时候，巴瑟尔退了回去，并且重新关注里昂德尔。7 月 9 日，伯乐法特尼克与史密斯会面，提出每股 40 美元收购里昂德尔。史密斯说价格太低。伯乐法特尼克加到每股 44~45 美元。史密斯说他会转告董事会，不过他估计董事会会拒绝。他希望伯乐法特尼克能够给出最好的价格。几个小时以后，当史密斯如约再次打电话给伯乐法特尼克时，伯乐法特尼克将价格加到了每股 48 美元，不过他要求里昂德尔在 7 月 16 日签订合并协议，不履行协议必须支付 4 亿美元的违约金。

史密斯召集了特别董事会，转达了伯乐法特尼克的要约。董事会叫他取得书面要约和对方资金来源的详细情况。伯乐法特尼克满足了这些要求，但是要求里昂德尔在 7 月 11 日做出明确的答复是否接受他的要约。当天，里昂德尔董事会开会，同意接受要约，雇用了德意志银行证券公司作为财务顾问，授权史密斯与伯乐法特尼克谈判。7 月 15 日，双方就合并的具体条件进行了谈判，巴瑟尔做了尽职调查；财务顾问出具了公平意见。7 月 12 日，董事会再次开会，希望史密斯能够谈成更好的条件。伯乐法特尼克简直不

相信史密斯还要还价，因为他已经给出了最好的价格。不过，作为友善的表示，他将违约金减少了 1 500 万美元，即 3.85 亿美元。

7 月 16 日，董事会开会考虑与巴瑟尔的合并。公司的法律顾问告诉他们合同中虽然有不再寻找别人的规定，但是由于信托义务的存在，所以如果有人提出更好的条件，他们依然可以考虑。德意志银行证券公司演示了几个估价的模型，结果都少于 48 美元。于是，董事会投票批准了合并协议。2007 年 11 月 20 日的特别股东会以高于 99% 的赞成率批准了合并。巴瑟尔出价总额为 130 亿美元现金。

部分股东提起集体诉讼，认为董事会违反了注意、忠诚和坦诚的义务，将他们的个人利益置于股东利益之前。初审法院否决了这些指控，但是保留了那些针对董事会决策过程和合同中的保护性条款的质疑。主要是董事会在出售公司时没有为股东取得最好的价格。初审法官正确指出，芮夫朗的判决并没有设置新的信托义务，而只是要求董事会履行信托义务以达到一个具体的目的：企业价格最大化。在审查了案卷之后，初审法院认为原告提出的董事会违反注意义务的指控存在取胜可能。但是公司章程解脱了董事违反注意义务的责任。只有忠诚义务的违反是不能解脱的。所以，剩余的问题是原告能否指出董事会的任何缺点同时会涉及忠诚义务。由于初审法院已经认定董事会是独立的，没有恶意或者个人利益，那么唯一的问题是董事会是否因为缺乏善意而违反了忠诚义务。疏忽大意意义上的恶意要求董事知道他们没有履行自己的信托义务。

初审法院之所以没有不审而判被告胜诉是因为想挖掘更多的证据以扩充案卷。在其他情况下这可能是需要的，但是在本案中却没有必要。初审法院强加芮夫朗式的义务是因为对法律作了错误的理解。三个因素组成了这个错误。第一，该院在董事会作出出售公司的决定之前或者在公司非卖不可的情形形成之前就强加了芮夫朗义务；第二，该院将芮夫朗和之后的系列判例理解为董事会在出售过程中必须满足的一系列要求；第三，该院将芮夫朗义务履行得不够完善等同于故意不履行义务以致构成恶意。

初审法院认识到以下事实支持不审而判被告胜诉：董事们经验丰富，一般地了解公司的价值及其所在市场的情况；他们有理由相信其他报价人不会出现，因为巴瑟尔的报价很高，而有兴趣收购像里昂德尔所有的特殊资产的公司又很少；史密斯将价格从每股 40 美元谈到了 48 美元，这个价格德意志银行证券公司认为合算；最后，在合并宣布之后直到股东会表决的 4 个月内没有人对里昂德尔表示兴趣。

但是另一些事实使得法院感觉董事会的认知和努力不够。13D 表在 5 月份登记之后，董事会对于可能的收购显然没有采取任何准备措施。最后的合并是在不到一个星期之内谈判缔结的，期间董事会总共开了 7 个小时的会议讨论这个问题。他们没有认真地向伯乐法特尼克施加任何压力要他提高价格，也没有做任何哪怕是有限的市场测试。还有，虽然合同中的保护性条款是常见的，也不具有排他性，但是对于一个他们还没有根据芮夫朗案进行充分审查的交易，董事会给予如此多的保护，初审法院总感到不安。

该院认为 13D 表登记之后两个月内董事会没有做事这一事实对于分析他们的善意是关键。法官尖锐地指出"尽管知道公司已经在游戏中却两个月无动于衷"，他们"懒洋洋地等待着潜在的追求者向他们示意"，正是由于这个原因，初审法院否决了被告们不审而判的请求。

这个分析的问题在于当公司仅仅处于游戏中时，芮夫朗义务还没有发生。只有当公司主动或者因敌意要约而开始了改变控制权的交易时才发生追求最高价格的义务。巴瑟尔的 13D 表仅仅告诉董事会和整个市场它有兴趣收购里昂德尔。董事会并没有决定要出卖公司。他们听到消息之后马上开会讨论是否要采取什么措施，但是会议决定既不拍卖也不防御，而是等一等、看一看。这个决定属于商事判断，应当受到尊重。芮夫朗义务直到 2007 年 7 月 10 日董事会开始谈判出售公司时才发生。

初审法院专注于两个月内董事会不行动，但是它应当关注他们考虑巴瑟尔要约的那一个星期。他们开了几次会议；他们的总裁与对方谈判，试图获得更好的条件；他们评估了公司的价值，要约价格和获得更高价格的可能性；然后他们批准了合并。初审法院承认董事会在那一个星期内的行为除了缺乏应有的勤勉之外没有什么问题，但是仍然对他们的善意持怀疑态度。因为通过对以往案例的分析和梳理，初审法院总结出了一套芮夫朗义务：为了获得最好的价格，他们必须进行拍卖或者进行市场测试，或者证明他们对市场的了解准确无误。里昂德尔的董事们既未拍卖，也未测试市场，又不能证明对市场的了解准确无误。所以该院不能认定他们满足了芮夫朗的要求。

特拉华最高法院认为，如果问题在注意义务的话，初审法院决定寻找更多的证据是可以的。但是现在的问题是忠诚义务，分析就很不同了。在没有个人利益的情况下违反忠诚义务要求证明不负责任，即受托人知道自己的义务却有意不去履行，有意识地不顾义务。芮夫朗的义务只有一个：在出售公司时为股东取得最高价格。没有法院能够告诉董事们具体怎么做才能达到这个目的，因为具体案情各不相同，很多业务是法院不专长的。董事们在出卖公司时没有采取一些具体的步骤不等于无视自己的义务。在履行义务时不够充分或者存在缺陷与无视自己的义务是两回事。

董事的决定应当合理，不必完美。在没有个人利益的情况下证明不忠诚需要极端的事实。如果应该做的事情董事们没有都做，那是对注意义务的违反。只有当他们知道义务而又不去履行的时候才违反忠诚义务。正确的询问不是董事们有没有做所有该做的事情去获得最高价格，而是他们是否根本没有做任何努力去获得最高价格。从这个角度看，他们显然做了很多事情。所以他们有权获得不审而判。于是，特拉华最高法院改判上诉人胜诉。

如果按照史密斯诉樊高克的标准，本案中董事被告显然违反了注意义务，因为很多该做的事情他们没有做，但是章程的规定保护了他们。根据章程，他们不必因为违反注意义务而承担赔偿责任。但是章程不能为违反忠诚义务开脱。所以本案中法院审查的唯一问题是他们是否违反了忠诚义务。一般地，违反忠诚义务需要有自我交易或者其他利害冲突的情形。可是本案中并没有这样的情形。于是，唯一可能违反忠诚义务的情形就是对注意义务的违反到了极端的程度，即明知义务的存在却故意不去履行。而本案中董事们的表现显然还没有糟糕到这个程度。虽然有疏忽大意，但是他们也做了一些事情，只是不够完善和完美而已。这样，法院只能判他们胜诉。

这个案例表明，董事会为股东拍卖公司、追求最高价格的芮夫朗义务始于它决定出卖公司之时，而出卖的结果自然是控制权换手。在此之前，即使公司已经进入游戏，芮夫朗义务也不会发生。

还有，忠诚义务并不限于有个人利益的交易，在没有个人利益的时候也可能发生违反忠诚义务的情况。那就是对注意义务的违反到了极端的地步，即明知义务的存在却故意不去履行。疏忽大意只能违反注意义务，不会违反忠诚义务。

【案例 18-6】
头号通讯公司诉时代公司 [①]

时代公司从事书刊的出版发行，它拥有有线电视经营权并通过一些子公司经营付费电视。1988 年，公司的一些董事希望公司扩大经营范围，向娱乐行业挺进，但是遭到外部独立董事的反对，后者生怕公司的传统受到影响。公司总裁找他们逐个谈话，最终统一了认识。他们选中了沃讷通讯公司作为收购对象，双方于 1988 年 8 月开始谈判。时代方面希望现金收购沃讷。但是沃讷方面不同意，只愿意股份换股份，以便沃讷的股东在合并后的新公司里继续持股。时代方面希望掌握控制权，但是双方最终在公司总裁由哪边的人担任的问题上谈不拢，谈判终止。

1989 年 1 月，双方又继续谈判。3 月份，时代董事会批准了换股合并。换股后沃讷的股东将持股 62%；董事会 24 人双方各占 12 人；沃讷董事组成娱乐委员会，时代董事组成编辑委员会。根据纽约股票交易所的规则，合并须经时代股东会批准。

在 3 月份那次会议上，时代董事会还采取了一些防御性措施，给予沃讷获得 11.1% 时代已发行普通股的权利。经时代公司要求，它的银行同意不会资助任何敌意收购时代的计划。时代还同意不另找合并伙伴，不管他人的条件如何。在公布了时代与沃讷的交易之后，时代宣传说没有负债是本次交易的一大优点。股东会定在 6 月 23 日，投票代理权征集材料于 5 月 24 日发送。

6 月 7 日，头号通讯公司发出了以每股 175 美元现金收购时代全部股份的要约，但是有 3 个前提条件：（1）时代终止与沃讷的合并换股协议；（2）头号从时代取得有线电视的经营权；（3）特拉华公司法有关反收购的第 203 条不适用于今后时代与头号的合并。不过头号说具体条件还可以谈判。

虽然时代的财务顾问告诉董事会公司的价值远高于头号要约的 175 美元，董事会依然担心股东会不理解与沃讷合并的长远意义而接受头号的要约。所以时代向纽约股票交易所申请不经股东批准而完成合并，纽交所拒绝。

[①] Paramount Communications, Inc. v. Time, Inc., 571 A.2d 1140（Del. 1989）。以下楷体字本书作者对判词原文的翻译，宋体字是作者为了缩短篇幅而对案情所做的概括性介绍。

在头号发出要约的第二天，时代便正式拒绝。时代董事会决定调整与沃讷的合并并提出了新的方案。时代将以每股70美元现金收购51%的沃讷股份，剩余的49%将以价值70美元的现金加证券收购，资金来自举债。时代将借款70亿~100亿美元，尽管先前时代曾经宣传说无债是本次交易的一大亮点。此外，时代还同意向沃讷支付90亿美元购买其商誉。作为沃讷接受新方案的条件，沃讷将取得控制权溢价，原合同中规定的董事比例及管理结构保持不变。

1989年6月23日，头号将价格提升到每股200美元，具体条件可以谈判。6月26日，时代董事会再次拒绝，理由是这仍然是不足价的，而且时代对沃讷的收购对股东具有长远的意义，有利于企业的生存和企业文化的延续。

时代的两组股东和头号都起诉申请法院禁止时代的要约。衡平法院拒绝，原告上诉。

霍西大法官。

股东原告首先提出芮夫朗诉由。他们认为3月4日的时代-沃讷协议已经要出售时代了，芮夫朗义务由此产生，要求时代董事会在短期内为股东提高价值，平等对待所有有兴趣的收购人。这些股东原告摆出了两点事实理由：（1）时代-沃讷最终的交换比例0.465对沃讷有利，沃讷股东将持有合并后公司62%的股份；（2）时代董事们通过声明表达的主观意图，认为市场可能将时代-沃讷的合并看作时代的出售，还有他们采取的各种防御措施。

股东原告还指出时代董事会将最初的合并交易设计得使人无法收购，通过杜绝股东获得任何控制权溢价的可能，违反了芮夫朗义务。总之，原告认为时代董事会与沃讷合并的决定引出了追求最高价格、不得对进一步的报价设置任何不合理的障碍的信托义务。因此，他们说，首席衡平法官的以下认定错误：头号通讯对时代的报价没有将时代放到市场上出售；时代与沃讷的交易没有引起控制权的转移；合并后的时代-沃讷没有大到使得时代-沃讷股东不能在将来取得控制权溢价的地步。

头号通讯只提出了一个芮夫朗诉由，对此股东原告也予以认同。头号认为首席衡平法官在适用俞讷克标准的第一部分时错误地认定时代董事会有合理的理由相信头号对时代股东和时代的公司政策及效率形成了法律意义上的威胁。至于该院认定时代董事会对头号的要约做了合理而客观的调查，并在知情的基础上予以拒绝，头号也不予认可。头号还进一步声称该院在适用俞讷克标准第二部分时错误地认定时代的反应合理。头号主要指责修改后的协议剥夺了时代股东对协议投票表决和对头号的交售要约作出反应的机会。头号认为时代董事会采取这些防御性措施的真实动机是永保自己职务的欲望。

衡平法院将本案提出的关键问题表达如下：在什么情况下董事会为了给股东提供立即实现控制权溢价的选择机会而必须摒弃已经拟定好的公司发展计划？就本案而言，问题在于时代董事会在拟定了通过与沃讷合并进行全球扩张的战略计划之后，是否有放弃该计划并将公司的将来交给股东的信托义务？

虽然我们维持首席衡平法官的判决结果，我们觉得没有必要去纠缠公司的短期还是长远战略。我们的分析中有两个关键性前提。第一，特拉华法律将经营公司生意的义务加在董事会身上。这一广泛的指令包括为了提高公司的赢利水平而制定公司的行动方案，包括时间框架等。① 因此，"长期"和"短期"价值的问题基本与此无关，因为董事会一般都有义务为公司规划一套符合其最佳利益的行动方案，而不必考虑某个固定的投资模式。第二，除了芮夫朗定义的几种有限的情形之外，董事会虽然永远要在知情的基础上决策，并不必然承担在短期内使股东价值最大化的义务，即使在公司收购中也是这样。在我们看来，本案提出的根本问题是："时代同意与沃讷合并是否意味着出售自己？"通过适用芮夫朗解决这个问题对于解决派生出来的俞讷克问题至关重要。

我们先看上面总结的原告最主要的芮夫朗争辩。首席衡平法官认为最初的时代－沃讷合并协议不构成"控制权变更"，因而该交易不触发芮夫朗义务。法官的这个结论是以下面的认定为基础的："在合并协议签署之前，公司的控制权处于一种流动的状态中，由非关联股东构成多数票，换句话说，在市场上。"法官的事实认定得到案卷的支持。他的结论在法律上是正确的。不过我们有不同的理由否决原告的说法，那就是没有任何有力的证据表明时代董事会因为与沃讷谈判就使公司实体的解散或者分裂变得不可避免，如同芮夫朗案那样。

根据特拉华法律，不排除其他可能，一般在两种情形下会发生芮夫朗义务。第一种情形比较清楚，即当公司主动招标拍卖自己或者通过公司分裂实施生意重组。所以在芮夫朗案中，当董事会对盘雀·普拉德的要约作出回应，考虑在杠杆买出中资产的分裂性出售时，我们给董事会加上了股东价值即刻最大化、公平拍卖公司的义务。可是如果董事会对敌意交售要约的反应只是防御而非放弃公司的存续，芮夫朗义务就不会发生，尽管俞讷克义务存在。②

原告坚持认为，即使最初的时代－沃讷协议可能不会"在客观上变更控制权"，该交易使得时代的"出售"变得不可避免。原告依据的是时代董事会的主观用意，主要是一些董事会成员表达的担忧，即与沃讷的交易可能被看作将时代拿出去卖。原告说，锁定协议的使用、不另找他人条款和所谓的"干涸"协议③使股东不能马上得到控制权溢价，因而违反了芮夫朗判例。

我们同意首席衡平法官的意见，即证据不足以引发芮夫朗义务；仅仅因为某笔交易可能被认为将公司"放进游戏"或者"拿出去卖"，我们还不愿意将芮夫朗延伸适用于它。光是采取结构性安全措施也不引发芮夫朗义务。正如首席衡平法官所说，对这类措施应当适用俞讷克分析。

最后，对于时代将其与沃讷的合并协议从股份交换更改为股份购买，我们不认为据此可以断定时代已经放弃了它的战略计划或者时代的出售已经不可避免。首席衡平法官

---

① 在赞同这一认定时，我们默认首席衡平法官的结论，认为董事会判断股份的市场价格没有反映真实的价值，或者任何公司的股份都有多种市场价值，并不违约。我们之前也这样判过。原注第12。

② 在拍卖程序中，董事会采取的行动必须与遭受的威胁或者追寻的好处合理关联。因此，当公司处于芮夫朗情景中，对敌意要约进行防御的行为触发了芮夫朗义务的时候，俞讷克的分析依然是适宜的。自从芮夫朗判决以来，我们已经声明对不同报价人区别对待的做法只要与取得能够取得的最好价格合理关联，就是不可诉的。原注第14。

③ 干涸在这里大概是杜绝他人收购之路的意思。

认定虽然合并后的时代－沃讷会很大（价值将近 300 亿美元），最近的夺取案已经证明，收购合并后的公司依然是可能的。其法律后果是：只有俞讷克适用，用来分析商事判断规则是否适用于修改后的协议。

我们现在来看原告的俞讷克说法。像首席衡平法官一样，我们首先要强调，判决此案不要求我们审议董事会最初缔结与沃讷的协议是否明智。这不是法院管的事。我们的任务只是审查案卷以确定是否有足够的证据支持首席衡平法官得出的结论，认为最初的时代－沃讷协议是正当行使商事判断的结果。

有具体的证据证明时代董事会 [从 1983 年开始] 仔细斟酌过扩张的方法。与沃讷合并的决定可以说是在周密评估了时代作为一个公司的前途之后做出的。在得出了公司必须扩大才能生存，必须从新闻扩展到娱乐的结论之后，董事会梳理了所有知悉的娱乐公司。到 1987 年，时代的注意力集中在沃讷身上；到 1988 年 7 月下旬，时代董事会已经深信沃讷对时代达成其战略目标最为合适。案卷证明了时代管理层在董事会的全力支持下焕发出来的热情，他们要确保时代的文化得以保存，主要是在新闻编辑方面的职业道德。案卷中有充分的证据支持首席衡平法官的结论，认为时代董事会通过 3 月 3 日与沃讷合并以扩张公司业务的决定应该得到商事判断规则的保护。

对于三个月之后修改时代－沃讷交易，首席衡平法官得出了不同的结论，认为时代董事会考虑到在计划中的交易付诸股东投票表决时头号的要约所潜在的破坏性影响，为了防御和避免这种影响才修改协议。因此，法院拒绝适用传统的商事判断规则来审议修改过的交易，而是采用俞讷克标准来分析董事会 6 月 16 日的决定。该院裁定俞讷克适用于董事会在收到头号的敌意交售要约之后采取的所有可以被合理认定为防御的行动。显然，这是一个正确的裁定，对此没有争议。

俞讷克案中有一个高度强迫性的双层交售要约。在这种案子中，威胁是明显的：股东可能被迫交售以免在交易的第二阶段中吃亏。在以后的判例中，衡平法院表示一个全现金收购全部股份的要约，如果出价在股东们愿意接受的合理范围之内，不构成法律上承认的对股东利益的威胁，因而经得起俞讷克分析。在那些判例中，衡平法院断定无论存在什么威胁，都只针对股东和价格，不针对公司。

从这些判例中，头号和个人股东推断出了一条法律规则：一个全现金收购全部股份的要约，如果出价在可以接受的合理范围之内，客观上不可能对公司或其股东造成任何威胁。因此，头号要我们这样判：只有当头号要约的价值明显劣于公司经理层与沃讷合并的计划所创造的价值的时候，才能认定要约在客观上形成了威胁。

原告的争辩隐含着这样的观点：一个敌意交售要约只能造成两种威胁：给予不交售股东不平等待遇的两层要约造成的强迫性威胁；出价在目标经理层真诚地判定为股份现在值之下的全现金收购全部股份的要约所造成的威胁。既然头号的要约是全现金的，唯一可以想象的"威胁"，原告说，就是不足价。我们不同意对俞讷克做如此狭隘和机械的解释，理由如下：

原告的立场反映了对我们在俞讷克之下的审查标准的根本误解，主要因为它将使法院用自己认为的较好的交易去代替公司董事会的判断。假如衡平法院最近在它的某些判决中这样做了，我们现在否决这种做法，因为它不符合正确的俞讷克分析方法。

作为分析工具，俞讷克的用处正在于其面对各种事实情景时的灵活性。俞讷克既不是一个抽象的标准，也不是一个结构固定、机械的评估程序。所以我们说过，董事会在评估夺取报价带来的威胁时可以考虑"要约出价的不足、要约的性质和时间、违法问题、对股东之外的其他'选民'的影响、交易不成的风险和用于交换的证券的质量"。俞讷克要求的开着口子的分析并不想引出一道简单的数学题目——将期望中的时代－沃讷在将来某个日期的交易价格折算成现在值，与头号的要约比较，看哪个更高。在我们看来，商事判断规则所包含的规矩妨碍法院替股东评估长期或短期投资目标的相对优缺点。这样做将扭曲俞讷克标准，特别是下面讨论的该标准的第二部分。

本案中，时代董事会合理判定，不足价不是法律上承认的、头号的全现金购买全部股份的要约造成的唯一威胁。时代董事会认为头号在关键时刻突然提出的要约还造成了其他威胁。担忧之一是时代股东可能在不了解或者错误地理解与沃讷的生意合并所产生的战略优势的情况下选择交售给头号的现金要约。此外，时代认为头号要约所附带的条件会造成某种不确定性，难以进行比较分析。还有，头号要约的时间，紧跟在时代发出征集投票代理权的通知之后，被看作可能要打乱时代股东的投票。有了这些案卷证据，我们不能判时代董事会 6 月 6 日作出的头号要约对公司政策和效率形成了威胁的决定缺乏善意或者出于贪恋权位或个人利益的动机。

头号还争辩说时代董事会没有对头号的要约进行应有的调查。因此，头号认为，时代不能做出知情的判断——认定头号的要约对时代的公司政策形成了威胁。首席衡平法官虽然没有直接谈论这个问题，他的事实认定却具体指出了时代在判定沃讷为最佳战略合作者之前对其知悉的、包括头号在内的娱乐公司的探索。此外，法院认定时代董事会拒绝头号的要约是因为头号不符合时代的目标和需要。因此，我们认为案卷确实显示了时代董事会充分知悉与头号交易的潜在利益。我们同意首席衡平法官的意见，认为时代董事会在 6 月份之前对包括头号在内的潜在的合并候选人所做的长时间调查使得时代暂停与沃讷的合并程序以便重新考虑头号成为不必要。时代董事会没有与头号谈判的义务。时代不谈判不等于不知情。时代的 16 位董事中有 12 位是外部独立董事的事实大大加强了支持上述认定的证据。

我们现在来看俞讷克分析的第二部分。判断防御行为是否合理的前提是要清楚地确定威胁的性质。正如首席衡平法官正确指出的，这"需要评估受到威胁的公司目的的重要性；保护该目的的其他办法；'防御'行为的后果和其他相关因素"。只有当俞讷克询问的两个部分都得到满足以后，商事判断规则才能适用于董事会的防御性行为。用于本案的事实，问题是案卷证据是否支持首席衡平法官的结论，认为时代－沃讷的重组交易，包括采纳一条排他性的防御措施，相对于所见威胁是合理的反应。

头号争辩说，即使它的要约形成了威胁，时代的反应也是不合理的，因为它使时代股东无法接受交售要约并在可预见的将来获得控制权溢价。我们认为这一争辩同样出自对于公司管理权来自何方的根本误解。特拉华法律将公司的经营权交给了由股东按程序选举的董事会代表。经营公司企业的信托义务包括选择达成公司目的的时间框架。这个职责不能交给股东。董事会没有义务为了股东短期赢利而放弃一个经过认真考虑的公司计划，除非该公司策略明显没有道理。

虽然首席衡平法官对于俞讷克要求的具体分析说得有点含糊不清，但他还是认定时代董事会合理地认为头号的要约对时代－沃讷合并形成了较大的威胁，时代的反应并非"过于广泛"。我们曾经判过，即使面对真实的威胁，经理层具有强迫性的或者强加于股东的、由经理层出钱支持的、替代敌意要约的方案可以因为不合理或者不适度而被否决。

本案中，根据案卷事实，首席衡平法官认定时代对于头号交售要约的反应不是为了将一个由经理层出钱支持的替代方案"强加于"股东，而是为了以变化了的形式实施一笔既定的交易。因此，反应相对于威胁是适度的。首席衡平法官指出修改后的协议及其附带的安全措施并没有阻止头号要约收购合并后的时代－沃讷；头号也可以将要约修改成不以否决时代－沃讷协议为必要条件。所以时代的反应适度。我们维持首席衡平法官的裁定，因为它们显然得到案卷的支持。最后还要说明，虽然时代因为头号的敌意要约被迫负上沉重的债务以便收购沃讷，光是这个事实还不能使董事会的决定变得不合理，只要董事们可以合理地认为该债务负担对公司损害不大，不会威胁到公司的存续。

根据是否给予初始禁令的标准，我们认定原告没有能够证明最终从实体上获胜的可能。所以我们维持原判。

受到法院批评的原告的一个观点其实有很强的逻辑性，对于我们深入了解敌意要约的威胁很有帮助："一个敌意交售要约只能造成两种威胁：给予不交售股东不平等待遇的两层要约造成的强迫性威胁；出价在目标经理层真诚地判定为股份现在值之下的全现金收购全部股份的要约所造成的威胁。"两层要约带有强迫性，自然有威胁；一次性收购全部股份的现金要约没有两层要约的那种强迫性，但是可能不足价，所以依然有不足价的威胁。问题出在"只能"一词。法院指出除了这两种常见的威胁之外，头号的要约还有其他威胁，主要是影响到时代股东的投票表决，从而影响时代贯彻其长期的发展战略。

法院的意思大致是说，时代与沃讷的合并是为了贯彻公司长期以来的发展战略（这个决定权在董事会，不在股东），使得既定的政策得以延续。基层法院认定该合并没有引起公司控制权的变化，因为投票权的多数掌握在一个流动的、不特定的公众集合体手中；最高法院又认定合并没有引起公司的分裂或者使分裂变得不可避免。所以，芮夫朗义务就没有发生。事实上，时代与沃讷合并之后，尽管沃讷股东持有合并后公司的62%，但是原先的时代和沃讷两个部分继续存在；董事会的席位一分为二——时代方面的董事组成编辑委员会管理时代原先的业务，沃讷方面的董事组成娱乐委员会管理沃讷原先的业务，所以时代在合并以前定下的发展战略确实能够得到延续。法院的分析很有道理。

从时代案的判决来看，芮夫朗义务似乎只用于公司拍卖自己或者董事会采取步骤使得公司的分裂不可避免的情形。根据这样的理解，头号通讯公司在下面的案子中再一次作了尝试，但是又输了。

【案例 18-7】

<h2 align="center">头号通讯公司诉 QVC 网络公司 ①</h2>

头号拥有并经营各种娱乐生意，包括电影、电视、摄影棚、出版社、专业体育团队和娱乐公园。它的董事会由 15 人组成，其中 11 人为外部董事。这些外部董事都是其他公众公司和金融机构现任或者过去的高管。在 20 世纪 80 年代后期，头号董事会开始探讨在娱乐、媒体或者通讯行业内收购其他公司以加强自身的竞争能力的可能性。前面案子中试图收购时代其实就是有目地地进行战略扩张的例子之一。

1990 年，头号开始考虑与崴肯（Viacom）的合并。崴肯经营娱乐生意，控制权在其董事会主席兼公司总裁萨默 M. 瑞斯通的手中。瑞斯通通过全国娱乐公司（National Amusements, Inc., NAI, 瑞斯通在其中拥有 91.7% 的份额）拥有大约 85.2% 的崴肯 A 类投票股和大约 69.2% 的崴肯 B 类非投票股。1993 年 9 月，在经过了几个月的谈判之后，头号董事会全体一致批准了将头号并进崴肯的协议。根据该协议，董事会同意修改毒药丸计划以豁免与崴肯的合并。除此之外，协议还包含了几条防御性条款，目的是让竞争性报价变得困难，包括一条不另找他人条款、合同终止费和股票期权协议。

根据不另找他人条款，头号同意不去征集、鼓励、讨论、谈判或者批准任何竞争性交易，除非：（1）第三人未经征集而提出了一个没有任何重大的筹资条件的收购方案；（2）头号董事会认为为了遵守信托义务它必须与该第三人谈判。

合同终止费条款规定如果：（1）头号因为竞争性的交易而终止了合并协议；（2）头号股东没有批准合并；或者（3）头号董事会推了一笔竞争性交易，则崴肯将得到一亿美元的终止费。

股票期权协议是最为重要的防御措施。它规定一旦合同终止费发生，崴肯便有以每股 69.14 美元购买 19.9% 的头号已发行普通股的选择权。它还有两条颇为反常的、对崴肯十分有利的规定：（1）崴肯将不用现金而用一种流通性成问题的比较高级的低级债券进行支付；（2）崴肯可以要求头号现金支付其股份的买价与市价之间的差额。股票期权协议没有最高限额。

头号和崴肯公布了他们拟定的合并，并且表示几乎已经确定。瑞斯通将它描述为一个"永远不能拆开"的"婚姻"，还说只有"核攻击"才能将它炸毁。还有，考虑到 QVC 网络公司也对收购头号有兴趣，瑞斯通给 QVC 的董事会主席兼总裁巴利·迪勒打电话，叫他不要竞争报价。

QVC 并不气馁。相反，它提出以每股 80 美元（包括 0.893 股 QVC 普通股和 30 美元的现金）的价格与头号合并，并且表示愿意与头号进一步谈判。头号董事会不理睬这个提议，也没有对它的价值进行调查。之后，QVC 起诉，请求法院禁止头号－崴肯合并并且宣布了以每股 80 美元的价格收购头号 51% 的已发行股份的交售要约（剩余的

---

① Paramount Communications Inc. v. QVC Network Inc., 637 A.2d 34（Del. 1994）. 原判词较长，以下是本书作者的编译和概括。

49%将在第二步合并中转换为QVC的股份）。这个报价对于头号股东来说比与崴肯合并每股高了10美元。崴肯意识到它必须修改合并的条件了，正如特拉华最高法院所说，"实际上，与崴肯缔结一笔'新的交易'的机会给了头号董事会。有了QVC支付更高价格的敌意报价，头号董事会获得了与崴肯谈判的很多筹码。"

修改后的协议除了付给头号股东更高的价格并给予了头号董事会稍多的灵活性之外，没有什么大的变化。防御性措施没有去掉。头号也没有利用它的谈判筹码删除不另找他人条款、合同终止费或者股票期权协议。

随后发生了崴肯与QVC之间的报价竞争。崴肯的最高要约价是每股85美元；QVC是90美元。头号董事会继续拒绝QVC的报价，尽管QVC的出价是最高的。因为董事会认为QVC的要约不符合头号股东的最佳利益。有几位董事认为对于头号的发展前景，与崴肯合并要比与QVC合并更加有利。

衡平法院发布初始禁令，禁止了头号的防御性措施，因为这些措施方便了与崴肯的战略联盟，挫败了QVC不受欢迎但却更有价值的交售要约。特拉华最高法院维持原判，认为头号与崴肯的合并构成控制权出售，触发董事会的芮夫朗义务——必须将公司拍卖给出价最高的人。法院认为头号董事会在对于QVC要约的具体条件不充分知情的情况下偏向低价的崴肯合并而摒弃高价的QVC合并，违反了信托义务。

该院解释说，公众股东持有头号的多数股份，所以公司控制权掌握在"那个由非关联股东组成的流动总体"手中，而不是某个单一的实体手中。在头号－崴肯交易中，头号股东将在新公司中获得少数投票权。新的控股股东可以运用其投票权在多方面改变公司，包括改变公司的性质。即使头号董事会希望通过与崴肯合并来实施其长期发展战略，随着控制权的出售，新的控股股东也可以改变原先董事会的设想。而且，在控制权出售之后，原先的头号股东对于他们的股份不再有要求获得控制权溢价的筹码。"结果，头号股东有权取得也应该取得控制权溢价和有价值的保护性规定。既然在崴肯－头号交易中没有这样的规定，那么头号董事会就有义务利用目前的机会为股东实现可以实现的最高价值。"

法院说当芮夫朗义务发生时，目标董事会的首要义务是为股东实现最高价值。这个义务要求董事会在谈判中特别勤勉、充分知情，需要根据总体情况和各种可能的替代方案考虑现金价值、非现金价值和战略联盟的将来价值。

尤其重要的是，法院否决了头号的争辩。头号认为他们所议的合并并不触发芮夫朗义务，因为根据时代－沃讷所示，该交易并不引起公司的解散或者分裂。法院在论述中又回到了衡平法院在时代－沃讷中的语言，指出"在时代与沃讷最初的换股合并中没有控制权的改变，因为无论在合并前还是在合并后，时代都为一个流动的股东集合体所持有"。相比之下，如果头号－崴肯合并完成，由于瑞斯通总裁持有崴肯89%的投票权，合并后的公司将不再由流动的市场持有。少数派股东（先前的头号股东）对于他们的股份再也不能要求控制权溢价。

法院强调在时代－沃讷中它曾说过的话："不排除其他可能，一般在两种情形下会发生芮夫朗义务。"本案中，头号董事会事实上也确实考虑了控制权的改变，因为它在另一位潜在的收购人 QVC 同样有意向公司报价的时候同意将公司控制权卖给崴肯，从而无意识地发起了报价竞争。因此，法院说：

> 当公司缔结的交易将会引起：控制权的改变或者公司实体的分裂时，董事会的义务是寻找股东可以得到的最高价值。之所以发生这个义务，是因为如果崴肯－头号交易完成，结果将是头号的控制权从公众股东手中转移到控股股东崴肯的手中。无论是时代－沃讷还是本院的其他判决都没有说在存在控制权出售的情况下，公司的分裂是产生这一义务的必要条件。

法院判头号董事会违反信托义务，具体表现在：(1) 不理睬 QVC 的要约，没有对竞争性交易进行认真的审查；(2) 没有以应有的勤勉和注意去获取可以合理获取的信息，以便对两个要约进行比较，确定哪一笔交易会给股东带来最高的价值；(3) 没有既与崴肯又与 QVC 进行谈判以获取那个价值。

即使头号－崴肯合并协议不允许董事与 QVC 谈判，法院说董事会的信托义务高于合同条款。法院指出 QVC 的要约给予头号重新与崴肯谈判，修改那些妨碍董事会为股东实现最高价值的偏向性防御措施的机会。对于董事会没有这样做，而是"死抓住与崴肯的联盟不放"，法院做了严厉的批评。虽然头号没有义务卖给 QVC，但是却有义务对它的要约进行仔细的评估。事实上，在某个点上，法院发现 QVC 的要约比崴肯多了 10 美元，但是头号董事会居然对此不屑一顾。

本案与时代案有很多相似之处：都是目标公司寻求发展；都由目标找好了合作伙伴，然后第三者过来竞价；都是换股合并。二者的差异，首先，在于时代的合并没有引起控制权的变化，而头号的合并引起了控制权的变化，所以前者不构成公司出售而后者构成公司出售（从而引发芮夫朗义务）；其次，时代对第三人的竞价似乎做了合理的调查，而头号对 QVC 的报价不屑一顾，没有调查，从而违反了注意义务。

有无控制权转移之所以重要，是因为它涉及控制权溢价的归属。在时代的合并中，控制权处于一个流动的、不特定的公众集合体手中，合并前后都是如此，没有变化，因而在以后的收购中，这些公众股东仍然能够得到控制权溢价。而在本案中，头号的合并一旦完成，控制权将从公众手中转移到瑞斯通个人的手里，因而在以后的收购中，控制权溢价将属于瑞斯通个人。公众股东即使作为一个集合体，也成了非控股的小股东，无权获得控制权溢价。

从俞诉克到时代再到 QVC，特拉华最高法院对于控制权出售和对威胁控制权的反应确立了两种方法。如果董事会面对敌意夺取要约采取防御措施而不打算出售公司，适用俞诉克标准；如果公司要出售，适用芮夫朗标准。时代和 QVC 则进一步澄清了怎样才算公司要出售，标准应该是看有没有引起控制权的转移，会不会发生目标的分裂。

在芮夫朗和 QVC 判决之后，首席衡平法官阿伦对控制权出售中目标董事会的义务作了如下的描述：①

---

① Equity-Linked Investors, L.P. v. Adams, 705 A.2d 1040, 1053–55 (Del. Ch. 1997) .

特拉华最高法院的 QVC 判词基本驱散了有关"芮夫朗义务"的含义的不确定性。该案告诉我很多东西，但是至少可以总结出以下几条：（1）当一笔交易构成"公司控制权改变"，使得股东从此以后就失去了分享控制权改变时的溢价机会；（2）董事会的忠诚义务要求它善意努力，取得能够合理取得的最好价格（具体指董事会至少必须讨论一个具有经济能力的买方所表达的兴趣）;（3）在这样的情况下，法院将采用一种（客观）"合理性"审查标准（既针对过程也针对结果）来评估董事会有没有遵循他们基本的注意和善意（忠诚）义务。因此，QVC 案实际上在之前某些判例的规范化趋势和其他判例更加强调监管的方法之间走了一条中间路线。对于司法审查的严厉程度，它选择了中等水平。因为它承认董事会在谈判和建议出售控制权方面的权力，只要董事会知情、出于达成最好交易的善意且交易过程"合理"。

关于什么时候这些义务得到加强这一重要问题，特别是善意努力使现在的股份价值最大化的义务和合理地探索所有选择方案（即与所有能负经济责任的当事人沟通）的义务，法院的教导出乎意料地缩小了芮夫朗原则适用于公司交易的范围。也就是说，它明确认识到在换股合并中，法院对于董事会就股东在合并中所得股份的质量和发展前景所做的商事判断，像在其他场合一样，将以尊重的态度进行审查。[①] 然而，QVC 的判决结论是：当合并中取得的股份是处于单个个人或者控制集团控制之下的公司的股份，[②] 那么交易在芮夫朗义务意义上应该和现金合并一样对待。这个"控制权变动"扳机在现金和股份混合的情况下怎么运作有待将来的判例进一步澄清。

第五节　关于交售要约的政策讨论

由于交售要约对社会经济所产生的深远影响，围绕着它的利弊得失，在法律和经济学上已经成为一个专门的分析领域，讨论越来越热烈。在美国，联邦政府从 1968 年的威廉法案开始，基本上在收购人和目标经理层之间保持中立，重点是通过信息披露保护目标股东的利益。但是州政府在地方利益的影响下，越来越多地通过立法保护目标经理层，限制收购人的活动。因为公司对当地经济的发展贡献大，还有慈善捐款、帮助办学等公益活动，深得当地老百姓的爱戴。[③] 这些公司的经理层又与当地政要有着各种社交联系。所以无论是当地人民还是州政府都不愿意当地的公司被外人收购。[④]

对于交售要约的政策讨论直接影响到在立法上应该对它限制还是提供方便。支持者说，合并与收购"增加了全民的财富。它们提高了效率，将稀缺资源转移到更有价值的用处，激励有效的公司经营管理"。反对者则提出各种证据进行反驳。实践中，目标发

---

① 这里显然指时代案中的法院态度。

② 阿伦指的是头号和 QVC 换股合并之后的新公司将由瑞斯通控股，头号股东将成为少数派。

③ 波音是特拉华公司，但是总部在华盛顿州，在当地雇佣了十多万工人。当 T. Boone Pickens 有意收购波音的时候，华盛顿州议会迅速团结起来支持波音，尽管其行为的合宪性很成问题。

④ 美国商界的大型商事组织如生意圆桌等也出面要求政府干预，限制敌意收购，而这些组织平日里都是反对国会干预市场的。他们声称交售要约迫使他们在做生意决策时注重短期效应，不顾企业的长远发展，以维持高位股价。

明了强有力的防御性措施来威慑交售要约，或者至少减慢其进展。因为交售要约的存在，它们实施了诸如公司重组或资本重组等重大的改组，负起沉重的债务。这些措施在没有交售要约的情况下它们是不会采取的。加强董事会反击报价的权力自然会削弱股东对董事会和经理层的制衡能力。如果交售要约对股东有利，那么防御是否对股东更加有利？法院纠结于适用什么样的标准来审查目标经理层的防御性措施：商事判断规则、内在公平还是介于二者之间？经济决定法律。敌意收购到底能不能起到优化资源配置、从外部对目标经理层施加有效监督的作用？法院、立法机构、监管机构都在观察、思考，但是证据指向不一。参与讨论的人有的出于独立的学术判断，有的则受利害关系的影响。他们主要分为两大派：赞成和反对。另外还有不少中间观点。

争论最大的是两个问题：第一，对经济的影响，交售要约创造了财富还是仅仅重新分配财富？第二，对经理层的监督，敌意收购是不是监督和制衡上市公司经理层的有用手段？这种监督和制衡能否改善这些公司的经营管理？

对于第一个问题，交售要约有没有创造财富，经济学家麦克尔·金森（Michael Jensen）和理查德·陆波克（Richard Ruback）根据股价，看到目标公司的股东获得了巨额受益，收购人的股东也获得了小额收益，认为证据明确表明交售要约创造了财富。[①] 而且，虽然他们不确定这些收益的来源，但是他们可以肯定这些收益不是来自垄断利润。因此，他们认为公共政策应当确保收购畅通无阻。

可是，哈佛肯尼迪政府学院教授罗伯特·里奇（Robert Reich）不同意收购创造财富的说法："这些操作产生了巨额利润，它们是美国经济中最具想象力和最大胆的尝试。但是它们没有增大经济大饼，只是重新划块分配。"

经济学家安德瑞·希类佛（Andrei Shleifer）和劳伦斯·撒么斯（Lawrence Summers）认为敌意收购使股东获益，但却使整个社会受损。[②] 例如，报价人可能会终止一些原本（现任经理层）会签署的、隐含的长期合同（与雇员、供应商和当时社会）。如果这些相关利益群体的损失相当于股东的收益，则社会的损益持平。但是如果在雇员失去工作、供应商失去签约机会之后又产生连锁反应，使当地社会的损失进一步加重，则其他利益群体的损失会超过股东的收益。

确实，经济和政治上的考虑还涉及股东以外的利益群体。可以客观测量的股份收益难以反映公司中其他利益群体——雇员、顾客和当地社会的损益。按照实用主义分析，股东挣到的 1 元钱能否证明迫使雇员、顾客、供应商和当地社会总共损失 8 毛钱的合理性（假定数据正确）？股东作为一个群体所增财富在其边际价值上或许还不如其他人所受的损失那么重要。还有人指出了收购产生的债务对企业证券持有人的不利影响：

收购与杠杆买出的狂热或许是股东的福音，但却是对高级债券持有人的宰割。看看市场对梅西公司（R.H. Macy & Co.）最近的 36 亿美元的杠杆买出方案的反应。股市对

[①] Mickael Jensen and Richard Ruback, The Market for Corporate Control: The Scientific Evidence, 11 J. Fin. Econ. 5（1983）.

[②] Andrei Shleifer and Lawrence Summers, Hostile Takeovers as Breaches of Trust（Feb. 20, 1987）.

经理层的意外之举欢天喜地，股价每股上涨了 16 美元以上。但是梅西的债券持有人突然面对一个债务重重的企业的风险前景，都吓跑了。债券价格下跌超过 3 个点。

债券持有人是收购狂热的受害者。收购，至少在名义上，是希望使股东利益最大化。

对于第二个问题，交售要约对经理层的监督作用，一派意见认为控制权的敌意强夺惩罚了低效的、不称职的或者腐败的经理，因为他们的行为降低了公司的效益，从而降低了股价。1985 年美国总统的《经济报告》第六章代表了这种观点。报告采纳了芝加哥学派认为"公司控制权市场"有效的理论。市场将经理层利益与股东利益结合起来，具体地说，经理劳动力市场和公司控制权市场交互作用。当劳动力市场的有效性受到限制，经营不善的经理们自我感觉良好，继续控制公司的时候，股票市场客观地测量着经理的表现，通过对公司股票的有效标价起到了监督和制衡的作用。因为经理层能够持续掌握公司控制权的最好保障是公司股份的市场价格高于外部人对股份潜在价值的估价。相比之下，股份的低价会吸引报价人夺取控制权、撤换经理层并挖掘潜在的价值。外部的控制权市场通过这种方式制裁那些自认为已经使股份价值最大化但是实际还没有的经理。

但是约翰 C. 靠菲（John C. Coffee, Jr.）教授不同意报告的说法。他承认市场有监督制衡作用，但是他认为报告的说法过于夸张，市场的鼓吹者们忽略了其他的监督途径。[①] 他注意到经营最差的公司很少成为收购的目标。收购人往往选择短期内能够产生效益的公司。

靠菲教授分析，产生低效的原因有两点：一是腐败，经理层自我交易，以权谋私；二是经营不善。通过经理层换班，阻止自我交易而获得的利益难以与收购所支付的超额价款相比。况且，还有其他对付自我交易的途径，比如信托义务。换掉无能的经理自然能够提高收益，可是敌意报价人不大可能比公司内部的监督机制更早发现低效的原因。

靠菲教授认为市场鼓吹者们最有说服力的证据是股票市场。可是，市场的有效性受到了经济学家和其他人的质疑。股票价格与企业的财会数据并不一致。后者表明目标并不比收购人低效或者赢利少。考察报价人也能发现，他们一般选择经营良好的公司进行收购，较多地考虑收购后的协同效应而非经营管理的改善；收购之后会撤掉目标经理层，换上自己的人，并不对上任者和离任者的能力进行比较。

靠菲教授还注意到收购往往呈波浪形，每次集中在一个行业内。萧条行业内经营良好的公司往往是收购的首选目标。所以他建议在观察股价的时候对目标股价的变化应该用同行业内的企业进行比较，而不是拿整个市场进行比较。这样才能发现谁经营不善，谁的股价低下。

抽象的争论往往无济于事，具体的证据更有说服力。定性的分析往往需要定量分析的数据支持。于是辩论的双方各自从以下几个方面寻找支持己方观点的证据。

---

① Regulating the Market for Corporate Control: A Critical Assessment of the Tender Offer's Role in Corporate Governance, 84 Colum. L. Rev. 1145（1984）.

一、股价

支持收购的人出示的、证明收购益处的关键性证据是股价。这个测量标准的一大优点是简明。股价的变动很容易计算。美国总统的《经济报告》说：股票的市场价格"提供了测定强夺交易可能后果的可靠气压计。如果夺取的结果是收购人和目标股份的总体净变动是个正数，则交易创造了财富，是有益的；如果总体净变动是个负数，则交易减少了财富，是有害的。"

证据表明，平均起来，敌意夺取（包括一般的夺取和合并）的结果是目标股东收益很高，尽管有关收购人股东的证据不那么确定。收购支持者争辩说，这些股价的上涨，除了给股东创造财富之外，还表明收购交易本身为整个社会经济带来了效益和利益。目标股价随着收购或者合并的宣布而上涨，反映出市场对该交易带来的效率的判断——资源重新配置到价值较高的用处、协同和规模效益的取得以及在敌意要约中低效经理层的撤换。

总统《经济报告》指出："大量证据表明，成功的夺取大量增加了目标公司股东的财富"，有些报道发现目标股份平均增值 16%~34%。金森和陆波克教授在 1983 年的一份调查报告中指出，研究显示，目标股价在成功的交售要约中平均上涨 30%，在成功的合并中上涨 20%。

目标股东确实收益很高，那么收购人的股东怎么样呢？《经济报告》指出："收购人的价值变化数据不那么一致，但是最好的证据证明收购人股份的价值也因为夺取而增加了。"通过对在纽约股票交易所和美国股票交易所上市的 249 家企业的调查，收购人的股份增值了 2.3%，等于收购来的目标资产给收购人的股东带来了 9%~11% 的资产回报率。金森和陆波克教授则报告敌意收购人的股份增值了 4%，但是普通合并的企业没有增值。

批评者指出上述实证研究是误导的和无关的，因为它们只分析了短期内的股价变动，一般在宣布报价之后，最终的合并还没有完成。金森和陆波克依据的研究没有一项记录股价超过 60 天的。赫门（Herman）和洛文斯坦（Lowenstein）教授的论文认为这些研究不能描述出收购对股价影响的全貌。

我们当然无法测量被收购企业在合并之后的股价表现，但是收购企业在合并后的股价表现还是可以观察的，观察的结果是一幅不同的图画。马里兰大学教授马根海姆（Magenheim）和穆勒（Mueller）通过研究 78 例合并和交售要约中的收购人发现："如果我们假定市场得到收购的信息之后在一个月内调整，那么收购对收购人没有影响。可是如果我们评估收购在宣布之后三年内的影响，则收购企业的股东与不发生收购而继续按照原来的模式运行三年相比状况大大地变坏了。"

如同《经济报告》所说，由于收购可以根据收购人和目标股份总体净价值变动的正负来评判是有益的还是有害的，马根海姆和穆勒教授试图确定到底收购企业股东的损失是否超过目标股东的收益。虽然他们在最初的研究中发现损失超过了收益，但是他们后来使用更为保守的数据，修正了自己的结论，得出了相反的结果。

至于合并之后报价企业的股价下跌，金森和陆波克教授也观察到了，发现这是个普遍现象。但是他们没有将这个事实放到最后得出的结论里去，所以受到了一些学者的批评，认为他们夸大了股价的短期表现而忽略了长期表现。

因此，即使我们假定股票价格是衡量收购活动好坏的恰当标准，对于《经济报告》所说的"收购人和目标股份的总体净价值变动是正数"因而创造了财富这个结论还是有争议的。虽然有压倒性的证据表明随着交售要约或者合并的宣布，目标股价急剧上涨，但是如果收购企业的股价相应下降，那么目标的涨价只是财富的转移而非创造。不过，尽管某些数据表明收购人股价下跌，绝大多数经济学研究发现股东在总体上是获益的，只是这些研究没有区分敌意的和友好的要约，而且结果往往取决于研究的具体时段和比较的基础。

二、股市效率

股价能否反映实际经济价值，对此争议也不少。财务分析师一般同意，理想地，当股市正确评估股份时，用作资本的新的资金输入会被用到产出最高的地方，整个社会从其稀缺资源的最有效配置中获得最大可能的收益。这样，当收购支持者争辩说伴随合并的股价上涨准确地预期了交易将带来的经济利益时，他们依赖的是股市迅速接纳报价人要约这一新的信息并随即正确地调整价格的能力。描述股市运用信息的理论就是"有效市场假定"。它认为，在狭义上，"证券的买方和卖方运用所有可以获得的信息来评估影响股价的各种因素；市场参与者反应迅速，不断地消除暂时存在的股份的市场价格与实际价值的差距"。

有效资本市场假定使美国总统的《经济报告》得以声称报价人和目标的股价"提供了测定强夺交易可能后果的可靠气压计"。它说收购宣布后的股价上涨马上反映出期望从控制权的变动中获得的收益。由于这种理论对于支持敌意收购提高效益的说法极为重要，我们有必要了解对这种理论的某些批评及其在敌意收购上的运用。

首先，将要约宣布后的股价上涨与收购后的最终结果相联系未免过于简单，因为忽略了一个重要的问题："股价迅速反映的是什么信息？"越来越多的研究表明，股价可能不能有效反映所有公开可获取的信息，更没有任何一位经济学家认为股价能有效反映只有公司官员和雇员知道的"内幕"信息。有些与公司控制权变动带来的期望收益有关的重要信息根本不可能在股价中得到充分的反映。

而且，有些观察家长期以来一直认为股市有时候会不理性地标价资产。这一看法又得到新近研究的进一步支持。耶鲁大学经济学家罗伯特·席勒（Robert Shiller）指出："随意观察就会发现，并非所有公众意见的改变都能反映最佳的公开可获取信息，许多态度的改变无非是时尚的产物。"

总之，了解对于有效市场假定的合理性的两种极端的观点是有用的（尽管还有许多介于两者之间的观点）。一种认为股价是由市场确定的，市场定价的过程是"系统而理性地引导股价接近它们所代表的资源的实际经济价值"。另一种"将股价的确定看作……一种投机和预期现象，在此过程中股价……大致或者仅仅反映证券买卖双方的心理状态"。

因此，虽然收购支持者争辩说公司股份被市场低估表明经理层不称职，而收购可以解决这个问题，但是也有人注意到近几年广泛存在的股份低估现象有多种原因，其中很多与具体公司中经理层的表现无关。收购的批评者认为，由于证券市场的投机性质，股价与相应资产的价值会产生不一致，袭击者正是找到了这种不一致，所以才能给出高于市价的价格并取得对公司的控制权。这与经理层的素质无关。

虽然可以说夺取控制权是市场竞争机制的一个有用部分，它能够消除股价与相应资产价值的不一致，获得诺贝尔奖的经济学家詹姆斯·涂斌（James Tobin）对于夺取究竟有利于市场效率还是反映了市场失灵表示保留。他评论说："如果强夺使价格接近价值，它们便发挥了好作用。但是市场自身没有能够这样做的事实是对其效率的严重指控。"

对于新出现的公司重组浪潮，包括杠杆买出、股份回购和资本重组，其中都有大量的借款、资产剥离、公司分立、雇员解雇和其他削减成本措施，争论也很激烈。有效市场的鼓吹者们争辩说这些股价的上涨反映了市场的判断：这些重组将引发更加高效和赢利的经营管理、缩小"庞然大物"的规模、解雇不需要的管理层次和雇员、增加在现行税法架构下相对低廉的债款筹资。反对者则说重组无非是"装饰平衡表"，他们承认重组取得了提高股价的目的。可是考虑到巨额的债务、公司债券降级、人员解雇、研究经费和其他方面开支的削减，他们认为这些重大的"重新洗牌"至多是一场"零和游戏"——一些人赢利，因为另一些人受损。因此，单是股价上涨的事实还不能说明这些交易从经济总体上看是赢利的还是亏损的。

三、赢利能力研究

在对股价能否反映经济收益进行争论的同时，对目标和收购人在合并之后的赢利能力的研究也在进行，期望能提供另一条测量标准。

赫门和洛文斯坦在他们的论文中指出，早期一些测量公司合并对赢利能力的影响的研究"几乎异口同声：合并对公司赢利能力的影响是中性的或者负面的"。其他研究通过比较收购企业和被收购企业的表现发现，收购企业的赢利能力一般比它们收购的企业差，这与赞同收购的理由，即收购企业优于被收购企业，是矛盾的。赫门和洛文斯坦做了进一步的研究以测试一种理论：如果公司收购市场本身能够有效地找到那些经理层不称职的公司，那么目标公司的赢利能力应当比大多数价值被低估的企业差。他们检查了1975—1983年发出的56个敌意交售要约，发现目标股份的平均收益在夺取报价发出之前的几年中要比美国普通的非金融企业高得多。比较每一个目标和它的收购人，他们发现在55%的案例中，报价人经营得比目标好；在45%的案例中，目标比报价人经营得好。这样，虽然报价人在多数情况下比目标表现好，但是如果认为不称职的经理层需要通过夺取来惩罚，这样的看法还缺乏事实依据。他们指出："按理说，对报价人和目标的赢利能力的比较应当系统地得出报价人较优的结论，而不是中性的或者报价人只在有限情况下较优，因为交易成本高昂，高达80%的超额支付被假定会产生效率差别。"

休瑞（Scherer）和拉文斯克拉夫特（Ravenscraft）也检查了目标被收购之后的赢利能力。他们使用联邦贸易委员会公布的行业数据，发现这些被收购企业的赢利能力显著下降。不过，他们还发现下降的主要原因是更高的资产价值的折旧和分摊，因为收购时支付的价格远高于原先的账面价格。将这些因素考虑进去，他们认定没有证据显示收购企业将这些目标资产经营得比该行业内的平均水平更坏或者更好。

因此，对赢利能力的研究不能得出有倾向性的结论。可能有些收购对各方当事人及整个社会经济都好；有些则不是。

四、其他证据

（一）公司债务的增加

公司债务的增加是与股本的减少相伴的。1984 年美国新增股权发行 180 亿美元，但是公司股权净减少 925 亿美元。1985 年新增股权发行 249 亿美元，但是公司股权净减少 1 065 亿美元。所罗门兄弟（Salomom Brothers）在 1986 年指出："近几年公司融资的最大变化是两年前开始的、越来越多的退股。合并与收购、杠杆买出、股份回购计划将在 1984 年年初到 1986 年年底的时期内使近 2 000 亿美元的已发行公司股份退出。这部分地是为了防范可能发生的敌意收购。"

从 1984 年到 1986 年，非金融公司的债务增长了将近 3 000 亿美元。有的人对在通货膨胀率极低的时期新增这么多债务表示惊讶。负债的增加和股权的减少主要源自夺取活动引发的合并、杠杆买出和股份回购。所罗门兄弟指出，1984 年年初到 1985 年年底，自我要约与股份回购总额达 537 亿美元，而同时期与合并相关联的退股总额更达 1 640 亿美元。

证交委主席 John Shad 在 1984 年 6 月的一次讲话中警告说：

公司债务过重引起重大破产。这些公司从事颇具进攻性的收购活动（例如，Baldwin-United, Charter Corp., Saxon Industries, Wickes 等）。

当公司资本中债务比重过大，即使不严重的生意问题、经济衰退或者利息上涨，都可能被放大。股东、债权人等都遭受了数十亿美元的损失，此外还有破产对雇员、当地社会、供应商、客户等人群的影响。

美国企业的债务增长将使下一次衰退或者大幅度加息的负面作用成倍放大。

（二）经理行为的改变

更重要的是时刻存在的收购威胁迫使经理层采取反收购措施，而这些措施可能不利于企业的长远利益和社会经济。虽然大家都承认公司经理层需要监督，需要找到某种具体有效的监督机制，夺取控制权是一种特别的监督机制。有人指出："惩罚的威胁时刻存在并且十分无情。"还有人认为收购降低了美国的国际竞争力："公司经理们忙于保全自己，专注于短期产出。他们忙于跟华尔街斗，所以没有时间跟日本斗。"

有人指出机构投资者的存在助长了收购。机构投资者持有大块股份。由于基金之间竞争激烈，加上 ERISA[①] 的"谨慎人"要求，它们特别乐意交售，哪怕溢价不多。这个因素也加剧了经理层的短期行为，特别是注重普通股的市场价格，忽略长远的投资。

对于这种说法，证交委的首席经济学家办公室的研究认为，机构投资者持有股份的公司研发投入普遍增长，而那些成为收购目标的公司的研发投入反而比同行业企业低。这份研究的结论显然与上述说法不一致。不过这份研究也受到了学界的一些批评。例如，东北大学教授 Donald Margotta 认为，证交委的研究误读了对短期行为的指责。指责的原意是说对经理层的压力使得许多冒险项目胎死腹中，因为它们还处在构想阶段，只有经理层知道。因此，问题的关键不是研发投入有多少，而是哪些项目获得了经理层的批准。

靠菲教授认为，一定程度的收购活动是对经理层的有益监督，现在的问题是监督和威慑过头了。所以他认为政府应该优化收购活动，而不是使收购活动最大化。具体实施办法是促进溢价，提高收购成本。

五、进一步的中性评论

迄今为止，大量的争论都是两个极端各自捍卫自己的观点，而不是追求探索知识和真理。收购并非理所当然改善公司的经营管理；公司被选为目标也不是因为其经理层不称职。很多因素，包括经济环境的改变、法律法规和政府政策的变化、衰退行业所遇到的特殊问题等，都会帮助和引发收购。极端的争论会影响对事实的理性评估。

美国司法部长助理 Douglas H. Ginsburg 和行政管理和预算局（ONB）的官员 John F. Robinson 合写的一篇文章将讨论提高了一个层次。他们认为，承认合并与收购的作用并不意味着目标经理层懒散或者愚蠢，只是表明他们并不完善，别人可能使公司资产变得对股东更有价值，即使公司在该行业内表现不错。在承认了许多收购并没有带来经济效益的同时，他们进一步指出："关键问题是政府或者某个由政府任命的公众利益的代理人能否事先区分哪些交易的结果是好的，哪些交易的结果是坏的？当各方当事人下赌说合并将增加效益和利润的时候，政府能不能确定结果确实会如此？我们认为事实十分清楚，政府没有能力做这样的判断。"所以对收购这类市场行为，政府最好还是保持中立态度，既不要推动，也不要压制。

---

① Employee Retirement Income Securities Act of 1974，《美国 1974 年雇员退休收入保障法案》。

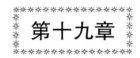

第十九章

公司的解散与清算

公司经过解散、清算、注销登记而终结，就像自然人的死亡一样。

第一节　解　　散

公司解散的含义不言自明。[①]

公司解散有自愿解散，也有强制解散；有司法解散，也有行政解散。根据我国《公司法》第 180 条的规定："公司因下列原因解散：（一）公司章程规定的营业期限届满或者公司章程规定的其他解散事由出现；（二）股东会或者股东大会决议解散；（三）因公司合并或者分立需要解散；（四）依法被吊销营业执照、责令关闭或者被撤销；（五）人民法院依照本法第一百八十三条的规定予以解散。"

实践中，解散主要是个程序问题，即作出解散的决定。这个决定可能由公司内部通过一定的程序自愿作出，也可能从公司外部作出。外部作出的解散决定往往是强制性的，例如，行政机关责令吊销公司的营业执照，或者法院根据一方当事人的申请判决解散。

下面根据《公司法》第 180 条的分类就已经搜集到的一些公司解散判例进行介绍，使读者对我国公司的解散获得一个比较具体清楚的印象。

一、按章程规定解散

【案例 19-1】

陈德勇诉南京轻研机电发展有限公司解散公司案 [②]

江苏省南京市白下区人民法院 2006 年 6 月 26 日

2004 年 3 月 15 日，陈德勇、李志坚、胡文伟发起设立了南京轻研机电发展有限公司（以下简称轻研机电公司），出资额分别为李志坚 19 万元（占注册资本 38%）、陈德勇 19 万元（占注册资本 38%）、胡文伟 12 万元（占注册资本 24%）。同年 12 月 20 日，李志坚、陈德勇、胡文伟签署轻研机电公司章程。该章程第 14 条规定了公司股东会的

[①] 国内出版的教科书往往解释和定义公司的解散。其实，解散属于汉语普通常用词汇，不是术语。公司解散中的"解散"用的正是其常用的基本义，不必解释。解释的结果往往是越解释越复杂。因为任何一个不懂法律甚至不识字的人都懂得解散是什么意思，但是却不一定懂得教科书上对解散的解释——公司人格的消灭。这反过来又说明了有时候有一些解释是没有必要的。

[②] （2006）白民二初字第 328 号判决书。原判词较长，为节省篇幅，突出重点，本书作者做了改编。

职权：（1）……（6）修改公司章程……；第 16 条规定，股东会对涉及第 14 条的（4）（5）（6）项内容的，必须经代表三分之二以上表决权的股东通过；其他事项则应经代表二分之一以上表决权的股东通过；第 28 条规定，符合下列条件时，本公司可以解散：（1）营业期限届满；（2）股东中任何一方要求解散公司；（3）因公司合并或者分立需要解散；（4）因公司违反法律、法规被依法责令关闭。

诉讼过程中，轻研机电公司于 2006 年 5 月 11 日召开临时股东会，李志坚、胡文伟参加会议，陈德勇委托彭金标参加会议。临时股东会决议主要内容为：（1）公司债权债务清理……（2）公司管理制度……（3）对公司章程第 28 条第 2 款作出解释即本条款有限制性前提，当公司股东行为损害其他股东的权益时，受损害任何一方股东可提出解散公司，但需先期对公司债权债务的处理达成协议，且任何一方提出解散，不得损害公司利益。对临时股东会决议，李志坚同意，陈德勇反对，胡文伟同意。

原告陈德勇诉称他与被告就公司发展方向、经营管理等产生较大分歧，公司业务难以开展，根据章程规定，股东中任何一方要求解散公司的，公司可以解散。为避免公司的经营给原告带来更大的损失，请求法院判令轻研机电公司解散。

被告辩称解散公司不应只依照公司章程的约定，还应符合《公司法》第 183 条（现行第 182 条，下同）规定的 3 项条件，即公司经营管理发生严重困难，继续存续会使股东利益受到重大损失，通过其他途径不能解决。而现在这些条件并未成就，故请求法院驳回原告的诉讼请求。

法院经审理认为：公司章程对公司、股东、董事、监事、高级管理人员具有约束力，故陈德勇与轻研机电公司均应遵守公司章程的规定。根据《公司法》第 181 条（现行第 180 条，下同）的规定，公司因下列原因解散：（1）公司章程规定的营业期限届满或者公司章程规定的其他解散事由出现……（5）人民法院依照《公司法》第 183 的规定予以解散；根据轻研机电公司章程第 28 第 2 款规定，股东任何一方要求解散公司的，公司可以解散，故轻研机电公司章程规定公司解散事由已出现，陈德勇据此要求解散公司，符合法律规定。对被告轻研机电公司辩称公司必须符合《公司法》第 183 规定条件方可解散的意见，本院认为，该条款系公司僵局时的解散，属于《公司法》第 181 第 5 项所列公司解散事由，而《公司法》第 181 条规定了五项公司解散事由，只要具备其中一项事由，公司即可解散，并非五项事由须全部具备，公司方可解散，故不管轻研机电公司经营管理是否发生严重困难，陈德勇均可依据公司章程的规定要求解散公司。综上，陈德勇根据公司章程的约定要求解散公司，符合法律规定，本院予以支持，轻研机电公司的辩称意见，本院不予采信。轻研机电公司提供的临时股东会决议对公司章程所作的解释，系对轻研机电公司章程内容进行修改，根据《公司法》第 44 条第 2 款及轻研机电公司章程第 16 条的规定，对公司章程进行修改必须经代表三分之二以上表决权的股东通过，轻研机电公司临时股东会决议中修改公司章程的条款，陈德勇反对，李志坚、胡文伟同意，而李志坚、胡文伟两股东仅持有轻研机电公司 62% 的表决权，不及三分之二表决权，故该临时股东会决议中关于修改公司章程的条款并未产生法律效力。

江苏省南京市白下区人民法院判决如下：被告轻研机电公司予以解散；案件受理费

10 010 元，其他诉讼费 122 元，合计 10 132 元，由被告轻研机电公司负担。

一审宣判后，本案当事人均服判未提起上诉。

《公司法》第 180 条第 1 项规定的解散原因是"公司章程规定的营业期限届满或者公司章程规定的其他解散事由出现"。本案中的解散显然不是因为营业期限届满，而是因为章程规定的其他解散事由出现，即轻研机电公司章程第 28 条规定公司可以因任何一位股东的要求而解散。现在股东陈德勇要求解散，构成章程规定的解散事由，所以法院据此判决解散。被告认为公司只有发生僵局才能解散，这种理解显然错误。

二、股东决议解散

《公司法》第 180 条第 2 项规定的解散原因是"股东会或者股东大会决议解散"，下面的判例便是这种情况。

【案例 19-2】

王祥桦诉鹤山市亚富奇摩科技有限公司解散公司纠纷案 ①
广东省江门市中级人民法院（2008 年 11 月 19 日）

2007 年 1 月 10 日，鹤山市亚富奇摩科技有限公司经核准登记成立，登记投资者为王祥桦、伍广廉、林品宏 3 人，公司登记注册资本 50 万元人民币，3 人占出资比例分别为 45.55%、44.45%、10%，法定代表人为伍广廉。2008 年 4 月 28 日，王祥桦、伍广廉、林品宏、伍广勤、伍广宁、伍广权、伍建斌、梅明根等 21 人签署了《合办鹤山市亚富奇摩科技有限公司合同书》，确认 21 名股东合办鹤山市亚富奇摩科技有限公司，总投资额为 1 475 万元人民币，推选伍广廉出任法定代表人及总经理，王祥桦、梅明根任执行董事及财务监察人，并制作了《股东名册》，登记股东为 21 人，记载其中王祥桦占出资比例 27.56%。公司经营期间，因部分股东产生矛盾，2008 年 8 月 8 日，王祥桦、梅明根、林品宏 3 人主持召开股东大会，到会及委托他人出席的股东有 16 人，代表公司 88.4%的股份，未出席的股东有伍广廉、伍广勤、伍广宁、伍广权、伍建斌 5 人。出席大会的股东一致通过，作出决议一：免去伍广廉的法定代表人和总经理职务，选举确认王祥桦担任公司执行董事、法定代表人，梅明根担任公司监事。决议二：（1）公司自即日起停业；（2）解散公司；（3）成立清算组。

王祥桦于 2008 年 8 月 25 日向鹤山市人民法院起诉，认为伍广廉等 5 位第三人长期采用暴力非法独自占领公司，公司的决策机构和经营机构完全陷于瘫痪，公司股东、董事之间长期冲突，且无法通过股东会解决，公司的经营管理发生严重困难，公司的存续将会使股东的利益受到重大损失，为此请法院判决解散公司。

广东省鹤山市人民法院一审认为，王祥桦向本院提供的证据已表明，鹤山市亚富奇摩科技有限公司股东名册中有 21 名股东；而在 2008 年 8 月 8 日的股东大会到会股东有

---

① （2008）江中法立民终字第 197 号。原判词较长，为节省篇幅，突出重点，本书作者做了改编。

16 人，占公司 88.4% 的股份。且股东会决议二已作出决议"解散公司"。《公司法》第181 条规定"公司因下列原因解散：……（二）股东会或者股东大会决议解散"。由于公司已解散，故裁定：对王祥桦的起诉，不予受理。[①]

王祥桦不服一审裁定，向江门市中级人民法院提出上诉。

江门市中级人民法院二审认为，该公司股东大会通过决议解散公司，属公司自愿解散的行为。决议一经作出，公司立即解散。因此，王祥桦在公司股东大会作出解散公司的决议后又向人民法院提起诉讼请求解散公司，缺乏法律依据。因此，裁定驳回上诉，维持原裁定。

本案的实际情况大概是，以伍广廉为首的伍家 5 人比较有势力，他们虽然合计持股不到 20%，但是却实际控制着公司。以王祥桦为首的其他股东虽然持股达 88.4%，但是却没有控制权，所以他们要求解散公司，但是遭到实际控制公司的伍家人的反对，所以才诉诸法院。

但是法院说，你们已经以 88.4% 的赞成票通过股东会决议解散公司，该解散决定早已生效，还打什么官司？所以拒绝受理。这是正确的判决。

原告要实现自己的权利，可以径自进入清算程序，组织清算组，邀请伍家兄弟参加清算组共同清算。如果清算工作遭到伍家人的无理阻挠，争议成熟，王祥桦等股东可以再次诉诸法院寻求司法帮助，最终达到顺利解散公司、完成清算程序的目的。

三、僵局解散

《公司法》第 180 条第 3 项规定公司可以因合并或者分立的需要而解散。公司的合并和分立，尤其是合并中，会产生很多矛盾和诉讼，主要是控制权的争夺，参见前一章控制权的交易。但是因为合并和分立的需要而解散公司时，就解散的决定而言一般不会发生多少矛盾和冲突。需要解散公司时就由股东会通过决议解散，应该是自然而然的事，所以不需要在这里讨论。《公司法》第 180 条第 4 项规定的是行政解散，即"依法被吊销营业执照、责令关闭或者被撤销"。这往往是因为公司违反了法律法规，所以一般也不会引起争议。特别是在我国，公司一般也不敢与作出决议的行政机关相对抗。从理论上说，公司如果不服行政机关的决定，可以到法院起诉，请求法院撤销行政机关的决定。只是迄今为止，我们还没有看到这方面的判例。

我们看到较多的是关于公司僵局的判例，也即《公司法》第 180 条第 5 项规定的解散事由："人民法院依照本法第一百八十二条的规定予以解散。"《公司法》第 182 条规定的是僵局的情形："公司经营管理发生严重困难，继续存续会使股东利益受到重大损失，通过其他途径不能解决的，持有公司全部股东表决权百分之十以上的股东，可以请求人民法院解散公司。"该条规定了公司僵局的三项实体条件和一项程序条件：（1）经营管理发生严重困难；（2）继续存续会使股东利益受到重大损失；（3）通过其他途径不能解

---

① 广东省鹤山市人民法院（2008）鹤法立初字第 3 号，2008 年 9 月 1 日。

决。符合这三项实体条件的便是僵局，可以解散。但是需要一项程序条件来启动，那就是持股 10% 以上股东的请求。以后的判例都是根据这三项实体条件来分析判断僵局的。2008 年我国最高人民法院出台《最高人民法院关于适用〈中华人民共和国公司法〉若干问题的规定（二）》（以下简称《公司法司法解释（二）》），其中第 1 条第 1 款对《公司法》第 182 条规定的"经营管理发生严重困难"做了进一步的解释："（一）公司持续两年以上无法召开股东会或者股东大会，公司经营管理发生严重困难的；（二）股东表决时无法达到法定或者公司章程规定的比例，持续两年以上不能作出有效的股东会或者股东大会决议，公司经营管理发生严重困难的；（三）公司董事长期冲突，且无法通过股东会或者股东大会解决，公司经营管理发生严重困难的；（四）经营管理发生其他严重困难，公司继续存续会使股东利益受到重大损失的情形。"但是法院在实际审判中，这条司法解释用得并不多，碰到问题还是直接引用《公司法》第 182 条规定的三项实体条件，在这里我们权且通俗地称之为"三段论"。

【案例 19-3】
林方清诉常熟市凯莱实业有限公司、戴小明公司解散纠纷案 [①]
江苏省高级人民法院 2010 年 10 月 19 日

原告林方清诉称：凯莱公司经营管理发生严重困难，陷入公司僵局且无法通过其他方法解决，其权益遭受重大损害，请求解散凯莱公司。被告凯莱公司及戴小明辩称：凯莱公司及其下属分公司运营状态良好，不符合公司解散的条件，戴小明与林方清的矛盾有其他解决途径，不应通过司法程序强制解散公司。

常熟市凯莱实业有限公司（以下简称凯莱公司）成立于 2002 年 1 月，林方清与戴小明系该公司股东，各占 50% 的股份，戴小明任公司法定代表人及执行董事，林方清任公司总经理兼公司监事。凯莱公司章程明确规定：股东会的决议须经代表二分之一以上表决权的股东通过，但对公司增加或减少注册资本、合并、解散、变更公司形式、修改公司章程作出决议时，必须经代表三分之二以上表决权的股东通过。股东会会议由股东按照出资比例行使表决权。自 2006 年起，林方清与戴小明两人之间的矛盾逐渐显现。同年 5 月 9 日，林方清提议并通知召开股东会，由于戴小明认为林方清没有召集会议的权利，会议未能召开。同年 6 月 6 日、8 月 8 日、9 月 16 日、10 月 10 日、10 月 17 日，林方清委托律师向凯莱公司和戴小明发函称，因股东权益受到严重侵害，林方清作为享有公司股东会二分之一表决权的股东，已按公司章程规定的程序表决并通过了解散凯莱公司的决议，要求戴小明提供凯莱公司的财务账册等资料，并对凯莱公司进行清算。同年 6 月 17 日、9 月 7 日、10 月 13 日，戴小明回函称，林方清作出的股东会决议没有合法依据，戴小明不同意解散公司，并要求林方清交出公司财务资料。同年 11 月 15 日、25 日，林方清再次向凯莱公司和戴小明发函，要求凯莱公司和戴小明提供公司财务账

---

① 最高人民法院审判委员会经讨论通过，加上对本案裁判要点的理解和说明，于 2012 年 4 月 9 日作为指导案例 8 号发布，用于指导全国的审判工作。

册等供其查阅、分配公司收入、解散公司。

凯莱公司章程载明监事行使下列权利：（1）检查公司财务；（2）对执行董事、经理执行公司职务时违反法律、法规或者公司章程的行为进行监督；（3）当董事和经理的行为损害公司的利益时，要求董事和经理予以纠正；（4）提议召开临时股东会。从 2006 年 6 月 1 日至今，凯莱公司未召开过股东会。江苏常熟服装城管理委员会（以下简称服装城管委会）调解委员会于 2009 年 12 月 15 日、16 日两次组织双方进行调解，但均未成功。

江苏省苏州市中级人民法院于 2009 年 12 月 8 日以（2006）苏中民二初字第 0277 号民事判决，驳回林方清的诉讼请求。宣判后，林方清提起上诉。江苏省高级人民法院于 2010 年 10 月 19 日以（2010）苏商终字第 0043 号民事判决，撤销一审判决，依法改判解散凯莱公司。

法院生效裁判认为：首先，凯莱公司的经营管理已发生严重困难。根据《公司法》第 183 条和《最高人民法院关于适用〈中华人民共和国公司法〉若干问题的规定（二）》（以下简称《公司法司法解释（二）》）第 1 条的规定，判断公司的经营管理是否出现严重困难，应当从公司的股东会、董事会或执行董事及监事会或监事的运行现状进行综合分析。"公司经营管理发生严重困难"的侧重点在于公司管理方面存有严重内部障碍，如股东会机制失灵、无法就公司的经营管理进行决策等，不应片面理解为公司资金缺乏、严重亏损等经营性困难。本案中，凯莱公司仅有戴小明与林方清两名股东，两人各占 50% 的股份，凯莱公司章程规定"股东会的决议须经代表二分之一以上表决权的股东通过"，且各方当事人一致认可该"二分之一以上"不包括本数。因此，只要两名股东的意见存有分歧、互不配合，就无法形成有效表决，显然影响公司的运营。凯莱公司已持续 4 年未召开股东会，无法形成有效股东会决议，也就无法通过股东会决议的方式管理公司，股东会机制已经失灵。执行董事戴小明作为互有矛盾的两名股东之一，其管理公司的行为，已无法贯彻股东会的决议。林方清作为公司监事不能正常行使监事职权，无法发挥监督作用。由于凯莱公司的内部机制已无法正常运行、无法对公司的经营作出决策，即使尚未处于亏损状况，也不能改变该公司的经营管理已发生严重困难的事实。

其次，由于凯莱公司的内部运营机制早已失灵，林方清的股东权、监事权长期处于无法行使的状态，其投资凯莱公司的目的无法实现，利益受到重大损失，且凯莱公司的僵局通过其他途径长期无法解决。《公司法司法解释（二）》第 5 条明确规定了"当事人不能协商一致使公司存续的，人民法院应当及时判决"。本案中，林方清在提起公司解散诉讼之前，已通过其他途径试图化解与戴小明之间的矛盾，服装城管委会也曾组织双方当事人调解，但双方仍不能达成一致意见。一审、二审法院也基于慎用司法手段强制解散公司的考虑，积极进行调解，但均未成功。此外，林方清持有凯莱公司 50% 的股份，也符合公司法关于提起公司解散诉讼的股东须持有公司 10% 以上股份的条件。

综上所述，凯莱公司已符合公司法及《公司法司法解释（二）》所规定的股东提起解散公司之诉的条件。二审法院从充分保护股东合法权益，合理规范公司治理结构，促进市场经济健康有序发展的角度出发，依法作出了上述判决。

一个公司两家股东各占 50%，这是最容易发生僵局的股权结构。这一点我们在本书上册第十章第三节第二部分讨论有限责任公司内部僵局形成的原因时已经说过。本案便是这种情况。法院的分析是惯常的"三段论"：第一，由于股东关系恶化，无法形成有效决议，所以公司的经营管理发生严重困难；第二，继续存续会使林方清的投资目的无法实现，利益受到重大损失；第三，两次调解未成，说明通过其他途径不能解决问题。所以，判决解散。

本案争执的重点是第一项条件：经营管理有没有发生严重困难？原告说有，被告说无。法院指出：判断"公司经营管理是否发生严重困难"，应从公司组织机构的运行状态进行综合分析。凯莱公司虽处于赢利状态，但其股东会机制长期失灵，内部管理有严重障碍，已陷入僵局状态，就可以认定为公司经营管理发生严重困难。

下面又是一个两股东各占 50% 的僵局案。

【案例 19-4】

厦门市美奂工贸有限公司诉欲望都市（厦门）餐饮有限公司等解散公司案[①]

福建省厦门市中级人民法院 2006 年 12 月 24 日

2004 年 11 月 29 日，原告厦门市美奂工贸有限公司（以下简称美奂公司）与被告林植签订了《欲望都市（厦门）餐饮有限责任公司章程》，约定双方共同出资设立被告欲望都市（厦门）餐饮有限公司（以下简称欲望公司），公司注册资本为 31 万元，分期出资，双方各占 50% 股权。之后，美奂公司和林植依约分别缴足第一期出资 2.5 万元。12 月 14 日，欲望公司取得营业执照，正式成立，林植为执行董事，美奂公司的法定代表人之子周伟为公司经理；营业执照上确定第二期出资 15.5 万元的缴足期限为 2005 年 12 月 21 日，第三期出资的缴足期限为 2007 年 11 月 12 日，经营范围为"酒吧＋法律、法规未禁止或未规定需经审批的项目，自主选择经营项目，开展经营活动"。2005 年 1 月 12 日之前，欲望公司营业亏损。2005 年 1 月 12 日，美奂公司和林植签订备忘录，确认亏损事实，并同意由林植负责与第三方合作对欲望公司进行承包经营；2005 年 1 月 13 日林植与他人签订合作经营合同。周伟作为原告美奂公司的特别授权代理人在上述合同上签字予以认可。2005 年 1 月 13 日至 2005 年 5 月 15 日，欲望公司在李听承包经营期间仍处于亏损状态。2005 年 6 月 10 日，美奂公司拟转让欲望公司部分股权，授权周伟与樊劲签订了《转让协议书》，并通知林植。林植在《转让协议书》上签字不同意美奂公司将股份转让给樊劲，但未表示将行使优先购买权购买美奂公司拟转让的股权。2005 年 5 月 16 日至 2005 年 11 月 25 日，欲望公司经营处于停顿，期间仍需支付经营场所租金。2005 年 11 月 25 日，林植未经原告美奂公司同意以欲望公司名义与南国春公司签订《合同书》，将欲望公司的经营场所以承包方式交由南国春公司作为酒店经营场所，期限自 2005 年 12 月 23 日起至 2007 年 8 月 31 日止；林植作为欲望公司的法定代表人在《合同书》上签字。2005 年 11 月，欲望公司经营活动报停，其公司经营场所由南国

---

① （2006）厦民终字第 2288 号判决书。原判词较长，为节省篇幅，突出重点，本书作者做了改编。

春公司作为酒店经营场所使用。另外，欲望公司成立至今，从未按照公司章程的约定每半年召开定期会议或根据股东的提议召开临时会议，亦无股东会决议产生，而且林植和欲望公司均未向美奂公司提供 2005 年 1 月 13 日之后欲望公司的经营情况，故美奂公司对欲望公司 2005 年 1 月 13 日之后的具体经营情况无法了解。

原告请求判令解散欲望都市并进行清算；被告认为公司现已停业，经营场所也承包给他人经营，损失已无继续扩大之虞，公司的继续存续并不会给原告的权益造成损害。

厦门市思明区人民法院经审理认为：

1. 关于欲望公司的经营是否发生严重困难。所谓"公司经营管理发生严重困难"，是指公司在存续运行中由于股东、董事之间矛盾激烈或发生纠纷，且彼此不愿妥协而处于僵持状况，导致股东会、董事会等权力和决策机关陷入权利对峙而不能按照法定程序作出决策，从而使公司陷入无法正常运转经营，甚至瘫痪的事实状态。在本案中，欲望公司只有美奂公司和林植两个股东，双方各持有 50% 的股份，股权对等，且双方目前已对簿公堂，欲望公司也没有召开过股东会议或临时会议，亦无股东会决议的产生。在对外经营活动中，欲望公司在营业执照上的经营范围为酒吧，而目前欲望公司业已报停，其公司设施及营业场所已租赁给南国春酒店以收取租金。据此应认定，被告欲望公司目前已处于"公司经营管理发生严重困难"的境地。

2. 关于被告欲望公司继续存续是否会使原告美奂公司的股东利益受到重大损失。根据《公司法》第 4 条的规定，公司股东依法享有资产收益、参与重大决策和选择管理者等权利。林植在担任欲望公司执行董事期间，从未召开过股东会并产生股东会决议，造成美奂公司所有的股东权益缺乏行使的条件。林植承认担任执行董事将欲望公司经营场所承包给厦门南国春酒店管理有限公司并没有经过美奂公司的同意，林植的行为侵犯了美奂公司作为公司股东参与重大决策的权利。鉴于公司存续应以股东间良好的信用和合作关系为纽带，欲望公司股东之间的关系实际处于紧张状态，特别是美奂公司和林植作为股东均持有 50% 的股份，而被告林植把持欲望公司的一切权利，严重侵犯了美奂公司的股东权利，两名股东已失去合作基础。故应认定欲望公司的存续将会使美奂公司的股东权利遭受损失。

3. 关于若不解散被告欲望公司，因经营困难造成的股东利益重大损失是否能够通过其他途径解决。根据欲望公司营业执照及林植的自认，美奂公司与林植不仅已缴齐欲望公司第一期注册资金，而且对欲望公司的投资款项已超出其应缴足的第二期注册资金，而欲望公司第三期注册资金缴纳时间尚未到期。故本院认定双方均已完成对欲望公司的出资义务。林植所称的代垫投资款与亏损，与股东承担的出资义务无关，与本案不具关联性。由于在欲望公司经营处于严重困难的状态下，美奂公司不仅无法行使其享有的股东权利，其欲出让所持有的欲望公司股权，林植既不愿意优先购买又不同意美奂公司将股权转让他人，故应认定，美奂公司通过其他途径已无法解决欲望公司的僵局问题。

综上所述，美奂公司持有欲望公司 50% 的股份，具有提出解散公司之诉的法定资格。鉴于欲望公司已无经营场所，且公司两股东长期对簿公堂，欲望公司内部经营决策和正常业务活动均无法正常作出、开展，已经严重危及、损害美奂公司作为股东的合法利益，因此，在欲望公司经营管理发生严重困难，欲望公司的存续将造成美奂公司的利益继续遭受重大损失，并无法通过其他途径解决公司僵局的情况下，美奂公司要求解散被告欲望公司并进行清算，符合法律规定，本院应当给予支持。判决：（1）解散被告欲望都市；（2）原告美奂公司和被告林植应于判决生效之日起10日内组成清算小组对被告欲望都市（厦门）餐饮有限公司进行清算。①

两被告不服一审判决，上诉。

厦门市中级人民法院经审理认为：一审法院对于美奂公司要求解散欲望公司一案，事实认定清楚，适用法律正确，故驳回上诉，维持原判。

本案与前面的林方清案有很多相似之处。两个股东各占一半股份，合作当初没有预见到日后可能发生的分歧，因而没有预先设计好争议的解决办法或者退出通道，最终形成僵局，只好解散公司。法院的分析也是依据《公司法》第182条规定的僵局"三段论"。其中对经营管理发生严重困难的解释很出色，认为是指"公司在存续运行中由于股东、董事之间矛盾激烈或发生纠纷，且彼此不愿妥协而处于僵持状况，导致股东会、董事会等权力和决策机关陷入权利对峙而不能按照法定程序作出决策，从而使公司陷入无法正常运转经营，甚至瘫痪的事实状态"。在这一点上本案案情与林方清案不同，那里是赢利的，这里是亏损的。但是法院对"经营管理发生严重困难"所下的定义却是普遍适用的。在"三段论"的第二段股东利益遭受损失的问题上，两个案子的案情是一样的，都是一方控制公司，法院认定不控制的一方利益会因公司的存续而遭受损失。

在下一个案子中，虽然两个股东各占51%和49%的股份，但是由于各自握有对对方意见的否决权，所以和各占50%股份的情形也差不多。

【案例 19-5】

长城宽带公司诉长城光环公司解散公司案 ②

北京市第一中级人民法院 2007 年 5 月 29 日

2000年6月8日，第三人北京光环新网数字技术有限公司（以下简称光环新网公司）（甲方）与原告长城宽带网络服务有限公司（以下简称长城宽带公司）（乙方）签订《合作协议书》。协议内容主要包括：（1）甲乙双方以现金方式投资，共同组建合资公司，其中甲方投资245万元，占49%股份，乙方投资255万元，占51%股份；（2）甲方提供光纤连接能力，并保证在带宽相同的情况下，在北京地区提供价格最低的服务；（3）乙方为社区信息化网络提供线路建设、网络设备、应用系统等所需的资金；（4）合资公司负责其所开拓的社区宽带网络的建设以及运营服务；（5）由合资公司负责建设的社区，其收入全部作为合资公司的收入；（6）合资公司扣除乙方投入设备的折旧费用、通信以及运营服务费用后，双方的收益按照股比进行分配；（7）折旧费用的计算，线材

① 福建省厦门市思明区人民法院（2006）思民初字第2095号判决书，2006年10月8日。

② （2007）一中民终字第2870号民事判决书。原判词较长，为节省篇幅，突出重点，本书作者做了改编。

费用按照 20 年折旧，其他设备费用按照 8 年折旧。折旧开始时间从第一个用户的开通日半年后开始计算。随即，双方共同组建了被告北京长城光环宽带网络技术有限公司（以下简称长城光环公司）。长城光环公司根据授权，负责运营维护长城宽带公司出资建设的安贞、华威、武圣等社区的宽带网络设施。

长城光环公司章程记载，股东会会议应对所议事项作出决议，决议应由代表三分之二以上表决权的股东表决通过。另，长城宽带公司与光环新网公司口头商定，长城光环公司董事长由长城宽带公司总经理兼任。2002 年 5 月，长城光环公司法定代表人、董事长杨宇航向长城宽带公司请求辞职。此后，长城光环公司一直没有法定代表人履行职责，亦没有正式召开过股东会或董事会。

2005 年 8 月，长城宽带公司两次致函光环新网公司要求召开股东会，讨论更换和选举董事、理顺长城光环公司合法经营问题。8 月底，光环新网公司回函长城宽带公司称，因工程结算、账务清理事宜未能达成共识，建议会期延期举行。2006 年 1 月 17 日，长城宽带公司再次致函光环新网公司，要求召开临时股东会。议题包括：长城光环公司成立以来的审计问题；长城宽带公司对长城光环公司具有相应股权的合同权益问题；对公司管理和发展方向存在分歧，两年来无法作出决议的问题；解决长城光环公司的合法经营问题；经营收入和工程结算问题。1 月 23 日，光环新网公司回函长城宽带公司，要求延期举行，召开时间另行协商。

2006 年 4 月，长城宽带公司正式向长城光环公司送达了《解除合作关系的函》，理由是长城光环公司拒绝缴纳合作分成款，且没有取得驻地网经营许可证。

2006 年 6 月 1 日，杨宇航出具声明称：其已于 2002 年 5 月辞去长城宽带公司总经理职务，由于股东方面的原因，其长城光环公司董事长职务一直未解除，但其从未授权任何人行使董事长的职权。2006 年 9 月，长城光环公司被北京市第一中级人民法院判决给付长城宽带公司 2004 年度合作分成款 156 万余元。2006 年 11 月，长城宽带公司分别致函北京市工商行政管理局、北京市通信管理局、北京市海淀区地方税务局、北京市朝阳区安贞街道办事处，称其已全部收回委托长城光环公司管理的网络资产，不再对该公司进行授权。

另，长城光环公司于 2002 年 1 月获得北京市通信管理局颁发的因特网接入服务业务的经营许可证，可以在北京地区从事宽带接入服务业务。

原告长城宽带公司请求法院解散被告；被告和第三人表示反对。

北京市海淀区人民法院一审认为：控股股东的意志可以对公司的存续产生决定性的影响，本案即是这一影响的体现。长城光环公司尽管认为自己的经营活动没有违法，但它无法改变股东依其意志形成的既定事实。

长城光环公司曾经是一家业绩良好的驻地网经营者，其核心经营项目，来自控股股东——一家专门从事宽带网络接入业务的电信服务供应商——长城宽带公司的授权。长城宽带公司认为，长城光环公司违法经营长期无法解决是经营管理发生严重困难的标志，其依据是长城光环公司没有取得通信管理部门批准，经营驻地网业务，严重违反了《中华人民共和国电信条例》第 7 条的规定。而长城光环公司认为，其具有北京市通信管理局颁发的因特网接入服务业务的经营许可证，可以在北京地区从事宽带接入服务业务。本院认为，根据2003年2月《信息产业部关于重新调整〈电信业务分类目录〉的通告》，长城光环公司原经营的安贞等社区的宽带网络设施，系用户网络接口到用户终端之间的网络设施，属于第二类基础电信业务中的网络接入业务，长城光环公司显然没有取得用户驻地网业务的经营许可证。但是，信息产业部在《电信业务经营许可证管理办法》（以下简称《办法》）第20条明确，获准经营电信业务的公司，经发证机关批准，可以授权其持有股份不少于51%并符合经营电信业务条件的子公司经营其获准经营的电信业务；该《办法》附件二"电信业务经营者的权利和义务"中亦明确，"经营者根据业务发展需要，可以委托其他组织和个人代理其实施电信业务市场销售、技术服务等直接面向用户的服务性工作，但必须规范代理行为，依法承担相应的民事责任"。因而长城光环公司根据长城宽带公司的授权经营安贞等社区的网络设施，并不违法。

但是，问题出在长城光环公司的管理层，法定代表人、董事长杨宇航的辞职，使控股股东长城宽带公司的意志无法落实。这个本该由长城宽带公司派出人员担任的职位，由于未能召开股东会或董事会，而长期空缺。法定代表人，是代表法人行使职权的负责人，其重要性在公司管理层中当然处于核心地位，该职位空缺，会直接让人怀疑公司的意思能力和意思表示的有效性。据此，依《公司法》第183条的规定，可以认定长城光环公司的经营管理存在根本性的缺陷。

董事长职位空缺所生后果的直接表现，是长城光环公司与控股股东长城宽带公司的分成款纠纷，长城宽带公司的意志在长城光环公司中不能得到贯彻，最终导致长城宽带公司撤销授权，收回网络资产。应当指出，这种撤销授权无须授权人与被授权人协商，属授权人的单方法律行为，依据《合同法》第410条规定，授权人如有违约，也仅以赔偿损失为限，非本案所要解决的争议。

长城宽带公司撤销对长城光环公司的授权后，长城光环公司没有网络资源可以使用，公司经营项目被实际掏空，公司存续已经面临十分严重的危机。

本案证据表明，长城宽带公司至少曾经两度尝试召开股东会或董事会来打破长城光环公司面临的管理僵局，但均未得到另一股东光环新网公司的有效回应。长城光环公司仅有两位股东，且表决事项须经三分之二以上股东同意，任何股东单方召开的会议都不可能满足公司章程规定的这一要求。

在目前的困境下，即股东会无法召开、法定代表人空缺、主营业务被剥离，而公司股东又无法就解决这些问题达成一致意见的情况下，长城光环公司已经成为一家"空转"的企业，公司剩余资产被自然消耗，股东利益必然遭受无法挽回的损失。此时，股东只能以极端方式，即解散公司，取回出资。

鉴于本案诉讼已经进行很长时间，长城宽带公司与光环新网公司作为股东，没有表现出挽救公司的共同努力，一审法院依据《公司法》规定的条件，判决解散长城光环公司。考虑到股东争议的延续可能引发公司清算过程中新的争议，法院一并对清算程序事项作出必要的安排。判决：（1）长城光环公司于本判决生效之日起解散；（2）长城宽带公司与光环新网公司于本判决生效之日起 15 日内共同组成清算组，依照有关法规进行清算；清算组负责人由长城宽带网络服务有限公司指定的清算组成员担任；（3）长城光环公司于清算组成立之日起 5 日内向清算组负责人移交公司印章、公司文件、公司会计账簿、公司资产。①

第三人光环新网公司不服一审判决而上诉，认为长城宽带公司请求法院解散长城光环公司的理由并不存在，其真实用心是把光环新网公司挤走，以独霸长城光环公司。被告长城光环公司同意光环新网公司的上诉意见。

北京市第一中级人民法院二审认为一审法院判决认定事实清楚，适用法律正确，因而在判决书中重复一审的判决理由，维持原判。

本案在 2006 年年中起诉，2007 年年中判决。那时候直到现在，我国都处在互联网大发展的时期。经营互联网业务是个肥缺。法院的判词中说"长城光环公司曾经是一家业绩良好的驻地网经营者"，业绩良好的原因除了股东的经营管理之外，更多的恐怕还是得益于大环境。

就本案案情而言，甲方占股 49%，乙方占股 51%，公司董事长兼法定代表人由乙方委派。所以法院称乙方为控股股东。其实，根据公司章程的规定，股东会决议都要经三分之二以上股份同意，甲方对任何事项都有否决权。双方在股东会上是平分秋色，很难说是谁控股。乙方的唯一优势是委派了董事长兼法定代表人。

法院判词虽然没有说，但是我们通过阅读判词可以想象和推论在长城光环公司组建并运行之后的真实人际关系变化。由乙方委派的公司董事长杨宇航在实际经营中倒向了甲方，所以公司实际处于甲方的控制之下。甲乙双方在公司利润的分配上发生了矛盾。所以大约在 2005—2006 年先打了一场官司，法院于 2006 年 9 月判甲方向乙方支付 156 万元利润分成。两个月后，乙方干脆收回网络经营权，于是长城光环公司依法被迫解散。

我国对网络经营实行许可证制度。长城光环公司只有因特网接入服务业务的经营许可证，没有取得用户驻地网业务的经营许可证，其经营社区宽带网络设施，也即用户网络接口到用户终端之间的网络设施，是基于乙方的授权。乙方具有用户驻地网业务经营许可证，享有经营特权，所以在诉讼中底气十足。

法院的判决当然是正确的。两个股东对立，协商不成，公司陷入僵局，只能判其解散。但是判决的结果明显是甲方的利益遭受损害，因为公司解散之后乙方又可以组建新的公司接管原来的业务，而甲方因为没有经营许可证，所以不能这样做。乙方通过解散公司将甲方挤走了。这就是为什么甲方在诉讼中说乙方的"真实用心是把光环新网公司挤走，以独霸长城光环公司"。但是乙方曾经两次提议召开股东会而甲方两次拖延，② 因为那时候甲方控制着公司，所以最终的结果可能也是甲方自作自受。

---

① 北京市海淀区人民法院（2006）海民初字第 13225 号民事判决书，2006 年 12 月 30 日。

② 拖延而不是拒绝，说明甲方知道自己的弱点，所以拖一天是一天，能赚多少算多少。

【案例 19-6】

上海市教育科学研究院诉北京华电日生能源设备有限公司强制解散公司案 [①]

上海市第二中级人民法院 2008 年 6 月 20 日

上海市静安区人民法院经公开审理查明：本案诉讼第三人上海教科留学服务有限公司（以下简称教科留学公司）于 2000 年 2 月 29 日设立，注册资本为人民币 75 万元。2004 年 12 月经过股权转让，股东为原告上海市教育科学研究院（以下简称教科院）和被告北京华电日生能源设备有限公司（以下简称华电公司）各持有教科留学公司 50% 的股份。

教科留学公司《公司章程》第 17 条规定：股东会会议应对所议事项作出决议，决议应由代表二分之一以上表决权的股东表决通过，但股东会对公司增加或减少的注册资本、分立合并、解散或者变更公司形式、修改公司章程所作出的决议，应由代表三分之二以上表决权的股东表决通过；第 18 条规定：公司设董事会，成员为 5 人，任期 3 年，由全体股东选举产生；第 20 条规定：董事会对所议事项作出的决定由三分之二以上的董事表决通过方为有效。5 位董事中原告代表 3 人，被告代表 2 人，胡瑞文受原告委派担任法定代表人，贾力受被告委派担任总经理。

2006 年 7 月 13 日，贾力以购房贷款的名义借用了公司的营业执照副本、公章、法定代表人章和财务专用章，次日以总经理名义出具通知，将原告委派的工作人员陈某某、刘某（副总经理）、何某某（会计）予以调岗、停职、开除等处理，该通知加盖了公司的公章。7 月 28 日，胡瑞文以第三人法定代表人的名义登报声明，第三人公章、法定代表人章、财务专用章和合同章因遗失作废，即日起启用新印章。同年 8 月 3 日，上海市教育委员会以教科留学公司在主要工作人员变动等事项上未向有关部门办理相应的法定手续为由，责令公司在收到限期整改告知书后 30 日内进行整改。同月 15 日，胡瑞文以第三人法定代表人的名义登报声明，即日起暂停签订新的留学中介服务合同。

2006 年 7 月至 12 月，原、被告的人员多次发生肢体冲突。2006 年 7 月 13 日至 2007 年 4 月 28 日，第三人 5 次召开董事会、股东会，商议解决原、被告的矛盾冲突、证章管理、整改措施和经营亏损等问题，会议没有形成有效决议，也未落实整改的措施。2005 年 7 月至 2006 年 12 月，第三人共计亏损人民币 147 万元。2007 年 8 月 22 日，在法院敦促下，教科留学公司再次召开了董事会、股东会，但仍未形成有效决议。原、被告均表示不转让自己的股权。

原告以公司已经陷入僵局为理由，请求法院判令解散教科留学公司。被告辩称《公司法》规定的解散公司的三个条件均未达到，请求法院驳回原告的诉请。

上海市静安区人民法院一审认为：根据《公司法》第 183 条规定，公司经营管理发生严重困难，继续存续会使股东利益受到重大损失，通过其他途径不能解决的，持有公司全部股东表决权 10% 以上的股东，可以请求人民法院解散公司。从上述规定中可以得出解散公司的条件有三：第一，公司经营管理出现严重困难，是指股东之间或者公司

[①]（2007）沪二中民三（商）终字第 497 号。原判词较长，为节省篇幅，突出重点，本书作者做了改编。

管理人员之间的利益冲突和矛盾导致公司的有效运行失灵，股东会及董事会不能召集，或者无法通过任何方案，公司的一切事务处于一种瘫痪状态。本案第三人的《公司章程》规定，股东会对所议事项作出的决议，由代表二分之一或者三分之二以上表决权的股东表决通过；董事会对所议事项作出的决定，由三分之二以上的董事表决通过方为有效。原、被告分别持有第三人各50%股权，第三人董事成员为原告代表3人和被告代表2人。股东的持股比例和董事会成员构成比例以及《公司章程》对议事规则的规定，从一开始就留下了隐患，即当原告与被告利益发生冲突，则第三人股东会、董事会就无法形成有效决议，不可避免地形成僵局。维系公司经营管理和正常运转，股东之间具有良好合作意愿和稳定的协作关系是公司存续的必要条件。本案第三人的僵局表明，股东、董事之间的利益冲突或者权利争执以及情感的对抗发展到了严重程度，股东之间已经丧失了最起码的信任，相互合作的基础已经完全破裂。第二，公司继续存续会使股东利益受到重大损失，是指在公司经营管理已经发生严重困难的情况下，已经不能正常开展经营管理活动，公司不能产生赢利，不能实现资产的保值、增值，反而资产在不断减损，股东直接面对投资失败的可能。本案第三人在原、被告股东矛盾的冲突中，已经造成严重亏损，而且双方不能有效地遏制，亏损正在进一步扩大。第三，通过其他途径不能解决的，是指通过各种有效途径不能解决公司经营、管理僵局，包括公司自力救济、行政部门管理和行业协会协调等。本案中，行政主管部门要求第三人限期进行整改，未能见效；法院责成原、被告召开第三人董事会、股东会，希望第三人能够通过股东会、董事会的形式，双方协商自行解决矛盾冲突，但董事会、股东会均未形成有效决议，而且原、被告均表示不转让自己的股权。

综上，第三人已经符合法律规定解散的条件。第三人解散后，原、被告应按照法律规定组成清算组，对第三人进行清算。

于是一审判决解散第三人上海教科留学服务有限公司。案件受理费11 300元，财产保全费5 000元，由原、被告各负担8 150元。①

被告不服一审判决，上诉。

在二审审理过程中，上诉人华电公司表示愿意将其股权以800万元转让给被上诉人教科院或案外人，被上诉人教科院表示上诉人华电公司的转让价格过高且无依据，对上诉人华电公司确定的受让方不予认可。同时，被上诉人教科院表示因经营资格关系难以转让其股权。在法院要求对上诉人华电公司在上诉人教科留学公司所持股权的价值进行评估的情况下，上诉人华电公司和上诉人教科留学公司表示不同意审计、评估。

教科留学公司在本案一、二审审理期间均确认，2006年7月至2006年12月公司处于亏损状态，其提供的情况说明反映该阶段亏损97万余元。

上海市第二中级人民法院经审理查明：原审法院查明的事实除"2005年7月至2006年12月，教科留学公司共计亏损人民币147万元"因各方有争议且未经司法审计尚难确定外，其余事实基本属实，予以确认。另查明：教育部国际合作与交流司和公安

---

① 上海市静安区人民法院（2007）静民二（商）初字第500号民事判决书，2007年9月10日。

部出入境管理局联合发文的教外司综〔2000〕第 4 号《关于对中国留学服务中心第 68 家机构予以自费出国留学中介服务资格认定的批复》中授予被上诉人教科院留学中介服务资格。

上海市第二中级人民法院根据上述事实和证据认为：原审判决上诉人教科留学公司解散并无不当，应予维持。

教科院和华电公司两家股东各占教科留学公司的 50% 股份。教科院派遣胡瑞文为公司的法定代表人；华电公司派遣贾力为公司的总经理。两家股东还各自委派了一些底下的工作人员，形成对公司的控制力平分秋色的局面。但是贾力采取非常手段解雇了由教科院派遣的人，代表华电公司独自控制了公司。代表教科院利益的胡瑞文虽然通过登报声明和政府部门的干预试图夺回丢失的控制权，但是无济于事，华电公司依然控制着教科留学公司。教科院不得已，才打起这场官司来。

此案案情与前面的长城宽带案颇为相似。案发的 2006 年直到现在，我国都处于留学热之中，出国留学的中介服务同样是个肥缺。这就是诉讼过程中原、被告谁也不肯让出公司股权的原因。为了利益，双方甚至动手打架。虽然判词说到公司从 2005 年到 2006 年年底亏损 147 万元，但是其真实性值得怀疑，从公司不同意审计的事实可以推断一二。如果真的有亏损，那也是因为两股东矛盾所致，不能否定该行业利润丰厚的事实。

与长城宽带案一样，本案也存在经营资格和行政许可的问题。原告有资格而被告没有，而公司又处于被告的控制之下。所以原告要求解散而被告不同意。解散之后，原告因为有经营资格，所以可以另行成立新公司继续干；被告则不能，因为没有经营资格。

至于法院对本案中公司僵局的分析，也是《公司法》第 182 条规定的"三段论"。

在上面几个僵局案例中，原、被告双方都是一方要求解散而另一方不同意，所以打起官司来。但是在有些情况下，僵局的双方都不反对解散公司，但是因为感情的对立而无法心平气和地共同作出解散决定，非要法院判决不可。以下便是一例。

【案例 19-7】

简榕桂诉郑宁等解散公司案 [①]
广东省佛山市禅城区人民法院 2006 年 6 月 2 日

2004 年下半年，原告简榕桂、被告郑宁与周森华协商决定组建第三人佛山市创沃泰环保建材有限公司（以下简称创沃泰公司）。10 月 13 日，三人签订了《佛山市创沃泰环保建材有限公司章程》，并经工商机关于同年 11 月 18 日登记，创沃泰公司正式成立。公司的注册资本为 50 万元，由原告出资 25 万元，占出资额 50%；二被告各出资 12.5 万元，各占出资额 25%。2005 年 4 月 30 日，三股东签名确认了创沃泰公司的资产负债表、损益表，上述会计报表显示，从 2005 年 1 月至 4 月底，创沃泰公司共发生亏损 356 478.83 元。后公司股东之间发生了严重的矛盾与对立。2005

---

① （2006）佛禅法民二初字第 330 号判决书。原判词较长，为节省篇幅，突出重点，本书作者做了改编。

年 12 月 31 日下午，被告郑宁到创沃泰公司要求与原告简榕桂见面，未能见到简本人，遂留下一纸通知，要求简务必于 2006 年元月 10 日前与其联系见面，以协商公司事宜，否则，将在春节前后将所有设备全部搬走或交佳利公司处理。事后经双方证实，郑宁并未因此而见到简榕桂本人。至 2006 年 1 月前后，创沃泰公司即已停产至今。公司大门紧锁，办公及生产场地均没有留守人员；公司也没有生产出的成品，只有机器设备和部分原料闲置在厂房内；由于无人办公及生产，办公室及生产场地、设备等均积有较多的灰尘。

公司三股东相互之间均不愿收购对方的股份来解决公司的矛盾；由于公司已经停产，也没有股东以外的其他主体愿意通过收购股份来接管公司；被告郑宁仅要求对公司盈亏情况进行核算，对股东矛盾解决前恢复公司生产亦无信心；被告周森华、第三人创沃泰公司均表示公司已无法存续，并同意原告的诉请，要求人民法院判决予以解散。

广东省佛山市禅城区人民法院经审理认为：本案第三人创沃泰公司成立于 2004 年 11 月，至 2005 年 4 月底，在不到 5 个月的时间里，即已发生较大数额的亏损。到 2005 年 12 月底，作为股东和公司高级管理人员的郑宁，即使是需要协商公司事宜，也不能正常见到公司的另一股东、法定代表人简榕桂，以至需要留下书面通知，并以将公司设备搬走或交他人处理作为压力，以图获得与简榕桂的见面，由此可见，公司股东之间确已发生了严重的矛盾与对立。事后，郑宁也并未能见到简榕桂，根本不可能达成一致意见来管理公司，股东矛盾无法自行调和，公司管理事务已处于瘫痪，公司的运行已陷于僵局，在此情况下，股东间已无法形成包括解散公司在内的任何决议；出现此事件后不长时间，即 2006 年 1 月前后，创沃泰公司即已停产，至人民法院组织现场勘验时，停产时间已近 4 个半月，工厂无人留守、设备闲置，公司已无赢利，而厂房租金等各项费用仍在不断发生，公司的财产在持续耗损和流失。而三股东均不愿收购其他股东的股份，也无其他主体愿意收购公司股份。因此，通过自力救济，改变股东持股比例或股权置换等其他途径来打破公司僵局已无可能。

有限责任公司是人合兼资合的公司，股东相互间具有良好的合作意愿和长久稳定的协作关系是其存续的必要条件。当股东间发生利益冲突、情绪对抗，并已丧失了最起码的信任时，其相互间已无合作的基础。公司僵局所导致的管理混乱和瘫痪，会使公司的财产持续耗损和流失，这不仅直接危害公司本身和股东利益、影响公司外部与公司存在利害关系的其他主体的利益，而且客观上将限制经济资源的合理流动，进而对市场发展和社会稳定形成冲击。为了保护股东合法权益、规范市场经济秩序，我国《公司法》作出了人民法院在必要时判决解散公司的规定。《公司法》第 183 条规定的法定条件为"公司经营管理发生严重困难，继续存续会使股东利益受到重大损失，通过其他途径不能解决"，并有持股比例达 10% 以上的股东提出解散请求。从本案的情况看，公司股东简榕桂持有公司股份 50%，其请求解散公司，符合上述条款关于请求解散公司最低持股比例的法定要求；且创沃泰公司赖以存续的人合关系已完全破裂，资合要素方面也因公司停产和损失的持续产生而无存续基础，如令公司继续存在，会使三股东的利益甚至与公司关联的其他主体蒙受重大损失，在通过其他途径不能解决的现实情况下，本案第三人创沃泰公司应依法予以解散。公司解散后，依法应由三股东组成清算组，开展清算工作，处理公司的债权债务等善后事宜。

广东省佛山市禅城区人民法院依照《中华人民共和国公司法》第一百八十一条第（五）项、第一百八十三条、第一百八十四条的规定，作出如下判决：（1）解散佛山市创沃泰环保建材有限公司；（2）股东简榕桂、郑宁、周森华应于本判决发生法律效力之日起15日内组成清算组，对佛山市创沃泰环保建材有限公司进行清算。

本案中原告请求解散公司，被告恐怕早有这个意思，所以同意原告请求。既然如此，还打什么官司呢？但是有时候人与人之间的感情对立到谁也不想见到谁的地步，所以宁愿支付诉讼费用让法院来判。其实，法院的判决与当事人自动解散然后清算的结果是一样的。或许，法院的监督能给当事人一种安全感吧。

这个案子中虽然有三个股东，但是实际上也是一半对一半，因为两位被告各占25%，加起来刚好是50%，而他们两人显然是抱团的。实际的冲突也是以原告的50%股份为一边，两被告的50%股份为另一边。这种两派各半的股权结构是很容易引发僵局的。可惜处于市场经济初级阶段的我国商界，对于合作当初的制度设计、先小人后君子、避免日后可能发生的纠纷、预先留好退出通道等问题的考虑，还是普遍缺位的，所以才引发了这么多的诉讼。

总结上面的判例可以看出，我国法院在认定公司僵局的三个实体要件时，对于第一个也是最重要的要件"经营管理发生严重困难"的认定含有两个要素：第一，冲突双方关系恶化而无法调和；第二，各占一半的股权结构使得公司生意上的有效决定无法作出[①]。如果第二项条件不具备，公司生意上的有效决定可以由多数派股东作出并付诸实施，则即使有股东关系的恶化，法院也不一定认定僵局存在。请看下例。

【案例 19-8】

陈文胜诉福建省连江发利林果开发有限公司解散案[②]
福建省福州市中级人民法院 2010 年 9 月 24 日

发利公司成立于 1999 年 12 月 28 日，注册资本 1 505 万元，经营林业开发。陈发占 69.77% 的股份担任法定代表人；陈文胜占 30.23% 的股份担任经理。2005 年陈发病故，其股份原本应该由其遗孀王秀梅继承。但是陈文胜利用暂时控制公司实际事务的便利拒绝为王秀梅办理股东变更登记。

2008 年 9 月 6 日，原告陈文胜未经公司授权及股东会议同意，自行与案外人黄振杰订立一份转让合同，恶意将被告公司的资产进行转让未果。2009 年 4 月，陈发继承人王秀梅等向法院起诉要求确认继承被告公司的股东资格，胜诉之后王秀梅取得了 69.77%

---

① 或者即使不是各占一半，但是因为一方有否决权，所以同各占一半也差不多。试比较本书上册第十章有限责任公司第一节压迫与排挤中的《汪秋娣与上海裕和房地产开发有限公司公司解散纠纷案》及其评语，该案中法院称之为僵局，但实际上不是僵局，因为没有第二项条件。

② （2010）榕民终字第 2056 号。原判词较长，为节省篇幅，突出重点，本书作者做了改编。

表决权的股东资格，于 2009 年 10 月 14 日召开股东会议，并形成会议决议；2009 年 12 月进行工商登记并取得法定代表人资格。

陈文胜起诉要求解散公司，理由是公司至今无法召开股东会，更无法作出有效股东会决议，公司经营管理发生严重困难，基本陷于瘫痪。同时，原告也无法与第三人王秀梅继续共同经营管理公司。公司已欠下巨额债务无力偿还，根本无法正常经营，继续存在会使股东利益受到重大损失。

福建省连江县人民法院认为原告陈文胜主张被告公司欠下巨额债务，经营发生严重困难，因原告未提交其管理期间相关的财务结算报表，仅提供债务状况，不能全面反映被告公司实际经营，其主张缺乏事实依据，依法不予采纳。原告陈文胜主张第三人王秀梅不配合原告管理公司事务承担股东责任，亦与客观事实不符，依法不予采纳。判决驳回原告陈文胜的诉讼请求。

一审宣判后，陈文胜不服，提出上诉称：（1）发利公司经营发生严重困难，事实清楚，证据确凿。公司的财务结算报表并不是认定上述客观事实是否存在的唯一依据，一审以此为由认定上诉人该项主张缺乏事实依据是错误的。（2）从 2005 年至今，公司股东均不能作出有效的股东会或股东大会决议，公司经营管理发生严重困难。（3）一审法院认为被上诉人公司现有两股东之间的矛盾主要系上诉人恶意转让被上诉人公司资产一事引发没有事实依据。（4）被上诉人公司股东之间存在不可调和的矛盾，公司经营管理发生严重困难且已陷入僵局，依法应当予以解散。因此请求撤销一审判决，改判支持上诉人的一审诉讼请求。

被上诉人发利公司辩称：（1）2007 年起，被上诉人获得的林木赔偿款金额达到 90 万元，公司运营正常，上诉人称公司背负巨额债务不是事实。陈发死亡后，陈文胜实际掌控公司的运营，且从 2006 年起未办理工商年检。（2）在陈发死亡后，只有上诉人是公司适格股东，不需要召开股东会。上诉人掌控公司期间，遇到经营问题均要求王秀梅参与，但其拒绝为王秀梅办理股权转让手续。（3）上诉人自行与案外人黄振杰订立一份转让合同，恶意转让公司资产，该事实已经法院生效判决确认。（4）股东之间不存在不可调和的矛盾，也没有出现财务困难。

除一审人民法院查明的事实外，福州市中级人民法院另查明：经持有 69.77% 表决权的股东王秀梅召集，被上诉人发利公司于 2009 年 10 月 14 日召开股东会议，并形成会议决议。

福州市中级人民法院审理认为：（1）因发利公司原法定代表人于 2005 年病故，股东仅剩陈文胜一人，公司运营长期由其掌控，在此期间实无召开股东会之必要。后第三人王秀梅经诉讼取得股东资格，并持有公司 69.77% 的表决权。虽然两股东之间存在矛盾，但因王秀梅持有公司三分之二以上的表决权，完全可以通过资本多数决的方式形成股东会决议，而且事实上其已于 2009 年 10 月 14 日召集股东会议并形成决议，且按照法定程序办理了公司章程及法定代表人的工商变更登记，足以表明公司不存在无法形成有效决议而使股东会运行失效的情形，公司经营管理并未如陈文胜所称发生严重困难。（2）陈文胜未提供充分证据证明因管理层决策问题导致公司经营出现严重恶化和负债状况，且发利公司所从事的是林业生产，需长期经营方能产生经济效益，若中途解散公司，不仅有损股东权益，也会损害林场发包方的权益。故陈文胜关于公司继续存续会使股东利益遭受重大损失的主张缺乏事实依据。（3）并无证据表明陈文胜在起诉前已尝试其他救济手段，如通过请求其他股东以公平合理的价格收购自己的股份或请求召开股东会就公司解散问题进行表决等公司内部自治方式来解决问题，在穷尽其他可能的途径之前，对陈文胜要求解散公司的请求，本院不予支持。

判决驳回上诉，维持原判。

本案也只有两家股东。虽然双方尖锐冲突，关系恶化，难以合作，但是王秀梅凭借其持有 69.77%（超过三分之二）的股权，可以有效地作出各种属于股东会权限范围内的事务的决定，加上她又是公司的法定代表人和实际控制人，管理着公司的日常事务，所以能够按照她自己的意志经营公司。在这样的情况下，僵局无法形成。

不过，这种情况下很容易出现大股东欺负和挤轧小股东的局面。本案中因为原告做事不地道，所以法院不同意他的解散请求既符合法律规定，又符合公平正义的司法目标。但是如果日后王秀梅真的凭借其控股地位，在利润分配等各个方面剥削和挤轧陈文胜，则陈文胜还是可以到法院寻求司法救济的（参见本书上册第十章有限责任公司第一节公司内部的压迫和排挤）。

如果说本案中法院对僵局与否的认定是正确的，那么下面案子中的认定就是错误的，因为它不具备僵局要求的股权结构。

【案例 19-9】
郑元贞与滑县方源纺织有限公司、第三人刘延方公司解散纠纷 [①]
河南省滑县人民法院 2015 年 9 月 13 日

2014 年 1 月 20 日，郑元贞和刘延方分别出资 200 万元和 300 万元在滑县工商局注册成立了滑县方源纺织有限公司（以下简称方源公司），从事生产销售坯布、棉布、白布和棉纱业务。郑元贞占公司股份的 40%，负责经营业务；刘延方占公司股份的 60% 并担任公司法定代表人，负责生产。8 月之后，二人因欠款事宜多次发生纠纷，致使公司停业，郑元贞未再参与公司事务。2015 年 5 月 23 日，二人又因争抢钥匙发生冲突。

郑元贞起诉请求解散公司，称：如不解散，其作为 40% 股东的合法权益将会受到严重损害。被告方源公司辩称：该公司是由刘延方投资设立的，原告没有出资，没有权利要求解散公司。第三人刘延方述称：500 万元注册资金实际全部是他出的，具体操作是他将 200 万元转账给原告，然后以原告名义出资到公司的，实际上原告没出一分钱。

法院认为：原告郑元贞与第三人刘延方作为方源公司的股东，在经营公司期间因欠款事宜多次发生矛盾后，又因争抢钥匙发生冲突，原告无法参与公司经营，"致使公司经营管理发生严重困难，根据《中华人民共和国公司法》第一百八十二条……的规定，

---

① （2015）滑民二初字第 168 号。原判词较长，为节省篇幅，突出重点，本书作者做了改编。

如公司继续存续，将会使原告的股东利益受到重大的损失，故原告主张被告滑县方源纺织有限公司解散的请求，于法有据，本院予以支持。依照《中华人民共和国公司法》第一百八十二条之规定，判决如下：解散被告滑县方源纺织有限公司。"[①]

原告的出资可以看成是他借来的钱。只要出资到位，其来源可以不论。所以法院没有理睬被告在这个问题上的答辩，是正确的。

不过在本案情形下，一般不会形成僵局，因为大股东刘延方绝对控股，又是法定代表人，有权作出各种经营决策，可以继续经营公司。法院的判词中没有说到公司章程的具体规定。假如章程要求股东会所有的决议都必须经三分之二以上股份的同意，那就具备了引发僵局的股权结构，因为郑元贞的40%股权已经超过了三分之一。可是我国大多数公司章程都与公司法同步，规定只有在修改章程、合并分立等特别重大的事情上才需要三分之二以上的超多数决，一般事情只要求同意票过半数，而方源公司又没有面临合并分立之类的大事，所以不会有僵局。

只有到了大股东拒不分红，压迫和剥削小股东的地步，经法院调解又无法找到其他解决办法的时候，才可以判决解散。而本案中还没有压迫和剥削的具体证据。应小股东的要求而随意解散公司，会造成对社会生产力的不当破坏。所以本案的判决是错误的，应该驳回起诉，允许大股东继续经营，尊重公司自治；同时可以警告他合理分红，并允许原告查账。

势均力敌的股权结构或者董事会席位分配是认定公司僵局，也即我国公司法所说的"经营管理发生严重困难"的一个必要条件。但是这条标准有一个例外，就是当小股东实际控制着公司，大股东以僵局为由请求解散的时候，法院一般会同意。

【案例 19-10】

仕丰科技有限公司与富钧新型复合材料（太仓）有限公司、
第三人永利集团有限公司解散纠纷案[②]

最高人民法院 2012 年 6 月 7 日

富钧新型复合材料（太仓）有限公司（以下简称富钧公司）的前身是贝克莱公司，成立于 2002 年，注册资本 105 万美元，2004 年 4 月增加到 1 000 万美元，同年 11 月改名为富钧公司。其股东为永利集团有限公司（以下简称永利公司）和仕丰科技有限公司（以下简称仕丰公司）。仕丰公司持股 60%，永利公司 40%。董事会由 3 人组成：仕丰公司派遣两人，具体为其法定代表人郑素兰和张博钦；永利公司派遣一人担任董事长，具体为其法定代表人黄崇胜。张博钦任总经理，行使公司日常经营管理业务。

2005 年 4 月，两家股东对富钧公司的治理结构、专利技术归属、关联交易等方面发生争议，总经理张博钦离开富钧公司，此后富钧公司由董事长黄崇胜经营管理。

[①] 引文摘自法院判词原文，其中省略的部分为《公司法》第 182 条原文。

[②] （2011）民四终字第 29 号。原判词较长，为节省篇幅，突出重点，本书作者做了改编。

为了解决富钧公司经营管理问题，仕丰公司和永利公司及富钧公司通过各自律师进行大量函件往来，沟通召开董事会事宜，最终于 2006 年 3 月 31 日召开了富钧公司第一次临时董事会，黄崇胜、张博钦（同时代理郑素兰）参加会议，但董事会未形成决议。此后仕丰公司和永利公司对富钧公司的治理等问题进行书面函件交流，但未能达成一致意见，董事会也未能再次召开。

2006 年 12 月 18 日，经昆山公信会计师事务所有限公司验资，截至 2005 年 3 月 14 日，富钧公司共实收资本 8 899 945 美元，其中永利公司以机器设备出资 360 万美元，仕丰公司以机器设备出资 500 万美元，现汇出资 299 945 美元。富钧公司历年来的经营状况为：2005 年净利润人民币 -833 万元；2006 年净利润人民 -792 万元；2007 年净利润人民币 -613 万元；2008 年净利润人民币 -627 万元；2009 年净利润人民币 -478 万元；2010 年 1—6 月净利润人民币 -350 万元。

因张博钦于 2004 年 7 月 28 日起担任同镒公司的董事长兼总经理（该公司是由 COMPOS 国际股份有限公司成立的外商独资企业，生产的产品与富钧公司相同），富钧公司于 2008 年 3 月以张博钦、同镒公司为被告向山东省济南市中级人民法院提起损害公司利益赔偿纠纷案。①

本案原审原告仕丰公司向江苏省高级人民法院起诉称：永利公司假冒仕丰公司董事签名，伪造董事会决议，确定"董事长由乙方（即永利公司）委派"，将仕丰公司委派董事排挤出富钧公司；富钧公司长期不召开董事会，股东间的利益冲突和矛盾，使其运行陷于僵局，经营管理发生严重困难，符合《公司法》第一百八十三条规定的情形，请求判令解散富钧公司。

被告富钧公司答辩称：不能召开董事会以及股东之间的矛盾是由仕丰公司引起的，其提起诉讼解散富钧公司是为了使同镒公司独占市场。请求驳回仕丰公司诉讼请求。被告永利公司同意富钧公司的意见。

原审过程中，法院以维持富钧公司存续为目标进行了多轮调解。首先，要求三方当事人围绕改进和重构富钧公司治理结构进行磋商，因无法建立信任关系而未能达成共同经营管理公司的方案。其次，要求三方当事人围绕单方股东退出公司进行磋商，因股权收购的价格无法达成一致，未能实现单方股东转让股权、退出公司经营管理的目标。

江苏省高级人民法院一审认为：

（一）关于法律适用问题。本案性质为公司解散纠纷，被请求解散的富钧公司是外商投资企业，登记注册地在中华人民共和国，属于中国企业法人，根据《中华人民共和国涉外民事关系法律适用法》第十四条规定，法人及其分支机构的民事权利能力、民事行为能力、组织机构、股东权利义务等事项，适用登记地法律。应适用富钧公司登记地

---

① 山东省济南市中级人民法院于 2011 年 7 月 6 日作出（2008）济民四初字第 19 号民事判决，认定张博钦违反竞业禁止义务，判决：一、张博钦、同镒公司于判决生效之日起两个月内到工商管理机关办理张博钦不再担任同镒公司执行董事、法定代表人、总经理职务的工商登记变更手续；二、张博钦于判决生效之日起十日内赔偿富钧公司经济损失人民币 10 万元。张博钦不服上述判决，向山东省高级人民法院提起上诉，山东省高级人民法院于 2012 年 2 月 24 日作出（2011）鲁民四终字第 181 号民事判决，驳回上诉，维持原判。

中华人民共和国法律作为解决纠纷的准据法。

（二）关于富钧公司是否符合《公司法》第一百八十三条规定的司法解散公司条件。法院指出了以下几点：

第一，仕丰公司具备提起解散公司诉讼的主体资格。《公司法》第一百八十三条规定持有公司全部股东表决权百分之十以上的股东才具有提起解散公司诉讼的主体资格。本案中仕丰公司占有富钧公司60%股权，其单独股东表决权已经超过了全部股东表决权的百分之十。

第二，富钧公司经营管理确实发生严重困难。一是富钧公司的最高权力机构董事会长期无法履行职能：自2005年4月7日总经理张博钦离开公司之后，富钧公司仅于2006年3月31日召开过一次未能作出决议的临时董事会，董事会在长达六年多时间内未能履行章程规定的职能。二是公司董事冲突长期无法解决。张博钦离开公司后，数年来富钧公司三个董事均通过律师进行函件往来，但并未能就解除公司经营管理的分歧达成一致，冲突始终存在。同时张博钦就任同镒公司法定代表人后，又引发富钧公司诉张博钦损害公司利益诉讼，使得各方的冲突加剧。三是公司章程规定的公司经营管理模式成为空设。富钧公司章程中规定总经理执行董事会的各项决议，行使公司的日常经营管理业务。张博钦作为富钧公司聘用的总经理长期不进行公司经营管理，公司由一方股东委派的董事长一人进行管理，使公司章程规定的公司治理结构成为空设。

第三，公司继续存续会使公司股东权益受到重大损失。一方面从富钧公司的经营状况来看，股东的投资长期未能获得回报。富钧公司自成立开始至今一直处于亏损状态，虽然在黄崇胜长达六年的单方经营管理中，富钧公司的亏损在逐年减少，但始终未能实现扭亏为盈。另一方面从富钧公司的管理来看，现代公司治理结构未能发挥有效作用。由于双方股东的冲突始终不能得到解决，富钧公司一直由永利公司委派的董事长单方进行管理，作为公司的大股东仕丰公司却游离于公司之外，不能基于其投资享有适当的公司经营决策、管理和监督的股东权利，其股东权益受到重大损失。

第四，经过多方努力无法解决公司僵局。富钧公司股东间发生冲突后，一方面股东双方自行沟通协调，委托律师参与双方纠纷的处理，在长达两年多的时间里，进行了十多次往来函件的沟通，并且召开了一次临时董事会，但对分歧事项未能达成共识；另一方面在提起诉讼之后，在法院的主持下，三方进行了多轮的调解，从重新建立富钧公司新的公司治理结构到股东转让股权单方退出，但均未能达成意见一致的调解协议。

第五，富钧公司、永利公司抗辩事由不能成立：（1）关于股东之间的矛盾是由仕丰公司引起，富钧公司不能解散的抗辩事由。法院指出公司是否能够解散取决于公司是否存在僵局，而不取决于僵局产生的原因和责任。（2）关于仕丰公司恶意诉讼，企图独占市场，不应解散公司的抗辩事由。由于永利公司未能举证证明同镒公司与仕丰公司存在关联关系，法院不予采纳。

综上，法院判决解散富钧公司。

富钧公司不服，向最高人民法院上诉。最高人民法院二审大致接受一审的判决理由，故维持原判，驳回上诉。

本案的双方当事人都是外商，涉案公司属于外商投资企业，所以江苏省高级法院充当初审法院，最高人民法院二审终审。

两个股东一个持股 60%，一个持股 40%。判词对案情的介绍中没有说明章程对股东表决权的规定是否使得较小股东拥有否决权。正常情况下，如果章程和双方的合作协议没有专门规定，那就适用公司法。大股东在多数问题上有决策权，只有在《公司法》第 43 条第 2 款列明的修改章程、增资减资、合并分立、解散公司或变更公司形式这几个问题上因为需要三分之二以上的超多数决，所以 40% 股东有否决权。

可是实际情形并非小股东有没有否决权，而是小股东实际控制着公司，使得大股东的权益无法有效保障，所以大股东以僵局为由起诉请求解散公司。法院没有在判词中阐明大股东为什么不能通过公司内部制度解决问题，比如通过股东会决议撤换董事长等。由于是合资企业，双方股权四六开，所以我们可以想象，公司章程一定明确规定了仕丰公司方面担任法定代表人，永利方面担任董事长，在章程没有修改之前股东会无权撤换董事长。但是总经理是由仕丰方面任命的，而且负责公司日常经营管理，是个实权人物，为什么在张博钦离开之后没有另行任命，原因不明。大概是章程点名的，指定由郑素兰为法定代表人、黄崇胜为董事长、张博钦为总经理，那就无法改变了。因为修改章程需要三分之二以上股份同意，仕丰单方面做不到。

法院对僵局的分析依然是"三段论"，并无新意。其新颖之处在于指出了公司能否解散要看《公司法》第 183 条（现在第 182 条）规定的三项实质条件是否符合，而不是公司僵局产生的原因和责任。换句话说，即使一方股东对公司僵局的产生具有过错，其仍然有权提起公司解散之诉，过错方起诉不应等同于恶意诉讼。只要符合僵局的实质条件，法院照样会答应原告的请求。

就大股东受小股东欺负而言，还有更为夸张的例子。

【案例 19-11】
欧阳志锦与和阳嘉东（海门）家具装饰工程有限公司解散纠纷 ①
江苏省高级人民法院 2014 年 6 月 12 日

和阳嘉东（海门）家具装饰工程有限公司（以下简称和阳嘉东公司）是中外合资经营企业，成立于 2011 年 1 月 4 日，注册资本 450 万美元。工商登记显示股东有两个：欧阳志锦出资 400 万美元，占比 88.89%，任董事长；海门佑东贸易有限公司（以下简称佑东公司）出资 50 万美元，占比 11.11%，并派遣其法定代表人陈小东担任和阳嘉东公司的总经理。公司不设股东会，董事会成员为欧阳志锦、陈小东和欧阳志祥。

合营公司成立后，因合营双方在经营过程中分歧不断，矛盾激化，欧阳志锦于 2012 年 9 月通过上海明伦律师事务所就终止共同经营向第三人及陈小东发出律师函，函告通过审计机构对公司的资产、债权债务进行全面清理、盘点和核实，以达到分割合营公司资产终止共同经营的目的。

① （2014）苏商外终字第 0006 号。原判词较长，为节省篇幅，突出重点，本书作者做了改编。

10月10日，欧阳志锦、陈小东等人在江苏省海门市开发区政府部门的主持下，就和阳嘉东公司股东间的股权纠纷及经营问题达成缓和关系的初步协议并形成会议纪要，约定对公司资产及股权比例进行审计，根据股东的实际出资变更登记。但是事后这些约定没有实际履行。

12月13日下午，和阳嘉东公司董事会开会，欧阳志锦和陈小东在公司经营、公司架构等问题的交涉中产生激烈争论，并在罢免陈小东总经理的议题上发生争吵，最终董事会未形成任何决议。2013年6月25日，董事会再次就公司经营问题开会，但还是没有取得实质性进展。

2013年7月2日，欧阳志锦以公司已彻底陷入僵局为由，以和阳嘉东公司为被告，以佑东公司为第三人，向一审法院起诉，请求解散公司。

除了以上事实之外，一审法院还查明，和阳嘉东公司员工曾因工资问题与欧阳志锦发生冲突，欧阳志锦向公安机关报警求助。后欧阳志锦代表公司与公司员工解除劳动关系，并由欧阳志锦替公司垫付相关款项62万元。欧阳志锦垫付该款后，因合营双方就归还问题无法达成一致意见，欧阳志锦遂提起诉讼，一审法院于2013年9月27日判决和阳嘉东公司向欧阳志锦归还62万元款项。

法院还查明，和阳嘉东公司停产歇业近一年，因对外债务问题，被多家单位诉至法院。

本案诉讼期间，一审法院多次进行调解，但当事人仍无法就公司相关经营问题达成一致意见。

该院认为：和阳嘉东公司已符合公司解散条件。第一，欧阳志锦出资比例超过10%，有权起诉要求解散公司。第二，和阳嘉东公司的董事会已无法正常有效运行，公司的经营管理已发生严重困难。在召开的两次董事会上，欧阳志锦与陈小东争吵不断，无法就公司经营及解散等事宜达成合意，也无法形成董事会决议。就连欧阳志锦为公司垫付的62万元也无法通过董事会解决，只能诉诸法院。公司停产歇业近一年，大量设备闲置，面临较多诉讼，无人能对公司的经营管理作出决策，公司的经营管理已陷入僵局。第三，在此状态下，股东出资设立和阳嘉东公司以获益的目的无法实现。如果这样的局面存续下去，欧阳志锦的合法权益将进一步遭受重大损失，对第三人佑东公司的利益也会带来不利影响。可见，公司继续存续会使合营双方的利益受到重大损失。第四，公司的僵局通过其他途径长期无法解决。因为无论是政府还是法院的调解都无法打破僵局，和阳嘉东公司合营双方已穷尽了其他各种救济途径。只有通过司法程序解散，才能打破公司僵局。

综上，一审法院判决：解散和阳嘉东公司。

佑东公司上诉，称：和阳嘉东公司是合资企业，其解散应先由董事会提出解散申请书，报审批机构批准。本案明显不符合上述条件，请求二审法院撤销一审判决，改判驳回欧阳志锦的诉讼请求。

江苏省高级人民法院二审认为：和阳嘉东公司的最高权力机构是董事会，董事会的成员为3人，其中股东欧阳志锦委派了两名，即其本人和欧阳志祥，佑东公司委派1人即公司总经理陈小东。"在和阳嘉东公司成立后召开的两次董事会上，董事会无法就公司生产、经营等事宜达成一致意见，无法形成董事会决议，即使在地方政府参与的情况下，仍然无法就合营公司的经营管理达成共识。目前为止，合营公司停产歇业状态将近两年，且面临较多诉讼，合营公司已无工人、生产管理人员等，公司的经营、生产已陷入僵局。一审法院及本院在审理本案过程中，也组织各方当事人进行调解，但无法形成解决实质问题的方案，故本案应当通过司法程序解散合营公司。"①

"佑东公司关于本案应先由董事会提出解散申请书，再报审批机构的上诉理由不能成立。本案系司法解散公司，《中外合资经营企业法》及《中外合资经营企业法实施条例》对司法解散公司并无相关规定，故本案不适用《中外合资经营企业法实施条例》关于董事会决议解散公司的相关规定。"

"……一审判决认定事实清楚，适用法律正确，应予维持。"判决：驳回上诉，维持原判决。

本案中的股权结构是 88.89% ∶ 11.1%。大股东占绝对多数，按理应当对公司拥有绝对的控制权，但和阳嘉公司是中外合资企业。按照合资企业法及其实施细则的规定，董事会是最高权力机构，不设股东会。即便如此，大股东在董事会里依然占有三分之二的席位数，可是居然连一个总经理也撤换不了。法院的判词没有说明这种怪异现象背后的原因，不知道章程是怎么规定的，为什么大股东不能通过公司内部制度解决问题，比如由董事会通过决议撤换总经理。

由于判词没有说明，很多重要的事实我们只能想象。或许章程规定了对任免总经理等事项采用三分之二以上的超多数决，或者章程规定总经理只能由佑东公司指定，不经佑东公司同意不得撤换；或者章程并无规定，出现僵局是因为个人原因——大股东没有经营管理能力，只能依赖小股东经营管理；或者小股东派出的代表陈小东个性强硬，能力又强，有气场，能够驾驭人，等等。总之，本案像前面一案一样，又是小股东实际掌权欺负大股东的特例，所以法院同意大股东的请求，以僵局为由判决解散。

只顾法律条文的适用，对于现实的矛盾冲突及其背后的原因不说清楚，使读者少汲取了很多信息养料，这是我国不少法院在写判词时经常表现出来一个弱点。

第二节　清　算

解散公司的决定作出之后，便进入清算程序。所谓**清算**，就是将公司的资产变现，分配给应当得到的人。公司之所以要先清算再注销，是因为它可能还有一些债权债务需要了结，剩余资产需要分配。人死之前往往需要立下遗嘱处理自己的财产，并对后人有个交代；公司在注销终结之前也必须将未了事项全部料理干净，这个过程就是清算。

公司在进入清算程序之后仍然具有民事主体资格，法律上一般称之为"清算法人"。

---

① 引文摘自法院判词原文。下同。

清算法人以清算为目的，其权力能力和行为能力都受到一定的限制，一般不再从事原先的经营活动。我国《公司法》第 186 条第 3 款明文规定公司在清算期间"不得开展与清算无关的经营活动"。不过，假如在清算期间商机来了，公司违反这条禁令又去做了一笔生意，赚了一笔钱，从而增加了可供分配的财产，恐怕也无可指责，法律也没有规定任何罚则。但是如果生意没有做好而亏损了，相关人员就要承担赔偿责任。

公司清算需要先成立清算组，由清算组具体实施清算。我国公司法对清算组的组建和职责都有详细的规定。公司解散，"应当在解散事由出现之日起十五日内成立清算组，开始清算。有限责任公司的清算组由股东组成，股份有限公司的清算组由董事或者股东大会确定的人员组成"（《公司法》第 183 条）。逾期不成立清算组的，法院可以根据债权人的申请指定清算组成员。《公司法》第 185 条详细规定了清算组的职权范围。

清算组成立之后 10 日内通知已知的债权人前来申报债权，并在 60 日内登报公告清算的消息（《公司法》第 185 条第 1 款）。这主要是为了保护有些还不知道的债权人，特别是那些潜在的债权人，例如，有人因为使用公司产品受伤，需要起诉公司请求赔偿。这样的人可以直接向清算组申报债权，通过协商确定债权的具体数额；如果双方协商不成，再行起诉。

清算组应当清点公司财产、编制资产负债表、列出财产清单、收齐所有债权、变卖所有非现金资产、制定清算方案并报股东会或者法院确认。

根据《公司法》第 186 条第 2 款的规定，清算顺序依次为：（一）清算费用；（二）职工工资；（三）社会保险费用和法定补偿金[①]；（四）所欠税款；（五）债务；（六）剩余财产分配。凡是第一顺序未曾全额清偿的，第二顺序不得清偿，以此类推。

正常情况下，公司清算中在清偿了前面 5 个顺序之后应该还会有剩余财产可供股东分配。这时候如果有优先股，则应将优先股列为前一顺序的受偿人，普通股为后一顺序的受偿人。如果没有优先股，就由普通股股东参与剩余财产的分配。

如果公司资产不足以清偿前面 5 个顺序，说明公司资不抵债，则清算组应按《公司法》第 187 条的规定向法院申请破产并进入破产程序。[②]

从我国实践来看，公司清算出现的问题往往是公司股东作为清算义务人怠于清算，因为生意做得不好而一走了之；或者不通知债权人，擅自处理公司资产，而后携款走人；甚至为了注销公司而不惜出具虚假的清算报告，等等。这些行为损害的都是公司外部的债权人的利益，最终起诉的也都是债权人。所以，清算案与解散案不同。在解散案中，都是公司内部的股东矛盾，一方要解散，另一方不同意。既然股东之间的矛盾尖锐到了对簿公堂的地步，他们串通一气损害外部债权人利益的可能性就比较小。而在清算案中，公司内部的股东之间大都没有什么矛盾，他们便会抱团共同损害外部债权人的利益，所以债权人起诉要求股东作为清算义务人承担没有依法清算的连带赔偿责任。

---

① 法定补偿金是在劳动合同解除或终止后，用人单位依法一次性支付给劳动者的经济上的补助；社会保险费也应当包括在里面。法条中将社会保险费单独列出，主要是彰显其重要性。

② 破产程序由我国《破产法》规定。

一、不清算的责任

由于法治观念淡薄和不负责任的自私心态，再加上生意做不好带来的灰暗心理，有的股东在企业经营失败被判解散之后没有按照公司法的规定成立清算组，不履行应该履行的清算义务，于是债权人起诉请求清算义务人清偿债权。

【案例 19-12】

浙江省义乌市黑白矿山机械有限公司诉胡荣法等清算责任纠纷案 ①

浙江省金华市婺城区人民法院

被告胡荣法、陈月阳系原金华市鑫汇建筑材料有限公司（以下简称鑫汇公司）股东，公司设立时，两被告各出资 25 万元，各自享有鑫汇公司 50% 的股权。因该公司未参加 2003 年度企业年检，金华市工商局于 2004 年 8 月 5 日以金工商企管字（2004）第 28—91321 号行政处罚决定书吊销其营业执照，并责令股东组织清算组对公司债权债务进行清算。但胡荣法、陈月阳并未在法定期限内对公司资产进行清算。另，鑫汇公司 2002 年 12 月 31 日的资产负债表显示当时公司资产总计为 50 万元。

2004 年 12 月 28 日，义乌市黑白矿山机械有限公司为与鑫汇公司、胡荣法、陈月阳买卖合同纠纷一案向金华市婺城区人民法院提起诉讼，该院于 2008 年 7 月 21 日依法作出（2005）婺民二初字第 131 号民事判决书，判决鑫汇公司于判决生效之日支付给义乌市黑白矿山机械有限公司货款 24 万元，逾期付款违约金 35 280 元，共计 275 280 元；公司股东胡荣法、陈月阳对鑫汇公司的资产在一个月内予以清算，并在清算财产范围内承担上述款项的支付责任。该判决于 2009 年 1 月 15 日生效，经执行，婺城区人民法院于 2009 年 10 月 13 日作出（2009）婺执字第 2001 号执行裁定书，载明因鑫汇公司暂无财产可供执行，裁定该案终结执行。胡荣法、陈月阳至今未对公司进行清算。

2010 年 8 月 30 日，义乌市黑白矿山机械有限公司以胡荣法、陈月阳滥用股东权利、逃避债务，未在法定期限内对公司资产进行清算，导致公司资产灭失致其债权无法实现为由，向婺城区人民法院提起诉讼，请求判令胡荣法、陈月阳赔偿货款损失 24 万元、逾期付款违约金损失 35 280 元及利息损失 14 865.12 元，合计 290 145.12 元，并承担案件诉讼费用。

法院认为，公司被依法吊销营业执照后，公司股东应当在 15 日内成立清算组对公司开始清算。胡荣法、陈月阳作为鑫汇公司的股东，在公司于 2004 年 8 月 5 日被吊销营业执照且于 2008 年 7 月 21 日经法院判决后一直未成立清算组进行清算，也没有证据证明该公司 2002 年 12 月 31 日的资产负债上所载明的 50 万元公司资产的灭失系公司正常经营损失，故认定由于两被告未及时对公司进行清算导致义乌市黑白矿山机械有限公司债权无法实现，判令胡荣法、陈月阳赔偿义乌市黑白矿山机械有限公司货款损失 24 万元、逾期付款违约金损失 35 280 元及利息损失，并承担案件受理费。

---

① 本案案情从北大法宝下载，案号和判决日期均无法查到，估计判决的时间应该在 2011 年。

一审判决作出后，原告和被告双方均未上诉。

本来，鑫汇公司已无财产可以执行，如果两被告按规定清算，在资不抵债的情况下申请法院宣告破产，按破产程序走完全过程，就不必承担个人的赔偿责任。

可是两被告在法院于 2008 年 7 月 21 日判决指令其于一个月内清算的情况下，无视法院命令，不履行清算义务，最终被判对原告的债务承担个人赔偿责任。

法院的判决是正确的。因为没有经过正规的清算程序，谁也不知道鑫汇公司当时还有没有资产，两被告有没有疏散和藏匿公司资产，只能作出对被告不利的推断。法院不光是推断，而且有 2002 年年底的资产负债表做参照。可是 2011 年的判决按照 2002 年的资产状况认定，也够牵强的，与简单地推论被告有资产差不多。当清算义务人不履行清算义务，债权人起诉要求其个人承担清偿义务的时候，我国法院在证据缺乏时经常拿数年前的财务数据做参照。问题是假如连数年前的财会报表也没有，[1] 是不是就不能判清算义务人赔偿？从道理上讲，即使没有证据，也应作出对义务人不利的推断。义务人可以举证反驳，推翻对其不利的推断。反驳不能就要赔偿。这样判案比较公正。

最高人民法院的《公司法司法解释（二）》第 18 条第 1 款规定："有限责任公司的股东……未在法定期限内成立清算组开始清算，导致公司财产贬值、流失、毁损或者灭失，债权人主张其在造成损失范围内对公司债务承担赔偿责任的，人民法院应依法予以支持。"该条第 2 款规定："有限责任公司的股东……因怠于履行义务，导致公司主要财产、账册、重要文件等灭失，无法进行清算，债权人主张其对公司债务承担连带清偿责任的，人民法院应依法予以支持。"第 1 款针对财产的流失或灭失；第 2 款针对证据的丢失。无论哪一种情况，都应当作对清算义务人不利的推断。其实际效果是转移了举证责任：不是让债权人原告举证，而是让义务人被告举证。只要他能证明其没有及时清算的行为并没有导致财产的损失或财务证据的丢失，就可以减轻或免除赔偿责任。

【案例 19-13】
上海存亮贸易有限公司诉蒋志东、王卫明等买卖合同纠纷案 [2]
上海市第一中级人民法院 2010 年 9 月 1 日

常州拓恒机械设备有限公司（简称拓恒公司）欠下上海存亮贸易有限公司（简称存亮公司）1 395 228.6 元的钢材购买款无法归还。拓恒公司因未进行年检，2008 年 12 月 25 日被工商部门吊销营业执照，至今股东未组织清算。现拓恒公司无办公经营地，账册及财产均下落不明。

存亮公司起诉，称因拓恒公司的股东房恒福（占股 40%）、蒋志东（30%）和王卫明（30%）怠于履行清算义务，导致公司财产流失，存亮公司的债权得不到清偿，请求

---

① 只要企业有过工商年检，就会在工商局留下年度财会报表。但是如果没有经过任何工商年检，那就不会有财会报表留在工商局。

② （2010）沪一中民四（商）终字第 1302 号。2012 年 9 月 18 日被最高人民法院选入第三批指导性案例，见《最高人民法院关于发布第三批指导性案例的通知》（法〔2012〕227 号），该批总共 4 个案例，为第 9—12 号。本案为第 9 号。为节省篇幅，突出重点，本书作者对原文作了删改。

拓恒公司偿付，3 股东承担连带清偿责任。

拓恒公司和房恒福缺席，只有蒋志东和王卫明出庭应诉，辩称：1.两人从未参与过拓恒公司的经营管理；2.拓恒公司实际由大股东房恒福控制，两人无法对其进行清算。

法院认为，房恒福、蒋志东和王卫明应在拓恒公司被吊销营业执照后及时组织清算。由于他们怠于履行清算义务，导致拓恒公司的主要财产、账册等均已灭失，无法进行清算，违反了《公司法》及其司法解释的相关规定，应当对拓恒公司的债务承担连带清偿责任。拓恒公司作为有限责任公司，其全体股东在法律上应一体成为公司的清算义务人。因此无论蒋志东、王卫明在拓恒公司中所占的股份为多少，是否实际参与了公司的经营管理，两人在拓恒公司被吊销营业执照后，都有义务在法定期限内依法对拓恒公司进行清算。

判决：拓恒公司偿付存亮公司货款 1 395 228.6 元及相应的违约金；房恒福、蒋志东和王卫明对拓恒公司的上述债务承担连带清偿责任；驳回蒋志东、王卫明的上诉。

本案确立的审判规则是：有限责任公司的股东，无论有没有参加公司的经营管理，是不是实际控制人，都有在公司被吊销营业执照后对公司进行清算的义务，违反该义务给债权人造成损失的必须与公司承担连带清偿责任。

【案例 19-14】

王波与广东省深圳市建信房地产有限公司等清算责任纠纷上诉案 [①]
——营业执照被吊销后股东怠于履行清算义务的责任承担

深圳市中级人民法院 2010 年

广东省深圳市建信房地产有限公司（以下简称建信公司）与广东省深圳蓉耀贸易有限公司（以下简称蓉耀公司）在 1993 年签订了合作开发深圳特区荔园新村 1# 住宅楼合同书。建信公司在未取得房地产权利证书、建筑许可证及开工许可证的情况下，于 1993 年 4 月 21 日出具授权委托书，委托深圳市广厦房地产交易评估所（以下简称广厦所）销售 "荔园新村" 1# 住宅 3-6 单元 56 套房产。广厦所依建信公司的委托授权向陈梦林等人预售 "荔园新村" 1# 住宅房产。

1995 年，陈梦林向深圳市南山区人民法院提起诉讼，请求法院判决 "解除荔园新村认购书；建信公司返还购房款及利息；广厦所返还购房手续费及利息" 等诉讼请求。南山区人民法院于 12 月 13 日判决 "认购书无效；广厦所返还陈梦林购房款 311 719.50 元并支付利息；建信公司对广厦所返还购房款及利息的债务承担连带责任"。广厦所不服提起上诉，深圳市中级人民法院于 2001 年 7 月 27 日判决驳回上诉，维持原判。

2002 年，广厦所的几位合伙人许启巧、王波、李辉、郑金木、张方艳为明确与建信公司和蓉耀公司的委托代理合同关系以及责任归属提起诉讼，经深圳市中级人民法院终审认定：根据蓉耀公司向广厦所出具的收款证明，可以认定广厦所已将依据委托协议

---

① （2010）深中法民二终字第 1498 号。原判词较长，为节省篇幅，突出重点，本书作者做了改编。

将其收取的售楼款人民币 10 311 573.44 元交付给了蓉耀公司，蓉耀公司不能否认该证明所载的款项不包括五位（其中有陈梦林）购房人所交的购楼款，故判决两被告向原告支付人民币 83 万元及利息。该判决还确认了广厦所的债权债务由合伙人承担，驳回了这些合伙人提出的由蓉耀公司的全资控股股东安徽省蚌埠市科隆房地产开发公司（以下简称科隆公司）承担连带责任的请求。

2007 年 6 月 29 日，广厦所合伙人王波与购房人陈梦林就返还购房款达成执行和解协议，王波同意支付陈梦林执行款人民币 47 万元。而后王波向陈梦林支付了人民币 47 万元。

王波在支付了陈梦林的 47 万元之后，随即起诉建信公司、蓉耀公司和科隆公司，请求：（1）三被告连带向王波支付人民币 47 万元及自 2007 年 8 月 31 日起至 2009 年 8 月 21 日的利息 49 220.72 元，合计人民币 519 220.75 元，请求判决利息支付至款项实际支付之日；（2）科隆公司承担因未对蓉耀公司履行清算义务而对上述款项承担连带赔偿责任；（3）三被告共同承担本案全部诉讼费用。

广东省深圳市罗湖区人民法院经审理答应了原告的第一项请求，但是驳回了第二项、第三项请求。[①] 王波不服，向深圳市中级人民法院提起上诉称：蓉耀公司于 1998 年 11 月 4 日被吊销营业执照；科隆公司未对蓉耀公司履行清算义务，应当承担连带赔偿责任。根据《最高人民法院关于适用公司法若干问题的规定（二）》第 18 条第 1 款的规定，有限责任公司的股东未在法定期限内成立清算组开始清算，导致公司财产贬值、流失、损毁或者灭失，债权人主张其在造成损失范围内对公司债务承担赔偿责任的，人民法院应予支持。

深圳市中级人民法院经审理认为，蓉耀公司早在 1998 年即被吊销营业执照，其全资控股股东科隆公司长期未对蓉耀公司进行清算。现蓉耀公司和科隆公司均下落不明，亦未能提供公司财产、会计账册、重要文件，公司无法进行清算，根据最高人民法院的公司法司法解释，王波主张股东科隆公司对蓉耀公司的债务承担连带清偿责任应予支持。遂判决：维持初审法院判决第一项，撤销第二项；科隆公司对蓉耀公司的上述债务承担连带清偿责任。

本案案情看似复杂。被告建信公司与蓉耀公司合作造房，委托广厦所售房，房客买房之后因为拿不到产权证等原因要求退房，法院判其胜诉，由广厦所退钱。广厦所因为已经将售房所得房款上交给两被告，所以在替两被告退了钱之后自然要向被告讨回房款。由于两被告不能清偿，其中的蓉耀公司已经于 1998 年 11 月 4 日被吊销营业执照，所以广厦所在状告两被告的同时还以蓉耀公司的全资母公司科隆没有及时对蓉耀公司进行清算为由要求其为蓉耀公司的债务承担连带责任。地区法院不同意追究科隆公司的责任，但是中级法院以科隆公司在蓉耀公司被吊销营业执照后长期未组织清算为由判其与蓉耀公司承担连带清偿责任。

---

① （2009）深罗法民二初字第 4179 号。

在这里我们讨论的要点是科隆公司的清算责任。作为清算义务人没有履行清算义务，应对债权人负清偿责任。这里没有提到资产负债表之类的证据。仅仅因为清算义务人没有清算，就要对债权人清偿。这个判决逻辑比较好。当然如果义务人能够证明当时已经没有资产可供清偿，也应当可以解脱责任。但是举证责任在义务人，而且其举证负担也不轻。该案主审法官李原事后就此写道："清算制度设立的目的之一在于清理公司的债权债务，保护债权人的合法利益，公司营业执照被吊销后由于公司股东原因导致无法清算的，应对不履行清算义务的公司股东不再进行有限责任的保护，应由其对公司债务负连带清偿责任。在认定无法清算的问题上应倾向保护合法债权人，在公司人去楼空、股东下落不明的情况下，应认定无法清算，而不宜让债权人承担证明公司主要财产、账册、重要文件等灭失的具体举证责任。"这是对的。

不过，无论是蓉耀公司还是科隆公司都已经人去楼空，不复存在。所以即便法院判了科隆公司的连带责任，原告恐怕也无法实现其债权。尽管如此，法院在判决时却同样地慎重。深圳市中级人民法院在 2002 年的那次诉讼中曾经驳回了广厦所的几位合伙人提出的由科隆公司承担连带责任的请求，而在 2010 年又根据最高院的《公司法司法解释（二）》同意科隆公司连带赔偿，说明法院在这个问题上也很纠结。

【案例 19-15】

厦门特贸有限公司诉苏山良公司清算纠纷案 ①
福建省厦门市思明区人民法院 2008 年 8 月 27 日

被告苏山良与案外人黄向荣、黄庆文均系厦门培尔耕商贸发展有限公司（以下简称培尔耕公司）的股东，三人出资额分别占 84%、10%、6%。2001 年 6 月 19 日，原厦门市开元区法院作出（2001）开经初字第 750 号民事判决书，判决培尔耕公司应偿付原告厦门特贸有限公司（以下简称特贸公司）代垫货款 2 221 270.74 元及利息（自 2000 年 8 月 21 日计至实际还款之日止，按每日万分之四计算）。该判决书已依法生效。2004 年 10 月 21 日，培尔耕公司股东会作出决议，决定解散公司，并在 15 日内成立清算小组，由被告苏山良担任清算负责人；并在报纸上刊登清算公告，要求债权人在一个月内申报债权。原告按公告要求向培尔耕公司申报债权，但该公司及清算小组并未召开债权人会议，亦未对公司相关债权债务进行有效清理。2006 年 10 月 31 日，思明区人民法院作出（2006）思民初字第 3858 号民事判决书，判令苏山良、黄向荣及黄庆文应履行对培尔耕公司进行清算的义务，并于判决生效之日起 60 日内清理完毕该公司资产，依法向特贸公司清偿债务。该判决书已生效。但苏山良及黄向荣、黄庆文至今未履行清算义务，故原告诉至法院，请求判令被告苏山良对厦门市培尔耕商贸发展有限公司拖欠原告的债务本金 2 221 270.74 元及利息（自 2000 年 8 月 21 日计至实际还款之日止，按每日万分之四计）承担连带清偿责任。

被告苏山良辩称：原告缺乏证据证明被告怠于履行公司的清算义务。培尔耕公司的

---

① （2008）思民初字第 6153 号。原判词较长，为节省篇幅，突出重点，本书作者做了改编。

股东是三个人，除被告以外的其他股东至今下落不明，致使被告苏山良无法组织清算，因此，被告不应承担责任。且培尔耕公司解散的时间是2004年，原告仅凭2001年培尔耕公司的净资产额不能证明公司在解散当时的资产额，虽然苏山良手中有公司部分重要资料，但其他股东手中亦同样持有公司一部分重要资料，不排除是其他股东使公司资料或资产灭失的可能，故应驳回原告的诉求。

福建省厦门市思明区人民法院经审理认为，原告对培尔耕公司享有合法的债权。现培尔耕公司已解散，则被告苏山良对培尔耕公司负有清算义务。但苏山良至今未实质性地开展清算工作，故应当认定苏山良是怠于履行清算义务。现因培尔耕公司在2001年12月的审计报告中，仍记载资产总额为3 730 462.16元，则在被告未能提供证据证明培尔耕公司在解散当时已无财产的情形下，应视为解散当时培尔耕公司仍有相应的资产，而现在被告已无法提供培尔耕公司财产的下落以及公司账册、重要文件的下落，且培尔耕公司至今无法进行清算，则被告理应对培尔耕公司拖欠原告的债务承担清偿责任，故判决：被告苏山良应于本判决生效之日起十日内对培尔耕公司拖欠原告特贸公司的债务本金2 221 270.74元及利息（自2000年8月21日计至实际还款之日止，按每日万分之四计）承担连带清偿责任。

本案中的清算义务人的表现似乎比前面两个案子要好一些，至少就苏山良来说是这样。因为他不像前面的义务人那样压根儿不去清算，而是打算清算，还登报公布清算消息，让债权人前来申报债权。后来之所以没有完成清算工作，是因为三人清算组内的其他两个人黄向荣和黄庆文走掉了。苏山良认为他独自一人无法或者不宜完成清算工作。但是这种理解却是错误的。作为培尔耕公司84%的大股东，他有义务在其他股东故意逃避的情况下独自完成清算工作。不清算而又不能证明公司在2004年10月21日决定解散当时已无财产或财产不足以清偿债务（不能出示公司账册等重要文件），自然要对债权人负清偿责任。

本案独任审判员林芳事后写道："当控股股东作为清算义务人怠于履行清算义务时，人民法院应根据公平和诚信原则，综合双方的举证能力，采取举证责任部分倒置的原则，推定控股股东怠于履行义务导致公司据以清算的财产、账册、重要文件等灭失，无法对公司的债权债务进行正常的清理，造成债权人的债权无法得以清偿，从而判令控股股东对公司拖欠的债务承担连带清偿责任。"

此处"推定"一词用得很好。本案的判决中依然引用了培尔耕公司2001年年底的财会报表作为2004年公司仍有足够资产清偿债务的证据。其实，有了这个推定，以前年度的牵强证据是不必要的。也就是说，即使没有2001年年底的财会报表，也可以推定控股股东怠于履行义务导致公司据以清算的账册等文件灭失，无法进行正常清算，应对公司拖欠的债务承担连带清偿责任。

本案案情中有一个清算不规范的细节。苏山良明知欠下特贸公司代垫的货款却不书面通知，而是采用登报公告的做法，这是不对的。对于已知的债权人，应当直接通知。登报公告是针对未知的和潜在的债权人。本案中特贸公司看到了报纸，及时申报了债权。

如果它没有看到报纸，没有及时申报债权，事后债权因此而不能实现，那就等于苏山良等人没有通知债权人。不通知债权人也要负连带清偿责任。

【案例 19-16】

株洲市祥瑞置业发展有限公司诉谭升明等四被告股东侵权纠纷案 ①
湖南省高级法院 2006 年 12 月 22 日

1992 年 8 月，株洲高新技术开发区公用事业总公司设立了株洲高新技术开发区公用事业总公司材料供销公司。同年 12 月，该供销公司更名为株洲高新技术开发区城建发展公司，性质为全民所有制企业。1995 年 1 月，由谭升明、肖永卫、唐石良、朱江武（本案四位初审被告、二审被上诉人）共同出资 132.8 万元成为股东，该公司改制为私营有限责任公司，注册资金 132.8 万元，法定代表人为谭升明。1998 年 7 月，又更名为株洲开发区城建发展有限公司（以下简称城建公司）。从 1993 年至 1999 年期间，该公司以上述更名的不同名称陆续从中国农业银行株洲高新技术开发区支行贷款。到 2000 年 6 月，累计欠银行贷款本金 218 万元及利息 53 307.00 元。农行株洲高新区支行将上述贷款本息剥离转移至中国长城资产管理公司，并通知了城建公司。2001 年 10 月，城建公司被工商部门公告吊销营业执照。2001 年 7 月 26 日、2003 年 6 月 25 日、2005 年 6 月 17 日，中国长城资产管理公司三次向城建公司催收债权，并于 2005 年 12 月 17 日将该债权 218 万元及利息转让给了株洲市祥瑞置业发展有限公司（以下简称祥瑞公司）。

1998 年 9 月 17 日，1999 年 3 月 6 日，城建公司以存放于天元区泰山路标准厂房 A 栋的机器设备估价 694 191.52 元和 307 573 元作抵押，向中国农业银行株洲高新技术开发区支行贷款 40 万元和 30 万元共计 70 万元，双方签订了抵押合同，但未办理抵押登记手续。该抵押物于 2002 年至 2003 年期间，已经由四被上诉人处理了，具体金额不详。谭升明等四人称：抵押物的处理款用于公司支付段名扬的款项，还公司集资的集资款，支付汽车修理费、律师费等开支，但没有提供相关证据。

一审法院认为：谭升明、肖永卫、唐石良、朱江武出资设立城建公司，已履行了股东的出资义务，公司股东仅在出资额范围内对公司债务承担责任，公司以其自有财产对外独立承担民事责任。祥瑞公司主张谭升明、肖永卫、唐石良、朱江武四人转移了城建公司的资产，缺乏证据支持，故不予采纳。城建公司被吊销营业执照后，四被告应履行对公司的清算义务。祥瑞公司可依法申请人民法院指定有关人员组成清算组对公司进行清算，以保障其债权的实现，其以四被告转移公司资产，未履行清算义务，而要求其对公司债务承担连带清偿责任，缺乏事实和法律依据。故判决：驳回祥瑞公司的诉讼请求。案件受理费 28 910 元，其他诉讼费 5 780 元，财产保全费 19 000 元，共计 53 690 元，由祥瑞公司承担。②

---

① （2006）湘高法民一终字第 141 号。原判词较长，为节省篇幅，突出重点，本书作者做了改编。
② 株洲市中级人民法院（2006）株中法民二初字第 22 号（2006 年 7 月 26 日）。

祥瑞公司不服一审判决，向湖南省高级人民法院上诉，指出：（1）一审法院没有合理分配当事人的举证责任，违反公平正义原则。四被上诉人是否履行了清算义务，是否侵占了公司资产，依据《最高人民法院关于民事诉讼证据的若干规定》的第2条、第7条的规定，法院应责令四被上诉人举证；（2）四被上诉人在公司被吊销营业执照后不履行清算义务，并且于2002年、2003年变卖了公司贷款时订立的抵押合同的标的物，即公司所有的机器设备，侵害了上诉人的利益，故四被上诉人应当承担连带清偿责任。

被上诉人答辩称：一审法院认定的事实清楚，适用法律正确。

二审认为：谭升明、肖永卫、唐石良、朱江武四人出资设立了城建公司，依据《公司法》第191条之规定，谭升明等四人作为公司股东，应当于公司被吊销营业执照之日起十五日内组成清算组对公司进行清算，但他们在公司解散事由出现后的长时间内，不仅未组成清算组进行清算，而且处分了抵押贷款合同的标的物，对该标的物所出让的价款及其去向未能举证证明。这种无权处分行为严重损害了公司债权人祥瑞公司的权益，谭升明等四人应当对该行为造成的损失承担责任。抵押物估价高达1 001 764.52元，实际处理价款不明确，但当时该抵押权系为担保70万元的借款而设立的，虽然抵押物未到相关行政部门登记，但抵押合同于签订时已成立。可以认定：被抵押的机器设备属公司所有，但该机器设备在公司被吊销营业执照后已被上诉人处分，且被上诉人不能证明其合理用途。故四被上诉人应向债权人承担70万元的侵权赔偿责任。四被上诉人承担了侵权责任后，祥瑞公司仍有权以城建公司和四被上诉人为被告，请求法院判令公司承担相应的还款责任并要求股东承担清算责任。

二审判决：一、撤销株洲市中级人民法院（2006）株中法民二初字第22号民事判决；二、谭升明、唐石良、朱江武、肖永卫于本判决送达后十五日内连带赔偿株洲市祥瑞公司700 000元；三、驳回原告其他诉讼请求。一审、二审案件受理费、保全费双方各负担一半。

本案的这个判决是错误的。湖南省高级法院在审理过程中曾经有两种不同意见的争论。第一种处理意见认为，城建公司终止（被吊销营业执照）后应进行清算而未进行清算，可推定原公司财产已由四股东接收，又鉴于四股东拒不提供公司资产负债报表及会计账册，可推定四股东接收的资产大于或等于债权，虽然他们的代理人陈述该公司已资不抵债，无法进行清算，但并未提供相关证据。故处理上可撤销原判，改判四被上诉人共同连带清偿祥瑞公司借款本金及利息377.97万元，并承担一审、二审诉讼费。第二种处理意见认为，对清算义务人不履行清算职责的行为，不能一概要求其承担应清算企业全部的债务，这毕竟与法人有限责任的原则相冲突。清算义务人的赔偿责任应限制在如果进行清算，债权人实际所能获得的限额内。由于抵押权的范围是70万元债权，所以清算义务人侵权所造成的损失应为70万元。

法院最后的判决采纳第二种意见。但是从法理上分析，第一种意见正确，第二种意见错误。公司被吊销营业执照后，股东不履行清算义务，而且私自处分公司财产，股东应在处分公司财产的范围内对公司的债权人承担侵权的赔偿责任。这个处分掉的财产数额应由清算义务人举证，举证不能时应作对其不利的推定。第二种意见认为债权人的损失限于担保的范围，是没有道理的。即使不考虑公司其他的财产，光是两台被估价为100多万元的机器设备也不止70万元。在义务人不能出示相关证据的情况下，至少也要将这100多万元赔出来。而从法理上说，只要义务人不能就清算当时的剩余资产举证证明，就应当责成他们对全部债务承担清偿责任。法院的判决虽然纠正了一审判决的错误，但是依然存在纵容恶意逃债、不利于保护合法债权的倾向。

（题外话）本案中，中国农业银行在2000年6月按照当时的国家政策将对城建公司的218万债权外加利息一并转给中国长城资产管理公司，是正确的。但是城建公司于2001年10月被吊销营业执照之后，长城资产管理公司却在2005年12月17日将这笔债权卖给了祥瑞公司。不知当时卖方有没有向买方如实说明实情。如果没有，那是诈骗；如果说明了，祥瑞公司怎么愿意购买这么一笔呆坏账？是不是价格特别便宜？我们不得而知，但是感到好奇。

二、不通知债权人的责任

有的股东勉强做了清算工作，但是不按规定，不通知债权人而擅自处理财产。最终债权人因为债权无法实现而起诉股东，要求由其个人清偿债权。

【案例19-17】
武夷山市江山假日旅行社有限公司诉阎惠敏等旅游合同纠纷案①
福建省武夷山市人民法院

阎惠敏、阎惠平系淄博仁达旅行社有限公司的股东。2007年7月16日，原告武夷山市江山假日旅行社有限公司（以下简称假日旅行社）与淄博仁达旅行社有限公司通过图文传真方式订立旅游合同，合同的主要内容为：由原告负责接待后者组织的一个旅游团队，旅游地为厦门、武夷山、福州，旅游团队人员为20名成年人，3名小孩，结算价为47 310元，付款方式为出团前付团款的80%，余款于团队结束后3日内付清。同年7月19日至23日，原告依约接待了该批旅游团队，但淄博仁达旅行社有限公司仅支付了35 000元，余款12 310元虽经原告方多次催讨均未给付。2008年12月29日，淄博仁达旅行社有限公司向工商行政管理部门申请注销，并向工商部门提交了一份清算报告，报告称企业的所有债务都已经清偿，公司的股东阎惠敏、阎惠平同时还承诺"保证企业债务已清偿完毕，并承担由此产生的一切责任"，凭借该清算报告公司办理了法人注销登记手续。原告诉至法院，请求判令阎惠敏、阎惠平承担还款责任及违约责任。

福建省武夷山市人民法院认为，原告假日旅行社与淄博仁达旅行社订立的旅游合同是双方真实意思表示，且不违反法律规定，系有效合同。原告依约完成了接待游客的义务，但被告却未依约履行支付团款的义务，至今尚欠原告旅游团款12 310元，因此淄博仁达旅行社应支付该款项。淄博仁达旅行社现已注销登记，但由于该公司在清算过程

---

① （2009）武民初字第297号。原判词较长，为节省篇幅，突出重点，本书作者做了改编。

中，二被告作为公司的股东，未经清算并清偿公司欠原告的债务，且出具了内容不真实的清算报告，使公司登记机关为淄博仁达旅行社办理了法人注销登记。同时，二被告也承诺对公司债务承担责任。因此，原告主张二被告对公司所欠的 12 310 元旅游团款承担清偿责任，于法有据，本院予以支持。原告主张二被告支付迟延付款违约金 1 442 元，由于双方在合同中有约定履行该团款的具体日期，即淄博仁达旅行社应于团队结束后 3 日内付清余款，但该旅行社逾期未支付团款，原告要求被告按日万分之二点一支付逾期付款违约金，应予支持。二被告经本院依法传唤，无正当理由拒不到庭，本院依法缺席判决：被告阎惠敏、阎惠平应于本判决生效之日起 3 日内向原告假日旅行社支付旅游团款 12 310 元及迟延付款违约金 1 442 元。

判决后，原、被告双方均未上诉。

原、被告都是旅行社。原告作为地陪受被告委托接待了被告介绍来的旅游团，谈好费用为 4 万多元，但是被告只付了 3 万多元，剩余 12 310 元不付就自我解散注销了。为了注销，三被告出具了清算报告，但是实际并没有按规定清算，没有通知已知的债权人。大概因为工商局的要求，所以三被告出具了保证书，保证企业债务已经清偿完毕，愿意承担由此产生的一切责任。但是无论被告有没有出具这样的保证书，只要没有清算，或者在清算过程中没有按规定通知债权人，给债权人造成损失的，都应该承担个人赔偿责任。

这个案子既可以看成因清算过程中不通知债权人而赔偿；也可以看成因不清算而赔偿，因为三被告只制作了一个虚假的清算报告，实际上并没有走正常的清算程序。如果看作后一种情况，本案也可以归入前一小节。

【案例 19-18】
尹光能诉吴宜莲等债务清偿纠纷案 ①
重庆市大渡口区人民法院

2005 年 10 月 25 日，原告尹光能与重庆市越海汽车运输有限公司（以下简称越海公司）签订普通货车挂靠经营合同，约定：（一）尹光能自愿将渝 B35632 号车挂靠在越海公司处经营……（六）尹光能必须按照国家有关规定参加车辆保险，保险险种和投保金额由公司统一规定……（十）车辆发生交通事故……越海公司及时向保险公司办理索赔。

2005 年 12 月 15 日，由越海公司作为投保人和被保险人，为原告的渝 B35632 号车在中国人民财产保险股份有限公司武胜支公司投保了车辆保险。保险期限从 2005 年 12 月 17 日到 2006 年 12 月 16 日止。2006 年 5 月 11 日，渝 B35632 号货车发生交通事故，越海公司申请理赔后，保险公司在 2008 年 3 月 24 日，将保险理赔款 45 020.16 元给付越海公司。原告 2008 年 7 月 9 日向重庆市北碚区人民法院起诉越海公司要求给付保险理赔款，2008 年 9 月 9 日撤回起诉。2008 年 6 月 18 日，越海公司股东吴成均、吴孝经召开股东大会，决议解散公司，并由吴成均、吴孝经、吴宜莲三人为清算组成员组

---

① （2009）渝法民初字第 1698 号。原判词较长，为节省篇幅，突出重点，本书作者做了改编。

成清算组清理公司资产，并注销了越海公司。清算组未书面通知原告申报债权，原告债权未获清偿。据清算报告记载，截至 2008 年 9 月 30 日清算终结，越海公司资产总额为 31 529.78 元。

原告诉称，被告作为越海公司的公司解散清算组成员，违反公司法规定不通知债权人申报债权，导致原告至今未得到保险理赔款。请求判令被告三人给付保险理赔款 45 020.16 元。被告吴宜莲、吴成均、吴孝经未出庭答辩。

法院认为，原告尹光能与越海公司签订的普通货车挂靠经营合同，为双方当事人真实意思表示，内容合法，系有效合同。渝 B35632 号货车发生交通事故后，越海公司依约定为尹光能办理保险理赔事宜，在其获得保险理赔款后，应依约定将保险理赔款交付原告尹光能，未能交付，系违约行为，应给付原告保险理赔款 45 020.16 元。越海公司已于 2008 年 10 月 6 日解散注销，清算组未书面通知原告申报债权，原告债权未获清偿。《公司法》第 186 条规定，清算组应当自成立之日起 10 日内通知债权人，并于 60 日内在报纸上公告。《公司法》第 190 条规定，清算组成员因故意或者重大过失给公司或者债权人造成损失的，应当承担赔偿责任。《最高人民法院关于适用〈中华人民共和国公司法〉若干问题的规定（二）》（以下简称《公司法规定（二）》）第 11 条规定，清算组未按照规定履行通知和公告义务，导致债权人未及时申报债权而未获清偿，债权人主张清算组成员对因此造成的损失承担赔偿责任的，人民法院应依法予以支持。据此，公司法明确规定了清算组未通知债权人申报债权时，清算组成员应承担赔偿责任。公司清算制度的作用之一就是为了保护债权人的利益，使清算过程受到法定程序的制约，以避免在清算过程中公司为逃避债务而作出有损于债权人的不公正行为。从保护债权人利益的角度出发，清算组成员不履行通知义务，导致债权人未及时申报债权而未获清偿，清算组成员的赔偿范围应为债权人未获清偿的全部债权。本案清算组未对已知债权人原告履行书面通知义务，导致原告未能申报债权，侵犯了债权人的法定权利，造成原告债权无法获得清偿，清算组成员应承担全部赔偿责任。原告要求被告吴宜莲、吴成均、吴孝经三人作为清算组成员给付保险理赔款 45 020.16 元的诉讼请求，应予支持。判决被告吴成均、吴孝经、吴宜莲连带清偿原告尹光能保险理赔款 45 020.16 元。

本案判决后，原、被告未提起上诉，该判决已发生法律效力。

本案是比较典型的清算了但不通知债权人的情形。公司股东会作出解散公司的决议，而后正式成立清算组进行清算，但是却没有通知已知的债权人。法院在判决中引用了公司法的规定：一是清算组自成立日起 10 日内通知债权人，而被告没有通知；二是"清算组成员因故意或者重大过失给公司或者债权人造成损失的，应当承担赔偿责任"。所以，法院判决作为清算组成员的三被告个人赔偿公司所欠的 4 万多元。

本案审判过程中法院内部对于清算组成员赔偿范围有过争议。一是认为应赔偿原告未获清偿的全部债权；二是认为只能在清算报告中剩余责任资产范围内赔偿。最后的判决采纳了第一种观点，责令被告赔偿全部债权。其实，这里的关键是举证责任在被告。如果被告能够以充分的证据证明在清算当时资产已经不足以清偿债务，则其因不通知债权人而产生的赔偿责任应当限于债权人的实际损失（即资产的剩余数额）而不是全部债权。例如，一共有甲、乙、丙三个债权人，如果三人共同参与分配，每人只能得到其债权的一半；但是因为甲没有通知，所以乙、丙的债权获得了 80% 的清偿。在这种情况下，清算组成员的赔偿范围应该是甲的债权的一半而不是全部，条件是甲能够举证。

三、特殊清算案例鉴赏

【案例 19-19】

王北与上海德赛堡建筑材料有限公司北京分公司、
北京久融投资顾问有限公司股东侵犯债权人利益一案 [①]
北京市第二中级人民法院 2009 年 8 月 21 日

北京汇丰鉴投资有限公司（以下简称汇丰鉴公司）有两个股东，自然人王北占 10% 股份，久融公司占 90% 股份。该公司因未接受 2005 年度企业年检，工商部门通知将吊销其营业执照。2007 年 4 月 28 日，汇丰鉴公司形成股东会决议，选举王北、马宝林为清算组成员。决议主要内容为："根据审计报告汇丰鉴公司的债权为 0 元，债务为 0 元，所有者权益为 8 556 836.64 元，其中货币资金为 8 425 527 元，固定资产为 131 309.64 元，根据股东的出资比例进行分配，其中久融公司占 90%，分得货币资产 7 569 843.34 元、固定资产 131 309.64 元，王北占 10%，分得货币资产 855 683.66 元，如今后发生债权债务纠纷由股东按照出资比例承担。"5 月 29 日，汇丰鉴公司向工商部门申请注销备案；6 月 13 日，工商部门核准汇丰鉴公司注销备案；[②]6 月 21 日，汇丰鉴公司向工商部门申请注销登记；2007 年 9 月 29 日，工商部门向汇丰鉴公司发出通知书，准许注销登记。2007 年 9 月 25 日，汇丰鉴公司召开股东会会议，并决定"如今后发生债权债务纠纷由股东按照出资比例承担"。

2007 年 6 月 18 日，2007 年 7 月 4 日。德赛堡北京分公司与汇丰鉴公司签订两份买卖合同，约定由德赛堡北京分公司供给汇丰鉴公司式玛卡龙牌户外木材保护漆等产品，货到后确定无误即付货款。德赛堡北京分公司于 2007 年 7 月 2—23 日分批供货，共计 35 150 元。汇丰鉴公司已使用这些货物并付货款 16 190 元，余款未付。

2008 年 2 月，德赛堡北京分公司将汇丰鉴公司连同王北和久融公司一并起诉至法院，索要欠款。

一审法院认为，汇丰鉴公司在清算期间仍与德赛堡北京分公司签订买卖合同，开展与清算无关的经营活动，违反相关的法律规定，现汇丰鉴公司已注销，公司股东王北和

[①]（2009）二中民终字第 05506 号。原判词较长，为节省篇幅，突出重点，本书作者做了改编。

[②] 手续烦琐是我国行政的传统特点和习惯。本来，公司可以自行决定解散并自行清算，清算结束之后到工商局注销登记即可。但是我国要求在清算开始前先到工商局申请注销备案（见《公司登记管理条例》第 42 条），而后由工商局核准注销备案，清算组再申请注销，工商局再审批注销。注销备案及其核准完全是多此一举，随着我国经济改革的推进，这个环节必然被废除、省略。

久融公司应共同承担相应的民事责任，且股东会也已决定由股东按出资比例承担债务，故判决王北和久融公司给付德赛堡北京分公司剩余货款及其利息。

王北不服一审法院上述民事判决，向北京市第二中级人民法院提起上诉，指出货物的质量和数量都有问题，与原告描述不符。

二审法院考虑到货物已经使用，从双方出示的证据来看，一审对事实的认定正确，适用法律也正确，故驳回上诉，维持原判。

本案中，清算开始在前，债务发生在后。2007 年 4 月 28 日决定解散并成立清算组开始清算，审计报告说公司的债权为零，债务为零，都是正确的。到 6 月 21 日向工商局递交注销申请，说明清算工作已经结束。但是在之前 3 天，也即 2007 年 6 月 18 日，而后 7 月 4 日，作为清算法人的汇丰鉴公司在清算人的主持下又与外面签订了两份购货合同。送货时间是 2007 年 7 月 2 日到 23 日，清算工作早已结束，公司原先的资产已经分配光了。虽然工商局核准注销是在 9 月，但是那只是一个行政手续，实际的资产在新的债务发生之时已经分掉了。

35 150 元的货款，公司已经付了 16 190 元，还剩 18 960 元未付。王北作为公司 10% 的股东，在清算中分得现金 855 683.66 元。要他和久融公司连带赔偿 19 000 元实在不算冤枉。而且，他在赔偿之后还可以向久融公司追讨大约 17 100 元（按 90% 的比例）回来。

本案的案情正应了我们在前面说过的，虽然公司法明文禁止清算中的公司从事与清算无关的经营活动，但是公司在清算中遇到商机还是会抓的，只要赚了钱，不损害第三人的利益，就无可厚非。尽管违反了公司法的明文规定，由于没有明确的罚则，所以也不会有人去处罚他们。但是如果亏了钱，清算人就要赔偿。本案中法院判词没有说这两笔生意是赚了还是亏了，所以我们不知道如果赚了，赚得的利润哪里去了。但是无论是赢利还是亏损，只要公司没有清偿，清算人个人都应当对新发生的债务承担清偿责任。至于股东会决议说以后发生的债权债务由股东按比例承担，那只能约束内部人。在本案中这个内部约定只给法院判王北赔偿增加了一条附加的理由。没有它，法院也会作出同样的判决。

【案例 19-20】
山东省即墨市城市建设开发有限公司诉青岛德馨温泉度假村
有限公司公司清算纠纷案 ①——公司强制清算中的法律问题处理

青岛德馨温泉度假村有限公司（以下简称德馨公司）成立于 2006 年 1 月，是由即墨市当地三家知名企业山东省即墨市城市建设开发有限公司（以下简称城建公司）（控股股东）、青岛工人温泉疗养院（以下简称青岛工疗）、即墨市人民医院（以下简称即墨医院）合伙入股投资成立。德馨公司的组建就是在青岛工疗院区范围内以其现有建筑、

---

① （2009）即商初字第 2191 号。原判词较长，为节省篇幅，突出重点，本书作者做了改编。

设施、设备的基础上通过改造、建设、设备更新等，将青岛工疗所属的院区（占用的土地为国有划拨地）建设成为以医疗、康复为主的多功能综合康复中心。青岛工疗的全部职工直接在德馨公司工作。德馨公司依法注册成立后，在建设过程中，三方股东因出资问题产生矛盾，最终导致公司经营无法进行。2008 年公司停业，青岛工疗上百名职工因德馨公司的停业而失业，由于无资金发放工人没有最低生活保障，造成青岛工疗职工集体上访。期间，青岛工疗曾向城建公司借款发放，为此，又欠下了城建公司上千万元的债务（已被起诉，进入执行程序）。城建公司由于上千万元的合作资金投入及欠款不能回收，且造成严重损失，影响了企业正常的资金周转及公司发展，强烈要求青岛工疗偿还借款及通过公司清算收回投资，并以占据青岛工疗院区使其无法独立经营作为要挟。即墨医院也投入上百万元的资金及设备无回报且不能回收。因而三家企业之间的矛盾也与日俱增，致使青岛工疗大片的优质土地长年处于闲置状态。

经当地政府协调，公司股东会决议解散德馨公司并自行进行清算。因公司在自行清算过程中股东之间再度产生利益冲突，导致清算无法进行，最后城建公司申请法院进行强制清算。

山东省即墨市人民法院于 2009 年 12 月 1 日预收部分案件受理费后，裁定受理城建公司提出的强制清算申请。经综合各方股东的意见及时指定 9 名人员组成清算组，分别为：三方股东单位各派出一名副总经理作为工作人员、评估机构工作人员一名、审计部门工作人员一名及青岛某律师事务所 4 名律师组成，并由该律师事务所主任担任清算组组长。为使工作能尽快进行，三方股东派出的成员同时作为各股东在本案的委托代理人，代表股东行使权利。清算组立即对德馨公司的资产及账目等进行接管，并按程序进行清算公示、债权申报、资产清点、评估、账目审计、债务清收、资产变现及制定分配方案等工作。清算过程中出现的问题及解决方法如下：

1. 股东出资瑕疵。清算组在清算过程中，发现公司股东存在投资不到位及无效投资情况。德馨公司注册成立后进行开发建设，三方股东约定：城建公司以现金 3 900 万元投资；青岛工疗以划拨土地及其房屋使用权、设施等作价 1 320 万元投资；即墨医院以为青岛工疗职工办理养老保险的相关费用及 5 年的养老保险金和医疗、检查设备作价 900 万元投资。清算过程中，因青岛工疗所投入的划拨土地的使用权不得流转，即不得出租、转让、抵押、作价入股，划拨土地不能作为公司财产进行处置，且该土地亦未转入德馨公司名下，这样，青岛工疗的出资依法应认定为出资不到位。同样，城建公司、即墨医院也均未依约定将资金注入德馨公司的账户。城建公司仅是投入了正在施工的在建工程的相关费用，即墨医院因为青岛工疗办理养老保险过程中，发现所需费用远远超出自己的想象，遂不再投入。如果因为三方出资不到位，依法让各股东补足出资，根据目前现实情况已不可能做到；如果不予清算，该公司对外的债权、债务及三股东之间的利益纠葛将无法解决，同时德馨公司也无法从形式上退出市场，面临日益升温的职工安置问题也就无法解决。为此，法院从维护各利益主体的角度出发，充分尊重公司意思自治原则，同意三方股东以实际投入作为合资公司的出资，重新协商界定各自的出资范围。最终三方本着合作之初的协定及实际投入，就出资问题重新界定并达成一致协议：

城建公司将现金投资变更为以在建的酒店工程及其附属设施工程造价（坐落在青岛工疗划拨土地上）和产生的费用作为投资；青岛工疗因国有划拨土地依法不能作价入股，变更为以地上房屋使用权和设备作价投资；即墨医院变更为以实际投入医疗设备作价投资。所有清算资产依据评估价格在遵循公平合理的原则下由青岛工疗买下。这样，所有问题也将得到解决。

2. 清算过程中，股东与清算组成员之间出现矛盾，影响工作的进展。随着清算工作的逐渐深入，在利益的驱使下，清算组成员与股东之间的关系发生了不同的变化，收取报酬的律师成员与三方股东产生或友好或对立的关系，导致清算工作经常陷入僵局。在这种情况下，法院适度地介入并进行协调，及时听取各方在清算过程中遇到的问题及意见后进行纠正，促使清算工作继续进行。

3. 股东异议的处理。清算过程中，城建公司对评估机构的财产价值评估提出书面异议，认为评估机构采用的计算方法降低了资产的实际价值。针对股东提出的异议，法院立即进行调查，采取听证的方式召集各股东、清算组及评估部门工作人员出席，听取各方意见。最后通过调查、释明、调解，异议消除。

4. 财产变现款打入法院账户。随着清算工作进入尾声，清算组的主要成员与控股股东之间的关系也随之恶化，如果变现资金直接由清算组控制，控股股东将可能很难配合下面的清算工作，并且会处处设障，导致清算工作受到阻碍。况且，因缺乏有力的立法保障，在眼前巨大的利益诱惑下，法院也不能保证清算组与债权人之间、清算组与其他股东之间能够保持一定的距离。于是，法院在认真研究后作出了突破性决定，即要求青岛工疗将变现资金 3 000 余万元全部打入法院账户，由清算组与法院共同向债权人发放债权，及时对每一笔款项进行审核。

5. 如何通过分配方案的问题。变现资金在清偿各顺序费用及债务后，余款 1 380 万元，该款归三方股东所有。由于三方股东在公司的出资问题因清算的需要发生了变更，到底按什么比例来分配剩余资产，三方又争执不下。正如最高人民法院《关于审理公司强制清算案件工作座谈会纪要》中指明的，该类案件利益主体众多，涉及面广，牵涉社会稳定，需要在严格依法的前提下，紧紧依靠党委领导和政府的支持，在市政府建立的各项机制做好协调工作。该案的三方股东都是即墨市重点保护企业，法院认真领会纪要的指导精神，没有启动裁决程序，而是及时向即墨市委、市政府汇报，在市委、市政府的大力支持下，最终做通股东的工作，就分配方案达成一致协议。公司的对外债权、债务处理完毕，财产分配结束。经清算组申请，法院经审查予以确认，遂依照《公司法》第 189 条、最高人民法院《关于适用公司法若干问题的规定（二）》第 17 条第 2 款之规定，裁定宣告终结德馨公司清算程序。

本案案情特殊，也颇有中国特色。德馨公司的三家股东都是国有企业。公司停业后上百名职工失业，因无资金发放导致失去最低生活保障，引起集体上访。所以这里碰到的问题首先不是因为清算义务人懈怠而损害了外部债权人的利益，而是由企业职工的失业引起的社会问题。

　　特殊案情特殊解决。法院最终受理了城建公司强制清算的申请，但是在审理过程中发现三家股东的出资都没有如数到位，按理这时候应该勒令各股东足额出资。可是现实中要三家股东全额出资是不可能的，于是改为按照实际到位的出资额重新确定出资比例。

　　在清算过程中，股东与清算组成员之间又发生矛盾，需要法院协调，以使清算工作得以进行。股东之间的矛盾最为激烈，也需要法院协调。

　　最终财产变现完毕，在偿还对外债务后还剩余 1 380 万元。三方股东对如何分配争议很大，法院也不敢判，只好向即墨市委和市政府汇报，在市委、市政府的支持和协调下才做通股东的思想工作，将剩余财产分配完毕。应该说，法院对本案的处理方法是符合中国国情的最好的处理方法。

参 考 文 献

[1] 《中华人民共和国公司法》，1993 年 12 月 29 日颁布（1994 年 7 月 1 日生效），1999 年 12 月 25 日第一次修正、2004 年 8 月 28 日第二次修正、2005 年 10 月 27 日第三次修正（2006 年 1 月 1 日起施行）、2013 年 12 月 29 日第四次修正（2014 年 3 月 1 日起施行）.

[2] 刘言浩. 法院审理公司案件观点集成. 北京：中国法制出版社，2013.

[3] 施天涛. 公司法论.（第二版）. 北京：法律出版社，2006.

[4] 赵旭东. 公司法学.（第二版）. 北京：高等教育出版社，2006.

[5] 江平，方流芳. 新编公司法教程. 北京：法律出版社，1994.

[6] 邓峰. 普通公司法. 北京：中国人民大学出版社，2009.

[7] 姜一春，方阿荣. 公司法案例教程.（第二版）. 北京：北京大学出版社，2010.

[8] R.W. Hamilton & R.D. Freer, The Law of Corporations, 6th ed., West, a Thomson Reuters business, 2011.

[9] Jeffrey D. Bauman, Corporations: Law and Policy, Materials and Problems, 7th ed., West, 2010.

[10] Douglas M. Branson, Joan MacLeod Heminway, Mard J. Loewenstein, Mard I. Steinberg, and Manning Gilbert Warren III, Business Enterprises: Legal Structures, Governance, and Policy, Casese, Materials, and Problems, LexisNexis, 2009.

[11] Henry Hansmann, Reinier Kraakman, and Richard Squire, LAW AND THE RISE OF THE FIRM, Harvard Law Review, March, 2006, at 1333-1403.

[12] Margaret M. Blair, LOCKING IN CAPITAL: WHAT CORPORATE LAW ACHIEVED FOR BUSINESS ORGANIZERS IN THE NINETEENTH CENTURY, UCLA Law Review, December, 2003, at 387-455.

[13] Robert W. Hamilton, The Law of Corporations, West Nutshell Series, 4th ed. West Publishing Co., 1996.

[14] Corporations and Business Associations, Statutes, Rules, and Forms on, Foundation Press, 1991.

[15] Solomon, Schwartz, and Bauman, Corporations, Law and Policy, Materials and Problems, 2d ed., West Publishing Co., 1988.